訴訟書狀範例

增訂八版

李永然 律師 主編　　吳光陸 律師 副主編

五南圖書出版公司 印行

主編簡介

李永然

現　職　　永然聯合法律事務所所長

永然地政士聯合事務所創辦人

財團法人永然法律基金會董事長

永然文化出版股份有限公司創辦人

臺北市企業經理協進會理事長

中華民國仲裁協會常務理事

兩岸經貿交流權益促進會理事長

海基會財經法律顧問

學　歷　　台灣大學法律學研究所法學碩士

台灣大學法律學研究所博士班研究

中國政法大學法學博士

經　歷　　中華人權協會第 13 屆、第 14 屆、第 16 屆理事長

總統府人權諮詢委員

副主編簡介

吳光陸

現　職	精誠法律事務所主持律師
學　歷	文化大學法律學研究所碩士
經　歷	台灣彰化、台中、台北地方法院法官、台南地方 法院庭長、台灣高等法院台南台中分院法官 中華民國律師公會全國聯合會理事長、理事、常務 理事、監事召集人 台中律師公會第 26 屆第 2 任理事長 台北大學法律學院法律學系兼任專業技術人員 （比照教授級）

編著者簡介（依姓名筆畫順序排列）

王國棟

現　職　鴻翔國際法律事務所所長

學　歷　台灣大學 EMBA 商學碩士

中正大學法學碩士

中正大學法律學研究所博士班

經　歷　最高法院辦事法官

臺灣高等法院法官兼庭長

周家寅

現　職　中華民國公證人公會全國聯合會理事長

臺灣台北地方法院所屬律衡民間公證人事務所
公證人

學　歷　台灣大學法學碩士（台灣大學國家發展
研究所）

經　歷　87 年公證人高考及格

前臺灣台北地方法院公證人

台北地區公證人公會第 5 屆、第 6 屆理事長

孫慧敏

現　職		永然聯合法律事務所法務特別助理
學　歷		輔仁大學法學士
經　歷		財團法人永然法律基金會執行長
		永然聯合法律事務所法務特別助理

許啟龍

現　職		永然聯合法律事務所桃園分所合夥律師
學　歷		政治大學法學士
經　歷		律師高考及格
		桃園市不動產仲介經紀商業同業公會講座、桃園市
		公寓大廈暨社區服務協會講座

鄧又輔

現　職		鴻翔國際法律事務所合署律師
學　歷		東吳大學法學士、東吳大學中國大陸法律碩士班
經　歷		律師高考及格
		弘鼎法律事務所執業律師

馬 序

　　在民主法治國家，私權爲法律所保障，公益亦爲法律所維護。私權遭受侵犯，得依法定程序請求救濟；公益遭受損害，亦得依法定程序實施懲罰。至所謂法定程序，無論在民事訴訟或刑事訴訟，如從當事人之立場言，常與攻擊或防禦之種種法定方法與步驟，密切相關。而當事人爲達到攻擊或防禦之目的，則實際上常必須利用書狀。即在非訟事件或強制執行與破產程序，當事人亦常不能不藉書狀進行與完成。因此，書狀可說是個人在任何法定程序中，不可缺少之工具。

　　惟各種訴訟或法定程序所用之書狀，在格式與內容上，甚不相同。即同一種訴訟或程序所用之書狀，因目的各異，其格式與內容，彼此亦頗有差別。凡此，均非一般人民或初任法律事務者所易知易爲。

　　李君永然，獲國立台灣大學法律學碩士學位後，繼入同校法律學研究所博士班，從余撰寫論文。課餘之暇，執行律師業務有年。近本其經驗，著成《訴訟書狀範例》一書。分就與民事及刑事有關之書狀，依法條先後，個別舉例，並加說明；竟得一千五百餘頁。以付印在即，請爲作序。余覺是書內容頗爲充實與詳盡，堪供一般人民與專業人員於處理訟事時參考之用；從而對保障私權及維護公益，亦不無貢獻，因樂綴數語爲介。

馬漢寶　於台北思上書屋
民國 74 年 5 月 1 日

八版序

　　「訴訟書狀」是訴訟過程中，當事人用來表達自身意見、行使訴訟權利及維護自身合法權益的重要工具，關涉當事人權益甚鉅，稍有不慎，甚至可能影響訴訟的結果，因此一份簡明扼要、邏輯清晰的訴狀內容，對於訴訟程序的進行是十分重要。

　　為了讓民眾及法律從業人士在撰寫訴訟書狀時能有所參考依據，余於民國74年間主編了「訴訟書狀範例」一書，並自第六版起，由吳光陸大律師擔任副主編，又增加邀集法律界知名律師、公證人及法務人員共同撰寫。本書發行至今將近40年，是一本非常實用且暢銷的工具書籍，深得各界的支持與好評。由於國內法令隨著時代進步、社會變遷，會做一些修訂、增訂及廢止；因此，本書也依據法令更改而做過多次的修訂，並於民國109年9月間發行第七版。如今已銷售一空，收到許多讀者的反饋，希望本書能儘快再版，於是應五南出版社改版請求，余再度邀集本書作者們進行內容之修訂，以符合現今最新的法律規定。

　　本書此次再版修正的部分涵蓋：吳光陸大律師針對民事書狀一篇中更新了「民事訴訟規則」內容，增加「聲請退還溢繳裁判費狀」、「聲請承當訴訟狀」、「訴訟繫屬登記」、「對聲明異議裁定抗告」及「確認調解無效之起訴狀」……等狀例；周家寅公證人則對公認證部分做修改；永然聯合法律事務所孫慧敏特助對於提存書狀及非訟事件書狀做更新及補充；永然聯合法律事務所主任律師許啓龍對於「行政訴訟」及「國家損害賠償」更新修正；王國棟大律師及鄧又輔大律師則針對「刑事訴訟法相關書狀」一篇做增修及更新法律條文，包括了：「聲請撤銷通緝被告狀（由配偶聲請）」、「聲請法院變更科技設備監控命令書狀」、「聲請交付光碟狀」、「請求更定應執行刑聲請狀」……等，並新增「妨

害性隱私及不實性影像案件」狀例。藉由此次的修訂作業，讓全書內容更趨完整及實用。

　　本書此次再版，特別感謝各位作者百忙之中撥冗完成修訂，也感謝五南出版社編輯同仁們協助聯繫及彙整各方的稿件修訂內容，完成校對事宜，在大家的努力之下，讓本書得以順利付梓，由於修訂時間倉促，難免疏漏及訛誤，敬祈各界惠予指正。

　　　　　　　　　　　李永然　序於永然聯合法律事務所

　　　　　　　　　　　　　　　永然法律基金會

　　　　　　　　　　　　　　　民國 113 年 6 月 26 日

自 序

　　大凡一國家追求民主的理想，均必須以法治爲手段，我國實施憲政迄今已有三十餘年之歷史，在這段時期內政府也努力於法治手段的貫徹，藉求民主理想的達成。

　　既談法治，則一國之社會內一切糾葛或事務處理均須依法爲之。人民遇有涉嫌犯罪或私權爭執……等等，也須由司法機關依法審判。在進行法院之偵查、審判、刑罰之執行……等等，人民可以向法院表達意願、陳述意見或提出答辯，除有時得以口頭表達外，有時法律上爲求明確起見，常要求當事人必須以書面爲之，例如：民事起訴狀；又有時法律雖未強制須以書面爲之，但當事人爲了詳述事實及法律意見、爲了節省法院開庭的時間或爲了避免法院記錄之遺漏，乃主動以書面爲之。所以訴訟書狀之撰擬乃極爲重要。

　　筆者自執行律師業務以來，迄今已逾六載餘，在這段執業期間深感訴訟書狀撰擬非但不易，且極爲重要；承五南圖書出版公司楊榮川先生向筆者邀約撰擬《訴訟書狀範例》一書，鑑於自己之學識有限、經驗不豐，遲遲未敢答應；但嗣後在楊先生之盛情下，筆者才提出附條件的答應，即聚合眾力來完成，乃邀約友人陳明暉先生、蔡明誠先生、許士宦先生、彭君明先生及李純聆小姐共同通力合作，完成此書。

　　有關本書寫作之體例，乃分別按民事、刑事、行政等案例，依法條舉狀例介紹，並簡述撰狀要點。惟限於篇幅及筆者之能力，不無缺漏之處，尚祈各界先進，不吝賜正，則無任感激。

　　本書得以順利完成，尚蒙筆者之恩師大法官馬漢寶教授之賜序，暨陳明暉先生、蔡明誠先生、許士宦先生、彭君明先生及李純聆小姐之鼎力協助，併此誌謝。

李永然　於正義法律事務所

民國 74 年 4 月 5 日

本書五大特點

一、內容周延化：本書共分五篇，除民事、刑事、行政法等書狀分別於
　　第二、三、四篇蒐遍各類狀例詳述外，於第一篇闡述法院的有關知
　　識及書狀的種類、構成、內容、遞送等，並對撰狀的要領，列舉實
　　例，分析甚詳。更為可貴的是另闢第五篇，就日常涉訟最多的十種
　　事例，按訴訟的流程，列舉各階段所需之狀例，不但簡明實用，而
　　且可使讀者明悉各種涉訟事例的處理流程。

二、編排實用化：程序法中，須使用書狀的每一法條均選有「狀例」，
　　每一「狀例」之前，先列明法條條文，再置「撰狀說明」，詳述撰
　　狀的重點、提出之時間、提出時應附的文件，以及其他應特別注意
　　的事項，非常實用，絕非坊間同類書只列狀文者可比。

三、實例生活化：全書狀例之案情，都是日常生活中經常會發生者，一
　　則讀來親切有味，二則用來切合實際，增加實用性。

四、敘述法理化：所選狀例，除了「事實」之陳述外，儘量側重「理由」
　　之闡析，或為法律依據之提出，或作法理之辯駁，使讀者在瞭解狀
　　例寫法之餘，又能深明法律之活用，看了本書，等於閱讀一本活生
　　生的法律教科書。

五、狀式真實化：所有狀例，均按照現行狀紙格式排印，俾合真實，看
　　來明確。

凡　例

本書依循下列方式編印：

㈠ 法規條文，悉以總統府公報爲準，以免坊間版本登載歧異之缺
　　點。

㈡ 法條分項，如遇滿行結束時，則在該項末加「。」符號，以與
　　另項區別。

㈢ 參照之法規，以簡稱註明，表示方式如下：

1. 法規名稱：民法→民；強制執行法→強執。

2. 條→1、2、3……。

3. 項→Ⅰ、Ⅱ、Ⅲ……。

4. 但書規定→但。

5. 前段規定→前；後段規定→後。

目　次

第一篇　緒　論

第二篇　民事書狀

第三篇　刑事書狀

第四篇　行政法書狀

第五篇　訴狀活用

附 錄

第一篇　緒　論

我國憲法第16條規定：「人民有請願、訴願及訴訟之權。」此乃因法治國家政府須「依法行政」，而人民彼此間權義關係也以法令為界。倘有權益發生糾葛或受到侵害時，即應循合法的爭訟手段來進行解決。目前此類事務均由司法機關處理，此亦可由憲法第77條規定：「司法院為國家最高司法機關，掌理民事、刑事、行政訴訟之審判及公務員之懲戒。」來加以瞭解。

向法院請求處理事務，往往須以「書狀」來表達，例如在民事訴訟中的「民事起訴狀」、「民事答辯狀」、「民事準備書狀」、「民事聲明上訴狀」、「民事上訴理由狀」等等。在刑事訴訟中如「刑事答辯狀」、「刑事請求檢察官上訴狀」、「刑事停止羈押聲請狀」、「刑事抗告狀」等等。又在行政訴訟中如「行政訴訟起訴狀」等。

這些書狀的撰擬關涉當事人之權益甚鉅，倘措詞稍有不當，嚴重者會影響訴訟勝負之結果；輕微者亦將鬧出極大的笑話。所以書狀的撰擬必須慎重臨之。

書狀既然如此重要，其撰寫的方式及其內容的決定，當須加以研求。法令雖規定某些訴訟行為須以「書狀」為之，但卻未明白規定其格式，例如：提起民事訴訟請求，應撰擬「民事起訴狀」，在民事訴訟法第244條第1至3項規定：「Ⅰ起訴，應以訴狀表明下列各款事項，提出於法院為之：一、當事人及法定代理人。二、訴訟標的及其原因事實。三、應受判決事項之聲明。Ⅱ訴狀內宜記載因定法院管轄及其適用程序所必要之事項。Ⅲ第265條所定準備言詞辯論之事項，宜於訴狀內記載之。」惟依上開規定，僅得以概略地明白民事起訴狀內所應載之事項而已。至於其內容則有待於當事人自行研擬。因而我們不得不承認訴訟書狀的撰擬，不是一件容易的事。

第一章　法院之組織

　　處理訴狀必須認識法院的組織及其各別職掌的業務。我國從民國69年7月1日起實施「審檢分隸」，高等法院以下各級法院在行政系統上改隸於司法院；行政院「司法行政部」改稱「法務部」，掌理檢察、監所、司法保護及行政院有關法律事務，這是我國司法史上的一件大事。

　　目前各級法院的組織及其業務大要，可以由下表來加以瞭解：

各級法院組織與業務大要表

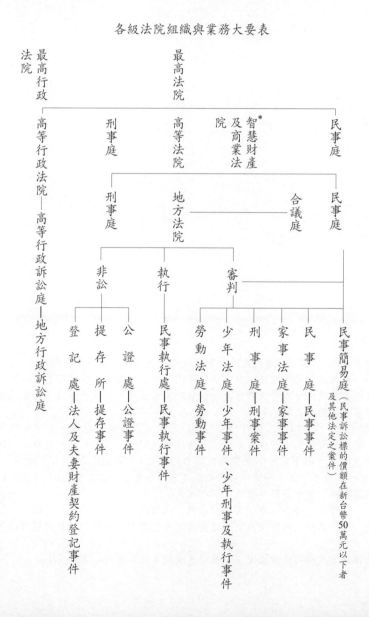

---

* 智慧財產及商業法院組織法第3條規定：「智慧財產及商業法院管轄案件如下：
一、依專利法、商標法、著作權法、光碟管理條例、營業秘密法、積體電路電路布局保護法、植物品種及種苗法或公平交易法所保護之智慧財產權益所生之第一審及第二審民事事件，及依商業事件審理法規定之商業事件。
二、因刑法第253條、第254條、第317條、第318條之罪或違反商標法、著作權法及智慧財產案件審理法第72條至第74條案件，不服地方法院依通常、簡式審判或協商程序所為之第一審裁判而上訴或抗告之刑事案件；營業秘密法第13條之1、第13條之2、第13條之3第3項及第13條之4之第一審刑事案件；營業秘密法之第二審刑事案件；國家安全法第8條第1項至第3項之第一審刑事案件。但少年刑事案件，不在此限。
三、因專利法、商標法、著作權法、著作權集體管理團體條例、光碟管理條例、積體電路電路布局保護法、植物品種及種苗法或公平交易法涉及智慧財產權所生之第一審行政事件及強制執行事件。
四、其他依法律規定或經司法院指定由智慧財產及商業法院管轄之案件。」

第二章　法院之人員

　　處理訴狀，除了認識法院的組織及其業務大要外，還要認識其人員，現分別一一加以說明：

㈠法官：在法院內負責審判工作者爲「法官」，與「檢察官」雖同係司法官，但職掌不同。

　　地方法院審判案件，以法官一人獨任或三人合議行之。高等法院審判案件，以法官三人合議行之，但得以法官一人行準備及調查證據程序，該名行準備及調查證據程序的法官，稱之爲「受命法官」。最高法院審判案件，以法官五人合議行之（參見法院組織法第3條）。

　　行合議審判的案件，不論是三人合議或五人合議，均須有一人爲「審判長」，此一審判長乃以「庭長」充之；無庭長或庭長有事故時，以庭員中資深者充之，資同以年長者充之。至於獨任審判，則以該法官行審判長之職權（參見法院組織法第4條）。

㈡檢察官：檢察官隸屬於檢察署，其職權爲實施偵查、提起公訴、實行公訴、協助自訴、擔當自訴、指揮刑事裁判執行及其他法令所定職務。

　　檢察官執行職務應受「檢察長」的指揮監督。檢察官執行職務，應就重要事項隨時以「言詞」或「書面」向檢察長提出報告。檢察官對於檢察長的指示有不同意見時，只得陳述意見，但檢察長不採納時，仍應服從檢察長的命令。又檢察官尚有須輪流值日者，擔任「值日檢察官」，其職掌之事務，約略言之即：

　1. 以言詞告訴、告發或自首事件的處理；
　2. 司法警察機關將人犯隨案移送案件的處理；
　3. 因拘提或通緝到場案件的處理；
　4. 依刑事訴訟法第92條送交現行犯事件的處理；
　5. 應迅速搜索扣押及勘驗事件的處理；
　6. 其他應即時辦理事件的處理。

㈢書記官：書記官係單獨執行職務，其較爲重要之職務，係從事筆錄的製作、通知書的製作、送達、收領裁判原本、編訂卷宗等。

㈣執達員：執達員的職務亦係單獨執行，其較重要的職務爲送達及執行。

㈤通譯：訴訟當事人、證人、鑑定人及其他有關係之人，如有不通曉國語者，由通譯傳譯之。

㈥錄事：錄事的職務內容以行政、文書處理爲主，與書記官有密切合作，錄事常是書記官的行政助理，負責電腦文書處理及繕寫等工作。

㈦庭務員：庭務員主要職務內容，係擔任民、刑事訴訟案件開庭庭務相關工作、取送開庭卷宗、調取或歸還贓物、接受法官、書記官指揮，辦理司法行政事務及其他長官交辦之事項。

㈧公證人：地方法院設有「公證處」辦理公證事務。公證處內置公證人，辦理公證事務。公證人有二人以上者，以一人為「主任公證人」。公證人辦理公證事務，應受院長的行政監督，並受民事庭庭長的指導。

㈨佐理員：公證處除了公證人外，設「佐理員」。佐理員乃輔助公證人辦理公證事務，應受主任公證人或公證人的指揮監督。其遴任資格，則應具有法院書記官任用資格。如佐理員因故不能執行職務而無其他佐理員代理時，地方法院院長得指定書記官兼代之。

㈩公設辯護人：刑事案件於：1.最輕法定本刑為三年以上有期徒刑；2.以高等法院管轄第一審的案件；3.被告因精神障礙或其他心智缺陷無法為完全之陳述；4.被告具原住民身分，經依通常程序起訴或審判；5.被告為低收入戶或中低收入戶而聲請指定；或6.其他審判案件，審判長認有必要者，刑事訴訟法規定為「強制辯護」案件（參見刑事訴訟法第31條第1項）。如果此類案件當事人無力選任律師為其辯護時，即由法院指定人員為之辯護，此即係「公設辯護人」。所以公設辯護人的職務係為強制辯護案件的刑事被告辯護。公設辯護人不得向刑事被告本人或其家屬索取或收受任何報酬。

㈪律師：律師嚴格言之並不屬於法院之人員，但有在此附帶提及的必要。因為不問民事事件、刑事案件、非訟事件、公證事件等，當事人均得委託律師處理。律師與法官在民主法治國家，係屬司法之兩翼，法官「執法」，律師「護法」。律師在民事事件得為訴訟代理人或代理人，而為當事人處理事務；也得在刑事案件為被告辯護，或為自訴代理人或告訴代理人。非律師而欲為訴訟代理人者，須經審判長許可方得為之（參見民事訴訟法第68條第2項），而且此種審判長許可或撤銷許可委任非律師為訴訟代理人的裁定，是屬於「訴訟程序進行中所為的裁定」，不得再行「抗告」表示不服（參見最高法院109年度台抗字第569號民事裁定）。非律師在刑事案件裡欲充任刑事被告辯護人，亦須先經「審判長的許可」（參見刑事訴訟法第29條）。

㈫法警：法警於刑事案件，辦理送達、調查、拘提、搜索、值庭、執行、警衛、解送及其他有關事務。各級法院及檢察署之法警，由各院檢書記官長承院、檢首長之命，予以調度指揮。於執行各項勤務時，並應受院、檢有關其他長官之命令與監督。

㈬司法事務官：地方法院設「司法事務官室」，置司法事務官，司法事務官辦理：
　1.返還擔保金事件、調解程序事件、督促程序事件、保全程序事件、公示催告程

序裁定事件、確定訴訟費用額事件；2.拘提、管收以外之強制執行事件；3.非訟事件法及其他法律所定之非訟事件；4.其他法律所定之事務（參見法院組織法第17條之1、第17條之2）。

㈩法官助理：承法官之命，辦理訴訟案件程序的審查、法律問題的分析、資料的蒐集等事務（參見法院組織法第12條第4項）。

㈪檢察事務官：民國88年修正法院組織法，增設檢察事務官，受檢察官之指揮，實施搜索、扣押、勘驗、拘提、詢問及其他襄助檢察官職務之工作（參見法院組織法第66條之3）。

第三章　　刑事之按鈴申告

　　向法院起訴或聲請往往須提出訴狀，而刑事自訴、告訴或告發也得提出訴狀。但為了便利人民以「言詞」告訴、告發或自首起見，可以按鈴申告，而毋庸提出告訴狀、告發狀或自首狀。因而特予以介紹檢察機關申告鈴的設置及其使用方法。

　　各級檢察署均應各裝置一具「電鈴」，名為「申告鈴」，該申告鈴應裝置於各級檢察署門崗附近，由值勤法警輪流管理，並指導使用。

　　凡欲以言詞告訴、告發或自首者，一經按鈴，即應由值勤的法警引導入庭靜候訊問，不得擅行離去，值日檢察官聞鈴後應立即率同書記官開庭訊問，或指揮檢察事務官進行詢問，並依法製作筆錄。

　　申告鈴的使用以「辦公時間」為限，但遇有急迫之情形時，得例外地加以使用，以達告訴、告發或自首的目的。

第四章　書狀之種類

　　關於書狀的撰擬，首先應辨別書狀之種類。書狀之種類依案件之性質，大致可以分為三類，即「民事書狀」、「刑事書狀」及「行政書狀」。

　　依司法院於民國93年12月27日院台廳刑一字第0930031459號公布，105年11月23日修正之「司法狀紙要點」（原名稱為「司法狀紙規則」），刑事、行政訴訟及少年事件當事人向法院陳述使用司法狀紙時，應依以下規定為之：

司法狀紙要點

一、刑事、行政訴訟及少年事件，當事人向法院陳述，使用司法狀紙時，依本要點為之。

二、司法狀紙大小規格，應為A4尺寸（寬21公分、高29.7公分），並應依格式一或格式二製作（附格式一、二及範例），以中文直式橫書方式書寫。

三、刑事、行政訴訟及少年事件之委任狀格式，應以直式橫書方式書寫（附格式三）。

．格式一：（首頁）──（各頁得雙面列印，上下左右邊界為2.5公分）

$\updownarrow$ 2.5cm

2.5cm $\leftrightarrow$

刑事		狀
案　　　號	年度　　字第　　號	承辦股別
訴 訟 標 的金額或價額	新臺幣	元
稱　　　謂	姓名或名稱	依序填寫：國民身分證號碼或營利事業統一編號、性別、出生年月日、職業，住居所、就業處所、公務所、事務所或營業所、郵遞區號、電話、傳真、電子郵件位址、指定送達代收人及其送達處所。
		身分證字號（或營利事業統一編號）： 性別：男／女　生日：　職業： 住： 郵遞區號：　電話： 傳真： 電子郵件位址： 送達代收人： 送達處所：

$\leftrightarrow$ 2.5cm

$\updownarrow$ 2.5cm

（中頁）──（各頁得雙面列印，上下左右邊界爲2.5公分）

2.5cm

2.5cm

2.5cm

2.5cm

（底頁）──（各頁得雙面列印，上下左右邊界為2.5公分）

2.5cm

2.5cm

2.5cm

公　鑒

證物名稱 及 件 數	

中　華　民　國　　　　年　　　　月　　　　日

具狀人　　　　　　　　簽名蓋章

撰狀人　　　　　　　　簽名蓋章

2.5cm

・格式二：上下左右邊界爲2.5公分

↕ 2.5cm

2.5cm ↔

狀　　　別：（依書狀種類記載，例：○○起訴狀、答辯狀、準備書狀
　　　　　　等）
案號及股別：（法院受件之案號及承辦股之代號，若案件尚未分案，則省
　　　　　　略）
訴訟標的金額或價額：新台幣　　　　　　　元（若無此項，則省略）
當事人：（依稱謂、姓名或名稱、國民身分證號碼或營利事業統一編號、
　　　　　性別、出生年月日、職業、住居所、就業處所、公務所、事務所
　　　　　或營業所、郵遞區號、電話號碼、傳眞號碼或電子郵件位址、送
　　　　　達代收人及其送達處所；如有法定代理人、訴訟代理人及輔佐人
　　　　　等，則依前揭順序，由上往下逐一分項記載）
本　　　文：（依○○訴訟法所規定各式書狀之內容順序，由上往下逐一分
　　　　　　項記載；如有證據，請一併載明）

法院名稱：（全銜）
中華民國年月日：（國曆）
具狀人：（簽名蓋章）
撰狀人：（簽名蓋章）

↔ 2.5cm

↕ 2.5cm

範例：

　　刑事附帶民事○○狀

案號：
股別：
訴訟標的金額：新台幣○○○元

原　　　　告 王○○　身分證字號：A1○○○○○○○○　男　○年○月○日生
　　　　　　商　住台北市○路○號　郵遞區號：○○○　電話：02-
　　　　　　2○○○○○○○　送達代收人：章○○　住台北市○路○
　　　　　　號　郵遞區號：○○○
　　　　　　（註：若一行不敷記載而於次行連續記載時，應與身分證字
　　　　　　號齊頭記載）
法定代理人 趙○○　身分證字號：A1○○○○○○○○　　男　○年○月○
　　　　　　日生　商　住同上　郵遞區號：○○○　　電話：02-
　　　　　　2○○○○○○○　傳眞：02-○○○○○○○○
　　　　　　（註：若爲數人之法定代理人，稱謂則記載爲「共同法定代
　　　　　　理人」或「上○人法定代理人」，以下訴訟代理人亦同）
訴訟代理人 李○○　（律師）住台北市○路○號　郵遞區號：○○○　　電
　　　　　　話：02-2○○○○○○○　送達代收人　陳寅卯（律
　　　　　　師）住台北市○路○號　郵遞區號：○○○　　電話：02-
　　　　　　2○○○○○○○
原　　　　告 錢○○　身分證字號：A1○○○○○○○○　男　○年○月○日生
　　　　　　公　住台北市○路○號　郵遞區號：○○○　　電話：02-
　　　　　　2○○○○○○○
　　　　　　（空一行，但對造當事人若自頁首記載起，則毋庸空行）
被　　　　告 孫○○　身分證字號：A1○○○○○○○○　　　男　○年○月○日
　　　　　　生　住台北市○路○號　郵遞區號：○○○　　電話：02-
　　　　　　2○○○○○○○
　　　　　　楊○○　身分證字號：A1○○○○○○○○　男　○年○月○日生
　　　　　　住同上　郵遞區號：○○○　　電話：02-2○○○○○○○

為刑事附帶民事訴訟請求損害賠償事：

　　訴之聲明
一、被告應連帶給付原告新台幣○○○元，及自民國○○年○○月○○日起至清償
　　日止，按年息百分之5計算之利息。
二、訴訟費用由被告連帶負擔。

　　事實及理由
　　緣被告共同打傷原告，傷害案業經檢察官提起公訴，爰依刑事訴訟法第487條提
起刑事附帶民事訴訟，請求鈞院判決如訴之聲明（註：事實及理由若複雜，則分點
敘述）。

　　證據
一、驗斷書影本（原本）一張。
二、證人　○○○　住台北市○路○號

　　此致
台　　灣　　○　　○　　地　　方　　法　　院　公　鑒

中　華　民　國　　○○　　年　　○○　　月　　○○　　日

　　　　　　　　具狀人　　○○○　　　　簽名
　　　　　　　　　　　　　　　　　　　　蓋章

　　　　　　　　撰狀人　　○○○　　　　簽名
　　　　　　　　　　　　　　　　　　　　蓋章

・格式一：首頁——（各頁得雙面列印，上下左右邊界為2.5公分）

2.5cm

2.5cm

2.5cm

民事				狀
案　　　號	年度　　字第　　號		承辦股別	
訴 訟 標 的 金 額 或 價 額	新臺幣			元
稱　　　謂	姓名或名稱	依序填寫：國民身分證號碼或營利事業統一編號、性別、出生年月日、職業，住居所、就業處所、公務所、事務所或營業所、郵遞區號、電話、傳真、電子郵件位址、指定送達代收人及其送達處所		
		身分證字號（或營利事業統一編號）： 性別：男／女生日：職業： 住： 郵遞區號：電話： 傳真： 電子郵件位址： 送達代收人： 送達處所：		

2.5cm

（中頁）——（各頁得雙面列印，上下左右邊界爲2.5公分）

2.5cm

2.5cm

2.5cm

2.5cm

（底頁）──（各頁得雙面列印，上下左右邊界為2.5公分）

2.5cm

公　鑒

證物名稱及件數	
中　華　民　國　　　　年　　　月　　　日	

具狀人　　　　　　　簽名蓋章

撰狀人　　　　　　　簽名蓋章

2.5cm

· 格式二：上下左右邊界為2.5公分

2.5cm

狀　　　別：（依書狀種類記載，例：民事起訴狀、答辯狀、準備書狀
　　　　　　　等）
案號及股別：（法院受件之案號及承辦股之代號，若案件尚未分案，則省
　　　　　　　略）
訴訟標的金額或價額：新台幣　　　　　　　　　元（若無此項，則省略）
當事人：（依稱謂、姓名或名稱、國民身分證號碼或營利事業統一編號、
　　　　　性別、出生年月日、職業、住居所、就業處所、公務所、事務所
　　　　　或營業所、郵遞區號、電話號碼、傳真號碼或電子郵件位址、送
　　　　　達代收人及其送達處所；如有法定代理人、訴訟代理人及輔佐人
　　　　　等，則依前揭順序，由上往下逐一分項記載）
本　　　文：（依民事訴訟法所規定各式書狀之內容順序，由上往下逐一分
　　　　　　　項記載；如有證據，請一併載明）

法院名稱：（全銜）
中華民國年月日：（國曆）
具狀人：（簽名蓋章）
撰狀人：（簽名蓋章）

2.5cm　　　　　　　　　　　　　　　　　　　　　　　　　　　　2.5cm

2.5cm

範例：

　　民事起訴狀

訴訟標的價額或金額：新台幣○○○元（裁判費：○○○元）

原　　　告　王○○　　身分證字號：A1○○○○○○○　　男　○年○月○日生
　　　　　商　　住台北市○路○號　　郵遞區號：○○○　　電話：02-
　　　　　2○○○○○○○　　送達代收人：章○○　　住台北市○路○
　　　　　號　郵遞區號：○○○
　　　　　（註：若一行不敷記載而於次行連續記載時，應與身分證字
　　　　　號齊頭記載）

法定代理人　趙○○　　身分證字號：A1○○○○○○○　　　男　○年○月○
　　　　　日生　商　住同上　郵遞區號：○○○　　電話：02-
　　　　　2○○○○○○○　　傳真：02-○○○○○○○
　　　　　（註：若為數人之法定代理人，稱謂則記載為「共同法定代
　　　　　理人」或「上○人法定代理人」，以下訴訟代理人亦同）

訴訟代理人　李○○　　（律師）住台北市○路○號　郵遞區號：○○○　　電
　　　　　話：02-2○○○○○○　　送達代收人　陳寅卯（律
　　　　　師）住台北市○路○號　郵遞區號：○○○　　電話：02-
　　　　　2○○○○○○○

原　　　告　錢○○　　身分證字號：A1○○○○○○○　　男　○年○月○日生
　　　　　公　　住台北市○路○號　郵遞區號：○○○　　電話：○2-
　　　　　2○○○○○○○
　　　　　（空一行，但對造當事人若自頁首記載起，則毋庸空行）

被　　　告　孫○○　　身分證字號：A1○○○○○○○　　男　○年○月○日
　　　　　生　住台北市○路○號　郵遞區號：○○○　　電話：02-
　　　　　2○○○○○○○

　　　　　楊○○　　身分證字號：A1○○○○○○○　　男　○年○月○日生
　　　　　住同上　郵遞區號：○○○　　電話：02-2○○○○○○○

為請求給付票款事：

訴之聲明

一、被告應連帶給付原告新台幣○○○元，及自民國○○年○○月○○日起至清償
　　日止，按年息百分之6計算之利息。

二、原告願供擔保，請准宣告假執行。

三、訴訟費用由被告連帶負擔。

　　事實及理由

　　緣原告執有被告共同簽發○○年○○月○○日、面額新台幣○○○元、付款人
為○○○、票據號碼○○○○○號之支票（下稱系爭支票）一張，詎屆期經提示，
竟不獲支付。原告屢次催討，亦均未獲置理，爰依票據法律關係，請求　鈞院判決
如訴之聲明（註：事實及理由若複雜，則分點敘述）。

　　證據

一、系爭支票影本（原本）一張。

二、證人　○○○　住台北市○路○號

　　此致

台　灣　○　○　地　方　法　院　簡　易　庭公鑒

中　華　民　國　○○　年　○○　月　○○　日

　　　　　　　　具狀人　　○○○　　　　簽名
　　　　　　　　　　　　　　　　　　　　蓋章

　　　　　　　　撰狀人　　○○○　　　　簽名
　　　　　　　　　　　　　　　　　　　　蓋章

　　依民國93年11月26日修正、105年11月30日修正、113年2月21日修正之「民事訴訟書狀規則」規定，民事事件當事人以書面向法院有所陳述時，應使用司法狀紙，規定如下：

民事訴訟書狀規則

中華民國89年3月23日
司法院院台廳民一字第07226號令發布
中華民國93年11月26日
司法院院台廳民一字第0930028988號令發布
中華民國105年11月30日
司法院院台廳民一字第1050028718號令發布
中華民國113年2月21日
司法院院台廳民一字第1130100244號令修正發布

第一條　本規則依民事訴訟法第116條第4項訂定之。

第二條　民事事件當事人向法院有所聲明或陳述，除法律另有規定外，應使用書狀，其格式及記載方法依本規則為之。

第三條　當事人書狀用紙之規格，應為A4尺寸（寬21公分、高29.7公分），紙質應適於卷宗編訂及保存。

　　　　書狀之記載應以中文直式橫書由左至右書寫，使用之字體、間距及墨色應適於肉眼閱讀。

　　　　書狀應以電腦文書處理方式製作。但具狀者為未委任訴訟代理人之自然人、當事人依民事事件委任非律師為訴訟代理人許可準則第三條規定委任之訴訟代理人，或有特殊情形者，不在此限。

　　　　以電腦文書處理方式製作書狀者，宜依下列各款方式為之，參考格式如附件一：

　　　　一、字型大小為14號以上，20號以下。

　　　　二、行距採單行間距或固定行高25點以上，30點以下。

　　　　三、頁面底端編列頁碼。

　　　　四、總頁數逾30頁者，於書狀首頁編列目錄。

　　　　五、雙面列印。

　　　　以手寫方式製作書狀者，宜以黑色或藍色墨水書寫，並於頁面底端編列頁碼，參考格式如附件二。

第四條　書狀所附之證據及文件，宜分別依序於第一頁頁面頂端靠右或置中處標示編號，並於頁面底端編列頁碼。

第五條　當事人未依格式或記載方法製作書狀且情節重大，經法院定期間通知其補正，而未補正者，法院得拒絕其書狀之提出，並發還書狀；無法發還者，不列爲訴訟資料。

第六條　本規則自發布日施行。

第五章　狀紙之內容

　　撰寫狀紙內容前，應先瞭解狀紙內應記載哪些事項，以下分別就民事、刑事及行政書狀來加以說明：

㈠民事書狀共有下列之事項：

1. 書狀名稱欄：爲了便於瞭解狀紙之內容及其用意，狀紙上有一書狀「名稱」欄。例如：民事起訴狀，民事答辯狀、民事抗告狀、民事聲請狀、民事上訴狀等。

2. 案號欄：由於法院內之案件甚多，須以案件繫屬之年度、繫屬之次序及案件之性質，編成「案號」，俾便於區分案件。案件提出並經編案號後，續有書狀提出時，應加註案號。

   目前案號之編列，乃按年度、案件種類及繫屬之次序，分別編號。

   常見民事案件之案號：（完整民刑事案件之案號請詳參【附錄三】）

   ⑴第一審通常訴訟事件冠以「訴」；

   ⑵第一審簡易訴訟事件冠以「簡」；

   ⑶繼續審判事件冠以「續」；

   ⑷調解事件冠以「調」；

   ⑸第二審上訴事件冠以「上」，簡易案件上訴事件冠以「簡上」；

   ⑹抗告事件冠以「抗」；

   ⑺發回或發交更審案件冠以「○更」；

   ⑻再審事件冠以「再」；

   ⑼督促事件冠以「促」；

   ⑽保全事件冠以「全」；

   ⑾勞動事件冠以「勞訴」；

   ⑿婚姻事件冠以「婚」；

   ⒀金融事件冠以「金」；

   ⒁國家賠償事件冠以「國」；

   ⒂營建事件冠以「建」。

3. 承辦股別欄：法院承辦案件，於分案後由特定一股承辦，該股亦有一代號，如：金、木、水、火、土、甲、乙、丙、丁、戊……等。

4. 訴訟標的金額或價額欄：民事訴訟案件現行制度採「有償主義」，當事人須依規定繳納裁判費用。裁判費用之繳納有時係以訴訟標的爲基準，故有「訴訟標的金額或價額欄」，由當事人填寫後，使收受書狀人員便於計算。司法院所發

布「辦理民事訴訟事件應行注意事項」壹、收受書狀第2項規定：「收受書狀人員應注意有關徵收裁判費之規定，依書狀內容，應徵裁判費者，即應計算裁判費額數，遇有計算方法不明者，送請法官指示。」

5. 當事人欄：當事人係訴訟之主體，如原告、被告、抗告人、相對人、聲請人、參加人、上訴人、被上訴人、再審原告、再審被告……等等。這些當事人應將其稱謂、姓名或名稱、住所或居所詳載於狀紙上。如有「送達代收人」時，則將送達代收人之姓名、住址，亦載於送達代收人欄內。

所謂「送達代收人」乃依民事訴訟法第133條第1項規定：「當事人或代理人經指定送達代收人向受訴法院陳明者，應向該代收人為送達。」所以當事人如有不便於收受送達，而有由他人代為收受送達時，始有指定送達代收人之必要。關於送達代收人之填載方式，例如：「指定台北市中正區羅斯福路二段9號7樓之2李永然律師為送達代收人」（電話：(02)2395-6989）。

當事人係自然人時，載其姓名；當事人係法人或其他團體者，載其名稱。如有法定代理人或訴訟代理人亦應載明。

6. 證人欄：當事人對於主張有利於己之事實，負有舉證責任（參見民事訴訟法第277條）。證人是證據方法之一，如當事人認為待證事實有證人足資作證時，可將其姓名及其住居所詳載於證人欄內。例如：「證人一：李永然住台北市中正區羅斯福路二段9號7樓之2。證人二：陳誠住台北市復興南路二段236號12樓」。

7. 證物名稱及件數欄：證物也是可以作為證據方法之一，不論公文書或私文書均可，但應將文件名稱、件數載明於證物欄內，例如：「證物一：台北市士林區大梁段一小段003號土地登記謄本乙份。證物二：買賣契約書影本乙份。證物三：被告親筆書立之收據影本乙份」。

8. 管轄法院名稱欄：狀紙提出，有其受文單位，其受文單位即係管轄法院。例如：台灣台北地方法院民事庭、台灣新北地方法院民事庭、台灣士林地方法院民事庭、台灣高等法院民事庭、台灣高等法院花蓮高分院民事庭、台灣高等法院台中高分院民事庭、台灣台北地方法院民事執行處……等等。

9. 日期欄：狀紙提出有一定之日期，該日期欄即係載明其提出之日期，例如：民國104年8月4日提出，即於日期欄上載民國104年8月4日。

10. 具狀人及撰狀人欄：具狀人乃提出狀紙之當事人，而撰狀人則係代當事人撰寫狀紙之人。例如：王甲為原告，提出起訴狀，該狀紙係委託李永然律師撰寫，則應記載為「具狀人　王甲　撰狀人　李永然律師」。

11. 內容欄：狀紙除去前開各欄外，空白直格內均係供為填載當事人之主張、聲明、陳述……之用，或稱之為「內容欄」。例如：於起訴狀，應在內容欄內記

載訴之聲明、事實及理由、證據之主張方法……等。於答辯狀內，應記載答辯之聲明、答辯之事實及理由、證據之主張方法……等。

(二)刑事書狀：其狀面紙、狀底紙內與民事書狀均相同，現略加說明於後：

1. 書狀名稱：刑事狀紙名稱，例如：刑事自首狀、刑事告訴狀、刑事自訴狀、刑事答辯狀、刑事調查證據聲請狀、刑事上訴狀、刑事抗告狀、刑事再審聲請狀、刑事非常上訴聲請狀、刑事請求檢察官上訴狀、刑事附帶民事起訴狀……等等。

2. 案號欄：刑事案件之案號，亦按年度、案件種類及繫屬次序，分別編號。

   常見刑事案件之案號：（完整民刑事案件之案號請詳參【附錄三】）

   (1)第一審通常案件冠以「訴」；

   (2)不得上訴第三審之第一審案件冠以「易」；

   (3)聲請簡易判決案件冠以「簡」；

   (4)自訴案件冠以「自」；

   (5)第二審通常上訴案件冠以「上訴」；

   (6)不得上訴第三審之第二審案件冠以「上易」；

   (7)第一審金融通常訴訟案件，得上訴第三審冠以「金訴」；

   (8)抗告案件冠以「抗」；

   (9)發回或發回更審案件冠以「○更」；

   (10)聲請再審案件冠以「聲再」。

3. 承辦股別欄：按其股別填載。

4. 當事人欄：刑事案件之當事人如：自訴人、告訴人、被告、上訴人、抗告人、受判決人、聲請人……等等，在當事人欄將當事人之稱謂、姓名或名稱、年齡、籍貫、住所或居所、職業、性別載明。如有指定送達代收人之必要時，始將送達代收人之姓名及住址載上，或再加註電話號碼。

5. 證人欄：與民事狀紙相同。

6. 證物名稱及件數欄：與民事狀紙相同。

7. 管轄法院名稱：狀紙提出，有其受文單位，其受文單位即係管轄法院。例如：台灣台北地方檢察署、台灣台北地方法院刑事庭、台灣高等法院刑事庭、最高法院刑事庭……等。

8. 日期欄：與民事狀紙相同。

9. 具狀人及撰狀人欄：與民事狀紙相同。

10. 內容欄：當事人應將被告之犯罪事實、所犯法條、證據或答辯之理由或請求之事項，詳載於內容欄內，俾便於法院處理。

第六章　訴狀之遞送

對於以書面撰寫之訴狀，當事人應當如何地遞送？關於其遞送方法可分為三種：㈠郵寄遞送；㈡送法院收發室；㈢當庭呈遞；此三種方法在不同的情形下得加以運用。

㈠郵寄遞送：訴狀不問是民事或刑事訴狀均可以郵寄遞送。但除刑事案件無須繳納裁判費用或郵票費外，如於民事事件依法須繳納裁判費用或郵票費用者，應依其數額購買「匯票」，隨狀寄送該管轄法院。

寄送時外加信封，信封上應寫明其管轄法院之民事庭、刑事庭、民事執行處、檢察署等，如有案號時，應將案號附記於信封之上，俾便於處理。

㈡送法院收狀處：各法院於門口均有「為民服務中心」，且有「法院」、「檢察署」之分。例如：刑事告訴狀、告發狀或自首狀等，應向檢察署之窗口遞送；如係刑事自訴狀、刑事補充自訴理由狀等，應向地方法院刑事庭窗口遞送；如係民事起訴狀、民事公示催告聲請狀、民事調解聲請狀等，應向地方法院窗口遞送。

㈢當庭呈遞：有些訴狀係於案件已繫屬於法院後遞送，此種補充的訴狀可以利用開庭時當庭呈遞，以省卻麻煩。

在此尚須附帶一提者，乃關於遞送之訴狀應注意其所應送之單位，切勿發生錯誤，現舉例說明如下：

㈠刑事上訴狀的投遞：不服地方法院刑事庭的刑事判決，得自判決送達後「二十日」內上訴（參見刑事訴訟法第349條）。但此一刑事上訴書狀應由地方法院刑事庭轉呈管轄之高等法院刑事庭，因此，應向地方法院刑事庭提出，並且應按他造當事人之人數，提出上訴書狀繕本。例如：台灣台北地方法院刑事庭的判決不利於被告時，被告可以上訴，被告之刑事上訴書狀，應由「台灣台北地方法院刑事庭轉呈台灣高等法院刑事庭」（參見刑事訴訟法第350條）。又例如：台灣高等法院高雄分院之刑事判決不利於被告時，被告可以於法定期間內上訴，此一上訴書狀應由「台灣高等法院高雄分院刑事庭轉呈最高法院」。

㈡刑事再議聲請狀的投遞：告訴人接受地方檢察署檢察官不起訴處分書後，得於「十日內」以書狀，即刑事再議聲請狀，敘述不服的理由，經原檢察官向直接上級檢察署檢察長或檢察總長聲請再議（參見刑事訴訟法第256條第1項前段），因此，應向地方檢察署提出。例如：告訴人甲因遭被告乙詐欺，甲乃向台灣台北地方檢察署提出告訴，結果地檢署檢察官以證據不足，而對被告乙為不起訴處分，告訴人甲不服該不起訴處分，乃聲請再議，此一刑事再議聲請狀

應於法定期間內，由「台灣台北地方檢察署檢察官轉呈台灣高等檢察署檢察長」。

㈢民事上訴狀的投遞：地方法院民事庭所作的民事判決書，當事人可以上訴於第二審法院（參見民事訴訟法第437條），而提起上訴應於第一審判決送達後「二十日」內為之（參見民事訴訟法第440條）。提起上訴應以「民事上訴狀」表明：1.當事人及法定代理人；2.第一審判決及對於該判決上訴之陳述；3.對於第一審判決不服之程度，及應如何廢棄或變更之聲明；4.上訴理由，且該民事上訴狀應向原第一審法院提出（參見民事訴訟法第441條），即向地方法院民事庭提出。例如：原告甲向被告乙請求給付貨款新台幣100萬元，台灣台北地方法院民事庭判決原告甲敗訴，原告甲可以在法定期間內提起上訴，該上訴狀應提出於「台灣台北地方法院民事庭轉呈台灣高等法院民事庭」。然對於簡易訴訟程序的第二審裁判，如欲提起第三審上訴，須經原裁判法院的許可（參見民事訴訟法第436條之3第1項）。

㈣行政上訴狀的投遞：對於高等行政法院之終局判決，除行政訴訟法或其他法律別有規定外，得上訴於最高行政法院（參見行政訴訟法第238條）。提起上訴，應於高等行政法院判決送達後「二十日」之不變期間內為之；但宣示或公告後送達前之上訴，亦有效力（參見行政訴訟法第241條）；提起上訴，應以「上訴狀」提出於「原高等行政法院」；再由原高等行政法院轉呈「最高行政法院」（參見行政訴訟法第244條）。

第七章　卷宗之整理

　　處理訴狀，還須注意卷宗的整理。由於一個案件從開始到終結，所須處理之訴狀以及法院之裁判書或通知書甚多，又有時訴狀投遞或繳費時尚有「收狀條」或「收費單據」，均應將之有條不紊地加以整理，最好的方法就是整理成一「卷宗」。

　　目前法律事務所處理當事人的文件，也均裝訂成一卷宗，按照該書狀或裁判書類之時間順序，有秩序地加以整理，並蓋用收受日期戳章，如有收狀條或收據時，則將之與該類書狀集中一起，俾便於查索。又如有相關之證據，例如文書時，亦將之摺疊妥當後，置於「證物袋」內，或亦將之一併裝訂於卷宗內。另得善用書局販賣之彩色索引片，將附於同卷宗之非屬本案但有相關之資料區隔，使用上將更為便利與快速。

　　接下來說明法院閱卷資料之整理，無論是當事人或律師處理案件，往往會有到法院閱卷之需要，而法院的卷宗通常會編列頁碼，以供訴訟進行提示證據及撰寫判決註明證據出處之所需，故每次閱卷時即須注意前次之閱卷資料是否已更新至最新頁碼，以利整理卷宗、撰寫書狀引用之便。而閱得之資料若能使用前述之彩色索引片與原有卷宗區隔，或另編列「法院卷宗」，使閱卷資料不至於與原有卷宗資料夾雜在一起，使用上將更為便利。

　　有些當事人不知整理訴訟資料，一逢訴訟出庭時，在庭上手忙腳亂，查閱資料，致稽延訴訟程序的進行，所以今後處理訴訟資料、文書應當養成整理卷宗的習慣。如能將卷宗有條不紊地整理，有助於當事人瞭解案件進行的情形，以及資料的查閱。

第八章　撰狀之準備

撰狀是一門相當專門的學問，但遇有需要而又必須親自撰擬時，究竟應爲哪些準備呢？

㈠備妥一本六法全書：撰擬書狀牽涉當事人的主張或聲請提出的條件、管轄法院……等，這些事項往往規定於法令之中，當事人如未能先行查索相關法令的規定，必然容易造成錯誤，致損及自己之權益。

例如：當事人想提出民事支付命令聲請狀，應先查看民事訴訟法第508條至第521條的規定。民事訴訟法第508條第1項規定：「債權人之請求，以給付金錢或其他代替物或有價證券之一定數量爲標的者，得聲請法院依督促程序發支付命令。」依該規定，可以瞭解如買房子，而出賣人不移轉過戶，是不能向法院請求對出賣人發「支付命令」，應另循其他途徑救濟。

又例如：當事人想提出刑事告訴時，亦應先查看刑事訴訟法第232條至第242條之規定。刑事訴訟法第232條規定：「犯罪之被害人，得爲告訴。」所以如果不是犯罪被害人的話，縱使知悉有人犯罪，也不得提出「刑事告訴」，至多僅能爲刑事告發（但告訴乃論之罪者，非被害人仍不得爲告發）。

另應注意法令修正動態，蓋法令乃會隨著社會發展與需求與時俱進，故參閱六法全書時，宜再到「全國法規資料庫」網站：http://law.moj.gov.tw/。檢視所援引之法規有無更新修正，以避免誤用修正前之法規。

㈡查閱判解叢書：抽象的法條在具體適用時，常會產生見解的不同，故除了須知悉法條外，尚須瞭解該法條具體適用的情形，可參考者，例如：司法院大法官解釋、最高法院大法庭裁定、判決、最高法院民事庭決議及刑事庭決議、各級法院法律問題座談會座談意見、司法院司法業務研究會研究意見……等。

既要參考這些資料，即須查閱相關判解叢書。目前司法院已提供乙套非常實用之法學資料檢索系統，網址爲：http://lawsearch.judicial.gov.tw。

㈢分析案件事實：撰狀必須明瞭案件事實，將該案件澈底地分析，明瞭事實及證據主張方法，如此才能掌握案件的有利發展，案件同時有數個事實宜分點分段敘明，切勿含混帶過，俾免不利，並造成法院處理上的困擾。

㈣研究法律關係：撰狀除應先明瞭案件的事實及主張證據的方法外，還須研究其法律關係。例如：甲持有乙所簽發的支票一張，該支票因存款不足退票時，此時究竟依「票據關係」或「借貸關係」起訴請求？又甲土地遭乙占用，甲欲回復損害時，究竟要依「侵權行爲」或「不當得利」起訴請求？

如上所述的四點，僅是約略提及撰狀時所應做的準備，除此之外，不爲顯無勝訴希望的訴訟，不隨意捏造事實等，均須注意。

第九章　撰狀之要領

　　明瞭撰狀前之準備後，繼而來說明撰狀時應如何為之。就前面所述，因案件之性質不同，所使用的名稱、應記載事項等，也會有差異。

一、書狀之名稱

　　人有姓名，書狀也有其名稱，又稱狀別，撰狀時如何將名稱正確地撰寫於狀紙上，此極為重要。關於狀紙名稱有些是法律上明文規定，有些是相沿成習者，前者如：民事起訴狀（參見民事訴訟法第244條）、民事準備書狀（參見民事訴訟法第265條、第266條）、民事上訴狀（參見民事訴訟法第441條、第470條、第471條）、民事抗告狀（參見民事訴訟法第488條）、民事支付命令聲請狀（參見民事訴訟法第511條）、民事假扣押聲請狀（參見民事訴訟法第525條）、民事公示催告聲請狀（參見民事訴訟法第541條）、刑事告訴狀、刑事告發狀（參見刑事訴訟法第242條）、刑事聲請再議狀（參見刑事訴訟法第256條）、刑事自訴狀（參見刑事訴訟法第320條）、刑事上訴狀（參見刑事訴訟法第350條）、刑事抗告狀（參見刑事訴訟法第407條）、刑事聲請再審狀（參見刑事訴訟法第429條）、刑事附帶民事訴訟起訴狀（參見刑事訴訟法第492條）、行政訴訟起訴狀（參見行政訴訟法第57條）等。

　　至於後者如：民事答辯狀、民事公示送達聲請狀、民事聲明上訴狀、民事上訴理由狀、民事補充上訴理由狀、刑事停止羈押聲請狀、刑事調查證據聲請狀、刑事傳喚證人聲請狀、刑事陳報狀、刑事補充再議理由狀等。

　　在這麼多的名稱，究竟如何地選用？其實面對此一問題只須把握幾個要領即可：

㈠ 書狀名稱不宜過長；

㈡ 書狀名稱如法律已有規定，即應依法律之規定定名；

㈢ 如無法律之規定，可以沿習，也可以自創；

㈣ 自創時必須「名實相符」，使訴狀之名與內容相一致。例如：法院以傳票通知開庭，當事人無法屆時前往，可撰寫「民事延期開庭聲請狀」。又如當事人被判刑二個月，其所犯之罪最高本刑為五年以下，當事人因尚在學校就讀，依刑法第41條之規定，可以聲請易科罰金，此一狀紙可定名為「刑事易科罰金聲請狀」。

二、案號欄之記載

㈠ 案號，即案件依「民刑事件編號計數分案報結實施要點」所編定之訴訟案件卷宗字號，應記載於書狀內。

㈡「案號」欄於起訴或聲請強制執行時，應予空白，答辯狀則記載法院通知單內所載之案號，上訴狀則記載原判決案號，其餘類推之。另除案號外，若知悉法院承辦股別時，宜在書狀上記載股別，以利法院收發處能順利將書狀送達至承辦法官手上。

三、訴訟標的金額或價額欄之記載

㈠「訴訟標的金額或價額」欄，不必計入附帶請求部分，亦即僅須記載積欠之本金及利息、違約金等附帶請求於起訴前已生之部分，毋須記載起訴後所生之部分（民事訴訟法第77條之2第2項），以節省訴訟費用。

㈡ 記載金額應用國字大寫。

㈢ 案件已繫屬於法院之後，再提出的書狀，本欄省略記載亦無妨。

四、當事人稱謂欄填載

前面也提到，在狀面紙上有當事人稱謂欄，當事人稱謂欄上有當事人之姓名或名稱、國民身分證號碼、性別、出生年月日、職業、住居所、電話、傳真等，依下列原則視情況加以填寫：

㈠ 民事書狀之稱謂：

1.在民事狀紙，具狀人的當事人姓名或名稱應寫在最前，如有訴訟代理人時亦隨後填寫，但如該當事人有法定代理人時，則應先寫法定代理人，再寫訴訟代理人。

例如：甲是原告，只有十四歲，他的父親乙是甲的法定代理人，甲起訴並委請丙律師為訴訟代理人，此時寫當事人欄時，應係：

原　　　告　甲
法定代理人　乙
訴訟代理人　丙

又如原告有三人，其中二人有委任訴訟代理人，且以同一人為訴訟代理人，此時應將共同委請訴訟代理人之原告列名在一起，如：

原　　　告　甲
原　　　告　乙
上二人共同
訴訟代理人　丙
原　　　告　丁
被　　　告　戊

在法定代理人同時為當事人之情況下，又有共同委任訴訟代理人時，此時當事人

欄位應記載為：

原　　告　甲
兼上一人　乙
法定代理人
上二人共同　丙
訴訟代理人

2. 在民事事件，如係公司等法人為當事人時，須載公司之負責人為法定代理人。如自然人未成年，因無完全之行為能力，應以父母或監護人為「法定代理人」，此亦須於當事人欄上載明。

3. 民事事件當事人欄上只寫當事人姓名或名稱、住所或居所即可，其他如性別、出生年月日……等不寫亦可。又如有指定送達代收人的必要時，依民事訴訟法第134條規定：「送達代收人，經指定陳明後，其效力及於同地之各級法院。但該當事人或代理人別有陳明者，不在此限。」又同法第133條規定：「當事人或代理人經指定送達代收人向受訴法院陳明者，應向該代收人為送達。」所以指定送達必須相當慎重。

4. 當事人未成年者，宜記明其出生年月日。

5. 關於公同共有祭產或嘗產設有管理人者，管理人得以自己名義代表派下全體起訴或被訴，故以「某公」或「某嘗」名義起訴或應訴，而無從認其為法人或非法人之團體者，應列實際上為訴訟行為之人為當事人，並於其下加書「即某公管理人」或「即某嘗管理人」。

6. 以「堂名」或「商號」為當事人，而該「商號」或「堂名」係一人所設者，應先記姓名，再於其下記「即某堂」或「即某商號」。

7. 多數有共同利益之人選定一人或數人為全體起訴或被訴時，應列被選定人（一人或數人）為當事人，並於其姓名下註明係被選定人。

8. 當事人為破產管理人、遺囑執行人、遺產管理人、命付強制管理時之管理人，或失蹤人之財產管理人者，均應先書姓名，而於其下註明之。

9. 胎兒為當事人者，應書為「○○○之胎兒」，而應將其父之姓名標明，如不能標明其父之姓名者，應標明其母之姓名，並均以其母為法定代理人。

10. 再審之訴，其當事人應書為「再審原告」、「再審被告」。

11. 提起第二審上訴者，應記載為「上訴人」，其對造應記載為「被上訴人」，如兩造均提起上訴者，當事人均書為「上訴人」，被上訴人提起附帶上訴者，則於上訴人下加書「即附帶被上訴人」，於被上訴人下加書「即附帶上訴人」。有在上訴審提起主參加訴訟或為從參加者，如後述在第一審之例書之。

12.關於反訴當事人之記載：被告提起反訴者，記載當事人時，於原告下加書「即反訴被告」五字，於被告下加書「即反訴原告」五字，或不用「即」字而加括弧，內書「反訴被告」或「反訴原告」亦可。

13.關於參加人之記載：第三人提起主參加訴訟者（見民事訴訟法第54條），可於本訴訟兩造之前，將參加人書為「參加原告」，而於本訴訟原被告之下，均加書「即參加被告」字樣。若第三人係為從參加（見民事訴訟法第58條），則用「參加人」之名稱，並將其姓名、住居所書於其所輔助之當事人之次行。

14.代理人住所或居所，與所代理之當事人相同者，於姓名下書「同右」或「同上」二字即可。

15.訴訟代理人為律師者，宜記載律師事務所住址及電話，俾利法院送達文書及聯繫。

16.訴訟代理人委任複代理人者，應書於其左。如前後委任二人以上為複代理人者，均應一併列入。

㈡刑事書狀之稱謂：

刑事案件被告依刑事訴訟法第27條第1、2項規定：「（第1項）被告得隨時選任辯護人。犯罪嫌疑人受司法警察官或司法警察調查者，亦同。（第2項）被告或犯罪嫌疑人之法定代理人、配偶、直系或三親等內旁系血親或家長、家屬，得獨立為被告或犯罪嫌疑人選任辯護人。」如果被告撰寫刑事狀紙時，可以將選任辯護人之名列於被告之名後。例如：被告甲委任乙為其辯護人，被告甲要向檢察官提出答辯狀時，可以寫：

被　　　告　甲
選任辯護人　乙

㈢在當事人所撰的狀紙如有對造當事人時，有時一定須將對造之姓名或名稱列出，有時則不需要。一定須將對造之姓名或名稱列出者，例如：

1.民事起訴狀

原　　　告　甲
訴訟代理人　乙
被　　　告　丙
被　　　告　丁
法定代理人　戊

2.民事聲請狀

聲　請　人　甲

相　對　人　乙

3.刑事自訴狀

自　訴　人　甲

自訴代理人　乙

被　　告　丙

被　　告　丁

4.刑事告訴狀

告　訴　人　甲

告訴代理人　乙

被　　告　丙

綜合上述，將常用的民刑事書狀有關稱謂，表列如附表：

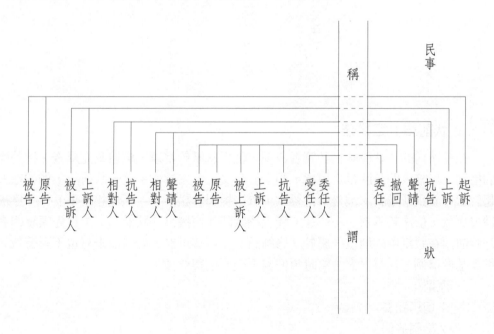

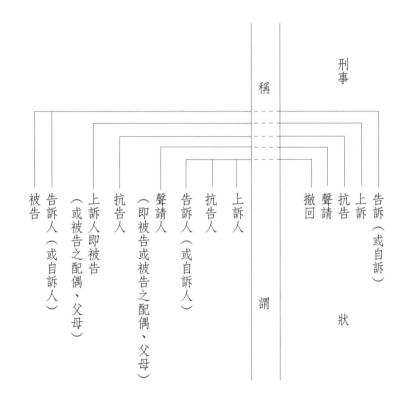

五、「狀前語」之寫法

在此所稱的「狀前語」乃筆者自創，係指狀紙於當事人欄填載完畢後，接著開端的措詞，用來表明該狀紙之用意，相當於公文之「主旨」。此一狀前語，例如在民事起訴狀可看到「為請求被告給付票款，依法提起訴訟事」、「為起訴事」、「為被告積欠貨款，依法起訴事」……等。究竟撰狀時如何撰寫「狀前語」？首先須說明者，乃狀前語在狀紙中的地位，屬於「修飾語」，可有可無，如疏而未寫也不影響效力。惟其基於慣例，都有書寫，寫時須把握下列原則與要領：

㈠ 原則：

　　1.切忌冗長；

　　2.措詞適切；

　　3.表明狀紙之用意。

㈡ 要領：

　　1.上訴第二審書狀記載狀前語，除按照第一審之例，書某事件外，並須於「事件」二字下加書「上訴人對於中華民國○○年○月○日○○地方法院第一審判決不服，依法提起上訴」等字樣。

2. 再審之訴，記載狀前語，除按照原事件書之外，應於「事件」二字下加書「再審原告對於中華民國○○年○月○日○○地方法院所為第一審判決，依法提起再審之訴」等字樣。

3. 上級法院發回或發交更審的事件，於記載狀前語時，應加書「經○○法院發回或發交更審」等字於其事件二字之後。如發回多次者，並應載明「第○次」字樣。

4. 宣告死亡、監護或輔助宣告、撤銷除權判決或死亡宣告之訴與撤銷監護或輔助宣告或駁回撤銷監護或輔助宣告聲請之裁定之訴，因另立卷宗號數，其狀前語亦依一般之例記載。

5. 因無管轄權而移送他法院，或由附帶民事訴訟移送民事庭的事件，亦從一般之記載之。

6. 和解成立後，當事人主張其有無效或得撤銷之原因而聲請繼續審判者，雖應另立「續」字案號，但記載狀前語，除從一般例示外，並須加書「原告或被告請求繼續審判」等字樣。

7. 調解有無效或得撤銷之原因，當事人提起宣告調解無效或撤銷調解之訴者，應另立卷宗號數，其狀前語按照一般之例書寫之。

8. 茲將常見案件之狀前語記載例示如下：

‧民事：

⑴ 為請求清償借款事件，依法起訴事；

⑵ 為請求遷讓房屋事件，依法答辯事；

⑶ 為請求確認土地所有權事件，依法提出準備書狀事；

⑷ 為○○高等法院（或最高法院第○次）發回更審，依法提出上訴理由事；

⑸ 上列當事人間為○○事件，原告（或被告）對中華民國○○年○月○日在 鈞院所為和解，依法請求繼續審判事；

⑹ 為○○事件，原告（或被告）對於中華民國○○年○月○日在 鈞院所成立調解，請求宣告調解無效（或撤銷調解），依法起訴事；

⑺ 為○○事件，原告（或被告）對於 鈞院中華民國○○年○月○日所為判決，依法聲請補充判決事；

⑻ 為○○事件，再審原告對於中華民國○○年○月○日○○地方法院所為確定判決，依法提起再審之訴事；

⑼ 上列聲請人對於支票權利（或某證券）經公示催告，依法聲請除權判決事；

⑽ 為○○事件，上訴人對於中華民國○○年○月○日○○地方法院第一審

判決，依法聲明上訴事；

⑪上列當事人間爲○○事件，上訴人對於中華民國○○年○月○日○○地方法院第一審判決提起上訴，被上訴人依法提起附帶上訴事。

・刑事：

⑴爲被告涉犯僞造文書案件，謹提出告訴事；

⑵爲被告等涉犯恐嚇取財等案件，謹提出自訴事；

⑶爲被訴恐嚇等案件，謹提呈準備書狀事；

⑷爲被訴廢棄物清理法案件，謹提呈聲請調查證據狀事；

⑸爲被訴違反證券交易法案件，謹聲請單次解除限制出境事；

⑹爲被訴傷害案件，不服原審台灣○○地方法院中華民國○○年○月○日第一審判決（○○年度○○字第○○號），謹提呈上訴理由狀事。

六、民事狀「訴之聲明」

在各類狀紙中，民事狀具有一特色，即有些狀紙上須有「訴之聲明」，訴之聲明爲當事人（起訴、答辯、上訴）請求之目的，而要求法院爲判決者。訴之聲明在狀紙中所占之地位極爲重要，倘有寫錯，嚴重時尚會影響訴訟之勝負，故不得不謹慎。惟訴之聲明究竟應如何撰寫？例如：原告訴之聲明、被告答辯之聲明、上訴人上訴之聲明、被上訴人答辯之聲明……等。

㈠ 訴之聲明，通常包括三部分，應分行敘明：

　　1.本案請求部分：如

　　・被告應給付原告○元，及自○○年○月○日起至清償日止，按年息百分之5計算之利息。

　　・確認○○銀行第○○○○號保險庫內所存之吳道子所畫觀音畫像一軸，爲參加原告所有。

　　⑴用語應力求簡明確定，不得稍涉含混，亦不可過於簡略。

　　⑵不宜引用其他文書，但遇訟爭物有多數或名稱冗長者，得作一目錄，附於狀紙之後，蓋以騎縫印，文內舉該物時，書爲「另紙目錄所載物件」。須繪圖者，得於文內載爲「如附圖」而另作一圖，附於狀紙之後。

　　2.訴訟費用部分：如

　　・訴訟費用由被告等連帶負擔。

　　・第一審及第二審訴訟費用由上訴人負擔。

　　3.假執行部分：如

　　・請依職權宣告假執行。

・請准供擔保，宣告假執行。

・請求駁回原告之訴及其假執行之聲請。

・如受不利之判決時，被告願供擔保，請准宣告免為假執行。

㈡ 第二、三審上訴時，在訴之聲明中，上訴人應先敘明「請求廢棄原判決」，被上訴人則敘明「請求駁回上訴」。

㈢ 訴訟得依當事人向法院起訴請求判決的內容，而有「給付之訴」、「確認之訴」及「形成之訴」之分。現分別各舉數例用以說明：

　　1.給付之訴：給付之訴係指當事人請求法院命被告為一定行為之訴而言。例如：請求遷讓房屋、請求拆屋還地、請求返還借款、請求清償票款等。關於其訴之聲明如何填寫例示如後：

〈例一〉請求返還借款

　　　訴之聲明

一、被告應給付原告新台幣20萬元，並自民國83年1月5日起至清償之日止，按年息百分之5計算之利息。

二、前項請求原告願供擔保，請准宣告假執行。

三、訴訟費用由被告負擔。

〈例二〉請求給付票款

　　　訴之聲明

一、被告應給付原告新台幣20萬元，並自民國83年1月5日起至清償之日止，按年息百分之5計算之利息。

二、訴訟費用由被告負擔。

三、原告願供擔保請准宣告假執行。

〈例三〉請求遷讓房屋

　　　訴之聲明

一、被告應將原告所有坐落台北市士林區大東段四小段○○○地號土地上之四層樓房第1層，建號：○○○，門牌號碼：台北市士林區大東路○○號之建物遷讓返還予原告。

二、訴訟費用由被告負擔。

三、第一項請求原告願供擔保，請准宣告假執行。

　　2.確認之訴：確認之訴乃指當事人請求法院確認實體法上法律關係成立或不成立，或證書真偽之訴（參見民事訴訟法第247條）。如確認法律關係成立者，屬「積極確認之訴」；如確認法律關係不成立者，屬「消極確認之訴」。關於確認之訴，例如：確認所有權存在與否、確認租賃關係存在與否、確認優先承購權存在與否等，其訴之聲明例示如後：

〈例一〉確認所有權

　　　訴之聲明

一、請確認坐落台北市士林區大東段一小段○○○地號土地，面積：50平方公尺之所有權為原告所有。

二、訴訟費用由被告負擔。

〈例二〉確認租賃關係

　　　訴之聲明

一、請確認原告與被告間就被告所有坐落台北市士林區大東段一小段○○○地號之土地上，建號：○○○，門牌號碼：台北市士林區大東路○○號之建物有租賃關係存在。

二、訴訟費用由被告負擔。

〈例三〉確認優先購買權

　　　訴之聲明

一、請確認原告對被告甲以新台幣3,000萬元，向被告乙購買坐落台北市士林區大東段四小段○○○地號土地，有依同一條件優先購買之權存在。

二、訴訟費用由被告負擔。

　　3.形成之訴：形成之訴乃指當事人請求法院確定實體法上的形成權存在，並依判決使其發生法律上效果之訴。例如：訴請分割共有物、訴請判決離婚等，其訴之聲明例示如後：

〈例一〉共有物分割

　　　訴之聲明

一、請准將坐落台北市士林區大東段四小段215地號之土地，以原物按附表所示之持分，如附圖所示之方法為分割。

二、訴訟費用由被告負擔。

〈例二〉裁判離婚

　　　訴之聲明

一、請准原告與被告離婚。

二、原告甲與被告乙所生長子丙之權利義務之行使或負擔由原告任之。

三、訴訟費用由被告負擔。

　　由前述之說明及舉例，可以瞭解訴之聲明的撰寫，相當不容易，必須要以慎重的態度臨之，否則容易造成錯誤。

七、事實、理由及證據之引用

　　㈠主要原則：

　　不論各類狀紙均涉及事實、理由及證據之引用，撰狀處理此部分時，也必須慎重，不可草率行之。撰狀必須在信念上有一認識，以閱讀者（法院或檢察署等）之角度爲出發點，使閱讀者得輕易明瞭書狀之主張及內容，即「使別人方便，便是給自己方便」。所以撰狀必須：

　　　　1.使事實明確，掌握人、事、時、地、物。

　　　　2.使理由周詳，引用法條、法理、判解……等。

　　　　3.使證據確鑿，辯解有據。主張各種證據方法，進行有利於當事人之調查。

　　㈡ 敘述要領：

　　　　1.起訴狀「事實及理由」欄，應將主張的事實，作簡明扼要的敘述，並應將有關本事件之時間、地點、人物等加以具體說明。

　　　　2.同一事件，程序問題與實體問題併存時，分段記載之，並應先記載程序問題。

　　　　3.同一事件，有兩種以上之事實或法律關係時，應分段記載之，每段記載一種事實或法律關係。其有多數當事人而情形各別者，亦同。倘事實、證據眾多繁雜時，宜視需求製作大事記、時間軸等圖表，以釐清事件發生之先後次序及可資依憑之證據。

　　　　4.有反訴、主參加訴訟、從參加訴訟、附帶上訴等情形時，就各該原因優先記載之。

　　　　5.分段記載時，得斟酌情形，於每段之首冠以編號，大段中再分小段者，亦同。編號之方式並無一定格式，最常見之格式爲國字大寫「壹、貳」，其次依序爲「一、」、「（一）」、「1.」、「(1)」，藉由分點分段之方式區分段落，使書狀更易閱讀。

　　　　6.書狀「事實及理由」欄後加「謹狀」或「此致」兩字，該兩字應於緊接次行書狀末「公鑒」前一行書寫，此乃爲免遭他人增添不實之內容。

　　　　7.關於證據及附件，應配合書狀名稱記載編號及名稱，例如：

　　　　　聲請狀之證據：聲證1、聲證2……

　　　　　起訴狀之證據：原證1、原證2……

　　　　　上訴狀之證據：上證1、上證2……

八、標點符號之使用

　　狀紙中各欄之記載，均應使用新式標點符號，用法如下：

　　1. 逗號〔，〕用於意義未完之語句。

　　2. 句號〔。〕用於意義已完之語句。

　　3. 引號〔「」〕凡文中有所引用時用之，多與冒號連用。

4. 雙引號〔『』〕於單引號內又有所引用或強調時使用。

5. 冒號〔：〕用於引敘或總括之文句，如原文照敘時，即與引號連用。

6. 頓號〔、〕用於分隔句中各對等之詞語。

7. 圓括號〔（）〕凡文中有夾註詞句，不與上下文氣相連者用之。

8. 分號〔；〕用於長句，包括併列之短句或複句中間。

九、狀紙文字之刪增

狀文寫妥之後最好不要增刪，萬一需要增刪，則須在增刪處蓋章，並在該行之頂上，註明「增加○○字」或「刪除○○字」或「刪改○○字」並蓋章。

十、最後檢查

司法狀紙撰寫完竣，於遞狀以前，應仔細校對書狀有無誤寫、誤繕、漏字等情形，另應檢查狀末「具狀人」有無署名蓋章，有無在狀內增刪之處蓋章，並於其字行首註明增刪字數後蓋章，於狀紙銜接處有無加蓋騎縫章，作為證物之文件依序排列附於狀尾，同時應附具送達他造同數繕本已否備足份數（可用白紙繕打或直接影印，無須使用狀紙），並於遞狀時請收發室人員於留存底稿蓋用收戳章，俾供證明已遞交書狀且無遲誤訴訟期間。

十一、附錄

在日常生活中之用字、用語多有同義之通用字，平時交互使用並不影響文義，但在法律上為求用字、用語精確，立法院有認可「法律統一用字表」（參【附錄一】）及「法律統一用語表」（參【附錄二】），茲以附錄方式檢附如後，俾供各位讀者卓參。

第二篇　民事書狀

第一章　民事訴訟法相關書狀

司法院依民事訴訟法第116條第4項訂定「民事訴訟書狀規則」，如未依規則提出書狀，依第5條處理。

民事訴訟書狀規則

中華民國113年2月21日
司法院院台廳民一字第1130100244號令修正發布

第一條　本規則依民事訴訟法第116條第4項訂定之。

第二條　民事事件當事人向法院有所聲明或陳述，除法律另有規定外，應使用書狀，其格式及記載方法依本規則為之。

第三條　當事人書狀用紙之規格，應為A4尺寸（寬21公分、高29.7公分），紙質應適於卷宗編訂及保存。

書狀之記載應以中文直式橫書由左至右書寫，使用之字體、間距及墨色應適於肉眼閱讀。

書狀應以電腦文書處理方式製作。但具狀者為未委任訴訟代理人之自然人、當事人依民事事件委任非律師為訴訟代理人許可準則第三條規定委任之訴訟代理人，或有特殊情形者，不在此限。

以電腦文書處理方式製作書狀者，宜依下列各款方式為之，參考格式如附件一：

一、字型大小為14號以上，20號以下。

二、行距採單行間距或固定行高25點以上，30點以下。

三、頁面底端編列頁碼。

四、總頁數逾30頁者，於書狀首頁編列目錄。

五、雙面列印。

以手寫方式製作書狀者，宜以黑色或藍色墨水書寫，並於頁面底端編列頁碼，參考格式如附件二。

第四條　書狀所附之證據及文件，宜分別依序於第一頁頁面頂端靠右或置中處標示編號，並於頁面底端編列頁碼。

第五條　當事人未依格式或記載方法製作書狀且情節重大，經法院定期間通知其補正，而未補正者，法院得拒絕其書狀之提出，並發還書狀；無法發還者，不

列為訴訟資料。

第六條　本規則自發布日施行。

▶指定管轄

◇ 有下列各款情形之一者，直接上級法院應依當事人之聲請或受訴法院之請求，
指定管轄：

一　有管轄權之法院，因法律或事實不能行使審判權，或因特別情形，由其審
判恐影響公安或難期公平者。

二　因管轄區域境界不明，致不能辨別有管轄權之法院者。

直接上級法院不能行使職權者，前項指定由再上級法院為之。

第1項之聲請得向受訴法院或直接上級法院為之，前項聲請得向受訴法院或再上
級法院為之。

指定管轄之裁定，不得聲明不服。（民訴23）

◎撰狀說明

㈠聲請指定管轄，法律未明訂其應以書狀為之，亦得以言詞為之。惟以言詞聲請
者，應由書記官作成筆錄。

㈡所謂管轄區域境界不明，係指管轄區域相毗連而不明其界線之所在而言。被告行
蹤飄忽，並非所謂管轄區域境界不明，如聲請人以此為原因聲請指定管轄自屬不
合（參見最高法院44年台聲字第30號判例）。再者，若境界本已顯明，因跨連
或散在數法院管轄區域者，僅構成選擇管轄法院之原因，應適用民事訴訟法第21
條之規定，而非屬指定管轄。

㈢指定管轄之裁定，原聲請人及其相對人，均不得聲明不服。惟當事人聲請指定管
轄被裁定駁回者，原聲請人得依一般程式抗告。

〈狀例2-1〉因法律不能行使審判權聲請指定管轄狀

民事　聲請　狀		案　　　號	年度　　字第　　號		承辦股別	
		訴訟標的金額或價額	新台幣　萬　千　百　十　元　角			
稱　　謂	姓 名 或 名 稱 身分證統一編號或 營利事業統一編號	住居所或營業所、郵遞區號 及電話號碼電子郵件位址		送達代收人姓名、住址、 郵遞區號及電話號碼		
聲 請 人 相 對 人	吳　甲 王　乙					

為聲請指定管轄法院事：

　　緣聲請人與相對人參加民國84年○月○日○○鄉之鄉長選舉，因相對人當選票數不實，依公職人員選舉罷免法（以下簡稱選罷法）第120條之規定，得提起當選無效之訴。查本件依選罷法第127條規定，應設選舉法庭，採合議制審理，並應先於其他訴訟審判之，以一審終結。惟○○地方法院法官僅有三員，其中法官○○○業經　鈞院於84年○月○日裁定應行迴避在案（見附件）；而○○○法官因患重病長期請假，未派人代理，另一法官○○○對於前述當選無效之訴，依法亦應自行迴避，是以○○地方法院對於該事件已不能行審判權。為此依據民事訴訟法第23條第1項第1款及第3項之規定，狀請

　　鈞院鑒核，迅予指定管轄，以便依法起訴。

　　　　　　謹狀

台灣高等法院○○分院　公鑒

證 物 名 稱 及 件 數	附件：鈞院84年○月○日裁定書影本一份。

中　　華　　民　　國　　　　年　　　　月　　　　日
具狀人　吳甲　簽名蓋章

〈狀例2-2〉因事實不能行使審判權聲請指定管轄狀

民事　聲請　狀	案　　　號	年度　　　字第　　　號			承辦股別	
	訴訟標的金額或價額	新台幣　　萬　　千　　百　　十　　元　　角				
稱　　謂	姓 名 或 名 稱身分證統一編號或營利事業統一編號	住居所或營業所、郵遞區號及電話號碼電子郵件位址		送達代收人姓名、住址、郵遞區號及電話號碼		
聲請人相對人	張　三李　四					

為聲請指定管轄法院事：

　　緣聲請人在民國83年7月1日借款給李四新台幣50萬元，約定於同年11月1日清償。詎相對人竟逾期不還，經聲請人向之催索，亦屬無效，勢非依法起訴，無從解決。惟查原管轄之○○地方法院，最近遭回祿之災，法庭盡燬，事實上已不能行使審判權，為此謹依據民事訴訟法第23條第1項第1款及第3項之規定，狀請

　　　鈞院鑒核，迅指定管轄法院，俾便訴訟之進行，爭端之解決，實感德便。

　　　　　謹狀

台灣高等法院○○分院　公鑒

證 物 名 稱及 件 數	

中　　華　　民　　國　　　　年　　　　　月　　　　　日
具狀人　張　三　簽名蓋章

〈狀例2-3〉因管轄區域境界不明聲請指定管轄狀

民事　聲請　狀	案　　　號	年度　　字第　　號		承辦股別	
	訴訟標的金額或價額	新台幣　萬　千　百　十　元　角			
稱　　謂	姓　名　或　名　稱身分證統一編號或營利事業統一編號	住居所或營業所、郵遞區號及電話號碼電子郵件位址		送達代收人姓名、住址、郵遞區號及電話號碼	
聲請人相對人	施　地邱　天				

為聲請指定管轄法院事：

　　緣聲請人有祖遺山坡地一處，綿亙十餘公里，該地位處○○縣、○○縣及○○縣等三縣相毗連交界處（見證一），而不明其界限所在。近年以來，聲請人因住居較遠，照應不周，屢被相對人侵用，並湮滅界標，將聲請人之土地據為己有。嗣雖經聲請人向之交涉，相對人仍堅拒不還，勢非依法起訴，無從解決。惟查該山坡地毗連三縣，向來管轄區域境界不明，致不能辨別有管轄權之法院，為此謹依據民事訴訟法第23條第1項第2款及第3項之規定，狀請

　　鈞院鑒核，迅賜指定管轄法院，以便依法起訴，用維法紀，實為公便。
　　　　　　　　　謹狀
台灣高等法院○○分院　公鑒

證物名稱及　件　數	證一：○○縣、○○縣與○○縣縣政府證明書各一件。

中　　華　　民　　國　　　　　年　　　　月　　　　　日
具狀人　　施　地　　簽名蓋章

▶合意管轄

◇當事人得以合意定第一審管轄法院。但以關於由一定法律關係而生之訴訟為限。
　前項合意，應以文書證之。（民訴24）
◇前二條之規定，於本法定有專屬管轄之訴訟，不適用之。（民訴26）

◎撰狀說明

　　在有合意管轄者，在起訴狀應表明，並提出文書為證，例如契約書合一條款，不

需起訴後另撰此狀，但起訴狀漏未陳明，在對造有抗辯管轄地或法院通知需補正者，即需撰狀說明。

〈狀例2-4〉聲明合意管轄狀

民事　聲請　狀		案　　號		年度　　　字第　　　號	承辦股別	
		訴訟標的金額或價額	新台幣　　萬　千　百　十　元　角			
稱　　謂	姓　名　或　名　稱身分證統一編號或營利事業統一編號	住居所或營業所、郵遞區號及電話號碼電子郵件位址		送達代收人姓名、住址、郵遞區號及電話號碼		
聲請人相對人	王　甲李　乙					
為聲明合意管轄事： 　　　　查聲明人等於○○年○月○日訂立房屋租賃契約，經雙方合意，同意以　鈞院為第一審管轄法院，並明載於該契約第11條（見證物一）。因被告即承租人拖欠租金二期，業經具狀向　鈞院起訴在案。爰依民事訴訟法第24條第2項規定，具狀以為證明。 　　　　　　　　　謹狀 台灣○○法院○○簡易庭　公鑒						
證物名稱及件數	證物一：房屋租賃契約書影本一份。					
中　　華　　民　　國　　　　年　　　　月　　　　日						
	具狀人	王　甲李　乙	簽名蓋章			

▶訴訟之移送

◇訴訟之全部或一部，法院認為無管轄權者，依原告聲請或依職權以裁定移送於其管轄法院。

　　第24條之合意管轄，如當事人之一造為法人或商人，依其預定用於同類契約之條款而成立，按其情形顯失公平者，他造於為本案之言詞辯論前，得聲請移送於其管轄法院。但兩造均為法人或商人者，不在此限。

移送訴訟之聲請被駁回者，不得聲明不服。（民訴28）

◎撰狀說明

　　訴訟移送之規定，也準用於再審之訴（參見民事訴訟法第505條、最高法院41年台再字第5號判例）。

　　聲請支付命令，其管轄法院有特別規定（詳後述），不適用合意管轄，但因債務人異議，該聲請視同起訴（參見民事訴訟法第519條第1項），此時即適用合意管轄，債權人可向受理支付命令法院，聲請移送管轄到合意管轄法院。

〈狀例2-5〉因返還保證金聲請移送管轄狀

民事　聲請　狀		案　　　號	年度　　字第　　號	承辦股別	
		訴訟標的金額或價額	新台幣　萬　千　百　十　元　角		
稱　　謂	姓名或名稱身分證統一編號或營利事業統一編號	住居所或營業所、郵遞區號及電話號碼電子郵件位址		送達代收人姓名、住址、郵遞區號及電話號碼	
聲請人即被告	黃　一				
相對人即原告	馮　雲				

為就84年度訴字第一號返還保證金一案聲請移送管轄事：
　　查原告訴請被告等返還保證金乙案前奉　鈞院訂於10月9日審理在案。按被告等與原告因契約涉訟，依該買賣契約第1條訂有交貨地點，即債務履行地，係新竹縣竹東鎮卡車通行道路邊，本案依民事訴訟法第12條之規定，應由新竹地方法院管轄。為此狀請
　　鈞院賜將本案移送於有管轄權之新竹地方法院，俾便訴訟進行，實感德便。
　　　　謹狀
台灣台北地方法院民事庭　公鑒

證物名稱及件數	

中　華　民　國　　　　年　　　　月　　　　日
具狀人　黃　一　　簽名蓋章

〈狀例2-6〉因請求分割共有土地聲請移送管轄狀

民事　聲請　狀		案　　　號	年度　　字第　　號	承辦股別	
		訴訟標的金額或價額	新台幣　萬　千　百　十　元　角		
稱　　謂	姓 名 或 名 稱身分證統一編號或營利事業統一編號	住居所或營業所、郵遞區號及電話號碼電子郵件位址		送達代收人姓名、住址、郵遞區號及電話號碼	
聲請人即原告被　告	邱　三王　乙				

為就○○年度○字第○○號分割共有土地事件，聲請移送管轄事：

　　查聲請人（即原告）與被告為訴請分割共有土地乙案，前奉　鈞院訂於本月10日審理，經被告抗辯，謂系爭土地坐落之本縣信義鄉，現已劃歸台灣南投地方法院管轄。故　鈞院對本案已無管轄權云云。茲原告查得系爭土地坐落之本縣信義鄉，經司法院公告由南投地方法院管轄。是　鈞院對本案，已因民事訴訟法第10條專屬管轄之規定，變為全部無管轄權。為此謹依同法第28條第1項之規定，狀請

　　鈞院鑒核，賜將本案移送於其管轄之台灣南投地方法院，俾便訴訟之進行，實感法便。

　　　　　謹狀

台灣台中地方法院民事庭　公鑒

證物名稱及 件 數	

中　　華　　民　　國　　　　年　　　　月　　　　日
具狀人　邱　三　　簽名蓋章

〈狀例2-7〉因房屋欠租聲請移送管轄狀

民事　聲請　狀	案　　　號	年度　　字第　　號		承辦股別	
	訴訟標的金額或價額	新台幣　萬　千　百　十　元　角			
稱　　謂	姓名或名稱身分證統一編號或營利事業統一編號	住居所或營業所、郵遞區號及電話號碼電子郵件位址		送達代收人姓名、住址、郵遞區號及電話號碼	
聲請人即被告被　　告	李　乙賴　一				

為聲請移送管轄事：

　　查○○年度○字第○○號聲請人及其他被告王五與原告間房屋欠租乙案，前奉 鈞院定期於12月10日審理。查該房屋之所有權人（即原告）賴一，將其分別坐落在台北市○○路○○號與台北市○○街○○號之房屋，個別出租於王五及聲請人，嗣因均有欠租之情形，原告賴一遂向　鈞院合併提起請求給付欠租之訴，業經　鈞院定期審理在案。惟各被告之住所均非在　鈞院之管轄區域內，且　鈞院亦非依民事訴訟法第4條至第19條所定之共同管轄法院，是以　鈞院對本案訴訟之一部即屬無管轄權，為此依民事訴訟法第28條第1項之規定，狀請

　　鈞院迅將本件移送於其管轄之台灣台中地方法院，俾便訴訟之進行，實感德便。

　　　　　　謹狀

台灣台北地方法院台北簡易庭　公鑒

證物名稱及件數	

中　　華　　民　　國　　　年　　　月　　　日
具狀人　李　乙　簽名蓋章

〈狀例2-8〉支付命令因債務人聲明異議視同起訴而聲請移送管轄

民事　聲請　狀	案　　　號	年度 司促 字第　　號	承辦股別	
	訴訟標的金額或價額	新台幣　　萬　　千　　百　　十　　元　　角		
稱　　謂	姓名或名稱身分證統一編號或營利事業統一編號	住居所或營業所、郵遞區號及電話號碼電子郵件位址	送達代收人姓名、住址、郵遞區號及電話號碼	
聲請人法定代理人	國立○○大學　　　　○○			
相對人法定代理人	○○科技股公司　　　　○○			

為聲請移送管轄事：

　　本件支付命令因債務人聲明異議而視為起訴，但依系爭合約第十三條約定，涉訟時合意以台灣台中地方法院為第一審管轄法院，故請　鈞院移送台灣台中地方法院。

　　　　　　　　謹狀

台灣新竹地方法院　公鑒

證物名稱及件數	

中　　華　　民　　國　　　　　年　　　　月　　　　日
具狀人　　國立○○大學　　簽名
法定代理人　　○○　　蓋章

▶法官迴避之聲請

　　◇法官有下列各款情形之一者，應自行迴避，不得執行職務：

　　　一　法官或其配偶、前配偶或未婚配偶，為該訴訟事件當事人者。

　　　二　法官為該訴訟事件當事人八親等內之血親或五親等內之姻親，或曾有此親屬關係者。

　　　三　法官或其配偶、前配偶或未婚配偶，就該訴訟事件與當事人有共同權利

　　人、共同義務人或償還義務人之關係者。

四　法官現為或曾為該訴訟事件當事人之法定代理人或家長、家屬者。

五　法官於該訴訟事件，現為或曾為當事人之訴訟代理人或輔佐人者。

六　法官於該訴訟事件，曾為證人或鑑定人者。

七　法官曾參與該訴訟事件之前審裁判或仲裁者。（民訴32）

◇遇有下列各款情形，當事人得聲請法官迴避：

一　法官有前條所定之情形而不自行迴避者。

二　法官有前條所定以外之情形，足認其執行職務有偏頗之虞者。

　　當事人如已就該訴訟有所聲明或為陳述後，不得依前項第二款聲請法官迴避。但迴避之原因發生在後或知悉在後者，不在此限。（民訴33）

◇聲請法官迴避，應舉其原因，向法官所屬法院為之。

　　前項原因及前條第2項但書之事實，應自為聲請之日起，於三日內釋明之。

　　被聲請迴避之法官，對於該聲請得提出意見書。（民訴34）

◇聲請法官迴避經裁定駁回者，得為抗告。其以聲請為正當者，不得聲明不服。（民訴36）

◇本節之規定，於司法事務官、法院書記官及通譯準用之。（民訴39）

◎撰狀說明

　　民事訴訟法第33條第1項第2款所謂法官有前條所定以外之情形，足認其執行職務有偏頗之虞，係指法官對於訴訟標的有特別利害關係，或與當事人之一造有密切之交誼，或有其他情形客觀上足疑其為不公平之審判者而言（參見最高法院29年渝抗字第56號判例）。

　　有關法院職員迴避之規定，於法院書記官及通譯準用之。依民事訴訟法第39條準用同法第33條第1項第2款規定聲請書記官迴避者，與聲請法官迴避同，應於訴訟程序終結前為之。如果訴訟程序業已終結，書記官之執行職務，已不足以影響審判之公平，即不得以其職務有偏頗之虞為由，聲請迴避（參見民事訴訟法第39條、最高法院71年台聲字第123號判例）。

〈狀例2-9〉聲請具有應自行迴避情形而不自行迴避之法官迴避狀

民事　聲請　狀	案　　　號	年度　　字第　　號	承辦股別	
	訴訟標的金額或價額	新台幣　　萬　千　百　十　元　角		
稱　　謂	姓名或名稱身分證統一編號或營利事業統一編號	住居所或營業所、郵遞區號及電話號碼電子郵件位址	送達代收人姓名、住址、郵遞區號及電話號碼	
聲請人即原告被　告	吳　甲李　四			

為聲請法官迴避事：

　　查○○年度○字第○○號聲請人與李四間因拆屋還地事件，已由　鈞院分案給法官李○○審理，並定期於○○年○月○日下午3時為言詞辯論在案。惟查李法官與李四係叔姪，屬八親等內之血親，本案歸其審理，難免有偏頗之虞，依民事訴訟法第32條第2款之規定，李法官本應自行迴避，以避嫌疑，乃其不自行迴避，仍然受理，於法殊有未合。為此依據民事訴訟法第33條第1項第1款之規定，狀請

　　鈞院鑒核，准予裁定該法官迴避，另行指派其他法官審理，以符法紀，而保公平。

　　　　　謹狀

台灣○○地方法院民事庭　公鑒

證物名稱及件數	

中　　華　　民　　國　　　年　　　月　　　日
具狀人　吳　甲　　簽名蓋章

〈狀例2-10〉聲請有第32條所定應自行迴避事由以外情形之法官迴避狀

民事　聲請　狀	案　　　　號	年度　　　字第　　　號	承辦股別	
	訴訟標的金額或價額	新台幣　　萬　　千　　百　　十　　元　　角		
稱　　　謂	姓 名 或 名 稱身分證統一編號或營利事業統一編號	住居所或營業所、郵遞區號及電話號碼電子郵件位址	送達代收人姓名、住址、郵遞區號及電話號碼	
聲請人即原告被　　告	王　甲李　乙			

為聲請法官迴避事：

　　查○○年○月○日聲請人曾訴請判令李乙終止租約案，已由　鈞院分案由法官劉○○定期於○月○日審理。惟查劉法官與聲請人曾同事多年，嗣因細故發生爭執，情感交惡，嫌怨在懷，則於執行職務時，難免有偏頗之虞。按最高法院27年渝抗字第552號判例稱：「法官（推事）與當事人一造有嫌怨者，當事人固得依民事訴訟法第33條第1項第2款聲請該法官（推事）迴避。」即申明此旨。今聲請人與劉法官確係舊交嫌怨，為此謹依據民事訴訟法第33條第1項第2款之規定，狀請

　　鈞院鑒核，賜准予裁定法官劉○○迴避，另行指派其他法官審理，以符法制，而期公平。

　　　　　　謹狀

台灣○○地方法院民事庭　公鑒

證物名稱及　件　數	

中　　　華　　　民　　　國　　　　年　　　　月　　　　日
具狀人　　王　甲　　簽名蓋章

〈狀例2-11〉因裁定駁回聲請法官迴避抗告狀

民事　抗告　狀		案　　　號	年度　　字第　　號	承辦股別	
		訴訟標的金額或價額	新台幣　萬　千　百　十　元　角		
稱　　謂	姓　名　或　名　稱身分證統一編號或營利事業統一編號	住居所或營業所、郵遞區號及電話號碼電子郵件位址		送達代收人姓名、住址、郵遞區號及電話號碼	
抗告人相對人	陳　甲林　乙				

為不服台灣○○地方法院○○年○月○日○字第○○號民事裁定，依法提起抗告事：

　　查相對人與抗告人間因請求返還借款事件，聲請法官迴避，乃　鈞院竟認為本件未依民事訴訟法第34條第2項及同法第284條之規定，提出能即時調查之證據，以釋明其主張法官與相對人林乙為八親等內之血親之迴避原因為真實，其聲請即屬無從准許，以裁定予以駁回。惟查抗告人實已呈送法官與相對人之戶籍謄本各乙份，附卷可稽，豈料　鈞院未加注意，遽為不利於抗告人之裁定，實難甘服，為此提起抗告，狀請

　　鈞院鑒核，迅將原裁定廢棄，准予聲請法官迴避，另行指派其他法官審理，以符法制，而期公平。

　　　　　　　　謹狀
台灣○○地方法院　　　　　轉呈
台灣高等法院○○分院民事庭　公鑒

證物名稱及件數	

中　　華　　民　　國　　　　　年　　　　月　　　　日
具狀人　陳　甲　簽名蓋章

▶選定當事人

　　◇非法人之團體，設有代表人或管理人者，有當事人能力。（民訴40Ⅲ）
　　◇多數有共同利益之人，不合於前條第3項所定者，得由其中選定一人或數人，為

選定人及被選定人全體起訴或被訴。

訴訟繫屬後，經選定前項之訴訟當事人者，其他當事人脫離訴訟。

前二項被選定之人得更換或增減之。但非通知他造，不生效力。（民訴41）

◇前條訴訟當事人之選定及其更換、增減，應以文書證之。（民訴42）

◎撰狀説明

民事訴訟法第41條第1項，所謂選定一人或數人爲全體起訴或被訴，係指選定一人或數人爲全體爲原告或被告而言，並非選定爲代理人代理全體起訴或被訴，此徵之同條第2項及同法第42條、第172條第2項等規定尤爲明瞭，故被選定人爲訴訟當事人而非訴訟代理人（參見最高法院29年渝上字第1778號判例）。

民事訴訟法第41條之規定，在非法人之社團，以未設有代表人者爲限始有適用，若設有代表人者，依同法第40條第3項之規定，既有當事人能力，即可由代表人以社團名義爲訴訟行爲，不生選定訴訟當事人之問題（參見最高法院28年渝上字第385判例）。

〈狀例2-12〉選定訴訟當事人狀

民事　聲請　狀	案　　　號	年度　　字第　　號			承辦股別	
	訴訟標的金額或價額	新台幣　　萬　　千　　百　　十　　元　　角				
稱　　謂	姓　名　或　名　稱身分證統一編號或營利事業統一編號	住居所或營業所、郵遞區號及電話號碼電子郵件位址		送達代收人姓名、住址、郵遞區號及電話號碼		
原　　告被　　告	吳一等十五人　陳　三	詳　卷詳　卷				
爲選定訴訟當事人事： 　　查○○年○字第○○號原告等與被告請求返還土地事件，業蒙　鈞院受理定期審訊在案，茲經全體會議決議，選定吳一、吳二、吳三等三人爲訴訟當事人，其他原告脫離訴訟，以免耗費時間、郵資及勞力，爲此謹依據民事訴訟法第41條及第42條檢具會議紀錄影本（見附件），狀請 　　鈞院鑒核，准予通知被告，實感德便。 　　　　　謹狀 台灣○○地方法院民事庭　公鑒						

證物名稱及件數	附件：會議紀錄影本一冊。

中　　華　　民　　國　　年　　月　　日
具狀人　吳一　　簽名 （以下十四人從略）　　蓋章

▶特別代理人之選任

◇對於無訴訟能力人為訴訟行為，因其無法定代理人，或其法定代理人不能行代理權，恐致久延而受損害者，得聲請受訴法院之審判長，選任特別代理人。

無訴訟能力人有為訴訟之必要，而無法定代理人，或法定代理人不能行代理權者，其親屬或利害關係人，得聲請受訴法院之審判長，選任特別代理人。

選任特別代理人之裁定，並應送達於特別代理人。

特別代理人於法定代理人或本人承當訴訟以前，代理當事人為一切訴訟行為。但不得為捨棄、認諾、撤回或和解。

選任特別代理人所需費用，及特別代理人代為訴訟所需費用，得命聲請人墊付。

（民訴51）

◎撰狀說明

本條第1項所定聲請選任特別代理人，係指原告對於無訴訟能力人（被告）起訴，由欲起訴之原告聲請受訴法院之審判長為之選任而言（最高法院62年台上字第2807號判例）。至於無訴訟能力人有為訴訟之必要，即有本條第2項之情形，其無訴訟能力人之本人，仍不得自為選任特別代理人，代理訴訟行為，如由其為之者，該訴訟行為為無效（參照最高法院40年台上字第1606號判例）。

〈狀例2-13〉為無意識或精神錯亂者聲請選任特別代理人狀

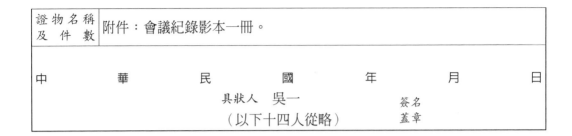

民事　聲請　狀		案　　　號	年度　　字第　　號	承辦股別	
		訴訟標的金額或價額	新台幣　萬　千　百　十　元　角		
稱　　謂	姓　名　或　名　稱身分證統一編號或營利事業統一編號	住居所或營業所、郵遞區號及電話號碼電子郵件位址		送達代收人姓名、住址、郵遞區號及電話號碼	

聲 請 人	潘　乙	
被　　告	潘　甲	
原　　告	邱　乙	

為聲請選任特別代理人事：

　　查○○年度○字第○○號原告與被告間因請求返還借款事件，業經　鈞院定期審理在案。茲查被告爾來突患精神病，時泣時哭，如癲如癡，實屬無訴訟能力之人，但其並無法定代理人，且又未延聘律師為其擔任訴訟代理人；故本案進行，實有貽誤之虞，聲請人位於親屬地位，不忍被告潘甲受不利之判決，為此依據民事訴訟法第51條第2項之規定，狀請

　　鈞院鑒核，依法為被告選任特別代理人，代理訴訟行為，以便審判，實為德便。

台灣○○地方法院民事庭　公鑒

證物名稱及件數	

中	華	民	國	年	月	日
		具狀人　潘　乙		簽名蓋章		

〈狀例2-14〉為未成年人聲請選任特別代理人狀

民事　聲請　狀		案　　號	年度　　字第　　號	承辦股別	
		訴訟標的金額或價額	新台幣　萬　千　百　十　元　角		
稱　謂	姓 名 或 名 稱身分證統一編號或營利事業統一編號	住居所或營業所、郵遞區號及電話號碼電子郵件位址		送達代收人姓名、住址、郵遞區號及電話號碼	
原　　告	邱　乙				
被　　告	林　乙				

為聲請選任特別代理人事：

　　查　鈞院受理○○年度○字第○○號求償稻穀事件，已蒙定期審理在案。按被告林乙為原承租人之繼承人，經詳核其戶籍上登記，係民國○○年○月○日出生

（見證物一），尚未屆滿二十歲，即未成年，爲無訴訟能力之人，因其又無法定代理人出爲代理，爲恐訴訟久延，增加雙方損害，原告爰依民事訴訟法第51條第1項之規定，狀請

　　　鈞院鑒核，爲被告林乙選任特別代理人，以利訴訟進行。
　　　　　　　謹狀
台灣○○地方法院民事庭　公鑒

證物名稱及件數	證物一：戶籍謄本一件。

中	華	民	國	年	月	日

　　　　　　　　　具狀人　　林　甲　　簽名蓋章

▶主參加訴訟

◇就他人間之訴訟，有下列情形之一者，得於第一審或第二審本訴訟繫屬中，以其當事人兩造爲共同被告，向本訴訟繫屬之法院起訴：
一　對其訴訟標的全部或一部，爲自己有所請求者。
二　主張因其訴訟之結果，自己之權利將被侵害者。
依前項規定起訴者，準用第56條各款之規定。（民訴54）

◎撰狀說明

　　就他人間之訴訟標的全部或一部爲自己有所請求或主張，因其訴訟之結果，自己之權利被侵害者，得於本訴訟繫屬中，以其當事人兩造爲共同被告，向該第一審法院起訴，前項情形，如本訴訟繫屬於第二審法院者，亦得於其辯論終結前，向該第二審法院起訴，爲民事訴訟法第54條所明定，依此解釋，此項訴訟（即學說上稱主參加之訴）必係第三人以原訴訟兩造之主張俱爲不當，而自行另有請求或主張，倘以一造之主張爲適當，則爲同法第58條所規定之訴訟參加，自與主參加之訴訟不同（參見最高法院50年台抗字第232號判例）。

〈狀例2-15〉主參加訴訟狀

民事　起訴　狀		案　　號	年度　　　字第○○○號	承辦股別	○
		訴訟標的金額或價額	新台幣　　萬　　千　　百　　十　　元　　角		
稱　　　謂	姓名或名稱身分證統一編號或營利事業統一編號	住居所或營業所、郵遞區號及電話號碼電子郵件位址		送達代收人姓名、住址、郵遞區號及電話號碼	
主參加原　　告	孫　甲				
主參加被告即原告法　　定代理人	台乙有限公司A				
主參加被告即被告	林　丙				

為請求返還出資額事件，提起主參加訴訟事：

訴之聲明

一、確認主參加被告台乙有限公司對主參加被告林丙之興華企業有限公司出資額新台幣900萬元返還請求權不存在。

二、主參加訴訟費用由主參加被告負擔。

事實及理由

　　按就他人間之訴訟標的全部或一部，為自己有所請求者，或主張因其訴訟之結果，自己之權利將被侵害者，得於本訴訟繫屬中，以其當事人兩造為共同被告，向本訴訟繫屬之法院起訴，民事訴訟法第54條第1項定有明文。

　　本件主參加被告即原告台乙有限公司（以下簡稱台乙公司）對主參加被告即被告林丙提起請求返還出資額訴訟，業經　鈞院104年度重訴字第○○○號受理在案，伊主張登記於主參加被告林丙名下之興華企業有限公司（以下簡稱興華公司）出資額新台幣（下同）900萬元，係伊委託主參加被告林丙擔任該出資額之登記名義人，實質上之權利應歸屬於主參加被告台乙公司享有及負擔，遂起訴請求主參加被告林丙返還該出資額。但因主參加原告主張主參加被告林丙依約應將上開900萬元出資額返還主參加原告而非主參加被告台乙公司（理由詳後述），是主參加被告台乙公司對主參加被告林丙在　鈞院請求返還出資額事件之訴訟標的，為主參加原告請求主參加被告林丙應返還者，本訴之結果顯有妨害主參加原告之權利，揆諸首揭規定，主參加原告應可以本訴之原告及被告為共同被告，提起主參加訴訟。又本訴主參加

被告台乙公司與主參加被告林丙間因主參加原告之主張，其返還出資額之請求權是否存在在兩造間有爭執，令主參加原告在法律上之地位有不安之狀態存在，且此種不安之狀態，能以確認判決將之除去，自有受確認判決之法律上利益，合先敘明。

　　本件主參加被告台乙公司起訴主張，伊與興華公司共同承攬台北市政府工程，嗣為解決管理績效不彰之困擾，主參加被告台乙公司遂於民國98年3月31日委託主參加被告林丙處理收購興華公司股權事宜，依雙方委任契約可知主參加被告林丙確實僅係為主參加被告台乙公司取得上開900萬元之出資額，是主參加被告林丙依約取得之興華公司出資額900萬元，依委任關係應返還予主參加被告台乙公司。

　　惟查：

一、關於上開主參加被告林丙取得興華公司出資額900萬元，該出資額本係主參加原告所有，即興華公司本係主參加原告經營，在民國98年12月間，由興華公司參與上開工程之投標而得標，與台北市政府訂立契約（主證一），因此工作必須投標廠商有承做工作能力之證明（主證二），興華公司具備此能力始可投標，主參加被告台乙公司資格不合，但與興華公司訂立共同投標協議書，為共同投標廠商，負責資金、財務管理等事項（主證三），以共同承攬上開工作。但在履約過程，因履約不順利，為解決問題，遂由主參加被告台乙公司、主參加被告林丙、主參加原告、興華公司於民國99年3月31日訂立權義轉讓合約書（主證四），依該合約第2條及第11條約定，主參加原告同意將其在興華公司之出資額900萬元移轉主參加被告林丙，由其取得興華公司之經營權，但主參加被告林丙應於民國102年12月31日將該取得之興華公司900萬元之出資額返還主參加原告。是上開主參加被告林丙取得興華公司之出資額900萬元實係主參加原告依上開權義轉讓合約書移轉者，主參加被告林丙應於民國102年12月31日返還主參加原告，並非應移轉給主參加被告台乙公司，是主參加被告台乙公司並無請求返還之權利，其提起本訴應無理由。

二、主參加原告為對主參加被告林丙起訴請求返還出資額前，已對其聲請假處分，經臺灣臺中地方法院103年度裁全字第○○○號裁定准許，禁止主參加被告林丙移轉、處分其持有之興華公司出資額900萬元（主證五），是其既已不可讓與，主參加被告台乙公司提起本訴即無理由。

　　依上所述，主參加被告台乙公司對主參加被告林丙提起本訴應無理由，其並無請求移轉之權利存在，請判決如聲明。

　　　　謹狀

台灣○○地方法院民事庭　公鑒

證物名稱及件數	主證一：契約影本一件。 主證二：清單影本一件。 主證三：共同投標協議書影本一件。 主證四：權義轉讓合約書影本一件。 主證五：臺灣臺中地方法院103年度裁全字第○○○號裁定影本一件。
中　　華　　民　　國　　　　　年　　　　月　　　　　日	
具狀人　　孫　甲　　簽名蓋章	

▶訴訟參加

◇就兩造之訴訟有法律上利害關係之第三人，為輔助一造起見，於該訴訟繫屬中，得為參加。

參加，得與上訴、抗告或其他訴訟行為，合併為之。

就兩造之確定判決有法律上利害關係之第三人，於前訴訟程序中已為參加者，亦得輔助一造提起再審之訴。（民訴58）

◇參加，應提出參加書狀，於本訴訟繫屬之法院為之。

參加書狀，應表明下列各款事項：

　一　本訴訟及當事人。

　二　參加人於本訴訟之利害關係。

　三　參加訴訟之陳述。

法院應將參加書狀，送達於兩造。（民訴59）

◇當事人對於第三人之參加，得聲請法院駁回。但對於參加未提出異議而已為言詞辯論者，不在此限。

關於前項聲請之裁定，得為抗告。

駁回參加之裁定未確定前，參加人得為訴訟行為。（民訴60）

◎撰狀說明

參加人為輔助當事人一造起見，提起上訴者，判決書當事人項，應仍列為參加人，將其所輔助之一造列為上訴人（參照最高法院29年渝上字第978號判例）。

〈狀例2-16〉**參加訴訟聲請狀**㈠

民事　聲請　狀		案　　　號	年度　　字第　　號				承辦股別	
		訴訟標的金額或價額	新台幣　　萬　　千　　百　　十　　元　　角					
稱　　謂	姓　名　或　名　稱身分證統一編號或營利事業統一編號	住居所或營業所、郵遞區號及電話號碼電子郵件位址		送達代收人姓名、住址、郵遞區號及電話號碼				
參加人原　　告被　　告	林　甲邱　乙王　丙（即日月書店）							

為就○○年度○字第○○號王丙書店與邱乙間因出版事件，輔助被告參加訴訟事：

　　參加人對於本訴訟之利害關係

　　緣本訴訟原告邱乙所撰藝文稿件乙部，僅於民國○○年○月○日由其出售於參加人，計酬稿費新台幣20萬元，且立有售稿契約（證物一），載明此稿出售後，任憑買受人如何處分。今年春參加人以無意發行之故，因即轉售經營與日月書店之王丙出版，此乃本參加人應有之權利，絕非邱乙所得過問。乃邱乙利令智昏，突然以有著作權為名，出而對王丙提起訴訟，殊無理由。參加人為邱乙所寫文稿轉賣契約之出賣人，若被告萬一不幸而敗訴，依民法第349條之規定，對王丙負有權利瑕疵擔保之責任；是對本訴訟有法律上之利害關係，甚為明顯。

　　參加訴訟之陳述

　　參加人對於本訴訟有法律上之利害關係，已如上述。茲為輔助被告，特依民事訴訟法第58條第1項之規定，狀請

　　鈞院鑒核，賜准予參加訴訟，並將參加書狀繕本送達於兩造，以符法紀，而保權益。

　　　　　　　謹狀

台灣○○地方法院民事庭　公鑒

證物名稱及　件　數	證物一：售稿契約書影本一件。

中　　華　　民　　國　　　　年　　　　月　　　　日
具狀人　林　甲　　簽名蓋章

〈狀例2-16-1〉參加訴訟聲請狀(二)

民事　聲請　狀		案　　號	年度　　字第　　號	承辦股別	
		訴訟標的金額或價額	新台幣　萬　千　百　十　元　角		
稱　　謂	姓名或名稱身分證統一編號或營利事業統一編號	住居所或營業所、郵遞區號及電話號碼電子郵件位址		送達代收人姓名、住址、郵遞區號及電話號碼	
參加人被參加人即上訴人被上訴人	張　甲許　一許　天				

為　鈞院○○年度○字第○○號確認優先購買權存在事件，謹依法聲請參加訴訟事：

　　參加人於本訴訟之利害關係

　　緣參加人已自上訴人許一購得本案系爭基地，至今尚未辦理所有權移轉登記，故因本案訴訟結果對於參加人之契約上請求權會產生影響。是以，參加人就本案訴訟標的有法律上利害關係，甚為明顯。

　　參加訴訟之陳述

　　按民法第426條之2第1項規定：租用基地建築房屋，出租人出賣基地時，承租人有依同樣條件優先購買之權。承租人出賣房屋時，基地所有人有依同樣條件優先承買之權。係指房屋與基地分屬不同之人所有，房屋所有人對於土地並有租賃關係存在之情形而言。本件原判決對於被上訴人許天所主張：系爭房屋之所有人許一與伊之間訂有租地建屋契約乙節，既認為不可採，則依上開規定，當亦無從認被上訴人就系爭房屋有優先購買權存在，其竟為相反之論斷，殊屬費解。再則，參加人對於本訴訟有法律上之利害關係已如前述，茲為輔助上訴人許一起見，爰特依民事訴訟法第58條第1項規定，狀請

　　鈞院鑒核，賜准予參加訴訟，並判決如上訴人之聲明，以符法治，並維權益。

　　　　　謹狀

台灣○○地方法院民事庭　公鑒

證物名稱及件數	證物一：售稿契約書影本一件。

中　　華　　民　　國　　　　年　　　　月　　　　日

　　　　　　　　　具狀人　張　甲　　簽名蓋章

〈狀例2-16-2〉 **參加訴訟聲請狀**(三)

民事訴訟	聲請參加狀	案　　號	年度　　字第　　號	承辦股別	
		訴訟標的金額或價額	新台幣　萬　千　百　十　元　角		
稱　　謂	姓名或名稱身分證統一編號或營利事業統一編號	住居所或營業所、郵遞區號及電話號碼電子郵件位址		送達代收人姓名、住址、郵遞區號及電話號碼	
聲請人原　　告被　　告	王○○廖○○李○○林○○黃○○				

為分割共有物事件聲請參加訴訟事：

一、依民事訴訟法第58條第1項「就兩造之訴訟有法律上利害關係之第三人，為輔助一造起見，於該訴訟繫屬中，得為參加。」，則本件原告就系爭土地提起分割共有物訴訟，本應以其他共有人為被告，則本件被告黃○○在訴訟中，將其系爭土地應有部分十二分之二依臺灣高等法院臺中分院○○年○○字第○○號調筆錄移轉登記給何○○，何○○再移轉給聲請人，此有調解筆錄及土地登記簿謄本可稽（附件1），則本件分割系爭土地結果，依民事訴訟法第401條第1項「確定判決，除當事人外，對於訴訟繫屬後為當事人之繼受人者，及為當事人或其繼受人占有請求之標的物者，亦有效力。」效力及於聲請人，是聲請人於本訴之分割結果有法律上利害關係，自可為輔助被告黃○○聲請參加訴訟。

二、又本件因黃○○不同意聲請人承當訴訟，　鈞院駁回參加人之聲請承當訴訟，但依民事訴訟法第254條第4項「第一項情形，第三人未參加或承當訴訟者，當事人得為訴訟之告知；當事人未為訴訟之告知者，法院知悉訴訟標的有移轉時，應即以書面將訴訟繫屬之事實通知第三人。」，則聲請人聲請參加訴訟自應准許。

　　　　　　　謹狀
台灣○○地方法院民事庭　公鑒

| 證物名稱及件數 | 附件1：調解筆錄影本1件及土地登記簿謄本影本2件。 |

中	華	民	國		年		月		日

具狀人　王　　　　　簽名
　　　　　○　　　　　蓋章

〈狀例2-17〉聲請駁回參加訴訟狀

民事　聲請　狀	案　　號	年度　　字第　　號	承辦股別	
	訴訟標的金額或價額	新台幣　萬　千　百　十　元　角		

稱　　謂	姓　名　或　名　稱身分證統一編號或營利事業統一編號	住居所或營業所、郵遞區號及電話號碼電子郵件位址	送達代收人姓名、住址、郵遞區號及電話號碼
聲請人即原告	林　甲		
被　　告	李　乙		
參加人	陳　丙		

為聲請駁回參加訴訟事：

　　查聲請人與李乙請求清償貨款事件，業經　鈞院定期審理在案，是非曲直，法律自有公斷，乃陳丙竟捏造事實，以保證人身分聲請參加訴訟。惟查參加人係在場見證人，並非保證人，有契約書（見證物一）可稽，參加人對於本訴訟在法律上既無利害關係可言，故應禁止其參加訴訟，為此特依據民事訴訟法第60條第1項之規定，狀請　鈞院鑒核，賜准將參加之聲請予以駁回，以利訴訟進行。

　　　　　　謹狀

台灣○○地方法院民事庭　公鑒

證物名稱及件數	證物一：契約書影本一份。

中	華	民	國	年	月	日

具狀人　林　甲　簽名
　　　　　　　　蓋章

〈狀例2-18〉駁回參加訴訟裁定之抗告狀

民事　抗告　狀	案　　　號	年度　　字第　　　號				承辦股別	
	訴訟標的金額或價額	新台幣　　萬　千　百　十　元　角					
稱　　謂	姓 名 或 名 稱身分證統一編號或營利事業統一編號	住居所或營業所、郵遞區號及電話號碼電子郵件位址			送達代收人姓名、住址、郵遞區號及電話號碼		
聲 請 人即參加人	吳　一						
相 對 人即 原 告	林　乙						
被　　告	陳　丙						
為不服台灣○○地方法院○○年○月○日字第○○號民事裁定，依法提起抗告事： 　　查相對人與被告間請求返還借款事件，聲請駁回參加訴訟，乃　鈞院竟認為本件參加人只為在場見證人，並非保證人，以裁定駁回參加之聲請。惟查借貸契約訂定當時本意，抗告人實為保證人，故就前開事件有法律上利害關係，並有證人吳二及陳甲可出庭作證，　鈞院未予詳查，遽為不利於抗告人裁定，實難甘服，為此依據民事訴訟法第60條第2項之規定，狀請 　　鈞院鑒核，迅將原裁定廢棄，准予參加訴訟，以符法制，實感德便。 　　　　　謹狀 台灣○○地方法院民事庭　　　轉呈 台灣高等法院○○分院民事庭　公鑒						
證 物 名 稱及 件 數							
中　　　　華　　　　民　　　　國　　　　年　　　　月　　　　日							
			具狀人　吳　一		簽名蓋章		

▶參加人之承當訴訟及其效力

　◇參加人經兩造同意時，得代其所輔助之當事人承當訴訟。
　　參加人承當訴訟者，其所輔助之當事人，脫離訴訟。但本案之判決，對於脫離之當事人，仍有效力。（民訴64）

◎撰狀說明

　　從參加人本於自己法律上之利害關係，得獨立爲其所輔助之當事人提起上訴，只須該當事人未有反對陳述，則其因輔助當事人而提起之上訴，即應認爲有效。

　　對於原告提起反訴，惟被告始得爲之，參加人雖得輔助被告爲一切訴訟行爲，但提起反訴則以出於輔助之目的以外，自非法之所許。

〈狀例2-19〉參加人聲明承當訴訟狀

民事　聲明　狀		案　　　號	年度　　字第　　號	承辦股別	
		訴訟標的金額或價額	新台幣　　萬　　千　　百　　十　　元　　角		
稱　　謂	姓　名　或　名　稱身分證統一編號或營利事業統一編號	住居所或營業所、郵遞區號及電話號碼電子郵件位址		送達代收人姓名、住址、郵遞區號及電話號碼	
聲明人即參加人	梁　二				
原　　告	邱　一				
被　　告	陳　三				
爲代被告承當訴訟事： 　　查○○年度○字第○○號邱一與陳三因請求返還基地乙案，其請求拆除之地上定著物，本屬被告所有，於○○年○月○日將該房屋售與聲明人。聲明人已具狀表明參加訴訟，經　鈞院准許，現經兩造同意，代被告承當訴訟，爲此依據民事訴訟法第64條第1項規定檢呈兩造同意書（見證物一），狀請 　　鈞院鑒核，賜准聲明人代被告陳三承當訴訟，以利進行，實爲德便。 　　　　謹狀 台灣○○地方法院民事庭　公鑒					
證物名稱及件數					
中　　　華　　　民　　　國　　　年　　　月　　　日 　　　　　　　　具狀人　梁　二　簽名蓋章					

▶訴訟告知

◇當事人得於訴訟繫屬中，將訴訟告知於因自己敗訴而有法律上利害關係之第三人。

受訴訟之告知者，得遞行告知。（民訴65）

◇告知訴訟，應以書狀表明理由及訴訟程度提出於法院，由法院送達於第三人。

前項書狀，並應送達於他造。（民訴66）

◇受告知人不爲參加或參加逾時者，視爲於得行參加時已參加於訴訟，準用第63條之規定。（民訴67）

◇訴訟之結果，於第三人有法律上利害關係者，法院得於第一審或第二審言詞辯論終結前相當時期，將訴訟事件及進行程度以書面通知該第三人。

前項受通知人得於通知送達後五日內，爲第242條第1項之請求。

第1項受通知人得依第58條規定參加訴訟者，準用前條之規定。（民訴67-1）

◎撰狀說明

　　告知訴訟乃當事人一造於訴訟繫屬中，將其訴訟告知於因自己敗訴而有法律上利害關係之第三人，以促其參加訴訟。而所謂有法律上利害之關係之第三人，係指本訴訟之裁判效力及於第三人，該第三人私法上之地位，因當事人之一造敗訴，而將致受不利益，或本訴訟裁判之效力雖不及於第三人，而第三人私法上之地位因當事人之一造敗訴，於法律上或事實上依該裁判之內容或執行結果，將致受不利益者而言（參見最高法院51年台上字第3038號）。

〈狀例2-20〉告知參加訴訟狀

民事　聲請　狀		案　　　號	年度　　　字第　　　號			承辦股別	
		訴訟標的金額或價額	新台幣　　萬　　千　　百　　十　　元　　角				
稱　　謂	姓　名　或　名　稱身分證統一編號或營利事業統一編號	住居所或營業所、郵遞區號及電話號碼電子郵件位址		送達代收人姓名、住址、郵遞區號及電話號碼			
聲請人即被告受告知人原　　告	陳　三邱　二李　一						

為對於　鈞院○○年度○字第○○號請求返還書籍乙案，聲請告知訴訟事：

　　緣聲請人於本月10日往友人邱二之宅談天，邱二當面出示新購來之《六法全書》乙部，經詢之，謂係購自和平東路五南出版公司，聲請人亦須用此書，且近日無空親往購買，即向邱二商議，准予以原價轉售，此固屬通常之買賣行為，不疑有他；迨聲請人攜返學校，置之案頭，為原告李一瞥見，謂此書為伊所失竊，早已向訓導處報請查究在案，縱不云觸犯竊盜罪，理應歸還等語，聲請人即將此書來歷，詳為解釋，並承認回復其物固可，但應償還支出之價金，原告忿怒之下，竟以請求返還所有物，不惜歪曲事實，向　鈞院起訴在案。查本案之焦點，在乎是否占有人由公共市場以善意買得者，此觀民法第950條之規定可知，而此書之買得者，並非聲請人，而係聲請人之友人邱二向和平東路五南出版公司買得者，今原告出而爭執，則有法律上利害關係之邱二，應負參加之責，為此依據民事訴訟法第65條之規定，狀請

　　鈞院鑒核，迅予告知邱二令其參加本案訴訟，以明真相，而維法制。

　　　　　　謹狀
台灣○○地方法院簡易庭　公鑒

證物名稱及件數	

中	華	民	國	年	月	日
		具狀人　陳　三	簽名蓋章			

〈狀例2-21〉遞行告知參加訴訟狀

民事　聲請　狀		案　號	年度　　字第　　號		承辦股別	
		訴訟標的金額或價額	新台幣　萬　千　百　十　元　角			
稱　謂	姓名或名稱身分證統一編號或營利事業統一編號	住居所或營業所、郵遞區號及電話號碼電子郵件位址		送達代收人姓名、住址、郵遞區號及電話號碼		

聲　請　人 即受告知人	李　　甲		
遞　行　受 告　知　人	周　　乙		
原　　　告	吳　丙		
被　　　告	邱　丁		

為聲請遞行告知參加訴訟事：

　　緣聲請人於上月10日接奉　鈞院通知，以吳丙對邱丁因買賣田地涉訟乙案，因聲請人為仲介，如吳丙敗訴，聲請人對其將有賠償責任，聲請人查看通知及發見該日告知訴訟聲請狀，聲請人於邱丁出賣田地屋宇與吳丙之際，雖曾為之作中，然當時談妥而深知內幕者，實係聲請人之叔父周乙，只因吳邱二人成立契約之前一日，因乙適有要務他去，臨行時囑託聲請人代為作仲介，以收取仲介酬金，是本件應遞行告知聲請人之叔父周乙，為此依據民事訴訟法第65條後段之規定聲請遞行告知訴訟，狀請

　　鈞院鑒核，准予遞行告知周乙訴訟，以符法制。
　　　　　　　謹狀
台灣○○地方法院民事庭　公鑒

| 證　物　名　稱
及　　件　　數 | |
| 中　　　華　　　民　　　國　　　　　年　　　　月　　　　日 | |

　　　　　　　　　　具狀人　　李　甲　　簽名
蓋章

▶訴訟代理人之委任及解除

◇訴訟代理人應委任律師為之。但經審判長許可者，亦得委任非律師為訴訟代理人。

前項之許可，審判長得隨時以裁定撤銷之，並應送達於為訴訟委任之人。

非律師為訴訟代理人之許可準則，由司法院定之。（民訴68）

◇訴訟代理人，應於最初為訴訟行為時，提出委任書。但由當事人以言詞委任，經法院書記官記明筆錄，或經法院、審判長依法選任者，不在此限。

前項委任或選任，應於每審級為之。但有下列情形之一者，不在此限：

但當事人就特定訴訟於委任書表明其委任不受審級限制，並經公證者，不在此限。（民訴69）

◇訴訟代理人就其受委任之事件有爲一切訴訟行爲之權。但捨棄、認諾、撤回、和解、提起反訴、上訴或再審之訴及選任代理人，非受特別委任不得爲之。

關於強制執行之行爲或領取所爭物，準用前項但書之規定。

如於第1項之代理權加以限制者，應於前條之委任書或筆錄內表明。（民訴70）

◇法院或審判長依法律規定爲當事人選任律師爲訴訟代理人者，該訴訟代理人得代理當事人爲一切訴訟行爲。但不得爲捨棄、認諾、撤回或和解。

當事人自行委任訴訟代理人或表示自爲訴訟行爲者，前項訴訟代理人之代理權消滅。

前項情形，應通知選任之訴訟代理人及他造當事人。（民訴70-1）

◇訴訟委任之終止，非通知他造，不生效力。

前項通知，應以書狀或言詞提出於法院，由法院送達或告知於他造。

由訴訟代理人終止委任者，自爲終止之意思表示之日起十五日內，仍應爲防衛本人權利所必要之行爲。（民訴74）

◎撰狀說明

　　委任訴訟代理人，應於每一審級爲之，受特別委任之訴訟代理人，雖有爲其所代理之當事人，提起上訴之權限，但提起上訴後，其代理權即因代理事件終了而消滅，該訴訟代理人如欲在上訴審代爲訴訟行爲，尚須另受委任，方得爲之（參見司法院28年院字第1841號解釋）。

　　訴訟代理人就其受委任之事件有爲一切訴訟行爲之權，爲民事訴訟法第70條第1項之所明定，所謂一切訴訟行爲，凡不屬該條項但書所定應受特別委任之事項均包含在內，代受送達亦爲一切訴訟行爲之一種，訴訟代理人當然有此權限，其基此所爲之代受送達，即與委任之當事人自受送達生同一之效力（參見最高法院44年台抗字第192號判例）。

　　民事訴訟法第70條第1項規定，訴訟代理人就其受委任之事件有爲一切訴訟行爲之權，此項代理權，指爲求獲得勝訴之裁判而爲必要之一切行爲而言，包括爲達訴訟目的須與訴訟行爲同時爲之以爲攻擊或防禦者在內（參見最高法院85年台上字第2931號判例）。

　　雖民事訴訟法第74條第1項規定「終止」委任，但實務上多用「解除」委任，故狀例2-26，用解除委任亦可。

〈狀例2-22〉普通代理委任狀

○○　年度　○　字第　○○　號

民事委任書	右方委任人	姓名或名稱		住居所事務所或營業所
		○○實業股份有限公司		送達代收人
		法定代理人　李　一		
	左方委任人	吳　三　　律師		○○市○○路○○號

　　委任人就○○年度○字第○○號損害賠償事件，茲委任受任人為訴訟代理人，就本事件有為一切訴訟行為之權，但無民事訴訟法第70條第1項但書及第2項所列各行為之特別代理權。依照同法第69條規定及司法院32年院字第2478號解釋，提出委任書如上。

　　　　　　謹呈

台灣○○地方法院民事庭　公鑒

中　　華　　民　　國　　　　　年　　　　　月　　　　　日

　　　　　　　　　　　委任人　　○○實業股份有限公司

　　　　　　　　　　　　　　　　法定代理人　李　一　簽名

　　　　　　　　　　　受任人律師　　吳　三　　　　　蓋章

〈狀例2-23〉特別代理委任狀

○○　年度　○　字第　○○　號

民事委任書	右方委任人	姓名或名稱		住居所事務所或營業所
		陳　二		送達代收人
	左方委任人	吳　三　　律師		○○市○○路○○號

　　委任人就○○年度○字第○○號請求賠償票款事件，茲委任受任人為訴訟代理人，就本事件有為一切訴訟行為之權，並有民事訴訟法第70條第1項但書及第2項所列各行為之特別代理權。依照同法第69條規定及司法院32年院字第2478號解釋，提出委任書如上。

　　　　　　　謹呈

台灣○○地方法院民事庭　公鑒

中	華	民	國	年	月	日

　　　　　　　　　委任人　　陳　二　　　　　簽名
　　　　　　　　　受任人律師　吳　三　　　　蓋章

〈狀例2-24〉複代理人委任狀

○○　年度　○　字第　○○　號

民事委任書	右方委任人	姓名或名稱	住居所事務所或營業所
		吳　三　律師	送達代收人
	左方委任人	彭　瑾　律師	

　　委任人就○○年度○字第○○號請求清償票款事件，茲委任受任人為訴訟代理人，就本事件有為一切訴訟行為之權，並有民事訴訟法第70條第1項但書及第2項所列各行為之特別代理權。依照同法第69條規定及司法院32年院字第2478號解釋，提出委任書如上。

　　　　　　　謹呈

台灣○○地方法院民事庭　公鑒

中	華	民	國	年	月	日

　　　　　　　　　委任人　　吳　三　律師　　簽名
　　　　　　　　　受任人律師　彭　瑾　律師　蓋章

〈狀例2-25〉限制代理權之委任狀

民事　委任　狀	案　　號	年度　　字第　　號	承辦股別	
	訴訟標的金額或價額	新台幣　萬　千　百　十　元　角		
稱　　　　謂	姓　名　或　名　稱身分證統一編號或營利事業統一編號	住居所或營業所、郵遞區號及電話號碼電子郵件位址	送達代收人姓名、住址、郵遞區號及電話號碼	
委　　任　　人即　原　　告	吳　一			
受　　任　　人即訴訟代理人	李　乙			
為限制代理權委任訴訟代理人事： 　　查○○年○字第○○號損害賠償事件，委任人茲委任李乙為訴訟代理人就本事件只有為關於「和解」之特別代理權，依照民事訴訟法第69條及第70條第1項及第3項之規定提出委任書如上。 　　　　　謹狀 台灣○○地方法院民事庭　公鑒				
證物名稱及件數				
中　　　　華　　　　民　　　　國　　　　　年　　　　　月　　　　　日				
	具狀人	委任人　吳一 受任人　李乙	簽名 蓋章	

〈狀例2-26〉終止委任狀

民事　終止委任　狀	案　　號	年度　　字第　　號	承辦股別	
	訴訟標的金額或價額	新台幣　萬　千　百　十　元　角		
稱　　　　謂	姓　名　或　名　稱身分證統一編號或營利事業統一編號	住居所或營業所、郵遞區號及電話號碼電子郵件位址	送達代收人姓名、住址、郵遞區號及電話號碼	

聲　請　人 即　原　告	吳　一	

為終止委任訴訟代理人事：

　　查○○年○字第○○號聲請人與○○○因請求返還借款事件，聲請人前曾委任吳甲律師為訴訟代理人，業經　鈞院定期審理在案。茲因訴訟代理人吳甲因事出國，遠離本地，對於本件訴訟勢難兼顧，除由聲請人另行委任代理人外，為此依據民事訴訟法第74條之規定，狀請

　　鈞院鑒核，准予終止吳甲之委任，並請通知被告知照，實感德便。

　　　　謹狀

台灣○○地方法院民事庭　公鑒

證物名稱及件數	

中	華	民	國	年	月	日

　　　　　　　　　具狀人　吳　一　　簽名
蓋章

▶偕同輔佐人到場

　　◇當事人或訴訟代理人經審判長之許可，得於期日偕同輔佐人到場。

　　前項許可，審判長得隨時撤銷之。（民訴76）

◎撰狀說明

　　輔佐人，非當事人或訴訟代理人於期日偕同到場不得為之。故若偕同到場之當事人或訴訟代理人退庭，亦即失其輔佐人之資格，不得為訴訟行為（參見最高法院41年台上字第824號判例）。

〈狀例2-27〉聲請准許偕同輔佐人到場狀

民事　聲請　狀		案　　　　號	年度　　字第　　號		承辦 股別	
		訴訟標的 金額或價額	新台幣　萬　千　百　十　元　角			
稱　　　　謂	姓　名　或　名　稱 身分證統一編號或 營利事業統一編號	住居所或營業所、郵遞區號 及電話號碼電子郵件位址		送達代收人姓名、住 址、郵遞區號及電話 號碼		

聲　請　人即　原　告	黃　一		

為聲請准許偕同輔佐人到場事：

　　查○○年度○字第○○號聲請人與邱二間因請求清償票款事件，業經　鈞院定期於○○年○月○日下午3時為言詞辯論在案。惟聲請人年老體衰，且不善言詞，更欠缺法律知識，擬偕同聲請人之子黃甲到場為輔佐人，詳為陳述，以免錯誤及延滯訴訟。為此狀請

　　鈞院鑒核賜准，實為德便。

　　　　謹狀

台灣○○地方法院○○簡易庭　公鑒

證物名稱及件數	

中	華	民	國	年	月	日

具狀人　黃　一　簽名蓋章

▶溢繳裁判費聲請退還

◇訴訟費用如有溢收情事者，法院應依聲請並得依職權以裁定返還之。

　前項聲請，至遲應於裁判確定或事件終結後三個月內為之。

　裁判費如有因法院曉示文字記載錯誤或其他類此情形而繳納者，得於繳費之日起五年內聲請返還，法院並得依職權以裁定返還之。（民訴77-26）

◎撰狀說明

　如起訴時之裁判費有溢繳，可聲請返還。

〈狀例2-28〉聲請退還溢繳裁判費狀

民事　聲請　狀		案　　　　號	年度　　　字第　　　號			承辦股別	
		訴訟標的金額或價額	新台幣　　萬　　千　　百　　十　　元　　角				
稱　　謂	姓　名　或　名　稱身分證統一編號或營利事業統一編號	住居所或營業所、郵遞區號及電話號碼電子郵件位址		送達代收人姓名、住址、郵遞區號及電話號碼			

| 原　　告 | 陳三 | | |
| 被　　告 | 李四 | | |

為聲請退回溢繳之裁判費事：

一、茲經測量結果，被告占用之○○地號土地面積為152.32平方公尺（25.92＋35.07＋91.33＝152.32）、○○地號土地面積為587.76平方公尺（493.28＋50.58＋26.21＋17.69＝587.76），則本件訴訟標的價額為17,502,472元〔（30,400×152.32＝4,630,528）＋（21,900×587.76＝12,871,944）＝17,502,472〕。

二、因原告起訴時係以上開土地面積五分之一計算，即○○地號土地以93.568平方公尺（467.84÷5＝96.568）、○○地號土地以882.768平方公尺（4,413.84÷5＝882.768），從而以此計算訴訟標的價額為33,554,955元有誤。

三、依上開計算之訴訟標的價額17,502,472元，原告應繳納之裁判費為166,088元，但原告起訴時依上開五分之一面積計算訴訟標的價額而繳納裁判費307,328元，應有溢繳，為此依民事訴訟法第77條之26第1項「訴訟費用如有溢收情事者，法院應依聲請並得依職權以裁定返還之。」請求返還溢繳之裁判費。

四、檢呈原告帳戶如附件，請將溢收裁判費退回該帳戶。

　　　　　　謹狀

台灣○○地方法院民事庭　公鑒

證物名稱及件數	附件：原告存摺封面影本1件。

中　華　民　國　　　　　　　年　　　　　月　　　　　日

具狀人　　陳三　　簽名
蓋章

▶訴訟費用負擔

◇訴訟費用，由敗訴之當事人負擔。（民訴78）

◇各當事人一部勝訴、一部敗訴者，其訴訟費用，由法院酌量情形，命兩造以比例分擔或命一造負擔，或命兩造各自負擔其支出之訴訟費用。（民訴79）

◇被告對於原告關於訴訟標的之主張逕行認諾，並能證明其無庸起訴者，訴訟費用，由原告負擔。（民訴80）

◇因共有物分割、經界或其他性質上類似之事件涉訟，由敗訴當事人負擔訴訟費用

顯失公平者，法院得酌量情形，命勝訴之當事人負擔其一部。（民訴80-1）

◇因下列行爲所生之費用，法院得酌量情形，命勝訴之當事人負擔其全部或一部：

　　一　勝訴人之行爲，非爲伸張或防衛權利所必要者。

　　二　敗訴人之行爲，按當時之訴訟程度，爲伸張或防衛權利所必要者。（民訴81）

◇當事人不於適當時期提出攻擊或防禦方法，或遲誤期日或期間，或因其他應歸責於己之事由而致訴訟延滯者，雖該當事人勝訴，其因延滯而生之費用，法院得命其負擔全部或一部。（民訴82）

◇原告撤回其訴者，訴訟費用由原告負擔。其於第一審言詞辯論終結前撤回者，得於撤回後三個月內聲請退還該審級所繳裁判費3分之2。

前項規定，於當事人撤回上訴或抗告者準用之。

原告於上訴審言詞辯論終結前；其未行言詞辯論者，於終局裁判生效前，撤回其訴，上訴人得於撤回後三個月內聲請退還該審級所繳裁判費3分之2。（民訴83）

◇當事人爲和解者，其和解費用及訴訟費用各自負擔之。但別有約定者，不在此限。

和解成立者，當事人得於成立之日起三個月內聲請退還其於該審級所繳裁判費3分之2。（民訴84）

◇共同訴訟人，按其人數，平均分擔訴訟費用。但共同訴訟人於訴訟之利害關係顯有差異者，法院得酌量其利害關係之比例，命分別負擔。

共同訴訟人因連帶或不可分之債敗訴者，應連帶負擔訴訟費用。

共同訴訟人中有專爲自己之利益而爲訴訟行爲者，因此所生之費用，應由該當事人負擔。（民訴85）

◇因參加訴訟所生之費用，由參加人負擔。但他造當事人依第78條至第84條規定應負擔之訴訟費用，仍由該當事人負擔。

訴訟標的，對於參加人與其所輔助之當事人必須合一確定者，準用前條之規定。（民訴86）

◎撰狀說明

　　原告起訴，上訴人上訴時，固需先繳裁判費，但此係墊付性質，最終何方應負擔裁判費，仍由法院於裁判時決定，記載於裁判之主文，但當事人亦可具狀說明，以促使法院參考。

　　又訴訟費用，固由敗訴人負擔，但依上開規定，亦有例外由勝訴人負擔全部或一部者。

〈狀例2-29〉上訴有理由但聲請命其負擔上訴裁判費

民事 準備書狀	案　　　號	年度　　字第　　號	承辦股別	
	訴訟標的金額或價額	新台幣　萬　千　百　十　元　角		
稱　　謂	姓 名 或 名 稱身分證統一編號或營利事業統一編號	住居所或營業所、郵遞區號及電話號碼電子郵件位址	送達代收人姓名、住址、郵遞區號及電話號碼	
被上訴人上 訴 人	陳三李四			

為返還土地事件，謹具準備書狀事：

　　依上訴人於113年1月19日勘驗時稱，其於前次國土測繪中心測量後已拆除突出於圍牆之石棉瓦屋頂（參見　鈞院卷第141頁），是不僅前次國土測量中心測量無誤，上訴人係事後拆除占用被上訴人系爭土地上之石棉瓦屋頂，致日前再測，始無占用，從而被上訴人提起本訴，並非無理由，且因上訴人不拆除，被上訴人為伸張權利自有必要提起本件訴訟。茲上訴人既已拆除占用部分，如　鈞院判決被上訴人敗訴，但依民事訴訟法第81條「因下列行為所生之費用，法院得酌量情形，命勝訴之當事人負擔其全部或一部：一、勝訴人之行為，非為伸張或防衛權利所必要者。二、敗訴人之行為，按當時之訴訟程度，為伸張或防衛權利所必要者。」，仍應命上訴人負擔上訴費用。

　　　　　　謹狀
台灣高等法院　公鑒

證 物 名 稱及 件 數	

中　　華　　民　　國　　　　　年　　　　月　　　　　日

　　　　　　　　　　　　具狀人　　陳三　　簽名蓋章

▶**裁判費聲請退還**

　　◇原告撤回其訴者，訴訟費用由原告負擔。其於第一審言詞辯論終結前撤回者，得於撤回後三個月內聲請退還該審級所繳裁判費3分之2。

　　前項規定，於當事人撤回上訴或抗告者準用之。（民訴83）

◇當事人為和解者，其和解費用及訴訟費用各自負擔之。但別有約定者，不在此限。

和解成立者，當事人得於成立之日起三個月內聲請退還其於該審級所繳裁判費3分之2。（民訴84）

◇第一審訴訟繫屬中，得經兩造合意將事件移付調解。

前項情形，訴訟程序停止進行。調解成立時，訴訟終結。調解不成立時，訴訟程序繼續進行。

依第1項規定移付調解而成立者，原告得於調解成立之日起三個月內聲請退還已繳裁判費3分之2。（民訴420-1）

第2項調解有無效或得撤銷之原因者，準用第380條第2項規定；請求人並應繳納前項退還之裁判費。（民訴420-1）

◎撰狀說明

實務上對訴訟和解及調解，均於筆錄上載明當事人聲請退費之聲明，故毋庸再以聲請狀聲請之。惟只有撤回起訴時，須使用聲請狀退費。

〈狀例2-30〉聲請退還裁判費狀

<table>
<tr><td rowspan="2">民事　聲請　狀</td><td>案　　　號</td><td colspan="4">年度　　字第　　號</td><td>承辦股別</td><td></td></tr>
<tr><td>訴訟標的金額或價額</td><td colspan="4">新台幣　萬　千　百　十　元　角</td><td></td><td></td></tr>
<tr><td rowspan="2">稱　　謂</td><td colspan="2">姓　名　或　名　稱身分證統一編號或營利事業統一編號</td><td colspan="3">住居所或營業所、郵遞區號及電話號碼電子郵件位址</td><td colspan="2">送達代收人姓名、住址、郵遞區號及電話號碼</td></tr>
<tr><td colspan="2"></td><td colspan="3"></td><td colspan="2"></td></tr>
<tr><td>聲請人即原告相對人即被告</td><td colspan="2">陳三

李四</td><td colspan="3"></td><td colspan="2"></td></tr>
<tr><td colspan="8">為聲請退還裁判費事：
　　爰本件清償債務事件，業經兩造於民國○○年○月○日成立庭外和解，並由被告清償債務完畢，故已無訴訟之必要。茲聲請人已於同年月○日，向　鈞院撤回起訴。故謹於法定期間內，依民事訴訟法第83條之規定，聲請退還聲請人所繳納裁判費3分之2。為此，狀請
　　鈞院鑒核，迅賜准如所請，並匯入聲請人如附件之○○銀行帳戶，至感德便。</td></tr>
</table>

謹狀						
台灣○○地方法院民事庭 公鑒						

證物名稱 及 件 數	附件：聲請人存摺封面影本1件。

中	華	民	國	年	月	日
			具狀人 陳 三	簽名 蓋章		

▶第三人訴訟費用之負擔

◇法院書記官、執達員、法定代理人或訴訟代理人因故意或重大過失，致生無益之訴訟費用者，法院得依聲請或依職權以裁定命該官員或代理人負擔。

依第49條或第75條第1項規定，暫為訴訟行為之人不補正其欠缺者，因其訴訟行為所生之費用，法院得依職權以裁定命其負擔。

前二項裁定，得為抗告。（民訴89）

◎撰狀說明

本條之宗旨，在使審判衙門書記官、訴訟代理人等，莫不注意於其職務，故其所規定之訴訟費用，含有懲戒性質，與因民律中之不法行為而損害賠償者不同。若當事人欲對於審判衙門職員、法律上代理人、訴訟代理人等為損害賠償之請求者，必須另行起訴。

〈狀例2-31〉聲請書記官負擔訴訟費用狀㈠

民事　聲請　狀		案　　　號	年度　　字第　　號			承辦 股別	
		訴訟標的 金額或價額	新台幣　萬　千　百　十　元　角				
稱　謂	姓 名 或 名 稱 身分證統一編號或 營利事業統一編號	住居所或營業所、郵遞區號 及電話號碼電子郵件位址		送達代收人姓名、住址、 郵遞區號及電話號碼			
聲請人 相對人	陳　二 邱　三						

為書記官邱三所生無益訴訟費用，依法聲請命其負擔事：

　　緣聲請人曾與張一因離婚事件上訴案，承辦本案之書記官將陳二之上訴狀誤附他案，因而誤認本案業已確定，致聲請人只得提起再審之訴，以謀救濟，此項再審之訴之費用，即為無益之訴訟費用，係為書記官邱三之重大過失而生。按民事訴訟法第89條第1項之規定，此項無益訴訟費用，毋庸判令再審原告負擔，自應由書記官邱三負擔，毫無疑義，為此狀請

　　鈞院鑒核，准予裁定書記官邱三負擔再審所生之無益訴訟費用，以符法制，而保權利。

　　　　　　　　謹狀

台灣高等法院○○分院民事庭　公鑒

證物名稱及件數	

中	華	民	國		年		月		日

　　　　　　　　　　具狀人　　陳　二　　簽名蓋章

〈狀例2-31-1〉 聲請書記官負擔訴訟費用狀⊆

民事　聲請　狀		案　　　號		年度　字第　號		承辦股別	
		訴訟標的金額或價額	新台幣　　萬　　千　　百　　十　　元　　角				
稱　　謂	姓　名　或　名　稱身分證統一編號或營利事業統一編號	住居所或營業所、郵遞區號及電話號碼電子郵件位址			送達代收人姓名、住址、郵遞區號及電話號碼		
聲請人相對人	吳　五邱　四						

為書記官邱四所生之無益訴訟費用，依法聲請命其負擔事：

　　緣聲請人前與張正偉因離婚糾葛涉訟一案，已於本月7日終結言詞辯論在卷，豈料承辦本案之書記官邱四不但將聲請人等兩造言詞辯論筆錄散失，抑且將聲請人重要之縮影遺失，故此本月10日重開言詞辯論，並責令聲請人重繳縮影，致生無益之訴訟費用，依民事訴訟法第89條第1項「法院書記官、執達員、法定代理人或訴

訟代理人因故意或重大過失，致生無益之訴訟費用者，法院得依聲請或依職權以裁定命該官員或代理人負擔」之規定，得命法院書記官負擔。今書記官邱四將聲請人之筆錄及縮影散失，顯見其具有應注意並能注意而不注意之過失，其過失責任，難辭其咎，故此項無益訴訟費用，理應由書記官邱四負擔，毫無疑義，為此依法狀請

　　鈞院鑒核，准予裁定書記官邱四負擔本案所生之無益訴訟費用，以符法制，而保權利。

　　　　　　　謹狀
台灣○○地方法院民事庭　公鑒

證物名稱及件數	
中　　華　　民　　國　　　年　　　月　　　日	

具狀人　吳　五　　簽名蓋章

▶依聲請為訴訟費用之裁判

◇訴訟不經裁判而終結者，法院應依聲請以裁定為訴訟費用之裁判。
　前項聲請，應於知悉或受通知訴訟終結後三個月之不變期間內為之。
　第81條、第82條、第91條至第93條之規定，於第1項情形準用之。（民訴90）

◎撰狀說明

　　本條所稱訴訟不經裁判而終結者，即如法律上視為撤回，此際須有當事人之聲請，始應以裁定為訴訟費用之裁判。

〈狀例2-32〉聲請裁定訴訟費用狀

民事　聲請　狀	案　　　號	年度　　　字第　　　號	承辦股別	
	訴訟標的金額或價額	新台幣　萬　千　百　十　元　角		
稱　　謂	姓　名　或　名　稱身分證統一編號或營利事業統一編號	住居所或營業所、郵遞區號及電話號碼電子郵件位址	送達代收人姓名、住址、郵遞區號及電話號碼	

聲 請 人	李花心		

為訴訟未經裁判終結依法聲請訴訟費用裁判事：

　　緣聲請人曾以邱白患有不治之惡疾，依據民法第1052條第1項第7款之規定，訴請　鈞院准予離婚在卷，詎料言詞辯論尚未終結以前，被告邱白即因病重去世，此項訴訟，依家事事件法第59條規定，判決確定前死亡者，視為訴訟終結。但本案訴訟費用，係被告邱白因過失所致，應歸其負擔，毫無疑義，為此依據民事訴訟法第90條之規定，狀請

　　鈞院鑒核，准予裁定本案訴訟費用由邱白之繼承人負擔，以符法制。

　　　　　　　　謹狀

台灣○○地方法院　公鑒

證物名稱及件數	

中	華	民	國	年	月	日

　　　　　　　　　　具狀人　李花心　簽名蓋章

▶訴訟費用額之確定

◇法院未於訴訟費用之裁判確定其費用額者，第一審受訴法院於該裁判有執行力後，應依聲請以裁定確定之。

聲請確定訴訟費用額者，應提出費用計算書、交付他造之計算書繕本或影本及釋明費用額之證書。

依第1項確定之訴訟費用額，應於裁定送達之翌日起，加給按法定利率計算之利息。（民訴91）

◎撰狀說明

　　第三審為法律審，被上訴人委任律師為其訴訟代理人，乃防衛其權益所必要，故被上訴人所與第三審委任律師之酬金，亦屬訴訟費用之一部分。

〈狀例2-33〉聲請確定訴訟費用額狀

民事　聲請　狀	案　　　　號	年度　　字第　　號	承辦股別	
	訴訟標的金額或價額	新台幣　　萬　千　百　十　元　角		
稱　　謂	姓　名　或　名　稱身分證統一編號或營利事業統一編號	住居所或營業所、郵遞區號及電話號碼電子郵件位址	送達代收人姓名、住址、郵遞區號及電話號碼	
聲請人	邱　一			

為聲請確定訴訟費用額事：

　　　查○○年度○字第○○號請求清償票款事件，業經最高法院於○○年○月○日判決確定，所有各審訴訟費用均應由被告負擔。茲聲請人（即原告）所支出之訴訟費用，共新台幣○千○百○十○元○角，亟待一併請求強制執行。為此特檢具計算書正本繕本各乙份，連同釋明費用額之單據共三件（見附件），狀請

　　　鈞院鑒核，准予依法裁定，俾便執行，實感德便。

　　　　　謹狀

台灣高等法院○○分院　公鑒

證物名稱及件數	附件：計算書正本繕本各乙份暨費用額之單據共三件。

中　　華　　民　　國　　　　年　　　　月　　　　日

　　　　　　　　　具狀人　　邱　一　　簽名蓋章

〈狀例2-34〉計算書

編　號	項　　　目	金額（新台幣）	單　據	備　　考
一	第一審訴訟費用	30,000元	收據正本	
二	鑑定費用	3,000元	收據正本	
三	證人旅費	500元	收據正本	
合　計		33,500元		

▶訴訟費用供擔保

◇原告於中華民國無住所、事務所及營業所者，法院應依被告聲請，以裁定命原告供訴訟費用之擔保；訴訟中發生擔保不足額或不確實之情事時，亦同。

前項規定，如原告請求中，被告無爭執之部分，或原告在中華民國有資產，足以賠償訴訟費用時，不適用之。（民訴96）

◇被告已爲本案之言詞辯論者，不得聲請命原告供擔保。但應供擔保之事由知悉在後者，不在此限。（民訴97）

◇被告聲請命原告供擔保者，於其聲請被駁回或原告供擔保前，得拒絕本案辯論。（民訴98）

◇關於聲請命供擔保之裁定，得爲抗告。（民訴100）

◎撰狀說明

　　聲請裁定命原告供訴訟費用之擔保，以書狀或言詞爲之均可，惟應即時爲之，必須在被告爲本案之言詞辯論之前。但應供擔保之事由知悉在後者，不在此限。例如原告在訴訟中訴訟救助經法院撤銷，如主張應供擔保之事由知悉在後，被告應負舉證責任。

〈狀例2-35〉聲請命提供訴訟費用擔保狀

民事　聲請　狀	案　　　號	年度　　字第　　號	承辦股別	
	訴訟標的金額或價額	新台幣　萬　千　百　十　元　角		
稱　　謂	姓　名　或　名　稱身分證統一編號或營利事業統一編號	住居所或營業所、郵遞區號及電話號碼電子郵件位址	送達代收人姓名、住址、郵遞區號及電話號碼	
聲請人即被告	李　一			
原　　告	邱　白			

爲聲請命原告提供訴訟費用擔保事：

　　查○○年度○字第○○號聲請人與邱白因確認買賣契約成立涉訟乙案，業經鈞院定於下月3日審理，經查邱白向係僑居南洋，在中華民國既無住所，又無事務所及營業所，則本案在未經法院終局判決確定以前，究竟誰勝誰敗，不可預料，倘聲請人勝訴，則邱白必遽返南洋，聲請人所支出之訴訟費用，如何執行，殊屬堪虞。故爲免除將來履行義務困難及防止濫訴起見，依據民事訴訟法第96條第1項之規定，應命原告提供擔保，爲此狀請

　　　　鈞院鑒核，准予裁定命原告提供聲請人各審應支出費用總額之擔保，以符法制，而保權利。
　　　　　　謹狀
台灣○○地方法院民事庭　公鑒

證 物 名 稱 及　件　數	

中	華	民	國	年	月	日

　　　　　　　　　　具狀人　　李　一　　　簽名蓋章

▶擔保物返還之原因及程序

◇有下列各款情形之一者，法院應依供擔保人之聲請，以裁定命返還其提存物或保證書：

　一　應供擔保之原因消滅者。

　二　供擔保人證明受擔保利益人同意返還者。

　三　訴訟終結後，供擔保人證明已定二十日以上之期間，催告受擔保利益人行使權利而未行使，或法院依供擔保人之聲請，通知受擔保利益人於一定期間內行使權利並向法院為行使權利之證明而未證明者。

　　關於前項聲請之裁定，得為抗告，抗告中應停止執行。（民訴104）

◎撰狀說明

　　民事訴訟法第104條第1項第3款所謂「受擔保利益人行使權利」，係指向法院起訴或為與起訴相同效果之訴訟行為（如聲請調解或聲請發支付命令）而言（參見最高法院80年台抗字第413號判例）。

〈狀例2-36〉聲請返還擔保金狀㈠

民事　聲請　狀	案　　　　號	年度		字第		號	承辦股別	
	訴訟標的金額或價額	新台幣	萬	千	百	十	元	角

稱　　謂	姓　名　或　名　稱 身分證統一編號或 營利事業統一編號	住居所或營業所、郵遞區號 及電話號碼電子郵件位址	送達代收人姓名、住址、 郵遞區號及電話號碼
聲請人 相對人	張　士 邱　一		

為聲請返還擔保金事：

　　查○○年度○字第○○號求償債務乙案，今本案已判決確定，邱一完全敗訴，訴訟費用亦全由邱一負擔，是聲請人已無向邱一提供擔保之必要。為此謹依據民事訴訟法第104條第1項第1款之規定，檢具判決確定證明書暨提存書收據等文件（見證物一），狀請

　　鈞院鑒核，准予就前揭返還擔保金之聲請裁定，至感德便。

　　　　　謹狀

台灣○○地方法院民事庭　公鑒

證物名稱 及　件　數	證物一：判決確定證明書及提存書收據影本各一件。

中	華	民	國	年	月	日

　　　　　　　　具狀人　張　士　　簽名
　　　　　　　　　　　　　　　　　　蓋章

〈狀例2-36-1〉聲請返還擔保金狀㈡

民事　聲請　狀		案　　　號	年度	字第	號	承辦 股別	
		訴訟標的 金額或價額	新台幣　萬　千　百　十　元　角				
稱　　謂	姓　名　或　名　稱 身分證統一編號或 營利事業統一編號	住居所或營業所、郵遞區號 及電話號碼電子郵件位址			送達代收人姓名、住址、 郵遞區號及電話號碼		
聲　請　人 即債權人	李　天						
相　對　人 即債務人	饒　地						

為請求取回擔保金事件，謹依法提出聲請事：

　　請求事項

一、請求聲請人於　鈞院提存所84年度存字第○○號所提存之擔保金新台幣（以下同）13萬元整予以返還。

二、聲請費用由相對人負擔。

　　事實及理由

一、緣聲請人前依台北地方法院民事庭○○年度全字第○○號假扣押裁定（證物一），提供13萬元整（證物二），查封相對人所有之不動產。今茲因已無續行之必要，聲請人遂具狀向　鈞院聲請撤銷上開假扣押裁定，並經　鈞院以○○年度聲字第○○號裁定核准在案（證物三）。

二、再則，聲請人另依民事訴訟法第104條第1項第3款之規定，於民國84年○月○日以台北郵局44支局第○○號存證信函定二十日以上之期間通知相對人行使權利，此有存證信函及回執影本可稽（證物四），然迄今均未見相對人有任何訴訟之主張，是以聲請人爰依前揭法條之規定，聲請取回前開因假扣押而提供擔保之84年度存字第○○號擔保金13萬元。

三、綜上所陳，合當狀請

　　鈞院鑒核，惠予賜准聲請事項之所請，以維權益，至感公便。

　　　　　　　　謹狀

台灣台北地方法院民事庭　公鑒

證物名稱及件數	證物一：鈞院民事庭○○年度全字第○○號裁定影本一份。 證物二：鈞院提存所○○年度存字第○○號提存書影本一份。 證物三：鈞院○○年度聲字第○○號撤銷假扣押裁定影本一份。 證物四：民國○○年○月○日台北郵局44支局第○○號存證信函影本一份。

中　　華　　民　　國　　　　　年　　　　月　　　　日

具狀人　李　天　　簽名蓋章

〈狀例2-36-2〉 **聲請返還擔保金狀**(三)

民事　聲請　狀	案　　　號	年度　　　字第　　　號	承辦股別	
	訴訟標的金額或價額	新台幣　萬　千　百　十　元　角		
稱　　　謂	姓　名　或　名　稱身分證統一編號或營利事業統一編號	住居所或營業所、郵遞區號及電話號碼電子郵件位址	送達代收人姓名、住址、郵遞區號及電話號碼	
聲請人相對人	鍾　天陳　地			

為聲請返還擔保金裁定事：

　　緣聲請人茲為履行契約事件，前曾提供擔保金新台幣59萬元（證物一）對相對人房屋為假扣押（證物二）（案號：81年度全字第○○號）。惟前揭假扣押業經聲請人聲請撤銷假扣押裁定（證物三）及撤回假扣押執行（證物四）在案，是為取回上開擔保金，爰依法函知相對人，如其因聲請所為之假扣押受有損害，希於文到二十一日內，就該損害，向聲請人所提存之擔保金行使權利，逾期即視為無損害或不行使權利。因此，聲請人以存證信函通知相對人就其損害行使權利，並就相對人之戶籍所在地為地址，以雙掛回郵予以送達（證物五、六），詎遭退件，以致送達無效，為此，聲請人前乃援引民法第97條、民事訴訟法第149條第1項第1款之規定，請求　鈞院准將前揭應送達相對人之意思表示予以公示送達，承蒙　鈞院裁定准允在案（證物七），是聲請人特依民事訴訟法第104條之規定，將前揭應送達之文書登載於台灣新生報（證物八），查於83年3月26日前揭應送達之文書已生公示送達之效力，則相對人自於該日起二十一日內，向聲請人提存之擔保金行使權利。惟該期限業已於4月16日屆至，相對人殊未行使權利，是為維聲請人之權益，特依民事訴訟法第104條第1項第3款之規定，狀請

　　鈞院鑒核，裁定准將前揭擔保金返還予聲請人，以符法制，而保權益，至感德便。

　　　　　　　　謹狀
台灣台北地方法院民事庭　公鑒

| 證物名稱及　件　數 | 證物一：提存書影本一份。證物二：民事假扣押裁定書影本一份。證物三：撤銷假扣押裁定書影本一份。證物四：撤回強制執行聲請狀其收狀收據影本一份。證物五：戶籍謄本影本一份。 |

	證物六：退件信函及信封正本一份。 證物七：民事裁定及存證信函影本各一份。 證物八：台灣新生報79年3月4日第22版及79年3月7日第23版報紙正本各一份。

中	華	民	國	年	月	日
		具狀人　鍾　天		簽名 蓋章		

▶擔保物之變換

◇供擔保之提存物或保證書，除得由當事人約定變換外，法院得依供擔保人之聲請，以裁定許其變換。

關於前項聲請之裁定，得為抗告，抗告中應停止執行。（民訴105）

◎撰狀說明

供擔保之提存物，供擔保人有須利用之者，又由第三人具保證書時，因某種情形，有宜使其免除保證責任，故在不損害受擔保利益人之限度內，為便利供擔保人起見，規定得由供擔保人聲請法院許其變換。惟保證書固得易以提存物或仍易以他人之保證書，但將提存物易為保證書，則不應准許（參見最高法院43年台抗字第122號判例）。

〈狀例2-37〉聲請變換以建設公債提供擔保狀

民事　聲請　狀		案　　　號	年度		字第	號	承辦 股別	
		訴訟標的 金額或價額	新台幣	萬	千	百	十	元　　角
稱　　謂	姓　名　或　名　稱 身分證統一編號或 營利事業統一編號	住居所或營業所、郵遞區號 及電話號碼電子郵件位址			送達代收人姓名、住址、 郵遞區號及電話號碼			
聲　請　人 即　被　告	陳　三							
原　　　告	邱　一							
為聲請變換以建設公債提供擔保物事： 　　查聲請人與邱一求償債務乙案，前奉　鈞院○○年度○字第○○號裁定，命聲								

請人以面額新台幣1萬元（下同）之愛國公債十張提供擔保，而准予假扣押。惟今該愛國公債已屆償還日期，爲此謹依據民事訴訟法第105條第1項之規定，狀請

　　　鈞院鑒核，准予變換以10萬元之建設公債提供擔保，實感德便。

　　　　　　謹狀

台灣○○地方法院民事庭　公鑒

證物名稱及件數	

中	華	民	國		年		月		日
			具狀人　陳　三			簽名蓋章			

〈狀例2-38〉 聲請變換以定期存單供擔保狀㈠

民事　聲請　狀		案　　號		年度　字第　號		承辦股別	
		訴訟標的金額或價額	新台幣　　萬　千　百　十　元　角				
稱　　謂	姓名或名稱身分證統一編號或營利事業統一編號	住居所或營業所、郵遞區號及電話號碼電子郵件位址		送達代收人姓名、住址、郵遞區號及電話號碼			
聲請人即債權人債務人	李　花　　林　一　　林　二　　林　三　　林　四						

爲聲請以可轉讓定期存單供擔保事：

　　查聲請人與債務人等間履行契約乙事，前奉　鈞院○○年度○○字第○○號裁定，命聲請人提供新台幣143萬元爲擔保後，准予對債務人實施假處分。惟聲請人因提供現金恐有困難，乃欲以等值之台灣銀行無記名可轉讓定期存單供擔保，爲此狀請

　　鈞院鑒核，准予以可轉讓定期存單提供擔保，實感德便。

　　　　　謹狀

<table>
<tr><td colspan="9">台灣○○地方法院民事庭　公鑒</td></tr>
</table>

證 物 名 稱 及 件 數	

中	華	民	國	年	月	日
			具狀人　李　花	簽名 蓋章		

〈狀例2-38-1〉**聲請變換以定期存單供擔保狀**㈡

民事	聲請裁定 准許變換 狀 提存物	案　　號	年度	字第	號	承辦 股別
		訴訟標的 金額或價額	新 台 幣　　萬　　千　　百　　十　　元　　角			
稱　　　謂	姓 名 或 名 稱 身分證統一編號或 營利事業統一編號	住居所或營業所、郵遞區號 及電話號碼電子郵件位址	送達代收人姓名、住址、 郵遞區號及電話號碼			
聲　請　人	○○電腦股份有 限公司	台北市中央路○號				
法定代理人	孫　甲	同右				
相　對　人	○○證券股份有 限公司	台北市天和路○號				
法定代理人	劉　乙	同右				

為○○年度存字第○○號假扣押擔保提存事件，聲請裁定准許變換提存物事：

　　緣聲請人前於本年10月2日以「台灣銀行，票號BA○○○○○○號，面額新台幣164萬元整支票乙紙」為　鈞院○○年度全字第○○號民事裁定預供擔保以為假扣押，並經　鈞院提存所製作○○年度存字第○○號提存書（國庫存款收款書第○○號，如附件）准許提存在案。茲因聲請人另有同額之彰化商業銀行可轉讓定期存單乙紙，故請求裁定准許變換提存物，由聲請人以新台幣164萬元之彰化商業銀行可轉讓定期存單為前開○○年度存字第○○號提存事件供擔保。爰謹依民事訴訟法第106條準用第105條規定，懇請

　　鈞院鑒核，賜准許原提存之支票變換為上開同額之定期存單，無任感禱。

　　　　謹狀

台灣○○地方法院民事庭　公鑒	
證　物　名　稱 及　　件　　數	附件：鈞院提存所○○年度存字第○○號提存書影本一紙。
中　　　華　　　民　　　國　　　　　年　　　　月　　　　　日	

<table>
<tr><td>具狀人</td><td>○○電腦股
份有限公司
法定代理人
孫　甲</td><td>簽名
蓋章</td></tr>
</table>

▶訴訟救助

◇當事人無資力支出訴訟費用者，法院應依聲請，以裁定准予訴訟救助。但顯無勝訴之望者，不在此限。

法院認定前項資力時，應斟酌當事人及其共同生活親屬基本生活之需要。（民訴107）

◇聲請訴訟救助，應向受訴法院爲之。於訴訟繫屬前聲請者，並應陳明關於本案訴訟之聲明及其原因事實。

無資力支出訴訟費用之事由，應釋明之。

前項釋明，得由受訴法院管轄區域內有資力之人，出具保證書代之。保證書內，應載明具保證書人於聲請訴訟救助人負擔訴訟費用時，代繳暫免之費用。（民訴109）

◇駁回訴訟救助聲請之裁定確定前，第一審法院不得以原告未繳納裁判費爲由駁回其訴。（民訴109-1）

◎撰狀說明

依民事訴訟法第109條之規定，聲請訴訟救助，應向受訴法院爲之。請求救助之事由，應釋明之。前項釋明，得由受訴法院管轄區域內有資力之人，出具保證書代之。該具保證書人有無資力，應由受訴法院依職權調查之（最高法院67年台抗字第552號裁定）。又所謂無資力支出訴訟費用，亦非指當事人全無財產而言，當事人雖有財產而不能自由處分者，如無法籌措款項以支出訴訟費用之信用，即屬之（參見最高法院29年渝抗字第179號判例）。再者，訴訟顯無勝訴之望時，也無從准許訴訟救助之請求，例如：聲請人所提起第三審上訴已逾上訴不變期間；對於財產權上訴之第

二審判決提起上訴，其因上訴所得受之利益不達民事訴訟法第466條所定之額數者；提起第三審上訴，未於上訴狀內表明上訴理由，亦未於提起上訴後十五日內提出理由書者，均為顯無勝訴之望。惟有無勝訴之望，當事人並不負釋明之責，係由法院依其自由意志決之（最高法院62年台抗字第500號判例）。

又法律扶助法第63條「經分會准許法律扶助之無資力者，其於訴訟或非訟程序中，向法院聲請訴訟救助時，除顯無理由者外，應准予訴訟救助，不受民事訴訟法第一百零八條規定之限制。」有應准許訴訟救助規定。

〈狀例2-39〉聲請訴訟救助狀

民事　聲請　狀		案　　　號	年度　　字第　　號	承辦股別	
		訴訟標的金額或價額	新台幣　　萬　千　百　十　元　角		
稱　謂	姓名或名稱身分證統一編號或營利事業統一編號	住居所或營業所、郵遞區號及電話號碼電子郵件位址		送達代收人姓名、住址、郵遞區號及電話號碼	
聲請人即原告	陳　秀				

為聲請訴訟救助事：

緣聲請人向　鈞院起訴邱白侵害繼承權請求依法回復乙案，本應於遞狀時依法繳納訴訟費用，但聲請人係一介弱女子，全倚貧苦之丈夫周黑維持日食，不但毫無積蓄，抑且告貸無門，家境之窘困，誠非筆墨所能形容，實無力支出訴訟費用，若央人作保，又苦無殷實之交，茲檢具最近一年度財產及所得清單暨里長出具之貧戶證明各乙份，以證聲請人確無資力支出訴訟費用（聲證一）。為此依據民事訴訟法第107條及第109條之規定，狀請

鈞院鑒核，准予訴訟救助，以恤苦寒而保權利。

　　　　　謹狀
台灣○○地方法院民事庭　公鑒

證物名稱及件數	聲證一：聲請人最近一年度財產及所得清單暨貧戶證明正本各一份。

中　　華　　民　　國　　　　年　　　月　　　日	
具狀人　陳　秀　簽名蓋章	

▶送達代收人之指定及效力

◇當事人或代理人經指定送達代收人向受訴法院陳明者，應向該代收人為送達。（民訴133）

◇送達代收人，經指定陳明後，其效力及於同地之各級法院。但該當事人或代理人別有陳明者，不在此限。（民訴134）

◎撰狀說明

當事人經指定送達代收人，向受訴法院陳明者，依民事訴訟法第133條第1項之規定，固應向該代收人為送達，但向該當事人為送達，既於該當事人並無不利，即非法所不許。至訴訟代理人合法委任之複代理人，如對其代理權未加限制，應有代該訴訟代理人收受送達之權限（最高法院48年台上字第314號判例）。

〈狀例2-40〉聲請代收文書送達狀

民事	代收送達聲請 狀	案　　號		年度　　字第　　號			承辦股別	
		訴訟標的金額或價額	新台幣	萬　千	百　十	元　角		
稱　　謂	姓 名 或 名 稱身分證統一編號或營利事業統一編號	住居所或營業所、郵遞區號及電話號碼電子郵件位址			送達代收人姓名、住址、郵遞區號及電話號碼			
聲 請 人即 原 告被 告	陳　二邱　一							

為陳明送達代收人之住址事：

　　查○○年度○字第○○號聲請人與邱一因清償票款事件，已蒙　鈞院定期審理在案。茲因聲請人即將遷移，特委託台北市金山街12號之陳三為送達代收人。為此依據民事訴訟法第133條規定，狀請

　　鈞院鑒核，請將有關本案一切文書，均送達陳三處，由其代收，實為德便。

　　　　　謹狀

台灣○○地方法院○○簡易庭　公鑒

證物名稱及 件 數	附件：鈞院84年○月○日裁定書影本一份。

中	華	民	國	年	月	日

具狀人　陳　二　簽名　蓋章

〈狀例2-41〉陳報指定送達代收人狀

民事　陳報　狀		案　　號	年度　　字第　　號	承辦股別	
		訴訟標的金額或價額	新台幣　萬　千　百　十　元　角		
稱　　謂	姓名或名稱身分證統一編號或營利事業統一編號	住居所或營業所、郵遞區號及電話號碼電子郵件位址		送達代收人姓名、住址、郵遞區號及電話號碼	
陳報人即原告被　告	陳　甲李　乙				

為指定送達代收人事：

　　查○○年度○字第○○號原告與被告請求離婚事件，茲因接奉　鈞院裁定限於送達後○日內，指定送達代收人，依法自應遵期指定，特委託○○市○○路○○號陳丙為陳報人之送達代收人。為此狀請

　　鈞院鑒核，嗣後對於原告所送達之一切文件，均送達陳丙處，由其代為受收，實為德便。

　　　　謹狀

台灣○○地方法院民事庭　公鑒

證物名稱及件數	附件：鈞院84年○月○日裁定書影本一份。

中	華	民	國	年	月	日

具狀人　陳　甲　簽名　蓋章

〈狀例2-42〉變更送達處所狀

民事　聲明　狀	案　　　號	年度　　字第　　號	承辦股別	
	訴訟標的金額或價額	新台幣　　萬　千　百　十　元　角		
稱　　謂	姓名或名稱身分證統一編號或營利事業統一編號	住居所或營業所、郵遞區號及電話號碼電子郵件位址	送達代收人姓名、住址、郵遞區號及電話號碼	
聲請人即原告被　告	吳　甲邱　乙			

為聲明變更送達處所事：

　　查○○年度○字第○○號原告與被告請求給付借款事件，前經　鈞院審理數次，尚未判決。現原告因事於○月○日遷居本市○○街○○號，為此狀請

　　　鈞院鑒核，嗣後對於聲請人所有應行送達之文書，准予改送新址，以免延誤，實為德便。

　　　　　　謹狀

台灣○○地方法院民事庭　公鑒

證物名稱及件數	附件：鈞院84年○月○日裁定書影本一份。

中　　華　　民　　國　　　年　　　月　　　日

　　　　　　　具狀人　吳　甲　簽名蓋章

▶聲請公示送達之要件

　　◇對於當事人之送達，有下列各款情形之一者，受訴法院得依聲請，准為公示送達：

　　　一　應為送達之處所不明者。

　　　二　於有治外法權人之住居所或事務所為送達而無效者。

　　　三　於外國為送達，不能依第145條之規定辦理，或預知雖依該條規定辦理而無效者。

　　駁回前項聲請之裁定，得為抗告。

　　第1項所列各款情形，如無人為公示送達之聲請者，受訴法院為避免訴訟遲延認

有必要時，得依職權命為公示送達。

原告或曾受送達之被告變更其送達之處所，而不向受訴法院陳明，致有第1項第1款之情形者，受訴法院得依職權，命為公示送達。（民訴149）

◎撰狀說明

民事訴訟法第149條第1項第1款所謂「應為送達之處所不明者」，係指已用相當之方法探查，仍不知其應為送達之處所者而言。其「不明」之事實，應由聲請公示送達之人負舉證之責任，而由法院依具體事實判斷之（參見最高法院82年台上字第272號判例）。

在訴訟中聲請對他造聲請公示送達，係向受訴法院聲請。如係依民法第97條聲請公示送達，依非訟事件法第66條「民法第九十七條之聲請公示送達事件，不知相對人之姓名時，由表意人住所地之法院管轄；不知相對人之居所者，由相對人最後住所地之法院管轄。」定管轄權。

〈狀例2-43〉聲請公示送達狀㈠

民事　聲請　狀		案　　　號	年度　　字第　　　號	承辦股別	
		訴訟標的金額或價額	新台幣　　萬　　千　　百　　十　　元　　角		
稱　　謂	姓 名 或 名 稱身分證統一編號或營利事業統一編號	住居所或營業所、郵遞區號及電話號碼電子郵件位址		送達代收人姓名、住址、郵遞區號及電話號碼	
聲請人即原告	陳　一				
被　告	邱　二				

為聲請公示送達事：

　　查○○年度○字第○○號聲請人與邱二間因債務不履行而請求賠償乙案，業經鈞院定期本月12日審理。詎料邱二聞訊後，自知理屈，即率妻室遠走高飛，避匿無蹤，經聲請人四出探聽，不知其居住之所在，有戶籍謄本及里鄰長證明書（見證物一）可證，為此依據民事訴訟法第149條第1項第1款之規定，狀請

　　鈞院鑒核，裁定准予將送達被告邱二之文書公示送達，以符法制，而利訴訟之進行。

　　　　　　謹狀

台灣○○地方法院民事庭　公鑒

證物名稱及件數	證物一：戶籍謄本及里鄰長證明書各一份。

中　　華　　民　　國　　　　年　　　　月　　　　日

具狀人　　陳　一　　簽名蓋章

〈狀例2-43-1〉聲請公示送達狀(二)

民事　聲請狀		案　　　號	年度　　　字第　　　號		承辦股別	
		訴訟標的金額或價額	新台幣　萬　千　百　十　元　角			
稱　　　　謂	姓名或名稱身分證統一編號或營利事業統一編號	住居所或營業所、郵遞區號及電話號碼電子郵件位址		送達代收人姓名、住址、郵遞區號及電話號碼		
聲　請　人即債權人	黃　甲	台北市水上路○○號				
相　對　人即債務人	○○投資股份有限公司	台北市南京北路五段○○號				
法定代理人	何　乙	同右				

為聲請公示送達事：

　　聲請事項

一、請准聲請人對相對人如附件一「存證信函」所示意思表示之通知為公示送達。

二、聲請費用由相對人負擔。

　　事實及理由

　　緣聲請人於民國（以下同）78年11月25日與相對人訂立合作規劃及委託興建房屋協議書，由聲請人提供聲請人所有坐落新北市中和區○○段1、2、3、4、5等地號之土地，由相對人興建集合住宅公寓（證物一）。詎相對人於80年6月間停工，聲請人於80年9月11日、81年5月6日屢次發函催告相對人繼續施工，相對人均不予理會，聲請人曾於82年12月16日以存證信函行使依契約第8條之契約解除權，並沒收現場一切設施工程，且聲請人已於83年元月間就相對人違約一事提起訴訟；惟為慎重起見，倘若相對人未收悉，故於83年12月14日再以台北郵局44支局第○○號存證信函（附件一），將解除契約之意思及沒收現場工程設施通知相對人。惟相對人○○股份有限公司目前已停止營業，其設址處已無人員於該處上班，故聲請人依公

司法第28條之1之規定向相對人之法定代理人送達，而該信函於79年1月5日因招領逾期而遭退回（證物二），聲請人無法知其法定代理人之住居所在，爲此聲請人爰引民法第97條、民事訴訟法第149條第1項第1款之規定，狀請

　　鈞院鑒核，裁定准予將送達相對人之意思表示通知爲公示送達，以符法制，並維權益，如蒙所准，無勝感禱！

　　　　　謹狀

台灣台北地方法院民事庭　公鑒

證　物　名　稱及　　件　　數	證物一：契約書影本一份。
	證物二：退件信封正本一份。
	附件一：台北郵局44支局第○○號存證信函正本一份。

中	華	民	國	年	月	日

具狀人　黃　甲　　簽名蓋章

▶期日之變更或延展

◇期日，如有重大理由，得變更或延展之。

變更或延展期日，除別有規定外，由審判長裁定之。（民訴159）

◎撰狀說明

　　審判長依職權所定之言詞辯論期日，非有重大理由，法院不得變更或延展之，故當事人已受合法之傳喚後，雖聲請變更期日，然在法院未予裁定准許以前，仍應於原定期日到場，否則仍應認爲遲誤，法院自得許由到庭之當事人聲請一造辯論，而爲判決（參照最高法院41年台上字第94號判例）。

〈狀例2-44〉聲請變更期日狀

民事　聲請　狀	案　　　　號	年度　　字第　　號			承辦股別	
	訴訟標的金額或價額	新台幣　　萬　千　百　十　元　角				
稱　　謂	姓　名　或　名　稱身分證統一編號或營利事業統一編號	住居所或營業所、郵遞區號及電話號碼電子郵件位址		送達代收人姓名、住址、郵遞區號及電話號碼		

聲請人 即被告 原　告	王　甲 邱　乙		

為聲請變更審判期日事：

　　查○○年度○字第○○號聲請人與邱乙因田產界限糾葛涉訟乙案，日前接奉鈞院通知，定於本月10日審理。聲請人本應靜候屆期到庭詳為陳述，惟本案判斷之基礎，端賴雙方所持之文契，以為對照決定之。查聲請人所有文書證件，向由胞弟王鴻海負責保管，鴻海早已由金門遷至台北市，之後又轉遷宜蘭市居住，一切證件均在伊身邊，聲請人接到傳票與原告繕本時，即馳電胞弟迅速寄歸，但由宜蘭至金門，不但路途遙遠，抑且郵政遲滯，絕非短期間所能收到，現值審理期日瞬屆，聲請人若無有力之憑證，則難免不影響本案之不利，確實為重大理由，為此依據民事訴訟法第159條之規定，狀請

　　鈞院鑒核，准予將審判期日延展一個月，以利訴訟，實為德便。

　　　　　謹狀

福建金門地方法院民事庭　公鑒

證物名稱 及　件　數	附件：鈞院104年○月○日裁定書影本一份。

中　　華　　民　　國　　　　　年　　　　月　　　　日
具狀人　　王　甲　　簽名蓋章

▶期間之伸縮

◇期間，如有重大理由，得伸長或縮短之。但不變期間，不在此限。
　伸長或縮短期間，由法院裁定。但期間係審判長所定者，由審判長裁定。（民訴163）

◎撰狀說明

　　聲請伸長補正期間，乃訴訟行為之一種，須當事人及有代理權人始得為之。此補正期間雖非不變期間，法院得以裁定伸長或縮短之。但其期間如果未經裁定伸長，當事人仍應於其期間內為其應為之訴訟行為，否則自應發生一定之效果。但不變期間，法院不得依聲請或依職權伸長或縮短之，故法院在判決書內記明之上訴期間，縱較法定之不變期間為長，亦不生何等效力，當事人自不得藉口其提起上訴係在記明之上訴期間內，而主張其上訴尚未逾期，但可依民事訴訟法第164條第1項規定「當事人或

代理人，因天災或其他不應歸責於己之事由，遲誤不變期間者，於其原因消滅後十日內，得聲請回復原狀。」聲請回復原狀。（最高法院23年抗字第343號判例）。

〈狀例2-45〉聲請延長期間狀

民事　聲請　狀	案　　　　號	年度　　　字第　　　號	承辦股別	
	訴訟標的金額或價額	新台幣　　萬　　千　　百　　十　　元　　角		
稱　　謂	姓　名　或　名　稱身分證統一編號或營利事業統一編號	住居所或營業所、郵遞區號及電話號碼電子郵件位址	送達代收人姓名、住址、郵遞區號及電話號碼	
聲請人即原告	邱　甲			

為聲請伸長期間事：

　　查○○年度○字第○○號聲請人與邱乙求償借款涉訟乙案，業蒙　鈞院定期審理在案。茲因被告住、居所不明，聲請人所提之訴狀一時無法送達被告，嗣奉　鈞院命令，限於五天內為補正，惟在事實上萬難遵行，為此特依民事訴訟法第163條第1項之規定，狀請

　　鈞院鑒核，准予將補正期間延長十日，實為德便。
　　　　　　　　謹狀
台灣○○地方法院民事庭　公鑒

證物名稱及件數	附件：鈞院84年○月○日裁定書影本一份。

中　　華　　民　　國　　　　年　　　　月　　　　日

具狀人　邱　甲　簽名蓋章

▶期間之回復原狀

◇當事人或代理人，因天災或其他不應歸責於己之事由，遲誤不變期間者，於其原因消滅後十日內，得聲請回復原狀。

前項期間，不得伸長或縮短之。但得準用前項之規定，聲請回復原狀。

遲誤不變期間已逾一年者，不得聲請回復原狀。（民訴164）

◇因遲誤上訴或抗告期間而聲請回復原狀者，應以書狀向為裁判之原法院為之；遲誤其他期間者，向管轄該期間內應為之訴訟行為之法院為之。

遲誤期間之原因及其消滅時期，應於書狀內表明並釋明之。

聲請回復原狀，應同時補行期間內應為之訴訟行為。（民訴165）

◎撰狀說明

　　審判長命上訴人補正上訴要件欠缺之裁定期間，並非民事訴訟法第164條所稱之不變期間，上訴人遲誤此次期間，致其上訴被駁回後，無論其遲誤之原因如何，均不得聲請回復原狀（參見最高法院28年渝抗字第444號判例）。

　　聲請回復原狀應同時補行期間內應為之行為，故如遲誤上訴期間者，同時應另提出上訴狀。

〈狀例2-46〉回復原狀之聲請

民事　聲請　狀	案　　　　號	年度　　　字第　　　號		承辦股別	
	訴訟標的金額或價額	新台幣　　萬　　千　　百　　十　　元　　角			
稱　　謂	姓 名 或 名 稱身分證統一編號或營利事業統一編號	住居所或營業所、郵遞區號及電話號碼電子郵件位址		送達代收人姓名、住址、郵遞區號及電話號碼	
聲請人即原告被　　告	賴三豐邱甲一				

為給付貸款事件聲請回復原狀事：

　　查聲請人前曾訴邱甲一給付貨款乙案，經　鈞院民國○○年○月○日判決聲請人敗訴，聲請人本應遵守二十日不變期間於○月○日前提起上訴，但在該日前一日，因颱風造成聲請人住處交通斷絕，無法通行，此有聯合報刊載新聞可稽，致聲請人未能於二十日不變期間提起上訴，現交通於○月○日已恢復，聲請人為上訴，除提出上訴狀外，並依民事訴訟法第164條第1項規定：「當事人或代理人，因天災或其他不應歸責於己之事由，遲誤不變期間者，於其原因消滅後十日內，得聲請回復原狀。」狀請

　　鈞院鑒核，准予回復原狀，俾本件上訴合法，以符法制，而保權利。

　　　　　　謹狀

台灣○○地方法院民事庭　公鑒

證 物 名 稱 及 件 數	聯合報一件。			
中　　　華　　　民　　　國　　　　　年　　　　　月　　　　　日				
	具狀人	賴三豐	簽名 蓋章	

▶當然停止──當事人死亡

◇當事人死亡者，訴訟程序在有繼承人、遺產管理人或其他依法令應續行訴訟之人承受其訴訟以前當然停止。（民訴168）

◇法人因合併而消滅者，訴訟程序在因合併而設立或合併後存續之法人，承受其訴訟以前當然停止。

前項規定，於其合併不得對抗他造者，不適用之。（民訴169）

◇當事人喪失訴訟能力或法定代理人死亡或其代理權消滅者，訴訟程序在有法定代理人或取得訴訟能力之本人，承受其訴訟以前當然停止。（民訴170）

◇受託人之信託任務終了者，訴訟程序在新受託人或其他依法令應續行訴訟之人承受其訴訟以前當然停止。（民訴171）

◇本於一定資格以自己名義為他人任訴訟當事人之人，喪失其資格或死亡者，訴訟程序在有同一資格之人承受其訴訟以前當然停止。

依法被選定為訴訟當事人之人全體喪失其資格者，訴訟程序在該有共同利益人全體或新被選定為訴訟當事人之人承受其訴訟以前當然停止。（民訴172）

◇第168條、第169條第1項及第170條至前條之規定，於有訴訟代理人時不適用之。但法院得酌量情形，裁定停止其訴訟程序。（民訴173）

◇當事人受破產之宣告者，關於破產財團之訴訟程序，在依破產法有承受訴訟人或破產程序終結以前當然停止。

當事人經法院依消費者債務清理條例裁定開始清算程序者，關於清算財團之訴訟程序，於管理人承受訴訟或清算程序終止、終結以前當然停止。（民訴174）

◇第168條至第172條及前條所定之承受訴訟人，於得為承受時，應即為承受之聲明。

他造當事人，亦得聲明承受訴訟。（民訴175）

◇聲明承受訴訟，應提出書狀於受訴法院，由法院送達於他造。（民訴176）

◇承受訴訟之聲明有無理由，法院應依職權調查之。

法院認其聲明為無理由者，應以裁定駁回之。

訴訟程序於裁判送達後當然停止者，其承受訴訟之聲明，由爲裁判之原法院裁定之。（民訴177）

◇當事人不聲明承受訴訟時，法院亦得依職權，以裁定命其續行訴訟。（民訴178）

◇前二條之裁定，得爲抗告。（民訴179）

◎撰狀說明

依法應承受訴訟之人，於得爲承受時，應即爲承受之聲明，故承受訴訟不僅爲承受人之權利，亦爲承受人之義務，若應爲承受訴訟行爲之人，因訴訟之結果，將於己不利，故意延遲不承受，則他造當事人爲保護自己之權利，亦得聲請應爲承受訴訟人承受訴訟，他造爲此聲明時，須表示可續行訴訟之情形，及指明應承受訴訟之人。

〈狀例2-47〉承受訴訟聲請狀

民事 承受訴訟 聲請 狀	案　　號	年度　字第　號	承辦股別	
	訴訟標的金額或價額	新台幣　萬　千　百　十　元　角		
稱　　謂	姓 名 或 名 稱 身分證統一編號或 營利事業統一編號	住居所或營業所、郵遞區號 及電話號碼電子郵件位址	送達代收人姓名、住址、郵遞區號及電話號碼	
聲　明　人 法定代理人 聲　明　人	戴　一 戴　甲 戴　二 戴　三 戴　四 戴　五 戴　六 戴　七			

為被訴請求協同申請建築執照事件，依法聲明承受訴訟事：

　　查被告戴丁係於　鈞院訴訟繫屬中死亡，即民國（以下同）○○年○月○日，而聲請人戴二、戴三、戴四、戴五、戴六、戴七乃被告戴丁之子女（附件一），亦即民法第1138條所規定之第一順位之法定繼承人，則於被告戴丁發生死亡繼承之事實時，聲明人等自得就本件繫屬中之訴訟援依民事訴訟法第175條之規定聲明予以承受。再又，被告戴丁原另有一子戴來，然戴來係先於被告死亡（附件二），爰依民法第1140條之規定，由戴來之子戴一代位繼承（附件三），並依法聲明承受本件

訴訟，惟因戴一為年僅三歲之幼兒，係一無行為能力之人，故就本件訴訟即由法定代理人戴甲代理聲明承受之，併予陳明。為此狀請

　　鈞院鑒核，惠准聲明人之所陳，俾利本件訴訟之進行，至感恩便。

　　　　　　　謹狀

台灣○○地方法院民事庭　公鑒

證　物　名　稱及　　件　　數	附件一：戶籍資料五份。
	附件二：戶籍資料一份。
	附件三：戶籍資料一份。

中　　華　　民　　國　　　　年　　　　月　　　　日		
具狀人	戴　甲 戴　二 戴　三 戴　四 戴　五 戴　六 戴　七	簽名蓋章

▶裁定停止──因戰爭、天災或特殊事故

◇當事人於戰時服兵役，有停止訴訟程序之必要者，或因天災、戰事或其他不可避之事故與法院交通隔絕者，法院得在障礙消滅前，裁定停止訴訟程序。（民訴181）

◎撰狀說明

　　民事訴訟法部分條文修正後，第181條第1項所謂「戰時」，不以國際法上所謂「戰時」為限（參見司法院36年院解字第3602號解釋）。所謂「服兵役」，不以被徵召入伍者為限，自願入伍者亦包括之（參見司法院30年院字第2157號解釋）。所謂「有停止訴訟之必要」，係指訴訟程序之進行確有障礙而言。

〈狀例2-48〉**聲請裁定停止訴訟程序狀**

民事　聲請　狀		案　　　號	年度　　字第　　號	承辦股別	
		訴訟標的金額或價額	新台幣　萬　千　百　十　元　角		
稱　　謂	姓名或名稱身分證統一編號或營利事業統一編號	住居所或營業所、郵遞區號及電話號碼電子郵件位址		送達代收人姓名、住址、郵遞區號及電話號碼	
聲請人原　告被　告	邱　三柳春娥邱甲一				

為聲請裁定停止訴訟事：

　　查○○年度○字第○○號聲請人之子邱甲一於民國○○年冬與柳春娥結婚後，即被徵入營，開赴金門之接戰地處，迄今兩載有餘。昨日接奉　鈞院通知，並柳春娥請求離婚繕本一紙，不勝詫異，茲姑不論柳春娥所持之理由是否正確，而聲請人之子即被告邱甲一既於戰時服兵役，與法院斷絕交通，依民事訴訟法第181條之規定，在障礙消滅以前，應予停止訴訟程序，故司法院33年院字第2131號解釋：「……解除婚約；至關於婚約之訴訟當事人一造於戰時服兵役者，依民事訴訟法第181條之規定，法院得依職權或依聲請命在障礙消滅以前中止訴訟程序」。為此依法狀請

　　鈞院鑒核，准予將本案予以停止，以符法制，而保婚姻。

　　　　　　謹狀
台灣○○地方法院民事庭　公鑒

證物名稱及件數	

中　　　華　　　民　　　國　　　　年　　　　月　　　　日
具狀人　邱　三　簽名蓋章

▶裁定停止之撤銷

　　◇停止訴訟程序之裁定，法院得依聲請或依職權撤銷之。（民訴186）

◎撰狀說明

　　法院命中止訴訟程序之裁定，無論曾否註明中止終竣之時期，迨中止終竣之法

定事實發生時，均應由法院將原裁定撤銷，如法院未予撤銷，當事人並得為撤銷之聲請，則命中止訴訟程序之裁定，未註明中止終竣之時期，自不得指為違法（參見最高法院31年抗字第17號判例）。

〈狀例2-49〉聲請撤銷停止訴訟裁定狀

民事　聲請　狀	案　　　　號	年度　　字第　　號	承辦股別	
	訴訟標的金額或價額	新台幣　　萬　　千　　百　　十　　元　　角		
稱　　　謂	姓 名 或 名 稱 身分證統一編號或 營利事業統一編號	住居所或營業所、郵遞區號及電話號碼電子郵件位址	送達代收人姓名、住址、郵遞區號及電話號碼	
原　　告 被　　告	甲 乙			

為聲請撤銷停止訴訟事：

　　本件關於遺產範圍有爭執，涉及另案所有權移轉登訴訟，前經　鈞院111年2月9日裁定停止訴訟，茲該所有權移轉訴訟，經台灣高等法院台中分院○○年○○字第○○號判決被告勝訴，現今最高法院○○年○○字第○○號判決駁回原告上訴（證1），該判決已確定，已無裁定停止訴訟事由，為此聲請　鈞院撤銷上開停止訴訟裁定，以繼續審理本案。

　　　　　　　　謹狀

台灣○○地方法院民事庭　公鑒

證物名稱及件數	證1：判決影本兩件。

中　　　華　　　民　　　國　　　　年　　　　月　　　　日
具狀人　　甲　　　簽名蓋章

▶合意停止之效力

◇當事人得以合意停止訴訟程序。但不變期間之進行，不受影響。

　前項合意，應由兩造向受訴法院或受命法官陳明。

　前條規定，除第一項但書外，於合意停止訴訟程序準用之。（民訴189）

◎撰狀說明

　　當事人合意停止訴訟程序者，一方面足使訴訟之進行遲延，一方面可使當事人有充裕時間為訴訟之準備或進行和解，其行為究有利或不利於共同訴訟人，就形式上觀之，尚難以斷定，自無民事訴訟法第56條第1項第1款規定之適用。故必要共同訴訟，必須全體共同訴訟人一致為合意停止之意思，其合意停止始生法律上之效力，其中一人不為此合意者，其訴訟程序不因部分共同訴訟人之合意而停止（參見最高法院89年度台上字第500號裁判）。

　　當事人同意停止訴訟，除可在開庭時，由雙方表明同意而記明筆錄外，可由雙方共同具狀聲請（如狀例2-50），亦可各自具狀聲請，即由一方聲請，另一方具狀表示同意。

〈狀例2-50〉合意停止訴訟聲請狀

民事　聲請　狀		案　　號	年度　　字第　　號		承辦股別	
		訴訟標的金額或價額	新台幣　萬　千　百　十　元　角			
稱　　謂	姓名或名稱身分證統一編號或營利事業統一編號	住居所或營業所、郵遞區號及電話號碼電子郵件位址		送達代收人姓名、住址、郵遞區號及電話號碼		
聲請人即原告聲請人即被告	陳正一　　　吳英雄					
為聲請合意停止訴訟事： 　　緣○○年度○字第○○號聲請人等因遺產繼承之爭執，而在　鈞院涉訟乙案，已蒙　鈞院定期審理。現承親屬邱甲一出面調處，正在磋商辦法之中，可望和平解決。惟此事須經縝密協議，恐非短時間所能完成，故有合意聲請停止訴訟程序之必要，為此依據民事訴訟法第189條之規定，合意狀請 　　鈞院鑒核，准予將本案停止訴訟程序，以符法制，而便和解。 　　　　謹狀 台灣○○地方法院民事庭　公鑒						
證物名稱及件數						
中　　華　　民　　國　　年　　月　　日						
	具狀人	陳正一　簽名 吳英雄　蓋章				

▶合意停止之期間及次數之限制

◇合意停止訴訟程序之當事人，自陳明合意停止時起，如於四個月內不續行訴訟者，視爲撤回其訴或上訴；續行訴訟而再以合意停止訴訟程序者，以一次爲限。如再次陳明合意停止訴訟程序，不生合意停止訴訟之效力，法院得依職權續行訴訟；如兩造無正當理由仍遲誤言詞辯論期日者，視爲撤回其訴或上訴。（民訴190）

◎撰狀說明

　　合意停止訴訟程序之當事人，自陳明合意停止時起，如於四個月內不續行訴訟者，視爲撤回其訴或上訴；續行訴訟而再以合意停止訴訟程序者，以一次爲限，民事訴訟法第190條定有明文。基此規定，當事人合意停止訴訟未定有期間者，固應於四個月內續行訴訟，其定有期間者，所定期間，亦不得逾四個月。如當事人約定停止訴訟期間逾四個月，而不於四個月法定期間內續行訴訟者，仍應生視爲撤回其訴或上訴之效果（參見最高法院70年台抗字第33號判例）。

　　聲請續行訴訟，當事人任何一造均可聲請。

〈狀例2-51〉續行訴訟聲請狀㈠

民事　聲請　狀	案　　　號	年度　　字第　　號	承辦股別			
	訴訟標的金額或價額	新台幣　　萬　　千　　百　　十　　元　　角				
稱　　謂	姓名或名稱身分證統一編號或營利事業統一編號	住居所或營業所、郵遞區號及電話號碼電子郵件位址	送達代收人姓名、住址、郵遞區號及電話號碼			
聲請人即被告原　　告	陳　甲　　李　乙					

爲聲請續行訴訟事：
　　查原告與被告對於○○年度○字第○○號損害賠償事件，曾嘗試爲庭外和解，而當庭合意停止訴訟。惟雙方已無法成立和解，被告爲解決該訴訟計，依法聲請鈞院續行訴訟，俾利訴訟之終結，爲此狀請
　　鈞院鑒核，繼續審判，以維法紀，而保權益。
　　　　　　謹狀
台灣○○地方法院民事庭　公鑒

證物名稱及件數	

中	華	民	國	年	月	日

具狀人　陳甲　簽名蓋章

〈狀例2-51-1〉續行訴訟聲請狀㈡

民事　聲請　狀		案　　號	年度　　字第　　號	承辦股別	
		訴訟標的金額或價額	新台幣　萬　千　百　十　元　角		
稱　謂	姓 名 或 名 稱身分證統一編號或營利事業統一編號	住居所或營業所、郵遞區號及電話號碼電子郵件位址		送達代收人姓名、住址、郵遞區號及電話號碼	
聲請人即原告被　告	黃克強邱甲一				

為聲請續行訴訟事：

　　查○○年度○字第○○號聲請人曾與被告邱甲一因遷讓房屋糾葛涉訟乙案，當蒙　鈞院定期開言詞辯論，嗣有鄰友張大仁出面調處，於上月10日合意狀請　鈞院准予停止訴訟程序在卷。詎料邱甲一不斷要挾，在調解談判過程中，竟提出種種苛刻條件，毫無和解之誠意，迭經調解人再三剴切開導，而言者諄諄，聽者藐藐，足見毫無和解誠意，則本案非經續行訴訟，斷難解決。為此狀請

　　鈞院鑒核，准將本案續行審理，以符法制，而免拖延。

　　　　　謹狀

台灣○○地方法院民事庭　公鑒

證物名稱及件數	

中	華	民	國	年	月	日

具狀人　黃克強　簽名蓋章

〈狀例2-51-2〉續行訴訟聲請狀(三)

民事 續行訴訟 狀 聲請		案　　　號	年度　　字第　　號	承辦 股別	
		訴訟標的 金額或價額	新台幣　萬　千　百　十　元　角		
稱　　　　謂	姓　名　或　名　稱 身分證統一編號或 營利事業統一編號	住居所或營業所、郵遞區號 及電話號碼電子郵件位址		送達代收人姓名、住 址、郵遞區號及電話號 碼	
聲　請　人 即上訴人 法定代理人	滿滿實業有限公司 洪　水				

為上列當事人間請求給付買賣價金事件，依法聲請續行訴訟事：
　　緣當事人間請求給付買賣價金事件，於　鈞院以83年度上字第○○號案件繫屬
中。惟因兩造於民國83年7月4日開庭時合意停止訴訟在案。茲因本案已無繼續停止
訴訟之必要，聲請人謹依民事訴訟法第190條之規定，聲請續行訴訟，合當狀請
　　鈞院鑒核，惠予迅定期日繼續審理，俾維權益，至感恩便。
　　　　　　謹狀
台灣高等法院民事庭　公鑒

證 物 名 稱 及　件　數	

中　　　華　　　民　　　國　　　年　　　月　　　日	
具狀人	滿滿實業有限公司 法定代理人 洪　水　　　　簽名 蓋章

▶合併辯論

◇分別提起之數宗訴訟，其訴訟標的相牽連或得以一訴主張者，法院得命合併辯
　論。
　命合併辯論之數宗訴訟，得合併裁判。
　第54條所定之訴訟，應與本訴訟合併辯論及裁判之。但法院認為無合併之必要
　或應適用第184條之規定者，不在此限。（民訴205）

◎撰狀說明

　　數宗訴訟均繫屬於同一審級之法院時，當事人兩造俱不相同或僅有一造相同，如本狀例所示，自得聲請法院命合併辯論該數宗訴訟。但依本條第2項規定觀之，欲予合併裁判時，則須當事人兩造相同始可（參照最高法院31年上字第2797號判例）。

〈狀例2-52〉合併辯論聲請狀

民事　聲請　狀		案　　號		年度　　字第　　號		承辦股別	
		訴訟標的金額或價額		新台幣　萬　千　百　十　元　角			
稱　　謂	姓名或名稱身分證統一編號或營利事業統一編號	住居所或營業所、郵遞區號及電話號碼電子郵件位址			送達代收人姓名、住址、郵遞區號及電話號碼		
聲請人	邱　一						

為就○○年度○字第○○號返還房屋乙案，聲請與○○年度○字第○○號乙案合併審判事：

　　查原告邱一對被告陳三提起請求返還房屋之訴乙案，業奉　鈞院定期審理，茲查復有原告楊二為對被告提起同一訴訟，此兩案訴訟標的均屬相同。為此狀請
　　鈞院鑒核，准予併案審理，俾符訴訟經濟之旨，實為公便。
　　　　　　謹狀
台灣○○地方法院民事庭　公鑒

證物名稱及件數	附件：鈞院84年○月○日裁定書影本乙份。

中　　華　　民　　國　　　　年　　　月　　　日
具狀人　　邱　一　　簽名蓋章

▶再開辯論

　　◇法院於言詞辯論終結後，宣示裁判前，如有必要得命再開言詞辯論。（民訴210）

◎撰狀說明

　　訴訟程序由審判長指揮，已終結之言詞辯論程序，是否因有不明之處需再開言詞辯論程序，係法院之職權，非當事人所得強求，亦即當事人並無聲請再開之權。但當事人如認為法院對於應調查之證據未為調查或尚不明確時，甚至辯論終結後發見新證據，仍得聲請法院再開言詞辯論。惟當事人聲請再開時，法院可斟酌有無必要而予准許或否准，如准許固應為再開言詞辯論裁定，如否准，亦不必就其聲請予以裁判，即使予以裁判，亦屬訴訟程序進行中所為之裁定，依民事訴訟法第483條之規定，不得抗告（參照最高法院28年渝抗字第173號判例），且法院亦不得專為遲誤訴訟行為之當事人，除去遲誤之效果，而命再開辯論（參照最高法院29年渝上字第1273號判例）。

〈狀例2-53〉聲請再開言詞辯論狀

民事	再開辯論聲請	狀	案　　　號	年度　　字第　　號				承辦股別	
			訴訟標的金額或價額	新台幣　　萬　千　百　十　元　角					
稱　謂	姓　名　或　名　稱身分證統一編號或營利事業統一編號		住居所或營業所、郵遞區號及電話號碼電子郵件位址			送達代收人姓名、住址、郵遞區號及電話號碼			
聲請人	陳　乙								

為就○○年度○字第○○號因票據糾葛涉訟乙案，聲請再開言詞辯論事：

　　查　鈞院於二次開庭後，遽命辯論終結，定期宣判。然本案之關鍵，乃在於聲請人所舉之證人邱一，雖該證人因行蹤不明，二次均未能遵傳到案。惟最近聲請人探知其住在通霄，不傳其出庭，則真相如何？萬難盡悉，更難水落石出。為此依據民事訴訟法第210條之規定，狀請

　　鈞院鑒核，准予再開言詞辯論，賜傳證人邱一到案，以悉事之真偽，免有所出入，實為德便。

　　　　　　　謹狀

台灣○○地方法院民事庭　公鑒

證物名稱及　件　數	

中	華	民	國	年	月	日
		具狀人　　陳　乙		簽名蓋章		

▶判決之更正

◇判決如有誤寫、誤算或其他類此之顯然錯誤者，法院得依聲請或依職權以裁定更正；其正本與原本不符者，亦同。

前項裁定，附記於判決原本及正本；如正本已經送達，不能附記者，應製作該裁定之正本送達。

對於更正或駁回更正聲請之裁定，得為抗告。但對於判決已合法上訴者，不在此限。（民訴232）

◎撰狀說明

㈠判決如有誤寫誤算，或其他類此之顯然錯誤者，法院得隨時以裁定更正之，民事訴訟法第232條第1項定有明文。所謂顯然錯誤，乃指判決中所表示者與法院本來之意思顯然不符者而言，故判決理由中所表示之意思，於判決主文中漏未表示者，亦屬顯然錯誤（參見最高法院41年台抗字第66號判例）。

㈡和解筆錄如有誤寫、誤算或其他類此之顯然錯誤者，法律上雖無得為更正之明文，而由民事訴訟法第380條、強制執行法第4條第3款等規定觀之，訴訟上之和解與確定判決有同一之效力，民事訴訟法第232條第1項關於判決書更正錯誤之規定，於和解筆錄有同一之法律理由，自應類推適用。是和解筆錄只須具有誤寫、誤算或其他類似之顯然錯誤之情形，法院書記官即得類推適用民事訴訟法第232條第1項之規定而為更正之處分（參見最高法院43年台抗字第1號判例）。

〈狀例2-54〉聲請更正判決狀

民事　聲請　狀		案　　號	年度		字第		號	承辦股別	
		訴訟標的金額或價額	新台幣	萬	千	百	十	元	角
稱　　謂	姓　名　或　名　稱身分證統一編號或營利事業統一編號	住居所或營業所、郵遞區號及電話號碼電子郵件位址			送達代收人姓名、住址、郵遞區號及電話號碼					
聲請人即原告被　　告	吳　甲 王　乙								
為聲請更正判決事： 　　查○○年度○字第○○號聲請人與被告王乙因所有權移轉登記事件，茲奉接鈞院判決正本，經細閱當事人欄誤記載吳甲之住址為台北市麗水街「8」號，與聲									

請人起訴狀所記載之麗水街「6」號不符，顯係出於誤植，爲此依據民事訴訟法第232條之規定，狀請

鈞院鑒核，賜准更正，藉資符合，免生枝節，實感法便。

謹狀

台灣○○地方法院民事庭　公鑒

證物名稱及件數	

中	華	民	國	年	月	日

具狀人　吳　甲　簽名蓋章

▶判決之補充

◇訴訟標的之一部或訴訟費用，裁判有脫漏者，法院應依聲請或依職權以判決補充之。

當事人就脫漏部分聲明不服者，以聲請補充判決論。

脫漏之部分已經辯論終結者，應即爲判決；未終結者，審判長應速定言詞辯論期日。

因訴訟費用裁判脫漏所爲之補充判決，於本案判決有合法之上訴時，上訴審法院應與本案訴訟同爲裁判。

駁回補充判決之聲請，以裁定爲之。（民訴233）

◎撰狀說明

㈠原告起訴慮其先位之聲明無理由而爲預備之聲明者，法院認先位之聲明無理由而爲駁回其訴之裁判時，如未就後位之聲明予以調查裁判，即屬民事訴訟法第233條第1項所謂訴訟標的之一部裁判有脫漏，只能向受訴法院聲請補充判決，不得提起上訴。惟苟於上訴期間內就此聲明不服者，則以聲請補充判決論（參見最高法院44年台抗字第28號判例）。

㈡依民事訴訟法第233條第1項及第394條之規定，得聲請補充判決者，以訴訟標的之一部或訴訟費用裁判有脫漏者，或法院應依職權宣告假執行而未爲宣告或忽視假執行之聲請者爲限。至忽視免爲假執行之聲請，不在得聲請補充判決之列（參見最高法院63年台抗字第275號判例）。

〈狀例2-55〉聲請補充判決狀

<table>
<tr>
<td rowspan="2">民事　聲請　狀</td>
<td>案　　號</td>
<td colspan="3">年度　　字第　　號</td>
<td>承辦
股別</td>
<td></td>
</tr>
<tr>
<td>訴訟標的
金額或價額</td>
<td colspan="4">新台幣　萬　千　百　十　元　角</td>
</tr>
<tr>
<td>稱　　謂</td>
<td>姓　名　或　名　稱
身分證統一編號或
營利事業統一編號</td>
<td colspan="3">住居所或營業所、郵遞區號
及電話號碼電子郵件位址</td>
<td colspan="2">送達代收人姓名、住址、
郵遞區號及電話號碼</td>
</tr>
<tr>
<td>聲請人
即原告
被　告</td>
<td>吳秀秀

邱甲一</td>
<td colspan="3"></td>
<td colspan="2"></td>
</tr>
<tr>
<td colspan="7">
為聲請補充判決事：

　　緣聲請人曾遭邱甲一惡意遺棄在繼續狀態中，依民法第1052條第1項第5款之規定，狀請　鈞院准予離婚並請求損害賠償新台幣10萬元，更負擔訴訟費用乙案，業蒙審理終結，並於7月1日宣示判決。旋奉接○○年度○字第○○號判決書，准予離婚，訴訟費用亦由邱甲一負擔。獨對於損害賠償一項，主文上並未判及，而細閱事實與理由欄內，亦謂本案之過失全在被告邱甲一，並認聲請人請求實合乎民法之規定。既合乎民法之規定，則依民法第1056條，聲請人對於邱甲一，因判決離婚而受有損害者，得向有過失之他方請求賠償之規定，正相符合，　鈞院之判決乃於主文內，既未將之列入，而又無駁回該部分請求之判決，參閱前後文詞，想係一時之脫漏。為此依據民事訴訟法第233條第1項及第2項之規定，狀請

　　鈞院鑒核，准予補充判決，以符法制，而免損害。
　　　　　　　謹狀
台灣○○地方法院民事庭　公鑒
</td>
</tr>
<tr>
<td>證物名稱
及　件　數</td>
<td colspan="6"></td>
</tr>
<tr>
<td colspan="7">
中　　華　　民　　國　　　　年　　　　月　　　　日

　　　　　　　　具狀人　吳秀秀　簽名
　　　　　　　　　　　　　　　　蓋章
</td>
</tr>
</table>

▶訴訟卷宗之利用

　　◇當事人得向法院書記官聲請閱覽、抄錄或攝影卷內文書，或預納費用聲請付與繕

本、影本或節本。

第三人經當事人同意或釋明有法律上之利害關係，而為前項之聲請者，應經法院裁定許可。

卷內文書涉及當事人或第三人隱私或業務秘密，如准許前二項之聲請，有致其受重大損害之虞者，法院得依聲請或依職權裁定不予准許或限制前二項之行為。

前項不予准許或限制裁定之原因消滅者，當事人或第三人得聲請法院撤銷或變更該裁定。

前二項裁定得為抗告。於抗告中，第1項、第2項之聲請不予准許；其已准許之處分及前項撤銷或變更之裁定，應停止執行。

當事人、訴訟代理人、參加人及其他經許可之第三人之閱卷規則，由司法院定之。（民訴242）

◇裁判草案及其準備或評議文件，除法律別有規定外，不得交當事人或第三人閱覽、抄錄、攝影或付與繕本、影本或節本；裁判書在宣示或公告前，或未經法官簽名者，亦同。（民訴243）

◎撰狀說明

　　關於閱卷之相關規定，請參考「民事閱卷規則」。

〈狀例2-56〉聲請閱覽卷宗狀

民事　聲請　狀		案　　號	年度　　字第　　號	承辦股別				
		訴訟標的金額或價額	新台幣　萬　千　百　十　元　角					
稱　　謂	姓名或名稱身分證統一編號或營利事業統一編號	住居所或營業所、郵遞區號及電話號碼電子郵件位址		送達代收人姓名、住址、郵遞區號及電話號碼				
聲請人即被告原　告	陳三乙　　　邱甲一							

為聲請閱覽卷宗事：

　　緣聲請人與原告邱甲一因產權糾葛涉訟乙案，迄今已屆半載，曾蒙　鈞院三度庭訊，茲又定期開言詞辯論。惟原告邱甲一所提出之各種文件，以及先後　鈞院開庭之筆錄等，除有一部分文件已有繕本送達聲請人外，尚有多件未曾閱覽，茲為明瞭此中底蘊起見，為此依據民事訴訟法第242條第1項之規定，狀請

　　鈞院鑒核，准予指定期日，俾便前來閱覽是項卷宗，以資明悉，實為德便。

謹狀 台灣○○地方法院民事庭　公鑒	

證物名稱 及　件　數	

中	華	民	國	年	月	日

　　　　　　　具狀人　　陳三乙　　簽名
　　　　　　　　　　　　　　　　　蓋章

〈狀例2-57〉聲請給付繕本狀

民事	給付繕本 聲請	狀	案　　　號	年度	字第	號	承辦 股別	
			訴訟標的 金額或價額	新台幣　萬　千　百　十　元　角				

稱　　謂	姓　名　或　名　稱 身分證統一編號或 營利事業統一編號	住居所或營業所、郵遞區號 及電話號碼電子郵件位址	送達代收人姓名、住址、 郵遞區號及電話號碼
聲請人 即被告	李　二		
原　　告	邱　一		

為聲請給付繕本事：

　　查○○年度○字第○○號聲請人與邱一間因占有糾葛涉訟乙案，聲請人擬懇鈞院給付○○年○月○日之辯論筆錄繕本，茲依民事訴訟法第242條第1項規定，預納繕寫費用○○元，狀請

　　鈞院鑒核，准予給付是項繕本，實為德便。

　　　　謹狀

台灣○○地方法院民事庭　公鑒

證物名稱 及　件　數	

中	華	民	國	年	月	日

　　　　　　　具狀人　　李　二　　簽名
　　　　　　　　　　　　　　　　　蓋章

◇當事人及依法得聲請閱覽卷宗之人，因主張或維護其法律上利益，得於開庭翌日起至裁判確定後六個月內，繳納費用聲請法院許可交付法庭錄音或錄影內容。但經判處死刑、無期徒刑或十年以上有期徒刑之案件，得於裁判確定後二年內聲請。

前項情形，依法令得不予許可或限制聲請閱覽、抄錄或攝影卷內文書者，法院得不予許可或限制交付法庭錄音或錄影內容。

第1項情形，涉及國家機密者，法院得不予許可或限制交付法庭錄音或錄影內容；涉及其他依法令應予保密之事項者，法院得限制交付法庭錄音或錄影內容。

前三項不予許可或限制交付內容之裁定，得為抗告。（法組90-1）

◎撰狀說明

目前法院開庭，均有錄音，如筆錄記載有遺漏，與當事人或證人陳述不符，可以聲請交付錄音光碟，以便核對，如有錯誤，可據此聲請更正筆錄。

〈狀例2-58〉**聲請交付錄音光碟狀**

民事	聲請交付法庭錄音光碟 狀	案　　號		年度　　字第　　號	承辦股別	
		訴訟標的金額或價額	新台幣　　萬　千　百　十　元　角			
稱　謂	姓 名 或 名 稱身分證統一編號或營利事業統一編號	住居所或營業所、郵遞區號及電話號碼電子郵件位址		送達代收人姓名、住址、郵遞區號及電話號碼		
聲請人即被告	李　二					
原　告	邱　一					

為聲請交付法庭錄音光碟事：

　　本件　鈞院○年○月○日庭之筆錄，未完整記載當日證人○○○（或聲請人）之陳述而有漏載，為此依法院組織法第90條之1、法庭錄音錄影及其利用保存辦法第8條聲請交付該日法庭錄音光碟，以便聲請人核對，俾予具狀聲請更正該日筆錄，至感德便。

　　　　　　謹狀

台灣○○地方法院民事庭　公鑒

證物名稱及件數	

中　　華　　民　　國　　　　年　　　　月　　　　日

　　　　　　　　　　具狀人　李　二　　簽名蓋章

▶訴狀之提出及其應表明之事項

◇當事人書狀，除別有規定外，應記載下列各款事項：

一　當事人姓名及住所或居所；當事人為法人、其他團體或機關者，其名稱及公務所、事務所或營業所。

二　有法定代理人、訴訟代理人者，其姓名、住所或居所，及法定代理人與當事人之關係。

三　訴訟事件。

四　應為之聲明或陳述。

五　供證明或釋明用之證據。

六　附屬文件及其件數。

七　法院。

八　年、月、日。

書狀內宜記載當事人、法定代理人或訴訟代理人之性別、出生年月日、職業、國民身分證號碼、營利事業統一編號、電話號碼及其他足資辨別之特徵。

當事人得以電信傳真或其他科技設備將書狀傳送於法院，效力與提出書狀同。其辦法，由司法院定之。

當事人書狀之格式及其記載方法，由司法院定之。（民訴116）

◇攻擊或防禦方法，除別有規定外，應依訴訟進行之程度，於言詞辯論終結前適當時期提出之。

當事人意圖延滯訴訟，或因重大過失，逾時始行提出攻擊或防禦方法，有礙訴訟之終結者，法院得駁回之。攻擊或防禦方法之意旨不明瞭，經命其敘明而不為必要之敘明者，亦同。（民訴196）

◇起訴，應以訴狀表明下列各款事項，提出於法院為之：

一　當事人及法定代理人。

二　訴訟標的及其原因事實。

三　應受判決事項之聲明。

訴狀內宜記載因定法院管轄及其適用程序所必要之事項。

第265條所定準備言詞辯論之事項，宜於訴狀內記載之。

第1項第3款之聲明，於請求金錢賠償損害之訴，原告得在第1項第2款之原因事實範圍內，僅表明其全部請求之最低金額，而於第一審言詞辯論終結前補充其聲明。其未補充者，審判長應告以得為補充。

前項情形，依其最低金額適用訴訟程序。（民訴244）

◎撰狀說明

　　應受判決事項之聲明，為原告起訴狀應記載事項之一，此為訴訟之基礎事項，倘有欠缺，將不能特定訴訟審理及判決效力之範圍。於原告為給付請求時，其內容更應具體、合法、可能及確定，否則於其補正前，該給付之聲明事項，難謂無所欠缺。

　　當事人起訴，關於應受判決事項之聲明，為防該聲明難獲有利判決之結果，乃同時為他項之聲明以資預備，固非法所不許。惟法院如認其先位聲明為有理由時，則對預備聲明之部分，即可毋庸調查並加裁判（參見最高法院48年台上字第187號判例）。

〈狀例2-59〉請求返還房屋起訴狀

民事　起訴　狀	案　　　號	年度　　　字第　　　號					承辦股別	
	訴訟標的金額或價額	新台幣　　萬　　千　　百　　十　　元　　角						
稱　　謂	姓　名　或　名　稱身分證統一編號或營利事業統一編號	住居所或營業所、郵遞區號及電話號碼電子郵件位址			送達代收人姓名、住址、郵遞區號及電話號碼			
原　　告被　　告	吳　甲王　乙							

為請求返還房屋等起訴：

　　訴之聲明

一、被告應將坐落於○○段○○地號土地上，門牌號碼：台北市○○街○○號之房屋返還原告。

二、被告應給付原告租金新台幣（以下同）6千元及違約金1萬元，並自94年10月1日起至交還房屋之日止，按月給付原告2千元之損害金。

三、訴訟費用由被告負擔。

四、原告願供擔保請宣告假執行。

　　事實及理由

　　緣被告向原告承租坐落於○○段○○地號土地上之門牌號碼：台北市○○街○○號之房屋（平房），約定月租金2千元，有房屋租賃契約書可憑（見證物一），租期至民國94年9月30日止，今租期已屆滿4個月有餘，承租人不但尚積欠94年7月至9月份之租金，未為給付，且拒絕交還房屋，原告委託李永然律師以然律字第1號函（見證物二），催其交屋並清償積欠之租金及違約金，然均置之不理。按民法第250條第2項後段規定：「……其約定如債務人不於適當時期或不依適當方

法履行債務時，即須支付違約金者，債權人除得請求履行債務外，違約金視為因不於適當時期或不依適當方法履行債務所生損害之賠償總額。」是被告除應給付租金及按租賃契約書中第5條之規定，按租金之五倍支付違約金外，原告並得依民法第250條第2項後段請求按月2千元租金之損害賠償，嗣後如損害賠償金額增加，當於言詞辯論前聲明之。為此狀請

　　　鈞院鑒核，賜判決如訴之聲明，原告並願供擔保，以代釋明，請准予宣告假執行，以符法紀，而保權益。
　　　　　　謹狀
台灣○○地方法院民事庭　公鑒

證物名稱及件數	證物一：房屋租賃契約書影本一份。 證物二：郵局存證信函影本一件。

中　　華　　民　　國　　　　年　　　　月　　　　日
具狀人　吳　甲　　簽名蓋章

〈狀例2-60〉請求回復共有物起訴狀

民事　起訴狀	案　　號		年度　　字第　　號	承辦股別	
	訴訟標的金額或價額	新台幣　　萬　　千　　百　　十　　元　　角			
稱　　謂	姓名或名稱身分證統一編號或營利事業統一編號	住居所或營業所、郵遞區號及電話號碼電子郵件位址		送達代收人姓名、住址、郵遞區號及電話號碼	
原　告	陳　嬌				
被　告	潘　一				

為排除侵害等，依法起訴事：

　　訴之聲明

一、被告應將坐落○○市○○段○○地號如附圖所示紅色斜線部分約75平方公尺土地上（面積以地政機關鑑定後之確定面積為準）之建築物拆除，並將該部分土地回復原狀返還與原告及潘一、潘二、潘三等全體共有人。

二、前項聲明原告願供擔保請准宣告假執行。

三、訴訟費用由被告負擔。

事實及理由

一、查坐落於○○市○○段○○地號之土地為原告、潘一（即被告）、潘二與潘三等四人所共有，此有土地登記簿謄本一份（參原證一）可證，合先陳明。

二、次查被告未得上開土地全體共有人之同意，竟擅於附圖所示部分之土地上興建建築物（參原證二），其無權占用土地詳細位置及面積，請囑託板橋地政事務所為鑑定，以期明確。

三、依民法第767條及第821條規定，原告茲本於所有權之行使，自得訴請排除被告之侵害，拆除該地上建築物，將土地返還予全體共有人，以維權益。為此狀請

鈞院鑒核，賜判如訴之聲明，無任感禱。

　　　　　謹狀

台灣○○地方法院民事庭　公鑒

證物名稱及件數	原證一：訴訟標的費用計算表與地價證明書正本各乙份，土地登記簿謄本一份。
	原證二：附圖：無權占用土地部分之位置圖。

中	華	民	國	年	月	日

具狀人　陳嬌　簽名蓋章

〈狀例2-61〉**請求塗銷並移轉登記起訴狀**

民事　起訴　狀		案　　　號	年度　　字第　　號	承辦股別	
		訴訟標的金額或價額	新台幣　萬　千　百　十　元　角		
稱　　謂	姓　名　或　名　稱身分證統一編號或營利事業統一編號	住居所或營業所、郵遞區號及電話號碼電子郵件位址		送達代收人姓名、住址、郵遞區號及電話號碼	
原　　告被　　告	廖　甲賴　乙段　丙				

為請求土地所有權塗銷暨移轉登記事件，依法起訴事：

訴之聲明

一、被告段丙所有坐落於新北市三重區○○段○○地號，面積109平方公尺，權利範圍3分之2之土地，同段○○地號，面積40平方公尺，權利範圍為3分之2之土地，暨同段○○地號，面積360平方公尺，權利範圍為8分之7之土地之所有權登記，應予塗銷，回復登記為賴乙所有。

二、被告賴乙於上開各地號土地所有權回復登記後，應將上開各地號土地所有權移轉登記予原告。

三、訴訟費用由被告等負擔。

事實及理由

一、緣上開地號土地即系爭土地（證物一）之所有權登記名義人原係被告賴乙（即原告之妻），惟系爭土地真正所有權人係原告，此由買賣上開土地之價金均由原告出資乙事，可得證之。至於原告之所以將系爭土地所有權以借名登記於被告賴乙名下，實因原告係擔任醫師乙職，業務繁忙，而系爭土地原所有權人眾多，加以被告賴乙又係原告之配偶，是以為俾利處理，原告乃將系爭土地所有權以借名登記予被告賴乙名下。嗣後，原告與被告賴乙因個性不合，致婚姻生活不睦，豈料，被告賴乙因覬覦系爭土地，又惟恐原告要求取回系爭土地，竟以虛偽之買賣將系爭土地所有權移轉登記予被告段丙，致原告財產遭受巨大損失。原告為維權益，今已將系爭土地予以假處分查封在案（台灣新北地方法院78年度全星字第457號，證物二）。

二、按借名登記類推適用委任關係，依民法第549條第1項「當事人之任何一方，得隨時終止委任契約。」，原告本得隨時終止契約，職是，今原告以本件起訴狀繕本送達被告賴乙時，為終止借名登記，而被告賴乙自應移轉系爭土地所有權予原告，要無疑義。惟被告賴乙為圖占有系爭土地，竟與被告段丙為通謀虛偽之意思表示，而將系爭土地所有權移轉登記予被告段丙，是原告自可依民法第541條第1項「受任人因處理委任事務，所收取之金錢、物品及孳息，應交付於委任人。」請求被告賴乙返還，並代位被告賴乙請求塗銷該項登記。

三、另按系爭土地價值依地價證明書計算（證物三），共值497萬2千元整，於此亦一併敘明。為此，狀請

　　鈞院鑒核，明察秋毫，惠賜判決如訴之聲明，俾維權益，至感德澤。

　　　　謹狀

台灣新北地方法院民事庭　公鑒

證物名稱及件數	證物一：系爭土地登記簿謄本影本三份。
	證物二：假處分裁定書影本一件。
	證物三：新北市三重地政事務所地價證明書一件。

中	華	民	國	年	月	日

　　　　　　　　　　　具狀人　廖　甲　　簽名蓋章

〈狀例2-62〉請求判決離婚起訴狀

民事　起訴　狀	案　　　號	年度	字第	號	承辦股別	
	訴訟標的金額或價額	新台幣　　萬　千　百　十　元　角				

稱　　謂	姓　名　或　名　稱身分證統一編號或營利事業統一編號	住居所或營業所、郵遞區號及電話號碼電子郵件位址	送達代收人姓名、住址、郵遞區號及電話號碼
原　　告	林　甲		
被　　告	李　乙		

為請求離婚，依法起訴事：

訴之聲明

一、請准原告與被告離婚。

二、訴訟費用由被告負擔。

事實及理由

一、按民法第1052條第1項第5款規定：「夫妻之一方，有下列情形之一者，他方得向法院請求離婚：五、夫妻之一方以惡意遺棄他方在繼續狀態中者。」

　查原告前曾起訴請求被告李乙履行同居義務，嗣經台灣高等法院判決被告應與原告同居並經最高法院裁定上訴駁回確定在案（詳證一），故被告負有與原告同居之義務甚明。

　然據被告戶籍謄本上卻載明被告已於○○年○月○日遷出「日本國」定居（詳證二），且其遷居日本，亦未通知原告，足見被告主觀上已有拒絕同居之意思，復又無不能同居之正當理由而不履行同居義務又隱匿去處，遷往外國定居，此無正當理由不履行同居義務狀態至今尚繼續存在中，難謂無民法第1052條第1項第5款所稱惡意遺棄他方在繼續狀態中之情形。以上各等情另有證人王丙足資佐證，請　鈞院通知訊問即明。

二、徵諸最高法院49年台上字第1233號判例謂「夫妻之一方於同居之訴判決確定後，仍不履行同居義務，在此狀態繼續存在中，而又無不能同居之正當理由者，應認為有民法第1052條第1項第5款之情形」，應認本件原告有與被告離婚之法定事由。爰謹請

鈞院鑒核，判決如訴之聲明，至感德便。

謹狀

台灣台北地方法院家事法庭　公鑒

證物名稱 及件數	證一：最高法院裁定暨台灣高等法院民事判決、台灣台北地方法院民事判決等影本各乙件。 證二：被告戶籍謄本影本乙件。

中	華	民	國	年	月	日

具狀人　林　甲　簽名蓋章

〈狀例2-63〉請求返還無權占有房屋起訴狀

民事　起訴　狀	案　　　號	年度	字第	號	承辦股別	
	訴訟標的金額或價額	新台幣　　萬　千　百　十　元　角				
稱　謂	姓 名 或 名 稱身分證統一編號或營利事業統一編號	住居所或營業所、郵遞區號及電話號碼電子郵件位址		送達代收人姓名、住址、郵遞區號及電話號碼		
原　告被　告	張　甲邱　乙					

為請求返還無權占有房屋事件，謹依法起訴事：

訴之聲明

一、被告將原告應將所有基地坐落於台北市木柵區○○段○小段678地號土地上○○號建號、層次四層、總面積為79.24平方公尺、附屬建物面積為11.82平方公尺、權利範圍為所有權全部、門牌號碼為台北市○○路○段○○巷○○弄○○號4樓之建物返還予原告。

二、訴訟費用由被告負擔。

三、本判決原告願供擔保請准爲假執行。

　　　事實及理由

　　門牌號碼爲台北市○○路○段○○巷○○弄○○號4樓之房屋、暨其附屬建物所有權係原告所有，此有台北市建物登記謄本暨建築改良物所有權狀可證（見證物一），詎系爭房屋今竟爲被告無權占有中。按「所有人對於無權占有或侵奪其所有物者，得請求返還之」爲民法第767條第1項前段所明定，是以，爰依上開條文之規定，請求被告返還無權占有之房屋。爲此，狀請

　　鈞院鑒核，賜判決如訴之聲明，如蒙所請，無任感禱。

　　　　　　謹狀

台灣台北地方法院民事庭　公鑒

證物名稱及件數	證物一：台北市建物登記謄本暨建築改良物所有權狀影本各乙份。

中　　　華　　　民　　　國　　　　年　　　　月　　　　日

　　　　　　　　具狀人　張　甲　簽名蓋章

▶將來給付之訴

　◇請求將來給付之訴，以有預爲請求之必要者爲限，得提起之。（民訴246）

▶確認之訴

　◇確認法律關係之訴，非原告有即受確認判決之法律上利益者，不得提起之；確認證書眞僞或爲法律關係基礎事實存否之訴，亦同。

　　前項確認法律關係基礎事實存否之訴，以原告不能提起他訴訟者爲限。

　　前項情形，如得利用同一訴訟程序提起他訴訟者，審判長應闡明之；原告因而爲訴之變更或追加時，不受第255條第1項前段規定之限制。（民訴247）

▶訴之變更及追加

　◇訴狀送達後，原告不得將原訴變更或追加他訴。但有下列各款情形之一者，不在此限：

　　一　被告同意者。

　　二　請求之基礎事實同一者。

　　三　擴張或減縮應受判決事項之聲明者。

四 因情事變更而以他項聲明代最初之聲明者。

五 該訴訟標的對於數人必須合一確定時，追加其原非當事人之人爲當事人者。

六 訴訟進行中，於某法律關係之成立與否有爭執，而其裁判應以該法律關係爲據，並求對於被告確定其法律關係之判決者。

七 不甚礙被告之防禦及訴訟之終結者。

被告於訴之變更或追加無異議，而爲本案之言詞辯論者，視爲同意變更或追加。（民訴255）

▶訴之變更及追加之准許

◇不變更訴訟標的，而補充或更正事實上或法律上之陳述者，非爲訴之變更或追加。（民訴256）

◎撰狀說明

㈠爲原告變更訴訟部分聲明異議，被告也得不另外單獨書立聲明狀，而於答辯狀中一併敘明不同意訴之變更或追加他訴之情形。

㈡所謂訴訟標的是否同一，訴之變更或追加之意義，將因訴訟標的理論之新舊學說的對立，而有廣狹之分。惟不在本書之討論範疇，故不加贅述，請參照其他相關之民事訴訟法著作。

〈狀例2-64〉對訴之變更聲明異議狀

民事 聲明異議 狀		案　　　號	年度　　　字第　　　號		承辦股別	
		訴訟標的金額或價額	新台幣　萬　千　百　十　元　角			
稱　　謂	姓　名　或　名　稱身分證統一編號或營利事業統一編號	住居所或營業所、郵遞區號及電話號碼電子郵件位址		送達代收人姓名、住址、郵遞區號及電話號碼		
聲明人即被告原　　告	邱　一　吳　三					
爲就○○年度○字第○○號給付貨款事件，原告已將原訴變更，依法聲明異議事：　　查原告前既基於買賣關係而請求貨款其爲訴訟標的，且已爲本案之言詞辯論。茲原告又另具狀主張返還借款，然兩者之標的顯屬不同，係爲訴之變更。蓋原訴之						

訴訟標的，係給付貨款之請求權，而非返還借款請求權，現依原告狀載所述兩者之原因事實均不相同。按訴狀送達後，原告不得將原訴變更或追加他訴，此為民事訴訟法第255條第1項所明定，除為被告同意或同條第1項各款情事外，皆為不合法之變更。本案訴之變更，被告絕難同意，為此依法聲明異議，狀請

　　　鈞院鑒核，賜予斟酌，實為德便。
　　　　　　謹狀
台灣○○地方法院民事庭　公鑒

證物名稱及件數	

中　　華　　民　　國　　　　年　　　　月　　　　日

具狀人　邱　一　簽名蓋章

〈狀例2-65〉擴張應受判決事項之聲明狀

民事　聲明　狀	案　　號	年度　　字第　　號	承辦股別	
	訴訟標的金額或價額	新台幣　萬　千　百　十　元　角		
稱　　謂	姓名或名稱身分證統一編號或營利事業統一編號	住居所或營業所、郵遞區號及電話號碼電子郵件位址	送達代收人姓名、住址、郵遞區號及電話號碼	
原　　告	李　一			
被　　告	趙　二			

為返還借款事件擴張訴之聲明事：

　　查○○年度○字第○○號原告與被告因返還建築用地事件，前經訴請　鈞院判令被告返還坐落○○市○○路○○號建築用地○○坪，並依每坪每年租金新台幣（以下同）○○元計算賠償損害在卷。茲查本市政府公告出租之基地租金，每年每坪最少為○○元，故原告如僅請求被告以每年每坪○○元計算，即損失殊屬不貲。為此依據民事訴訟法第255條第1項第3款之規定，狀請

　　　鈞院鑒核，准予擴張給付損害金部分之聲明，為每坪每年○○元，以符法制，而免損害，實為德便。

謹狀 台灣○○地方法院民事庭　公鑒	
證物名稱 及　件　數	
中　　華　　民　　國　　年　　月　　日	
	具狀人　李　一　簽名 蓋章

〈狀例2-66〉減縮應受判決事項之聲明狀

民事　聲明　狀	案　　號	年度　　字第　　號	承辦股別	
	訴訟標的 金額或價額	新台幣　萬　千　百　十　元　角		
稱　　謂	姓　名　或　名　稱 身分證統一編號或 營利事業統一編號	住居所或營業所、郵遞區號 及電話號碼電子郵件位址	送達代收人姓名、住址、 郵遞區號及電話號碼	
原　　告 被　　告	吳　三 邱　二			

為返還借款事件減縮訴之聲明事：

　　查○○年度○字第○○號原告與被告間為請求返還借款事件，前曾狀請　鈞院判令被告償還借款新台幣（以下同）○○元，並給付利息及違約金在案。惟查原告憐恤被告生活之困頓，自願將利息及違約金部分之請求捨棄。為此謹依據民事訴訟法第255條第1項第3款之規定，狀請

　　鈞院鑒核，准予減縮訴之聲明，而判決被告應償還原告借款○○元，實為德便。
　　　　謹狀
台灣○○地方法院民事庭　公鑒

證物名稱 及　件　數	附件：鈞院84年○月○日裁定書影本一份。
中　　華　　民　　國　　年　　月　　日	

	具狀人　吳　三	簽名蓋章

〈狀例2-67〉因情事變更而以他項聲明代最初之聲明狀

民事　聲明　狀	案　　　號	年度　　字第　　號	承辦股別	
	訴訟標的金額或價額	新台幣　萬　千　百　十　元　角		

稱　　謂	姓　名　或　名　稱身分證統一編號或營利事業統一編號	住居所或營業所、郵遞區號及電話號碼電子郵件位址	送達代收人姓名、住址、郵遞區號及電話號碼
原　告　　邱　一被　告　　彭　二			

為變更訴之聲明事：

　　查○○年度○字第○○號原告與被告因執行異議事件，於執行程序尚未終結前，業經狀請　鈞院判決：「鈞院○○年度○字第○○號被告與邱一因債務執行事件，就原告所有坐落○○市○○路○○號房屋乙棟所為之強制執行程序應予撤銷。」並已定期審理在案。惟查上開系爭房屋，於○○年○月○日被　鈞院執行處拍定，並發給不動產權利移轉證書，在訴訟進行中，執行程序既已終結，而情事變更，為此據民事訴訟法第255條第1項第4款之規定，狀請

　　鈞院鑒核，准予改為判令被告賠償原告損害金新台幣○○元，訴訟費用由被告負擔，以符法制，而保權利，實為德便。

　　　　　　謹狀

台灣○○地方法院民事庭　公鑒

證物名稱及件數	

中　　華　　民　　國　　　　　年　　　　　月　　　　　日
具狀人　邱　一　　簽名蓋章

〈狀例2-68〉追加訴訟標的必須合一確定之人爲當事人之聲明狀

民事 追加起訴 狀		案　　號	年度　　字第　　號	承辦股別	
		訴訟標的金額或價額	新台幣　萬　千　百　十　元　角		
稱　　謂	姓 名 或 名 稱身分證統一編號或營利事業統一編號	住居所或營業所、郵遞區號及電話號碼電子郵件位址		送達代收人姓名、住址、郵遞區號及電話號碼	
原　　告被　　告	李　一邱　二邱　三				

爲返還借款事件追加被告事:

訴之聲明

一、被告間就坐落○○市○○段○小段○○號,建地○○頃所爲之買賣行爲應予撤銷,並塗銷其所有權移轉登記。

二、訴訟費用由被告負擔。

事實及理由

　　緣被告邱二於○○年○月○日向原告借款新台幣(以下同)○○元,應予償還,業經　鈞院判決確定在案。詎料被告近日竟將其所有坐落○○市○○段○小段○○號,建地○○頃之唯一財產賣與邱三,已經辦妥所有權移轉登記。惟查被告邱二與邱三間之買賣行爲,係屬詐害原告之債權,經訴請判決撤銷該項買賣行爲及塗銷所有權移轉登記在案。然卻未將訴訟標的必須合一確定之買受人邱三列爲當事人,自應追加其爲共同被告。爲此謹依據民事訴訟法第255條第1項第5款之規定,狀請

　　鈞院鑒核,准予追加邱三爲共同被告,以符法紀,而資合一確定。至其他應爲陳述之事實及理由,已於原起訴書內陳述,茲於送達該追加被告訴狀繕本中,附原起訴書繕狀乙份,併此聲明。

　　　　　謹狀

台灣○○地方法院民事庭　公鑒

證物名稱及 件 數	

中　　華　　民　　國　　　年　　　月　　　日	
	具狀人　　李　一　　簽名蓋章

〈狀例2-69〉追加應受判決事項之聲明狀

民事　聲明　狀	案　　　號	年度　　　字第　　　號	承辦股別	
	訴訟標的金額或價額	新台幣　萬　千　百　十　元　角		
稱　　　謂	姓　名　或　名　稱身分證統一編號或營利事業統一編號	住居所或營業所、郵遞區號及電話號碼電子郵件位址	送達代收人姓名、住址、郵遞區號及電話號碼	
原　　告	陳　丙			
被　　告	陳　甲			
	陳　乙			

爲分割遺產事件追加應受判決事項之聲明事：

　　追加後訴之聲明

一、確認原告對於陳一之遺產有繼承權存在。

二、被告等就○○市○○路○○段○○號土地與原告辦理繼承登記後，以每人應有部分各三分之一分割。

三、訴訟費用由被告負擔。

　　事實及理由

　　查○○年○字第○○號原告與被告等請求分割遺產事件，業經　鈞院審理在案。惟被告在訴訟進行中竟否認原告有遺產繼承權，爲此依據民事訴訟法第255條第1項第5款之規定，狀請

　　鈞院鑒核，准予追加請求確認原告對於陳一之遺產有繼承權存在。至其他應爲陳述之事實理由及證據，已於原起訴書內陳明。

　　　　　　謹狀

台灣○○地方法院民事庭　公鑒

證物名稱及件數	

中　　華　　民　　國　　　　　年　　　　月　　　　日
具狀人　陳　丙　　簽名蓋章

▶訴訟標的法律關係移轉第三人之承當訴訟及訴訟繫屬登記

◇訴訟繫屬中爲訴訟標的之法律關係，雖移轉於第三人，於訴訟無影響。

前項情形，第三人經兩造同意，得聲請代移轉之當事人承當訴訟；僅他造不同意者，移轉之當事人或第三人得聲請法院以裁定許第三人承當訴訟。

前項裁定，得爲抗告。

第1項情形，第三人未參加或承當訴訟者，當事人得爲訴訟之告知；當事人未爲訴訟之告知者，法院知悉訴訟標的有移轉時，應即以書面將訴訟繫屬之事實通知第三人。

訴訟標的基於物權關係，且其權利或標的物之取得、設定、喪失或變更，依法應登記者，於事實審言詞辯論終結前，原告得聲請受訴法院以裁定許可爲訴訟繫屬事實之登記。

前項聲請，應釋明本案請求。法院爲裁定前，得使兩造有陳述意見之機會。

前項釋明如有不足，法院得定相當之擔保，命供擔保後爲登記。其釋明完足者，亦同。

第5項裁定應載明應受判決事項之聲明、訴訟標的及其原因事實。

第5項裁定由原告持向該管登記機關申請登記。但被告及第三人已就第5項之權利或標的物申請移轉登記，經登記機關受理者，不在此限。

關於第5項聲請之裁定，當事人得爲抗告。抗告法院爲裁定前，應使當事人有陳述意見之機會。對於抗告法院之裁定，不得再爲抗告。

訴訟繫屬事實登記之原因消滅，或有其他情事變更情形，當事人或利害關係人得向受訴法院聲請撤銷許可登記之裁定。其本案已繫屬第三審者，向原裁定許可之法院聲請之。

第6項後段及第10項規定，於前項聲請準用之。

訴訟終結或第5項裁定經廢棄、撤銷確定後，當事人或利害關係人得聲請法院發給證明，持向該管登記機關申請塗銷訴訟繫屬事實之登記。（民訴254）

◎撰狀說明

在訴訟中，訴訟標的之法律關係移轉第三人者，例如原告本於借款債權人或土地所有權人身分，對債務人或占有土地之人起訴，請求返還欠款或土地，但訴訟中，原告將其借款債權或土地所有權讓與第三人，甚至債務人因第三人爲債務承擔或受讓占有土地，雖依第254條第1項，該移轉不影響法院訴訟之進行，法院仍可就該訴訟判決，判決效力依第401條第1項，對權利之受讓人或債務承擔人、土地之第三人仍有效力，但亦可由受讓人依第254條第2項承當訴訟，以便由實質之權利人或義務人進行訴訟。即如兩造當事人均同意受讓人承擔訴訟，此受讓人可檢具證明書，具狀聲

明承當訴訟，否則，如已造同意，他造不同意，則受讓人可聲請法院裁定准予承當訴訟。

又原告本於物權關係起訴，而此權利或標的物之取得等應經登記者，例如原告所有土地雖移轉登記給被告，但此係通謀虛偽意思表示，依民法第87條第1項「表意人與相對人通謀而爲虛偽意思表示者，其意思表示無效。但不得以其無效對抗善意第三人。」前段規定，移轉爲無效，原告仍有所有權，但因土地已登記爲被告所有，拒不返還原告，原告或原告之債權人本於代位權可依所有權，對被告起訴請求塗銷登記，回復爲原告所有，爲恐被告在訴訟中又移轉第三人，而有上開但書規定適用，原告除聲請假處分外，亦可依第254條第5項聲請法院爲訴訟繫屬登記，經法院裁定准許，可請求地政機關在土地登記簿註明該土地目前在訴訟中之事實，第三人即不可主張爲善意第三人，適用該但書規定。

〈狀例2-70〉聲請承當訴訟狀

民事　聲請　狀	案　　號	年度　　字第　　號	承辦股別	
	訴訟標的金額或價額	新台幣　　萬　千　百　十　元　角		
稱　　　謂	姓名或名稱身分證統一編號或營利事業統一編號	住居所或營業所、郵遞區號及電話號碼電子郵件位址	送達代收人姓名、住址、郵遞區號及電話號碼	
聲 請 人原　　告被　　告	于○○李○○陳　乙			

爲分割共有物事件聲請承當訴訟事：

　　依民事訴訟法第254條第1項「訴訟繫屬中爲訴訟標的之法律關係，雖移轉於第三人，於訴訟無影響。」及第2項「前項情形，第三人經兩造同意，得聲請代移轉之當事人承當訴訟；僅他造不同意者，移轉之當事人或第三人得聲請法院以裁定許第三人承當訴訟。」，則本件原告起訴時，以系爭土地共有人之一黃○○爲被告提起本訴，但因黃○○已將其應有部分移轉登記予何○○，何○○再移轉給聲請人（附件1），則現在黃○○已出具同意書（附件2），同意由聲請人承當訴訟，因原告未同意，爲此依上開規定聲請　鈞院裁定准許聲請人承當黃○○訴訟。

　　　　　　謹狀

台灣○○地方法院民事庭　公鑒

證物名稱及件數	附件1：土地登記簿謄本2件。 附件2：同意書影本1件。

中	華	民	國		年		月		日

具狀人　王○　簽名蓋章

〈狀例2-71〉訴訟繫屬登記

民事　聲請　狀	案　　　　號	年度　　字第　　號	承辦股別	
	訴訟標的的金額或價額	新台幣　萬　千　百　十　元　角		

稱　　謂	姓 名 或 名 稱身分證統一編號或營利事業統一編號	住居所或營業所、郵遞區號及電話號碼電子郵件位址	送達代收人姓名、住址、郵遞區號及電話號碼
聲請人即　原告被告	劉○○ 李○○ 劉○○		

為回復原狀事件，依法聲請訴訟繫屬登記事：

　　按訴訟標的基於物權關係，且其權利或標的物之取得、設定、喪失或變更，依法應登記者，於事實審言詞辯論終結前，原告得聲請受訴法院以裁定許可為訴訟繫屬事實之登記，民事訴訟法第254條第5項定有明文，本件原告因被告不法行為，將原告所有如起訴狀附表1所示不動產移轉給被告，因原告未為所有權移轉之處分行為，該移轉應屬無效，原告已依法對被告2人本於所有權物權法律關係起訴，請求被告塗銷登記，回復為原告所有，為避免第三人不知情而由被告受讓上開不動產，影響本件判決之效力，為此依上開規定，聲請　鈞院許可為訴訟繫屬事實登記之裁定。

謹狀

台灣○○地方法院民事庭　公鑒

證物名稱及件數	

中	華	民	國		年		月		日

具狀人　劉○　簽名蓋章

▶提起反訴之要件

◇被告於言詞辯論終結前，得在本訴繫屬之法院，對於原告及就訴訟標的必須合一確定之人提起反訴。（民訴259）

◇反訴之標的，如專屬他法院管轄，或與本訴之標的及其防禦方法不相牽連者，不得提起。

反訴，非與本訴得行同種之訴訟程序者，不得提起。

當事人意圖延滯訴訟而提起反訴者，法院得駁回之。（民訴260）

◎撰狀說明

　　僅被告始得對原告提起反訴。如參加人雖得輔助被告為一切訴訟行為，但提起反訴，則已超出輔助之目的以外，自非法之所許。訴訟代理人須有特別委任，方得代當事人提起反訴（參見民事訴訟法第70條第1項但書）。

〈狀例2-72〉反訴狀

民事　反訴　狀	案　　　　號	年度　　字第　　　號	承辦股別	
	訴訟標的金額或價額	新台幣　　萬　　千　　百　　十　　元　　角		
稱　　謂	姓　名　或　名　稱身分證統一編號或營利事業統一編號	住居所或營業所、郵遞區號及電話號碼電子郵件位址	送達代收人姓名、住址、郵遞區號及電話號碼	
被　　告即反訴原　　告	李　一			
原　　告即反訴被　　告	趙　二			

為○○事件依法答辯並提起反訴事：

　　答辯聲明

一、原告之訴駁回。

二、訴訟費用由原告負擔。

三、如受不利判決，願供擔保請准宣告免為假執行。

　　反訴之聲明

一、反訴被告應給付反訴原告新台幣（以下同）○○元，並自民國95年1月1日起至清償日止按年息百分之5計算利息。

二、反訴原告願供擔保，請准宣告假執行。

三、反訴之訴訟費用均由反訴被告負擔。

事實及理由

　　緣被告因原告趙二不能給付○○牌之轎車乙輛，復不將其已受領之車款新台幣○○元返還被告（反訴原告），自屬不當得利，正想依法起訴之際，原告乃先發制人，於○○年○月○日向　鈞院起訴，請求未付之尾款○○元。按車輛為動產，其所有權之移轉，在於物之交付，然原告所有轎車賣與被告，約定尾款於過戶登記完畢後，方予付清。豈料被告與原告正在○○監理所辦理過戶登記時，該車被竊，非可歸責於被告。原告既不能交付轎車，已使本買賣成為給付不能，賠償固可免除，惟原告已收之車款，仍應予返還。為此依法提出答辯，並對原告提起反訴。狀請

　　鈞院鑒核，賜判決如反訴之聲明，以符法制，而保權利，實為德便。

　　　　謹狀

台灣○○地方法院民事庭　公鑒

證物名稱及件數	

中　　　華　　　民　　　國　　　年　　　月　　　日
具狀人　李　一　簽名蓋章

▶撤回起訴之要件及程序

◇原告於判決確定前，得撤回訴之全部或一部。但被告已為本案之言詞辯論者，應得其同意。

訴之撤回應以書狀為之。但於期日，得以言詞向法院或受命法官為之。

以言詞所為訴之撤回，應記載於筆錄，如他造不在場，應將筆錄送達。

訴之撤回，被告於期日到場，未為同意與否之表示者，自該期日起；其未於期日到場或係以書狀撤回者，自前項筆錄或撤回書狀送達之日起，十日內未提出異議者，視為同意撤回。（民訴262）

◎撰狀說明

㈠訴之撤回應由原告向訴訟繫屬之法院為之。至於僅由調處爭議之第三人，以書狀向法院陳明當事人已成立和解者，不生撤回訴或上訴之效果，其訴訟關係不能因

此終結（參見最高法院29年渝上字第935號判例）。

㈡原告於判決確定前固得撤回訴之全部或一部，但被告已為本案之言詞辯論者應得其同意，民事訴訟法第262條第1項但書定有明文。此之同意如為默示，必須被告有某種舉動（如蓋章於撤回書狀內之相當處所），足以推知其有同意撤回之意思者，始為相當（參見最高法院60年台上字第2895號判例）。

〈狀例2-73〉聲請撤回起訴狀

民事　聲請　狀	案　　　號	年度　　字第　　號	承辦股別	
	訴訟標的金額或價額	新台幣　萬　千　百　十　元　角		
稱　　謂	姓名或名稱身分證統一編號或營利事業統一編號	住居所或營業所、郵遞區號及電話號碼電子郵件位址	送達代收人姓名、住址、郵遞區號及電話號碼	
聲請人即原告	李　甲	住○○市○○路○○號		
被　　告	○○股份有限公司	設○○市○○路○○號		
法定代理人	陳　乙	同右		

為聲請撤回起訴事：

　　查上列當事人間確認股權不存在之事件，業蒙　鈞院先後定期於民國○○年1月15日、○○年1月30日審理在案。惟聲請人以本事件之執行程序尚須進行，故暫無訴訟之必要，為此依民事訴訟法第262條之規定，狀請

　　鈞院鑒核，准予撤回全部訴訟，俾利終結，實感德便，並請退裁判費三分之二，匯入原告如附件所示之銀行帳戶。

　　　　謹狀
台灣○○地方法院民事庭　公鑒

證物名稱及件數	附件：原告存摺封面影本1件。

中　　華　　民　　國　　　　年　　　月　　　日

具狀人　李　甲　簽名蓋章

▶訴訟準備書狀

◇當事人因準備言詞辯論之必要，應以書狀記載其所用之攻擊或防禦方法，及對於他造之聲明並攻擊或防禦方法之陳述，提出於法院，並以繕本或影本直接通知他造。

他造就曾否受領前項書狀繕本或影本有爭議時，由提出書狀之當事人釋明之。（民訴265）

◇原告準備言詞辯論之書狀，應記載下列各款事項：

一　請求所依據之事實及理由。

二　證明應證事實所用之證據。如有多數證據者，應全部記載之。

三　對他造主張之事實及證據為承認與否之陳述；如有爭執，其理由。

被告之答辯狀，應記載下列各款事項：

一　答辯之事實及理由。

二　前項第2款及第3款之事項。

前二項各款所定事項，應分別具體記載之。

第1項及第2項之書狀，應添具所用書證之影本，提出於法院，並以影本直接通知他造。（民訴266）

◇被告於收受訴狀後，如認有答辯必要，應於十日內提出答辯狀於法院，並以繕本或影本直接通知原告；如已指定言詞辯論期日者，至遲應於該期日五日前為之。

應通知他造使為準備之事項，有未記載於訴狀或答辯狀者，當事人應於他造得就該事項進行準備所必要之期間內，提出記載該事項之準備書狀於法院，並以繕本或影本直接通知他造；如已指定言詞辯論期日者，至遲應於該期日五日前為之。

對於前二項書狀所記載事項再為主張或答辯之準備書狀，當事人應於收受前二項書狀後五日內提出於法院，並以繕本或影本直接通知他造；如已指定言詞辯論期日者，至遲應於該期日三日前為之。（民訴267）

◎撰狀說明

提出準備書狀，乃當事人在訴訟法上之義務，而非權利，當事人違反此項義務不提出準備書狀，或提出之時期不當或提出之書狀不完全者，法律雖無強制之規定，但有時因此受訴訟上不利益之結果，如因他造不能於言詞辯論期日即行答辯，而更指定期日，由此所生之費用，得歸該當事人負擔（民訴82）。

〈狀例2-74〉準備書狀㈠

民事　準備　書　狀	案　　　號	年度　　字第　　號	承辦股別	
	訴訟標的金額或價額	新台幣　萬　千　百　十　元　角		
稱　　謂	姓　名　或　名　稱身分證統一編號或營利事業統一編號	住居所或營業所、郵遞區號及電話號碼電子郵件位址	送達代收人姓名、住址、郵遞區號及電話號碼	
原　告被　告	吳　甲李　乙			

為上列當事人間○○年度○字第○○號返還房屋事件，依法提出準備書狀事：
一、按系爭房屋坐落於○○縣○○鎮○○段○小段○○地號土地，就該地號土地每平方公尺公告現值為新台幣○○元，此有○○縣○○地政事務所土地地價證明書影本乙份為證（原證三）。
二、次按因租賃權涉訟，其租賃定有期間者，以權利存續期間之租金總額為訴訟費用徵收之標準，此為民事訴訟法第77條之9所明定。
　　　　　　　謹狀
台灣○○地方法院民事庭　公鑒

證物名稱及件數	原證三：地價證明書正本一份。

中　　　華　　　民　　　國　　　年　　　月　　　日
具狀人　吳　甲　簽名蓋章

〈狀例2-74-1〉準備書狀㈡

民事　準備　書　狀	案　　　號	年度　　字第　　號	承辦股別	
	訴訟標的金額或價額	新台幣　萬　千　百　十　元　角		
稱　　謂	姓　名　或　名　稱身分證統一編號或營利事業統一編號	住居所或營業所、郵遞區號及電話號碼電子郵件位址	送達代收人姓名、住址、郵遞區號及電話號碼	

原　　告	李一甲	
被　　告	陳美珠	
	邱嘉玉	

為確認債權不存在事件，依法提出準備書狀事：

　　鈞院受理○○年度○字第○○號確認債權不存在事件，原告已於起訴狀及前準備書狀詳列訴訟標的、事實及理由，茲陳述於後：

一、按原告就該系爭房屋之所有權移轉登記請求權於原出賣人邱志強亡故之後，即由其繼承人陳美珠繼承，是而原告對被告陳美珠即有所有權移轉登記請求權存在，而被告陳美珠就該繼承之系爭房地產於尚未分割之前乃公同共有財產，無論被告陳美珠之任何債權人以若何之執行名義，均不得就因繼承之財產直接為強制執行之聲請，至多只得聲請強制執行其應繼分或代位其中之一繼承人請求分割遺產，然後就分割所得之不動產聲請強制執行（參照司法院院字第1054號解釋）。詎本案被告陳美珠竟持與邱嘉玉偽造之債權向　鈞院聲請就系爭房地產為強制執行，而非對陳美珠所單獨所有之財產為強制執行，其不當之處甚明。惟被告陳美珠竟置若罔聞，任由被告邱嘉玉聲請強制執行，原告本諸債權人身分自得代位債務人陳美珠聲請　鈞院撤銷就系爭房地產所為之強制執行。

二、其次，被告邱嘉玉與陳美珠間之債權既係偽造且經台灣高等法院判決有罪確定，則該債權即因通謀虛偽意思表示而無效，並不因未經撤銷而仍有效力，此乃當然之理。從而邱嘉玉對陳美珠即無任何債權存在，陳美珠對邱嘉玉亦不負任何債務，則被告邱嘉玉即不得就前開系爭房地產為強制執行之聲請，更不得本於被告邱嘉玉之債權人身分而於本案為時效消滅之抗辯自明。

三、再者，時效是否消滅，前狀敘狀甚明，豈容被告邱嘉玉空言主張，是被告邱嘉玉之答辯並無可採，謹請庭上明鑒，而判決如起訴狀訴之聲明，以維權益。

　　　　　　　　謹狀

台灣○○地方法院民事庭　公鑒

證物名稱及件數	

中	華	民	國	年	月	日

具狀人　李一甲　簽名蓋章

〈狀例2-75〉答辯狀㈠

民事 答辯 狀	案　　　號	年度　　字第　　號	承辦股別	
	訴訟標的金額或價額	新台幣　萬　千　百　十　元　角		
稱　　謂	姓　名　或　名　稱身分證統一編號或營利事業統一編號	住居所或營業所、郵遞區號及電話號碼電子郵件位址	送達代收人姓名、住址、郵遞區號及電話號碼	
答辯人即被告原　告	陳美珠邱嘉玉李一甲			

為就○○年度○字第○○號確認債權不存在事件，依法提出答辯事：

答辯之聲明

一、原告之訴駁回。

二、訴訟費用由原告負擔。

事實及理由

　　查原告起訴請求確認共同被告間之債權不存在。惟依民事訴訟法第247條第1項規定：確認法律關係成立或不成立之訴，非原告有即受確認判決之法律上利益者，不得提起之；確認證書真偽或為法律關係基礎事實存否之訴，亦同。本件原告於起訴書中自認，於民國45年得到○○年度○字第○○號確定判決，依民法第125條之規定，請求權時效為十五年，則原告債權之請求權至民國○○年底，其請求權罹於時效而消滅。原告起訴書中自認於○○年始因被告陳美珠申報遺產而涉訟，被告陳美珠既與之涉訟，即為拒絕其請求之明證，是則原告之債權既罹於十五年時效，又遭拒絕請求，僅存者只是自然債務之名。依最高法院32年上字第4198號判例「原告提起確認所有權存在之訴，而其所有物返還請求權之消滅時效已完成者，經被告就此抗辯後，原告自無即受確認判決之法律上利益」，故原告並無受確認判決之法律上利益，應不得提起本訴訟。為此狀請

　　鈞院鑒核，賜予判決駁回原告之訴，至感德便。

　　　　　　謹狀

台灣○○地方法院民事庭　公鑒

證物名稱及件數	

中	華	民	國	年	月	日

具狀人　陳美珠　簽名
　　　　邱嘉玉　蓋章

〈狀例2-75-1〉答辯狀(二)

民事　答辯　狀	案　　　號	年度　　字第　　號	承辦股別	
	訴訟標的金額或價額	新台幣　萬　千　百　十　元　角		
稱　　謂	姓 名 或 名 稱身分證統一編號或營利事業統一編號	住居所或營業所、郵遞區號及電話號碼電子郵件位址	送達代收人姓名、住址、郵遞區號及電話號碼	
答 辯 人即 被 告	○○貿易有限公司			
法 定 代理　人	石　甲			
原　　告	○○製造有限公司			
法 定 代理　人	李　乙			

為上列原告起訴請求給付貨款，依法答辯事：

　　答辯聲明

一、原告之訴及其假執行之聲請均駁回。

二、被告如受不利判決，願供擔保免為假執行。

三、訴訟費用由原告負擔。

　　答辯之事實及理由

一、查被告○○貿易有限公司之法定代理人為石甲，非原告起訴狀所載之王丙，有經濟部公司執照可稽（詳證一），謹見陳明。

二、緣被告公司於民國83年3月15日接獲加拿大商A公司發予被告公司之訂單（詳證二），欲訂購型號80484ZP及80484ZL之成衣各一百打，價金共計美金1萬2千元。被告公司隨即接受該訂單，與A公司成立買賣契約，A公司並委託加拿大當地B銀行開立受益人為被告公司之信用狀予被告公司（詳證三）。
嗣被告公司轉向原告公司訂購上開規格、數量之成衣（詳證四），原告公司於

製成上開成衣後，經被告公司同意，原告公司即自行委由甲公司辦理出貨手續裝船運往加拿大A公司及押匯。惟A公司以該批貨品有瑕疵及遲延給付為由，拒絕收受該批貨物並通知加拿大之發狀B銀行就前揭信用狀為止付（詳證五），嗣經被告公司出面與該公司協調洽商，A公司始同意受領該批貨物並扣除其所受損害數額後，支付相當於該已止付之信用狀所列貨款金額中之部分，即8千4百美元予被告公司。

被告公司受領上開A公司所給付之貨款金額，乃係基於被告公司與A公司間之買賣契約關係，被告公司自有受領之合法權限；至原告公司基於其與被告公司間之買賣契約，雖得請求本公司支付相當於本公司自A公司所受報酬百分之95之買賣價金，惟另查原告公司前曾於83年8月17日及83年11月13日開立面額共250,570元整之台灣中小企業銀行支票共參紙予被告公司，嗣後均未兌現，該票款債務又未經原告公司清償（詳證六），被告公司前曾委請永然法律事務所李永然律師發函予原告公司（詳證七），主張就前揭被告公司對原告公司之買賣價金債務與原告公司對被告公司之票款債務依民法第334條規定互相抵銷，至抵銷後之債權餘額暨原告公司製造該批貨品瑕疵致被告公司取得A公司買賣價金受阻所受損失，被告公司仍保留對原告公司之請求權，容後陳報。

三、原告起訴主張其餘各節，俱與事實不符，併予陳明。

　　綜上所述，原告公司就其與被告公司間買賣契約因其貨品瑕疵暨給付遲延，致使被告公司受有損害，被告公司已得主張減少價金，況被告公司對原告公司尚有債權已主張抵銷，故原告起訴實無理由，爰謹請

　　鈞院鑒核，賜判如被告答辯聲明，以維權益，至感德便。

　　　　　　謹狀

台灣台北地方法院民事庭　公鑒

證物名稱及件數	證一：經濟部公司執照影本一件。
	證二：加拿大A公司訂單影本二紙。
	證三：信用狀影本一件。
	證四：被告公司與原告公司間訂單影本二件。
	證五：加拿大B銀行函影本一件。
	證六：板橋地方法院支付命令暨支票退票理由單影本共七件。
	證七：律師函影本一件。

中　　　華　　　民　　　國　　　年　　　月　　　日
○○貿易有限公司
法定代理人
具狀人　　　石　甲　　　　簽名
蓋章
訴訟代理人
○○○律師

〈狀例2-75-2〉答辯狀㈢

民事　答　辯　狀	案　　　號	年度　　字第　　　號	承辦股別	
	訴訟標的金額或價額	新台幣　萬　千　百　十　元　角		
稱　　　謂	姓　名　或　名　稱身分證統一編號或營利事業統一編號	住居所或營業所、郵遞區號及電話號碼電子郵件位址	送達代收人姓名、住址、郵遞區號及電話號碼	
答辯人即被告㈡	○○興業有限公司			
法定代理人	張　甲			
被告㈠	陳　乙			
原　告	吳　丙			

為原告請求損害賠償事，依法答辯事：

　　答辯之聲明

一、原告之訴及其假執行聲請均駁回。

二、訴訟費用由原告負擔。

三、如為不利於被告㈡之判決，被告㈡願供擔保請准免假執行。

　　事實及理由

一、緣原告之訴略謂：「被告㈠陳乙係○○興業有限公司僱用之運貨司機，原告為該公司之送貨員，於民國83年7月16日下午2時許經公司指派被告陳乙駕駛貨車與原告隨車送磁磚去板橋市，經高速公路五股交流道，因閃避後面超車，緊急剎車，不慎翻車，被告之過失責任事屬顯明。」又「被告㈠陳乙執行職務時，不法侵害原告；而被告○○興業有限公司為其僱用人，依民法侵權行為規定，自應連帶賠償原告之損害」云云。

二、原告所述與事實不符：

查民國83年7月16日為星期日，被告公司安排值班人員四名，分別為主管、業務員、送貨司機、會計小姐；其中主管（即證人王一）係負責指揮作業，送貨司機（即陳乙）負責運送貨品，業務員（即原告吳丙）則負責接聽電話、訂貨、聯絡接洽客戶等業務，當日下午2時30分左右，由證人王一指派，送貨司機（即陳乙）運送貨品，即磁磚二十件（每件重26公斤）去板橋，由於送貨地點較遠，且當日係例假日，乃交代司機陳乙送完貨後，即可自行駕原車回家。詎原告聞訊，遂搭其便車順道回家。被告㈠陳乙乃沿重慶北路交流道上高速公路，預計經由五股交流道下高速公路，經大漢橋至板橋送貨。行至高速公路五股交流道附近，車速約時速60至70公里，正準備下五股交流道，突然由內側車道衝出一輛大卡車急速變換車道，由內而外強行超車，被告㈠所駕駛之大發小貨車正行駛該最外側車道，無法再靠右，為避免撞及大卡車，迫不得已乃採取緊急剎車之措施，殊不知此舉，竟釀成鄰座搭便車且未繫安全帶之原告，順勢被拋出車外，臉部擦地，致其面部受重創，車禍發生後原告與被告㈠乃自攬計程車前往馬偕醫院醫治。

三、被告㈠陳乙並無過失且答辯人亦已盡選任監督之義務：

按「因過失不法侵害他人之權利者，固應負損害賠償責任，但過失之有無，應以是否怠於善良管理人之注意為斷者，苟非怠於此種注意，即不得謂之有過失（最高法院19年上字第2746號判例參照）。蓋因侵權行為係以行為人有「故意」或「過失」不法侵害他人之權利為前提，被告㈠所駕駛之小貨車，車速在時速60至70公里的安全速度之情況下，為避免因由內側車道衝向外側車道違規超車之大卡車之逼近，恐怕遭受更大的損害，乃在別無選擇下，採取緊急剎車之措施，以避免車毀人傷或致死亡之結果，是被告㈠係為緊急避難之行為，並無「過失」可言。

再查被告㈠陳乙係一優良駕駛，無違規記點之紀錄，目前亦已具有大貨車之職業駕照，駕駛技術能力堪足勝任小貨車之駕駛，其於81年5月24日進入被告㈡之公司以來即負責載送貨物之工作至今共計三載，並無違規之紀錄。且當日小貨車所載貨品為20件之磁磚，每件26公斤，共計約520公斤左右（見被證一），由於該大發牌小貨車標準載重量可達910公斤（見被證二），故當時貨載量為一個安全載重量。被告㈠陳乙駕車行至五股交流道附近時，係在外側車道，車速約時速60至70公里，亦係在合於高速公路所許可之安全車速（時速60至90公里）狀況下行駛，茲因在被告㈠無法預知之情形，一輛大卡車違規的變換車道自小貨車後方超車，突然由內往外，強行衝向外側車道，迫使被告㈠所

駕駛小貨車無從閃避，為免小貨車撞及大卡車，致車毀人亡之疑慮，惟有採取緊急刹車之措施。顯然被告㈠陳乙之行為乃係為自己及他人生命身體急迫之危險所採取之緊急避難行為。

職是之故，被告㈡公司對其受僱人被告㈠陳乙之選任及監督其職務之執行，已盡相當之注意義務，惟因被告㈠為閃避違規超車之大卡車，乃選擇緊急刹車之緊急避難行為，顯然本件車禍之發生，非被告㈡所得預見，且縱然被告㈡加以相當之注意，仍無法避免，故依民法第188條第1項但書之規定，僱用人（即答辯人）不必負損害賠償之連帶責任自是明矣。

四、被告㈠陳乙之供詞有偏頗且違常理：

經查被告㈠與原告本係舊識好友，且原告係由被告㈠於82年介紹，始進入答辯人公司任職。今由於原告之搭其便車，竟造成此不幸之事件，致其心感愧疚；並且於原告提起訴訟後，即避不與答辯人會商，也拒絕答辯人為其委任律師代為答辯。詎其竟於前次庭訊時稱：「同意原告請求」「我的發牌車只能載1、2百公斤，當天載6、7百公斤，有超重」云云，按被告㈠若願賠償原告之損害，自可私下與原告和解，當不必經由訴訟為之，顯然被告㈠乃為原告之所誘，擬以原告起訴，由被告㈠到庭虛以坦承有過失之行為表示賠償，以遂原告向被告㈡請求賠償之目的。

五、減少勞動力損害額及慰撫金之請求實有未當：

退步言之，縱認被告等應連帶負賠償責任，原告請求減少勞動能力損害額及慰撫金之部分亦有未當。茲因車禍發生後答辯人即竭力為原告爭取權利，如辦理勞保住院、僱用特別護士悉心照顧、代為申請勞保傷殘給付等事宜；且從83年7月16日車禍發生之日起至84年4月15日止，雖然原告未至公司上班，亦從未辦理請假手續，但答辯人仍然按期支付其薪資達新台幣20多萬元（含月薪、工作獎金、年節獎金等）（見被證三），且多次由答辯人公司員工往返醫院照顧，直至84年3月底前仍再詢問原告身體康復情況，何時可以回到公司上班，公司可以為其安排適當之工作，然原告均置之不理。可知自車禍發生後，答辯人已盡道義之責任竭力照顧原告，撫慰其重創，故縱使被告應連帶負賠償責任，然對於減少勞動能力損害額及慰撫金部分之請求亦屬未當。

六、原告亦與有過失：

按「駕駛機車有過失致坐於後座之人遭他人駕駛之車撞死者，後座之人係因藉駕駛人載送而擴大其活動範圍，駕駛人為之駕駛機車，應認係後座之人之使用人，原審類推適用民法第224條之規定而適用過失相抵之法則，依民法第217條第1項規定減輕被上訴人之賠償金額，並無不合。」（最高法院74年度台上字

第1170號判決參照）（附件一）。又「民法第224條可類推適用於同法第217條被害人與有過失之規定，亦即在適用民法第217條之場合，損害賠償權利人之代理人或使用人之過失，可視同損害賠償權利人之過失，適用過失相抵之法則。」（68年3月21日、68年度第三次民事庭庭推總會決議㈢參照，附件二）按原告本屬答辯人公司之業務員，所職掌的工作為招攬業務，業務接洽、訂貨電話聯絡等工作。由於原告與被告㈠係舊識好友，因此常有順便搭便車上下班之情況，今原告為圖方便而搭乘被告所駕駛之汽車，且行駛在高速公路上又未繫安全帶，致被告㈠駕駛之貨車發生車禍而遭波及受傷。參酌前述判決及民事庭庭推總會決議可知被告㈠為原告之使用人，依民法第224條類推適用於同法第217條之規定原告亦與有過失，自可適用過失相抵之原則減輕或免除該賠償金。為此狀請

鈞院鑒核，駁回原告之訴，以維權益，至感德便。

　　　　　　謹狀

台灣台北地方法院民事庭　公鑒

證物名稱及件數	被證一：相片二張。 被證二：汽車行車執照影本一件。 被證三：薪資表及支付證明單影本計十四張。 附件一：最高法院74年台上字第1170號判決影本一件。 附件二：最高法院68年3月21日、68年度第三次民事庭庭推總會議決議㈢影本一件。

中　華　民　國　　　年　　　月　　　日
○○興業有限公司 具狀人　法定代理人　張　甲　　簽名蓋章

〈狀例2-75-3〉答辯狀㈣

民事　答辯　狀	案　　　號	年度　　　字第　　　號	承辦股別	
	訴訟標的金額或價額	新台幣　　萬　　千　　百　　十　　元　　角		

稱　　　謂	姓　名　或　名　稱 身分證統一編號或 營利事業統一編號	住居所或營業所、郵遞區號 及電話號碼電子郵件位址	送達代收人姓名、住址、 郵遞區號及電話號碼
被　　上 訴　　人 即原告	劉　甲		
上　訴　人 即被告 法定代 理　　人	○○票券金融股份 有限公司 金　乙		

為上列當事人間請求給付報酬事件，謹依法提出答辯事：

答辯之聲明

一、上訴駁回。

二、第二審訴訟費用由上訴人負擔。

答辯之理由

一、緣被上訴人於83年1月27日在忠孝東路拾得被上訴人所遺失之華南商業銀行民生分行為擔當付款人、鴻盛建設股份有限公司簽發之系爭商業本票三紙（按發票日均為82年12月29日，到期日均為83年1月28日，金額各為1千萬元），於當日晚間9時許，即依民法第803條之規定送至台北市政府警察局城中分局忠孝西路派出所加以招領。茲因上訴人出面主張該本票為渠所遺失，欲加以認領，且上訴人於遺失系爭本票後即聲請掛失止付，並向台灣台北地方法院聲請公示催告，是明其並無拋棄其物之意思，從而被上訴人爰依民法第805條第2項拾得遺失物報酬請求權之規定，訴請上訴人給付該三紙本票面額10分之1之報酬，並經原審判決依本件遺失本票自公示催告最後登載新聞紙之日起8個月，共計268日，而系爭本票金額計3千萬元，依法定利率百分之5計算之利息為1,101,369.9元，據此可認係上訴人即時受領被上訴人拾得遺失之系爭本票可獲得之利益，是以准允被上訴人請求其10分之1之報酬，即新台幣300,411元及自起訴狀繕本送達翌日起按法定利率計算利息。詎上訴人為阻止被上訴人之報酬請求權，竟一再辯稱系爭本票要非民法第805條所規定之動產，且其所為之公示催告程序因內容錯誤，亦不生公示催告之效力，是以其並未為認領之行為，甚或主張系爭本票已因新本票之發行而遭代替，從而系爭本票既已清償，故被上訴人已無任何權利可向發票人請求云云，以資抗辯，殊屬非是，就此事實，謹合先陳明。

二、是查依民法第67條之規定可知，除土地及其定著物外之物皆為動產，而強制

執行法第59條第2項亦規定關於有價證券之執行，依動產執行程序辦理，加以司法院74年2月25日廳民一字第111號函復台灣高等法院之函文亦有揭示「……本件某甲遺失支票乙紙，經依法辦理公示催告，在尚未除權判決前，該支票爲某乙拾獲，某甲聲請公示催告應可認係認領且無拋棄其物之意思。如某乙依法申報，即可向某甲請求該支票額10分之3之報酬」等語（見證物一），是明有價證券既非不動產，當爲動產，自應有民法第805條之適用，要無疑義。況查，今本件經最高法院以82年度台上字第○○號民事判決發回之理由亦載有：「查法學上所稱之『物』，係指人體以外，人力所能支配，並得滿足人類生活需要之有體物及自然力而言。民法採二分法，將『物』區分爲不動產及動產，除土地及其定著物歸之於不動產外，其餘均屬動產之範疇（見民法第66條、第67條）。系爭被上訴人遺失之三張本票，既經製作完成，而有其表彰之財產價值，其足以滿足持有人生活之需而屬於『物』中之『動產』，似無可疑……」等語，足悉系爭本票係屬「動產」，殆毋庸置疑，是則被上訴人依民法第805條第2項規定，向上訴人請求報酬，依法有據，未有不合。

三、再則，上訴人辯稱司法院上揭74年2月25日廳民一字第1118號函示係專指支票，而本件拾得物爲本票，兩者性質不盡相同不可等一視之云云。惟查支票與本票均屬票據法上之有價證券，均爲票據，具要式性、無因性、文義性、流通性、繳回性等特質，因此兩者有類似性（Ahnlichkeit），故基於同一之法律上利益衡量，予以援引適用前揭函號，並不妨礙法律生活之公平及法律秩序之安定。且查「銀行受託爲本票擔當付款人辦理要點」於75年底廢止，並將原有有關規定納入「支票存款戶處理辦法」，比照支票戶辦理，益見其兩者於法律上之價值判斷類似，故被上訴人引用前開司法院函，洵屬有理。

四、另按上訴人復主張民法第805條第2項之規定，係以所有人認領其遺失物爲前提，拾得人始可請求報酬，而本票之承認，係以公示催告爲之。是以其於票據遺失後，雖曾聲請公示催告，然系爭本票於聲請公示催告時，其內容錯誤，台北地方法院根據錯誤之內容作成裁定。惟上開裁定內容既與事實不符，則其裁定就系爭本票即不生效力，據此而爲之登報亦不生公示催告之效力，從而上訴人就系爭本票尚未爲承認，故被上訴人不得依民法第805條第2項規定請求云云，誠屬狡辯、卸責之詞。蓋查上訴人遺失之三張本票分別爲國際IBFE（以下同）001320「0」、001320「1」、001320「2」，票據金額各爲1千萬元，上訴人因惰於書寫，故票據號碼載爲001320「0-2」，金額則合計爲3千萬元，未有錯誤可言，其主張公示催告不生效顯係事後卸責之詞；況法院所爲已確定之裁定，除依民事訴訟法第507條、第496條規定聲請再審，將原確定裁定廢

棄外,既生羈束力及確定力,要無由上訴人任意空指爲無效之理。另依司法院前揭函示,只須票據遺失人「聲請」公示催告,即認爲有認領之意思。至於公示催告生效與否並非所問,且本件上訴人並不否認曾就前揭三張遺失之本票聲請公示催告,故其有認領該三張本票之表示實已昭然若揭。要不能將「認領」之事實,委諸於有否至警察機關認領以定。

五、末就上訴人主張其遺失之三張本票係其代理訴外人○○公司銷售,因遺失之次日本票即已到期,因此○○公司要求上訴人繼續發行同額之商業本票三張,上訴人始命公司職員將該三張遺失之本票交還○○公司換取新的本票,因此系爭遺失之本票已因新本票之發行而遭代替;換言之,系爭本票已清償,對上訴人而言,已無任何權利可向發票人請求清償,從而原審判決認爲上訴人有獲致利息之利益,就給予被上訴人此部分之報酬,殊有誤會云云,亦有不當。茲因票據非證明已存在之權利,而係創設權利,因此票據一旦作成,即足表彰票據權利之存在,此與其他有價證券僅在證明已存在之權利不同,故上訴人縱自訴外人○○公司另取得三張委託銷售之本票,然並不能因此即謂被上訴人拾得之本票即歸無效。蓋票據係無因證券,上訴人不得以其與第三人間之法律關係對抗任何第三人,且票據行爲各自獨立,故上訴人之前揭主張遺失之本票已因新本票之發行而遭代替,誠屬無稽。

綜上析陳,在在足悉上訴人所辯理由純屬強詞奪理,實不足採信,而原審判決並無不妥,爲此,狀請

鈞院鑒核,惠賜駁回上訴人之上訴,以維權益,無任感禱。

謹狀

台灣高等法院民事庭　公鑒

證物名稱及件數	證物一:司法院74年2月25日廳民一字第111號函影本一份。

中	華	民	國	年	月	日

具狀人　劉甲　簽名蓋章

▶人證之聲明

◇聲明人證,應表明證人及訊問之事項。

證人有二人以上時,應一併聲明之。（民訴298）

◎撰狀說明

㈠當事人或其訴訟代理人在言詞辯論期日，雖稱有中人可以證明某事實（例如：謂其係受脅迫及誘騙而為發票及背書行為之事實，僅泛稱有48年1月15日執行時，對造所帶來買機器之人可證），惟未表明時此等中人之姓名或其他足以表示其人之事項，俾法院得依其表明之證人，從事調查證據，尚不能認為依據民事訴訟法第298條聲明人證（參照最高法院38年穗上字第195號及49年台上字第777號判例）。至有其他原因不能即時到場或就其所在地訊問者，亦應表明，俾法院能妥定適當調查證據之期日，或為訊問之囑託。如證人之所在不明者，應依民事訴訟法第287條聲請指定調查證據之期間。

㈡應表明訊問之事項者，即表明所舉證人能證明之事項為何，而該事項與訴訟標的之關係，俾法院知悉其事由，藉以衡量有無調查之必要。如聲請人之表明有不明瞭或不完足者，審判長應令其敘明或補足之（參照民事訴訟法第199條）。惟法院對證人之訊問，並不以其表明事項為限（參見民事訴訟法第288條）。

〈狀例2-76〉因返還不當得利聲請訊問證人狀

民事　聲請　狀		案　　　號	年度　　字第　　　號	承辦股別	
		訴訟標的金額或價額	新台幣　萬　千　百　十　元　角		
稱　　謂	姓名或名稱身分證統一編號或營利事業統一編號	住居所或營業所、郵遞區號及電話號碼電子郵件位址		送達代收人姓名、住址、郵遞區號及電話號碼	
聲請人即被告	陳　三				
原　　告	王　乙				

為返還不當得利事件聲請訊問證人事：

　　請傳訊證人○○○建築師（住○○市○○街○○號○○樓○○建築師事務所）

待證事實：

　　本件工程之設計及建造執照之申請，係由兩造委託證人處理，就本件爭執之有關建物高度變更經過，知之甚詳。為此謹依民事訴訟法第298條之規定，狀請

　　鈞院鑒核，訊賜通知證人○○○到案予以查證，說明始末，而保權益。

　　　　謹狀

台灣○○地方法院民事庭　公鑒

證物名稱及件數								
中　　華　　民　　國　　　　年　　　月　　　　日								
			具狀人　陳　三	簽名蓋章				

〈狀例2-77〉因塗銷登記訊問證人聲請狀

民事　聲請　狀		案　　號	年度	字第	號	承辦股別	
		訴訟標的金額或價額	新台幣　　萬　　千　　百　　十　　元　　角				
稱　謂	姓 名 或 名 稱身分證統一編號或營利事業統一編號	住居所或營業所、郵遞區號及電話號碼電子郵件位址		送達代收人姓名、住址、郵遞區號及電話號碼			
聲請人即被告原　告	邱　一許　二						

為塗銷登記事件聲請訊問證人事：

　　請訊問證人林甲（住○○市○○街○○號○○樓）、何乙（住○○市○○路○○段○○巷○○弄○○號）及周丙（住○○市○○路○○號○○樓）

待證事實：

　　本件原告一再誑稱：無債權之存在，故抵押權應予塗銷。然原告對被告及訴外人陳三所負之債務，以系爭抵押權作為擔保之事實，有上開證人在場知悉。為此謹依民事訴訟法第298條之規定，狀請

　　鈞院鑒核，迅賜通知證人林甲、何乙與周丙到庭作證，藉明事實真相，並保權益。

　　　　謹狀

台灣○○地方法院民事庭　公鑒

證物名稱及件數								
中　　華　　民　　國　　　　年　　　月　　　　日								
			具狀人　邱　一	簽名蓋章				

▶拒絕證言之准許與禁止

◇證人有下列各款情形之一者，得拒絕證言：

一　證人為當事人之配偶、前配偶、未婚配偶或四親等內之血親、三親等內之姻親或曾有此親屬關係者。

二　證人所為證言，於證人或與證人有前款關係之人，足生財產上之直接損害者。

三　證人所為證言，足致證人或與證人有第一款關係或有監護關係之人受刑事訴追或蒙恥辱者。

四　證人就其職務上或業務上有秘密義務之事項受訊問者。

五　證人非洩漏其技術上或職業上之秘密不能為證言者。

得拒絕證言者，審判長應於訊問前或知有前項情形時告知之。（民訴307）

◇證人有前條第1項第1款或第2款情形者，關於下列各款事項，仍不得拒絕證言：

一　同居或曾同居人之出生、死亡、婚姻或其他身分上之事項。

二　因親屬關係所生財產上之事項。

三　為證人而知悉之法律行為之成立及其內容。

四　為當事人之前權利人或代理人，而就相爭之法律關係所為之行為。

證人雖有前條第1項第4款情形，如其秘密之責任已經免除者，不得拒絕證言。（民訴308）

◇證人拒絕證言，應陳明拒絕之原因、事實，並釋明之。但法院酌量情形，得令具結以代釋明。

證人於訊問期日前拒絕證言者，毋庸於期日到場。

前項情形，法院書記官應將拒絕證言之事由，通知當事人。（民訴309）

◎撰狀說明

㈠證人為當事人四親等內之血親或三親等內之姻親者，依民事訴訟法第307條第1項第1款之規定，僅該證人得拒絕證言而已，非謂其無證人能力。所謂證言，法院應不予斟酌，事實審理法院本其取捨證據之職權，依自由心證，認此項證人之證言為可採予以採取，不得謂為違法。

㈡民事訴訟法第308條第1項各款不過規定證人不得拒絕證言之情形，非謂此項證言關於同條項所列各款事項之證言不可不予採取，故其證言是否可採，審理事實之法院仍得依其自由心證判斷之。

〈狀例2-78〉聲明拒絕證言狀

民事	拒絕證言 聲明 狀	案　　號		年度　　字第　　號		承辦 股別	
		訴訟標的 金額或價額	新台幣　　萬　　千　　百　　十　　元　　角				
稱　謂	姓 名 或 名 稱 身分證統一編號或 營利事業統一編號	住居所或營業所、郵遞區號 及電話號碼電子郵件位址		送達代收人姓名、住址、 郵遞區號及電話號碼			
聲明人 即證人	邱 甲						

為聲明拒絕證言事：

　　查聲明人因○○年度○字第○○號邱一與李二發生房屋糾紛涉訟乙案，於○○年○月○日接奉　鈞院證人通知書乙件，定於同年○月○日上午○時開庭審理，通知聲明人屆時到場作證。惟聲明人與邱一為叔姪，依法實為三親等之血親，有戶籍謄本（見證物一）可稽，關係向來密切，即使到場據實陳述，不免令人懷疑。況邱一出賣房屋時，尚有中人江乙為雙方居間，聲明人則不過立於第三者地位，在場簽名而已，究竟原義如何，實未問及。為此依據民事訴訟法第307條第1項第1款及同法第309條第1項之規定，狀請

　　鈞院鑒核，准予拒絕證言，屆時免予出庭，以符法制，實為德便。

　　　　　　　　謹狀

台灣○○地方法院民事庭　公鑒

證物名稱 及 件 數	證物一：戶籍謄本二份。

中　　　華　　　民　　　國　　　　　年　　　　　月　　　　　日
具狀人　邱　甲　簽名蓋章

▶鑑定之聲請

◇聲請鑑定，應表明鑑定之事項。（民訴325）

◎撰狀說明

　　聲請鑑定，只表明鑑定之事項即可。無待指定鑑定，此與聲明人證，應表明證人

（民事訴訟法第298條）為何人者，有所差異。然聲請人為便利訴訟之迅速進行，亦可表明適當鑑定人之人選，以備法院之參酌。

〈狀例2-79〉聲請鑑定狀

民事 鑑定聲請 狀	案　　　　號	年度　　字第　　號	承辦股別	
	訴訟標的金額或價額	新台幣　萬　千　百　十　元　角		
稱　　謂	姓 名 或 名 稱身分證統一編號或營利事業統一編號	住居所或營業所、郵遞區號及電話號碼電子郵件位址	送達代收人姓名、住址、郵遞區號及電話號碼	
聲請人即被告	陳 甲			

為清償票款事件聲請鑑定事：

　　請將本件支票囑託刑事警察局鑑定其字跡、簽名，是否為聲請人所為，所蓋之印章是否與聲請人所有帳戶及印鑑相符。

　　待證事實

　　原告提出之○○銀行○○分行、民國○○年○月○日、新台幣○○萬元之支票乙紙，並非聲請人所簽發，其上之簽名係屬偽造，印章亦非聲請人帳戶之印鑑，詎原告竟向　鈞院提起清償票款之訴，但查此支票之簽名及印文之真正與否，若僅憑兩造辯論，勢必各執一詞，依然無從斷定，為此依據民事訴訟法第325條之規定，狀請

　　鈞院囑託鑑定，以明真相，而杜爭議，實感德便。

　　　　　　謹狀

台灣○○地方法院民事庭　公鑒

證物名稱及 件 數	

中　　華　　民　　國　　　　年　　　月　　　日
具狀人　陳 甲　簽名蓋章

▶鑑定人之拒卻

◇當事人得依聲請法官迴避之原因拒卻鑑定人。但不得以鑑定人於該訴訟事件曾為證人或鑑定人為拒卻之原因。

除前條第一項情形外，鑑定人已就鑑定事項有所陳述或已提出鑑定書後，不得聲明拒卻。但拒卻之原因發生在後或知悉在後者，不在此限。（民訴331）

◇聲明拒卻鑑定人，應舉其原因，向選任鑑定人之法院或法官為之。

前項原因及前條第二項但書之事實，應釋明之。（民訴332）

◇拒卻鑑定人之聲明經裁定為不當者，得為抗告；其以聲明為正當者，不得聲明不服。（民訴333）

◎撰狀說明

拒卻鑑定人之聲明方式，法律並未明定，一般以為以言詞或書狀為之，均無不可。至拒卻聲明是否正當，應由受訴法院或受命法官、受託法官明予裁定，不得僅以進行訊問或廢止訊問，默示其以拒卻為正當或不當，否則即不得據以該鑑定之結果為判決之基礎（最高法院43年台上字第642號判例參照）。

〈狀例2-80〉聲明拒卻鑑定人狀

民事 拒卻鑑定人 狀	案　　　號	年度　　字第　　號	承辦股別	
	訴訟標的金額或價額	新台幣　萬　千　百　十　元　角		
稱　　謂	姓　名　或　名　稱身分證統一編號或營利事業統一編號	住居所或營業所、郵遞區號及電話號碼電子郵件位址	送達代收人姓名、住址、郵遞區號及電話號碼	
聲明人即原告	邱　甲			

為聲明拒卻鑑定人，請求另行選任事：

　　查○○年度○字第○○號聲明人因王乙患有重大不治之精神病，請求離婚乙案，業蒙　鈞院兩度開庭審理，惟就王乙所患精神病，是否已達重大不治之程度，雙方各執一詞，當經聲請鑑定，並蒙　鈞院選任○○醫院○○科主任王丙為本案之鑑定人在案。但查王丙即為王乙之堂兄，實係民法上之四親等之血親，如由其出任鑑定人，難免有偏頗之虞，為此依據民事訴訟法第331條第1項及第332條第1項之規定，狀請

　　鈞院鑒核，准將鑑定人王丙予以撤銷，另行選任適當之鑑定人，據實鑑定，以昭公允，實為德便。

　　　　　謹狀
台灣○○地方法院民事庭　公鑒

證物名稱及件數	

中	華	民	國	年	月	日

具狀人　邱甲　簽名蓋章

▶書證之聲明與聲請

◇聲明書證，應提出文書為之。（民訴341）

◇聲明書證，係使用他造所執之文書者，應聲請法院命他造提出。

　前項聲請，應表明下列各款事項：

　　一　應命其提出之文書。

　　二　依該文書應證之事實。

　　三　文書之內容。

　　四　文書為他造所執之事由。

　　五　他造有提出文書義務之原因。

　前項第1款及第3款所列事項之表明顯有困難時，法院得命他造為必要之協助。（民訴342）

◇下列各款文書，當事人有提出之義務：

　　一　該當事人於訴訟程序中曾經引用者。

　　二　他造依法律規定，得請求交付或閱覽者。

　　三　為他造之利益而作者。

　　四　商業帳簿。

　　五　就與本件訴訟有關之事項所作者。

　前項第5款之文書內容，涉及當事人或第三人之隱私或業務秘密，如予公開，有致該當事人或第三人受重大損害之虞者，當事人得拒絕提出。但法院為判斷其有無拒絕提出之正當理由，必要時，得命其提出，並以不公開之方式行之。（民訴344）

◎撰狀說明

　　此項命他造當事人提出文書之聲請，得任以言詞或書狀爲之。如以言詞聲請者，應由法院書記官載明於筆錄。但無論以言詞或書狀爲聲請，均須表明民事訴訟法第344條共五款所規定之事項。

〈狀例2-81〉**聲請命原告提出書證狀**

民事　聲請　狀	案　　　號	年度　　　字第　　　號	承辦股別	
	訴訟標的金額或價額	新台幣　萬　千　百　十　元　角		
稱　　謂	姓　名　或　名　稱身分證統一編號或營利事業統一編號	住居所或營業所、郵遞區號及電話號碼電子郵件位址	送達代收人姓名、住址、郵遞區號及電話號碼	
聲請人即被告	王　甲			

爲請求給付貨款事件聲請命原告提出書證事：

　　請求給付貨款事件，原告主張被告曾經向其購買○○牌冷氣機乙台，無非以該冷氣機交付被告時，被告立有收據乙紙，可資證明而已。此一事實，被告固不予否認，惟所有冷氣機之價款新台幣○萬元，被告係於本年○月○日支付原告，當時親睹原告記入帳簿，載明該款係被告所付冷氣機價金，被告雖疏忽未向其取回收據，然商業帳簿於商業會計法施行區域而設置者，其具有實質證據力。且該帳簿，須由稅捐稽徵處蓋印，事實上，其內容應不容擅自更改，一經提出，自即可證明被告已有支付價款之事實。現原告既謂帳內無此項收款之記載，雙方發生爭執，原告自應負提出商業帳簿之義務，以供證明。爲此謹依據民事訴訟法第342條及第344條第5款之規定，狀請

　　鈞院鑒核，准予命原告將其本年商業帳簿提出，俾便認定，以明究竟，實爲德便。

　　　　謹狀

台灣○○地方法院民事庭　公鑒

證物名稱及件數	

中　　華　　民　　國　　　　年　　　　月　　　　日

　　　　　　　　　具狀人　王　甲　簽名蓋章

▶第三人文書之提出

◇聲明書證係使用第三人所執之文書者，應聲請法院命第三人提出，或定由舉證人提出之期間。

第342條第2項及第3項之規定，於前項聲請準用之。

文書為第三人所執之事由及第三人有提出義務之原因，應釋明之。（民訴346）

◇關於第三人提出文書之義務，準用第306條至第310條、第344條第1項第2款至第5款及第2項之規定。（民訴348）

◎撰狀說明

凡於訴訟程序作為證據方法使用之文書，依其意旨（即內容）可為證據者，方得謂之證書，如就某類文書臆測其中或有可為證據者，而未必定可作為證據，自不得謂為書證，而請求調查（參見最高法院55年判字第15號判例）。

〈狀例2-82〉聲請命提出文書狀

民事　聲請　狀	案　　　號	年度　　　字第　　　號	承辦股別	
	訴訟標的金額或價額	新台幣　萬　千　百　十　元　角		
稱　　謂	姓名或名稱身分證統一編號或營利事業統一編號	住居所或營業所、郵遞區號及電話號碼電子郵件位址	送達代收人姓名、住址、郵遞區號及電話號碼	
聲請人即被告	陳一甲			
原　　告	邱丁一			

為水利地事件聲請命第三人提出文書事：

鈞院於上月10日水利地事件第一次庭訊時，雙方所提出之契據，似有出入，而聲請人之田產水利，係接買自姚益安者，邱丁一之田產係接買自姚益全者，經查姚益安與姚益全係同胞兄弟，究竟出賣之內容若何，只須閱覽原業主之老契據，即可水落石出。本案之爭點，亦不啻迎刃而解。為此依據民事訴訟法第346條之規定，狀請

鈞院鑒核，准予命姚益安、姚益全提出前開文書，以便核對，藉明究竟，而維權益，實為德便。

　　　　　謹狀

台灣○○地方法院民事庭　公鑒

證物名稱及件數						
中　　華　　民　　國　　　　　年　　　　月　　　　　日						
		具狀人　陳一甲			簽名蓋章	

▶勘驗之聲請

◇聲請勘驗，應表明勘驗之標的物及應勘驗之事項。（民訴364）

◎撰狀說明

　　聲請勘驗，應表明勘驗之標的物，如為舉證人所占有者，應於聲請時提出於法院（準用民訴341），如不能提出於法院亦應表明之；所謂表明應勘驗之事項，即表明其為應證事實，如為間接之事實，則該事實及應證事實，均應表明之，惟其表明之事項，法院並不受其拘束。

〈狀例2-83〉聲請勘驗狀

民事　聲請　狀		案　　　號	年度　　字第　　號		承辦股別	
		訴訟標的金額或價額	新台幣　萬　千　百　十　元　角			
稱　　謂	姓　名　或　名　稱身分證統一編號或營利事業統一編號	住居所或營業所、郵遞區號及電話號碼電子郵件位址		送達代收人姓名、住址、郵遞區號及電話號碼		
聲請人即被告原　　告	陳三乙邱丙三					

為墳山經界聲請勘驗事：

　　本件曾蒙　鈞院兩度庭訊，邱丙三所提出之契據，明白載明：「本山界自倒掛陵起直上山腰，再由山腰向左折下坡心止」，今反強詞奪理，竟謂左折二字，即有繞轉坡斜凸面之意，顯見侵占聲請人之墳地四丈有餘。查聲請人向華冰生承買此山為祖墳之地，當時不但契約載明四至，抑且會同出賣人查勘丈量，並無錯誤，現在所有土地與契據所載，絕不容許他人有絲毫之侵越，但雙方爭辯，各執一詞，若非實地勘驗，絕難明其真相。為此依據民事訴訟法第364條之規定，聲請勘驗。茲將

勘驗之標的物及應勘驗之事項表明於下：

勘驗之標的物

聲請人所有坐落○○縣○○鎮○○里第○鄰豆田石灰塘側烏石山之墳山（該地與原告所有之山地相毗連）。

勘驗之事項

聲請人所有墳山經界是否與原契相符，有無越界占用原告所有山地之事。

以上應證之事實，理合狀請

鈞院鑒核，准予勘驗，並通知該管地政事務所派員測量，以明真相，而保權利。

　　　　　　謹狀

台灣○○地方法院民事庭　公鑒

證物名稱及件數	

中	華	民	國	年	月	日

　　　　　　　具狀人　陳三乙　簽名蓋章

▶證據之保全

◇證據有滅失或礙難使用之虞，或經他造同意者，得向法院聲請保全；就確定事、物之現狀有法律上利益並有必要時，亦得聲請為鑑定、勘驗或保全書證。

前項證據保全，應適用本節有關調查證據方法之規定。（民訴368）

◇保全證據之聲請，應表明下列各款事項：

一　他造當事人，如不能指定他造當事人者，其不能指定之理由。

二　應保全之證據。

三　依該證據應證之事實。

四　應保全證據之理由。

前項第1款及第4款之理由，應釋明之。（民訴370）

◇保全證據之聲請，由受聲請之法院裁定之。

准許保全證據之裁定，應表明該證據及應證之事實。

駁回保全證據聲請之裁定，得為抗告，准許保全證據之裁定，不得聲明不服。

（民訴371）

◎撰狀說明

　　聲請證據保全，於訴訟尚未繫屬，或雖已繫屬尚未達於調查之程度時，均可為之。

〈狀例2-84〉**聲請保全證據狀**

民事	保全證據 聲請　　狀	案　　　號		年度　　　字第　　　號		承辦 股別	
		訴訟標的 金額或價額	新台幣　　萬　　千　　百　　十　　元　　角				
稱　　謂	姓　名　或　名　稱 身分證統一編號或 營利事業統一編號	住居所或營業所、郵遞區號 及電話號碼電子郵件位址		送達代收人姓名、住址、 郵遞區號及電話號碼			
聲請人 相對人	陳　甲 邱丙二						

為給付貨款事件聲請保全證據事：

　　緣聲請人在本市金山街開設日月百貨商店，除門市外，專做推銷業務，適有本市金華街志成商號經理邱丙二承銷本店貨物，歷有年餘。平日金錢貨物往來，概以雙方帳簿為憑，惟該號邇來生意冷淡，積欠本店貨款為數甚鉅，正求清償中，該號經理邱丙二突患重病，已入台大醫院療治，行將不起，而該號之負責人，則口口聲聲詭稱邱丙二往來之帳目多有含糊，未便負責。聞聽之下，不勝詫異，萬一邱丙二瞬刻去世，而該號合夥人，難免不遭隱匿之嫌，則死無對證。其害乎聲請人之權利於胡底，現已起訴不及，非保全證據，絕無補救。為此謹依據民事訴訟法第368條之規定，狀請

　　鈞院鑒核，准予實施保全證據，迅予派員前往台大醫院縝密調查，並責令提出帳簿，以免糾葛，而保權利。
　　　　　　謹狀
台灣○○地方法院民事庭　公鑒

證物名稱 及　件　數	

中　　　華　　　民　　　國　　　　年　　　　月　　　　日
具狀人　　陳　甲　　簽名 蓋章

▶和解之效力與繼續審判之請求

◇和解成立者，與確定判決有同一之效力。

和解有無效或得撤銷之原因者，當事人得請求繼續審判。

第500條至第502條及第506條之規定，於前項情形準用之。（民訴380）

◎撰狀說明

按和解有無效或得撤銷之原因者，當事人得自和解成立時起三十日之不變期間內，請求繼續審判。但其原因知悉在後者，該不變期間自知悉時起算；其繼續審判之原因發生在和解成立後者，自發生時起，如已逾五年者，則不得請求繼續審判（民事訴訟法第380條第4項準用民事訴訟法第500條可知）。請求繼續審判，係為前訴訟程序之續行，自應向訴訟原繫屬之法院請求之。

〈狀例2-85〉和解無效聲請繼續審判狀

民事　聲請　狀	案　　　　號	年度　　字第　　號		承辦股別	
	訴訟標的金額或價額	新台幣　　萬　千　百　十　元　角			
稱　　謂	姓 名 或 名 稱身分證統一編號或營利事業統一編號	住居所或營業所、郵遞區號及電話號碼電子郵件位址		送達代收人姓名、住址、郵遞區號及電話號碼	
聲請人即原告被　告	邱　一陳　二				

為支付租金及遷讓房屋事件聲請繼續審判事：

　　本件頃奉　鈞院送達和解筆錄，閱悉本案業由聲請人之訴訟代理人代為和解成立。姑不論其承諾被告減少積欠二月租金之給付，並許其繼續居住系爭房屋，已有損於聲請人之利益；再者，聲請人雖委任吳甲為訴訟代理人，但僅屬普通代理性質，並無特別代理之權，此有委任狀註明「但無」特別代理權可明。詎吳甲竟無特別代理，而代理聲請人與被告陳二成立和解，顯非適法，是此項和解，自難謂有效。為此依據民事訴訟法第380條第2項規定，狀請

　　鈞院鑒核，准予繼續審判，實為德便。

　　　　　　謹狀

台灣○○地方法院民事庭　公鑒

證 物 名 稱 及 件 數	

中	華	民	國	年	月	日

具狀人　邱　　　　簽名
　　一　　　　　　　蓋章

▶假執行之聲請及裁判

　　◇關於財產權之訴訟，原告釋明在判決確定前不爲執行，恐受難於抵償或難於計算之損害者，法院應依其聲請，宣告假執行。

　　原告陳明在執行前可供擔保而聲請宣告假執行者，雖無前項釋明，法院應定相當之擔保額，宣告供擔保後，得爲假執行。（民訴390）

　　◇關於假執行之聲請，應於言詞辯論終結前爲之。

　　關於假執行之裁判，應記載於裁判主文。（民訴393）

◎撰狀說明

　　民事訴訟法第393條第2項所謂關於假執行之裁判，不僅指宣示假執行之裁判而言，即不准假執行或免爲假執行之裁判，亦包括在內。

〈狀例2-86〉聲請假執行狀

一、原告聲請假執行，得於起訴狀訴之聲明中表明〈參見狀例2-59〉。

二、被告爲免假執行，得於答辯狀中表明〈參見狀例2-72〉

▶補充判決規定之準用

　　◇法院應依職權宣告假執行而未爲宣告，或忽視假執行或免爲假執行之聲請者，準用第233條之規定。（民訴394）

◎撰狀說明

　　請另參見本書民事訴訟法第233條之部分。

〈狀例2-87〉聲請就假執行部分爲補充之判決狀

民事　聲請　狀	案　　　　號	年度　　字第　　號		承辦股別	
	訴訟標的金額或價額	新台幣　　萬　　千　　百　　十　　元　　角			
稱　　謂	姓　名　或　名　稱身分證統一編號或營利事業統一編號	住居所或營業所、郵遞區號及電話號碼電子郵件位址	送達代收人姓名、住址、郵遞區號及電話號碼		
聲請人即原告被　告	劉　一陳　一				

為請求給付租金事件之判決關於假執行中部分脫漏，聲請補充判決事：

聲請之事項

　　鈞院○○年○月○日○○年度○字第○○號判決所命之給付准予假執行。

聲請之理由

　　按法院忽視假執行之聲請者，依民事訴訟法第394條準用第233條之規定，關於假執行部分脫漏，法院應依聲請以判決補充之。茲查本件聲請人於準備程序及言詞辯論時均聲明願提供擔保，請准宣告假執行，此有原筆錄可稽。乃　鈞院○○年○月○日○○年度○字第○○號判決對此假執行聲請部分，既未駁回，亦未照准，顯係忽視原告之聲請，而判決脫漏。為此依首開法條，狀請

　　鈞院鑒核，賜為就原判決所命之給付，准予假執行之補充判決，以符法制，而保權利，實為德便。

　　　　　　　謹狀

台灣○○地方法院○○簡易庭　公鑒

證物名稱及件數	

中　　華　　民　　國　　　　年　　　　月　　　　日
具狀人　劉　一　簽名蓋章

▶判決確定證明書之付與

　　◇當事人得聲請法院，付與判決確定證明書。

判決確定證明書，由第一審法院付與之。但卷宗在上級法院者，由上級法院付與之。

判決確定證明書，應於聲請後七日內付與之。

前三項之規定，於裁定確定證明書準用之。（民訴399）

◎撰狀說明

　　當事人向法院聲請付與判決確定證明書時，書記官如查明該判決、裁定或支付命令業經確定者，即應於聲請後七日內付與之（辦理民事訴訟事件應行注意事項第146點）。惟在司法院之要求下，現在許多書記官亦會不待當事人聲請，主動付與之，以確保當事人權益（司法院(83)院台廳民一字第07385號函）。

〈狀例2-88〉聲請判決確定證明書狀

民事　聲請　狀		案　　號	年度　　字第　　號	承辦股別	
		訴訟標的金額或價額	新台幣　萬　千　百　十　元　角		
稱　　謂	姓名或名稱身分證統一編號或營利事業統一編號	住居所或營業所、郵遞區號及電話號碼電子郵件位址		送達代收人姓名、住址、郵遞區號及電話號碼	
聲請人即原告被　告	吳　甲李　乙				
為聲請付與判決確定證明書事： 　　查○○年度○字第○○號聲請人與被告因請求返還借款事件，業經　鈞院判決，並於本年○月○日判決送達聲請人收受在案，茲已逾一月，被告並未於上訴期間內有合法之上訴，則判決應已確定。為此謹依據民事訴訟法第399條第1項之規定，狀請 　　鈞院鑒核，准予付與本案之判決確定證明書，以便執行，實為德便。 　　　　謹狀 台灣○○地方法院民事庭　公鑒					
證物名稱及件數					

中	華	民	國	年	月	日

具狀人　吳　甲　簽名
　　　　　　　　　蓋章

▶調解之聲請與程式

◇下列事件，除有第406條第1項各款所定情形之一者外，於起訴前，應經法院調解：

一　不動產所有人或地上權人或其他利用不動產之人相互間因相鄰關係發生爭執者。

二　因定不動產之界線或設置界標發生爭執者。

三　不動產共有人間因共有物之管理、處分或分割發生爭執者。

四　建築物區分所有人或利用人相互間因建築物或其共同部分之管理發生爭執者。

五　因增加或減免不動產之租金或地租發生爭執者。

六　因定地上權之期間、範圍、地租發生爭執者。

七　因道路交通事故或醫療糾紛發生爭執者。

八　雇用人與受雇人間因僱傭契約發生爭執者。

九　合夥人間或隱名合夥人與出名營業人間因合夥發生爭執者。

十　配偶、直系親屬、四親等內之旁系血親、三親等內之旁系姻親、家長或家屬相互間因財產權發生爭執者。

十一　其他因財產權發生爭執，其標的之金額或價額在新台幣50萬元以下者。

前項第11款所定數額，司法院得因情勢需要，以命令減至新台幣25萬元或增至75萬元。（民訴403）

◇不合於前條規定之事件，當事人亦得於起訴前，聲請調解。

有起訴前應先經法院調解之合意，而當事人逕行起訴者，經他造抗辯後，視其起訴為調解之聲請。但已為本案之言詞辯論者，不得再為抗辯。（民訴404）

◇調解，依當事人之聲請行之。

前項聲請，應表明為調解標的之法律關係及爭議之情形。有文書為證據者，並應提出其原本或影本。

聲請調解之管轄法院，準用第一編第一章第一節之規定。（民訴405）

◎撰狀説明

　　調解標的以法律關係爲限，且須有爭議始得聲請調解。所謂爭議，係指足以引起訴訟之爭執而言，調解之目的，亦即在止息此項爭議，以求避免訴訟。

〈狀例2-89〉聲請調解清償借款狀

民事 調解聲請 狀	案　　　號		年度　　　字第　　　號			承辦股別	
	訴訟標的金額或價額	新台幣　　萬　　千　　百　　十　　元　　角					
稱　　謂	姓 名 或 名 稱身分證統一編號或營利事業統一編號	住居所或營業所、郵遞區號及電話號碼電子郵件位址			送達代收人姓名、住址、郵遞區號及電話號碼		
聲請人相對人	吳　甲邱　乙						

爲請求清償借款聲請調解事：
　　　　調解標的之法律關係
一、相對人應給付聲請人新台幣（以下同）7千元，及自民國○○年○月○日起至清償日止，按年息百分之5計算之利息。
二、調解之程序費用由相對人負擔。
　　　　爭議之情形
　　緣相對人於民國○○年○月○日向聲請人借得7千元，約定同年○月○日爲清償期日，立有借據爲憑（見證物一）。詎屆清償期，竟遲延不還，屢經催討無效。爲此狀請
　　鈞院依法調解，以免訟累，實感德便。
　　　　　　謹狀
台灣○○地方法院民事庭　公鑒

證物名稱及　件　數	證物一：借據影本一件。

中　　　華　　　民　　　國　　　　　年　　　　月　　　　　日

　　　　　　具狀人　吳　甲　　簽名蓋章

〈狀例2-90〉聲請調解清償債務狀

民事 調解聲請 狀		案　　　　號	年度　　　字第　　　號		承辦股別	
		訴訟標的金額或價額	新台幣　萬　千　百　十　元　角			
稱　　　　謂	姓 名 或 名 稱身分證統一編號或營利事業統一編號	住 居 所 或 營 業 所 、郵 遞 區 號 及 電 話 號碼 電 子 郵 件 位 址		送達代收人姓名、住址、郵遞區號及電話號碼		
聲 請 人即債權人	○○○等（詳如附表㈠所示）					
共 同 代理　　　人	李阿花					
相 對 人即債務人	甲投資股份有限公司乙建設開發股份有限公司丙興業有限公司丁瓷器股份有限公司戊工業股份有限公司己工業股份有限公司庚大飯店股份有限公司辛大飯店股份有限公司					
共 同法 定 代理　　　人	丁石水					

為上列當事人間債權債務事件，謹依法聲請調解事：

請求事項

一、相對人等應給付聲請人等如附表㈡所示之金額，及自調解日起至清償日止，按年息百分之5計算之利息。

二、調解之程序費用由相對人等共同負擔。

事實及理由

一、緣相對人等八家共同成立「○○機構關係企業」，辦理收受投資之業務，聲請人等乃先後投資如附表㈢所載之金額，此有債權憑證影本可證（見證物一）。

又查，聲請人於投資時，兩造並約定以新台幣（以下同）15萬元為一戶，且每戶每月可得5千元至6千元不等之利潤；再又，兩造亦約定聲請人得隨時提取投資金額之全部或部分，此稽所檢附之債權憑證影本可悉。詎相對人自民國（以下同）83年9月20日起即停止發給所約定之利潤，尤有甚者，其並拒絕返還聲請人所投資之金額。

二、次查，茲因聲請人等人數眾多，是為俾利本件調解程序順利進行，聲請人等特依法共同委任聲請人中李阿花為本調解事件之代理人，此有民事委任狀乙紙可稽（見附表四），於此亦一併敘明。

綜上析陳，是為保聲請人等之權益及避免兩造紛爭之擴大，聲請人等是特檢附相關文件，合當狀請

鈞院鑒核，惠准聲請人等請求事項之所請，迅即依法調解，以免訟累，並符法制，如蒙所請，無任感禱。

　　　　　　謹狀

台灣台北地方法院民事庭　公鑒

證 物 名 稱 及 件 數	附表一：聲請人名冊一份。 附表二：聲請人等請求之債權金額明細表。 附表三：○○機構關係企業與聲請人等債權金額明細表。 附表四：民事委任狀暨委任人名冊一份。 證物一：聲請人之債權憑證影本。

中　　華　　民　　國　　　　年　　　　月　　　　日
具狀人　　○○○等　　　簽名 蓋章

〈狀例2-91〉 **聲請調解履行同居義務狀**

民事 調解聲請 狀	案　　　號	年度　　字第　　號	承辦股別	
	訴訟標的金額或價額	新台幣　萬　千　百　十　元　角		
稱　　　謂	姓 名 或 名 稱身分證統一編號或營利事業統一編號	住居所或營業所、郵遞區號及電話號碼電子郵件位址	送達代收人姓名、住址、郵遞區號及電話號碼	

聲 請 人	陳　甲	
相 對 人	李　乙	

爲請求履行同居聲請調解事：

調解標的之法律關係

一、相對人應與聲請人同居。

二、調解之程序費用由相對人負擔。

爭議之情形

一、緣聲請人與相對人於民國80年10月10日在台北市結婚，婚後感情尚稱融洽。
　　嗣因相對人不時歸寧其苗栗娘家，去則十數日始返，最後竟自81年11月10日起
　　一去不返，聲請人曾迭次親往及請由親友前往催促，均置不理。

二、按夫妻互負同居之義務，此爲民法第1001條所規定，相對人既無不能同居之理
　　由，竟長留娘家，殊有悖夫婦之道。爲此狀請
　　鈞院鑒賜傳喚調解，勸令履行同居義務，以維倫常。
　　　　　　　謹狀
台灣○○地方法院家事法庭　公鑒

證 物 名 稱 及 件 數	

中　　華　　民　　國　　　　年　　　　月　　　　日

　　　　　　　　　具狀人　陳　甲　　簽名 蓋章

〈狀例2-92〉聲請調解遷讓房屋狀

民事 調解聲請 狀		案　　　號	年度　　字第　　號	承辦 股別	
		訴訟標的 金額或價額	新台幣　　萬　千　百　十　元　角		
稱　　謂	姓 名 或 名 稱 身分證統一編號或 營利事業統一編號	住居所或營業所、郵遞區號 及電話號碼電子郵件位址		送達代收人姓名、住址、 郵遞區號及電話號碼	
聲 請 人	陳　田				
相 對 人	黃　花				

為上列當事人間請求遷讓房屋等事件，依法聲請調解事：

調解標的之法律關係

一、相對人應將坐落於台北市○○街○○號樓下房屋全部遷讓返還予聲請人。

二、相對人應給付聲請人新台幣（以下同）8萬元整及自民國（以下同）○○年○月○日起至清償之日止，按年息百分之5計算之利息。

三、相對人應自○○年○月○日起至遷讓返還上揭第1項所示房屋之日止，按月給付聲請人10萬元整。

四、調解之程序費用由相對人負擔。

爭議之情形

一、緣聲請人就坐落於台北市○○街○○號樓下房屋全部與相對人簽訂租賃契約，期限自○○年○月○日至○○年○月○日止（證物一），並約定租金每月為2萬元整。

二、是今兩造間之租賃契約已於○○年○月○日屆滿，聲請人曾於○○年○月至○月間分別以口頭及存證信函（證物二）通知相對人租期屆滿，不再續租，並請求相對人遷讓返還上揭房屋，自屬於法有據。

三、第查相對人於租期屆滿後，非但拒不遷讓返還上揭房屋，且積欠租金至租期屆滿之日止已達8萬元整，聲請人自得依法請求相對人遷讓返還上揭房屋暨請求相對人給付欠租8萬元及按年息百分之5至清償日止計算之法定遲延利息。

四、依兩造所訂房屋租賃契約第6條之約定：「……如不即時遷讓交還房屋時，甲方（即聲請人）每月得向乙方（即相對人）請求按照租金五倍之違約金至遷讓完了之日止……」今相對人於租賃期限屆滿後仍不即時遷讓交還房屋，理應依約自○○年○月○日起至遷讓返還房屋之日止，按月給付相當於租金5倍（即每月10萬元）之違約金予聲請人。

　　綜上所陳，是為保障聲請人權益，及避免兩造紛爭之擴大，為此狀請

　　鈞院鑒核，惠准聲請人之所請，迅即依法調解，以免訟爭。如兩造於期日到場，調解不成立，請命即為訴訟辯論，如蒙所請，無任感禱。

　　　　　謹狀

台灣台北地方法院民事庭　公鑒

證物名稱及件數	證物一：房屋租賃契約書影本一份。
	證物二：台北郵局44支局第○○號存證信函影本一份。

中	華	民	國	年	月	日

具狀人　陳　田　　簽名蓋章

〈狀例2-93〉聲請調解離婚狀㈠

民事　聲請　狀	案　　　號	年度　　字第　　號	承辦股別	
	訴訟標的金額或價額	新台幣　萬　千　百　十　元　角		
稱　　謂	姓　名　或　名　稱身分證統一編號或營利事業統一編號	住居所或營業所、郵遞區號及電話號碼電子郵件位址	送達代收人姓名、住址、郵遞區號及電話號碼	
聲請人相對人	吳　甲王　乙			

為聲請調解離婚事：

調解標的之法律關係

一、聲請人與相對人離婚。

二、調解之程序費用由相對人負擔。

爭議之情形

一、緣聲請人於五年前因髮妻病逝，晚年喪偶，倍感淒涼，雖幸女兒及時返國，以慰寂寥。但晨昏照料，究多不便。嗣因友人介紹，結識相對人後，傾談之間，承告曾受高深教育，數十年自食其力，歷經憂患，深知甘苦，數度往還，頗相景慕。當時雖有以貌善心險，褊隘嗜利為誡者，聲請人以為不致如是，終與之論嫁娶，且許以存置之麥克賽獎金餘款，於身後供相對人生活之保障。正慶婚姻美滿，克享幸福，不意婚後不久，相對人乖張之跡，即行暴露，始則凌辱吾女，繼則侵瀆先室，需索歛聚，惡老嫌貧，經常詈罵，寢食不安，聲請人委曲求全，多方容忍，期以身教，漸予感化。

二、迨去年10月初旬，聲請人在台中傾跌骨折，移至台北榮民醫院開刀治療，於旅行手術後，連日高熱，昏醒無常，相對人則漠不關心，視同陌路，於病況危殆之際，竟拒不留院陪伴，而由吾女住院侍奉，相對人反於病榻之前，咆哮不已，斥其為謀產而來，更於醫院內迭為細事吵鬧，不令靜養，實使聲請人難再忍受。嗣復謂醫院開支太大，無力應付，逼令遷移小病房，聲請人以前妻○女士身前節儉，略有積蓄，儲存生息，醫藥費用，何至無著。託人調查，乃發覺聲請人並女兒之存款及股票，均為相對人背地陸續過戶於其名下，在聲請人病劇之中，正相對人加緊進行之際，於○○年1月3日及同月6日完成最後兩筆過戶手續。旋又獲知相對人早於○○年7月間，私將其戶籍報遷至○○市○○街○○巷○○號，是其囊括所有而棄我之心，實已昭然若揭。

三、聲請人素以赤忱相待，對於家中之銀錢票摺及私章等，均未嘗藏隱，寸草木屑，無不公開。今竟受彼愚弄，肱篋傾箱，使聲請人之醫藥費用因之發生困難。況吾女何辜，亦遭荼毒，思之痛心。聲請人以衰病之身，似此備受虐待，何堪再與同居。春間曾煩人向相對人婉言提議分居，渠之生活劣為安排，蓋為避免其精神虐待，俾能安心調養。聲請人願以餘年，盡力於農村建設，並從事著述，庶幾對國家社會，再可稍有貢獻。相對人若良知未泯，應即璧還所掠，悔過自新。乃以所謀中途洩露，未竟全功，惱羞成怒，堅決拒絕。聲請人迫不得已，只得依民法第1052條第3款（即夫妻之一方受他方不堪同居之虐待者）之規定，請求離婚，以保餘年。

四、茲奉最高法院裁定主文內開：「本件指定台灣台北地方法院為第一審管轄法院」，為此附陳原裁定本乙件，依家事事件法第23條第1項之規定，狀請
　　鈞院迅傳相對人到案，成立調解。如調解不成立時，即請進行審判。
　　　　　　　謹狀
台灣○○地方法院家事法庭　公鑒

證物名稱及件數	

中　　華　　民　　國　　　　年　　　　月　　　　日
具狀人　吳　甲　簽名蓋章

〈狀例2-93-1〉**聲請調解離婚狀**㈡

民事	離婚調解聲請　狀	案　　號	年度　　字第　　號	承辦股別	
		訴訟標的金額或價額	新台幣　萬　千　百　十　元　角		
稱　謂	姓 名 或 名 稱身分證統一編號或營利事業統一編號	住居所或營業所、郵遞區號及電話號碼電子郵件位址		送達代收人姓名、住址、郵遞區號及電話號碼	
聲請人相對人	黃　安陳　全				

爲上列當事人間離婚事件，依法聲請調解事：

調解標的之法律關係

一、聲請人與相對人離婚。

二、調解之程序費用由相對人負擔。

爭議之情形

一、緣聲請人與相對人於民國（以下同）82年10月20日經台灣台北地方法院公證締結連理，初始雙方尚能相敬如賓，不意婚後不久，相對人乖張之跡，即行暴露，始則惡言相對，繼而施以暴行，經常詈罵，令聲請人寢食難安。惟聲請人爲維夫妻關係，乃委曲求全，多方容忍，期以身教，漸予感化。

二、迨爾來半年餘，相對人乖張之熾，日益甚烈，動輒對聲請人施以拳腳，致聲請人身、心受創甚鉅；更甚之者，相對人竟多次以言語恐嚇侵瀆聲請人之父母，此恐嚇案件業已由台北地方檢察署82年偵字第○○號經檢察官提起公訴在案；另相對人終日不務正業，坐收漁利，實不足聲請人續以身相許。

三、末查相對人每次毆打聲請人時，雖經親友相勸，均無效果，反而變本加厲，依舊連續狠毒毆打，致使聲請人渾身是傷，此由台北市立仁愛醫院、敏盛綜合醫院、暨德濟醫院（證物一）之驗傷單可資證明，核相對人之所爲，顯已構成民法第1052條第3、4、6款及第2項之離婚要件。

綜上所陳，是爲保障聲請人權益，及避免聲請人續受相對人凌虐，爲此狀請鈞院鑒核，惠准聲請人之所請，迅即依法調解，以免訟爭。如兩造於期日到場，調解不成立，請命即爲訴訟辯論，如蒙所請，無任感禱。

　　　　　　謹狀

台灣○○地方法院家事法庭　公鑒

證物名稱及件數	證物一：醫院驗傷單影本共六份。

中　　華　　民　　國　　　　年　　　　月　　　　日

具狀人　黃　安　簽名蓋章

〈狀例2-94〉調解離婚之答辯狀

民事 調解答辯 狀		案　　　　號	年度　　　字第　　　號	承辦股別	
		訴訟標的金額或價額	新台幣　萬　千　百　十　元　角		
稱　　謂	姓 名 或 名 稱身分證統一編號或營利事業統一編號	住居所或營業所、郵遞區號及電話號碼電子郵件位址		送達代收人姓名、住址、郵遞區號及電話號碼	
答 辯 人即相對人聲 請 人	王 乙吳 甲				

為就○○年度○字第○○號請求離婚調解事件，具答辯事：

一、查答辯人年已半百，歷經憂患，三十年來自力維生，行有餘暇，輒以讀書自遣。雖有時不無孤寂之感，然生活粗定，心境寧謐，此生原不再作婚嫁之想，乃○○年底經女友介紹與聲請人相識後，經半年之交往，竟情感日深。答辯人對聲請人淵博之學識，雋永之談吐，溫雅之儀表，和藹之態度，備致傾倒。而聲請人對答辯人憂患之身世，孤寂之生活，尤表深切之同情，認如結為伴侶，以答辯人老而未衰之身，照料聲請人之生活起居，公餘之暇，互慰寂寥，實乃佳事，因而論及婚嫁。

二、當時答辯人親友知之或以雙方地位懸殊，齊大非偶；或以聲請人久居高官，飽於世故，答辯人則多年獨居，幾與世隔，雙方生活習慣各殊；或以聲請人家庭及社會環境複雜。答辯人則以聲請人為素富民主思想名滿天下之學者，非一般官僚政客可比，當無門第之見。至於彼此性情及生活習慣之配合，以聲請人之高德睿智，經半年之交往，應已有深刻之認識，聲請人如非確定我二人能以偕老，斷不致自詡為理智之決定，而冒然求婚。故再三熟思，終於欣然以身相許。結婚以後，迄聲請人腿傷住院，年餘以來，婚姻生活美滿，雙方和諧無間。聲請人精神愉快，體重增加，為其經常樂於稱道之事。○○年10月初，聲請人腿傷入院，答辯人於其病情嚴重時，日夜守侍病榻，不敢或離，如此者凡三日夜，護士見答辯人不斷以手抑枕，俾聲請人呼吸通暢，猶勸答辯人不必如此辛苦，事後聲請人知之，亦有只有太太纔能如此忠心之語。

三、嗣以婦女會職員謂病室通夜有人看護，家中僅留女傭守夜，虞有閃失，強勸答辯人返家歇宿。答辯人不得已始允兩日返家歇宿，兩日在院陪侍。然返家歇宿時，亦必至晚10時後始去，翌晨即行趕來，此情此景，實為醫院之護士及醫師所共見。直至去年農曆年小除夕，聲請人棄我而神秘失蹤之夜晚8時，答辯

人因準備年事，提前離去時，聲請人猶吻我頰道別，頻囑答辯人明日早來共度除夕。孰意從此一別竟生劇變，始則致送休書，繼而狀請離婚。聲請人所謂「凌辱吾女，侵瀆先室，需索歟聚，惡老嫌貧，經常訾罵」；所謂「聲請人住院療病時，答辯人漠不關心，視同陌路，於病況危殆之際，拒在醫院陪侍，吾女住院侍奉，反於病榻之前，咆哮不已，斥其為謀產而來，更於醫院內迭為細事吵鬧，不令靜養」；所謂「私自遷移戶口，背地囊括父女所有，然後棄之而去」，措詞刻毒，用心險惡。書狀雖白紙黑字，實無異血口噴人。綜觀全狀，除其敘述婚前結識數語外，幾無一事非為捏造。

四、答辯人自與聲請人於小除夕吻別後，迄今未能與聲請人見一面，緬懷舊情，實不敢輕信此狀果為與答辯人婚後年餘、雙方未嘗稍有重言之聲請人所親具。謹按民事訴訟中之婚姻事件程序，法律規定必先經調解程序，旨在使當事人本人雙方於法官前座談爭議之事項，俾使法院於當事人談論中，明瞭爭議之癥結所在，而為適當之調解。此觀諸家事事件法第13條第2項：當事人或法定代理人與正當理由，而不從法院之命到場者，準用民事訴訟法第303條之規定，科以罰鍰之規定而益信。尤其本件聲請人狀陳各節，多為所謂家務事，如完全由與雙方家務無關之訴訟代理人代為陳述，必如隔靴搔癢，無補實際。據報章刊載，聲請人以腿疾為詞，意圖避免其本人到場。答辯人特此鄭重陳明，聲請人如不與答辯人當面對質，本件絕無成立調解之可能。為此特具狀答辯，敬請通知聲請人準時到場，俾利進行。

鈞院鑒核，迅予指定管轄，以便依法起訴。

　　　謹狀

台灣○○地方法院民事庭　公鑒

證物名稱及件數	

中	華	民	國	年	月	日

具狀人　王　乙　簽名蓋章

〈狀例2-95〉聲請調解終止收養關係狀

民事 調解聲請 狀	案　　　號	年度　　　字第　　　號	承辦股別	
	訴訟標的金額或價額	新台幣　　萬　千　百　十　元　角		
稱　　謂	姓　名　或　名　稱身分證統一編號或營利事業統一編號	住居所或營業所、郵遞區號及電話號碼電子郵件位址	送達代收人姓名、住址、郵遞區號及電話號碼	
聲請人相對人	李　甲李　乙			

為請求終止收養關係聲請調解事：

　　調解標的之法律關係

一、相對人與聲請人之收養關係終止。

二、調解程序費用由相對人負擔。

　　爭議之情形

一、緣聲請人於民國○○年○月○日收養相對人為養子。收養以後百般寵愛，親如己出，並使相對人先後由小學而中學而大學，受有完全教育。詎相對人近欺聲請人年老，於大學畢業後，竟不再求上進，終日買醉酒家，與酒女林月鵑過從甚密。凡林女有所要求，則無不傾囊以獻。最近在短短兩個月內，竟用去新台幣10餘萬元，長此以往，聲請人之財產有限，而相對人之揮霍，則靡有止境，勢將影響聲請人之晚年生活。

二、查養子有浪費財產情形者，養父母得請求法院宣告終止收養關係，此為民法第1081條第4款定有明文。

　　為此狀請

　　鈞院鑒核，賜傳喚相對人到庭調解，俾能終止收養關係。

　　　　　　謹狀

台灣○○地方法院家事法庭　公鑒

證物名稱及　件　數	

中　　華　　民　　國　　　　年　　　　月　　　　日

　　　　　　具狀人　李　甲　　簽名蓋章

▶第二審之上訴與程式

◇對於第一審之終局判決，除別有規定外，得上訴於管轄第二審之法院。（民訴437）

◇提起上訴，應於第一審判決送達後二十日之不變期間內為之。但宣示或公告後送達前之上訴，亦有效力。（民訴440）

◇提起上訴，應以上訴狀表明下列各款事項，提出於原第一審法院為之：

一　當事人及法定代理人。

二　第一審判決及對於該判決上訴之陳述。

三　對於第一審判決不服之程度，及應如何廢棄或變更之聲明。

四　上訴理由。

上訴理由應表明下列各款事項：

一　應廢棄或變更原判決之理由。

二　關於前款理由之事實及證據。（民訴441）

◎撰狀說明

　　民事訴訟法第440條載：「提起上訴，應於第一審判決送達後二十日之不變期間內為之。」所謂為訴訟行為者，係指在法院為之，當事人在家中或在他處所所為之準備行為，當然不能認為已為訴訟行為。抗告人之上訴書狀係8月12日到達法院，即應以是日為上訴書狀提出於法院期日，其何時付託郵局代遞書狀，自可不問（參見最高法院50年台抗字第311號判例）。

〈狀例2-96〉聲明上訴狀

民事　上訴　狀	案　　　號	年度　　字第　　號		承辦股別	
	訴訟標的金額或價額	新台幣　　萬　千　百　十　元　角			
稱　　　謂	姓　名　或　名　稱身分證統一編號或營利事業統一編號	住居所或營業所、郵遞區號及電話號碼電子郵件位址		送達代收人姓名、住址、郵遞區號及電話號碼	
上　訴　人即　被　告被上訴人即　原　告	郭　甲　　　　林　乙				

為聲明上訴事：

　　查上訴人與被上訴人間清償債務事件，於本年○月○日奉接　鈞院○○年度○字第○○號民事判決，上訴人對是項判決之認事用法，尚難甘服，爰於法定期間內聲明上訴。除補充上訴理由狀容後另呈外，理合先行狀請

　　鈞院鑒核，准予上訴，實為德便。

　　　　　　謹狀
台灣○○地方法院民事庭轉呈
台灣高等法院民事庭　　公鑒

證物名稱及件數	

中	華	民	國	年	月	日

具狀人　　郭　甲　　簽名
　　　　　　　　　　　　蓋章

〈狀例2-97〉第二審補呈上訴理由狀

民事 上訴理由 狀	案　　　　號	年度　　字第　　號	承辦股別	
	訴訟標的金額或價額	新台幣　　萬　千　百　十　元　角		
稱　　謂	姓　名　或　名　稱身分證統一編號或營利事業統一編號	住居所或營業所、郵遞區號及電話號碼電子郵件位址	送達代收人姓名、住址、郵遞區號及電話號碼	
上 訴 人即 被 告	郭　甲			
被上訴人即 原 告	林　乙			

為補呈上訴理由事：

　　上訴人與被上訴人間清償債務事件，因不服台灣○○地方法院所為第一審判決，業於法定期間內聲明上訴在案，茲依法補呈上訴理由如下：

　　上訴之聲明
一、原判決廢棄。
二、被上訴人在第一審之訴及假執行之聲請駁回。

三、第一、二審訴訟費用由被上訴人負擔。

上訴之理由

按原審法院判決上訴人敗訴，其理由為「……李丙邀林乙為連帶保證人……被告李丙並不爭執，……郭甲固抗辯係普通保證，但查兩告所訂契約，顯係連帶保證，則其空言抗辯，並無可採。……原告所提之證據、簽帳卡，被告既不否認為真正，自堪信為真實」云云。惟綜其上述理由，可議者有三：1.李丙並未到庭，毫無「爭執」、「不爭執」可言；2.上訴人並非空言抗辯；3.上訴人對被上訴人所提之證據、簽帳卡已否認其真正。觀諸下述理由，益見明顯：

一、上訴人已有撤銷連帶保證之意思表示：

上訴人原僅為李丙之普通保證，而非連帶保證，已於民國○○年○月○日之答辯狀中陳明，並請求原審法院傳喚證人劉一、雷二等到庭作證。隨而並於民國○○年7月1日之補充答辯狀第一項，依民法第92條及第88條之規定，撤銷連帶保證之意思表示。嗣後，再於民國○○年8月2日之補充答辯續(二)狀，依民法第98條之規定：解釋意思表示，應探求當事人之真意。詎原審判決竟漠視上訴人之主張，竟視而不見地稱：「空言抗辯，並無可採。」況且，證人劉一已於民國○○年○月○日在原審法院，於原審法院訊問「李丙有無對郭甲說付款是由我付款，你只是簽一下，將來是我先付款」時，答稱「是的」（見原審筆錄頁46），則原審判決顯係判決不備理由。

二、上訴人已否認爭執被上訴人所提之證據、簽帳卡：

次按上訴人於民國○○年7月1日之補充答辯(二)狀中，以被上訴人僅提出「信用卡會員帳單明細表」為證，該文書既非「公文書」，而未能受真正之推定，上訴人對其內容及數額之「真正」均有爭執，被上訴人對之亦未依民事訴訟法第357條之規定，舉證證明其真正。又上訴人於民國○○年8月2日補充答辯續(二)狀第二項復稱：被上訴人所提之「信用卡記帳單影本98張」亦非「公文書」，上訴人對其內容及數額之真正仍有爭執，被上訴人竟未依民事訴訟法第357條之規定，證其真正。詎原審判決毫未斟酌，竟稱：上訴人對被上訴人所提之證據、簽帳卡，「不否認為真正」，原審判決自有違誤。

綜合上列理由狀請

鈞院鑒核，懇請　鈞院賜予傳喚證人雷二到庭作證，並詳予斟酌上訴人在原審所提之訴狀，俾明事實真相，而廢棄原判決，並為如上訴聲明之判決，以符法制，實感德便。

謹狀

台灣高等法院民事庭　公鑒

證物名稱 及　件　數	

中	華	民	國	年	月	日

具狀人　郭　甲　簽名
蓋章

〈狀例2-98〉補充上訴理由狀

民事 上訴理由 狀	案　　　號	年度　　字第　　號	承辦 股別	
	訴訟標的 金額或價額	新台幣　萬　千　百　十　元　角		
稱　　　謂	姓　名　或　名　稱 身分證統一編號或 營利事業統一編號	住居所或營業所、郵遞區號 及電話號碼電子郵件位址	送達代收人姓名、住址、 郵遞區號及電話號碼	
上　訴　人 被上訴人	張　甲 張　乙			

為請求土地所有權移轉登記事，謹依法續提上訴理由事：

　　變更後上訴之聲明

一、原判決除已確定部分外廢棄。

二、上開廢棄部分，被上訴人應將坐落於新北市○○鄉○○里○○段○小段36地號土地，面積1310平方公尺，其中登記為被上訴人所有之應有部分13103分之1098之所有權於新北市政府依北府地五字第○○號函辦理市地重劃後重新分配與原登記土地所有權人（即被上訴人）之土地，自分配結果確定之日起移轉登記予上訴人。

三、第一、二審及發回前第三審之訴訟費用由被上訴人負擔。

　　事實及理由

一、查被上訴人張乙就登記為其所有之台北縣○○鄉○○里○○段○小段36地號之土地之權利範圍係52分之5，而該地號之面積係1公頃31公畝3平方公尺，職是，登記為被上訴人張乙所有之土地由持分換算成面積應係1259.9038平方公尺。再者，訴外人張丙交付予上訴人耕作之土地耕作面積，經淡水地政事務所複丈之結果為0.1098公頃（即1098平方公尺），故由上開所述，可知現由上訴人耕作之土地面積換算成持分即係13103分之1098；是上訴人請求被上訴人將系爭登記為被上訴人所有之應有部分10103分之1098所有權移轉登記予上訴

人，依法自屬有據。

二、依鄉鎮市調解條例第24條第2項規定，經法院核定之調解與民事確定判決有同一之效力，故未經法院核定之調解，不生與民事確定判決同一效力，固無問題。惟當人既在鄉鎮市調解委員會有成立調解內容之合意，除其內容有法律上當然無效之原因外（牴觸法令之範圍較廣，非必係法律上當然無效），是否仍生民法上和解契約或其他法律行為之效力，係見解上之差異問題，被上訴人僅以學者單方面之見解，即據以認定未經法院核定，調解多不生民法上和解契約效力，無非以法院之核定為調解內容發生效力之要件。惟依兩造調解書之內容，並無此約定，其臆測推論之見解實不足採，蓋和解係互相讓步，以終止爭執或防止爭執發生之契約，審判外之和解除實際上當事人應受其拘束外，在訴訟上並無何種效力（20年上字第1586號，證三）。因此調解既有成立調解內容之合意，雖未經法院核定，不生訴訟上確定判決之效力，然亦不失為民法上和解契約之效力，因此新北市八里區調解委員會83年民調字第○○號之調解事件雖未經法院核定，惟其仍不失有民法上和解契約之效力，此證諸司法院院解字第4089號解釋即可明瞭（證四），學者史尚寬亦同此見解（證五）。

三、再查系爭土地，雖經台北縣政府禁止移轉、分割等，惟此非都市土地公用徵收，乃係市地重劃，禁止期間自民國78年12月11日起至80年6月10日止，計一年六個月，此有新北市政府公告稿影本乙份（證六），故系爭土地，雖現不能分割、移轉，然於重劃完畢後即可移轉登記，此可觀內政部73年9月21日台內地字第256185號函所謂「農地重劃土地分配確定後，當事人持憑法院判決或不動產移轉證明書就重劃前標示申辦所有權移轉登記者，依前開規定，該法院判決或不動產移轉證明書之效力以及於該重劃後分配確定之土地，登記機關自應依重劃後標示辦理所有權移轉登記」即明（證七）；且依行政法院68年度第181號判決：「按土地重劃後，重行分配於土地所有權人之土地，除另有規定外，自分配決定之日起，視為其原有之土地，土地重劃辦法第20條第1項及平均地權條例第62條均定有明文。」（證八）今上訴人請求被上訴人辦理所有權移轉登記，被上訴人屢予拒絕，顯有到期不履行之虞，民事訴訟法第246條規定及上開說明，被上訴人自應於新北市政府辦理市地重劃後，且分配結果確定之日起，將系爭土地中登記為被上訴人所有之應有部分其中一部分即系爭土地應有部分13103分之1098移轉登記予上訴人。

　　綜上所述，上訴人請求被上訴人於市地重劃完畢後辦理所有權移轉登記，即非無據，被上訴人僅依學者片面之法律見解尚難謂為有理，為此上訴人之上訴應有理由，要無疑義，故特再補證物狀呈

	鈞院鑒核，懇祈賜判如上訴之聲明，以維權益，無任感禱。 　　　謹狀 **台灣高等法院民事庭　公鑒**
證 物 名 稱 及 　 件 　 數	證三：最高法院20年上字第1586號判決節本影本一份。 證四：司法院院解字第408號解釋影本一份。 證五：史尚寬著債法各論第814頁影本一份。 證六：新北市政府公告稿本一份。 證七：內政部73年9月21日台內地字第256185號函影本一份。 證八：行政法院68年度第181號判決影本一份。
中　　華　　民　　國　　年　　月　　日	
	具狀人　張　甲　簽名 蓋章

▶上訴之撤回

◇上訴人於終局判決前，得將上訴撤回。但被上訴人已為附帶上訴者，應得其同意。

訴訟標的對於共同訴訟之各人必須合一確定者，其中一人或數人於提起上訴後撤回上訴時，法院應即通知視為已提起上訴之共同訴訟人，命其於十日內表示是否撤回，逾期未為表示者，視為亦撤回上訴。

撤回上訴者，喪失其上訴權。

第262條第2項至第4項之規定，於撤回上訴準用之。（民訴459）

◎撰狀說明

上訴之撤回，應以書狀為之。在言詞辯論時，得以言詞為之，但應記載於言詞辯論筆錄，如他造不在場，應將筆錄送達，他造於收受書狀或筆錄之送達後十日內未提出異議者，視為撤回（參見民事訴訟法第459條第4項）。

〈狀例2-99〉聲請撤回上訴狀

民事 撤回上訴 狀 聲請		案　　　號	年度　　字第　　號	承辦 股別	
		訴訟標的 金額或價額	新台幣　萬　千　百　十　元　角		
稱　　謂	姓 名 或 名 稱 身分證統一編號或 營利事業統一編號	住居所或營業所、郵遞區號 及電話號碼電子郵件位址		送達代收人姓名、住址、 郵遞區號及電話號碼	
聲 請 人 即上訴人	秦　一				
被上訴人	王　二				

為聲請撤回上訴事：

　　查聲請人前與被上訴人因請求返還借款事件，不服台灣○○地方法院○○年○月○日所為○○年度○字第○○號之民事判決，曾於○○年○月○日向　鈞院提起上訴在案。現因被上訴人一再託其親友，出面調解止爭。茲雙方協議訂立和解條件，本案已無上訴之必要，為此謹依據民事訴訟法第459條之規定，狀請

　　鈞院鑒核，准予撤回上訴，實為德便。

　　　　　　謹狀

台灣高等法院○○分院民事庭　公鑒

證 物 名 稱 及 件 數	

中　　華　　民　　國　　　　年　　　　月　　　　日

　　　　　　具狀人　秦　一　　簽名 蓋章

〈狀例2-100〉**聲請撤回附帶上訴狀**

民事 聲請 狀	案　　　號	年度	字第	號	承辦股別	
	訴訟標的金額或價額	新台幣　萬　千　百　十　元　角				
稱　　　謂	姓 名 或 名 稱身分證統一編號或營利事業統一編號	住居所或營業所、郵遞區號及電話號碼電子郵件位址		送達代收人姓名、住址、郵遞區號及電話號碼		
聲 請 人	王 二					

為聲請撤回附帶上訴事：

　　查○○年度○字第○○號秦一與聲請人因請求返還借款上訴乙案，聲請人曾於上訴期間內依法提起附帶上訴，業經　鈞院審理在卷。茲因雙方協議，於庭外獲致和解，除由上訴人秦一具狀撤回上訴外，聲請人亦同意撤回附帶上訴。為此狀請　鈞院鑒核，准予撤回附帶上訴，實為德便。

　　　　　　謹狀

台灣高等法院○○分院民事庭　公鑒

證 物 名 稱及 件 數	

中　　華　　民　　國　　　　年　　　　月　　　　日
具狀人　王 二　簽名蓋章

▶附帶上訴

　◇被上訴人於言詞辯論終結前，得為附帶上訴。但經第三審法院發回或發交後，不得為之。

　　附帶上訴，雖在被上訴人之上訴期間已滿，或曾捨棄上訴權或撤回上訴後，亦得為之。

　　第261條之規定，於附帶上訴準用之。（民訴460）

　◇上訴經撤回或因不合法而被駁回者，附帶上訴失其效力。但附帶上訴備上訴之要件者，視為獨立之上訴。（民訴461）

◎撰狀説明

(一)附帶上訴須由被上訴人對於上訴人提起，在通常之共同訴訟，其共同訴訟人中之一人或數人提起上訴者，其效力不及於他共同訴訟人，故對於未提起上訴之人，不得提起附帶上訴（最高法院28年渝上字第2027號判例）。必要共同訴訟中有一人提起上訴者，他人亦皆爲上訴人，故對他人亦得提起之。

(二)附帶上訴於言詞辯論時，得以言詞爲之。但應由書記官記明筆錄，並送達他造。此外，得於答辯狀或其他書狀爲之。被上訴人於答辯狀內雖未記明附帶上訴字樣，但可認爲附帶上訴之表示者，應以附帶上訴論。

(三)附帶上訴乃對於受原審不利益之終局判決聲明不服之方法，對於未經原審判決之事件，或在第一審受勝訴判決之當事人，自不得爲附帶上訴（參照最高法院41年台上字第763號判例）。

〈狀例2-101〉民事附帶上訴狀

民事 附帶上訴 狀		案　　　號	年度　　字第　　號	承辦股別	
		訴訟標的金額或價額	新台幣　　萬　千　百　十　元　角		
稱　　　謂	姓 名 或 名 稱身分證統一編號或營利事業統一編號	住居所或營業所、郵遞區號及電話號碼電子郵件位址		送達代收人姓名、住址、郵遞區號及電話號碼	
附 帶 上訴 人即 被 上訴 人附 帶 被上 訴 人即上訴人	王　二秦　一				

爲不服台灣○○地方法院○○年○月○日所爲○○年度○字第○○號第一審判決，依法提起附帶上訴：

　　查被上訴人與上訴人因返還借款事件，業經判決主文內開：「被告陳三應給付原告新台幣○○元，及自民國○○年○月○日起至清償日止，按年息百分之5計算之利息。如經強制執行無效果時，由被告王二代爲履行。原告其餘之訴駁回。訴訟費用由被告負擔」等詞。被上訴人對於是項判決，實難甘服，茲將附帶上訴之聲明及理由陳述如下：

　　　　附帶上訴之聲明

一、原判決關於命被上訴人代為履行部分廢棄。

二、前項廢棄部分上訴人在第一審之訴駁回。

三、第一、二審訴訟費用由上訴人負擔。

　　　　附帶上訴之理由

　　按就定有期限之債務為保證者，如債權人允許主債務人延期清償時，保證人除對於其延期已為同意外，不負保證責任，此在民法第755條規定甚明。本件主債務人陳三於○○年○月○日向上訴人借用新台幣○○元，訂明利息按年息百分之5計息，為期一年，到期本息一併清償，當時由附帶上訴人擔保保證。乃至本年○月○日借款期滿，主債務人陳三曾直接與上訴人洽商延期清償，經允其延長三個月。此項延期清償之磋商，當時既未徵得附帶上訴人同意，事後亦未受通知。迨延長三個月之期限屆滿，主債務人陳三卻避不見面，復向附帶上訴人追索，而原審法院竟忽視前開因主債務人擅自允延期而保證人免責之規定，判令附帶上訴人代為履行，顯有違誤，而上訴人貪得無厭，復妄行上訴，殊無理由，為此謹依據民事訴訟法第460條第1項之規定，提起附帶上訴，狀請

　　鈞院鑒核，賜判決如附帶上訴之聲明，以免損害，而保權益，實為德便。

　　　　謹狀

台灣高等法院○○分院民事庭　公鑒

證物名稱及件數	

中	華	民	國	年	月	日

具狀人　王　二　簽名蓋章

▶第三審上訴之提出與處置

◇對於第二審之終局判決，除別有規定外，得上訴管轄第三審之法院。（民訴464）

◇對於財產權訴訟之第二審判決，如因上訴所得受之利益，不逾新台幣100萬元者，不得上訴。

　　對於第427條訴訟，如依通常訴訟程序所為之第二審判決，仍得上訴於第三審法院。其因上訴所得受之利益不逾新台幣100萬元者，適用前項規定。

前二項所定數額，司法院得因情勢需要，以命令減至新台幣50萬元，或增至150萬元。

計算上訴利益，準用關於計算訴訟標的價額之規定。（民訴466）

◇對於第二審判決上訴，上訴人應委任律師為訴訟代理人。但上訴人或其法定代理人具有律師資格者，不在此限。

上訴人之配偶、三親等內之血親、二親等內之姻親，或上訴人為法人、中央或地方機關時，其所屬專任人員具有律師資格並經法院認為適當者，亦得為第三審訴訟代理人。

第1項但書及第2項情形，應於提起上訴或委任時釋明之。

上訴人未依第1項、第2項規定委任訴訟代理人，或雖依第2項委任，法院認為不適當者，第二審法院應定期先命補正。逾期未補正亦未依第466條之2為聲請者，第二審法院應以上訴不合法裁定駁回之。（民訴466-1）

◇提起上訴，應以上訴狀提出於原判決法院為之。

上訴狀內，應記載上訴理由，表明下列各款事項：

一　原判決所違背之法令及其具體內容。

二　依訴訟資料合於該違背法令之具體事實。

三　依第469條之1規定提起上訴者，具體敘述為從事法之續造、確保裁判之一致性或其他所涉及之法律見解具有原則上重要性之理由。

上訴狀內，宜記載因上訴所得受之利益。（民訴470）

◇上訴狀內未表明上訴理由者，上訴人應於提起上訴後二十日內，提出理由書於原第二審法院；未提出者，毋庸命其補正，由原第二審法院以裁定駁回之。

被上訴人得於上訴狀或前項理由書送達後十五日內，提出答辯狀於原第二審法院。

第二審法院送交訴訟卷宗於第三審法院，應於收到答辯狀或前項期間已滿後為之。

判決宣示後送達前提起上訴者，第1項之期間自判決送達後起算。（民法471）

◇被上訴人在第三審未判決前，得提出答辯狀及其追加書狀於第三審法院。

上訴人亦得提出上訴理由追加書狀。

第三審法院以認為有必要時為限，得將前項書狀送達於他造。（民訴472）

◎撰狀說明

民事訴訟法第461條規定，對於第二審之終局判決得上訴於管轄第三審之法院，並未規定對於中間判決得為上訴。故對於第二審法院之中間判決有不服時，除依民事訴訟法不得聲明不服者外，應俟對於終局判決有上訴時，並受第三審法院之審判，不能獨立提起上訴（參見最高法院28年渝上字第2407號判例）。

民事訴訟法第468條第1項所定提出上訴理由書之期間，並非不變期間，上訴人

遲誤此項期間，致其上訴被駁回後，不得聲請回復原狀（參見最高法院28年渝聲字第27號判例）。

　　提起第三審上訴應以上訴狀提出於原第二審法院爲之，是該書狀須到達於法院時，始生提出之效力（參見最高法院32年聲字第74號判例）。

　　目前上訴第三審，必需因上訴所得受利益在新台幣150,001元以上（含本數）始可，至於是否在金額以上，以實際計算爲準，不受判決末尾誤載可否上訴之限制。

〈狀例2-102〉第三審上訴狀

民事　上訴　狀		案　　　號	年度　　字第　　號	承辦股別	
		訴訟標的金額或價額	新台幣　　萬　千　百　十　元　　角		
稱　　　謂	姓　名　或　名　稱身分證統一編號或營利事業統一編號	住居所或營業所、郵遞區號及電話號碼電子郵件位址		送達代收人姓名、住址、郵遞區號及電話號碼	
上　訴　人訴訟代理人被上訴人	邱　甲王○○　律師陳　乙				

爲不服台灣高等法院○○分院○○年度○字第○○號民事判決，依法提起上訴事：

　　查上訴人與被上訴人因返還租屋事件，茲奉○○高等法院○○分院所爲判決主文內開：「上訴駁回。第二審訴訟費用由上訴人負擔」等詞。上訴人對於是項判決，實難甘服，爰於法定期間內提起上訴，茲將上訴之聲明及理由分陳如次：

　　上訴之聲明

一、原判決廢棄，被上訴人在第一審之訴駁回或發回原審法院更審。

二、第二、三審訴訟費用由被上訴人負擔。

　　上訴之理由

一、按系爭租賃契約本係定期，契約第5條已訂明：「除甲方（即上訴人，以下同）繼續同意出租，乙方（即被上訴人，以下同）應於期滿同日遷讓租屋，絕不得藉詞推諉或爲任何主張，以誠意照原狀搬清交還甲方，若屆時有拖延情事，其過期日數，乙方願照原租金之五倍計算，爲違約金，乙方絕不異議。」且於契約第14條之後亦附記有：「房屋租期屆滿或甲方需要時，乙方應無條件自動讓出。」由上觀之，當事人兩造契約既已約定明白，則被上訴人於租期屆滿時，不待上訴人通知即應按契約履行自動遷出，交還房屋與上訴人，不得以任何理由藉詞拖延。故契約既已明示約定如此，則民法第451條推定默示同意

租賃之更新，於此要無適用之餘地，更何況上訴人於租期屆期時，即曾數次當面催其返還房屋，且於租期屆滿後即拒收屆滿後之租金，僅要求被上訴人給付○○年7月份至9月份之積欠租金。惟被上訴人均置之不理，刁頑甚足，上訴人無奈，乃於○○年10月10日委由李永然律師以郵局存證信函催告被上訴人交還房屋，並請其付積欠租金三個月及到期後之違約金，有郵局存證信函可佐。綜上論斷，在在皆足以證明上訴人不同意繼續租賃契約延長，否則上訴人何以拒絕受領租金？何以要當面並請證人周○數次催被上訴人交還房屋？何以不如以往續訂租約？更何況系爭房屋上訴人亦已申請改建，則依契約最後訂明，被上訴人亦應即期遷出。

二、再查被上訴人在原審主張：「租賃期間租金均由上訴人至被上訴人之處收取租金，○○年7月至10月未見上訴人去收租金，被上訴人因不明上訴人住所，無法致送租金，不得已將租金依法提存」云云。惟查被上訴人之主張均為虛構不實，按租金均由被上訴人送至上訴人之處所，倘被上訴人如不知上訴人之處所，何以其於○○年10月9日向台灣台北地方法院提存時，竟能在提存通知書寫明上訴人之住所之理？按上訴人委由李永然律師再催告其遷讓房屋之函件，並未寫上訴人之住址，足證其主張顯為子虛，是其提存依法不發生法律上給付之效力。另查被上訴人已遷出系爭之房屋，此由被上訴人於○○年存字第9號提存通知書自己所載明其住所為○○市○○街○○號，即足以證明上訴人業已他遷（有該提存通知書可佐），故原判決未為詳究，遽爾以系爭租約已變為不定期，而依不定期之契約處斷，顯然認事用法不當，為違背法令矣！為此狀請鈞院鑒核，賜為判決如上訴聲明，以維權益，而符法紀，至感德便。

　　　　　　謹狀

台灣高等法院○○分院民事庭　　轉呈
最高法院民事庭　　　　　　　　公鑒

證　物　名　稱 及　　件　　數	民事委任狀正本一份。

中	華	民	國		年		月		日

　　　　　　　　　　　　　　　　邱　甲
　　　　　　　具狀人　訴訟代理人　　　　　　簽名
　　　　　　　　　　　王○○律師　　　　　　蓋章

〈狀例2-103〉第三審答辯狀㈠

民事　答辯　狀		案　　　號	原審案號：台灣高等法院台中分院 101年度上易字第○○○號	承辦股別	
		訴訟標的金額或價額	新台幣　　萬　千　百　十　元　角		
稱　　　謂	姓　名　或　名　稱身分證統一編號或營利事業統一編號	住居所或營業所、郵遞區號及電話號碼電子郵件位址		送達代收人姓名、住址、郵遞區號及電話號碼	
答　辯　人即被上訴人上　訴　人	張　甲吳　乙				

為買賣關係不存在事件，不服台灣高等法院台中分院民國102年9月19日101年度上易字第○○○號判決，依法上訴事：

　　上訴聲明

一、原判決廢棄。

二、被上訴人在第二審之上訴駁回或發回台灣高等法院台中分院更為審理。

三、第二、三審訴訟費用由被上訴人負擔。

　　上訴理由

　　按對於財產權訴訟之第二審判決，如因上訴所得受之利益，不逾新台幣100萬元者，不得上訴，民事訴法第466條第1項定有明文，依同條第3項「前二項所定數額，司法院得因情勢需要，以命令減至新台幣五十萬元，或增至一百五十萬元。」及第4項「計算上訴利益，準用關於計算訴訟標的價額之規定。」，本件被上訴人提起本訴，請求確認兩造間就坐落南投縣魚池鄉興池段○○○號土地應有部分10分之1及坐落該地上之建號○○○號（門牌號碼為南投縣魚池鄉○○號）之地上建物應有部分2分之1之買賣關係不存在，上開土地及建物之價值，依第二審法院囑託鑑定之華聲企業發展鑑定顧問有限公司鑑價結果，上開土地之價值在民國102年4月間為新台幣（下同）191,537元，上開建物之價值為2,019,853元，合計為2,211,390元（附件1），兩造就此鑑定結果於第二審法院民國102年5月20日準備程序均無意見，雖被上訴人係民國100年11月間起訴，但依此鑑價及鑑定之民國97年7月價值，上開土地及建物合計為2,453,956元（參見附件1），足見上開土地及建物在起訴時之價值應超過150萬元，是本件上訴利益超過150萬元，應可上訴第三審。

　　本件應可上訴，故判決所載「不得上訴」有誤，請核定第三審裁判費，通知上訴人補正，並令被上訴人補繳第一、二審不足之裁判費。

　　　　謹狀

<table>
<tr><td colspan="2">台灣高等法院台中分院　　轉呈
最高法院　　　　　　　　公鑒</td></tr>
</table>

證　物　名　稱 及　　件　　數	附件一：鑑定結果影本一件。

中	華	民	國	年	月	日

具狀人　　張　甲　　　　簽名
　　　　　　　　　　　　蓋章

〈狀例2-103-1〉第三審答辯狀㈡

<table>
<tr>
<td rowspan="2">民事　答辯　狀</td>
<td>案　　　號</td>
<td colspan="3">年度　　　字第　　　號</td>
<td>承辦
股別</td>
<td></td>
</tr>
<tr>
<td>訴訟標的
金額或價額</td>
<td colspan="5">新台幣　　萬　千　百　十　元　角</td>
</tr>
<tr>
<td>稱　　　　謂</td>
<td>姓　名　或　名　稱
身分證統一編號或
營利事業統一編號</td>
<td colspan="3">住居所或營業所、郵遞區號
及電話號碼電子郵件位址</td>
<td colspan="2">送達代收人姓名、住
址、郵遞區號及電話號
碼</td>
</tr>
<tr>
<td>答　辯　人
即被上訴人
上　訴　人</td>
<td>邱　甲

史　乙</td>
<td colspan="3"></td>
<td colspan="2"></td>
</tr>
</table>

為損害賠償事件，就上訴人之上訴，依法提出答辯事：

　　答辯之聲明

一、上訴駁回。

二、第三審訴訟費用由上訴人負擔。

　　答辯理由

　　　　除引用○○年10月2日答辯人在原審法院所提出之上訴狀外，謹再補述答辯如下：

一、按上訴人史乙於○○年間在台北保齡球館任計分員，因答辯人時常去打球而相識，進而相戀發生關係後，始悉上訴人早已非處女，自此上訴人等則藉口索款，在短短二年多時間，答辯人在其身上花去新台幣（以下同）60萬元，致使答辯人夫妻失和並負債累累，其父史公及其母蔣婆貪而無厭，仍獅子大開口，要求答辯人給付90萬元，為答辯人所拒絕，乃提出自訴指控答辯人妨害家庭

等。惟查上訴人早已知悉答辯人已有妻室，而故意唆其女史乙藉口索款，並將答辯人所寄存之股票價值30餘萬元扣留不予返還。

本件應可上訴，故判決所載「不得上訴」有誤，請核定第三審裁判費，通知上訴人補正，並令被上訴人補繳第一、二審不足之裁判費。

二、本件係妨害自由部分之損害賠償，自應就其所發生之實際損害爲限，請求賠償；而妨害家庭部分，現　鈞院發回更審中尚未判決，而答辯人對於上訴人之指控以電話警告史乙之事實始終否認，刑事判決僅以推測之詞入人於罪，而民事判決又無積極之證據足以證明答辯人曾以電話警告之事實，從而答辯人縱有以電話警告，亦屬精神上輕微之損害，乃原審判決竟判命答辯人賠償其父女共計7萬元之鉅款已屬過高，詎上訴人不知足猶提起上訴顯屬無理。

綜上所陳，本件上訴顯無理由，用特狀祈鑒核，准予駁回上訴，至爲感禱。

　　　　　謹狀

台灣高等法院民事庭　　轉呈
最高法院民事庭　　　　公鑒

證　物　名　稱 及　　件　　數	附件一：鑑定結果影本一件。

中	華	民	國	年	月	日

　　　　　　具狀人　　邱　甲　　　簽名
　　　　　　　　　　　　　　　　　　蓋章

▶抗　告

◇對於裁定，得爲抗告。但別有不許抗告之規定者，不在此限。（民訴482）

◇提起抗告，應於裁定送達後十日之不變期間內爲之。但送達前之抗告，亦有效力。（民訴487）

◇提起抗告，除別有規定外，應向爲裁定之原法院或原審判長所屬法院提出抗告狀爲之。

適用簡易或小額訴訟程序之事件或關於訴訟救助提起抗告及由證人、鑑定人、通譯或執有證物之第三人提起抗告者，得以言詞爲之。但依第436條之2第1項規定提起抗告者，不在此限。

提起抗告，應表明抗告理由。（民訴488）

◇非訟事件法第43條第1項：抗告應向爲裁定之原法院提出抗告狀，或以言詞爲之。

◇非訟事件法第45條第1項：抗告法院之裁定，以抗告不合法而駁回者，不得再爲抗告。但得向原法院提出異議。

◇非訟事件法第45條第3項：除前二項之情形外，對於抗告法院之裁定再爲抗告，僅得以其適用法規顯有錯誤爲理由。

◇非訟事件法第46條：抗告及再抗告，除本法另有規定外，準用民事訴訟法關於抗告程序之規定。

◎撰狀說明

　　抗告期間爲不變期間，非法院所得伸長，送達於當事人之裁定正本記載抗告期間縱有錯誤，其期間亦不因此而伸長，聲請人提起再抗告，仍應於法律所定期間內爲之（參見最高法院30年渝聲字第42號判例）。

　　本票裁定爲非訟事件，其抗告應適用非訟事件法第44條第1項「抗告，除法律另有規定外，由地方法院以合議裁定之。」，仍由地方法院管轄，其再抗告亦適用該法，由高等法院管轄。

〈狀例2-104〉抗告狀

民事 抗告 狀	案　　　號	年度　　字第　　號	承辦股別	
	訴訟標的金額或價額	新台幣　萬　千　百　十　元　角		
稱　　謂	姓　名　或　名　稱身分證統一編號或營利事業統一編號	住居所或營業所、郵遞區號及電話號碼電子郵件位址	送達代收人姓名、住址、郵遞區號及電話號碼	
抗告人相對人	彭甲乙劉丙丁			

爲不服台灣台北地方法院○○年10月9日所爲○○年度○字第○○號裁定，依法提起抗告事：

　　應受裁定之事項

一、原裁定廢棄。

二、相對人簽發之○○年5月10日到期之本票，所載應交付抗告人金額新台幣10萬元及自○○年5月10日起至清償日止，按年息百分之6計算之利息，准予強制執行。

三、聲請及抗告程序費用，由相對人負擔。

抗告理由

一、本票執票人向發票人行使追索權時，得聲請法院裁定後強制執行，票據法第123條定有明文。

二、抗告人執有相對人於○○年4月10日簽發面額新台幣（以下同）10萬元，到期日為○○年5月10日，指定彰化銀行○○分行為擔當付款人，並免除作成拒絕證書之本票乙紙，屆期提示，未獲清償，有本票及退票理由單原本各乙紙（證物一）可稽。

三、原審竟臆測本票非相對人簽發而駁回抗告人在原審之請求，顯非合法，懇請賜准裁定如應裁定之事項。

　　　　　　　　謹狀

台灣台北地方法院民事庭　公鑒

證物名稱及件數	證物一：本票及退票理由單原本各一紙。

中	華	民	國	年	月	日

具狀人　彭甲乙　簽名蓋章

▶ 再抗告

◇抗告，除別有規定外，由直接上級法院裁定。

抗告法院之裁定，以抗告不合法而駁回者，不得再為抗告。但得向原法院提出異議。

前項異議，準用第484條第2項及第3項之規定。

除前二項之情形外，對於抗告法院之裁定再為抗告，僅得以其適用法規顯有錯誤為理由，並經原法院之許可者為限。

前項許可，以原裁定所涉及之法律見解具有原則上之重要性者為限。

第436條之3第3項、第4項及第436條之6之規定，於第4項之抗告準用之。（民訴486）

民事訴訟法第495條之1第1項：抗告，除本編別有規定外，準用第三編第一章之規定。

◎撰狀說明

　　再抗告狀僅可以適用法規顯有錯誤爲理由，並需有律師代理（最高法院96年台抗字第846號裁定：民事訴訟法第486條第4項之再爲抗告，依同法第495條之1第2項準用第466條之1第1項前段規定，再抗告人應委任律師爲訴訟代理人。如未委任律師爲訴訟代理人，抗告法院應定期先命補正。於再抗告人逾期未自行委任或聲請法院依訴訟救助之規定爲之選任律師爲其訴訟代理人之前，尚不得逕以其對於抗告法院之裁定再爲抗告未以適用法規顯有錯誤爲理由，認其再抗告爲不合法，以裁定予以駁回。本件抗告人對於抗告法院所爲抗告無理由之裁定再爲抗告，未委任律師爲訴訟代理人，原法院未定期先命補正，遽以其再爲抗告未以適用法規顯有錯誤爲理由，即認其再爲抗告不應許可，以裁定予以駁回，依上說明，自有未合）。

〈狀例2-105〉再抗告狀

民事 再抗告 狀		案　　　號	年度　　字第　　號	承辦股別	
		訴訟標的金額或價額	新台幣　萬　千　百　十　元　角		
稱　　謂	姓 名 或 名 稱身分證統一編號或營利事業統一編號	住居所或營業所、郵遞區號及電話號碼電子郵件位址		送達代收人姓名、住址、郵遞區號及電話號碼	
再抗告人代 理 人	陳　甲○○○律師				

爲不服民國○○年○月○日台灣高等法院裁定，依法提起再抗告事：

　　緣再抗告人因與邱丙丁不履行契約，請求損害賠償事件，起訴於台灣基隆地方法院，判決結果雖駁回原訴，然送達之判決書上並未蓋用法院印，亦未由書記官簽名，自不能發生送達之效力。蓋再抗告人誤認爲判決草本，迨後查詢，第一審法院謂係忘卻蓋印，再抗告人當即提起上訴，孰料竟以逾上訴期間遭其駁回，不得已於5月2日向原審法院提起抗告。乃原審法院又裁定駁回，謂判決書內容當否與蓋印無關，接到判決書時應在法定上訴期間內提出，何得延遲如此之久，自應駁回。再抗告人接奉後，不勝惶惑，因查民事訴訟法第440條規定：「提起上訴，應於第一審判決送達後二十日之不變期間內爲之。」是上訴期間應爲第一審判決送達後之二十日內。然此所謂送達者，必爲合法之送達，而所謂判決者，又必須爲合法之判決書，依同法第230條規定：「判決之正本或節本，應分別記明之，由法院書記官簽名並蓋法院印。」是送達之判決書上，並未蓋用法院印信，而又未經書記官簽名，依法即不成其爲判決書，自亦全無判決書之效力。蓋爲一

種不合法之判決書，當事人固絕不能認爲有判決書之效力，亦不能認爲有判決書合法之送達也；既未有有效之判決書，而亦未有合法之送達，是上訴期間即無從進行；上訴期間既無從進行，依法自無上訴期間經過之可言，乃第一審法院遽以裁定，駁回上訴，經再抗告人抗告，則原審法院又以裁定認抗告無理由，駁回再抗告人之抗告，是令人百思莫得其解也。若果以此爲有效意旨，則凡未蓋法院印信之一切文書，只須有法院名義者均可認爲有效，想任何法院亦必不許也。公文書之所以爲公文書，即在印信，姑無論民事訴訟法第230條明白規定，即無此規定，而以公文程式條例言之，則於判決書上既未蓋用法院印信，即非有效者；何況民事訴訟法上又明明有此規定，更無認爲合法有效之理，故上訴期間根本無從開始進行，亦即無所謂經過與否，蓋依法尚未合法送達判決也，原裁定顯有未適用前揭法規規定之違法。爲此依據民事訴訟法第486條第4項之規定，提起再抗告，狀請

　　鈞院將原裁定廢棄，另爲適法之裁定，允許再抗告人提起上訴，以符法制，而保權利。

　　　　謹狀
台灣高等法院○○分院民事庭轉呈
最高法院民事庭　　　　　　公鑒

證物名稱及件數	

中　　華　　民　　國　　　　年　　　　月　　　　日
具狀人　陳　甲　　　　簽名
代理人　○○○律師　　　蓋章

▶再審之提出與程式

　◇再審之訴，專屬爲判決之原法院管轄。

　　對於審級不同之法院就同一事件所爲之判決，提起再審之訴者，專屬上級法院合併管轄。但對於第三審法院之判決，係本於第496條第1項第9款至第13款事由，聲明不服者，專屬原第二審法院管轄。（民訴499）

　◇再審之訴，應於三十日之不變期間內提起。

　　前項期間，自判決確定時起算，判決於送達前確定者，自送達時起算；其再審之理由發生或知悉在後者，均自知悉時起算。但自判決確定後已逾五年者，不得提起。以第496條第1項第5款、第6款或第12款情形爲再審之理由者，不適用前項但書

之規定。（民訴500）

　　◇再審之訴，應以訴狀表明下列各款事項，提出於管轄法院爲之：

　　　　一　當事人及法定代理人。

　　　　二　聲明不服之判決及提起再審之訴之陳述。

　　　　三　應於如何程度廢棄原判決及就本案如何判決之聲明。

　　　　四　再審理由及關於再審理由並遵守不變期間之證據。

　　再審訴狀內，宜記載準備本案言詞辯論之事項，並添具確定終局判決繕本或影本。（民訴501）

◎撰狀說明

㈠其他再審之事由，請參閱民事訴訟法第496條至第498條之規定。

㈡再審之訴，須於提出訴狀時，依法表明有再審之理由，否則再審之訴不合法。又再審之訴，實爲前原審訴訟之再開或續行，故訴訟標的之價額，在提起時，縱有漲跌，仍應以前訴訟程序起訴時之價額爲準。

〈狀例2-106〉提起再審之訴狀

民事　再審　狀	案　　　　號	年度　　　字第　　　號			承辦股別	
	訴訟標的金額或價額	新台幣　　萬　　千　　百　　十　　元　　角				
稱　　　　謂	姓 名 或 名 稱身分證統一編號或營利事業統一編號	住居所或營業所、郵遞區號及電話號碼電子郵件位址		送達代收人姓名、住址、郵遞區號及電話號碼		
再審原告再審被告	王　甲李　乙					

爲不服○○年度○字第○○號之確定判決，依法提起再審之訴事：

　　訴之聲明

一、原確定判決廢棄，駁回再審被告之訴。

二、再審及前審之訴訟費用由再審被告負擔。

　　事實及理由

　　緣再審原告前與李乙因清償借款事件，業經　鈞院○○年○月○日判決確定，有確定判決可稽（證物一），命再審原告償還李乙新台幣○○元，不外以再審原告承認借款，並有書立之借據。惟此項借款已於○○年○月○日清償李乙，因將

借據遺失，當時親筆書立之收據，再審原告誤置書籍之內，而該書籍借與陳三，於原審審理中未能尋得提出，致被　鈞院認為空言無據，逐判令再審原告如數清償其借款。乃迄今事隔三月，檢視陳三歸還書籍時，在書內尋獲李乙於再審原告清償借款時所書立之收據，該收據文內開：「台端前於○○年○月○日向敝人之借款○○元，已如數還清，點交無誤，茲因借據一時尋覓不及，特出此收據存證」等語，有該收據可證（證物二），且為李乙之親筆及簽章，該收據日期及收款數額，亦與再審原告在原審所主張者相同，足資證明再審原告與李乙之債務早已消滅，再審被告自無法否認此項收據，如在原審訴訟程序提出，經　鈞院斟酌，必可受較有利益之裁判。按再審原告係○○年3月6日收受原判決，至同年3月26日始行確定，有附卷之送達證書可證（證物三），迄今尚未逾30日之不變再審期間，為此依據民事訴訟法第496條第1項第13款之規定，提起再審之訴，檢具得使用而未經斟酌之收據乙紙，狀請

　　　鈞院鑒核，賜判決如訴之聲明，藉保權益，實為德便。
　　　　　謹狀
台灣○○地方法院民事庭　公鑒

證物名稱及件數	證物一：本件終局確定判決影本一份。
	證物二：收據影本一份。
	證物三：送達證書影本一份。

中	華	民	國	年	月	日

具狀人　王　甲　　簽名蓋章

▶準再審之提起

◇裁定已經確定，而有第496條第1項或第497條之情形者，得準用本編之規定，聲請再審。（民訴507）

◎撰狀說明

裁定已經確定而有民事訴訟法第497條之情形者，同法第507條固規定得為聲請再審之原因，然此唯於第二審法院所為並依同法第484條不得抗告之裁定，始有其適用。對於本院所為之裁定，殊無適用之餘地（參見最高法院73年台聲字第72號判例）。

〈狀例2-107〉提起準再審聲請狀

民事　準再審聲請　狀		案　　　號	年度　　字第　　　號		承辦股別	
		訴訟標的金額或價額	新台幣　　萬　千　百　十　元　角			
稱　　　謂	姓 名 或 名 稱身分證統一編號或營利事業統一編號	住居所或營業所、郵遞區號及電話號碼電子郵件位址		送達代收人姓名、住址、郵遞區號及電話號碼		
再審原告再審被告	王　甲李　乙					

為不服台灣高等法院○○年度○字第○○號裁定，依法提起準再審之訴事：

　　訴之聲明

一、原確定裁定廢棄。

二、再審及前審之訴訟費用由再審被告負擔。

　　再審理由

一、首按裁定已經確定，而有第496條第1項或第497條之情形者，得準用本編之規定，聲請再審。

二、查原裁定駁回聲請人前揭追加上訴之理由略為：「按上訴不合程式或有其他不合法之情形而可以補正者，第二審法院應定期間命其補正；如不於期間內補正，應以裁定駁回之。本件王甲提起上訴追加損害賠償之請求，該部分未繳納裁判費，經本院裁定限期命其於七日內補正，上訴人王甲於民國○○年5月10日收受該裁定正本，有送達證書存卷可按，茲已逾限，仍未遵行，其追加上訴部分自非合法，應予駁回……」云云。

三、惟查再審原告追加上訴部分，業已遵期於○○年5月16日繳納，此有裁判費繳納收據可證（見證一），原裁定誤認再審原告逾期為繳納裁判費，顯有違誤，為此，爰依民事訴訟法第507條規定，提起再審。狀請

鈞院鑒核，賜判決如準再審之聲明，廢棄原裁定。

　　　　　　謹狀

台灣高等法院民事庭　公鑒

證 物 名 稱及 件 數	證一：裁判費繳納收據影本一份。

中　　華　　民　　國　　　　年　　　月　　　日
具狀人　　王　甲　　簽名蓋章

▶第三人撤銷訴訟程序

◇有法律上利害關係之第三人，非因可歸責於己之事由而未參加訴訟，致不能提出足以影響判決結果之攻擊或防禦方法者，得以兩造為共同被告對於確定終局判決提起撤銷之訴，請求撤銷對其不利部分之判決。但應循其他法定程序請求救濟者，不在此限。（民訴507-1）

◇第三人撤銷之訴，專屬為判決之原法院管轄。

對於審級不同之法院就同一事件所為之判決合併提起第三人撤銷之訴，或僅對上級法院所為之判決提起第三人撤銷之訴者，專屬原第二審法院管轄。其未經第二審法院判決者，專屬原第一審法院管轄。（民訴507-2）

◎撰狀說明

提起第三人撤銷訴訟程序時，應載明與原確定判決之兩造有何法律上之利害關係，以及非可歸責於己而未參加原確定判決訴訟之具體事由。

〈狀例2-108〉提起第三人撤銷訴訟起訴狀

民事	第三人 撤銷訴訟　狀		案　　　號	年度　　　字第　　　號		承辦 股別		
			訴訟標的 金額或價額	新台幣　　萬　　千　　百　　十　　元　　角				
稱　　謂	姓　名　或　名　稱 身分證統一編號或 營利事業統一編號		住居所或營業所、郵遞區號 及電話號碼電子郵件位址		送達代收人姓名、住址、 郵遞區號及電話號碼			
原　　告 被　　告	許　一 王　二 張甲即天天車行							

為鈞院○○年度○字第○○號侵權行為損害賠償事件，謹依法提起撤銷訴訟事：

訴之聲明

一、原鈞院○○年度○字第○○號確定判決應予撤銷。

二、訴訟費用由被告負擔。

原告於原確定判決之利害關係

原告於○○年○月間係受僱於被告張甲所經營之天天車行，擔任貨車司機乙職，於○○年○月○日駕駛貨車時不慎撞傷被告王二，被告王二於一年前以天天車行為被告，依據民法第188條規定，請求僱用人天天車行賠償其損害。因天天車行賠償王二之損害後得對原告求償，王二與天天車行間之原訴訟結果對於原告有法律

上利害關係，甚為明顯。

　　事實及理由

　　查原告雖曾於○○年○月○日駕駛貨車行經甲地時不慎撞傷被告王二，致王二受有右小腿骨折之傷害，惟原告對於被告之受傷並無過失。蓋因當日原告駕車循中正路行經甲地時，車速僅有每小時40公里，並無任何違反交通規則之情形。反觀被告王二，其騎乘機車欲左轉進入中山路二段，依道路交通安全規則第99條規定，同向三車道以上道路，均應以兩段方式進行左轉彎，然當日被告王二卻未依規定以兩段方式進行左轉彎，顯亦有過失；況被告王二駕駛機車時亦有喝酒，恐已無法安全駕駛，此有道路交通事故調查報告表可證（原證一）。又民法第217條規定，損害之發生或擴大，被害人與有過失者，法院得減輕賠償金額，或免除之。然而，原被告王二當時卻僅以天天車行為被告，且訴訟進行中原告從未被通知參加訴訟，提出防禦方法，致　鈞院前揭確定判決誤認原告對於被告王二之受傷有過失，應負全部之賠償責任，今天天車行亦以此判決認定之事實及理由向原告求償，為此，爰依民事訴訟法第507條之1規定，狀請

　　鈞院鑒核，賜准予撤銷原確定判決，以符法治，並維權益。

　　　　　　　　謹狀

台灣○○地方法院民事庭　公鑒

證物名稱及件數	原證一：道路交通事故調查報告表影本一份。

中　　　華　　　民　　　國　　　　　年　　　　月　　　　　日

　　　　　　　　具狀人　　許　一　　簽名蓋章

▶支付命令之聲請與程式

◇債權人之請求，以給付金錢或其他代替物或有價證券之一定數量為標的者，得聲請法院依督促程序發支付命令。

　　支付命令之聲請與處理，得視電腦或其他科技設備發展狀況，使用其設備為之。其辦法，由司法院定之。（民訴508）

◇督促程序，如聲請人應為對待給付尚未履行，或支付命令之送達應於外國為之，或依公示送達為之者，不得行之。（民訴509）

◇支付命令之聲請，專屬債務人為被告時，依第1條、第2條、第6條或第20條規定

有管轄權之法院管轄。（民訴510）

◇支付命令之聲請，應表明下列各款事項：

  一 當事人及法定代理人。

  二 請求之標的及其數量。

  三 請求之原因事實。其有對待給付者，已履行之情形。

  四 應發支付命令之陳述。

  五 法院。（民訴511）

◇法院應不訊問債務人，就支付命令之聲請為裁定。（民訴512）

◎撰狀說明

  支付命令之聲請，除應表明當事人及法院外，只須表明請求之標的並其數量及請求之原因、事實，以及應發支付命令之陳述，此觀民事訴訟法第511條之規定自明。因債務人依同法第516條對支付命令得不附理由提出異議，故債權人在督促程序就其所主張之事實毋庸舉證，其債權憑證之有無，與應否許可發支付命令無關（參見最高法院61年台抗字第407號判例）。

〈狀例2-109〉聲請發支付命令狀㈠

民事 支付命令聲請 狀		案　　號	年度　　字第　　號		承辦股別
		訴訟標的金額或價額	新台幣　　萬　　千　　百	十　　元　　角	
稱　　謂	姓 名 或 名 稱身分證統一編號或營利事業統一編號	住居所或營業所、郵遞區號及電話號碼電子郵件位址		送達代收人姓名、住址、郵遞區號及電話號碼	
聲 請 人即債權人債 務 人	林　甲吳　乙				

為聲請發支付命令事：

  請求之標的並其數量

一、債務人應支付債權人新台幣（以下同）12萬元，及自民國○○年○月○日起至清償日止，按年息百分之5計算之利息。

二、程序費用由債務人負擔。

  請求之原因及事實

  緣債務人向債權人借款20萬元，並交付○○銀行○○分行、發票日為

○○年○月○日、票面金額20萬元之支票（票號○○○○）乙紙（見證物一）。詎到期提示竟不獲支付，經債權人催討後，僅先清償部分借款8萬元，而尚餘欠12萬元之債務，仍未清償，屢經催索，均置之不理。債權人並曾以○○郵局第○○支局存證信函第○○號（見證物二）催討，仍遭不理而未獲得支付，實有督促其履行之必要。

　　應發支付命令之陳述

　　本件係請求給付一定金錢，並有○○郵局第○○支局存證信函第○○號、支票及退票理由單影本為憑，為求簡速，特依民事訴訟法第508條之規定，狀請

　　鈞院鑒核，迅賜對債務人發給支付命令，限令如數清償本息，並負擔督促程序費用，實為法便。

　　　　　　謹狀

台灣○○地方法院民事庭　公鑒

證　物　名　稱 及　件　數	證物一：支票及退票理由單影本各一份。
	證物二：○○郵局第○○支局存證信函第○○號影本一份。

中	華	民	國	年	月	日

　　　　　　　　　　具狀人　林　甲　　簽名
蓋章

〈狀例2-109-1〉聲請發支付命令狀㈡

民事 支付命令聲請 狀		案　　　號	年度　　字第　　號	承辦 股別		
		訴訟標的 金額或價額	新台幣　　萬　千　百　十　元　角			
稱　　　謂	姓　名　或　名　稱 身分證統一編號或 營利事業統一編號	住居所或營業所、郵遞區號 及電話號碼電子郵件位址		送達代收人姓名、住 址、郵遞區號及電話號 碼		
聲　請　人 即債權人 相　對　人 即債務人	白　子 甲投資股份有限公司 乙建設開發股份有限 公司					

		丙興業有限公司 丁瓷器股份有限公司 戊工業股份有限公司 己工業股份有限公司 庚飯店股份有限公司 辛飯店股份有限公司		
共　同 法　定　代 理　　人		丁石水		

為聲請核發支付命令事：

請求之標的及其數量

一、債務人等應給付聲請人新台幣（以下同）○○元整，及自支付命令送達相對人翌日起至清償日止，按年息百分之5計算之利息。

二、督促程序費用由債務人等負擔。

請求之原因及事實

　　緣債務人等八家公司共同成立「○○機構關係企業」組織，辦理收受存款業務，聲請人乃先後存入○○元整，此有債權憑證影本可稽（見證物一）。又查，聲請人於存款時，兩造約定以15萬元為一戶，且每戶依存款之年限每月可得5千元至6千元不等之利息。再又，兩造亦約定聲請人得隨時提取存款金額之全部或部分，此稽所檢附之債權憑證影本可悉。詎債務人自民國（以下同）○○年○月○日起即停止發給利息，尤有甚者，其並拒絕返還已到期之存款金額與聲請人，顯見其毫無清償之誠意，誠有督促其履行之必要，要無疑義。

應發支付命令之陳述

　　按本件係請求給付一定數量之金錢債務，而所請求之標的有附呈之債權憑證可稽（原本如奉　鈞院通知，當即送呈核對），加以本件借貸之返還期限早已到期，是則聲請人請求債務人等返還借貸之金額，依法有據，洵然無誤。為此，聲請人為求償簡便，爰依民事訴訟法第508條之規定，狀請

　　鈞院鑒核，依督促程序迅賜對債務人等發給支付命令，限令如數清償本息，並負擔督促程序費用，以保權益，實感德便。

　　　　　　謹狀

台灣○○地方法院民事庭　公鑒

證　物　名　稱及　　件　　數	證物一：聲請人之債權憑證影本一件。

中	華	民	國	年	月	日
			具狀人　白　子	簽名蓋章		

▶債務人之異議

◇債務人對於支付命令之全部或一部，得於送達後二十日之不變期間內，不附理由向發命令之法院提出異議。

債務人得在調解成立或第一審言詞辯論終結前，撤回其異議。但應負擔調解程序費用或訴訟費用。（民訴516）

◎撰狀說明

依民事訴訟法第516條第1項規定，僅債務人得對於支付命令提出異議，如債務人於法定期間內提出異議，依同法第519條第1項規定，其支付命令即失其效力，以債權人支付命令之聲請，視為起訴或聲請調解。是債務人對於支付命令之異議權，依其性質，一旦行使，即足以使原已可確定之法律關係，再度歸於不確定之狀態。惟仍由原來之當事人繼續進行訴訟，自不適於由當事人以外之第三人代位行使（參見最高法院85年台抗字第590號裁判）。

〈狀例2-110〉對於支付命令聲明異議狀

民事　聲明異議　狀		案　　　　號	年度　　字第　　號	承辦股別		
		訴訟標的金額或價額	新台幣　萬　千　百　十　元　角			
稱　　謂	姓　名　或　名　稱身分證統一編號或營利事業統一編號	住居所或營業所、郵遞區號及電話號碼電子郵件位址		送達代收人姓名、住址、郵遞區號及電話號碼		
聲　請　人即債務人債權人	林　甲趙　乙					

為對於支付命令聲明異議事：

　　緣聲明人於○○年○月○日接奉　鈞院○○年（促）字第○○號支付命令乙件，限令聲明人應於本命令送達後20日內，向債權人清償新台幣80萬元及自民國

○○年○月○日起至清償日止，按年息百分之5計算之利息並負擔督促程序之費用。惟債務人與債權人間之關係非比單純，逕依其片面指述，發予支付命令，殊屬不安，為此特依民事訴訟法第516條第1項之規定，提出異議。狀請

　　鈞院鑒核，實為法便。

　　　　　　　謹狀

台灣○○地方法院民事庭　公鑒

證 物 名 稱 及 件 數	

中	華	民	國		年		月		日

具狀人　　林　甲　　簽名 蓋章

▶假扣押之聲請與程式

◇債權人就金錢請求或得易為金錢請求之請求，欲保全強制執行者，得聲請假扣押。

前項聲請，就附條件或期限之請求，亦得為之。（民訴522）

◇假扣押，非有日後不能強制執行或甚難執行之虞者，不得為之。

應在外國為強制執行者，視為有日後甚難執行之虞。（民訴523）

◇假扣押之聲請，由本案管轄法院或假扣押標的所在地之地方法院管轄。

本案管轄法院，為訴訟已繫屬或應繫屬之第一審法院。但訴訟現繫屬於第二審者，得以第二審法院為本案管轄法院。

假扣押之標的如係債權或須經登記之財產權，得以債務人住所或擔保之標的所在地或登記地，為假扣押標的所在地。（民訴524）

◇假扣押之聲請，應表明下列各款事項：

　　一　當事人及法定代理人。
　　二　請求及其原因事實。
　　三　假扣押之原因。
　　四　法院。

請求非關於一定金額者，應記載其價額。

依假扣押之標的所在地定法院管轄者，應記載假扣押之標的及其所在地。（民訴525）

◇請求及假扣押之原因，應釋明之。

前項釋明如有不足，而債權人陳明願供擔保或法院認爲適當者，法院得定相當之擔保，命供擔保後爲假扣押。

請求及假扣押之原因雖經釋明，法院亦得命債權人供擔保後爲假扣押。

夫或妻基於剩餘財產差額分配請求權聲請假扣押者，前項法院所命供擔保之金額不得高於請求金額之10分之1。（民訴526）

◎撰狀說明

法院就債務人因假扣押或假處分所受損害，命債權人預供擔保者，其金額之多寡應如何認爲相當，原屬於法院職權裁量之範圍，非當事人所可任意指摘（參見最高法院48年台抗字第18號判例）。

〈狀例2-111〉聲請假扣押裁定狀

民事　聲請　狀		案　　　　號	年度　　　字第　　　號		承辦股別	
		訴訟標的金額或價額	新台幣　　萬　千　百　十　元　角			
稱　　　謂	姓　名　或　名　稱身分證統一編號或營利事業統一編號	住居所或營業所、郵遞區號及電話號碼電子郵件位址		送達代收人姓名、住址、郵遞區號及電話號碼		
聲　請　人即債權人	李　四					
債　務　人	陳　三					

爲聲請假扣押裁定事：

聲請事項

一、聲請人願以現金或財團法人法律扶助基金會士林分會之保證書爲擔保，請准就相對人之財產在新台幣（下同）4,482,589元之範圍內假扣押。

二、程序費用由相對人負擔。

理由

緣本件聲請人於民國99年11月1日起任職於相對人○○營造有限公司（以下簡稱○○公司，聲證一），每月薪資爲49,000元。○○公司承攬○○○○工程中，關於導流堤及北防波堤工程之不織布設、拋石、沈箱拖放、消波吊放及塊石拋放之工作，在新北市八里區台北港港區施工，聲請人於民國100年4月13日在○○公司所屬之作業船上進行上開工程作業，因作業船上之大型捲揚機有十二根螺絲鏽蝕，

○○公司之負責人○○○要求聲請人於捲揚機修繕完畢後進行測試，聲請人遂於捲揚機維修傅伍文行告知已修繕完畢後，依○○○指示進行測試，不料聲請人甫按下捲揚機開關，新更換之十二根螺絲竟全數斷裂，捲揚機之機體因而分離拋撞至聲請人之胸腹部，斷裂之螺絲則四射傷及聲請人之臉部及身體，造成聲請人出血性休克、急性呼吸衰竭、左側主支氣管破裂、脾臟破裂、胰臟鈍挫傷、兩側氣血胸、兩側肋骨閉鎖性骨折併連枷胸、臉部撕裂傷及膿胸，經送醫急救，於當日接受脾臟全切除和胰臟部分切除以及臉部撕裂傷修補手術，並於隔日緊急接受左側全肺切除手術（聲證二），聲請人因受有上開傷害，於民國100年7月15日取得中華民國重度身心障礙手冊（聲證三）。

　　依勞動基準法第59條第1至3款、職業災害勞工保護法第7條、民法第184條第2項規定，相對人應給付聲請人關於醫療費用、工資補償、看護費及精神慰撫金，暫時計算至民國101年2月29日止，相對人至少應賠償4,079,095元。又相對人為聲請人向行政院勞工委員會勞工保險局（下稱勞工保險局）投保時，係以月薪17,680元未以聲請人真正之薪資投保，造成勞工保險局認定聲請人失能給付為247,506元（聲證四），短少給付403,494元。聲請人為此曾向新北市勞工局及澎湖縣馬公市調解委員會申請調解多次，除於民國100年10月14日之調解，相對人同意支付民國100年6月25日至同年8月26日之醫療費用，及民國100年7月6日至同年8月31日止之看護費用外，對於聲請人其餘請求相對人概予拒絕（聲證五）。

　　上開請求已扣除相對人先前之給付，共計為4,482,589元（按：尚未計入喪失或減少勞動能力等請求）。聲請人對於相對人具有上開債權，近日頃聞相對人已在移轉財產以逃避責任（聲證六），為免日後不能強制執行，請　鈞院審酌如認上開釋明不足，聲請人願供擔保以補釋明聲請假扣押，並請　鈞院准以財團法人法律扶助基金會士林分會出具之保證書為擔保。

　　本件為職業災害補償及賠償事件，故請　鈞院依勞資爭議處理法第58條「除第50條第2項所規定之情形外，勞工就工資、職業災害補償或賠償、退休金或資遣費等給付，為保全強制執行而對雇主或雇主團體聲請假扣押或假處分者，法院依民事訴訟法所命供擔保之金額，不得高於請求標的金額或價額之十分之一。」，核定擔保金。

　　又本件侵權行為地在　鈞院轄區，是　鈞院有管轄權。
　　　　謹狀
台灣○○地方法院民事庭　公鑒

證物名稱 及件數	聲證一：在職證明影本一件。 聲證二：馬偕紀念醫院淡水分院乙種診斷證明書影本一件。 聲證三：中華民國身心障礙手冊影本一件。 聲證四：調解紀錄及調解筆錄影本共三件。 聲證五：臺灣士林地方法院101年度勞訴字第○○號判決影本一件。 聲證六：鈞院民事庭通知書影本一件。 聲證七：證明書正本一件。

中	華	民	國	年	月	日
		具狀人　李　四　簽名 蓋章				

▶假扣押裁定之撤銷

◇本案尚未繫屬者，命假扣押之法院應依債務人聲請，命債權人於一定期間內起訴。

下列事項與前項起訴有同一效力：

一　依督促程序，聲請發支付命令者。

二　依本法聲請調解者。

三　依第395條第2項為聲明者。

四　依法開始仲裁程序者。

五　其他經依法開始起訴前應踐行之程序者。

六　基於夫妻剩餘財產額分配請求權而聲請假扣押，已依民法第1010條請求宣告改用分別財產制者。

前項第6款情形，債權人應於宣告改用分別財產制裁定確定之日起十日內，起訴請求夫妻剩餘財產差額分配。

債權人不於第1項期間內起訴或未遵守前項規定者，債務人得聲請命假扣押之法院撤銷假扣押裁定。（民訴529）

◇假扣押之原因消滅、債權人受本案敗訴判決確定或其他命假扣押之情事變更者，債務人得聲請撤銷假扣押裁定。

第528條第3項、第4項之規定，於前項撤銷假扣押裁定準用之。

假扣押之裁定，債權人得聲請撤銷之。

第1項及前項聲請，向命假扣押之法院為之；如本案已繫屬者，向本案法院為之。（民訴530）

◎撰狀説明

　　法院依民事訴訟法第529條規定所定之期間，係裁定期間，非不變期間，故債權人雖未於裁定所定期間內起訴，而於命假扣押之法院爲撤銷假扣押之裁定前起訴者，法院即不得爲撤銷假扣押之裁定（參見最高法院65年台抗字第392號判例）。

〈狀例2-112〉聲請命債權人起訴狀

民事　聲請　狀		案　　　號	年度　　字第　　號		承辦股別	
		訴訟標的金額或價額	新台幣　萬　千　百　十　元　角			
稱　　　謂	姓 名 或 名 稱身分證統一編號或營利事業統一編號	住居所或營業所、郵遞區號及電話號碼電子郵件位址		送達代收人姓名、住址、郵遞區號及電話號碼		
聲 請 人即債務人	陳　甲					
相 對 人即債權人	李　乙					
爲聲請命債權人起訴事： 　　緣聲請人於本年○月○日接奉　鈞院爲○○年度○字第○○號民事假扣押裁定，並查對聲請人所有○○市○○街○○巷○○號房屋乙棟，查是項債務，尚有其他糾葛，聲請人不能遽爾返還。爲此依據民事訴訟法第529條第1項之規定，狀請　鈞院鑒核，迅賜命令債權人於一定期間內起訴，以符法制，實爲德便。 　　　　　謹狀 台灣○○地方法院民事庭　公鑒						
證 物 名 稱及 件 數						
中　　華　　民　　國　　　　年　　　　月　　　　日						
			具狀人　陳　甲　簽名蓋章			

〈狀例2-113〉聲請撤銷假扣裁定押狀(一)

民事 聲請 狀	案　　號	年度　　字第　　號	承辦股別	
	訴訟標的金額或價額	新台幣　萬　千　百　十　元　角		
稱　　謂	姓 名 或 名 稱身分證統一編號或營利事業統一編號	住居所或營業所、郵遞區號及電話號碼電子郵件位址	送達代收人姓名、住址、郵遞區號及電話號碼	
聲 請 人即債務人	陳 乙			
債 權 人	邱 甲			

為聲請撤銷假扣押裁定事：

一、聲請人所有財產，經　鈞院以○○年度○字第○○號裁定准予假扣押在案。

二、聲請人於○○年10月9日聲請　鈞院命相對人於一定期間內起訴。惟迄今已逾期限多日，相對人仍未起訴，懇請　鈞院依民事訴訟法第529條第4項規定，撤銷假扣押裁定，並命債權人負擔聲請費用，以維權利，實為德便。

　　　　鈞院鑒核，迅賜命令債權人於一定期間內起訴，以符法制，實為德便。

　　　　　謹狀

台灣○○地方法院民事庭　公鑒

證 物 名 稱及 件 數	

中　　華　　民　　國　　　　年　　　　月　　　　日
具狀人　陳 乙　簽名蓋章

〈狀例2-113-1〉聲請撤銷假扣裁定押狀(二)

民事 聲請 狀	案　　號	年度　　字第　　號	承辦股別	
	訴訟標的金額或價額	新台幣　萬　千　百　十　元　角		

稱　　　謂	姓　名　或　名　稱 身分證統一編號或 營利事業統一編號	住居所或營業所、郵遞區號 及電話號碼電子郵件位址	送達代收人姓名、住址、 郵遞區號及電話號碼
聲　請　人 即債權人	邱　一		
債　務　人	那　二		

為聲請撤銷假扣裁定押事：

　　查債務人所有坐落○○市○○路○○段○小段○○地號面積半公頃之土地，經
鈞院以○○年度○字第○○號裁定准予假扣押在案。惟聲請人與債務人那兩間清
償債務事件，雙方業已成立和解，故假扣押之原因消滅，為此依據民事訴訟法第
530條第3項之規定，狀請
　　鈞院鑒核，准予撤銷假扣押裁定，俾利終結，實為德便。
　　　　　　　謹狀
台灣○○地方法院民事庭　公鑒

證 物 名 稱 及　件　數	

中　　　華　　　民　　　國　　　　　年　　　　　月　　　　　日
具狀人　　邱　一　　簽名 蓋章

▶假處分

　◇債權人就金錢請求以外之請求，欲保全強制執行者，得聲請假處分。
　　假處分，非因請求標的之現狀變更，有日後不能強制執行，或甚難執行之虞者，
　　不得為之。（民訴532）
　◇關於假扣押之規定，於假處分準用之。但因第535條及第536條之規定而不同
　　者，不在此限。（民訴533）

◎撰狀說明

　　禁止債務人就特定財產為處分行為之假處分，其效力僅在禁止債務人就特定財產
為自由處分，並不排除法院之強制執行（參見最高法院74年台抗字第510號判例）。

〈狀例2-114〉因禁止搬入出賣房屋聲請假處分狀

民事 假處分聲請 狀	案　　　號	年度　　字第　　號	承辦股別	
	訴訟標的的金額或價額	新台幣　萬　千　百　十　元　角		
稱　　　謂	姓 名 或 名 稱身分證統一編號或營利事業統一編號	住居所或營業所、郵遞區號及電話號碼電子郵件位址	送達代收人姓名、住址、郵遞區號及電話號碼	
聲 請 人即債權人債 務 人	李　四許　力			

為聲請假處分事：

請求之事項

　　請禁止債務人就其所有坐落○○縣○○市○○段第○○地號土地上之房屋（建號：○○○○，門牌號碼：○○縣○○市○○里○○巷○○鄰○○號）乙棟，為遷入之行為。

假處分之原因

　　緣債權人於民國81年10月1日將其所有坐落○○縣○○市○○段第○○地號土地及其上之房屋（建號：○○○○，門牌號碼：○○縣○○市○○里○○巷○○鄰○○號）乙棟，以新台幣（以下同）150萬元出賣予債務人（見證物一），聲請人依約已將上開土地及房屋之所有權移轉於債務人（見證物二）。詎債務人竟仍拖欠尾款5萬元拒不交付，經聲請人催告，亦置之不理（見證物三）。按聲請人與債務人於房屋買賣契約書第九條約定：聲請人於債務人依約付清房屋價款及購基地價款時始行點交房屋，惟債務人既仍拖欠5萬元之尾款未付，聲請人自無點交房屋於債務人之義務，債務人亦不得強行搬入居住。現債務人擬於民國83年1月1日強行搬入房屋，聲請人誠恐債務人強行搬入後，則請求標的之現狀變更，日後有難於執行之虞。為此依據民事訴訟法第532條之規定，並願供擔保，以代釋明，檢具買賣契約書、建築改良物登記謄本及存證信函，狀請

　　鈞院鑒核，裁定准予假處分，以保權益，而維法治。

　　　　謹狀

台灣○○地方法院民事庭　公鑒

證 物 名 稱 及　件　數	證物一：買賣契約書影本一份。 證物二：建築改良物登記謄本一份。 證物三：存證信函影本一份。

中	華	民	國	年	月	日

具狀人　　李　四　　簽名
蓋章

〈狀例2-115〉因禁止票據持有人提示、轉讓聲請假處分

民事 假處分聲請 狀	案　　　號	年度　　　字第　　　號	承辦 股別	
	訴訟標的 金額或價額	新台幣　　萬　　千　　百　　十　　元　　角		

稱　　謂	姓 名 或 名 稱 身分證統一編號或 營利事業統一編號	住居所或營業所、郵遞區號 及電話號碼電子郵件位址	送達代收人姓名、住址、 郵遞區號及電話號碼
聲 請 人 相 對 人	張　三 李　四		

為聲請假處分事：

　　請求之事項

一、聲請人願為相對人提供擔保，請准裁定就附表所示之票據，於本案判決確定以前禁止向付款人請求付款及轉讓第三人，並應將票據交由執行人員記載此項事由。

二、聲請費用由相對人負擔。

　　事實及理由

　　查聲請人與相對人於民國○○年○月○日訂立租賃契約（見證一），聲請人以每月新台幣15萬元之代價承租相對人所有坐落新北市三芝區中山路○○號之倉庫一間，並開立如附表所示之支票予相對人，作為租金之支付。惟相對人簽約後竟不知去向，捲款而逃，相對人業經法院判決詐欺確定在案（見證二），為防止相對人持該支票向付款人提示或轉讓第三人，爰依票據法施行細則第四條及民事訴訟法第532條之規定，聲請假處分如請求之事項所載，並願供擔保以代釋明。

　　　　謹狀

台灣○○地方法院民事庭　公鑒

證 物 名 稱 及 件 數	證一：租約影本一份。 證二：判決書影本一份。

中	華	民	國	年	月	日

具狀人　張　三　簽名
蓋章

附表：

發票人	付款人	帳　號	票據號碼	面額（新台幣）	到期日

▶公示催告之聲請與程式

◇申報權利之公示催告，以得依背書轉讓之證券或法律有規定者為限。

公示催告，對於不申報權利人，生失權之效果。（民訴539）

◇法院應就公示催告之聲請為裁定。

法院准許聲請者，應為公示催告。（民訴540）

◇公示催告，應記載下列各款事項：

　　一　聲請人。

　　二　申報權利之期間及在期間內應為申報之催告。

　　三　因不申報權利而生之失權效果。

　　四　法院。（民訴541）

◎撰狀說明

㈠對宣告證券無效公示催告之聲請，於民事訴訟法第556條以下設有特別規定，請參

閱之。

(二)如遺失之票據二紙以上，得列附表為書狀之附件表示之，茲列表格於後：

票據種類	票據號碼	票據金額（新台幣）	發票人	帳　號	發票年月日	付款人	備　註
合　　計	共○紙	○○元整					

〈狀例2-116〉公示催告聲請狀

民事　聲請　狀		案　　號		年度		字第		號	承辦股別	
		訴訟標的金額或價額		新台幣　　萬　　千　　百　　十　　元　　角						
稱　謂	姓　名　或　名　稱身分證統一編號或營利事業統一編號		住居所或營業所、郵遞區號及電話號碼電子郵件位址			送達代收人姓名、住址、郵遞區號及電話號碼				
聲請人	陳甲									

為聲請公示催告事：

　　緣聲請人於4月9日出售貨品與日月百貨公司，因該公司貨款一時難以籌措，即由總經理邱丙二出有支票一紙，並親自簽名其上，計新台幣10萬元，載明5月10日票兌。不意5月1日夜間，聞隔壁發生火警，聲請人急忙逃避，迨翌日檢視衣袋中，已不知失落何處，四覓無著，除當即依據票據法第18條通知日月百貨公司止付外，為特再依票據法第19條第1項及民事訴訟法第539條之規定，狀請

　　鈞院鑒核，迅予公示催告，以符法紀，而免損害。

　　　　　謹狀

台灣○○地方法院民事庭　公鑒

證物名稱及件數	支票明細：彰化銀行東門分行甲存第○○號帳戶，支票號碼為○○○○號，到期日為83年5月10日，面額新台幣10萬元整。

| 中 | 華 | 民 | 國 | 年 | 月 | 日 |

具狀人　陳　甲　　簽名
　　　　　　　　　蓋章

▶對於公示催告之權利申報

◇申報權利之期間，除法律別有規定外，自公示催告之公告最後登載公報、新聞紙或其他相類之傳播工具之日起，應有二個月以上。（民訴543）

◇申報權利在期間已滿後，而在未為除權判決前者，與在期間內申報者，有同一之效力。（民訴544）

◎撰狀說明

　　申報權利之程式，法律並未特加規定，故任得以書狀或言詞為之。惟應向為公示催告之法院為之，若僅向公示催告之聲請人為申報，或向其他法院申報，應不生申報之效力。此項申報權利之目的，在使法院斟酌應為除權判決與否，並非確定所申報之權利，故其申報是否附有理由，在所不問。

〈狀例2-117〉申報權利狀

民事 申報權利 狀	案　　　　號	年度　　字第　　號	承辦股別	
	訴訟標的金額或價額	新台幣　萬　千　百　十　元　角		
稱　　　謂	姓　名　或　名　稱身分證統一編號或營利事業統一編號	住居所或營業所、郵遞區號及電話號碼電子郵件位址	送達代收人姓名、住址、郵遞區號及電話號碼	
權利人公示催告聲請人	陳　乙邱丙二			

為申報權利事：

　　緣申報人昨日閱讀聯合報，見廣告欄內有　鈞院所刊載之公示催告廣告一則，略以「邱丙二聲請伊父邱樹波所有○○公司股票因死亡而遺失，特請求依公示催告程序，限持票人於期間內聲明權利」云云，閱之不勝詫異。蓋此項股票係於去年10月由邱丙二之父邱樹波因需款甚急，質押於申報人，計新台幣10萬元，立有質押收

據（見證物一），今邱樹波雖死，而此質押之效力依然存在，全不受其影響，邱丙二為其繼承人，依法更負清償之責任，否則申報人即有權對此股票行使其權利，乃邱丙二忽以喪中遺失為言，為公示催告之聲請，是果不知有質押之事實，而善意為此，抑或別有用意，然在申報人則概可不問，為此依據民事訴訟法第548條之規定，狀請

　　　　鈞院鑒核，迅將公示催告程序停止，並定期開言詞辯論，以符法制，而保權利。

　　　　　　謹狀
台灣○○地方法院民事庭　公鑒

證 物 名 稱 及 件 數	證物一：質押收據影本一紙。

中	華	民	國	年	月	日

　　　　　　　　　具狀人　陳　乙　簽名蓋章

▶除權判決之聲請與程式

　◇公示催告，聲請人得於申報權利之期間已滿後三個月內，聲請為除權判決。但在期間未滿前之聲請，亦有效力。
　　除權判決前之言詞辯論期日，應並通知已申報權利之人。（民訴546）

◎撰狀說明

㈠申報權利期間屆滿後，已逾三個月者，則法院不得依聲請或職權為除權判決，而須另外踐行公示催告程序後，方可再為除權判決之聲請。

㈡如請求判決無效之證券有數張以上者，得以圖表列示之為宜，茲以支票為例：

票據種類	票據號碼	票據金額（新台幣）	發票人	帳　　號	發票年月日	付款人	備　註

〈狀例2-118〉聲請除權判決狀

民事　聲請　狀	案　　　號	年度	字第　號	承辦股別	
	訴訟標的金額或價額	新台幣　萬　千　百　十　元　角			
稱　　謂	姓名或名稱身分證統一編號或營利事業統一編號	住居所或營業所、郵遞區號及電話號碼電子郵件位址		送達代收人姓名、住址、郵遞區號及電話號碼	
聲請人	吳　三				

為聲請除權判決事：

　　聲請標的及法律關係

　　請求判決王二○○年○月○日簽發以○○銀行○○分行為付款人，面額新台幣○○元，支票號碼○○○○號之支票乙紙無效。

　　聲請之原因

　　查聲請人於○○年○月○日因遺失上開支票乙紙，曾向　鈞院聲請公示催告，亦經　鈞院○○年度○字第○○號裁定照准，並於○○年○月○日登載○○日報第○版催告在案（附件），迄今已經○個月，申報權利期間業已屆滿，並無人申報權利。為此依據民事訴訟法第545條第1項之規定，狀請

　　鈞院鑒核，准為除權判決，宣告上開支票無效，以保權益，實為德便。

　　　　　　　謹狀

台灣○○地方法院民事庭　公鑒

證物名稱及件數	附件：○○日報公示催告之公告新聞紙一份。

中　　　華　　　民　　　國　　　　年　　　　月　　　　日
具狀人　吳　三　簽名蓋章

▶除權判決之撤銷

◇對於除權判決，不得上訴。

　　有下列各款情形之一者，得以公示催告聲請人為被告，向原法院提起撤銷除權判決之訴：

　　一　法律不許行公示催告程序者。

二　未為公示催告之公告，或不依法定方式為公告者。

三　不遵守公示催告之公告期間者。

四　為除權判決之法官，應自行迴避者。

五　已經申報權利而不依法律於判決中斟酌之者。

六　有第496條第1項第7款至第10款之再審理由者。（民訴551）

◇撤銷除權判決之訴，應於三十日之不變期間內提起之。

前項期間，自原告知悉除權判決時起算。但依前條第四款或第六款所定事由提起撤銷除權判決之訴，如原告於知有除權判決時不知其事由者，自知悉其事由時起算。

除權判決宣示後已逾五年者，不得提起撤銷之訴。（民訴552）

◎撰狀說明

撤銷除權判決之原因，只限於民事訴訟法第551條第2項各款之情形，如以其他原因提起訴訟，法院可認定為無理由，以判決駁回之。

〈狀例2-119〉撤銷除權判決起訴狀

民事　起訴　狀		案　　　號	年度　　　字第　　　號			承辦股別	
		訴訟標的金額或價額	新台幣　　萬　千　　百　　十　　元　　角				
稱　　謂	姓 名 或 名 稱身分證統一編號或營利事業統一編號	住居所或營業所、郵遞區號及電話號碼電子郵件位址			送達代收人姓名、住址、郵遞區號及電話號碼		
原　告被　告	陳　二吳　三						

為依法提起撤銷除權判決事：

訴之聲明

一、請求將　鈞院○○年○月○日○字第○○號除權判決撤銷。

二、訴訟費用由被告負擔。

事實及理由

緣原告持有○○銀行○○分行支票乙紙，票面金額○○元，發票人被告吳三，付款期為○○年○月○日（見證物一），迨至前日此票屆期，原告即持往該行領款，不料竟遭拒絕，謂已由被告聲請　鈞院除權判決，此票已告無效，礙難付款云云。惟查該張支票，係原告以善意取得，有被告之父吳大親筆背書可稽，

應有提取票款之權利，被告妄行聲請除權判決，殊屬錯誤，且未依法定程序爲公示催告之公告，使申報權利人無從申報，亦有該案卷宗可按，爲此依據民事訴訟法第551條第2項第2款及第552條之規定，於法定期間內提起撤銷除權判決之訴，狀請

　　　鈞院鑒核，迅通知被告到案，將除權判決予以撤銷，並令負擔本件訴訟費用，以保權益，實爲德便。

　　　　　　謹狀
台灣○○地方法院民事庭　公鑒

證物名稱及件數	證物一：支票影本一紙。

中	華	民	國		年		月		日

　　　　　　　具狀人　陳　二　簽名蓋章

▶證券之公示催告

◇宣告證券無效之公示催告程序，適用第557條至第567條之規定。（民訴556）

◇公示催告，由證券所載履行地之法院管轄；如未載履行地者，由證券發行人爲被告時，依第1條或第2條規定有管轄權之法院管轄；如無此法院者，由發行人於發行之日爲被告時，依各該規定有管轄權之法院管轄。（民訴557）

◇無記名證券或空白背書之指示證券，得由最後之持有人爲公示催告之聲請。
前項以外之證券，得由能據證券主張權利之人爲公示催告之聲請。（民訴558）

◇聲請人應提出證券繕本、影本，或開示證券要旨及足以辨認證券之事項，並釋明證券被盜、遺失或滅失及有聲請權之原因、事實。（民訴559）

◇因宣告無記名證券之無效聲請公示催告，法院准許其聲請者，應依聲請不經言詞辯論，對發行人爲禁止支付之命令。
前項命令，應附記已爲公示催告之事由。
第1項命令，應準用第561條之規定公告之。（民訴566）

◎撰狀說明

　　宣告證券無效之公示催告，爲法院依該證券之原持有人因證券被盜、遺失或滅失，聲請以公示方法，催告不明之現在持有該證券之人於一定期間內向法院申報權

利。如不申報，始生失權效果之特別程序。現在持有證券之人，欲主張權利，僅須將證券提出於法院，由法院通知聲請人閱覽無訛後，公示催告程序即告終結（參見最高法院69年台抗字第86號判例）。

〈狀例2-120〉土地債券失竊聲請公示催告狀

民事　聲請　狀		案　　　　號	年度　　字第　　　號		承辦股別	
		訴訟標的金額或價額	新台幣　萬　千　百　十　元　角			
稱　謂	姓　名　或　名　稱身分證統一編號或營利事業統一編號	住居所或營業所、郵遞區號及電話號碼電子郵件位址		送達代收人姓名、住址、郵遞區號及電話號碼		
聲請人	林　三					

為聲請公示催告事：

　　緣聲請人持有○○市政府○○年○月○日發行之○○市公共建設○○年度土地債券三紙，編號分別為○○○○、○○○○、○○○○，面額各為新台幣（以下同）10萬元，共計30萬元。頃於○○年○月○日夜晚發現上開債券失竊，遍尋不獲。按本土地債券為無記名證券，聲請人為最後持有人，依民事訴訟法第558條第1項之規定，自得於失竊後為公示催告之聲請，為此逕據民事訴訟法第558條第1項之規定，狀請

　　鈞院鑒核，裁定准予公示催告，實感法便。
　　　　　　　　謹狀
台灣○○地方法院民事庭　公鑒

證物名稱及件數	
中　　華　　民　　國　　　年　　　月　　　日	
	具狀人　林　三　簽名蓋章

▶婚姻事件之管轄及當事人

　　◇確認婚姻無效、撤銷婚姻、離婚、確認婚姻關係存在或不存在事件，專屬下列法院管轄：

一　夫妻之住所地法院。

二　夫妻經常共同居所地法院。

三　訴之原因事實發生之夫或妻居所地法院。

當事人得以書面合意定管轄法院，不受前項規定之限制。

第1項事件夫或妻死亡者，專屬於夫或妻死亡時住所地之法院管轄。

不能依前三項規定定法院管轄者，由被告住、居所地之法院管轄。被告之住、居所不明者，由中央政府所在地之法院管轄。（家事法52）

◇第3條所定甲類或乙類家事訴訟事件，由訟爭身分關係當事人之一方提起者，除別有規定外，以他方為被告。

前項事件，由第三人提起者，除別有規定外，以訟爭身分關係當事人雙方為共同被告；其中一方已死亡者，以生存之他方為被告。（家事法39）

◇家事事件之調解，就離婚、終止收養關係、分割遺產或其他得處分之事項，經當事人合意，並記載於調解筆錄時成立。但離婚及終止收養關係之調解，須經當事人本人表明合意，始得成立。

前項調解成立者，與確定裁判有同一之效力。

因調解成立有關身分之事項，依法應辦理登記者，法院應依職權通知該管戶政機關。

調解成立者，原當事人得於調解成立之日起三個月內，聲請退還已繳裁判費3分之2。（家事30）

◇當事人兩造於調解期日到場而調解不成立者，法院得依一造當事人之聲請，按該事件應適用之程序，命即進行裁判程序，並視為自聲請調解時已請求裁判。但他造聲請延展期日者，應許可之。

當事人聲請調解而不成立，如聲請人於調解不成立證明書送達後十日之不變期間內請求裁判者，視為自聲請調解時已請求裁判；其於送達前請求裁判者亦同。

以裁判之請求視為調解之聲請者，如調解不成立，除當事人聲請延展期日外，法院應按該事件應適用之程序，命即進行裁判程序，並仍自原請求裁判時，發生程序繫屬之效力。

前三項情形，於有第33條或第36條所定之聲請或裁定者，不適用之。

調解程序中，當事人所為之陳述或讓步，於調解不成立後之本案裁判程序，不得採為裁判之基礎。

前項陳述或讓步，係就程序標的、事實、證據或其他事項成立書面協議者，如為得處分之事項，當事人應受其拘束。但經兩造同意變更，或因不可歸責於當事人之事由或依其他情形協議顯失公平者，不在此限。（家事31）

◎撰狀説明

　　結婚違反民法第980條以下規定，得提起確認婚姻無效或撤銷婚姻之訴。至於具有民法第1052條之離婚原因或第1001條請求同居之原因時，自可提起離婚之訴或夫妻同居之訴。惟於起訴前，家事事件法第23條第1項規定應經法院調解，其未經調解逕行起訴，依同條第2項「前項事件當事人逕向法院請求裁判者，視為調解之聲請。但當事人應為公示送達或於外國為送達者，不在此限。」，除有該項但書規定外，視其起訴為調解之聲請，調解不成立，依同法第31條第3項始進行訴訟，但逕依調解程序進行調解，調解未成立者，依同條第2項，則需另行起訴，始進行訴訟。又如依法應調解者，未經調解，第一審遽予判決，當事人提起上訴時，第二審法院亦應予以受理審判。

〈狀例2-121〉請求撤銷婚姻訴訟狀

民事　起訴　狀		案　　　號	年度　　　字第　　　號	承辦股別	
		訴訟標的金額或價額	新台幣　萬　千　百　十　元　角		
稱　　謂	姓　名　或　名　稱身分證統一編號或營利事業統一編號	住居所或營業所、郵遞區號及電話號碼電子郵件位址		送達代收人姓名、住址、郵遞區號及電話號碼	
原　告被　告	李　甲吳　乙				

為撤銷婚姻及損害賠償起訴事：

訴之聲明

一、原告與被告間之婚姻應予撤銷。

二、被告應給付原告損害金新台幣○○元。

三、訴訟費用由被告負擔。

事實及理由

　　緣原告於兩年前入○○企業公司任職會計，及至去年春間，被告亦擔任○○企業公司經理，因之相識，而時隔不久，被告因做事幹練，頗蒙總經理器重，遂憑此優點，在原告前輒加誇耀，並一再獻其殷勤，向原告求婚。原告初未允許；旋以同事半載，觀其求婚出於至誠，被告既矢口謂尚無妻室，且婚姻之事，父母完全允其自行作主，原告遂徵得本人家長之同意，於當年10月10日與其訂婚，至今年2月10日即在台灣台北地方法院舉行公證結婚儀式。在結婚前四日，被告出示其偽造信函乙通，係由其父母出面，略謂「父近日臥病在床，爾母須隨時侍奉，礙難離鄉。結

婚之事，悉由汝自行爲之可也」云云。原告因被告平日態度頗爲誠懇，故亦深信不疑。乃至上月10日，被告謂有要事須返原籍一次，但堅囑原告不必同行。原告覺其言詞有異，遂起懷疑，經詳加詰問，被告初始支吾其詞，繼則大發雷霆，幾乎欲毆打原告。是時原告爲息事寧人起見，亦只得忍氣吞聲，任令其單獨回籍。詎被告回籍後三星期，致原告書函乙通，略謂「吾本擬早返公司，奈因兩星期前感受風寒，現正服藥調治。惟病雖甚纏綿，要亦並無大礙，望吾妻安心在台北工作，不必遠慮，俟吾痊癒後，當即趨前不誤」云云。原告閱函之餘，殊爲惶惑，乃於日前決意前往被告家中探視。孰料入門而後，一經詢問，即有一少婦出而承認爲被告之未婚妻，詰問原告何事造訪。原告聞言後，不禁悲憤交併，傷心欲絕，遂將被告詐欺成婚之事，和盤托出。時被告之父亦在，更指斥原告爲不知廉恥，種種侮辱，令人髮指。嗣被告扶病到來，唯向原告苦苦哀求，表示歉意，要求原告接受其有未婚妻之事實。當經原告一口拒絕，立即離開，以作嚴正之表示。伏查現時吾國婚姻制度，一夫一妻，法有定則。茲被告與原告之婚姻，完全由其詐欺而成，原告幼讀詩書，長習商業，豈甘自趨墮落而爲他人之妾，致貽畢生之痛苦？查民法第997條規定：「因被詐欺或被脅迫而結婚者，得於發見詐欺或脅迫終止後，六個月內向法院請求撤銷之。」又民法第999條規定，得令被告賠償原告財產及非財產上之損害。爲此依法狀請

　　鈞院鑒核，迅傳被告到案，准如原告訴之聲明而爲判決，以符法紀，而重婚姻。

　　　　　　謹狀
台灣○○地方法院家事法庭　公鑒

證物名稱 及件數	

中	華	民	國	年	月	日

具狀人　李　甲　　簽名
蓋章

▶離婚或同居訴訟起訴前之調解

◇家事事件除第3條所定丁類事件外，於請求法院裁判前，應經法院調解。

　前項事件當事人逕向法院請求裁判者，視爲調解之聲請。但當事人應爲公示送達或於外國爲送達者，不在此限。

除別有規定外，當事人對丁類事件，亦得於請求法院裁判前，聲請法院調解。（家事23）

◎撰狀說明

請參閱本書民事訴訟法第403條、第404條及第405條之狀例2-91、2-93、2-93-1、2-94、2-95。

▶收養關係事件之專屬管轄

◇親子關係事件，專屬下列法院管轄：

一　子女或養子女住所地之法院。

二　父、母、養父或養母住所地之法院。

前項事件，有未成年子女或養子女爲被告時，由其住所地之法院專屬管轄。（家事61）

◎撰狀說明

得終止收養之原因，規定於民法第1081條，請參照之。終止收養關係之起訴前，應經法院調解，請參見本書調解之有關狀例及說明。

〈狀例2-122〉終止收養關係起訴狀

民事　起訴　狀		案　　　號	年度　　　字第　　　號		承辦股別	
		訴訟標的金額或價額	新台幣　萬　千　百　十　元　角			
稱　　謂	姓　名　或　名　稱身分證統一編號或營利事業統一編號	住居所或營業所、郵遞區號及電話號碼電子郵件位址		送達代收人姓名、住址、郵遞區號及電話號碼		
原　　告被　　告	李　甲李　乙					

爲依法請求終止收養關係之訴事：

訴之聲明

一、原告收養被告之關係終止。

二、訴訟費用由被告負擔。

事實及理由

緣被告於○○年○月○日爲原告收養之後，百般寵愛，培育完成大學教育。詎被告近欺聲請人老邁，大學畢業後，竟不求上進，終日買醉，揮霍無度，近來短短

兩個月，即用去新台幣10萬餘元。長此以往，原告之財產有限，而被告之浪費無度，勢將影響原告之晚年生活。查養子有浪費財產之情事者，依民法第1081條第4款之規定，養父母得請求法院宣告終止收養關係。再查本案依家事事件法第23條之規定，已經向　鈞院聲請調解在案，但被告卻置之不理，亦無悔意，仍不務正業，專事遊盪，調解無法成立，至屬顯然。為此依法狀請

　　　　鈞院鑒核，迅通知被告到庭，賜判決如訴之聲明，以符法紀，而保護權利，實為德便。

　　　　　　　　謹狀
台灣○○地方法院家事法庭　公鑒

證物名稱及件數	

中	華	民	國	年	月	日

　　　　　　　具狀人　　李　甲　　簽名蓋章

▶終止收養關係起訴前之調解

　◇家事事件除第3條所定丁類事件外，於請求法院裁判前，應經法院調解。
　　前項事件當事人逕向法院請求裁判者，視為調解之聲請。但當事人應為公示送達或於外國為送達者，不在此限。
　　除別有規定外，當事人對丁類事件，亦得於請求法院裁判前，聲請法院調解。
　　（家事23）

◎撰狀說明
　　請參閱本書調解之狀例。

▶親子關係之訴

　◇否認子女之訴，應以未起訴之夫、妻及子女為被告。
　　子女否認推定生父之訴，以法律推定之生父為被告。
　　前二項情形，應為被告中之一人死亡者，以生存者為被告；應為被告之人均已死亡者，以檢察官為被告。（家事63）
　◇否認子女之訴，夫妻之一方或子女於法定期間內或期間開始前死亡者，繼承權被

侵害之人得提起之。

依前項規定起訴者，應自被繼承人死亡時起，於六個月內爲之。

夫妻之一方或子女於其提起否認子女之訴後死亡者，繼承權被侵害之人得於知悉原告死亡時起十日內聲明承受訴訟。但於原告死亡後已逾三十日者，不得爲之。

（家事64）

◎撰狀說明

　　前項否認之訴，夫妻之一方自知悉該子女非爲婚生子女，或子女自知悉其非爲婚生子女之時起二年內爲之。但子女於未成年時知悉者，仍得於成年後二年內爲之。（參見民法第1063條第3項之規定）。

〈狀例2-123〉請求確認非婚生子女狀

民事　起訴　狀		案　　　號	年度　　　字第　　　號	承辦股別	
		訴訟標的金額或價額	新台幣　萬　千　百　十　元　角		
稱　　　　謂	姓 名 或 名 稱身分證統一編號或營利事業統一編號	住居所或營業所、郵遞區號及電話號碼電子郵件位址		送達代收人姓名、住址、郵遞區號及電話號碼	
原　　　告	邱　甲				
被　　　告	邱李乙				
	邱　一				
法定代理人	邱李乙				

爲提起確認非婚生子女之訴事：

　　訴之聲明

一、確認邱一非原告之婚生子。

二、訴訟費用由被告負擔。

　　事實及理由

　　　緣被告前經劉二及楊三介紹於民國（以下同）○○年8月10日與原告在台灣○○地方法院公證結婚，迨至本年1月10日，生產一子，取名邱一。查被告與原告結婚尚未及半載，何能生產？是被告顯然不貞，原告不能認爲親子，事殊明確。再據近代醫學推斷，婦女生產胎期，最近爲181日，遲則302天，此爲我民法第1062條規定爲受胎期間。但查原告與被告自○○年8月10日結婚後，至今年元月10日產子，其間相距僅五個月，尚未達到181日之法定受胎期間，是可見被告所產之

子，原告顯非其生父，實不能妄爲承認。再以事實推斷，被告出嫁後定情之夕，既未有落紅爲證，而未出嫁前又未與原告先行同居，則其於婚前受胎，當然爲與他人所爲，此子應非爲原告之婚生子。爲此依法狀請

　　鈞院鑒核，迅傳被告到案，判如訴之聲明，以符法制，實爲德便。
　　　　謹狀
台灣○○地方法院家事法庭　公鑒

證物名稱及件數	一、公證結婚證書影本一份。 二、邱一出生證明書影本一份。

中	華	民	國	年	月	日

　　　　　　　　具狀人　邱　甲　簽名蓋章

▶監護宣告及輔助宣告之聲請與程式

◇對於因精神障礙或其他心智缺陷，致不能爲意思表示或受意思表示，或不能辨識其意思表示之效果者，法院得因本人、配偶、四親等內之親屬、最近一年有同居事實之其他親屬、檢察官、主管機關或社會福利機構之聲請，爲監護之宣告。

受監護之原因消滅時，法院應依前項聲請權人之聲請，撤銷其宣告。

法院對於監護之聲請，認爲未達第一項之程度者，得依第15條之1第1項規定，爲輔助之宣告。

受監護之原因消滅，而仍有輔助之必要者，法院得依第15條之1第1項規定，變更爲輔助之宣告。（民14）

◇對於因精神障礙或其他心智缺陷，致其爲意思表示或受意思表示，或辨識其意思表示效果之能力，顯有不足者，法院得因本人、配偶、四親等內之親屬、最近一年有同居事實之其他親屬、檢察官、主管機關或社會福利機構之聲請，爲輔助之宣告。

受輔助之原因消滅時，法院應依前項聲請權人之聲請，撤銷其宣告。

受輔助宣告之人有受監護之必要者，法院得依第14條第1項規定，變更爲監護之宣告。（民15-1）

◇下列監護宣告事件，專屬應受監護宣告之人或受監護宣告之人住所地或居所地法院管轄；無住所或居所者，得由法院認爲適當之所在地法院管轄：

  一 關於聲請監護宣告事件。

  二 關於指定、撤銷或變更監護人執行職務範圍事件。

  三 關於另行選定或改定監護人事件。

  四 關於監護人報告或陳報事件。

  五 關於監護人辭任事件。

  六 關於酌定監護人行使權利事件。

  七 關於酌定監護人報酬事件。

  八 關於為受監護宣告之人選任特別代理人事件。

  九 關於許可監護人行為事件。

  十 關於監護所生損害賠償事件。

  十一 關於聲請撤銷監護宣告事件。

  十二 關於變更輔助宣告為監護宣告事件。

  十三 關於其他監護宣告事件。

前項事件有理由時，程序費用由受監護宣告之人負擔。

除前項情形外，其費用由聲請人負擔。（家事164）

◇於聲請監護宣告事件及撤銷監護宣告事件，應受監護宣告之人及受監護宣告之人有程序能力。如其無意思能力者，法院應依職權為其選任程序監理人。（家事165）

◇聲請人為監護宣告之聲請時，宜提出診斷書。（家事166）

◇法院應於鑑定人前訊問應受監護宣告之人。但有礙難訊問之情形或恐有害其健康者，不在此限。

監護之宣告，非就應受監護宣告之人之精神或心智狀況訊問鑑定人後，不得為之。鑑定應有精神科專科醫師或具精神科經驗之醫師參與。（家事167）

◇監護宣告之裁定，應同時選定監護人及指定會同開具財產清冊之人，並附理由。

法院為前項之選定及指定前，應徵詢被選定人及被指定人之意見。

第1項裁定，應送達於聲請人、受監護宣告之人、法院選定之監護人及法院指定會同開具財產清冊之人；受監護宣告之人另有程序監理人或法定代理人者，並應送達之。（家事168）

◇監護宣告之裁定，於裁定送達或當庭告知法院選定之監護人時發生效力。

前項裁定生效後，法院應以相當之方法，將該裁定要旨公告之。（家事169）

◇受監護宣告之人於監護宣告程序進行中死亡者，法院應裁定本案程序終結。（家事170）

◇法院對於監護宣告之聲請，認為未達應受監護宣告之程度，而有輔助宣告之原因者，得依聲請或依職權以裁定為輔助之宣告。

法院爲前項裁定前，應使聲請人及受輔助宣告之人有陳述意見之機會。

第1項裁定，於監護宣告裁定生效時，失其效力。（家事174）

◇下列輔助宣告事件，專屬應受輔助宣告之人或受輔助宣告之人之住所地或居所地法院管轄；無住所或居所者，得由法院認爲適當之所在地法院管轄：

　一　關於聲請輔助宣告事件。

　二　關於另行選定或改定輔助人事件。

　三　關於輔助人辭任事件。

　四　關於酌定輔助人行使權利事件。

　五　關於酌定輔助人報酬事件。

　六　關於爲受輔助宣告之人選任特別代理人事件。

　七　關於指定、撤銷或變更輔助人執行職務範圍事件。

　八　關於聲請許可事件。

　九　關於輔助所生損害賠償事件。

　十　關於聲請撤銷輔助宣告事件。

　十一　關於聲請變更監護宣告爲輔助宣告事件。

　十二　關於其他輔助宣告事件。

第164條第2項、第3項之規定，於前項事件準用之。（家事177）

◇法院對於輔助宣告之聲請，認有監護宣告之必要者，得依聲請或依職權以裁定爲監護之宣告。

前項裁定，準用第174條第2項及第3項之規定。（家事179）

◎撰狀說明

　　監護宣告或輔助宣告之聲請，應表明其原因、事實及證據。所謂原因事實，即民法第14條第1項或第15條之1第1項所指之事實。所謂證據，即足以證明上述原因事實之證據方法。

〈狀例2-124〉監護宣告聲請狀

家事　聲請　狀	案　　　號	年度　　字第　　號	承辦股別
	訴訟標的金額或價額	新台幣　　萬　千　百　十　元　角	
稱　　謂	姓名或名稱身分證統一編號或營利事業統一編號	住居所或營業所、郵遞區號及電話號碼電子郵件位址	送達代收人姓名、住址、郵遞區號及電話號碼

聲 請 人	安○	台北市○○街○○號	
相 對 人	劉○	台北市○○街○○號	

為聲請監護宣告事：

聲請事項

一、宣告劉○（女，民國14年○月○日生，身分證統一編號：○○○○）為受監護宣告之人。

二、選定安○（女，民國41年○月○日生，身分證統一編號：○○○○）為受監護宣告之人劉○之監護人。

三、指定安○（男，民國52年○月○日生，身分證統一編號：○○○○）為會同開具財產清冊之人。

四、聲請程序費用由受監護宣告之人負擔。

事實及理由

一、按聲請監護宣告事件，專屬應受監護宣告之人或受監護宣告之人住所地或居所地法院管轄，家事事件法第164條第1項第1款定有明文，是本件相對人之住所地為台北市中山區○○路○○號，依上開規定，　鈞院自有管轄權，合先敘明。

二、復按對於因精神障礙或其他心智缺陷，致不能為意思表示或受意思表示，或不能辨識其意思表示之效果者，法院得因本人、配偶、四親等內之親屬、最近一年有同居事實之其他親屬、檢察官、主管機關或社會福利機構之聲請，為監護之宣告。受監護宣告之人應置監護人。法院為監護之宣告時，應依職權就配偶、四親等內之親屬、最近一年有同居事實之其他親屬、主管機關、社會福利機構或其他適當之人選定一人或數人為監護人，並同時指定會同開具財產清冊之人。法院選定監護人時，應依受監護宣告之人之最佳利益，優先考量受監護宣告之人之意見，審酌一切情狀，並注意下列事項：㈠受監護宣告之人之身心狀態與生活及財產狀況。㈡受監護宣告之人與其配偶、子女或其他共同生活之人間之情感狀況。㈢監護人之職業、經歷、意見及其與受監護宣告之人之利害關係。㈣法人為監護人時，其事業之種類與內容，法人及其代表人與受監護宣告之人之利害關係，民法第14條第1項、第1110條、第1111條第1項、第1111條之1分別定有明文。

三、本件聲請人為相對人之子女（聲證一），相對人係民國14年○月○日生（聲證二），目前因失智症（聲證三）在家療養，由家人看護並定期就醫治療，已屬因精神障礙或其他心智缺陷，致不能為意思表示或受意思表示，亦不能辨識其意思表示之效果，為保護相對人之利益，並維護交易安全，爰依上開規定，聲請受監護宣告。

四、如果　鈞院認有囑託醫院鑑定相對人精神狀態之必要，因相對人均於台北市立聯合醫院○○院區看診，該醫院有較完整之病歷資料，主治醫師○○○較能掌握其病情，請就近囑託該院區鑑定。

　　　鈞院鑒核，迅傳被告到案，判如訴之聲明，以符法制，實爲德便。

　　　　　　　謹狀

台灣台北地方法院家事法庭　公鑒

證物名稱及件數	聲證一：聲請人之戶籍謄本影本一件。
	聲證二：相對人之戶籍謄本影本一件。
	聲證三：台北市立聯合醫院○○院區病症暨失能診斷書影本一件。

中	華	民	國	年	月	日

　　　　　　　　　　具狀人　　安○　　　　簽名蓋章

▶聲請撤銷監護或輔助宣告

◇撤銷監護宣告之裁定，於其對聲請人、受監護宣告之人及監護人確定時發生效力。

　第166條至第168條及第170條第3項之規定，於聲請撤銷監護宣告事件準用之。（家事172）

◇法院對於撤銷監護宣告之聲請，認受監護宣告之人受監護原因消滅，而仍有輔助之必要者，得依聲請或依職權以裁定變更爲輔助之宣告。

　前項裁定，準用前條之規定。（家事173）

◇第106條至第108條之規定，於法院選定、另行選定或改定輔助人事件準用之。

　第122條之規定，於輔助人辭任事件準用之。

　第112條之規定，於酌定輔助人報酬事件準用之。

　第111條及第112條之規定，於法院爲受輔助宣告之人選任特別代理人事件準用之。

　第121條之規定，於輔助所生損害賠償事件準用之。

　第172條之規定，於聲請撤銷輔助宣告事件準用之。

　第173條之規定，於聲請變更監護宣告爲輔助宣告事件準用之。（家事180）。

◎撰狀說明

　　對監護或輔助宣告之裁定，認爲不當，可由有聲請權之人依前揭規定聲請撤銷監護或輔助宣告裁定。

〈狀例2-125〉聲請撤銷監護宣告狀

民事　聲請　狀		案　　　號	年度　　字第　　　號	承辦股別					
		訴訟標的金　額　或價　　　額	新台幣　　萬　　千　　百　　十　　元　　角						
稱　　　謂	姓 名 或 名 稱身分證統一編號或營利事業統一編號	住居所或營業所、郵遞區號及電話號碼電子郵件位址			送達代收人姓名、住址、郵遞區號及電話號碼					
聲 請 人相 對 人	趙　一趙錢二								

爲聲請撤銷監護宣告事：

　　聲請事項

　　請求撤銷　貴院○○年度監宣字第○○○號之裁定。

　　事實及理由

　　聲請人前因精神疾病，前經　貴院○○年度監宣字第○○○號裁定爲受監護宣告之人。經醫生詳細診治，現聲請人已回恢正常，有○○醫院診斷證明書可稽，鈞院亦可囑託鑑定。爲此依民法第14條第2項、家事事件法第164條規定，請求　貴院裁定如聲請事項。

　　　　　　　謹狀

台灣○○地方法院家事法庭　公鑒

證 物 名 稱及 件 數	一、○○年度監宣字第○○○號民事裁定。二、診斷證明書○件。

中　　　華　　　民　　　國　　　　　年　　　　　月　　　　　日

　　　　　　　　　　具狀人　　趙　一　　簽名蓋章

▶死亡宣告

◇失蹤人失蹤滿七年後，法院得因利害關係人或檢察官之聲請，爲死亡之宣告。

失蹤人爲八十歲以上者，得於失蹤滿三年後，爲死亡之宣告。

失蹤人爲遭遇特別災難者，得於特別災難終了滿一年後，爲死亡之宣告。（民8）

◇受死亡宣告者，以判決內所確定死亡之時，推定其爲死亡。

前項死亡之時，應爲前條各項所定期間最後日終止之時。但有反證者，不在此限。（民9）

◇下列宣告死亡事件，專屬失蹤人住所地法院管轄：

一　關於聲請宣告死亡事件。

二　關於聲請撤銷或變更宣告死亡裁定事件。

三　關於其他宣告死亡事件。

第52條第4項之規定，於前項事件準用之。

第1項事件之程序費用，除宣告死亡者由遺產負擔外，由聲請人負擔。（家事154）

◇宣告死亡或撤銷、變更宣告死亡之裁定，利害關係人或檢察官得聲請之。（家事155）

◇法院准許宣告死亡之聲請者，應公示催告。

公示催告，應記載下列各款事項：

一　失蹤人應於期間內陳報其生存，如不陳報，即應受死亡之宣告。

二　凡知失蹤人之生死者，應於期間內將其所知陳報法院。

前項公示催告，準用第130條第3項至第5項之規定。但失蹤人滿百歲者，其陳報期間，得定爲自揭示之日起二個月以上。（家事156）

◇宣告死亡程序，除通知顯有困難者外，法院應通知失蹤人之配偶、子女及父母參與程序；失蹤人另有法定代理人者，並應通知之。

宣告死亡之裁定，應送達於前項所定之人。（家事158）

◎撰狀說明

死亡宣告之聲請，須失蹤人生死不明及其生死不明之狀態繼續達民法第八條規定之一定期間而後可提出聲請。倘已確定其死亡，僅未知死亡之時，或雖生死不明，其狀態並未繼續一定之法定期間者，均不得爲死亡宣告之聲請。

〈狀例2-126〉宣告死亡聲請狀

民事　聲請狀	案　　　號	年度　　字第　　號	承辦股別	
	訴訟標的金　額　或價　　　額	新台幣　　萬　　千　　百　　十　　元　　角		
稱　　　謂	姓 名 或 名 稱身分證統一編號或營利事業統一編號	住居所或營業所、郵遞區號及電話號碼電子郵件位址	送達代收人姓名、住址、郵遞區號及電話號碼	
聲 請 人	邱　三			

為聲請宣告死亡事：

　　請求之事項

一、請求宣告邱丙二（男，民國○○年○月○日出生，身分證字號：
　　Z○○○○○○○○○○，失蹤前最後住所：○○縣○○鄉○○村○○街○○
　　號）於中華民國69年1月8日10時死亡。

二、程序費用由遺產負擔。

　　事實及證據

　　緣聲請人之父邱丙二，現年五十歲，於民國50年因出外謀生，不別而行，初則
尚有書信寄歸，迨至民國○○年以後，則音訊杳然，存亡莫卜。聲請人雖曾致函各
地探詢，終如石投大海，均未悉其行蹤，至今已有十三載矣，雖不能斷言其已離人
間，然而亦凶多吉少；況聲請人之母又於今年去世，而聲請人現亦已成年，煢煢子
立，顧影自憐，故使一切事務，陷於不確定之狀態。聲請人前經聲請公示催告，於
限期屆滿，亦未見申報。為此依據民法第8條第1項及家事事件法第15條第1項、第
155條之規定，狀請

　　鈞院審核，准賜如聲請人之請求，實為德便。

　　　　　　　　謹狀

台灣○○地方法院家事法庭　公鑒

證 物 名 稱及　件　數	

中　　　華　　　民　　　國　　　　　年　　　　月　　　　　日
具狀人　　邱　三　　簽名蓋章

▶死亡宣告之撤銷

◇宣告死亡裁定確定後，發現受宣告死亡之人尚生存或確定死亡之時不當者，得聲請撤銷或變更宣告死亡之裁定。（家事160）

◇聲請撤銷或變更宣告死亡之裁定，應於聲請狀表明下列各款事項：

　　一　聲請人、宣告死亡之聲請人及法定代理人。

　　二　聲請撤銷或變更之裁定。

　　三　應如何撤銷或變更之聲明。

　　四　撤銷或變更之事由。

　　前項第4款之事由宜提出相關證據。

　　第158條之規定，於撤銷或變更宣告死亡裁定事件準用之。（家事161）

◇受宣告死亡人於撤銷宣告死亡裁定之裁定確定前死亡者，法院應裁定本案程序終結。（家事162）

◎撰狀說明

　　宣告死亡事件，於法院公示催告期間，如本人尚生存人世者或確定死亡之時間不當，由其親自或他人知其在世者出而陳報其生存之事實。法院為死亡宣告後，始知悉受死亡宣告人尚生存，自得聲請法院撤銷宣告死亡之裁定。

〈狀例2-127〉聲請撤銷死亡宣告裁定狀

民事　　起訴　　狀	案　　　號		年度		字第		號	承辦股別	
	訴訟標的金額或價額		新台幣		萬　千	百	十	元	角
稱　　謂	姓　名　或　名　稱身分證統一編號或營利事業統一編號		住居所或營業所、郵遞區號及電話號碼電子郵件位址			送達代收人姓名、住址、郵遞區號及電話號碼			
聲　請　人	邱　甲								

為聲請撤銷宣告死亡事：

　　聲請事項

請求撤銷　鈞院○○年度亡字第○○號之裁定。

　　事實及理由

　　聲請人於○○年○月間離家後，因多年未與家人聯絡，致聲請人之配偶○○○，誤以為聲請人失蹤，遂依法向　鈞院聲請宣告死亡在案。然聲請人實際並

未死亡，迄今尚生存在世，爰依家事事件法第160條之規定，請求　鈞院裁定如聲請事項。

　　　　　　　　謹狀
台灣○○地方法院家事法庭　公鑒

證物名稱及件數	○○年度亡字第○○號裁定

中　　華　　民　　國　　　年　　　月　　　日

　　　　　　　　　具狀人　邱　甲　簽名蓋章

▶選任遺產管理人

◇繼承開始時，繼承人之有無不明者，由親屬會議於一個月內選定遺產管理人，並將繼承開始及選定遺產管理人之事由，向法院報明。（民1177）

◇親屬會議依前條規定爲報明後，法院應依公示催告程序，定六個月以上之期限，公告繼承人，命其於期限內承認繼承。

無親屬會議或親屬會議未於前條所定期限內選定遺產管理人者，利害關係人或檢察官，得聲請法院選任遺產管理人，並由法院依前項規定爲公示催告。（民1178）

◇下列繼承事件，專屬繼承開始時被繼承人住所地法院管轄：

　　一　關於遺產清冊陳報事件。

　　二　關於債權人聲請命繼承人提出遺產清冊事件。

　　三　關於拋棄繼承事件。

　　四　關於無人承認之繼承事件。

　　五　關於保存遺產事件。

　　六　關於指定或另行指定遺囑執行人事件。

　　七　關於其他繼承事件。

保存遺產事件，亦得由遺產所在地法院管轄。

第52條第4項之規定，於第1項事件準用之。

第1項及第2項事件有理由時，程序費用由遺產負擔。（家事127）

◇利害關係人或檢察官聲請選任遺產管理人時，其聲請書應記載下列事項，並附具證明文件：

一　聲請人。

二　被繼承人之姓名、最後住所、死亡之年月日時及地點。

三　聲請之事由。

四　聲請人爲利害關係人時，其法律上利害關係之事由。

親屬會議未依第134條第2項或前條另爲選定遺產管理人時，利害關係人或檢察官得聲請法院選任遺產管理人，並適用前項之規定。

法院選任之遺產管理人，除自然人外，亦得選任公務機關。（家事136）

◎撰狀說明

死亡後如繼承人全體均拋棄繼承，或無人繼承，如他人對之有訴訟必要，應對遺產管理人提起，除由親屬會議選定遺產管理人外，利害關係人或檢察官得聲請法院選任，此利害關係人包括死者之債權人。聲請法院選任必需具向死者住所地法院聲請。

〈狀例2-128〉選任遺產管理人聲請狀

<table>
<tr><td rowspan="2">家事　聲請　狀</td><td>案　　　號</td><td>年度</td><td>字第</td><td>號</td><td rowspan="2">承辦股別</td></tr>
<tr><td>訴訟標的金額或價額</td><td colspan="4">新台幣　　萬　千　百　十　元　角</td></tr>
<tr><td>稱　　謂</td><td>姓名或名稱身分證統一編號或營利事業統一編號</td><td colspan="3">住居所或營業所、郵遞區號及電話號碼電子郵件位址</td><td>送達代收人姓名、住址、郵遞區號及電話號碼</td></tr>
<tr><td>聲請人</td><td>孫　甲</td><td colspan="3"></td><td></td></tr>
</table>

爲聲請選定遺產管理人事：

聲請事項

一、請爲蔣○選任遺產管理人。

二、聲請費用由相對人負擔。

理由

依民法第1176條第6項「先順序繼承人均拋棄其繼承權時，由次順序之繼承人繼承。其次順序繼承人有無不明或第四順序之繼承人均拋棄其繼承權者，準用關於無人承認繼承之規定。」是在被繼承人死亡，其繼承人均拋棄繼承，準用無人承認繼承之規定。又依民法第1178條第2項「無親屬會議或親屬會議未於前條所定期限內選定遺產管理人者，利害關係人或檢察官，得聲請法院選任遺產管理人，並由法院依前項規定爲公示催告。」，則在無人承認之繼承，其親屬會議未選定遺產管理人者，利害關係人得聲請法院爲被繼承人選任遺產管理人。

　　緣聲請人曾借款新台幣100萬元予蔣○，現清償期屆至，為能對蔣○之遺產強制執行，自有對之訴訟取得執行名義之必要，但因蔣○死亡，其繼承人均拋棄繼承，聲請人為利害關係人，為此依上開民法規定及家事事件法第227條第1項第4款、第136條聲請　鈞院選任蔣○遺產管理人。

　　被繼承人蔣○（身分證○○○○），最後住所為台北市北投區○○路○○號，死亡時間為民國○○年○月○日。有關證明文件請調　鈞院○○年度司繼字第○號卷以查明聲請人主張之事實屬實。

　　　　　　　謹狀
台灣○○地方法院家事法庭　公鑒

證物名稱及件數	聲證一：權益轉讓合約書影本一件。

中	華	民	國	年	月	日

具狀人　孫　甲　　簽名蓋章

▶選任失蹤人財產管理人

◇失蹤人失蹤後，未受死亡宣告前，其財產之管理，除其他法律另有規定者外，依家事事件法之規定。（民10）

◇關於失蹤人之財產管理事件，專屬其住所地之法院管轄。

　　第52條第4項之規定，於前項事件準用之。（家事142）

◇失蹤人未置財產管理人者，其財產管理人依下列順序定之：

　　一、配偶。

　　二、父母。

　　三、成年子女。

　　四、與失蹤人同居之祖父母。

　　五、家長。

　　不能依前項規定定財產管理人時，法院得因利害關係人或檢察官之聲請，選任財產管理人。

財產管理人之權限，因死亡、受監護、輔助或破產之宣告或其他原因消滅者，準用前二項之規定。（家事143）

◎撰狀說明

　　在訴訟中，如對造失蹤，可聲請選任失蹤人管理人，以進行訴訟。

〈狀例2-129〉聲請選任失蹤人財產管理人狀

家事　聲請　狀	案　　　　號	年度　　　字第　　　號	承辦股別	
	訴訟標的金額或價額	新台幣　　萬　千　百　十　元　角		
稱　　　謂	姓名或名稱身分證統一編號或營利事業統一編號	住居所或營業所、郵遞區號及電話號碼電子郵件位址	送達代收人姓名、住址、郵遞區號及電話號碼	
聲請人	孫　甲			

為對失蹤人張水選任財產管理人事件，依法聲請事：

　　聲請事項

一、聲請對失蹤人張水選任財產管理人。

二、聲請程序費用由聲請人負擔。

　　事實及理由

　　查聲請人與失蹤人張水之被繼承人許木同為座落彰化縣員林市○○段○○地號土地之共有人（聲證1），惟許木於日治時期昭和6年（民國20年）死亡（聲證2），其遺產迄今仍未辦理繼承登記，因聲請人欲有效管理利用上開土地，已依法聲請分割共有物（案號：　鈞院107年度訴字第○○號）。惟經聲請人多方查詢許木繼承人之戶籍資料（聲證3），其中失蹤人張水之戶籍資料結果僅有日治時期手抄本之戶籍謄本（聲證4），籍設臺中州員林郡員林街○○番地，其後再無其他相關記載，可認失蹤人張水行方不明，生死未知，而因失蹤人張水未設財產管理人，亦無家事事件法第143條第1項第1至5款之法定財產管理人，為確保聲請人之權利，爰依家事事件法第143條第2項「不能依前項規定定財產管理人時，法院得因利害關係人或檢察官之聲請，選任財產管理人。」之規定聲請為失蹤人張水選任財產管理人。

　　此外，倘　鈞院准予為失蹤人張水選任失蹤人財產管理人，請　鈞院函詢○○律師公會推薦適當人選任本件失蹤人張水之財產管理人。

　　　　　　謹狀

台灣○○地方法院家事法庭　公鑒

證物名稱及件數	聲證1：土地地籍謄本影本1件。
	聲證2：許木戶籍謄本影本1件。
	聲證3：許木繼承系統表影本6件。
	聲證4：失蹤人張水戶籍謄本影本1件。

中	華	民	國	年	月	日

具狀人　孫　甲　　簽名蓋章

第二章　強制執行法相關書狀

▶強制執行之聲請

◇強制執行，依下列執行名義為之：

一　確定之終局判決。

二　假扣押、假處分、假執行之裁判及其他依民事訴訟法得為強制執行之裁判。

三　依民事訴訟法成立之和解或調解。

四　依公證法規定得為強制執行之公證書。

五　抵押權人或質權人，為拍賣抵押物或質物之聲請，經法院為許可強制執行之裁定者。

六　其他依法律之規定，得為強制執行名義者。

執行名義附有條件、期限或須債權人提供擔保者，於條件成就、期限屆至或供擔保後，始得開始強制執行。

執行名義有對待給付者，以債權人已為給付或已提出給付後，始得開始強制執行。（強執4）

◇依外國法院確定判決聲請強制執行者，以該判決無民事訴訟法第四百零二條各款情形之一，並經中華民國法院以判決宣示許可其執行者為限，得為強制執行。

前項請求許可執行之訴，由債務人住所地之法院管轄。債務人於中華民國無住所者，由執行標的物所在地或應為執行行為地之法院管轄。（強執4-1）

◇執行名義為確定終局判決者，除當事人外，對於下列之人亦有效力：

一　訴訟繫屬後為當事人之繼受人及為當事人或其繼受人占有請求之標的物者。

二　為他人而為原告或被告者之該他人及訴訟繫屬後為該他人之繼受人，及為該他人或其繼受人占有請求之標的物者。

前項規定，於第4條第1項第2款至第6款規定之執行名義，準用之。（強執4-2）

◇債權人聲請強制執行，應以書狀表明下列各款事項，提出於執行法院為之：

一　當事人及法定代理人。

二　請求實現之權利。

書狀內宜記載執行之標的物、應為之執行行為或本法所定其他事項。

強制執行開始後，債務人死亡者，得續行強制執行。

債務人死亡，有下列情形之一者，執行法院得依債權人或利害關係人聲請，選任

　　特別代理人，但有遺囑執行人或遺產管理人者，不在此限：

　　一　繼承人有無不明者。

　　二　繼承人所在不明者。

　　三　繼承人是否承認繼承不明者。

　　四　繼承人因故不能管理遺產者。（強執5）

◇強制執行由應執行之標的物所在地或應為執行行為地之法院管轄。

　　應執行之標的物所在地或應為執行行為地不明者，由債務人之住、居所、公務所、事務所、營業所所在地之法院管轄。

　　同一強制執行，數法院有管轄權者，債權人得向其中一法院聲請。

　　受理強制執行事件之法院，須在他法院管轄區內為執行行為時，應囑託該他法院為之。（強執7）

◎撰狀說明

㈠債權人取得執行名義後如欲執行，可提出強制執行聲請狀，附上證明文件，並依強制執行法第28條之2繳納定額之執行費用（現為執行標的千分之8），不須另繳差旅費（郵費另購郵票代之），法院即可定期執行。

㈡強制執行聲請狀應提出之執行名義證明文件，分別為（見強制執行法第6條）：

㈢依確定之終局判決而為聲請者，應提出判決正本，並判決確定證明書或各審級之判決正本。惟依第三審之終局判決及不得上訴於第三審之第二審終局判決聲請者，只提出各審終局之判決正本即可，無須再提判決確定證明書。

㈣依假扣押、假處分之裁判及其他依民事訴訟法得為強制執行之裁判而為聲請者，應提出裁判正本。惟不必提出確定證明書。因此等裁判不待確定，即有執行力。但以支付命令為執行名義者，應由債權人提出支付命令及其確定證明書（見民事訴訟法第521條）。

㈤依民事訴訟法成立之和解或調解而為聲請者，應提出筆錄正本。

㈥依公證書而為聲請者，應提出公證書正本。

㈦依准予拍賣抵押物或質物之裁定而為聲請者，應提出債權或抵押權或質權之證明文件（如抵押權或質權設定契約書、承攬契約或貸款契約、登記簿謄本、他項權利證明書、債權憑證等）及裁定正本。

㈧依其他法律之規定得為強制執行名義者而為聲請者，應提出得為強制執行名義之證明文件，如法院核定之鄉鎮市調解書及縣市耕地租佃委員會調解處成立之書據是。

㈨提出強制執行聲請狀，除附具執行名義證明文件外，如執行標的物為不動產，尚須附具土地及房屋登記簿謄本。

（十）強制執行聲請狀通常分爲：1.執行標的之金額；2.執行名義；3.執行標的物及所在地；4.聲請理由等四欄。

（士）拍賣抵押物執行之聲請，當事人欄應以聲請時之抵押物所有人爲債務人（不一定是他項權利證明書上之設定抵押權義務人或債務人，有時兩者不一致，應注意）。如抵押物所有人爲繼承人，而其拍賣標的物未辦理繼承登記者，依強制執行法第11條第3項，執行法院得因債權人之聲請，以債務人費用，通知登記機關登記爲債務人所有後而爲執行。

取得執行名義費用，必需另有確定訴訟費用裁定爲執行名義，始可一併強制執行或參與分配。

執行費用在金錢請求權執行，可於聲請狀表明，或拍定後具狀陳報（參見後述狀例2-130）以爲分配，但在非金錢請求之執行，則需在執行終結後，另外聲請確定執行費用裁定後，再另聲請執行，請注意下列狀別之不同。

〈狀例2-130〉因確定判決聲請執行債務人不動產㈠

民事　強制執行聲請　狀	案　　　號	年度　　字第　　號		承辦股別	
	訴訟標的金額或價額	新台幣　　萬　千　百　十　元　角			
稱　　　謂	姓　名　或　名　稱身分證統一編號或營利事業統一編號	住居所或營業所、郵遞區號及電話號碼電子郵件位址		送達代收人姓名、住址、郵遞區號及電話號碼	
聲　請　人即債權人債　務　人	趙　丙王　甲				

爲聲請強制執行事：
　　執行標的之金額
新台幣（以下同）20萬元整，及自民國○○年○月○日起至清償之日止，按年息百分之5計算之利息。
　　執行名義
　　台灣○○地方法院○○年度○字第○○號民事判決及確定證明書（見證物一）。
　　執行標的物及所在地
　　債務人王甲所有坐落○○市○○區○○段○小段第○○號，地目：建，面積○

公頃○公畝30平方公尺之土地，持分4分之1與地上建物，建號：○○○○，即門牌號碼：○○市○○區○○路○○巷○○號3樓，面積92平方公尺43平方公寸之本國式鋼筋混凝土造四層樓房第三層（見證物二）。

聲請理由

竊聲請人請求債務人王甲清償會款事件，業於○○年○月○日○○年度○字第○○號民事判決，諭知債務人應給付聲請人20萬元，及自民國○○年○月○日起至清償之日止，按年息百分之5計算之利息，且應負擔本件訴訟費用之全部在案。詎知債務人經催討，迄今仍未清償分文，其無償還之誠意，實已洞然。爲保聲請人之權益，爰依強制執行法第4條第1項第1款及第6條第1項第1款、第2項等規定，檢呈是項判決正本及民事判決確定證明書正本各乙份（同證物一），狀請

鈞處鑒核，准對債務人財產，實施強制執行。

謹狀

台灣○○地方法院民事執行處　公鑒

證　物　名　稱及　　件　　數	證物一：判決正本及確定證明書正本各一份。
	證物二：台北市○○區○○段○小段○○號土地登記簿謄本一件及建物登記謄本一件。

中	華	民	國	年	月	日

具狀人　趙　丙　　簽名蓋章

〈狀例2-130-1〉因確定判決聲請執行債務人不動產㈡

民事 強制執行聲請 狀	案　　　號	年度　　字第　　號	承辦股別	
	訴訟標的金額或價額	新台幣　萬　千　百　十　元　角		
稱　　　謂	姓　名　或　名　稱身分證統一編號或營利事業統一編號	住居所或營業所、郵遞區號及電話號碼電子郵件位址	送達代收人姓名、住址、郵遞區號及電話號碼	
聲　請　人債　務　人	趙　丙王　甲			

為聲請強制執行事：

執行標的之金額

一、新台幣（下同）2千萬元整，及自民國87年4月30日起至清償之日止，按年息百分之5計算之利息。

二、取得執行名義費用10萬元整及本件強制執行費用。

執行名義

一、台灣台北地方法院82年度重訴字第1345號判決正本、。

二、台灣高等法院85年度重上字第1451號判決正本及。

三、最高法院87年度台上字第175號判決正本（證一）。

執行標的物及所在

債務人所有坐落台北市內湖區東湖段三小段第336號土地（證二）。

聲請人不知該土地所在，請　鈞處通知台北市中山地政事務所協同指界。

事實及理由

債務人前曾向聲請人借款2千萬元屆期不還，經聲請人起訴請求，並經三審判決確定讞債務人應付清償借款之責任在案，爰依強制執行法第4條、第5條、第6條檢附相關文件聲請對債務人之財產強制執行。

謹狀

台灣台北地方法院民事執行處　公鑒

證　物　名　稱 及　　件　　數	證一：判決正本三份。
	證二：土地登記謄本一份。

中　　　華　　　民　　　國　　　　年　　　　月　　　　日
具狀人　　趙　丙　　簽名 蓋章

〈狀例2-131〉因確定判決聲請執行債務人之債權

民事　強制執行聲請　狀	案　　　號	年度　　字第　　號	承辦 股別	
	訴訟標的 金額或價額	新台幣　　萬　千　百　十　元　角		

稱　　　　謂	姓　名　或　名　稱 身分證統一編號或 營利事業統一編號	住居所或營業所、郵遞區號 及電話號碼電子郵件位址	送達代收人姓 名、住址、郵遞 區號及電話號碼
聲　請　人 債　務　人	趙　丙 王　甲		

為聲請強制執行事：

　　執行標的之金額

新台幣（下同）200萬元整，及自民國87年4月30日起至清償之日止，按年息百分之5計算之利息。

　　執行名義

　　台灣台北地方法院87年度北簡字第345號宣示判決筆錄正本及確定證明正本（證一）。

　　執行標的物及所在

　　債務人對第三人華南商業銀行股份有限公司大安分行（台北市仁愛路三段146號1樓）之活期儲蓄存款（帳號：○○○○○○○○○）債權。

　　事實及理由

　　聲請人執有相對人所簽發之支票200萬元未獲兌現，爰依強制執行法第4條、第5條、第6條檢附相關文件聲請對債務人對第三人之財產強制執行。

　　　　　　　謹狀

台灣台北地方法院民事執行處　公鑒

證　物　名　稱 及　　件　　數	證一：宣示判決筆錄及確定證明正本一份。

中　　　華　　　民　　　國　　　　年　　　　月　　　　日
具狀人　趙　丙　　簽名 　　　　　　　　　　蓋章

〈狀例2-132〉因假執行聲請強制執行

民事　強制執行聲請　狀	案　　　號	年度　　字第　　號	承辦 股別	
	訴訟標的 金額或價額	新台幣　萬　千　百　十　元　角		

稱　　　　謂	姓　名　或　名　稱 身分證統一編號或 營利事業統一編號	住居所或營業所、郵遞區號 及電話號碼電子郵件位址	送達代收人姓 名、住址、郵遞 區號及電話號碼
聲　請　人 即債權人	李　甲		
債　務　人	楊　乙		

為聲請強制執行事：

執行標的之金額

新台幣（以下同）125萬元整，及自民國○○年○月○日起至清償之日止，按年息百分之5計算之利息。

執行名義

台灣○○地方法院○○年○月○日○○年○字第○○號民事判決（證物一）。

執行標的物及所在地

債務人所有坐落○○縣○○鄉○○段○小段○○地號，地目：建，面積：70平方公尺，持分：5分之2之土地，及其上之建物，門牌號碼：○○縣○○鄉○○路○○弄○○號，建號：○○○○，本國式四層樓房地面層（證物二）。

聲請理由

緣聲請人持有債務人於民國○○年○月○日、○月○日及○月○日分別簽發之支票三紙，面額合計125萬元。詎屆期提示均不獲付款，迭經追索無效，遂起訴請求，業經　鈞院於民國○○年○月○日判決勝訴並准予假執行在案（同證物一）。為此爰依強制執行法第4條第1項第2款、第6條第1項第2款，具狀聲請

鈞處鑒核，准對債務人之財產實施強制執行，俾保權益。

　　　　　謹狀

台灣○○地方法院民事執行處　公鑒

證　物　名　稱 及　　件　　數	證物一：鈞院○○年度訴字第○○號民事判決正本一份。 證物二：土地、建築改良物登記謄本一份。

中　　　華　　　民　　　國　　　　　年　　　　　月　　　　　日
具狀人　李　甲　簽名蓋章

〈狀例2-133〉因和解成立聲請執行交付不動產狀

民事 強制執行聲請 狀		案　　號	年度　　字第　　號	承辦股別	
		訴訟標的金額或價額	新台幣　萬　千　百　十　元　角		
稱　　　　謂	姓　名　或　名　稱身分證統一編號或營利事業統一編號	住居所或營業所、郵遞區號及電話號碼電子郵件位址		送達代收人姓名、住址、郵遞區號及電話號碼	
聲　請　人即債權人	王　甲				
債　務　人	林　乙				

為聲請強制執行事：

　　聲請執行之標的

　　債務人應將坐落○○縣○○市○○路○○號2樓之房屋全部遷讓交還債權人。

　　執行名義

　　台灣高等法院就○○年度○字第○○號和解筆錄（證物一）。

　　聲請理由

　　緣債權人與債務人於○○年○月○日在台灣高等法院民事庭就○○年度○字第○○號請求返還房屋上訴事件成立和解，債務人應遷讓返還如聲請執行之標的所示房屋，有和解筆錄為憑（同證物一）。惟債務人竟延未依和解筆錄內容於和解成立之翌日起三個月內（按即○○年○月○日前）遷讓，將房屋交還債權人，迭經債權人催告，債務人仍置若罔聞，為此爰依強制執行法第4條第1項第3款、第6條第1項第3款及第124條之規定，狀請

　　鈞處鑒核，依法準予強制執行，以維權益，實感德便。

　　　　謹狀

台灣○○地方法院民事執行處　公鑒

證物名稱及件數	證物一：和解筆錄正本一份。證物二：台灣北區電信管理局電話保證金收據及交通部○○電信局市內電話裝移機等費用收據影本一份。

中　　　　華　　　　民　　　　國　　　　年　　　　月　　　　日
具狀人　王　甲　　簽名蓋章

〈狀例2-134〉因調解成立聲請執行遷讓房屋狀

民事 強制執行聲請 狀		案　　　號	年度　字第　　號	承辦股別	
		訴訟標的金額或價額	新台幣　萬　千　百　十　元　角		
稱　　　謂	姓　名　或　名　稱身分證統一編號或營利事業統一編號	住居所或營業所、郵遞區號及電話號碼電子郵件位址		送達代收人姓名、住址、郵遞區號及電話號碼	
聲　請　人即債權人債　務　人	李　甲林　乙				

為聲請強制執行事：

一、債務人所有坐落於○○市○○路○○巷○○號二層木造房屋之一樓客廳及臥房各一間應遷出交還債權人。

二、就債務人於上開房屋內之動產強制執行。

　　執行名義

　　台灣○○地方法院○○年度○字第○○號就請求返還房屋事件成立調解之調解筆錄（證物一）。

　　聲請理由

　　緣聲請人與對造人請求遷讓房屋事件，曾蒙　鈞院民事調解庭於○○年○月○日調解成立，其內容載有「他造當事人願於本年○月底以前，將○○市○○路○○巷○○號2樓木造房屋之一樓客廳及臥房一間，交還聲請人，並支付自本年○月○日起至同年底為止，每月新台幣3千元之損害賠償金」等等。惟屆期債務人未無交屋亦未給付賠償金，甚且將房屋大門上鎖，為此謹依強制執行法第4條第1項第3款及第6條第1項第3款之規定，檢附調解筆錄正本，狀請

　　鈞處賜予實施強制執行，令債務人返還，並執行其財產，藉保權益。

　　　　謹狀

台灣○○地方法院民事執行處　公鑒

證 物 名 稱及　件　數	證物一：調解筆錄正本一份。

中　　　華　　　民　　　國　　　　　年　　　　月　　　　日
具狀人　　李　甲　　簽名蓋章

〈狀例2-135〉因法院之公證聲請執行返還借款狀

民事 強制執行聲請 狀			案　　　號	年度　　字第　　號	承辦股別	
			訴訟標的金額或價額	新台幣　萬　千　百　十　元　角		
稱　　　謂	姓　名　或　名　稱身分證統一編號或營利事業統一編號		住居所或營業所、郵遞區號及電話號碼電子郵件位址		送達代收人姓名、住址、郵遞區號及電話號碼	
聲　請　人即債權人相　對　人	王　乙林　丙					

為聲請強制執行事：

執行標的之金額

新台幣20萬元，及自民國○○年○月○日起至清償日止，按年息百分之5計付利息。

執行之名義

台灣○○地方法院公證處○○年度○字第○○號公證書（證物一）。

執行標的物及所在地

　　債務人所有坐落○○縣○○段第○○號建地，面積：0.234公頃及地上建物，即門牌號碼：○○縣○○鄉○○路○○號2樓之本國磚造二層樓房之第二層一棟（證物二）。

聲請理由

　　緣債務人林丙於○○年○月○日向債權人借款新台幣20萬元，雙方約定利息按年息百分之5計算，以一年為期，至○○年○月○日止，應如數償還債權人，請求法院公證人公證，並於公證書載明逾期未還應逕受強制執行，茲有台灣○○地方法院公證書乙紙可稽（同證物一）。惟債務人屆期竟拒不履行，為此爰依強制執行法第4條第1項第4款及第6條第1項第4款之規定提出公證書，向

　　鈞處聲請強制執行，懇請賜予強制執行之實施，以保權益。

　　　　　謹狀

台灣○○地方法院民事執行處　公鑒

證物名稱及件數	證物一：公證書正本一份。證物二：土地、建築改良物登記謄本各一份。

中　　　華　　　民　　　國　　　　　年　　　　月　　　　日

　　　　　　　具狀人　王　乙　　簽名蓋章

〈狀例2-136〉因拍賣抵押物之裁定聲請執行狀

民事 強制執行聲請 狀		案　　號	年度　　字第　　號	承辦股別	
		訴訟標的金額或價額	新台幣　萬　千　百　十　元　角		
稱　　　　謂	姓 名 或 名 稱身分證統一編號或營利事業統一編號	住居所或營業所、郵遞區號及電話號碼電子郵件位址		送達代收人姓名、住址、郵遞區號及電話號碼	
聲 請 人即債權人債 務 人	王 甲　　　　林 乙				

為聲請拍賣抵押物強制執行事：

　　執行標的之金額

新台幣400萬元，及自民國○○年○月○日起至清償之日止，按年息百分之5計算之利息。

　　執行名義

　　台灣○○地方法院○○年○字第○○號民事裁定（見證物一）。

　　執行標的及所在地

　　債務人林乙所有坐落○○市○○段○小段○○地號建地，面積0.0976公頃，持分1萬分之263及其上建物（建號：○○○○）即門牌號碼○○市○○區○○街○○巷○○弄○○號之本國式五層樓之地面層，面積87.42平方公尺，附屬建物停車場12.29平方公尺之所有權全部（見證物二）。

　　聲請理由

　　債務人林乙應依 鈞院○○年○字第○○號民事裁定內容為履行，而迄今仍未依法履行，為此，爰引強制執行法第4條第1項第5款之規定及第6條第1項第5款之規定，提出債權、抵押權之證明文件及裁定正本聲請強制執行。

　　　　　　謹狀

台灣○○地方法院民事執行處　公鑒

證 物 名 稱及 　 件 　 數	證物一：民事裁定正本一份。證物二：土地及建物謄本一份。

中　　　華　　　民　　　國　　　　　年　　　　月　　　　日

　　　　　　　　具狀人　王 甲　　簽名蓋章

▶延緩執行之聲請

◇實施強制執行時，經債權人同意者，執行法院得延緩執行。

前項延緩執行之期限不得逾三個月。債權人聲請續行執行而再同意延緩執行者，以一次為限。每次延緩期間屆滿後，債權人經執行法院通知而不於十日內聲請續行執行者，視為撤回其強制執行之聲請。

實施強制執行時，如有特別情事繼續執行顯非適當者，執行法院得變更或延展執行期日。（強執10）

◎撰狀說明

㈠延緩執行須得債權人之同意即可。

㈡延緩執行，以關於不特定之財產之執行，或關於可代替之行為之執行，始可聲請。

〈狀例2-137〉延緩執行聲請狀

民事 延緩執行聲請 狀		案　　號	年度　　字第　　號	承辦股別	
		訴訟標的金額或價額	新台幣　萬　千　百　十　元　角		
稱　　　謂	姓　名　或　名　稱身分證統一編號或營利事業統一編號	住居所或營業所、郵遞區號及電話號碼電子郵件位址		送達代收人姓名、住址、郵遞區號及電話號碼	
聲　請　人即　債　權　人	王　甲				
債　務　人	林　乙				

為聲請延緩執行事：

　　查○○年度民執○字第○○號強制執行事件，前蒙　鈞處於○○年○月○日派員將債務人所有坐落於○○市○○段○小段○○地號，面積○○公頃之建地暨其上門牌號碼○○市○○路○○段○○號本國式鋼筋混凝土造三層樓房乙棟實施查封，並定期於本年○月○日拍賣在案。茲經友人出面調處，債務人已於本年○月○日清償部分債款新台幣180萬元，並約定餘款自本年○月○日起一個月內清償，債權人念其籌款之艱，居心之誠，且剩餘款項為數不多，為特懇請

　　鈞處鑒核，延續執行三個月，俾利債務人從容籌措，實為德便。

　　　　　　謹狀

台灣○○地方法院民事執行處　公鑒

證　物　名　稱 及　　件　　數	

中　　　　華　　　　民　　　　國　　　　年　　　　月　　　　日

具狀人　　王　甲　　簽名 蓋章

▶聲請及聲明異議

◇當事人或利害關係人，對於執行法院強制執行之命令，或對於執行法官、書記官、執達員實施強制執行之方法，強制執行時應遵守之程序，或其他侵害利益之情事，得於強制執行程序終結前，爲聲請或聲明異議。但強制執行不因而停止。

前項聲請及聲明異議，由執行法院裁定之。

不服前項裁定者，得爲抗告。（強執12）

◎撰狀說明

㈠當事人或利害關係人得要求原執行機關爲一定之行爲或除去已爲之處分或程序，前者以聲請行之，乃請求執行法院爲一定行爲之謂；後者以聲明異議行之，乃不同意執行法院所爲之一定行爲或不行爲，而請求其變更或撤銷作爲或不作爲。

㈡聲請或聲明異議，乃專對「執行程序」而發，以示與異議之訴之關於「實體事項」者有別。

㈢得提起聲請及聲明異議之人包括債權人、債務人及利害關係人。而利害關係人即就執行法院之執行涉有利害關係之第三人，不論爲自然人或法人均屬之。惟當事人或利害關係人之債權人，則不得依民法第242條、第243條之規定代位爲聲請或聲明異議，應特別注意。

㈣聲請或聲明異議之提出，應於強制執行程序終結前爲之，易言之，即強制執行程序開始後終結前爲之。惟強制執行程序於何時終結，應視聲請或聲明異議之內容分別情形定之。

㈤當事人或利害關係人爲聲請或聲明異議，應向執行法院爲之。茲所謂執行法院，係指爲強制執行之法院而言。

㈥對於執行法院之裁定，如有不服者，得於送達裁定十日內提起抗告。對於抗告法院之裁定，如以抗告爲不合法而駁回、或以抗告爲有理由而廢棄或變更原裁定者，原抗告人或其相對人得分別提起再抗告（民事訴訟法第486條準用）。

〈狀例2-138〉定期拍賣不動產聲請狀

民事 定期拍賣聲請 狀		案　　　號	年度　　字第　　號	承辦股別	
		訴訟標的金額或價額	新台幣　萬　千　百　十　元　角		
稱　　　　謂	姓　名　或　名　稱身分證統一編號或營利事業統一編號	住居所或營業所、郵遞區號及電話號碼電子郵件位址		送達代收人姓名、住址、郵遞區號及電話號碼	
聲　請　人即債權人債　務　人	楊　甲林　乙				

為聲請定期拍賣事：

　　緣民國○○年民執○字第○○號給付借款執行乙案，業經　鈞處於本年○月○日將債務人林乙所有本市○○路○○段○○號磚造房屋乙棟實施查封在案，債務人雖具狀表示願清償，然迄今已逾十日，債務人仍未清償，為此聲請，迅將上開業經查封之房屋，定期公告拍賣，俾早日受償，而保權益。

　　　　　謹狀

台灣○○地方法院民事執行處　公鑒

證　物　名　稱及　　件　　數	

中　　　華　　　民　　　國　　　　年　　　　月　　　　日
具狀人　楊　甲　　簽名蓋章

〈狀例2-139〉請求撤銷查封聲明異議狀

民事　聲明異議　狀	案　　　號	年度　　字第　　號	承辦股別	
	訴訟標的金額或價額	新台幣　萬　千　百　十　元　角		

稱　　　　謂	姓　名　或　名　稱身分證統一編號或營利事業統一編號	住居所或營業所、郵遞區號及電話號碼電子郵件位址	送達代收人姓名、住址、郵遞區號及電話號碼
聲　明　人即債務人	林　乙		

為不服　鈞處之查封，依法聲明異議事：

　　按　鈞處受理○○年度民執○字第○○號債權人王甲與債務人林乙返還定金強制執行事件，於民國○○年○月○日上午10時20分將債務人所有坐落○○區○○段○小段○○地號，面積0.2484公頃，持分2分之1之土地予以查封。惟查債權人之執行聲請係以○○地方法院之和解筆錄，該筆錄之和解成立內容為「……被告林乙願於被告趙丙未能履行前項債務，並經強制執行無效果時，負給付責任……」（見證物一）云云，然被告趙丙，在○○尚有○○段○○地號之土地（見證物二），債權人既未「經強制執行無效果」，則債務人依和解筆錄仍不須負給付之責，則債權人之請求執行顯屬無據，為此依法狀請

　　鈞處鑒核，賜將該查封予以撤銷，並駁回其執行之聲請，以障權益。

　　　　謹狀
台灣○○地方法院民事執行處　公鑒

證　物　名　稱及　　件　　數	證物一：和解筆錄影本一份。證物二：土地登記謄本一份。

中	華	民	國	年	月	日

　　　　　　　　具狀人　　林　乙　　簽名蓋章

〈狀例2-140〉因未估定底價聲明異議狀

民事　聲明異議　狀		案　　　　號	年度　　字第　　號	承辦股別	
		訴訟標的金額或價額	新台幣　萬　千　百　十　元　角		
稱　　　　謂	姓　名　或　名　稱身分證統一編號或營利事業統一編號	住居所或營業所、郵遞區號及電話號碼電子郵件位址		送達代收人姓名、住址、郵遞區號及電話號碼	

聲　明　人	楊　甲		

為就○○年度○字第○○號林乙清償債務強制執行乙案，依法聲明異議事：

　　緣聲明人聲請執行債務人林乙返還借款乙案，經奉　鈞處將債務人所有坐落本市○○路○○段○○巷○○號房屋乙棟連同基地實施查封，並核定底價為新台幣（以下同）50萬元定期拍賣。惟查拍賣不動產應先命鑑定人估定價格，以核定底價，強制執行法第80條定有明文。詎　鈞處卻未依法命鑑定人先予估價，竟逕依債務人之報告核定其最低價額為50萬元，顯非適當，且與上開規定不符。為此特予聲明異議，狀請

　　鈞處鑒核，賜依法撤銷原核定之價額，重行估價，俾利拍賣。

　　　　　　　謹狀

台灣○○地方法院民事執行處　公鑒

證　物　名　稱及　　件　　數	

中	華	民	國	年	月	日

具狀人　楊　甲　　簽名
蓋章

〈狀例2-141〉因未揭示拍賣公告聲明異議狀

民事　聲明異議　狀		案　　　　　號	年度　　字第　　號	承辦股別
		訴訟標的金額或價額	新台幣　　萬　千　百　十　元　角	
稱　　　　謂	姓　名　或　名　稱身分證統一編號或營利事業統一編號	住居所或營業所、郵遞區號及電話號碼電子郵件位址		送達代收人姓名、住址、郵遞區號及電話號碼
聲　請　人即債務人	施　甲			

為　鈞院未依法揭示拍賣公告，聲明異議事：

　　緣債權人李乙請求查封聲明人所有坐落○○市○○路○○號平房乙棟，定於本年○月○日拍賣，依法應於本年○月○日起將拍賣公告揭示於該房屋所在地。惟

鈞院執行處並未將拍賣公告揭示於房屋所在地，及登載公報或新聞紙，亦未將拍賣期日通知送達於聲明人，有違強制執行法第84條、第63條，按「當事人或利害關係人，對於……法官、書記官、執達員實施……強制執行時應遵守之程序……得於強制執行程序終結前，爲聲請或聲明異議」，強制執行法第12條有明定，爲此狀請　鈞院鑒核，迅賜撤銷該拍賣程序，以維權益。

　　　　　　　　謹狀

台灣○○地方法院民事執行處　公鑒

證　物　名　稱 及　　件　　數	

中　　華　　民　　國　　　　　年　　　　　月　　　　　日

　　　　　　　　　具狀人　　施　甲　　簽名蓋章

〈狀例2-142〉**對停止執行聲明異議之裁定不服提起聲明異議（按：此係對司法事務官之處分）**

民事　聲明異議　狀		案　　　　　號	100年度司執字第○○○號	承辦股別	
		訴訟標的 金額或價額	新台幣　　萬　千　百　十　元　角		
稱　　　　謂	姓　名　或　名　稱 身分證統一編號或 營利事業統一編號	住居所或營業所、郵遞區號 及電話號碼電子郵件位址		送達代收人姓 名、住址、郵遞 區號及電話號碼	
聲明異議人 相對人即 債　權　人 法定代理人 相對人即 買　受　人	陳　○ ○○商業銀行 A 潘○				

爲對鈞院點交事項聲明異議事：

　　本件　鈞院點交之○○○建號建物，依拍賣公告所示其面積爲地下地面層至第五層共2347.37平方公尺，但依　鈞院民國101年○○月○○日執行筆錄所載，其中

白色1樓增建物，司法事務官以該建物為原建築物再行擴建、增建，為原建物所包覆，與原建築物構成並相連一體，且共同使用同一出入門戶，不具構造上、使用上獨立性。足見現在　鈞院點交之範圍應已超過上開2347.37平方公尺，則超過部分既未估價，列入拍賣範圍，此部分拍賣是否有效非無爭議，且此部分亦未查封如何可點交？為此就　鈞院之點交依強制執行法第12條第1項「當事人或利害關係人，對於執行法院強制執行之命令，或對於執行法官、書記官、執達員實施強制執行之方法，強制執行時應遵守之程序，或其他侵害利益之情事，得於強制執行程序終結前，為聲請或聲明異議。但強制執行不因而停止。」聲明異議。

　　為明確拍賣、點交範圍，請囑託地政人員測量上開有爭議部分之面積，核對與　鈞院拍賣公告所載之面積及民國93年○○月○○日大里地政事務所就○○○建號建物測量之面積是否相符。

　　又　鈞院訂期與民國102年○○月○○日點交，因拍賣、點交範圍尚有爭議，且債務人搬遷並非易事，尚須準備，○○月○○日將屆農曆新年，是請　鈞院將點交日期延後半年，以便聲明異議人準備。

　　　　　　謹狀
台灣○○地方法院　公鑒

證 物 名 稱及 件 數	

中	華	民	國	年	月	日

　　　　　　　　具狀人　陳　○　　　簽名蓋章

〈狀例2-143〉對執行標的物聲明異議之裁定不服提起抗告狀（按：此係執行法院裁定）

民事　抗告　狀		案　　　　號	100年度司執字第○○○號	承辦股別	
		訴訟標的金額或價額	新台幣　萬　千　百　十　元　角		
稱　　　謂	姓 名 或 名 稱身 分 證 統 一 編 號 或營 利 事 業 統 一 編 號	住居所或營業所、郵遞區號及電話號碼電子郵件位址		送達代收人姓名、住址、郵遞區號及電話號碼	

抗　告　人 即聲明人	王　甲		

為不服○○年度○字第○○號裁定，提起抗告事：

　　緣原裁定略以「本件聲明人聲明異議，無非謂本院查封拍賣債務人所有落○○坐市○○路○○號平房乙棟，為其所有，有買賣契約書為證，縱令屬實，揆諸首開說明，亦只能依強制執行法第15條規定提起異議之訴，以求救濟，要無聲明異議之餘地」，而駁回異議之聲明。查第三人對於執行標的物主張為其所有，請求排除強制執行者，固應依強制執行法第15條提起異議之訴，此因執行法院就系爭標的物並無實質的審查權利，故僅能由形式判斷之，如第三人就該標的物主張權利時，應另行訴請民事庭裁判。惟查本件執行法院所查封之標的物，非但在實質上確為抗告人所有，即建物登記謄本上亦記載抗告人為所有權人，非但為債務人所承認，即債權人亦無爭執，顯屬執行法院查封錯誤。詎原裁定竟認為應屬第三人異議之訴之範疇，而駁回抗告人之異議，核該裁定，顯屬不當，為此爰依強制執行法第12條第3項規定，狀請

　　鈞院鑒核，賜廢棄原裁定，並撤銷查封，以維權益。

　　　　　謹狀

台灣○○地方法院民事執行處　　轉呈
台灣高等法院　　　　　　　　公鑒

證　物　名　稱 及　　件　　數	

中　華　民　國　　　　年　　　　月　　　　日

　　　　　　　　具狀人　　王　甲　　　簽名
蓋章

〈狀例2-144〉第三人聲明異議狀

民事　抗告　狀	案　　　　　號	100年度司執字第○○○號	承辦 股別	
	訴訟標的 金額或價額	新台幣　　萬　　千　　百　　十　　元　　角		
稱　　　　謂	姓　名　或　名　稱 身分證統一編號或 營利事業統一編號	住居所或營業所、郵遞區號 及電話號碼電子郵件位址		送達代收人姓 名、住址、郵遞 區號及電話號碼

聲　明　人 即　第　三　人	○○企業有限公司	
法定代理人	鄭　甲	

為　鈞院83年度民執洪字第○○號清償債務強制執行事件，依法聲明異議事：

一、按本公司於83年5月3日奉按　鈞院之執行命令諭知：「本院受理83年度民執洪字第○○號清償債務強制執行事件，債權人請求就債務人（即林甲、林乙）對第三人（即本公司）之薪津（每月按3分之1扣押）債權，在新台幣3,767,819元及如附表所示之利息、違約金及執行費用新台幣210元之範圍內，予以扣押……」等語。惟查債務人林甲、林乙早已不在本公司工作，更未在本公司受薪，但　鈞院命本公司應按月扣押其薪津3分之1乙節，本公司顯無法遵行，特此陳明。

二、本公司爰依強制執行法第119條第1項規定，向　鈞院聲明異議。為此狀請
　　鈞院鑒核。

　　　　　　　謹狀
台灣台北地方法院民事執行處　公鑒

證　物　名　稱 及　　件　　數	

中　　　　華　　　　民　　　　國　　　　年　　　　月　　　　日		
	具狀人　　○○企業有限公司 法定代理人　鄭甲	簽名 蓋章

〈狀例2-145〉**對司法事務官裁定異議（請求發款）**

民事　異議　狀	案　　　號	年度　　　字第　　　號	承辦 股別	
	訴訟標的 金額或價額	新台幣　　萬　千　百　十　元　角		
稱　　　　謂	姓　名　或　名　稱 身分證統一編號或 營利事業統一編號	住居所或營業所、郵遞區號 及電話號碼電子郵件位址	送達代收人姓名、住址、 郵遞區號及電話號碼	
異　議　人 法定代理人	勞動部勞工保險局 　林　乙			

為與債務人○○興業股份有限公司之強制執行事件，不服臺灣○○地方法院民事執行處司法事務官112年8月11日○○年度司執字第○○號裁定，依法異議事：

　　　　聲明

一、原裁定廢棄。

二、准異議人就臺灣○○地方法院111年司執字第○○號強制執行事件領取分配款新台幣（以下同）8,635,652元。

　　　　理由

一、債權人○○商業銀行股份有限公司與債務人○○興業股份有限公司間之臺灣○○地方法院○○年度司執字第○○號強制執行事件，異議人對債務人亦有債權，以110年司執字第○○號分配表不足額另以111年司執字第○○號優先債權併案強制執行，執行法院112年5月19日製作之分配表，因分配表內容有誤，執行法院於112年6月17日依職權更正分配表，定於112年7月14日實行分配，依該分配表異議人可優先分得8,635,652元，但因該債務人於112年5月31日經臺灣○○地方法院111年度破字第○號裁定宣告破產，執行法院以債務人受破產之宣告，其屬於破產財團之財產，除債權人行使別除權者外，應即停止強制執行程序，通知債權人，辦理強制執行事件應行注意事項第9項第1款，定有明文。又按對於破產人之債權，在破產宣告前成立者，為破產債權，但有別除權者，不在此限。在破產宣告前，對於債務人之財產有質權、抵押權或留置權者，就其財產有別除權。有別除權之債權人，不依破產程序而行使其權利，破產法第98條、第99條、第108條分別定有明文。又稅捐稽徵法第6條第2項規定，土地增值稅、地價稅、房屋稅之徵收及法院、行政執行處執行拍賣或變賣貨物應課徵之營業稅，優先於一切債權及抵押權。上開稅捐就拍賣標的物既得優先於抵押權受償，而抵押權得不依破產程序行使權利，則上開稅捐自亦得不依破產程序行使權利，始符合稅捐稽徵法第6條第2項規定之意思（最高法院109年台抗字第449號裁定意旨參照）。則有別除權者外，即應予停止有關該破產人之一切強制執行程序，並將查封物品及執行收取款項物品交由破產管理人處理，是以在分配表確定後，本件僅就別除權人之債權及上述稅款進行發款程序，其他債權人均不得於本執行程序行使權利。異議人雖主張依勞動基準法第28條第1項及第5項規定就行使代位代墊工資及資遣費等勞動債權屬於與第一順位抵押權、質權或留置權所擔保之債權同順位有優先受償之權，並按債權額比例受清償，得不依破產程序行使權利，請求依分配表發款，然揆諸前揭法律見解說明意旨，上開代墊工資及資遣費部分，非屬得不依破產程序行使權利之項目，自無從援引適用，得否逕自於本執行程序進行發款非無疑義，復參酌破產管理人認前開金額之分配應待移併後，再行處理為妥（詳參本院○○年○月○日調查

筆錄），駁回異議人聲請發款。

二、本件異議人之債權係源自於勞動基準法第28條第1項、第5項規定及墊償管理辦法第14條規定，代墊債務人所積欠員工薪資、資遣費（下稱勞動債權），依勞動基準法第28條第1項規定「雇主有歇業、清算或宣告破產之情事時，勞工之下列債權受償順序與第一順位抵押權、質權或留置權所擔保之債權相同，按其債權比例受清償；未獲清償部分，有最優先受清償之權：……。」，則異議人對債務人之債權在債務人有歇業、清算或破產時，其受償順序既與第一順位抵押權擔保之債權相同，是否應有抵押權效力而有別除權可強制執行，即為本件爭點。雖原裁定參照最高法院109年台抗字第449號裁定，以土地增值稅等優先於一切債權及抵押權之稅捐債權可優先於抵押權者，得不依破產程序行使權利，仍可強制執行，但認異議人依依勞動基準法第28條第1項之勞動債權可否適用上開別除權於執行程序中行使權利，聲請發款，非無疑問，否准異議人請求發款，認異議人應依破產程序行使權利，不可在強制執行程序中分配，實有誤會，蓋：

㈠現行勞動基準法第28條第1項係104年2月4日修訂，因修正前規定：「雇主因歇業、清算或宣告破產，本於勞動契約所積欠之工資未滿6個月部分，有最優先受清償之權。」，勞動債權雖定有最優先受清償之權，惟實際受償時仍劣後於擔保物權所擔保之債權，難獲得清償，乃於104年2月4日修訂為：「雇主有歇業、清算或宣告破產之情事時，勞工之下列債權受償順序與第一順位抵押權、質權或留置權所擔保之債權相同，按其債權比例受清償；未獲清償部分，有最優先受清償之權：一、本於勞動契約所積欠之工資未滿6個月部分。二、雇主未依本法給付之退休金。三、雇主未依本法或勞工退休金條例給付之資遣費。」提高特定勞工勞動債權之受償順序，使其債權得與第一順位抵押權等擔保之債權有同一受償順序（參104年2月4日修正勞動基準法第28條立法理由）。是於104年修正勞動基準法後，上列勞工薪資、退休金及資遣費等勞動債權之優先受償權，其優先受償順位即與第一順位抵押權、質權或留置權所擔保之債權相同，於共同分配時按其債權比例受清償，則其優先受償順位與有抵押權等擔保物權之債權相同，從而就債務人財產有設定抵押權等擔保物權者，勞動債權人就該擔保物不僅可強制執行，且受償順位與第一順位抵押權等相同。

㈡如上所述之104年修正勞動基準法第28條第1項之理由，係使修正前之勞動債權僅在普通債權中有優先受償，仍劣後於有抵押權等擔保之債權人，提高至與就債務人財產有設定第一順位抵押權等擔保之債權相同，即與該抵押權等有同一效力，解釋上應認有物權效力，否則，如仍為債權效力，修正前與修正後並無不同，甚

至在強制執行時，依修正後之勞動基準法第28條第1項規定，第一順位抵押權等與勞動債權居於同一地位受償，反而在破產時，排除勞動債權可與第一順位抵押權等之債權人在強制執行時以同一順位受償，致勞動債權仍為劣後於抵押權之債權，不僅就債務人財產有設定抵押權等之抵押物等擔保物，因別除權行使，繼續強制執行，但勞動債權排除不可強制執行後，不可就該抵押物等與第一順位抵押權等人以同一順位受償，應非修法之本旨，且同一法律規定，因強制執行或破產程序而有如此分歧效果，實非法治國家所應遵守，尤其依學者見解破產為一般之強制執行（證1），本有強制執行之意旨，故異議人之勞動債權，不能在破產時而又回復到修法前劣後抵押權之效果。

(三)就文義解釋，現行勞動基準法第28條第1項既已規定勞動債權受償順序與第一順位抵押權、質權或留置權所擔保之債權相同，按其債權比例受清償，則此勞動債權應有第一順位抵押權等之效力，自應等同破產法第108條第1項之有別除權之債權。況債務人之財產為其責任財產，其設定抵押權等擔保物權之財產，仍為債務人財產，僅抵押權人可優先受償，則如上所述，依現行勞動基準法第28條第1項，勞動債權在強制執行時，其優先受償順位與有抵押權等擔保物權之債權相同，從而就債務人財產有設定抵押權等擔保物權者，勞動債權人就該擔保物不僅可強制執行，且受償順位與第一順位抵押權等相同。反之，如在破產時，依原裁定意旨，排除勞動債權可以強制執行，致勞動債權為劣後於抵押權之債權，即不僅就債務人財產有設定抵押權等之抵押物等擔保物，因別除權行使，繼續強制執行，但勞動債權排除不可強制執行後，不可就該抵押物等與第一順位抵押權等人以同一順位受償，致勞動債權無從就抵押物受償，僅可就抵押權人等行使權利後之抵押物之殘值，再與其他債權人分配，如無殘值，即完全未能就抵押物等與第一順位抵押權等之債權人以同一順位受償，減少勞動債權人對債務人可以受償之責任財產，勞動債權與修法前相同，仍為劣後債權，有失勞動基準法第28條第1項修正之本旨。是原裁定有誤，有失勞動基準法第28條第1項修正之本旨，致勞動債權與修法前相同，仍為劣後債權。

(四)破產法第108條第1項之別除權本不包括稅捐債權，但參照最高法院109年台抗字第449號裁定「又稅捐稽徵法第6條第2項規定，土地增值稅、地價稅、房屋稅之徵收及法院、行政執行處執行拍賣或變賣貨物應課徵之營業稅，優先於一切債權及抵押權。上開稅捐就拍賣標的物既得優先於抵押權受償，而抵押權得不依破產程序行使權利，則上開稅捐自亦得不依破產程序行使權利，始符稅捐稽徵法第6條第2項規定之意旨。」（附件1），則法理上，依稅捐稽徵法第6條第2項「土地增值稅、地價稅、房屋稅之徵收及法院、法務部行政執行署所屬行政執行分署（以下簡稱行政執行分署）執行拍賣或變賣貨物應課徵之營業稅，優先於一切債

權及抵押權。」意旨，仍認上開土地增值稅等稅捐債權得不依破產程序行使權利，從而本於同一裁定意旨，勞動債權其受償順位依勞動基準法第28條第1項既與第一順位抵押權等相同，不劣後於抵押權等，亦應認可不依破產程序行使權利而可依強制執行受償，原裁定持否定見解，認異議人不可以強制執行行使權利，實有錯誤。

㈤參照最高法院109年台抗字第1133號裁定『原法院以：按勞基法第28條第1項原規定：「雇主因歇業、清算或宣告破產，本於勞動契約所積欠之工資未滿六個月部分，有最優先受清償之權。」嗣104年1月20日修正規定：「雇主有歇業、清算或宣告破產之情事時，勞工之下列債權受償順序與第一順位抵押權、質權或留置權所擔保之債權相同，按其債權比例受清償；未獲清償部分，有最優先受清償之權：一、本於勞動契約所積欠之工資未滿六個月部分。二、雇主未依本法給付之退休金。三、雇主未依本法或勞工退休金條例給付之資遣費。」，可知新修正勞基法該條項將勞動債權優先權範圍增加雇主未給付之退休金、資遣費，並工資債權等勞動債權之受償順序明定與第一順位之擔保物權同。……按不溯及既往，為法律適用之原則，故除法律明定新法應溯及適用，或該新法規定原即為法理，於施行前應為同一之解釋外，於新法施行前發生之事實，自不適用新法或得依該規定而為同一之解釋。新修正勞基法第28條第1項將勞工債權優先權範圍增加雇主未給付之退休金、資遣費，且受償順序與抵押權等所擔保之債權相同，此部分債權應自新法施行後雇主有歇業、清算或受破產宣告之情事發生始適用新法之規定。』（附件2），肯定勞動基準法第28條第1項之勞動債權與第一順位抵押權等所擔保之債權相同，應有抵押權效力，僅該133號裁定之案件，其勞動債權係104年修正前勞動基準法第28條第1項之債權，依法律不溯及既往，於該執行案件未能適用，但該案之第二審及第三審均未否定修正後現行之勞動基準法第28條第1項之勞動債權無抵押權擔保之債權相同地位，足見異議人之勞動債權，應與第一順位抵押權等債權有相同地位，自有破產法第108條第1項之別除權，可以繼續於執行程序中行使權利。

㈥異議人係在法院宣告債務人破產前即提出執行名義，繳納執行費聲請執行，如仍可繼續執行，不受破產限制，則就執行所得，不僅異議人繳納之執行費，依強制執行法第29條第2項「前項費用及其他為債權人共同利益而支出之費用，得求償於債務人者，得就強制執行之財產先受清償。」可優先於抵押權等擔保債權受清償，且勞動債權亦可依現行勞動基準法第28條第1項與第一順位抵押權等擔保之債權，就抵押物等擔保物賣得價金按其債權比例受償，反之，如不可繼續強制執行，僅能於破產程序中行使權利，則不僅異議人本可優先受償之執行費用，在破

產程序中，因此非強制執行，無從依上開強制執行法規定優先受清償，且就破產財團中已有就抵押權等擔保債權之抵押物等擔保物，因否定異議人可以別除權強制執行而受償，異議人無從就抵押物等擔保物與第一順位抵押權等擔保之債權依比例受償，影響至大。

㈦按法律不可割裂適用，影響權利人之權利。依原裁定意旨，就同一勞動基準法第28條第1項規定，在強制執行與破產程序適用即有不同結果，即在強制執行，異議人勞動債權可與第一順位抵押權等擔保之債權以同一順序就抵押物等擔保物優先受償，反之，在破產程序因抵押權人已行使別除權，異議人之勞動債權不可就抵押物受償，未能與抵押權同等優先受償，劣後於抵押權，如此不同結果，割裂該法律規定之適用，實非妥當，更非修法之本旨。尤其如上所述，勞動債權在強制執行時，其執行費用優先於抵押權受償，反之，在破產程序中，因抵押權人仍可強制執行抵押物，但勞動債權排斥在外，不能強制執行，劣後於抵押權，且此執行費用非破產程序所生費用，在破產程序並無法源，可否優先於其他債權人，仍有疑問。

㈧本件分配表既無人異議而確定，依強制執行法第40條第2項「異議未依前項規定終結者，應就無異議之部分先為分配。」及辦理強制執行事件應行注意事項第16點第8項「分配期日，如有部分債權人對分配表異議，應依本法第四十條規定更正分配表而為分配，或就無異議之部分，先行分配，不得全部停止分配。」，即應分配，如破產管理人否認異議人可在強制執行中受償，應依強制執行法第39條第1項「債權人或債務人對於分配表所載各債權人之債權或分配金額有不同意者，應於分配期日一日前，向執行法院提出書狀，聲明異議。」聲明異議、提起分配表異議之訴，苟未聲明異議或提起分配表異議之訴，執行法院即無理由不發款。

三、是原裁定有誤，請裁定如聲明所示。

　　　　　　　謹狀

台灣○○地方法院民事執行處　公鑒

證物名稱及件數	附件1：最高法院109年台抗字第449號裁定影本1件。
	附件2：最高法院109年台抗字第1133號裁定影本1件。
	證1：陳計男著破產法節本影本1件。

中　　華　　民　　國　　　　　年　　　　月　　　　　日

　　　　　　具狀人　　勞動部勞工保險局　　簽名

　　　　　　法定代理人　林　乙　　　　　　蓋章

〈狀例2-146〉**對聲明異議裁定抗告**

民事 抗告 狀	案　　　號		年度　　字第　　號		承辦股別	
	訴訟標的金額或價額		新台幣　萬　千　百　十　元　角			
稱　　　謂	姓　名　或　名　稱身分證統一編號或營利事業統一編號	住居所或營業所、郵遞區號及電話號碼電子郵件位址		送達代收人姓名、住址、郵遞區號及電話號碼		
抗　告　人法定代理人	勞動部勞工保險局林　乙					

為債權人○○科技國際有限公司等與債務人○○映管股份有限公司之強制執行事件，不服臺灣○○地方法院○○年度執事聲字第○○號裁定，依法抗告事：

　　　　抗告聲明

原裁定廢棄，發回臺灣○○地方法院更為裁定或准抗告人於臺灣○○地方法院○○年司執字第○○號強制執行參與分配。

　　　　理由

一、債權人○○科技國際有限公司等與債務人○○映管股份有限公司間之臺灣○○地方法院○○年度司執字第○○號強制執行事件，抗告人對債務人亦有債權，已於109年3月、6月、12月分別提出經臺灣臺北地方法院核定之台北市中正區調解委員會○○年度民調字第○○號、○○年民調字第○○號及○○號調解書正本聲明參與分配強制執行，但因債務人經臺灣桃園地方法院111年8月29日○○年破字第○○號、○○號及○○號裁定宣告破產，該院民事執行處以112年4月12日函通知抗告人，以抗告人係普通債權人無從參與該○○號強制執行分配，抗告人應向破產理人陳報債權主張權利（抗證1），否准抗告人之參與分配，侵害抗告人利益，抗告人不服聲明異議，經司法事務官於112年5月16日以○○年司執字第○○號裁定，以破產宣告前成立之債權，除該債權有法律規定其有優先於抵押權受償者，得不依破產程序行使權利外，均應依破產程序行使權利，抗告人之債權係源自勞基法第28條規定等，本質上非抵押權，不可強制執行。上開112年4月12日通知，目的係使抗告人確知其非別除權人，依法不得依強制執行程序受償債權。抗告人不服提出異議，執行法院於112年7月11日以○○年執事聲字第○○號裁定駁回，為此提起抗告。

二、執行法院以『三、按勞基法第28條第1項所列勞工薪資、退休金及資遣費，是否為強制執行法第34條第2項所稱「對於執行標的物有優先受償之債權」？修

正後勞基法第28條第1項之修正理由，係將上開特定勞工債權之受償順序，由優先於其他普通債權，提高至與第一順位擔保之債權有同一受償順序，但該勞工債權係就雇主之全部財產均有優先受償權，並非存於特定標的物，不因特定財產之執行拍賣而消滅，而屬於一般優先受償權之性質，未因法律修訂而有所不同。又雇主（即執行債務人）如無其他財產，不能清償債務時，債權人可聲請宣告雇主破產，而依破產程序行使權利，藉破產程序使民事執行程序不能開始或繼續，無虞上開勞工債權不能平均受償，殊無許該債權人未取得執行名義，即得參與他債權人執行程序分配之必要。準此，應認勞基法第28條第1項規定之勞工債權非屬強制執行法第34條第2項所定『依法對於執行標的物有先受償之債權』」（臺灣高等法院暨所屬法院107年度法律座談會民執類提案第20號參照）。四、經查：異議人之債權係源自於勞基法第28條規定及墊償管理辦法第14條規定，代墊債務人所積欠員工薪資、資遣費（下稱勞動債權），而依勞基法第28條第1項規定，其受償之順序與第一順位之抵押權、質權、留置權所擔保之債權相同。然依前開說明，系爭勞動債權雖具有優先受償權，然該等債權並不存於特定標的物上，不因特定財產執行拍賣而消滅，其本質上與具有物權性質之別除權，尚屬有別。而僅屬於一般優先受償債權之性質，不適用破產法第108條第2項之規定：得不依破產程序行使權利。故原裁定駁回異議人之聲明異議等情，應無違誤。從而，異議意旨指摘原裁定不當，聲明廢棄，為無理由，應予駁回。」駁回抗告人之異議。

三、依破產法第98條規定「對於破產人之債權，在破產宣告前成立者，為破產債權，但有別除權者，不在此限。」、第99條規定「破產債權，非依破產程序，不得行使。」，故債務人一經宣告破產，除有別除權之債權人可依第108條第2項「有別除權之債權人，不依破產程序而行使其權利。」，仍可依強制執行行使權利外，其他債權人僅能依破產程序行使權利。至此別除權則係指破產法108條第1項「在破產宣告前，對於債務人之財產有質權、抵押權或留置權者，就其財產有別除權。」規定。

四、本件抗告人之債權係源自於勞動基準法第28條規定及墊償管理辦法第14條規定，代墊債務人所積欠員工薪資、資遣費（下稱勞動債權），依勞動基準法第28條第1項規定「雇主有歇業、清算或宣告破產之情事時，勞工之下列債權受償順序與第一順位抵押權、質權或留置權所擔保之債權相同，按其債權比例受清償；未獲清償部分，有最優先受清償之權：……。」，則抗告人對債務人之債權既與第一順位抵押權擔保之債權相同，是否應有抵押權效力而有別除權，可強制執行，即為本件爭點。雖原審裁定，參照台灣高等法院暨所屬法院107年度法律座談會認勞動基準法第28條第1項之勞動債權非屬強制執行法第34條

第2項所定「依法對於執行標的物有優先受償之債權」即與本質上具有物權性質之別除權有別，而僅屬一般優先受償權之性質，不適用破產法第108條第2項，實有誤會，蓋：

(一)上開法律座談會並非法令，亦非有拘束力之大法官會議解釋，甚至亦非最高法院裁判或以往有拘束力之判例，則此座談會，應非法官依憲法第80條「法官須超出黨派以外，依據法律獨立審判，不受任何干涉。」裁判之依據，況：

　1.由該座談會（附件1），有甲說與乙說之不同見解，其乙說：「(一)勞動基準法第28條第1項原於修正前規定：「雇主因歇業、清算或宣告破產，本於勞動契約所積欠之工資未滿6個月部分，有最優先受清償之權。」上開債權雖定有最優先受清償之權，惟實際受償時仍劣後於擔保物權所擔保之債權，亦難獲得清償，乃於104年2月4日修訂為：「雇主有歇業、清算或宣告破產之情事時，勞工之下列債權受償順序與第一順位抵押權、質權或留置權所擔保之債權相同，按其債權比例受清償；未獲清償部分，有最優先受清償之權：一、本於勞動契約所積欠之工資未滿6個月部分。二、雇主未依本法給付之退休金。三、雇主未依本法或勞工退休金條例給付之資遣費。」提高特定勞工債權之受償順序，使其債權得與第一順位擔保之債權有同一受償順序（並參104年2月4日修正勞動基準法第28條立法理由）。是於104年修正勞動基準法後，上列勞工薪資、退休金及資遣費等勞動債權之優先受償權，其優先受償順位即與第一順位抵押權、質權或留置權所擔保之債權相同，於共同分配時並按其債權比例受清償，則其優先受償順位既與有擔保物權之債權相同，關於聲明參與分配之要件、程序等自無相異之理，俾符上述立法理由所闡明保障勞工應與擔保物權債權人平等受償權利之意旨，是其債權人自屬強制執行法第34條第2項所定依法對於執行標的物有優先受償權之債權人，得提出其權利證明文件以聲明參與分配，而無庸提出其債權執行名義之證明文件。……(三)綜上，系爭債權之地位應與擔保物權債權人同視，應認屬強制執行法第34條第2項所定「依法對於執行標的物有優先受償之債權」，俾符勞動基準法保障勞工應與擔保物權債權人平等受償權利之立法意旨。」

　2.該提案之法律問題「勞動基準法第28條第1項所列勞工薪資、退休金及資遣費（下稱系爭債權），是否為強制執行法第34條第2項所稱「對於執行標的物有優先受償之債權」？」及甲說、乙說係著重在於勞動債權之債權人聲請強制執行，有無強制執行法第34條第2項「依法對於執行標的物有擔保物權或優先受償權之債權人，不問其債權已否屆清償期，應提出其權利證明文件，聲明參與分配。」適用，抑或仍應受同法第32條第1項「他債權人參與分配者，應於標的物拍賣、變賣終結或依法交債權人承受之日一日前，其不經拍賣或變賣者，

應於當次分配表作成之日一日前，以書狀聲明之。」及第34條第1項「有執行名義之債權人聲明參與分配時，應提出該執行名義之證明文件。」，應有執行名義始可參與分配？聲明參與分配之時點受有限制？即勞動債權人聲明參與分配，應否提出執行名義，需於一定時點前聲明，與本件一方面抗告人有執行名義，且已於拍定前聲明參與分配不同，另一方面本件爭執點為勞動債權在債務人破產時，其原先聲請參與分配，是否可依破產法第108條第1項不受限制，仍可於強制執行程序受償不同，故該座談會之結論於本件應不適用。尤其該甲說，有參照最高法院101年台上字第1450號判決，但因勞動基準法第28條第1項於104年已修正，該判決應無參考餘地，該甲說應無立論基礎。

(二)該法律座談會審查意見，採用甲說，理由除如上開甲說理由(一)外，其理由(二)：勞動基準法第28條第1項原規定：「雇主因歇業、清算或宣告破產，本於勞動契約所積欠之工資未滿6個月部分，有最優先受清償之權。」嗣修正為「於雇主有歇業、清算或宣告破產之情事時，勞工之下列債權受償順序與第一順位抵押權、質權或留置權所擔保之債權相同，按其債權比例受清償；未獲清償部分，有最優先受清償之權：一、本於勞動契約所積欠之工資未滿6個月部分。二、雇主未依本法給付之退休金。三、雇主未依本法或勞工退休金條例給付之資遣費。」揆其修正理由，係將上開特定勞工債權之受償順序，由優先於其他普通債權，提高至與第一順位擔保之債權有同一受償順序，但該勞工債權係就雇主之全部財產均有優先受償權，並非存於特定標的物，不因特定財產之執行拍賣而消滅，而屬於一般優先受償權之性質，未因法律修訂而有所不同。又雇主（即執行債務人）如無其他財產，不能清償債務時，債權人可聲請宣告雇主破產，而依破產程序行使權利，藉破產程序使民事執行程序不能開始或繼續，無虞上開勞工債權不能平均受償，殊無許該債權人未取得執行名義，即得參與他債權人執行程序分配之必要（強制執行法第34條第1項修正理由參照）。準此，應認勞動基準法第28條第1項規定之勞工債權非屬強制執行法第34條第2項所定「依法對於執行標的物有優先受償之債權」。認定在其他債權人聲請宣告債務人破產，使強制執行程序不能開始或繼續，因破產程序之申報債權毋庸執行名義，則無執行名義之勞動債權人在破產程序無虞不能平均受償，此項結論一方面與本件因有其他有別除權之債權人致原有之強制執行程序繼續進行，與該理由所述不同，另一方面債務人如無破產程序，除強制執行程序繼續進行，強制執行結果，勞工之勞動債權與第一順位抵押權受償之順位相同，可以優先受償，反之，在破產時，卻可排除，僅由抵押權人受償，不僅與上開座談會結論不符，且不符合結論引用之勞動基準法第28條第1項立法意旨。

㈢如上開法律座談會中已於結論引述之104年修正勞動基準法第28條第1項之理由，係使修正前之勞動債權僅在普通債權中有優先受償，仍劣後於有抵押權等擔保之債權人，提高至與第一順位抵押權等擔保之債權相同，即應與抵押權等有同一效力，解釋上應認有物權效力，否則，如仍為債權效力，修正前與修正後並無不同，甚至在強制執行時，依修正後之第28條第1項規定，抵押權等與勞動債權居於同一地位受償，反而在破產後，排除勞動債權可與第一順位抵押權等之債權人同一順位受償，致勞動債權仍為劣後於抵押權之債權，不僅應非修法之本旨，且同一法律規定，因強制執行或破產程序而有如此分歧效果，實非法治國家所能遵守，尤其依學者見解破產為一般之強制執行（抗證2），本有強制執行之意旨，抗告人之勞動債權，不能在破產時而又回復到修法前劣後抵押權之效果。

㈣就文義解釋，修正後現行之勞動基準法第28條第1項既已規定勞動債權受償順序與第一順位抵押權質權或留置權所擔保之債權相同，按其債權比例受清償，則此勞動債權應有第一順位抵押權等之效力，自應屬破產法第108條第1項之有別除權之債權。

㈤參照最高法院109年台抗字第1133號裁定『原法院以：按勞基法第28條第1項原規定：「雇主因歇業、清算或宣告破產，本於勞動契約所積欠之工資未滿六個月部分，有最優先受清償之權。」嗣104年1月20日修正規定：「雇主有歇業、清算或宣告破產之情事時，勞工之下列債權受償順序與第一順位抵押權、質權或留置權所擔保之債權相同，按其債權比例受清償；未獲清償部分，有最優先受清償之權：一、本於勞動契約所積欠之工資未滿六個月部分。二、雇主未依本法給付之退休金。三、雇主未依本法或勞工退休金條例給付之資遣費。」，可知新修正勞基法該條項將勞動債權優先權範圍增加雇主未給付之退休金、資遣費，並工資債權等勞動債權之受償順序明定與第一順位之擔保物權同。……按不溯及既往，為法律適用之原則，故除法律明定新法應溯及適用，或該新法規定原即為法理，於施行前應為同一之解釋外，於新法施行前發生之事實，自不適用新法或得依該規定而為同一之解釋。新修正勞基法第28條第1項將勞工債權優先權範圍增加雇主未給付之退休金、資遣費，且受償順序與抵押權等所擔保之債權相同，此部分債權應自新法施行後雇主有歇業、清算或受破產宣告之情事發生始適用新法之規定。』（附件2），肯定勞動基準法第28條第1項之勞動債權與第一順位抵押權等所擔保之債權相同，僅該133號裁定之案件，其勞動債權係104年修正前勞動基準法第28條第1項之債權，依法律不溯及既往，於該執行案件未能適用，但該案之第二審及第三審均未否定修正後現行之勞動基準法第28條第1項之勞動債權無抵押權擔保之債權相同地位，足見抗告人之勞動債權，應與第一順位抵押權等債權

　　有相同地位，自有破產法第108條第1項之別除權，可以繼續於執行程序中參與分配。

五、其他理由，容後補陳。

六、原審裁定有誤，請改判如聲明。

　　　　　　　　謹狀

台灣○○地方法院　　轉呈

台灣高等法院○○分院　公鑒

證　物　名　稱及　　件　　數	附件1：臺灣高等法院暨所屬法院107年法律座談會民執類提案第20號影本1件。 附件2：最高法院109年台抗字第1133號裁定影本1件。 抗證1：台灣○○地方法院民事執行處112年4月12日函影本1件。 抗證2：陳計男著破產法節本影本1件。

中　　華　　民　　國　　　　　　年　　　　　月　　　　　日
具狀人　　勞動部勞工保險局　　簽名 　　　　法定代理人　林乙　　　　　　蓋章

▶債務人異議之訴

◇執行名義成立後，如有消滅或妨礙債權人請求之事由發生，債務人得於強制執行程序終結前，向執行法院對債權人提起異議之訴。如以裁判為執行名義時，其為異議原因之事實發生在前訴訟言詞辯論終結後者，亦得主張之。

執行名義無確定判決同一之效力者，於執行名義成立前，如有債權不成立或消滅或妨礙債權人請求之事由發生，債務人亦得於強制執行程序終結前提起異議之訴。

依前二項規定起訴，如有多數得主張之異議原因事實，應一併主張之。其未一併主張者，不得再行提起異議之訴。（強執14）

◎撰狀說明

㈠債務人異議之訴係就實體上之法律關係有所主張而提出者，如就程序上對於執行行為有所不服，則須以聲請或聲明異議之方式提出，詳見「聲請及聲明異議」。

㈡本訴惟債務人始得提起，即原告須為執行名義上之債務人，或其繼受人，或依強制執行法第4條之2受執行名義效力所及之人。

㈢本訴訴之聲明係請求宣示該執行名義不適於或不許強制執行，並非請求消滅或變更執行名義。

㈣本訴須在強制執行程序開始後，終結前提起之。又債務人起訴時，強制執行程序雖未終結，而訴訟進行中，執行程序已終結者，亦不能達排除執行力之目的，債務人唯有以請求返還不當得利或損害賠償之聲明代替最初異議之訴之聲明。

　　本訴須向執行法院之民事庭提起，如有不服，須依上訴程序請求救濟。

〈狀例2-147〉債務人異議之訴起訴狀㈠

民事　異議之訴起訴狀		案　　　號	年度　　字第　　號		承辦股別	
		訴訟標的金額或價額	新台幣　　萬　千　百　十　元　角			
稱　　　　謂	姓　名　或　名　稱身分證統一編號或營利事業統一編號	住居所或營業所、郵遞區號及電話號碼電子郵件位址		送達代收人姓名、住址、郵遞區號及電話號碼		
原　　　　告即 債 務 人	王　甲					
被　　　　告即 債 權 人	趙　乙					

為提起執行異議之訴事：

　　訴之聲明

一、鈞院○○年度民執○字第○○號所為之強制執行程序應予撤銷。

二、訴訟費用由被告負擔。

　　事實及理由

　　緣債權人趙乙請求清償借款一案，業經　鈞院判決確定，今又依法聲請強制執行。惟查被告趙乙於去年○月○日曾欠原告貨款新台幣（以下同）2萬元，約定於今年○月底給付，茲已到期，依民法第334條之規定，可與原告欠被告之2萬元債務彼此抵銷，依強制執行法第14條規定，原告得提起執行異議之訴，請求排除強制執行。為特提出貨款收據（見證物一），狀請

　　鈞院鑒核，賜將債權人趙乙聲請強制執行乙案，依法予以撤銷，將彼此間債權債務抵銷，以了糾葛。

　　　　謹狀

台灣○○地方法院民事庭　公鑒

證 物 名 稱 及 件 數	證物一：貨款收據影本乙紙。

中	華	民	國	年	月	日

具狀人　王　甲　簽名 蓋章

〈狀例2-147-1〉債務人異議之訴起訴狀㈡

民事 異議之訴起訴 狀		案　　　號	年度　　字第　　號	承辦 股別	
		訴 訟 標 的 金額或價額	新台幣　萬　千　百　十　元　角		
稱　　　謂	姓 名 或 名 稱 身 分 證 統 一 編 號 或 營 利 事 業 統 一 編 號	住居所或營業所、郵遞區號 及電話號碼電子郵件位址		送達代收人姓 名、住址、郵遞 區號及電話號碼	
原　　　告	張雨聲				
被　　　告	林書生				

為確認抵押債權不存在等依法起訴事：

　　訴之聲明

一、請求確認如附表所示不動產抵押債權不存在。

二、鈞院○○年度○字第○○號拍賣抵押物執行程序應予撤銷。

三、以附表所示不動產所有權為標的，以被告名義登記，台北市大安區地政事務所
　　○○年9月23日收件，登記日期為○○年9月30日，登記字號為○字第○○號，
　　設定權利範圍為最高限額（新台幣）360萬元，存續期間為民國（以下同）
　　○○年1月1日至○○年12月31日止之抵押權，應予塗銷。

四、訴訟費用由被告負擔。

　　事實及理由

一、按原告前曾於○○年間向被告借款300萬元整，以經營餐廳使用，約定清償期
　　間為○○年底，並以原告所有如附表所示之不動產設定抵押予被告，以為擔保
　　（證一）。

二、原告於借款期間，除依約按月給付利息予被告外，清償期屆至後，原告亦已將
　　本金360萬元返還予被告，此有被告所簽發之收據為憑（證二），被告之抵押
　　債權顯已消滅，原告乃請求被告塗銷抵押權。惟被告均置之不理，竟向法院聲

請拍賣抵押物（證三），並向　鈞院執行處聲請強制執行（證四），原告只得提起本訴。

三、查被告之抵押權業已屆期，被告於原告之抵押權存續期間內，僅向原告借款360萬元，其他並無任何債務，而該360萬元之債權，業經原告清償而消滅，兩造間亦無其他債務，是主債務既已消滅，則為主債務擔保之系爭抵押權，基於抵押權從屬性之法理，亦已消滅，應予塗銷，爰依民法第1條抵押權從屬性之法理及民法第767條之規定，是請判決如訴之聲明第一、三項。

四、強制執行法第14條第2項規定：「執行名義無確定判決同一之效力者，於執行名義成立前，如有債權不成立或消滅或妨礙債權人請求之事由發生，債務人亦得於強執執行程序終結前提起異議之訴。」按被告據以聲請強制執行之執行名義為拍賣抵押物裁定，拍賣抵押物裁定並無與確定判決有同一效力，而被告之抵押權已於取得拍賣抵押物裁定前消滅，已如前述，爰依強制執行法第14條第2項之規定，是請判決如訴之聲明第二項。

五、本件房屋之公告現值為15萬元（證五），土地公告現值為315萬元（證六），併此述明。

　　　　　　謹狀

台灣○○地方法院民事庭　公鑒

證 物 名 稱 及 件 數	證一：抵押權設定契約書影本一份。
	證二：收據影本一份。
	證三：拍賣抵押物裁定影本一份。
	證四：執行處函影本一份。
	證五：房屋現值影本一份。
	證六：土地登記謄本一份。

中	華	民	國	年	月	日

　　　　　　　具狀人　張雨聲　　簽名蓋章

〈狀例2-148〉債務人異議之訴答辯狀

民事 異議之訴答辯 狀	案　　　號	年度　字第　　號	承辦股別	
	訴訟標的金額或價額	新台幣　萬　千　百　十　元　角		
稱　　　　　謂	姓　名　或　名　稱身分證統一編號或營利事業統一編號	住居所或營業所、郵遞區號及電話號碼電子郵件位址	送達代收人姓名、住址、郵遞區號及電話號碼	
答　辯　人即　被　告原　　　告	趙　乙王　甲			

為就債務人異議之訴依法提出答辯事：

　　　答辯之聲明

一、原告之訴駁回。

二、訴訟費用由原告負擔。

　　　答辯之理由

　　緣○○年度民執○字第○○號請求清償借款聲請強制執行乙案，原告以「查趙乙於去年○月○日曾欠原告貨款新台幣（以下同）2萬元，約定今年○月底給付，茲已到期，依民法規定，可與原告所欠2萬元彼此抵銷」為由，提起異議之訴，請求排除強制執行。惟原告之主張洵屬有誤。按該貨款2萬元，原告已同意被告緩期清償，被告並於今年年初，以華南銀行○○分行為付款行，發票日為○○年○月○日，金額2萬元，票號為○○○○之支票乙紙（被證一）交與原告作為清償之用，原告自不得出爾反爾，再主張該2萬元之貨款用以抵銷，為此特提出答辯，狀請

　　　鈞院詳查，賜予判決如被告答辯之聲明，而保權益。

　　　　　謹狀

台灣○○地方法院民事庭　公鑒

證物名稱及件數	被證一：支票影本一紙。

中　　華　　民　　國　　　年　　　月　　　日
具狀人　趙　乙　　簽名蓋章

▶許可執行之訴

◇債權人依第4條之2規定聲請強制執行經執行法院裁定駁回者，得於裁定送達後十日之不變期間內，向執行法院對債務人提起許可執行之訴。（強執14-1II）

◎撰狀說明

(一)提起本訴之要件為：

債權人依第4條之2規定聲請執行。

執行法院裁定駁回。

十日之不變期間內起訴。

(二)本訴之原告為執行債權人，被告為執行債務人，不得以執行處為被告。

(三)應向執行處所屬之民事庭起訴。

(四)本訴之性質為請求法院判命債務人容忍執行法院對其強制執行，故為給付之訴。

〈狀例2-149〉債權人許可執行之訴起訴狀

民事 許可執行之訴 狀		案　　　號	年度　　字第　　號		承辦股別	
		訴訟標的金額或價額	新台幣　萬　千　百　十　元　角			
稱　　　謂	姓　名　或　名　稱身分證統一編號或營利事業統一編號	住居所或營業所、郵遞區號及電話號碼電子郵件位址		送達代收人姓名、住址、郵遞區號及電話號碼		
原　　　告被　　　告	姚　一姚　二邱　三					

為提起許可執行之訴事：

　　訴之聲明

一、被告應容忍原告等以台灣○○地方法院促字第○○號支付命令為執行名義對被告強制執行。

二、訴訟費用由被告負擔。

　　事實及理由

一、按被告於民國（以下同）○○年1月1日向原告等之父姚大借款新台幣100萬元，約定○○年12月31日返還，屆期被告未清償，姚大乃聲請法院發支付命令，被告受合法送達後經法定期間未為異議而確定（證一），原告等之父日

　　前過世，原告等整理遺物發現前開支付命令與確定證明，原告等乃本於一般繼受人之身分，聲請執行法院對被告之財產強制執行。惟執行法院認為原告等非適格當事人而駁回原告等強制執行之聲請（證二）在案。

二、按強制執行法第4條之2第1項、第2項明定，支付命令對當事人之繼受人亦有效力，原告等係姚大之法定繼承人（證三），並未拋棄繼承，依法概括承受姚大之一切權利、義務，是以原告等依上開規定應得對被告聲請強制執行，然執行法院竟對原告之聲請為駁回之裁定，爰依強制執行法第14條之1第2項之規定提起許可執行之訴，為此狀請

　　鈞院鑒核，依法判決如訴之聲明。

　　　　　謹狀

台灣○○地方法院民事庭　公鑒

證　物　名　稱及　　件　　數	證一：支付命令影本與確定證明影本一份。 證二：裁定影本一份。 證三：戶口名簿影本一份。

中　　華　　民　　國　　　　年　　　　月　　　　日

　　　　　　　　　具狀人　姚　一　　簽名
　　　　　　　　　　　　　姚　二　　蓋章

▶債務人執行異議之訴

◇債務人對於債權人依第4條之2規定聲請強制執行，如主張非執行名義效力所及者，得於強制執行程序終結前，向執行法院對債權人提起異議之訴。（強執14-1I）

◎撰狀說明

㈠提起本訴之要件為：

　　債權人依第4條之2聲請執行經執行法院許可。

　　債務人須主張非第4條之2之適格債務人。

　　須於強制執行程序終結前。

㈡本訴之原告為執行債務人，被告為執行債權人，債務人之債權人得代位提起本訴。

㈢應向執行處所屬之民事庭起訴，並應於執行名義所載之請求權全部滿足前提起。

㈣本訴係排除執行名義之執行力，應為形成之訴。

〈狀例2-150〉債務人執行異議之訴起訴狀

民事 執行異議之訴 狀		案　　　　號	年度　　字第　　號	承辦股別	
		訴訟標的金額或價額	新台幣　萬　千　百　十　元　角		
稱　　　　謂	姓　名　或　名　稱身分證統一編號或營利事業統一編號	住居所或營業所、郵遞區號及電話號碼電子郵件位址		送達代收人姓名、住址、郵遞區號及電話號碼	
原　　　告被　　　告	李　四王　五				

為提起執行異議之訴事：

訴之聲明

一、台灣台北地方法院○○年民執字第571號強制執行事件應予撤銷。

二、訴訟費用由被告負擔。

事實及理由

一、緣被告前曾以訴外人趙二為被告，向　鈞院提起訴訟，本於使用借貸之法律關係，請求趙二返還台北市信義段一小段15地號土地（以下簡稱系爭土地）予被告，　鈞院則以○○年度訴字第187號民事判決判決被告勝訴確定（證一）。嗣被告即以前開確定判決為執行名義，向　鈞院民事執行處聲請對原告強制執行，其理由無非係以前開訴訟繫屬後，趙二將系爭土地出售予原告，因此原告為趙二之繼受人，依強制執行法第4條之2第1款，執行名義為確定判決者，除當事人對訴訟繫屬後為當事人之繼受人者亦有效力之規定，上開確定判決對原告亦生效力云云（證二）。

二、惟查強制執行法第4條之2第1款之「繼受人」，有「一般繼受人」與「特定繼受人」之分，前者係指自然人之繼承或法人之合併，當事人之權利義務均為繼受人所概括承受；後者，依最高法院61年台上字第186號判例意旨，僅限執行名義之請求權為物權請求權，不包括債權請求權。

三、本件被告提起前開訴訟之訴訟標的為消費借貸物返還請求權，為債權之請求權，依最高法院61年台上字第186號判例意旨，原告並非特定繼受人，為執行效力所不及，被告聲請對原告強制執行，執行法院不察，竟准予強制執行，顯有不當，爰依強制執行法第14條之1之規定，狀請
鈞院鑑核，依法判決如訴之聲明。
　　　　　此致
台灣○○地方法院民事庭　公鑒

證　物　名　稱 及　　件　　數	證一：判決影本一份。 證二：聲請狀影本一份。

中　　　華　　　民　　　國　　　　　年　　　　　月　　　　　日
具狀人　　李　四　　簽名蓋章

▶第三人異議之訴

◇第三人就執行標的物有足以排除強制執行之權利者，得於強制執行程序終結前，向執行法院對債權人提起異議之訴。如債務人亦否認其權利時，並得以債務人為被告。（強執15）

◎撰狀說明

㈠本訴之提起，係第三人須就執行標的物，有足以排除強制執行之權利。所謂足以排除強制執行之權利，則指就執行標的物有所有權，或其他足以妨礙標的物交付或讓與之權利。

㈡本訴之原告為權利之所有人，或對於該所有人之財產有管理處分權之人，如遺囑執行人、破產管理人均屬之；即凡執行名義效力所不及之人皆不失為當事人，而此之第三人之債權人，亦得以自己名義代位該第三人提起本訴。

㈢本訴之被告，須為聲請執行之債權人，包括續行執行之債權人。惟若債權人有數人且均具有執行名義，而均否認第三人之排除強制執行之權利者，則不妨認為通常之共同訴訟，可對之全部一併起訴；而數債權人若係依據同一執行名義而聲請執行時，則為必要之共同訴訟，須一併起訴，當事人適格始不欠缺；再若債務人亦否認第三人之權利者，亦得以債務人為被告，即以債權人與債務人為共同被告，此屬通常之共同訴訟。

㈣本訴之提起，須向執行法院為之，即執行處所屬法院之民事庭。

㈤本訴之聲明，應請求法院為對於特定執行標的物宣告不得為強制執行之意旨，而不能僅請求確認其就標的物有所有權存在，亦毋庸請求執行標的物停止執行及撤銷執行處分。

㈥本訴之提起，應於強制執行開始後執行終結前為之。

〈狀例2-151〉執行第三人異議起訴狀

民事 執行異議之訴 狀		案　　　號	年度　　字第　　號		承辦股別	
		訴訟標的金額或價額	新台幣 萬 千 百 十 元 角			
稱　　　謂	姓　名　或　名　稱身分證統一編號或營利事業統一編號	住居所或營業所、郵遞區號及電話號碼電子郵件位址		送達代收人姓名、住址、郵遞區號及電話號碼		
原　　告被　　告	曹　甲李　乙					

為提起第三人異議之訴事：

訴之聲明

一、鈞院○○年度○字第○○號因假扣押強制執行事件，就原告所有坐落○○市○○段○小段第○○地號土地，及其上建物，即○○市○○路○○段○○號1樓本國式鋼筋混凝土造四層樓房之地面層部分所有權全部及附屬建物，所為查封之強制執行程序應予撤銷。

二、訴訟費用由被告負擔。

事實及理由

　　查系爭上開房地，原係訴外人曹丙於民國67年10月5日贈與原告所有，並已為所有權之移轉登記，茲有土地建築改良物贈與所有權移轉契約書乙紙可稽（原證一），是系爭上開房地應屬原告之財產。又原告雖係債務人曹丁之妻，然上開房地亦已經原告與債務人共同向　鈞院辦理夫妻分別財產制（原證二、三），而各保有其財產之所有權、管理權及使用收益權，民法第1044條定有明文，則該房地之所有權應屬原告所有，非屬債務人曹丁。況且多年來該房地亦由原告繳納房屋稅及地價稅自明（原證四）。再「第三人就執行標的物有足以排除強制執行之權利者，得於強制執行程序終結前，向執行法院對債權人提起異議之訴」，強制執行法第15條定有明文。而強制執行法第15條所謂就執行標的物有足以排除強制執行之權利者，係指對於執行標的物有所有權、典權、留置權、質權存在情形之一者而言（參見最高法院44年台上字第721判例）。今被告仍以上開系爭房地為債務人曹丁所有，聲請鈞院執行查封，顯係錯誤，為此特依強制執行法第15條之規定，狀請

　　　鈞院鑒核，賜予判決如訴之聲明，俾保權益。

　　　　　謹狀

台灣○○地方法院民事庭　公鑒

證　物　名　稱 及　　件　　數	原證一：土地建築改良物贈與所有權移轉契約書影本一份。 原證二：夫妻財產制登錄簿影本一份。 原證三：鈞院北板分曜登字第○○○號公告影本一份。 原證四：台北縣稅捐稽徵處82年下期房屋稅繳納通知書等影本各一紙。

中　　華　　民　　國　　　年　　　月　　　日
具狀人　曹甲　　簽名蓋章

〈狀例2-152〉對動產執行第三人異議起訴狀

民事 執行異議之訴 狀	案　　號	年度　　字第　　號	承辦股別	
	訴訟標的 金額或價額	新台幣　萬　千　百　十　元　角		
稱　　　　謂	姓　名　或　名　稱 身分證統一編號或 營利事業統一編號	住居所或營業所、郵遞區號 及電話號碼電子郵件位址	送達代收人姓 名、住址、郵遞 區號及電話號碼	
原　　　告	王　甲			
被　　　告	李　乙			

為提起執行異議之訴事：

　　訴之聲明

一、鈞院○○年民執○字第○○號原告與李乙間因清償債務強制執行事件，就原告所有之新格牌20吋彩色電視機（機號：101296）一台，所為查封之強制執行程序應予撤銷。

二、訴訟費用由被告負擔。

　　事實及理由

　　查系爭上開新格牌20吋彩色電視機，本係原告所有，不料被告不明事理，毫未查證，即誤以為係其債務人李乙所有，聲請　鈞院執行查封顯係錯誤，為此特依強制執行法第15條之規定，狀請

　　鈞院鑒核，賜予判決如訴之聲明，俾保權益。

　　　　謹狀

台灣○○地方法院民事庭　公鑒

證　物　名　稱 及　　件　　數	

中　　　華　　　民　　　國　　　年　　　月　　　日	
	具狀人　王　甲　　簽名蓋章

〈狀例2-153〉對動產執行第三人異議之訴答辯狀

民事　答辯　狀		案　　號	年度　　字第　　號	承辦股別	
		訴訟標的金額或價額	新台幣　萬　千　百　十　元　角		
稱　　　謂	姓　名　或　名　稱身分證統一編號或營利事業統一編號	住居所或營業所、郵遞區號及電話號碼電子郵件位址		送達代收人姓名、住址、郵遞區號及電話號碼	
答　辯　人即　被　告原　　　告	吳　甲王　乙				

為對○○年○字第○○號第三人異議之訴事件，依法提出答辯事：

　　　答辯之聲明

一、原告之訴駁回。

二、訴訟費用由原告負擔。

　　　答辯之理由

　　緣原告主張「系爭新格牌20吋彩色電視機，係原告所有；被告不明事理，毫未查證，即誤以為其係債務人李乙所有……顯係錯誤」。惟原告與債務人李乙係夫妻，又未約定夫妻財產制，按「夫妻未以契約訂立財產者，除本法另有規定外，以法定財產制為其夫妻財產制」，民法第1005條定有明文。又依同法第1017條第1項前段規定：「夫或妻之財產分為婚前財產與婚後財產，由夫妻各自所有。」本件系爭電視機，係於原告與債務人婚前由債務人自行斥資所購買，自係屬於債務人所有，此有債務人婚前在宿舍與電視機合影之照片可證（被證一）。則原告主張其所有而提起第三人異議之訴，應屬於法無據，為此特依法提出答辯，狀請

　　鈞院詳查，而賜如被告答辯之聲明，俾保權益，實為德便。

　　　謹狀

台灣○○地方法院民事庭　公鑒	
證 物 名 稱 及 件 數	被證一：照片一張。

中	華	民	國	年	月	日

具狀人　吳甲　簽名蓋章

〈狀例2-154〉**對特有財產執行異議起訴狀**

民事 異議之訴起訴 狀		案　　　號	年度　　字第　　號	承辦股別
		訴訟標的 金額或價額	新台幣　萬　千　百　十　元　角	
稱　　謂	姓 名 或 名 稱 身分證統一編號或 營利事業統一編號	住居所或營業所、郵遞區號 及電話號碼電子郵件位址		送達代收人姓 名、住址、郵遞 區號及電話號碼
原　　告 被　　告	楊　甲 楊　乙 林　丙			

為提起對特有財產執行異議之訴事：

　　訴之聲明

一、鈞院○○年度○字第○○號被告楊乙與被告林丙因給付票款事件，就原告所有坐落○○市○○路○○號本國式磚造二層樓房乙棟所為執行處分，應予撤銷。

二、訴訟費用由被告等負擔。

　　事實及理由

　　查前開系爭房屋，係原告之父親於民國○○年○月○日指定贈與原告，有贈與稅收據及聲明書可稽（見證物一），乃原告之特有財產。依民法第1031條之1第2項適用同法第1044條之規定，原告就該房屋有所有權及管理使用權。詎非但被告李乙竟認其為另被告林丙即原告之夫所有而聲請執行，查封在案，即被告林丙亦認為該房屋應屬於其所有。按「第三人就執行標的物有足以排除強制執行之權利者，得於強制執行程序終結前，向執行法院對債權人提起異議之訴。如債務人亦否認其權利時，並得以債務人為被告」，強制執行法第15條定有明文，為此狀請

鈞院鑒核，判決如原告訴之聲明，以維權益。 　　　　謹狀 台灣○○地方法院民事庭　公鑒						
證　物　名　稱 及　　件　　數	證物一：贈與稅收據及聲明書影本兩紙。					
中　　　　華　　　　民　　　　國　　　　年　　　　月　　　　日						
		具狀人　　楊　甲		簽名 蓋章		

▶停止執行之聲請

◇強制執行程序開始後，除法律另有規定外，不停止執行。

有回復原狀之聲請，或提起再審或異議之訴，或對於和解爲繼續審判之請求，或提起宣告調解無效之訴、撤銷調解之訴，或對於許可強制執行之裁定提起抗告時，法院因必要情形或依聲請定相當並確實之擔保，得爲停止強制執行之裁定。（強執18）

◎撰狀說明

㈠聲請停止執行，須具備以下要件：

　　1. 須有強制執行法第18條第2項所規定之六種法定事由，即⑴有回復原狀之聲請；⑵有再審之訴；⑶有異議之訴；⑷對於和解爲繼續審判之請求；⑸提起宣告調解無效之訴或撤銷調解之訴；⑹對於許可強制執行之裁定提起抗告。

　　2. 如法院命當事人提出相當之擔保者，於聲請停止執行之同時，須提出相當之擔保。

㈡對於執行法院爲准許停止強制執行之裁定，及對於駁回停止執行聲請之裁定，均得提起抗告。

聲請停止執行，係由受理回復原狀、再審或異議之訴等事由之法院管轄，非強制執行之民事執行處。

〈狀例2-155〉停止執行聲請狀㈠

民事 停止強制執行 狀	案　　　號	年度　　字第　　號		承辦股別	
	訴訟標的金額或價額	新台幣　萬　千　百　十　元　角			
稱　　　謂	姓　名　或　名　稱身分證統一編號或營利事業統一編號	住居所或營業所、郵遞區號及電話號碼電子郵件位址		送達代收人姓名、住址、郵遞區號及電話號碼	
聲　請　人相　對　人	王　甲林　乙				

為聲請停止強制執行事：

　　聲請之事項

　　鈞院○○年度民執○字第○○號債權人林乙與債務人趙丙間因清償債務執行程序，聲請人願供擔保，於台灣○○地方法院○○年訴字第○○號案件判決確定前，請准予停止執行。

　　聲請之原因及理由

　　查相對人與債務人趙丙因清償債務強制執行事件（○○年度民執○字第○○號），相對人曾就聲請人與趙丙共有坐落○○市○○段○小段○○地號，面積○○公頃之建地暨地上建物，門牌：○○市○○街○○號本國式加強磚造二層樓房乙棟，報請查封，不日即將拍賣。惟上開不動產聲請人有所有權，經向　鈞院提起異議之訴，經　鈞院以○○年訴字第○○號案審理中，倘不停止執行，聲請人必將受難於補償之損害，為此，聲請人願供擔保，請求在執行異議訴訟判決確定前停止強制執行。為此，狀請

　　鈞院鑒核，迅為停止執行之裁定，以保權益，至感恩便。

　　　　　　　　謹狀

台灣○○地方法院民事庭　公鑒

證　物　名　稱及　　件　　數	

中　　　華　　　民　　　國　　　　　年　　　　　月　　　　　日

　　　　　　　　具狀人　　王　甲　　簽名蓋章

〈狀例2-155-1〉停止執行聲請狀㈡

民事 停止強制執行 狀		案　　　　號		年度　　字第　　號	承辦股別	
		訴訟標的金額或價額		新台幣　萬　千　百　十　元　角		
稱　　　　謂	姓　名　或　名　稱身分證統一編號或營利事業統一編號	住居所或營業所、郵遞區號及電話號碼電子郵件位址			送達代收人姓名、住址、郵遞區號及電話號碼	
聲　請　人相　對　人	魏　甲蕭　甲陳　乙陳　丙歐陽丁					

為聲請供擔保停止強制執行事：

一、緣本件系爭抵押物，即坐落於台北市○○區○○段50-19地號土地上所建，建號○○○○，即門牌號碼台北市○○街○○巷○○號房屋暨持分基地，本屬聲請人之父魏乙所有（詳證物一），於○○年2月21日由訴外人姚甲居間與訴外人高甲訂立不動產買賣合約書（詳證物二），買賣價金約定為新台幣（以下同）1,000萬元整，雙方並約定買方即高甲須俟尾款400萬元全數付清後，始得就賣方即魏乙所交付之土地建物所有權狀、印鑑證明書、印鑑章及戶籍資料等有關過戶文件，持往辦理所有權移轉登記。

未料，高甲僅付部分價金，於未辦妥過戶前，即與姚甲共同意圖為自己不法取得財產上之利益，將仍屬魏乙所有之前揭房地，虛偽設定債權額750萬元整之抵押權予相對人等，其中蕭甲債權15分之6，陳乙債權15分之2，陳丙債權15分之5，歐陽丁債權15分之2（如證物一），查高甲、姚甲共同詐欺、偽造文書虛偽設定抵押權等情，業據魏乙告訴並經台灣台北地方檢察署偵查起訴（詳證物三）在案。

二、按民法第118條第1項規定：「無權利人就權利標的物所為之處分，經有權利人之承認始生效力。」次按抵押權設定契約，依民法第760條規定應以書面為之，且該書面有使用文字之必要，是依民法第3條之規定，該文字雖得不由本人自寫，但必須親自簽名或蓋章，否則依民法第73條前段之規定，即有「法律行為，不依法定方式者，無效」之適用。

本件高甲、姚甲就魏乙所有系爭不動產並無權利，竟與相對人等虛偽訂立抵押權設定契約，且魏乙既受矇騙而不知情，從未到場親為簽名或蓋章，則本件抵

　　押權設定契約因不具備民法第760條與第3條之法定方式，復為無權處分，則依同法第73條暨第118條規定，該抵押權設定契約自始不生效力。

三、再查高甲、姚甲於為上開不實之抵押權設定後，復未得魏乙同意，即將系爭不動產移轉登記為高甲所有，嗣經魏乙發現後，高甲即與魏乙簽立協議書（詳證物四），由高甲將系爭不動產返還魏乙暨移轉所有權登記於魏乙所指定之魏甲所有，聲請人現為所有權人，得依民法第767條規定，對於妨害其所有權之上開不實抵押權設定登記請求除去之，聲請人即魏甲並已向　鈞院提起民事訴訟請求確認前開抵押權不存在並塗銷抵押權設定登記（詳證物五）。

四、末按大法官會議釋字第182號解釋謂：「強制執行程序開始後，除法律另有規定外，不停止執行，乃在使債權人之債權早日實現，以保障人民之權利。最高法院63年度台抗字第59號判例，認債務人或第三人不得依假處分程序聲請停止執行，係防止執行程序遭受阻礙。抵押人對法院許可拍賣抵押物之裁定主張有不得強制執行之事由而提起訴訟時，亦得依法聲請停止執行，從而上開判例即不能謂與憲法第16條有所牴觸。」聲請人爰依強制執行法第18條規定，檢具起訴之證明（如證物五），謹請
　　鈞院鑒核，並惠准依法為停止強制執行之裁定，如蒙賜准，至感德便。
　　　　　　謹狀
台灣○○地方法院民事庭　公鑒

證　物　名　稱及　件　數	證物一：土地建物登記簿謄本各一件。
	證物二：買賣合約書影本一件。
	證物三：台北地檢署起訴書影本一件。
	證物四：協議書影本一件。
	證物五：起訴狀繕本暨　鈞院收發室收狀證影本各一件。

| 中 | 華 | 民 | 國 | 年 | 月 | 日 |

具狀人　魏　甲　　簽名蓋章

〈狀例2-155-2〉**停止執行聲請狀**㈢

民事　停止強制執行　狀		案　　　　號		年度　　字第　　號		承辦股別	
		訴訟標的金額或價額		新台幣　萬　千　百　十　元　角			
稱　　　　謂	姓　名　或　名　稱身分證統一編號或營利事業統一編號	住居所或營業所、郵遞區號及電話號碼電子郵件位址				送達代收人姓名、住址、郵遞區號及電話號碼	
聲　請　人即債務人相　對　人即債權人	林　甲楊　乙						

為聲請停止強制執行事：

　　聲請之事項

　　為台灣○○地方法院民事執行處○○年民執強字第○○號債權人楊乙與債務人林甲間拆屋還地強制執行程序，聲請人願提供擔保於台灣高等法院○○年再字第○○號案件確定前，請准予停止執行。

　　聲請之原因及理由

　　查相對人與聲請人拆屋還地強制執行事件（台灣○○地方法院民事執行處○○年度民執強字第○○號），相對人曾就聲請人所有坐落於台北市○○區○○段○小段800地號土地上，建號○○○○，門牌號碼台北市○○區○○街○○巷5號之房屋聲請拆屋還地，經　鈞院民事執行處定於○○年11月23日上午10時履勘現場在案。惟因相對人所依據之執行名義（最高法院民事裁定○○年度台上字第○○號。台灣高等法院民事判決○○年度上字第○○號），經聲請人發現有未經斟酌之證物，且如使該證物經原審法院斟酌可受較有利益之裁判，合於再審之理由，茲聲請人業於收受最高法院民事裁定後（○○年10月19日）於○○年11月3日法定期間內聲請再審（證一）且業經台灣高等法院○○年再字第○○號通知開庭在案（證二）。今倘不停止執行，聲請人必將因強制執行拆屋後致難以補償，職是為此聲請人願供擔保，請求在再審之訴判決之前停止強制執行。為此狀請

　　鈞院鑒核，迅為停止執行之裁定，以保權益，至感德澤。

　　　　謹狀

台灣高等法院民事庭　公鑒

證　物　名　稱 及 件 數	證一：再審聲請書繕本一份。 證二：台灣高等法院民事庭通知書影本一份。

中	華	民	國	年	月	日

　　　　　　　　　　　具狀人　　林　甲　　　簽名
　　　　　　　　　　　　　　　　　　　　　　蓋章

〈狀例2-155-3〉停止執行聲請狀㈣

民事 停止執行聲請 狀		案　　　　號	年度	字第	號	承辦 股別	
		訴訟標的 金額或價額	新台幣　萬　千　百　十　元　角				
稱　　　　謂	姓　名　或　名　稱 身分證統一編號或 營利事業統一編號	住居所或營業所、郵遞區號 及電話號碼電子郵件位址			送達代收人姓 名、住址、郵遞 區號及電話號碼		
聲　請　人 即　債務人	王　力						
相　對　人 即　債權人	齊　羽						

為聲請停止執行事：

　　聲請之事項

　　聲請人願供擔保，於台灣○○地方法院○○年度訴字第○○號案件判決確定前，請准停止　鈞院○○年度民執字第1753號給付票款強制執行事件。

　　事實及理由

一、強制執行法第14條第2項規定：「執行名義無確定判決同一之效力者，於執行名義成立前，如有債權不成立或消滅債權人請求之事由發生，債權人亦得於強制執行終結前提起異議之訴。」同法第18條第2項規定，有異議之訴時，法院因必要情形或依聲請定相當並確實之擔保，得為停止強制執行之裁定。

二、相對人執以聲請本票裁定強制執行之本票，係相對人以詐術使聲請人陷於錯誤而簽發，聲請人已提起確認本票債權不存在之訴（證一），並依強制執行法第14條第2項之規定，提起債務人異議之訴（證二），為免聲請人受有不可回復之損害，聲請人願供擔保，爰依強制執行法第18條第2項之規定，懇請

鈞院裁定如聲請之事項。

　　　　　此致

台灣○○地方法院民事庭　公鑒

證物名稱及件數	證一：確認本票債權不存在起訴狀及收狀條影本一份。 證二：債務人異議之訴起訴狀及收狀條影本一份。

中　　華　　民　　國　　　　年　　　　月　　　　日
具狀人　　王　力　　簽名蓋章

〈狀例2-156〉准許停止執行聲請之裁定抗告

民事　抗告　狀	案　　　號	年度　　字第　　號	承辦股別	
	訴訟標的金額或價額	新台幣　萬　千　百　十　元　角		
稱　　　謂	姓　名　或　名　稱身分證統一編號或營利事業統一編號	住居所或營業所、郵遞區號及電話號碼電子郵件位址	送達代收人姓名、住址、郵遞區號及電話號碼	
抗　告　人即債權人	齊　羽			
相　對　人即債務人	王　力			

為不服台灣○○地方法院○○年度○字第○○號裁定依法抗告事：

一、抗告人頃獲台灣○○地方法院○○年度○字第○○號裁定，略以相對人提供新台幣150萬元擔保後停止台灣○○地方法院執行處○○年度民執字第○○號給付票款強制執行事件云云。

二、查依強制執行法第18條聲請裁定停止執行，應以「合法」聲請回復至原狀、提起再審之訴、議異之訴、請求繼續審判等為限，如有聲請不合法或訴訟不合法之情形，法院應不得為停止執行之裁定。

三、本件相對人雖曾提起債務人異議之訴，惟因未繳裁判費已遭駁回（證一），原審未審究相對人所提債務人異議之訴是否合法繫屬，逕為許可之裁定，顯有

違背強制執行法第18條之規定，應予廢棄。

此致

台灣〇〇地方法院　　　轉呈
台灣高等法院民事庭　　公鑒

證 物 名 稱 及 件 數	證一：裁定影本一份。

中　　華　　民　　國　　　　　年　　　　月　　　　　日

具狀人　齊羽　　簽名 蓋章

▶債權人之查報事實

◇執行法院對於強制執行事件，認有調查之必要時，得命債權人查報，或依職權調查之。

執行法院得向稅捐及其他有關機關、團體或知悉債務人財產之人調查債務人財產狀況，受調查者不得拒絕。但受調查者為個人時，如有正當理由，不在此限。
（強執19）

◎撰狀說明

關於強制執行開始後之調查，執行法院得命債權人查報，本件債權人得以「陳報狀」之形式為之。

〈狀例2-157〉債權人查報事實狀

民事　陳報　狀	案　　　　號	年度　　字第　　號	承辦 股別	
	訴訟標的 金額或價額	新台幣　萬　千　百　十　元　角		
稱　　　　謂	姓 名 或 名 稱 身分證統一編號或 營利事業統一編號	住居所或營業所、郵遞區號 及電話號碼電子郵件位址	送達代收人姓 名、住址、郵遞 區號及電話號碼	
陳 報 人 即 債權人	林　一			

為　鈞處○○年度民執○字第○○號清償票款強制執行事件，依法陳報事：

緣　鈞處於○○年○月○日以通知乙紙，通知陳報人：「據債務人來稱：『○○鄉○○段○小段○○地號其中之5分之3已出售移轉於林乙，所餘者為5分之2，故此次再查封者，應為5分之1非5分之2』，實際情形為何，限五日內查明具報。」頃接通知，不勝訝異。蓋陳報人之子林乙曾於○○年○月○日呈遞「補呈證物」狀，有關債務人所有坐落○○縣○○鄉○○段○小段○○地號土地之權利及他項權利登載情形，均附以土地登記簿謄本陳明在案，其中載有：

一、債務人趙丙於○○年○月○日因分割轉載取得所有權全部，○○年○月○日登記在案。

二、債務人趙丙於○○年○月○日因買賣分別將持分各5分之1之土地所有權移轉予呂丁、林戊，○○年○月○日登記在案，債務人仍擁有持分5分之3之共有權。

綜上所陳，債務人並未出售土地移轉予林乙，除前已查封5分之1外，債權人再聲請查封其餘5分之2，並無違誤（見證物一），債務人之所為，顯欲欺矇　鈞處，藉以延阻執行程序之進行，圖謀不法，爰依法狀請

鈞處鑒核，懇請迅即依法付諸執行，俾符適法，以維權益。

謹狀

台灣○○地方法院民事執行處　公鑒

證　物　名　稱 及　　件　　數	證物一：土地登記簿謄本一份。

中	華	民	國	年	月	日
		具狀人　　林　一			簽名 蓋章	

〈狀例2-158〉債權人聲請調查財產狀

民　事　聲　請　狀	案　　　　號	年度		字第		號	承辦 股別	
	訴訟標的 金額或價額	新台幣	萬	千	百	十	元	角
稱　　　謂	姓　名　或　名　稱 身分證統一編號或 營利事業統一編號	住居所或營業所、郵遞區號 及電話號碼電子郵件位址					送達代收人姓 名、住址、郵遞 區號及電話號碼	

聲　請　人 即債權人 相　對　人 即債務人	曾　權 周　天		
為聲請向稅捐機關調查報稅資料事： 一、強制執行法第19條第2項規定：「執行法院得向稅捐及其他有關機關、團體或 　　知悉債務人財產之人調查債務人財產狀況，受調查者不得拒絕。」 二、本件強制執行，為瞭解相對人之財產狀況，實有向財政部國稅局調閱相對人納 　　稅相關紀錄之必要，是請　鈞處依前開規定向財政部國稅局函詢為荷。 　　　　　　　謹狀 台灣○○地方法院民事執行處　公鑒			
證　物　名　稱 及　　件　　數			
中　　　華　　　民　　　國　　　年　　　月　　　日			

具狀人　曾　權　　簽名
蓋章

▶債務人之報告財產

◇已發見之債務人財產不足抵償聲請強制執行債權或不能發現債務人應交付之財產
時，執行法院得依債權人聲請或依職權，定期間命債務人據實報告該期間屆滿前
一年內應供強制執行之財產狀況。
債務人違反前項規定，不為報告或為虛偽之報告，執行法院得依債權人聲請或依
職權命其提供擔保或限期履行執行債務。
債務人未依前項命令提供相當擔保或遵期履行者，執行法院得依債權人聲請或
依職權管收債務人。但未經訊問債務人，並認其非不能報告財產狀況者，不得為
之。（強執20）

◎撰狀說明

　　債務人如違反此條應據實報告財產之義務或虛偽報告者，執行法院得予以拘提管
收。

〈狀例2-159〉請求命債務人報告財產聲請狀

民事　聲請　狀	案　　　號	年度　　字第　　號	承辦股別	
	訴訟標的金額或價額	新台幣　萬　千　百　十　元　角		
稱　　　謂	姓　名　或　名　稱身分證統一編號或營利事業統一編號	住居所或營業所、郵遞區號及電話號碼電子郵件位址	送達代收人姓名、住址、郵遞區號及電話號碼	
聲　請　人即債權人債務人	王　甲林　丙趙　乙			

為請求命債務人報告財產狀況，依法提出聲請事：

　　緣聲請人等為債務人趙乙之債權人，前因債務人向聲請人等借款，屆期不還，經聲請人等向○○地方法院民事庭起訴，獲勝訴之確定判決，遂聲請強制執行，蒙　鈞處將債務人之財產，查封在案。惟目前查封所得僅家具數件及電視機乙台，除此之外則未見其他之財產，竟連其目前所居住之房屋係向他人所承租，顯難以抵償聲請人等之債權，為此爰依強制執行法第20條第1項之規定，狀請

　　鈞處鑒核，賜准裁定命債務人報告其財產狀況，俾利執行，並維權益。

　　　　　謹狀

台灣○○地方法院民事執行處　公鑒

證　物　名　稱及　　件　　數	

中　　華　　民　　國　　　　年　　　　月　　　　日	
具狀人	王　甲林　丙　　簽名蓋章

〈狀例2-160〉債務人陳報財產狀

民事　陳報　狀	案　　　號	年度　　字第　　號	承辦股別	
	訴訟標的金額或價額	新台幣　萬　千　百　十　元　角		

稱　　　謂	姓　名　或　名　稱 身分證統一編號或 營利事業統一編號	住居所或營業所、郵遞區號 及電話號碼電子郵件位址	送達代收人姓 名、住址、郵遞 區號及電話號碼
陳　報　人 即債務人	趙　乙		

為陳報確無財產事：

　　緣債務人以所有財產，與友人投資開設○○工廠，不幸債務人生性魯拙，不明世故，慘遭友人之欺詐，致將資金耗蝕盡罄，負債纍纍。現因債權人等之訴追，業經　鈞處將全部財產查封在案。債務人已一文不名，實無其他財產足以償債，乃債權人等猶復不能，更命報告財產狀況。為此具狀陳報，除已查封之財產外，已無其他財產，懇請

　　鈞處鑒核。

　　　　　　謹狀

台灣○○地方法院民事執行處　公鑒

證　物　名　稱 及　　件　　數	

中　　華　　民　　國　　　　年　　　　月　　　　日
具狀人　趙　乙　　　簽名 蓋章

▶拘提管收之聲請

◇已發見之債務人財產不足抵償聲請強制執行債權或不能發現債務人應交付之財產時，執行法院得依債權人聲請或依職權，定期間命債務人據實報告該期間屆滿前一年內應供強制執行之財產狀況。

債務人違反前項規定，不為報告或為虛偽之報告，執行法院得依債權人聲請或依職權命其提供擔保或限期履行執行債務。

債務人未依前項命令提供相當擔保或遵期履行者，執行法院得依債權人聲請或依職權管收債務人。但未經訊問債務人，並認其非不能報告財產狀況者，不得為之。（強執20）

◇債務人有下列情形之一，而有強制其到場之必要者，執行法院得拘提之：

　　一　經合法通知，無正當理由而不到場。

　　　二　有事實足認為有逃匿之虞。

　　債務人有前項情形者，司法事務官得報請執行法院拘提之。

　　債務人經拘提到場者，執行法院得交由司法事務官即時詢問之。

　　司法事務官於詢問後，應向執行法院提出書面報告。（強執21）

◇拘提，應用拘票。

　　拘票應記載下列事項，由執行法官簽名：

　　　一　應拘提人姓名、性別、年齡、出生地及住所或居所，有必要時，應記載其
　　　　　足資辨別之特徵。但年齡、出生地、住所或居所不明者，得免記載。

　　　二　案由。

　　　三　拘提之理由。

　　　四　應到之日、時及處所。（強執21-1）

◇拘提，由執達員執行。（強執21-2）

◇債務人有下列情形之一者，執行法院得依債權人聲請或依職權命其提供擔保或限
　期履行：

　　　一　有事實足認顯有履行義務之可能故不履行。

　　　二　就應供強制執行之財產有隱匿或處分之情事。

　　債務人有前項各款情形之一，而有事實足認顯有逃匿之虞或其他必要事由者，執
　行法院得依債權人聲請或依職權，限制債務人住居於一定之地域。

　　但債務人已提供相當擔保、限制住居原因消滅或執行完結者，應解除其限制。

　　前項限制住居及其解除，應通知債務人及有關機關。

　　債務人無正當理由違反第2項限制住居命令者，執行法院得拘提之。

　　債務人未依第1項命令提供相當擔保、遵期履行或無正當理由違反第2項限制住
　居命令者，執行法院得依債權人聲請或依職權管收債務人。但未經訊問債務人，
　並認非予管收，顯難進行強制執行程序者，不得為之。

　　債務人經拘提、通知或自行到場，司法事務官於詢問後，認有前項事由，而有管
　收之必要者，應報請執行法院依前項規定辦理。（強執22）

◇管收，應用管收票。

　　管收票，應記載下列事項，由執行法官簽名：

　　　一　應管收人之姓名、性別、年齡、出生地及住所或居所，有必要時，應記載
　　　　　其足資辨別之特徵。

　　　二　案由。

　　　三　管收之理由。（強執22-1）

◇執行管收，由執行員將管收人送交管收所。

管收所所長驗收後，應於管收票附記送到之年、月、日、時，並簽名。（強執22-2）

◇債務人有下列情形之一者，不得管收，其情形發生於管收後者，應停止管收：

　　一　因管收而其一家生計有難以維持之虞者。

　　二　懷胎五月以上或生產後二月未滿者。

　　三　現罹疾病，恐因管收而不能治療者。（強執22-3）

◇被管收人有下列情形之一者，應即釋放：

　　一　管收原因消滅者。

　　二　已就債務提出相當擔保者。

　　三　管收期限屆滿者。

　　四　執行完結者。（強執22-4）

◇拘提、管收，除本法別有規定外，準用刑事訴訟法關於拘提、羈押之規定。（強執22-5）

◇債務人依第20條第2項、第22條第1項、第2項及第22條之4第2款提供之擔保，執行法院得許由該管區域內有資產之人具保證書代之。

　　前項具保證書人，如於保證書載明債務人逃亡或不履行義務時，由其負責清償或賠償一定之金額者，執行法院得因債權人之聲請，逕向具保證書人為強制執行。（強執23）

◎撰狀說明

　　管收債務人之事由：

　㈠顯有履行義務之可能故不履行者或就應供強制執行之財產有隱匿或處分之情事，且有事實足認顯有逃匿之虞或其他必要事由，經執行法院命其提供擔保，遵期履行而未辦理，或執行法院限制債務人住居於一定地域而違反者。

　㈡違反強制執行法第20條之規定，不為報告或為虛偽之報告者，經執行法院命提供擔保或限制履行債務而不遵守者。

　㈢不履行不可代替行為或不行為執行名義之請求。

　㈣不履行禁止或命令債務人為一定行為之假處分裁定者。

〈狀例2-161〉拘提管收聲請狀

民事　聲請　狀	案　　　　號	年度　　　字第　　　號	承辦股別	
	訴訟標的金額或價額	新台幣　　萬　千　百　十　元　角		

稱　　　謂	姓　名　或　名　稱身分證統一編號或營利事業統一編號	住居所或營業所、郵遞區號及電話號碼電子郵件位址	送達代收人姓名、住址、郵遞區號及電話號碼
聲　請　人即　債　權　人	王　甲		
債　務　人	趙　乙		

為○○年度○字第○○號清償債務強制執行乙案，依法聲請將債務人拘提管收，以利執行事：

　　緣聲請人聲請執行債務人趙乙財產乙案，久懸不決，雖一再催促，而趙乙始終藉故拖延，抗不履行。第查趙乙雖無恆產，然現任○○股份有限公司之總經理，月入○○元，除開支生活費○○元外，尚有○○元足供償債，乃屬顯有履行義務之可能，而故不履行。經通知其到場報告其財產狀況，惟該通知送達到趙乙住處，因無人收受而退回，是顯有逃匿之虞，經法院限制住居，然趙乙仍逃匿無跡，爰依強制執行法第21條第1項第2款規定，狀請

　　鈞院詳查，拘提到案，以利執行，而保債權。
　　　　　　　謹狀
台灣○○地方法院民事執行處　公鑒

證　物　名　稱及　件　數	

中	華	民	國	年	月	日

　　　　　　　　　　　具狀人　王　甲　　簽名蓋章

〈狀例2-162〉逕向擔保人執行聲請狀

民事　聲請　狀		案　　　號	年度　　字第　　號	承辦股別	
		訴訟標的金額或價額	新台幣　萬　千　百　十　元　角		
稱　　　謂	姓　名　或　名　稱身分證統一編號或營利事業統一編號	住居所或營業所、郵遞區號及電話號碼電子郵件位址			送達代收人姓名、住址、郵遞區號及電話號碼

聲　請　人 即　債權人	王　甲		
債　務　人	趙　丙		
擔　保　人	林　乙		

為擔保人林乙故縱債務人趙丙逃亡，聲請逕向擔保人為強制執行事：

　　緣○○年度○字第○○號清償債務強制執行乙案，債務人趙丙顯有履行義務之可能，竟故不履行，經　鈞院命其提供擔保，遂以林乙（住○○市○○路○○號二樓）出具擔保，並於擔保書上載明：「二、若債務人林乙逃亡者，得逕向擔保人為強制執行」云云（證一）。詎料，事後擔保人竟時時袒護債務人，並百般阻撓債權人行使權利，並於今年○月間幫助債務人逃至國外，致使債權人之債權無法獲償，為此爰依強制執行法第23條第2項規定檢附擔保書影本乙紙（見證物一），狀請

　　鈞院鑒核，迅命擔保人清償債務，如有故違，即向擔保人強制執行，以利執行，而保權益。

　　　　　　謹狀
台灣○○地方法院民事執行處　公鑒

證　物　名　稱 及　　件　　數	證一：擔保書影本一紙。

中	華	民	國	年	月	日

　　　　　　　　　具狀人　王　甲　　簽名
蓋章

▶債權憑證之發給及再執行之聲請

　◇債務人無財產可供強制執行，或雖有財產經強制執行後所得之數額仍不足清償債務時，執行法院應命債權人於一個月內查報債務人財產。債權人到期不為報告或查報無財產者，應發給憑證，交債權人收執，載明俟發見有財產時，再予強制執行。

　債權人聲請執行，而陳明債務人現無財產可供執行者，執行法院得逕行發給憑證。（強執27）

◎撰狀說明

　　法院核發債權憑證，並無次數之限制，故債權人以債權憑證聲請強制執行，如

未發現可供執行之財產，自得請求重新發給債權憑證。強制執行法第27條規定債權憑證「載明俟發現有財產時，再予強制執行」，僅係供債權人明瞭，債權憑證屬執行名義，如發現有財產，法院仍可再予執行之訓示規定而已，非謂債權人必須發現有財產，始得聲請執行。

〈狀例2-163〉發給權利憑證聲請狀

民事　聲請　狀		案　　號	年度　　字第　　號	承辦股別	
		訴訟標的金額或價額	新台幣　萬　千　百　十　元　角		
稱　　　謂	姓　名　或　名　稱身分證統一編號或營利事業統一編號	住居所或營業所、郵遞區號及電話號碼電子郵件位址		送達代收人姓名、住址、郵遞區號及電話號碼	
聲　請　人即債權人債務人	王　甲林　乙				
為返還借款事件聲請發給權利憑證事：　　本件債務人之財產，經拍定後尚不足清償債權人債權，而債務人目前無其他財產可供執行，為此聲請核發權利憑證，以資結案，至感德便。　　　　　　謹狀台灣○○地方法院民事執行處　公鑒					
證　物　名　稱及　　件　　數					
中　　　華　　　民　　　國　　　　　年　　　　月　　　　　日					
		具狀人　王　甲	簽名蓋章		

〈狀例2-164〉再予強制執行聲請狀

民事 聲請 狀	案　　　號	年度　　字第　　號	承辦股別	
	訴訟標的金額或價額	新台幣　萬　千　百　十　元　角		
稱　　　謂	姓 名 或 名 稱身分證統一編號或營利事業統一編號	住居所或營業所、郵遞區號及電話號碼電子郵件位址	送達代收人姓名、住址、郵遞區號及電話號碼	
聲 請 人即 債 權 人債 務 人	王　甲林　乙			

為聲請再予強制執行事：

　　緣○○年度民執○字第○○號返還借款乙案，因拍定後尚不足清償債權人，經核發債權憑證，茲經聲請人發現債務人於○○市○○路○○號尚有本國式磚造二層房屋一棟，茲有建築改良物之所有權狀乙份可稽（見證物二），為此，聲請人爰依強制執行法第27條第1項，檢附債權憑證乙紙，狀請

　　鈞院賜予再執行，以保權益。

　　　　謹狀

台灣○○地方法院民事執行處　公鑒

證 物 名 稱及 件 數	證物一：債權憑證正本一紙。證物二：建築改良物所有權狀影本一份。

中　　　　華　　　　民　　　　國　　　　　年　　　　　月　　　　　日
具狀人　王　甲　　簽名蓋章

▶執行費用之確定

◇債權人因強制執行而支出之費用，得求償於債務人者，得準用民事訴訟法第91條之規定，向執行法院聲請確定其數額。

前項費用及其他為債權人共同利益而支出之費用，得求償於債務人者，得就強制執行之財產先受清償。（強執29）

◎撰狀說明

㈠債權人陳報費用時，須附具該費用之憑證，如收據等。

㈡費用額最好能列表逐一記載，並附證物以求明確。

㈢執行費用額未經確定時，如經法院通知提出說明，債權人得以陳報狀方式為之（如狀例2-157）；如未經法院通知時，債權人應以聲請狀請求確定（如狀例2-158）。

〈狀例2-165〉陳報費用狀

民事　陳報　狀	案　　　號		年度　　字第　　號	承辦股別	
	訴訟標的金額或價額		新台幣　萬　千　百　十　元　角		
稱　　　謂	姓　名　或　名　稱身分證統一編號或營利事業統一編號	住居所或營業所、郵遞區號及電話號碼電子郵件位址		送達代收人姓名、住址、郵遞區號及電話號碼	
陳報人即債權人	王　甲				

為○○年度民執○字第○○號返還定金強制執行事件，依法陳報債務人應負擔之執行費用及登報費用事：

　　按　鈞處於○○年○月○日以通知乙紙，通知陳報人應補提出利息及強制執行費用，為此陳報人檢具計算書暨釋明費用額之證書，如下表所列：

項　　目	金　　　額	憑　　　證
執行費用	10,500元整	鈞院收據（見證物一）
登報費	10,000元整（每則2000元，共五則）	報紙剪貼（見證物二）
共計：30,500元整		

　　共計：新台幣30,500元整，謹將該數額狀請鈞院鑒核，懇請　鈞院准予執行，至為感禱。

　　　　　　謹狀

台灣○○地方法院民事執行處　公鑒

證　物　名　稱及　　件　　數	證物一：鈞院收據影本一份。證物二：報紙剪貼正本一份。

中	華	民	國		年	月	日
			具狀人	王　甲		簽名蓋章	

〈狀例2-166〉債權人聲請確定執行費用狀

民事　聲請　狀		案　　號	年度　　字第　　號	承辦股別	
		訴訟標的金額或價額	新台幣　萬　千　百　十　元　角		
稱　　　　謂	姓 名 或 名 稱身分證統一編號或營利事業統一編號	住居所或營業所、郵遞區號及電話號碼電子郵件位址		送達代收人姓名、住址、郵遞區號及電話號碼	
聲　請　人即債權人債務人	王　甲林　乙				

為聲請確定執行費用事：
　　　查　鈞處○○年度○字第○○號聲請人與債務人間因清償借款強制執行事件，業經執行查封拍賣完畢在案，經進行分配中。惟聲請人支出之執行費用，共計新台幣○○元（證物一），尚未經裁定確定。爰依強制執行法第29條第1項之規定檢具計算書暨釋明費用額，狀請
　　　鈞院鑒核，迅賜裁定，俾利受償，而保權益。
　　　　　　謹狀
台灣○○地方法院民事執行處　公鑒

證 物 名 稱及 件 數	證物一：收據影本七紙。

中	華	民	國		年	月	日
			具狀人	王　甲		簽名蓋章	

〈狀例2-167〉**債權人聲請確定執行費用狀**

民事　聲請　狀		案　　　號	○○年度司執字第○○號	承辦股別	
		訴訟標的金額或價額	新台幣　　萬　千　百　十　元　角		
稱　　　　謂	姓　名　或　名　稱身分證統一編號或營利事業統一編號	住居所或營業所、郵遞區號及電話號碼電子郵件位址		送達代收人姓名、住址、郵遞區號及電話號碼	
聲　請　人即債權人債　務　人	張　甲張　乙				

為強制執行事件，聲請確定執行費用事：

　　按：「債權人因強制執行而支出之費用，得求償於債務人者，得準用民事訴訟法」，強制執行法第29條第1項定有明文。本件聲請人支付執行費用，計算如附表所示，合計為508,387元，有收據正本五十二紙及影本一紙為證，為此聲請確定執行費用。

　　　　　　謹狀

台灣○○地方法院民事執行處　公鑒

證　物　名　稱及　　件　　數	證物一：收據影本七紙。

中　　華　　民　　國　　　　　年　　　　月　　　　　日

　　　　　　　　　具狀人　王　甲　　簽名蓋章

（附表）

_____年度司執字第_____號強制執行案件所支付費用

執行項目	支出金額（單位：元）	備註
1.地方法院執行費	64,790	
2.土地複丈費	8,260	
3.地政人員指界費	400	

執行項目	支出金額 （單位：元）	備註
4.愛蘭派出所警員差旅費	2,000	1.～4.合計75,450元
5.拆除地上物支付費用(1)	73,600	
6.拆除地上物拆除地上物支付費用(2)	21,000	
7.拆除地上物拆除地上物支付費用(3)	21,500	
8.拆除地上物拆除地上物支付費用(4)	49,180	
9.拆除地上物拆除地上物支付費用(5)	116,435	
10.拆除地上物拆除地上物支付費用(6)	49,785	
11.拆除地上物拆除地上物支付費用(7)	10,455	
12.拆除地上物拆除地上物支付費用(8)	16,445	
13.拆除地上物拆除地上物支付費用(9)	25,525	
14.拆除地上物拆除地上物支付費用(10)	6,172	
15.拆除地上物拆除地上物支付費用(11)	35,000	
16.供應工人中午便當共112個	$70 \times 112 = 7,840$	5.～16.合計432,937元
總計	508,387元	

▶執行費用償還之聲請

◇依判決爲強制執行，其判決經變更或廢棄時，受訴法院因債務人之聲請，應於其判決內，命債權人償還強制執行之費用。
前項規定，於判決以外之執行名義經撤銷時，準用之。（強執30）

◎撰狀說明

㈠所謂判決經變更或廢棄，乃指判決因聲請回復原狀、上訴或再審而變更廢棄者而言。

㈡所謂受訴法院，係指有權以判決變更爲廢棄原則判決之法院而言。

㈢判決以外之執行名義，經撤銷時，如假扣押、假處分之裁定經抗告而廢棄，和解筆錄經繼續審判而不成立，調解筆錄經判決撤銷或宣告無效，拍賣抵押物之裁定因抗告而廢棄等均屬之，此時受訴法院因債務人之聲請返還強制執行費用時，自應於該變更或廢棄之裁判內載明債權人應償還強制執行全部或一部之費用，以資簡便。

〈狀例2-168〉執行費用償還聲請狀

民事 聲請 狀		案　　　號	年度　　字第　　號	承辦股別	
		訴訟標的金額或價額	新台幣　萬　千　百　十　元　角		
稱　　　謂	姓 名 或 名 稱身分證統一編號或營利事業統一編號	住居所或營業所、郵遞區號及電話號碼電子郵件位址		送達代收人姓名、住址、郵遞區號及電話號碼	
上 訴 人即聲請人被上訴人	賈　甲蔡　溫				

為聲請返還執行費用事：

　　聲請之事項

　　被上訴人應給付新台幣（下同）105,163元，及自本書狀繕本送達之次日起至清償之日止按年息百分之5計算之利息。

　　事實及理由

　　按強制執行法第30條規定：「依判決為強制執行，其判決經變更或廢棄時，受訴法院因債務人之聲請，應於其判決內，命債權人償還強制執行之費用。」查本件訴訟進行中，被上訴人持原審判決聲請假執行查封上訴人之不動產，上訴人為保房產，已提出債權金額及執行費用金額於執行法院，並經被上訴人領取完畢，執行程序因而終結（見證物一）。被上訴人既係以原審判決為假執行，則原審判決尚未確定，尚有遭　鈞院廢棄之可能，上訴人上訴時被上訴人尚未聲請強制執行，是上訴人之上訴聲明並未聲明命被上訴人償還執行費用，爰依上開規定聲請　鈞院於判決時命被上訴人返還上訴人所支出之執行費用105,163元，是請

　　鈞院判決如聲請之事項。

　　　　　　此致

台灣高等法院民事庭　公鑒

證 物 名 稱及 件 數	證物一：執行處函影本一份。

中　　華　　民　　國　　　　年　　　　月　　　　日
具狀人　賈　甲　　簽名蓋章

▶參與分配之聲請

◇因強制執行所得之金額，如有多數債權人參與分配時，執行法院應作成分配表，並指定分配期日，於分配期日五日前以繕本交付債務人及各債權人，並置於民事執行處，任其閱覽。（強執31）

◇他債權人參與分配者，應於標的物拍賣、變賣終結或依法交債權人承受之日一日前，其不經拍賣或變賣者，應於當次分配表作成之日一日前，以書狀聲明之。

逾前項期間聲明參與分配者，僅得就前項債權人受償餘額而受清償；如尚應就債務人其他財產執行時，其債權額與前項債權餘額，除有優先權者外，應按其數額平均受償。（強執32）

◇對於已開始實施強制執行之債務人財產，他債權人再聲請強制執行者，已實施執行行為之效力，於為聲請時及於該他債權人，應合併其執行程序，並依前二條之規定辦理。（強執33）

◇執行人員於實施強制執行時，發現債務人之財產業經行政執行機關查封者，不得再行查封。

前項情形，執行法院應將執行事件連同卷宗函送行政執行機關合併辦理，並通知債權人。

行政執行機關就已查封之財產不再繼續執行時，應將有關卷宗送請執行法院繼續執行。（強執33-1）

◇執行法院已查封之財產，行政執行機關不得再行查封。

前項情形，行政執行機關應將執行事件連同卷宗函送行政法院合併辦理，並通知移送機關。

執行法院就已查封之財產不再繼續執行時，應將有關卷宗送請行政執行機關繼續執行。（強執33-2）

◇有執行名義之債權人聲明參與分配時，應提出該執行名義之證明文件。

依法對於執行標的物有擔保物權或優先受償權之債權人，不問其債權已否屆清償期，應提出其權利證明文件，聲明參與分配。

執行法院知有前項債權人者，應通知之。知有債權人而不知其住居所或知有前項債權而不知孰為債權人者，應依其他適當方法通知或公告之。經通知或公告仍不聲明參與分配者，執行法院僅就已知之債權及其金額列入分配。其應徵收之執行費，於執行所得金額扣繳之。

第2項之債權人不聲明參與分配，其債權金額又非執行法院所知者，該債權對於執行標的物之優先受償權，因拍賣而消滅，其已列入分配而未受清償部分，亦同。

執行法院於有第1項或第2項之情形時，應通知各債權人及債務人。（強執34）

◇政府機關依法令或本於法令之處分，對義務人有公法上金錢債權，依行政執行法得移送執行者，得檢具證明文件，聲明參與分配。（強執34-1）

◎撰狀說明

㈠債權人之聲明參與分配，應以金錢債權爲限。

㈡參與分配，應以書狀聲明之。因此，若以言詞聲明參與分配者，應認爲不合法定程式。

㈢債權人聲明參與分配，應提出執行名義之證明文件。此之證明文件，乃指強制執行法第6條所規定之各種證明文件而言。他債權人若認爲該債權人之執行名義爲無效或不成立者，可依強制執行法第12條提出聲明異議。

㈣聲明參與分配者，應於標的物拍賣或變賣前爲之，其不經拍賣或變賣者，應於當次分配表作成之日前一日聲明之。惟依法有優先權之債權人，仍得於強制執行程序終結前，即在因強制執行所得之金額未交付或分配與債權人之前，聲明參與分配。

㈤依本法第34條第2項之債權人，聲明參與分配而不繳納執行費者，不得予以駁回，其應繳納之費用，於執行標的物拍賣或變賣後所得金額扣繳之。

㈥本法第34條第2項規定之債權人，其參與分配，不受本法第32條第1項規定之限制。

〈狀例2-169〉**民事參與分配聲明狀**㈠

民事　聲明　狀		案　　　號	年度　　字第　　號		承辦股別	
		訴訟標的金額或價額	新台幣　萬　千　百　十　元　角			
稱　　　謂	姓　名　或　名　稱身分證統一編號或營利事業統一編號	住居所或營業所、郵遞區號及電話號碼電子郵件位址			送達代收人姓名、住址、郵遞區號及電話號碼	
聲明人即抵押權人債　權　人債　務　人	楊　甲林　乙趙　丙					

為聲明參與分配事：

　　聲明參與分配之金額

　　新台幣（以下同）360萬元整，及自民國（以下同）○○年1月1日起至清償之日止，按年息百分之5計算之利息。

　　事實及理由

一、債務人前曾向聲明人借款360萬元整，約定○○年12月31日清償，除設定最高限額抵押450萬元外，並簽發本票一紙予聲明人。

二、頃獲　鈞處通知得知債權人就抵押物聲請強制執行，爰依強制執行法第34條第2項之規定：「依法對於執行標的物有擔保物權或優先受償權之債權人，不問其債權已否屆清償期，應提出其權利證明文件，聲明參與分配。」檢附他項權利證明書正本、抵押權設定契約書正本及本票正本（見證物一）聲明參與分配。

三、聲明人強制執行法第28條之2第2項應繳之執行費用，請直接就抵押物拍賣所得價金中，應分配予聲明人之部分中扣除之。

　　　　　　　謹狀

台灣○○地方法院民事執行處　公鑒

證　物　名　稱及　　件　　數	證物一：他項權利證明書正本、抵押權設定契約書正本及本票正本一份。

中	華	民	國	年	月	日

　　　　　　　　具狀人　楊　甲　　簽名蓋章

〈狀例2-169-1〉民事參與分配聲明狀㈡

民事　聲明　狀		案　　　號	年度　　字第　　號	承辦股別	
		訴訟標的的金額或價額	新台幣　　萬　千　百　十　元　角		
稱　　　　謂	姓　名　或　名　稱身分證統一編號或營利事業統一編號	住居所或營業所、郵遞區號及電話號碼電子郵件位址		送達代收人姓名、住址、郵遞區號及電話號碼	

聲 明 人 即債權人	王　甲	住○○市○○路○○號	
債 權 人	李　乙		
債 務 人	磚頭建設股份有限公司		
法定代理人	姚磚頭		

為聲明參與分配事：

　　參與分配之金額

新台幣（以下同）100萬元，及自民國（以下同）○○年12月31日起至清償之日止，按年息百分之5計算之利息。

　　執行名義

　　台灣○○地方法院○○年度訴字第○○號民事判決正本及確定證明正本（證一）。

一、聲明人前曾向債務人訂購預售房屋乙戶，並已給付價金100萬元。惟債務人未依約按圖施工，且偷工減料，經聲明人依法解除契約，並請求返還價金，業已法院判決勝訴確定在案（同證一）。

二、本件執行標的土地係債務人僅有之財產，業經債權人依法強制執行中，爰依強制執行法第32條之規定，於拍賣標的物拍賣終結之日一日前，依同法第34條第1項之規定，提出執行名義聲明參與分配如上。

　　　　　　謹狀

台灣○○地方法院民事庭　公鑒

證物名稱 及　件　數	證一：判決正本及確定證明正本一份。

中　　　華　　　民　　　國　　　　　年　　　　　月　　　　　日

具狀人　王　甲　　簽名蓋章

〈狀例2-169-2〉民事參與分配聲明狀(三)

民事 參與分配聲明 狀	案　　　號	年度　　字第　　號	承辦股別	
	訴訟標的 金額或價額	新台幣　萬　千　百　十　元　角		

稱　　　　謂	姓　名　或　名　稱 身分證統一編號或 營利事業統一編號	住居所或營業所、郵遞區號 及電話號碼電子郵件位址	送達代收人姓 名、住址、郵遞 區號及電話號碼
聲　明　人 即債權人	○○○	住○○市○○路○○號	
債　權　人	○○○	住○○市○○路○○號	
債　務　人	○○○	住○○市○○路○○號	
法定代理人	○○○	住○○市○○路○○號	

為就○○年度民執○字第○○號債權人○○○與債務人○○○間因○○○○強制執行事件，聲明參與分配事：

　　按債務人積欠聲明人存款乙事，經聲明人具狀向台灣○○地方法院民事庭聲請對債務人核發支付命令，業經法院以○○年促字第○○號支付命令命債務人應給付聲明人新台幣○○元整，及自支付命令送達債務人翌日起至清償之日止，按周年利率百分之5計算之利息，並賠償督促程序費用，是項支付命令亦經確定在案（證物一）。茲因債權人○○○與債務人間因○○○○強制執行事件，經查封債務人所有財產，並經　鈞處定期於民國○○年○月○日拍賣。為此，聲明人爰依強制執行法第32條第1項之規定，於標的物拍賣終結前，聲明就上開債權參與分配。為此，狀請

　　鈞處鑒核，准予列入分配表，以保權益，並符公允，實感德澤。
　　　　　　謹狀
台灣○○地方法院民事執行處　公鑒

證物名稱 及　件　數	證物一：支付命令影本、確定證明書正本各一份。

中	華	民	國	年	月	日

　　　　　　　　　　　具狀人　　○○○　　　　簽名
蓋章

▶對分配表之異議

　◇債權人或債務人對於分配表所載各債權人之債權或分配金額有不同意者，應於分配期日一日前，向執行法院提出書狀，聲明異議。
　　前項書狀，應記載異議人所認原分配表之不當及應如何變更之聲明。（強執39）

◇執行法院對於前條之異議認為正當,而到場之債務人及有利害關係之他債權人不為反對之陳述或同意者,應即更正分配表而為分配。

異議未依前項規定終結者,應就無異議之部分先為分配。(強執40)

◇依前條第一項更正之分配表,應送達於未到場之債務人及有利害關係之他債權人。

前項債務人及債權人於受送達後三日內不為反對之陳述者,視為同意依更正分配表實行分配。其有為反對陳述者,應通知聲明異議人。(強執40-1)

◇異議未終結者,為異議之債權人或債務人,得向執行法院對為反對陳述之債權人或債務人提起分配表異議之訴。但異議人已依同一事由就有爭執之債權先行提起其他訴訟者,毋庸再行起訴,執行法院應依該確定判決實行分配。

債務人對於有執行名義而參與分配之債權人為異議者,僅得以第14條規定之事由,提起分配表異議之訴。

聲明異議人未於分配期日起十日內向執行法院為前二項起訴之證明者,視為撤回其異議之聲明;經證明者,該債權應受分配之金額,應行提存。

前項期間,於第40條之1有反對陳述之情形,自聲明異議人受通知之日起算。

(強執41)

◎撰狀說明

㈠對於分配表之異議,不限於債權人,債務人亦得聲明異議。異議之時期應於分配期日一日前聲明之,其應以書狀聲明,不許以言詞為之。

㈡關於對分配表提起異議之訴,其訴之聲明,即為請求更正分配或請求形成新的分配額、依序,故不許提出宣告假執行之聲請,必待更正分配表之判決臻於確定後,始可執行。再者,本訴其訴訟標的之價額,則以因更正分配表或形成新分配額而致原告所可增加之利益,以之為繳納裁判費之計算標準。

㈢又關於對於分配表提起異議之訴之管轄,強制執行法並無明文規定,故仍依民事訴訟法「以原就被」之原則,向反對更正分配表之債權人或債務人,即被告之住居所地地方法院管轄。

〈狀例2-170〉對分配表聲明異議狀㈠

民事　聲明異議　狀	案　　號	年度　　字第　　號	承辦股別	
	訴訟標的金額或價額	新台幣　萬　千　百　十　元　角		

稱　　　　　謂	姓　名　或　名　稱 身分證統一編號或 營利事業統一編號	住居所或營業所、郵遞區號 及電話號碼電子郵件位址	送達代收人姓 名、住址、郵遞 區號及電話號碼
聲　明　人 即 債 權 人	林　乙	住○○市○○路○○號	
債　務　人 法定代理人	○○股份有限公司 王　甲	設○○市○○路○○號 住同右	

為對○○年度民執○字第○○號○○股份有限公司清償債務強制執行事件之分配表
聲明異議事：

　　緣○○股份有限公司清償債務強制執行事件，前奉　鈞院將該債務人所有○○
號輪船乙艘，查封拍賣，並製定分配表在卷。謹按海商法第24條第1項第1款規定，
船長船員及其他服務船舶人員，本於僱傭契約所生之債權，有優先受償之權。本案
聲明人係屬○○股份有限公司之船長，所主張之債權，為○○股份有限公司於○○
年○月至○月所積欠之薪金，依前開法條意旨，本項債權，係由僱傭契約而生，依
法自應優先受償。詎料　鈞院此次分配表中，竟將聲明人之債權與其他一般債權人
之債權同列而平均攤派，聲明人對於是項分配表自歉難同意，為此爰依法聲明異
議，狀請

　　鈞院詳查，將分配表次序○之聲明人應分配之金額更正為○○○元，准予優先
受償，俾符法制，並維權益，實感德便。
　　　　　　謹狀
台灣○○地方法院民事執行處　公鑒

證　物　名　稱 及　　件　　數	

中　　華　　民　　國　　　　年　　　月　　　日
具狀人　林　乙　　簽名蓋章

〈狀例2-170-1〉對分配表聲明異議狀㈡

民事　聲明異議　狀		案　　　　　號	年度　字第　　號	承辦股別	
		訴訟標的金額或價額	新台幣　萬　千　百　十　元　角		
稱　　　　謂	姓　名　或　名　稱身分證統一編號或營利事業統一編號	住居所或營業所、郵遞區號及電話號碼電子郵件位址		送達代收人姓名、住址、郵遞區號及電話號碼	
聲　明　人即債權人	鐵達尼股份有限公司				
法定代理人	李納多				
相對人即債　權　人	王　甲				
債　務　人	張　三				

為對　鈞處○○年度民執○字第○○號清償票款強制執行事件之分配表異議事：

　　聲明之事項

一、分配表第一、三項債權人王甲應受分配之金額新台幣（以下同）15,000元、100萬元應予剔除。

二、分配表第四項債權人鐵達尼股份有限公司應受分配之金額應增加1,015,000元。

　　事實及理由

一、按債權人王甲所執，聲明參與分配之本票准許強制執行裁定，實係由債權人王甲與債務人張三本於通謀虛偽意思向法院聲請所得，此由張三係王甲之親戚可知，王甲與張三間根本並無任何債權債務關係存在，應不得參與分配。

二、本件分配表中有關第一項王甲應優先受償之執行費用15,000元及第三項分配金額100萬元應予剔除，上開增加之金額應分配予聲明人，爰依強制執行法第39條之規定，狀請

　　鈞處變更分配表如聲明之事項。

　　　　　　謹狀

台灣○○地方法院民事執行處　公鑒

證　物　名　稱及　　件　　數	

中　　　華　　　民　　　國　　　　年　　　　月　　　　日

　　　　　具狀人　鐵達尼股份有限公司　　簽名

　　　　　法定代理人　李納多　　　　　　蓋章

〈狀例2-171〉**對分配表異議之起訴狀**

民事　起訴　狀	案　　　號	年度　　字第　　號	承辦股別	
	訴訟標的金額或價額	新台幣　萬　千　百　十　元　角		
稱　　　　謂	姓　名　或　名　稱身分證統一編號或營利事業統一編號	住居所或營業所、郵遞區號及電話號碼電子郵件位址	送達代收人姓名、住址、郵遞區號及電話號碼	
原　　　　告	A銀行			
法定代理人	甲			
被　　　　告	柯○			
被　　　　告	許○			

爲分配表異議事件，依法起訴事：

　　訴之聲明

一、鈞院○○年度○字第○○○號強制執行事件之分配表，被告柯○、許○之債權應予剔除，受分配金額應更正爲新台幣（以下同）零元，重新分配。

二、訴訟費用由被告等負擔。

　　事實及理由

　　鈞院就債務人柯○坤及柯○霞之○○年度○字第○○○○號強制執行事件業已作成分配表在案（原證一），原告爲其二人債權人　對於該分配表所載債權人即被告柯○、許○之債權及執行費不同意，已依強制執行法第39條第1項規定「債權人或債務人對於分配表所載各債權人之債權或分配金額有不同意者，應於分配期日一日前，向執行法院提出書狀，聲明異議。」聲明異議（原證二），嗣經　鈞院民事執行處通知，提出已就所異議之事項提起訴訟之證明（原證三），爲此依同法第41條第1項前段「異議未終結者，爲異議之債權人或債務人，得向執行法院對爲反對陳述之債權人或債務人提起分配表異議之訴。」提起本訴，合先敍明。

　　本件強制執行事件係執行如附表所示之土地，該等土地債務人柯○霞、柯○坤係分別於民國86年6月19日及同年2月8日受讓謝○平、林○蘭各應有部分3分之1，但在讓與前，謝○平、林○蘭已分別以其應有部分設定第一順位抵押權100萬元、150萬元給被告柯○，設定第二順位抵押權100萬元、100萬元給張黃○，張黃○再讓與被告許○。在執行程序中，被告柯○於民國93年12月7日具狀行使抵押權（原證四）被告許○除亦於同年11月29日具狀行使抵押權外（原證五）並以執有柯○坤及柯○霞共同簽發之合計300萬元本票二紙，以　鈞院93年度票字第○○○號、○○○號本票裁定聲請執行（原證六），執行法院分別於分配表、列入分配。

分配結果，連同執行費，被告柯○分得250萬元，被告許○分得2,712,417元，二人合計為5,212,417元，致原告分配不足。

上開抵押權部分，不僅債權並非眞正，原告否認，被告應舉證證明，且被告柯○就100萬元抵押債權清償日期爲民國70年1月1日，就150萬元抵押債權清償日期爲民國69年7月18日，距其行使本件抵押權之民國93年12月7日，已逾二十年以上，依民法第880條規定：「以抵押權擔保之債權，其請求權已因時效而消滅，如抵押權人，於消滅時效完成後五年間不實行其抵押權者，其抵押權消滅。」，其抵押權消滅，實無權利。被告許○抵押債權之清償日期爲民國69年10月26日，距其行使本件抵押權之民國93年11月29日，亦逾二十年以上，同前開所述，其抵押權亦已消滅，實無權利，自不應列入分配。

至於被告許○所持上開本票裁定，無與確定判決同一之效力，依強制執行法第41條第2項「債務人對於有執行名義而參與分配之債權人爲異議者，僅得以第十四條規定之事由，提起分配表異議之訴。」、第14條第2項「執行名義無確定判決同一之效力者，於執行名義成立前，如有債權不成立或消滅或妨礙債權人請求之事由發生，債務人亦得於強制執行程序終結前提起異議之訴。」，原告否認其債權存在，被告亦應舉證證明。

爲明事實，請調　鈞院93年度○○字第○○○號強制執行卷及93年票字第○○○號、○○○號本票裁定卷。

本件訴訟應以被告分配金額核計裁判費，併此敘明。

　　　　　謹狀
台灣○○地方法院民事庭　公鑒

證　物　名　稱 及　　件　　數	原證一：鈞院93年度執字第51109號分配表影本一件。 原證二：聲明異議狀影本三件。 原證三：鈞院民事執行處通知影本三件。 原證四：（被告柯○）聲明行使抵押權狀影本一件。 原證五：（被告許○）聲明參與分配狀影本一件。 原證六：（被告許○）強制執行聲請狀影本一件。

中　　　　華　　　　民　　　　國　　　　　年　　　　　月　　　　　日
具狀人　　A銀行　　　　　簽名 法定代理人　甲　　　　　蓋章

〈狀例2-172〉**對分配表異議之訴答辯狀**

民事　答辯　狀	案　　　號	年度　　字第　　號	承辦股別	
	訴訟標的金額或價額	新台幣　萬　千　百　十　元　角		
稱　　　　謂	姓　名　或　名　稱身分證統一編號或營利事業統一編號	住居所或營業所、郵遞區號及電話號碼電子郵件位址	送達代收人姓名、住址、郵遞區號及電話號碼	
答　辯　人即　被　告原　　　告	林　乙李　甲			

為對分配表異議之訴提出答辯事：

　　答辯之聲明

一、請求駁回原告之訴。

二、訴訟費用由原告負擔。

　　答辯之理由

　　查原告主張「被告聲明參與分配所提出之執行名義，為　鈞院之和解筆錄，債權額為新台幣（以下同）54萬元……但和解成立後，債務人趙丙股份有限公司已經清償被告33萬元，有該公司帳簿乙冊可稽……因此自不能將此33萬元之債權額列入……而應減為21萬元參與分配……」云云，究其實原告之主張實乃似是而非，刻意混淆，企圖得利。按在和解成立後，債務人趙丙股份有限公司雖已清償被告33萬元，但該33萬元係債務人於去年○月間向被告購買機器之價金，而與和解所成立之54萬元無涉，茲有收據乙紙可稽（被證一）。再者，原告所提之公司帳簿並未經債務人趙丙股份有限公司總經理楊丁簽名，則其真實性亦屬可疑，為此，爰依法提出答辯，狀請

　　鈞院鑒核，而判決如被告答辯之聲明，以維權益，而明法治，不勝感禱。

　　　　　　　　謹狀

台灣○○地方法院民事庭　公鑒

證物名稱及件數	被證一：收據影本一紙。

中　　華　　民　　國　　　　年　　　　月　　　　日
具狀人　林　乙　　簽名蓋章

〈狀例2-173〉對分配表異議之訴提出起訴證明狀

民事　起訴證明　狀		案　　　號	年度　　字第　　號	承辦股別	
		訴訟標的金額或價額	新台幣　萬　千　百　十　元　角		
稱　　　　謂	姓　名　或　名　稱身分證統一編號或營利事業統一編號	住居所或營業所、郵遞區號及電話號碼電子郵件位址		送達代收人姓名、住址、郵遞區號及電話號碼	
陳報人即聲明異議人	李　甲	住○○市○○路○○號			
債　權　人	林　乙	住○○市○○路○○號			
債　務　人	趙丙股份有限公司	設○○市○○路○○號			
法定代理人	楊　丁	住同右			

為就分配表異議之訴陳報人已起訴，依法提出證明並陳報事：

　　緣　鈞處○○年度民執○字第○○號給付價金強制執行事件，對於債權人林乙之分配表，債權人不同意，業經聲明異議在卷，並爰依強制執行法第41條之規定，除於法定期間內，對林乙起訴外，為此檢同起訴狀繕本暨繳納裁判費收據（證物一），狀請

　　鈞院鑒核，准予將該應受分配之債權金額提存，以維權益。

　　　　　　　謹狀

台灣○○地方法院民事執行處　公鑒

證　物　名　稱及　　件　　數	證物一：起訴狀繕本及繳納裁判費收據各乙份。

中　　　華　　　民　　　國　　　年　　　月　　　日
具狀人　李　甲　　簽名蓋章

▶撤回執行之聲請

◇強制執行程序，除本法有規定外，準用民事訴訟法之規定。（強執30-1）

◎撰狀說明

㈠債務人或第三人就強制執行事件得提起異議之訴時，執行法院得指示其另行起

訴，或諭知債權人，經其同意後，即由執行法院撤銷強制執行（強制執行法第16條）。而債權人因其他原因認為得暫不執行或已無執行之必要者，亦得主動聲請法院撤回強制執行之聲請。

㈡撤回強制執行之聲請，強制執行法並無明文之規定，依強制執行法第30條之1準用民事訴訟法之相關規定。

㈢依提存法第18條第1項第3款「假扣押、假處分、假執行經裁判後未聲請執行，或於執行程序實施前撤回執行之聲請。」可逕向提存所聲請發還擔保物（金），毋庸聲請法院裁定。

〈狀例2-174〉因已清償撤回強制執行聲請狀

民事　撤回強制執行　狀	案　　　號	年度　　字第　　號	承辦股別	
	訴訟標的金額或價額	新台幣　萬　千　百　十　元　角		
稱　　　　　謂	姓　名　或　名　稱身分證統一編號或營利事業統一編號	住居所或營業所、郵遞區號及電話號碼電子郵件位址	送達代收人姓名、住址、郵遞區號及電話號碼	
聲　請　人即　債　權　人	王　甲			
訴訟代理人	○○○律師			
債　務　人	趙　丙			
為就　鈞處○○年度民執○字第○○號強制執行事件聲請撤回事： 　　因債務人業已全數清償，是本案已無執行之必要，為此，聲請撤回本件強制執行。 　　　　　　　謹狀 台灣○○地方法院民事執行處　公鑒				
證　物　名　稱及　　件　　數				
中　　　　華　　　　民　　　　國　　　　年　　　　月　　　　日 　　　　　　　　　具狀人　王　甲　　簽名蓋章				

〈狀例2-175〉因無執行之必要撤回強制執行聲請狀

民事　撤回強制執行　狀		案　　　　號	年度　　字第　　號	承辦股別	
		訴訟標的金額或價額	新台幣　萬　千　百　十　元　角		
稱　　　　　謂	姓 名 或 名 稱身分證統一編號或營利事業統一編號	住居所或營業所、郵遞區號及電話號碼電子郵件位址		送達代收人姓名、住址、郵遞區號及電話號碼	
聲　請　人即債權人債　務　人	楊　甲林　一				

為上列當事人間○○年度民執○字第○○號強制執行事件，依法聲請撤回事：
　　頃接　鈞處○○年度民執○字第○○號通知，通知聲請人於○○年○月○日上午○時至　鈞處等候，導往現場執行，惟目前暫無執行之必要，特此狀請
　　鈞院鑒核，懇請准予撤回強制執行，俾利終結。
　　　　　　謹狀
台灣○○地方法院民事執行處　公鑒

證 物 名 稱及 　 件 　 數	

中　　　　華　　　　民　　　　國　　　　　年　　　　　月　　　　　日	
具狀人　楊　甲	簽名蓋章

〈狀例2-176〉聲請發未強制執行證明狀（保全執行及假執行，在執行前撤回，可聲請發撤回執行證明，以返還擔保金）

民事　聲　請　狀		案　　　　號	年度　　字第　　號	承辦股別	
		訴訟標的金額或價額	新台幣　萬　千　百　十　元　角		
稱　　　　　謂	姓 名 或 名 稱身分證統一編號或營利事業統一編號	住居所或營業所、郵遞區號及電話號碼電子郵件位址		送達代收人姓名、住址、郵遞區號及電話號碼	

聲　請　人 即債權人	顏　甲		
相　對　人 即債務人	呂　乙 蔡　丙		

　　查　鈞院○○年度民執○字第○○號強制執行事件，業經　鈞院於○○年11月2日將債務人呂乙名下之不動產查封在案。惟對於債務人蔡丙部分則未對其名下財產實施強制執行查封，職是呈請

　　鈞院鑒核，准予核發債務人蔡丙部分強制執行前撤回證明書，以維權益，至感德便。

　　　　　　　謹狀

台灣○○地方法院民事執行處　公鑒

證　物　名　稱 及　　件　　數	

中　　華　　民　　國　　　　年　　　　月　　　　日
具狀人　顏　甲　　簽名 蓋章

▶撤銷查封之聲請

　　◇查封後，債務人得於拍定前提出現款，聲請撤銷查封。

　　拍定後，在拍賣物所有權移轉前，債權人撤回強制執行之聲請者，應得拍定人之同意。（強執58）

◎撰狀說明

　　所謂提出現款，須向執行法院提出，至債務人逕向債權人提出者，須債權人對此並不爭執，始得撤銷查封。

〈狀例2-177〉撤銷查封發還財產聲請狀

民事　聲請　狀	案　　　　號	年度　　字第　　　號	承辦 股別	
	訴訟標的 金額或價額	新台幣　　萬　　千　　百　　十　　元　　角		

稱　　　　謂	姓　名　或　名　稱 身分證統一編號或 營利事業統一編號	住居所或營業所、郵遞區號 及電話號碼電子郵件位址	送達代收人姓 名、住址、郵遞 區號及電話號碼
聲　請　人 即債務人	趙　丙		

為聲請撤銷查封發還財產事：

　　查○○年民執○字第○○號債務人楊丁清償債務強制執行事件，業奉　鈞處將債務人房屋一棟及其家具等件，實施查封，公告拍賣，惟尚乏人承買。茲因債務人不願產業被賣，影響信用，爰依法於拍賣期日前，提出現款清償對債權人之債務，狀請

　　鈞處准將前開查封之房屋家具，依法啟封，發還債務人收受，以資結案，而維權益。

　　　　　　謹狀
台灣○○地方法院民事執行處　公鑒

證　物　名　稱 及　　件　　數	

中　華　民　國　　　年　　月　　日

具狀人　趙　丙　　簽名蓋章

▶查封物變賣之聲請

◇查封物應公開拍賣之。但有下列情形之一者，執行法院得不經拍賣程序，將查封物變賣之：

　　一　債權人及債務人聲請或對於查封物之價格為協議者。

　　二　有易於腐壞之性質者。

　　三　有減少價值之虞者。

　　四　為金銀物品或有市價之物品者。

　　五　保管困難或需費過鉅者。

　　第71條之規定，於前項變賣準用之。（強執60）

◇查封之有價證券，執行法院認為適當時，得不經拍賣程序，準用第115條至第117條之規定處理之。（強執60-1）

◎撰狀說明

㈠動產變賣之聲請，須由債權人及債務人共同為之，若僅由債權人或債務人之一方聲請者，則不在准許之列。

㈡聲請之時期並不限於在拍賣期日前，其在拍賣期日，若無人應買時，亦得因雙方當事人之同意，由第三人以變賣之方法買受拍賣物。

〈狀例2-178〉查封物變賣之聲請狀

民事　聲請　狀		案　　　　號	年度　　字第　　號	承辦股別	
		訴訟標的金額或價額	新台幣　萬　千　百　十　元　角		
稱　　　　謂	姓　名　或　名　稱身分證統一編號或營利事業統一編號	住居所或營業所、郵遞區號及電話號碼電子郵件位址		送達代收人姓名、住址、郵遞區號及電話號碼	
聲　請　人即債權人	林　乙				
聲　請　人即債務人	趙　丙				

為就○○年民執○字第○○號清償貨款強制執行事件，依法聲請變賣事：

　　緣○○年民執○字第○○號債權人林乙與債務人趙丙因清償貨款強制執行事件，業蒙　鈞處於○○年○月○日將債務人所有電視機乙台實施查封，並定於同年○月○日拍賣在案。惟查因拍賣程序耗時且費時，且恐所拍得之價金較市價為低，對於債權人將有無法獲滿足之虞，而對債務人亦屬不利，為此，聲請人等爰依強制執行法第60條之規定，會同狀請

　　鈞院鑒核，准免經拍賣程序，逕依市價變賣之，以維權益。

　　　　　　謹狀

台灣○○地方法院民事執行處　公鑒

證　物　名　稱及　　件　　數	

中　　　華　　　民　　　國　　　　　年　　　　月　　　　日
具狀人　林　乙　趙　丙　　簽名蓋章

▶對無膳餘可能之財產聲請拍賣

◇應查封動產之賣得價金，清償強制執行費用後，無膳餘之可能者，執行法院不得查封。

查封物賣得價金，於清償優先債權及強制執行費用後，無膳餘之可能者，執行法院應撤銷查封，將查封物返還債務人。

前二項情形，應先詢問債權人之意見，如債權人聲明於查封物賣得價金不超過優先債權及強制執行費用時，願負擔其費用者，不適用之。（強執50-1）

◇不動產之拍賣最低價額不足清償優先債權及強制執行之費用者，執行法院應將其事由通知債權人。債權人於受通知後七日內，得證明該不動產賣得價金有膳餘可能或指定超過該項債權及費用總額之拍賣最低價額，並聲明如未拍定願負擔其費用而聲請拍賣。逾期未聲請者，執行法院應撤銷查封，將不動產返還債務人。

依債權人前項之聲請為拍賣而未拍定，債權人亦不承受時，執行法院應公告願買受該不動產者，得於三個月內依原定拍賣條件為應買之表示，執行法院於訊問債權人及債務人意見後，許其應買；債權人復願承受者亦同。

逾期無人應買或承受者，執行法院應撤銷查封，將不動產返還債務人。

不動產由順位在先之抵押權或其他優先受償權人聲請拍賣者，不適用前二項之規定。

第1項、第2項關於撤銷查封將不動產返還債務人之規定，於該不動產已併付強制管理之情形；或債權人已聲請另付強制管理而執行法院認為有實益者，不適用之。（強執80-1）

◎撰狀說明

依強制執行法第51條之1第3項拍賣之動產，其出價未超過優先債權及強制執行費用者，應不予拍定；依強制執行法第80條之1第1項規定拍賣不動產者，其拍賣最低價額，不得低於債權人依強制執行法第80條之1第1項規定指定之拍賣最低價額。因無益拍賣所生費用，應由債權人負擔。聲請之債權人有二人以上者，依債權額比例分擔（辦理強制執行事件應行注意事項第27條之1）。

〈狀例2-179〉**無益執行之救濟聲請狀**

民事　聲請　狀	案　　　號	年度　　字第　　號	承辦股別	
	訴訟標的金額或價額	新台幣　萬　千　百　十　元　角		

稱　　　　謂	姓　名　或　名　稱 身分證統一編號或 營利事業統一編號	住居所或營業所、郵遞區號 及電話號碼電子郵件位址	送達代收人姓 名、住址、郵遞 區號及電話號碼
聲　請　人 即債權人	黃　一		
債　務　人	邱　二		

　　頃奉　鈞院○○年○字第○○號執行函，諭知本件強制執行拍賣不動產之拍賣最低價額，不足清償優先債權及強制執行費用等意旨。惟查本件查封之不動產，經　鈞院以○○不動產鑑價公司鑑定之價格爲新台幣（以下同）○千○百○萬○千元整，本已足夠清償債務人之第一順位抵押權人○○銀行之貸款本息，故與強制執行法第80條之1第1項之規定不符；況該不動產，經聲請人送請○○不動產鑑價公司鑑價結果，其最低價額爲○億○千○百○十○萬○千元整，此有該公司不動產價格調查鑑定書可證（附件一），故如以上開鑑價結果，其經拍賣後，清償第一順位抵押權人之債權，定尙有賸餘可能，故請　鈞院指定超過抵押權債權額及強制執行費用總額之拍賣最低價額。倘未能拍定，則聲請人謹聲明願負擔其費用。

　　爲此，謹依法狀請

　　鈞院對本件不動產，迅賜拍賣，以維權益，至感德便。

　　　　　謹狀

台灣○○地方法院○○民事執行處　公鑒

證　物　名　稱 及　　件　　數	附件一：不動產價格調查鑑定書一份。

中　　　　華　　　　民　　　　國　　　　　　年　　　　　　月　　　　　　日
具狀人　黃　一　　簽名 蓋章

▶債權人承受之聲請

　◇拍賣物無人應買時，執行法院應作價交債權人承受，債權人不願承受或依法不能承受者，應由執行法院撤銷查封，將拍賣物返還債務人。但拍賣物顯有賣得相當價金之可能者，準用前條第5項之規定。（強執71）

　◇拍賣之不動產無人應買或應買人所出之最高價未達拍賣最低價額，而到場之債權人於拍賣期日終結前聲明願承受者，執行法院應依該次拍賣所定之最低價額，將

不動產交債權人承受,並發給權利移轉證書。其無人承受或依法不得承受者,由執行法院定期再行拍賣。

依前項規定再行拍賣時,執行法院應酌減拍賣最低價額;酌減數額不得逾百分之20。(強執91)

◇再行拍賣期日,無人應買或應買人所出之最高價,未達於減定之拍賣最低價額者,準用前條之規定;如再行拍賣,其酌減數額,不得逾減定之拍賣最低價額百分之20。(強執92)

◇經二次減價拍賣而未拍定之不動產,債權人不願承受或依法不得承受時,執行法院應於第二次減價拍賣期日終結後十日內公告願買受該不動產者,得於公告之日起三個月內依原定拍賣條件為應買之表示,執行法院得於詢問債權人及債務人意見後,許其買受。債權人復願為承受者,亦同。

前項三個月期限內,無人應買前,債權人亦得聲請停止前項拍賣,而另行估價或減價拍賣,如仍未拍定或由債權人承受,或債權人未於該期限內聲請另行估價或減價拍賣者,視為撤回該不動產之執行。

第94條第2項、第3項之規定,於本條第1項承買準用之。(強執95)

◎撰狀說明

㈠得承受之債權人不以聲請強制執行之債權人為限,經合法聲請參與分配之債權人,亦得聲請承受。

㈡動產拍賣及不動產拍賣,承受必需債權人於拍賣當場,在無人應買或有人出價低於底價時聲明,毋庸具狀。只有不動產拍賣依強制執行第95條之特別拍賣,於公告期滿前,可具狀聲明承受。

㈢在特別拍賣時,如有人願依拍賣條件為應買,亦可參考下列聲請承受狀為聲請買受(即將承受,改為買受)。

〈狀例2-180〉聲請承受狀

民事　聲請　狀		案　　　號	年度　　　字第　　　號	承辦股別	
		訴訟標的金額或價額	新台幣　萬　千　百　十　元　角		
稱　　　　謂	姓　名　或　名　稱身分證統一編號或營利事業統一編號	住居所或營業所、郵遞區號及電話號碼電子郵件位址		送達代收人姓名、住址、郵遞區號及電話號碼	
聲　請　人	趙　丙				

為○○年度民執○字第○○號清償債務強制執行事件，依法提出承受之聲請事：

　　緣債務人許甲前因向聲請人借款新台幣250萬元，就其所有坐落台北市○○區○○段○○號，建地目，持分3分之1土地，及其上建物，建號○○○○，門牌號碼○○市○○區○○路○○巷○○號三層樓房設定抵押權（見證物一），因債務人屆期不還，經聲請人聲請強制執行，今本件已由　鈞處進行拍賣程序。惟因已經兩次減價之拍賣，均無人應買，由　鈞院公告特別拍賣，為免執行之延宕計，懇請

　　　　鈞處准予聲請人承受該不動產，以維債權，而利執行之終結，不勝感德。

　　　　　　謹狀

台灣○○地方法院民事執行處　公鑒

證　物　名　稱 及　　件　　數	證物一：土地建築改良物抵押權設定契約書影本一份。

中	華	民	國	年	月	日

具狀人　趙　丙　　簽名蓋章

▶強制管理及再行拍賣之聲請

◇經二次減價拍賣而未拍定之不動產，債權人不願承受或依法不得承受時，執行法院應於第二次減價拍賣期日終結後十日內公告願買受該不動產者，得於公告之日起三個月內依原定拍賣條件為應買之表示，執行法院得於詢問債權人及債務人意見後，許其買受。債權人復願為承受者，亦同。

前項三個月期限內，無人應買前，債權人亦得聲請停止前項拍賣，而另行估價或減價拍賣，如仍未拍定或由債權人承受，或債權人未於該期限內聲請另行估價或減價拍賣者，視為撤回該不動產之執行。

第94條第2項、第3項之規定，於本條第1項承買準用之。（強執95）

◇已查封之不動產，執行法院得因債權人之聲請或依職權，命付強制管理。（強執103）

◎撰狀說明

㈠命付強制管理之裁定，屬強制執行之方法，當事人對此裁定如有不服，得聲明異議，而對執行法院就此聲明異議所為之裁定，始得提起抗告。

㈡對於強制管理之收益，無執行名義之債權人，不得聲請參與分配。

㈢債權人或債務人對於管理人之收支計算報告書有異議時，得於接到計算書五日內，向執行法院聲明之。

〈狀例2-181〉強制管理聲請狀

民事　聲請　狀		案　　　號		年度　　字第　　號	承辦股別	
		訴訟標的金額或價額		新台幣　萬　千　百　十　元　角		
稱　　　謂	姓　名　或　名　稱身分證統一編號或營利事業統一編號	住居所或營業所、郵遞區號及電話號碼電子郵件位址			送達代收人姓名、住址、郵遞區號及電話號碼	
聲　請　人即債權人	楊　丁					
為聲請准予強制管理抵押物，以維債權事： 　　緣○○年度民執○字第○○號聲請人與債務人間，因清償債務拍賣抵押物強制執行事件，業蒙　鈞處三次公開拍賣，無人投標承買，當經指示由聲請人按價承受或強制管理之。嗣由債務人陳述艱困情形，並先繳付息金新台幣8千元整，其餘本息約定在二個月內償還，請求延緩執行，經予同意。詎期限屆滿，一再函催，迄無履行誠意，顯屬有意拖延。為此狀請 　　鈞處鑒核，即命債務人迅即如數清償，否則，請准依強制執行法第103條規定，即由聲請人強制管理，以維債權，而符法制，實為公便。 　　　　　　謹狀 台灣○○地方法院民事執行處　公鑒						
證　物　名　稱及　件　數						
中　　　　華　　　　民　　　　國　　　　年　　　　月　　　　日						
			具狀人　楊　丁		簽名蓋章	

〈狀例2-182〉再行拍賣聲請狀

民事　聲請狀	案　　號	年度　　字第　　號	承辦股別	
	訴訟標的金額或價額	新台幣　萬　千　百　十　元　角		
稱　　　謂	姓　名　或　名　稱身分證統一編號或營利事業統一編號	住居所或營業所、郵遞區號及電話號碼電子郵件位址	送達代收人姓名、住址、郵遞區號及電話號碼	
聲　請　人即債權人	楊　丁			

為聲請再拍賣事：

　　緣○○年度民執○字第○○號聲請人與債務人間，因清償債務拍賣抵押物強制執行事件，因公開拍賣三次，無人投標承買，並經　鈞處裁定准予由聲請人為強制管理。茲因強制管理終嫌迂緩，而聲請人亦不精於管理之道，聲請人為謀債權迅獲清償，爰依強制執行法第95條第2項之規定，狀請

　　鈞處鑒核，另行估價，賜予再定期拍賣，以償債權。

　　　　　　謹狀
台灣○○地方法院民事執行處　公鑒

證物名稱及件數	
中　　華　　民　　國　　　　年　　　　月　　　　日	
	具狀人　楊　丁　　簽名蓋章

▶對扣押命令之異議及債權人對第三人訴訟

◇第三人不承認債務人之債權或其他財產權之存在，或於數額有爭議或有其他得對抗債務人請求之事由時，應於接受執行法院命令後十日內，提出書狀，向執行法院聲明異議。

第三人不於前項期間內聲明異議，亦未依執行法院命令，將金錢支付債權人，或將金錢、動產或不動產支付或交付執行法院時，執行法院得因債權人之聲請，逕向該第三人為強制執行。

對於前項執行，第三人得以第1項規定之事由，提起異議之訴。

第18條第2項之規定，於前項訴訟準用之。（強執119）

◇第三人依前條第1項規定聲明異議者，執行法院應通知債權人。

債權人對於第三人之聲明異議認為不實時，得於收受前項通知後十日內向管轄法院提起訴訟，並應向執行法院為起訴之證明及將訴訟告知債務人。

債權人未於前項規定期間內為起訴之證明者，執行法院得依第三人之聲請，撤銷所發執行命令。（強執120）

◎撰狀說明

　　所謂不承認債務人之債權或其他財產權存在，包括債權等自始不存在、債權發生之法律行為無效、被撤銷以及扣押命令到達前，因清償、債權讓與或債務承擔等而消滅。所謂數額有爭議，指扣押之債權或其他財產權雖屬存在，但其數額與扣押命令所載不符者而言。所謂其他得對抗債務人之事由，指前述債權或其他財產權之存在或數額以外，其他得對抗債務人之事由，例如債權附有條件、期限或對待給付等得拒絕債務人請求之事由。此外，於交付請求權，如交付財產權之種類、品質、數量與扣押命令不符時，亦應聲明，藉使執行法院及債權人得確定其債權及數額。

〈狀例2-183〉第三人聲明異議狀

民事　聲明異議　狀		案　　　　號	年度　　字第　　號	承辦股別	
		訴訟標的金額或價額	新台幣　　萬　千　百　十　元　角		
稱　　　　謂	姓　名　或　名　稱身分證統一編號或營利事業統一編號	住居所或營業所、郵遞區號及電話號碼電子郵件位址		送達代收人姓名、住址、郵遞區號及電話號碼	
聲　明　人即第三人債　權　人	林　乙王　甲				

為對○○年度民執○字第○○號收取命令，聲明異議事：

　　緣聲明人於○○年○月○日接到　鈞院○○年度民執○字第○○號債權人王甲與債務人楊丙因給付票款執行事件所發之收取命令，命將應給付債務人楊丙之貨款新台幣（以下同）15萬元，在13萬7千元範圍內禁止向債務人為清償，逕交債權人收取，聲明人理應遵照。惟查聲明人所欠債務人之貨款15萬元，已於接到　鈞院執行命令前三日，全部如數交付債務人收訖，以致無從遵辦，為此爰依強制執行法第119條第1項之規定提出聲明異議，狀請

　　　　鈞院詳查，准予撤銷原收取命令，而保權益。
　　　　　　　謹狀
台灣○○地方法院民事執行處　公鑒

證　物　名　稱 及　　件　　數	

中	華	民	國	年	月	日

　　　　　　　　　　具狀人　林　乙　　簽名
蓋章

〈狀例2-184〉債權人對第三人異議之起訴狀

民事　起訴　狀	案　　　號	年度　字第　　號	承辦 股別	
	訴訟標的 金額或價額	新台幣　萬　千　百　十　元　角		
稱　　　　謂	姓　名　或　名　稱 身分證統一編號或 營利事業統一編號	住居所或營業所、郵遞區號 及電話號碼電子郵件位址	送達代收人姓 名、住址、郵遞 區號及電話號碼	
原　　　告	王　甲			
被　　　告	林　乙			

為因被告聲明之不實，提起給付訴訟事：

　　訴之聲明

一、被告應給付原告新台幣（以下同）13萬7千元，並自訴狀繕本送達之翌日起至清償之日止，按年息百分之5計算之利息。

二、訴訟費用由被告負擔。

三、本件原告願供擔保請求准予宣告假執行。

　　事實及理由

　　緣原告與債務人楊丙因給付票款強制執行事件，依據執行名義，債務人應給付原告13萬7千元，業經於○○年○月○日接奉　鈞院所發○○年度民執○字第○○號收取命令，被告應給付債務人楊丙之貨款15萬元，在原告上開債權13萬7千元範圍內，禁止債務人楊丙收取，並禁止第三人被告向債務人楊丙清償，逕交原告收取在案。詎被告竟聲明已於接受執行命令前三日，全部交付債務人楊丙收訖。惟查一

則債務人並不承認其有收取情事，二則被告又不能舉證證明，顯難認其聲明為真實，為此狀請

　　鈞院鑒核，賜予判決如原告訴之聲明，以維權益，而符法治。

　　　　謹狀

台灣○○地方法院民事執行處　公鑒

證物名稱及件數	

中	華	民	國	年	月	日

　　　　　　　　　　具狀人　王　甲　　簽名蓋章

〈狀例2-185〉陳報狀

民事　陳報　狀		案　　號	年度　　字第　　號	承辦股別	
		訴訟標的金額或價額	新台幣　萬　千　百　十　元　角		
稱　　謂	姓　名　或　名　稱身分證統一編號或營利事業統一編號	住居所或營業所、郵遞區號及電話號碼電子郵件位址		送達代收人姓名、住址、郵遞區號及電話號碼	
陳　報　人即　債　權　人債　務　人第　三　人	錢　天李　地林　月				

為陳報事：

一、查強制執行法第120條第2項規定：「債權人對於第三人之聲明異議認為不實時，得於收受前項通知後十日內向管轄法院提起訴訟，並應向執行法院為起訴之證明及將訴訟告知債務人。」

二、按陳報人前曾聲請扣押債務人對第三人之互助會會款請求權，然第三人竟對鈞院扣押命令聲明異議，否認債務人對伊有任何債權存在。惟查債務人確曾召集互助會擔任會首，第三人林月亦為會員之一，且已為死會會員，此有互助會會單，亦有證人溫金明可證。

三、陳報人已向法院提起確認訴訟，確認債務人與第三人間之會款債權債務關係，
　　此有起訴書、收狀條、繳款單、開庭通知可證（證物一），爰依強制執行法第
　　120條第2項之規定提出起訴之證明，並請將本陳報狀繕本送達債務人。
　　　　　　　　謹狀
台灣○○地方法院民事庭　公鑒

證 物 名 稱 及 　 件 　 數	證物一：起訴書、收狀條、繳款單、開庭通知影本各一份。

中	華	民	國	年	月	日

　　　　　　　　　具狀人　錢　天　　簽名
蓋章

〈狀例2-186〉通知債務人聲請狀

民事　聲請　狀		案　　　號	年度　　字第　　號	承辦 股別	
		訴訟標的 金額或價額	新台幣　萬　千　百　十　元　角		
稱　　　　謂	姓 名 或 名 稱 身 分 證 統 一 編 號 或 營 利 事 業 統 一 編 號	住居所或營業所、郵遞區號 及電話號碼電子郵件位址		送達代收人姓 名、住址、郵遞 區號及電話號碼	
原　　　告 即 債 權 人	王　甲				
被　　　告 債 務 人	林　乙 楊　丙				

為對於第三人提起給付之訴，請求通知債務人事：

　　聲請之事項

　　請求將起訴狀繕本通知債務人。

　　事實及理由

　　茲奉　鈞院民事執行處所發本年○月○日民執○字第○○號收取命令後，第三
人（即被告）林乙竟聲明應給付債務人楊丙之貨款新台幣15萬元，已於接受執行命
令前三日，交付債務人楊丙收訖，債權經全部清償，已不存在。原告認為被告（即
第三人）之聲明不實在，經依法提起訴訟，爰再依強制執行法第120條之規定，狀請

　　　鈞院鑒核，請准將訴狀繕本送達債務人，俾其得輔助原告參加訴訟。
　　　　　　謹狀
台灣○○地方法院民事庭　公鑒

證　物　名　稱 及　　件　　數	

中　　　華　　　民　　　國　　　年　　　月　　　日
具狀人　王　甲　簽名 蓋章

▶關於物之交付請求權之執行

　◇執行名義係命債務人交付一定之動產而不交付者，執行法院得將該動產取交債權人。

　　債務人應交付之物爲書據、印章或其他相類之憑證而依前項規定執行無效果者，得準用第121條、第128條第1項之規定強制執行之。（強執123）

　◇執行名義係命債務人交出不動產而不交出者，執行法院得解除債務人之占有，使歸債權人占有。如債務人於解除占有後，復即占有該不動產者，執行法院得依聲請再爲執行。

　　前項再爲執行，應徵執行費。

　　執行名義係命債務人交出船舶、航空器或在建造中之船舶而不交出者，準用前二項規定。（強執124）

◎撰狀說明

　　辦理強制執行應行注意事項第66點：

　　關於第124條部分：

　㈠關於遷讓房屋、拆屋還地或點交不動產等執行事件，執行法院於收案後，得斟酌實際情形，訂定一定期間，命債務人自動履行，但其期間不得超過十五日。

　㈡應執行拆除之房屋，如係鋼筋混凝土建築，價值較高，得斟酌情形先行勸諭兩造將房屋或土地作價讓售對方，無法協調時，再予拆除。

　㈢定期拆除房屋前，應做充分準備，如有界址不明之情形，應先函地政機關派員於執行期日到場指界。如債務人有拒不履行之情形，宜先函電力、電信、

自來水機構屆時派員到場協助，切斷水電。債務人家中如有患精神病或半身不遂之類疾病之人，債務人藉詞無處安置拒絕拆遷時，宜先洽請適當之社會救濟機構或醫院，予以安置。如債務人有聚眾抗拒之虞，宜先函請警察、憲兵、醫護等單位，派員協助執行。

㈣ 遷讓房屋、拆屋還地或點交不動產執行事件，執行法官或司法事務官宜親至現場執行，實施執行期日，除有法定情形應予停止執行者外，不得率予停止，並須使債權人確實占有標的物。

〈狀例2-187〉強制執行聲請（物之交付請求）

民事　聲請　狀	案　　　號	年度　　字第　　號	承辦股別	
	訴訟標的的金額或價額	新台幣　萬　千　百　十　元　角		
稱　　　謂	姓　名　或　名　稱身分證統一編號或營利事業統一編號	住居所或營業所、郵遞區號及電話號碼電子郵件位址	送達代收人姓名、住址、郵遞區號及電話號碼	
債　權　人債　務　人	曾　甲鄭　乙			

為聲請強制執行事：

執行標的

債務人應將坐落台北市大安區仁愛段一小段第○○地號土地全部及其上所建門牌號碼為台北市仁愛路四段397巷○○弄○○號之建物拆除返還予債權人。

執行名義

台灣台北地方法院○○年度訴字第○○號判決正本。

台灣高等法院○○年度上訴字第○○號判決正本。

最高法院○○年度台上字第○○號判決正本。

事實及理由

一、查台北市大安區仁愛段一小段第○○地號土地係債權人所有（證物一），卻遭債務人趁債權人為辦理移民事務長期出國期間，無權占用並興建違章建築一間，經債權人訴請拆屋還地，業經三審定讞在案，債務人應將坐落台北市大安區仁愛段一小段第○○地號土地全部及其上所建門牌號碼為台北市仁愛路四段397巷○○弄○○號之建物拆除返還予債權人，惟債務人迄今仍霸占不還。

二、為此依法提出執行名義三審判決正本，聲請　鈞院依法強制執行。

<table>
<tr><td colspan="3" align="center">謹狀
台灣台北地方法院民事執行處　公鑒</td></tr>
<tr><td>證　物　名　稱
及　　件　　數</td><td colspan="2">證物一：土地登記謄本、判決書正本三份。</td></tr>
<tr><td>中　　　　華　　　　民　　　　國　　　　年　　　　月　　　　日</td><td></td><td></td></tr>
<tr><td></td><td align="center">具狀人　曾　甲</td><td>簽名
蓋章</td></tr>
</table>

▶關於行為及不行為之執行

◇依執行名義，債務人應為一定行為而不為者，執行法院得以債務人之費用，命第三人代為履行。

前項費用，由執行法院酌定數額，命債務人預行支付或命債權人代為預納，必要時，並得命鑑定人鑑定其數額。（強執127）

◇依執行名義，債務人應為一定之行為，而其行為非他人所能代為履行者，債務人不為履行時，執行法院得定債務人履行之期間。債務人不履行時，得拘提、管收之或處新台幣3萬元以上30萬元以下之怠金。其續經定期履行而仍不履行者，得再處怠金。

前項規定，於夫妻同居之判決不適用之。

執行名義，係命債務人交出子女或被誘人者，除適用第1項規定外，得用直接強制方法，將該子女或被誘人取交債權人。（強執128）

◇執行名義係命債務人容忍他人之行為，或禁止債務人為一定之行為者，債務人不履行時，執行法院得拘提、管收之或處新台幣3萬元以上30萬元以下之怠金。其仍不履行時，得再處怠金或管收之。

前項情形，於必要時，並得因債權人之聲請，以債務人之費用，除去其行為之結果。

依前項規定執行後，債務人復行違反時，執行法院得依聲請再為執行。

前項再為執行，應徵執行費。（強執129）

◇本法第129條第1項規定，所謂「除去其行為之結果」，係指禁止債務人為一定行為之執行名義成立後存在之「行為之結果」而言；執行名義成立前發生者，亦包括在內。（強執注意69II）

◇債務人應為第128條第1項及前條第1項之行為或不行為者，執行法院得通知有關

機關爲適當之協助。（強執129-1）

◇命債務人爲一定之意思表示之判決確定或其他與確定判決有同一效力之執行名義成立者，視爲自其確定或成立時，債務人已爲意思表示。

前項意思表示有待於對待給付者，於債權人已爲提存或執行法院就債權人已爲對待給付給予證明書時，視爲債務人已爲意思表示。公證人就債權人已爲對待給付予以公證時，亦同。（強執130）

◇關於繼承財產或共有物分割之裁判，執行法院得將各繼承人或共有人分得部分點交之；其應以金錢補償者，並得對於補償義務人之財產執行。

執行名義係變賣繼承財產或共有物，以價金分配於各繼承人或各共有人者，執行法院得予以拍賣，並分配其價金，其拍賣程序，準用關於動產或不動產之規定。（強執131）

◎撰狀說明

不行爲請求權之執行，係以債務人之不作爲，即債務人不爲一定行爲爲內容之強制執行。包括容忍他人之行爲，或禁止債務人爲一定之行爲。所謂容忍他人之行爲，即債權人或第三人爲行爲之際，債務人有容忍之義務，不得予以妨礙，例如，容忍債權人通行某地不予妨礙。所謂禁止債務人爲一定之行爲，則與債權人之行爲無關，僅積極禁止債務人爲一定之行爲，如競業之禁止、不得建築等。

〈狀例2-188〉強制執行聲請狀㈠（行爲請求權）

民事　聲請　狀	案　　號	年度　　字第　　號	承辦股別	
	訴訟標的金額或價額	新台幣　萬　千　百　十　元　角		
稱　　　謂	姓　名　或　名　稱身分證統一編號或營利事業統一編號	住居所或營業所、郵遞區號及電話號碼電子郵件位址	送達代收人姓名、住址、郵遞區號及電話號碼	
債　權　人債　務　人	汪　甲陳　乙			

爲聲請強制執行事：
　　執行標的
　　債務人應提供○○有限公司87年度營業報告書、資產負債表、主要財產之財產目錄、損益表、現金流量表予債權人查閱。
　　執行名義
　　台灣台北地方法院○○年度○字第○○號判決及確定證明（附件）。

事實及理由

一、債權人係○○有限公司之不執行業務股東，依公司法第109條準用第48條之規定，債權人本得隨時向執行業務股東（即債務人）查閱財產文件、帳簿、表冊。

二、惟自○○公司成立後，債務人從未向各股東報告營業狀況，為此債權人向法院起訴請求命債務人提供帳冊查閱，業經勝訴確定在案，目前該等表冊為債務人保管中，保管處所不明，為此爰依法聲請強制執行，懇請

　　鈞處命債務人提出相關表冊供債權人閱覽，債務人如不遵從，並請依法拘提管收。

　　　　謹狀

台灣台北地方法院民事庭　公鑒

證　物　名　稱 及　　件　　數	附件：判決書正本一份。

中	華	民	國	年	月	日

　　　　　　　　　　具狀人　汪　甲　　簽名
蓋章

〈狀例2-188-1〉強制執行聲請狀㈡（不行為請求權）

民事　聲請狀		案　　　　號	年度　　字第　　號	承辦 股別	
		訴訟標的 金額或價額	新台幣　　萬　千　百　十　元　角		
稱　　　　謂	姓　名　或　名　稱 身分證統一編號或 營利事業統一編號	住居所或營業所、郵遞區號 及電話號碼電子郵件位址		送達代收人姓 名、住址、郵遞 區號及電話號碼	
債　權　人 債　務　人	郭　甲 樊　乙				

為聲請強制執行事：

　　執行標的

　　債務人應容忍債權人通行台北縣金山鄉下坑子段下坑子小段第1、1-1、7、15等地號土地上如附圖所示位置之既有道路對外聯絡。

　　執行名義

　　台灣基隆地方法院○年度○字第○○號假處分裁定（附件）。

　　事實及理由

一、債權人係台北縣金山鄉下坑子段下坑子小段第17地號之土地所有人，該土地為一袋地，惟已有一既成道路經過同段同小段第1、1-1、7、15等地號土地對外聯絡。日前該等土地之所有人，突然以水泥樁封鎖該既有道路，禁止債權人通行，使債權人土地上進行之工程無法進行，嚴重影響債權人對袋地之利用。

二、為此債權人向台灣基隆地方法院聲請定暫時狀態之假處分，業經獲准在案，債權人亦已提供擔保，為此檢附裁定正本、提存書影本等，聲請強制執行。

　　　　　　　謹狀
台灣基隆地方法院民事庭　公鑒

證　物　名　稱 及　　件　　數	附件：裁定正本、提存書影本。

中	華	民	國	年	月	日

　　　　　　　　　　　具狀人　郭　甲　　簽名
蓋章

第三章　破產法相關書狀

▶和解之聲請

◇債務人不能清償債務者，在有破產聲請前，得向法院聲請和解。

已依第41條向商會請求和解，而和解不成立者，不得為前項之聲請。（破產6）

◎撰狀說明

㈠和解事件之管轄，為專屬管轄；債務人有營業所者，應由其主營業所所在地之地方法院管轄；債務人無營業所者，由其住所地之地方法院管轄；如無營業所或住所地者，由其主要財產所在地之地方法院管轄（參照破產法第2條）。

㈡和解必須有和解方案為其基礎，惟債務人始能聲請。

㈢債務人聲請和解，得任以書狀或言詞為之，其以言詞為之者，準用民事訴訟法第122條規定，由書記官作成筆錄。

㈣和解聲請應提出之文件：1.財產狀況說明書；2.債權人債務人清冊；3.與債權人和解之方案；及4.履行其所擬清償辦法之擔保。

〈狀例2-189〉和解聲請狀㈠

民事　和解聲請　狀		案　　　號	年度　　字第　　號		承辦股別	
		訴訟標的的金額或價額	新台幣　萬　千　百　十　元　角			
稱　　　謂	姓　名　或　名　稱身分證統一編號或營利事業統一編號	住居所或營業所、郵遞區號及電話號碼電子郵件位址			送達代收人姓名、住址、郵遞區號及電話號碼	
聲　請　人即債務人	林　甲					

為聲請裁定准依破產程序和解事：

　　聲請之事項

　　請求准予和解。

　　事實之陳述

　　緣聲請人在○○市○○路第○○號開設○○商號，迄今已十餘載，營業總額已由創業之新台幣（以下同）20萬元擴充至200萬元。近數年來，因受世界經濟不景氣之影響，營業狀況一落千丈，債務因此無法清償，而債權亦無從追索，努力掙扎

維持，已有年餘，計負債尚達200萬元之鉅，依聲請人現日之資力，本應依破產法聲請為破產之宣告；但一經破產，則十餘年之心血，俱付諸東流，從此將永無復興之望，而在債權人亦所得無幾，且細察市面狀況，本商號營業情形，將能漸有起色，此積欠之債務，若能假以時日，不難全部清償。如是在聲請人固受益無害，而在債權人亦未必不利多於害，為此爰依破產法第6條第1項及第7條之規定，檢同財產狀況說明書、債權人債務人清冊，與債權人和解之方案及清償辦法之擔保等文件資料（證物一），狀請

　　鈞院鑒核，懇請賜予許可和解之裁定，並依破產法第11條及第12條之規定，指派監督人及監督輔助人，並將應行公告之事項公告，俾便進行，實為德便。

　　　　　謹狀
台灣○○地方法院民事庭　公鑒

證　物　名　稱及　　件　　數	證物一：財產狀況說明書、債權人債務人清冊，與債權人和解方案及清償辦法擔保等各一件。

中	華	民	國	年	月	日

　　　　　　具狀人　林　甲　　簽名蓋章

〈狀例2-189-1〉和解聲請狀㈡

民事　和解聲請　狀		案　　　號	年度　　字第　　號	承辦股別	
		訴訟標的金額或價額	新台幣　萬　千　百　十　元　角		
稱　　　　　謂	姓　名　或　名　稱身分證統一編號或營利事業統一編號	住居所或營業所、郵遞區號及電話號碼電子郵件位址		送達代收人姓名、住址、郵遞區號及電話號碼	
聲　請　人即債務人	甲投資股份有限公司乙建設開發股份有限公司丙興業有限公司丁瓷器股份有限公司戊股份有限公司				

	己工業股份有限公司 庚飯店股份有限公司 辛飯店股份有限公司		
右 等 共 同 法定代理人	丁石水		
聲 請 人 即 債 務 人	丁石水		

為聲請裁定許可和解事：

聲請之事項

請求裁定許可和解。

事實及理由

一、緣聲請人丁石水及丙有限公司（以下簡稱丙公司）前於民國（以下同）○○年陸續向債權人羅○○等數十萬人吸收資金，用以開設其餘公司（按上開公司對外統稱○○機構關係企業），分別經營不同生意，並以公司或私人名義購置資產，而於債權人繳納金錢時，即由聲請人發給債權人○○機構關係企業所有聲請人之債權憑證，每月並給付定期之利息，迄今已有數年，且營業額逐年增加。惟自○○年起，因政府認定吸收資金之行為有違反銀行法等相關規定，而開始取締行動，加以受世界經濟不景氣及人工難覓之影響，致聲請人等之營業狀況一落千丈，債務因此無法清償，而債權人亦無從追索。聲請人等雖努力掙扎維持年餘，惟因負債高達新台幣（以下同）500多億元之鉅，是依聲請人現日之資力，本應依破產法規定聲請為破產之宣告，以清理債務，但聲請人等念及一經破產宣告，則數年之心血勢必俱付諸東流，從此將永無復興之望，而債權人亦必受到嚴重損失，且細察市面狀況，聲請人營業情形，亦將漸有起色，從而聲請人所積欠之債務，若能假以時日，或有清償之可能。如是在聲請人固受益無害，至於債權人則亦利多於害，就此事實，謹合先陳明。

二、按破產法第1條第1項規定：「債務人不能清償債務者，依本法所規定和解或破產程序，清理其債務。」暨同條第2項規定：「債務人停止支付者，推定其為不能清償。」是以誠如上開所述，聲請人等茲因所負債務過鉅，甚者依約應支付之利息亦已停止支付，是知聲請人顯有不能清償之情事，為此，聲請人爰依破產法第6條第1項及第7條之規定，檢同財產狀況說明書、債權人債務人清冊，並附具所擬與債權人和解之方案及清償辦法之擔保等文件資料（見證物一、二、三），聲請　鈞院賜予許可和解之裁定，並依破產法第11條及第12條之規定，指派監督人及監督輔助人，並將應行公告之事項公告，俾便進行。

三、再則，本件因債權人人數眾多（約20多萬人），債權額數甚高（高達500多億元），債務人之事業體龐大，不動產及動產分散台灣各地及各國，故為保障債權人之權益，以選任債權人代表所共同委任之會計師及永然聯合法律事務所指定之律師，暨聲請人委任之○○○律師為和解之監督輔助人為最適當。

四、末就茲因本案之聲請人高達九位，而標的價額龐大、加以債權人又為數甚夥，職是，因聲請許可和解所檢附之資料亦必繁多，職是，就資料之提供，聲請人等若有遺漏，亦懇請　鈞院裁示，聲請人定當立即補正，於此亦一併敘明。

綜上析陳，合當狀請

鈞院鑒核，惠准聲請事項之所請，無任感禱。

　　　　　謹狀

台灣○○地方法院民事庭　公鑒

證 物 名 稱及 件 數	證物一：財產狀況說明書一件。
	證物二：債權人及債務人清冊各一件。
	證物三：與債權人和解方案及清償辦法之擔保各一件。

中　　　華　　　民　　　國　　　年　　　月　　　日		
具狀人	甲投資股份有限公司乙建設開發股份有限公司丙興業有限公司丁瓷器股份有限公司戊股份有限公司己工業股份有限公司庚飯店股份有限公司辛飯店股份有限公司右等共同法定代理人丁石水	簽名蓋章

▶優先受償權之確認

◇和解聲請經許可後，法院應指定法官一人為監督人，並選任會計師或當地商會所推舉之人員或其他適當之人一人或二人，為監督輔助人。

法院認為必要時，得命監督輔助人提供相當之擔保。

監督輔助人之報酬，由法院定之，有優先受清償之權。（破產11）

◎撰狀說明

　　監督輔助人之報酬優先於和解債權而受清償，如和解債權人否認其有優先受償權，自得提起確認之訴。

〈狀例2-190〉請求確認優先受償權起訴狀

民事　起訴　狀		案　　號	年度　　字第　　號	承辦股別	
		訴訟標的金額或價額	新台幣　　萬　千　百　十　元　角		
稱　　　謂	姓　名　或　名　稱身分證統一編號或營利事業統一編號	住居所或營業所、郵遞區號及電話號碼電子郵件位址		送達代收人姓名、住址、郵遞區號及電話號碼	
原　　　告即債權人	林　乙				
被　　　告	王　甲				

為請求確認優先受償權，依法提起訴訟事：

　　　　訴之聲明

一、請確認原告就利台電子股份有限公司破產財團之報酬新台幣（以下同）55萬元，有優先受償權。

二、訴訟費用由被告負擔。

　　　　事實及理由

　　緣台灣○○地方法院於民國○○年○月○日選任原告為該法院○○年○字第○○號利台電子股份有限公司（簡稱利台公司）破產和解事件監督輔助人，並於○○年○月○日裁定原告報酬為55萬元，該報酬依破產法第11條第3項之規定應有優先受償權。且該優先受償權依破產法第55條之規定，對於台灣○○地方法院依利台公司聲請及破產和解監督人依破產法第28條之規定所為之報告，於○○年○月○日宣告利台公司破產之破產財團亦有適用。被告竟否認原告之55萬元報酬對於利台公司破產財團之財產有優先受償權等情事。為此狀請

　　鈞院鑒核，懇請賜如原告訴之聲明之判決，以維權益。

　　　　　　謹狀

台灣○○地方法院民事庭　公鑒

證　物　名　稱及　　件　　數	

中	華	民	國	年	月	日

具狀人　林　乙　　簽名　蓋章

〈狀例2-191〉請求確認優先受償權答辯狀

民事　答辯　狀		案　　號	年度　字第　號	承辦股別	
		訴訟標的金額或價額	新台幣　萬　千　百　十　元　角		
稱　　謂	姓　名　或　名　稱身分證統一編號或營利事業統一編號	住居所或營業所、郵遞區號及電話號碼電子郵件位址		送達代收人姓名、住址、郵遞區號及電話號碼	
答辯人即被告原告	王　甲林　乙				

為就○○年○字第○○號確認優先受償權，依法提出答辯事：

　　答辯之聲明

一、請駁回原告之訴。

二、訴訟費用由原告負擔。

　　答辯之理由

　　查原告之債權，業經台灣○○地方法院○○年○字第○○號民事裁定認原告無優先受償權，原告竟更行起訴，於法自屬不合。又破產和解監督程序與破產程序不同；再查破產法第55條係規定：「法院撤銷經其認可之和解而宣告債務人破產時，以前之和解程序，得作為破產程序之一部。」本件情形，利台公司之被宣告破產，係由於其自行聲請及破產和解監督人之報告所致，似非因法院撤銷經其認可之和解而宣告者，故原告就其於破產和解程序中有優先受償之報酬請求權，主張於破產程序中亦有優先受償權，洵屬無理。為此謹依法提出答辯，狀請

　　鈞院詳查，賜予判決將原告之訴駁回，以符法治。

　　　　謹狀

台灣○○地方法院民事庭　公鑒

證 物 名 稱及 件 數						
中 華	民	國	年	月		日
		具狀人	王 甲	簽名蓋章		

▶債權人執行權之限制

◇和解聲請經許可後，對於債務人不得開始或繼續民事執行程序。但有擔保或有優先權之債權者，不在此限。（破產17）

◇第7條、第10條、第15條至第17條、第21條、第23條至第25條、第27條、第36條至第40條關於法院和解之規定，於商會之和解準用之。（破產49）

◎撰狀說明

㈠受破產法第17條之限制者，以債權成立在法院裁定許可和解以前者為限；如債權成立在法院裁定許可和解以後者，既非和解債權，其債權人自不受和解之拘束。

㈡民事訴訟程序，不因和解程序開始而停止，其未起訴者，並得於和解程序開始後開始其訴訟程序。

㈢對准予強制執行之裁定，債務人得提起抗告，對不准強制執行之裁定，債權人亦得提起抗告，而對於抗告所為之裁定，亦得提起再抗告。

〈狀例2-192〉對准予強制執行之裁定提起抗告狀

民 事 抗 告 狀		案　　　號	年度　　字第　　號	承辦股別	
		訴訟標的金額或價額	新台幣　萬　千　百　十　元　角		
稱　　　謂	姓 名 或 名 稱身 分 證 統 一 編 號 或營 利 事 業 統 一 編 號	住居所或營業所、郵遞區號及電話號碼電子郵件位址		送達代收人姓名、住址、郵遞區號及電話號碼	
抗 告 人即 債 務 人相 對 人即 債 權 人	王 甲林 乙				

為對台灣○○地方法院○○年○字第○○號准予執行之裁定，依法提出抗告事：

　　緣本件相對人主張其執有抗告人所簽發民國○○年○月○日，金額各為新台幣30萬元，到期日依次為○○年○月○日，同年○月○日，並免除作成拒絕證書之本票二紙，屆期提示，均未獲付款等情，經台灣○○地方法院（以下簡稱○○地院）裁定准予強制執行。惟抗告人因不能清償債務，而向○○縣商會為和解之聲請，並於○○年○月○日成立和解，此有抗告人提出之縣商會○○年○月○日○縣商○字第○○號函足據，並准該商會查明函覆在卷（見證物一）。按依破產法第49條準用同法第17條前段之規定，和解成立後，對於債務人不得開始或繼續民事執行程序。準此規定，對於抗告人既不得開始強制執行程序，相對人竟為開始民事執行程序而聲請法院裁定准許強制執行，自亦不應准許，為此依法提起抗告，狀請

　　鈞院鑒核，賜予廢棄原裁定，以資救濟，至感德便。
　　　　　謹狀
台灣○○地方法院民事庭　公鑒

證　物　名　稱及　　件　　數	證物一：○○縣○○年○月○日○縣商○字第○○號函正本一份。

中	華	民	國	年	月	日
		具狀人　　王　甲		簽名蓋章		

〈狀例2-193〉對不准予強制執行之裁定提起抗告狀

民　事　抗　告　狀		案　　　號	年度　　字第　　號	承辦股別	
		訴訟標的金額或價額	新台幣　萬　千　百　十　元　角		
稱　　　　謂	姓　名　或　名　稱身分證統一編號或營利事業統一編號	住居所或營業所、郵遞區號及電話號碼電子郵件位址		送達代收人姓名、住址、郵遞區號及電話號碼	
抗　告　人即債務人	林　乙				
相　對　人即債權人	王　甲				

為對台灣○○地方法院○○年○字第○○號駁回強制執行聲請之裁定，依法提起抗告事：

　　按破產法第17條「和解聲請經許可後，對於債務人不得開始或繼續民事執行程序」之規定，僅於和解聲請經法院許可後，以至和解程序終結前有其適用，故和解程序一經終結，即無再適用該條規定之餘地。因此，在和解程序終結後，即無限制債權人起訴或進行其他法律程序之可言。本件抗告人執有相對人所簽發之系爭本票二紙，均已屆到期日，經抗告人提示而未獲付款，此有卷附本票二紙為證（見證物一），並為相對人所不爭執，抗告人對於相對人行使追索權，依據票據法第123條規定聲請法院裁定准予強制執行，理應為法之所許，雖相對人之債務，經商會和解成立，惟揆諸首揭說明，抗告人聲請法院就系爭本票裁定強制執行，即不受上開法條之限制，原法院未見及此，徒以抗告人為開始民事執行程序而聲請法院強制執行，於法不合，因而廢棄○○地方法院准許強制執行之裁定，並以裁定駁回抗告人之聲請，即屬無可維持。為此爰依法提起抗告，狀請

　　鈞院詳查，准將原裁定廢棄，更為適法之裁定，以明法治。

　　　　　　謹狀
台灣○○地方法院民事庭　公鑒

證　物　名　稱 及　　件　　數	證物一：本票影本二紙。

中	華	民	國	年	月	日

　　　　　　　具狀人　林　乙　　簽名
　　　　　　　　　　　　　　　　蓋章

〈狀例2-194〉對廢棄本票強制執行之裁定提出再抗告狀

民事　再抗告　狀		案　　　號	年度　　字第　　號	承辦 股別	
		訴訟標的 金額或價額	新台幣　萬　千　百　十　元　角		
稱　　　謂	姓　名　或　名　稱 身分證統一編號或 營利事業統一編號	住居所或營業所、郵遞區號 及電話號碼電子郵件位址		送達代收人姓 名、住址、郵遞 區號及電話號碼	

抗　告　人 即債務人	王　甲		
相　對　人 即債權人	林　乙		

為不服○○年度○字第○○號所為之裁定，依法提出再抗告事：

　　緣再抗告人執有相對人林乙簽發○○年○月○日及同年月○日到期，面額分別為新台幣（以下同）263,968元、102,480元之本票二紙，並免除作成拒絕證書。詎到期後提示，竟未獲付款等情，聲請裁定准予強制執行，已經台灣○○地方法院裁定准許後，相對人對之提起抗告，而原審法院竟將該地方法院所為准許強制執行之裁定廢棄；並駁回再抗告人之聲請，其無非以；相對人因不能清償債務，而向○○縣商會為和解之聲請，並於○○年○月○日成立和解，依破產法第49條準用同法第17條前段之規定，再抗告人對於相對人既不得開始強制執行，再抗告人為開始強制執行程序而聲請法院裁定准許強制執行，自難謂當，為其理由。按商會和解成立後，和解之效力因而發生，和解程序即為終結，債務人與債權人因和解開始所受之各種限制至此均告解除。從而，再抗告人因執有相對人所簽發已屆到期日之系爭本票二紙，經提示而未獲付款，依票據法第123條對於相對人行使追索權，聲請法院裁定後強制執行，即不受破產法第49條準用同法第17條之限制。原法院未見及此，徒憑首揭理由，將該地方法院所為准許強制執行之裁定，予以裁定廢棄，並駁回再抗告人之聲請，自屬無可維持。為此依法提出再抗告，狀請

　　鈞院鑒核，賜廢棄原裁定，而另為適當之裁定，以符法紀，而保權益。

　　　　　　謹狀

台灣○○地方法院民事庭　轉呈
台灣高等法院民事庭　　　公鑒

證　物　名　稱 及　　件　　數	

中　　　華　　　民　　　國　　　　　年　　　　月　　　　日
具狀人　王　甲　　簽名 　　　　　　　　　　　　　蓋章

▶債權人之異議

　　◇債權人對於主席依第26條所為之裁定，或對於債權人會議所通過之和解決議有

不服時，應自裁定或決議之日起十日內，向法院提出異議。（破產30）

◎撰狀說明

㈠本條異議權，僅債權人得提起之。

㈡本條異議權，債權人須於裁定或決議之日起十日內為之。若債權人逾此法定期間而未提出異議，則裁定或決議即為確定，不得更有不服。

〈狀例2-195〉不服債權人會議之和解決議聲明異議狀

民事　聲明異議　狀		案　　　號	年度　　字第　　號	承辦股別	
		訴訟標的金額或價額	新台幣　萬　千　百　十　元　角		
稱　　　　　謂	姓　名　或　名　稱身分證統一編號或營利事業統一編號	住居所或營業所、郵遞區號及電話號碼電子郵件位址		送達代收人姓名、住址、郵遞區號及電話號碼	
聲　明　人即債權人	李　丙				

為不服債權人會議所通過之和解決議，依法提起聲明異議事：

　　緣聲明人對於債務人楊甲執有債權新台幣（以下同）120萬元，在全部債權額中亦占5分之1，自楊甲聲請和解後，即行依法申報，每次召開債權人會議，亦無不出席，對於楊甲所提出和解方案，固曾再三研究，務期雙方得以和平解決，不致趨於極端，故自始即承認楊甲三成清償，並不為甚。蓋雖明知三成清償，於債權人受損實鉅，而按諸事實，亦有不得不顧及債務人之財產狀況者，與其堅執成見，遷延不決，不如及早了結，共趨和平。在聲明人自問亦已仁至義盡，面面顧到矣！乃○月○日債權人最後一次會議時，對於楊甲所提出之坐落於○○市○○段○○地號土地，竟不依現在公定地價為準，仍依據五年前之地價，作值150萬元，占清償數額中10分之8。聲明人為此，在債權人會議中一再力爭，堅持地產以公定地價估計，不足之數，由楊甲出具擔保，分期返還，以符三成清償之數。在聲明人如此主張，自係合情合理。乃債權人黃乙等堅執不允，且謂不如是解決，則債務人勢必宣告破產，結果恐連此數亦無法得到，一唱百和，終被通過。按聲明人雖握有5分之1之債權額，終屈服於其他5分之4之債權人之下，惟如此解決，對聲明人受害甚鉅，勢難同意。為此爰依破產法第30條之規定，於決議日起十日內，提出異議，狀請

　　鈞院鑒核，迅賜傳喚各債權人及債務人訊問，並命監督人及監督輔助人到場陳述意見，准將該地產依公定地價估價，以維權益，實為德便。

	謹狀	
台灣○○地方法院民事庭　公鑒		

證　物　名　稱 及　　件　　數	

中　　　華　　　民　　　國　　　　　年　　　　　月　　　　　日
具狀人　　李　丙　　　簽名 蓋章

▶調協認可對保證人之效力

◇債權人對於債務人之保證人及其他共同債務人所有之權利，不因和解而受影響。
（破產38）

◇第25條、第27條、第29條、第33條、第34條、第38條、第39條、第51條至第53條及第56條關於和解之規定，於調協準用之。（破產137）

◎撰狀說明

　　和解或調協條件如為就定有清償期限之債務許債務人延期清償或分期清償，縱令保證人未為同意，亦因破產法有特別規定之故，不能更援民法第755條之規定，而不負保證責任。惟和解或調協條件如為減免債務人一部債務，則因「從債務不超過主債務」之大原則，保證人當僅就未減免部分負保證責任。

〈狀例2-196〉請求保證人清償借款起訴狀

民事　起訴　狀		案　　　　號	年度　　字第　　號	承辦 股別	
		訴訟標的 金額或價額	新台幣　萬　千　百　十　元　角		
稱　　　　謂	姓　名　或　名　稱 身分證統一編號或 營利事業統一編號	住居所或營業所、郵遞區號 及電話號碼電子郵件位址		送達代收人姓 名、住址、郵遞 區號及電話號碼	
原　　　告	王　甲				
被　　　告	林　乙				

爲請求清償保證債務，依法提起訴訟事：

訴之聲明

一、被告應給付原告新台幣（以下同）14萬元，並自○○年○月○日起至清償之日止，按年息百分之5計算利息。

二、訴訟費用由被告負擔。

三、本件原告願供擔保，請准予宣告假執行。

事實及理由

　　緣原告於民國○○年○月○日曾借予趙丙20萬元，言明清償期爲一年，立有借據乙紙（證物一），並由被告出具爲保證，今已屆期。詎趙丙以負債過鉅，無力清償，而於○○年○月○日宣告破產，嗣經調協，以三成清償，計原告僅實獲6萬元，尚欠14萬元（證物二），此一款項在主債務人趙丙固無力償還，惟被告既負有保證之義務，依民法第739條之規定：「稱保證者，謂當事人約定，一方於他方之債務人不履行債務時，由其代負履行責任之契約。」故被告林乙自不得以已有調協之事實，而遽否認其責任。又同法第746條第3款規定，凡主債務人受破產宣告者，保證人不得拒絕清償。今主債務人趙丙既已受破產之宣告，無力清償全部債務，則依調協條件，原告尚未能受清償之部分當然由被告負其責任。乃原告向被告請求其清償保證債務，被告竟以已經調協爲由，而主張免責。查破產法第137條規定：「第38條關於和解之規定，於調協準用之。」而其第38條規定：「債權人對於債務人之保證人……所有之權利，不因和解而受影響。」是雖經調協，債權人對該未受清償之部分，仍可向保證人求償，保證人不得主張免責自明。爲此依法狀請

　　鈞院鑒核，賜爲如原告訴之聲明之判決，而保權利，以維法紀，實爲法便。

　　　　謹狀

台灣○○地方法院民事庭　公鑒

證　物　名　稱 及　　件　　數	證物一：借據影本一紙。 證物二：調協協議書影本一紙。

中　　　華　　　民　　　國　　　　年　　　　月　　　　日

具狀人　王　甲　　簽名蓋章

▶和解之撤銷

　　◇債權人於債權人會議時不贊同和解之條件，或於決議和解時未曾出席亦未委託
　　　代理人出席，而能證明和解偏重其他債權人之利益致有損本人之權利者，得自法
　　　院認可和解或商會主席簽署和解契約之日起十日內，聲請法院撤銷和解。（破產
　　　50）

　　◇自法院認可和解或商會主席簽署和解契約之日起一年內，如債權人證明債務人有
　　　虛報債務、隱匿財產，或對於債權人中一人或數人允許額外利益之情事者，法院
　　　因債權人之聲請，得撤銷和解。（破產51）

　　◇債務人不履行和解條件時，經債權人過半數而其所代表之債權額占無擔保總債權
　　　額3分之2以上者之聲請，法院應撤銷和解。

　　　依和解已受全部清償之債權人，不算入前項聲請之人數。

　　　第1項總債權額之計算，應將已受清償之債權額扣除之。（破產52）

◎撰狀說明

㈠聲請撤銷和解，以有破產法第50條、第51條、第52條之情形為限。

㈡對於撤銷和解之裁定，不得抗告；對於駁回和解撤銷聲請之裁定，得為抗告（參
　見破產法第53條第2、3項）。

〈狀例2-197〉因和解條件不公允提起撤銷和解聲請狀

民事　聲請　狀		案　　　號	年度　　字第　　號	承辦股別	
		訴訟標的金額或價額	新台幣　萬　千　百　十　元　角		
稱　　　謂	姓　名　或　名　稱身分證統一編號或營利事業統一編號	住居所或營業所、郵遞區號及電話號碼電子郵件位址		送達代收人姓名、住址、郵遞區號及電話號碼	
聲　請　人即債權人	王　甲				

為因和解條件不公允，依法提起撤銷和解之聲請事：

　　緣聲請人對債務人林乙執有債權新台幣（以下同）120萬元，在全部債權額中
亦占5分之1，自林乙聲請和解後，即行依法申報，每次召開債權人會議，亦無不出
席，對於林乙所提之和解方案，亦再三研究，務期雙方得以公允解決。惟最後一次
於本年○月○日召開債權人會議時，竟未通知聲請人，而擅改原定之日期，致聲請
人於該日期未曾出席，而該次債權人會議之決議竟將聲請人之債權列在第二清償順

位（證物一），致聲請人之債權有無法受滿足之虞，顯違公允之原則。爲此爰依破產法第50條之規定，狀請

　　　鈞院鑒核，懇請賜予撤銷和解，而保權益。

　　　　　　　　謹狀

台灣○○地方法院民事庭　公鑒

證　物　名　稱及　　件　　數	證物一：和解方案影本一份。

中　　　　華　　　　民　　　　國　　　　年　　　　月　　　　日
具狀人　　王　甲　　簽名蓋章

▶和解讓步之撤銷

◇債務人不依和解條件爲清償者，其未受清償之債權人得撤銷和解所定之讓步。

前項債權人，就其因和解讓步之撤銷而回復之債權額，非於債務人對於其他債權人完全履行和解條件後，不得行使其權利。（破產56）

◎撰狀說明

　　和解讓步之撤銷，由未受清償之債權人以意思表示爲之，毋庸聲請法院裁定。惟爲保全證據，避免日後發生爭執，債權人之意思表示宜利用郵局之存證信函爲之。

〈狀例2-198〉撤銷和解讓步之通知

□　□　郵　局 存證信函第　　號	一、寄件人	姓　　名 林乙 詳細地址 ○○市○○路○○號
	二、收件人	姓　　名 王甲 詳細地址 ○○市○○路○○號
	三、副　本 收件人	姓　　名 地　　址

敬啓者：

緣本人對台端之債權新台幣（以下同）三十萬元早已到期，本可依法行使權利，請求償還，嗣經台端以無清償能力為由，遂聲請和解，經除行數度會議，終於擬定和解方案。對於本人之債權，以五成了結，免遠期支票四萬元，此五成中現款五萬元，餘十萬元分五期清償，立有遠期支○日裁定認可在案。不意去年年底第一期應清償之款項二萬元，即因遭退票而未能依約履行，經本人再三催索，台端至本年○月初始先行償還一萬元，尚欠一萬元，言明於第二期清償時一併給付。乃轉瞬第二張支票發票日又屆，依然遭致退票，雖迭經追索，台端總是拖三推然再四，甚至有時竟避不見面，今已逾二個月之久，始終未能清償，顯然再無履約之誠意，藐視和解方案。台端既不為履行，致聲請人權利一本信受害，為此不得已爰依據破產法第五十六條第一項之規定，特以本函通知台端，表示本人聲明將和解條件中所定免除之十五萬元債權予以撤銷，盼台端盡速出面償還，否則，將依法追訴責任，幸勿自誤是禱。

本存證信函共　　頁，副　本　　份，存證費　　元，
　　　　　　附　件　　張，存證費　　元，
　　　　　　加具副本　　份，存證費　　元，合計　　元。

經　　　郵局　　　　　　　（郵戳）　經辦員　　　　簽　名
年　　月　　日證明副正本內容完全相同　主管　　　　蓋　章

| 備註 | 一、存證信函須送交郵局辦理證明手續後始有效，自交寄之日起由郵局保存之副本，於三年期滿後銷燬之。 二、在一頁三行第二十五格下　塗改增刪　一字 [印] 三、用不脫色筆或以打字機書寫、複寫、複印或影印，每格一字，色澤明顯、字跡端正。 | 如有修改應填註本欄並蓋寄件人印章，但塗改增刪每頁至多不得逾二十字。 | 黏貼郵票或郵資券處 |

▶破產之聲請

◇破產，對債務人不能清償債務者，宣告之。（破產57）

◇破產，除另有規定外，得因債權人或債務人之聲請宣告之。

前項聲請，縱在和解程序中，亦得為之，但法院認為有和解之可能者，得駁回之。（破產58）

◇遺產不敷清償被繼承人債務，而有下列情形之一者，亦得宣告破產：

一　無繼承人時。

二　繼承人為限定繼承或繼承人全體拋棄繼承時。

三　未拋棄繼承之繼承人全體有破產之原因時。

前項破產聲請，繼承人、遺產管理人及遺囑執行人亦得為之。（破產59）

◎撰狀說明

㈠破產事件之管轄，請見「和解之聲請」說明一。

㈡債權人與債務人均得聲請宣告破產，且均須以聲請書為之，不得以言詞之方式為之。債權人聲請時，應於聲請書敘明債權之性質數額及破產原因之事實。債務人聲請時，除聲請書外，更應附具財產狀況說明書及其債權人債務人清冊。

㈢對於宣告破產之裁定，破產人得為抗告；對於駁回破產聲請之裁定，聲請人亦得為抗告。

〈狀例2-199〉宣告破產聲請狀㈠

民事　聲請　狀		案　　　號	年度　　字第　　號	承辦股別	
		訴訟標的金額或價額	新台幣　萬　千　百　十　元　角		
稱　　　　謂	姓　名　或　名　稱身分證統一編號或營利事業統一編號	住居所或營業所、郵遞區號及電話號碼電子郵件位址		送達代收人姓名、住址、郵遞區號及電話號碼	
聲　請　人即債權人債務人	王　甲林　乙				

為聲請宣告債務人破產事：

聲請之事項

請求宣告債務人林乙破產。

事實之陳述

緣聲請人開設○○貿易有限公司，經營批發生意，林乙獨資開設○○商行，屢向聲請人購買電子器材，計欠貨款達新台幣（以下同）50萬元。查聲請人原以為

林乙營業甚鉅，規模甚宏，此區區50萬元之貨款，當不難清償。不意林乙僅金玉其外，其店中資本，固不上10萬元，而所欠各往來戶之債務，則高於資本十幾倍，近常爲其他債權人所催索，且有將○○商行查封之訊。按林乙既欠款不償，致被追索，則其已無清償債務之能力，想可推知。聲請人既爲林乙之債權人，且債權爲數甚鉅，自未便不知聞問。因一再前往催索，冀免損害，乃林乙一再託詞，遲不予清償，而謂該商號入不敷出，積欠外款，已達資本額十餘倍而外，是林乙不能清償債務，更無待查詢。查破產法第1條規定：債務人不能清償債務者，依本法所規定和解或破產程序，清理其債務。債務人停止支付者，推定其爲不能清償。又同法第57條規定：破產，對債務人不能清償債務者宣告之。是債務人苟無力清償債務者，即得爲破產之宣告。再同法第58條規定：破產，得因債權人之聲請宣告之。聲請人既爲債權之一，而林乙又無力清償債務，聲請人自得依法聲請宣告林乙破產，免因拖延，而害權益。爲此狀請

　　鈞院鑒核，賜予依照破產法之規定，宣告債務人林乙破產，速爲清理債務，不勝感激。

　　　　謹狀

台灣○○地方法院民事庭　公鑒

證　物　名　稱 及　　件　　數	

中	華	民	國	年	月	日

　　　　　　　　具狀人　　王　甲　　簽名蓋章

〈狀例2-199-1〉宣告破產聲請狀㈡

民事 聲請宣告破產 狀		案　　　號	年度　　字第　　號		承辦股別	
		訴訟標的金額或價額	新台幣　萬　千　百　十　元　角			
稱　　　謂	姓　名　或　名　稱 身分證統一編號或 營利事業統一編號	住居所或營業所、郵遞區號及電話號碼電子郵件位址			送達代收人姓名、住址、郵遞區號及電話號碼	

聲　請　人即債權人	劉甲等四十人（詳附表一）		
債　務　人	甲投資股份有限公司乙建設開發股份有限公司丙興業有限公司丁瓷器股份有限公司戊股份有限公司己工業股份有限公司庚飯店股份有限公司辛飯店股份有限公司		
兼右八人法定代理人	丁石水		

爲聲請宣告債務人等破產事件，謹依法提出聲請事：

聲請之事項

請求裁定宣告債務人等破產。

原因及事實

一、緣債務人甲投資股份有限公司、乙建設開發股份有限公司、丙興業有限公司、丁瓷器股份有限公司、戊股份有限公司、己工業股份有限公司、庚飯店股份有限公司、辛飯店股份有限公司（以上八家公司下共同簡稱○○機構關係企業）、及兼上開八家公司之法定代理人丁石水等先前曾以八大公司名義向大眾吸收游資，並開立收據爲據，投資大眾不疑有詐，紛紛參與，致存款者高達十餘萬人，其所收受之游資計達新台幣（以下同）486億餘元（證物一）。豈料，債務人丁石水居心叵測，意將以八大公司名義收受之款項，以丁石水個人，甚或他人名義大肆購置不動產。再查，茲因○○機構關係企業自民國（以下同）○○年7月起停止出金，加以因公司之營運不善，瀕臨解散，債務人丁石水亦因涉嫌違法，刻由台灣高等法院刑事庭收押審理中，而丁石水個人財產、暨○○機構關係企業名下之資產亦紛紛遭其他債權人查封在案，且陸續將遭拍賣。至於未被查封之資產亦紛紛轉賣他人，致○○機構關係企業轄下之資產、暨丁石水名下，甚或信託登記他人名義之資產相繼流失，投資人目睹此情狀，莫不惶惶終日。是爲維一己權益，遂於民國（以下同）○○年2月27日成立「○○機構關係企業投資人代表委員會」，此有組織章程等資料可悉（證物二），而聲請人等即係該組織之委員（按委員會之投資人計達十餘萬人，若

有需要，聲請人等亦可呈遞債權人名冊供　鈞院審酌）。按委員會成立後，立即與債務人等就償債計畫進行多次協調，嗣債務人丁石水終於在今年6月28日於台北市刑警大隊7樓會議室以其個人暨○○機構關係企業共同法定代理人之名義與委員會四十位代表完成簽署協議書在案（證物三），同意提出三十三項資產以為清償債務之標的。然簽署協議書迄今歷經二個月又餘，債務人等僅交付如（證物四）所載之各項資料，是知債務人等要無誠意解決本件投資糾紛，洵然無誤。另查，誠如上開所述債務人等以○○機構關係企業向外借貸金額計達486億餘元。惟是觀債務人等所提出之三十三項以為清償債務之資產，其財產價值顯未逾486億餘元，此稽聲請人等就三十三項資產之現值、暨其設定抵押權等狀況所為之資產評估說明，與債務人等目前之財產狀況說明書可明（證物五）。是為證明聲請人等所述屬實，亦懇請　鈞院調閱債權人錢三等人於○○年3月19日向　鈞院所提之破產宣告聲請狀中所附債務人等「不動產資產淨值分析」、「○○機構現有資產淨值統計表及鑑定報告書十件」等諸項事證（按該案　鈞院今以○○年破更字第○○號受理中），益明債務人等之負債實大於資產，更無疑義。就此事實，謹合先陳明。

二、次按○○機構關係企業所簽發予投資人之投資憑證，係以八家公司名義共同簽發，雖該憑證僅有丙興業有限公司之印章，惟是觀○○機構關係企業八家公司之共同法定代理人丁石水於○○機構關係企業停止出金支付利息後，其曾於○○年1月23日以○○機構關係企業董事長身分刊登「敬告○○機構投資人」公告乙文於台灣時報、暨○○年2月27日丁石水又以○○機構關係企業董事長身分與投資人代表（按即部分聲請人）於龍普飯店3樓對債務清償達成七項協議等事，均明列八家公司為債務人，足悉○○機構關係企業中八家公司就投資憑證有共同承擔債務之意思。況查，丁石水為表示該八家公司與其個人均有清償債務之誠意，亦於○○年6月28日在台北市刑警大隊7樓會議室以其個人暨○○機構關係企業共同法定代理人之名義與聲請人等完成簽署協議書在案（見證物三），並明白表示以八大公司、暨丁石水個人、及其信託他人之財產共計33項為清償之標的。準此，在在可證八家公司均應就投資憑證內所載之債務負責。

三、另就非銀行不得經營收受存收款業務，為銀行法第29條第1項所明定。今○○機構關係企業八家公司非法經營收受存款業務，債務人丁石水為其負責人，依同法條第2項之規定應對債務人等八家公司之有關債務負連帶清償責任。遑論債務人丁石水先前亦與聲請人等簽署協議書，明白表示以其財產清償債務。再又，業如上開所述，丁石水所代表之八家公司因違法經營銀行存款業務所吸收

　　之資金高達486億餘元之鉅，而其個人資產卻相當有限，是債務人丁石水個人之其他財產，顯亦不足以清償全部之債務，至為灼然。

　　綜上析陳，茲因○○機構關係企業自○○年7月即停止出金，是知其為不能清償債務，加以其負債又大於資產，足悉八家公司欠缺清償能力，殊無疑義。又債務人丁石水應對八家公司債務負連帶清償責任，然其亦欠缺清償能力，亦如上開所述。為此，聲請人等爰依破產法第1條第2項、第57條等規定，聲請宣告債務人等破產，合當狀請

　　鈞院鑒核，惠准聲請事項之所請，俾以早日清理債務，並免債務人等之資產莫明相繼流失，致債權人權益受損，如蒙所請，無任感禱。

　　　　　　謹狀
台灣○○地方法院民事庭　公鑒

證　物　名　稱 及　　件　　數	證物一：○○機構關係企業受理存款金額明細表影本一份。 證物二：組織章程、函影本各一份。 證物三：協議書影本一份。 證物四：債務人依協議書交付之資產明細表影本一份。 證物五：債務人等財產評估表暨財產狀況說明書影本一份。

中	華	民	國	年	月	日

具狀人　劉甲等四十人　簽名
（詳附表一）　蓋章

〈狀例2-200〉因被宣告破產提起抗告狀

民事　抗告　狀		案　　　號	年度　　字第　　號	承辦 股別	
		訴訟標的 金額或價額	新台幣　萬　千　百　十　元　角		
稱　　謂	姓　名　或　名　稱 身分證統一編號或 營利事業統一編號	住居所或營業所、郵遞區號 及電話號碼電子郵件位址		送達代收人姓 名、住址、郵遞 區號及電話號碼	
抗　告　人 即債務人 法定代理人	○○股份有限公司 林　乙				

為不服○○年度○字第○○號破產裁定書，依法提起抗告事：

　　緣　鈞院○○年度民○字第○○號，即同年度○字第○○號破產裁定書，抗告人不服，依法於法定期間內提出抗告，謹敘其理由如下：

一、按本件聲請人聲請宣告債務人○○公司台北分公司破產，係根據○○年度執○字第○○號清償債務事件之執行名義而來，但查該○○公司台北分公司僅係承襲其總公司在大陸時代所登記之「名義」而已，其本身既無依法登記之機構，又無任何業務活動，實已喪失其行使權利義務之「法人人格」，自無從推定其為公司組織，今若就此一「法人人格」早已消滅之團體宣告破產，寧非無的放矢，徒滋紛擾。

二、次按○○股份有限公司係另一依法登記之法人，茲有經濟部公司執照乙紙可稽（證物一），其與本件原執行名義之債務人，即○○公司台北分公司截然不同，各具獨立之「人格」，自不能以另一債務人之債務不能清償，即聲請宣告此一毫不相關之法人破產，況查○○股份有限公司，其本身並未達於破產之程度。今原裁定既明知對造人在資產上是否為一體，並無證據釋明，而原聲請人對於聲請○○股份有限公司破產乙節，亦無法為確實之舉證，益見原聲請人對於此部分之聲請，實於法無據，自無再宣告此部分對造人破產之理。詎料　鈞院未察債務人主體之不同，竟違背聲請人聲請之原意，宣告案外之「法人」破產，豈非失察？為此依法提起抗告，狀請

　　鈞院鑒核，請賜將原裁定廢棄，並另為適法之裁定，以符法紀，實為德便。

　　　　　　　謹狀

台灣○○地方法院民事庭　　轉呈
台灣高等法院民事庭　　　　公鑒

證　物　名　稱及　　件　　數	證物一：經濟部公司執照影本一紙。

中　　　華　　　民　　　國　　　　　年　　　　月　　　　日

　　　　　　　具狀人　　○○股份有限公司　　簽名

　　　　　　　法定代理人　林乙　　　　　　　蓋章

▶破產人管收之聲請

◇破產人有逃亡或隱匿、毀棄其財產之虞時，法院得管收之。

　　管收期間不得超過三個月。但經破產管理人提出正當理由時，法院得准予展期，

展期以三個月為限。

破產人有管收新原因被發現時，得再行管收。

管收期間，總計不得逾六個月。（破產71）

◇有破產聲請時，雖在破產宣告前，法院得因債權人之聲請或依職權拘提或管收債務人，或命為必要之保全處分。（破產72）

◎撰狀說明

　　債權人聲請法院將破產人管收，須有具體情事足認其有逃亡或隱匿毀棄財產之虞，而不得憑空臆測。

〈狀例2-201〉聲請管收及保全處分狀

民事　聲請　狀		案　　　號	年度　　字第　　號		承辦股別	
		訴訟標的金額或價額	新台幣　萬　千　百　十　元　角			
稱　　　　謂	姓　名　或　名　稱身分證統一編號或營利事業統一編號	住居所或營業所、郵遞區號及電話號碼電子郵件位址		送達代收人姓名、住址、郵遞區號及電話號碼		
聲　請　人即債權人	林　乙					
債　務　人	王　甲					

為防止隱匿財產，聲請依法管收債務人，並為必要之保全處分事：

　　緣聲請人前因債務人王甲積欠貨款新台幣（以下同）12萬元及借款20萬元，共32萬元。爰依據破產法第1條及同法第57條、第58條等之規定，於○○年○月○日向　鈞院聲請將王甲宣告破產在案。詎料於數日前，聞得王甲自知破產之期將屆，遂四出奔走，預備將店中及家中較為貴重之財產，搬出隱匿，且有準備潛逃之情事，此雖得諸傳聞，尚無實證。惟空穴不來風，事出必有因，萬一不幸言中，則王甲所有較為貴重之物可以抵償其債務者，皆將不翼而飛，聲請人縱對之提起刑事訴訟，予以刑懲，亦無補於事，所受損害將無法受償；若再加以逃亡，則將更無從求償。為此，不得已爰依據破產法第72條之規定，狀請

　　鈞院鑒核，迅予拘提債務人王甲到案，暫施管收，以防逃避；更對其一切財產，凡可入破產財團者，急施保全處分，予以假扣押，以防隱匿，庶符法紀，而保權利。

謹狀						
台灣○○地方法院民事庭　公鑒						
證 物 名 稱 及　　件　　數						
中　　　華　　　民　　　國　　　　年　　　月　　　　日						
			具狀人　林　乙			簽名 蓋章

▶訴害行為之撤銷

◇債務人在破產宣告前所為之無償或有償行為，有損害於債權人之權利，依民法之規定得撤銷者，破產管理人應聲請法院撤銷之。（破產78）

◎撰狀說明

㈠債務人在破產宣告前所為之有償行為，有損害於債權人之權利，依民法之規定得為撤銷者，破產管理人以行為相對人為被告即可，不若債權人依民法第244條規定之聲請撤銷，必須以債務人及行為相對人為共同被告。

㈡本項撤銷權，自破產宣告之日起二年間不行使而消滅（參見破產法第81條）。

〈狀例2-202〉請求撤銷買賣契約起訴狀

民　事　　起　訴　狀		案　　　　號	年度　　字第　　號	承辦 股別	
		訴訟標的 金額或價額	新台幣　萬　千　百　十　元　角		
稱　　　　謂	姓　名　或　名　稱 身 分 證 統 一 編 號 或 營 利 事 業 統 一 編 號	住居所或營業所、郵遞區號 及電話號碼電子郵件位址		送 達 代 收 人 姓 名、住址、郵遞 區號及電話號碼	
原　　　告 被　　　告	王　甲 趙　丙				
為請求撤銷林乙與被告趙丙間之買賣契約，並塗銷所有權移轉登記事： 　　訴之聲明 一、撤銷林乙與被告趙丙間關於坐落○○市○○段○○號建地，面積○○公頃，及					

其上建物，即門牌○○市○○路○○號本國式加強磚造平房乙棟之買賣契約，並塗銷前開房地所有權之移轉登記。

二、訴訟費用由被告負擔。

事實及理由

緣系爭坐落○○市○○段○○號建地，面積○○公頃，及其上建物，即門牌○○市○○路○○號本國式加強磚造平房乙棟，為破產人林乙所有，於民國○○年○月○日，以價款新台幣（以下同）150萬元出賣與被告趙丙，然林乙在華南商業銀行之甲種支票帳戶（帳號○○○○）於民國○○年○月○日被拒絕往來，有票據交換所通知單可稽（證物一），而被告趙丙買受系爭房地之尾款48萬元，係由被告趙丙簽發支票二張交付訴外人楊丁保管，楊丁在其出具保管證內載明：「……買賣移轉登記因受他人查封，趙丙將尾款……交付本人保管……」，有該保管證足資為證（證物二）。足見被告趙丙在林乙之債權人查封系爭房地前，即已預知林乙負債，及系爭房地為其所有唯一財產，又系爭房地當時價格每坪約6萬多元，乃趙丙竟以每坪平均價格僅3萬2千元低價買受，顯屬偏低，是其知有損害於債權人之權利自明，為此原告爰依破產法第78條之規定，狀請

鈞院鑒核，賜予撤銷破產人林乙與被告趙丙間之買賣行為，並塗銷其所有權移轉登記。

　　　　謹狀

台灣○○地方法院民事庭　公鑒

證　物　名　稱 及　　件　　數	證物一：票據交換所通知單影本一份。 證物二：保管證影本一份。

中	華	民	國	年	月	日

具狀人　王　甲　　簽名蓋章

〈狀例2-203〉**請求撤銷買賣契約答辯狀**

民事　答辯狀	案　　　號	年度　　字第　　號	承辦股別	
	訴訟標的金額或價額	新台幣　萬　千　百　十　元　角		

稱　　　謂	姓　名　或　名　稱 身分證統一編號或 營利事業統一編號	住居所或營業所、郵遞區號 及電話號碼電子郵件位址	送達代收人姓 名、住址、郵遞 區號及電話號碼
答　辯　人 即　被　告	趙　丙		
原　　　告	王　甲		

為○○年度○字第○○號請求撤銷買賣事件，依法答辯事：

　　答辯之聲明

一、請駁回原告之訴。

二、訴訟費用由原告負擔。

　　答辯之理由

　　緣破產管理人依破產法第78條之規定，聲請法院撤銷破產人在破產宣告前所為有損害於債權人權利之有償行為，惟依法須具備民法第244條第2項所謂受益人於受益時亦知債務人所為之有償行為，有損害於債權人之權利之要件。按本件答辯人與破產人林乙於○○年○月○日成立系爭房地之買賣契約，尚在破產人甲種支票帳戶於同年月○日遭拒絕往來之前，有買賣契約可稽（見證物一）；又在林乙之債權人李戊於○○年○月○日查封系爭房地之前，雖在楊丁出具與答辯人之保管證，固有「……因受他人查封……」等語，但亦係於買賣一個月餘後之○○年○月○日始交答辯人；再原告主張系爭房地價格，當時每坪約新台幣（以下同）6萬多元，亦未知有何依據？其徒托空言，不足為信。緣上所陳，原告之主張似尚不足以證明答辯人在受益時，亦知林乙所為之有償行為，有損害於他債權人之權利，為此爰依法提出答辯，狀請

　　鈞院詳查，賜予判決如被告答辯之聲明，而維權益。

　　　　謹狀

台灣○○地方法院民事庭　公鑒

證　物　名　稱 及　件　數	證物一：買賣契約書影本一份。

中　　　　華　　　　民　　　　國　　　　年　　　　月　　　　日
具狀人　趙　丙　　簽名 蓋章

▶財團債務之請求

◇下列各款爲財團債務：

一　破產管理人關於破產財團所爲行爲而生之債務。

二　破產管理人爲破產財團請求履行雙務契約所生之債務，或因破產宣告後應履行雙務契約而生之債務。

三　爲破產財團無因管理所生之債務。

四　因破產財團不當得利所生之債務。（破產96）

◎撰狀說明

　　破產法第96條第2款之規定爲「因破產宣告後應履行雙務契約而生之債務」，係指他方在破產人宣告破產後，經照約履行，應由破產管理人爲破產財團履行其對待給付之債務。如在破產宣告前他方當事人已照約履行，則其性質上與成立於破產宣告前之一般債權無異，當僅得依破產債權行使權利，無優先受償之理由。

〈狀例2-204〉請求履行雙務契約起訴狀

民事　起訴　狀		案　　號	年度　　字第　　號	承辦股別	
		訴訟標的金額或價額	新台幣　萬　千　百　十　元　角		
稱　　　謂	姓　名　或　名　稱身分證統一編號或營利事業統一編號	住居所或營業所、郵遞區號及電話號碼電子郵件位址		送達代收人姓名、住址、郵遞區號及電話號碼	
原　　　告被　　　告	王　甲林　乙				

爲請求履行雙務契約移轉所有權登記，依法提起訴訟事：

　　訴之聲明

一、被告應將坐落○○市○○段○○號，地目：田，面積○○公頃之所有權移轉登記與原告。

二、訴訟費用由被告負擔。

　　事實及理由

　　緣原告於民國○○年○月○日向破產人趙丙購買系爭前開土地，言明價金爲新台幣（以下同）100萬元，並於價金付清後，應即辦理所有權移轉登記，雙方訂有買賣契約書（證物一）可稽，而原告已於○○年○月○日付清價金，茲有收據乙紙可證（證物二）。惟趙丙卻拒不履行所有權移轉登記，詎趙丙於今年○月○日

經　鈞院以○○年度○字第○○號裁定書宣告破產確定（證物三）。按依破產法第96條第2款之規定，破產管理人爲破產財團請求履行雙務契約所生之債務，或因破產宣告後應履行雙務契約而生之債務爲財團債務，而財團債務應先於破產債權，隨時由破產財團清償之，破產法第97條定有明文。今該系爭土地所有權移轉登記，既係趙丙破產宣告後應履行雙務契約而生之債務，自應優先於破產債權，請求破產管理人林乙爲所有權移轉登記，爲此爰具狀請求

　　　鈞院鑒核，賜予判決如原告訴之聲明，而保權利，以符法紀。
　　　　　　　謹狀
台灣○○地方法院民事庭　公鑒

證　物　名　稱 及　　　件　　　數	證物一：買賣契約書影本一件。
	證物二：收據影本一件。
	證物三：○○年度○字第○○號裁定影本一件。

中　　　華　　　民　　　國　　　　年　　　　月　　　　日

　　　　　　　　　　具狀人　　王　甲　　簽名蓋章

〈狀例2-205〉請求履行雙務契約答辯狀

民事　答辯　狀		案　　　號	年度　　字第　　號	承辦股別	
		訴訟標的金額或價額	新台幣　萬　千　百　十　元　角		
稱　　　謂	姓　名　或　名　稱 身分證統一編號或 營利事業統一編號	住居所或營業所、郵遞區號 及電話號碼電子郵件位址		送達代收人姓 名、住址、郵遞 區號及電話號碼	
答　辯　人 即　被　告	林　乙				
原　　　告	王　甲				

爲○○年度○字第○○號所有權移轉登記事件，依法提出答辯事：
　　答辯之聲明
一、請駁回原告之訴。
二、訴訟費用由原告負擔。

答辯之理由

　　查破產宣告前已成立之雙務契約，他方當事人已照約履行者，破產人固負有爲對待給付之義務，但此種債務，性質上與成立於破產宣告前之一般債權無異，當僅得依破產債權行使權利。如認爲此種債務係屬破產法第96條第2款下段所規定之財團債務，得優先於一般破產債權受償，殊欠公允。按系爭坐落○○市○○段○○號，地目：田，面積○○公頃之土地所有權，原係破產人趙丙所有，於民國○○年○月○日出賣與原告，價款亦已付清，原告遂請求點交土地。惟趙丙於本件訴訟繫屬中之○○年○月○日，經　鈞院以○○年度○字第○○號宣告破產確定，既有該破產裁定可稽（見原告證物三），且爲原告所不爭執，則與破產宣告後，買受人仍照約履行雙務契約上之義務，因而增加破產財團之財產，而應由破產管理人履行對待給付之情形有關，故原告僅得依破產債權行使權利，殊無依據破產法第96條第2款下段之規定，請求被告辦理所有權登記之可言。爲此依法提出答辯，狀請

　　鈞院詳查，賜予判決如被告答辯之聲明，而保權益。

　　　　謹狀

台灣○○地方法院民事庭　公鑒

證　物　名　稱 及　　件　　數	

中　　華　　民　　國　　　　年　　　　月　　　　日	

具狀人　林　乙　　簽名蓋章

▶別除權加入之聲請

◇在破產宣告前，對於債務人之財產有質權、抵押權或留置權者，就其財產有別除權。

有別除權之債權人，不依破產程序而行使其權利。（破產108）

◎撰狀說明

　　有別除權之債權如未於期限內申報，而又未取得執行名義者，則將來行使別除權後，其未能受清償之債權額，當不能復以之爲破產債權而行使其權利。

〈狀例2-206〉加入破產債權聲請狀

民事　聲請　狀		案　　　號	年度　　字第　　號	承辦股別	
		訴訟標的金額或價額	新台幣　萬　千　百　十　元　角		
稱　　　謂	姓　名　或　名　稱身分證統一編號或營利事業統一編號	住居所或營業所、郵遞區號及電話號碼電子郵件位址		送達代收人姓名、住址、郵遞區號及電話號碼	
聲　請　人即債權人債　務　人	王　甲林　乙				

為請求返還借款，依法行使別除權，拍賣抵押物之結果未受清償部分，聲請加入破產債權事：

　　緣債務人林乙於民國○○年○月○日向聲請人借用新台幣（以下同）70萬元，言明清償期限為一年，同時以坐落於○○市○○路○○號土地及其上之本國式磚造平房建物乙棟設定抵押權，共同擔保（證物一）。乃期滿後，債務人林乙遲不返還借款，迭經催討，亦置之不理。本月○日，忽見　鈞院公告對林乙宣告破產，按破產法第108條規定：「在破產宣告前，對於債務人之財產有質權、抵押權或留置權者，就其財產有別除權。」而有別除權之債務人，得不依破產程序行使權利，故聲請人於公告後，訊即聲請拍賣抵押物，惟因所賣價款僅30萬元（證物二），尚有40萬元未受清償，經向破產管理人聲請加入破產債權，復遭拒絕，為此爰依破產法第109條之規定，狀請

　　鈞院鑒核，賜裁定准就未受清償之40萬元加入破產債權，以維權利，庶符法紀。

　　　　　謹狀
台灣○○地方法院民事庭　公鑒

證物名稱及　件數	證物一：借據影本，抵押權設定契約影本各一件。證物二：台灣○○地方法院民事執行處強制執行金額計算書分配表及債權憑證影本各一件。

中　　　華　　　民　　　國　　　年　　　月　　　日
具狀人　王　甲　　簽名蓋章

▶對破產債權之加入或其數額之爭議

◇對於破產債權之加入或其數額有異議者，應於第一次債權人會議終結前提出之，但其異議之原因知悉在後者，不在此限。
前項爭議，由法院裁定之。（破產125）

◎撰狀說明

得依破產法第125條之規定提出異議者，以破產債權人、破產管理人及監督人為限。至破產人則無向法院提出異議之權。

〈狀例2-207〉對破產債權之加入聲明異議狀

民事　聲明異議　狀	案　　　號	年度　　字第　　號	承辦股別	
	訴訟標的金額或價額	新台幣　萬　千　百　十　元　角		
稱　　　謂	姓　名　或　名　稱身分證統一編號或營利事業統一編號	住居所或營業所、郵遞區號及電話號碼電子郵件位址	送達代收人姓名、住址、郵遞區號及電話號碼	
聲　明　人即債權人相　對　人	王　甲林　乙			

為對破產債權之加入，依法提出聲明異議事：

　　緣債務人趙丙於本年○月○日因負債過鉅，無力清償，經　鈞院以○○年度○字第○○號裁定宣告破產在案（證物一），聲明人為趙丙之債權人，已依法申報，列入破產債權在案（證物二）。頃日前忽聞趙丙另一債權人林乙亦申報權利，聲請加入破產債權，惟其既未提出債權證明，僅空言主張，破產管理人即逕為列入，顯屬草率，而有妨礙其他債權人受清償之虞，為此爰依破產法第125條之規定，狀請
　　鈞院詳查，請命林乙提出債權證明，否則應不准其加入，以保其他債權人之合法權益，庶符法紀。
　　　　　謹狀
台灣○○地方法院民事庭　公鑒

證　物　名　稱及　　件　　數	證物一：裁定影本一件。證物二：債權證明影本一件。

中	華	民	國	年	月	日

具狀人　王　甲　　簽名蓋章

▶復權之聲請

◇破產人依清償或其他方法解免其全部債務時，得向法院爲復權之聲請。

破產人不能依前項規定解免其全部債務，而未依第154條或第155條之規定受刑之宣告者，得於破產終結三年後或於調協履行後，向法院爲復權之聲請。（破產150）

◎撰狀説明

破產人所受公私權利之限制，爲破產之間接效果，不因破產終結而當然解除，另須經復權之手續，向法院爲復權之聲請。

〈狀例2-208〉復權聲請狀

民事　聲請　狀		案　　　號	年度　　字第　　號	承辦股別	
		訴訟標的金額或價額	新台幣　萬　千　百　十　元　角		
稱　　　謂	姓　名　或　名　稱身分證統一編號或營利事業統一編號	住居所或營業所、郵遞區號及電話號碼電子郵件位址		送達代收人姓名、住址、郵遞區號及電話號碼	
聲　請　人即　債務人	林　乙				

為對○○年度○字第○○號宣告破產乙案，依法提出復權之聲請事：

緣聲請人前因遭世界石油危機影響，業務受到波折，致一時無力清償債務，迫不得已，經於○○年○月○日由　鈞院以○○年○字第○○號裁定宣告破產；嗣於同年○月○日，破產管理人呈報最後分配終結，復於同年○月○日，蒙　鈞院裁定破產終結在案（見證物一）。迄今已逾三年，依破產法第150條第2項之規定，破產人未依第154條或第155條之規定受刑之宣告者，得於破產終結三年後，向法院爲復權之聲請。聲請人雖遭破產，然並未犯有破產法第154條或第155條之罪，而破產程序終結至今，亦已逾三年期間，爲此爰依法狀請

　　　　鈞院詳查，賜予宣告聲請人復權，以符法紀，而保信用。
　　　　　　謹狀
台灣○○地方法院民事庭　　公鑒

證　物　名　稱 及　　　件　　　數	證物一：○○年○字第○○號裁定影本一件。

中	華	民	國	年	月	日

　　　　　　　　具狀人　　林　乙　　　簽名
　　　　　　　　　　　　　　　　　　　蓋章

第四章　公證與提存之相關書狀

第一節　公證之相關書狀

▶公證之請求

◇公證人因當事人或其他關係人之請求，就法律行為及其他關於私權之事實，有作成公證書或對於私文書予以認證之權限。

公證人對於下列文書，亦得因當事人或其他關係人之請求予以認證：

一　涉及私權事實之公文書原本或正本，經表明係持往境外使用者。

二　公、私文書之繕本或影本。（公證2）

◇前條之請求，得以言詞或書面為之。

公證或認證請求書，應由請求人或其代理人簽名；其以言詞請求者，由公證人、佐理員或助理人作成筆錄並簽名後，由請求人或其代理人簽名。

前項請求書或筆錄，準用非訟事件法關於聲請書狀或筆錄之規定。（公證3）

◇公證或認證之請求，得由代理人為之。但依法律規定或事件性質不得由代理人為之者，不在此限。（公證4）

◎撰狀說明

㈠標的應記載請求公證或認證之法律行為標的之金額或價額或關於私權事實之價額（以新台幣計算），其標的之價額不能算定者，則毋庸記載（公證112）。

另請求人如係就婚姻、認領、收養等非財產關係請求作成公證書，亦毋庸記載。（公證113）

㈡請求人之姓名或名稱，請求人之上必須標明稱謂，如租賃關係之「出租人」「承租人」，買賣關係之「出賣人」「買受人」，委任關係之「委任人」「受任人」，借貸關係之「借用人」「貸與人」，配偶關係之「男方」「女方」，收養關係之「收養人」「被收養人」「養父、母」「養子、女」「法定代理人」「代理人」等。公司應記載其名稱。

㈢法定代理人或代理人之姓名應列於所代理之本人之後。

㈣身分證明文件名稱及其字號，如係本國人應記明國民身分證及統一編號，華僑、大陸港澳居民或外國人應記明其護照、入境許可證或外僑居留證及其字號。

㈤住居所或事務所，個人應載明住居所，外國人、大陸港澳居民或華僑除記明其國外之住居所外，如國內有固定住居所者，亦應一併記載。法人則應記載其主事務所。

㈥請求公證之法律行為或私權事實，係記載請求公證人予以公證之事項。例如：「房屋租賃契約公證」、「網際網路上公開網頁之私權事實公證」等。

㈦請求人就須得第三人允許或同意之法律行為，請求作成公證書，依公證法第77條，應提出已得該第三人允許或同意之證明書，宜將證明方法詳為記明，例如：「本件收養契約，已得被收養者之父母某某同意，提出其同意證明書」、「本件已得某某之法定代理人某某到場表示允許」等。

㈧當事人請求公證人就下列各款法律行為作成之公證書，載明應逕受強制執行者，得依該證書執行之：

一　以給付金錢或其他代替物或有價證券之一定數量為標的者。

二　以給付特定之動產為標的者。

三　租用或借用建築物或其他工作物，定有期限並應於期限屆滿時交還者。

四　租用或借用土地，約定非供耕作或建築為目的，而於期限屆滿時應交還土地者。

前項公證書，除當事人外，對於公證書作成後，就該法律行為，為當事人之繼受人，及為當事人或其繼受人占有請求之標的物者，亦有效力。

債務人、繼受人或占有人，主張第1項之公證書有不得強制執行之事由提起訴訟時，受訴法院得因必要情形，命停止執行，但聲請人陳明願供擔保者，法院應定相當之擔保額，命停止執行。（公證法13）

㈨請求人提出之證明文件，應記明文件種類、件數、提出人姓名。

㈩請求人應記明請求交付公證書正本、繕本、譯本或節本名稱及件數。

㈣請求人如為法人，加蓋法人之印信或印章。

〈狀例2-209〉土地房屋買賣契約公證請求書

公證請求書	標的：金（價）額新台幣　　150萬　　元 （如標的無財產上價值，請勿填寫）			
請求人姓名或名稱		身分證明文件名稱及其字號	住居所或事務所	備考
買受人	王甲	身分證 N○○	○○市○○路○○號	
出賣人	林乙	身分證 G○○	○○市○○路○○號	
代理人	林丙	身分證 G○○	同右	

證人見證人通譯或已為同意或允許之第三人姓名	見證人 趙　丁	身分證 F○○	○○市○○路○○號	
請求公證之事項（法律行為或私權事實）	買受人於民國○○年○月○日向出賣人買受其所有坐落於○○市○○段○小段○○號土地，及地上建物即○○市○○路○○號本房屋乙棟，約定買賣價金為新台幣（以下同）150萬元，業經如數交與出賣人收訖，不另立收據，茲限於○○年○月○日以前辦理所有權移轉登記與買受人管業，如逾期違反買賣契約，不能移轉所有權登記時，除交還價金150萬元外，應另加給買受人違約金30萬元。			
約定逕受強制執行之事項	出賣人於民國○○年○月○日以前，如不能將上開房地辦理所有權移轉登記與買受人時，除交還價金150萬元外，應另加給買受人違約金30萬元，並願逕受強制執行。			
證明文件	買受人及出賣人國民身分證正本各一件。 授權書及印鑑證明正本各一份。 土地及房屋所有權狀影本兩件。	發還證件	件數	收受人蓋章
交付公證書	正本　　貳　　份	繕本　　壹　　份	譯本　　　份	節本　　　　　份
受文機關	臺灣○○地方法院公證處（臺灣○○地方法院所屬○○民間公證人事務所）			
中　華　民　國　　　　　　年　　　　　月　　　　　日				
蓋用印信處	請求人為法人或團體者，請將印信蓋於此處	請求人	王　　甲 林　　乙 林　　丙	簽名蓋章

〈狀例2-210〉買賣貨物契約公證請求書

公證請求書	標的：金（價）額新台幣　　　　　150萬　　　　　元 （如標的無財產上價值，請勿填寫）			
請求人姓名或名稱	身分證明文件名稱及其字號	住居所或事務所	備　　考	
買　受　人	○○股份有限公司	公司統一編號○○○	○○市○○路○○號	
法定代理人	王　甲	身分證N○○	同　　右	
買　受　人	林　乙	身分證G○○	○○市○○路○○號	

證人見證人通譯或已爲同意或允許之第三人姓名	買受人之連帶保證人 趙　丙	身分證 G○○	○○縣○○鎮○○路○○號		
請求公證之事項（法律行爲或私權事實）	請求人即出賣人○○股份有限公司於民國○○年○月○日將所有之豐田轎車三輛，車號分別爲○、○、○出賣與買受人林乙，約定價金爲新台幣（下同）150萬元，由趙丙爲連帶保證人，並訂明自民國○○年○月○日起，按年利率千分之2，分爲十個月平均清償，自○○年○月份起，於每個月之一日給付價金15萬元及其利息，如一個月不履行或遲延履行，視爲全部到期，除已給付並記載於訂購單者外，應即與連帶保證人負責將所欠價金及利息全部清償。				
約定逕受強制執行之事項	買受人或連帶保證人如有違約，應即將所欠價金及利息全數清償，並逕受強制執行。				
證明文件	○○股份有限公司設立（變更）登記表、王甲、林乙之國民身分證正本各一件。 汽車行照正本各一件。		發還證件	件數　收受人蓋章	
交付公證書	正本　貳　份	繕本　壹　份	譯本　　份	節本	份
受文機關	臺灣○○地方法院公證處（臺灣○○地方法院所屬○○民間公證人事務所）				
中　　華　　民　　國			年	月	日
蓋用印信處	請求人爲法人或團體者，請將印信蓋於此處		請求人	○○股份有限公司 法定代理人 王　甲 林　乙	簽名蓋章

〈狀例2-211〉消費借貸契約公證請求書

公證請求書	標的：金（價）額新台幣　　　30萬　　　元（如標的無財產上價值，請勿填寫）			
請求人姓名或名稱	身分證明文件名稱及其字號	住居所或事務所	備考	
貸　與　人　王　甲	身分證 N○○	○○市○○路○○號		
借　用　人　林　乙	身分證 G○○	○○縣○○鎮○○路○○號		

證人見證人通譯或已爲同意或允許之第三人姓名	無			
請求公證之事項（法律行爲或私權事實）	請求人即貸與人於民國○○年○月○日貸與借用人林乙新台幣30萬元，約定清償期限爲四個月，並自○○年○月○日起至○○年○月○日止按年息百分之16計算利息，所有本息自○○年○月○日起，分爲四個月平均攤還，如有一期不履行，視爲全部到期，並立即將本息全數償還，請求公證。			
約定逕受強制執行之事項	無			

證明文件	貸與人王甲與借用人林乙國民身分證正本各一件。	發還證件	件數	收受人蓋章

交付公證書	正本　　貳　　份	繕本　　壹　　份	譯本　　　份	節本　　　　　份
受文機關	臺灣 ○○地方法院公證處（臺灣○○地方法院所屬○○民間公證人事務所）			

中	華	民	國	年	月	日

蓋用印信處	請求人爲法人或團體者，請將印信蓋於此處	請求人	王　甲 林　乙	簽名 蓋章

〈狀例2-212〉使用借貸契約公證請求書

公證請求書	標的：金（價）額新台幣　　　　45萬　　　　元 （如標的無財產上價值，請勿塡寫）	

請求人姓名或名稱		身分證明文件名稱及其字號	住居所或事務所	備　考
貸與人	王甲	身分證 N○○	○○市○○路○○號	
借用人	林乙	身分證 G○○	○○縣○○鎮○○路○○號	

證人見證人通譯或已爲同意或允許之第三人姓名	無			
請求公證之事項（法律行爲或私權事實）	一、請求人即貸與人王甲願自民國○○年○月○日起至○○年○月○日止，將所有之福特牌轎車，車號○○○○，無償貸與借用人林乙。 二、借用人林乙應以善良管理人之注意保管借用物，如有違反此項義務，致借用物毀損滅失者，應負損害賠償責任。 三、借用人林乙非經貸與人王甲之同意，不得允許第三人使用借用物。 四、借用人林乙應於使用期間屆滿之日，將前開車輛返還貸與人王甲。			
約定逕受強制執行之事項	借用人逾期不返還借用物時，應逕受強制執行。 汽車行照正本一件。			

證明文件	貸與人王甲與借用人林乙國民身分證正本各一件。	發還證件	件數	收受人蓋章

交付公證書	正本　貳　份	繕本　壹　份	譯本　　份	節本　　　　份
受文機關	臺灣○○地方法院公證處（臺灣○○地方法院所屬○○民間公證人事務所）			

中　　華　　民　　國　　　　　　年　　　　　月　　　　　日		
蓋用印信處	請求人爲法人或團體者，請將印信蓋於此處	請求人　王　甲　　簽名 　　　　林　乙　　蓋章

〈狀例2-213〉僱傭契約公證請求書

公證請求書	標的：金（價）額新台幣　　　　　　　元 （如標的無財產上價值，請勿填寫）			
請求人姓名或名稱	身分證明文件名稱及其字號	住居所或事務所		備　考
僱用人　王　甲	身分證 N○○	○○市○○路○○號		
受僱人　林　乙	身分證 G○○	○○縣○○鎮○○路○○號		

證人見證人通譯或已為同意或允許之第三人姓名	見證人楊丁	身分證N○○		○○市○○路○○號	
請求公證之事項（法律行為或私權事實）	一、請求人即僱用人王甲聘用受僱人林乙為卡車駕駛員，期間自○○年○月○日起至○○年○月○日止，共三年。 二、僱用人除一次給付受僱人報酬金新台幣（以下同）5萬元外，並自○○年○月○日起，每月固定報酬為5萬5,000元，於每月終結給付之。 三、受僱人應遵從僱用人之指示，如因受僱人自己之故意過失致僱用人之損害，僱用人得對之請求損害賠償。				
約定逕受強制執行之事項	無				
證明文件	僱用人王甲及受僱人林乙之國民身分證正本各一件。		發還證件	件數	收受人蓋章
交付公證書	正本　貳　份	繕本　壹　份	譯本　　份	節本　　　　份	
受文機關	臺灣○○地方法院公證處（臺灣○○地方法院所屬○○民間公證人事務所）				
中　　華　　民　　國			年	月	日
蓋用印信處	請求人為法人或團體者，請將印信蓋於此處		請求人	王　甲 林　乙	簽名蓋章

〈狀例2-214〉債權讓與契約公證請求書

公證請求書	標的：金（價）額新台幣　　27萬　　元 （如標的無財產上價值，請勿填寫）			
請 求 人 姓 名 或 名 稱	身 分 證 明 文 件名 稱 及 其 字 號		住 居 所 或 事 務 所	備　　考
讓 與 人	王　甲	身分證N○○	○○市○○路○○號	
受 讓 人	林　乙	身分證G○○	○○縣○○鎮○○路○○號	

證人見證人通譯或已為同意或允許之第三人姓名	同意人 李　庚	身分證 F○○	○○市○○路○○號		
請求公證之事項（法律行為或私權事實）	一、請求人即讓與人將對於債務人李庚所有新台幣（以下同）27萬元之債權全部讓與受讓人林乙承受，該讓與之債權係讓與人於○○年○月○日貸與債務人李庚，清償期限為四年，自○○年○月○日至○○年○月○日止，年利率百分之16計算利息。 二、債權人王甲與債務人李庚所訂之借貸契約及其有關權利證明文件，均交付與受讓人林乙收執。 三、債務人李庚願依原契約履行清償受讓人林乙27萬元及自○○年○月○日起至清償日止之利息。				
約定逕受強制執行之事項	債務人如違反契約不於○○年○月○日清償受讓人27萬元，及自○○年○月○日起至清償日止之利息，應逕對讓與人王甲強制執行。				
證明文件	讓與人王甲及受讓人林乙及同意人李庚之國民身分證正本各一件。		發還證件	件數	收受人蓋章
交付公證書	正本　貳　份	繕本　壹　份	譯本　　份	節本	份
受文機關	臺灣○○地方法院公證處（臺灣○○地方法院所屬○○民間公證人事務所）				
中　　華　　民　　國			年	月	日
蓋用印信處	請求人為法人或團體者，請將印信蓋於此處		請求人　王　甲 　　　　林　乙	簽名蓋章	

〈狀例2-215〉土地及房屋贈與契約公證請求書

公證請求書	標的：金（價）額新台幣 60萬 元 （如標的無財產上價值，請勿填寫）			
請求人姓名或名稱		身分證明文件名稱及其字號	住居所或事務所	備考
贈　與　人	王　甲	身分證 N○○	○○市○○路○○號	
受　贈　人	台北市立○○仁愛之家	統一編號○○	○○市○○路○○號	

法定代理人	林　乙	身分證 N○○	同　　　右	
證人見證人 通譯或已為 同意或允許 之第三人姓 名	見證人 楊　丁	身分證 N○○	○○市○○路○○號	
請求公證之 事項（法律 行為或私權 事實）	\[四欄合併\] 請求人即贈與人王甲將所有坐落於○○市○○區○○段○○地號面積○○平方公尺之土地，及其上建物即○○市○○區○○路○○號之房屋乙棟，無條件贈與台北市立○○仁愛之家，作為收容高齡長者、享其天年之用，並定於民國○○年○月○日以前備妥印鑑、所有權狀、稅籍證明及相關書表，協同其辦理所有權移轉登記與受贈人所有，請求公證。			
約定逕受強 制執行之事 項	無			

證明文件	贈與人王甲國民身分證、受贈人○○仁愛之家法人團體證明及其法定代理人林乙國民身分證正本各一件。 土地及房屋所有權狀影本一件。	發還證件	件數 	收受人蓋章

交付公證書	正本　　貳　　份		繕本　　　　　份	譯本　　　　　份	節本　　　　　份

受文機關	臺灣○○地方法院公證處（臺灣○○地方法院所屬○○民間公證人事務所）				

中　　華　　民　　國　　　　　年　　　　　月　　　　　日

蓋用印信處	請求人為法人或團體者，請將印信蓋於此處	請求人	王　甲 台北市立○○ 仁愛之家 法定代理人 林　乙	簽名 蓋章

〈狀例2-216〉金錢借貸暨設定不動產抵押權契約公證請求書

公證請求書	標的：金（價）額新台幣　　　　12萬　　　　元 （如標的無財產上價值，請勿填寫）			
請求人姓名或名稱	身分證明文件名稱及其字號	住居所或事務所	備考	
債權人	王　甲	身分證 N○○	○○市○○路○○號	提出授權書代理人到場辦理
代理人	趙　丙	身分證 F○○	○○市○○路○○號	

債 務 人	林　乙	身分證 G○○	○○市○○路○○號	
法定代理人	林　戊	身分證 G○○	同　　右	
證人見證人通譯或已爲同意或允許之第三人姓名	無			
請求公證之事項（法律行爲或私權事實）	請求人即債權人將所有新台幣（以下同）120萬元借與債務人林乙，設定不動產抵押權，契約約定如下： 一、債權人王甲借與債務人林乙120萬元，利息爲年利率百分之16。 二、清償期限爲五年，自民國○○年○月○日起至○○年○月○日止。 三、債務人願將所有坐落○○市○○區○○段○○號建地面積○○平方公尺設定抵押權，以供債權之擔保。 四、債務人屆期應履行契約，清償債務，請求公證。			
約定逕受強制執行之事項	債務人於清償期限屆滿應清償債務，如自公證日起兩個月內不能辦妥設定抵押權登記時，就上開借款本息即提前到期，債務人應逕受強制執行。			

證明文件	債權人王甲及其代理人趙丙，債務人林乙及其法定代理人林戊之國民身分證正本各一件。 土地所有權狀影本乙件。 授權書正本一件。 債權人王甲印鑑證明一件。	發還證件	件數	收受人蓋章

交付公證書	正本　貳　份	繕本　　份	譯本　　份	節本　　　　份
受文機關	臺灣○○地方法院公證處（臺灣○○地方法院所屬○○民間公證人事務所）			

中　　華　　民　　國			年	月	日

蓋用印信處	請求人爲法人或團體者，請將印信蓋於此處	請求人	王　甲 趙　丙 林　乙 林　戊	簽名蓋章

〈狀例2-217〉動產質權設定契約公證請求書

<table>
<tr><td rowspan="2" colspan="2">公證請求書</td><td colspan="3">標的：金（價）額新台幣　　　9萬　　　元
（如標的無財產上價值，請勿填寫）</td></tr>
<tr><td colspan="5"></td></tr>
<tr><td colspan="2">請求人姓名或名稱</td><td>身分證明文件
名稱及其字號</td><td>住居所或事務所</td><td>備　考</td></tr>
<tr><td>質　權　人</td><td>王　甲</td><td>身分證
N○○</td><td>○○市○○路○○號</td><td></td></tr>
<tr><td>債　務　人</td><td>林　乙</td><td>身分證
F○○</td><td>○○市○○路○○號</td><td></td></tr>
<tr><td colspan="2">證人見證人通譯或已為同意或允許之第三人姓名</td><td>見證人
楊　丁</td><td>身分證
G○○</td><td>○○市○○路○○號</td></tr>
<tr><td colspan="2">請求公證之事項（法律行為或私權事實）</td><td colspan="3">請求人即債權人於民國○○年○月○日貸與債務人林乙新台幣9萬元，約定清償期限為兩年，自○○年○月○日起至○○年○月○日止，並按年息百分之20計算利息。由債務人林乙以其所有自用小轎車（車號：○○○○）乙輛為擔保設定質權交付請求人占有，債務人林乙屆期如不履行清償本息，債權人得自行變賣，抵償債權，請求公證。</td></tr>
<tr><td colspan="2">約定逕受強制執行之事項</td><td colspan="3">無</td></tr>
<tr><td colspan="2">證明文件</td><td colspan="2">質權人王甲及債務人林乙之國民身分證正本各一件。
汽車行照正本一件。</td><td>發還證件</td></tr>
<tr><td colspan="2">交付公證書</td><td>正本　貳　份</td><td>繕本　壹　份</td><td>譯本　　份｜節本　　　　份</td></tr>
<tr><td colspan="2">受文機關</td><td colspan="3">臺灣　○○地方法院公證處（臺灣○○地方法院所屬○○民間公證人事務所）</td></tr>
<tr><td colspan="2">中　　華　　民　　國</td><td>年</td><td>月</td><td>日</td></tr>
<tr><td colspan="2">蓋用印信處</td><td colspan="2">請求人為法人或團體者，請將印信蓋於此處</td><td>請求人　王　甲　　簽名
　　　　林　乙　　蓋章</td></tr>
</table>

〈狀例2-218〉設定地上權契約公證請求書

公證請求書	標的：金（價）額新台幣　　　300萬　　　元 （如標的無財產上價值，請勿填寫）			
請 求 人 姓 名 或 名 稱		身 分 證 明 文 件 名 稱 及 其 字 號	住 居 所 或 事 務 所	備　　考
出 租 人	王 甲	身分證 N○○	○○市○○路○○號	
承 租 人	林 乙	身分證 G○○	○○市○○路○○號	
證人見證人 通譯或已為 同意或允許 之第三人姓 名	見證人 趙 丙	身分證 F○○	○○市○○路○○號	
請求公證之 事項（法律 行為或私權 事實）	請求公證之事項（法律行為或私權事實） 請求人即土地所有權人王甲將坐落○○市○○區○○段○○地號土地面積 ○○平方公尺，出租與承租人建築房屋，並訂立地上權契約如下，請求公 證： 一、地上權期限為十年，自民國○○年○月○日起至○○年○月○日止， 　　每年租金新台幣30萬元，分別於每年○月○日及○月○日支付出租 　　人。 二、出租人與承租人於契約成立後一個月內，聲請該管地政機關為地上權 　　之登記。 三、地上權人積欠地租達兩年之總額，土地所有權人得定相當期間催告承 　　租人撤銷地上權。 四、契約年限屆滿時，承租人應即將建築物拆除，回復土地原狀，交還予 　　出租人。			
約定逕受強 制執行之事 項	無			
證明文件	出租人王甲與承租人林乙之國民身分證正本各一 件。 土地所有權狀影本一件。	發 還 證 件	件數	收受人蓋章
交付公證書	正本　貳　份　　謄本　壹　份　　譯本　　份　節本　　　　　份			
受文機關	臺灣○○地方法院公證處（臺灣○○地方法院所屬○○民間公證人事務 所）			

中	華	民	國		年		月		日
蓋用印信處	請求人為法人或團體者，請將印信蓋於此處				請求人	王　甲 林　乙		簽名 蓋章	

〈狀例2-219〉婚前協議公證請求書

公證請求書		標的：金（價）額新台幣　　　　　　　　元 （如標的無財產上價值，請勿填寫）			
請求人姓名或名稱		身分證明文件名稱及其字號	住居所或事務所		備　考
訂婚人	王甲	身分證 N○○	○○市○○路○○號		
訂婚人	林乙	身分證 G○○	○○市○○路○○號		
證人見證人通譯或已為同意或允許之第三人姓名					
請求公證之事項（法律行為或私權事實）		請求人王甲與林乙今因雙方情投意合，性情相契，願與偕老，擬於民國○○年○月○日在公證人前訂立婚前協議，請求公證。			
約定逕受強制執行之事項					
證明文件		王甲、林乙之國民身分證正本各一件。	發還證件	件數	收受人蓋章
交付公證書		正本　貳　份　　繕本　壹　份　　譯本　　份	節本		份
受文機關		臺灣○○地方法院公證處（臺灣○○地方法院所屬○○民間公證人事務所）			

中	華	民	國		年	月		日
蓋用印信處	請求人爲法人或團體者，請將印信蓋於此處			請求人	王　甲 林　乙		簽名 蓋章	

〈狀例2-220〉結婚書約公證請求書

公證請求書		標的：金（價）額新台幣　　　　　　　　　　元 （如標的無財產上價值，請勿填寫）		
請 求 人 姓 名 或 名 稱		身 分 證 明 文 件 名 稱 及 其 字 號	住 居 所 或 事 務 所	備　　考
結　婚　人	王　甲	身分證 N○○	○○市○○路○○號	
結　婚　人	林　乙	身分證 F○○	○○市○○路○○號	
證人見證人通譯或已爲同意或允許之第三人姓名	證　人			
	趙　丙	身分證 N○○	○○市○○路○○號	
	楊　丁	身分證 F○○	○○市○○路○○號	
請求公證之事項（法律行爲或私權事實）	請求人即結婚人王甲與林乙，茲擬於民國○○年○月○日上午○時，在台灣○○地方法院公證處公證結婚書約，請求公證。			
約定逕受強制執行之事項				
證明文件	王甲、林乙、趙丙、楊丁之國民身分證正本各一件。		發還證件	件數　收受人蓋章
交付公證書	正本　貳　份	繕本　壹　份	譯本　　份	節本　　　　份
受文機關	臺灣○○地方法院公證處（臺灣○○地方法院所屬○○民間公證人事務所）			

中	華	民	國		年		月		日

蓋用印信處	請求人為法人或團體者，請將印信蓋於此處	請求人	王　甲 林　乙	簽名 蓋章

〈狀例2-221〉離婚協議書公證請求書

公證請求書	標的：金（價）額新台幣　　　　　　元 （如標的無財產上價值，請勿填寫）		

請求人姓名或名稱	身分證明文件名稱及其字號	住居所或事務所	備考
男方　王　甲	身分證 N○○	○○市○○路○○號	
女方　林　乙	身分證 F○○	○○市○○路○○號	

證人見證人通譯或已為同意或允許之第三人姓名	證　人			
	趙　丙	身分證 F○○	○○市○○路○○號	
	楊　丁	身分證 N○○	○○市○○路○○號	

請求公證之事項（法律行為或私權事實）	請求人王甲與林乙因性情不合，志趣各異，不願共同生活，雙方協議兩願離婚，並訂立條件如下，請求公證： 一、王甲同意於離婚登記完成後每月○日按月給付贍養費新台幣四萬元整予林乙，至林乙年滿七十歲之當月止，如不履行王甲願逕受強制執行。 二、雙方嗣後婚嫁，各不相干，並應協同辦理戶籍登記。 三、未成年子女王庚歸王甲行使、負擔對於未成年子女之權利義務，王辛歸林乙行使、負擔對於未成年子女之權利義務，雙方得隨時探望，均不得拒絕。
約定逕受強制執行之事項	詳如公證書所載。

證明文件	王甲、林乙、趙丙、楊丁之國民身分證正本各一件。王庚、王辛之戶口名簿各一件。	發還證件	件數	收受人蓋章

交付公證書	正本　貳　份	繕本　壹　份	譯本　　份	節本　　份

受文機關	臺灣○○地方法院公證處（臺灣○○地方法院所屬○○民間公證人事務所）			
中　　華　　民　　國		年	月	日
蓋用印信處	請求人為法人或團體者，請將印信蓋於此處	請求人 證　人	王甲 林乙 趙丙 楊丁	簽名 蓋章

〈狀例2-222〉認領子女公證請求書

公證請求書		標的：金（價）額新台幣　　　　　　　　　　　　元 （如標的無財產上價值，請勿填寫）		
請 求 人 姓 名 或 名 稱		身 分 證 明 文 件 名 稱 及 其 字 號	住 居 所 或 事 務 所	備　　考
生　　父	王　甲	身分證 N○○	○○市○○路○○號	
生　　母	林　乙	身分證 F○○	○○市○○路○○號	
證人見證人通譯或已為同意或允許之第三人姓名	見證人 楊　丁	身分證 F○○	○○市○○路○○號	
請求公證之事項（法律行為或私權事實）	請求人即生母林乙與生父王甲於民國○○年○月間開始同居，育有男孩王辛一名（於民國○○年○月○日出生），茲因雙方已分別與他人正式結婚，經願意將同居時所生之非婚生子女由其生父王甲認領撫養，請求公證。			
約定逕受強制執行之事項				
證明文件	王甲、林乙之國民身分證正本各一件。		發還證件	件數　收受人蓋章
交付公證書	正本　貳　份　　繕本　壹　份　　譯本　　份　節本　　　　份			
受文機關	臺灣○○地方法院公證處（臺灣○○地方法院所屬○○民間公證人事務所）			

中	華	民	國		年		月		日

蓋用印信處	請求人爲法人或團體者，請將印信蓋於此處		請求人 見證人	王　甲 林　乙 楊　丁	簽名 蓋章

▶認證之請求

◇公證人因當事人或其他關係人之請求，就法律行爲及其他關於私權之事實，有作成公證書或對於私文書予以認證之權限。

公證人對於下列文書，亦得因當事人或其他關係人之請求予以認證：

　　一　涉及私權事實之公文書原本或正本，經表明係持往境外使用者。

　　二　公、私文書之繕本或影本。（公證2）

◎撰狀說明

㈠當事人或其他關係人得請求認證之文書，區分爲私文書認證、公文書認證與正影本相符之認證。

㈡認證者，公證人證明公私文書之形式係依正當程序作成之謂。請求地方法院公證處或民間公證人事務所予以認證。

公證人認證私文書，稱私文書之認證。私文書之認證，在於證明作成文書者簽章之眞正；繕本、影本、謄本、抄本之認證，則在於證明其與原本一致。按私文書之認證僅確認私文書之形式上眞正，此與公證書之作成係公證人以公正第三人之角色，參與文書之製作及完成並予以證明者不同。

㈢認證之請求，請參照公證請求之說明。

〈狀例2-223〉土地及房屋買賣契約認證請求書

認證請求書		標的：金（價）額新台幣　　　　300萬　　　　元 （如標的無財產上價值，請勿填寫）			
請 求 人 姓 名 或 名 稱		身 分 證 明 文 件 名 稱 及 其 字 號	住 居 所 或 事 務 所	備	考
買　受　人	王　甲	身分證 N○○	○○市○○路○○號		
出　賣　人	林　乙	身分證 F○○	○○市○○路○○號		

證人見證人通譯或已爲同意或允許之第三人姓名	見證人 趙 丙	身分證 N○○		○○市○○路○○號		
請求認證之文書名稱	請求人即買受人王甲於民國○○年○月○日向出賣人林乙購買其所有坐落於○○市○○區○○段○小段○○號建地面積○○平方公尺，及其建物即○○市○○路○○號之本國式磚造三層樓房一棟，言明總價款計新台幣300萬元，並經訂有土地及房屋買賣契約書一份，爰依公證法第2條附具所訂契約一式三份，請求認證。					
證明文件	買受人王甲及出賣人林乙之國民身分證正本各一件。 土地及房屋買賣契約書一式三份。 土地及房屋所有權狀影本各一件。			發還證件	件數	收受人蓋章
交付認證書	正本 貳 份		繕本 壹 份	譯本 份	節本	份

中 華 民 國　　　　年　　　　月　　　　日

蓋用印信處	請求人爲法人或團體者，請將印信蓋於此處	請求人	王　甲 林　乙	簽名 蓋章

〈狀例2-224〉土地及房屋贈與契約認證請求書

認證請求書	標的：金（價）額新台幣　　　300萬　　　元 （如標的無財產上價值，請勿填寫）		
請求人姓名或名稱	身分證明文件名稱及其字號	住居所或事務所	備考
贈 與 人　王 甲	身分證 N○○	○○市○○路○○號	
受 贈 人　○○仁愛之家	統一編號○○	○○市○○路○○號	
法定代理人　林 乙	身分證 F○○	同　右	
證人見證人通譯或已爲同意或允許之第三人姓名	見證人 楊 丁	身分證 N○○	○○市○○路○○號	

請求認證之文書名稱	請求人即贈與人於民國○○年○月○日將所有坐落於○○市○○區○○段○小段○○號土地面積○○平方公尺，及其上建物即○○市○○路○○號之房屋一棟，無條件贈與受贈人○○仁愛之家，並經訂有贈與契約書乙份，爰依公證法第2條附具所訂契約影本一式三份，請求認證。			
證明文件	贈與人王甲之國民身分證、受贈人○○仁愛之家之法人團體證明及其法定代理人林乙之國民身分證正本各乙件。 贈與契約書影本一式三份。 土地及房屋所有權狀及稅單影本各一件。	發還證件	件數	收受人蓋章

交付認證書	正　本　　貳　份	繕本　壹　份	譯本　　份	節本　　　　份

中　華　民　國　　　　年　　　　月　　　　日

蓋用印信處	請求人為法人或團體者，請將印信蓋於此處	請求人	王　甲 ○○博愛院　　簽名 法定代理人　　蓋章 林　乙

〈狀例2-225〉土地及房屋租賃契約認證請求書

認證請求書	標的：金（價）額新台幣　　　21萬　　　元 （如標的無財產上價值，請勿填寫）		
請求人姓名或名稱	身分證明文件名稱及其字號	住居所或事務所	備　考
出　租　人　王　甲	身分證 N○○	○○市○○路○○號	因事不能到場，提出授權書，授權代理人到場辦理。
代　理　人　趙　丙	身分證 F○○	○○市○○路○○號	
承　租　人　林　乙	身分證 F○○	同　　右	
證人見證人通譯或已為同意或允許之第三人姓名	無		
請求認證之文書名稱	請求人即出租人王甲將所有坐落○○市○○段○小段○○號建地面積○○平方公尺，及其上建物即○○市○○路○○號之本國式磚造二層樓房乙棟，自民國○○年○月○日起至○○年○月○日止，租與承租人林乙居住使用，並經訂有土地及房屋租賃契約書乙份，爰依公證法第2條附具所訂契約影本一式三份，請求認證。		

證明文件	出租人王甲及其代理人趙丙、承租人林乙之國民身分證正本各一件。 土地及房屋租賃契約書影本一式三份。 授權書一件。 土地及房屋所有權狀及稅單影本各一件。	發還證件	件數	收受人蓋章

交付認證書	正本　貳　份	繕本　壹　份	譯本　　份	節本		份
中　　華　　民　　國			年	月		日

蓋用印信處	請求人爲法人或團體者，請將印信蓋於此處	請求人	王　　甲 趙　　丙 林　　乙	簽名蓋章

〈狀例2-226〉消費借貸契約認證請求書

認證請求書	標的：金（價）額新台幣　　　30萬　　　元 （如標的無財產上價值，請勿填寫）			
請 求 人 姓 名 或 名 稱	**身 分 證 明 文 件 名 稱 及 其 字 號**	**住 居 所 或 事 務 所**	**備　　考**	
貸 與 人　　王　甲	身分證 N○○	○○市○○路○○號		
借 用 人　　林　乙	身分證 F○○	○○市○○路○○號		
證人見證人通譯或已爲同意或允許之第三人姓名	見證人 趙　丙	身分證 N○○	○○市○○路○○號	
請求認證之文書名稱	請求人即貸與人王甲於民國○○年○月○日貸與借用人林乙新台幣30萬元，清償期限爲一年，自民國○○年○月○日起至○○年○月○日止，並按年息百分之16計算利息，經訂有消費借貸契約書一份，爰依公證法第2條附具所訂契約書影本一式三份，請求認證其影本與正本相符。			
證明文件	貸與人王甲及借用人林乙之國民身分證正本各一件。 消費借貸契約書影本一式三份。	發還證件	件數	收受人蓋章

交付認證書	正本　貳　份	繕本　壹　份	譯本　　份	節本		份

中　　華　　民　　國				年	月	日
蓋用印信處	請求人為法人或團體者，請將印信蓋於此處			請求人	王　甲 林　乙	簽名 蓋章

〈狀例2-227〉設定抵押權契約認證請求書

認證請求書		標的：金（價）額新台幣　　120萬　　元 （如標的無財產上價值，請勿填寫）			
請 求 人 姓 名 或 名 稱		身 分 證 明 文 件 名 稱 及 其 字 號	住 居 所 或 事 務 所	備　　考	
貸 與 人	王　甲	身分證 N○○	○○市○○路○○號		
借 用 人	林　乙	身分證 F○○	○○市○○路○○號		
證人見證人通譯或已為同意或允許之第三人姓名	見證人 楊　丙	身分證 N○○	○○市○○路○○號		
請求認證之文書名稱	請求人即貸與人王甲同意貸與借用人林乙新台幣120萬元，利息按年息百分之20計算，清償期限為兩年，自民國○○年○月○日起至○○年○月○日止，本利一併清償，借用人林乙願將其所有坐落於○○市○○區○○段○○號土地面積○○平方公尺，設定第一順位抵押權登記與貸與人王甲，作為前項債權之擔保，並經訂有抵押權設定書乙件，爰依公證法第2條附具所訂契約影本一式三份，請求認證。				
證明文件	貸與人王甲及借用人林乙之國民身分證正本各一件。 消費借貸契約書影本一件。 抵押權設定契約書影本一式三份。 土地所有權狀及稅單影本各一件。		發還證件	件數	收受人蓋章
交付認證書	正本　貳　份	繕本　壹　份	譯本　　份	節本	份
中　　華　　民　　國			年	月	日
蓋用印信處	請求人為法人或團體者，請將印信蓋於此處		請求人	王　甲 林　乙	簽名 蓋章

〈狀例2-228〉設定地上權契約認證請求書

認證請求書	標的：金（價）額新台幣　　　30萬　　　元 （如標的無財產上價值，請勿填寫）				
請求人姓名或名稱	身分證明文件 名稱及其字號	住居所或事務所			備　考
出　租　人　王　甲	身分證 N○○	○○市○○路○○號			
承　租　人　林　乙	身分證 F○○	○○市○○路○○號			
證人見證人 通譯或已爲 同意或允許 之第三人姓 名	無				
請求認證之 文書名稱	請求人即出租人，亦即土地所有權人王甲願將所有坐落於○○市○○區○○段○小段○○號基地面積○○平方公尺，出租與承租人林乙建築房屋，並經訂有設定地上權契約書一份，爰依公證法第2條附具所訂契約影本一式三份，請求認證。				
證明文件	出租人王甲及承租人林乙之國民身分證正本各一件。 地上權設定契約書影本一式三份。 土地所有權狀及稅單影本各一件。	發還證件	件數	收受人蓋章	
交付認證書	正本　貳　份	繕本　壹　份	譯本　　份	節本　　　份	
中　　華　　民　　國		年	月	日	
蓋用印信處	請求人爲法人或團體者，請將印信蓋於此處	請求人　王　甲 　　　　林　乙		簽名 蓋章	

〈狀例2-229〉授權書認證請求書

認證請求書	標的：金（價）額新台幣　　　30萬　　　元 （如標的無財產上價值，請勿填寫）				
請求人姓名或名稱	身分證明文件 名稱及其字號	住居所或事務所			備　考
委　任　人　王　甲	身分證 N○○	○○市○○路○○號			

承　租　人	林　乙	身分證 F○○	○○市○○路○○號	
證人見證人通譯或已爲同意或允許之第三人姓名	見證人 楊　丙	身分證 N○○	○○市○○路○○號	

請求認證之文書名稱	請求人即委任人王甲擬向○○電器股份有限公司購買冷氣機十台，經議定價款每台新台幣3萬元，茲因請求人因事近日須出國洽公，無法親自前往簽約，特授權林乙先生，代理請求人與○○電器股份有限公司簽訂買賣契約，並訂有授權書一份，爰依公證法第2條附具授權書一式三份，請求認證。			

證明文件	委任人王甲及受任人林乙之國民身分證正本各一件。 授權書正本一式三份。		發還證件	件數	收受人蓋章

交付認證書	正　本　　貳　份	繕本　壹　份	譯本　　　份	節本　　　　份

中　　華　　民　　國			年	月	日

蓋用印信處	請求人爲法人或團體者，請將印信蓋於此處	請求人	王　甲 林　乙	簽名 蓋章

〈狀例2-230〉離婚協議書認證請求書

認證請求書	標的：金（價）額新台幣　　　　　　　　元 （如標的無財產上價值，請勿填寫）			
請求人姓名或名稱	身分證明文件名稱及其字號	住居所或事務所	備　考
夫	王　甲	身分證 N○○	○○市○○路○○號	
妻	林　乙	身分證 F○○	○○市○○路○○號	
證人見證人通譯或已爲同意或允許之第三人姓名	證　人 楊　丙	身分證 N○○	○○市○○路○○號	
	趙　丁	身分證 F○○	○○市○○路○○號	

請求認證之文書名稱	請求人王甲與林乙於民國○○年○月○日經協議離婚，有楊丙與趙丁二位先生為證人，並立有離婚協議書一件，爰依公證法第2條附具離婚協議書一式三份，請求認證。					
證明文件	王甲、林乙及證人楊丙、趙丁之國民身分證正本各一件。 離婚協議書一式三份。			發還證件	件數	收受人蓋章

交付認證書	正本　貳　份	繕本　壹　份	譯本　　份	節本　　　份

中　　華　　民　　國　　　　　年　　　　月　　　　　日		
蓋用印信處	請求人為法人或團體者，請將印信蓋於此處	請求人　王　甲　　簽名 　　　　林　乙　　蓋章

〈狀例2-231〉出養同意書認證請求書

認證請求書	標的：金（價）額新台幣　　　　　　　　　元 （如標的無財產上價值，請勿填寫）			
請求人姓名或名稱		身分證明文件名稱及其字號	住居所或事務所	備考
立同意書人	林　乙	身分證 F○○	○○市○○路○○號	
	林　丙	身分證 G○○	○○市○○路○○號	
證人見證人通譯或已為同意或允許之第三人姓名	無			
請求認證之文書名稱	收養人王甲願意收養林丁為養子，業經商得其法定代理人即其生父林乙與生母林丙之同意，並訂有收養契約書乙件，爰依公證法第2條附具所訂出養同意書一式三份，請求認證。			
證明文件	收養人王甲、被收養人林丁及其法定代理人林乙、林丙之國民身分證正本各一件。 收養契約書影本一件。 出養同意書一式三份。	發還證件	件數	收受人蓋章

交付認證書	正本　貳　份	繕本　壹　份	譯本　　份	節本　　　份

中	華	民	國		年	月	日
蓋用印信處	請求人為法人或團體者，請將印信蓋於此處			請求人	林　乙 林　丙		簽名 蓋章

〈狀例2-232〉拋棄繼承認證請求書

認證請求書		標的：金（價）額新台幣　　　　　　　　元 （如標的無財產上價值，請勿填寫）			
請 求 人 姓 名 或 名 稱		身 分 證 明 文 件 名 稱 及 其 字 號	住 居 所 或 事 務 所	備　考
繼　承　人	王　甲	身分證 N○○	○○市○○路○○號	
繼　承　人	王　乙	身分證 N○○	同　　右	
繼　承　人	王　丙	身分證 N○○	同　　右	
證人見證人通譯或已為同意或允許之第三人姓名	見證人 趙　戊	身分證 N○○	○○市○○路○○號	
請求認證之文書名稱	請求人即繼承人王甲等之父，即被繼承人王丁不幸於民國○○年○月○日因病逝世，於大陸地區及台灣地區均遺有財產，因事出突然，家父未及立遺囑指示，即遽行去世，故無從獲悉，今請求人王甲、王乙、王丙均已立業，略有積蓄，自願全部拋棄繼承權，立有繼承權拋棄書一件，爰依公證法第2條附具繼承權拋棄書影本一式五份，請求認證。				

證明文件	王甲、王乙、王丙之國民身分證正本各一件。 繼承權拋棄書影本一式五份。	發還證件	件數	收受人蓋章

交付認證書	正本　貳　份	繕本　壹　份	譯本　　份	節本		份
中　　華　　民　　國				年　　月　　日		
蓋用印信處	請求人為法人或團體者，請將印信蓋於此處		請求人	王　甲 王　乙 王　丙		簽名 蓋章

第二節　提存之相關書狀

▶提存之聲請

◇聲請提存應作成提存書一式二份，連同提存物一併提交提存物保管機構；如係清償提存，並應附具提存通知書。（提存8）

◇提存書應記載下列事項：

　一　提存人為自然人者，其姓名、住所或居所及國民身分證號碼；無國民身分證號碼者，應記載其他足資辨別身分之證件號碼或特徵。提存人為法人、其他團體或機關者，其名稱及公務所、事務所或營業所並統一編號；無統一編號者，宜記載其他足資辨別之事項。

　二　有代理人者，其姓名、住所或居所。

　三　提存物為金錢者，其金額；為有價證券者，其種類、標記、號數、張數、面額；為其他動產者，其物品之名稱、種類、品質及數量。

　四　提存之原因事實。

　五　清償提存者，應記載提存物受取權人之姓名、名稱及住、居所或公務所、事務所、營業所，或不能確知受取權人之事由。其受取提存物如應為對待給付，或附有一定要件者，並應記載其對待給付之標的或所附之要件。

　六　擔保提存者，應記載命供擔保法院之名稱及案號。

　七　提存所之名稱。

　八　聲請提存之日期。

提存書宜記載代理人、受取權人之國民身分證號碼、統一編號、電話號碼或其他足資辨別之特徵。

擔保提存應附具法院裁判書正本或影本。

提存書類之格式及其記載方法，由司法院定之。（提存9）

◇繳納提存費：

　一　擔保提存費，每件徵收新台幣500元。

　二　清償提存費，提存金額或價額在新台幣1萬元以下者，徵收新台幣100元；逾1萬元至10萬元者，徵收新台幣500元；逾10萬元者，徵收新台幣1,000元。但執行法院依強制執行法、管理人依破產法或消費者債務清理條例規定辦理提存，免徵提存費。（提存28）

◎撰狀說明

㈠聲請提存須購「提存書」一式二份（兩張），依式逐項填明（請複寫或打字，以免不符），並簽名或蓋章（所填提存人姓名住址，須與國民身分證相符）。

㈡清償提存，須附具提存通知書一式二份（兩張），提存物受取人每增一人，應增一份（一張）。

㈢擔保提存，須檢附法院裁判書正本或影本一份，如以抄本或節本代替者，應由提存人簽名或蓋章，證明與原本無誤。

㈣前述各項辦妥後，聲請人應填具提存費繳款書一式六份，逕向該管法院所在地代理國庫之銀行，繳納提存費。

㈤提存現金者，應由提存人填具國庫存款收款書一式六聯後，將提存物連同提存書及前項繳款書等一併提交當地代理國庫之銀行，並索取提存物收取收據存執。

㈥提存有價證券或貴重物品者，應由提存人填具國庫保管品申請書一份後，將提存物連同提存書及第四項之繳款書一併提交當地代理國庫之銀行，並索取提存物收取收據存執。

㈦提存其他動產者，提存人應將提存書報請法院提存所指定提存物保管處所。如係清償提存，同時繳納提存費，俟提存所指定保管處所並將提存書交還後，再向指定之處所提交提存書類及提存物並取收據存執。

㈧代理國庫之銀行或指定之提存物保管處所收受提存書，不另給收據。

㈨提存物預繳保管費者，由提存人逕向保管機構繳納，並取收據存執。

㈩聲請人提交提存物後三日內，未獲法院提存所通知時，得向該管提存所查詢原因。

㈪提存物保管機構收清提存物後，應即將提存書連同應交該管法院之聯單，一併交該法院提存所。

〈狀例2-233〉擔保提存提存書

提　　存　　書			年度存字　　第　　　號	
提存物受取人姓名或名稱		住　　所或事　務　所		不知受取人者其事由
提存原因及事實	假扣押供擔保			
提存物之名稱種類數量（有價證券應記載號碼）	新台幣10萬元			

對待給付之標的及其他受取提存物所附之條件	無				
證　明　文　件	鈞院○○年度○字第○○號假扣押裁定影本一件。				
提　存　所　名　稱	台灣○○地方法院提存所	聲請提存日期	中華民國○○年○○月○○日		
提存人姓名或名稱	王　甲　　（簽名或蓋章）	住所或事務所	○○市○○路○○號		
提存物保管機構名稱及地址		保管機構收受日期	中　華　民　國年　　月　　日	保管機構收受證明	
提存所處理結果					
中　　華　　民　　國		年		月	日

台灣 ○○地方法院提存所
主任

〈狀例2-234〉清償提存提存書

提　　存　　書				年度存字　　第　　　號	
提存物受取人姓名或名稱	林　乙	住所或事務所	○○市○○路○○號	不知受取人者其事由	
提存原因及事實	提存人於○○年○月○日向受取人租用土地使用，訂明每個月租金爲新台幣1萬元，自○○年○月○日起至○○年○月○日止，共三個月租金計新台幣3萬元，未見受取人前來收取，且拒不收受不得已而提存。				
提存物之名稱種類數量（有價證券應記載號碼）	新台幣3萬元				
對待給付之標的及其他受取提存物所附之條件	無				
證　明　文　件	租賃契約及催告書各一件。				
提　存　所　名　稱	台灣○○地方法院提存所	聲請提存日期	中華民國○○年○○月○○日		

提 存 人 姓 名 或 名 稱	王　甲　（簽名或蓋章）		住所或 事務所	○○市○○路○○號	
提存物保管機 構名稱及地址		保管 機 構 收 受 日 期	中　華　民　國 年　　　月　　　日	保管 機 構 收 受 證 明	
提存所處理結果					
中　　　華　　　民　　　國　　　　　年　　　　　　月　　　　　　日					
台灣 ○○地方法院提存所 主任					

〈狀例2-235〉清償提存通知書

提　存　通　知　書			年度存字　第　　　號		
提 存 物 受 取 人 姓 名 或 名 稱	林　乙	住　所 或 事 務 所	○○市○○路 ○○號	不知受 取人者 其 事 由	
提 存 原 因 及 事 實	提存人於○○年○月○日向受取人租用土地使用，訂明每個月租金 爲新台幣1萬元，自○○年○月○日至○○年○月○日止，共三個 月租金計新台幣3萬元，未見受取人前來收取，且拒不收受不得已 而提存。				
提存物之名稱種 類數量（有價證 券應記載號碼）	新台幣3萬元				
對待給付之標的 及其他受取提存 物所附之條件	無				
證　明　文　件	租賃契約及催告書各一件。				
提 存 所 名 稱	台灣○○地方法院提存所	聲請提 存日期	中華民國○○年○○月○○日		
提 存 人 姓 名 或 名 稱	王　甲　（簽名或蓋章）	住所或 事務所	○○市○○路○○號		

▶提存物之取回

◇清償提存之提存人於提存後，有下列情形之一者，得聲請該管法院提存所返還提存物：

　　一　提存出於錯誤。

　　二　提存之原因已消滅。

　　三　受取權人同意返還。

　前項聲請，應自提存之翌日起十年內為之，逾期其提存物歸屬國庫。（提存17）

◇擔保提存之提存人於提存後，有下列情形之一者，得聲請該管法院提存所返還提存物：

　　一　假執行之本案判決已全部勝訴確定。

　　二　因免為假執行而預供擔保或將請求標的物提存，其假執行之宣告全部失其效力。

　　三　假扣押、假處分、假執行經裁判後未聲請執行，或於執行程序實施前撤回執行之聲請。

　　四　因免為假扣押、假處分、假執行預供擔保，而有前款情形。

　　五　假扣押、假處分所保全之請求，其本案訴訟已獲全部勝訴判決確定；其請求取得與確定判決有同一效力者，亦同。

　　六　假執行、假扣押或假處分所保全之請求，其本案訴訟經和解或調解成立，受擔保利益人負部分給付義務而對提存物之權利聲明不予保留。

　　七　依法令提供擔保停止強制執行，其本案訴訟已獲全部勝訴判決確定。

　　八　受擔保利益人於法官或提存所主任前表明同意返還，經記明筆錄。

　　九　提存出於錯誤或依其他法律之規定，經法院裁定返還確定。

　前項聲請，應於供擔保原因消滅之翌日起十年內為之；逾期其提存物歸屬國庫。（提存18）

◎撰狀說明

㈠請求取回提存物，須購「取回提存物聲請書」一式二份（兩張），依式填明，所填各項，須與原提存書所載者相符，並為與提存時同式之簽名或加蓋提存時所用印章。

㈡聲請取回者，如為因判決或裁定而提供之擔保金，須具有提存法第18條第1項規定各款情形之一者，始可檢同提存書及有關證明文件聲請發還。

㈢聲請人接到法院提存所發還通知，即可攜帶國民身分證、原印章及本聲請書，向

該法院出納室領取國庫存款收款書代存單或保管品寄存證，持向當地代理國庫之銀行或指定之提存物保管處所領取。

㈣領取人得將國庫存款收款書代存單請求代理國庫銀行將應領款項，轉存於其設於該銀行之帳戶。

㈤提存物保管機構請求交付保管費用者，領取人應於領取時付清，以免提存物之全部或一部為其留置。

㈥取回提存物請求書一份存提存所附卷，一份交付請求人以代通知。

〈狀例2-236〉擔保提存之取回提存物聲請書

取　回　提　存　物　請　求　書		年度取字　第　　　號	
請求人姓名或名稱	簽名或蓋章	國民身分證統一號碼	住居所或事務所
王　甲	印	N○○○○○○○○○	○○市○○路○○號
取 回 提 存 物之 原 因 及 事 實	假扣押所保全之請求其本案訴訟已獲全部勝訴判決確定，應供擔保之原因已消滅。		
取 回 物 之 名稱 種 類 數 量	新台幣10萬元		
證 明 文 件	鈞院○○年度○字第○○號民事判決及確定證明書、○○年度○字第○○號提存書提存繳款書收據各一件。		
請 求 日 期	中華民國　○○　年　○○　月　○○　日		
提 存 所 名 稱	台灣○○地方法院提存所		
提 存 所 處 理 結 果			
中　　　華　　　民　　　國　　　　　年　　　　　月　　　　　日			

台灣○○地方法院提存所
主任

〈狀例2-237〉清償提存之取回提存物聲請書

取　回　提　存　物　請　求　書		年度取字　第　　　號	
請求人姓名或名稱	簽名或蓋章	國民身分證統一號碼	住居所或事務所

王　甲	印	N○○○○○○○○○	○○市○○路○○號
取 回 提 存 物 之 原 因 及 事 實	請求人即提存人於○○年○月○日向　鈞院提存所提存之三個月租金計新台幣3萬元，業經受取權人同意返還。		
取 回 物 之 名 稱 種 類 數 量	新台幣3萬元		
證 明 文 件	○○年度○字第○○號提存書提存繳款書收據各一件。 受取權人林乙之同意取回書一件。		
請 求 日 期	中華民國　○○　年　○○　月　○○　日		
提 存 所 名 稱	台灣○○地方法院提存所		
提 存 所 處 理 結 果			
中　　華　　民　　國　　　　　　年　　　　　　月　　　　　　日			

台灣○○地方法院提存所
主任

▶提存物之領取

◇清償提存之提存物受取人如應為對待給付時，非有提存人之受領證書、裁判書、公證書或其他文件，證明其已經給付或免除其給付或已提出相當擔保者，不得受取提存物。受取權人領取提存物應具備其他要件時，非證明其要件已具備者，亦同。（提存21）

◇提存人委任代理人取回提存物者，前項委任書，應加蓋提存人於提存時使用之同一印章。必要時，提存所得命提出提存人之國民身分證或其他足以證明身分真正之文件。（提存施32II）

◇受取權人委任代理人領取提存物者，第一項之委任書，應附具受取權人之國民身分證或其他相類身分證明文件，並另附具第二身分證明文件（按：如健保卡）。提存物之金額或價額逾新臺幣一百萬元者，其委任行為或委任書並應經公證人公證或認證。（提存施32III）

◎撰狀說明

㈠聲請領取提存物，須購領取提存物聲請書一式二份（兩張），依式填明，連同原領取提存物權利之證明文件提出於原受理提存之提存所。

㈡聲請人接到法院提存所准許領取通知，即可攜帶國民身分證及印章，向該法院出

納室領取國庫存款收款書代存單或保管品寄存證，持向當地代理國庫之銀行或指定之提存物保管處所領取。

㈢領取人得將國庫存款收款書代存單請求代理國庫銀行將應領款項，轉存於其設於該銀行之帳戶。

㈣提存物保管機構請求交付保管費用者，領取人應於領取時付清，以免提存物全部或一部為其留置。

㈤領取提存物聲請書一份存提存所附卷，一份交聲請人以代通知。

〈狀例2-238〉清償提存領取提存物聲請書

領 取 提 存 物 請 求 書	年度取字　　第　　　號		
請求人姓名或名稱	簽名或蓋章	國民身分證統一號碼	住 居 所 或 事 務 所
林 乙	印	N○○○○○○○○○	○○市○○路○○號
取 回 提 存 物 之 原 因 及 事 實	請求人即出租人於○○年○月○日出租土地與承租人即提存人使用，訂明每個月租金新台幣1萬元，自○○年○月○日起至○○年○月○日止，共三個月計租金新台幣3萬元經提存人提存，經奉　鈞院提存所准許領取通知在案。		
取 回 物 之 名 稱 種 類 數 量	新台幣3萬元		
證 明 文 件	○○年度○字第○○號領取提存物通知書。		
請 求 日 期	中華民國　　○○　年　○○　月　○○　日		
提 存 所 名 稱	台灣○○地方法院提存所		
提 存 所 處 理 結 果			
中　　華　　民　　國　　　　　年　　　　月　　　　日			
台灣○○地方法院提存所 主任			

▶對於提存所處分之聲明異議

◇關係人對於提存所之處分，得於處分通知書送達關係人翌日起十日之不變期間內，提出異議。

提存所認前項為異議有理由時，應於十日內變更原處分，並將通知書送達關係

人：認爲異議無理由時，應於十日內添具意見書，送請法院裁定之。（提存24）

◎撰狀説明

㈠聲明異議須注意於提存所處分通知書送達翌日起十日內爲之。

㈡異議人或當事人對於法院之裁定，得爲抗告，但不得再抗告。

〈狀例2-239〉對於提存所處分之聲明異議狀

民事　聲明異議　狀		案　　　　號	年度　　字第　　號	承辦股別	
		訴訟標的金額或價額	新台幣　萬　千　百　十　元　角		
稱　　　　謂	姓　名　或　名　稱身分證統一編號或營利事業統一編號	住居所或營業所、郵遞區號及電話號碼電子郵件位址		送達代收人姓名、住址、郵遞區號及電話號碼	
聲　明　人即　債　務　人	林　乙				
爲對提存所之處分事： 　　　緣　鈞院○○年度○字第○○號聲明人與債權人王甲因借款事件，經債權人王甲於○○年○月○日提供擔保新台幣（以下同）10萬元聲請假執行在卷，本件訴訟雖經台灣高等法院判決聲明人敗訴，惟因上訴期間並未屆滿（證物一），聲明人仍得聲明上訴。詎料　鈞院提存所以至今未見聲明人聲明上訴，即遽將該供擔保之10萬元發還予債權人王甲（證物二），影響聲明人之權益甚鉅，爲此爰依提存法第24條之規定，狀請 　　　鈞院鑒核，賜裁定命提存所更爲相當之處分，而保權益。 　　　　　　謹狀 台灣高等法院○○分院　公鑒					
證　物　名　稱及　　件　　數	證物一：台灣高等法院判決書影本及掛號函件收據影本一件。證物二：提存所處分通知書影本一件。				
中　　　華　　　民　　　國　　　　年　　　　月　　　　日					
		具狀人　林　乙	簽名蓋章		

第五章　非訟事件法相關書狀

▶法人監督及維護之聲請

◇主管機關、檢察官或利害關係人依民法第36條或第58條規定，聲請法院宣告解散法人時，應附具應爲解散之法定事由文件；由利害關係人聲請者，並應釋明其利害關係。（非訟60）

◇主管機關或檢察官依下列規定爲聲請時，應附具法定事由之文件；其他聲請人爲聲請時，並應附具資格之證明文件：

一　民法第38條之聲請選任清算人。

二　民法第62條之聲請法院爲必要處分。

三　民法第63條之聲請變更財團組織。

主管機關依民法第33條第2項規定，請求法院解除法人董事或監察人職務時，應附具法定事由之文件。

社團之社員依民法第51條第3項規定，請求法院爲召集總會之許可時，應附具法定事由及資格證明之文件。（非訟61）

◇法人之董事一人、數人或全體不能或怠於行使職權，或對於法人之事務有自身利害關係，致法人有受損害之虞時，法院因主管機關、檢察官或利害關係人之聲請，得選任臨時董事代行其職權。但不得爲不利於法人之行爲。

法院爲前項裁定前，得徵詢主管機關、檢察官或利害關係人之意見。

法院得按代行事務性質、繁簡、法人財務狀況及其他情形，命法人酌給第1項臨時董事相當報酬；其數額由法院徵詢主管機關、檢察官或利害關係人意見後定之。（非訟64）

◇法院依民法第33條第2項解除董事或監察人職務、第36條或第58條宣告法人解散、第38條選任清算人、第39條解除清算人職務、第63條變更財團組織及依前條選任臨時董事者，應囑託登記處登記。（非訟65）

◇財團法人有下列情形之一者，主管機關得予糾正，並命其限期改善；屆期不改善者，主管機關得廢止其許可：

一　違反設立許可條件。

二　違反本法、本法授權訂定之法規命令、捐助章程或遺囑。

三　管理、運作方式與設立目的不符。

四　辦理業務不善或財務狀況顯著惡化，已不足以達成其設立目的。（財團法人法30）

◇財團法人解散後，除因合併或破產而解散外，應即進行清算。

　　前項清算程序，適用民法之規定；民法未規定者，準用股份有限公司清算之規定。

　　解散之財團法人在清算之必要範圍內，視爲存續。（財團法人法31）

◇財團法人經主管機關撤銷或廢止許可者，準用前條規定。

　　主管機關撤銷或廢止財團法人許可者，應通知登記之法院爲解散登記。（財團法人法32）

◎撰狀說明

㈠依非訟事件法第59條之規定：民法第33條第2項之請求解除董事或監察人職務事件、第36條之請求宣告解散事件、第38條、第39條及第42條之有關法人清算事件、第51條第3項之許可召集總會事件、第58條之聲請解散事件、第62條之聲請必要處分事件及第63條之聲請變更組織事件，均由法人主事務所所在地之法院管轄。

㈡利害關係人爲法人監督及維護之聲請時，如爲債權人，應提出債權憑證，如爲社員或股東，則應提出社員或股東名冊，以資證明。

〈狀例2-240〉請求宣告解散財團法人之聲請狀

民事　聲請　狀		案　　　　號	年度　　字第　　號	承辦股別	
		訴訟標的的金額或價額	新台幣　萬　千　百　十　元　角		
稱　　　　謂	姓　名　或　名　稱身分證統一編號或營利事業統一編號	住居所或營業所、郵遞區號及電話號碼電子郵件位址		送達代收人姓名、住址、郵遞區號及電話號碼	
聲　請　人相　對　人法定代理人	王　甲財團法人○○基金會林　乙	住○○市○○路○○號設○○市○○路○○號住同右			

為請求宣告解散財團法人，依法提出聲請事：

　　緣財團法人○○基金會設立於民國○○年○月○日，原以研究國事、評論時事爲其宗旨（證物一）。詎料自民國○○年○月○日該基金會董事長林乙接任以來，卻有意變更該基金會之宗旨，經常刊登猥褻文字圖畫，以招攬生意，增加該會所發行之雜誌的銷路，顯係違背法律且觸犯刑法第235條之妨害風化罪，業經○○市政府警察局取締有案（證物二）。復核與聲請人捐助財產之意旨不符，且影響聲請人之名譽與地位，爲此爰依民法第36條及非訟事件法第60條之規定附具解散之法定事由文件，狀請

鈞院鑒核，准予宣告解散財團法人○○基金會，以資清理結束，而符法紀。
　　　　　謹狀
台灣○○地方法院民事庭　公鑒

證 物 名 稱 及 　 件 　 數	證物一：財團法人○○基金會捐助章程影本一份。 證物二：警察局證明書影本一份。

中	華	民	國	年	月	日

　　　　　　　　　　具狀人　　王　甲　　簽名
蓋章

〈狀例2-241〉請求許可召集社團總會之聲請狀

民事　聲請　狀		案　　　號	年度　　字第　　號	承辦 股別	
		訴訟標的 金額或價額	新台幣　萬　千　百　十　元　角		
稱　　　謂	姓 名 或 名 稱 身 分 證 統 一 編 號 或 營 利 事 業 統 一 編 號	住居所或營業所、郵遞區號 及電話號碼電子郵件位址		送 達 代 收 人 姓 名、住址、郵遞 區號及電話號碼	
聲　請　人 即　社　員	王　甲 林　乙 趙　丙	住○○市○○路○○號 住○○市○○路○○號 住○○市○○路○○號			
相　對　人 法定代理人	社團法人○○旅行社 楊　丁	設○○市○○路○○號 住同右			

為請求許可召集社團總會，依法提出聲請事：

　　緣聲請人等占社團法人○○旅行社全體社員10分之1以上（證物一），經於民國○○年○月○日表明會議之目的及召集總會之事由，請求理事長召集社團總會（證物二）。但理事長於受請求後，迄今已逾月餘，仍不為召集，顯係違反民法第51條第2項之規定，為此爰依同條第3項及非訟事件法第61條第3項之規定，附具資格證明及法定事由之文件，狀請

　　鈞院鑒核，迅賜准許聲請人等召集社團總會，以資救濟，而符法紀。
　　　　　謹狀
台灣○○地方法院民事庭　公鑒

| 證物名稱及件數 | 證物一：社員名冊影本一份。
證物二：請求召集會議之目的及事由、郵局存證信函影本各一份。 |

| 中 | 華 | 民 | 國 | 年 | 月 | 日 |

具狀人　王　甲　　簽名
　　　　林　乙　　蓋章
　　　　趙　丙

〈狀例2-242〉請求選任清算人聲請狀

民事　聲請　狀	案　　號	年度　　字第　　號	承辦股別	
	訴訟標的金額或價額	新台幣　萬　千　百　十　元　角		
稱　　謂	姓名或名稱身分證統一編號或營利事業統一編號	住居所或營業所、郵遞區號及電話號碼電子郵件位址	送達代收人姓名、住址、郵遞區號及電話號碼	
聲請人即債權人	王　甲			

為請求選任清算人，依法提出聲請事：

　　緣財團法人○○基金會，業經　鈞院以○○年度○字第○○號裁定宣告解散在案（證物一）。但該財團法人無法依民法第37條之規定，定其清算人，以致聲請人之債權無法行使，茲有債權證明書乙紙可稽（證物二），有損債權之虞，為此爰依民法第38條、財團法人法第31條第2項及非訟事件法第61條第1項第1款規定，附具資格證明及法定事由之文件，狀請

　　鈞院鑒核，迅賜裁定准予選任清算人，而保權益。

　　　　謹狀

台灣○○地方法院民事庭　公鑒

| 證物名稱及件數 | 證物一：宣告解散之裁定影本一份。
證物二：債權證明書影本一份。 |

| 中 | 華 | 民 | 國 | 年 | 月 | 日 |

具狀人　王　甲　　簽名
　　　　　　　　　蓋章

▶意思表示公示送達之聲請

◇民法第97條之聲請公示送達事件，不知相對人之姓名時，由表意人住所地之法院管轄；不知相對人之居所者，由相對人最後住所地之法院管轄。（非訟66）

◎撰狀說明

㈠依民法第97條規定，表意人非因自己之過失，不知相對人之姓名、居所者，得依民事訴訟法公示送達之規定，以公示送達為意思表示之通知。

㈡公示送達，自將公告或通知書黏貼公告處之日起，公告於法院網站者，自公告之日起，其登載公報或新聞紙者，自最後登載之日起，經二十日發生效力；就應於外國為送達而為公示送達者，經六十日發生效力。但第150條之公示送達，自黏貼公告處之翌日起，發生效力。（民事訴訟法152）

〈狀例2-243〉民事公示送達聲請狀

民事 公示送達聲請 狀		案　　　號	年度　　字第　　號		承辦股別	
		訴訟標的金額或價額	新台幣　萬　千　百　十　元　角			
稱　　　　謂	姓 名 或 名 稱身分證統一編號或營利事業統一編號	住居所或營業所、郵遞區號及電話號碼電子郵件位址		送達代收人姓名、住址、郵遞區號及電話號碼		
聲　請　人相　對　人	陳○○王○○					

為聲請公示送達事：

　　聲請事項

一、請准將聲請人於民國○○年○月○日對相對人所發如附件一所示之○○郵局第○○號存證信函所示意思表示之通知為公示送達。

二、聲請費用由相對人負擔。

　　事實及理由

一、按表意人非因自己之過失不知相對人居所者，得依民事訴訟法公示送達之規定，以公示送達為意思表示之通知，民法第97條定有明文。

二、相對人於民國○○年○月○日向聲請人承租門牌號碼為○○縣○○市○○路○○號○○樓之建物（聲證一），雙方租賃契約書約定相對人應於租期屆滿時將租賃房屋遷空交還聲請人。詎料，相對人於租期屆滿搬離後，竟仍將老舊機器等雜物堆置於租賃房屋內，且未將戶籍地址遷離前揭住處（聲證二）。

三、聲請人曾於民國○○年○月○日向相對人之戶籍地址寄發存證信函催告相對人清理前揭物品（附件一），惟無法送達（附件二），足證本件相對人應受送達處所不明。爲此爰依民事訴訟法第149條第1項第1款規定，聲請准將聲請人於○○年○月○日對相對人所發如附件一所示之○○郵局第○○號存證信函所示意思表示之通知爲公示送達。

　　　　　　　　　　謹狀
台灣○○地方法院民事庭　公鑒

證　物　名　稱 及　　　　件　　　　數	附件一：存證信函一件。 附件二：退回郵件及回執一件。 聲證一：建物謄本暨房屋租賃契約書影本各一份。 聲證二：相對人戶籍謄本影本一份。

中	華	民	國	年	月	日

　　　　　　　　　具狀人　陳○○　　　簽名
　　　　　　　　　　　　　　　　　　　蓋章

▶出版事件之聲請

◇民法第518條第2項所定聲請再出新版事件，由出版人營業所所在地或住所地法院管轄。（非訟67）

◇民法第527條第2項所定許可繼續出版契約關係之聲請，得由出版權授與人或其繼承人、法定代理人或出版人爲之。

前項聲請事件，由出版人營業所所在地或住所地之法院管轄。（非訟68）

◎撰狀說明

　　依民法第518條之規定，版數未約定者，出版人僅得出一版。出版人依約得出數版或永遠出版者，如於前版之出版物賣完後，怠於新版之重製時，出版權授與人得聲請法院令出版人於一定期限內，再出新版。逾期不遵行者，喪失其出版權。再依同法第527條第2項規定，著作未完成前，如著作人死亡，或喪失能力，或非因其過失致不能完成其著作者，如出版契約關係之全部或一部之繼續，爲可能且公平者，法院得許其繼續，並命爲必要之處置。

〈狀例2-244〉**請求命出版人再出新版之聲請狀**

民事　聲請　狀		案　　　　號	年度　　字第　　號	承辦股別	
		訴訟標的金額或價額	新台幣　萬　千　百　十　元　角		
稱　　　　謂	姓　名　或　名　稱身分證統一編號或營利事業統一編號	住居所或營業所、郵遞區號及電話號碼電子郵件位址		送達代收人姓名、住址、郵遞區號及電話號碼	
聲　請　人相　對　人	王　甲林　乙				

爲請求出版人再出新版，依法提出聲請事：

　　緣聲請人於民國○○年○月○日將所著《公司法釋義》乙書之版權授與相對人印刷出版，並約定相對人須負責出三版，茲有出版合約書乙份可稽（見證物一）。詎料相對人於該書初版賣完後，藉詞拖延，遲不爲新版之印刷，致使許多讀者欲購而無書，迭經催促再出新版，均置若罔聞。按「出版人依約得出數版……者，如於前版之出版物賣完後，怠於新版之重製時，出版權授與人得聲請法院令出版人於一定期限內，再出新版。逾期不遵行者，喪失其出版權。」民法第518條第2項定有明文，爲此爰具狀聲請

　　鈞院鑒核，准予裁定令相對人於一定期限內，再出新版。逾期不遵行時，喪失其出版權，以維權利。

　　　　　　謹狀

台灣○○地方法院民事庭　公鑒

證物名稱及件數	證物一：出版合約書影本一份。

中　　華　　民　　國　　　　年　　　月　　　日		
	具狀人　　王　甲	簽名蓋章

〈狀例2-245〉出版關係繼續之聲請狀

民事 聲請狀	案　　　號	年度　　字第　　號	承辦股別	
	訴訟標的金額或價額	新台幣　萬　千　百　十　元　角		
稱　　　謂	姓　名　或　名　稱身分證統一編號或營利事業統一編號	住居所或營業所、郵遞區號及電話號碼電子郵件位址	送達代收人姓名、住址、郵遞區號及電話號碼	
聲　請　人相　對　人	王　甲林　乙			

為請求容許出版關係繼續，依法提出聲請事：

　　緣聲請人為《公司法釋義》乙書出版權授與人王丙之繼承人，王丙前與相對人約定，將其所著《公司法釋義》（上、下冊）乙書授權與相對人印刷出版，茲有出版合約書可稽（見證物一）。詎料該書下冊未經完成，王丙即遭車禍，不幸身亡，以致不能完成全部著作。惟上冊部分業經完成，且已交付相對人印刷出版。按該書上、下冊本分別獨立，故僅以上冊出書，非但可能出版暢銷，且其所定酬金亦甚公平，當經將完成部分原稿交付與相對人日久，迄未見有印刷出書之情事，為此爰依民法第527條第2項及非訟事件法第68條之規定，狀請

　　鈞院鑒核，迅賜裁定命相對人速將《公司法釋義》上冊出版，其出版契約關係之一部並准予繼續，而維權益。

　　　　　　　謹狀

台灣○○地方法院民事庭　公鑒

證物名稱及件數	證物一：出版合約書影本一份。

中　　華　　民　　國　　　　年　　　　月　　　　日
具狀人　王　甲　　簽名蓋章

▶證書保存事件之聲請

　◇民法第826條第2項所定證書保存人之指定事件，由共有物分割地之法院管轄。
　　法院於裁定前，應訊問共有人。
　　指定事件之程序費用，由分割人共同負擔之。（非訟70）

◎撰狀說明

㈠本件由共有物分割地之法院管轄，於所有權以外之財產權，由數人共有或公同共有者亦同。（非訟事件法第71條參照）

㈡依民法第826條第2項之規定，共有物之證書，應歸取得最大部分之人保存之，若各分割人所取得之部分，彼此相同，無最大部分者，由分割人協議定之，不能協議決定者，得聲請法院指定保存證書人。

〈狀例2-246〉指定證書保存人聲請狀

民事　聲請　狀		案　　　號	年度　　字第　　號	承辦股別
		訴訟標的金額或價額	新台幣　萬　千　百　十　元　角	
稱　　　　謂	姓　名　或　名　稱身分證統一編號或營利事業統一編號	住居所或營業所、郵遞區號及電話號碼電子郵件位址		送達代收人姓名、住址、郵遞區號及電話號碼
聲　請　人相　對　人	王　甲王　乙			

為請求指定證書保存人，依法提出聲請事：

　　聲請之事項

一、請准予指定聲請人為本件共有物之證書保存人。

二、聲請費用由相對人負擔。

　　原因及事實

　　緣聲請人與相對人於民國○○年○月○日共同繼承王丙（即聲請人與相對人之父）所有坐落於○○市○○段○小段○○號建地及其地上本國式鋼筋混凝土造三層樓房乙棟，各有持分2分之1，並經分割完畢（見證物一）。惟嗣因相對人全家移民巴西，而該建地及房屋之所有權狀等均由相對人保管，現相對人既移居巴西，保管該所有權狀及繳納地稅房捐亦諸多不便，但又不允將共有物之證書交與聲請人保管，按「共有物分割後，關於共有物之證書，歸取得最大部分之人保存之，無取得最大部分者，由分割人協議定之，不能協議決定者，得聲請法院指定之」，民法第826條第2項定有明文。今既無法達成協議，爰依法狀請

　　鈞院鑒核，賜裁定准予指定聲請人保存，以維權益。

　　　　　謹狀

台灣○○地方法院民事庭　公鑒

證 物 名 稱 及 件 數	證物一：土地及建物謄本各一本。

中　　華　　民　　國　　　　年　　　　月　　　　日
具狀人　王　甲　　簽名 蓋章

▶拍賣事件之聲請

◇民法所定抵押權人、質權人、留置權人及依其他法律所定擔保物權人聲請拍賣擔保物事件，由拍賣物所在地之法院管轄。（非訟72）

◎撰狀說明

依司法院院字第980號解釋，質權人依法得逕行拍賣質物，在拍賣法未公布施行前，自可依照債編施行法第28條規定辦理，即應由變賣地法院之公證人、警察機關、商業團體或自治機關證明之。

〈狀例2-247〉拍賣抵押物聲請狀

民事　聲請　狀		案　　　號	年度　　字第　　號	承辦 股別	
		訴訟標的 金額或價額	新台幣　　萬　千　百　十　元　角		
稱　　　謂	姓 名 或 名 稱 身 分 證 統 一 編 號 或 營 利 事 業 統 一 編 號	住居所或營業所、郵遞區號 及電話號碼電子郵件位址		送 達 代 收 人 姓 名、住址、郵遞 區號及電話號碼	
聲 請 人 即 債 權 人	王　甲				
相 對 人 即 債 務 人	林　乙				
為請求拍賣抵押物，依法提出聲請事：					
聲請之事項					
一、相對人所有坐落於○○市○○段○小段○○號之土地，及其上建物即門牌號碼 ○○市○○路○○號本國式加強磚造二層樓房乙棟，准予拍賣。					
二、程序費用由相對人負擔。					
原因及事實					

　　　緣相對人林乙於民國〇〇年〇月〇日向聲請人借用新台幣200萬元，約定清償期為〇〇年〇月〇日，並按年息百分之5計算利息，且以相對人所有坐落於〇〇市〇〇段〇小段〇〇號之土地，及其上建物即門牌號碼〇〇市〇〇路〇〇號本國式加強磚造之二層樓房乙棟設定抵押權，作為債權之擔保（見證物一）。詎屆至清償期，相對人迄未依約償還，迭經催討，亦均置若罔聞（見證物二），爰依民法第873條之規定，狀請

　　　鈞院鑒核，賜裁定准予拍賣抵押物，以資受償，而保權益。
　　　　　　謹狀

台灣〇〇地方法院民事庭　公鑒

證　物　名　稱 及　　件　　數	證物一：債權證明書、他項權利證明書、抵押權設立契約書、土地、建築改良物權利證明書影本各一份。 證物二：郵局存證信函一份。

中	華	民	國	年	月	日
			具狀人　　王　甲　　 		簽名 蓋章	

〈狀例2-248〉**拍賣質物聲請狀**

民　事　　聲　請　　狀		案　　　號	年度　　字第　　號	承辦 股別	
		訴訟標的 金額或價額	新台幣　萬　千　百　十　元　角		
稱　　　　謂	姓　名　或　名　稱 身分證統一編號或 營利事業統一編號	住居所或營業所、郵遞區號 及電話號碼電子郵件位址		送達代收人姓 名、住址、郵遞 區號及電話號碼	
聲　請　人 即債權人	王　甲				
相　對　人 即債務人	林　乙				
為請求拍賣質物，依法提出聲請事：					
聲請之事項					
一、相對人所有如附表所示之動產准予拍賣。					

二、程序費用由相對人負擔。

　　原因及事實

　　緣相對人林乙於民國○○年○月○日向聲請人借用新台幣23萬元,約定清償期為○○年○月○日,並以附表所示之動產為擔保,設定質權交付聲請人在案(證物一)。詎屆清償期,相對人竟藉詞拖延,拒不清償(證物二)。按「質權人於債權已屆清償期,而未受清償者,得拍賣質物,就其賣得價金而受清償」,民法第893條第1項定有明文,為此爰具狀聲請

　　鈞院鑒核,迅賜裁定准予拍賣質物,以資受償,而保債權。

　　　　謹狀

台灣○○地方法院民事庭　公鑒

證　物　名　稱 及　　件　　數	證物一:借據、質權設定契約書及附表影本各一件。 證物二:郵局存證信函一份。

中	華	民	國	年	月	日

　　　　　　具狀人　　王　甲　　簽名
蓋章

▶信託事件之聲請

◇信託法第16條所定聲請變更信託財產管理方法事件、第28條第2項所定聲請信託事務之處理事件、第35條第1項第3款所定聲請許可將信託財產轉為自有財產或於該信託財產上設定或取得權利事件、第36條第1項但書所定受託人聲請許可辭任事件、第2項所定聲請解任受託人事件、第52條第1項所定聲請選任信託監察人事件、第56條所定信託監察人聲請酌給報酬事件、第57條所定聲請許可信託監察人辭任事件、第58條所定聲請解任信託監察人事件、第59條所定聲請選任新信託監察人事件及第60條第2項所定聲請檢查信託事務、選任檢查人及命為其他必要之處分事件,均由受託人住所地之法院管轄。

信託法第36條第3項所定聲請選任新受託人或為必要之處分事件,由原受託人住所地之法院管轄。

前二項之受託人或原受託人有數人,其住所不在一法院管轄區域內者,各該住所地之法院具有管轄權。

信託法第46條所定聲請選任受託人事件,由遺囑人死亡時住所地之法院管轄。

（非訟75）

◎撰狀說明

㈠所謂信託，是指委託人將財產權移轉或為其他處分，使受託人依信託本旨，為受益人之利益或為特定之目的，管理或處分信託財產之關係（參見信託法第1條）。

㈡信託財產之管理方法因情事變更致不符合受益人之利益時，委託人、受益人或受託人得聲請法院變更之（參見信託法第16條第1項）

㈢受託人除有下列各款情形之一外，不得將信託財產轉為自有財產，或於該信託財產上設定或取得權利：

一　經受益人書面同意，並依市價取得者。

二　由集中市場競價取得者。

三　有不得已事由經法院許可者（參見信託法第35條第1項）。

〈狀例2-249〉信託財產管理方法變更聲請狀

民事　聲請　狀		案　　　號	年度　　字第　　號	承辦股別	
		訴訟標的金額或價額	新台幣　萬　千　百　十　元　角		
稱　　　謂	姓　名　或　名　稱身分證統一編號或營利事業統一編號	住居所或營業所、郵遞區號及電話號碼電子郵件位址		送達代收人姓名、住址、郵遞區號及電話號碼	
聲　請　人即委託人	徐○○				
相　對　人即受託人	張○○				

為聲請變更信託財產管理方法事：

　　聲請事項

一、請准將信託財產之管理方法變更為以定期存款之方式為之。

二、聲請程序費用由相對人負擔。

　　事實及理由

　　緣聲請人徐○○前委託張○○管理信託財產，並約定以信託財產投資股票。惟現今全球經濟不景氣，股市崩盤，實無從藉投資股票獲利，因受託人張○○不同意變更信託財產之管理方法，為此，爰依信託法第16條規定，狀請

　　鈞院鑒核，准予將信託財產之管理方法變更為以定期存款之方式為之，以維權益。

　　　　謹狀

台灣○○地方法院民事庭　公鑒

證 物 名 稱 及 件 數	證物一：信託契約書影本一份。

中	華	民	國	年	月	日
			具狀人 徐○○	簽名 蓋章		

〈狀例2-250〉信託財產轉爲自有財產聲請狀

民事 聲請 狀		案　　　號	年度　　字第　　號	承辦 股別	
		訴訟標的 金額或價額	新台幣　萬　千　百　十　元　角		
稱　　　　謂	姓 名 或 名 稱 身分證統一編號或 營利事業統一編號	住居所或營業所、郵遞區號 及電話號碼電子郵件位址		送達代收人姓 名、住址、郵遞 區號及電話號碼	
聲 請 人 即 受 託 人	徐○○				
相 對 人 即 受 益 人	張○○				

爲聲請將信託財產轉爲自有財產事：

　　聲請事項

一、請准將信託財產即門牌號碼○○縣○○市○○路○○號建物轉爲聲請人自有財產。

二、聲請程序費用由相對人負擔。

　　事實及理由

　　緣聲請人受王○○之託，爲其出售門牌號碼○○縣○○市○○路○○號建物，並以賣得價金作爲其母張○○醫療費用。惟聲請人銷售系爭建物已兩個月餘，均無人應買，爲免延誤張○○病情，聲請人願以新台幣○○元購買系爭建物，爲此，爰依信託法第35條第1項第3款規定，狀請

　　鈞院許可將信託財產轉爲聲請人自有財產，如蒙所請，毋任感禱。

　　　　謹狀

台灣○○地方法院民事庭　公鑒

| 證　物　名　稱
及　　件　　數 | 證物一：信託契約書影本一份。
證物二：建物登記謄本影本一份。 |

| 中　　華　　民　　國　　　　年　　　　月　　　　日 |
| 具狀人　　林○○　　簽名
蓋章 |

▶法人登記事件之聲請

◇法人登記事件，由法人事務所所在地之法院管轄。

前項登記事務，由地方法院登記處辦理之。（非訟82）

◇法人設立之登記，除依民法第48條第2項及第61條第2項規定辦理外，並應附具下列文件：

一　主管機關許可或核准之文件。

二　董事資格之證明文件。設有監察人者，其資格之證明文件。

三　社員名簿或財產目錄，並其所有人名義爲法人籌備處之財產證明文件。

四　法人及其董事之簽名式或印鑑。

法人辦理分事務所之登記時，應附具下列文件：

一　主管機關許可或核准之文件。

二　分事務所負責人資格之證明文件。

三　分事務所及其負責人之簽名式或印鑑。（非訟84）

◇法人以事務所之新設、遷移或廢止，其他登記事項之變更，而爲登記或爲登記之更正及註銷者，由董事聲請之。

爲前項聲請者，應附具聲請事由之證明文件；其須主管機關核准者，並應加具核准之證明文件。（非訟85）

◇法人解散之登記，由清算人聲請之。

爲前項聲請者，應附具清算人資格及解散事由之證明文件。

已成立之法人，經主管機關撤銷許可者，準用前二項之規定。

法人因法院或其他有關機關命令解散者，登記處應依有關機關囑託爲解散之登記。（非訟88）

◇法人之清算人任免或變更之登記，由現任清算人聲請之。

爲前項聲請者，應附具清算人任免或變更之證明文件。（非訟90）

◎撰狀說明

㈠所謂法人登記，包括設立登記、變更登記、解散登記、清算人任免或變更登記及清算終結登記。（法人及夫妻財產制契約登記規則第15條參照）

㈡登記之法人名稱上，應標明其為社團法人或財團法人。法人不得以其董事會或其他內部組織之名義，為其登記之名稱。（法人及夫妻財產制契約登記規則第16條參照）

㈢非訟事件法第84條第1項第2、3款所列文件，其含義如下：

一　董事證明資格之文件：係指董事之產生及其應備資格之證明文件。

二　財產證明文件：係指法人獲准登記成立時，即將該財產移轉為其所有之承諾書或其他文件。（法人及夫妻財產制契約登記規則第17條參照）

㈣法人設立登記，應由全體董事聲請，其聲請書，應記載民法第48條第1項或第61條第1項所定應登記之事項，附具章程或捐助章程及非訟事件法第84條第1項所定之文件，並於聲請書內載明其名稱及件數。法人設置分事務所者，應向主事務所所在地法院登記處辦理登記，並附具非訟事件法第84條第2項所定之文件，並於聲請書內載明文件名稱及件數。其分事務所不在同一法院管轄區域內者，並應檢同登記簿謄本及前項所定文件謄本，向分事務所所在地法院登記處辦理登記。第一項章程或捐助章程及財產目錄，應永久保存。但法人經清算終結登記逾五年者，不在此限。（法人及夫妻財產制契約登記規則第21條參照）

㈤法人變更登記聲請書，應記載原已登記之事項，變更登記之內容及決定變更登記之程序與日期，附具非訟事件第85條第2項所定之文件，並於聲請書內載明其名稱及件數。（法人及夫妻財產制契約登記規則第22條參照）

㈥法人解散登記聲請書，應記載解散之原因，可決之程序與日期，清算人之姓名、住所，附具非訟事件法第88條第2項所定之文件，並於聲請書內載明其名稱及件數。（法人及夫妻財產制契約規則第23條參照）

㈦清算人任免或變更登記聲請書，應記載清算人任免或決定變更之程序，新任清算人之姓名、住所，附具非訟事件法第90條第2項所定之文件，並於聲請書內載明其名稱及件數。（法人及夫妻財產制契約規則第24條參照）

㈧清算終結登記聲請書，應記載民法第40條第1項所定清算人職務執行之情形與清算終結之日期，附具非訟事件法第91條第2項所定之文件，並於聲請書內載明其名稱及件數。（法人及夫妻財產制契約登記規則第25條參照）

㈨另將台灣台北地方法院編印之辦理法人及夫妻財產制登記須知，附陳於後：

辦理法人登記須知

壹、登記機關：

　　法人登記事件，由法人事務所所在地之地方法院登記處辦理之。

貳、登記事件：

一、依財團法人法（按民國108年2月1日施行）辦理的財團法人登記事件，該財團法人型態分為「民間捐助之財團法人」、「政府捐助之財團法人」。

二、依人民團體法成立的團體（公益社團法人登記事件，在非常時期人民團體組織法未修正以前，僅由核准立案之主管機關造具簡冊送同級法院備查即可，不必由各該團體再向法院登記，前司法行政部52年7月1日台(吾)會民字第3832號令），經主管機關核准立案後，得依法向該管地方法院辦理法人登記（人民團體法第11條）。

參、法人登記之種類：

法人登記事件有「設立登記」、「變更登記」、「解散登記」、「清算人任免或變更登記」、「清算終結登記」五種。

肆、設立登記聲請要點：

一、法人登記聲請書上之「登記種類」應視聲請登記之種類，填入設立、變更、解散、清算人任免或變更、清算終結等字。

二、聲請登記之法人名稱上，應標明其為「財團法人」或「社團法人」。

三、法人不得以其董事會或其他內部組織之名義，為其登記之名稱。

四、已存在之非法人團體，聲請為法人設立登記時，聲請登記之董事，指現任董事而言，其財產以法人現有之財產為準。

五、聲請法人登記之文書、如為影印本，應由提出人加註與原正本無異及加蓋董事長章，並附同原正本送登記處核對後，當場發還。

六、目的事業主管機關規定法人登記之文件，應經主管機關驗印而未驗印者，不予登記（前司法行政部65年12月3日台(函)函民字第10559號函）。

七、設立登記附送文件：

財團法人：

㈠法人設立登記聲請書一件（聲請人應由全部董事簽名或蓋章）。

㈡目的事業主管機關核准法人設立之文書一件。

㈢捐助章程一件（應訂明法人目的及所捐財產與財團之組織及其管理方法，並須註明捐助章程作成之日期）。

㈣董事會議事錄（須列有通過章程及依章程規定產生董事、董事長等有關登記事項之決議，應送件數按證明之登記事項而定。紀錄末端應由主席及紀錄簽章）。

㈤董事名冊一份（載明屆別及任期起迄期間，列明職稱、姓名、年齡、籍貫、職業、住址、備考等）。

㈥法人印鑑及董事之簽名式或印鑑合送二份（1.法人印鑑應以主管機關依

　　印信條例製發或核備之印信為準，其印文應與法人名稱相符，但不以標明財團法人為必要；2.董事留存登記處之簽名式或印鑑，應與聲請書、董事願任董事同意書上所用印鑑相符，以後辦理變更登記，仍應用同式之印鑑）。

㈦董事願任董事同意書一份（註明屆別及任期起迄期間，並應經董事本人簽名或蓋其印鑑章）。

㈧董事戶籍謄本或身分證正背面影本各一份（董事本人之部分謄本即可，如無戶籍，應提出有關機關核發之證明，如外僑居留證等文件）。

㈨捐助人名冊及財產目錄一份（1.分列種類、名稱、單位、數量、新台幣之價值、附註等欄，最後一行，列明合計；2.不動產應逐筆填明土地之坐落地號、地目、地積（公頃）價值；建物之坐落地號、門牌號、構造、建坪、價值，並應附送所有權狀正本、影印本，核對後正本發還；3.未取得所有權者，可提出建築執照、使用執照或係買賣或租賃契約書正本、影印本，核對後正本發還；4.捐助人捐贈之財產或係以個人代表法人買受之財產，應由該捐助人或為代表之個人，出具捐助財產承諾書或係其代表法人買受之財產承諾書，均應敘明俟法人獲准登記時，即將財產移轉登記為法人所有之內容；5.法人在設立登記前已取得而應為登記之動產或權利，如汽車、電話、記名股票等，如非法人名義者，仍應於取得法人資格後，變更登記為法人之名義，如為存款，應提出銀行存單或存摺正本、或銀行存款證明書、影印本核對後正本發還）。

㈩委任代理人者，應加具委任書，由聲請人及其代理人簽名或蓋章，並加蓋法人印信。

㈪法人登記聲請書，法人印鑑及董事之簽名式或印鑑用紙，可向法庭大廈服務台洽購。

㈫上開第㈢至㈦項及㈨項文件，應提出已送主管機關監督審核、驗印之證明文件正本。

社團法人：

㈠主管機關核准籌組、設立之公函影本各一份。

㈡立案證書及理事長當選證書影本各一份。

㈢法人印信（圖記）啓用備查函、陳報啓用函影本各一份。

㈣主管機關備案之章程一份（章程應符合民法總則及人民團體法之規定，載明訂立之日期）。

㈤籌備會議紀錄、社員成立大會會議紀錄（註明出、缺席人數，選舉理事、監事及通過章程、年度工作計畫案、收支預算案等，會議紀錄應由

主席及紀錄簽章，附件裝訂在紀錄後）。

㈥理、監事會議紀錄（註明出缺席人員，互選產生理事長、常務理事、常務監事等。會議紀錄應由主席及紀錄簽章）。

㈦理、監事名冊一份（載明屆別及任期起迄期間，理、監事住址應記載戶籍地址）。

㈧理、監事願任同意書一份（註明屆別及任期起訖日期）。

㈨法人印信（圖記）及理、監事簽名式或印鑑式正本二份（以蓋在同一張印鑑式為宜）。

㈩理、監事戶籍謄本或身分證正、背面影本一份。

㈪財產清冊及證明文件各一份。

㈫會員名冊一份。

㈬場所使用權源證明一份（如租賃契約書或同意使用證明書或無償借用契約書影本及建物權狀影本）。

㈭大會手冊一份。

㈮聲請人應蓋法人印信及全體理事印鑑章或簽名。

㈯代理人應附具委任狀（加蓋法人印信及代表法人之理事長簽名或蓋章、聯絡電話號號碼）。

八、法人設置分事務所者，應向主事務所所在地之地方法院登記處辦理登記，其事務所不在同一轄區內者，應檢同法人登記簿謄本及前項所定之文件謄本，向分事務所所在地之地方法院辦理登記。

九、法人已登記之事項，於收受登記處所發公告副本後三日內，送往當地報社登載於新聞紙，所需費用，由聲請人逕付報社，並應將所登報紙一份送院憑查。

十、法院公告登載於新聞紙後，法人於設立登記前已取得之財產而依法應登記者，應速辦理所有權登記。

十一、法人為辦理所有權登記，得向法院登記處聲請法人登記簿謄本，於九十日內繳驗財產已移轉為法人所有之證明文件，依法應登記之財產，並應提出移轉登記簿謄本，據以領取法人登記證書。

十二、法人登記證書，應懸掛於主事務所顯明之處所，如有毀損、遺失或被竊時，應即刊登當地新聞紙一日聲明作廢，並取具刊登之新聞紙一份向法院聲請補發。

十三、聲請人來院領取登記證書時，應攜帶法人印鑑，辦理印鑑存證手續。

十四、法人因合併而成立新法人者，應辦理設立登記，其因合併而消滅者，應辦理解散登記，又因合併後而繼續存在者，應辦理變更登記。

伍、變更登記聲請要點：

一、法人聲請變更登記時，如其財產尚未移轉為法人所有者，不得為變更登記。

二、法人因處分不動產，減少財產總額、任免董事、變更組織或合併，聲請變更登記者，其聲請人應由現任半數以上之董事簽名或蓋章，並加蓋法人印信，其他事項之變更登記，得由代表人之董事簽名或蓋章並加蓋法人印信。

三、法人變更登記聲請書，應記載原已登記之事項，變更登記之內容，決定變更登記之程序與日期。

四、法人變更登記附送之文件：

　　㈠目的事業主管機關許可變更登記事項之文件一件。

　　㈡經主管機關驗印之董事會議事錄（請參照設立登記要點辦理）。

　　㈢董事名冊一份（連任及新任董事均應列入，請參照設立登記要點辦理）。

　　㈣新任董事戶籍謄本或身分證正背面影本各一份（連任董事住所變更者仍應附送其謄本）。

　　㈤新任董事簽名式或印鑑合送二份。

　　㈥董事願任董事同意書各一份。

　　㈦財產目錄（設立登記時經提出其財產已移轉為法人名義及其財產無增減者免提）。

　　㈧原經主管機關驗印之捐助章程影本一份。

　　㈨法人於變更登記程序完畢後，應繳回原發之登記證書，換領新證書。

五、法人捐助章程變更登記，如捐助章程有民法第62條、第63條之情形需變更者，除先取得主管機關之許可外，並應具狀聲請法院民事庭裁定准許變更後，再檢同該裁定、裁定確定證明書正本及條文變更對照表，始得辦理變更登記。

六、私立學校辦理財團法人變更登記，應送經主管教育行政機關核轉法院辦理登記。

陸、解散登記聲請要點：

一、法人為解散登記之聲請人，由清算人簽名或蓋章，並加蓋法人印信。

二、法人解散登記之原因，可決之程序與日期，及清算人之姓名住所，可記載於聲請書其他事項欄內。

三、法人解散登記附送之文件：

　　㈠違反設立許可條件，經主管機關撤銷許可之文件，或因不能達到法人之目的事業，經主管機關斟酌捐助人之意思所為解散等文件。

　　㈡董事會議事錄一份（決議法人解散及選任清算人之會議紀錄）。

　　㈢董事名冊一份。

　　㈣財產目錄及其證明文件，資產負債表各一份。

　　㈤原經主管機關驗印之捐助及組織章程影本一份。

㈥清算人已向法院就任聲報之證明文件。

㈦清算人就任同意書。

㈧法人登記證書原本繳回。

㈨清算人資格證明文件（選任清算人之會議紀錄及清算人之戶籍謄本或身分證正背面影本一份）。

㈩法人印鑑及清算人簽名式或印鑑二份（董事為清算人者免提，但其印鑑須為登記處存證之印鑑）。

柒、清算人任免或變更登記要點：

一、清算人任免或變更登記，由現任清算人聲請之，並加蓋法人印信。

二、聲請登記之內容，應敘明註銷原清算人姓名、住所、變更登記為新清算人之姓名及住所並應附送後列文件：

㈠決定清算人任免之會議紀錄一份。

㈡原經主管機關驗印之捐助及組織章程影本一份。

㈢清算人已向法院就任聲報之證明文件。

㈣現任清算人就任同意書（應記載其願就任之意思、清算人姓名與住所、就任日期）。

㈤新清算人戶籍謄本或身分證正背面影本一份。

㈥新清算人之簽名式或印鑑二份。

㈦清算人就任後所造具之資產負債表、財產目錄。

㈧前項資產負債表及財產目錄經承認之證明文件。

捌、清算終結登記聲請要點：

一、清算終結登記，清算人聲請之。

二、聲請登記之內容，應載明民法第40條第1項所定清算人執行職務之情形與清算終結之年月日，並附送後列文件：

㈠原經主管機關驗印之捐助及組織章程影本一份。

㈡清算後之資產負債表及財產目錄。

㈢收取債權清償債務及剩餘財產移交承認證明冊一份。

㈣法人於清償債務後，其賸餘財產業經依章程之規定處理或已歸屬於法人事務所所在地之地方自治團體之證明文件。

㈤清算完結已向法院聲報之證明文件。

玖、外國法人之登記：

外國法人經許可設立事務所者，除法令有特別規定外，準用關於法人設立登記之規定。

拾、聲請人或利害關係人對登記處理登記事務，認有違反法令或不當時，得於知悉後

十日內提出異議，但於處理事務完畢後已逾兩個月時，不得提出異議。

拾壹、聲請交付法人登記簿謄本或附屬文件之閱覽抄錄，或係聲請印鑑證明，均應購用法人登記閱覽抄錄聲請書（聲請登記簿謄本及印鑑證明，應於聲請書內註明其用途，並應附送其用途之證明文件正本、影印本，核對後即將正本發還）。

拾貳、法人登記閱覽抄錄聲請書內，應敘明所需閱覽抄錄之份數，並應另加一份附卷存查。

拾參、法人之設立，每件徵收費用新台幣1,000元；變更、解散、清算終結登記事件及清算人任免或變更登記事件，每件徵收費用新台幣500元。

拾肆、聲請交付法人登記簿及附屬文件謄本、補發法人登記證書，每份徵收費用新台幣200元。

拾伍、法人登記閱覽抄錄聲請書及聲請印鑑證明用紙，可在法庭大廈服務台洽購。

拾陸、法人及夫妻財產制契約登記規則，係於中華民國62年7月6日發布施行，施行前已為法人之登記，不合本規則之規定者，法人應於本規則施行後六個月內向法院登記處聲請改正，逾期不改正者，通知其業務主管機關處理。（註：迄中華民國94年9月16日司法院修正發布全文42條，嗣復陸續修正第10、16、40及42條）

附註：

一、法人之捐助章程，經登記後不得修改，其捐助章程所定之組織不完全，或重要之管理方法不具備者，得由利害關係人聲請法院，為必要之處分後變更之，毋庸由利害關係人先行聲請主管機關許可（民法第62條提示辦理財團法人注意要點說明㈢前段，前司法行政部68年2月1日台六八函民字第09976號函）。

二、財團法人經許可設立登記後，於捐助財產未過戶前，不得撤銷其捐助行為（前司法行政部66年1月15日台六六函民字第00427號函）。

三、財團法人設立登記，於登記簿記載完畢後，應通知聲請人繳驗財產已移轉為法人所有之證明文件，其財產依法應登記者，並應提出其移轉登記簿謄本。聲請人於九十日未繳驗前項證明文件者，除撤銷其設立登記並公告外，應即通知主管機關撤銷其設立許可（非訴事件法第86條）。

㈡填表說明：

1. 法人登記種類應載明「設立」、「變更」、「解散」、「清算人任免」、「清算人變更」、「清算終結」等類別。

2. 設立登記應由全體董事簽名或蓋章，並加蓋法人之印信，如其印信未經主管機關製發核備者，無須蓋用。但應於印信製發或核備後，即向法院登記處補送印鑑並附主管機關製發或核備之文件印本。

3. 法人核准設立文書，係指法人目的事業主管機關許可法人籌設暨許可董事或董

事會備案之文書。

4. 董事資格證明文件應繳現任或新任董事之會議紀錄或其他證明文件，董事願任董事同意書及主管機關核准該董事備案之文件。

5. 董事應留存登記處之印鑑及簽名必須與本聲請書相同，若該董事因故不能親赴登記處辦理留存手續，得購用「法人登記簽名式或印鑑簿」用紙，簽名及加蓋印鑑後提出法院登記處，黏於法人登記簽名式或印鑑簿。

6. 本聲請書各欄，不敷記載時得黏單延長之。

7. 附具文件欄，應於提出之文件名稱上空格內作「　」記號並載明件數，未填載之空欄及空白，務須劃線刪除。

〈狀例2-251〉法人設立登記聲請書

<table>
<tr><td colspan="8" style="text-align:center">法　人　登　記　聲　請　書</td></tr>
<tr><td>登記種類</td><td colspan="3">法人　設立　登記</td><td>登記冊號</td><td colspan="3">第　　　冊、第　　　頁、第　　　號</td></tr>
<tr><td>聲</td><td>請</td><td>登</td><td>記</td><td colspan="2">事</td><td colspan="2">項</td></tr>
<tr><td colspan="4">法　人　名　稱　及　類　別</td><td colspan="2">財團法人○○法律基金會</td><td>電話</td><td></td></tr>
<tr><td colspan="4">主　事　務　所　及　分　事　務　所</td><td colspan="4">○○市○○路○○段○○號</td></tr>
<tr><td colspan="4">目　　　　　　　　　的</td><td colspan="4">促進司法人權保障、宣揚及提升法治觀念及保護司法上弱勢者</td></tr>
<tr><td colspan="4">設　立　許　可　機　關　及　年　月　日</td><td colspan="4">法務部中華民國○○年○月○日法律決字第○○號</td></tr>
<tr><td colspan="4">存　　立　　時　　期</td><td colspan="4">永久</td></tr>
<tr><td colspan="4">財　　產　　總　　額</td><td colspan="4">新台幣　5,000,000元整</td></tr>
<tr><td colspan="4">出　資　或　捐　助　方　法</td><td colspan="4">由李甲、李乙、李丙等捐助</td></tr>
<tr><td colspan="4">代　表　法　人　之　董（理）事</td><td colspan="4">王　甲</td></tr>
<tr><td colspan="8">董（理）事姓名及住所設有監察人（事）者，其姓名及住所（全員填入，請勿遺漏。並依董事長、常務董事、董事等順序填載。）</td></tr>
<tr><td colspan="2">職　　別</td><td colspan="2">姓　　名</td><td colspan="4">住　　　　　　所（載戶籍住所）</td></tr>
<tr><td colspan="2">董　事　長
副　董　事　長
常　務　董　事
監　　　事</td><td colspan="2">王　甲
林　乙
趙　丙
楊　丁</td><td colspan="4">住：○○市○○路○○號
住：○○市○○路○○號
住：○○縣○○鎮○○路○○號
住：○○市○○路○○段○○號</td></tr>
<tr><td colspan="2">變更事項</td><td colspan="6">（依聲請變更登記之事項記明原登記事項內容要旨及變更登記事項內容要旨）</td></tr>
</table>

其他事項	（解散、清算人更變、清算終結登記依法人及夫妻財產制契約登記規制第28、29、30條規定記明要旨）（得更改前欄填寫）

附具文件名稱、件數

	名　　　稱	件數		名　　　稱	件數
✓	主管機關核准函	1	✓	身分證正背面影本、戶籍謄本	
	立案證書及負責人當選證書			撤銷許可函、解散命令	
✓	捐助章程、組織章程	1		主管機關許可解散；許可清算終結函	
✓	董事會組織規程	1		買賣或租賃契約書	
✓	董事資格證明	4		建築執照	
	捐助人會議紀錄（議訂捐助章程）			解散原因證明文件及清算人資格證明文件	
✓	第　屆第　次董、理、監事會議紀錄	1		清算人變更證明文件	
✓	董、理、監事名冊	1		清算人願任同意書	
✓	董、理、監事願任同意書			清算人印鑑清冊（卡）	
✓	法人及董、理、監事印鑑清冊（卡）	2		資產及負債表	
✓	財產目標	1		法人登記證書正本	
✓	土地或建築改良物所有權狀	2		委任狀	
	捐助財產承諾書，捐助人印鑑證明書			新清算人之簽名式或印鑑	
✓	銀行存款證明	2		民事裁定確定證明書	
	社員（代表）名冊				

中　華　民　國　　　年　　　月　　　日

謹致
台灣台北地方法院登記處　公鑒

聲請人：　　王　甲
　　　　　　林　乙
　　　　　　趙　丙
　　　　　　楊　丁

法人名稱：					
蓋印信（圖記）處					
職　別	姓　名	蓋　章	姓　名	蓋　章	
代理人： 住　所：			（蓋章） 電話：		

〈狀例2-252〉法人變更登記聲請書

<table>
<tr><td colspan="9" align="center">法　人　登　記　聲　請　書</td></tr>
<tr><td>登記
種類</td><td colspan="2">法人　變更　登記</td><td>登記
冊號</td><td colspan="5">第　　　冊、第　　　頁、第　　　號</td></tr>
<tr><td>聲</td><td>請</td><td>登</td><td></td><td>記</td><td></td><td>事</td><td></td><td>項</td></tr>
<tr><td colspan="3">法　人　名　稱　及　類　別</td><td colspan="4">財團法人○○法律基金會</td><td>電話</td><td></td></tr>
<tr><td colspan="3">主　事　務　所　及　分　事　務　所</td><td colspan="6">○○市○○路○○段○○號</td></tr>
<tr><td colspan="3">目　　　　　　　　　的</td><td colspan="6">促進司法人權保障、宣揚及提升法治觀念及保護司法上弱勢者</td></tr>
<tr><td colspan="3">設　立　許　可　機　關　及　年　月　日</td><td colspan="6">法務部中華民國○○年○月○日法律決字第○○號</td></tr>
<tr><td colspan="3">存　　立　　時　　期</td><td colspan="6">永久</td></tr>
<tr><td colspan="3">財　　產　　總　　額</td><td colspan="6">新台幣　自民國○○年○月○日起，由新台幣500萬元增加為1,000萬元</td></tr>
<tr><td colspan="3">出　資　或　捐　助　方　法</td><td colspan="6">由李甲、李乙、李丙等捐助</td></tr>
<tr><td colspan="3">代　表　法　人　之　董（理）事</td><td colspan="6">董事任期三年</td></tr>
<tr><td colspan="9">董（理）事姓名及住所設有監察人（事）者，其姓名及住所（全員填入，請勿遺漏。並依董事長、常務董事、董事等順序填載。）</td></tr>
<tr><td colspan="2">職　　別</td><td colspan="2">姓　　名</td><td colspan="5">住　　　　　　　　　所（載戶籍住所）</td></tr>
</table>

原　董　事	王　　甲	住：○○市○○路○○號
	林　　乙	住：○○市○○路○○號
	趙　　丙	住：○○縣○○鎮○○路○○號
新　董　事	楊　　丁	住：○○市○○路○○段○○號
	林　　乙	住：○○市○○路○○號
	陳　　戊	住：○○縣○○路○○段○○號
	李　　庚	住：○○市○○路○○號

變更事項	（依聲請變更登記之事項記明原登記事項內容要旨及變更登記事項內容要旨）
其他事項	（解散、清算人更變、清算終結登記依法人及夫妻財產制契約登記規制第28、29、30條規定記明要旨）（得更改前欄填寫）

| 附 | 具 | 文 | 件 | 名 | 稱 | 、 | 件 | 數 |

	名　　稱	件數		名　　稱	件數
✓	主管機關核准函	1		身分證正背面影本、戶籍謄本	
	立案證書及負責人當選證書			撤銷許可函、解散命令	
	捐助章程、組織章程			主管機關許可解散；許可清算終結函	
	董事會組織規程			買賣或租賃契約書	
✓	董事資格證明	3		建築執照	
	捐助人會議紀錄（議訂捐助章程）			解散原因證明文件及清算人資格證明文件	
✓	第　屆第　次董、理、監事會議紀錄	1		清算人變更證明文件	
✓	董、理、監事名冊	1		清算人願任同意書	
✓	董、理、監事願任同意書	3		清算人印鑑清冊（卡）	
✓	法人及董、理、監事印鑑清冊（卡）	2		資產及負債表	
✓	財產目標	1	✓	法人登記證書正本	1
	土地或建築改良物所有權狀			委任狀	
	捐助財產承諾書，捐助人印鑑證明書			新清算人之簽名式或印鑑	
✓	銀行存款證明	2		民事裁定確定證明書	
	社員（代表）名冊				

| 中 | 華 | 民 | 國 | 年 | 月 | 日 |

<table>
<tr><td colspan="6" align="center">謹致
台灣台北地方法院登記處 公鑒</td></tr>
</table>

聲請人：	王　甲 林　乙 趙　丙 楊　丁			
法人名稱：				
蓋印信（圖記）處				

職　別	姓　名	蓋　章	姓　名	蓋　章

代理人：		（蓋章）
住　所：		電話：

〈狀例2-253〉法人解散登記聲請書

<table>
<tr><td colspan="8" align="center">法　人　登　記　聲　請　書</td></tr>
<tr><td>登記
種類</td><td colspan="2">法人　解散　登記</td><td>登記
冊號</td><td colspan="4">第　　　冊　、第　　　頁　、第　　　號</td></tr>
<tr><td>聲</td><td colspan="3">請　　　登　　　記</td><td colspan="3">事</td><td>項</td></tr>
<tr><td colspan="3">法 人 名 稱 及 類 別</td><td colspan="3">財團法人○○法律基金會</td><td>電話</td><td></td></tr>
<tr><td colspan="3">主 事 務 所 及 分 事 務 所</td><td colspan="5">○○市○○路○○段○○號</td></tr>
<tr><td colspan="3">目　　　　　　　　　的</td><td colspan="5">促進司法人權保障、宣揚及提升法治觀念及保護司法上弱勢者</td></tr>
<tr><td colspan="3">設 立 許 可 機 關 及 年 月 日</td><td colspan="5">法務部中華民國○○年○月○日法律決字第○○號</td></tr>
<tr><td colspan="3">存　立　時　期</td><td colspan="5">永久</td></tr>
<tr><td colspan="3">財　產　總　額</td><td colspan="5">新台幣　1,000萬元</td></tr>
<tr><td colspan="3">出 資 或 捐 助 方 法</td><td colspan="5">由李甲、李乙、李丙等捐助</td></tr>
<tr><td colspan="3">代 表 法 人 之 董 （ 理 ） 事</td><td colspan="5">林　乙</td></tr>
<tr><td colspan="8">董（理）事姓名及住所設有監察人（事）者，其姓名及住所（全員填入，請勿遺漏。並依董事長、常務董事、董事等順序填載。）</td></tr>
<tr><td colspan="2">職　別</td><td colspan="2">姓　名</td><td colspan="4">住　　　　　　所（載戶籍住所）</td></tr>
</table>

董　事　長	林　乙	住：○○市○○路○○號
副董事長	趙　丙	住：○○市○○路○○號
監　　事	李　庚	住：○○市○○路○○號
變更事項		（依聲請變更登記之事項記明原登記事項內容要旨及變更登記事項內容要旨）
		解散之原因：違反設立許可條件，經奉行政院法務部民國109年5月30日令撤銷法人設立許可清算人。姓名及住所：李　庚　住：○○市○○路○○號
其他事項		（解散、清算人更變、清算終結登記依法人及夫妻財產制契約登記規制第28、29、30條規定記明要旨）（得更改前欄填寫）

附　　具　　文　　件　　名　　稱　　、　　件　　數					
	名　　　稱	件數		名　　　稱	件數
✓	主管機關核准函	1		身分證正背面影本、戶籍謄本	
	立案證書及負責人當選證書		✓	撤銷許可函、解散命令	1
	捐助章程、組織章程			主管機關許可解散；許可清算終結函	
	董事會組織規程			買賣或租賃契約書	
✓	董事資格證明	3		建築執照	
	捐助人會議紀錄（議訂捐助章程）			解散原因證明文件及清算人資格證明文件	
✓	第　屆第　次董、理、監事會議紀錄	1		清算人變更證明文件	
✓	董、理、監事名冊	1	✓	清算人願任同意書	1
	董、理、監事願任同意書			清算人印鑑清冊（卡）	
✓	法人及董、理、監事印鑑清冊（卡）	2		資產及負債表	
✓	財產目標	1	✓	法人登記證書正本	1
✓	土地或建築改良物所有權狀	1		委任狀	
	捐助財產承諾書，捐助人印鑑證明書			新清算人之簽名式或印鑑	
✓	銀行存款證明	2		民事裁定確定證明書	
	社員（代表）名冊				

中　華　民　國　　　　　年　　　　月　　　　日

謹致
台灣台北地方法院登記處　公鑒

聲請人：	李庚

法人名稱：	
蓋印信（圖記）處	

職　別	姓　名	蓋　章	姓　名	蓋　章

代理人：　　　　　　　　　　　　　　　　（蓋章）
住　所：　　　　　　　　　　　　　　　　電話：

〈狀例2-254〉法人清算人變更登記聲請書

法 人 登 記 聲 請 書

登記種類	法人　變更　登記	登記冊號	第　　　冊、第　　　頁、第　　　號

聲　　　請　　　登　　　記　　　事　　　項		
法 人 名 稱 及 類 別	財團法人○○法律基金會	電話
主 事 務 所 及 分 事 務 所	○○市○○路○○段○○號	
目　　　　　　的	促進司法人權保障、宣揚及提升法治觀念及保護司法上弱勢者	
設 立 許 可 機 關 及 年 月 日	法務部中華民國○○年○月○日法律決字第○○號	
存　立　時　期	永久	
財　產　總　額	新台幣　1,000萬元	
出 資 或 捐 助 方 法	由李甲、李乙、李丙等捐助	
代 表 法 人 之 董（理）事	林　乙	

董（理）事姓名及住所設有監察人（事）者，其姓名及住所（全員填入，請勿遺漏。並依董事長、常務董事、董事等順序填載。）

職　別	姓　名	住　　　　所（載戶籍住所）
董 事 長	林　乙	住：○○市○○路○○號
副 董 事 長	趙　丙	住：○○市○○路○○號
監　事	李　庚	住：○○市○○路○○號
變更事項		（依聲請變更登記之事項記明原登記事項內容要旨及變更登記事項內容要旨）

	註銷原清算人：李　庚　住：○○市○○路○○號	
	新清算人之姓名及住址：陳　戊　住：○○市○○路○○號	
其他事項	（解散、清算人更變、清算終結登記依法人及夫妻財產制契約登記規制第28、29、30條規定記明要旨）（得更改前欄填寫）	

| 附 | 具 | 文 | 件 | 名 | 稱 | 、 | 件 | 數 |

	名　　　　　稱	件數	名　　　　　稱	件數
	主管機關核准函		身分證正背面影本、戶籍謄本	
	立案證書及負責人當選證書		撤銷許可函、解散命令	
	捐助章程、組織章程		主管機關許可解散；許可清算終結函	
	董事會組織規程		買賣或租賃契約書	
	董事資格證明		建築執照	
	捐助人會議紀錄（議訂捐助章程）		解散原因證明文件及清算人資格證明文件	
✓	第　屆第　次董、理、監事會議紀錄	1	✓ 清算人變更證明文件	1
	董、理、監事名冊		✓ 清算人願任同意書	1
	董、理、監事願任同意書		清算人印鑑清冊（卡）	
	法人及董、理、監事印鑑清冊（卡）		資產及負債表	
	財產目標		法人登記證書正本	
	土地或建築改良物所有權狀		委任狀	
	捐助財產承諾書，捐助人印鑑證明書		✓ 新清算人之簽名式或印鑑	2
	銀行存款證明		民事裁定確定證明書	
	社員（代表）名冊			

| 中　華　民　國 | | 年 | 月 | 日 |

謹致
台灣台北地方法院登記處　公鑒

聲請人：	李庚
法人名稱：	

蓋印信（圖記）處

職　別	姓　名	蓋　章	姓　名	蓋　章

代理人：	（蓋章）
住　所：	電話：

▶夫妻財產制契約登記之聲請

◇民法有關夫妻財產制契約之登記，由夫妻住所地之法院管轄；不能在住所地為登記或其主要財產在居所地者，得由居所地之法院管轄。

不能依前項規定定管轄之法院者，由司法院所在地之法院管轄。

前二項登記事務，由地方法院登記處辦理之。（非訟101）

◇依前條規定為登記之住所或居所遷移至原法院管轄區域以外時，應為遷移之陳報。

前項陳報，得由配偶之一方為之；陳報時應提出原登記簿謄本。（非訟102）

◇夫妻財產制契約之登記，應附具下列文件，由契約當事人雙方聲請之。但其契約經公證者，得由一方聲請之：

　　一　夫妻財產制契約。

　　二　財產目錄及其證明文件；其財產依法應登記者，應提出該管登記機關所發給之謄本。

　　三　夫及妻之簽名式或印鑑。

法院依民法規定，宣告改用分別財產制者，應於裁判確定後囑託登記處登記之。（非訟104）

◇聲請夫妻財產制契約登記，徵收聲請費用新台幣1,000元；登記後之有關夫妻財產制之其他登記，徵收費用新台幣500元。（非訟15）

◎撰狀說明

㈠茲將台灣台北地方法院編印之「辦理夫妻財產制契約登記須知」，附陳於後：

辦理夫妻財產制契約登記須知

壹、登記機關：

　　夫妻財產制契約登記事件，由地方法院登記處辦理之。

貳、登記管轄：

　　由夫妻住所地之法院管轄，不能在住所地為登記或其主要財產在居所地者，得由居所地之法院管轄。如不能依上述規定，定管轄法院者，由中央政府所在地之法院管轄。

參、登記範圍：

　　夫妻得於結婚前或結婚後，以契約就民法所定之約定財產制中，選擇其一為其夫妻財產制。夫妻於婚姻關係存續中並得以契約廢止其財產契約，或改用他種約定財產制。

肆、登記效力：

　　夫妻財產制之訂定、變更、廢止，應以書面為之，非經登記不得對抗第三人。夫妻財產制契約之登記，不影響依其他法律所為財產權登記之效力。

伍、登記類別：

　　分訂約登記、變更登記、廢止登記及囑託登記四類。

　　登記應用夫妻財產制之法定名稱。

陸、約定財產制種類：

　　分共同財產制、分別財產制二種（請參閱後述簡介及民法第1031條及第1046條）。

柒、聲請人：

　　應由契約當事人雙方聲請之。但其契約經公證者，或因住居所變更而重為登記者，得由一方聲請之。

捌、聲請手續：

　　聲請登記應具聲請書，記載夫妻姓名、職業、住居所，由聲請人簽名或蓋章。其委由代理人代為聲請登記者，應附具委任書，代理人並應附具委任人之身分證正本、印鑑證明書正本、印鑑章及代理人本人之身分證正本與印章。

　　登記時應提出「最近戶籍謄本」及國民身分證或其他證明文件，聲請人或代理人為外國人者，應提出護照或居留證或其他證件，以證明聲請人或代理人確係本人。

　　訂約登記聲請書，應記載結婚年月日、結婚地點、約定財產制種類，附具夫妻財產制契約書、財產目錄及其證明文件，財產依法應登記者，應提出該管機關所發之謄本。

　　變更登記聲請書，應記載原登記之約定財產制，變更之種類、訂定變更契約年月日，並附具契約書。廢止登記聲請書，應記載原登記之約定財產制，訂立廢止契約年月日，並附具契約書。

玖、簽名式或印鑑：

　　訂約登記，應同時提出夫及妻之簽名式或印鑑於法院，以後提出於法院之文書，應為同式之簽名或蓋印鑑章。

　　前項印鑑如毀燬、遺失或被盜時，應即刊登當地新聞紙三日聲明作廢，並取具二人之證明書向法院聲請更換。

拾、公告：

登記之公告，應由聲請人於收受公告副本後三日內登載於當地新聞紙。

拾壹、重為登記：

已登記之住所有變更時，應於變更後三個月內，向新住居所地之法院登記處聲請重為登記，並應提出原登記簿謄本或影印本及住居所變更後之戶籍謄本或影印本各乙份。其不重為登記者，前登記簿之登記，因滿三個月而失其效力。

自住居所變更之日起三個月內未向新住居所地之法院聲請重為登記，復遷回原住居所者其住居所視為未變更。

拾貳、外國人之夫妻財產登記：

依涉外民事法律適用法第48條之規定，而依中華民國法律訂立之夫妻財產制契約聲請登記者，適用前開各規定。

拾參、登記之異議：

聲請人或利害關係人認登記處處理登記事務，有違反法令或不當時，得於知悉後十日內提出異議。但於處理事務完畢後已逾二個月時，不得提出異議。

拾肆、約定財產簡介：

一、共同財產制：

夫妻之財產及所得，除特有財產外，合併為共同財產，屬於夫妻公同共有（特有財產之範圍，請參閱民法第1031條之1）。

共同財產，夫妻之一方不得處分其應有部分。

共同財產由夫妻共同管理。但約定由一方管理者，從其約定。其管理費用由共同財產負擔。

夫妻之一方，對於共同財產為處分時，應得他方之同意。

前項同意之欠缺，不得對抗第三人。但第三人已知或可得而知其欠缺，或依情形可認為該財產屬於共同財產者，不在此限。

夫妻之一方死亡時，共同財產之半數，歸屬於死亡者之繼承人，其他半數歸屬於生存之他方。夫妻得以契約訂定僅以勞力所得為限為共同財產。

二、分別財產制：

分別財產制，夫妻各保有其財產之所有權，各自管理及使用收益及處分。

(二)填表說明：

1. 登記類別欄應載明「訂約」、「變更」、「廢止」、「重為登記」等類別。

2. 附具文件欄應於提出之文件，名稱上空格內作「(」記號，並載明件數。

3. 未載明之空欄內及空白務須劃線刪除。

〈狀例2-255〉夫妻財產制契約訂約登記聲請書

<table>
<tr><td colspan="8" align="center">夫妻財產制契約登記聲請書</td></tr>
<tr><td colspan="2">登記類別</td><td colspan="2">夫妻財產制契約</td><td colspan="2">訂約</td><td colspan="2">登記</td></tr>
<tr><td rowspan="2">稱
謂</td><td rowspan="2">姓　　　名</td><td colspan="3">出生日期</td><td rowspan="2">職業</td><td colspan="2" rowspan="2">住　居　　所</td></tr>
<tr><td>年</td><td>月</td><td>日</td></tr>
<tr><td>夫</td><td>王　甲</td><td>○</td><td>○</td><td>○</td><td>○</td><td colspan="2">○○市○○路○○號</td></tr>
<tr><td>妻</td><td>林　乙</td><td>○</td><td>○</td><td>○</td><td>○</td><td colspan="2">○○市○○路○○號</td></tr>
<tr><td colspan="2">結婚年月日及其地點</td><td colspan="6">中華民國○○年○月○日在　　○○地方法院公證結婚</td></tr>
<tr><td rowspan="8">聲

請

登

記

事

項</td><td colspan="2">夫妻約定財產制種類</td><td colspan="5">共同財產制</td></tr>
<tr><td colspan="2">關於特有財產之約定及其價值</td><td colspan="5">坐落○○市○○區○○段○○號建地及其上房屋即本國式磚造二層樓房乙棟為妻林乙之特有財產，價值新台幣150萬元。</td></tr>
<tr><td colspan="2">採共同財產制者其契約約定之內容
採分別財產制者其財產管理權之約定</td><td colspan="5">1.夫妻之財產及所得，除特有財產外，合併為共同財產，屬於夫妻所公同共有。
2.共同財產由夫管理，其管理費用由共同財產負擔。
3.夫妻之一方，對於共同財產為處分時，應得他方之同意。但為管理上所必要之處分，不在此限。</td></tr>
<tr><td rowspan="2">變更登記</td><td>原登記之約定財產制</td><td colspan="2">原登記號數</td><td>變更後之財產制</td><td>訂立變更年月日</td><td>備註</td></tr>
<tr><td></td><td colspan="2"></td><td></td><td></td><td></td></tr>
<tr><td rowspan="2">廢止登記</td><td>原登記之約定財產制</td><td colspan="2">原登記號數</td><td>訂立廢止契約之年月日</td><td colspan="2">備　　註</td></tr>
<tr><td></td><td colspan="2"></td><td></td><td colspan="2"></td></tr>
<tr><td>其他</td><td colspan="6"></td></tr>
<tr><td rowspan="3">附
具
文
件</td><td colspan="2">名　　　　　　稱</td><td>件數</td><td colspan="2">名　　　　　稱</td><td>件數</td><td>名　　　稱　件數</td></tr>
<tr><td colspan="2">✓　夫妻財產制契約書</td><td>1</td><td colspan="2">✓　特有財產目錄</td><td>1</td><td>✓　財產清冊　　1</td></tr>
<tr><td colspan="2">✓　印鑑或簽名式</td><td>2</td><td colspan="2">✓　聲請人身分證明</td><td>2</td><td>✓　土地或房屋所
　　有權狀影本　1</td></tr>
<tr><td></td><td colspan="2">委任書</td><td></td><td colspan="2">法定代理人同意書</td><td></td><td></td></tr>
<tr><td colspan="8" align="center">中　華　民　國　　　　年　　　　月　　　　日</td></tr>
</table>

		此致				
台灣○○地方法院登記處						
			聲請人	夫王　甲 妻林　乙	（簽名蓋章）	

〈狀例2-256〉夫妻財產制契約變更登記聲請書

夫妻財產制契約登記聲請書

登記類別		夫妻財產制契約				訂約		登記		

稱謂	姓　　　名	出生日期			職業	住　　　居　　　所
		年	月	日		
夫	王　甲	○	○	○	○	○○市○○路○○號
妻	林　乙	○	○	○	○	○○市○○路○○號

結婚年月日及其地點	中華民國○○年○月○日在　　　○○地方法院公證結婚

聲請登記事項	夫妻約定財產制種類	分別財產制
	關於特有財產之約定及其價值	無
	採共同財產制者其契約約定之內容 採分別財產制者其財產管理權之約定	1.夫妻各保有其財產之所有權、管理權及使用權。 2.妻以其財產之管理權付與夫者，推定夫有以該財產之收益，供家庭生活費用之權，此項管理權，妻得隨時收回，取回權不得拋棄。

變更登記	原登記之約定財產制	原登記號數	變更後之財產制	訂立變更年月日	備註
	共同財產制	○○年○月○日○字第○○號	分別財產制	○○年○月○日	

廢止登記	原登記之約定財產制	原登記號數	訂立廢止契約之年月日	備　　　註

其他項	

附	名	稱	件數	名	稱	件數	名	稱	件數
具 文 件	✓ 夫妻財產制契約書		1		特有財產目錄		✓ 財產清冊		1
	✓ 印鑑或簽名式		2	✓	聲請人身分證明	2	✓ 土地或房屋所有權狀影本		1
	委任書				法定代理人同意書				

中	華	民	國		年		月		日

此致
台灣○○地方法院登記處

	聲請人	夫王　甲 妻林　乙	（簽名蓋章）

〈狀例2-257〉夫妻住居所遷移陳報狀

民事　陳報　狀		案　　　號	年度　　字第　　號	承辦股別
		訴訟標的金額或價額	新台幣　萬　千　百　十　元　角	

稱　　　謂	姓　名　或　名　稱 身分證統一編號或 營利事業統一編號	住居所或營業所、郵遞區號及電話號碼電子郵件位址	送達代收人姓名、住址、郵遞區號及電話號碼
陳報人	黃○○		

為陳報遷移住所事：
　　緣聲請人與配偶原於　鈞院登記採用分別財產制（附件一），今聲請人與配偶李○○之住所已遷移至○○縣○○市○○路○○號（附件二），特此陳報。
　　　　　　謹狀
台灣○○地方法院登記處　公鑒

證　物　名　稱 及　　件　　數	附件一：夫妻財產制登記簿謄本一件。 附件二：戶籍謄本一件。

中	華	民	國	年	月	日

	具狀人	黃○○	簽名蓋章

〈狀例2-258〉夫妻財產制契約廢止登記聲請書

夫妻財產制契約登記聲請書

登記類別	夫妻財產制契約				廢止	登記		
稱謂	姓　　　名	出生日期			職業	住　　　居　　　所		
		年	月	日				
夫	王　甲	○	○	○	○	○○市○○路○○號		
妻	林　乙	○	○	○	○	○○市○○路○○號		

結婚年月日及其地點	中華民國○○年○月○日在　台灣○○地方法院公證 結婚

聲請登記事項	夫妻約定財產制種類	無				
	關於特有財產之約定及其價值	無				
	採共同財產制者其契約約定之內容採分別財產制者其財產管理權之約定					
	變更登記	原登記之約定財產制	原登記號數	變更後之財產制	訂立變更年月日	備註
	廢止登記	原登記之約定財產制	原登記號數	訂立廢止契約之年月日	備	註
		分別財產制	○○年○月○日○字第○○號	○○年○月○日		
	其他					

附具文件	名　　　稱	件數	名　　　稱	件數	名　　　稱	件數
	✓ 夫妻財產制契約書	1	特有財產目錄		✓ 財產清冊	1
	印鑑或簽名式		✓ 聲請人身分證明	2	✓ 土地或房屋所有權狀影本	1
	委任書		法定代理人同意書		✓ 土地或房屋登記簿謄本	1

中　　華　　民　　國　　　　　年　　　　　月　　　　　日
此致 台灣○○地方法院登記處

	聲請人	夫王　甲 妻林　乙	（簽名蓋章）

▶法人登記簿閱覽抄錄之聲請

◇法人或夫妻財產制契約登記簿，任何人得向登記處聲請閱覽、抄錄或攝影，或預納費用聲請付與謄本。

前項登記簿之附屬文件，利害關係人得敘明理由，聲請閱覽、抄錄或攝影。但有妨害關係人隱私或其他權益之虞者，登記處得拒絕或限制其範圍。（非訟106）

◎撰狀説明

按法人或夫妻財產制契約登記事項攸關交易安全，故允許任何人均得不附理由，向登記處聲請就登記簿為閱覽、抄錄或攝影，或預納費用聲請付與謄本。利害關係人並得敘明理由，聲請就登記簿之附屬文件為閱覽、抄錄或攝影。

〈狀例2-259〉法人登記簿抄錄閱覽聲請書

法人登記簿	抄錄閱覽	聲請書		
法　人　名　稱	財團法人○○文藝雜誌社			
法　人　事　務　所	○○市○○路○○段○○號			
聲請人與法人之利害關係	財團法人○○文藝雜誌社於○○年○月○日至同年○月○日延欠聲請人印刷費新台幣201,000元整。			
抄錄或閱覽法人登記簿之部分	財產總額與董事任期及住所			
附繳　抄錄閱覽　費用				
右　　呈				
台灣○○地方法院登記處　公鑒				
聲　請　人	年　　齡	三十五歲	簽名蓋章	孫　丙
	籍　　貫	○○省○○縣		
	職　　業	商		
	住　　址	○○市○○路○○號		
中　　華　　民　　國　　　　年　　　　月　　　　日				

▶為失蹤人選任及改任財產管理人之聲請

◇失蹤人未置財產管理人者，其財產管理人依下列順序定之：

　一　配偶。

　二　父母。

　三　成年子女。

　四　與失蹤人同居之祖父母。

　五　家長。

不能依前項規定定財產管理人時，法院得因利害關係人或檢察官之聲請，選任財產管理人。

財產管理人之權限，因死亡、受監護、輔助或破產之宣告或其他原因消滅者，準用前二項之規定。（家事事件法143）

◇財產管理人有數人者，關於失蹤人之財產管理方法，除法院選任數財產管理人，而另有裁定者外，依協議定之；不為協議或協議不成時，財產管理人或利害關係人得聲請法院酌定之。（家事事件法144）

◇財產管理人不能勝任或管理不適當時，法院得依利害關係人或檢察官之聲請改任之；其由法院選任者，法院認為必要時得依職權改任之。（家事事件法145）

◇失蹤人財產之取得、設定、喪失或變更，依法應登記者，財產管理人應向該管登記機關為管理人之登記。（家事事件法147）

◎撰狀說明

㈠家事事件法第142條規定，關於失蹤人之財產管理事件，由其住所地之法院管轄。

㈡依修正後民法第8條之規定，宣告死亡之情形，有下列三種：1.失蹤人失蹤滿七年後；2.失蹤人為八十歲以上者，得於失蹤滿三年後；3.失蹤人為遭遇特別災難者，得於特別災難終了滿一年後，因利害關係人或檢察官之聲請，為死亡之宣告。以上失蹤人未置財產管理人者，其財產管理人，依家事事件法第143條第1項之順序，如不能依該項規定定財產管理人者，利害關係人或檢察官得聲請法院選任財產管理人。

〈狀例2-260〉請求選任財產管理人聲請狀

民事　聲請　狀		案　　　號	年度　　字第　　號	承辦股別	
		訴訟標的金額或價額	新台幣　萬　千　百　十　元　角		
稱　　　　謂	姓　名　或　名　稱身分證統一編號或營利事業統一編號	住居所或營業所、郵遞區號及電話號碼電子郵件位址		送達代收人姓名、住址、郵遞區號及電話號碼	

聲　請　人 即債權人	王　甲	

為請求選任財產管理人，依法提出聲請事：

　　緣債務人林乙於民國○○年○月○日前往菲律賓觀光，嗣即音信全無，下落不明，失蹤多年，而其前欠聲請人之債務新台幣20萬元迄未清償（證物一），又其所有坐落於○○市○○路○○號之本國式加強磚造二層樓房，因無人管理，年久失修，且債務人林乙雙親早故，又無妻子（證物二），無法依家事事件法第143條第1項順序定其管理人，茲為保障聲請人之權益，爰依同條第2項之規定聲請

　　鈞院鑒核，迅賜為失蹤人林乙選任財產管理人，而保權益，實為德便。

　　　　　　謹狀

台灣○○地方法院家事法庭　公鑒

證　物　名　稱 及　　件　　數	證物一：借據影本一件。 證物二：戶籍謄本一件。

中　　　華　　　民　　　國　　　年　　　月　　　日
具狀人　王　甲　　簽名 蓋章

〈狀例2-261〉請求改任財產管理人聲請狀

民事　聲請　狀		案　　號	年度　　字第　　號	承辦 股別	
		訴訟標的 金額或價額	新台幣　萬　千　百　十　元　角		
稱　　　謂	姓　名　或　名　稱 身分證統一編號或 營利事業統一編號	住居所或營業所、郵遞區號 及電話號碼電子郵件位址		送達代收人姓 名、住址、郵遞 區號及電話號碼	
聲　請　人 即債權人	王　甲				

為請求改任財產管理人，依法提出聲請事：

　　緣失蹤人林乙因於民國○○年○月○日前往菲律賓觀光失蹤，經蒙　鈞院以○○年度○字第○○號裁定（證物一），選任趙丙為失蹤人林乙之財產管理人。惟財產管理人趙丙自接任以來，卻未能盡善良管理人之注意義務，任令失蹤人之財產

損壞而不加以必要之修繕，致其財產顯有減少價值之虞，且其沉迷酒色，揮霍無度，迄今仍未清償失蹤人積欠聲請人之債務（證物二），其不能勝任職務，且有害聲請人之權益，甚為明顯，為此爰依家事事件法第145條第1項之規定，聲請
　　鈞院詳查，迅賜改任適當之財產管理人，以符法治。
　　　　　　謹狀
台灣○○地方法院家事法庭　公鑒

證　物　名　稱及　　件　　數	證物一：裁定影本一件。證物二：借據影本一件。

中	華	民	國	年	月	日

具狀人　　王　甲　　　簽名蓋章

▶對於未成年子女權利義務之行使或負擔之酌定、改定或變更之聲請

◇下列親子非訟事件，專屬子女住所或居所地法院管轄；無住所或居所者，得由法院認為適當之所在地法院管轄：
　　一　關於未成年子女扶養請求、其他權利義務之行使或負擔之酌定、改定、變更或重大事項權利行使酌定事件。
　　二　關於變更子女姓氏事件。
　　三　關於停止親權事件。
　　四　關於未成年子女選任特別代理人事件。
　　五　關於交付子女事件。
　　六　關於其他親子非訟事件。
未成年子女有數人，其住所或居所不在一法院管轄區域內者，各該住所或居所地之法院俱有管轄權。
第1項之事件有理由時，程序費用由未成年子女之父母或父母之一方負擔。（家事事件法104）

◎撰狀說明
㈠夫妻離婚者，對於未成年子女權利義務之行使或負擔，依協議由一方或雙方共同任之。未為協議或協議不成者，法院得依夫妻之一方、主管機關、社會福利機構或其他利害關係人之請求或依職權酌定之。

前項協議不利於子女者，法院得依主管機關、社會福利機構或其他利害關係人之請求或依職權為子女之利益改定之。

行使、負擔權利義務之一方未盡保護教養之義務或對未成年子女有不利之情事者，他方、未成年子女、主管機關、社會福利機構或其他利害關係人得為子女之利益，請求法院改定之。

前三項情形，法院得依請求或依職權，為子女之利益酌定權利義務行使負擔之內容及方法。

法院得依請求或依職權，為未行使或負擔權利義務之一方酌定其與未成年子女會面交往之方式及期間。但其會面交往有妨害子女之利益者，法院得依請求或依職權變更之（民法第1055條）。

㈡法院為前條裁判時，應依子女之最佳利益，審酌一切情狀，參考社工人員之訪視報告，尤應注意下列事項：

一　子女之年齡、性別、人數及健康情形。

二　子女之意願及人格發展之需要。

三　父母之年齡、職業、品行、健康情形、經濟能力及生活狀況。

四　父母保護教養子女之意願及態度。

五　父母子女間或未成年子女與其他共同生活之人間之感情狀況。

六　父母之一方是否有妨礙他方對未成年子女權利義務行使負擔之行為。

七　各族群之傳統習俗、文化及價值觀（民法第1055條之1）。

㈢關於父母監護未成年子女之爭議，須經法院裁判者，實務上向循民事訴訟程序解決。惟民國88年2月3日修正非訟事件法，將父母對未成年子女監護事件非訟化，改依非訟事件程序處理未成年子女監護事宜，僅在另有為監護子女前提之民事訴訟繫屬於法院時，始應與該前提訴訟合併處理（參見非訟事件法第131條），民事訴訟法第572條之1並配合上開變更而規定有關子女監護前提之撤銷婚姻或離婚等當事人，得於第一審或第二審言詞辯論終結前，附帶請求法院於認原告之訴為有理由時，並定對於未成年子女權利義務行使、負擔之內容及方法。但民國101年1月11日公布家事事件法全文200條（民國101年6月1日施行），由於家事事件法第四編第二章就婚姻非訟事件、第三章就親子非訟事件，已有整體規範，故而非訟事件法第131條及民事訴訟法第572條之1均於民國102年5月8日配合刪除。

㈣子女為滿七歲以上之未成年人者，法院就前條事件為裁定前，應聽取其意見。但有礙難情形或恐有害其健康者，不在此限（非訟事件法第128條）。然為妥適、迅速、統合處理家事事件，民國101年1月11日公布家事事件法全文200條，關於該法所定家事事件均明定由少年及家事法院處理。而非訟事件法第108條至第170條亦於民國102年5月8日因修正而刪除（即包括第128條及第131條）。至於法院就有關

未成年子女權利義務之行使或負擔事件為裁定前，應依子女之年齡及識別能力等身心狀況，於法庭內、外，以適當方式，曉諭裁判結果之影響，使其有表達意願或陳述意見之機會；必要時，得請兒童及少年心理或其他專業人士協助（家事事件法第108條）；甚至未成年子女雖非當事人，法院為未成年子女之最佳利益，於必要時，亦得依父母、未成年子女、主管機關、社會福利機構或其他利害關係人之聲請或依職權為未成年子女選任程序監理人（家事事件法第109條）。

〈狀例2-262〉酌定監護人聲請狀

民事　酌定監護人　狀		案　　　號	年度　　字第　　號	承辦股別	
		訴訟標的金額或價額	新台幣　萬　千　百　十　元　角		
稱　　　謂	姓　名　或　名　稱身分證統一編號或營利事業統一編號	住居所或營業所、郵遞區號及電話號碼電子郵件位址		送達代收人姓名、住址、郵遞區號及電話號碼	
聲　請　人相　對　人	莊○○謝○○				

為聲請酌定監護人事：

　　　聲請之事項
一、對未成年人莊○○之權利義務酌定由聲請人行使或負擔。
二、聲請程序費用由相對人負擔。
　　　事實及理由
一、聲請人係未成年人莊○○之父。按聲請人與相對人於民國○○年○月○日離婚（聲證一），惟對於未成年子女權利義務之行使或負擔協議不成。
二、聲請人目前有固定職業，身體健康，有經濟能力，且與未成年子女感情良好，而聲請人之父母親亦可從旁協助照顧，為未成年人之最佳利益，爰聲請酌定對於未成年子女莊○○權利義務之行使或負擔由聲請人任之，以利日後代為處理事務。
　　　　　　謹狀
台灣○○地方法院家事法庭　公鑒

證　物　名　稱及　　件　　數	聲證一：戶籍謄本乙件、離婚協議書影本一件。

中	華	民	國	年	月	日

　　　　　具狀人　　莊○○　　　　　簽名
　　　　　　　　　　　　　　　　　　蓋章

〈狀例2-263〉改定監護人聲請狀

民事　改定監護人　狀	案　　　號		年度　　字第　　號		承辦股別	
	訴訟標的金額或價額	新台幣　　萬　千　百　十　元　角				
稱　　　　謂	姓　名　或　名　稱身分證統一編號或營利事業統一編號	住居所或營業所、郵遞區號及電話號碼電子郵件位址			送達代收人姓名、住址、郵遞區號及電話號碼	
聲　請　人相　對　人	謝○○莊○○					

為聲請改定監護人事：

　　聲請之事項

一、對未成年人莊○○之權利義務改定由聲請人行使或負擔。

二、聲請程序費用由相對人負擔。

　　事實及理由

一、聲請人係未成年人莊○○之母親。按聲請人與相對人於民國○○年○月○日離婚，雙方協議未成年子女之權利義務由相對人任之（聲證一）。豈料，相對人竟因失業在家，心情鬱悶，終日酗酒，非但未盡其保護教養之義務，甚至經常毆打未成年子女，此有未成年子女莊○○之驗傷單可稽（聲證二）。

二、聲請人目前有固定職業，身體健康，有經濟能力，與未成年子女感情良好，又有家屬可從旁協助照顧，為未成人之最佳利益，爰聲請改由聲請人擔任未成年人之監護人且，以利日後代為處理事務。

　　　　　　謹狀

台灣○○地方法院家事法庭　公鑒

證物名稱及件數	聲證一：戶籍謄本一件、離婚協議書影本一件。聲證二：驗傷單影本一件。

<table>
<tr><td>中</td><td>華</td><td>民</td><td>國</td><td>年</td><td>月</td><td>日</td></tr>
</table>

具狀人　　謝○○　　　簽名
　　　　　　　　　　　　蓋章

▶認可收養子女之聲請

◇認可收養子女事件，專屬收養人或被收養人住所地之法院管轄；收養人在中華民國無住所者，由被收養人住所地或所在地之法院管轄。

認可終止收養事件、許可終止收養事件及宣告終止收養事件，專屬養子女住所地之法院管轄。（家事事件114）

◇認可收養事件，除法律別有規定外，以收養人及被收養人為聲請人。

認可收養之聲請應以書狀或於筆錄載明收養人及被收養人、被收養人之父母、收養人及被收養人之配偶。

前項聲請應附具下列文件：

　一　收養契約書。

　二　收養人及被收養人之國民身分證、戶籍謄本、護照或其他身分證明文件。

第2項聲請，宜附具下列文件：

　一　被收養人為未成年人時，收養人職業、健康及有關資力之證明文件。

　二　夫妻之一方被收養時，他方之同意書。但有民法第1076條但書情形者，不在此限。

　三　經公證之被收養人父母之同意書。但有民法第1076條之1第1項但書、第2項但書或第1076條之2第3項情形者，不在此限。

　四　收養人或被收養人為外國人時，收養符合其本國法之證明文件。

　五　經收出養媒合服務者為訪視調查，其收出養評估報告。

前項文件在境外作成者，應經當地中華民國駐外機構認證或證明；如係外文，並應添具中文譯本。（家事事件115）

◇依兒童及少年福利與權益保障法第16條第1項規定，父母或監護人因故無法對其兒童及少年盡扶養義務而擬予出養時，應委託收出養媒合服務者代覓適當之收養人。但下列情形之出養，不在此限：

　一　旁系血親在六親等以內及旁系姻親在五親等以內，輩分相當。

　二　夫妻之一方收養他方子女。

◇依兒童及少年福利與權益保障法第17條第1項規定，聲請法院認可兒童及少年

之收養，除有第16條第1項但書規定情形者外，應檢附收出養評估報告。未檢附者，法院應定期間命其補正；逾期不補正者，應不予受理。

◎撰狀說明

㈠依民法第1073條、第1073條之1、第1075條及第1079條規定，收養者之年齡，應長於被收養者二十歲以上，除由配偶共同收養外，一人不得同時為二人之養子女，且下列親屬不得收養為養子女，如有違反，其收養無效：
一　直系血親。
二　直系姻親。但夫妻之一方，收養他方之子女者，不在此限。
三　旁系血親在六親等以內及旁系姻親在五親等以內，輩分不相當者。

㈡有配偶者收養子女時，應與其配偶共同為之。但夫妻之一方，收養他方之子女者，不在此限。如有違反，收養者之配偶得請求法院撤銷之。但自知悉其事實之日起，已逾六個月，或自法院認可之日起已逾一年者，不得請求撤銷（民法第1074條、第1079條之5第1項）。

㈢有配偶者被收養時，應得其配偶之同意。滿七歲以上之未成年人被收養時，應得法定代理人之同意。但無法定代理人時（如父母不詳、父母死亡、失蹤或無同意能力），應先依民法親屬編或其他法律之規定定其監護人為法定代理人。如有違反，被收養者之配偶或法定代理人得請求法院撤銷之。但自知悉其事實之日起，已逾六個月，或自法院認可之日起已逾一年者，不得請求撤銷（民法第1076條、第1076條之2第2項、第1079條之5第2項）。

㈣收養子女，應以書面為之。但被收養者未滿七歲而無法定代理人時，應先依民法親屬編或其他法律之規定定其監護人為法定代理人。

未滿七歲之未成年人被收養時，由法定代理人代為意思表示並代受意思表示。但無法定代理人時，應先依民法親屬編或其他法律之規定定其監護人為法定代理人。

滿七歲以上之未成年人被收養時，應得法定代理人之同意。但無法定代理人時，應先依民法親屬編或其他法律之規定定其監護人為法定代理人。

收養子女應聲請法院認可。

收養有下列情形之一者，法院應不予認可：
一　收養有無效或得撤銷之原因者。
二　未成年人被收養時，有事實足認收養於養子女不利者。
三　成年人被收養時，意圖以收養免除法定義務；依其情形，足認收養於其本生父母不利者（民法第1079條、第1079條之1、第1079條之2）。

〈狀例2-264〉**認可收養子女聲請狀**

民事 聲請 狀		案　　　號	年度　　字第　　號	承辦 股別	
		訴訟標的 金額或價額	新台幣　萬　千　百　十　元　角		
稱　　　謂	姓　名　或　名　稱 身分證統一編號或 營利事業統一編號	住居所或營業所、郵遞區號 及電話號碼電子郵件位址		送達代收人姓 名、住址、郵遞 區號及電話號碼	
聲　請　人	張○○ 葉○○				

為聲請裁定准予認可收養子女事：

　　聲請之事項

一、請准裁定認可張○○與葉○○共同收養陳○○為養子。

二、聲請程序費用由聲請人負擔。

　　事實及理由

　　緣聲請人張○○與葉○○為夫妻，同意共同收養陳○○（係民國○○年○月○日出生）為養子，茲已訂立契約書及收養同意書在案（聲證一）。又因被收養人未滿18歲，故已由收出養媒合服務機構（機構名稱）先為出養必要性之訪視調查，並作成評估報告。為此依民法第1079條第1項、家事事件法第114條第1項及第115條之規定，檢附聲請人及被收養人之身分證明文件、聲請人之財產所得資料（聲證二）及收出養評估報告（聲證三），聲請准予裁定認可。

　　　　　　謹狀

台灣○○地方法院家事法庭　公鑒

證　物　名　稱 及　件　數	聲證一：收養契約書、收養同意書影本各一份。 聲證二：聲請人及被收養人身分證影本、聲請人財產所得資料影本 　　　　各一份。 聲證三：收出養媒合服務機構之「收出養評估報告」。 聲證四：收養人職業、健康及資力之證明文件。

中　　華　　民　　國　　　年　　　月　　　日		
	具狀人　張○○ 　　　　葉○○	簽名 蓋章

▶未成年人監護事件之聲請

◇下列未成年人監護事件，專屬未成年人住所地或居所地法院管轄；無住所或居所者，得由法院認為適當之所在地法院管轄：

一　關於選定、另行選定或改定未成年人監護人事件。

二　關於監護人報告或陳報事件。

三　關於監護人辭任事件。

四　關於酌定監護人行使權利事件。

五　關於酌定監護人報酬事件。

六　關於為受監護人選任特別代理人事件。

七　關於許可監護人行為事件。

八　關於交付子女事件。

九　關於監護所生損害賠償事件。

十　關於其他未成年人監護事件。

第104條第2項、第3項及第105條之規定，於前項事件準用之。（家事事件法120）

◎撰狀說明

㈠本件由未成年人住所地或所在地之法院管轄。

㈡未成年人無父母，或父母均不能行使、負擔對於其未成年子女之權利、義務時，應置監護人。但未成年人已結婚者，不在此限（民法第1091條）。

㈢父母均不能行使、負擔對於未成年子女之權利義務或父母死亡而無遺囑指定監護人，或遺囑指定之監護人拒絕就職時，依下列順序定其監護人：

一　與未成年人同居之祖父母。

二　與未成年人同居之兄姊。

三　不與未成年人同居之祖父母。

前項監護人，應於知悉其為監護人後十五日內，將姓名、住所報告法院，並應申請當地直轄市、縣（市）政府指派人員會同開具財產清冊。

未能依前項之順序定其監護人時，法院得依未成年子女、四親等內之親屬、檢察官、主管機關或其他利害關係人之聲請，為未成年子女之最佳利益，就其三親等內旁系血親尊親屬、主管機關、社會福利機構或其他適當之人選定為監護人，並得指定監護之方法。

法院依前項選定選定監護人或依第1106條及第1106條之1另行選定或改定監護人時，應同時指定會同開具財產清冊之人。

未成年人無第1項之監護人，於法院依第3項為其選定確定前，由當地社會福利主

管機關為其監護人（民法第1094條）。

㈣未成年人監護之聲請，除由父母之委託者外，必係父母俱死亡，或均不能行使親權時，始得為之。

未成年人監護之聲請，應備文件

1. 未成年人、聲請人、擬擔任監護人及會同開具財產清冊人的戶籍謄本。

2. 未成年人父母不能行使負擔對未成年子女權利義務之證明文件（如父母死亡證明書、除戶謄本、警察局查尋人口證明、其他失蹤證明等）。

〈狀例2-265〉選定未成年人監護人聲請狀

民事　聲請　狀		案　　　　號	年度　　字第　　號		承辦股別	
		訴訟標的金額或價額	新台幣　萬　千　百　十　元　角			
稱　　　　謂	姓　名　或　名　稱身分證統一編號或營利事業統一編號	住居所或營業所、郵遞區號及電話號碼電子郵件位址		送達代收人姓名、住址、郵遞區號及電話號碼		
聲　請　人即債權人	王　甲					
相　對　人即未成年人	林　乙林　丙					

為聲請選定未成年人之監護人及指定會同開具財產清冊之人事：

　　聲請之事項

一、請准選定○○○（出生年月日、身分證字號）為未成年人林乙（出生年月日、身分證字號）及林丙（出生年月日、身分證字號）之監護人並指定○○○為會同開具財產清冊之人。

二、程序費用由相對人等連帶負擔。

　　原因及事實

　　緣未成年人林乙等之父林丁於民國○○年○月○日向聲請人借用新台幣20萬元，期限二年清償，並以其所有坐落○○市○○段○小段○○號之建地，及其上建物即門牌號碼○○市○○路○○號之本國式加強磚造二層樓房乙棟設定抵押權，作為該債權之擔保（見證物一）。詎料未成年人林乙等之父母於○○年○月○日因遭車禍，不幸喪生，既無遺囑指定監護人，亦無民法第1094條規定所列之監護人，而未成年人林乙現僅七歲，林丙亦不足六歲，茲有戶籍謄本乙份資證（見證物二），無論在生活上抑是在教養上均須人照顧，再聲請人為實行抵押權，又亟待其辦理繼

承登記，非無利害關係，為此爰依家事事件法第120條及民法第1090條第3項之規定聲請選任○○○擔任未成年人之監護人，並依民法第1094條第4項規定指定會同開具財產清冊之人。狀請

鈞院鑒核，迅賜裁定准予選定監護人，以恤幼孤，實為德便。

謹狀

台灣○○地方法院家事法庭　公鑒

證　物　名　稱 及　　件　　數	證物一：借據、他項權利證明書、土地登記簿謄本、抵押權設定契約書影本各一件。 證物二：戶籍謄本影本一件。

中	華	民	國	年	月	日

具狀人　　王　甲　　簽名蓋章

▶受監護宣告之人監護事件之聲請

◇民法第1110條明定受監護宣告之人應置監護人。至於民法第1110條關於法院為監護宣告事件，專屬應受監護宣告之人或受監護宣告之人住所地或居所地法院管轄；無住所或居所者，得由法院認為適當之所在地法院管轄。（家事事件164I）

◇照護受監護宣告之人之法人或機構及其代表人、負責人，或與該法人或機構有僱傭、委任或其他類似關係之人，不得為該受監護宣告之人之監護人。但為該受監護宣告之人之配偶、四親等內之血親或二親等內之姻親者，不在此限。（民法1111-2）

◇為落實當事人意思自主原則，關於成年人之「監護宣告」，本人於意思能力尚健全時，得與受任人約定「意定監護」。故而民國108年6月19日特增訂民法第1113條之2至第1113條之10關於「意定監護」之相關規定。即：

㈠稱意定監護者，謂本人與受任人約定，於本人受監護宣告時，受任人允為擔任監護人之契約。（民法1113-2I）

㈡意定監護契約之訂立或變更，應由公證人作成公證書始為成立。公證人作成公證書後七日內，以書面通知本人住所地之法院。（民法1113-3I）

㈢法院為監護之宣告時，受監護宣告之人已訂有意定監護契約者，應以意定監護契約所定之受任人為監護人。（民法1113-4I前段）

㈣法院為監護之宣告前，意定監護契約之本人或受任人得隨時撤回之。（民法1113-5I）

㈤意定監護契約已約定報酬或約定不給付報酬者，從其約定；未約定者，監護人得請求法院按其勞力及受監護人之資力酌定之。（民法1113-7）

◇聲請人為監護宣告之聲請時，宜提出診斷書。（家事事件166）

◇法院應於鑑定人前，就應受監護宣告之人之精神或心智狀況，訊問鑑定人及應受監護宣告之人，始得為監護之宣告。鑑定應有精神科專科醫師或具精神科經驗之醫師參與並出具書面報告。（家事事件167I、167II）

◇監護宣告之裁定，應同時選定監護人及指定會同開具財產清冊之人，並附理由。（家事事件168I）

◎撰狀說明

　　法院就選定或指定受監護宣告之人之監護人，依民法第1111條第1項規定，法院應依職權就配偶、四親等內之親屬、最近一年有同居事實之其他親屬、主管機關、社會福利機構或其他適當之人選定一人或數人為監護人，並同時指定會同開具財產清冊之人。至於監護之聲請人或利害關係人亦得提出相關資料或證據，供法院斟酌，亦為民法第1111條第2項明定。但受監護宣告之人如已訂有意定監護契約且該契約亦經公證人作成公證書，則法院應依民法第1113條之4第1項規定以該意定監護契約所定之受任人為監護人。

㈠本件由受監護宣告之人住所地或居所地之法院管轄。

㈡向法院聲請監護宣告應附具下列文件：

一　應受監護宣告之人、聲請人、擬擔任監護人及會同開具財產清冊人的戶籍謄本。

二　擬擔任監護人及會同開具財產清冊人所出具之同意書。

三　應受監護宣告之人的精神科專科醫師或具精神科經驗之醫師所出具書面報告或其他相關證明文件。

〈狀例2-266〉選定監護人聲請狀

民事　聲請　狀		案　　　號	年度　　字第　　號	承辦股別	
		訴訟標的金額或價額	新台幣　萬　千　百　十　元　角		
稱　　　　謂	姓　名　或　名　稱身分證統一編號或營利事業統一編號	住居所或營業所、郵遞區號及電話號碼電子郵件位址			送達代收人姓名、住址、郵遞區號及電話號碼

聲　請　人 即債權人 相　對　人 即應受監 護宣告人	王　甲 林　乙		

為聲請監護宣告、選定監護人及指定會同開具財產清冊之人事：

聲請之事項

一、請求裁定林乙（出生年月日、身分證字號）為受監護宣告之人。

二、請求選定張丙（出生年月日、身分證字號）為林乙之監護人。

三、請求指定陳丁（出生年月日、身分證字號）為會同開具財產清冊之人。

四、聲請程序費用由相對人（應受監護宣告人）負擔。

原因及事實

一、緣受監護宣告人於民國○○年○月○日向聲請人借用新台幣23萬元（見證物一），嗣因遭車禍，其妻因而身亡，而林乙亦因之遭受刺激，致心神喪失，以致不能為意思表示或受意思表示。再由於受監護宣告人無行為能力，不能處理自己事務，且本件因不能依民法第1111條第1項規定定其監護人（見證物二），聲請人因此無法對其行使債權，非無利害關係，為此爰依民法第14條、第1110條、第1111條及家事事件法第164條之規定，請求　貴院裁定如聲請事項。

二、本件應受監護宣告人因行動不便，請求准許至　　　　　　　　　（地址或醫院）接受鑑定。

三、為此，合當狀請

　　鈞院鑒核，准予裁定如聲請事項，以保權利，實感德便

　　　　　　謹狀

台灣○○地方法院家事法庭　公鑒

證　物　名　稱 及　件　數	證物一：借據影本一紙。 證物二：戶籍謄本一份。 證物三：張丙及陳丁出具之同意書各一份。

中　　　華　　　民　　　國　　　年　　　月　　　日
具狀人　王　甲　　簽名蓋章

▶限定繼承事件之陳報

◇民法第1156條所定限定繼承陳報事件，由繼承開始時被繼承人住所地之法院管轄。（家事事件127）

繼承人為遺產陳報時，應於陳報書記載下列各款事項，並附具遺產清冊：

一　陳報人。

二　被繼承人之姓名及最後住所。

三　被繼承人死亡之年月日時及地點。

四　知悉繼承之時間。

五　有其他繼承人者，其姓名、性別、出生年月日及住、居所。

前項遺產清冊應記載被繼承人之財產狀況及繼承人已知之債權人、債務人。（家事事件128）

◎撰狀說明

㈠為限定之繼承者，應於繼承開始時起，三個月內，開具遺產清冊呈報法院（民法第1156條第1項），如不依此法定方式為之，依民法第73條之規定，自屬無效。

㈡本件由繼承開始時被繼承人住所地法院管轄。

㈢本件以「陳報狀」之方式為之。

〈狀例2-267〉限定繼承之陳報狀

民事　陳報　狀		案　　　號	年度　　字第　　號	承辦股別	
		訴訟標的金額或價額	新台幣　萬　千　百　十　元　角		
稱　　　　謂	姓　名　或　名　稱身分證統一編號或營利事業統一編號	住居所或營業所、郵遞區號及電話號碼電子郵件位址		送達代收人姓名、住址、郵遞區號及電話號碼	
呈　報　人即繼承人被繼承人	林　甲林　乙	最後住所：○○市○○路○○號			
為限定繼承，依法陳報事： 緣繼承人之父，即被繼承人林乙，不幸於民國○○年○月○日因心臟病突發而去世，先父平日經營商業，其所遺財產雖不可謂少，然其生前因生意上往來有無負債及負債多少，又債權人為何人，均不得而知，而其臨終時，因事出突然，亦未及以遺囑指示，依民法第1154條之規定，繼承人得限定以因繼承所得之遺產償還被繼					

承人之債務。又「爲限定之繼承者，應於繼承開始時起，三個月內，開具遺產清冊呈報法院」，民法第1156條第1項定有明文。爲此爰依據民法第1156條第1項、家事事件法第127條第1項及家事事件法第128條之規定，檢同死亡證明書及遺產清冊（附件），狀請

　　鈞院鑒核，賜准予限定繼承並爲公示催告，以保權益，實爲德便。
　　　　　謹狀
台灣○○地方法院家事法庭　公鑒

證　物　名　稱 及　　件　　數	附件：死亡證明書及遺產清冊影本各一件。

中	華	民	國	年	月	日

　　　　　　　　　　具狀人　林　甲　　　簽名 蓋章

▶抛棄繼承事件之聲請

　　◇參見第八章民法相關書狀，第523頁以下。

▶無人承認之繼承事件

　　◇無人承認之繼承事件，由繼承開始時被繼承人住所地之法院管轄。
　　民法第1178條之1所定保存遺產事件，亦得由遺產所在地之法院管轄。（家事事件127）
　　◇親屬會議選定之遺產管理人有下列情形之一者，法院得依利害關係人或檢察官之聲請，徵詢親屬會議會員、利害關係人或檢察官之意見後解任之，命親屬會議於一個月內另爲選定：
　　　一　違背職務上之義務者。
　　　二　違背善良管理人之注意義務，致危害遺產或有危害之虞者。
　　　三　有其他重大事由者。（家事事件135）

◎撰狀説明
㈠所謂無人承認之繼承事件，包括無人承認之繼承財產管理事件、繼承開始及親屬會議選定遺產管理人陳報事件、聲請法院選任遺產管理人事件及保存遺產事件。
㈡所謂違背善良管理人之注意義務者，即違反民法第535條所定善良管理人之注意義務是也。

㈢親屬會議報明繼承開始及選定遺產管理人時，應由其會員一人以上於陳報書記載下列各款事項，並附具證明文件向法院提出之：
一　陳報人。
二　被繼承人之姓名、最後住所、死亡之年月日時及地點。
三　選定遺產管理人之事由。
四　所選定遺產管理人之姓名、性別、出生年月日及住、居所。（家事事件133）

㈣利害關係人或檢察官聲請選任遺產管理人時，其聲請書應記載下列事項，並附具證明文件：
一　聲請人。
二　被繼承人之姓名、最後住所、死亡之年月日時及地點。
三　聲請之事由。
四　聲請人為利害關係人時，其法律上利害關係之事由。
　　親屬會議未依第134條第2項或前條另為選定遺產管理人時，利害關係人或檢察官得聲請法院選任遺產管理人，並適用前項之規定。
　　法院選任之遺產管理人，除自然人外，亦得選任公務機關。（家事事件136）

〈狀例2-268〉解任遺產管理人聲請狀

民事　聲請　狀		案　　　號	年度　　字第　　號	承辦股別	
		訴訟標的金額或價額	新台幣　萬　千　百　十　元　角		
稱　　　　謂	姓　名　或　名　稱身分證統一編號或營利事業統一編號	住居所或營業所、郵遞區號及電話號碼電子郵件位址		送達代收人姓名、住址、郵遞區號及電話號碼	
聲　請　人即債權人	王　甲				
相　對　人即遺產管理人	楊　丁				

為請求解任遺產管理人，依法提出聲請事：
　　緣被繼承人趙丙親屬會議選定楊丁為被繼承人趙丙之遺產管理人，經該親屬會議召集人趙戊呈報在案（證物一）。惟遺產管理人楊丁自接任後，對於被繼承人所栽植之稻穀及西瓜，迄未及時收穫，任由其發芽腐爛，以致不堪食用，損失重大，其影響聲請人之債權（證物二）甚鉅，顯有違背善良管理人之注意義務，且有危害遺產之虞，茲為保障聲請人之債權，爰依家事事件法第135條，狀請

　　　　鈞院鑒核，迅予解任遺產管理人楊丁，以保權益。
　　　　　　謹狀
台灣○○地方法院家事法庭　公鑒

證　物　名　稱 及　　件　　數	證物一：裁定影本一件。 證物二：借據影本一件。

中	華	民	國	年	月	日

　　　　　　　　　　　　具狀人　　王　甲　　簽名
蓋章

〈狀例2-269〉選定遺產管理人陳報狀

民　事　陳　報　狀		案　　　　　號	年度　　字第　　號	承辦 股別	
		訴訟標的 金額或價額	新台幣　萬　千　百　十　元　角		
稱　　　　謂	姓　名　或　名　稱 身分證統一編號或 營利事業統一編號	住居所或營業所、郵遞區號 及電話號碼電子郵件位址		送達代收人姓 名、住址、郵遞 區號及電話號碼	
陳　報　人 被繼承人	王　　甲 王　　乙 王　　丙 王　　丁 王　　戊 王　　庚	最後住所：○○市○○路 ○○號			

為陳報繼承開始及選定遺產管理人事：
　　緣被繼承人王庚於民國○○年○月○日在家中因心臟病突發，不幸身亡，依民法第1147條規定，繼承業已開始，而「繼承開始時，繼承人之有無不明者，由親屬會議於一個月內選定遺產管理人，並將繼承開始及選定遺產管理人之事由，向法院報明」，民法第1177條定有明文。今被繼承人王庚因有無繼承人不明，爰經親屬會議決議，選定王乙為其遺產管理人，以資便於管理，為此聲請人等爰依家事事件法第133條規定並檢同戶籍謄本及親屬會議決議錄各乙件（附件），狀請

　　　鈞院鑒核，准予核備，而符法紀。
　　　　　　　謹狀
台灣○○地方法院家事法庭　公鑒

證　物　名　稱及　　件　　數	附件：戶籍謄本、親屬會議決議錄各一件。

中	華	民	國	年	月	日

	具狀人	王　甲王　乙王　丙王　丁王　戊	簽名蓋章

〈狀例2-270〉選任遺產管理人聲請狀㈠

民事　聲請　狀		案　　　號	年度　　字第　　號	承辦股別	
		訴訟標的金額或價額	新台幣　萬　千　百　十　元　角		
稱　　　　謂	姓　名　或　名　稱身分證統一編號或營利事業統一編號	住居所或營業所、郵遞區號及電話號碼電子郵件位址		送達代收人姓名、住址、郵遞區號及電話號碼	
聲　請　人被繼承人	王　甲林　乙	最後住所：○○市○○路○○號			

為請求選任遺產管理人，並依法為承認繼承之公示催告程序事：

　　聲請之事項
一、請准予選任楊丙（出生年月日、身分證字號，住○○市○○路○○號）為被繼
　　承人林乙（出生年月日、身分證字號）之遺產管理人。
二、程序費用由被繼承人林乙之遺產內負擔之。

　　原因及事實
　　　緣被繼承人林乙於民國○○年○月○日向聲請人借用新台幣20萬元，言明清
償期限為三年，即自民國○○年○月○日起至○○年○月○日止（證物一），今清
償期限已屆，惟尚未償還，不料其於今年○月○日因車禍死亡，依民法第1147條之

規定，繼承業已開始，遺有坐落於○○市○○路○○號之本國式二層樓房乙棟。惟因被繼承人既無妻子，又無親屬在台（證物二），無法依民法第1177條選定遺產管理人，以致聲請人之債權一直無法行使。今為保障聲請人之權益，且聲請人已徵得曾擔任○○會計師事務所之楊丙會計師同意擔任被繼承人林乙之遺產管理人（證物三），為此爰依民法第1178條第2項及家事事件法第136條之規定，狀請
　　　鈞院鑒核，准予裁定指定王丙為其遺產管理人，以資管理，而保權益，實為德便。
　　　謹狀
台灣○○地方法院家事法庭　公鑒

證　物　名　稱及　　件　　數	證物一：借據影本一件。
	證物二：林乙之戶籍謄本一件。
	證物三：楊丙願擔任遺產管理人同意書正本一份。

中	華	民	國		年		月		日
				具狀人	王　甲		簽名蓋章		

〈狀例2-270-1〉選任遺產管理人聲請狀㈡

民事　聲請狀		案　　　號	年度　　字第　　號		承辦股別	
		訴訟標的金額或價額	新台幣　萬　千　百　十　元　角			
稱　　　　謂	姓　名　或　名　稱身分證統一編號或營利事業統一編號	住居所或營業所、郵遞區號及電話號碼電子郵件位址		送達代收人姓名、住址、郵遞區號及電話號碼		
聲　請　人被　繼　承　人	歐　甲陳　乙	最後住所：○○市○○路○○號				

為請求選任遺產管理人，依法提出聲請事：
　　聲請之事項
　　　請准予選任行政院國軍退除役官兵輔導委員會或國有財產署為被繼承人陳乙之遺產管理人，程序費用由被繼承人陳乙之遺產負擔。
　　原因及事實
　　　緣被繼承人陳乙及張丙前與周丁於民國100年12月3日在台灣台北地方法院公

證處簽訂委任移轉契約，並經公證雙方約定由周丁代繳房屋價款，並同意於價款全部繳清後，將房屋所有權登記爲周丁或其指定人之名義（證物一）。又周丁因已於105年2月3日亡故，是有關前揭契約之權利義務自由周丁之繼承人所承受，按聲請人係周丁之配偶，且爲唯一繼承人（證物二），是今聲請人既依前揭契約內容將房屋價款繳清（證物三），則被繼承人及張丙理應辦理產權移轉予聲請人。茲查被繼承人已於民國108年1月16日死亡，依民法第1147條之規定，繼承業已開始，惟因被繼承人乃係一退伍老兵，既無妻子，又無親屬在台（證物四），無法依民法第1177條選定遺產管理人，以致聲請人之債權一直無法行使，今爲保障聲請人之權益，爰依民法第1178條第2項及家事事件法第136條之規定，狀請

　　鈞院鑒核，准予裁定選任行政院國軍退除役官兵輔導委員會或國有財產署爲其遺產管理人，以資管理，而保權利，實爲德便。
　　　　　　謹狀
台灣○○地方法院家事法庭　公鑒

證　物　名　稱 及　　件　　數	證物一：法院公證書影本一件。
	證物二：戶籍謄本一件。
	證物三：國民住宅貸款清償證明書影本一件。
	證物四：陳乙之戶籍謄本一件。

中	華	民	國		年		月		日
			具狀人　歐　甲			簽名 蓋章			

▶遺囑執行人之指定

◇民法第60條第3項、第1211條所定遺囑執行人之聲請指定事件，及第1218條所定遺囑執行人之聲請另行指定事件，由繼承開始時被繼承人住所地法院管轄。（家事事件127、141）

◎撰狀説明

　　依民法第1211條之規定，遺囑未指定遺囑執行人，並未委託他人指定者，得由親屬會議選定之；不能由親屬會議選定時，得由利害關係人聲請法院指定之。所謂利害關係人，係指「繼承人」、「遺產管理人」、「受遺贈人」、「受遺贈人之債權人」等。

〈狀例2-271〉指定遺囑執行人聲請狀

民事　聲請　狀		案　　　號	年度　　字第　　號	承辦股別	
		訴訟標的金額或價額	新台幣　萬　千　百　十　元　角		
稱　　　謂	姓　名　或　名　稱身分證統一編號或營利事業統一編號	住居所或營業所、郵遞區號及電話號碼電子郵件位址		送達代收人姓名、住址、郵遞區號及電話號碼	
聲　請　人即債權人被繼承人	王　甲林　乙	最後住所：○○市○○路○○號			

為請求指定遺囑執行人，依法提出聲請事：

　　聲請之事項

一、准予指定楊丙（出生年月日、身分證字號，住○○市○○路○○號）為被繼承人林乙之遺囑執行人。

二、程序費用由被繼承人林乙之遺產內負擔之。

　　原因及事實

　　緣被繼承人林乙於生前立有遺囑交與趙丁保管，並將其所有坐落於○○市○○區○○段○○號建地，及其上建物，即○○市○○路○○號之西式加強磚造二層樓房乙棟贈與聲請人（證物一）。詎料林乙於民國○○年○月○日因心臟病突發而死亡（證物二），依民法第1147條之規定，繼承業已開始，遺囑保管人趙丁經將遺囑書及贈與情事分別通知聲請人，惟因被繼承人並未指定遺囑執行人，亦無委託他人指定，又不能由親屬會議選定，為此爰依法聲請

　　鈞院鑒核，准予裁定指定楊丙為被繼承人林乙之遺囑執行人，以利執行，而保權利，實為德便。

　　　　　　　謹狀

台灣○○地方法院家事法庭　公鑒

證　物　名　稱及　　件　　數	證物一：遺囑書影本一件。證物二：死亡證明書及戶籍謄本各一件。

中　　　華　　　民　　　國　　　　　年　　　　月　　　　　日	
	具狀人　　王　甲　　簽名蓋章

▶為未成年人或受監護宣告之人指定親屬會議會員之聲請

◇關於爲未成年人及受監護宣告或輔助宣告之人聲請指定親屬會議會員事件，專屬未成年人、受監護宣告或輔助宣告之人住所地或居所地之法院管轄。

關於爲遺產聲請指定親屬會議會員事件，專屬繼承開始時被繼承人住所地法院管轄。

第1項事件之聲請爲有理由時，程序費用由未成年人、受監護宣告或輔助宣告之人負擔。

第2項事件有理由時，程序費用由遺產負擔。（家事事件181I、II、VIII、IX）

◇聲請法院處理下列各款應經親屬會議處理之事件，專屬被繼承人住所地法院管轄：

　　一　關於酌給遺產事件。

　　二　關於監督遺產管理人事件。

　　三　關於酌定遺產管理人報酬事件。

　　四　關於認定口授遺囑眞僞事件。

　　五　關於提示遺囑事件。

　　六　關於開視密封遺囑事件。

　　七　關於其他應經親屬會議處理事件。

前項事件有理由時，程序費用由遺產負擔。（家事事件181V、XI）

◇下列親子非訟事件，專屬子女住所或居所地法院管轄；無住所或居所者，得由法院認爲適當之所在地法院管轄：

　　一　關於未成年子女扶養請求、其他權利義務之行使或負擔之酌定、改定、變更或重大事項權利行使酌定事件。

　　二　關於變更子女姓氏事件。

　　三　關於停止親權事件。

　　四　關於未成年子女選任特別代理人事件。

　　五　關於交付子女事件。

　　六　關於其他親子非訟事件。

未成年子女有數人，其住所或居所不在一法院管轄區域內者，各該住所或居所地之法院俱有管轄權。

第1項事件有理由時，程序費用由未成年子女之父母或父母之一方負擔。（家事事件104）

◇下列監護宣告事件，專屬應受監護宣告之人或受監護宣告之人住所地或居所地法院管轄；無住所或居所者，得由法院認爲適當之所在地法院管轄：

  一　關於聲請監護宣告事件。

  二　關於指定、撤銷或變更監護人執行職務範圍事件。

  三　關於另行選定或改定監護人事件。

  四　關於監護人報告或陳報事件。

  五　關於監護人辭任事件。

  六　關於酌定監護人行使權利事件。

  七　關於酌定監護人報酬事件。

  八　關於為受監護宣告之人選任特別代理人事件。

  九　關於許可監護人行為事件。

  十　關於監護所生損害賠償事件。

  十一　關於聲請撤銷監護宣告事件。

  十二　關於變更輔助宣告為監護宣告事件。

  十三　關於許可終止意定監護契約事件。

  十四　關於解任意定監護人事件。

  十五　關於其他監護宣告事件。

 前項事件有理由時，程序費用由受監護宣告之人負擔。

 除前項情形外，其費用由聲請人負擔。（家事事件164）

◇依法應經親屬會議處理之事項，而有下列情形之一者，得由有召集權人或利害關
 係人聲請法院處理之：

  一　無前條規定之親屬或親屬不足法定人數。

  二　親屬會議不能或難以召開。

  三　親屬會議經召開而不為或不能決議。（民法1132）

◎撰狀說明

㈠親屬會議會員之指定，包括未成年人及受監護宣告或輔助宣告之親屬會議會員指
 定。

㈡親屬會議會員之指定，須由有召集權人之聲請而為之。所謂有召集權人，係指民
 法第1129條所定有權召開親屬會議之當事人、法定代理人或其他利害關係人而言。

〈狀例2-272〉請求指定未成年人親屬會議會員聲請狀

民事　聲請　狀	案　　　號	年度　　字第　　號	承辦股別	
	訴訟標的金額或價額	新台幣　萬　千　百　十　元　角		

稱　　　　謂	姓　名　或　名　稱 身分證統一編號或 營利事業統一編號	住居所或營業所、郵遞區號 及電話號碼電子郵件位址	送達代收人姓 名、住址、郵遞 區號及電話號碼
聲　請　人 即債權人 未成年人	林　甲 林　乙 林　丙		

為請求指定未成年人親屬會議會員，依法提出聲請事：

聲請之事項

一、請准予指定林辛（出生年月日、身分證字號，住○○市○○路○○號）為未成
　　年人林乙及林丙之親屬會議會員。

二、程序費用由未成年人等連帶負擔。

原因及事實

　　緣聲請人為未成年人林乙等之祖父，林乙等之父母於民國○○年○月○日因遭
車禍，不幸死亡，依規定由聲請人擔任林乙等之監護人。因未成年人林乙等均仍在
就學，學費及生活費用支出龐大，而聲請人已年屆七旬，又有病在身，實無力負擔
其學費及生活費用，聲請人原想將未成年人之房屋出租以為生活費用支出，但至今
均無人應租，而未成年人又無其他財產，為此決定將未成年人所有之不動產出售，
以出售所得作為生活費用基金。惟聲請人與未成年人親族稀少，所有之法定親屬會
議會員僅林庚等四人，不足法定人數，無法作成決議允許處分未成年人之不動產，
為此爰依民法第1132條及家事事件法第181條第1項之規定，狀請

　　鈞院准予指定未成年人林乙等之叔公林辛（證物一）為親屬會議會員，以便召
開親屬會議，俾利未成年人獲得妥善之照顧。

　　　　　　　謹狀

台灣○○地方法院家事法庭　公鑒

證　物　名　稱 及　　件　　數	證物一：戶籍謄本一紙。

中　　華　　民　　國　　　　　年　　　　月　　　　日

　　　　　　　　　具狀人　王　甲　　簽名 蓋章

〈狀例2-273〉請求指定受監護宣告之人親屬會議會員聲請狀

民事　聲請　狀		案　　號	年度　　字第　　號	承辦股別	
		訴訟標的金額或價額	新台幣　萬　千　百　十　元　角		
稱　　　　謂	姓　名　或　名　稱身分證統一編號或營利事業統一編號	住居所或營業所、郵遞區號及電話號碼電子郵件位址		送達代收人姓名、住址、郵遞區號及電話號碼	
聲　請　人即債權人受監護宣告人	王　甲林　乙				

為請求指定受監護宣告之人親屬會議會員，依法提出聲請事：

　　　聲請之事項

一、請准予指定林丁及林戊為受監護宣告之人林乙之親屬會議會員。

二、程序費用由受監護宣告之人負擔。

　　　原因及事實

　　緣受監護宣告之人於民國○○年○月○日向聲請人借用新台幣20萬元（證物一），嗣因遭車禍，致心神喪失，業經　鈞院以○○年度○字第○○號裁定受監護宣告在案（證物二）。惟受監護宣告之人林乙之法定親屬會議會員僅林丙等三人（證物三），不足法定人數，無法召開親屬會議，指定監護人，茲查林丁及林戊（均住○○市○○路○○號）係受監護宣告之人林乙之五親等同輩血親（證物四），聲請人既為受監護宣告之人林乙之債權人，有利害之關係，爰依民法第1132條及家事事件法第181條第1項規定，聲請

　　鈞院鑒核，賜准予指定林丁及林戊為受監護宣告之人林乙之親屬會議會員，以利召集親屬會議，選定監護人，而保債權。

　　　　　謹狀

台灣○○地方法院家事法庭　公鑒

證　物　名　稱及　　件　　數	證物一：借據影本一紙。證物二：宣告受監護宣告裁定影本一件。證物三：林乙之戶籍謄本一件。證物四：林丁等之戶籍謄本一件。

中	華	民	國	年	月	日

具狀人　王　甲　　簽名
蓋章

▶為遺產指定親屬會議會員之聲請

◇為遺產聲請法院指定親屬會議會員事件，專屬繼承開始時被繼承人住所地之法院
管轄。
聲請為有理由時，程序費用由遺產負擔。（家事事件181）

◎撰狀說明

本件親屬會議會員之指定，得由聲請人提供人選請求法院准予指定，亦得不提供
人選，而逕由法院就民法第1131條第1項所列親屬以外之其他親屬中指定之。

〈狀例2-274〉指定親屬會議會員之聲請狀

民事　聲請　狀		案　　　號	年度　　字第　　號	承辦股別	
		訴訟標的金額或價額	新台幣　萬　千　百　十　元　角		
稱　　　　謂	姓　名　或　名　稱身分證統一編號或營利事業統一編號	住居所或營業所、郵遞區號及電話號碼電子郵件位址		送達代收人姓名、住址、郵遞區號及電話號碼	
聲　請　人即債權人被繼承人	王　甲林　乙				

為指定親屬會議會員，依法提出聲請事：
　　聲請之事項
一、准予指定林丙、林丁、趙戊、楊己、楊庚為被繼承人林乙之親屬會議會員。
二、程序費用由被繼承人林乙之遺產內負擔之。
　　原因及事實
　　緣被繼承人林乙於民國○○年○月○日向聲請人借用新台幣20萬元，並以其所
有坐落於○○市○○段○小段○○號面積○○公頃之土地，及其上建物即門牌號碼
○○市○○路○○號之西式磚造二層樓房乙棟設定抵押擔保（證物一），不料被繼
承人林乙於○○年○月○日突然因病去世，而亦無民法第1131條第1項所列各款之

親屬，足爲其親屬會議會員，致聲請人之債權行使受到影響，爲此爰依民法第1132條及家事事件法第181條第2項規定，並檢同戶籍謄本（證物二），狀請

　　　鈞院鑒核，賜指定林丙、林丁、趙戊、楊己、楊庚等五人爲被繼承人林乙親屬會議會員，而維債權。

　　　　　　　謹狀

台灣○○地方法院家事法庭　公鑒

證　物　名　稱 及　　　件　　　數	證物一：借據、抵押權設定書影本各一紙。
	證物二：戶籍謄本一件。

中	華	民	國	年	月	日

　　　　　　　　　　　具狀人　　王　甲　　簽名 蓋章

▶公司裁定解散、檢查公司帳目、業務及財產、退股及選派檢查人之聲請

　　◇公司裁定解散事件，有限責任股東聲請法院准其檢查公司帳目、業務及財產事件，股東聲請法院准其退股及選派檢查人事件，其聲請應以書面爲之。（非訟172I）

◎撰狀說明

㈠依非訟事件法第171條之規定，公司法所定由法院處理之公司事件，由「本公司所在地之法院」管轄。

㈡依公司法第11條規定，聲請公司解散，在股份有限公司應有繼續六個月以上持有已發行股份總數百分之10以上股份之股東提出聲請。故股東聲請時，應提出股東股份名簿及股票以資證明。

㈢依公司法第118條第1項之規定，於兩合公司，有限責任股東，得於每會計年度終了時，查閱公司帳目、業務及財產情形；必要時，法院得因有限責任股東之聲請，許其隨時檢查公司帳目、業務及財產之情形。

㈣依公司法第124條之規定，兩合公司之有限責任股東遇有非可歸責於自己之重大事由時，得經無限責任股東過半數之同意退股，或聲請法院准其退股。

㈤請求法院選派檢查人之聲請，由繼續六個月以上持有已發行股份總數百分之1以上股份有限公司之股東爲之（公司法第245條第1項、第110條第3項準用之）。

〈狀例2-275〉公司解散聲請狀

民事　聲請狀		案　　　號	年度　　字第　　號	承辦股別
		訴訟標的金額或價額	新台幣　萬　千　百　十　元　角	
稱　　　謂	姓　名　或　名　稱身分證統一編號或營利事業統一編號	住居所或營業所、郵遞區號及電話號碼電子郵件位址		送達代收人姓名、住址、郵遞區號及電話號碼
聲　請　人即　股　東	王　甲	住○○市○○路○○號		
	林　乙	住同右		
	趙　丙	住同右		
相　對　人	○○有限公司	設○○市○○路○○號		
法定代理人	楊　丁	住同右		

為請求公司解散，依法提出聲請事：

聲請之事項

一、相對人應予解散。

二、程序費用由相對人負擔。

原因及事實

　　緣聲請人王甲等於民國○○年○月○日共同投資經營○○股份有限公司，為繼續六個月以上持有該公司已發行股份總數百分之10以上股份之股東（證物一）。惟查該公司自設立至今，因受世界經濟不景氣之影響，業務一直無法開展，負債累累，其繼續經營有重大之困難，並有破產之虞，此有董事會議事錄、董事監察人之報告書及營業概算書可稽（證物二），聲請人等為公司之股東，利害攸關，爰依公司法第11條及非訟事件法第172條之規定，狀請

　　鈞院鑒核，賜徵詢經濟部之意見，並通知該公司提出答辯後，裁定准予解散，以免拖累，而保權利，實為德便。

　　　　　　　謹狀

台灣○○地方法院民事庭　公鑒

證物名稱及件數	證物一：股東股份名簿影本乙份及股票二十張。
	證物二：董事會議事錄、董事監察人報告書及營業概算書等影本各一件。

中	華	民	國		年		月	日

具狀人　王　甲

林　乙

趙　丙

簽名
蓋章

〈狀例2-276〉股東退股聲請狀

民事　聲請　狀	案　　　號	年度　　字第　　號	承辦股別	
	訴訟標的金額或價額	新台幣　萬　千　百　十　元　角		
稱　　　　謂	姓　名　或　名　稱身分證統一編號或營利事業統一編號	住居所或營業所、郵遞區號及電話號碼電子郵件位址	送達代收人姓名、住址、郵遞區號及電話號碼	
聲　請　人即　股　東	王　甲	住○○市○○路○○號		
相　對　人法定代理人	○○兩合公司林　乙	設○○市○○路○○號住同右		

為請求准予退股，依法提出聲請事：

　　聲請之事項

一、准聲請人王甲退股。

二、程序費用由相對人負擔。

　　原因及事實

　　緣聲請人為○○兩合公司有限責任股東之一（見證物一），於民國○○年○月○日與無限責任股東林乙等共同組織○○兩合公司，以經營家具之製造為業務，自民國○○年○月○日設立迄今，已逾三載，營業情形蒸蒸日上，但從未分派股息，聲請人依公司法第118條第1項之規定，於去年營業年度終了時，數度請求查閱公司帳目、業務及財產之情形，均遭相對人拒絕，而請求退股復未得其他股東之同意，有郵局存證信函可稽（見證物二）。按「有限責任股東遇有非可歸責於己之重大事由時，得……聲請法院准其退股」，公司法第124條定有明文。為此爰依法狀請

　　鈞院鑒核，裁定准予退股，而維權利。

　　　　謹狀

台灣○○地方法院民事庭　公鑒

證 物 名 稱 及 件 數	證物一：股東名簿影本一件。 證物二：郵局存證信函影本兩件。

中　華　民　國　　　　年　　　月　　　日
具狀人　　王　甲　　　簽名 蓋章

〈狀例2-277〉選派檢查人聲請狀

民事　聲請　狀	案　號	年度　字第　號	承辦股別	
	訴訟標的金額或價額	新台幣　萬　千　百　十　元　角		
稱　謂	姓 名 或 名 稱 身分證統一編號或 營利事業統一編號	住居所或營業所、郵遞區號 及電話號碼電子郵件位址	送達代收人姓 名、住址、郵遞 區號及電話號碼	
聲 請 人 即 股 東	王　甲			
相 對 人 法定代理人	○○股份有限公司 林　乙			

為請求選派檢查人，依法提出聲請事：

　　聲請之事項

一、准予選派趙丙會計師為檢查人。

二、程序費用由相對人負擔。

　　原因及事實

　　緣聲請人為繼續六個月以上持有○○股份有限公司已發行股份總數百分之1以上之股東（見證物一），該公司自民國○○年○月○日設立至今，已逾三載，卻從未分派股息及紅利。按「繼續六個月以上，持有已發行股份總數百分之1以上之股東，得聲請法院選派檢查人，檢查公司業務帳目及財產情形」，公司法第245條第1項定有明文。茲為保障聲請人權益，爰依法狀請

　　鈞院鑒核，准予選派趙丙會計師為檢查人，檢查該公司業務帳目及財產情形，而保權利。

　　　　謹狀

台灣○○地方法院民事庭　公鑒

證物名稱及件數	證物一：股東股份名簿影本及股票二十張。

中　　　華　　　民　　　國　　　　　年　　　　　月　　　　　日
具狀人　王　甲　　簽名蓋章

▶ 清算事件之聲報

◇公司法所定清算人就任之聲報，應以書面爲之。

前項書面，應記載清算人之姓名、住居所及就任日期，並附具下列文件：

一　公司解散、撤銷或廢止登記之證明。

二　清算人資格之證明。（非訟178）

◇公司法所定股東或股東會解任清算人之聲報、清算人所造具資產負債表或財務報表及財產目錄之聲報、清算人展期完結清算之聲請及法院許可清算人清償債務之聲請，應以書面爲之（非訟179）。

◇公司法所定清算完結之聲報，應以書面爲之，並附具下列文件：

一　結算表冊經股東承認之證明或清算期內之收支表、損益表經股東會承認之證明。

二　經依規定以公告催告申報債權及已通知債權人之證明。（非訟180）

◎撰狀說明

㈠依非訟事件法第178條公司法所定由法院處理之公司事件，由「本公司所在地」之法院管轄。

㈡解散之公司除因合併、分割或破產而解散外，應行清算，除公司法或章程另有規定，或經股東決議另選清算人者，於無限公司、有限公司以全體股東爲清算人，於兩合公司由全體無限責任股東爲清算人，或由無限責任股東以過半數之同意另行選任清算人，於股份有限公司以董事爲清算人（公司法第24條、第79條、第113條、第127條、第322條參照）。

㈢有下列情形之一者，不得選派爲清算人：

一　未成年人。

二　受監護或輔助宣告之人。

三　褫奪公權尚未復權。

四　受破產宣告尚未復權。

五　曾任清算人而被法院解任（非訟事件法第176條）。

㈣依公司法第83條規定，清算人應於就任後十五日內，將其姓名、住所或居所及就任日期，向法院聲報。清算人之解任，應由股東於十五日內，向法院聲報。

㈤清算人就任後，應即檢查公司財產情形，造具資產負債表及財產目錄，送交各股東查閱，股份有限公司應於股東集會十日前將資產負債表及財產目錄送經監察人審查，提請股東會承認後，並即報法院（公司法第87條第1項、第326條第1項、第2項參照）。

㈥清算人就任後，應以公告方法，催告債權人報明債權，對於明知之債權人，並應分別通知，股份有限公司清算人並應即以三次以上之公告，催告債權人於三個月內申報其債權，並應聲明逾期不申報者，不列入清算之內。但為清算人所明知者，不在此限。其債權人為清算人所明知者，並應分別通知之（公司法第88條、第327條參照）。

㈦清算人應於六個月內完結清算；不能於六個月內完結清算時，清算人得申敘理由，向法院聲請展期（公司法第87條第3項）。

㈧於無限公司、有限公司及兩合公司，清算人應於清算完結後十五日內，造具結算表冊，送交各股東，請求其承認，如股東不於一個月內提出異議，即視為承認。清算人應於清算完結，經送請股東承認後十五日內，向法院聲報（公司法第92條、第93條參照）。

㈨於股份有限公司，清算完結時，清算人應於十五日內，造具清算期內收支表、損益表，連同各項簿冊，送經監察人審查，並提請股東會承認。股東會得另選檢查人，檢查前項簿冊是否確當。清算期內之收支表及損益表，應於股東會承認後十五日內，向法院聲報（公司法第331條參照）。

〈狀例2-278〉清算人就任聲報狀

民事　聲報　狀		案　　　號	年度　　字第　　號		承辦股別	
		訴訟標的金額或價額	新台幣　萬　千　百　十　元　角			
稱　　　謂	姓　名　或　名　稱身分證統一編號或營利事業統一編號	住居所或營業所、郵遞區號及電話號碼電子郵件位址			送達代收人姓名、住址、郵遞區號及電話號碼	
聲　報　人	陳○○林○○李○○					

為公司清算事件，謹提出聲報事：

一、緣聲報人陳○○、林○○及李○○為○○股份有限公司（統一編號：○○○○○○○○，下稱○○公司）董事（附件一），○○公司於民國（下同）○○年○月○日核准設立，至○○年間因景氣不佳，營運發生困難，虧損連連，公司股東會乃不得已於○○年○月○日決議解散公司，並經經濟部○○年○月○日○字第○○號函核准解散在案（附件二），是聲報人等即依公司法第24條及第322條規定進行清算。

二、按清算人就任後，應即檢查公司財產情形，造具財務報表及財產目錄，送經監察人審查，提請股東會承認後，並即報法院，公司法第326條第1項定有明文。為此，爰依前揭規定檢附本公司股東名冊（附件三）、聲報人就任後造具之資產負債表及財產目錄（附件四）、監察人審查報告書（附件五）、股東會會議紀錄（附件六）及催告債權人申報債權公告（附件七）等，向　鈞院為清算之聲報。

　　　　　　謹狀

台灣○○地方法院民事庭　公鑒

證 物 名 稱 及 件 數	附件一：經濟部公司基本資料查詢單一份。 附件二：經濟部○○年○月○日○字第○○號函影本一份。 附件三：○○公司股東名冊影本一份。 附件四：資產負債表及財產目錄一份。 附件五：監察人審查報告書正本一份。 附件六：○○公司○○年○月○日股東會會議紀錄影本一份。 附件七：○○年○月○日、○○年○月○日及○○年○月○日新聞紙各一份。

中　華　民　國　　　　年　　　月　　　日
具狀人　陳○○ 　　　　林○○　簽名蓋章 　　　　李○○

〈狀例2-279〉清算完結聲報狀

民事　聲報　狀		案　　　號	年度　　字第　　號		承辦股別	
		訴訟標的金額或價額	新台幣　萬　千　百　十　元　角			
稱　　　　謂	姓　名　或　名　稱身分證統一編號或營利事業統一編號	住居所或營業所、郵遞區號及電話號碼電子郵件位址		送達代收人姓名、住址、郵遞區號及電話號碼		
聲　報　人	陳○○林○○李○○					

為聲報清算完結事：

一、緣聲報人陳○○、林○○及李○○為○○股份有限公司（統一編號：○○○○○○○○，下稱○○公司）清算人，聲報人已依規定於○○年○月○日聲報就任，經　鈞院以○○年○字第○○號裁定准予核備（附件一）。

二、今聲報人業已依公司法關於清算程序之規定清算完結，為此，爰依公司法第331條第4項規定，檢附本公司清算期間收支表、損益表及清算後資產負債表、財產目錄（附件二）、監察人審查報告書（附件三）、股東會會議紀錄（附件四）、清算所得申報書暨繳費收據（附件五）及賸餘財產分配表（附件六）等，向　鈞院為清算完結之聲報。

　　　　　　　謹狀

台灣○○地方法院民事庭　公鑒

證　物　名　稱及　件　數	附件一：鈞院○○年○字第○○號裁定影本一份。附件二：○○公司清算期間收支表、損益表及清算後資產負債表、財產目錄各一份。附件三：監察人審查報告書正本一份。附件四：○○公司○○年○月○日股東會會議紀錄影本一份。附件五：○○公司清算所得申報書暨繳費收據。附件六：○○公司賸餘財產分配表。

中　　　華　　　民　　　國　　　年　　　月　　　日		
	具狀人	陳○○林○○李○○	簽名蓋章

▶選任臨時管理人之聲請

◇公司法第208條之1所定選任臨時管理人事件，由利害關係人或檢察官向法院聲請。

前項聲請，應以書面表明董事會不爲或不能行使職權，致公司有受損害之虞之事由，並釋明之。

第1項事件，法院爲裁定前，得徵詢主管機關、檢察官或其他利害關係人之意見。

第1項事件之裁定，應附理由。

法院選任臨時管理人時，應囑託主管機關爲之登記。（非訟183）

◎撰狀說明

㈠按董事及董事會分別爲有限公司及股份有限公司之執行業務機關，倘董事董事會不爲或不能行使職權，將導致公司業務停頓，影響股東權益及國內經濟秩序，公司法第208條之1乃規定，於董事會不爲或不能行使職權，致公司有受損害之虞時，法院因利害關係人或檢察官之聲請，得選任一人以上之臨時管理人，代行董事長及董事會之職權，以維持公司運作。

㈡是選任臨時管理人事件，應由利害關係人或檢察官以書面表明董事會不爲或不能行使職權，致公司有受損害之虞之事由，並釋明之，向法院提出聲請（非訟事件法第183條參照）。

〈狀例2-280〉選任臨時管理人聲請狀

民事　聲報　狀		案　　　號	年度　　字第　　號		承辦股別	
		訴訟標的金額或價額	新台幣　萬　千　百　十　元　角			
稱　　　　謂	姓　名　或　名　稱身分證統一編號或營利事業統一編號	住居所或營業所、郵遞區號及電話號碼電子郵件位址			送達代收人姓名、住址、郵遞區號及電話號碼	
聲　請　人相　對　人法定代理人	林○○○○股份有限公司李○○					
爲聲請選任臨時管理人事：　　聲請之事項一、准予選派郭○○爲臨時管理人。						

二、程序費用由相對人負擔。
　　原因及事實
　　爰聲請人為相對人○○股份有限公司股東，相對人於民國○○年○月○日經股
東會選任李○○等五人為董事組成董事會。豈料李○○等五人竟不依法行使職權，
執行董事會職務，造成公司業務幾近停擺，蒙受損失，影響聲請人權益至鉅，為
此，爰依公司法第208條之1規定，狀請
　　鈞院准予選任前任董事長郭○○為臨時管理人，代行董事長及董事會之職權，
以維權益。
　　　　　　謹狀
台灣○○地方法院民事庭　公鑒

證　物　名　稱 及　　件　　數	

中　　　　華　　　　民　　　　國　　　　年　　　　月　　　　日	
具狀人　　林○○	簽名 蓋章

▶公司債權人會議決議之認可申報

　　◇公司法第264條所定公司債債權人會議決議認可事件，由公司債債權人之受託人
　　或債權人會議指定之人向法院申報。
　　　第172條第2項及前條第4項規定，於前項申報事件之裁定準用之。（非訟184）

◎撰狀說明
　　依公司法第264條之規定，公司債債權人會議之決議，應製成議事錄，經主席簽
名，由公司債債權人之受託人或債權人會議指定之人申報公司所在地之法院認可並公
告後，對全體公司債債權人發生效力。對於因裁定認可而權利受侵害者，得為抗告；
其認可被駁回者，申報人亦得為抗告（非訟事件法第41條）。

〈狀例2-281〉公司債債權人會議決議認可申報狀

民事　聲報狀		案　　　號	年度　　字第　　號	承辦股別	
		訴訟標的金額或價額	新台幣　萬　千　百　十　元　角		
稱　　　謂	姓名或名稱身分證統一編號或營利事業統一編號	住居所或營業所、郵遞區號及電話號碼電子郵件位址		送達代收人姓名、住址、郵遞區號及電話號碼	
聲報人即債權人	王甲				
相　對　人	○○股份有限公司				
法定代理人	林乙				

為申報公司債債權人會議決議，請准予裁定認可事：

　　申報之事項

一、相對人公司債債權人會議之議事錄應予認可。

二、程序費用由相對人負擔。

　　原因及事實

　　緣申報人受相對人公司債債權人會議之指定，因公司債債權人之共同利害關係事項，曾於民國○○年○月○日召集公司債債權人第○次會議，並經通過決議，製成議事錄，由主席簽名在卷（見證物一），爰依公司法第264條、非訟事件法第184條第1項之規定申報

　　鈞院鑒核，賜准予裁定認可，以利執行，而保權益。

　　　　　　謹狀

台灣○○地方法院民事庭　公鑒

證物名稱及件數	證物一：議事錄影本一件。

中　　華　　民　　國　　　　年　　　　月　　　　日
具狀人　王甲　簽名蓋章

▶特別清算程序之聲請

◇公司法第335條第1項命令開始特別清算、第350條第2項及第351條協定之認可或變更，準用第172條第2項、第182條第4項及前條之規定。（非訟189）

◇公司法所定特別清算程序中應聲請法院處理之事件，其聲請應以書面為之。

前項事件，準用第172條第2項之規定。（非訟190）

◎撰狀說明

㈠清算之實行發生顯著障礙時，法院依債權人或清算人或股東之聲請或依職權，得命令公司開始特別清算；公司負債超過資產有不實之嫌疑者亦同。但其聲請，以清算人為限。於法院裁定開始特別清算後，公司之破產、和解及強制執行程序當然停止之（公司法第335條參照）。

㈡所謂清算之實行發生顯著之障礙，如公司之利害關係人人數眾多，或公司之債權債務關係極為複雜，致普通清算之實行發生顯著困難，或勢必頗費時日而言，此須已依普通清算程序清理公司事務而言，如清算人未進行清算程序，則其是否不能依普通清算程序清理公司現務，要未可知，與命公司開始特別清算之規定不符。

㈢至所謂公司負債超過資產有不實之嫌疑時，指在形式上公司負債雖然超過資產，但實質上有無超過尚有疑問之情形而言。例如，公司債務之數額並不確實，而摻有公司負責人勾串他人申報之假債權，或會計帳面上所載之資產較市價為低之情形。

〈狀例2-282〉特別清算聲請狀

民事　聲報　狀	案　　　　號	年度　　字第　　號	承辦股別	
	訴訟標的金額或價額	新台幣　萬　千　百　十　元　角		
稱　　　　謂	姓　名　或　名　稱身分證統一編號或營利事業統一編號	住居所或營業所、郵遞區號及電話號碼電子郵件位址	送達代收人姓名、住址、郵遞區號及電話號碼	
聲　請　人相　對　人法定代理人	陳○○○○股份有限公司李○○			
為公司特別清算事件，謹依法聲請事：				
一、緣聲請人陳○○為股份有限公司（統一編號：○○○○，下稱○○公司）董事（附件一），○○公司於民國（下同）○○年○月○日核准設立，至○○年間				

　　　因景氣不佳，營運發生困難，虧損連連，公司股東會乃不得已於○○年○月○日決議解散公司，並經經濟部○○年○月○日○字第○○號函核准解散在案（附件二），是聲請人即依公司法第24條及第322條規定進行清算。

二、惟查，○○公司之債權債務關係極為複雜，聲請人雖致力於執行清算業務，仍無法確實釐清○○公司對外之債權債務關係，本件清算程序實已發生顯著之困難，為此，特依公司法第335條規定，狀請 鈞院命令○○公司開始特別清算程序，以利清算程序之進行，並維公司股東及廣大債權人權益，如蒙所請，毋任感禱。

　　　　　　謹狀

台灣○○地方法院民事庭　公鑒

證　物　名　稱 及　　　件　　　數	附件一：經濟部公司基本資料查詢單。
	附件二：經濟部○○年○月○日○字第○○號函影本一份。

中　　　華　　　民　　　國　　　　　年　　　　　月　　　　　日
具狀人　　陳○○　　　　簽名 蓋章

▶票據事件之聲請及確認之訴之提起

◇票據法第123條所定執票人就本票聲請法院裁定強制執行事件，由票據付款地之法院管轄。

二人以上為發票人之本票，未載付款地，其以發票地為付款地，而發票地不在一法院管轄區域內者，各該發票地之法院具有管轄權。（非訟194）

◇發票人主張本票係偽造、變造者，於前條裁定送達後二十日內，得對執票人向為裁定之法院提起確認之訴。

發票人證明已依前項規定提起訴訟時，執行法院應停止強制執行。但得依執票人聲請，許其提供相當擔保，繼續強制執行，亦得依發票人聲請，許其提供相當擔保，停止強制執行。

發票人主張本票債權不存在而提起確認之訴不合於第一項之規定者，法院依發票人聲請，得許其提供相當並確實之擔保，停止強制執行。（非訟195）

◎撰狀說明

㈠本票執票人須向本票發票人行使追索權，始得聲請法院裁定後強制執行（票據法

第123條）。故在向本票發票人行使追索權前，執票人仍應為付款之提示。

㈡對於法院准予強制執行之裁定，發票人得為抗告。惟發票人如主張本票係偽造或變造者，得於裁定送達後二十日之不變期間內，對執票人提起確認債權不存在之訴。

㈢發票人得記載對於票據金額支付利息及其利率，利率未經載明時，定為年利六釐。（票據法第28條第1項、第2項）

㈣本票發票人，關於支付利息及其利率之規定，準用票據法第28條規定。（票據法第124條）

〈狀例2-283〉本票強制執行聲請狀

民事　聲報　狀		案　　　號	年度　　字第　　號	承辦股別	
		訴訟標的金額或價額	新台幣　萬　千　百　十　元　角		
稱　　　　謂	姓　名　或　名　稱身分證統一編號或營利事業統一編號	住居所或營業所、郵遞區號及電話號碼電子郵件位址		送達代收人姓名、住址、郵遞區號及電話號碼	
聲　請　人相　對　人	王　甲林　乙				

為聲請對本票准許強制執行事：

　　聲請之事項

一、相對人於民國○○年○月○日發行之本票內載憑票支付聲請人新台幣3萬元，及自○○年○月○日起至清償之日止，按年息百分之6計算之利息，准予強制執行。

二、聲請程序費用由相對人負擔。

　　原因及事實

　　緣聲請人執有相對人於民國○○年○月○日簽發，票載金額為新台幣3萬元，票號為Ｗ○○○○○，到期日為○○年○月○日，並免除作成拒絕證書之本票乙紙（證物一）。詎屆期為付款之提示，竟未獲兌現，嗣屢經催討，亦置之不理，為此依據票據法第123條、第124條準用同法第28條及非訟事件法第194條規定聲請

　　　　鈞院鑒核，裁定准許強制執行，以保權利。

　　　　　　謹狀

台灣○○地方法院民事庭　公鑒

證　物　名　稱 及　　件　　數	證物一：本票正本一紙。

中	華	民	國	年	月	日

具狀人　王　甲　　簽名
蓋章

〈狀例2-284〉對准予強制執行之裁定提起抗告狀

民事　抗告狀	案　　　號	年度　　字第　　號	承辦 股別	
	訴訟標的 金額或價額	新台幣　　萬　千　百　十　元　角		
稱　　　　謂	姓　名　或　名　稱 身分證統一編號或 營利事業統一編號	住居所或營業所、郵遞區號 及電話號碼電子郵件位址	送達代收人姓 名、住址、郵遞 區號及電話號碼	
抗　告　人 相　對　人	林　乙 王　甲			

為對准許強制執行之裁定，依法提起抗告狀：

　　查本票發票人經為免除作成拒絕證書之記載時，執票人得不請求作成拒絕證書，而行使追索權，然執票人在行使追索權前，仍應於所定期限內為付款之提示。本件執票人於到期日並未向抗告人為提示及催討，卷內亦無提及催討之證據，其徒托空言，實不足採信，原審不察，而以○○年度○字第○○號裁定准相對人強制執行之聲請，實非適法，為此提起抗告，狀請

　　鈞院鑒核，賜廢棄原裁定，更為合法之裁定，以保權益，實感德便。
　　　　謹狀
台灣○○地方法院民事庭　轉呈
台灣高等法院民事庭　　　公鑒

證　物　名　稱 及　　件　　數	證物一：本票正本一紙。

中	華	民	國	年	月	日

具狀人　林　乙　　簽名
蓋章

〈狀例2-285〉發票人主張本票偽造起訴狀

民事　起訴　狀		案　　號	年度　　字第　　號	承辦股別	
		訴訟標的金額或價額	新台幣　萬　千　百　十　元　角		
稱　　謂	姓　名　或　名　稱身分證統一編號或營利事業統一編號	住居所或營業所、郵遞區號及電話號碼電子郵件位址		送達代收人姓名、住址、郵遞區號及電話號碼	
原　　告	林　乙				
被　　告	王　甲				

為請求確認本票債權不存在，依法提起訴訟事：

　　訴之聲明

一、確認被告持有票載發票人為原告，發票日為○○年○月○日，票面金額為新台幣（以下同）3萬元，到期日為○○年○月○日之本票債權不存在。

二、訴訟費用由被告負擔。

　　事實及理由

　　緣被告執有票載發票人為原告，發票日為○○年○月○日，票面金額為新台幣3萬元，到期日為○○年○月○日之本票乙紙，聲請　鈞院裁定准予強制執行（證物一）。惟該系爭本票並非原告所簽發，而系爭本票上發票人之簽名固非原告所自寫；再該印章亦為被告所盜刻，此由本票上發票人簽名之筆跡與原告之筆跡顯然不符，且該印章亦與原告之印鑑章不相吻合（證物二）自明，乃　鈞院不察，竟裁定准予強制執行，其有害原告之權益，莫此為甚。為此爰依非訟事件法第195條之規定，狀請

　　鈞院鑒核，賜為如原告訴之聲明之判決，而維權益。

　　　　謹狀

台灣○○地方法院民事庭　公鑒

證　物　名　稱及　　件　　數	證物一：裁定影本一件。證物二：印鑑證明書影本一件。

中　　華　　民　　國　　　　年　　　　月　　　　日
具狀人　林　乙　　簽名蓋章

第六章　鄉鎮市調解條例相關書狀

▶鄉鎮市調解

◇聲請調解，由當事人向調解委員會以書面或言詞為之。言詞聲請者，應製作筆錄；書面聲請者，應按他造人數提出繕本。

前項聲請，應表明調解事由及爭議情形。

第1條所定得調解事件已在第一審法院辯論終結者，不得聲請調解。（鄉鎮市調解條例10）

◎撰狀說明

㈠聲請人如為無行為能力人（包括未成年人、禁治產人、法人或設有代表人或管理人之非法人之團體），應記明其法定代理人，由法定代理人具名聲請（仍須記明當事人本人姓名）。對造如為無行為能力人者，亦同。如為未成年人而已結婚者，應於「備考」欄註明已結婚。

㈡代理人為法定代理人或委任代理人，應於代理人欄之括弧內分別載明，填入「法定」或「委任」字樣。

㈢當事人或代理人有數人者，可將該欄擴大或記載另紙，黏附於後。

㈣事件如已向法院起訴、告訴或自訴者，應於事件概要欄內記明，並將最近進行程度，一併記明。

㈤聲請人如聲請調查證據者，應將其所請求調查之證物名稱、證人姓名（應附記其住居所）及勘驗之證物場所等，於「聲請調查證據」欄記明。

㈥兩造均在同一鄉、鎮、市居住者，應向該鄉、鎮、市調解委員會聲請調解。如不在同一鄉、鎮、市居住者，民事事件得向他造住、居所、營業所、事務所所在地，刑事事件得向他造住、居所所在地或犯罪地之鄉、鎮、市調解委員會聲請調解。此外，亦得經雙方同意，並經接受聲請之鄉、鎮、市調解委員會同意，由該鄉、鎮、市調解委員會調解（參見鄉鎮市調解條例第13條）。

㈦聲請調解除必要時據實支付勘驗費外，不必另付調解費（參見鄉鎮市調解條例第23條）。

〈狀例2-286〉聲請調解書

<table>
<tr><td colspan="9" align="center">聲　請　調　解　書</td></tr>
<tr><td colspan="2">區　　　分</td><td>姓　名</td><td>性別</td><td>年齡</td><td>職業</td><td>住　所　或　居　所</td><td>備　考</td></tr>
<tr><td rowspan="2">聲請人</td><td>本　人</td><td>李　四</td><td>男</td><td>23</td><td>商</td><td>○○市○○路○○號</td><td></td></tr>
<tr><td>（任委）代理人</td><td>李　三</td><td>男</td><td>41</td><td>商</td><td>○○市○○路○○號</td><td></td></tr>
<tr><td rowspan="2">對造人</td><td>本　人</td><td>王　七</td><td>男</td><td>32</td><td>商</td><td>○○市○○路○○號</td><td></td></tr>
<tr><td>（　）代理人</td><td></td><td></td><td></td><td></td><td></td><td></td></tr>
<tr><td colspan="2">推舉之調解人</td><td>張　五</td><td>男</td><td>47</td><td>商</td><td>○○市○○路○○號</td><td></td></tr>
<tr><td colspan="2">事　　　由</td><td colspan="6">聲請人因與對造人爲終止租約事件，聲請調解。</td></tr>
<tr><td colspan="2">原調接受解之條件</td><td colspan="6"></td></tr>
<tr><td colspan="2">爭議情形（事件概要）</td><td colspan="6">聲請人所有三重市仁愛路799號房屋於82年1月1日租與相對人，爲期兩年，於83年12月31日屆滿。詎相對人屆期不交還房屋，又不續付租金，爲此聲請調解，請求交還房屋。</td></tr>
<tr><td colspan="2">聲請調證查據</td><td colspan="6">租賃契約影本一份。</td></tr>
<tr><td colspan="9">　　　　謹　呈
○○市（鎮）調解委員會</td></tr>
<tr><td colspan="9">中　華　民　國　　　年　　　月　　　日
　　　　　　　　　　聲請人　李　四　簽名蓋章</td></tr>
</table>

▶調解委員之選定

◇法院移付之調解事件，由被告住、居所、營業所、事務所所在地之調解委員會調解。但經兩造同意由其他調解委員會調解，並經該調解委員會同意者，不在此限。（鄉鎮市調解條例14）

◇當事人兩造各得推舉一人至三人列席協同調解。（鄉鎮市調解條例17）

◎撰狀說明

㈠當事人推舉調解人目的在協助調解委員進行調解，但以一至三人爲限。

㈡當事人推舉調解人，可用推舉書，亦可在聲請調解書中記明。

〈狀例2-287〉調解人推舉書

調　解　人　推　舉　書

聲請人因與王七間終止租約事件，業經

貴會受理調解在案，茲依鄉鎮市調解條例第17條之規定，推舉調解人如下：

姓　　名	性別	年　齡	職業	住　　所　　或　　居　　所	備　　　　考
李　三	男	41	商	○○市○○路○○號	
陳　九	男	50	自	○○市○○路○○號	

謹　呈

○○鎮調解委員會

中　華　民　國　　　年　　　月　　　日

聲請人　　李　四　　簽名蓋章

▶聲請調查證據

◇調解應審究事實真相及兩造爭議之所在；並得爲必要之調查。

　調解委員會依本條例處理調解事件，得商請有關機關協助。（鄉鎮市調解條例21）

◎撰狀說明

㈠聲請調查證據或勘驗，應將欲調查之證據及勘驗物記明清楚。

㈡除勘驗費應由當事人核實開支外，不必另付費用。

〈狀例2-288〉**聲請調查證據書**

```
         聲　請　調　查　證　據　書

聲請人因與張○二間　貴會○○年度民調字第○○號○○○○事件，茲聲請調查
（或勘驗）下開證據：
㈠傳訊證人：陳○三，住○○市○○路○○號
㈡勘驗支票：○○銀行○○分行帳戶○○○○號所開第○○號支票，金額是否塗
　改。

　　　謹　呈
○○鎮調解委員會

中　　華　　民　　國　　　　　年　　　　月　　　　　日

                          聲請人　陳　在　　簽名
                                           蓋章
```

▶**聲請調解不成立證明書**

　　◇調解不成立者，當事人得聲請調解委員會給與調解不成立之證明書。

　　　前項證明書，應於聲請後七日內發給之。

　　　法院移付調解之事件，經調解不成立者，調解委員會應即陳報移付之法院，並檢
　　還該事件之全部卷證。（鄉鎮市調解條例30）

◎撰狀說明

　　為因應不同案件類型需求，確實發揮調解消弭紛爭、減輕訟累之功能，民事訴訟
法定有強制調解事件，強制該等事件於起訴前應經法院調解。惟倘當事人已經其他法
定調解機關調解而未能成立者，強制其於起訴前聲請法院調解已無實益，徒增加調解
程序資源之浪費，民事訴訟法第403條第1項、第406條第1項第2款乃明定於經其他法
定調解機關調解而未成立者，起訴前得不經法院調解，是當事人於鄉鎮市調解委員會
調解不成立者，得聲請調解委員給予不成立之證明書，於起訴時提出於法院，請求法
院逕依訴訟程序進行審理。

〈狀例2-289〉**聲請發給調解不成立證明書**

聲請發給調解不成立證明書

　　聲請人因與○○○間　貴會○○年度民刑調字第○○號○○○○事件，業經　貴

會調解不成立在案，茲特聲請給予調解不成立之證明書。

　　謹　呈

○○鎮鄉調解委員會

中　華　民　國　　　　年　　　　月　　　　日

聲請人　○○○　簽名蓋章

▶**調解無效或撤銷**

◇因當事人聲請而成立之民事調解，經法院核定後有無效或得撤銷之原因者，當事
　人得向原核定法院提起宣告調解無效或撤銷調解之訴。
　法院移付而成立之民事調解，經核定後，有無效或得撤銷之原因者，當事人得請
　求續行訴訟程序。
　前二項規定，當事人應於法院核定之調解書送達後三十日內為之。
　民事訴訟法第502條及強制執行法第18條第2項規定，於第1項、第2項情形準用
　之。（鄉鎮市調解條例29）

◎撰狀說明

　　因當事人聲請而成立之民事調解，經法院核定後，雖有確定判決同一效力，但該
調解如有無效或得撤銷之事由，可提起確認調解無效或撤銷調解之訴。

〈狀例2-290〉**確認調解無效之起訴狀**

民事　起訴　狀	案　　　號	年度　　　字第　　　號		承辦股別	
	訴訟標的金額或價額	新台幣　　萬　　千　　百　　十　　元　　角			
稱　　謂	姓名或名稱身分證統一編號或營利事業統一編號	住居所或營業所、郵遞區號及電話號碼電子郵件位址		送達代收人姓名、住址、郵遞區號及電話號碼	

原　　告	李○		
被　　告	鄒○		

就上列當事人間請求宣告調解無效等事件，謹具起訴狀事：

訴之聲明

甲、先位聲明

一、請求宣告新北市土城區調解委員會於民國○○年○月○日作成○○年民調字第○○號調解書關於兩造間之調解部分無效。

二、請求確認原告與被告間就本票新台幣（以下同）壹仟壹佰玖拾參萬元之借貸債務關係不存在。

三、訴訟費用由被告負擔。

乙、備位聲明

一、請求撤銷新北市土城區調解委員會於民國100年○○月○○日作成100年民調字第○○號調解書關於兩造之調解書。

二、請求確認原告與被告間就本票壹仟壹佰玖拾參萬元之借貸債務關係不存在。

三、訴訟費用由被告負擔。

事實及理由

（甲）先位聲明部分

一、依鄉鎮市調解條例第27條第2項規定「經法院核定之民事調解，與民事確定判決有同一之效力；……」但此調解屬非訟事件性質，故同條例第29條第1項規定「因當事人聲請而成立之民事調解，經法院核定後有無效或得撤銷之原因者，當事人得向原核定法院提起宣告調解無效或撤銷調解之訴。」，准許當事人提起宣告調解無效或撤銷調解之訴，此與民事訴訟法第416條第2項「調解有無效或得撤銷之原因者，當事人得向原法院提起宣告調解無效或撤銷調解之訴。」及第380條第2項「和解有無效或得撤銷之原因者，當事人得請求繼續審判。」相同，故此無效，包括實體及程序事由，此有最高法院43年台上字第1075號判例「訴訟上之和解，爲私法上之法律行爲，同時亦爲訴訟法上之訴訟行爲，即一面以就私法上之法律關係止息爭執爲目的，而生私法上效果之法律行爲，一面又以終結訴訟或訴訟之某爭點爲目的，而生訴訟法上效果之訴訟行爲，兩者之間，實有合一不可分離之關係，故其行爲如有私法上或訴訟法上無效或得撤銷之事由存在，不問何者，均屬民事訴訟法第380條第2項所謂和解有無效或得撤銷之原因，當事人自得以之爲請求繼續審判之理由。」可參。

二、本件兩造固於民國○○年○○月○○日在新北市土城區調解委員會就「對造二人於99年12月間陸續向聲請人借款計新台幣11,930,000元整，並開立本票11紙，現因未能如期清償」成立調解「一、對造人（即本件原告及另一人李

　　○○）二人同意償還前揭借款新台幣11,930,000元整，兩造達成和解。二、前項金額對造人二人同意○○年○○月○○日支付。三、聲請人並當場歸還本票11紙予對造人。四、兩造拋棄其餘民事請求權。」，但查：

㈠兩造間並無借款1,193萬元，原告亦未開立本票，即兩造間實無上開調解書所指之借款債權債務關係，則此調解應屬兩造間虛偽之意思表示，依民法第87條第1項前段規定「表意人與相對人通謀而為虛偽意思表示者，其意思表示無效。但不得以其無效對抗善意第三人。」應屬無效。

㈡被告以與原告及原告之父李○○間債務糾紛，向新北市土城區調解委員會聲請調解，於民國100年○○月○○日成立調解，作成系爭調解書，並經　鈞院核定在案。然原告實係受被告及其朋友「阿吉仔」等人之脅迫而簽立系爭調解書，而非出於自由意願；且原告與原告之父李○○未曾向被告借款1,193萬元，故調解書內容記載原告及原告之父李○○於民國99年12月間陸續向被上人借款1,1193萬元，並開立本票11紙云云不實在，系爭調解書應屬無效。訴外人古○○另案即鈞院102年度訴字第00號起訴，亦以有上開11紙同一本票債權，請求原告給付，則相同之11紙本票卻存有完全不同之請求，足證被告於調解時主張上開本票原因關係之1,193萬元借貸關係虛偽，系爭調解書內容與事證均不相符，並主張如上開事由效果非無效，亦屬撤銷，為此為備位聲明，並主張被告有侵權行為。

（乙）備位聲明部分

　　如上開先位聲明無理由，因原告主張上開脅迫事由，依民法第92條第1項可以撤銷上開調解時原告之意思表示，該調解仍可撤銷，請求判如備位聲明。

　　　　　　　　謹狀

台灣○○地方法院民事庭　公鑒

證物名稱及件數	

中	華	民	國		年		月		日
		具狀人　李○				簽名蓋章			

第七章　存證信函與律師函

▶存證信函與律師函

　　郵局存證信函（以下簡稱存證信函）與律師函，在公證法中並無規定，其性質與公證法施行細則第79條信函認證之作用相同。存證信函與律師函均係作為通知催告及保全證據之用，惟前者保全證據之效用強於通知催告之效用；而後者則通知催告之效用強於保全證據之效用。

日常生活中人與人間之交往，貴在誠信互賴，惟人與人之相處難免因誤解、摩擦或受他人之挑唆，而生衝突，甚而爭訟。按民主法治國家人民爭訟應由法院裁判，不論民事裁判或刑事裁判，法院均須依「證據」，藉以認定當事人間孰是孰非。一般民事訴訟所指之證據包括「書證」在內（參見民事訴訟法第341條至第363條），而刑事訴訟所指之證據亦包括文書在內。由此足見不論民事、刑事訴訟進行中，以文書作為證據之重要性。

　　證據既然如此重要，攸關當事人權益之利害關係，因而日常應養成蒐證之習慣。存證信函一般言之已成為今日慣用的蒐證方法之一，漸使其成為郵局之重要業務之一。吾人對於存證信函之製作方法及寄送方法，應有認識之必要。

首先關於存證信函之製作方法，宜分以下數部分說明之：

㈠特定用紙：應向郵局購買存證信函用紙書寫之。

㈡份數如何：一般應以複寫紙繕寫或打字，按兩造當事人之人數外加一份。例如：寄件人有一人，而收件人有二人時，即應製作四份，俾便郵局留存一份。

㈢姓名住址：寄件人欄及收件人欄應填妥姓名及地址。如寄件人或收件人為公司時，應載為「○○公司負責人○○○」。

㈣信函內容：信函內容應力求簡潔、扼要、表明利害關係，並符合法律要件。例如法律規定通知催告須給予一段期間者，即應符合其規定，俾免自誤。

㈤圖樣貼黏：信函如以文字表示，尚屬不夠時，仍可加上圖樣，但該圖樣必須每份相同，且須黏妥於信函上，並宜加蓋寄件人之印章於騎縫之上。

㈥張數限制：存證信函並未有張數限制，但如超過一張以上時，應於騎縫處加蓋寄件人章。

㈦塗改蓋章：存證信函應力求整潔，如有塗改、刪除之處，仍須加蓋印章。

　　至於寄送方法，應於郵局當面寄送，且應注意以下事項：

㈠應以雙掛號寄件。

㈡存證信函按份數送交郵局人員計算字數，決定費用，並加蓋郵局印戳後，即行摺

疊。

(三)按收件人之人數分別摺置於信封內，並黏合信封後，加上回執。

(四)另外一份自己保留，以資存證。

◎撰狀說明

(一)存證信函須用郵局所備置之用紙（亦可至郵局網站下載存證信函格式，網址：www.post.gov.tw/post/index.jsp），而不得用其他之紙張，其寫法如一般之信件，即當事人之一方（即本人）將其意思表示告知對方（即台端），措辭用字不拘，以達意爲要。

(二)存證信函之份數，除寄件人與收件人各按人數，每人保有一份外，另須有一份存置於郵局。

(三)存證信函之費用，第一份爲新台幣50元，其餘各份爲新台幣25元。

(四)律師函之內容與存證信函大致雷同，惟律師函係律師轉載當事人之意思，將當事人之意思通知對方，故律師函內容之第一點往往以「茲據當事人○○來所委稱……」作爲起頭，而當事人委稱之內容則與存證信函內容相同。惟須注意，存證信函內容係當事人之一方告知他方，故稱自己爲本人，稱他方爲台端；而律師函內容則是當事人之一方向律師告知其與他方之情事，故當事人委稱之內容中稱自己是本人，稱他方則逕行指名，而不稱爲台端（蓋此時他方爲第三人）。其次，律師函內容之第二點，則是律師本人簡扼的表示將當事人之意通知對方，其常用之詞如「相應函達，敬請查照見覆」等語。

〈狀例2-291〉存證信函

□　□　郵　局　存證信函第　　號		一、	寄件人	姓　　名	林乙
				詳細地址	○○市○○路○○號
		二、	收件人	姓　　名	王甲
				詳細地址	○○市○○路○○號
		三、	副　本收件人	姓　　名地　　址	

敬	啓	者	：																			
	台	端	於	○○	年	○	月	○	日	佯	稱	坐	落	於	○○	市	○○	區	○○	段	○○	號建
地	及	其	上	建	物	，	即	門	牌	號	碼	○○	市	○○	路	○○	號	本	國	式	磚	造二層樓房
乙	棟	爲	台	端	所	有	，	與	本	人	簽	訂	買	賣	契	約	，	將	前	揭	房	地售與本人，並於
契	約	書	中	約	定	於	本	年	○	月	○	日	辦	理	前	開	房	地	所	有	權	移轉登記完畢，訂
約	同	時	，	本	人	交	付	新	台	幣	30	萬	元	作	爲	第	一	期	款	。	詎	事後經查明，本人
所	購	之	房	屋	係	屬	○○	建	設	股	份	有	限	公	司	所	有	，	且	台	端	既與本人簽訂買
賣	契	約	，	卻	又	於	本	年	○	月	○	日	在	聯	合	報	第	十	版	中	登	載前開房地出售之
廣	告	，	查	台	端	以	不	實	之	事	項	，	誘	使	本	人	陷	於	錯	誤	而	爲意思表示，並支
付	價	金	，	顯	有	詐	欺	之	行	爲	，	按	「	因	被	詐	欺	…	…	而	爲	意思表示者，表意
人	得	撤	銷	其	意	思	表	示	」	，	民	法	第	92	條	第	1	項	定	有	明	文。爲此特以本信
通	通	知	台	端	，	撤	銷	本	人	與	台	端	間	之	買	賣	契	約	，	並	請	台端於函到之日起
一	周	內	，	返	還	本	人	前	所	交	付	之	價	金	新	台	幣	30	萬	元	，	盼 台 端 迅 即 履 行，
否	則	即	依	法	追	訴	責	任	，	幸	勿	自	誤	爲	禱	。						

本存證信函共　　　頁，副本　　份，存證費　　元， 　　　　　　附件　　張，存證費　　元， 　　　　　　加具副本　　份，存證費　　元，合計　　元。	
經　　　　郵局 年　　月　　日證明副正本內容完全相同	（郵戳）　經辦員 　　　　　　主管	簽　名 蓋　章

| 備註 | 一、存證信函須送交郵局辦理證明手續後始有效，自交寄之日起由郵局保存之副本，於三年期滿後銷燬之。

二、在　　頁　　行第　　格下 塗改增刪 一字 印

三、用不脫色筆或以打字機書寫、複寫、複印或影印，每格一字，色澤明顯、字跡端正。 | 黏 郵 票 處

如有修改應填註本欄並蓋寄件人印章，但塗改增刪每頁至多不得逾二十字。

貼郵票或郵資券處 |

〈狀例2-292〉律師函

受文者			發	附件	
				日期	中華民國○○年○月○日
行文區分	正本	林　乙		字號	（○）　字第　○　○　號
				地址	○○市○○路○○號
	副本	王　甲	文	電話	

一、茲據當事人王甲來所誑稱：「林乙於○○年○月○日佯稱其爲坐落於○○市
　　○○區○○段○○號建地及其上建物，即門牌號碼○○市○○路○○號本國式
　　磚造二層樓房乙棟之所有權人，與本人簽訂買賣契約，將前揭房地售與本人，
　　並於契約書中約定於本年○月○日辦理前開房地所有權移轉登記完畢，訂約同
　　時本人交付新台幣30萬元作爲第一期款。詎事後經查明，本人所購之房屋係屬
　　○○建設股份有限公司所有，且林乙既與本人簽訂買賣契約，卻又於本年○月
　　○日在聯合報第十版中登載前開房地出售之廣告，查林乙以不實之事項，誘使
　　本人陷於錯誤而爲意思表示，並支付價金，顯有詐欺之行爲，爲此特委請　貴
　　律師函知林乙，撤銷本人與林乙之買賣契約，並請林乙於接到通知之日起一周
　　內，返還本人前開所付之價金新台幣30萬元。」等語。

二、相應函達，敬請查照見覆，幸勿自誤爲禱。

　　　　　　　　　　　　　　　　　　　　　　　　　　律師　○○○

第八章　民法相關書狀

▶民事法規適用之順序

〈狀例2-293〉在特定情形下女子亦享有派下權之答辯狀

民事　答辯　狀		案　　　號	年度　　字第　　號		承辦股別	
		訴訟標的金額或價額	新台幣　萬　千　百　十　元　角			
稱　　　謂	姓　名　或　名　稱身分證統一編號或營利事業統一編號	住居所或營業所、郵遞區號及電話號碼電子郵件位址			送達代收人姓名、住址、郵遞區號及電話號碼	
答　辯　人即　被　告原　　　告	賴阿金賴　卿賴　雄					

　　為就○○年○字第○○號請求確認派下權不存在事件，依法提出答辯事：

訴之聲明

一、原告之訴駁回。

二、訴訟費用由原告負擔。

答辯之理由

　　原告起訴略謂系爭坐落○○市○○區○○段○○號○1.165公頃土地，係由賴食、賴嬰共同為祭祀公業賴盾設立登記，應為賴盾派下公同共有，被告係女子，依習慣，女子無派下權或公同共有權。惟依台灣習慣，女子原則上固不得繼承取得派下權，但如派下無男子繼承人，而其女招婿未出嫁者，仍可取得派下權（參照前司法行政部印行台灣民事習慣調查報告第741頁），被告父為賴成、祖父賴鳳、曾祖父賴喜、高祖父賴盾，賴成生有三女，長女賴娥已出嫁，次女賴民不治亡故，三女即被告，賴成因無子，以被告招婿林金，育長子隨母姓，取名賴輝、餘子隨父姓林（證物一）。被告雖為女子，依上開台灣民事習慣，自有派下權。至於司法院院字第647號解釋，係指女子尚有其他兄弟（即男性繼承人）之情形，與本件情形有異。因此原告之訴，顯無理由，為此狀請

　　鈞院鑒核，賜判決如被告訴之聲明，實感德便。

　　　　謹狀

台灣○○地方法院民事庭　公鑒

證　物　名　稱 及　　件　　數	證物一：戶籍謄本一份。

中	華	民	國		年	月	日
			具狀人　　賴阿金	簽名 蓋章			

▶人格權受侵害之損害賠償及慰撫金之請求

〈狀例2-294〉侵害監督權請求慰撫金之起訴狀

民事　起訴　狀		案　　　號	年度　字第　　號	承辦 股別	
		訴訟標的 金額或價額	新台幣　萬　千　百　十　元　角		
稱　　　謂	姓　名　或　名　稱 身分證統一編號或 營利事業統一編號	住居所或營業所、郵遞區號 及電話號碼電子郵件位址		送達代收人姓 名、住址、郵遞 區號及電話號碼	
原　　告	張　廣				
被　　告	楊　玉				

為請求損害賠償事件，謹依法起訴事：

　　訴之聲明

一、被告應給付原告新台幣100萬元。

二、訴訟費用由被告負擔。

三、原告願供擔保請准宣告假執行。

　　事實及理由

一、緣被告楊玉意圖姦淫原告未成年之女兒，因而和誘其脫離家庭，業經○○地方
　　法院判處有期徒刑六個月確定，此有○○地方法院○○年○字第○○號刑事判
　　決可資參照（證物一）。

二、按「不法侵害他人之身體、健康、名譽、自由、信用、隱私、貞操，或不法
　　侵害其他人格法益而情節重大者，被害人雖非財產上之損害，亦得請求賠償相
　　當之金額。其名譽被侵害者，並得請求回復名譽之適當處分。前二項規定，於
　　不法侵害他人基於父、母、子、女或配偶關係之身分法益而情節重大者，準用
　　之」，民法第195條第1項及第3項分別定有明文。被告前揭和誘行為已嚴重侵
　　害原告親權之行使，致使原告與女兒之感情發生巨大裂痕，精神上遭受重大痛

苦，爰依前揭規定，請求被告賠償原告精神上所受損害。
綜上所述，謹狀請
鈞院鑒核，判決如訴之聲明，如蒙所請，實感德便。
　　　　　謹狀
台灣○○地方法院民事庭　公鑒

證物名稱及件數	證物一：○○地方法院○○年○字第○○號刑事判決書影本一份。

中	華	民	國	年	月	日
			具狀人　張　廣	簽名蓋章		

▶對法人與其代表人之損害賠償請求

〈狀例2-295〉請求法人與其代表人連帶賠償之起訴狀

民事　起訴　狀		案　　號	年度　　字第　　號	承辦股別	
		訴訟標的金額或價額	新台幣　萬　千　百　十　元　角		
稱　　　謂	姓　名　或　名　稱身分證統一編號或營利事業統一編號	住居所或營業所、郵遞區號及電話號碼電子郵件位址		送達代收人姓名、住址、郵遞區號及電話號碼	
原　　　告	林　宏	住○○市○○路○○號			
被　　　告	正義企業股份有限公司	設○○市○○路○○號			
被　　　告兼右被告法定代理人	張知根	住同右			

為請求給付損害賠償事：
訴之聲明
一、被告等應連帶給付原告新台幣（以下同）468,000元及自訴狀繕本送達之翌日
　　起迄清償日止，按年息百分之5計算之利息。
二、原告願供擔保，請准宣告假執行。
三、訴訟費用由被告負擔。

事實及理由

一、緣原告與訴外人台灣通用器材股份有限公司（下稱通用公司）相約自民國75年1月15日起三年間，由原告供應通用公司液氨（證物一），曾在該公司內建造容量十公噸之液氨貯槽乙座，供與使用。被告張知根為正義企業股份有限公司（下稱正義公司）之法定代理人，明知該貯槽為原告所有，竟於民國75年3月19日以正義公司名義，聲請法院實施假處分，繼與原告爭執貯槽所有權而涉訟（證物二），致通用公司不敢使用貯槽，而不受領原告提供之液氨，並俟貯槽所有權歸屬原告確定後，再行交易。原告提起確認貯槽所有權為原告所有之訴，歷經三審，至79年5月30日始判決勝訴確定（證物三），在此涉訟期間，原告因通用公司停止受領液氨之給付，損失利潤每月為13,000元，按三年計算，應為468,000元。

二、查法人對於其董事或職員因執行職務所加於他人之損害，與該行為人負連帶賠償之責任，民法第28條定有明文。本件被告張知根既為正義公司之法定代理人（為其董事或董事長），對於貯槽所有權自知之甚稔，而竟為正義公司，初則聲請假處分，繼則與原告為貯槽所有權爭訟數年，原告因此所受之損害，自屬張知根執行正義公司職務之行為所致，依民法第28條及第188條之規定，即應連帶負賠償責任。

綜上所述，被告等應連帶給付原告如訴之聲明之數額，為此狀請

鈞院判決如訴之聲明，並願供擔保以代釋明，請准予宣告假執行。

　　　　謹狀

台灣○○地方法院民事簡易庭　公鑒

證 物 名 稱 及 件 數	證物一：買賣契約書影本一份。 證物二：台灣○○地方法院訴字第○○號起訴狀。 證物三：最高法院○○年度○字第○○號判決書影本各一份。

中	華	民	國	年	月	日

　　　　　　　具狀人　林　宏　　簽名
　　　　　　　　　　　　　　　　蓋章

▶與不動產尚未分離之出產物所有權之歸屬

〈狀例2-296〉確認土地上所植果樹為土地所有人所有之起訴狀

民事 起訴 狀		案 號	年度 字第 號		承辦股別	
		訴訟標的金額或價額	新台幣 萬 千 百 十 元 角			
稱 謂	姓 名 或 名 稱身分證統一編號或營利事業統一編號	住居所或營業所、郵遞區號及電話號碼電子郵件位址		送達代收人姓名、住址、郵遞區號及電話號碼		
原 告	陳 彬					
被 告	張 春					

為請求確認所有權存在事：

訴之聲明

一、請求確認原告對○○縣○○鄉○○段○○號○1.12公頃上果樹之所有權存在。

二、訴訟費用由被告負擔。

事實及理由

一、緣坐落於○○縣○○鄉○○段○○號○1.12公頃土地，原為被告所有，嗣經訴外人林山於民國○○年○月○日於執行程序中拍定（證物一），後於民國○○年○月○日轉賣於原告，並辦畢所有權移轉登記（證物二）。今被告以上開土地上之果樹為其所種植，執行法院並未估價併付拍賣，亦未將上開土地連同地上物點交林山，從而否認原告對該果樹之所有權，致原告此項權利存在有不明確之危險。

二、查系爭果樹種植於上開土地上而尚未與該土地分離，依民法第66條第2項規定，即為該土地之部分，應歸土地所有權人所有。茲上開土地既由林山向執行法院拍定，取得權利移轉證書，轉賣與原告，並已辦畢所有權移轉登記，則縱使系爭果樹未曾估價並付拍賣，執行法院亦未點交與林山，仍應無礙於原告所有權之取得，為此狀請

鈞院判決如原告訴之聲明，以維權益。

謹狀

台灣○○地方法院民事庭 公鑒

證 物 名 稱及 件 數	證物一：權利移轉證書影本一份。證物二：買賣契約書影本及土地登記簿謄本各一份。

中	華	民	國	年	月	日
		具狀人	陳 彬		簽名 蓋章	

▶法律行為與公序良俗

〈狀例2-297〉請求損害賠償之上訴狀

民事　上訴　狀		案　　　號	年度　　字第　　號		承辦 股別	
		訴訟標的 金額或價額	新台幣　萬　千　百　十　元　角			
稱　　　謂	姓　名　或　名　稱 身分證統一編號或 營利事業統一編號	住居所或營業所、郵遞區號 及電話號碼電子郵件位址		送達代收人姓 名、住址、郵遞 區號及電話號碼		
上　訴　人 被上訴人	李阿嬌 王　伍					

為不服台灣○○地方法院○○年○月○日所為○○年度訴字第○○號第一審民事判決，依法提起上訴事：

　　上訴之聲明

一、原判決廢棄。

二、被上訴人應給付上訴人新台幣（以下同）25萬元，及自民國83年5月20日起迄清償日止，按年息百分之5計算之利息。

三、第一、二審之訴訟費用由被上訴人負擔。

　　上訴之理由

一、原審駁回上訴人之請求無非以被上訴人與上訴人相姦，本屬犯罪行為，兩造訂立之和解契約，既係以此項悖於公序良俗之犯罪行為為契約之標的，依法無效。矧和解契約書第5條約定：本和解於乙方（即上訴人）收到賠償之金錢（含支票全部）時，始生效力。上訴人基於無效之和解契約而請求，自屬不當。

二、惟系爭和解契約，係上訴人與被上訴人為斷絕不正常之關係而訂立，並非以相姦行為作為契約之標的，若以金錢之交付，維持不正常關係，或得謂屬違背公序良俗，然本件為斷絕不正常關係，約定給付金錢，即無違背公序良俗之可言。至於和解契約書第5條之真意，係表示如被上訴人交付之支票不能兌現

時，上訴人要一直追究到底之意，而非以上訴人收到賠償之錢款作爲和解契約生效之條件。被上訴人既以和解契約約定願賠償上訴人25萬元，上訴人據以請求，既無不當。爲此狀請

鈞院鑒核，廢棄原判決，賜如上訴聲明之判決。

　　　　　謹狀

台灣○○地方法院民事簡易庭　轉呈
台灣○○地方法院民事庭　　　公鑒

證物名稱及件數	

中　華　民　國　　　　年　　　月　　　日

　　　　　　　具狀人　李阿嬌　　簽名蓋章

▶代理權限及其效力

〈狀例2-298〉因祭祀公業管理人所爲之借貸並非對祭祀公業當然發生效力而拒絕清償之答辯狀

民事　上訴　狀		案　　　號	年度　字第　　號	承辦股別	
		訴訟標的金額或價額	新台幣　萬　千　百　十　元　角		
稱　　　謂	姓　名　或　名　稱身分證統一編號或營利事業統一編號	住居所或營業所、郵遞區號及電話號碼電子郵件位址		送達代收人姓名、住址、郵遞區號及電話號碼	
答　辯　人即　被　告	林　成（祭祀公業林悅管理人）林　徵（同右）林　雄（同右）				
原　　　告	陳　道				

爲就○○年度○字第○○號清償債務事件，依法提出答辯事：

　　答辯之聲明
一、原告之訴及假執行之聲請駁回。

二、訴訟費用由原告負擔。

三、如為不利於被告之判決，被告願供擔保，請准免為假執行。

答辯之理由

一、祭祀公業林悅前任管理人並無為公業借貸之權限：原告主張被告前任管理人林慶以祭祀公業林悅管理人名義向其借用系爭款項，固提出蓋有發票人「祭祀公業林悅」及「林悅管理人林慶」印章之○○信用合作社支票四紙為證。然祭祀公業管理人係為管理公業財產，即保存、利用及改良公業財產而設，除得派下全體同意外，並無為公業借用金錢之權限，若為金錢之借貸，在未得派下全體同意前，自對公業不生效力。此就林悅派下協定規約第11條載：本公業財產管理、出售、分配事宜，由管理委員會議決處理。第15條載：本公業開支款項經理事四名以上，管理人三名同意，以支票支付自明（證物一）。林慶縱有借貸，既未為派下全體授權或同意，即無從對祭祀公業林悅發生效力。

二、消費借貸為要物契約，貸與人應負舉證責任：退一步言，消費借貸為要物契約，因金錢或其他代替物之交付而生效力。被告否認此項借款之事實，原告應舉證證明交付貸與款項之事實。

三、綜上所陳，林慶既無為公業借用金錢之權限，又無法證明公業有向其借貸之事實，原告所訴顯無理由，為此狀請

鈞院鑒核，賜判決如被告訴之聲明，以明法紀。

　　　　　謹狀

台灣○○地方法院民事庭　公鑒

證　物　名　稱及　　件　　數	證物一：林悅派下協定規約影本一份。

中	華	民	國		年	月	日

　　　　　　　　　　林成（祭祀公業林悅管理人）

具狀人　　林　徵　　　　　　　　簽名

　　　　　林　雄　　　　　　　　蓋章

▶請求權與消滅時效

〈狀例2-299〉請求塗銷所有權登記之起訴狀

民事　起訴狀		案　　　號	年度　字第　　號	承辦股別	
		訴訟標的金額或價額	新台幣　萬　千　百　十　元　角		
稱　　　謂	姓　名　或　名　稱身分證統一編號或營利事業統一編號	住居所或營業所、郵遞區號及電話號碼電子郵件位址		送達代收人姓名、住址、郵遞區號及電話號碼	
原　　　告法定代理人被　　　告	台灣糖業股份有限公司張　甲黃　乙				

為請求所有權塗銷登記事：

訴之聲明

一、被告應將坐落○○縣○○鄉○○段○○地號，面積0.7796公頃土地所有權之登記予以塗銷。

二、訴訟費用由被告負擔。

事實及理由

一、緣坐落○○縣○○鄉○○段○○地號，面積0.7796公頃之土地，重劃前為　豬段164號面積0.6828公頃及同段272號面積0.8762公頃，依日據時代土地登記簿謄本記載：該土地為黃甲、黃乙、黃丙共有，持分各3分之1。黃丙持分3分之1，已於大正12年4月27日出售與丁嫦，丁嫦又於昭和2年8月2日出售與黃甲、黃乙各持分6分之1，黃乙並於昭和7年4月1日將其持分（即2分之1）出售與原告之前身台灣製糖株式會社，並已辦畢所有權移轉登記，另黃甲持分2分之1，於昭和7年10月11日出售與陳戊，陳戊再於昭和13年4月8日出售與原告之前身台灣製糖株式會社，亦已辦畢所有權登記（證物一）。台灣光復後，台灣製糖株式會社，由原告依法接受其權利義務。詎○○地政機關於辦理登記時，轉載錯誤，迨民國61年土地重劃，復依該錯誤登記簿，將重劃改編為　豬厝段1437號，土地分配為黃乙名義。

二、按台灣光復後之土地總登記，乃地籍之整理，屬地政機關為清查土地之一種程序，與物權登記，根本不生影響。本件原告於台灣光復後，依法接收台灣製糖株式會社，承受其權利義務，自不因光復後之錯誤登記為被告之名義，而影響所有權人之地位。茲該兩筆土地，因重劃改編為1437號，地政機關依原錯誤之

登記，重劃後仍登記為被告名義，自屬侵害原告所有權之完滿，因而本於所有權，排除侵害，請求命被告塗銷所有權登記，且此項塗銷登記請求權，並無消滅時效規定之適用，業經大法官會議釋字第164號解釋可稽。為此狀請

鈞院鑒核，判決如訴之聲明，俾保權益。

　　　　　　謹狀
台灣○○地方法院民事庭　公鑒

證 物 名 稱 及 件 數	證物一：○○地政事務所印發日據時代土地登記簿謄本一份。

中	華	民	國	年	月	日

	具狀人	台灣糖業股份有限公司 法定代理人 張　甲	簽名 蓋章

▶法律行為與法定方式

〈狀例2-300〉因未具備法定方式確認婚姻關係不存在之起訴狀

民事　起訴　狀		案　　　　號	年度　　字第　　號	承辦 股別	
		訴 訟 標 的 金額或價額	新台幣　萬　千　百　十　元　角		
稱　　　謂	姓 名 或 名 稱 身分證統一編號或 營利事業統一編號	住居所或營業所、郵遞區號 及電話號碼電子郵件位址		送達代收人姓 名、住址、郵遞 區號及電話號碼	
原　　告	江　男				
被　　告	張　女				

為請求確認婚姻關係不存在事：

　　訴之聲明

一、請求確認原告與被告間之婚姻關係不存在。

二、訴訟費用由被告負擔。

　　事實及理由

一、民法第982條規定：「結婚，應有公開儀式及二人以上之證人。」同法第988條規定，不具備第982條第1項之方式者，結婚無效。

二、查原告與被告雖已辦理結婚之戶籍登記（見證物一），但原告與被告從未舉行任何之公開結婚儀式，當初係因被告謊稱其已懷孕，為免所生之子成為私生子，因而要求原告辦理結婚登記，原告雖不願有婚姻關係之羈絆，但見木已成舟，生米熟飯，因此勉為同意。查登記當時結婚證書根本係被告自己虛偽製作，原告之印文亦係被告所蓋，其上之證人根本並無其人，懇請　鈞院向戶政事務所調閱結婚證書即知。

三、原告與被告辦妥結婚登記後，被告始終未有任何懷孕之徵兆，原告始知被告根本未懷孕，由於兩造間根本並無任何結婚儀式，未完成法定方式，是依民法第988條之規定婚姻無效，為此狀請

鈞院鑒核，賜判決如訴之聲明，俾保權益。

　　　　謹狀

台灣○○地方法院民事庭　公鑒

證　物　名　稱及　　　件　　　數	證物一：戶口名簿影本一份。

中	華	民	國	年	月	日
			具狀人　江　男		簽名蓋章	

▶附條件法律行為之效力

〈狀例2-301〉因出賣人不當行為致條件視為成就之起訴狀

民事　起訴狀		案　　　　　號	年度　　字第　　號	承辦股別	
		訴訟標的金額或價額	新台幣　萬　千　百　十　元　角		
稱　　　　謂	姓　名　或　名　稱身分證統一編號或營利事業統一編號	住居所或營業所、郵遞區號及電話號碼電子郵件位址		送達代收人姓名、住址、郵遞區號及電話號碼	
原　　　告	陳阿東				
被　　　告	張　秋				

為請求移轉所有權登記事：

訴之聲明

一、被告應將坐落○○縣○○鄉○○段○○地號，地目：旱，面積0.6137公頃土地之所有權持3分之1移轉登記與原告所有。

二、訴訟費用由被告負擔。

事實及理由

一、查原告於民國79年3月10日，向被告購買如訴之聲明所述之土地，價款新台幣705,985元，約定俟重劃分割完畢，所有權狀換發後，即可辦理所有權移轉登記（證物一），除尾款10萬元依約應俟辦理所有權移轉登記時付清外，其餘價款均已付與被告，系爭土地亦已重劃完畢（證物二），被告竟拒不辦理所有權狀換發及所有權移轉登記。

二、查民法第101條第1項規定：因條件成就而受不利益之當事人，如以不正當行為阻其條件之成就者，視為條件已成就。本件買賣契約雖約定所有權狀換發後，始辦理所有權移轉登記，然被告竟遲不辦理換發所有權狀，自係以不正當之行為，阻止條件之成就，從而依上開規定，被告之移轉所有權之義務業已屆至。

為此狀請

鈞院鑒核，賜判決如訴之聲明，俾保權益。

謹狀

台灣○○地方法院民事庭　公鑒

證　物　名　稱 及　　件　　數	證物一：買賣契約書影本一份。 證物二：土地登記簿謄本一份。

中　　華　　民　　國　　　　年　　　　月　　　　日
具狀人　陳阿東　　簽名蓋章

〈狀例2-302〉**因解除條件未成就拒絕遷讓交還房屋之答辯狀**

民事　答辯　狀	案　　　　號	年度　　字第　　號	承辦股別	
	訴訟標的 金額或價額	新台幣　萬　千　百　十　元　角		

稱　　　　謂	姓　名　或　名　稱身分證統一編號或營利事業統一編號	住居所或營業所、郵遞區號及電話號碼電子郵件位址	送達代收人姓名、住址、郵遞區號及電話號碼
答　辯　人即　被　告原　　　告	呂三蓮呂四娘鄭康成		

為就○○年度訴字第○○號請求交屋還地事件，依法提出答辯事：

　　訴之聲明

一、原告之訴及假執行之聲請駁回。

二、訴訟費用由原告負擔。

三、如為不利於被告之判決，被告願供擔保，請准免為假執行。

　　答辯之理由

一、查原告起訴略謂：伊與被告之父呂亮於民國○○年○月間所訂之土地及房屋租約，約明原告需用土地及工廠出賣時，承租人應無條件遷讓。呂亮死亡後由被告繼續承租，現原告需用土地，故被告應交還系爭房屋及土地。

二、惟查原告與呂亮所訂契約書雖載明「乙方（指呂亮）在租賃期間如遇甲方（指原告）需用土地或出賣工廠時，或海軍買收，乙方甘願（中略）無條件遷讓」等語（證物一），使該租約附有以原告需用土地之解除條件。但所謂需用土地，應係指客觀上有需用土地之正當理由及必要之情形，並能為相當之證明，始足恰當，而不應以主觀情事之發生，即謂該解除條件已成就，本件原告並未就需用土地之客觀上正當理由及必要情形為相當之證明，僅欲收回出賣而以需用土地為藉口。揆之上開說明，即屬不當，為此提出答辯，狀請

鈞院鑒核，判決如訴之聲明，以維法制。

　　　　　　　謹狀

台灣○○地方法院民事庭　公鑒

證　物　名　稱及　　件　　數	證物一：同原告之證物一。

中　　華　　民　　國　　　　年　　　月　　　日

具狀人　呂三蓮　　簽名
　　　　呂四娘　　蓋章

▶請求清償會款

〈狀例2-303〉請求清償會款之起訴狀

民事 起訴狀	案　　號	年度　　字第　　號	承辦股別
	訴訟標的金額或價額	新台幣　萬　千　百　十　元　角	

稱　　謂	姓 名 或 名 稱身分證統一編號或營利事業統一編號	住居所或營業所、郵遞區號及電話號碼電子郵件位址	送達代收人姓名、住址、郵遞區號及電話號碼
原　　告	郭源		
被　　告	林溪		

為請求清償會款：

訴之聲明

一、被告應給付原告新台幣（以下同）40萬元及自民國84年9月27日起至清償日止，按年息百分之5計算之利息。

二、被告應自民國84年10月26日起至民國85年7月26日止，按月於26日給付原告新台幣4萬元，如有任何一期遲延給付，應自該期之27日起至清償日止，另給付按年息百分之5計算之利息。

三、訴訟費用由被告負擔。

四、對於第一項之請求，原告願供擔保，請准宣告假執行。

事實及理由

　　緣被告於82年6月間參加以原告為會首之合會（互助會）兩會，會款每會新台幣2萬元，連同會首共38會，約定於每月25日標會，被告分別於82年12月25日及83年1月25日參加標會得標，並分別得款575,000元及572,000元（合計1,147,700元），有其收受會款收據可憑（證物一）。被告於得標後，即應每月繳付會款4萬元。詎被告自83年12月起，即拒付會款每月4萬元，迄今已欠十個月會款共40萬元，屢催不付（證物二）。按合會既約定於每月25日標會，則各會員即應於翌日即26日繳付會款，否則即應自27日起負遲延責任，而應加付法定遲延利息。關於已到期之會款40萬元，均自84年9月27日起請求遲延利息。又本件被告對於已到期之會款，既已不給付，則對於未到期部分，顯有到期不給付之虞，依民事訴訟法第246條規定，亦得併為請求，故請求被告自84年10月26日起至完會，即85年7月26日止，按月於26日給付會款4萬元，如有任何一期遲延給付，並自遲延時按法定利率計算，狀請

鈞院判決如聲明，至感公便。

　　　　　謹狀

台灣○○地方法院民事簡易庭　公鑒

證　物　名　稱及　　件　　數	證物一：會款收據影本二紙。證物二：存證信函影本二紙。

中	華	民	國	年	月	日

具狀人　郭　源　　簽名蓋章

▶對表見代理本人之請求

〈狀例2-304〉盜用印章亦得構成表見代理之第2審上訴狀

民事　上訴　狀	案　　　號	年度　　字第　　號	承辦股別	
	訴訟標的金額或價額	新台幣　　萬　千　百　十　元　角		
稱　　　　謂	姓　名　或　名　稱身分證統一編號或營利事業統一編號	住居所或營業所、郵遞區號及電話號碼電子郵件位址	送達代收人姓名、住址、郵遞區號及電話號碼	
上　訴　人被上訴人	林　祥吳　輝			

為不服台灣○○地方法院○○年○月○日所為○○年○字第○○號第一審民事判決，依法提起上訴事：

　　上訴之聲明

一、原判決廢棄。

二、被上訴人應給付原告新台幣60萬元，並自○○年○月○日起至清償日止按年息百分之5計算之利息。

三、第一、二審之訴訟費用由被上訴人負擔。

　　事實及理由

一、原審為上訴人敗訴之判決，係以被上訴人之印章係出於蔡○宗所盜蓋，被上訴人亦不負表見代理授權人之責任為由。惟查刑事判決認定蔡○宗盜蓋被上訴人

　　　之印章，係就蔡○宗與被上訴人間之內部關係而言。蔡○宗此種行為，被上訴人應否負民法第169條表見代理授權人之責任，則係上訴人與被上訴人間應否發生權利義務之問題，兩者並不互相排斥。被上訴人主張其印章係因經營永東公司而交與會計尤○光保管，致為蔡○宗所盜等語；原審引用尤○光在刑案偵查中稱：「該公司印鑑為我保管，如果要用就向我拿」之證言，即予採信，未進而傳訊尤○光，命其就蔡○宗使用被上訴人印章之手續及盜用之經過，作具體之陳述，有嫌疏略，且蔡○宗在原審陳明被上訴人係將印章授權使用，尤有對質之必要。蔡○宗既有概括使用被上訴人印章之權限，足使第三人信其為被上訴人之代理人，縱令其在約定範圍以外使用被上訴人之印章，對於善意之上訴人，仍應負授權人之責任。

二、盜用印章，固屬不法行為，而非法律行為，但盜用印章而為背書之票據行為，則為法律行為，得發生表見代理之問題。原審誤解最高法院50年台上字第1054號判例之涵義，而為相反之論斷，尤有未洽。

　　　綜上所述，被上訴人應負表見代理授權人之責任，要無可疑，為此狀請

　　鈞院鑒核，請廢棄原判決，並為如上訴聲明之判決。

　　　　　　　　謹狀

台灣○○地方法院　　　　　轉呈
台灣高等法院○○分院民事庭　　公鑒

證　物　名　稱 及　　件　　數	

中　　　華　　　民　　　國　　　　　年　　　　月　　　　　日	
	具狀人　林　祥　　簽名蓋章

▶請求返還不當得利

〈狀例2-305〉請求返還不當得利之起訴狀

民事　起訴　狀	案　　　　號	年度　　字第　　號	承辦股別	
	訴訟標的金額或價額	新台幣　萬　千　百　十　元　角		

稱　　　謂	姓　名　或　名　稱身分證統一編號或營利事業統一編號	住居所或營業所、郵遞區號及電話號碼電子郵件位址	送達代收人姓名、住址、郵遞區號及電話號碼
原　　　告	翁○彬		
	林○昂		
被　　　告	黃○清		
	黃○常		
	謝○福		
	吳○仁		

為訴請返還不當得利事：

訴之聲明

一、被告黃○清應給付原告新台幣（以下同）290,996元。

二、被告黃○常應給付原告235,942.7元。

三、被告謝○福應給付原告165,159.5元。

四、被告吳○仁應給付原告70,782.8元。

五、前四項請求，原告均願供擔保，請准宣告假執行。

六、訴訟費用由被告等負擔。

事實及理由

一、坐落原○○市○○段○○地號（重測後現為○○市○○區○○路段○小段○○地號）土地為原告所有（證物一）。

二、上開土地為被告等無權占有，搭建違章房屋，被告黃○清者為門牌○○市○○路○○巷○○號，占用面積計為22.385坪；被告黃○常者為門牌○○市○○路○○巷○○號，占用面積為18.150坪；被告謝○福者為門牌○○市○○路○○巷○○號，占用面積為12.705坪；被告吳○仁者為門牌○○市○○路○○巷○○號，占用面積為5.445坪，前經原告訴請拆屋還地並對黃○清、黃○常、謝○福及吳○仁等四人請求給付自民國53年7月1日起至民國63年12月31日止之不當得利，案經判決原告勝訴確定（證物二、三、四）。

三、原告依判聲請強制執行多年，仍未終結，系爭土地迄仍由被告無權占有中，有鈞院○○年民執○字第○○號執行案宗可稽。按無權占用他人土地，可以獲得相當於法定租金之利益，為社會通常之觀念，最高法院61年台上字第1695號著有判例。若訴請被告等返還自64年1月1日至71年6月30日止，比照法定租金標準計算之不當得利，被告黃○清部分為290,996元；被告黃○常部分為235,942.7元；被告謝○福部分為165,159.5元；被告吳○仁部分為70,782.8元。其計算方法如左：

㈠ 自○○年1月1日起至○○年12月31日止共三年：

每坪申請地價為19464元×法定地租計5% =973.2元（每坪年租金）。

甲、黃○清部分：22.385坪×973.2元×3年 = 65355.2元。

乙、黃○常部分：18.150坪×973.2元×3年 = 52990.7元。

丙、謝○福部分：12.705坪×973.2元×3年 = 37093.5元。

丁、吳○仁部分：5.445坪×973.2元×3年 =15897.2元。

㈡ 自○○年1月1日起至○○年6月30日止共四年五個月。

每坪申報地價為新台幣28000元（67年每平方公尺公告地價為8470元÷0.3025 =22400元）。

22400元×法定地租計10% = 2240元（每坪年租金）。

甲、黃○清部分：22.385坪×2240元×4.5年 = 225640.8元。

乙、黃○常部分：18.150坪×2240元×4.5年 = 182952.0元。

丙、謝○福部分：12.705坪×2240元×4.5年 =128066.4元。

丁、吳○仁部分：5.445坪×2240元×4.5年 =54885.6元。

㈢ 甲、黃○清部分合計不當得利：㈠甲＋㈡甲 = 65355.5＋225640.8 =290996.0元。

乙、黃○常部分合計不當得利：㈠乙＋㈡乙 = 52990.7＋182952.0 = 125942.7元。

丙、謝○福部分合計不當得利：㈠丙＋㈡丙 = 37093.5＋128066.4 = 165.159元。

丁、吳○仁部分合計不當得利：㈠丁＋㈡丁 = 15897.2＋54885.6 = 70782.8元。

註：系爭土地63年度申報地價每坪為19464元（適用於○○年至○○年度），見原五號證地價證明書。

系爭土地67年度申報地價每坪為22400元（適用於○○年至○○年度），見原六號證地價證明書。

懇祈

鈞院鑒核，賜准判決如訴之聲明，又原告願供擔保併請准予宣告假執行是禱。

謹狀

台灣台北地方法院民事庭　公鑒

證 物 名 稱 及 件 數	證物一：土地登記謄本一份。 證物二：鈞院民事判決影本一份。 證物三：台灣高等法院民事判決影本一份。 證物四：最高法院民事判決影本一份。 證物五：地價證明書一份。 證物六：地價證明書一份。			
中　華　民　國		年	月	日
	具狀人	翁○彬 林○昂		簽名 蓋章

▶不法原因之給付不得請求返還

〈狀例2-306〉因主張不法情事受侵害拒絕賠償之答辯狀

民事　答辯　狀	案　　　號		年度　字第　　號	承辦 股別	
	訴 訟 標 的 金 額 或 價 額		新台幣　萬　千　百　十　元　角		
稱　　　　謂	姓 名 或 名 稱 身分證統一編號或 營利事業統一編號		住居所或營業所、郵遞區號 及電話號碼電子郵件位址	送達代收人姓 名、住址、郵遞 區號及電話號碼	
答 辯 人 即 被 告 原　　告	黃　榮 林　民				

為就○○年○字第○○號請求損害賠償事件，依法提出答辯事：

　　　訴之聲明

一、原告之訴及假執行之聲請駁回。

二、訴訟費用由原告負擔。

三、如為不利於被告之判決，被告願供擔保，請准免為假執行。

　　　答辯之理由

　　原告起訴略謂：其因犯詐欺罪被判處有期徒刑三月，自感蒙受冤枉，心有不甘，準備依法救濟，被告竟向其騙稱被告有辦法活動，使免坐牢，民事官司亦可勝訴，於民國○○年○月○日給被告新台幣20萬元，惟原告觸犯詐欺刑責部分，仍經判處罪刑確定，為此請求賠償詐欺款項。惟按為行使基於侵權行為之損害賠償請求

權，有主張自己不法之情事時，其爲此不法之目的所支出之金錢，則應適用民法第180條第4款前段規定，認爲不得請求賠償（參最高法院56年度台上字第2232號判例）。本件原告係因欲以金錢力量活動，使其所犯詐欺再審案件，遂其所願，而受被告詐欺者，則原告爲此不法目的所交付之20萬元，揆諸上開說明，即不得請求被告賠償，從而原告之訴，顯無理由。爲此狀請

　　　鈞院鑒核，賜判決如訴之聲明，以維法紀。
　　　　　　　謹狀
台灣○○地方法院民事簡易庭　公鑒

證　物　名　稱及　　件　　數	

中　　　華　　　民　　　國　　　　　年　　　　　月　　　　　日	
	具狀人　黃　榮　　　　簽名蓋章

▶侵權行為損害賠償之請求

〈狀例2-307〉販賣假酒請求損害賠償之起訴狀

民事　起訴　狀		案　　　號	年度　　字第　　號	承辦股別	
		訴訟標的金額或價額	新台幣　萬　千　百　十　元　角		
稱　　　謂	姓　名　或　名　稱身分證統一編號或營利事業統一編號	住居所或營業所、郵遞區號及電話號碼電子郵件位址		送達代收人姓名、住址、郵遞區號及電話號碼	
原　　　告	張　強				
被　　　告	曾　芳洪　英				

爲請求損害賠償事：
　　訴之聲明
一、被告等應連帶給付原告新台幣（以下同）629,717元。
二、訴訟費用由被告負擔。
三、原告願供擔保，請准宣告假執行。

　　事實及理由

一、緣被告曾芳在其住所開設五福商店，另被告洪英在○○市○○街○○巷○○號開設慶興商店，均持有台灣省菸酒公賣局零售商執照。洪英明知另案假酒罪犯董顏所出售之金門高粱酒未貼專賣憑證，來源可疑，竟販賣與知情之曾芳，再由曾芳於○○年○月間以每瓶140元之價格，售與原告五瓶。詎原告於○○年○月○日飲用後，即感全身不適，至同月○日視覺模糊，終至雙目失明，經榮民總醫院診斷，已成殘廢。

二、原告原在大偉公司工作，失明後每年損失工資3萬元（證物一），又因失明而一切行動及日常生活，在在需人照顧，每月須增加生活上之支出3,000元。原告現年五十歲，算至滿六十歲止，依霍夫曼式，扣除期前利息，應一次賠償579,717元。此外，尚應賠精神慰藉金5萬元。為此狀請
鈞院鑒核，判決如訴之聲明，又原告願供擔保並請准予宣告假執行。
　　　　　　謹狀
台灣○○地方法院民事庭　公鑒

證　物　名　稱 及　　件　　數	證物一：○○年○○月至○○月所得扣繳憑單一份。

中	華	民	國	年	月	日
			具狀人　張　強		簽名 蓋章	

〈狀例2-308〉因被姦淫請求損害賠償之起訴狀

民事　起訴　狀		案　　　　號	年度		字第	號	承辦 股別	
		訴訟標的 金額或價額	新台幣　　萬　　千　　百　　十　　元　　角					
稱　　　　謂	姓　名　或　名　稱 身分證統一編號或 營利事業統一編號	住居所或營業所、郵遞區號 及電話號碼電子郵件位址				送達代收人姓 名、住址、郵遞 區號及電話號碼			
原　　告	李　柔							
被　　告	張　江							

為請求認領子女及損害賠償等事：

訴之聲明

一、被告應認領李圖為其子，並應向○○戶政事務所辦理認領之戶籍登記。

二、被告應給付原告新台幣（以下同）50萬元。

三、訴訟費用由被告負擔。

四、第二項之請求原告願供擔保，請准予宣告假執行。

事實及理由

一、緣被告為○○遊覽公司董事長及司機，於民國○○年○月○日起至○○年○
月○日止，僱用原告為該公司之遊覽小姐，隨車服務，於○○年○○月底，被
告駕駛遊覽車，與原告隨車前往○○投宿○○大旅社，被告即利用權勢，將原
告姦淫，嗣後又以將來結婚為餌，多次誘原告發生肉體關係，致原告於○○年
○○月懷胎，○○年○月○日生子命名李圖。詎被告竟始亂終棄，拒不供給扶
養費，且狡賴該子非其所生。

二、李圖為被告與原告所生，縱使被告與原告無婚姻關係，被告仍不能否認其為生
父，故依民法第1067條之規定請命被告認領李圖為其子，並向戶政事務所辦理
認領登記。

三、被告係○○遊覽公司董事長，原告為其僱用之遊覽車服務小姐，其彼此間有主
僱關係，被告利用權勢姦淫原告之後，又以將來結婚為餌，誘使原告多次與其
姦淫致懷孕生子，顯係以故意違反善良風俗之方法加損害於原告。原告自得依
民法第184條第1項後段，請求損害賠償。原告被誘姦生子李圖，其因此所支出
之扶養費，既係被告之侵權行為所生，自應由其負責賠償。原告係未婚良家婦
女，其貞操有不被侵害之自由，被告竟利用權勢予以姦淫，嗣以結婚為餌予以
誘姦，致由少女變成未婚媽媽，在社會上頗受歧視，其名譽與自由顯然已受侵
害，精神上之痛苦，不言可喻，故被告應賠償精神慰藉金。原告於○○年○月
○日生子李圖，至起訴日止，共三十個月，以每月扶養費1萬元，共30萬元，
名譽與自由受侵害之慰撫金20萬元，共50萬元。

綜上所述，被告應認領李圖，並賠償如聲明所述之金額。為此狀請

鈞院鑒核，判決如訴之聲明，又對於賠償金額部分原告願供擔保，以代釋明，
請准予宣告假執行。

謹狀

台灣○○地方法院民事庭　公鑒

證 物 名 稱 及 件 數	

中	華	民	國	年	月	日

具狀人 李 柔 　簽名 蓋章

〈狀例2-309〉因車禍請求損害賠償

民事 起訴狀	案　　　號	年度　　字第　　號	承辦 股別	
	訴訟標的 金額或價額	新台幣　萬　千　百　十　元　角		
稱　　　　謂	姓 名 或 名 稱 身分證統一編號或 營利事業統一編號	住居所或營業所、郵遞區號 及電話號碼電子郵件位址	送達代收人姓 名、住址、郵遞 區號及電話號碼	
原　　　告	楊○○			
	黃○○			
被　　　告	許○○			

為被告侵權行為請求損害賠償事：

訴之聲明

一、被告應給付原告楊○○新台幣（以下同）2,722,505元，及自本書狀繕本送達之日起至清償之日止，按年息百分之5計算之利息。

二、被告應給付原告黃○○180,922元，及自本書狀繕本送達之日起至清償之日止，按年息百分之5計算之利息。

三、原告等願供擔保，請准宣告假執行。

四、訴訟費用由被告負擔。

事實及理由

一、被告於民國（以下同）86年2月7日凌晨1時50分，未遵守道路交通安全規則之規定違規左轉，與原告等之子楊三所駕機車發生擦撞，致使楊三因顱內出血於2月16日死亡，被告上開過失致人於死之侵權行為事實，業經台灣士林地方法院刑事庭確認無誤（證一）。

二、民法第192條規定：「不法侵害他人致死者，對於支出醫療及增加生活上需要之費用或殯葬費之人，亦應負損害賠償責任。」「被害人對於第三人負有法

定扶養義務者,加害人對於該第三人亦應負損害賠償責任。」同法第194條規定:「不法侵害他人致死者,被害人之父、母、子、女及配偶,雖非財產上之損害,亦得請求賠償相當之金額。」

三、查原告等係被害人之父母,目前均無工作能力,因被告之侵權行為而受有下列之損失:

　　㈠ 醫療費用:被害人生前住院原告等為其支出醫療費用22,611元(證二)。

　　㈡ 喪葬費用:因被害人死亡致原告楊○○花費喪葬費用466,500元(證三)。

　　㈢ 扶養費:

　　　　1.被害人死亡時原告楊○○五十五歲,依民國85年台北市女性平均壽命81.14歲(證四),得受二十六年之扶養,以86年綜合所得稅扶養親屬免稅額每人72,000元、七十歲以上每人180,000元計算,原告五十五歲至六十九歲十四年間,可得向被告請求每年72,000元之扶養費,依霍夫曼表(證五)扣除期前利息後,被告應給付749,477元;七十歲至八十二歲十二年間每年可得請求108,000元,扣除期前利息後,被告應給付995,232元,以上合計1,744,709元。

　　　　2.被害人死亡時原告黃○○五十七歲,依民國85年台北市男性平均壽命為76.37歲(同證五),得受二十年之扶養,以86年綜合所得稅扶養親屬免稅額每人72,000元、七十歲以上每人108,000元計算,原告五十七歲至六十九歲十二年間,可得向被告請求每年72,000元之扶養費,依霍夫曼表扣除期前利息後,被告應給付663,487元;七十歲至七十七歲七年間每年可得請求108,000元,扣除期前利息後,被告應給付634,428元,以上合計1,297,915元。

　　㈣ 精神慰撫金:原告等因長子死亡,受有精神上之痛苦,是各請求50萬元之精神慰撫金。

　　以上合計被告應給付原告楊○○2,722,505元,應給付原告黃○○1,809,220元,為此爰依民法第184條、第192條及第194條之規定狀請

　　鈞院鑒核,依法判決如訴之聲明。

　　　　　　　謹狀

台灣○○地方法院民事庭　公鑒

證物名稱及件數	證一：判決影本一份。 證二：收據影本一份。 證三：收據影本一份。 證四：內政部「民國85年台閩地區簡易生命表提要分析」影本一份。 證五：霍夫曼表影本一份。

中　華　民　國　　　　年　　　　月　　　　日
具狀人　楊○○　　簽名 　　　　黃○○　　蓋章

〈狀例2-310〉因違反保護勞工法令請求損害賠償之起訴狀

民事 起訴狀	案　　　號	年度　　字第　　號	承辦股別	
	訴訟標的金額或價額	新台幣　萬　千　百　十　元　角		
稱　　　謂	姓　名　或　名　稱身分證統一編號或營利事業統一編號	住居所或營業所、郵遞區號及電話號碼電子郵件位址	送達代收人姓名、住址、郵遞區號及電話號碼	
原　　　告	劉　亮	住○○市○○路○○號		
被　　　告	台灣鐵路管理局	設○○市○○路○○號		
法定代理人	王　甲	住同右		

為請求損害賠償事：

訴之聲明

一、被告應給付原告新台幣（以下同）17,775元，及自80年7月10日起迄清償日止，按年息百分之5計算之利息。

二、訴訟費用由被告負擔。

三、請依職權宣告假執行。

事實及理由

　　緣原告原服務於台灣省政府經營之○○公司油漆廠，該油漆廠於民國48年12月21日由被告收購，並更名為○○機廠造漆工廠，但原告仍被繼續留用。80年7月9日原告退休，被告未將原告自44年7月起至48年12月止，服務之年資併計核給退休金。原告在○○機廠造漆工廠從事油漆製造並負責督導其他造漆匠之協同工作，

係屬工廠法第2條所稱之工人；依台灣省工廠工人退休規則第3條並台灣鐵路事業人員退休規則第14條規定，原告退休時，應將前在省營期間服務之年資併計核給退休金，被告不予併計，顯係違反保護勞工法規之規定，原告因此所受損害，自得依民法第284條第2項規定，請求賠償。計所受損害為一次退休金16,875元、福利金900元，共計17,775元。迭次向被告請求，均置之不理，為此狀請

　　　鈞院鑒核，賜判決如訴之聲明，又原告願供擔保，以代釋明，請准予宣告假執行。

　　　　　　謹狀
台灣○○地方法院簡易庭　公鑒

證　物　名　稱及　　件　　數	證一：判決影本一份。 證二：收據影本一份。 證三：收據影本一份。 證四：內政部「民國85年台閩地區簡易生命表提要分析」影本一份。 證五：霍夫曼表影本一份。

中　　華　　民　　國　　　　年　　　　月　　　　日
具狀人　劉　亮　　簽名蓋章

▶請求共同侵權行為人損害賠償

〈狀例2-311〉對共同侵權行為人中之一人提起上訴狀

民事　上訴　狀	案　　號	年度　　字第　　號	承辦股別	
	訴訟標的金額或價額	新台幣　萬　千　百　十　元　角		
稱　　　　謂	姓　名　或　名　稱身分證統一編號或營利事業統一編號	住居所或營業所、郵遞區號及電話號碼電子郵件位址	送達代收人姓名、住址、郵遞區號及電話號碼	
上　訴　人即　原　告	李　福			
被上訴人即　被　告	王　賜			

為不服台灣○○地方法院○○年○月○日○○年訴字第○○號第一審民事判決，依法提起上訴事：

　　查上訴人與被上訴人請求交還土地事件，業經判決：「原告之訴及假執行之聲請均駁回，訴訟費用由原告負擔」等詞，上訴人對於是項判決，全部不能甘服，爰於上訴期間提起上訴，茲將上訴之聲明及理由臚陳如下：

　　上訴之聲明

一、原判決廢棄。

二、被上訴人應將坐落○○市○○段○小段○○號，建地內如原審○○年度訴字第○○號判決附圖所示斜線部分土地0.0075公頃土地交還於上訴人。

三、第一、二審之訴訟費用由被上訴人負擔。

　　上訴之理由

一、查被上訴人於民國81年12月10日竊占上訴人所有坐落如上訴之聲明所示之土地，用以堆置花盆、陶瓷等雜物，為此求命被上訴人將系爭土地返還。原審判決駁回上訴人之請求，無非以卷附○○縣政府發給之營利事業登記證及○○縣稅捐稽徵處載明○○五金行係林嬌所獨資經營，而堆置於系爭地上之花盆等雜物為○○五金行所有，被上訴人僅循其妻林嬌意思或受指使而堆放該物，是占有系爭土地者為該花盆、瓷器等之所有人，即○○五金行（即林嬌），而非上訴人，上訴人不得逕對被上訴人為返還系爭土地之請求。

二、惟被上訴人竊占系爭土地，縱係出於林嬌之授意，亦同屬共同侵權行為人，依民法第185條及第213條之規定，亦應由被上訴人夫妻連帶負回復原狀（即交還建地）之損害賠償責任。茲上訴人僅請求連帶債務人中之一人交還建地，揆諸民法第273條規定，亦無不合。被上訴人自應返還系爭土地。為此提起上訴，狀請

　　鈞院鑒核廢棄原判決，為如上訴聲明之判決。

　　　　　　謹狀

台灣○○地方法院民事庭　　轉呈
台灣高等法院○○分院民事庭　公鑒

證　物　名　稱 及　　件　　數	

中　　　　華　　　　民　　　　國　　　　　　年　　　　　月　　　　　日

　　　　　　　　　　具狀人　李　福　　　簽名
蓋章

▶損害賠償額減免之主張

〈狀例2-312〉請求減少賠償額上訴理由狀

民事　上訴理由　狀		案　　　　號	年度　字第　　號	承辦股別	
		訴訟標的金額或價額	新台幣　萬　千　百　十　元　角		
稱　　　　謂	姓　名　或　名　稱身分證統一編號或營利事業統一編號	住居所或營業所、郵遞區號及電話號碼電子郵件位址		送達代收人姓名、住址、郵遞區號及電話號碼	
上　訴　人即　原　告	魏　彥				
被上訴人即　被　告	陳　明				
法定代理人	陳　忠				

為不服台灣○○地方法院○○年度簡字第○○號民事判決，上訴人除於民國80年6月23日，在法定期間內聲明上訴外，爰依法補呈理由：

　　上訴之聲明

一、請將原審不利於上訴人部分之判決予以廢棄，並駁回被上訴人該部分在第一審之訴及假執行之聲請。

二、第一、二審訴訟費用由被上訴人負擔。

　　上訴之理由

　　按原審判法以「原告本身對車禍致傷之結果與有過失，本院斟酌實際情況及兩造之身分地位，原告請求15萬元，殊嫌過高，應予核減為75,000元方屬公允」為由，而認為上訴人應賠償新台幣（以下同）75,000元，惟徵諸下述理由，即知該數額顯非妥適，其認定亦違法失據：

一、被上訴人之過失遠較上訴人為重：

　　查　鈞院刑事庭曾以80年交上易字第51號刑事判決，在理由欄中，認定「小客車係先在路口剎停，然後打方向燈緩緩左轉，而被害人則係在路口連續超車，車速甚快，故被害人之過失程度遠較上訴人為重，且如被害人守法戴安全帽，則其所受傷害必可減輕」，足見本件上訴人之過失僅一項──「未達路口中心貿然左轉」，而被上訴人之過失有四項──「1.路口超車；2.超速行車；3.連續超車；4.被上訴人未戴安全帽」，則被上訴人之過失遠較上訴人為重，或可謂為「四比一」。惟損害之發生，被害人與有過失者，法院對於賠償金額減至何程度，抑為完全免除，雖有裁量之自由，但應斟酌雙方原因之強弱及過失之

　　　輕重以定之（最高法院54年台上字第2433號判例），原審法院疏見於此，而命
　　　上訴人賠償75,000元，顯屬過高。
二、本件之賠償金額過高至上訴人之生計有重大影響：
　　　進一步言，慰藉金之賠償須以人格權遭遇侵害，使精神上受有痛苦為必要，
　　　其核給之標準非不可斟酌雙方身分實力與加害程度及其他各種情形核定相當之
　　　數額（最高法院51年台上字第223號判例）。按上訴人職司耕佃，收入微薄，
　　　仰事俯蓄，尚難維持，何來75,000元之慰藉金賠償？何況上訴人對於損害之原
　　　因力至微弱，因此懇請　鈞院依民法第218條「損害非因故意或重大過失所致
　　　者，如其賠償致賠償義務人之生計有重大影響時，法院得減輕其賠償金額」之
　　　規定，再予酌減至最低數額。
　　　綜合所陳，上訴人對於75,000元之慰藉金賠償不勝負荷，懇請
　　　鈞院再予酌減，以符法制，不勝感禱。
　　　　　　謹狀
台灣○○地方法院民事簡易庭　　轉呈
台灣○○地方法院民事庭　　　　公鑒

證物名稱及件數	

中	華	民	國	年	月	日

具狀人　魏彥　　簽名蓋章

▶債務不履行損害賠償之請求

〈狀例2-313〉請求損害賠償之起訴狀

民事　起訴　狀		案　　號	年度　　字第　　號	承辦股別	
		訴訟標的金額或價額	新台幣　萬　千　百　十　元　角		
稱　　謂	姓名或名稱身分證統一編號或營利事業統一編號	住居所或營業所、郵遞區號及電話號碼電子郵件位址		送達代收人姓名、住址、郵遞區號及電話號碼	

原　　　告	○○航運有限公司	設○○市○○路○○號	
法定代理人	方○華	住同右	
訴訟代理人	○○○律師		
被　　　告	○○企業股份有限公司	設○○市○○路○○號	
法定代理人	李○震	住同右	

為請求損害賠償事：

訴之聲明

一、被告應給付原告美金8,000元，並給付原告自民國66年11月11日起至清償日止，按年利率百分之5算付利息。惟均應於給付時，按台灣銀行牌告外匯匯率折算新台幣給付之。

二、被告應於民國67年1月10日前，給付原告美金8,000元，於民國67年2月10日前，給付原告美金30,560元，屆期如未給付，應自各該日期翌日起至清償日止，按年利率百分之5算付利息。惟均應於結付時，按台灣銀行牌告外匯匯率折算新台幣給付之。

三、訴訟費用由被告負擔。

四、對於第一項之請求原告願供擔保，請准宣告假執行。

事實及理由

　　緣被告與原告之代理商○○企業有限公司，於民國66年（1977年）6月25日簽訂載貨契約（FIXTURENOTE）（證物一），委託自蘇澳港載運2,910公噸水泥，至東巴基斯坦○○港，而被告竟於原告所有○○輪抵達蘇澳港後，苦等五日之久，無貨可裝，空載離台，全部損失共達美金46,560元，因該載貨契約，係由原告之代理商○○企業有限公司，以自己名義簽訂，乃由該公司依民法第541條第2項規定，於66年8月15日就被告違約所生一切請求權轉讓予原告（證物二），經原告向被告請求賠償後，被告承認違約並答應賠償原告損失美金46,560元。惟原告同意於被告給付美金23,280元後，將其餘之請求拋棄，但如被告不付足美金23,280元，致原告須起訴請求時，本件賠償總金額應以美金46,560元計算，且約定給付之方法為：1.66年9月10日前給付美金3,000元；2.66年10月10日前給付美金5,000元；3.67年1月10日前給付美金8,000元；4.67年2月10日前給付美金7,280元，有雙方於66年8月27日所訂協議書（證物三）可稽。

　　詎被告於簽訂協議書後，對於66年9月10日應給付之第一期款美金3,000元，即拒不給付，經原告去函催告，仍置之不理（證物四），故請求被告給付已到期之第一、二期款美金8,000元，共自第二期款到期翌日起，依年利率百分之5計算之法定遲延利息（依最高法院46年台上字第21號判例，以外國通用貨幣為給付之債務，

未約定利率者，依周年利率百分之6計算，不適用利率管理條例第6條之規定），並應於給付時依中央銀行核定外匯匯率給付新台幣，故請判決如聲明第1項。又被告對於已到期之賠償款，即已不給付，則對於未到期部分，顯有到期不給付之虞，依民事訴訟法第246條規定，仍得併為請求，又因被告既不自行付足美金23,280元，致原告已提起本件訴訟請求，依協議書所約定，被告應賠償總金額美金46,560元，原告仍得請求，並於原約定之最後一期請求，且如有任何一期遲延給付，亦應依法給付遲延利息，且均依中央銀行核定外匯匯率折算新台幣給付之，請判決如聲明第二、三項，以便受償，至感公便。

　　　　　　謹狀

台灣○○地方法院民事庭　公鑒

證　物　名　稱及　　件　　數	證物一：載貨契約書影本一份。
	證物二：同意書影本一份。
	證物三：協議書影本一份。
	證物四：催告函及郵局回執影本一份。

中　　華　　民　　國　　　　年　　　　月　　　　日		
具狀人	○○航運有限公司	
	法定代理人	簽名
	方○華	蓋章
	訴訟代理人	
	○○○律師	

▶代位權之行使

〈狀例2-314〉代位請求辦理移轉所有權之起訴狀

民事　起訴狀	案　　　號		年度　　字第　　號		承辦股別	
	訴訟標的金額或價額	新台幣　　萬　千　百　十　元　角				
稱　　謂	姓　名　或　名　稱身分證統一編號或營利事業統一編號	住居所或營業所、郵遞區號及電話號碼電子郵件位址			送達代收人姓名、住址、郵遞區號及電話號碼	

原　　　告	張○全		
被　　　告	戴○文		
	孫○明		

為請求辦理所有權移轉登記，依法起訴事：

訴之聲明

一、被告戴○文應將坐落○○縣○○鄉○○段第○○地號，旱地，面積1公畝6公釐持分6080分之474辦理所有權移轉登記於被告孫○明，再由被告孫○明辦理所有權移轉登記與原告。

二、訴訟費用由被告等負擔。

事實及理由

一、訴外人徐○銘於民國○○年5月20日將坐落○○縣○○鄉○○段第○○地號，旱地，1公畝6公釐，持分6080分之474，出賣與被告孫○明，經持分所有人即被告戴○文到場簽章同意由伊直接過戶與被告孫○明，被告孫○明又於民國○○年5月29日以之出賣與原告（證物一），均已全部給付價款清楚（證物二），惟迄今未辦妥所有權移轉登記（證物三）。

二、按債務人怠於行使其權利時，債權人因保全債權，得以自己之名義，行使其權利，民法第242條定有明文。被告孫○明，已怠於向被告戴○文依約行使過戶請求權，原告自得依上引法條代位行使，訴請被告戴○文辦理過戶登記與被告孫○明，又物之出賣人負使買受人取得該物所有權之義務，此為民法第348條第1項所明定，原告基於買賣關係，亦有請求被告孫○明辦理所有權移轉登記之權利，為此特依法提起本訴。

　　　　　　謹狀

台灣○○地方法院民事庭　公鑒

證　物　名　稱	證物一：不動產買賣契約書影本兩件。
及　　件　　數	證物二：證明書一件。
	證物三：土地登記謄本一件。

| 中 | 華 | 民 | 國 | 年 | 月 | 日 |

　　　　　　　　　具狀人　　張○全　　　　　　簽名
　　　　　　　　　　　　　　　　　　　　　　　蓋章

▶債務人詐害行為之撤銷

〈狀例2-315〉撤銷債務人害及債權之無償行為起訴狀

民事　起訴　狀		案　　　號	年度　字第　　號	承辦股別
		訴訟標的金額或價額	新台幣　萬　千　百　十　元　角	
稱　　謂	姓　名　或　名　稱身分證統一編號或營利事業統一編號	住居所或營業所、郵遞區號及電話號碼電子郵件位址		送達代收人姓名、住址、郵遞區號及電話號碼
原　　告	黃　甲	住○○市○○路○○號		
被　　告	合作金庫銀行	設○○市○○路○○號		
法定代理人	○○○	住同右		
被　　告	王　珠	住○○市○○路○○號		

為請求撤銷抵押權設定行為及塗銷抵押權登記事：

訴之聲明

一、被告就○○縣○○鎮○○段○○號土地及其地上物所為最高額新台幣250萬元之抵押權設定行為，其中新台幣（以下同）100萬元之部分應予撤銷。

二、合作金庫銀行就第一項撤銷之部分應塗銷抵押權之登記。

三、訴訟費用由被告等連帶負擔。

事實及理由

一、緣原告係被告王珠之債權人，債權額為65萬元（證物一），而王珠竟於○○年○月○日就訴之聲明第一項之土地及地上物，為被告合作金庫銀行設定最高額250萬元之抵押權，並經登記（證物二），其中包括王珠過去向合作金庫銀行借貸而清償之100萬元在內。

二、查債務人所為之無償行為，有害及債權人者，債權人得聲請法院撤銷之，民法第244條第1項已有規定。被告王珠所有該不動產價值不逾250萬元，而欠合作金庫銀行已達400萬元，如經拍賣，悉歸合作金庫銀行取償尚有未足，並且被告王珠更無其他財產可供清償，足見被告就過去所欠之100萬元所為之抵押權設定契約，有害原告債權之清償，故請　鈞院予以撤銷。

三、次查債務人怠於行使權利者，債權人因保全債權，得以自己之名義，行使其權利，為民法第242條所明定。被告關於擔保過去100萬元債務之抵押權契約既應撤銷，則其已為之抵押權登記亦應塗銷，為保全原告之債權，爰代位請求被告合作金庫銀行予以塗銷。

　　　綜上所述，被告之爲擔保過去100萬元之抵押權設定契約顯係有害原告之債權，並且其抵押權登記亦應塗銷，爲此狀請

　　鈞院鑒核，判決如訴之聲明，以維法紀。

　　　　　　　謹狀

台灣○○地方法院民事庭　公鑒

證 物 名 稱 及 件 數	證物一：借據影本一份。 證物二：土地及建物登記簿謄本各一份。

中	華	民	國		年	月	日
		具狀人	黃 甲			簽名 蓋章	

▶債權讓與之效力

〈狀例2-316〉債權受讓人請求給付酬金之起訴狀

民 事 　起 訴 狀	案　　　　　號	年度	字第	號	承辦 股別
	訴 訟 標 的 金 額 或 價 額	新台幣　　萬　千　百　十　元　角			

稱　　　謂	姓 名 或 名 稱 身 分 證 統 一 編 號 或 營 利 事 業 統 一 編 號	住居所或營業所、郵遞區號 及電話號碼電子郵件位址	送 達 代 收 人 姓 名 、 住 址 、 郵 遞 區 號 及 電 話 號 碼
原　　　告	吳　翔	住○○市○○路○○號	
	張　嘉	住○○市○○路○○號	
被 告 兼 法定代理人	○○影業有限公司 鄭　珠	設○○市○○路○○號 住同右	

爲給付酬金起訴事：

訴之聲明

一、被告○○影業有限公司應分別給付原告吳翔新台幣（以下同）6萬元及原告張嘉45,000元，並自起訴狀繕本送達翌日起至清償日止，按年息百分之5計算之利息。

二、被告等各應給付原告吳翔35,000元，並自起訴狀繕本送達翌日起至清償日止，按年息百分之5計算之利息。惟如其中一被告給付時，另一被告對於已給付部分之債務消滅。

三、訴訟費用由被告等負擔。

四、請依職權宣告假執行。

　　事實及理由

一、緣被告○○影業有限公司（下稱○○公司）為攝製「野鴿子的黃昏」影片，聘請原告吳翔及張嘉分別擔任編導（編劇及導演）及女主角，約定酬金，前者14萬元，後者125,000元，分別訂有合約（證物一、二）。惟該影片早已殺青，並在○○院線上演完畢，○○公司尚欠吳翔酬金6萬元，張嘉45,000元未付，迭經催討及聲請假扣押，○○公司均不理會，故請判決如聲明第一項。

二、另○○公司為給付孫天、韓生、李明同一影片之酬金，分別由○○公司負責人即被告鄭珠簽發○○市第○信用合作社○○分社，面額15,000元，○○年○月○日期及○○銀行面額1萬元，○○年○月○日期兩張（合計三張共35,000元）作為清償方法，然均因拒絕往來戶未獲兌現。因該等演員係由吳翔推介予○○公司聘用，故不得不由吳翔代○○公司償付，而由彼等將對○○公司片酬給付請求權及對鄭珠之票款請求權讓與吳翔，有債權讓與書及支票暨退票理由單各三張可稽（證物三），原告並以起訴狀繕本之送達作為轉讓之通知。再吳翔對於○○公司之片酬請求權與對鄭珠之票款請求係屬不真正連帶債務，依最高法院55年第4次民刑庭總會決議，原告得以一訴合併請求。惟有一債務人給付時，另一債務人對於已給付之債務消滅，故請判決如聲明第二項。

三、原告對於被告○○公司部分係請求片酬，願供擔保請准宣告假執行。關於被告鄭珠部分係請求票款，請依職權宣告假執行。

　　　　　　　　謹狀

台灣○○地方法院民事簡易庭　公鑒

證　物　名　稱 及　　件　　數	證物一、二：合約影本各一件。
	證物三：債權讓與書正本一份、支票及退票理由單影本各三件。

中　　　華　　　民　　　國　　　年　　　月　　　日
具狀人　吳　翔　　　　簽名 　　　　張　嘉　　　　蓋章

▶請求交付買賣標的物

〈狀例2-317〉請求交付買賣標的物之起訴狀

民事 起訴 狀		案　　　號	年度　　字第　　號	承辦股別	
		訴訟標的金額或價額	新台幣　萬　千　百　十　元　角		
稱　　謂	姓 名 或 名 稱身分證統一編號或營利事業統一編號	住居所或營業所、郵遞區號及電話號碼電子郵件位址		送達代收人姓名、住址、郵遞區號及電話號碼	
原　　告被　　告	唐明○王維○王廣○				

為請求交付房屋及土地，依法起訴事：

　　訴之聲明

一、被告應將坐落台北市○○段○○小段1-78地號土地，及房屋即門牌號碼○○市○○街○○巷○○弄○○號之○○本國式加強磚造三層樓房乙棟全部騰空交付原告，並自民國83年5月12日起至房屋交付之日止，按日給付原告新台幣（以下同）1,000元整。

二、被告王維○應給付原告3萬元並自民國○○年5月15日起至清償日止，按年息百分之5計付利息。

三、對於第一項請求原告願供擔保，請准宣告假執行。

四、對於第二項請求請依職權宣告假執行。

五、訴訟費用由被告負擔。

　　事實及理由

一、緣原告於民國○○年2月11日向被告買受訴之聲明第1項所示之土地及房屋，雙方訂有不動產買賣契約書為憑（證物一），該買賣總價款除殘款10萬元外已全部依約付清（有被告在契約上親收蓋章為證）。依契約書第12條付款方法第(4)點之約定，民國○○年5月11日，被告應將該屋全座搬清點交原告管業，否則應按遲延日數每日1,000元計付違約金。惟原告屢經催促，被告均置之不理。為此，訴請　鈞院判決如訴之聲明第一項，並願供擔保，請准宣告假執行。

二、又原告執有被告王維○所背書，發票人為王廣○，以台北市第○信用合作社為付款人，民國○○年5月5日期票面金額3萬元之支票乙紙（支票號碼008413

號）（證物二），經於到期爲付款之提示竟遭退票，屢向被告追索，均無效果，爲此狀請

鈞院判決如訴之聲明第二項。又本件係命清償票據上債務之判決，請依職權宣告假執行。

　　　　　　謹狀
台灣○○地方法院民事庭　　公鑒

證 物 名 稱 及 件 數	證物一：不動產買賣契約書影本一份。 證物二：支票及退票理由單影本各一份。

中	華	民	國	年	月	日
		具狀人　　唐明○			簽名 蓋章	

〈狀例2-318〉請求移轉買賣標的物之所有權起訴狀

民事　起訴狀		案　　　　號	年度　　字第　　號	承辦 股別
		訴訟標的 金額或價額	新台幣　萬　千　百　十　元　角	
稱　　　謂	姓 名 或 名 稱 身分證統一編號或 營利事業統一編號	住居所或營業所、郵遞區號 及電話號碼電子郵件位址		送達代收人姓 名、住址、郵遞 區號及電話號碼
原　　　告 被　　　告	許○全 林○桐			

爲訴請不動產所有權移轉登記事：

　　訴之聲明

一、被告應將其所有坐落○○市○○區○○段○小段○○地號，地目：建，面積100平方公尺，持分3分之1土地，及其上建物，門牌號碼○○市○○區○○路○○之○○號，建號1560，本國式加強磚造三層樓房第二層，面積47平方公尺37平方公寸之所有權移轉登記與原告。

二、訴訟費用由被告負擔。

　　事實及理由

　　緣原告於民國90年9月26日，向被告承買其所有坐落○○市○○區○○段○

小段○○地號，面積100平方公尺，持分3分之1之土地（證物一），及其上建物，建號1560，門牌號碼○○市○○區○○路○○之○○號二樓（證物二），價金新台幣（以下同）155萬元，雙方並簽訂不動產買賣契約書（證物三）。於該契約第四條約定：被告應於第一次付款（即於契約簽訂時，原告應付款被告20萬元），同時交付原告辦理移轉登記所需之所有權狀、印鑑證明書、戶籍謄本、委託書、公定契約書、現值申報書、完稅證明書（或稅單）等有關文件。詎原告已交付第一次款，而被告藉詞託故，而未備齊上開文件，原告不疑有他，仍於民國90年9月29日付款30萬元，於民國90年10月16日交付75萬元，先後共已交付125萬元（見證物四），此有證人陳忠（○○市○○路○○號○○樓○室）、沈蓮（○○市○○區○○路○○巷○○號）可資傳證，原告即已依約付款，而被告依約應協同辦理所有權移轉登記手續。惟目前被告已不知去向，原告只得依法具狀起訴請求，為此狀請

　　鈞院鑒核，懇請　鈞院賜判決如原告訴之聲明，俾保權益。

　　　　　　　　謹狀
台灣○○地方法院民事庭　公鑒

證　物　名　稱 及　　件　　數	證物一：土地所有權狀影本一份。
	證物二：建物所有權狀影本一份。
	證物三：不動產買賣契約書影本一份。
	證物四：付款收據影本一份。

中　　華　　民　　國　　　　年　　　　月　　　　日
具狀人　　許○全　　　　　　　　簽名 蓋章

▶贈與撤銷之效力

〈狀例2-319〉確認贈與物所有權及塗銷名義之起訴狀

民事　起訴　狀	案　　　　號	年度　　字第　　號	承辦 股別	
	訴訟標的 金額或價額	新台幣　萬　千　百　十　元　角		

稱　　謂	姓　名　或　名　稱 身分證統一編號或 營利事業統一編號	住居所或營業所、郵遞區號 及電話號碼電子郵件位址	送達代收人姓 名、住址、郵遞 區號及電話號碼
原　　告	甲實業股份有限公司	設○○市○○路○○號	
法定代理人	王　乙	住同右	
被　　告	李○偉	住○○市○○路○○號	

為上列當事人間確認所有權及除去妨害請求事：

訴之聲明

一、確認原告就牌照AB-3807號裕隆黑色YLN 803-D型引擎號碼YLN 803-D1469汽車乙輛之所有權存在。

二、就前項所示之汽車，被告應協同原告向○○監理所辦理登記，將被告為所有人之名義塗銷，變更登記為原告所有。

三、訴訟費用由被告負擔。

事實及理由

一、被告於77年4月間持其丙工業股份有限公司（以下簡稱丙公司）簽訂之投資契約書影本，邀請訴外人乙參加投資，並表明渠投資丙公司新台幣（以下同）2,000萬元，且已依該契約第4條第1款繳清百分之40股款現金800萬元。訴外人乙信以為真，乃於77年4月11日與其訂立「共同投資約定書」。鑑於被告強調其早已付清800萬元現金股款，而乙於其訂約時，尚未交付分文，乃於上開約定書第1條特別訂明：「……乙方（按即被告）於簽訂本約定書前，曾墊付新台幣800萬元，該款轉為乙方投資額，其不足之數額依本約定書第3條之規定繳足之。但甲方（按即訴外人乙）為酬謝乙方所墊付之新台幣800萬元，願以甲方所經營之甲實業股份有限公司名義贈送乙方國產小轎車乙輛，廠牌由乙方自定」（證物一）。原告乃因此購買裕隆1988年YLN 803-D型引擎號碼YLN 803-D1469黑色汽車乙輛，贈送被告，於77年5月9日讓渡予被告（證物二），並經原告於同年5月24日以被告名義申請AB-3807號牌照及行車執照。但乙嗣後發覺，被告於訂約時，並未繳足800萬元，實僅繳現金150萬元，方知受騙，乃於77年6月1日以台北郵局第3290號存證信函通知被告撤銷贈與（證物三），而原告得悉上情，亦停止將該轎車及行車執照交付給被告。至於被告對於乙撤銷贈與之意思表示，亦於同年6月7日以台北郵局第48支局第144號存證信函同意撤銷贈與（證物四）。

二、按表意人若知其情事即不為意思表示者，表意人得將其意思表示撤銷之，民法第88條第1項前段定有明文。本件原告係因相信被告就其與乙之共同投資，已先墊繳800萬元之現金股款，為補償其利息，方答允贈與系爭汽車。否

則，如未繳足，原告即不為贈與之意思表示，乃茲發現被告實則並未墊繳此鉅額現款，依上開說明原告自得撤銷贈與。又贈與物未交付前，贈與人亦得撤銷其贈與，法有明定。本件原告迄今，既尚未將贈與物即系爭汽車交付被告，依法亦得撤銷贈與。爰以本訴狀為撤銷之意思表示。

三、系爭汽車之贈與既已撤銷，而汽車又迄尚未交付，則其所有權自仍屬於原告，不容置疑。惟因原告曾出具讓渡書供被告向監理機關辦理汽車讓渡登記手續，將系爭汽車之所有權人名義登記為被告，並使其領得汽車牌照。此非但陷原告之所有權於不明確及不安之境地，有以確認之訴予以確認之必要，且此種汽車所有人名義不明確之登記，屬對於原告所有權之妨害，至少亦有妨害之虞，原告本於所有權人之地位，自亦得請求除去之。是以提起本訴，請求判決如訴之聲明。

　　　　　謹狀

台灣○○地方法院民事庭　公鑒

證　物　名　稱 及　　　件　　　數	證物一：67年4月11日共同投資約定書影本一份。 證物二：系爭汽車之有關資料影本一份。 證物三：台北郵局第3290號存證信函影本一份。 證物四：台北郵局第48支局第144號存證信函影本一份。

中	華	民	國	年	月	日

具狀人　　甲實業股份有限公司
　　　　　法定代理人　　　　　簽名
　　　　　王　乙　　　　　　　蓋章

▶金錢借貸返還之請求

〈狀例2-320〉並未借貸拒絕清償之答辯狀

民事 答辯 狀	案　　　　號	年度	字第	號	承辦 股別	
	訴訟標的 金額或價額	新台幣 萬 千 百 十 元 角				
稱　　　謂	姓　名　或　名　稱 身分證統一編號或 營利事業統一編號	住居所或營業所、郵遞區號 及電話號碼電子郵件位址		送達代收人姓 名、住址、郵遞 區號及電話號碼		

答　辯　人 即　被　告	黃○欽		
原　　　告	謝○珠		

為○○年度訴字第○○號上列當事人間清償欠款事件，依法提出答辯事：

訴之聲明

一、請求判決駁回原告之訴及假執行之聲請。

二、訴訟費用由原告負擔。

三、如為不利於被告之判決，被告願供擔保，請准免為假執行。

答辯之理由

一、被告未曾簽發支票交付原告：

按被告未曾與原告間有金錢往來，原告竟於起訴狀事實及理由欄中稱：「……被告黃○欽於67年間簽發空頭支票乙張經原告持票往兌……被告……乃向原告取回該支票」云云，顯非事實，如原告堅稱該事實之存在，原告應依法負舉證之責。

二、被告未曾交付「欠條」：

次按原告於起訴狀事實及理由欄稱：「……另立欠條新台幣12,000元，有欠條為證……」，亦非事實。蓋被告既未與之有金錢往來，何來「欠條」之有？再者，如原告提出欠條，亦須負舉證之責，證明該「欠條」與其誣稱之「空頭支票」間之關聯性。

三、被告未曾與原告約定清償：

再按被告既未與原告有金錢往來，亦未交付「支票」及「欠條」，則何來與原告「約定次月起每月償還2,000至3,000元」之事實？如有，亦請原告舉證證明。

四、被告未曾逃匿：

末按被告光明正大，行不改姓，向來兢兢業業於工作，殊不知原告竟誣稱：「先避不見面，後逃匿無蹤。」

綜上所陳，原告空言主張被告欠款12,000元，其所主張之事實既屬杜撰，又乏證據證明，以實其說，其主張依法自難謂為有理。懇請

鈞院明鑒，賜將原告之訴及假執行之聲請予以駁回，以杜濫告，並保善良。

　　　　　謹狀

台灣○○地方法院民事簡易庭　公鑒

證　物　名　稱 及　　件　　數	

中　　　華　　　民　　　國　　　　年　　　　月　　　　日
具狀人　黃○欽　　　　　　　簽名 蓋章

▶租賃物返還之請求

〈狀例2-321〉返還租賃物之起訴狀

民事　起訴　狀	案　　　　號		年度　字第　　號	承辦 股別
	訴訟標的 金額或價額	新台幣　萬　千　百　十　元　角		

稱　　　謂	姓　名　或　名　稱 身分證統一編號或 營利事業統一編號	住居所或營業所、郵遞區號 及電話號碼電子郵件位址	送達代收人姓 名、住址、郵遞 區號及電話號碼
原　　　告	廖○華		
被　　　告	張○乾		
	吳　娥		

為請求遷讓房屋及賠償損害，依法提起訴訟事：

　　訴之聲明

一、請求判令被告等將坐落○○市○○路140號3樓房屋全部遷讓返還原告，並賠償
　　新台幣（以下同）12,800元，及自民國80年6月1日起至遷讓房屋之日止，按月
　　賠償1,600元。

二、訴訟費用由被告等負擔。

三、本件請依職權宣告假執行。

　　事實及理由

　　緣原告於民國68年9月間，曾將○○市○○路140號3樓房屋，出租與被告張
○乾使用，約定租金每月1,600元整，租賃期間為自民國68年9月30日起至民國79
年9月30日止，租賃期滿應即將房屋遷讓交還（證物一）。至本年9月16日租期
即將屆滿，原告不願再行出租，曾委託○○○律師去函通知被告張○乾於租期屆
滿時遷讓房屋。詎被告至民國79年10月13日仍未遷讓返還（證物二），原告為
此曾聲請　鈞院調解（79年調字第○○號），惟未成立。按目前該房屋仍由被告

張○乾、吳娥使用中，同時被告等自79年10月1日起無權占有該房屋，自應按月賠償原告未收房屋租金1,600元之損害，迄交屋之日止。按系爭租賃期限既已屆至，被告自應依租賃契約之約定及民法第450條規定，將系爭房屋返還原告，且被告等既自民國79年10月1日起無權占用迄今已有八個月，即應賠償12,800元，為此依法狀請

　　　　鈞院判決如訴之聲明，並依民事訴訟法第389條第1項第3款之規定，依職權宣告假執行，以免遷延，實為德便。

　　　　　　　謹狀

台灣○○地方法院民事庭　公鑒

證　物　名　稱	證物一：房屋租賃契約書影本一份。
及　　件　　數	證物二：69年9月16日⑺○○字第○○號○○○律師函影本一份。

中	華	民	國	年	月	日
		具狀人　　廖○華			簽名蓋章	

〈狀例2-322〉信用卡遭冒用之答辯狀

民事　答辯　狀		案　　　　　號	年度	字第	號	承辦股別	
		訴訟標的金額或價額	新台幣　萬　千　百　十　元　角				
稱　　　　謂	姓　名　或　名　稱身分證統一編號或營利事業統一編號	住居所或營業所、郵遞區號及電話號碼電子郵件位址			送達代收人姓名、住址、郵遞區號及電話號碼		
本訴被告暨反訴原告	蔡　甲						
本訴原告暨反訴被告	王甲銀行股份有限公司						
法定代理人	王　甲						

為信用卡遭冒用請求賠償損害並回復名譽，依法提起答辯事：

訴之聲明

一、本訴部分

 (一)駁回本訴原告之訴。

 (二)本訴被告願供擔保請准宣告免為假執行。

 (三)訴訟費用由原告負擔。

二、反訴部分

 (一)反訴被告應給付反訴原告新台幣（以下同）181,290元，及自本書狀繕本送達之次日起至清償之日止，按法定利率年息百分之5計算之利息。

 (二)反訴被告應將如附件之道歉啟事，登載於中國時報、聯合報第一版之顯著位置，並個別通知財團法人聯合信用卡處理中心、美商○○銀行股份有限公司、台灣○○投資股份有限公司、○○商業儲蓄銀行股份有限公司，所需費用由反訴被告自行負擔。

 (三)第一項之請求反訴原告願供擔保，請准宣告假執行。

 (四)訴訟費用由反訴被告負擔。

事實及理由

一、本訴部分

 (一)本訴原告主張之債權未發生：

  1.依據本訴原告支付命令聲請狀謂「相對人蔡甲82年6月30日共簽帳消費新台幣118,710元」云云。惟本訴被告於82年6月30日出國尚未返回台灣，如何可能以本訴原告所稱之信用卡在國內消費11萬餘元。

  2.本訴原告所稱之債務，係訴外人黃甲及黃乙所為，與本訴被告無涉。

  3.依據當事人間信用卡約定條款第4條之規定，本訴被告所應負責之債務，僅限於本訴被告所消費者為限。

  是以，本訴被告所主張之債權並未發生。

 (二)本訴原告於債務之履行顯有重大過失：

  1.本訴於82年6月30日，依信用卡約定條款第12條之規定，發現消費異常時應即停止信用卡之使用，本訴原告既已發現男卡女用情事，應即依約停止信用卡之使用。惟本訴原告於遭冒簽五筆後始發現有異，才停止該卡之使用，顯有嚴重之過失。

  2.本訴原告向本訴被告收取信用卡年費，係屬有償委任，依民法第535條之規定，應負善良管理人之責任，本訴原告應注意，並能注意即時阻止系爭債務之發生，竟怠為注意致使系爭債務發生，係數可歸責於己之事由，顯

　　　　不得向本訴被告主張權利。

　　3.本訴原告未能即時通知本訴被告，顯然係企圖以不正當之方式使信用卡約定條款第九條之免責條件不發生，依民法第101條之規定，仍應視本訴被告之電話掛失已生免責之要件。蓋就消費市場而言，信用卡契約當事人之一方為消費者，於市場運作中，無論就資力與專門知識而言，皆無法與發卡銀行立於真正平等之地位，而「約定條款」中對於持卡人所要求之種種義務，違反者將受不利益之法律效果，致使本即無相當法律知識之持卡人，受此一苦果，是以適度提高發卡銀行之通知義務，於持卡人可能或已違反規定，按情形先將法律效果告知或通知，以提醒持卡人注意保護自己之權益，此正與消費者保護法之立法精神相符。

　　4.依據「財團法人聯合信用卡處理中心與商店特約事項」第15條、第26條之約定，聯合信用卡中心對於有問題之簽帳不負給付之義務，然聯合信用卡中心未能在責任確定前即將款項支付，顯有過失，民法第224條前段規定：「債務人之代理人或使用人，關於債之履行有故意或過失時，債務人應與自己之故意或過失，負同一責任。」是以就其過失原告依民法第224條之規定，應負同一之過失責任，原告履約既有過失，何能請求被告付款？

　(三)本訴原告請求之縱使有理，本訴被告亦得主張下列之抗辯：

　　1.抵銷之抗辯：查本訴原告未能即時制止冒用者使用信用卡，對於債務之履行未盡善良管理人之注意義務前已提及，如　鈞院仍認為本訴被告就冒簽之金額負給付義務，則依民法第544條之規定，本訴原告應就本訴被告所受之財產上損失負賠償責任，而本訴被告所受之損失，即為本訴原告於本訴中所請求之金額，故本訴被告以本訴狀為抵銷之意思表示，是以本訴原告之訴仍應駁回。

　　2.違約金過高應予酌減：縱使　鈞院認為本訴原告之請求為有理由，然依據「約定條款」第5條之違約金約定，高達日息萬分之5.5，約合年息百分之20，顯屬偏高，本訴被告簽約時與本訴原告根本無適議之機會，如此高額之違約金對本訴被告顯屬不公，民法第252條規定：「約定之違約金額過高者，法院得減至相當之數額。」為此懇請　鈞院酌減違約金至相當之金額。

二、反訴部分

　(一)反訴原告對於遭冒簽之11萬餘元信用卡消費金額，本無給付義務，反訴被告竟將本人「遲延繳款」之資料，輸入財團法人聯合信用卡處理中心之電腦

中，致使反訴原告所持有，由美商○○銀行股份有限公司、台灣○○投資股份有限公司、○○商業儲蓄銀行股份有限公司等三家公司所發行之各種信用卡，全遭停卡（反訴證一），嚴重影響反訴原告之名譽。

㈡反訴原告為國立台灣大學畢業學生，畢業後即以經商為業，商業信譽對反訴原告極其重要，今遭反訴被告不法侵害，爰依民法第195條之規定，請求反訴被告賠償非財產上之損害，並為回復名譽之適當處分，如訴之聲明。為此懇請

鈞院速賜判決如訴之聲明，以維權益。

綜上所述，本訴原告之訴顯無法律上之理由，應予駁回，並請准許反訴原告之聲明，以維法制。

　　　　　　謹狀
台灣○○地方法院民事庭　公鑒

證　物　名　稱及　件　數	反訴證一：信用卡停卡證明文件一份。

中	華	民	國	年	月	日
		具狀人　蔡　甲			簽名蓋章	

▶和解契約之效力

〈狀例2-323〉**請求履行和解債務之起訴狀**

民事　起訴狀		案　　號	年度　字第　號	承辦股別	
		訴訟標的金額或價額	新台幣　萬　千　百　十　元　角		
稱　　謂	姓　名　或　名　稱身分證統一編號或營利事業統一編號	住居所或營業所、郵遞區號及電話號碼電子郵件位址		送達代收人姓名、住址、郵遞區號及電話號碼	
原　　告	○○工業股份有限公司陳　聰	設○○市○○路○○號住同右			
法定代理人	蕭○成	住○○市○○路○○號			
被　　告	蕭○法	住同右			

為請求被告等連帶清償債務，依法提起訴訟事：

　　訴之聲明

一、請判令被告等連帶給付原告新台幣81萬元，及自民國80年4月2日起至清償日止，按年息百分之5算付利息。

二、原告願供擔保，請准宣告假執行。

三、訴訟費用由被告等連帶負擔。

　　事實及理由

　　緣原告公司應業務需要，於民國79年12月26日委託被告蕭○成，以新台幣（以下同）81萬元，向○○汽車股份有限公司購買百利600CC小貨車五輛，雙方約定於民國80年1月16日前交車（見證物一），原告公司亦先後交付三紙支票，共計80萬元（見證物二）。詎被告蕭○成屆期竟未依約交付車輛，經質問之下，始悉已將該款項侵吞入己，挪為私用，經原告公司追索之下，乃向本公司書立切結書和解，約定「於民國80年4月2日前將該侵占之車款如數歸還，如屆時未能償還，願意負擔歸還責任……立切結書人蕭○成……連帶保證人蕭○法……」（見證物三）。惟屆期被告等仍未償還，迭經原告公司催告，亦置之不理（見證物四、五）。按「和解有使當事人……取得和解契約所訂明權利之效力」，為民法第737條所明定，則被告蕭○成應負給付之責；又被告蕭○法既為連帶保證人，則被告等自應負連帶給付之責。為此原告公司依法訴求，懇請

　　鈞院賜判決如原告訴之聲明之判決，以維權益，至為感德。

　　　　　　謹狀

台灣○○地方法院民事庭　公鑒

證　物　名　稱 及　　件　　數	證物一：預約單影本一份。
	證物二：支票影本一份。
	證物三：切結書影本一份。
	證物四：台北郵局第24支局第294號存證信函影本一紙。
	證物五：台北郵局第84支局第268號存證信函影本一紙。

中　　　華　　　民　　　國　　　　年　　　　月　　　　日
○○工業股份有限公司
具狀人　　法定代理人　　　　　　　　　簽名 　　　　　　陳　聰　　　　　　　　　蓋章

▶保證債務之履行及答辯

〈狀例2-324〉請求債務人及保證人給付之起訴狀

民事 起訴 狀		案　　號	年度　　字第　　號	承辦股別	
		訴訟標的金額或價額	新台幣　萬　千　百　十　元　角		
稱　　　　謂	姓　名　或　名　稱身分證統一編號或營利事業統一編號	住居所或營業所、郵遞區號及電話號碼電子郵件位址		送達代收人姓名、住址、郵遞區號及電話號碼	
原　　告	蔡○○				
被　　告	趙○○				
	孫○○				

為訴請清償債務事：

訴之聲明

一、被告趙○○應給付原告新台幣（以下同）100萬元，及自民國94年12月2日起至清償之日止，按年息百分之5計算之利息。如對其財產為強制執行而無效果時，由被告孫○○給付之。

二、訴訟費用由被告負擔。

三、原告願供擔保，請准宣告假執行。

事實及理由

　　緣被告趙○○以被告孫○○為保證人，於民國93年12月2日向原告借用100萬元，約定於94年12月2日清償，此有借據一紙可稽（證一）。詎被告趙○○於清償期屆至後竟未依約清償借款，經原告多次催討，仍置若罔聞，為此提起本件訴訟，謹狀請

　　鈞院鑒核，賜判決如訴之聲明，如蒙所請，實感德便。

　　　　　　　　謹狀

台灣○○地方法院民事庭　公鑒

證　物　名　稱及　　件　　數	證一：借據一紙。

中　　華　　民　　國　　　　年　　　　月　　　　日
具狀人　蔡○○　　　　　　　簽名蓋章

〈狀例2-325〉保證人主張先訴抗辯權之答辯狀

民事 答辯 狀		案　　號	年度　　字第　　號	承辦股別	
		訴訟標的金額或價額	新台幣　萬　千　百　十　元　角		
稱　　　謂	姓　名　或　名　稱身分證統一編號或營利事業統一編號	住居所或營業所、郵遞區號及電話號碼電子郵件位址		送達代收人姓名、住址、郵遞區號及電話號碼	
答　辯　人即　被　告	吳○山	住○○市○○路○○號			
原　　　告	○○信託投資股份有限公司	設○○市○○路○○號			
法定代理人	吳○章	住同右			

為上列當事人間80年度訴字第○○號清償債務事件，依法提出答辯事：

訴之聲明

一、請將原告之訴及假執行之聲請駁回。

二、訴訟費用由原告負擔。

三、如為不利於被告之判決，被告願供擔保，請准免為假執行。

答辯之理由

　　緣答辯人與被告林某共同經營「○○企業股份有限公司」，被告林某為領用信用卡，遂挽邀答辯人為其保證人；嗣後因答辯人與被告林某未共同經營而分手，被告林某於民國79年初曾向答辯人表示：「信用卡已不用了。」依上所述，原告起訴之事實，有諸點與事實不合：

一、答辯人僅為普通保證，而非連帶保證：

　　按原告於起訴狀事實及理由欄一稱：「被告林某於民國77年8月29日邀同吳○山等為連帶保證人與原告訂立信用卡約定條款」云云。惟答辯人於簽立信用卡約定條款時，據被告林某向答辯人聲稱係普通保證，而有先訴抗辯權，原告逕稱係連帶保證，似有誤會。職此之故，答辯人仍得依民法第745條之規定，保證人於債權人未就主債務人之財產強制執行而無效果前，對於債權人得拒絕清償，而主張先訴之抗辯。

二、被告林某已於民國79年初不用信用卡，何來民國80年1月至4月之債務：

　　再者，原告復於起訴狀事實及理由欄一稱：「……於民國80年1月起至民國80年4月止共欠信用卡簽帳卡新台幣489,865元」。惟被告林某於民國79年初曾向答辯人表示：已不用信用卡了。上開事實有證人溫○經足以證實，何以仍有

「於民國80年1月起至民國80年4月止共欠信用卡簽帳卡新台幣489,865元」？

　　綜上所陳，原告起訴之事實並非實在，其主張自乏依據，爲此懇請　鈞院傳喚證人溫○經（住○○市○○路○段○○號）、吳○峰（住○○市○○路○段○○號）到庭作證，俾明眞相，並賜予判決如答辯人訴之聲明，以保權益，至爲感德。
　　　　　　　　謹狀
台灣○○地方法院民事簡易庭　公鑒

證　物　名　稱及　　件　　數	證一：借據一紙。

中　　　華　　　民　　　國　　　　　年　　　　　月　　　　　日
具狀人　吳○山　　　　　　　簽名蓋章

〈狀例2-326〉請求債務人及人事保證人給付之起訴狀

| 民事　起訴　狀 | 案　　號 | 年度　　字第　　號 | 承辦股別 |
	訴訟標的金額或價額	新台幣　萬　千　百　十　元　角	
稱　　　謂	姓　名　或　名　稱身分證統一編號或營利事業統一編號	住居所或營業所、郵遞區號及電話號碼電子郵件位址	送達代收人姓名、住址、郵遞區號及電話號碼
原　　告被　　告	林○宗王○惕李○財陳○虎		

爲訴請清償損害金事：
　　訴之聲明
一、請求判令被告王○惕應給付原告新台幣（以下同）12,920元整，並自民國83年11月24日起至清償之日止，按年息百分之5計算利息。如無財產可供執行時，由被告李○財、陳○虎等清償。
二、訴訟費用由被告負擔。
三、請依職權宣告假執行。

事實及理由

緣原告在○○市○○路○○巷○○號地址經營○○電業行，因友人介紹被告王○愓到本行就職，由被告李○財、陳○虎等願意作為人事保證人，有保證書乙紙可稽。被保證人即被告王○愓就職不久，發現自民國83年7月23日至同年11月24日止將原告貨款擅自收受花用，計12,920元整，經原告解雇後數次到家中催促償還，均避不見面，迫不得已向其人事保證人即被告李○財、陳○虎督促處理，又遭受置之度外，殊屬非是，為此狀請

鈞院鑒核，迅予判決如訴之聲明，至感德便。

　　　　謹狀

台灣○○地方法院民事簡易庭　公鑒

證　物　名　稱 及　　件　　數	

中	華	民	國	年	月	日
		具狀人　　林○宗			簽名 蓋章	

▶物上請求權之行使

〈狀例2-327〉請求拆屋還地之準備書狀

民事　準備書狀		案　　　號	年度　　字第　　號	承辦 股別	
		訴訟標的 金額或價額	新台幣　萬　千　百　十　元　角		
稱　　　謂	姓　名　或　名　稱 身分證統一編號或 營利事業統一編號	住居所或營業所、郵遞區號 及電話號碼電子郵件位址		送達代收人姓 名、住址、郵遞 區號及電話號碼	
原　　　告	許　進 許楊林 許　英				
被　　　告	黃林妹 黃　安				

為訴請排除侵害事：

訴之聲明

一、被告黃林妹應將坐落○○市○○段○○地號，建築面積0.0110公頃拆除地上建築物，返還該土地與原告許進，並自民國80年1月16日起至還地清楚之日止，按年給付原告許進新台幣（以下同）17,303元計算之損害金。被告黃安應自該地遷出。

二、被告黃林妹應將坐落○○市○○段○○地號，建築面積0.0004公頃拆除地上建築物，返還該土地與原告許楊林、許英，並自民國80年1月16日起至還地清楚之日止，按年給付原告許楊林、許英629元計算之損害金，被告黃安應自該地遷出。

三、第一項請求請准原告許進供擔保宣告假執行。

四、第二項請求請准原告許楊林、許英供擔保宣告假執行。

五、訴訟費用由被告負擔。

事實及理由

一、坐落○○市○○段○○地號，建築面積0.0110公頃（合33.2750坪）為原告許進所有，有土地登記簿謄本乙件（證物一）可證。

二、坐落○○市○○段○○地號，建築面積0.0004公頃（合1.2100坪）為原告許楊林、許英共有，有土地登記簿謄本乙件（證物二）可證。

三、前開兩筆土地80年之申報地價為每坪10,400元，有地價證明書可證（庭呈）。

四、被告黃林妹無權占用原告之土地，其詳細之位置及面積，請囑託台北市○○地政事務所為鑑定，以期明確。

五、依民法第767條規定，原告等本於所有權之行使，自得訴請排除被告之侵害，拆除地上建築物，將土地返還。並依侵權行為之法律關係請求被告自占用日起賠償原告所受之損害，其計算標準，依實施都市平均地權條例第57條規定，按該地申報地價年息百分之5計算（請參照最高法院49年台上字第1230號判例）。被告黃安現住於系爭地上房屋內，提出其戶籍謄本乙件為證，無論其與第一被告關係如何，對原告而言，均屬無權占有，自應自該地遷出，並求准追加其為被告，懇請賜判如訴之聲明，至深感謝。

　　　　　　謹狀

台灣○○地方法院民事庭　公鑒

證物名稱及件數	證物一：土地登記簿謄本一份。
	證物二：土地登記簿謄本一份。

中　　　華　　　民　　　國　　　　年　　　　月　　　　日

	具狀人	許　進 許楊林 許　英	簽名 蓋章

〈狀例2-328〉請求遷讓房屋起訴狀

民事　起訴　狀	案　　　號	年度　　字第　　號	承辦 股別
	訴訟標的 金額或價額	新台幣　萬　千　百　十　元　角	

稱　　　謂	姓　名　或　名　稱 身分證統一編號或 營利事業統一編號	住居所或營業所、郵遞區號 及電話號碼電子郵件位址	送達代收人姓 名、住址、郵遞 區號及電話號碼
原　　　告	邱　政		
被　　　告	吳　朋		

爲請求遷讓房屋事：

　　訴之聲明

一、被告應將門牌○○市○○路○○號二層樓房乙棟遷讓返還與原告。

二、訴訟費用由被告負擔。

三、原告願供擔保，請准宣告假執行。

　　事實及理由

一、緣原告於民國○○年○月○日向台灣○○地方法院標買坐落○○市○○路○段○○號建地，及地上物即○○市○○路○○號二層樓房乙棟，已由法院發給權利移轉證書，並向地政事務所辦理所有權移轉登記完畢（證物一）。詎被告占住系爭房屋，謂伊於○○年○月○日向訴外人即原所有人張三所買受，並於同年月○日經張三交伊使用，係有正當權源。雖系爭房屋被法院查封拍賣，但伊已向○○執行法院陳明上情，並經執行法院於拍賣公告中敘明其事由，諭示不點交在案，原告知悉其情，仍予買受，不得請求返還，拒不遷讓。

二、查被告向張三買受系爭房屋，既未辦理所有權移轉登記，雖張三已將系爭房屋交予被告使用，仍屬債權債務關係，被告僅能以之對抗張三，於房屋所有權仍屬於張三時，據以拒絕返還張三而已。茲系爭房屋既經法院拍賣，由原告標得，並辦畢所有權移轉登記，被告自不得以其與張三間之權利義務關係，對抗

原告。被告繼續占用系爭房屋，對於原告而言，即屬無合法權源。至於拍賣公告載明拍賣後不點交，僅表示執行法院於拍賣後不負點交之責而已，並非謂買受人於取得所有權後不得依法請求被告遷讓。從而依民法第767條規定，請求被告遷讓房屋。為此狀請

鈞院鑒核，判決如訴之聲明，以符法制。

　　　　　　謹狀

台灣○○地方法院民事庭　公鑒

證　物　名　稱 及　　件　　數	證物一：不動產權利移轉證書、土地所有權狀及建築改良物所有權狀影本各一份。

中	華	民	國	年	月	日

具狀人　　邱　政　　　簽名蓋章

▶時效取得地上權

〈狀例2-329〉時效取得地上權起訴狀

民事　起訴　狀		案　　　號	年度　　字第　　號	承辦股別	
		訴訟標的金額或價額	新台幣　　萬　千　百　十　元　角		
稱　　　　謂	姓　名　或　名　稱 身分證統一編號或 營利事業統一編號	住居所或營業所、郵遞區號及電話號碼電子郵件位址		送達代收人姓名、住址、郵遞區號及電話號碼	
原　　　告	劉　甲 王　乙 董　丙				
被　　　告	鄭　丁				

為請求容忍地上權登記事：

訴之聲明

一、被告應容忍原告劉甲辦理坐落新北市新莊區營盤段營盤小段2598地號土地，如附圖所示位置A部分（正確位置及面積以地政機關實測為準）地上權登記。

二、被告應容忍原告王乙辦理坐落新北市新莊區營盤段營盤小段2598地號土地，如附圖所示位置B部分（正確位置及面積以地政機關實測爲準）地上權登記。

三、被告應容忍原告董丙辦理坐落新北市新莊區營盤段營盤小段2598地號土地，如附圖所示位置C部分（正確位置及面積以地政機關實測爲準）地上權登記。

四、訴訟費用由被告負擔。

　　事實及理由

一、原告等就系爭土地已分別有連續二十年以上以行使地上權之意思占有之事實：

　　㈠按坐落新北市新莊區營盤段營盤小段2598地號土地爲被告鄭丁（證物一）所有。惟：

　　　1.於民國（以下同）56年間陳○○即於系爭土地上如附圖所示A部分建物居住（門牌號碼原爲新莊區新樹路○○巷○○號，現改爲新莊區新樹路○○巷○○號），有陳○○戶籍謄本可查。66年3、4月間陳○○將其居住之建物轉賣予原告劉甲，並由原告劉甲遷入居住使用迄今，此有原告劉甲戶籍謄本（證物一）及四鄰證明書（證物二）可證。

　　　2.於47年間唐○○即於系爭土地上如附圖所示B部分建物居住（門牌號碼原爲新莊鎮新樹路○○巷○○號，現改爲新莊市新樹路○○巷○○號），有唐○○戶籍謄本可查。62年7月間唐○○將該建物轉賣予原告王乙，並由原告王乙遷入居住使用迄今，此有原告王乙戶籍謄本（證物三）及四鄰證明書（證物二）可證。

　　　3.於53年間董○○即於系爭土地如附圖所示C部分位置建屋（門牌號碼原爲新莊鎮石龜○○號，現爲新莊市新樹路○○巷○○號），有董○○戶籍謄本（證物四）可證。76年2月6日董○○死亡，由原告董丙及其他繼承人董一、董二、董三共同繼承董○○之權利，嗣於82年6月贈與予原告董丙（證物五），而董丙迄今一直居住使用該建物，有原告董丙戶籍謄本爲證（證物六）。

　　㈡查坐落系爭土地上之房屋，於56年、47年及53年間，即已分別由訴外人陳○○、唐○○及董○○等三人占有，可知分別於56年前即以由陳○○等三人以行使地上權之意思，於系爭土地上占有居住，其後分別轉讓予原告劉甲、王乙，及由董丙繼承受讓，依民法第373條前段規定：「買賣標的物之利益及危險，自交付時起，均由買受人承受負擔。」因此，系爭建物既由前手以行使地上權之意思而於系爭土地上占有居住，是項利益自交付房屋時起，即由原告等分別繼受，仍以行使地上權之意思，繼續占有系爭土地，而占有之受讓人，得將自己之占有與前占有人之占有合併，而爲主張（民法第947

條第1項），則原告等分別與前手之占有系爭土地之時間，合計早已逾二十年。此外，系爭房屋自建築完成直至82年以前，被告均未見有任何異議，顯然亦具「和平」要件，依民法第772條準用同法第769條及第770條之規定，原告等分別承受前手其行使地上權意思之利益，就系爭土地和平、**繼續**占有二十年以上，已具備地上權時效取得之要件。

二、原告已具備時效取得地上權要件，得向地政機關申請登記為地上權人，被告乃應容忍原告為地上權登記：

原告已具備時效取得地上權之要件已如前述，則原告等於82年5月間向台北縣新莊地政事務所申請時效取得地上權登記，竟遭被告向該地政事務所異議阻止，經該地政事務所82年6月14日、82北縣莊地二字第5966號函回覆暫不予處理本案，有該函件乙紙（證物七）足證。參照最高法院77年台上字第2279號民事判決意旨（附件一）略以：「占有人對土地所有人提起訴訟，即應請求該所有人容忍其辦理地上權登記，以排除土地所有人之異議，使登記程序之障礙除去。此容忍義務為不作為義務，因占有人行使地上權登記請求權而發生。」最高法院83年台上字第3252號判例亦指出：「占有他人之土地，依民法第772條準用第769條、第770條規定主張依時效取得地上權者，土地所有人固不負同意占有人登記為地上權人之義務。然占有人若依土地登記規則第113條規定，由其一方申請登記為地上權人，經登記機關受理，在公告期間，土地所有人提出異議者，登記機關應依土地法第59條第2項予以調處；不服調處者，應於接到調處通知後十五日內向司法機關訴請處理。調處結果，若對占有人不利，占有人對土地所有人提起之訴訟，即得請求該所有人容忍其辦理地上權登記，以排除土地所有人之異議，使登記程序之障礙除去，俾完成地上權登記」。今原告等行使地上權登記請求權，竟遭被告異議阻止，原告依法自得請求被告容忍原告辦理地上權登記。

　　　　謹狀

台灣○○法院民事庭　公鑒

證 物 名 稱 及 件 數	證物一：戶籍謄本一份。
	證物二：四鄰證明書。
	證物三：戶籍謄本一份。
	證物四：戶籍謄本二份。
	證物五：證明書一份。
	證物六：戶籍謄本一份。
	證物七：地政事務所函影本一份。
	附件一：最高法院判決影本。

中	華	民	國		年	月	日

具狀人　劉　甲　　　　簽名
　　　　王　乙　　　　蓋章
　　　　董　丙

〈狀例2-330〉請求拆屋還地之上訴答辯狀

民事　答辯　狀	案　　　號	年度　　字第　　號	承辦股別	
	訴訟標的金額或價額	新台幣　萬　千　百　十　元　角		
稱　　　　謂	姓　名　或　名　稱身分證統一編號或營利事業統一編號	住居所或營業所、郵遞區號及電話號碼電子郵件位址	送達代收人姓名、住址、郵遞區號及電話號碼	
答　辯　人即被上訴人	張　文			
上　訴　人	李　武			

為就○○年上字第○○號上訴人不服台灣○○地方法院所為請求拆屋還地事件第一審判決，提起上訴乙案，被上訴人依法提起答辯事：

　　訴之聲明

一、上訴駁回。

二、第二審訴訟費用由上訴人負擔。

　　答辯之理由

一、查上訴人不服第一審所為判決，係以伊自41年起在系爭土地建築房屋居住，並以所有人之身分繳納稅捐，已和平繼續占有系爭土地二十年以上，自得請求登記為地上權人，被上訴人自不得請求拆屋還地為理由。

二、惟依時效取得地上權者，須其主觀上有以行使地上權之意思，在客觀上有在他人土地上建築房屋、其他工作物或竹木而使用他人土地達二十年以上之事實，始足當之。本件上訴人占有系爭土地，既以所有人之意思而占有，即無從依時效取得地上權，況因時效而取得地上權者，雖得請求登記為地上權人，但在未登記為地上權人之前，尤不能本於地上權之法律關係對抗所有權人（最高法院69年3月4日第五次民事庭會議決議參照）。本件上訴人既無權占有系爭土地，被上訴人自得本於物上請求權，訴請拆屋還地。第一審之判決洵無不當，上訴

人之上訴顯無理由。爲特依法答辯，狀請

鈞院鑒核，賜爲如被上訴人聲明之判決。

　　　　謹狀

台灣高等法院○○分院民事庭　公鑒

證　物　名　稱及　　件　　數	

中　　華　　民　　國　　　　年　　　月　　　日	
具狀人　　張　文	簽名蓋章

▶分割共有物

〈狀例2-331〉請求分割分別共有物之起訴狀

民　事　起　訴　狀			案　　　號	年度　字第　　號	承辦股別	
			訴訟標的金額或價額	新台幣　萬　千　百　十　元　角		
稱　　　　謂	姓　名　或　名　稱身分證統一編號或營利事業統一編號		住居所或營業所、郵遞區號及電話號碼電子郵件位址		送達代收人姓名、住址、郵遞區號及電話號碼	
原　　　告被　　　告	張　三李　四					

爲請求分割共有物事：

　　訴之聲明

一、准將坐落○○市○○區○○段第○○地號，建地○○公頃，以原物分配於原被告，各取得面積○○公頃，其地號位置由○○地政事務所分割後以抽籤定之。

二、訴訟費用由被告負擔。

　　事實及理由

　　緣坐落○○市○○區○○段第○○地號，建地○○公頃，係原告與被告合資於○○年○月向訴外人王五買受，各有應有部分2分之1（證物一），茲約定於○○年○月分割（證物二），原告迭次催促，被告均置之不理，爰依民法第823條、第824條之規定，狀請

鈞院鑒核，賜判決如訴之聲明，以維權益，實為德便。
謹狀
台灣○○地方法院民事庭　公鑒

證　物　名　稱及　件　數	證物一：土地登記簿謄本一份。證物二：協議書影本一份。

中	華	民	國	年	月	日

具狀人　　張　三　　　簽名蓋章

〈狀例2-332〉請求繼承登記及裁判分割之起訴狀

民　事　起　訴　狀		案　　號	年度　　字第　　號	承辦股別	
		訴訟標的金額或價額	新台幣　萬　千　百　十　元　角		
稱　　　謂	姓　名　或　名　稱身分證統一編號或營利事業統一編號	住居所或營業所、郵遞區號及電話號碼電子郵件位址		送達代收人姓名、住址、郵遞區號及電話號碼	
原　　　告	劉　枝劉　財				
被　　　告	劉○善劉　田				

為請求繼承登記及裁判分割事：
訴之聲明
一、被告應協同原告就坐落○○縣○○鎮○○段第○○號，建地○○公頃，按原告劉枝、劉財應繼分各3分之1，被告劉○善、劉田共有應繼分3分之1辦理繼承登記。
二、請求法院依上開登記應繼分分割。
三、訴訟費用由被告負擔。
事實及理由
　　緣坐落○○縣○○鎮○○段第○○號，建地○○公頃，原係劉三所有（證物一），劉三於民國○○年逝世，系爭遺產由原告劉枝、劉財及被告劉○善、劉田之

父劉富三人共同繼承，劉富於民國○○年○月○日逝世，由劉○善、劉田二人共同繼承（證物二）。茲爲建築房屋以供居住，屢向被告商量，均置不理，爰請求協同辦理繼承登記，並以訴狀繕本之送達爲請求分割遺產，終止公同共有關係之意思表示，並請求裁判分割，以便利用。爲此狀請

　　鈞院鑒核，判決如訴之聲明，以維權益。

　　　　　謹狀

台灣○○地方法院民事庭　公鑒

證　物　名　稱 及　　　件　　　數	證物一：土地登記簿謄本一份。 證物二：戶籍登記簿謄本一份。

中　　華　　民　　國　　　　年　　　　月　　　　日
具狀人　劉　枝　簽名 　　　　劉　財　蓋章

〈狀例2-333〉請求分割應有部分被查封之共有物之起訴狀

民　事　起　訴　狀		案　　　號	年度　字第　　號	承辦股別	
		訴訟標的 金額或價額	新台幣　萬　千　百　十　元　角		
稱　　　謂	姓　名　或　名　稱 身分證統一編號或 營利事業統一編號	住居所或營業所、郵遞區號 及電話號碼電子郵件位址		送達代收人姓 名、住址、郵遞 區號及電話號碼	
原　　告 被　　告	蕭一龍 武大朗				

請求分割共有物事：

　　訴之聲明

一、請求　鈞院就坐落○○縣○○鎮第○○號，建地○○公頃，依應有部分各2分之1以原物分配於原、被告兩造。

二、訴訟費用由被告負擔。

　　事實及理由

　　緣坐落○○縣○○鎮第○○號，建地○○公頃，爲原、被告所共有，各有2分之1應有部分（證物一），該土地並無不能分割之約定，雖然被告之應有部分經其

債權人查封，尚未撤銷。惟共有物之應有部分經實施查封後，共有人仍得依民法第824條規定之方法，請求分割共有物，僅協議分割之結果有礙執行效果者，對於債權人不生效力而已。

　　被告謂其應有部分被查封拒絕分割，既經協議而未能分割，爰依法起訴請求鈞院予以分割，為此狀請

　　鈞院鑒核，請判決如訴之聲明，實感德便。
　　　　　　謹狀
台灣○○地方法院民事庭　公鑒

證　物　名　稱及　　　件　　　數	證物一：土地登記簿謄本一份。					
中　　華　　民　　國　　　　　年　　　　　月　　　　　日						
	具狀人　　蕭一龍			簽名蓋章		

▶越界建築之拆除

〈狀例2-334〉因原土地所有權人知悉越界建築而未即時異議拒絕拆屋之答辯狀

民事　答辯　狀		案　　　號	年度　字第　　號	承辦股別	
		訴訟標的金額或價額	新台幣　萬　千　百　十　元　角		
稱　　　　謂	姓　名　或　名　稱身分證統一編號或營利事業統一編號	住居所或營業所、郵遞區號及電話號碼電子郵件位址		送達代收人姓名、住址、郵遞區號及電話號碼	
答　辯　人即　被　告原　　　告	陳　三胡　俊				

為就○○年○字第○○號請求拆屋還地事件，依法提出答辯事：

　　訴之聲明
一、原告之訴駁回。
二、訴訟費用由原告負擔。

答辯之理由

　原告起訴略謂，坐落○○縣○○鎮○○段第○○號建地爲其所有，被告所有相鄰之房屋占用其中土地○○平方公尺（如原告附圖A部分所示），本於所有權作用，請求返還。然系爭第○○號土地與被告所有同段第○○號、第○○號土地相鄰，被告前手郭義在該兩筆土地建築房屋逾越疆界當時，系爭土地之所有人知情而不爲反對，且於民國○○年間與郭義訂立公證契約，約定以公壁爲界。查「土地所有人建築房屋逾越疆界者，鄰地所有人如知其越界而不即提出異議，不得請求移去或變更其建築物」，爲民法第796條所明定。此項因相鄰關係致一方之所有權擴張而他方之所有權受有限制，其權利義務對於嗣後受讓該不動產而取得所有權之第三人仍繼續存在，從而原告即不得請求被告拆除房屋返還土地，爲此提出答辯，狀請

　　鈞院鑒核，懇請　鈞院賜判決如被告之聲明，以維法紀。

　　　　謹狀

台灣○○地方法院民事庭　公鑒

證　物　名　稱 及　　件　　數	

中　　華　　民　　國　　　　　年　　　　　月　　　　　日	
	具狀人　　陳　三　　　　　簽名 蓋章

▶抵押權登記之塗銷

〈狀例2-335〉塗銷最高限額抵押權答辯狀

民事　答辯　狀			案　　　　號	年度　　字第　　　號	承辦 股別		
			訴訟標的 金額或價額	新台幣　萬　千　百　十　元　角			
稱　　　　謂	姓　名　或　名　稱 身分證統一編號或 營利事業統一編號		住居所或營業所、郵遞區號 及電話號碼電子郵件位址		送達代收人姓 名、住址、郵遞 區號及電話號碼		
答　辯　人 即　被　告	張有財						
原　　　告	李文化						

為就○○年訴字第○○號請求塗銷抵押權登記事件，依法提出答辯事：

　　訴之聲明

一、原告之訴駁回。

二、訴訟費用由原告負擔。

　　答辯之理由

一、緣原告以其於民國83年9月1日提供其所有坐落○○縣○○鄉○○段○○之○○號、同鄉○○段○○之○○號土地兩筆，為訴外人林義對被告借款本息最高限額100萬元，存續期間二十年之擔保，設定抵押權登記。茲林義已清償其借款，並向被告聲明以後不再借款，因認其抵押權設定登記之原因，已不存在。

二、惟定有存續期間，擔保債權最高額之抵押權契約，在存續期間屆滿前，雖其債權已為清償，但抵押權仍非當然失效，嗣後所擔保之債權縱未發生，除債權人拋棄為其擔保之權利外，抵押權設定人不得於存續期間屆滿前片面終止契約。本件被告既未拋棄抵押權，且其期間亦未屆滿，原告自不得請求塗銷其抵押權之設定登記。為此提出答辯，狀請

　　鈞院賜如被告訴之聲明，而為判決，以保權益。

　　　　　　謹狀

台灣○○地方法院民事庭　公鑒

證　物　名　稱 及　　件　　數	

中　　　華　　　民　　　國　　　年　　　月　　　日			
	具狀人　　張有財		簽名 蓋章

〈狀例2-336〉**請求塗銷抵押權登記之答辯狀**

民事　答辯狀		案　　　號	年度　　字第　　號	承辦 股別	
		訴訟標的 金額或價額	新台幣　萬　千　百　十　元　角		
稱　　　謂	姓　名　或　名　稱 身分證統一編號或 營利事業統一編號	住居所或營業所、郵遞區號 及電話號碼電子郵件位址		送達代收人姓 名、住址、郵遞 區號及電話號碼	

答　辯　人 即　被　告 原　　　告	呂○霞 賴○凌 許○琳		

為　鈞院○○年度訴字第○○號塗銷登記事件，依法再行提出答辯事：

　按被告對本件先後提出之答辯狀及答辯狀㈡，均足以證實原告之起訴不實。茲再針對原告於80年12月9日提出之準備書狀，並據80年12月11日　鈞院庭訊問證人之筆錄，依法補呈理由於後：

一、原告許○琳提供房地設定抵押權予被告呂○霞，實係為擔保原告等二人分別對被告及訴外人江正銘等兩人早已發生之借款債務之履行而設，且被告及訴外人江正銘二人亦依約履行返還系爭支票四張之條件，本件抵押權之設定，自應已依法成立生效。雖原告於準備書狀內諉稱：「抵押權為擔保債權之履行而設，被告既未將擔保債權之借款支付，則主權利之債權即因未付款而不存在，復而從權利之抵押權即失其附隨性而不成立……」。然系爭抵押權之設定原因，被告已再三答辯陳明，茲再提出系爭支票返還證明（證物五），再徵諸　鈞院80年12月11日之訊問證人筆錄，益見被告所言確屬真實：

　㈠鈞院問江正銘：「江正銘，你和呂○霞是否借錢給賴○凌及許○琳？」

　　證人江正銘答：「呂○霞借給許○琳（由賴○凌經手）新台幣100萬元，他有兩張支票在呂○霞手裡，賴○凌以未建造之房屋作價200萬，有預定買賣契約，該屋無法賣給我，他來商量以許○琳之房地來作抵押，9月15日四張支票金額共191萬元。」

　㈡鈞院問劉泰驤：「何人交支票給原告？」

　　證人劉泰驤答：「80年9月15日在江正銘事務所內，看到江正銘將四張支票交給賴○凌。」

　　由以上證言及證物所示支票金額新台幣（以下同）191萬元，加上首期（兩個月一期）月息2分1釐之利息84,000元及原告賴○凌原欠江正銘海灣別墅代墊工程款5萬元中之6,000元（證物六）共計200萬元。再者，原告賴○凌所欠江正銘其餘債款，部分另以海灣新城價值408萬元之十二戶房屋賣予江正銘，而其中部分價款係以收回為借款而交付之其他支票（證物七）作為抵價，與系爭支票無關。足證原告起訴事實非屬真實，無非想藉訟賴債，混水摸魚。

二、依民事訴訟法第277條「當事人主張有利於己之事實者，就其事實有舉證之責任」之規定，原告豈能空言主張「江正銘變造文書」，而未能舉證以實其說？

次按原告準備書狀內誣稱：「江正銘於協議書空白處加填兩個『江正銘』之名字」。惟查本件抵押權係爲擔保對被告及訴外人江正銘之舊借款債務而設定，被告已再三答辯證實，協議書內並列被告呂○霞及訴外人江正銘之名字，自屬當然，絕無變造或僞造之必要；再依一般社會之通念，契約既立有「書證」，必以各執乙份爲常態，原告既言江正銘變造文書，懇請　鈞院命原告提出其所持有之協議書原本，即可證明其上有江正銘親手簽名之「已付」兩字，若然，眞相即可大白。至於江正銘執有之協議書之所以未簽，實乃原告賴○凌稱「協議書簽章即生效，不必再簽」，即匆匆持協議書離去，此點可由證人周淸慶證實。原告之臨訟辭窮致藉詞託故，殊屬非是。

三、抵押權設定契約書，縱只列被告呂○霞之名，僅能說明將來債權淸償期屆至而未受淸償時，即由呂○霞一人實行抵押權而已：

再按原告於準備書狀內誣稱：「原告等與被告呂○霞間尙有抵押權設定契約書二份，其上並無江正銘名字，但因設定登記後由被告執存」。惟抵押權設定手續概由原告賴○凌方面負責辦理，契約書有二份，豈有全部交由被告執存之理？原告既主張有利於己之事實，自當負責舉證。況且，抵押權設定契約書，縱僅列呂○霞之名，亦僅能證明被告及訴外人江正銘二人，以其中一人之名義取得抵押權，屆時共同允許原告等兩人延後之債務淸償期屆至後，若未受淸償，則由呂○霞一人實行抵押權，而二人間如何分配受償額，亦屬被告及江正銘兄妹間之內部情事，與原告無關。

四、抵押權設定協議當日（9月15日）所發生之爭執，與本事件係屬風馬牛不相及之兩回事：

復按原告於準備書狀又誣稱：「雙方發生爭執，當時情形爲謝智崇所目睹，……前開協議書因當時在氣憤之下忘記索回」。惟查當日（9月15日）上午11時左右，原告賴○凌呼其職員黃淑花回去取來已設有抵押權之賴宅所有權狀，要求江正銘另簽付支票借其周轉，而同意以江正銘爲次抵押權人，但爲江正銘所拒，致生口角，爲其友人謝智崇所瞧見，與本件抵押權之設定，絕不相關。今原告企圖魚目混珠，勾串證人謝智崇，製造假象，妄想以偷天換日之手腕達成目的，但事實終究不容欺矇，原告等之目的勢難得逞。

五、本事件原告與被告及訴外人江正銘間之借款債務200萬元並未因抵押權之設定而消滅，系爭支票（見證物五）之交付確系爭抵押權之設定條件，別無作其他用途：

末按原告準備書狀內誣稱：「其中31萬一張係將賴輝文所有房地設定抵押權170萬元交付之一部分，60萬一張乃歸還出賣豪華別墅所得利益之一部分，另

兩張各50萬元亦係交付前開十二戶房屋價款之一部分……」云云。惟均與事實不符，茲依序答辯如下：

㈠首開一張31萬元支票，原告賴○凌之子賴輝文誣稱，乃江正銘於80年8月5日因賴輝文與江正銘之子江正達間借貸關係所支付者，付款人：台北市第○信用合作社○○分社，票號○○○○，帳號○○○○（證物八）。惟上開110萬元款項，早已於80年8月1日付清，與本件無關，原告若有爭執，何不另行起訴確認？該紙31萬元支票，實爲民國80年9月15日本件抵押權設定協議時，由江正銘交付原告賴○凌者，同一紙支票既於9月15日始行交付，豈有於40日前之8月5日即在原告賴○凌處之理？足見原告所述顯與事實不符。

㈡其次一張60萬元支票，原告誣稱爲係訴外人江正銘用以歸還出賣豪華別墅所得利益之一部分者。惟該別墅買賣成立時，雙方曾簽訂協議書（證物九），雙方於給付對價後，原告賴○凌尚欠江正銘95萬元，原告豈有其他利益可得？而其中扣除多付款2萬元，即算至11月底，二十餘天未到期之利息。處此情況下，債務清償期尚有二十餘日，若該別墅時價果爲賣價之兩倍有餘（見證物七），賴○凌自可自行處分，藉賣得之利益歸還江正銘。原告並非三尺之童，豈甘願遭受如此鉅額損失？再者，訴外人江正銘之子江正達爲解決糾紛，曾於民國80年11月20日以台北郵局第20支局第○○號存證信函查問原告賴○凌之子賴輝文該紙支票之出處（證物十）。但迄今已滿一月，均未見回音（證物十一），足證原告賴○凌父子自覺心虛，而無言以對。

㈢最後，兩張各50萬元之支票，原告誣稱：「係交付前開十二戶房屋價款之一部分……原告賴○凌等共欠訴外人江正銘511萬元無力償付（上開欠款均爲原告賴○凌之子賴輝文所開支票），乃將仁愛圓環名廈H棟一層及同廈G棟一層兩戶暫時作價511萬元抵賣與江正銘……江正銘又毀約於協議書內用紅字書寫『買賣不成立』……江正銘以前開兩戶房屋買賣既不成立，乃於80年7月29日另買原告賴○凌之子賴輝文所有○○縣○○鄉海灣新城房屋十二戶共價408萬元，……上開房屋業已辦妥移轉登記與其子江正達名下。」惟有關海灣新城十二戶房屋價款早已於80年9月5日付款完畢，有關付款情形均已載明於協議書，唯獨無支付該兩紙支票之證明（見證物七）。申言之，該兩張支票9月15日始由江正銘交給賴○凌，絕無於9月5日前即交付之理。再者，上開「十二戶房屋」並非移轉登記予江正達，實係分別移轉登記予江正銘、林正芬、林經武、江劉雲芝、呂玉琴、江雪芳等六人（證物十二）。又前開兩筆房屋價款相距103萬元，如此鉅額損失，原告豈能忍受？何況前

開仁愛圓環名廈買賣協議不成立，並非江正銘毀約，實乃原告賴○凌違約所致（見原告證物六）。故而原告張冠李戴，興訟圖利之伎倆，至此已彰彰明甚。

　　綜上所陳，本件原告之起訴殊與事實不符，且與常理有違，亦屬於法無據，為此懇請

　　鈞院詳予調查，賜予判決如被告答辯之聲明，俾維法益。
　　　　　　謹狀

台灣○○地方法院民事庭　公鑒

證　物　名　稱 及　　件　　數	證物五：返還支票證明影本一份。 證物六：海灣別墅工程墊款欠款證明影本一份。 證物七：房屋連基地買賣契約書影本一份。 證物八：支票影本一份。 證物九：白沙灣別墅合建協議書影本一份。 證物十：台北郵局第20支局第○○號存證信函影本一份。 證物十一：台北郵局第39支局第○○號存證信函影本一份。 證物十二：海灣新城12戶房屋稅繳納通知書影本一份。

中	華	民	國	年	月	日
		具狀人　呂○霞			簽名 蓋章	

▶被詐欺結婚之撤銷

〈狀例2-337〉因被詐欺而撤銷婚姻起訴狀

民事　起訴　狀		案　　　　號	年度　　字第　　號	承辦 股別	
		訴訟標的 金額或價額	新台幣　萬　千　百　十　元　角		
稱　　　　謂	姓　名　或　名　稱 身分證統一編號或 營利事業統一編號	住居所或營業所、郵遞區號 及電話號碼電子郵件位址		送達代收人姓 名、住址、郵遞 區號及電話號碼	
原　　　告	張　珠				
被　　　告	汪　強				

為請求撤銷婚姻事：

訴之聲明

一、原告與被告間之婚姻應予撤銷。

二、被告應給付原告新台幣（以下同）35萬元。

三、訴訟費用由被告負擔。

事實及理由

一、緣被告患有癲癇症及精神分裂症，竟隱匿其情，央媒向原告之父提親，求娶原告為妻，原告見被告沈默寡言，誤以為老實穩定，卒於○年○月○日被娶過門，甫及三朝，被告癲癇病又復發作，口吐白沫，昏倒不起，經送至○○醫院醫治，至同年○○月始暫時出院（證物一）。

二、查婚姻係男女終身之結合，關於身體健康上之種種情事，諸如生殖能力、遺傳病、傳染病、精神病、精神耗弱、神經質（歇斯底里）等病症之存在，均有告知對方之義務，使對方有衡量是否允婚之機會。如恐對方知其情事而不允婚，遂隱蔽其情，使對方陷於錯誤而允婚者，即屬民法第997條之詐欺。被告患有癲癇症及精神分裂症，竟隱匿其情，而央人說媒迎娶原告，原告自得依上開法條撤銷原告與被告間之婚姻。

三、又查當事人之一方，因結婚無效或被撤銷而受有損害者，得向他方請求賠償。雖非財產上之損害，受害人亦得請求賠償相當之金額，民法第999條第1、2項定有明文。原告因與被告結婚宴請親友花費10萬元，嫁妝（棉被、枕頭……）5萬元，又原告係大專畢業，今竟為被告所騙與其結婚，精神痛苦不堪，請求20萬元慰撫金，共35萬元。為此狀請

鈞院鑒核，判決如訴之聲明，以符法紀。

　　　　　　謹狀

台灣○○地方法院家事法庭　公鑒

證　物　名　稱 及　　　件　　　數	證物一：○○醫院之診斷證明書正本一份。

中	華	民	國	年	月	日

具狀人　張　珠　　簽名蓋章

▶夫妻同居義務之履行

〈狀例2-338〉因夫妻不得永久別居之答辯狀

民事　答辯　狀		案　　號	年度　字第　號	承辦股別	
		訴訟標的金額或價額	新台幣　萬　千　百　十　元　角		
稱　　　謂	姓　名　或　名　稱身分證統一編號或營利事業統一編號	住居所或營業所、郵遞區號及電話號碼電子郵件位址		送達代收人姓名、住址、郵遞區號及電話號碼	
答　辯　人即　被　告	張　強				
原　　　告	李　柔				

為就○○年○字第○○號請求別居事件提出答辯事：

　　訴之聲明

一、原告之訴駁回。

二、訴訟費用由原告負擔。

　　答辯之理由

　　查夫妻互負同居之義務，但有不能同居之正當理由者，不在此限，民法第1001條定有明文。是則夫妻原則上互負同居之義務，但夫妻之一方，如有不能與他方同居之正當理由時，例外的賦與該有正當理由之一方，得拒絕與他方同居之抗辯權而已，並非謂該有不能同居之正當理由之一方，有請求與他方別居之權利，此觀民事訴訟法第568條第1項及第572條第1項，僅有夫妻同居之訴，而無所謂夫妻別居之訴之規定自明。本件原告主張被告時常毆打伊，每次行房事歷時三十分以上，故意鎖精不射，折磨伊，此等事實皆屬烏有，縱令屬實，亦僅生原告可否拒絕與被告同居而已。故依上開說明，尚難認原告有請求與被告別居之權利，從而原告之請求即屬無理由。為此提出答辯，狀請

　　鈞院鑒核，賜判決如被告訴之聲明，俾符法制，實感德便。

　　　　　　謹狀

台灣○○地方法院家事法庭　公鑒

證　物　名　稱及　　件　　數	

中　　　華　　　民　　　國　　　　年　　　　月　　　　日	
	具狀人　張　強　　簽名蓋章

〈狀例2-339〉請求履行同居之起訴狀

民事　起訴　狀	案　　　號	年度　　　字第　　　號	承辦股別	
	訴訟標的金額或價額	新台幣　萬　千　百　十　元　角		
稱　　　謂	姓　名　或　名　稱身分證統一編號或營利事業統一編號	住居所或營業所、郵遞區號及電話號碼電子郵件位址	送達代收人姓名、住址、郵遞區號及電話號碼	
原　　告	李　柔			
被　　告	張　強			

為請求履行同居事：

訴之聲明

一、被告應與原告同居。

二、訴訟費用由被告負擔。

事實及理由

　　緣原告於民國○○年○月○日與被告在○○市○○路○○號結婚，舉行公開儀式，宴請親友，迄今已有○○年。夫妻間感情原本融洽，詎自○○年起被告忽反常態，常常尋花問柳，深夜未歸。原告初則以和為貴，百般忍受，乃被告得寸進尺，更在外賃屋與○○○居住，金屋藏嬌，但見新人笑不見舊人哭。查夫妻互負同居之義務，為民法第1001條所明文規定，被告為原告之夫，竟賃屋於外，尋樂忘歸，與無婚姻關係之人同宿，將原告視為陌路，居心不良，殊堪痛心。為此狀請

　　鈞院鑒核，判決如訴之聲明，以重婚姻，而符法制。

　　　　　　　　謹狀

台灣台北地方法院家事法庭　公鑒

證　物　名　稱及　　件　　數	

中　　華　　民　　國　　　　年　　　月　　　日
具狀人　李　柔　簽名蓋章

〈狀例2-340〉因夫不依約賃屋拒絕同居之答辯狀

民事　答辯　狀		案　　號	年度　　字第　　號	承辦股別
		訴訟標的金額或價額	新台幣　萬　千　百　十　元　角	
稱　　　謂	姓　名　或　名　稱身分證統一編號或營利事業統一編號	住居所或營業所、郵遞區號及電話號碼電子郵件位址		送達代收人姓名、住址、郵遞區號及電話號碼
被　　告原　　告	林　芳張　武			

為就○○年○字第○○號請求履行同居事件提出答辯事：

　　訴之聲明

一、原告之訴駁回。

二、訴訟費用由被告負擔。

　　答辯之理由

　　被告雖係原告之妻，但被告在原告家中居住，常遭原告與其母張英毆辱虐待，初則忍受求和，後見他們繼續凌辱，迫不得已歸寧躲避，父親見狀憤慨，帶被告至○○醫院驗傷並至○○地方法院檢察處提起告訴。嗣經檢察官於○○年○月○日勸諭，兩造同意由原告在外賃屋，與被告共同生活，被告亦表示同意撤回告訴（被證一）。查夫妻依法固應負同居之義務，但所謂同居處所須由雙方共同協議定之，並非必為夫之祖宅，自可同意約定賃居他處房屋，兩造既有上開約定，原告即應依約在外賃屋，以便與被告共同生活，茲原告違反約定，竟請求被告仍回祖宅與其同居，被告恐又與原告之親屬失和，為此狀請

　　鈞院鑒核，判決如被告訴之聲明，以維法紀。

　　　　謹狀

台灣○○地方法院家事法庭　公鑒

證　物　名　稱及　　件　　數	被證一：○○年○字第○○號傷害案件偵問筆錄影本一份。

中　　　華　　　民　　　國　　　　　年　　　　月　　　　　日
具狀人　林　芳　　簽名蓋章

▶夫妻無償行為之撤銷

〈狀例2-341〉夫妻財產制對他方配偶無償行為之撤銷之起訴狀

民事　起訴　狀		案　　　號	年度　　字第　　號	承辦股別	
		訴訟標的金額或價額	新台幣　萬　千　百　十　元　角		
稱　　　謂	姓　名　或　名　稱身分證統一編號或營利事業統一編號	住居所或營業所、郵遞區號及電話號碼電子郵件位址		送達代收人姓名、住址、郵遞區號及電話號碼	
原　　　告	廖○○				
被　　　告	張○○				

為訴請撤銷被告之贈與行為，依法起訴事：

訴之聲明

一、被告張○○贈與被告蘇○○合計新台幣（以下同）160萬元整之行為，應予撤銷。

二、訴訟費用由被告負擔。

事實及理由

一、緣被告為原告之配偶（證物一），兩造於民國○○年間結婚後，因未訂定夫妻財產制，即以法定聯合財產制為夫妻財產制。經查，被告自民國90年5月份起至91年3月份止，即陸續自兩造家庭使用之存摺中，撥匯合計新台幣160萬元之金額，至訴外人蘇○○之帳戶，此有○○銀行○○分行之存摺及撥匯明細表可稽（證物二）。嗣經原告察覺，幾經詢問被告，始知係被告提供予蘇○○之生活補助費用。按被告與蘇○○並無親屬關係，自無任何扶養義務，上揭生活補助費用，即屬無償贈與行為。

二、次按上揭存摺之存款，乃兩造婚姻關係存續中取得之財產，用以支付家庭生活費用者。今查，被告於婚姻關係存續中，就其婚後財產，為贈與蘇○○之無償行為，其金額合計高達160萬元，且非為履行道法上義務所為之相當贈與，自屬有害及法定財產制關係消滅後，原告就剩餘財產分配請求權。故原告自得依民法第1020條之1第1項之規定，聲請法院撤銷本件被告贈與蘇○○之無償行為。

　　為此，謹狀請　鈞院鑒核，賜為如訴之聲明之判決，以保權益，至感德便。
　　　　　　　　謹狀

台灣○○地方法院家事法庭　公鑒

證 物 名 稱 及 件 數	證物一：戶口名簿影本一份。 證物二：存摺暨匯款明細表各一份。

中　華　民　國　　　　年　　　月　　　日

具狀人　廖○○　　簽名蓋章

▶夫妻剩餘財產之分配

〈狀例2-342〉請求分配夫妻剩餘財產起訴狀

民事　起訴　狀	案　　號	年度　　字第　　號	承辦股別	
	訴訟標的金額或價額	新台幣　萬　千　百　十　元　角		

稱　　謂	姓　名　或　名　稱身分證統一編號或營利事業統一編號	住居所或營業所、郵遞區號及電話號碼電子郵件位址	送達代收人姓名、住址、郵遞區號及電話號碼
原　　告	廖○○		
被　　告	張○○		

為請求分配夫妻剩餘財產，依法起訴事：

訴之聲明

一、被告應給付原告新台幣（以下同）3,256,000元整。

二、訴訟費用由被告負擔。

三、原告願供擔保，請准宣告假執行。

事實及理由

一、緣原告與被告原係夫妻關係，但因故於民國○○年○月○日協議離婚，此有戶籍謄本可稽（證物一）。故兩造既已離婚，則原夫妻法定財產制自歸消滅，謹先敘明。

二、次查，兩造於法定財產制消滅時之現存財產總額為原告463,514元，被告18,031,240元，合計18,494,754元，此各有財產目錄、不動產所有權狀、行車執照及銀行存摺可供證明（證物二）。經扣除房屋貸款本息1,049萬元，及兩造婚姻存續間生活費用債務565,726元，合計11,055,726元，此有銀行貸款金額證明書及生活費用明細表可證（證物三）。扣除後之餘額為7,439,028元，原告依法得請求平均分配得3,719,514元，再扣除原告目前之財產後，

得出3,256,000元，是為原告得請求被告於分配財產後，應再給付原告者。為此，爰依民法第1030條之1第1項之規定，狀請

鈞院鑒核，賜為如訴之聲明之判決，以維權益，至感德便。

謹狀

台灣○○地方法院家事法庭　公鑒

證　物　名　稱 及　　件　　數	證物一：戶籍謄本一份。
	證物二：財產目錄、不動產所有權狀影本、行車執照影本、銀行存摺影本各一份。
	證物三：銀行貸款金額證明書、生活費用明細表各一份。

中	華	民	國		年		月		日

具狀人　　廖○○　　簽名蓋章

▶請求裁判離婚

〈狀例2-343〉請求裁判離婚之起訴狀

民事　起訴　狀		案　　　號		年度	字第	號	承辦股別	
		訴訟標的金額或價額		新台幣　萬　千　百　十　元　角				
稱　　謂	姓　名　或　名　稱 身分證統一編號或 營利事業統一編號	住居所或營業所、郵遞區號 及電話號碼電子郵件位址				送達代收人姓 名、住址、郵遞 區號及電話號碼			
原　　告	王　英							
被　　告	徐　為							

為請求離婚依法起訴事：

訴之聲明

一、請准原告與被告離婚。

二、訴訟費用由被告負擔。

事實及理由

一、按夫妻之一方惡意遺棄他方在**繼續狀態**中者，他方得向法院請求離婚，民法第1052條第1項第5款定有明文。本件被告與原告於民國75年11月12日在台灣台北地方法院公證結婚（證物一）。結婚約一年後，被告即隻身前往法國，將原告

棄置台灣，逾今一年半有餘，既不回國同居，亦不為使原告得與其同居之必要行為，且不給付原告任何生活費，現仍繼續狀態中。又原告屢次去信法國與被告，均未獲被告之回音，原告委請律師代為撰函，促請被告回國履行同居及扶養義務（證物二），業經被告收受，有郵局雙掛號回執可證（證物三）。惟被告亦置之不理，足見被告業已惡意遺棄原告在繼續狀態中，原告孤苦無依，長此以往，將誤終生，因乃請求與被告離婚。

二、按離婚之訴，專屬夫妻之住所地之法院管轄，民事訴訟法第568條第1項定有明文。本件兩造均設籍於台北市大安區（證物四），依上開規定，　鈞院對本件訴訟有管轄權。

三、又離婚之訴於起訴前，應經法院調解，民事訴訟法第577條固有明文。惟本件被告現在法國，按送達於被告之通知書，應為公示送達或於外國送達者，可不經聲請法院調解逕行起訴，民事訴訟法第406條第1項第5款定有明文，爰依法狀請

　　鈞院鑒核，賜判如應受判決事項之聲明，至為德感。

　　　　　　　謹狀

台灣○○地方法院家事法庭　公鑒

證 物 名 稱及 件 數	證物一：結婚公證書影本一份。
	證物二：㐂○催字第1420號函影本一份。
	證物三：郵局雙掛號回執影本一份。
	證物四：戶籍謄本一份。

中	華	民	國	年	月	日

　　　　　　　　具狀人　王　英　　簽名蓋章

▶裁判離婚子女之監護及慰撫金之請求

〈狀例2-344〉請求裁判離婚監護子女及給付慰撫金之起訴狀

民事　起訴　狀	案　　號	年度	字第	號	承辦股別	
	訴訟標的金額或價額	新台幣　　萬　千　百　十　元　角				

稱　　　　謂	姓　名　或　名　稱 身分證統一編號或 營利事業統一編號	住居所或營業所、郵遞區號 及電話號碼電子郵件位址	送達代收人姓 名、住址、郵遞 區號及電話號碼
原　　告	林　芳		
被　　告	張　強		

為請求離婚事：

　　訴之聲明

一、請准原告與被告離婚。

二、被告應給付原告新台幣（以下同）50萬元。

三、原告與被告生長女張嫦、次男張仁之權利義務之行使或負擔由原告任之。

四、訴訟費用由被告負擔。

　　事實及理由

　　緣原告與被告結婚十一載，生有兩男，即次男張仁、么男張義，兩女，即長女張嫦、三女張娥（證物一）。近年經濟狀況稍見寬裕，詎被告飽暖思淫慾，竟與美容師陳含笑通姦，業經刑事判處被告妨害家庭罪刑確定（證物二）。查夫妻之一方與他方通姦者，他方得請求裁判離婚，無過失之他方並得請求非財產上之損害賠償，民法第1052條第2款、第1056條第2項定有明文。茲被告與人通姦，原告精神痛苦不堪，爰請求離婚及給付精神上之慰撫金50萬元。又兩造所生子女，依民法第1055條第1項規定：「夫妻離婚者，對於未成年子女權利義務之行使或負擔，依協議由一方或雙方共同任之。未為協議或協議不成者，法院得依夫妻之一方、主管機關、社會福利機構或其他利害關係人之請求或依職權酌定之。」是請法院依上開規定為子女利益著想，將長女、次男之權利義務之行使或負擔判由原告任之。為此狀請

　　鈞院鑒核，判決如訴之聲明，以維法紀。

　　　　謹狀

台灣○○地方法院家事法庭　公鑒

證　物　名　稱 及　　件　　數	證物一：戶籍登記簿謄本一份。 證物二：○○年度○字第○○刑事判決書影本一份。

中　　華　　民　　國　　　　年　　　　月　　　　日
具狀人　林　芳　　　簽名 蓋章

〈狀例2-345〉因情事變更請求原判決由夫監護之子女交付妻監護之起訴狀

民　事　起　訴　狀		案　　　　號	年度　　字第　　號	承辦股別	
		訴訟標的金額或價額	新台幣　萬　千　百　十　元　角		
稱　　　　謂	姓　名　或　名　稱身分證統一編號或營利事業統一編號	住居所或營業所、郵遞區號及電話號碼電子郵件位址		送達代收人姓名、住址、郵遞區號及電話號碼	
原　　　告	林　玉				
被　　　告	張　修				

為請求交付子女監護事：

　　　訴之聲明

一、被告應將張龍、張虎、張芳交付與原告監護。

二、訴訟費用由被告負擔。

　　　事實及理由

　　緣原告與被告原係夫妻關係，並於婚姻關係存續中生育子女張龍、張虎、張芳三人，嗣於民國○○年○月○日，經台灣○○地方法院，以○○年婚字第○○號判決離婚確定（證物一），兩造離婚後所生子女依協議均由被告監護。惟被告於○○年○月間遭人殺傷，現已成殘廢，四肢不能動彈，半身不遂，已無謀生能力，自乏力扶養子女，而原告為建築工人，月入約新台幣15,000元，不打算再嫁，只希望扶養子女成人，屢次向被告請求交付子女與原告監護，均遭拒絕。查兩造經判決離婚確定後，關於子女之監護，依民法第1055條第3項之規定：「行使、負擔權利義務之一方未盡保護教養之義務或對未成年子女有不利之情事者，他方、未成年子女、主管機關、社會福利機構或其他利害關係人得為子女之利益，請求法院改定之。」爰依法提起本訴改定監護人，狀請

　　鈞院鑒核，判決如訴之聲明，實感德便。

　　　　　謹狀

台灣○○地方法院家事法庭　公鑒

證　物　名　稱及　　件　　數	證物一：民事判決確定證明書、戶籍謄本各一份。

中　　　華　　　民　　　國　　　　年　　　　月　　　　日
具狀人　林　玉　　簽名蓋章

〈狀例2-346〉請求給付慰撫金及贍養費之準備書狀

民事　準備書狀		案　　　號	年度　　字第　　號		承辦股別	
		訴訟標的金額或價額	新台幣　　萬　千　百　十　元　角			
稱　　　謂	姓　名　或　名　稱身分證統一編號或營利事業統一編號	住居所或營業所、郵遞區號及電話號碼電子郵件位址			送達代收人姓名、住址、郵遞區號及電話號碼	
原　　告	駱　娟					
被　　告	余　仁					

為○○年度○字第○○號上列當事人間離婚事件，就被告80年6月22日答辯之不實，依法提出準備書狀事：

一、民法第1056條第2項之「無過失」，係指對於離婚原因之無過失：

按被告於答辯續狀㈠稱：「慰藉金之賠償，須以受害人無過失為其要件：渠既未能善盡妻責，即難謂無過失，從而其請求給付慰藉金即難謂有理由」云云，姑且不論原告是否盡妻責，因民法第1056條第2項規定：「以受害人無過失者為限」，係指對離婚原因之過失。本件離婚原因係被告與他人通姦，原告對之自然無任何過失可言。進一步言，原告自於民國76年5月23日與被告結婚後，每日晚睡早起，忙於家事，整理一、二樓之房屋，並對於被告所開設之○○車行，幫忙燒飯、洗衣、收帳、照料生意，焉能謂為未善盡妻責？足見被告答辯續狀中所稱顯非事實。至於其所提之曾茂生、曾良才，因汝等係其親戚，證言顯有偏頗而不足採信。又鄰長、里長之證明書，乃因被告之央求，而為不實之證明，亦難採為證據，懇請　鈞院傳喚鄰長、里長到庭作證，俾供對質，並明真相。

二、原告確已陷於生活困難：

再按原告目前確已陷於生活困難，而仰賴妻家之供養。又原告是否學有專攻，年輕力富與已陷於生活困難並無絕對之關聯。蓋原告終究係一「弱女子」，又須攜帶稚子佩鈴，身無長物，生活困難，自不言可喻。再者被告誣稱：「於離家出走時，將被告下聘時所交付之金飾悉數攜走」，並非事實。至於「於三重郵局開戶之存款存摺、印章」因屬原告所有，原告帶走並無違誤，而該存摺之存款僅萬餘元，亦難以維持生活。至於假扣押之擔保金乃係原告向他人告貸，由此益見原告之生活困難。

綜上所陳，被告非唯不知悔過，而尚一再編串不實之事項，用以逃卸責任，為此依法狀請

鈞院明鑒，賜予判決如原告訴之聲明，以保權益，並維生活，至爲感德。
　　　　謹狀
台灣○○地方法院家事法庭　公鑒

證　物　名　稱 及　　件　　數	證物一：民事判決確定證明書、戶籍謄本各一份。

中　　華　　民　　國　　　　年　　　　月　　　　日
具狀人　駱　娟　　簽名 蓋章

〈狀例2-347〉請求給付慰藉金之準備書狀

民事　準備書狀	案　　　號	年度　　　字第　　　號	承辦 股別	
	訴訟標的 金額或價額	新台幣　萬　千　百　十　元　角		
稱　　　　謂	姓　名　或　名　稱 身分證統一編號或 營利事業統一編號	住居所或營業所、郵遞區號 及電話號碼電子郵件位址	送達代收人姓 名、住址、郵遞 區號及電話號碼	
原　　　告	駱秀娟			
被　　　告	余仲仁			

爲○○年度○字第○○號上列當事人間離婚事件，就被告80年6月23日答辯狀之不實，依法續行提出準備書狀事：

　　按被告於該答辯狀第一項稱：「……查原告自與被告結婚以來從不操持家務，善事公婆，舉凡衣物洗滌，三餐炊煮，應家務以及兩女起居悉由被告之老父母任之，左鄰右舍俱可爲證（見證物一）……」云云，其上所述，殊與事實不符；原告不堪被告之誣指瞎稱，經左鄰右舍之鄰居十人出具證明稱：「吾等見鄰居（○○街○○巷○○號○○樓）余仲仁之妻駱秀娟每日背著幼兒早出晚歸，據悉是隨夫去三重○○車行創業，極爲賢慧乖巧，本應得其翁婆等家人之厚愛方是。但去年某日見駱秀娟背著嬰兒跑出來，淚流滿面，左頰有被打的紅印，頸子上有雙手扼過的痕跡，經其口述始知其夫所爲，因夫有外遇，爲不同意納妾，而遭毆打。駱秀娟走後常見一懷孕女子出入余家，經余仲仁住樓下的大哥仲勝的女兒口中得知，乃是新來的二嬸，今年三月間，該女子在余家附近婦產科分娩，並在宅內坐月子。最近亦見

該女子來往余家，而今據悉余仲仁在民事訴訟中，反謂駱女不守婦道，實爲不該。而今已引起吾等鄰居之公憤，出面爲駱女討回公道，以服社會之人心，以維社會之善良風俗……」（證物六）。由上述鄰居之證明書，足證下述事實，即被告所述不實；被告常爲納妾事毆打原告；原告係一賢慧乖巧媳婦；被告仍與李寶玉女子來往。

　　綜上所述，原告實已善盡妻責，即無過失，從而原告請求被告給付慰藉金於法實屬有據。爲此依法狀請

　　鈞院鑒核，賜予判決如原告訴之聲明，以保權益，並維生活，至爲感德。
　　　　謹狀
台灣○○地方法院家事法庭　公鑒

證　物　名　稱及　　件　　數	證物六：證明書正本乙份。

中　　　華　　　民　　　國　　　年　　　月　　　日
具狀人　駱秀娟　　簽名蓋章

▶親子關係之確認

〈狀例2-348〉因經生父撫育請求確認父子關係存在之起訴狀

民事　起訴狀		案　　　號	年度　　字第　　號	承辦股別	
		訴訟標的金額或價額	新台幣　萬　千　百　十　元　角		
稱　　　謂	姓　名　或　名　稱身分證統一編號或營利事業統一編號	住居所或營業所、郵遞區號及電話號碼電子郵件位址		送達代收人姓名、住址、郵遞區號及電話號碼	
原　　　告	高　治高　榮高　淑				
被　　　告	張　聰張　光張　靜				

為請求確認父子關係存在事：

　　訴之聲明

一、請求確認原告與已故張濂間父子關係存在。

二、訴訟費用由被告負擔。

　　事實及理由

　　緣原告等之生母高媛，為張濂於民國○○年間納為側室，生育原告等三人，民國○○年○月○日高媛逝世，非婚生子女曾經其生父撫育者，依民法第1065條第1項之規定，已因視為認領而取得婚生子女之身分，如其身分又為其生父之子所否認，而有提起確認身分之訴之必要，自可隨時提起。故就親子身分關係，提起確認身分之訴，即「確認親子關係存在」之訴，並非法所不許。又查父子關係之存在，係持續而非過去，張濂雖已亡故，其繼承人即被告既否認原告與張濂間之父子女關係，原告自得對之提起本件確認之訴。為此狀請

　　鈞院鑒核，判決如訴之聲明，以維法紀。

　　　　　　　謹狀

台灣○○地方法院民事庭　公鑒

證　物　名　稱及　　件　　數	

中	華	民	國	年	月	日
		具狀人	高　治 高　榮 高　淑	簽名 蓋章		

▶父母對子女財產之管理使用處分

〈狀例2-349〉請求移轉由父代為出售之財產所有權之起訴狀

民事　起訴　狀		案　　　號	年度　　字第　　號	承辦股別	
		訴訟標的金額或價額	新台幣　萬　千　百　十　元　角		
稱　　　謂	姓　名　或　名　稱身分證統一編號或營利事業統一編號	住居所或營業所、郵遞區號及電話號碼電子郵件位址		送達代收人姓名、住址、郵遞區號及電話號碼	

原　　　　告	張　　介		
被　　　　告	林　　鴻		
法定代理人	林呂貞		

為請求所有權移轉登記事：

訴之聲明

一、被告應將坐落○○縣○○鎮○○段第○○號土地所有權應有部分50分之1暨同地上建物木造平房乙棟，門牌號碼○○鎮○○里○○路○○號辦理所有權移轉登記與原告，並將後者房屋之稅籍辦理變更為原告名義。

二、被告於原告交付尾款新台幣（以下同）32萬元之同時，應將前項房地點交與原告。

三、訴訟費用由被告負擔。

四、第一項請求，原告願供擔保，請准宣告假執行。

事實及理由

一、緣被告於民國83年10月26日由其父林窮為法定代理人，將訴之聲明第一項之房地，以925,000元之價格，出賣與原告（證物一）。原告除當日付定金30萬元外，又於同年11月6日再付22萬元，約定餘款於所有權移轉登記完成時付清，林窮亦將印鑑證明書等辦理所有權移轉登記所需文件交付於原告，言明於同年11月7日辦理登記手續。詎於辦理登記以前，林窮竟遭車禍死亡，而被告竟拒絕履行契約。

二、查系爭土地所有權之應有部分及其地上房屋乙棟，原為訴外人蔡森所有，於58年4月1日以5萬元出賣與林呂貞（時在林窮與林呂貞婚姻關係存續中），58年6月18日辦理土地所有權之移轉登記，房屋則迄未辦理保存登記，嗣林呂貞於60年12月18日將該房地贈與年甫十歲之被告林鴻，並於61年1月14日辦理土地所有權之移轉登記（證物二）。系爭房地係被告無償取得之財產，依民法第1087條規定，固屬被告之特有財產，惟被告之父於生前，以超出原由林呂貞名義買入價格十八倍之高價，將其出賣與原告，既可取得相當之對價，難謂非為被告之利益，且系爭房屋係建於亭子腳之簡陋木造房屋，林窮因房屋過小，不敷居住，擬為被告另購他處（證人），則依客觀事實及主觀表示，林窮之出賣系爭房地，係為被告之利益而為明甚。

三、綜上所述，被告應履行出賣人之義務，為此狀請
　　鈞院鑒核，判決如訴之聲明，又原告願供擔保，以代釋明，請准對訴之聲明第一項宣告假執行。

　　　　　　謹狀

台灣○○地方法院民事庭　公鑒

證 物 名 稱 及 件 數	證物一：買賣契約書影本一份。 證物二：戶籍登記簿謄本、土地登記簿謄本各一份。

中　　華　　民　　國　　　　年　　　　月　　　　日
具狀人　　張　介　　簽名 蓋章

▶交付子女之請求

〈狀例2-350〉請求交付子女之起訴狀

民事　起訴　狀		案　　　號	年度　　字第　　號	承辦 股別	
		訴訟標的 金額或價額	新台幣　萬　千　百　十　元　角		
稱　　　　謂	姓 名 或 名 稱 身分證統一編號或 營利事業統一編號	住居所或營業所、郵遞區號 及電話號碼電子郵件位址		送達代收人姓 名、住址、郵遞 區號及電話號碼	
原　　　告 被　　　告	林美枝 陳平				

為請求交付子女，依法起訴事：

訴之聲明

一、被告應將陳繼志交付於原告行使或負擔權利義務。

二、訴訟費用由被告負擔。

事實及理由

一、緣原告與已故陳和，原為夫妻，於民國79年10月10日生有男孩陳繼志（證物一）。80年1月2日與陳和離婚時，約定陳繼志權利義務之行使及負擔由陳和擔任。茲陳和於80年6月10日亡故，陳繼志之權利義務之行使及負擔即應由原告擔任。詎向陳繼志之同居祖父，即被告請求交付陳繼志於原告，迭遭拒絕。

二、查夫妻之一方，對於未成年子女之親權，不因離婚而喪失，因離婚而約定由一方行使或負擔權利義務時，僅他方之親權一時停止而已。倘行使或負擔權利義務之一方死亡，對於未成年子女保護教養之權利義務，當然由他方任之。本件之未成年之子陳繼志，雖約定由陳和行使或負擔權利義務，但陳和既已死亡，原告之親權即當回復，陳繼志之權利義務之行使或負擔，自應由原告為之，乃被告無端拒絕，百般刁難，爰依法提起本訴，狀請

　　　　鈞院鑒核，請判決如聲明，以維法制。
　　　　　　　謹狀
台灣○○地方法院民事庭　公鑒

證 物 名 稱 及 件 數	證物一：戶籍登記簿謄本一份。

中　　　　　華　　　　　民　　　　　國　　　　　年　　　　　月　　　　　日
具狀人　林美枝　簽名蓋章

〈狀例2-351〉請求交付爲祖父母帶走之子女之起訴狀

民事　起訴狀	案　　　號	年度　　字第　　號	承辦股別	
	訴訟標的金額或價額	新台幣　萬　千　百　十　元　角		

稱　　謂	姓　名　或　名　稱身分證統一編號或營利事業統一編號	住居所或營業所、郵遞區號及電話號碼電子郵件位址	送達代收人姓名、住址、郵遞區號及電話號碼
原　　告	楊許芳		
被　　告	楊　強楊　柔		

爲請求交還子女，依法起訴事：
　　訴之聲明
一、被告應將楊義銘交還與原告。
二、訴訟費用由被告負擔。
　　事實及理由
　　　緣原告爲楊義銘之母，其父楊昭業已死亡（證物一），楊義銘素與原告同住，並由原告扶養。被告爲原告之翁姑，於民國○○年夏，以帶孫往其○○住處相聚數天爲由，將楊義銘騙去，迄今尚未送還，雖經函催（證物二）均置不理。查依民法第1084條第2項及第1086條規定，原告爲楊義銘之法定代理人，對之有保護及教養之權利義務，楊義銘年僅八歲，自有與其法定代理人共同生活之必要。爲此狀請
　　　鈞院鑒核，請判決如訴之聲明，以維法制。

	謹狀					
台灣○○地方法院民事庭　公鑒						
證 物 名 稱 及 件 數	證物一：戶籍登記簿謄本一份。 證物二：存證信函影本一份。					
中　　華　　民　　國　　　年　　　月　　　日						
		具狀人　楊許芳		簽名 蓋章		

▶繼承之標的

〈狀例2-352〉確認繼承權起訴狀（註：摘自永然文化出版股份有限公司《財產繼承爭訟運籌要覽》）

民事　起訴　狀		案　　號	年度　　字第　　號	承辦 股別	
		訴訟標的 金額或價額	新台幣　萬　千　百　十　元　角		
稱　　謂	姓 名 或 名 稱 身 分 證 統 一 編 號 或 營 利 事 業 統 一 編 號	住居所或營業所、郵遞區號 及電話號碼電子郵件位址		送 達 代 收 人 姓 名、住址、郵遞 區號及電話號碼	
原　　告	王　美				
被　　告	李　勇				

為確認繼承權起訴事：

訴之聲明

一、確認原告對李壯之遺產有繼承權。

二、訴訟費用由被告負擔。

事實及理由

一、緣原告王美與李壯於民國68年間認識，因兩人志趣相同，情投意合，旋即同居，互託終身，長年以來兩人因感於有婚姻之實而無婚姻之名，終覺名實不符，遂於79年○月○日下午○時在中山北路○段○○號○○餐廳○○室舉辦結婚喜宴，補行結婚儀式，到場親友十六人，連同結婚當事人共十八人，宴席委由其○○官校○○期同學楊仁負責訂席；李壯以電話聯絡親友。席間，原告與李壯互相行鞠躬禮，李壯致送原告戒指乙枚作為結婚禮物後，向在場眾賓客行

鞠躬禮，宣布兩人結婚，在全場親友鼓掌聲中完成簡單婚禮，喜宴中衆賓客同聲祝賀，喜宴於九時許結束，宴畢，王力、李中、柳河、黃洲、楊仁等夫婦為表示祝賀，同至原告夫婦住處歡鬧至深夜始行離去。

二、按「結婚，應有公開儀式及二人以上之證人」，為民法第982條第1項所明定。結婚為雙方當事人間之身分契約行為，惟須要式，但其要式以「公開儀式」及「二人以上之證人」為已足，此觀上開法條之規定自明。查原告與李壯自68年即賦同居，至79年○月○日正式結婚，儀式雖簡單，惟合於「公開儀式」及「二人以上之證人」，則毋庸置疑。此請　鈞院傳訊李壯○○官校○○期赴宴之楊仁、李中、王力、柳河、黃洲等同學作證即可明瞭實情。

三、次按原告與李壯自正式結婚後，李壯於是年農曆春節致贈原告之紅包即寫明「老婆大人」，原告倍感情意真摯，深受感動，特作證物呈上，原告與李壯結婚，親友共聞共見，故而79年後親友來函均稱原告為「李壯同學夫人」，李壯之妹李凌妹婿王強以「李壯大哥」、「王美大嫂」稱呼；又婚後原告夫婦與被告李勇均共同生活且稱呼原告為「媽」，此亦有學校通知單及被告之賀卡等可證；再李壯母喪，原告即以「孝媳」之禮服喪並以此列名訃聞，此請傳訊李壯之妹李凌（住：新竹市○○路○○巷○○號）即可證明。喪禮之日被告李勇尚以「媽媽」稱呼原告並行叩拜禮，至先夫李壯之喪，原告以「未亡人」服喪印發訃聞，亦屬名正言順，無人微詞。觀乎中國傳統喪禮，最講究者為名分，原告與李壯間設非名實相符，又如何能在諸多親友衆目睽睽下列名「孝媳」、「未亡人」？原告又以何種理由如此忍悲負重？凡此種種事實，益證原告與李壯間確實有婚姻關係存在。

四、又按配偶有相互繼承遺產之權，其應繼分，與第一順序繼承人同為繼承時，其應繼分與他繼承人平均，為民法第1144條第1款所明定，原告係被繼承人李壯之合法配偶，自得依上開法條之規定與第一順序繼承人即被告李勇共同平均繼承，為此狀請
鈞院鑒核，賜為如訴之聲明而判決，以維權益，以彰法制，實感德便。
　　　　謹狀
台灣○○地方法院民事庭　公鑒

證　物　名　稱及　　件　　數	

中	華	民	國	年	月	日

具狀人　王　美　　簽名蓋章

〈狀例2-353〉因使用借貸拒絕遷讓房屋之答辯狀

民事　答辯　狀	案　　　　號		年度　　字第　　號	承辦股別	
	訴訟標的金額或價額	新台幣　萬　千　百　十　元　角			
稱　　　　謂	姓　名　或　名　稱身分證統一編號或營利事業統一編號	住居所或營業所、郵遞區號及電話號碼電子郵件位址		送達代收人姓名、住址、郵遞區號及電話號碼	
答　辯　人即　被　告原　　　告	林　琴林　蕊林　雲林　璋林　澤林　岳				

為就○○年○字第○○號請求遷讓房屋事件提出答辯事：

訴之聲明

一、原告之訴駁回。

二、訴訟費用由原告負擔。

答辯之理由

　　原告起訴略謂：系爭坐落○○市○○路○○號樓房，原登記為已故之林西所有，林西死亡，由伊繼承登記為共有人。被告居住在系爭樓房之上，係屬無權占有。惟被告三人係已故林西之姪女，被告之父林文為林西之兄，於○○年先於林西逝世（證物一）。林西見被告孤苦無依，乃對外宣布允許被告使用系爭樓房至出嫁為止，並將系爭樓房交付與被告居住，此有鄉人張三為證。查原告既係林西繼承人，林西之權利義務本應由原告概括繼承。林西生前既允許被告等人使用系爭樓房，則雙方顯已成立使用借貸契約，因此契約所生之權利義務，即應由原告繼承。今被告等人既尚未出嫁，使用目的尚未完畢，則在此契約尚未終止之前，被告即有使用系爭樓房之合法權源，殊難謂為無權占有，從而原告依據無權占有之法律關係提起本訴，自亦非正當。為此提出答辯，狀請

　　鈞院鑒核，請判決如被告訴之聲明，以維法紀。

　　　　　　謹狀

台灣○○地方法院民事庭　公鑒

證物名稱及件數	證物一：林文除戶戶籍謄本一件。

中	華	民	國		年		月		日

具狀人　林琴　簽名
　　　　林蕊　蓋章
　　　　林雲

▶繼承權之拋棄

◎撰狀說明

㈠繼承人得拋棄其繼承權（民法第1174條第1項），而拋棄繼承之方式，民法繼承篇於74年6月3日修正公布後，規定應於知悉其得繼承之時起二個月內以書面向法院爲之。並以書面通知因其拋棄而應爲繼承之人。但不能通知者，不在此限（同條第2項）。因此，繼承人拋棄繼承應履行以下兩個要件：

　1.以書面向法院爲之。

　2.除有不能通知者外，應以書面通知因其拋棄而應爲繼承之人。

㈡拋棄繼承應以書面向法院爲之。惟其書面之格式，法律並無明文之規定。按繼承之拋棄屬非訟事件，其書面之格式可比照限定繼承（非訟事件法第141條）以陳報書方式爲之。依非訟事件法第141條第2項規定，陳報書應載明下列事項，並附具遺產清冊：

　1.陳報人。

　2.被繼承人之姓名及最後住所。

　3.爲限定繼承之意旨；如有其他繼承人者，其姓名、性別、出生年月日及住、居所。

㈢拋棄繼承除應以書面向法院爲之者外，並應以書面通知因其拋棄而應爲繼承之人。其通知之書面固然不拘於形式，但爲保存證據，避免爭訟，以郵局存證信函或委請律師發律師函爲宜。此外，如有不能通知之情形，宜於向法院表示拋棄之陳報書中附記其理由，以免爭端。

〈狀例2-354〉因拋棄繼承之陳報狀

民事　陳報　狀		案　　號	年度　　字第　　號	承辦股別	
		訴訟標的金額或價額	新台幣　萬　千　百　十　元　角		
稱　　謂	姓　名　或　名　稱身分證統一編號或營利事業統一編號	住居所或營業所、郵遞區號及電話號碼電子郵件位址		送達代收人姓名、住址、郵遞區號及電話號碼	
陳　報　人即繼承人被繼承人	林　甲林　乙	住○○市○○路○○號最後住所：住○○市○○路○○號			

為拋棄繼承，依法陳報事：

　　緣繼承人之父，即被繼承人林乙，不幸於民國○○年○月○日因心臟病突發而去世，先父平日經營商業，其所遺財產不可謂少，惟繼承人亦略有積蓄，願拋棄繼承之權利，為此爰依民法第1174條之規定，除以書面通知其他應為繼承之人外，並檢同死亡證明書（附件），狀請

　　鈞院鑒核。

　　　　　謹狀

台灣○○地方法院民事庭　公鑒

證　物　名　稱及　　件　　數	附件：死亡證明書影本一件。

中　　　華　　　民　　　國　　　　年　　　　月　　　　日
具狀人　林　甲　　簽名蓋章

〈狀例2-355〉拋棄繼承之通知

□ □ 郵　局 存證信函第　　號	一、	寄件人	姓　　名 林乙
			詳細地址 ○○市○○路○○號
	二、	收件人	姓　　名 王甲
			詳細地址 ○○市○○路○○號
	三、	副　本 收件人	姓　　名 地　　址

吾	弟	如	晤	（	或	逕	用	敬	啓	者	亦	可	）	：					
	父	親	於	民	國	○○	年	○	月	○	日	因	心	臟	病	突	發	不	幸	去	世	，| 茲	因	爲	兄	略
有	積	蓄	，	願	拋	棄	繼	承	之	權	利	，	特	此	通	知	。		

本存證信函共　　頁，副本　　份，存證費　　元，
　　　　　　　附件　　張，存證費　　元，
　　　　　　　加具副本　　份，存證費　　元，合計　　元。

經　　　　郵局	（郵戳）	經辦員		簽　名
年　　月　　日證明副正本內容完全相同		主　管		蓋　章

備註	一、存證信函須送交郵局辦理證明手續後始有效，自交寄之日起由郵局保存之副本，於三年期滿後銷燬之。 二、在　　頁　　行第　　格下 [塗改 增刪 一字 印]　如有修改應填註本欄並蓋寄件人印章，但塗改增刪每頁至多不得逾二十字。 三、用不脫色筆或以打字機書寫、複寫、複印或影印，每格一字，色澤明顯、字跡端正。	黏　　　　　貼 郵　票　或 郵　資　券　處

〈狀例2-356〉聲明拋棄繼承權

民事　拋棄繼承權　狀		案　　　號	年度　　字第　　號	承辦股別	
		訴訟標的 金額或價額	新台幣　萬　千　百　十　元　角		
稱　　　謂	姓　名　或　名　稱 身分證統一編號或 營利事業統一編號	住居所或營業所、郵遞區號 及電話號碼電子郵件位址		送達代收人姓 名、住址、郵遞 區號及電話號碼	
聲　明　人 即繼承權人 被繼承權人	黃　甲 黃　乙				

為拋棄繼承，依法具狀聲明事：

　　緣繼承人之子黃乙，不幸於民國79年6月22日亡故（證物一），其遺有土地及建物如下：

　　土地：台北市大安區金華段一小段四五號，面積1公畝31平方公尺，權利範圍：12分之3。

　　建物：台北市永康街13巷15-5號房屋乙戶，面積83.49平方公尺，權利範圍：所有權全部。

　　聲明人係其第一順序之法定繼承人（證物二），特依民法第1174條規定，檢具拋棄繼承通知書及相關文件（證物三、四、五），拋棄繼承權，為此狀請

　　　鈞院鑒核。

　　　　　　謹狀

台灣台北地方法院民事庭　　公鑒

證　物　名　稱及　件　數	證物一：被繼承人戶籍謄本。 證物二：繼承系統表一份。 證物三：拋棄通知書一份。 證物四：聲請人印鑑證明一份。 證物五：聲請人戶籍謄本一份。

中	華	民	國	年	月	日

　　　　　　　具狀人　　黃　甲　　　簽名
蓋章

　　　　繼　承　系　統　表

民國74年5月22日出生　　　　　　民國45年8月11日生
民國79年6月22日死亡　　　　　　父　黃甲（拋棄繼承權）
被繼承人　黃乙

　　　　　　　　　　　　　　　民國45年10月5日生
　　　　　　　　　　　　　　　母　丁丙

　　本表係黃乙繼承系統表無訛，如有錯誤或遺漏致他人受損害者，申請人願負損害賠償責任及法律責任。

中	華	民	國	年	月	日

〈狀例2-357〉請求拋棄繼承權人塗銷繼承登記之起訴狀

民事　起訴　狀	案　　　號	年度　　字第　　號	承辦股別	
	訴訟標的金額或價額	新台幣　萬　千　百　十　元　角		
稱　　　謂	姓　名　或　名　稱身分證統一編號或營利事業統一編號	住居所或營業所、郵遞區號及電話號碼電子郵件位址	送達代收人姓名、住址、郵遞區號及電話號碼	
原　　　告被　　　告	張俊雄張俊裕張俊義張　仁劉　三劉　四			

為請求確認應繼分及塗銷繼承登記等事：

訴之聲明

一、請求確認原告就坐落○○縣○○鄉○○段○○號○○公頃土地有3分之1應繼分。

二、被告就第一項土地於○○年○月○日以○字第○○號向○○地政事務所申請，以繼承為原因之繼承登記，應予塗銷。

三、被告張俊裕、張俊義應協同原告就第一項遺產應繼分各3分之1辦理繼承登記。

四、訴訟費用由被告負擔。

事實及理由

　　緣原告為被繼承人張富之長子，與被告張俊裕、張俊義、張仁、劉三及劉四之母張芳為兄弟妹。民國○○年○月○日先父張富逝世（證物一），遺有如訴之聲明土地乙筆。○○年○月○日張仁、張芳以書面向原告及張俊裕、張俊義通知拋棄繼承權（證物二）。詎張仁及張芳之繼承人劉三、劉四於其拋棄繼承權十年後，又撤銷拋棄繼承，與其他被告申請共同繼承先父遺產，並辦畢繼承登記。查被告張仁與劉三及劉四之母張芳於被繼承人張富逝世一個月內既以書面向繼承人原告及被告張俊裕、張俊義通知拋棄繼承權，依民法第1174條、第1175條溯及於繼承開始時發生拋棄繼承權之效力，並且依民法第1176條規定，其應繼分歸屬於原告及張俊裕、張俊義。故張富之系爭遺產，應由原告及被告張俊裕、張俊義三人共同繼承，應繼分各為3分之1。嗣被告等人所為之繼承登記，即屬侵害原告之應繼分。為此狀請

　　鈞院鑒核，請判決如訴之聲明，以維法紀。

	謹狀					
台灣○○地方法院民事庭　公鑒						
證　物　名　稱 及　　件　　數	證物一：戶籍登記簿謄本一份。 證物二：繼承權拋棄書影本一份。					
中　　　　華　　　　民　　　　國　　　　　年　　　　　月　　　　　日						
		具狀人　　張俊雄			簽名 蓋章	

〈狀例2-358〉**請求繼承登記起訴狀（註：摘自永然文化出版股份有限公司《財產繼承爭訟運籌要覽》）**

民　事　起　訴　狀		案　　　號	年度　　字第　　號		承辦 股別	
		訴訟標的 金額或價額	新台幣　萬　千　百　十　元　角			
稱　　　　謂	姓　名　或　名　稱 身分證統一編號或 營利事業統一編號	住居所或營業所、郵遞區號 及電話號碼電子郵件位址		送達代收人姓 名、住址、郵遞 區號及電話號碼		
原　　　告 被　　　告	陳　丁 陳　丙 陳　戊					

為上列當事人間請求協同辦理繼承登記，分割遺產等事件，依法起訴事：
　　訴之聲明
一、請求判令被告陳丙、陳戊等二人，應協同原告就兩造之被繼承人陳甲所有位於台北市內湖區○○段第○○地號，建地目，面積為1公畝91平方公尺所有權全部之土地，及其上建物（即門牌號碼為台北市內湖區○○路○○段○○巷○○弄○○號之房屋），各按附件「血統繼承表」所示應繼分比例辦理繼承登記。
二、請求判決准將兩造所共有前項所示之土地之房屋予以變賣分割，變賣前項所示房地所得價金，按附件「血統繼承表」所示應繼分比例分配之。
三、訴訟費用由被告等共同負擔。
　　事實及理由
一、本件系爭房地係為兩造之被繼承人陳甲所有，有土地及建築改良物登記謄本可

稽。惟先父業於民國71年○月○日亡故，依民法第1147條「繼承，因被繼承人死亡而開始」，及同法第1138條等規定自明，原告就被繼承人所遺有之財產，自有繼承權（證物一）。

二、次查，民法第1151條，各繼承人於遺產分割前對遺產全部為公同共有；又按同法第1164條前段規定，各共有人得隨時請求分割遺產，是原告自得請求其他被繼承人協議分割系爭房地。惟系爭房地，現正由被告陳丙占有使用中，原告前曾於78年○月○日委由律師發函，促請被告陳丙協同辦理繼承登記及遺產分割等事，雖經渠出面協調，然兩造就此繼承登記及分割乙事之意思表示均無法合致，以達成協議，且另一被告陳戊久失聯絡，早已不知去向，於繼承人間亦無法達成協議分割事，是原告與被告等人即對系爭房地難以協議達成分割之目的，原告自得援引民法第824條第2項之規定訴請法院為裁判分割，以符法益。

三、末按繼承人等皆已各家成室，人口眾多紛雜，實難共處一室，是若以原物分割予共有人，恐不適宜，故併請　鈞院，判令變賣共有物，以價金分配於各共有人為當；又因繼承而取得不動產物權者，非經登記，不得處分其物權，但為訴訟經濟計，請准一訴請求辦理繼承登記後再為分割。為此狀請
鈞院鑒核，賜准判決如訴之聲明，實感德便。
　　　　　謹狀
台灣○○地方法院民事庭　公鑒

證　物　名　稱 及　　件　　數	證物一：戶籍登記簿謄本一份。

中	華	民	國	年	月	日

具狀人　陳　丁　　簽名
蓋章

繼承系統表

陳甲（民國71年○月○日歿）
配偶：陳王女（民國69年○月○日歿）

長子：陳辛（民國44年○月○日歿）
次子：陳丙
長女：陳丁
養子：陳戊

被繼承人	繼承人	出生年月日	應繼分
陳甲（民國71年○月○日死亡）	陳丙	46年	5分之2
	陳丁	52年	5分之2
	陳戊	42年	5分之1

※依修正前民法第1142條第2項前段規定，養子女應繼分為婚生子女之2分之1。

〈狀例2-359〉答辯兼反訴起訴狀

民事 答辯兼反訴 狀	案　　　號	年度　　字第　　號	承辦股別	
	訴訟標的金額或價額	新台幣　萬　千　百　十　元　角		
稱　　　　謂	姓　名　或　名　稱身分證統一編號或營利事業統一編號	住居所或營業所、郵遞區號及電話號碼電子郵件位址	送達代收人姓名、住址、郵遞區號及電話號碼	
被　告　兼反訴原告	陳　丙			
原　告　兼反訴被告	陳　丁			

為繼承登記等事件答辯並提出反訴事：

　　答辯之聲明

一、原告之訴駁回。

二、訴訟費用由原告負擔。

　　反訴之聲明

一、先位聲明

　　㈠反訴被告應將其繼承陳甲所得之坐落台北市內湖區○○段○○地號，面積191平方公尺土地之應有部分5分之2，及其上建物即門牌號碼台北市內湖區○○路○段○○巷○○弄○○號房屋應有部分5分之2所有權辦理繼承登記後移轉登記給反訴原告。

　　㈡訴訟費用由反訴被告負擔。

二、備位聲明

　　㈠反訴被告應給付反訴原告新台幣（以下同）1,267,252元整，其中120萬元部分，並自民國71年○月○日起至77年○月○日止，依中央銀行核定放款日折2分之1計算之利息，自民國77年○月○日起至清償日止，依年息百分之5計算之利息。

　　㈡訴訟費用由被告負擔。

　　事實及理由

一、本訴部分

　　㈠本件系爭房地兩造固均有繼承權，但原告因繼承所得之應有部分，已然在民國71年間以120萬元正，出售給被告陳丙，有雙方簽署之繼承協議書可證。

　　㈡雖然簽立協議書當時原告尚未成年（十九歲）。但因原告實際上已由先父生

前指定於他死後由其義父陳乙先生監護，此見協議書上明訂陳乙為監護人自明。而該協議書亦由陳乙先生以監護人之身分與被告共同簽署。

㈢次查該協議書雖載「乙方拋棄繼承」字樣。但實質上係買賣因繼承所得之應有部分，此見該協議書以協議方式並給付對價等情節顯非拋棄繼承自明。事實上，只是以「拋棄繼承」作為使被告取得產權之方法，用意在免除移轉登記之手續。前揭監護及買賣之事實，有當日定約之代書王○○先生及見證人宋○○先生、徐○○律師可證。

㈣原告請求變價分割尤屬無理，按本件系爭房地並無不能分割之情事，更何況原告之權利已經讓與，其請求變賣分割要屬損人不利己之行為合併敘明。

二、反訴部分

㈠先位聲明之理由：

本件反訴被告就系爭房地因繼承取得之應有部分已然出售於反訴原告事證明確，已如前述。雖原協議書約定以反訴被告拋棄繼承為使反訴原告取得所有權之方法，但因反訴被告拒不履行，從而迄今尚未辦理過戶，反訴原告自得依民法第348條第1項規定，請求判決命反訴被告於辦理繼承登記後移轉登記為原告所有。

㈡備位聲明之理由：

1.若　鈞院認為反訴原告先位聲明無理由，則反訴被告於民國71年○月○日收受之價金120萬元即成為不當得利，反訴原告自得依法訴請返還，並請求連同本於該不當得利所取得之利益，並將此一部分以法定利率計算之。

2.又系爭房地於被繼承人死亡時尚有貸款，一直均由反訴原告繳交，截至78年12月份為止，共繳納168,130元。依法反訴被告應負擔5分之2（依應繼分計算），計67,252元整，反訴被告自應償還（78年12月份以後之貸款尚在繳納中暫予保留）。

綜上所陳，顯見本訴原告之訴無理，祈賜判決駁回之，並懇求判決如反訴之聲明，以符公平。

　　　　謹狀

台灣○○地方法院民事庭　公鑒

證　物　名　稱 及　　件　　數	

中	華	民	國	年	月	日

具狀人　陳　丙　　簽名蓋章

〈狀例2-360〉民事答辯狀

民事　答辯　狀		案　　　號	年度　　字第　　號	承辦股別	
		訴訟標的金額或價額	新台幣　萬　千　百　十　元　角		
稱　　　謂	姓　名　或　名　稱身分證統一編號或營利事業統一編號	住居所或營業所、郵遞區號及電話號碼電子郵件位址		送達代收人姓名、住址、郵遞區號及電話號碼	
被　　告	陳　　木陳　　田羅　　甲羅　　乙羅　　丙羅　　丁羅　　戊羅　　己馬　　山馬　　奎馬　　仁馬　　明				
原　　告	陳　　丁				

為○○年訴字第○○號案件，依法提出答辯事：

答辯之聲明

一、駁回原告之訴。

二、訴訟費用由原告負擔。

事實及理由

一、民法第1151條規定：「繼承人有數人時，在分割遺產前，各繼承人對於遺產全部為公同共有。」本案陳甲先生之繼承人除原告及被告外，尚有陳甲先生之配偶駱文，子陳木，女陳綿（民國38年○月○日歿）之子女羅甲、羅乙、羅丙、羅丁、羅戊、羅己，及女陳惠（民國36年○月○日已歿）之子女馬山、馬圭、馬仁、馬明，以及女陳田等，是以上述之人亦為公同共有人。

二、最高法院32年上字第4986號判例指出：「提起請求分割公同共有物之訴，應以其他公同共有人全體為被告，其他公同共有人中之一人或數人不反對分割，亦不願共同起訴者，仍應以之為被告，否則於當事人之適格即有欠缺。」按陳甲

先生之繼承系統表及繼承人之應繼分詳如附件，原告未追加不反對分割亦不願
共同起訴之駱文爲被告，於法即有未合。此爲。狀請

鈞院鑒核，依法判決，實感德便。

　　　　　　謹狀

台灣○○地方法院民事庭　公鑒

證　物　名　稱 及　　件　　數	

中　　　華　　　民　　　國　　　　年　　　　月　　　　日		
	陳　木　陳　田	
	羅　甲　羅　乙	
	羅　丙　羅　丁	簽名
具狀人	羅　戊　羅　己	蓋章
	馬　山　馬　圭	
	馬　仁　馬　明	

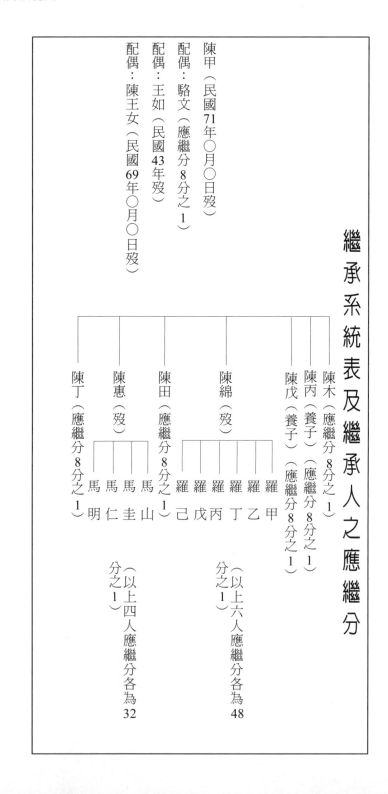

繼承系統表及繼承人之應繼分

陳甲（民國71年○月○日歿）

配偶：駱文（應繼分8分之1）

配偶：王如（民國43年歿）

配偶：陳王女（民國69年○月○日歿）

陳木（應繼分8分之1）

陳丙（養子）（應繼分8分之1）

陳戊（養子）（應繼分8分之1）

羅甲
羅乙
羅丁
羅丙
羅戊
羅己
（應繼分8分之1）
（以上六人應繼分各為48分之1）

陳綿（歿）

陳田（應繼分8分之1）

馬山
馬圭
馬仁
馬明
（以上四人應繼分各為32分之1）

陳惠（歿）

陳丁（應繼分8分之1）

〈狀例2-361〉民事追加起訴狀

民事　追加起訴　狀		案　　　號	年度　　字第　　號	承辦股別	
		訴訟標的金額或價額	新台幣　萬　千　百　十　元　角		
稱　　　謂	姓　名　或　名　稱身分證統一編號或營利事業統一編號	住居所或營業所、郵遞區號及電話號碼電子郵件位址		送達代收人姓名、住址、郵遞區號及電話號碼	
原　告　即反訴被告	陳　丁				
被　告　即反訴原告	陳　　丙				
被　　　告	陳　戊				
追　加　被　告	陳　田				
	馬　山				
	馬　奎				
	馬　仁				
	馬　明				
	羅　甲				
	羅　乙				

為上列當事人間請求協同辦理繼承登記、分割遺產等事件，依法追加起訴事：

　　緣因原告之父親陳甲〔已於民國（以下同）71年○月○日慟逝〕之繼承人有所變更，是今依法為訴（被告及訴之聲明部分）之追加，變更，其聲明如下：

一、本訴部分

　　訴之聲明

　　㈠請求判令被告陳丙、陳戊及追加被告陳田、馬山、馬奎、馬仁、馬明、羅甲、羅乙等九人，應協同原告就兩造之被繼承人陳甲所有坐落於台北市內湖區○○段○○第○○地號，建地目，面積為1公畝91平方公尺所有權全部之土地，及其上建物（即門牌號碼為台北市內湖區○○路○段○○巷○○弄○○號之房屋）各按附件「繼承系統表」所示應繼分比例辦理繼承登記。

　　㈡請求判決准將兩造所共有前項所示之土地及房屋予以變賣分割，變賣前項所示房地所得之價金，按附件「繼承系統表」所示應繼分比例分配之。

　　㈢訴訟費用由被告及追加被告等共同負擔。

事實及理由

㈠本件系爭房地係爲兩造之被繼承人陳甲所有，有土地及建築改良物登記謄本可稽。惟先父業於民國71年○月○日亡故，依民法第1147條規定：「繼承，因被繼承人死亡而開始。」及第1138條等規定自明，原告就被繼承人所遺有之財產，自有繼承權。

㈡次查，民法第1151條，各繼承人於遺產分割前對遺產全部爲公同共有；按同法第1164條前段規定，各共有人得隨時請求分割遺產，是原告自得請求其他被繼承人協議分割系爭房地。惟系爭房地，現正由被告陳丙占有使用中，另據原告查報被繼承人之其他繼承人結果，發現追加被告陳田等七人確係原告先父陳甲之合法繼承人，惟陳田等七人現正散居住於中國大陸，原告實無法與其他繼承人達成協議分割事，是原告與被告及追加被告等人既對系爭房地難以達成分割之目的，原告自得援引民法第824條第2項之規定訴請　鈞院爲裁判分割，以符法益。

㈢另查繼承人等，人口衆多紛雜，又多人身陷大陸，實難共處一室，是若以原物分割予共有人，恐不適宜，故併請　鈞院判令變賣共有物，以價金分配於各共有人爲當；又因繼承而取得不動產物權者，非經登記，不得處分其物權，但爲訴訟經濟計，請准訴請求辦理繼承登記後，再爲分割，並按「繼承系統表」所示應繼分比例分配之。

㈣末查被告陳丙向　鈞院所呈之陳甲家庭明細表中，原配王氏部分：大女兒陳綿之繼承人有羅甲、羅乙、羅丙、羅丁、羅戊、羅己，經原告調查後，發現被告陳丙亦係養子，此外僅有羅甲及羅乙才是眞正繼承人，其餘及陳木槪被告陳丙所虛構；另駱氏（駱文）與陳甲並無舉行結婚儀式，誠難知悉究竟係依何資料爲憑，證明駱文係爲原告之父陳甲之妻子，殊有疑竇，故原告否認駱文爲陳甲之繼承人，被告應舉證以資證明駱氏與陳甲間曾依法結婚，爲合法配偶。此外二太太王如部分，既無書面資料證明，自不能證明與原告之父陳甲有夫妻關係，故原告亦否認王如之繼承權。

綜上所陳，原告自得訴請　鈞院就系爭房地爲裁判分割，且變賣分割實有必要，懇請　鈞院鑒核爲禱。

二、反訴部分

答辯之聲明

㈠反訴原告先位暨備位之訴均駁回。

㈡訴訟費用由反訴原告負擔。

事實及理由

㈠先位之訴部分：本件反訴被告就系爭房地仍有繼承權已詳如前述。蓋原協議書自始即不生效力，且亦非買賣契約，是原告先位之訴即顯無理由。

㈡備位之訴部分：前此所為答辯予以援用。

綜上所陳，顯見反訴原告之訴顯無理由，為此狀請

鈞院鑒核，判決駁回反訴原告之訴，並賜判決如原告訴之聲明，以符法制，俾保法益，至感德便。

　　　　　　　謹狀

台灣○○地方法院民事庭　公鑒

證　物　名　稱及　　件　　數	

中	華	民	國	年	月	日

具狀人　　陳　丁　　簽名蓋章

第九章　土地法相關書狀

▶確認優先承購權之起訴及答辯

◎撰狀說明

　　關於行使優先承買權起訴狀之撰寫，實務上在訴之聲明有確認優先承買權存在，再列被告應與原告訂立書面契約，於原告交付價金時，被告應移轉土地所有權。但就法理上言，優先承買權是形成權，只要合法行使，買賣契約即成立，因買賣契約並不以書面為必要，不須聲明訂立書面契約，否則判決勝訴後，持該判決向地政機關辦理登記時，會面臨地政機關要求先訂立書面契約才可以辦移轉登記，而被告就是不願意訂立書面契約，此時原告會面臨強制執行的困難。下列範例之聲明並無書面買賣契約，實務上，在運用時，應注意。

〈狀例2-362〉請求確認優先購買權存在起訴狀

民事　起訴　狀		案　　　　　號	年度　　字第　　號	承辦股別	
		訴訟標的金額或價額	新台幣　萬　千　百　十　元　角		
稱　　　　謂	姓　名　或　名　稱身分證統一編號或營利事業統一編號	住居所或營業所、郵遞區號及電話號碼電子郵件位址		送達代收人姓名、住址、郵遞區號及電話號碼	
原　　　告	陳　昌 何　慶 陳　春				
被　　　告法定代理人	新光木材股份有限公司彭　寬				

為優先承買權事件依法起訴事：

訴之聲明

一、確認原告就被告所有之南投縣○○鎮○○段156地號土地面積228.14平方公尺，如附圖所示占用位置（詳細位置、面積以測量為準）有優先承買權。

二、被告應將上開土地就原告各上開占用面積之比例分別折算應有部分移轉原告（詳細比例待測量後再列）。

三、訴訟費用由被告負擔。

　　事實及理由

一、緣坐落如聲明所示之土地為被告所有（原證1），原告與第三人彭五分別租用上開土地而建有房屋，此屬租地建屋，依土地法第104條第1項「基地出賣時，地上權人、典權人或承租人有依同樣條件優先購買之權。房屋出賣時，基地所有權人有依同樣條件優先購買之權。其順序以登記之先後定之。」及民法第426條之2第1項規定「租用基地建築房屋，出租人出賣基地時，承租人有依同樣條件優先承買之權。承租人出賣房屋時，基地所有人有依同樣條件優先承買之權。」，於被告出賣土地給他人時有優先承買權。

二、被告於民國107年12月4日將上開土地以新台幣（以下同）1,800萬元出售第三人林久（原證2），除在該契約書上載明原告及第三人彭五之租用情形，並敘明被告及第三人彭五有優先承買權，並以存證信函檢附該買賣契約書影本通知原告及第三人彭五其出售上開土地，於收到存證信函翌日起15日內，以書面通知被告是否以相同條件優先承買（原證3），原告及第三人彭五均已函覆要優先承買，被告收到原告行使優先承買權之通知後，回覆原告，表示已收到要行使優先承買權信函，定期民國108年1月15日到其公司協商有關事宜（原證4），但原告與被告多次協商，均無結果，迄今被告仍未與原告辦理所有權移轉手續。

三、原告有優先承買權，且已通知被告行使，則兩造間買賣關係應已成立，為此本於買賣關係提起本訴。又參照最高法院106年台上字第953號判決「次按同一土地上，如有二個以上承租人本於租用基地法律關係而建築之房屋，……本條項之立法目的既為達使用與所有合一，法院自得依個案情節，解為各該承租人均可就其承租土地部分主張優先承買權，且不以主張承買出賣人與第三人約定買賣之全部土地為必要。至其承買之態樣，得就其房屋坐落之承租土地，為共同優先承買權之主張，亦得按其房屋坐落基地之『比例』各自主張優先承買權。惟有優先承買權之人，倘係各自主張優先承買，僅得請求出賣人按其房屋坐落基地比例換算之應有部分，與其訂立買賣契約」（附件1），則原告係各自行使優先承買權，請求被告依原告房屋占用土地之面積與全部土地計算比例，換算為應有部分以移轉，為此請求判決如聲明。

四、本件裁判費之計算，以上開房屋共50.72坪（20.80＋17.42＋12.50＝50.72），折計為167.669669平方公尺（計算小數點至第二位，為167.67平方公尺）占系爭土地228.14平方公尺為0.59，再以土地現值計算（89,520元×228.14×0.59＝12,049,624.75元），本件訴訟標的價額為12,049,625元，以此核算裁判費用。

謹狀 台灣南投地方法院　公鑒	

證 物 名 稱 及 件 數	原證1：土地登記簿影本1件。 原證2：不動產買賣契約書影本1件。 原證3：被告000325號存證信函影本1件。 原證4：被告001920號存證信函影本1件。

中 華 民 國	108 年	5 月	20 日
具狀人	陳　昌 何　慶 陳　春		簽名 蓋章

〈狀例2-363〉**已辦畢移轉登記不得主張優先承購權之答辯狀**

民事　答辯　狀			案　　號	年度　　字第　　號	承辦 股別
			訴訟標的 金額或價額	新台幣　萬　千　百　十　元　角	
稱　　　謂	姓 名 或 名 稱 身分證統一編號或 營利事業統一編號		住居所或營業所、郵遞區號 及電話號碼電子郵件位址		送達代收人姓 名、住址、郵遞 區號及電話號碼
被　　　告	張威龍				
原　　　告	林盛治				

爲就○○年○字第○○號請求確認優先購買權事件，依法提出答辯事：

　　訴之聲明

一、原告之訴駁回。

二、訴訟費用由原告負擔。

　　答辯之理由

　　按土地法第34條之1第4項規定之優先承購權，係指他共有人出賣共有土地或建築改良物時，對於該共有人有請求以同樣條件訂立買賣契約之權利而言。倘共有人已將其應有部分移轉與他人，該他人並依法取得所有權時，他共有人自無再以該原共有人爲被告，提起確認優先承購權之訴之餘地。本件原告主張坐落○○縣○○

鄉○○段○○地號田地乙筆爲兩造所共有，應有部分各爲2分之1，被告曾與訴外人張三訂立買賣契約，將應有部分2分之1以新台幣（以下同）30萬元之價格出售與張三。惟因原告出面向○○地政事務所阻止過戶，被告遂與張三解除該項買賣契約，改向訴外人吳權設定抵押權50萬元，並於83年3月20日將應有部分贈與另一訴外人張家勝，於同年5月8日辦妥移轉登記（證物一）。是被告已非系爭土地之共有人，原告猶以之爲被告，提起本確認之訴，揆諸首開說明，自難謂爲正當。爲此狀請
　　鈞院鑒核，請判決如被告答辯之聲明，以維法制。
　　　　　謹狀
台灣○○地方法院民事庭　公鑒

證物名稱及件數	證物一：土地登記簿謄本一份。

中	華	民	國	年	月	日
			具狀人　張威龍		簽名蓋章	

▶出租房屋之收回

〈狀例2-364〉因收回重建而終止租約請求遷讓房屋之起訴狀

民事　起訴狀		案　　　號	年度　　字第　　號	承辦股別	
		訴訟標的金額或價額	新台幣　萬　千　百　十　元　角		
稱　　　謂	姓　名　或　名　稱身分證統一編號或營利事業統一編號	住居所或營業所、郵遞區號及電話號碼電子郵件位址		送達代收人姓名、住址、郵遞區號及電話號碼	
原　　告被　　告	張庭瑞劉家和				

爲請求遷讓房屋事件，依法起訴事：
　　訴之聲明
一、被告應將門牌號碼○○市○○街○○號○○樓，建號0288之房屋全部騰空返還於原告。

二、訴訟費用由被告負擔。

三、原告願供擔保，請准宣告假執行。

　　　　事實及理由

　　緣坐落○○市○○街○○號○○樓，建號0288之房屋係原告所有（證物一），以不定期限出租與被告，約定每月租金新台幣2,600元（證物二）。該房屋建於80年前，位於鬧區，基地價值昂貴，而房屋已甚簡陋，爲期充分利用土地，須收回重建。依土地法第100條第1款、民法第450條第2、3項，於民國80年7月1日以郵局存證信函通知被告，於同年8月15日終止租約（證物三），乃被告屢經促請遷讓返還房屋，均置之不理，爲此狀請

　　鈞院鑒核，請判決如訴之聲明，以維法紀。

　　　　　　謹狀

台灣○○地方法院民事庭　公鑒

證　物　名　稱及　　件　　數	證物一：所有權狀影本一份。
	證物二：不定期限租賃契約書影本一份。
	證物三：存證信函影本一份。

中	華	民	國	年	月	日

具狀人　　張庭瑞　　簽名蓋章

〈狀例2-365〉爲防空避難收回地下室之起訴狀

民事　起訴　狀		案　　　　號	年度　　字第　　號	承辦股別	
		訴訟標的金額或價額	新台幣　萬　千　百　十　元　角		
稱　　　　謂	姓　名　或　名　稱身分證統一編號或營利事業統一編號	住居所或營業所、郵遞區號及電話號碼電子郵件位址		送達代收人姓名、住址、郵遞區號及電話號碼	
原　　　告	張三星				
被　　　告	吳重義				

爲請求返還地下室，依法提出訴訟事：

訴之聲明

一、被告應將坐落○○縣○○市○○路○○段○○號之地下室，騰空交還於原告。

二、被告應給付自82年1月10日起迄交還之日止按月新台幣（以下同）1萬元之損害金於原告。

三、第一、二項之請求，原告願供擔保，准宣告假執行。

四、訴訟費用由被告負擔。

事實及理由

　　緣坐落於○○縣○○市○○路○○段○○號之地下室，係原告所有，使用執照載明作防空避難之用，於民國80年9月15日出租與被告以經營娛樂事業、兒童遊樂事業及飲食業，訂明期限自同年10月1日起一年，租金每月5萬元（證物一）。旋因被告擬開設電影院，既由原告就系爭地下室申請主管機關許可變更用途兼作娛樂場所之用，未經獲准（證物二）。又於81年4月10日經協調，重新訂約，租金自81年5月1日起減爲每月1萬元，待系爭地下室再申請變更用途獲准後，按前約數額給付及變更不定期限租賃（證物三）。

　　不定期之房屋租賃，出租人收回自住之必要者，依土地法第100條第1款規定，得終止租約，收回自住。而所謂收回自住，並非僅限於收回供自己居住之用，其收回作其他事業之用者，亦包括在內。系爭地下室原設計係供防空避難之用，原告雖曾申請主管機關許可變更用途，但未獲准，而○○縣警察局○○分局又通知限期將系爭地下室回復原狀，以利防空避難（證物四），乃依土地法第100條第1款規定，於83年10月20日向被告表示於84年1月9日終止租約。又租賃契約終止後，租賃關係消滅，承租人負有將租賃物回復原狀之義務，其仍占有，對出租人所受之損害，並應依民法第184條負賠償之責。原告屢向被告請求將系爭地下室拆除其擴建之各項設備騰空交還，並給付相當於租金額之損害金，均置之不理。爲此狀請

　　鈞院鑒核，懇請判決如訴之聲明，以維法紀。

　　　　謹狀

台灣○○地方法院民事庭　公鑒

證物名稱及件數	證物一：租賃契約書影本一份。
	證物二：建設局函影本一份。
	證物三：協議書影本一份。
	證物四：警察局函影本一份。

中　　華　　民　　國　　　　年　　　　月　　　　日
具狀人　　張三星　　　簽名 蓋章

〈狀例2-366〉並非收回自住拒絕交屋之第二審上訴狀

民事　上訴　狀	案　　號	年度　　字第　　號	承辦 股別	
	訴訟標的 金額或價額	新台幣　萬　千　百　十　元　角		
稱　　　　謂	姓　名　或　名　稱 身分證統一編號或 營利事業統一編號	住居所或營業所、郵遞區號 及電話號碼電子郵件位址	送達代收人姓 名、住址、郵遞 區號及電話號碼	
上　訴　人 即　被　告	楊○國			
被上訴人 即　原　告	國立○○圖書館福利委 員會			
法定代表人	張○義			

為不服台灣○○地方法院○○年○月○日○○年度○字第○○號請求返還房屋事件之判決，於法定期間內依法提起上訴事：

訴之聲明

一、原判決廢棄。

二、被上訴人在第一審之訴及假執行之聲請均駁回。

三、第一、二審之訴訟費用均由被上訴人負擔。

上訴之理由

　　查原審判決命上訴人返還房屋及按租金額給付損害金，無非以本件租約於期滿後，上訴人仍為使用收益，應視為「不定期限繼續契約」。茲國立○○圖書館最近湧到圖書雜誌甚多，無處可供置放，被上訴人實有收回系爭房屋以供該館貯存圖書之必要。又上訴人於起訴前已積欠83年1月份之租金一個月，起訴後至今已達二十三個月，共欠新台幣（以下同）23萬元，即使以押租金5萬元抵充，亦欠租金仍達二個月以上。至上訴人交郵匯寄之3萬元，則扣抵水電費。上訴人自行裝設瓦斯所支出之73,200元，前經被上訴人函告上訴人提出單據以憑報銷，竟置不理，亦

無抵銷之餘地。被上訴人既以台灣○○地方法院公證處認證書，送達於上訴人聲明限期五日內繳納二個月之欠租，逾期即於83年9月1日終止租約。詎上訴人仍未繳納，本件租約顯因終止而消滅，被上訴人之請求自應准許。

　　第按承租人欠租金額除擔保金抵償外，須達二個月以上時，出租人始得收回房屋，此觀土地法第100條第3款規定自明。本件被上訴人雖於83年8月17日以台灣○○地方法院公證處之認證書，催告上訴人給付83年6月2日起所欠之二個月租金計2萬元，並限於文到五日內付清。惟被上訴人在第一審所提出之起訴狀則載明上訴人係欠83年8月份（自83年8月2日起至83年9月1日止）之租金1萬元，故無論上訴人所積欠之租金尚未達二個月以上，且上訴人尚有押租金5萬元交付被上訴人，如以抵償，尤無積欠租金可言，上訴人既在原審以此為抗辯理由（見原審卷宗第50頁正面），被上訴人言謂未曾主張，自非可探。

　　至被上訴人於起訴後，自83年9月份起至原審判決，茲雖又積欠租金達二十三個月，共欠23萬元，此項欠租，依民法第440條第1項規定，應定相當期限，催告給付，承租人於其期限內不為支付，始得終止租約。然被上訴人並未定期催告上訴人給付，其所終止租約之意思表示（見原審卷宗第20頁），自難謂已生合法終止之效力。又查土地法第100條第1款係規定出租人收回居住時，始得收回房屋，因此出租人如收回以供他人使用，即與該條之規定不合。茲被上訴人請求收回系爭房屋，係為供國立○○圖書館藏書之用，但兩者非同一組織，又非被上訴人自己營業之用，自無該條款之適用。

　　再查被上訴人雖主張上訴人積欠水電費及欠租共計111,000元，惟上訴人曾匯寄3萬元，給付押租金5萬元及墊付裝瓦斯費用73,200元，共153,200元，足夠抵銷上述所欠金額。綜上所述，被上訴人之訴顯無理由，原判決自有不當，為此提起上訴，狀請

　　鈞院鑒核，賜判決如上訴之聲明，以維權益。
　　　　　　謹狀
台灣○○地方法院民事庭　　轉呈
台灣高等法院民事庭　　　　公鑒

證 物 名 稱 及 　 件 　 數	證物一：租賃契約書影本一份。
	證物二：建設局函影本一份。
	證物三：協議書影本一份。
	證物四：警察局函影本一份。

中　　華　　民　　國　　　　年　　　　月　　　　日
具狀人　　楊○國　　簽名蓋章

▶確認優先權之起訴及答辯

〈狀例2-367〉確認優先購買權之起訴狀

民事　起訴　狀	案　　　號	年度　　字第　　號	承辦股別	
	訴訟標的金額或價額	新台幣　萬　千　百　十　元　角		
稱　　　　謂	姓　名　或　名　稱身分證統一編號或營利事業統一編號	住居所或營業所、郵遞區號及電話號碼電子郵件位址	送達代收人姓名、住址、郵遞區號及電話號碼	
原　　　告	張　山			
被　　　告	許○忠			

為請求確認優先購買權事件，依法起訴事：

訴之聲明

一、確認原告就坐落○○縣○○市○○段○○號土地上○○縣○○市○○路○○號之部分廠房有優先購買權存在。

二、訴訟費用由被告負擔。

事實及理由

　　緣坐落○○縣○○市○○段○○號土地，係原告所有，被訴外人○○企業股份有限公司（下稱○○公司）所建之○○縣○○市○○路○○號廠房占用約13坪。經發覺後，與之交涉，該公司保證於一年內以每坪新台幣（以下同）7,000元價格承買之，同時付給定金5萬元，並約明如未承買，則將已給付之定金充作損害賠償金，而自民國83年10月1日起承租，按政府公告地價百分之10計算租金（證物一）。是該公司與原告業已成立租賃關係。茲該公司上開廠房，因負債被執行法院拍賣，由被告拍定價格共20萬元。查土地法第104條第1項前段規定：「基地出賣時，地上權人、典權人或承租人有依同樣條件優先購買之權。」其立法意旨，係為使土地之利用與其所有權歸併於一個主體，藉以充分發揮土地之利用價值。是故無論房屋所有人，就其房屋自始即與其基地所有人間有租地建房之關係存在，抑或係於房屋既經建築後，而始與基地所有人訂約承租基地之情形，均應有其適

用。原告既係基地所有人，與前占用部分之廠房所有人訂有租約，而執行拍賣並未通知原告，是原告自得依上開條項主張優先購買權存在，被告屢加否認，爰起訴確認。為此狀請

　　　鈞院鑒核，賜判決如訴之聲明，以維法紀。

　　　　　　　謹狀

台灣○○地方法院民事庭　公鑒

證　物　名　稱 及　　件　　數	證物一：租用基地合約書影本一份。

中	華	民	國	年	月	日

具狀人　　張　山　　簽名蓋章

〈狀例2-368〉確認優先購買權之答辯狀

民事　答辯　狀	案　　　　　號	年度　　字第　　號	承辦股別	
	訴訟標的金額或價額	新台幣　萬　千　百　十　元　角		

稱　　　　謂	姓　名　或　名　稱身分證統一編號或營利事業統一編號	住居所或營業所、郵遞區號及電話號碼電子郵件位址	送達代收人姓名、住址、郵遞區號及電話號碼
被　　告	張○賜		
原　　告	李○福		

為就○○年○字第○○號確認優先購買權事件，依法提出答辯事：

訴之聲明

一、原告之訴駁回。

二、訴訟費用由原告負擔。

答辯之理由

　　按確認法律關係成立或不成立之訴，非原告有即受確認判決之法律上利益者，不得提起，民事訴訟法第247條前段定有明文。本件原告以坐落○○縣○○鄉○○段○○號土地為伊所有，前出租與訴外人陳旺建築廠房，嗣於80年11月間將該廠房出賣於共同被告李丙，至83年8月13日李丙又將該廠房出賣於被告。李丙出賣時並

未通知原告依同樣條件優先承購，依○○縣稅捐稽徵處函載其售價為新台幣20萬元；爰以李丙及張○賜為共同被告，求為確認原告就訟爭廠房有以同價優先購買之權。依修正前土地法第104條所定基地所有人之優先購買權，僅係基地所有人與房屋所有人間之權利義務關係，並無對抗第三人之效力（參照最高法院46年台上字第1860號、47年台上字第152號等判例）。其確認優先購買權之結果，係使房屋所有人負以同一條件優先出售予基地所有人之義務，與房屋之買受人間不發生任何之權義關係。原告將身為買主之被告併列為共同被告，提起確認優先購買權之訴，顯無受即行確認判決之法律上利益，依首開規定，自屬不得對被告提起。為此狀請

　　鈞院鑒核，賜判決如被告答辯之聲明，以維法制。

　　　　　　謹狀

台灣○○地方法院民事庭　公鑒

證　物　名　稱及　　件　　數	

中	華	民	國	年	月	日

具狀人　張○賜　　簽名蓋章

第十章　商事法相關書狀

第一節　公司法相關書狀

▶公司保證之效力

〈狀例2-369〉爲保證公司之拒絕清償之答辯狀

民事　答辯　狀	案　　　號	年度　　字第　　號	承辦股別	
	訴訟標的金額或價額	新台幣　萬　千　百　十　元　角		
稱　　　謂	姓　名　或　名　稱身分證統一編號或營利事業統一編號	住居所或營業所、郵遞區號及電話號碼電子郵件位址	送達代收人姓名、住址、郵遞區號及電話號碼	
答　辯　人即　被　告	○○股份有限公司	設○○市○○路○○號		
法定代理人	王　甲	住同右		
原　　　告	○○股份有限公司	設○○市○○路○○號		
法定代理人	李　乙	住同右		

爲就○○年○字第○○號請求清償債務事件，依法提出答辯事：

訴之聲明

一、原告之訴及假執行之聲請駁回。

二、訴訟費用由原告負擔。

三、如爲不利於被告之判決，被告願供擔保，請准宣告免爲假執行。

答辯之理由

一、緣原告起訴主張其自民國81年起，將向軍方所承包工程，陸續轉包與共同被告○○建設股份有限公司，並由另一共同被告王甲（○○報社）爲該公司之連帶保證人，○○建設股份有限公司於84年8月11日宣告停業，經核算結果該公司應給付原告新台幣（以下同）1,000萬元，而被告係由王甲獨資經營之○○報社將全部資產負債移轉改組而成，依民法第305條規定，應承受本件保證債務，而負連帶清償之責任。

二、查公司法第16條第1項規定，公司除依其他法律或公司章程規定得爲保證者外，不得爲任何保證人。本件被告係以○○報之出版發行等爲業務，而非以保

證為業務（證物一），自有上開禁止規定之適用。且所謂不得為任何保證人，非特僅指公司本身與他人訂立保證契約為保證人，即承受他人之保證契約，而為保證人之情形，亦包括在內。故被告公司於82年12月29日奉主管機關核准登記成立時，縱如原告所稱其係概括承受王甲獨資經營之○○報社資產負債屬實，但對王甲於81年9月及82年7月與原告訂立之保證契約，仍受法律之限制不得承受。至於王甲於83年9月，同年5月及6月，再與上訴人所訂保證契約，已在被告公司登記成立之後，更不生承受之問題。被告公司既未承受王甲與原告所訂之保證契約，自不必負保證責任。為此依法提出答辯，狀請

鈞院賜如被告答辯之聲明，而為判決，以明法制。

　　　　　謹狀

台灣○○地方法院民事庭　公鑒

證　物　名　稱 及　　件　　數	證物一：公司章程影本一份。

中　　　華　　　民　　　國　　　　　年　　　　月　　　　　日		
具狀人	○○股份有限公司 法定代理人 王　甲	簽名 蓋章

▶ 股票轉讓之限制

〈狀例2-370〉請求股權過戶之起訴狀

民事　起訴　狀	案　　　號	年度　　字第　　號	承辦 股別	
	訴訟標的 金額或價額	新台幣　　萬　千　百　十　元　角		
稱　　　　謂	姓　名　或　名　稱 身分證統一編號或 營利事業統一編號	住居所或營業所、郵遞區號 及電話號碼電子郵件位址	送達代收人姓 名、住址、郵遞 區號及電話號碼	
原　　　　告	陳　得			
被　　　　告	和氣產物保險股份有限 公司			
法定代理人	張　三			

為請求股權過戶事：

訴之聲明

一、被告應將李四所有被告公司○○年增資股三千股名義變更為原告。

二、訴訟費用由被告負擔。

事實及理由

　　緣原告於民國○○年○月○日受讓訴外人李四所有被告公司○○年增資股3,000股，股票三張，每張1,000股，均經李四背書（見證物一）。詎屢向被告公司聲請過戶（即變更股東名字及住所），迭遭拒絕。查被告拒絕理由僅以李四曾出具承諾書，約定讓售系爭股票，以轉讓於公司同仁為限，而原告非公司同仁，不得受讓。惟查公司股份之轉讓，不得以章程禁止或限制之，公司法第163條第1項前段定有明文。既不得以章程禁止或限制股票之轉讓，其他以特約之限制，更非法所允許，縱然可以，然此僅公司與李四間之特約，要無拘束原告之效力。為此狀請

　　鈞院鑒核，賜判決如訴之聲明，准予過戶，實為德便。

　　　　　　　謹狀

台灣○○地方法院民事庭　公鑒

證　物　名　稱及　　件　　數	證物一：股票背書影本一份。

中	華	民	國	年	月	日
	具狀人　　陳　得			簽名蓋章		

〈狀例2-371〉**因股份有限公司發起人於公司設立登記1年內轉讓股票而無效之答辯狀**

民事　答辯狀		案　　　　號	年度　　字第　　號	承辦股別	
		訴訟標的金額或價額	新台幣　　萬　千　百　十　元　角		
稱　　　　謂	姓　名　或　名　稱身分證統一編號或營利事業統一編號	住居所或營業所、郵遞區號及電話號碼電子郵件位址		送達代收人姓名、住址、郵遞區號及電話號碼	

答　辯　人 即　被　告	泰山股份有限公司	設○○市○○路○○號	
法定代理人	楊　青	住同右	
原　　　告	陳　真	住○○市○○路○○號	

為就○○年○字第○○號請求協辦股份過戶事件，提出答辯事：

訴之聲明

一、原告之訴駁回。

二、訴訟費用由原告負擔。

答辯之理由

一、原告起訴主張訴外人張三於民國○○年○月○日將其所有之被告公司股份四百股轉讓與伊，並附有至○○年○月間被告公司成立滿一年後生效之條件，現條件已成就，故請被告辦理過戶。

二、查股份有限公司發起人之股份非於公司設立登記一年後，不得轉讓，公司法第163條第2項前段定有明文。違反此項禁止規定之股份轉讓，依民法第71條規定，應屬無效。本件李四為被告公司之發起人（證物一），被告公司於○○年○月○日設立登記，距原告受讓系爭股票之○○年○月○日不滿一年，則依上開說明，其轉讓無效。

三、次查原告所提讓渡書（見原告之證物一）記載「（將被告公司股權）自本日起讓渡與陳真」，足證原告與李四之股票轉讓並無附被告公司成立一年後生效之條件。

　　綜上所述，原告與李四間之股權轉讓既屬無效，自無據以請求被告將系爭股票辦理過戶之餘地。為此提出答辯，狀請

　　鈞院鑒核，判如被告答辯之聲明，以符法令。

　　　　　謹狀

台灣○○地方法院民事庭　公鑒

| 證　物　名　稱
及　　件　　數 | 證物一：招股章程影本一份。 |

| 中　　華　　民　　國　　　年　　　月　　　日 |

具狀人　泰山股份有限公司
法定代理人
楊　青　　　　簽名
蓋章

▶記名股票之轉讓及其法定孳息之收取

〈狀例2-372〉請求股票讓與人返還增資配股股票之起訴狀

民事 起訴 狀		案　號	年度 字第 號	承辦股別	
		訴訟標的金額或價額	新台幣 萬 千 百 十 元 角		
稱　謂	姓 名 或 名 稱身 分 證 統 一 編 號 或營 利 事 業 統 一 編 號	住居所或營業所、郵遞區號及電話號碼電子郵件位址		送達代收人姓名、住址、郵遞區號及電話號碼	
原　　告	陳　得				
被　　告	陳　義				

為請求給付股票，提起訴訟事：

訴之聲明

一、被告應將○○股份有限公司76年度增資配股之股票5,200股交付於原告，如無實物時，應按給付時之市價折付新台幣，並應協同原告將○○股份有限公司77年度增資配股5,460及78年度增資配股5,915股辦理變更股東名義為原告。

二、訴訟費用由被告負擔。

事實及理由

　　緣原告於民國64年10月30日間向被告買受○○股份有限公司（以下稱○○公司）股票五張，共計13,000股（證物一）。嗣因被告與第三人另案涉訟，以致上開股票經法院假扣押（證物二），使原告無法辦理過戶手續，而仍以被告名義記載於該公司之股東名簿。該公司就上開股票於76年度增資配股5,200股，77年度增資配股5,460股，78年度增資配股5,915股，被告竟以變更印鑑方式，向該公司領去76年度之增資所配股票。77、78年度之增資配股，經原告聲請法院假處分，禁止被告領取在案。

　　查股票為有價證券，其票面所表彰權利之行使，與股票之持有，有不可分離之關係。又關於股份有限公司記名股票之轉讓，係以「背書」為唯一之方式，只須背書轉讓，受讓人即為股票之合法持有人，雖受讓人未將其本名或名稱及住居所記載於公司股東名簿，而不得以其轉讓對抗公司，但其既為股票之持有人，依照民法第70條第2項規定，即有收取法定孳息之權利。本件原告既為股票之持有人，於70年7月1日即向○○公司表示業已受讓而持有該項股票，而請求過戶（證物三），即非不能享受此後之增資配股權利，被告趁原告未經過戶之機會，領取該項股票，自屬無法律上之原因而受利益，致原告遭受損害，爰依民法第179條及第180條請求返

還。爲此狀請
　　鈞院鑒核，請判決如訴之聲明，以維法紀。
　　　　　　謹狀
台灣〇〇地方法院民事庭　公鑒

證　物　名　稱 及　　件　　數	證物一：買賣契約書影本一份。 證物二：台灣〇〇地方法院假扣押裁定影本一份。 證物三：70年7月1日申請書影本一份。

中　　華　　民　　國　　　年　　　月　　　日
具狀人　陳　得　　簽名 蓋章

▶股東會決議之無效或撤銷

〈狀例2-373〉確認由無召集權人召集之股東會決議無效之起訴狀

民事　起訴　狀		案　　　號	年度　　字第　　號	承辦 股別
		訴訟標的 金額或價額	新台幣　萬　千　百　十　元　角	
稱　　　謂	姓　名　或　名　稱 身分證統一編號或 營利事業統一編號	住居所或營業所、郵遞區號 及電話號碼電子郵件位址		送達代收人姓 名、住址、郵遞 區號及電話號碼
原　　　告	黃　香	住〇〇市〇〇路〇〇號		
	張　玉	住〇〇市〇〇路〇〇號		
被　　　告	和氣鉛箔股份有限公司	設〇〇市〇〇路〇〇號		
法定代理人	張　禮	住同右		

爲請求確認股東會決議不存在，依法提起訴訟事：
　　訴之聲明
一、請確認被告於民國〇〇年〇月〇日所爲之股東會決議不存在。
二、訴訟費用由被告負擔。
　　事實及理由
　　緣原告爲和氣鉛箔股份有限公司之董事及常務董事（證物一），該公司應股東
張甲等之請求，於民國〇〇年〇月〇日下午3時，假〇〇市〇〇路〇〇號〇〇樓召

集股東會，股東張甲、張乙、張丙、李戊等人出席，李戊並權充會議紀錄，原告黃香爲股東主席，因見出席股東不及法定人數，乃宣布散會（證物二）。詎其餘股東擅自召集股東會，當場推張甲爲臨時主席，並臨時動議修改公司章程暨改選董監事，經選李戊、王五、張三、李四爲董事，張甲爲監察人，並決議遷移公司地址，繼而舉行董事會，選舉張禮爲董事長，張三、李四爲常務董事（證物三）。此項決議既由無召集權人所召集之股東會所爲，因係非合法成立之股份有限公司之意思機關，不能爲有效之決議，自始無效（與公司法第191條之股東會決議內容違反法令或章程者無效不同），自屬不存在；況且該決議已足致原告之法律地位有受侵害之危險，依法有除去之必要。爲此狀請

　　　鈞院鑒核，判決如訴之聲明，以維法制。
　　　　　　謹狀
台灣○○地方法院民事庭　公鑒

證 物 名 稱及 件 數	證物一：公司變更登記事項卡一份。
	證物二：股東名冊、董監事名冊、股東會會議影本各一份。
	證物三：股東會議、董事會會議影本各一份。

中　　　華　　　民　　　國　　　　年　　　　月　　　　日
具狀人　黃　香　簽名
張　玉　蓋章

〈狀例2-374〉撤銷因不足法定開會股數之股東會議起訴狀

民 事　起 訴 狀		案　　號	年度　　字第　　號	承辦股別	
		訴訟標的金額或價額	新台幣　萬　千　百　十　元　角		
稱　　謂	姓 名 或 名 稱身 分 證 統 一 編 號 或營 利 事 業 統 一 編 號	住居所或營業所、郵遞區號及電話號碼電子郵件位址		送達代收人姓名、住址、郵遞區號及電話號碼	
原　　告	曾　詳	住○○市○○路○○號			
	張　三	住○○市○○路○○號			
	李　四	住○○市○○路○○號			
被　　告	○○股份有限公司	設○○市○○路○○號			
法定代理人	曾　良	住同右			

為請求撤銷股東會之決議，提起訴訟事：

訴之聲明

一、請求撤銷被告於民國○○年○月○日在○○市○○路○○號所為之股東會決議。

二、訴訟費用由被告負擔。

事實及理由

　　緣原告等均為○○股份有限公司之股東，該公司共有股東二十七人，已發行股份總數有25,000股（證物一）。詎該公司於○○年○月○日在○○市○○路○○號召開臨時股東會，僅有九人參加，代表股份總數僅8,825股（證物二），尚不及已發行股份總數之一半，竟決議承認公司對外負債新台幣（以下同）2,600萬元，並將公司全部財產以1,520萬元讓與債權人，且將公司解散。查股東會之決議，因須有法定數額以上股份之股東出席，始得為之，欠缺此項規定額所為之決議，係屬股東會決議方法之違法（參見最高法院63年台上字第965號判例）。本件被告公司之股東會議僅有股東九人出席，代表股份總數又僅8,825股，不及已發行股份總數之一半，揆諸公司法第174條及上開判例，自屬決議方法之違法，爰依公司法第189條規定請求撤銷。為此狀請

　　鈞院鑒核，賜判決如訴之聲明，以維法紀。

　　　　　謹狀

台灣○○地方法院民事庭　公鑒

證　物　名　稱及　　件　　數	證物一：股東名冊及股份總數明細表影本各一份。
	證物二：會議紀錄影本一份。

中	華	民	國	年	月	日

具狀人　　曾　詳　　　簽名
　　　　　張　三　　　蓋章
　　　　　李　四

第二節　　票據法相關書狀

▶請求給付票款

〈狀例2-375〉對背書「連帶保證人」請求連帶給付票款之起訴狀

民事　起訴　狀		案　　號	年度　字第　號	承辦股別	
		訴訟標的金額或價額	新台幣　萬　千　百　十　元　角		
稱　　謂	姓　名　或　名　稱身分證統一編號或營利事業統一編號	住居所或營業所、郵遞區號及電話號碼電子郵件位址		送達代收人姓名、住址、郵遞區號及電話號碼	
原　　告被　　告	楊　文王　甲王　乙				

為請求給付票款，依法提起訴訟事：

訴之聲明

一、被告等應連帶給付原告新台幣（以下同）20萬元，並自民國83年9月12日起至清償日止，按年息百分之6計算之利息。

二、訴訟費用由被告等連帶負擔。

三、本件請依職權宣告假執行。

事實及理由

一、緣原告執有被告王甲所簽發、發票日民國80年9月12日、付款人台北市第三信用合作社、面值新台幣20萬元之支票乙紙（證物一），經於民國80年9月12日為付款之提示，竟以存款不足而遭受退票（證物二），未獲兌現，茲向被告王甲追索。

二、又被告王乙在支票背面書明為「連帶保證人」，雖其記載為票據法所未規定，致不生票據上之效力，但其既背書「連帶保證人」，並表明願為票據債務之連帶保證人，依民法之規定，仍應負連帶保證人之責任。

綜上所述，共同被告應負連帶給付責任，為此狀請

鈞院鑒核，請判決如訴之聲明，以維權益。

　　　　　謹狀

台灣○○地方法院○○簡易庭　公鑒

證　物　名　稱 及　　件　　數	證物一：支票影本一張。 證物二：退票理由單影本一份。				
中　　華　　民　　國　　　　　年　　　　　月　　　　　日					
		具狀人　楊　文		簽名 蓋章	

▶票據之抗辯

〈狀例2-376〉票據係無因證券之準備書狀

民事　準備書　狀		案　　　號	年度　　字第　　號	承辦 股別	
		訴訟標的 金額或價額	新台幣　萬　千　百　十　元　角		
稱　　　　謂	姓　名　或　名　稱 身分證統一編號或 營利事業統一編號	住居所或營業所、郵遞區號 及電話號碼電子郵件位址		送達代收人姓 名、住址、郵遞 區號及電話號碼	
原　　　告	江○欽				
被　　　告	賴○煌				

為○○年度○字第○○號清償票款事件，依法提出準備書狀事：

　　按被告於民國80年11月10日上午在　鈞院審理時，諉稱「被告簽發系爭支票係為供訴外人王○○周轉之用，約定由王○○支付票款，惟今王○○竟不知去向」作為抗辯。然被告既不否認系爭支票之真正，亦不否認為其所簽發，則依票據法第144條準用同法第29條第1項前段「發票人應照匯票文義擔保承兌及付款」之規定，被告對於退票之支票自應負擔保付款之責。又票據係無因證券，依票據法第13條前段「票據債務人不得以自己與發票人或執票人之前手間所存抗辯之事由對抗執票人」之規定，本件既無同法第13條但書及第14條之情事，則被告自應依法負擔保付款之責。為此依法狀請

　　鈞院鑒核，懇請　鈞院賜予判決如原告訴之聲明，俾維權益，至為感德。

　　　　謹狀

台灣○○地方法院○○簡易庭　公鑒

證　物　名　稱 及　　件　　數	

中　　　華　　　民　　　國　　　　年　　　　月　　　　日

具狀人　江○欽　簽名蓋章

〈狀例2-377〉執票人取得支票無法律上原因之答辯狀

民事　答辯　狀	案　　號	年度　字第　　號	承辦股別	
	訴訟標的金額或價額	新台幣　萬　千　百　十　元　角		
稱　　　謂	姓　名　或　名　稱身分證統一編號或營利事業統一編號	住居所或營業所、郵遞區號及電話號碼電子郵件位址	送達代收人姓名、住址、郵遞區號及電話號碼	
答　辯　人即　被　告原　　　告	楊　武王　事			

為就○○年度○字第○○號給付票款事件，提出答辯事：

訴之聲明

一、原告之訴及假執行之聲請駁回。

二、如為不利於被告之判決，被告願供擔保，請准宣告免為假執行。

三、訴訟費用由原告負擔。

答辯之理由

一、查原告起訴主張被告於民國70年9月間向伊借款新台幣（以下同）7萬元，連同月息一分計算之利息，經被告簽發80年12月20日、付款人台灣省合作金庫、票面金額72,100元之支票乙紙交付與伊，屆期應被告之要求，將票載日期改為81年12月20日，詎經屆期付款提示，竟遭受退票。

二、惟查支票固為無因證券，票據債務人不得以自己與發票人或執票人之前手間所存抗辯之事由對抗執票人，然發票人要非不得以自己與執票人間所存抗辯事由對抗執票人，此觀票據法第13條前段之規定自明。本件被告並未對原告借貸，系爭支票係由被告簽發，交由被告之丈夫持向外間調借款項，而未經交回者，原告逐持支票向被告請求給付票款，顯無理由。為此狀請

鈞院准如被告訴之聲明而為判決，以明法制。

謹狀 台灣○○地方法院○○簡易庭　公鑒	

證　物　名　稱 及　　件　　數	

中　　　華　　　民　　　國　　　年　　　月　　　日
具狀人　　楊　武　　　簽名 蓋章

▶票據變造之效力

〈狀例2-378〉請求給付票款之第2審上訴狀

民事　上訴　狀	案　　號	年度　字第　　號	承辦 股別	
	訴訟標的 金額或價額	新台幣　萬　千　百　十　元　角		
稱　　　　　謂	姓　名　或　名　稱 身分證統一編號或 營利事業統一編號	住居所或營業所、郵遞區號 及電話號碼電子郵件位址	送達代收人姓 名、住址、郵遞 區號及電話號碼	
上　訴　人 即　原　告	王○貞			
被上訴人 即　被　告	薛　貴			

為不服台灣○○地方法院○○年○月○日所為○○年○字第○○號第一審民事判決，依法於法定期間內提起上訴事：

上訴之聲明

一、原判決廢棄。

二、被上訴人應給付上訴人新台幣20萬元，及自○○年○月○日起至清償日止，按年息百分之6計算之利息。

三、第一、二審之訴訟費用由被上訴人負擔。

四、請依職權宣告假執行。

上訴理由

一、查原審為上訴人敗訴之判決，係以上訴人執有訴外人周維所簽發、被上訴人所

背書、○○銀行爲付款人、面額20萬元、票載發票日期民國83年11月26日之支票乙紙，於同日復爲提示，未獲付款，雖據提出該支票及退票理由單爲憑，但訟爭支票之原載發票日爲83年9月26日，被上訴人係於同年7月26日背書，嗣經周維將日期改爲同年11月26日，爲兩造所不爭。上訴人既未於原載發票日期83年9月26日起之法定提示期限內爲付款之提示，對被上訴人即已喪失追索權，爲其判斷基礎。

二、惟查系爭支票係被上訴人持向上訴人調借現款，於其原載發票日期前兩日，要求緩期提示，並親自將支票持交周維更改日期，其對更改日期顯有同意，背書人既同意發票人更改票據日期，即應依其更改日期負責，且背書人之同意，亦非以其於更改處簽名或蓋章爲必要，此就票據法第16條第2項之規定觀之即明。上訴人於83年11月26日爲付款之提示，不獲付款後，又於84年2月3日向○○地方法院民事庭起訴，其間尙未滿四個月，追索權即未喪失，原審認事用法顯有錯誤。爲此狀請

鈞院鑒核，賜判決如上訴之聲明，以明法紀。

　　　　謹狀

台灣○○地方法院○○簡易庭　轉呈
台灣○○地方法院合議庭　　公鑒

證　物　名　稱 及　　件　　數	

中	華	民	國		年		月		日
			具狀人	王○貞		簽名 蓋章			

▶票據時效之抗辯

〈狀例2-379〉追索權罹於時效之答辯狀

民事　答辯　狀		案　　　號	年度　　字第　　號	承辦 股別	
		訴訟標的 金額或價額	新台幣　萬　千　百　十　元　角		
稱　　　　謂	姓　名　或　名　稱 身分證統一編號或 營利事業統一編號	住居所或營業所、郵遞區號 及電話號碼電子郵件位址		送達代收人姓 名、住址、郵遞 區號及電話號碼	

答　辯　人 即　被　告 原　　　告	徐李金○ 許清　○		

為上列當事人間○○年度○字第○○號損害賠償事件，依法提出答辯事：

訴之聲明

一、請駁回原告之訴及假執行之聲請。

二、訴訟費用由原告負擔。

三、如為不利於被告之判決，被告願供擔保，請准宣告免為假執行。

答辯之理由

一、被告徐李金○並無詐欺、偽造文書之犯行：

按原告於起訴狀事實及理由一稱：「被告鄧○昌等罔顧法紀，肆無忌憚地串通合組詐欺集團，偽造文書詐騙原告」云云。惟被告徐某與原告向無接觸，殊不知竟遭誣稱為詐欺集團，幸賴　鈞院檢察署檢察官明鏡高懸，於民國83年3月15日以不起訴處分書，賜予不起訴處分（證物一），足見被告並無詐欺及偽造文書之犯行，原告起訴之所云顯屬誤會。

二、本件系爭支票對背書人之追索權，已罹時效消滅：

次按原告於起訴狀事實及理由二稱：「……當庭交付原告吾光建設有限公司中小企業銀行士林分行68、8、8期121988號，金額25,904,600元支票乙紙，並由被告等當庭背書……」云云。姑不論被告何以在該支票上背書，惟票據法第22條第2項既明定，支票之執票人對背書人之追索權，自提示日起算「四個月」不行使者，因時效而消滅。本件支票既自提示日起算，已逾四個月不行使，則原告對於被告之追索權，自己罹於時效而消滅，其起訴請求自屬於法無據。

三、原告應負舉證責任：

末按民事訴訟法第277條規定，主張有利於己之事實之當事人，應負舉證責任。本件原告既主張「被騙付款而受損害」，自應就該事實負舉證責任，殊不容任意空言主張，而企圖矇混請求。

綜上所陳，原告之空言主張，於法無據，懇請

鈞院賜予判決如被告答辯之聲明，以維權益，並保公允。

　　　　謹狀

台灣○○地方法院民事簡易庭　公鑒

證　物　名　稱 及　　　件　　　數	證物一：台灣○○地方檢察署不起訴處分書影本一份。

中　　　華　　　民　　　國　　　年　　　月　　　日

具狀人　徐李金○　　簽名蓋章

〈狀例2-380〉執票人對背書人之追索權已罹於時效之答辯狀

民事　答辯　狀	案　　號	年度　　字第　　號	承辦股別	
	訴訟標的金額或價額	新台幣　萬　千　百　十　元　角		
稱　　　謂	姓　名　或　名　稱身分證統一編號或營利事業統一編號	住居所或營業所、郵遞區號及電話號碼電子郵件位址	送達代收人姓名、住址、郵遞區號及電話號碼	
答　辯　人即　被　告	陳　珊			
原　　　告	李　肆			

爲上列當事人間○○年度○字第○○號給付票款事件，依法答辯事：

訴之聲明

一、原告之訴及假執行之聲請駁回。

二、訴訟費用由原告負擔。

三、如爲不利於被告之判決，被告願供擔保，請准宣告免爲假執行。

答辯之理由

一、本件原告起訴略謂：伊執有訴外人王甲簽發、由被告背書、票載發票日83年9月8日、票面金額新台幣20萬元、付款人爲○○銀行之支票乙紙，經爲付款之提示，遭受退票，而於84年1月6日，向被告催告履行給付，被告不予置理，爰於84年7月5日向○○地方法院起訴追索求償。

二、查支票執票人對前手之追索權，四個月不行使，因時效而消滅，爲票據法第22條第2項明定。此項時效期間，較民法第130條規定六個月內起訴期間爲短，在新時效期間內，若另無中斷時效之事由發生，則俟時效期間經過後，請求權仍因時效而消滅。本件原告就系爭支票爲付款之提示，遭退票後，雖曾於84年1月6日以存證信函向被告催告，請求給付票款，然其既未於新時效四個月之期間內起訴，而遲至84年7月5日始行提起本件訴訟，顯已逾新時效四個月之期間，且另無中斷時效之事由發生，原告之追索權已因時效經過而消滅。

　　　　原告猶據以請求，殊非有理。為此狀請

　　　鈞院駁回原告之請求，賜如被告答辯聲明之判決，以明法制。

　　　　　　謹狀

台灣○○地方法院○○簡易庭　公鑒

證　物　名　稱 及　　件　　數	

中　　　　華　　　　民　　　　國　　　　　年　　　　月　　　　日	
	具狀人　陳　珊　　 簽名 蓋章

▶禁止轉讓或背書轉讓

〈狀例2-381〉因請求給付票款案件之準備書狀

民事　準備書狀		案　　　號	年度　　字第　　號	承辦 股別	
		訴訟標的 金額或價額	新台幣　萬　千　百　十　元　角		
稱　　　　謂	姓　名　或　名　稱 身分證統一編號或 營利事業統一編號	住居所或營業所、郵遞區號 及電話號碼電子郵件位址		送達代收人姓 名、住址、郵遞 區號及電話號碼	
原　　　告 被　　　告	朱天心 張甘弟				

為就○○年度○字第○○號給付票款事件，依法提出準備書狀事：

　　原告於○月○日起訴請求被告張甘弟給付票款乙案，已將事實及理由並請求標的逐一地在起訴狀中陳述，茲奉　鈞院轉列被告答辯狀繕本乙紙，於開言詞辯論前，依法提出準備書狀，將被告答辯狀中所列各節，逐一駁斥如下：

一、被告在答辯狀中略謂：系爭支票指名受款人為「○○股份有限公司」，且於交付時在支票背面記載「禁止背書轉讓」字樣，原告於禁止轉讓後，由背書取得，被告自不負票據責任。

二、惟查發票人禁止背書轉讓記載，雖得於票面或背面為之，但於背面記載者，應緊接簽蓋發票印章，始生效力（參照財政部48台財錢字第4710號令、54台財發字第3814號函），此就票據法第30條第2項「記名匯票發票人有禁止轉讓之記

載者，不得轉讓」及第3項「背書人於匯票上記載禁止轉讓者，仍得依背書而轉讓之。但禁止轉讓者，對於禁止後再由背書取得匯票之人，不負責任」各規定觀之，如未經簽名或蓋章者，當不知其係何人爲禁止轉讓之記載，與票據爲文義證券之意義不符。至於最高法院64年台上字第1593號判決所謂「票據禁止轉讓之記載，並無一定之記載方式，只須使人明瞭其意思已足」云云，並未排除必須簽蓋印章始生效力之規定。查本件被告雖曾於支票背面載明「禁止背書轉讓」，然未於是項記載緊接處簽蓋印章，自不生禁止背書轉讓之效力，被告即不能免除票據責任，從而原告依票據關係請求被告給付票款及法定利息自屬正當。爲此依法提出書面意旨，狀請

　　鈞院鑒核，迅令被告依原告起訴書中所有請求，全部給付，庶符法紀，而保權利。

　　　　　　謹狀
台灣○○地方法院○○簡易庭　公鑒

證　物　名　稱 及　　件　　數	

中　　　　華　　　　民　　　　國　　　　　年　　　　　月　　　　　日	
	具狀人　　朱天心　　簽名 蓋章

▶期後背書之效力

〈狀例2-382〉因請求給付票款之上訴狀

民事　上訴　狀		案　　　號	年度　　字第　　號	承辦 股別	
		訴訟標的 金額或價額	新台幣　萬　千　百　十　元　角		
稱　　　　謂	姓　名　或　名　稱 身分證統一編號或 營利事業統一編號	住居所或營業所、郵遞區號 及電話號碼電子郵件位址		送達代收人姓 名、住址、郵遞 區號及電話號碼	
上　訴　人	楊○財				
被上訴人	吳○義				

為不服台灣○○地方法院○○年○月○日所為○○年度○字第○○號第一審民事判決，依法提起上訴事：

上訴之聲明

一、原判決廢棄。

二、被上訴人應給付上訴人新台幣（以下同）20萬元，及自○○年○月○日起至清償日止，按年息百分之6計算之利息。

三、第一、二審之訴訟費用由被上訴人負擔。

四、請依職權宣告假執行。

事實及理由

一、查原審為上訴人敗訴之判決，無非以上訴人取得被上訴人簽發、以○○市第○信用合作社為付款人之○○年○月○日、票面金額20萬元之訟爭支票乙紙，係在到期日之後，依票據法第41條第1項規定，僅有普通債權轉讓之效力；上訴人基於票據關係請求清償票款本利，自屬不應准許，為其論據。

二、惟查票據法第41條規定在同法「背書」乙節內，係就背書責任而言，於支票發票人應依同法第126條規定，照支票文義，擔保支票之支付責任並無影響，此種到期日後之背書僅生債務人得以對抗背書人之事由，轉而對抗被背書人之問題，非謂被背書人因此不得享有票據上權利。原審之法律見解有誤，遽執前詞，而為不利於上訴人之判斷，自難屬允洽。為此狀請

鈞院鑒核，請判決如上訴之聲明。

　　　　　　　謹狀

台灣○○地方法院○○簡易庭　轉呈
台灣○○地方法院合議庭　　公鑒

證　物　名　稱 及　　件　　數	

中	華	民	國	年	月	日

具狀人　　楊○財　　簽名蓋章

▶背書人之責任

〈狀例2-383〉請求背書人給付票款之起訴狀

民事　起訴　狀	案　　　號	年度　　字第　　號	承辦股別	
	訴訟標的金額或價額	新台幣　萬　千　百　十　元　角		
稱　　　謂	姓　名　或　名　稱身分證統一編號或營利事業統一編號	住居所或營業所、郵遞區號及電話號碼電子郵件位址	送達代收人姓名、住址、郵遞區號及電話號碼	
原　　　告法定代理人被　　　告法定代理人	中央信託局○○○○○○工業股份有限公司○○○	設○○市○○路○○號住同右設○○市○○路○○號住同右		

爲請求給付票款，依法起訴事：

　　訴之聲明

一、被告應給付原告如附表「請求金額」欄所示之金額及如附表所示「利息起算日」起至清償之日止，按年息百分之6計算之利息。

二、訴訟費用由被告負擔。

三、本件請依職權宣告假執行。

　　事實及理由

　　原告執有案外人○○化學纖維工業股份有限公司（以下簡稱○○公司）簽發、由被告背書如附表所示之支票十一紙（證物一）。上開支票如附表所載發票日經提示後，均未獲付款，原告自得依法向背書人行使追索權，請求被告給付如附表「請求金額」欄所示之票款金額及利息。

　　綜上所述，懇請

　　鈞院鑒核，賜判決如訴之聲明，無任感禱。

　　　　　謹狀

台灣○○地方法院○○簡易庭　公鑒

證　物　名　稱及　　件　　數	證物一：支票及退票理由單影本各十一紙（參見附表）。

中　　華　　民　　國　　　　　年　　　　月　　　　日
具狀人　中央信託局法定代理人○○○　簽名蓋章

附 表

編號	發票日（年月日）	票載金額（新台幣）	請 求 金 額			
			票面金額（新台幣）	利 息		
				起算日	止息日	利 率
1	83.1.15	114,909.00	114,909.00	83.1.15	清償日	
2	83.2.15	113,703.00	113,703.00	83.2.15	清償日	
3	83.3.15	111,288.00	111,288.00	83.3.15	清償日	
4	83.4.15	111,292.00	111,292.00	83.4.15	清償日	
5	83.5.15	109,761.00	109,761.00	83.5.15	清償日	
6	83.6.15	108,881.00	108,881.00	83.6.15	清償日	年息百分之6
7	83.7.15	107,428.00	107,428.00	83.7.15	清償日	
8	83.8.15	106,470.00	106,470.00	83.8.15	清償日	
9	83.9.15	105,264.00	105,264.00	83.9.15	清償日	
10	83.10.15	103,928.00	103,928.00	83.10.15	清償日	
11	83.11.15	102,853.00	102,853.00	83.11.15	清償日	

▶發票行為

〈狀例2-384〉因發票行為未完成拒絕清償票款之答辯狀

民事 答辯 狀		案　　號	年度　　字第　　號	承辦股別	
		訴訟標的金額或價額	新台幣　　萬　千　百　十　元　角		
稱　　　謂	姓　名　或　名　稱身分證統一編號或營利事業統一編號	住居所或營業所、郵遞區號及電話號碼電子郵件位址		送達代收人姓名、住址、郵遞區號及電話號碼	
答　辯　人即　被　告原　　告	林春生洪有財				

為就○○年○字第○○號給付票款事件，提出答辯事：

　　答辯之**聲明**

一、原告之訴駁回。

二、如為不利於被告之判決，被告願供擔保，請准宣告免為假執行。

三、訴訟費用由原告負擔。

　　　　答辯之理由

　　　原告起訴略謂：伊執有被告所簽發○○企業銀行○○年○月○日金額新台幣10萬之支票乙紙，經○○年○月○日提示付款竟遭退票，求為命被告給付如其聲明之判決。惟查支票係文義證券，發票人之發票行為有效與否，應依客觀事實決定其標準，票據法第125條第1項雖未規定發票人在支票上簽名或蓋章之位置，但必須在支票上應行記載事項以外之其他適當處所為之，始得視為發票行為。系爭支票，被告僅在支票記載之金額上加蓋印章，依社會一般觀念，係用以防止塗改，並非發票行為，原告執未為發票行為之無效票據，據以主張票據權利而請求給付票款，顯屬不當。為此狀請

　　　鈞院鑒核，賜判決如訴之聲明，以保權益。

　　　　　　謹狀

台灣○○地方法院○○簡易庭　公鑒

證　物　名　稱 及　　件　　數							
中　　　華　　　民　　　國　　　　年　　　　月　　　　日							

　　　　　　　　　具狀人　　林春生　　簽名
蓋章

第三節　　海商法相關書狀

▶貨載毀損滅失損害賠償之請求

〈狀例2-385〉請求貨載滅失賠償之起訴狀

民事　起訴　狀		案　　　號	年度　　字第　　號	承辦 股別	
		訴訟標的 金額或價額	新台幣　萬　千　百　十　元　角		
稱　　謂	姓　名　或　名　稱 身分證統一編號或 營利事業統一編號	住居所或營業所、郵遞區號 及電話號碼電子郵件位址		送達代收人姓 名、住址、郵遞 區號及電話號碼	

原　　告	○○產物保險股份有限公司	設○○市○○路○○號	
法定代理人	廖　一	住同右	
被　　告	○○航運股份有限公司	設○○市○○路○○號	
	張　五	住同右	
	（即三甲報關行）		

為請求損害賠償，依法起訴事：

訴之聲明

一、被告應連帶給付原告新台幣（以下同）2,005,000元及自訴狀繕本送達翌日起迄清償日止，按年息百分之5計算之利息。

二、訴訟費用由被告等連帶負擔。

三、本件原告願供擔保，請宣告准予假執行。

事實及理由

一、緣原告承保訴外人三一貿易行，由西德及美國進口混合火漆等貨物一批（證物一），委由被告○○航運股份有限公司（以下簡稱○○公司）所屬貨輪運至基隆港交貨。詎該貨輪於○○年○月間駛抵高雄港後，未再續航，而將系爭貨物改由陸上運至基隆港卸存於被告張五所經營之倉庫，以待受貨人報關。然張五經營失慎，於○○年○月○日倉庫失火，致系爭貨物，全部焚燬。

二、查系爭貨物之運送，係屬貨櫃運送；貨櫃運抵目的地時，固須在貨櫃集散站等待驗關交貨，但在此交貨期間，貨櫃交由貨櫃集散站營業人保管，並非單純海上運送契約本身之履行問題，故因此引起之毀損滅失並無海商法第56條第2項短期消滅時效之適用。且被告○○公司先則違約，不依海運而由陸上從高雄運至基隆，繼則未經訴外人三一貿易行之同意，任意卸存於被告張五所經營之倉庫，依民法第538條第1項之法理，被告○○公司自應就被告張五之行為與自己之行為負同一責任。

　　綜上所述，被告應連帶負賠償責任，原告已依保險契約賠付貨主三一貿易行2,005,000元（證物二），爰基於保險法第53條之代位求償權，請求被告連帶賠償。

為此狀請

　　鈞院鑒核，賜判決如訴之聲明，又願供擔保，以代釋明，請准予宣告假執行。

　　　　謹狀

台灣○○地方法院民事庭　公鑒

| 證　物　名　稱 | 證物一：保險契約書影本一份。 |
| 及　　件　　數 | 證物二：收據正本一份。 |

| 中 | 華 | 民 | 國 | | 年 | 月 | 日 |

○○產物保險股份有限公司

具狀人　　法定代理人　　　　　　簽名
　　　　　廖　一　　　　　　　　蓋章

〈狀例2-386〉公證公司之卸貨報告亦得作爲貨物毀損滅失之「書面通知」之上訴狀

民事　上訴　狀		案　　　　號	年度　　字第　　號	承辦股別
		訴訟標的金額或價額	新台幣　萬　千　百　十　元　角	
稱　　　　謂	姓　名　或　名　稱身分證統一編號或營利事業統一編號	住居所或營業所、郵遞區號及電話號碼電子郵件位址		送達代收人姓名、住址、郵遞區號及電話號碼
上　訴　人即　原　告	○○產物保險股份有限公司	設○○市○○路○○號		
法定代理人	李　甲	住同右		
被上訴人即　被　告	○○航業股份有限公司	設○○市○○路○○號		
法定代理人	張　五	住同右		

爲不服台灣○○地方法院○○年○月○日所爲○○年度○字第○○號第一審民事判決，依法提起上訴事：

　　上訴之聲明

一、原判決廢棄。

二、被上訴人應給付上訴人新台幣（以下同）39萬及自○○年○月○日起迄清償日止，按年息百分之5計算之利息。

三、第一、二審之訴訟費用由被上訴人負擔。

　　上訴之理由

　　上訴人起訴主張承保案外人○○產業股份有限公司自泰國進口玉米，分別由被上訴人所屬之青山輪及綠山輪承運。詎卸貨時有包裝破損漏失及海濕污損短缺等情形，經上訴人理賠39萬元，基於代位權，請求被上訴人賠償。

　　原審爲不利於上訴人之判決，係以系爭玉米已經受貨人提領，而未將貨物毀損滅失情形，以書面通知運送人，依海商法第56條第1項第1款規定，被上訴人自不負賠償責任。但查海商法第56條第1項第1款所謂貨物毀損滅失之「書面通知」，並無規定之一定格式，當不可拘泥於文書之形式名稱，而忽視其實質意義。在碼頭卸貨作業時間性及空間性之限制下，一般公證公司作成之卸貨報告，倘足證明貨物有毀損滅失之情事者，則此公證公司卸貨報告，如經運送人或其使用人、受僱人簽署證明，即難謂受貨人尚未就貨物之毀損或滅失以書面通知運送人。本件公證人之卸貨報告，既經運送人之大副簽證，即屬已「書面通知」。原審未注意及此，遽爲上訴人不利之判決，爲此不服，提起上訴，狀請

　　鈞院鑒核，判決如上訴之聲明。

　　　　謹狀

台灣○○地方法院民事簡易庭　　轉呈
台灣○○地方法院民事庭　　　　公鑒

證　物　名　稱 及　　件　　數	證物一：保險契約書影本一份。 證物二：收據正本一份。

中　　華　　民　　國　　　　年　　　　月　　　　日

具狀人　　○○產物保險股份有限公司
　　　　　法定代理人　　　　　　　　簽名
　　　　　李　甲　　　　　　　　　　蓋章

〈狀例2-387〉運送黃豆濕腐損害賠償請求之起訴狀

民事　起訴　狀		案　　　號	年度　　字第　　號	承辦 股別	
		訴訟標的 金額或價額	新台幣　萬　千　百　十　元　角		
稱　　謂	姓　名　或　名　稱 身分證統一編號或 營利事業統一編號	住居所或營業所、郵遞區號 及電話號碼電子郵件位址		送達代收人姓 名、住址、郵遞 區號及電話號碼	

原　　　告	○○產物保險股份有限公司	設○○市○○路○○號	
法定代理人	李　甲	住同右	
被　　　告	○○輪船股份有限公司	設○○市○○路○○號	
法定代理人	張　五	住同右	

為請求損害賠償，依法起訴事：

訴之聲明

一、被告應給付原告新台幣（以下同）372,700元及自起訴狀繕本送達翌日起按年息百分之五計算之利息。

二、訴訟費用由被告負擔。

三、請依職權宣告假執行。

事實及理由

一、緣原告承保台灣物資局於○○年○月○日自美國進口黃豆共計5,383.274公噸，委由被告以中山輪承運來台，在高雄卸載結果，發現水濕臭豆14.706公噸，按六成計算，損失為8.824公噸，業已依保險契約賠付被保險人372,700元。

二、查被告所屬中山輪運送的黃豆已濕腐，係因海水自損害艙蓋滲入貨艙而造成，此有歐亞公證股份有限公司函（證物一）可證，該中山輪之貨艙既有損壞，運送人於發航前即應檢查修復，運送人疏於注意，且對防水措施亦不予設置，任令海水滲入造成損害，依海商法第62條第1項第3款及第63條之規定，被告自應負其損害賠償責任。

綜上所述，被告應負損害賠償責任，爰依保險法第53條第1項前段代位請求。

為此狀請

鈞院鑒核，判決如訴之聲明。

謹狀

台灣○○地方法院民事簡易庭　公鑒

證物名稱及件數	證物一：歐亞公證股份有限公司函影本一份。

中　　華　　民　　國　　　　年　　　月　　　日

<table>
<tr><td></td><td>具狀人</td><td>○○產物保險股份有限公司
法定代理人
李　甲</td><td>簽名
蓋章</td></tr>
</table>

〈狀例2-388〉穀類毀損係屬自然耗損拒絕賠償之答辯狀

民事 答辯 狀	案　　　號	年度　　字第　　號	承辦股別	
	訴訟標的的金額或價額	新台幣　萬　千　百　十　元　角		
稱　　　謂	姓　名　或　名　稱身分證統一編號或營利事業統一編號	住居所或營業所、郵遞區號及電話號碼電子郵件位址	送達代收人姓名、住址、郵遞區號及電話號碼	
答　辯　人即　被　告	○○輪船股份有限公司	設○○市○○路○○號		
法定代理人	張　　五	住同右		
原　　　告	○○產物保險股份有限公司	設○○市○○路○○號		
法定代理人	李　　甲	住同右		

為○○年度○字第○○號請求損害賠償事件提出答辯事：

訴之聲明

一、原告之訴及假執行聲請駁回。

二、如為不利於被告之判決，被告願供擔保，請准宣告免為假執行。

三、訴訟費用由原告負擔。

答辯之理由

一、原告起訴略謂：伊承保台灣區麵粉工業工會（以下稱麵粉公會）統籌代理其會員自美國進口小麥27,362.776公噸，其中14.5%紅麥；4,392.992公噸，12%紅麥；13,125公噸，白麥9,844.784公噸，委由被告所屬中山輪承運，分別依卸貨港高雄、基隆之不同，簽發「載貨證券」，所示運送數量與原告承保數量一致。運抵基隆港後，按載貨證券數量卸清，然後轉高雄港卸載，發現短少202.675公噸，其中14.5%紅麥；8.135公噸，12%紅麥；78.600公噸，白麥115.940公噸，經其理賠新台幣121萬元，取得代位權。

二、查本件保險契約其要保人皆為麵粉公會，保險單亦載明要保人即為被保險人（證物一），載貨證券與保險單係統一計算，而原告代位權之收據（證物二），亦由被保險人麵粉公會出具，其受領額自應一併計算。

三、次查本件海上運送，係屬散裝穀類之運輸，由於裝卸作業時並無包皮，其所含雜物、碎末之散逸、顆粒之落失及過磅差等自然耗損，致生短少，依經驗法則，為事所難免。本件實際短少額依公證報告扣除高、基二港棧埠之倉溢額（證物三），共計66.8公噸，其短少率僅為0.496%，不足1%，則被告對此等

自然耗損及磅差所生短少，自不負賠償責任。

據上所述，被告對麵粉公會既不必負賠償責任，則原告據以代位請求即屬無理由，為此狀請

鈞院鑒核，賜判決如被告答辯之聲明，以維法紀。

謹狀

台灣○○地方法院民事庭　公鑒

證　物　名　稱及　　件　　數	證物一：保險契約書及保險單影本各一份。 證物二：收據影本一份。 證物三：東西公證股份有限公司公證報告影本一份。

中	華	民	國	年	月	日

	具狀人	○○輪船股份有限公司 法定代理人 張　五	簽名 蓋章

▶裝載於甲板上貨物毀損滅失之損害賠償

〈狀例2-389〉經託運人同意而裝於甲板上之貨物毀損拒絕賠償之答辯狀

民事　答辯　狀		案　　　　號	年度　　字第　　號	承辦股別	
		訴訟標的 金額或價額	新台幣　萬　千　百　十　元　角		
稱　　　　謂	姓　名　或　名　稱 身分證統一編號或 營利事業統一編號	住居所或營業所、郵遞區號 及電話號碼電子郵件位址		送達代收人姓 名、住址、郵遞 區號及電話號碼	
答　辯　人 即　被　告	中山輪船股份有限公司	設○○市○○路○○號			
法定代理人	林　義	住同右			
原　　　告	○○產物保險股份有限 公司	設○○市○○路○○號			
法定代理人	李　聰	住同右			

為就○○年度○字第○○號請求損害賠償事件，依法提出答辯事：

　　訴之聲明

一、原告之訴及假執行之聲請駁回。

二、如為不利於被告之判決，被告願供擔保，請准宣告免為假執行。

三、訴訟費用由原告負擔。

　　答辯之理由

　　原告起訴略謂：被告所屬之中二輪及中三輪，先後承運伊承保之三興鋸木廠股份有限公司（以下簡稱三興公司）自印尼進口之原木，分別運抵台中港及高雄港時，竟短少45根及18根，伊已賠三興公司新台幣（以下同）11萬元，故依保險法第53條代位求償。然查海商法第60條第1項準用民法第627條所稱之載貨證券持有人，係指第三載貨證券持有人而言。如載貨證券持有人與傭船人係同一人時，則其與運送人間關於運送事項，仍應以原運送契約（即傭船契約）所約定者為準。本件原告所代位之三興公司係傭船人載貨證券持有人，其與被告所訂傭船契約，經約定載貨數量包括甲板貨品在內，如需要將任何部分之貨品裝於甲板上時，因此而發生任何事故，船方不負任何責任（證物一）。中二輪部分有原木1,745根，中三輪部分有原木836根，裝載於甲板上，該項裝載方法，曾獲三興公司及印尼託運人之同意（證物二）。系爭原木自印尼裝載後直航台中及高雄，中途並未在其他港埠停留裝卸，艙內之原木，並無滾落海中之可能，其減少者係裝載於甲板上之原木，則依海商法第73條但書規定，被告自不負損害賠償責任，被代位人三興公司對被告既無損害賠償權利，則原告之代位亦無所附麗。為此狀請

　　鈞院鑒核，賜判決如訴之聲明，以維法紀。

　　　　　　謹狀

台灣○○地方法院民事簡易庭　公鑒

證　物　名　稱 及　　　件　　　數	證物一：傭船契約書影本一份。
	證物二：同意書一份。

中	華	民	國	年	月	日

　　　　　　　　　　中山輪船股份有限公司

　　　　具狀人　　　法定代理人　　　　　　　簽名

　　　　　　　　　　林　義　　　　　　　　　蓋章

第四節　　保險法相關書狀

▶保險人之代位權

〈狀例2-390〉第三人不負賠償責任代位權不成立拒絕賠償之答辯狀

民事　答辯　狀		案　　號	年度　　字第　　號	承辦股別	
		訴訟標的金額或價額	新台幣　萬　千　百　十　元　角		
稱　　　謂	姓　名　或　名　稱身分證統一編號或營利事業統一編號	住居所或營業所、郵遞區號及電話號碼電子郵件位址		送達代收人姓名、住址、郵遞區號及電話號碼	
答　辯　人即　被　告	○○航業股份有限公司	設○○市○○路○○號			
法定代理人	張　五	住同右			
原　　　告	○○產物保險股份有限公司	設○○市○○路○○號			
法定代理人	王　甲	住同右			

為就○○年度○字第○○號請求損害賠償事件，提出答辯事：

　　訴之聲明

一、原告之訴駁回。

二、訴訟費用由原告負擔。

三、如為不利於被告之判決，被告願供擔保，請准宣告免為假執行。

　　答辯之理由

一、原告起訴略謂：被告所屬中山輪承運台灣水泥股份有限公司輸往沙烏地阿拉伯之水泥25,000噸，由其承保，民國83年7月10日道格颱風過境，因被告疏於防患，致中山輪與另一台成輪碰撞，第四艙艙蓋脫離，雨水侵入，受濕水泥11,070包，計重553公噸，經其依約賠償台灣水泥股份有限公司新台幣（以下同）794,000元，因依保險法第53條第1項規定，向被告請求賠償。

二、查83年7月10日道格颱風過境，在高雄之最大風速每秒29公尺，瞬間最大風速為每秒53公尺，有中央氣象局高雄氣象測候所天氣證明書可稽（證物一）。似此強風，顯非人力所能抗拒，其因而導致中山輪與台成輪碰撞，致中山輪第四艙艙蓋脫離，雨水侵入，水泥因而受濕，係屬災害所引起之損害，被告自不必負責任。

三、次查保險契約應以保險單或暫保單爲之，保險法第43條定有明文。要保人所爲投保之要約，保險人所爲承保之承諾，縱令口頭上已臻合致，在雙方當事人尚未訂立保險單或暫保單之書面契約前，尚難謂保險契約業已合法成立。本件由台灣水泥股份有限公司於83年7月6日向原告提出運輸險要保書，雖經原告同日收件，並於同年7月12日由其運輸險部門之主管○○○簽名核准，僅屬原告對投保承諾而已，既尚未簽具保險單或暫保單，依上述保險契約尚未有效成立。至於原告提出之保險單，爲83年8月22日所簽具，並在同年7月10日發生事故協調之後，並無雙方不知之情形，依保險法第51條第1項規定，其保險契約應屬無效，原告自始無賠償後遑依保險法第53條第1規定行使代位權之餘地。又中山輪原定83年7月30日開航，嗣因颱風過境，及將受濕水泥更換後，改在同年8月24日開航，足見原告於同年8月22日簽具之保險單，雖與同年7月6日之要保書編號相同，保險之水泥數量相同，但顯係就受濕水泥經掉換後之同年8月24日開航之航次而爲保險，其保險範圍自不包括因同年7月10日事故發生時受損部分在內，事理至明，乃原告遑依該簽具在後之保險單，賠償發生在前之事故損失後，據而代位請求被告賠償，殊非正當。

綜合上述，原告之請求顯無理由，爲此狀請

鈞院鑒核，判決如被告訴之聲明，以維法制。

　　　　　　　謹狀

台灣○○地方法院民事庭　公鑒

證　物　名　稱及　　件　　數	證物一：中央氣象局高雄氣象測候所天氣證明書影本一份。

中	華	民	國		年	月	日

具狀人　　○○航業股份有限公司
　　　　　法定代理人　　　　　　簽名
　　　　　張　五　　　　　　　　蓋章

▶變更保險契約之通知

〈狀例2-391〉請求給付保險金之起訴狀

民事　起訴　狀		案　　　號	年度　　字第　　號	承辦股別	
		訴訟標的金額或價額	新台幣　萬　千　百　十　元　角		
稱　　　謂	姓　名　或　名　稱身分證統一編號或營利事業統一編號	住居所或營業所、郵遞區號及電話號碼電子郵件位址		送達代收人姓名、住址、郵遞區號及電話號碼	
原　　　告	○○漁業股份有限公司	設○○市○○路○○號			
法定代理人	張　五	住同右			
被　　　告	○○產物保險股份有限公司	設○○市○○路○○號			
法定代理人	王　甲	住同右			

爲請求給付保險金事：

訴之聲明

一、被告應給付原告新台幣（以下同）340萬元，並自起訴狀繕本送達翌日起，按年息百分之5計算之利息。

二、訴訟費用由被告負擔。

三、原告願供擔保，請准宣告假執行。

事實及理由

一、緣原告於○○年○月○日以成功財號漁船，向被告投保海上保險，期間一年，保險金額340萬元。成功財號漁船出海作業，原告曾於○○年○月下旬，將出港報告單影本送交被告備查，該報告單已記明目的作業區（漁區）爲飛枝島（證物一），是已將變更保險契約之內容（即變更漁區）之事通知被告，被告未於接到該通知十日內爲拒絕之表示，依保險法第56條之規定視爲被告承諾。茲成功財號漁船於○○年○月○日在飛枝島附近失事，經通知被告，竟以原告送交之出港報告單不能作爲申請變更漁區之事件，難視爲默示承諾，拒絕理賠。

二、查保險法第56條前段規定，變更保險契約時，保險人於接到通知後十日內不爲拒絕者，視爲承諾。此項通知，法律並未定其格式及名稱，故凡送交文書之內容合乎法律意旨者，均應認其係此所定之通知。本件原告於○○年○月○日將成功財號漁船出港報告單影本送交被告，該報告載明目的作業區爲飛枝島，自不能謂原告未爲變更保險契約內「漁區」之通知，乃被告於接到通知後，並未

　　　　於十日內為拒絕之表示，依上開說明，即應視為被告已經承諾。何況被告於接
　　　獲原告失事報告後，即行申請倫敦再保同業派出拖船營救，而一無保留，何得
　　　謂無保險法第56條之適用？
三、再查契約書雖載「變更保險契約，應以書面通知批改」，依保險法第54條、第
　　　56條規定，應屬無效。
　　　綜上所述，被告應負保險責任，為此狀請
　　　鈞院鑒核，賜判決如訴之聲明，以維法制。
　　　　　　　　　謹狀
台灣○○地方法院民事庭　公鑒

證　物　名　稱及　　件　　數	證物一：出港報告書影本一份。

中	華	民	國	年	月	日

　　　　　　　　　　　　　　○○漁業股份有限公司
　　　　　　　　具狀人　　　法定代理人　　　　　　簽名
　　　　　　　　　　　　　　張　　五　　　　　　　蓋章

▶保險契約之簽訂與保險金之請求

〈狀例2-392〉保險單簽訂已交付保險費保險事故發生時請求給付保險金之起訴狀

民事　起訴　狀		案　　　號	年度　　字第　　號	承辦股別	
		訴訟標的金額或價額	新台幣　萬　千　百　十　元　角		
稱　　　謂	姓　名　或　名　稱身分證統一編號或營利事業統一編號	住居所或營業所、郵遞區號及電話號碼電子郵件位址		送達代收人姓名、住址、郵遞區號及電話號碼	
原　　　告	張　英	設○○市○○路○○號			
被　　　告	○○人壽保險股份有限公司	住○○市○○路○○號			
法定代理人	蔡三元	住同右			

為請求給付保險金，依法提起訴訟事：

訴之聲明

一、被告應給付原告新台幣（以下同）60萬元。

二、訴訟費用由被告負擔。

三、原告願供擔保，請准宣告假執行。

事實及理由

一、緣原告之夫沈二白於民國○○年○月○日向被告公司申請訂立○○增值分紅養老保險契約，以原告為受益人，並同時交付保險費新台幣（下同）○○元（證物一）。沈二白在交付保費次日下午○○時○○分因車禍死亡，原告以承保危險事故發生，依約向被告請求給付保險金60萬元，詎被告均以未簽訂保險單，保險契約尚未成立，故不負保險責任抗辯，拒絕給付。

二、查保險契約非屬要物契約，於雙方意思表示一致即屬成立，不以保險單或暫保單之簽發為保險契約之成立要件。若保險人向要保人先行收取保險費，而延後簽訂保險契約，則在未簽訂保險契約前，發生保險事故，保險人竟可不負保險責任，未免有失公平，故保險法施行細則第4條第3項規定：「人壽保險人於同意承保前，得預收相當於第一期保險費之金額。保險人應負之保險責任，以保險人同意承保時，溯自預收相當於第一期保險費金額時開始。」足見此種人壽保險契約，係於預收相當於第一期金額時，附以保險人「同意承保」之停止條件，使其溯及地成立生效。依通常情形，被告應「同意承保」，只因見被保險人沈二白已死亡，即變為「不同意承保」，希圖免其保險責任，是乃以不正當行為阻其條件之成就，依民法第101條第1項規定，視為條件已成就，此際被告自應負其保險責任。為此狀請

鈞院鑒核，判決如訴之聲明，又原告願供擔保以代釋明，請准宣告假執行。

　　　　謹狀

台灣○○地方法院民事庭　公鑒

證　物　名　稱 及　　件　　數	證物一：收據影本一份。

中	華	民	國		年		月		日

　　　　　具狀人　張　英　　　　　　簽名蓋章

〈狀例2-393〉貨車爲人駕走請求給付保險金之起訴狀

民事　起訴　狀	案　　號	年度　　字第　　號	承辦股別	
	訴訟標的金額或價額	新台幣　萬　千　百　十　元　角		

稱　　謂	姓　名　或　名　稱身分證統一編號或營利事業統一編號	住居所或營業所、郵遞區號及電話號碼電子郵件位址	送達代收人姓名、住址、郵遞區號及電話號碼
原　　告	張　武	設○○市○○路○○號	
被　　告	○○產物保險股份有限公司	住○○市○○路○○號	
法定代理人	王　甲	住同右	

爲請求給付保險金事：

　　　　訴之聲明

一、被告應給付原告新台幣（以下同）32萬元，並自起訴狀繕本送達翌日起迄清償日止，按年息百分之5計算之利息。

二、訴訟費用由被告負擔。

三、原告願供擔保，請准宣告假執行。

　　　　事實及理由

　　緣原告與被告於民國○○年○月○日訂立汽車保險契約（證物一），被告承保原告所有BC-1444號自用小貨車乙輛，綜合損失保險之保險金32萬元，保險期間自○○年○月○日起至○○年○月○日止，爲期○年，已繳付全年保險費。詎於○○年○月下旬有自稱爲廖正雄者，持用假證件前來應徵，旋於同年○月○日將上開小貨車駕走，迄今人車未返，依兩造所訂汽車保險基本條款第1條第1項訂明，被保險汽車因偷竊或出於非善意行爲所致之毀損或滅失，保險人亦應負責任。茲被保險人投保之汽車既已喪失，保險人自應負賠償責任。爲此狀請

　　鈞院鑒核，判決如訴之聲明，以便受償，實爲德便。

　　　　　　謹狀

台灣○○地方法院民事簡易庭　公鑒

證　物　名　稱及　　件　　數	證物一：汽車保險契約影本一份。

中　　華　　民　　國　　　　年　　　　月　　　　日
具狀人　　張　武　　　　　　簽名蓋章

第三篇　刑事書狀

第一章　刑事訴訟法相關書狀

▶合併、移轉及指定管轄之聲請

◇數同級法院管轄之案件相牽連者，得合併由其中一法院管轄。

前項情形，如各案件已繫屬於數法院者，經各該法院之同意，得以裁定將其案件移送於一法院合併審判之。有不同意者，由共同之直接上級法院裁定之。

不同級法院管轄之案件相牽連者，得合併由其上級法院管轄。已繫屬於下級法院者，其上級法院得以裁定命其移送上級法院合併審判。但第7條第3款之情形，不在此限。（刑訴6）

◇有下列情形之一者，為相牽連之案件：

一　一人犯數罪者。

二　數人共犯一罪或數罪者。

三　數人同時在同一處所各別犯罪者。

四　犯與本罪有關係之藏匿人犯、湮滅證據、偽證、贓物各罪者。（刑訴7）

◇有下列情形之一者，由直接上級法院以裁定指定該案件之管轄法院：

一　數法院於管轄權有爭議者。

二　有管轄權之法院經確定裁判為無管轄權，而無他法院管轄該案件者。

三　因管轄區域境界不明，致不能辨別有管轄權之法院者。

案件不能依前項及第5條之規定，定其管轄法院者，由最高法院以裁定指定管轄法院。（刑訴9）

◇有下列情形之一者，由直接上級法院，以裁定將案件移轉於其管轄區域內與原法院同級之他法院：

一　有管轄權之法院因法律或事實不能行使審判權者。

二　因特別情形由有管轄權之法院審判，恐影響公安或難期公平者。

直接上級法院不能行使審判權時，前項裁定由再上級法院為之。（刑訴10）

◎撰狀說明

㈠在刑事訴訟程序中，其管轄權審級以三級三審制為原則，以三級二審制為例外。地方法院受理第一審案件，不服地方法院第一審裁判者，得上訴第二審之高等法院。不服高等法院之第二審裁判者，得上訴於第三審之最高法院。最高法院為終審法院，不得再行上訴。但依刑事訴訟法第4條規定，內亂罪、外患罪和妨害國交罪這三種罪是三級二審制，第一審管轄權屬於高等法院，如不服高等法院第一審判決，只能上訴最高法院。

㈡至於定管轄之法院通常採「土地管轄」定之，即以案件之犯罪地（行為地或結果發生地均屬之）或被告之住所、居所或所在地之法院為管轄法院。至於所謂「被告所在地」，指被告起訴當時所在之地。其他牽連管轄、競合管轄、指定管轄、移轉管轄（見刑事訴訟法第6、7、9、10等條）等，皆為土地管轄之變例，情形並不多見。

〈狀例3-1〉合併偵查聲請狀

刑事 聲請 狀		案　號	年度　字第　號	承辦股別	
稱　　　謂	姓　名　或　名　稱身分證統一編號或營利事業統一編號	住居所或營業所、郵遞區號及電話號碼電子郵件位址		送達代收人姓名、住址、郵遞區號及電話號碼	
聲　請　人	張　甲				

為就牽連案件，依法聲請指定管轄合併偵查事：

　　緣聲請人住所設於花蓮市，因犯傷害罪嫌疑，由李乙向該管地檢署檢察官提出告訴在案；聲請人現在台北市求學，目前又被王丙向台灣台北地方檢察署告訴犯竊盜罪嫌，而台灣桃園地方檢察署又因犯妨害自由罪嫌，票傳聲請人前往應訊，三地檢察署先後發出傳票，實施偵查。惟因聲請人在台北求學，分身乏術，無法一一到庭應訊，為此依據刑事訴訟法第6條、第7條、第11條，狀請

　　鈞署鑒核，迅依刑事訴訟法第15條規定，以命令指定台灣台北地方檢察署將上述三案合併偵查，俾便應訊。

　　　　　　謹狀

台灣高等檢察署檢察長　公鑒

證　物　名　稱及　　件　　數	

中　　　華　　　民　　　國　　　年　　　月　　　日
具狀人　張　甲　　　　　簽名蓋章

〈狀例3-2〉 **聲請指定管轄狀**㈠

刑事　聲請　狀	案　　號	年度　　字第　　號	承辦股別	
稱　　　　　謂	姓　名　或　名　稱身分證統一編號或營利事業統一編號	住居所或營業所、郵遞區號及電話號碼電子郵件位址	送達代收人姓名、住址、郵遞區號及電話號碼	
聲　請　人	章甲			

即自訴人為因管轄區域境界不明，依法聲請指定管轄事：

　　聲請人於○月○日，在台北市與新北市板橋區交界處一帶，與被告陳乙相遇，因與之素有積怨，先起口角，竟又動武，致被陳乙毆打成傷。因陳乙孔武有力，聲請人為逃避其追逐毆打，奔走於台北市、新北市板橋區交界一帶。嗣後即向台灣台北地方法院提起自訴，不意於日前忽遭該院判決管轄錯誤，謂犯罪地點，應屬台灣新北地方法院管轄（證物一）。聲請人乃再向台灣新北地方法院聲請管轄，昨日又遭判決管轄錯誤，亦謂犯罪地點，應屬台北地方法院管轄（證物二）。兩院間如此相互推諉，致聲請人無所適從，難以進行訴訟，維護權益。為此依據刑事訴訟法第9條第1項第3款、第11條規定，狀請

　　鈞院鑒核，迅予指定管轄，俾便起訴。

　　　　謹狀

台灣高等法院　公鑒

證　物　名　稱及　　件　　數	證物一：台灣台北地方法院刑事判決影本一份。證物二：台灣新北地方法院刑事判決影本一份。

中　　　華　　　民　　　國　　　　年　　　　月　　　　日
具狀人　　章　甲　　　　　　簽名蓋章

〈狀例3-2-1〉 **聲請指定管轄狀**㈡

刑事　聲請　狀	案　　號	年度　　字第　　號	承辦股別	
稱　　　　　謂	姓　名　或　名　稱身分證統一編號或營利事業統一編號	住居所或營業所、郵遞區號及電話號碼電子郵件位址	送達代收人姓名、住址、郵遞區號及電話號碼	

聲　請　人 即自訴人	李　甲		

為因有管轄權法院經確定裁判為無管轄權，依法聲請指定管轄事：

　　查聲請人於○○年○月○日向台灣台北地方法院提起自訴，控告被告葉乙誣告案件，經台灣台北地方法院依刑事訴訟法第335條以管轄錯誤判決確定（證物一）。按被告葉乙之住所確在台北市，有卷附台北市大安區戶政資料影本為據（證物二）；實無其他地方法院有管轄權，原台灣台北地方法院之判決實有錯誤。爰依刑事訴訟法第9條第1項第2款、第11條之規定，狀請

　　鈞院鑒核，迅予指定管轄法院，俾便重新起訴。

　　　　　　　謹狀

台灣高等法院刑事庭　公鑒

證　物　名　稱 及　　件　　數	證物一：刑事判決書影本一份。 證物二：戶籍謄本一份。

中	華	民	國	年	月	日

　　　　　　具狀人　　李　甲　　　　　　簽名
　　　　　　　　　　　　　　　　　　蓋章

〈狀例3-3〉聲請移轉管轄狀㈠（因法院事實上不能行使審判權）

刑事　聲　請　狀	案　　　號	年度　　字第　　號	承辦 股別	
稱　　　　　謂	姓　名　或　名　稱 身分證統一編號或 營利事業統一編號	住居所或營業所、郵遞區號 及電話號碼電子郵件位址	送達代收人姓 名、住址、郵遞 區號及電話號碼	
聲　請　人 即上訴人	陳　甲			

為因有管轄權之法院，事實上不能行使審判權，依法聲請移轉管轄事：

　　緣聲請人於○○年○月○日因不服○○地方法院○○年度○字第○○號刑事判決，依法向○○高等法院○○分院提起上訴。受理本件上訴之○○高等法院○○分院，僅有法官兼院長一人及法官五人共六人。其中一法官乃上訴人之伯父，依法應自行迴避。一法官住院開刀，二女法官在產假期間，尚餘二名法官不足組成三人之

合議庭。而聲請人在私人公司上班，惟恐訴訟久延，影響工作績效，致被解僱。為此依據刑事訴訟法第10條第1項第1款及第11條之規定，狀請

　　　鈞院鑒核，迅予裁定，將本案移轉同級之他法院審判，以維公義，並符法制。
　　　　　　謹狀
最高法院刑事庭　公鑒

證 物 名 稱 及 件 數	

中	華	民	國	年	月	日
		具狀人　　陳　甲			簽名 蓋章	

〈**狀例3-3-1**〉**聲請移轉管轄狀**㈡（**因恐影響公安者**）

刑事　聲請　狀		案　　號	年度　字第　　號	承辦 股別	
稱　　　　謂	姓　名　或　名　稱 身分證統一編號或 營利事業統一編號	住居所或營業所、郵遞區號 及電話號碼電子郵件位址		送達代收人姓 名、住址、郵遞 區號及電話號碼	
聲　請　人 即 自 訴 人	曾　甲				

為因恐影響公安，依法聲請移轉管轄事：

　　　緣聲請人於民國○○年○月因與被告章乙共同競選新北市議員，嗣章乙因有賄選之嫌經人檢舉，章乙懷疑係聲請人使人密告，乃於該月○日○時，糾集流氓數人搗毀聲請人之辦事處桌椅器物等多件，並將聲請人打傷。案經聲請人依法提起毀損、傷害之自訴，惟台灣新北地方法院院址恰為被告章乙之住所隔鄰，其勢力龐大。昨日第一次開庭時，院外廣場曾集合群眾數人，皆揚言欲對聲請人等不利。為此，若台灣新北地方法院繼續進行審理，恐發生一場大規模械鬥事件，影響社會治安至鉅。為此依刑事訴訟法第10條第1項第2款、第11條之規定，狀請

　　　鈞院鑒核，迅予指定移轉管轄法院，俾利訴訟進行。
　　　　　　謹狀
台灣高等法院刑事庭　公鑒

證　物　名　稱及　　件　　數	
中　　　華　　　民　　　國　　　　年　　　　月　　　　日	

具狀人　　曾　甲　　　　　　　簽名
蓋章

▶法院職員迴避之聲請

◇法官於該管案件有下列情形之一者，應自行迴避，不得執行職務：

一　法官為被害人者。

二　法官現為或曾為被告或被害人之配偶、八親等內之血親、五親等內之姻親或家長、家屬者。

三　法官與被告或被害人訂有婚約者。

四　法官現為或曾為被告或被害人之法定代理人者。

五　法官曾為被告之代理人、辯護人、輔佐人或曾為自訴人、附帶民事訴訟當事人之代理人、輔佐人者。

六　法官曾為告訴人、告發人、證人或鑑定人者。

七　法官曾執行檢察官或司法警察官之職務者。

八　法官曾參與前審之裁判者。（刑訴17）

◇當事人遇有下列情形之一者，得聲請法官迴避：

一　法官有前條情形而不自行迴避者。

二　法官有前條以外情形，足認其執行職務有偏頗之虞者。（刑訴18）

◇聲請法官迴避經裁定駁回者，得提出抗告。（刑訴23）

◎撰狀說明

㈠法院職員之迴避者，指法院之職員，對於特定案件，因特殊之關係，不得執行其職務之謂。所謂「法院職員」，包括法院法官、書記官、通譯、檢察官、檢察事務官及辦理檢察事務之書記官六者而言。迴避之方式有三：即自行迴避、聲請迴避及職權裁定迴避（見刑事訴訟法第17、18、24、25、26條）。

㈡有刑事訴訟法第17條所列舉八款情形之一者，法院職員應主動自行迴避。有刑事訴訟法第18條兩款情形之一者，當事人得聲請該職員迴避。另第24條規定法院院長有權裁定某職員應行迴避。聲請迴避時，對法官、書記官、通譯三者，應向所屬法院提出聲請；但若對檢察官、檢察事務官或辦理檢察事務之書記官聲請迴避

時，應向所屬檢察長或檢察總長為之。聲請檢察長迴避，則向直接上級檢察署檢察長或檢察總長為之。此外對於鑑定人，如有發生迴避原因，當事人得聲請「拒卻」之（見刑事訴訟法第200、201條）。

〈狀例3-4〉聲請法官迴避狀

刑事 聲請 狀		案　號	年度　字第　號	承辦股別	
稱　　　謂	姓　名　或　名　稱身分證統一編號或營利事業統一編號	住居所或營業所、郵遞區號及電話號碼電子郵件位址		送達代收人姓名、住址、郵遞區號及電話號碼	
聲　請　人即自訴人	李　甲				

為就○○年○字第○○號刑事詐欺案件，聲請審判法官迴避事：

　　查聲請人自訴被告林乙詐欺案，由　鈞院受理，並分由法官李丙承審在案。茲查法官李丙係被告林乙之姑丈，依民法親屬編之親等計算，為三親等姻親。依刑事訴訟法第17條第2款之規定，應在迴避之列。李法官本應依法自行迴避而不自請迴避，依然進行審判程序，實違法律規定。為此依據刑事訴訟法第18條第1款規定，狀請

　　鈞院鑒核，依法命令其迴避，並更換其他法官進行審判，以符法紀，而期公平。

　　　　　　謹狀
台灣台北地方法院刑事庭　公鑒

證物名稱及件數	

中　　　華　　　民　　　國　　　　年　　　　月　　　　日	
具狀人　李　甲	簽名蓋章

〈狀例3-5〉聲請檢察官迴避狀

刑事 聲請 狀	案　　　號	年度　　字第　　號	承辦股別	
稱　　　　　謂	姓　名　或　名　稱 身分證統一編號或 營利事業統一編號	住居所或營業所、郵遞區號 及電話號碼電子郵件位址	送達代收人姓 名、住址、郵遞 區號及電話號碼	
聲　請　人 即　被　告	張　甲			

為就○○年○字第○○號刑事殺人未遂案件，聲請承辦檢察官迴避事：

　　查聲請人被李乙告訴殺人未遂乙案，已蒙　鈞署指定檢察官張丙偵查在案。張檢察官係告訴人李乙之岳丈，今既偵查本案，恐有假公濟私，亟欲陷聲請人於不利。按刑事訴訟法第26條第1項明文規定，第17條、第18條於檢察官亦準用之。今張檢察官實為告訴人一親等之直系姻親，情誼非疏，本應依法自行迴避，乃竟不自行迴避而承辦本案，實屬故意違法。為此依據刑事訴訟法第26條準用第17條第2款、第18條第1款規定，具狀聲請

　　鈞長鑒核，將本案另行指定其他檢察官偵查，以符法制，而免偏頗。

　　　　　　謹狀
台灣○○地方檢察署檢察長　公鑒

證　物　名　稱 及　　件　　數	

中　　　　華　　　　民　　　　國　　　　　年　　　　　　月　　　　　　日
具狀人　　張　甲　　　　　　簽名 蓋章

〈狀例3-6〉不服迴避裁定之抗告狀

刑事 抗告 狀	案　　　號	年度　　字第　　號	承辦股別	
稱　　　　　謂	姓　名　或　名　稱 身分證統一編號或 營利事業統一編號	住居所或營業所、郵遞區號 及電話號碼電子郵件位址	送達代收人姓 名、住址、郵遞 區號及電話號碼	
抗　告　人	李　甲			

為就台灣○○地方法院○○年○字第○○號駁回聲請法官迴避之裁定，依法提起抗告事：

　　查抗告人前曾於○○年○月○日聲請法官王乙迴避乙事，業經台灣○○地方法院以○○年○字第○○號裁定予以駁回（證物一）。該號裁定略以聲請人「空言指摘，不足為憑」為由。惟查王法官確為該案被告張丙之親姑丈，有張丙住所所在地之里長證明書為證（證物二）。法院前裁定既未傳訊里長，亦未確實調查，僅以「空言指摘，不足為憑」八字搪塞了事，不顧抗告人利益，用法認事，實有可議。為此依刑事訴訟法第23條規定，狀請

　　鈞院鑒核，依法撤銷該裁定，以符法紀，而期公平。

　　　　　謹狀

台灣○○地方法院　　轉呈
台灣高等法院○○分院　公鑒

證　物　名　稱及　　　件　　　數	證物一：台灣○○地方法院裁定影本一件。 證物二：里長證明書影本一份。

中	華	民	國	年	月	日

　　　　　　　　具狀人　　李　甲　　　　　　　　簽名
蓋章

▶辯護人、輔佐人及代理人選任之聲請

◇被告得隨時選任辯護人。犯罪嫌疑人受司法警察官或司法警察調查者，亦同。
　被告或犯罪嫌疑人之法定代理人、配偶、直系或三親等內旁系血親或家長、家屬，得獨立為被告或犯罪嫌疑人選任辯護人。
　被告或犯罪嫌疑人因身心障礙，致無法為完全之陳述者，應通知前項之人得為被告或犯罪嫌疑人選任辯護人。但不能通知者，不在此限。（刑訴27）

◇辯護人應選任律師充之。但審判中經審判長許可者，亦得選任非律師為辯護人。（刑訴29）

◇選任辯護人，應提出委任書狀。
　前項委任書狀，於起訴前應提出於檢察官或司法警察官；起訴後應於每審級提出於法院。（刑訴30）

◇被告或自訴人之配偶、直系或三親等內旁系血親或家長、家屬或被告之法定代理人於起訴後，得向法院以書狀或於審判期日以言詞陳明為被告或自訴人之輔佐人。

　　輔佐人得爲本法所定之訴訟行爲，並得在法院陳述意見。但不得與被告或自訴人明示之意思相反。

　　被告或犯罪嫌疑人因身心障礙，致無法爲完全之陳述者，應有第1項得爲輔佐人之人或其委任之人或主管機關、相關社福機構指派之社工人員或其他專業人員爲輔佐人陪同在場。但經合法通知無正當理由不到場者，不在此限。（刑訴35）

◇最重本刑爲拘役或專科罰金之案件，被告於審判中或偵查中得委任代理人到場。但法院或檢察官認爲必要時，仍得命本人到場。（刑訴36）

◇自訴人應委任代理人到場。但法院認爲必要時，得命本人到場。

　　前項代理人應選任律師充之。（刑訴37）

◇第28條、第30條、第32條及第33條第1項之規定，於被告或自訴人之代理人準用之；第29條之規定，於被告之代理人並準用之。（刑訴38）

◎撰狀說明

㈠辯護人者，專爲保護被告之利益，對於檢察官或自訴人之指控或攻擊，實施辯護或防禦行爲之人謂之。輔佐人者，乃刑事案件起訴，與被告或自訴人，有一定親屬關係之人（見刑事訴訟法第35條），得在法院輔佐被告或自訴人，陳述意見之人者。代理人者，是指受被告或自訴人之委任，於偵查或審判中，爲被告或自訴人代爲訴訟行爲之人。而其所爲訴訟行爲之效力，與被告或自訴人所自爲者，有同一效力。

㈡刑事訴訟法在民國71年8月4日修正前，辯護人之選任，限於在被告被起訴後才得選任，且辯護人不一定得有律師資格。在修正後，第27條第1項規定：「被告得隨時選任辯護人。犯罪嫌疑人受司法警察官或司法警察調查者，亦同。」（偵查程序中稱犯罪嫌疑人，起訴後稱被告）86年修正時新增智能障礙者應有輔佐人陪同在場之規定，以補智能障礙者陳述能力之不足。92年再修正爲精神障礙或其他心智缺陷者（另基於擴大身心障礙者強制辯護、輔佐陪同範圍，周妥訴訟照料，及調整具歧視性之法律用語等事項，已於112年12月修法將上開文字調整爲「因身心障礙，致無法爲完全陳述者」）應有輔佐人在場。而且在偵查中之辯護人限於「律師」始得充任（見刑事訴訟法第29條），審判程序中經審判長許可時，得選任「非律師」爲辯護人。辯護人之選任爲被告之自由，被告得選任，亦得不選任辯護人。但在重罪案件（見刑事訴訟法第31條第1項）則爲「強制辯護」，一定要有辯護人在場，此係爲保護被告利益之故。

㈢輔佐人制度，係與被告或自訴人有密切親誼關係，使其於訴訟上保護被告或自訴人之利益。輔佐人限於被告或自訴人之配偶、直系或三親等內旁系血親、家長、家屬或被告之法定代理人等身分之人始得擔任。

㈣代理人制度，在自訴人方面，刑事訴訟法於民國92年2月6日修正前原規定自訴人「得」委任代理人到場。惟有鑑於自訴人常未具備專業之法律知識，每因誤解法律（例如誤認違反民事約定，不履行債務為背信）或任意將機關首長及相關官員一併列為被告，而提起自訴；亦有利用自訴程序恫嚇被告或以之為解決民事爭議之手段等情事，不僅增加法院工作負擔，影響裁判品質，亦使被告深受不必要之訟累；此外，自訴人就被告之犯罪事實應負舉證責任，若無專業之法律知識，恐無法勝任，乃改採強制律師代理制度。至於被告委任代理人，則限於最重本刑為拘役、專科罰金案件始可（見刑事訴訟法第36條）。

㈤刑事委任狀，如被告委任應填第27條第1項，如果被告親屬委任應填第27條第2項，如自訴人委任應填第37條、第38條準用第30條。又辯護人應填選任，代理人應填委任。

〈狀例3-7〉刑事委任狀

刑 事 委 任 狀	案　號：○　○　年度　○　字第　○　○　號	
	姓 名 或 名 稱	住 居 所 事 務 所 或 營 業 所
委 任 人	王　甲	○○市○○路○○號 送達代收人
受 任 人	李　乙　　　律師	○○市○○路○○號○樓
為被訴偽造文書案件 茲委任人依照刑事訴訟法第27條第1項及第30條之規定選任受任人為第一審辯護人 　　　　謹狀 台灣○○地方法院刑事庭　　公鑒 　　　　　　　　　委任人　　　　王　甲 　　　　　　　　　受任人律師　　李　乙　律師		
中 華 民 國	年　　　　　月　　　　　日	

〈狀例3-8〉偵查期間刑事委任狀

刑 事 委 任 狀	案　號：	○　○　年度　○　字第　○　○　號	
	姓　名	與 被 告 或 犯 罪 嫌 疑 人 之 關 係	住 居 所 或 營 業 所

委　任　人	王　甲	父　子	○○市○○路○○號
被　　　　告 或犯罪嫌疑人	王　乙		送達代收人
受　任　人	李　丙　　　　　律師		○○市○○路○○號

為被告王乙妨害名譽案件

委任人茲依照刑事訴訟法第27條第2項及第30條之規定選任受任人為辯護人

　　　　　謹狀

台灣○○地方檢察署　公鑒

　　　　　　　　　　　　　　　　　　　委任人　　　　王　甲

　　　　　　　　　　　　　　　　　　　受任人　　　　李　丙　律師

中　　華　　民　　國　　　　　年　　　　　月　　　　　日

〈狀例3-9〉聲明出任被告之輔佐人狀

刑事　聲明狀		案　號	年度　　字第　　號	承辦 股別	
稱　　　　謂	姓　名　或　名　稱 身分證統一編號或 營利事業統一編號	住居所或營業所、郵遞區號 及電話號碼電子郵件位址	送達代收人姓 名、住址、郵遞 區號及電話號碼		
聲　明　人	張　甲				

為就○○年度○字第○○號張乙被告業務過失致死案，依法聲明出任輔佐人事：

　　緣聲明人係被告張乙之夫（見證物一），因張乙被王丙自訴過失致死乙案，已蒙　鈞院定期審理在案。乃被告涉世未深，又不諳法律，一旦對簿公堂，恐瞠目結舌，不知所云。聲明人為其配偶，實難坐視其窘態，為此依據刑事訴訟法第35條第1項之規定，狀請

　　鈞院鑒核，由聲明人出任被告張乙之輔佐人，在庭陳述意見，以保權利。

　　　　　謹狀

台灣○○地方法院刑事庭　公鑒

| 證物名稱 及　件　數 | 證物一：戶籍謄本一份。 |

中	華	民	國	年	月	日

具狀人　張甲　　　　　簽名蓋章

〈狀例3-10〉**聲明出任自訴人之輔佐人狀**

刑事 **聲明狀**	案　號	年度　字第　號	承辦股別

稱　　謂	姓　名　或　名　稱身分證統一編號或營利事業統一編號	住居所或營業所、郵遞區號及電話號碼電子郵件位址	送達代收人姓名、住址、郵遞區號及電話號碼
聲　明　人	陳甲		

為就○○年度○字第○○號陳○生自訴搶奪案，由聲明人出任自訴人之輔佐人事：
　　緣自訴人陳○生係一年僅十五歲的國中學生（證物一），聲明人乃陳○生之父兼法定代理人（證物二）。前自訴人自訴被告章乙搶奪案，業經　鈞院定○○年○月○日○時開庭審理，自訴人乃一國中生，不僅不諳法律且資質駑鈍，言不及事。被告章乙見其可欺，平日已恣意欺辱，竟又恣意著手搶奪，目無法紀。聲明人為自訴人之父，實難坐視，為此依據刑事訴訟法第35條第1項之規定，狀請
　　鈞院鑒核，由聲請人為本案陳○生之自訴輔佐人，以伸正義，而維法紀。
　　　　　　謹狀
台灣○○地方法院刑事庭　公鑒

證　物　名　稱及　　件　　數	證物一：學生證影本一份。證物二：戶籍謄本一份。

中	華	民	國	年	月	日

具狀人　陳甲　　　　　簽名蓋章

〈狀例3-11〉**聲請審判長指定辯護人狀**

刑事 **聲請狀**	案　號	年度　字第　號	承辦股別

稱　　謂	姓　名　或　名　稱身分證統一編號或營利事業統一編號	住居所或營業所、郵遞區號及電話號碼電子郵件位址	送達代收人姓名、住址、郵遞區號及電話號碼

| 聲　請　人
即　被　告 | 王　甲 | | |

為就○○年度○字第○○號刑事殺人罪嫌乙案，聲請審判長指定辯護人事：

　　查聲請人前因殺人罪嫌，經檢察官偵查終結提起公訴，並定期○○年○月○日審理在案。爰因聲請人隻身在台北做工，家境不佳，實無資力選任律師為聲請人辯護。為此具狀聲請

　　鈞長鑒核，請求依照刑事訴訟法第31條第1項第1款規定，指定律師代為辯護。

　　　　謹狀

台灣○○地方法院刑事庭　公鑒

| 證　物　名　稱
及　　件　　數 | |

| 中　　　　華　　　　民　　　　國　　　　年　　　　月　　　　日 |

　　　　　　　　具狀人　　王　甲　　　　　　簽名
蓋章

〈狀例3-12〉聲請撤銷指定辯護人狀

刑事　聲請　狀	案　　號	年度　　字第　　號	承辦 股別	
稱　　　　　謂	姓　名　或　名　稱 身分證統一編號或 營利事業統一編號	住居所或營業所、郵遞區號 及電話號碼電子郵件位址	送達代收人姓 名、住址、郵遞 區號及電話號碼	
聲　請　人 即　被　告	王　甲			

為就○○年度○字第○○號刑事強盜罪嫌，前經　鈞院指定張乙律師為辯護人後，聲請人已依法選任許丙律師為辯護人，聲請撤銷指定辯護人事：

　　查聲請人被訴強盜乙案，上次庭訊以無力選任律師辯護，蒙　鈞長指定張乙大律師為本案辯護人在案。茲因聲請人之表兄，以本案實非聲請人所為，其中實有冤情，為此代為選任許丙律師為聲請人辯護，除另狀委任許丙律師為辯護人外，爰依照刑事訴訟法第31條第4項之規定，具狀聲請

　　鈞院鑒核，請求將前已指定張乙律師辯護撤銷，以符法制。

　　　　謹狀

台灣○○地方法院刑事庭　公鑒

證　物　名　稱 及　　件　　數						
中　　　華　　　民　　　國　　　　年　　　　月　　　　日						
	具狀人　　王　甲				簽名 蓋章	

▶攜帶速記之聲請

◇辯護人經審判長許可，得於審判期日攜同速記到庭記錄。（刑訴49）

◎撰狀說明

按辯護人須經審判長許可，始得於審判期日攜同速記到庭記錄，故宜於聲請狀中敘明有攜同速記必要之事由為何。

〈狀例3-13〉攜帶速記之聲請

刑事　聲請　狀	案　　　　號	年度　　字第　　號	承辦 股別	
稱　　　　謂	姓　名　或　名　稱 身分證統一編號或 營利事業統一編號	住居所或營業所、郵遞區號 及電話號碼電子郵件位址	送達代收人姓 名、住址、郵遞 區號及電話號碼	
聲　請　人 即辯護人	張　乙　律師			
為就○○年度○字第○○號刑事侵占、背信案，依法聲請速記到庭記錄事： 　　緣聲請人乃　鈞院○○年度○字第○○號刑事侵占、背信案件被告蕭○根之選任辯護律師，因本案案情複雜，卷證資料甚多，不臨場記錄，恐有遺忘情事。用特具狀聲請 　　鈞長審核，准予依刑事訴訟法第49條規定，攜帶速記員到庭記錄，以利訴訟。 　　　　謹狀 台灣○○地方法院刑事庭　公鑒				
證　物　名　稱 及　　件　　數				

中	華	民	國	年	月	日

具狀人　　張　乙　律師　　　簽名
　　　　　　　　　　　　　　　蓋章

▶送達之聲請

◇被告、自訴人、告訴人、附帶民事訴訟當事人、代理人、辯護人、輔佐人或被害人為接受文書之送達，應將其住所、居所或事務所向法院或檢察官陳明。被害人死亡者，由其配偶、子女或父母陳明之。如在法院所在地無住所、居所或事務所者，應陳明以在該地有住所、居所或事務所之人為送達代收人。

前項之陳明，其效力及於同地之各級法院。

送達向送達代收人為之者，視為送達於本人。（刑訴55）

◇被告、自訴人、告訴人或附帶民事訴訟當事人，有下列情形之一者，得為公示送達：

一　住、居所、事務所及所在地不明者。

二　掛號郵寄而不能達到者。

三　因住居於法權所不及之地，不能以其他方法送達者。（刑訴59）

◎撰狀說明

㈠送達者，乃法院或檢察官依照一定程序，將應交付當事人或訴訟關係人之文書，交付其收受之訴訟行為。

㈡訴訟行為之效力，常因送達而發生。期間之進行亦常因送達而開始起算，如上訴期間為送達後起算二十日內（見刑事訴訟法第349條），抗告期間為送達後起算十日內（見刑事訴訟法第406條），所以當事人於收受送達時應注意送達之時日，收受後應注意期間之進行。

㈢為使送達能精確起見，當事人或訴訟關係人應將送達之住、居所向法院陳明。若有代收送達情形，亦應將送達代收人向法院確實陳明，以免送達延誤，影響自身權益。

〈狀例3-14〉聲請陳明送達之住所狀

刑事　聲請狀	案　　號	年度　字第　號	承辦股別	
稱　　　謂	姓　名　或　名　稱身分證統一編號或營利事業統一編號	住居所或營業所、郵遞區號及電話號碼電子郵件位址	送達代收人姓名、住址、郵遞區號及電話號碼	
聲　請　人即自訴人	王　甲			

為聲請人住所變更，依法陳明送達住所事：

　　緣聲請人前自訴被告林乙妨害風化乙案，已於○○年○月○日向　鈞院呈遞訴狀，訴狀中載明聲請人住所為○○市○○路○○段○○巷○○號。惟聲請人為避免街坊鄰人異色眼光，已變更住所為○○市○○路○○段○○巷○○號。為此依據刑事訴訟法第55條第1項規定，具狀聲明，謹呈

　　鈞院鑒核，自即日起，一切送達聲請人之文書，改依新址送達。

　　　　　謹狀

台灣○○地方法院刑事庭　公鑒

證物名稱及件數	

中　　華　　民　　國　　　　年　　　　月　　　　日
具狀人　　王　甲　　　　　簽名蓋章

〈狀例3-15〉聲請陳明送達代收人狀

刑事　聲請狀	案　　號	年度　字第　號	承辦股別	
稱　　　謂	姓　名　或　名　稱身分證統一編號或營利事業統一編號	住居所或營業所、郵遞區號及電話號碼電子郵件位址	送達代收人姓名、住址、郵遞區號及電話號碼	
聲　請　人即自訴人	王　甲			

為聲請人在法院地無住、居所，依法陳明送達代收人事：

緣聲請人自訴林乙竊盜案，已於○○年○月○日呈遞訴狀。聲請人在　鈞院所在地並無住、居所，且在○○縣任公職，不能久離，恐傳票之送達，無人收受。茲委託本市○○路○○段○○號李丙大律師為送達代收人。爰依刑事訴訟法第55條第1項後段規定，具狀陳明，請求

鈞院鑒核，今後送達文書，即依上址逕送達代收人收受。

　　　　　　謹狀

台灣○○地方法院刑事庭　公鑒

證　物　名　稱 及　　件　　數	

中　　　　　華　　　　　民　　　　　國　　　　　年　　　　　月　　　　　日	
具狀人　　王　甲	簽名 蓋章

〈狀例3-16〉聲請公示送達狀

刑事　聲請　狀		案　　號	年度　字第　　號	承辦 股別
稱　　　　謂	姓　名　或　名　稱 身分證統一編號或 營利事業統一編號	住居所或營業所、郵遞區號 及電話號碼電子郵件位址	送達代收人姓 名、住址、郵遞 區號及電話號碼	
聲　請　人 即自訴人	林　乙			

為○○年度○字第○○號侵占乙案，聲請依法為公示送達事：

查聲請人於本月○日自訴林乙侵占乙案，業蒙　鈞院定期審理在案。乃林乙現已離開本地，行蹤不明，傳票無由送達。經查其住所○○市○○路○○段○○巷○○號內，並無人居住，且其戶籍又未遷移（證物一），究竟潛逃何處，無法探詢。為此狀請

鈞院鑒核，准予依刑事訴訟法第59條第1款、第60條之規定，為公示送達；如再不到案，並請依據同法第84條規定，予以通緝。

　　　　　　謹狀

台灣○○地方法院刑事庭　公鑒

證　物　名　稱 及　　件　　數	證物一：戶籍謄本一份。
中　　　　華　　　　民　　　　國　　　　年　　　　月　　　　日 具狀人　　林　乙　　　　簽名蓋章	

▶期日變更及回復之聲請

◇期日，除有特別規定外，非有重大理由，不得變更或延展之。

期日經變更或延展者，應通知訴訟關係人。（刑訴64）

◇非因過失，遲誤上訴、抗告或聲請再審之期間，或聲請撤銷或變更審判長、受命法官、受託法官裁定或檢察官命令之期間者，於其原因消滅後十日內，得聲請回復原狀。

許用代理人之案件，代理人之過失，視爲本人之過失。（刑訴67）

◇因遲誤上訴或抗告或聲請再審期間而聲請回復原狀者，應以書狀向原審法院爲之。其遲誤聲請撤銷或變更審判長、受命法官、受託法官裁定或檢察官命令之期間者，向管轄該聲請之法院爲之。

非因過失遲誤期間之原因及其消滅時期，應於書狀內釋明之。

聲請回復原狀，應同時補行期間內應爲之訴訟行爲。（刑訴68）

◇遲誤聲請再議之期間者，得準用前三條之規定，由原檢察官准予回復原狀。（刑訴70）

◎撰狀說明

㈠期日者，法院審判長、受命法官、受託法官或檢察官傳喚或通知訴訟關係人，使聚集於一定場所，爲訴訟行爲之指定時間。

期間者，爲法律規定或法院裁定所設定之期間，使訴訟主體或其他訴訟關係人，於此時期內，爲或不爲訴訟行爲之限制。

㈡期日在時間之進行上爲一個點，期間則爲一段。依刑事訴訟法規定，上訴期間爲「二十日」（見刑事訴訟法第349條前段），抗告期間爲「十日」（見刑事訴訟法第406條前段），再議期間爲「十日」（見刑事訴訟法第256條第1項前段、第256條之1第1項前段）。被告不服處分命令聲請撤銷或變更之期間爲「十日」（見刑事訴訟法第416條第3項前段），均自送達後起算。此等期間均爲不變期間，不得延展。但如非因過失而致遲延期間者，應於遲誤原因消滅後十日內，聲請回復原狀（見刑事訴訟法第67條第1項），並補行應爲之訴訟行爲。

㈢於法定期間內為訴訟行為，如行為人住所、居所、事務所不在法院地，計算期間時，應扣除在途期間。在途期間，目前台灣地區，因幅員小、交通便捷、大都只一、二日而已，訴訟行為人應注意及此。

㈣期間之計算，應依民法規定（見民法第120條至第123條）。以日、星期、月、年定期間者，其始日不算入，由翌日起算。期間之末日為星期日、紀念日或其他休息日，以其休息日之次日代之。

〈狀例3-17〉 **聲請變更期日狀**

刑事 聲請 狀	案　　　號	年度　字第　　號	承辦股別	
稱　　　　謂	姓　名　或　名　稱身分證統一編號或營利事業統一編號	住居所或營業所、郵遞區號及電話號碼電子郵件位址	送達代收人姓名、住址、郵遞區號及電話號碼	
聲　請　人即　被　告	王　甲			

為就○○年度○字第○○號竊盜乙案，聲請變更期日事：

　　查聲請人被訴竊盜乙案，茲奉　鈞院傳票，定本月○日開庭審理。聲請人適因身懷六甲，臨盆在即，預產期恰為原定期日附近，有○○醫院證明書乙紙為證（證物一）。為恐不測，為此狀請

　　鈞院鑒核，准予將訊問期日展後一月，以便到庭陳述答辯。

　　　　　　謹狀

台灣○○地方法院刑事庭　公鑒

證　物　名　稱及　　件　　數	證物一：○○醫院證明書影本乙紙。

中	華	民	國		年		月		日
		具狀人	王　甲				簽名蓋章		

〈狀例3-18〉 **聲請准予扣除在途期間狀**

刑事 聲請 狀	案　　　號	年度　字第　　號	承辦股別	
稱　　　謂	姓　名　或　名　稱身分證統一編號或營利事業統一編號	住居所或營業所、郵遞區號及電話號碼電子郵件位址	送達代收人姓名、住址、郵遞區號及電話號碼	

| 聲　請　人
即　被　告 | 王　甲 | | |

為就○○年度○字第○○號妨害自由乙案，聲請扣除在途期間事：

　　緣聲請人被訴妨害自由乙案，經　鈞院判處徒刑一年，○月○日收到判決書。因聲請人居所在蘭嶼離島（證物一），舟車不便，往來費時，致上訴狀至　鈞院已逾期二日，而遭　鈞院駁回。按在途期間之扣除，除法院送達文書時應予扣除外，住居所不在法院地之當事人本人對法院為訴訟行為時，亦應仍扣除在途期間，最高法院29年抗字第75號判例著有明文。是聲請人之住居所既不在　鈞院所在地，應於計算上訴期間時，依刑事訴訟法第66條第1項、第2項規定，扣除在途期間。今　鈞院並未扣除，認為聲請人之上訴已逾期間，為此狀請

　　鈞院鑒核，請即依照法院訴訟當事人在途期間標準所定之在途期間，准予扣除，俾便呈狀上訴，以保訴權。

　　　　　　謹狀

台灣○○地方法院刑事庭　公鑒

| 證　物　名　稱
及　　件　　數 | 證物一：戶籍謄本一份。 | | |

中	華	民	國	年	月	日
		具狀人　王　甲			簽名 蓋章	

〈狀例3-19〉回復原狀聲請狀（恢復上訴期間）

刑事　**聲　請　狀**	案　　號	年度　字第　　號	承辦 股別
稱　　　　謂	姓　名　或　名　稱 身分證統一編號或 營利事業統一編號	住居所或營業所、郵遞區號 及電話號碼電子郵件位址	送達代收人姓 名、住址、郵遞 區號及電話號碼
聲　請　人 即　自訴人	王　甲		

為自訴被告林乙妨害自由罪，非因過失遲誤上訴期間，聲請回復原狀事：

　　本聲請人自訴林乙妨害自由罪乙案，其犯罪情節之重大，乃　鈞院竟僅判決罰金3,000元了事。本月○日收受送達之判決書後，聲請人實不甘服，當即撰就書

狀，掛號郵寄　鈞院上訴。不料颱風來襲，山洪暴發，鐵公路交通盡皆斷絕，五日後方勉可通車。昨日，接獲　鈞院通知，謂已逾上訴期間，駁回上訴。依刑事訴訟法第67條、第68條規定，苟遲誤上訴期間，非因當事人之過失者，得敘述理由，聲請回復原狀。本案聲請人非因過失遲誤上訴期間，依法自得聲請回復原狀。為此附具上訴狀，狀請

　　　鈞院鑒核，准予裁定回復原狀，將本案送回台灣高等法院合併裁判。
　　　　　　謹狀
台灣○○地方法院刑事庭　公鑒

證 物 名 稱 及 件 數	

中　　　　華　　　　民　　　　國　　　　　年　　　　　月　　　　　日
具狀人　　王　甲　　　　　　簽名 蓋章

〈狀例3-20〉聲請回復再議期間狀

刑事 聲請 狀	案　號		年度　　字第		號	承辦 股別	
稱　　　謂	姓 名 或 名 稱 身分證統一編號或 營利事業統一編號		住居所或營業所、郵遞區號 及電話號碼電子郵件位址			送達代收人姓 名、住址、郵遞 區號及電話號碼	
聲 請 人 即 告 訴 人	張　生						

為告訴林○彰業務過失致死案，遲誤聲請再議期間，聲請回復原狀事：

　　查聲請人前告訴林○彰業務過失致死乙案，業經　鈞署不起訴處分，並於本月○日奉收不起訴處分書。聲請人實不甘服，即撰就書狀，掛號郵寄　鈞署聲請再議，以平日掛號信函之寄送期間約一日即可送達　鈞署。詎因近日大雨滂沱，交通阻絕，延至本月○日始達　鈞署。昨日頃奉　鈞署批示：已逾再議期間，所請不准。按非因過失遲誤再議期間者，可聲請回復再議期間，乃刑事訴訟法第70條、第67條之明文。為此特檢附聲請再議狀乙份，狀請

```
    鈞署依法准予回復原狀。
              謹狀
 台灣○○地方檢察署　公鑒

 證　物　名　稱
 及　　件　　數

 中　　　華　　　民　　　國　　　年　　　月　　　日
              具狀人　　張　生　　　　　　簽名
                                          蓋章
```

▶被告之傳喚與拘提之聲請

◇被告經合法傳喚，無正當理由不到場者，得拘提之。（刑訴75）

◇被告犯罪嫌疑重大，而有下列情形之一者，必要時，得不經傳喚逕行拘提：

　一　無一定之住、居所者。

　二　逃亡或有事實足認為有逃亡之虞者。

　三　有事實足認為有湮滅、偽造、變造證據或勾串共犯或證人之虞者。

　四　所犯為死刑、無期徒刑或最輕本刑為五年以上有期徒刑之罪者。（刑訴76）

◇被告逃亡或藏匿者，得通緝之。（刑訴84）

◇通緝經通知或公告後，檢察官、司法警察官得拘提被告或逕行逮捕之。

　利害關係人，得逕行逮捕通緝之被告，送交檢察官、司法警察官，或請求檢察官、司法警察官逮捕之。

　通緝於其原因消滅或已顯無必要時，應即撤銷。

　撤銷通緝之通知或公告，準用前條之規定。（刑訴87）

◎撰狀說明

(一)傳喚被告應用「傳票」，拘提被告用「拘票」。傳票及拘票均有一定之程式（見刑事訴訟法第71條、第77條）。被告若經合法傳喚，應按時到場，抗傳不到時，即可能被拘提。另刑事訴訟法第76條規定共有四款情形，得不經傳喚，逕行拘提。

(二)被告逃亡或藏匿者，得通緝之。另依刑事訴訟法第87條第2項規定，利害關係人，得逕行逮捕通緝之被告，送交檢察官、司法警察官，或請求檢察官、司法警察官

逮捕之。如通緝原因消滅或以顯無必要時，應即撤銷。

㈢刑事訴訟法第88條第1項規定，現行犯或準現行犯，任何人均得加以逮捕。但應即解送檢察官或司法警察官或司法警察。

〈狀例3-21〉聲請拘提被告狀㈠（傳喚不到）

刑事　聲請　狀		案　　號	年度　字第　　號	承辦股別	
稱　　　謂	姓　名　或　名　稱身分證統一編號或營利事業統一編號	住居所或營業所、郵遞區號及電話號碼電子郵件位址		送達代收人姓名、住址、郵遞區號及電話號碼	
聲　請　人即自訴人	許　甲				

為就被告趙乙依法傳喚，拒不到場，請予依法拘提事：

　　查聲請人自訴趙乙妨害家庭乙案，已蒙　鈞院開庭審理在案。惟開庭兩次，被告均無故不到場，亦未聲明不到場之理由，其蔑視法律尊嚴之心，昭然若揭。為此具狀聲請

　　鈞院鑒核，迅依刑事訴訟法第75條之規定，拘提被告到案，以利本案之進行。

　　　　謹狀

台灣○○地方法院刑事庭　公鑒

證　物　名　稱及　件　數	

中　　華　　民　　國　　　年　　　月　　　日	
具狀人　許　甲	簽名蓋章

〈狀例3-21-1〉聲請拘提被告狀㈡（有逃亡之虞）

刑事　聲請　狀		案　　號	年度　字第　　號	承辦股別	
稱　　　謂	姓　名　或　名　稱身分證統一編號或營利事業統一編號	住居所或營業所、郵遞區號及電話號碼電子郵件位址		送達代收人姓名、住址、郵遞區號及電話號碼	
聲　請　人即自訴人	張　甲				

為就○○年度○字第○○號自訴張○鑑詐欺案，被告犯罪嫌疑重大且有逃亡之虞，聲請依法拘提事：

　　查聲請人前自訴張○鑑侵占款項50萬元案，業蒙 鈞院受理，並定期審理在案。近探知被告突將現住本市○○路○○段○○巷○○號之房屋退租，全家大小遷回台南市原籍老家（見證物一）。而被告個人，則居住行蹤不定，誠有逃亡之虞。若被兔脫，本案將永無了結之日，為此狀請

　　鈞院鑒核，迅依刑事訴訟法第76條第2款之規定，將被告拘提到案。

　　　　　謹狀
台灣○○地方法院刑事庭　公鑒

證　物　名　稱及　　件　　數	證物一：戶籍謄本一份。

中	華	民	國	年	月	日

　　　　　　　具狀人　　張　甲　　　　　　簽名蓋章

〈狀例3-22〉聲請通緝被告狀

刑事　聲請　狀	案　　　　號	年度　　字第　　號	承辦股別	
稱　　　謂	姓　名　或　名　稱身分證統一編號或營利事業統一編號	住居所或營業所、郵遞區號及電話號碼電子郵件位址	送達代收人姓名、住址、郵遞區號及電話號碼	
聲　請　人即自訴人	李　甲			

為就○○年度○字第○○號自訴丁江詐欺乙案，依法聲請通緝歸案事：

　　查聲請人於本月○日向 鈞院提起丁江詐欺罪之自訴後，未及數日，被告即告失蹤，四處探尋，了無蹤影，其家人、公司同仁均不知其去向，顯見被告見事機敗露，已畏罪潛匿。若不迅通緝被告到案，不只聲請人其心難平，而於國家律法之尊嚴，亦相荒謬。為此狀請

　　鈞院鑒核，迅依刑事訴訟法第84條規定，將被告通緝歸案，以完法制。

　　　　　謹狀
台灣○○地方法院刑事庭　公鑒

證 物 名 稱 及 　 件 　 數	

中	華	民	國	年	月	日
		具狀人　　李　甲			簽名 蓋章	

〈狀例3-23〉聲請撤銷通緝被告狀（由配偶聲請）

刑事　聲　請　狀	案　　　號	年度　　字第　　號	承辦 股別	
稱　　　　謂	姓　名　或　名　稱 身分證統一編號或 營利事業統一編號	住居所或營業所、郵遞區號 及電話號碼電子郵件位址	送達代收人姓 名、住址、郵遞 區號及電話號碼	
聲　請　人	陳甲（妻）			

為就○○年度○字第○○號詐欺案件，依法請求准予撤銷通緝事：

　　緣聲請人為被告之配偶（證物一），被告因上開詐欺案件，未依傳喚期日到法院接受訊問，因而被法院通緝。但被告日前發生車禍意外身亡（證物二），顯已無繼續通緝之必要。為此狀請　鈞院鑒核，依刑事訴訟法第87條第3項規定，准予撤銷通緝，並發給撤銷通緝書，實感德便。

　　　　　　　謹狀

台灣○○地方法院刑事庭　公鑒

證 物 名 稱 及 　 件 　 數	證物一：戶籍謄本一份。 證物二：死亡證明書一份。

中	華	民	國	年	月	日
		具狀人　　陳甲（妻）			簽名 蓋章	

▶限制出境、出海

　　◇被告犯罪嫌疑重大，而有下列各款情形之一者，必要時檢察官或法官得逕行限制出境、出海。但所犯係最重本刑為拘役或專科罰金之案件，不得逕行限制之：

　　一　無一定之住、居所者。

　　二　有相當理由足認有逃亡之虞者。

　　三　有相當理由足認有湮滅、偽造、變造證據或勾串共犯或證人之虞者。

限制出境、出海，應以書面記載下列事項：

　　一　被告之姓名、性別、出生年月日、住所或居所、身分證明文件編號或其他足資辨別之特徵。

　　二　案由及觸犯之法條。

　　三　限制出境、出海之理由及期間。

　　四　執行機關。

　　五　不服限制出境、出海處分之救濟方法。

除被告住、居所不明而不能通知者外，前項書面至遲應於為限制出境、出海後六個月內通知。但於通知前已訊問被告者，應當庭告知，並付與前項之書面。

前項前段情形，被告於收受書面通知前獲知經限制出境、出海者，亦得請求交付第2項之書面。（刑訴93-2）

◇偵查中檢察官限制被告出境、出海，不得逾八月。但有繼續限制之必要者，應附具體理由，至遲於期間屆滿之二十日前，以書面記載前條第2項第1款至第4款所定之事項，聲請該管法院裁定之，並同時以聲請書繕本通知被告及其辯護人。

偵查中檢察官聲請延長限制出境、出海，第一次不得逾四月，第二次不得逾二月，以延長二次為限。審判中限制出境、出海每次不得逾八月，犯最重本刑為有期徒刑十年以下之罪者，累計不得逾五年；其餘之罪，累計不得逾十年。

偵查或審判中限制出境、出海之期間，因被告逃匿而通緝之期間，不予計入。

法院延長限制出境、出海裁定前，應給予被告及其辯護人陳述意見之機會。

起訴或判決後案件繫屬法院或上訴審時，原限制出境、出海所餘期間未滿一月者，延長為一月。

前項起訴後繫屬法院之法定延長期間及偵查中所餘限制出境、出海之期間，算入審判中之期間。（刑訴93-3）

◇被告受不起訴處分、緩起訴處分，或經諭知無罪、免訴、免刑、緩刑、罰金或易以訓誡或第303條第3款、第4款不受理之判決者，視為撤銷限制出境、出海。但上訴期間內或上訴中，如有必要，得繼續限制出境、出海。（刑訴93-4）

◇被告及其辯護人得向檢察官或法院聲請撤銷或變更限制出境、出海。檢察官於偵查中亦得為撤銷之聲請，並得於聲請時先行通知入出境、出海之主管機關，解除限制出境、出海。

偵查中之撤銷限制出境、出海，除依檢察官聲請者外，應徵詢檢察官之意見。

偵查中檢察官所為限制出境、出海，得由檢察官依職權撤銷或變更之。但起訴後案件繫屬法院時，偵查中所餘限制出境、出海之期間，得由法院依職權或聲請為之。

偵查及審判中法院所爲之限制出境、出海,得由法院依職權撤銷或變更之。(刑訴93-5)

◇對於判決前關於管轄或訴訟程序之裁定,不得抗告。但下列裁定,不在此限:

二　關於羈押、具保、責付、限制住居、限制出境、限制出海、搜索、扣押或扣押物發還、變價、擔保金、身體檢查、通訊監察、因鑑定將被告送入醫院或其他處所之裁定及依第105條第3項、第4項所爲之禁止或扣押之裁定。(刑訴404I②)

◎撰狀說明

㈠有關「限制出境、出海」制度,乃規定在刑事訴訟法第一編第八章之一,並於108年6月19日公布,同年12月19日施行生效,究其立法目的,乃爲明確區分與限制住居性質上不同,以及規範其法定要件與相關適用程序,爰增訂本章以爲特別規範。

㈡被告犯罪嫌疑重大,而有居無定所等情形,必要時檢察官或法官得逕行以書面方式限制出境、出海。該書面至遲應於爲限制出境、出海後六個月內通知。但於通知前已訊問被告者,應當庭告知,並付與前項之書面。

㈢偵查中檢察官限制被告出境、出海,不得逾八月;又偵查中檢察官聲請延長限制出境、出海,第一次不得逾四月,第二次不得逾二月,以延長二次爲限;審判中限制出境、出海每次不得逾八月,犯最重本刑爲有期徒刑十年以下之罪者,累計不得逾五年;其餘之罪,累計不得逾十年。

㈣被告及其辯護人得向檢察官或法院聲請撤銷或變更限制出境、出海。

〈狀例3-24〉聲請法院撤銷限制出境、出海㈠(無限制出境、出海原因)

刑事 聲請 狀	案　　　號	年度　　字第　　號	承辦股別
稱　　　謂	姓 名 或 名 稱 身分證統一編號或 營利事業統一編號	住居所或營業所、郵遞區號 及電話號碼電子郵件位址	送達代收人姓名、住址、郵遞區號及電話號碼
聲　請　人 即　被　告	王　一		

爲就　鈞院○○年度○字第○○號被訴詐欺案,聲請撤銷限制出境、出海事:

　　緣本案被告所犯詐欺案件,現由　鈞院審理中,而被告自本件案發至今,無論係於偵查階段或於本院所定準備程序期日,均能遵期到庭,且無任何規避審理之情事;又被告在國內有固定之住居所及房產(證物一),兩名小孩亦在國內就讀國小

一年級及三年級（證物二），且被告在國內有穩定之工作，復因工作需求近日需要
前往國外參展（證物三）等情，絕無拋家棄子及自己所有資產，滯留國外未歸而遂
行逃亡之可能，自無對被告繼續予以限制出境、出海之必要，為此狀請
　　　鈞院鑒核，依法撤銷限制出境、出海，以確保被告工作權及遷徙自由。
　　　　　謹狀
台灣○○地方法院刑事庭　公鑒

證 物 名 稱 及 件 數	證物一：被告財產清單一份。 證物二：學籍資料二份。 證物三：○○公司收入證明及參展資料各一份。

中	華	民	國	年	月	日

　　　　　具狀人　　王　一　　　　　　簽名
蓋章

〈狀例3-24-1〉**聲請法院撤銷限制出境、出海㈡（尚在偵查中已逾限制出境、出
　　　　　　　海期間）**

刑事　聲請狀	案　　號	年度　字第　　號	承辦 股別	
稱　　　謂	姓 名 或 名 稱 身 分 證 統 一 編 號 或 營 利 事 業 統 一 編 號	住居所或營業所、郵遞區號 及電話號碼電子郵件位址	送 達 代 收 人 姓 名、住址、郵遞 區號及電話號碼	
聲　請　人 即　被　告	陳　三			

為就台灣○○地方檢察署○○年度○字第○○號被訴偽造文書案，已逾限制出境、
出海期間，依法聲請撤銷限制出境、出海事：
　　　緣本案被告於民國○○年7月被訴偽造文書乙案，於同年8月15日第一次訊問
後，即遭檢察官限制出境出海，迄今已一年三月餘，雖期間經多次訊問，迄未提
起公訴，目前仍由檢察官偵辦中。然依刑事訴訟法第93條之3第1項、第2項規定內
容，偵查中檢察官限制被告出境、出海，不得逾八月；又偵查中檢察官聲請延長限
制出境、出海，第一次不得逾四月，第二次不得逾二月，以延長二次為限。則本案
被告自被限制出境、出海以來，已逾一年三月有餘，足認本案已逾越前開限制出
境、出海期間，自應撤銷限制出境、出海，實屬當然，為此狀請

　　　　鈞院鑒核，儘速依法撤銷限制出境、出海，以維護被告基本人權。
　　　　　　　謹狀
台灣○○地方法院刑事庭　公鑒

證 物 名 稱 及 件 數	

中　　華　　民　　國　　　　年　　　　月　　　　日				
	具狀人　　陳　三		簽名 蓋章	

〈狀例3-25〉抗告狀（對於法院限制出境、出海之裁定）

刑事　抗告　狀	案　　號	年度　　字第　　號	承辦 股別
稱　　　謂	姓 名 或 名 稱 身分證統一編號或 營利事業統一編號	住居所或營業所、郵遞區號 及電話號碼電子郵件位址	送達代收人姓 名、住址、郵遞 區號及電話號碼
聲　請　人 即　被　告	陸　五		

為就台灣高等法院○○年度○字第○○號被訴過失致人於死等案，不服台灣高等法院○○年○月○日限制出境、出海之裁定（下稱原裁定），依法提起抗告事：
　　緣本案抗告人前因犯過失致人於死及肇事致人死亡逃逸等罪，經第一審分別判處有期徒刑八月及一年六月，其提起上訴，經第二審審理結果，認其上開犯行明確，因而於○○年○月○日撤銷第一審判決，就前述二罪改判各量處有期徒刑六月，並經確定在案，則前開確定判決所判處之刑度，依刑法第41條第1項前段及第3項之規定，前者得易科罰金，後者得易服社會勞動，並非必須入監服刑，然原裁定竟以趨吉避凶、逃避刑罰乃人性之常，抗告人抗拒入監服刑之可能性高，而認有相當理由足認其有逃亡之虞，即非無研酌之餘地。其次，抗告人前經確定判決宣告之刑度為有期徒刑六月，並不符合入出國及移民法第6條第1項第1款所規定應禁止其出國之要件，是以原裁定以抗告人高度存有該條款規定禁止其出國之可能，而認對其限制出境、出海，並無違比例原則，自有未洽。再者，限制出境、出海，屬對人民遷徙自由權利之限制，須具備法定要件，且經法益權衡，認符合比例原則，並具實質正當性，始得為之。然查本案抗告人經判處之刑度非重，如逕自對其為限制出

境、出海之強制處分，實有違比例原則，爲此狀請

　　鈞院鑒核，速將原裁定予以撤銷，更爲合法之裁定，以維被告權益。

　　　　　　謹狀

台灣高等法院刑事庭　轉呈
最高法院刑事庭　　　公鑒

證　物　名　稱 及　　件　　數	

中　　　　華　　　　民　　　　國　　　　年　　　　月　　　　日

　　　　　　　　　　　具狀人　　陸　五　　　　　　簽名
蓋章

▶被告之羈押及撤銷之聲請（內含撤銷或變更科技設備監控及暫行安置之聲請）

◇被告經法官訊問後，認爲犯罪嫌疑重大，而有下列情形之一，非予羈押，顯難進行追訴、審判或執行者，得羈押之：

　　一　逃亡或有事實足認爲有逃亡之虞者。

　　二　有事實足認爲有湮滅、僞造、變造證據或勾串共犯或證人之虞者。

　　三　所犯爲死刑、無期徒刑或最輕本刑爲五年以上有期徒刑之罪，有相當理由認爲有逃亡、湮滅、僞造、變造證據或勾串共犯或證人之虞者。

法官爲前項之訊問時，檢察官得到場陳述聲請羈押之理由及提出必要之證據。但第93條第2項但書之情形，檢察官應到場敘明理由，並指明限制或禁止之範圍。

第1項各款所依據之事實、各項理由之具體內容及有關證據，應告知被告及其辯護人，並記載於筆錄。但依第93條第2項但書規定，經法院禁止被告及其辯護人獲知之卷證，不得作爲羈押審查之依據。

被告、辯護人得於第1項訊問前，請求法官給予適當時間爲答辯之準備。（刑訴101）

◇被告經法官訊問後，認爲犯下列各款之罪，其嫌疑重大，有事實足認爲有反覆實行同一犯罪之虞，而有羈押之必要者，得羈押之：

　　一　刑法第173條第1項、第3項、第174條第1項、第2項、第4項、第175條第1項、第2項之放火罪、第176條之準放火罪、第185條之1之劫持交通工具罪。

二 刑法第221條之強制性交罪、第222條之加重強制性交罪、第224條之強制猥褻罪、第224條之1之加重強制猥褻罪、第225條之乘機性交猥褻罪、第226條之1之強制性交猥褻之結合罪、第227條之與幼年男女性交或猥褻罪、第271條第1項、第2項之殺人罪、第272條之殺直系血親尊親屬罪、第277條第1項之傷害罪、第278條第1項之重傷罪、性騷擾防治法第25條第1項之罪。但其須告訴乃論，而未經告訴或其告訴已經撤回或已逾告訴期間者，不在此限。

三 刑法第296條之1之買賣人口罪、第299條之移送被略誘人出國罪、第302條之妨害自由罪。

四 刑法第304條之強制罪、第305條之恐嚇危害安全罪。

五 刑法第320條、第321條之竊盜罪。

六 刑法第325條、第326條之搶奪罪、第328條第1項、第2項、第4項之強盜罪、第330條之加重強盜罪、第332條之強盜結合罪、第333條之海盜罪、第334條之海盜結合罪。

七 刑法第339條、第339條之3之詐欺罪、第339條之4之加重詐欺罪。

八 刑法第346條之恐嚇取財罪、第347條第1項、第3項之擄人勒贖罪、第348條之擄人勒贖結合罪、第348條之1之準擄人勒贖罪。

九 槍砲彈藥刀械管制條例第7條、第8條之罪。

十 毒品危害防制條例第4條第1項至第4項之罪。

十一 人口販運防制法第34條之罪。

前條第2項至第4項之規定，於前項情形準用之。（刑訴101-1）

◇被告經法官訊問後，雖有第101條第1項或第101條之1第1項各款所定情形之一而無羈押之必要者，得逕命具保、責付或限制住居；其有第114條各款所定情形之一者，非有不能具保、責付或限制住居之情形，不得羈押。（刑訴101-2）

◇羈押於其原因消滅時，應即撤銷羈押，將被告釋放。

被告、辯護人及得為被告輔佐人之人得聲請法院撤銷羈押。檢察官於偵查中亦得為撤銷羈押之聲請。

法院對於前項之聲請得聽取被告、辯護人或得為被告輔佐人之人陳述意見。

偵查中經檢察官聲請撤銷羈押者，法院應撤銷羈押，檢察官得於聲請時先行釋放被告。

偵查中之撤銷羈押，除依檢察官聲請者外，應徵詢檢察官之意見。（刑訴107）

◇被告及得為其輔佐人之人或辯護人，得隨時具保，向法院聲請停止羈押。

檢察官於偵查中得聲請法院命被告具保停止羈押。

前二項具保停止羈押之審查，準用第107條第3項之規定。

偵查中法院為具保停止羈押之決定時，除有第114條及本條第2項之情形者外，應徵詢檢察官之意見。（刑訴110）

◇羈押之被告，有下列情形之一者，如經具保聲請停止羈押，不得駁回：

一　所犯最重本刑為三年以下有期徒刑、拘役或專科罰金之罪者。但累犯、有犯罪之習慣、假釋中更犯罪或依第101條之1第1項羈押者，不在此限。

二　懷胎五月以上或生產後二月未滿者。

三　現罹疾病，非保外治療顯難痊癒者。（刑訴114）

◇羈押之被告，得不命具保而責付於得為其輔佐人之人或該管區域內其他適當之人，停止羈押。

受責付者，應出具證書，載明如經傳喚應令被告隨時到場。（刑訴115）

◇羈押之被告，得不命具保而限制其住居，停止羈押。（刑訴116）

◇法院許可停止羈押時，經審酌人權保障及公共利益之均衡維護，認有必要者，得定相當期間，命被告應遵守下列事項：

一　定期向法院、檢察官或指定之機關報到。

二　不得對被害人、證人、鑑定人、辦理本案偵查、審判之公務員或其配偶、直系血親、三親等內之旁系血親、二親等內之姻親、家長、家屬之身體或財產實施危害、恐嚇、騷擾、接觸、跟蹤之行為。

三　因第114條第3款之情形停止羈押者，除維持日常生活及職業所必需者外，未經法院或檢察官許可，不得從事與治療目的顯然無關之活動。

四　接受適當之科技設備監控。

五　未經法院或檢察官許可，不得離開住、居所或一定區域。

六　交付護照、旅行文件；法院亦得通知主管機關不予核發護照、旅行文件。

七　未經法院或檢察官許可，不得就特定財產為一定之處分。

八　其他經法院認為適當之事項。

前項各款規定，得依聲請或依職權變更、延長或撤銷之。

法院於審判中許可停止羈押者，得命被告於宣判期日到庭。

違背法院依第1項或第3項所定應遵守之事項者，得逕行拘提。

第1項第4款科技設備監控之實施機關（構）、人員、方式及程序等事項之執行辦法，由司法院會同行政院定之。（刑訴116-2）

◇停止羈押後有下列情形之一者，得命再執行羈押：

一　經合法傳喚無正當之理由不到場者。

二　受住居之限制而違背者。

三　本案新發生第101條第1項、第101條之1第1項各款所定情形之一者。

　　四　違背法院依前條所定應遵守之事項者。

　　五　依第101條第1項第3款羈押之被告，因第114條第3款之情形停止羈押後，其停止羈押之原因已消滅，而仍有羈押之必要者。

偵查中有前項情形之一者，由檢察官聲請法院行之。

再執行羈押之期間，應與停止羈押前已經過之期間合併計算。

法院依第1項之規定命再執行羈押時，準用第103條第1項之規定。（刑訴117）

◇撤銷羈押、再執行羈押、受不起訴處分、有罪判決確定而入監執行或因裁判而致羈押之效力消滅者，免除具保之責任。

被告及具保證書或繳納保證金之第三人，得聲請退保，法院或檢察官得准其退保。但另有規定者，依其規定。

免除具保之責任或經退保者，應將保證書註銷或將未沒入之保證金發還。

前三項規定，於受責付者準用之。（刑訴119）

◇被告經法官訊問後，認為犯罪嫌疑重大，且有事實足認為刑法第19條第1項、第2項之原因可能存在，而有危害公共安全之虞，並有緊急必要者，得於偵查中依檢察官聲請，或於審判中依檢察官聲請或依職權，先裁定諭知六月以下期間，令入司法精神醫院、醫院、精神醫療機構或其他適當處所，施以暫行安置。

第31條之1、第33條之1、第93條第2項前段、第5項、第6項、第93條之1及第228條第4項之規定，於偵查中檢察官聲請暫行安置之情形準用之。

暫行安置期間屆滿前，被告經法官訊問後，認有延長之必要者，得於偵查中依檢察官聲請，或於審判中依檢察官聲請或依職權，以裁定延長之，每次延長不得逾六月，並準用第108條第2項之規定。但暫行安置期間，累計不得逾五年。

檢察官聲請暫行安置或延長暫行安置者，除法律另有規定外，應以聲請書敘明理由及證據並備具繕本為之，且聲請延長暫行安置應至遲於期間屆滿之五日前為之。

對於第1項及第3項前段暫行安置、延長暫行安置或駁回聲請之裁定有不服者，得提起抗告。（刑訴121-1）

◇暫行安置之原因或必要性消滅或不存在者，應即撤銷暫行安置裁定。

檢察官、被告、辯護人及得為被告輔佐人之人得聲請法院撤銷暫行安置裁定；法院對於該聲請，得聽取被告、辯護人及得為被告輔佐人之人陳述意見。

偵查中經檢察官聲請撤銷暫行安置裁定者，法院應撤銷之，檢察官得於聲請時先行釋放被告。

撤銷暫行安置裁定，除依檢察官聲請者外，應徵詢檢察官之意見。

對於前四項撤銷暫行安置裁定或駁回聲請之裁定有不服者，得提起抗告。（刑訴121-3）

◎撰狀說明

㈠被告之羈押，依刑事訴訟法第101條規定，在訊問被告後，認為犯罪嫌疑重大，非予羈押，顯難進行追訴、審判或執行，必要時得羈押之。另依同法第101條之1尚有預防性羈押。

㈡羈押，應用押票且限於法官始得簽發，檢察官偵查中如認為有羈押之必要，應向所屬法院法官聲請。羈押期間，依刑事訴訟法第108條第1項及第5項規定，偵查中不得逾二月，得延長一次。審判中每次不得逾三月，延長羈押每次不得逾二月，延長次數，如所犯最重本刑為十年以下有期徒刑之刑者，第一審、第二審以三次為限，第三審以一次為限。若案件經上級審發回者，其延長次數應更新計算。

㈢若被告羈押期間已逾原審判決之刑期，應即撤銷羈押，將被告釋放。被告亦得聲請釋放之。被告亦得隨時聲請停止羈押，但須具保。若因被告懷胎五月以上或生產後未滿二月者、現罹疾病非保外就醫顯難痊癒者、所犯最重本刑為三年以下有期徒刑、拘役、專科罰金之罪（但累犯、有犯罪之習慣、假釋中更犯罪或依第101條之1第1項羈押者，不在此限），被告具保聲請停止羈押，法院不得駁回。

㈣法院許可停止羈押時，認有必要者，得定相當期間，命被告接受適當之科技設備監控，並核發科技設備監控命令書。又依「刑事被告科技設備監控執行辦法」第4條規定意旨，應審酌原羈押、聲請羈押或替代羈押之目的、科技設備監控之性質、功能及效果、所涉犯罪之刑度、案件情節、訴訟進行之程度、被告之生活狀況、對被告之影響、有無較輕微之替代措施等情狀，以具體判斷如為具保、責付、限制住居等羈押替代處分，能否顯著降低逃亡之風險，或達替代羈押之目的，隨時檢討是否放寬處分或縮短期限，以符比例原則，保障人權。

㈤刑事訴訟法於111年2月28日增訂第十章之一「暫行安置」之目的，係為兼顧刑事被告醫療需求、訴訟權益及社會安全之防護；期間為每次六個月以下，累計不得超過五年；實質要件：除認為被告犯罪嫌疑重大及刑法第19條第1項、第2項之原因可能存在外，尚須具備被告若不暫行安置，恐生對於公共安全危害之風險，並有緊急必要性，才得由檢察官或法院發動暫行安置之程序。

〈狀例3-26〉**聲請法院羈押被告狀**

刑事 聲請 狀	案　　號	年度　　字第　　號	承辦股別
稱　　　　謂	姓　名　或　名　稱身分證統一編號或營利事業統一編號	住居所或營業所、郵遞區號及電話號碼電子郵件位址	送達代收人姓名、住址、郵遞區號及電話號碼
聲　請　人即自訴人	林　丁		

為就○○年度○字第○○號自訴張○宏詐欺乙案，聲請依法羈押，俾免逃亡事：

　　緣聲請人於○月○日呈遞自訴狀，自訴張○宏詐欺案，業蒙　鈞院於本月○日傳訊過被告乙次在案。被告雖支吾其辭，然鐵證如山，亦深知不容狡賴，加以案情明瞭簡單，人證物證俱在，其犯罪嫌疑實為重大。茲因被告孑然一身，並無家人妻子，所居房屋亦僅暫時租賃，既無正當職業，又身無長物，其行蹤實難預料，顯有「逃亡之虞」，依據刑事訴訟法第101條第1項第1款規定，實有羈押之必要，不能訊問後即輕予釋放，亦極明顯。為此狀請

　　鈞院鑒核，迅將被告羈押，以免逃亡。

　　　　謹狀

台灣○○地方法院刑事庭　公鑒

證　物　名　稱 及　　件　　數	

中　　　華　　　民　　　國　　　　　年　　　　月　　　　　日	
	具狀人　　林　丁　　　　　　　簽名 蓋章

〈狀例3-27〉　**聲請法院撤銷羈押狀㈠（無羈押原因）**

刑事　聲請狀	案　　號	年度　　字第　　號	承辦 股別	
稱　　　　謂	姓　名　或　名　稱 身分證統一編號或 營利事業統一編號	住居所或營業所、郵遞區號 及電話號碼電子郵件位址	送達代收人姓 名、住址、郵遞 區號及電話號碼	
聲　請　人 即　被　告	林　甲			

為就○○年度○字第○○號被訴過失致死乙案，聲請撤銷羈押事：

　　緣聲請人被自訴人蔡乙（即被害人蔡丙之父）自訴過失致死乙案，經　鈞院○○年○月○日庭訊之後，竟遭羈押。按被告之羈押，依刑事訴訟法第101條第1項之規定，須犯罪嫌疑重大，而有：一、逃亡或有事實足認有逃亡之虞者；二、有事實足認有湮滅、偽造、變造證據或勾串共犯或證人之虞者；三、所犯為死刑、無期徒刑或最輕本刑為五年以上有期徒刑之罪，有相當理由認為有逃亡、湮滅、偽造、變造證據或勾串共犯或證人之虞者三款情形之一，非予羈押，顯難進行追訴、審判或執行者，始得為之，實不得擅予羈押。今聲請人駕車不慎，致肇車禍，固為罪嫌重大。但聲請人為執業會計師（證物一），月入十數萬元，有開業之事務所和顯明

之住所各一處（證物二），聲請人一傳即到，實非逃亡；又因社會地位相當，不可能拋家棄子，亦無逃亡之虞可言，與第1款「逃亡或有事實足認爲有逃亡之虞」不符合。而車禍現場，警方已詳細測量，做成紀錄，本案又無其他共犯，並無湮滅、僞造、變造證據之可能，亦無勾串共犯或證人之必要。尤有進者，刑法第276條過失致死罪之法定刑僅爲五年以下有期徒刑、拘役或50萬元以下罰金而已，與刑事訴訟法第101條第1項第3款「所犯爲死刑、無期徒刑或最輕本刑爲五年以上有期徒刑之罪」亦顯不相當。由此可知，聲請人並無一符合羈押之任一原因，擅予羈押，實無法律依據。爲此狀請

　　鈞院鑒核，依法撤銷羈押，立予釋放，以保自由。

　　　　謹狀

台灣○○地方法院刑事庭　公鑒

證　物　名　稱及　　件　　數	證物一：會計師執照影本一份。 證物二：戶籍謄本一份。

中	華	民	國	年	月	日
		具狀人　　林　甲			簽名 蓋章	

〈狀例3-27-1〉聲請法院撤銷羈押狀㈡（尚在偵查中已逾羈押期間）

刑事　聲請　狀		案　　　號	年度　　字第　　號	承辦股別	
稱　　　　　謂	姓　名　或　名　稱身分證統一編號或營利事業統一編號	住居所或營業所、郵遞區號及電話號碼電子郵件位址		送達代收人姓名、住址、郵遞區號及電話號碼	
聲　請　人即　被　告	楊　甲				

爲就○○年度○字第○○號被訴贓物罪嫌乙案，已逾羈押期間，依法聲請撤銷羈押事：

　　緣聲請人於民國○○年9月被訴贓物罪乙案，於同年9月25日第一次訊問後，即被羈押，迄今已五月餘，雖期間經多次訊問，迄未提起公訴，仍繼續偵查案情中。依刑事訴訟法第108條第1項前段規定：「羈押被告，偵查中不得逾二月。」第5項前段規定：「延長羈押期間，偵查中不得逾二月，以延長一次爲限。」第7項前段規定：「羈押期間已滿未經起訴或裁判者，視爲撤銷羈押。」聲請人自被羈押以

來，已逾五月有餘，案件既未經起訴，依法羈押期間經延長一次，亦已滿四月，依上開刑事訴訟法之規定，實應撤銷羈押，為此狀請

　　　鈞院鑒核，依法將聲請人釋放，以符法制，而保障人權。

　　　　　謹狀

台灣○○地方法院刑事庭　公鑒

證　物　名　稱 及　　件　　數	

中　　　華　　　民　　　國　　　年　　　月　　　日	

具狀人　　楊　甲　　　　簽名 蓋章

〈狀例3-27-2〉**聲請法院撤銷羈押狀**㈢（羈押原因已消滅）

刑事　聲請狀	案　號	年度　字第　號	承辦 股別	
稱　　　　謂	姓　名　或　名　稱 身分證統一編號或 營利事業統一編號	住居所或營業所、郵遞區號 及電話號碼電子郵件位址	送達代收人姓 名、住址、郵遞 區號及電話號碼	
聲　請　人 即　被　告	李　林			

為就○○年度○字第○○號被訴重傷罪乙案，羈押原因已消滅，依法聲請撤銷羈押事：

　　查聲請人於○月○日被陳○輝告訴重傷害罪乙案，經　鈞院訊問後，認犯罪嫌疑重大，且為刑事訴訟法第101條第1項第3款「最輕本刑為五年以上有期徒刑之罪」即予收押。惟日前收受檢察官之起訴書，其起訴法條罪名係援引刑法第277條第1項「普通傷害」，依該條規定，法定刑為五年以下有期徒刑、拘役或五十萬元以下罰金，乃原告羈押原因已不復存在，刑事訴訟法第107條第1項規定：「羈押於其原因消滅時，應即撤銷羈押，將被告釋放。」為此狀請

　　　鈞院鑒核，依法迅將聲請人釋放，恢復自由，以符法紀，而重人權。

　　　　　謹狀

台灣○○地方法院刑事庭　公鑒

證　物　名　稱 及　　件　　數	

中	華	民	國	年	月	日

具狀人　李　林　　　　簽名蓋章

〈狀例3-28〉**聲請法院停止羈押狀**㈠（**聲請具保狀**）

刑事　聲請　狀	案　　號	年度　字第　號	承辦股別	
稱　　　　謂	姓名或名稱身分證統一編號或營利事業統一編號	住居所或營業所、郵遞區號及電話號碼電子郵件位址	送達代收人姓名、住址、郵遞區號及電話號碼
聲　請　人即　被　告	楊　過		

為就○○年度○字第○○號被告楊過現罹疾病，難以治療，聲請停止羈押，具保出外就醫事：

　　查聲請人被訴詐欺乙案，業經　鈞院於開庭訊問後羈押在案。聲請人本患有長期胃潰瘍症，自繫囹圄之後，病情更形加重，前日甚有便血情事。雖經所內王醫師診治（證物一），未見起色，長此以往，恐有一命嗚呼之虞，按刑事訴訟法第110條第1項、第114條第3款規定，被告得隨時具保，聲請停止羈押，而現罹疾病，非保外就醫，顯難痊癒者，苟經具保聲請停止羈押，不得駁回。此乃基於人道立場，重視人命之規定，以利受押之被告。聲請人之病情日益加重，為此依據刑事訴訟法規定，狀請

　　鈞院鑒核，准予停止羈押，保外就醫，並請指定保證金額，以便籌措，不勝感念之至。

　　　　　　謹狀

台灣○○地方法院刑事庭　公鑒

證物名稱及件數	證物一：診斷證明書影本一份。

中	華	民	國	年	月	日

具狀人　楊　過　　　　簽名蓋章

〈狀例3-28-1〉聲請法院停止羈押狀㈡（由配偶聲請）

刑事　聲請　狀	案　　號	年度　　字第　　號	承辦股別	
稱　　　　謂	姓　名　或　名　稱身分證統一編號或營利事業統一編號	住居所或營業所、郵遞區號及電話號碼電子郵件位址	送達代收人姓名、住址、郵遞區號及電話號碼	
聲　請　人	詹　乙			

為聲請准予具保停止羈押事：

　　聲請人之夫詹○邦被訴過失致死乙案，於○月○日前往　鈞院刑事庭開庭後，經　鈞長諭令收押，迄今數月，迄未判決。緣聲請人一家五口，除聲請人一人成年外，餘四名子女均在學校就讀，全賴被告一人維持，自被告收押後，全家生計斷絕，子女學業難以為繼，為此依照刑事訴訟法第110條第1項規定，狀請

　　鈞院鑒核，准予停止羈押，並請指定保證金額，以便籌措，不勝感念之至。

　　鈞長鑒核，准予對保後停止羈押。

　　　　謹狀

台灣○○地方法院刑事庭　公鑒

證物名稱及件數	

中　　華　　民　　國　　　　年　　　　月　　　　日				
	具狀人　　詹　乙		簽名蓋章	

〈狀例3-29〉聲請限制住居狀

刑事　聲請　狀	案　　號	年度　　字第　　號	承辦股別	
稱　　　　謂	姓　名　或　名　稱身分證統一編號或營利事業統一編號	住居所或營業所、郵遞區號及電話號碼電子郵件位址	送達代收人姓名、住址、郵遞區號及電話號碼	
聲　請　人即　被　告	林　丙			

為具狀聲請限制住居事：

　　查○○年度○字第○○號被訴妨害公務乙案，依刑事訴訟法第116條「羈押之被告，得不命具保而限制其住居，停止羈押」規定，聲請人被訴妨害公務乙案，情節輕微，雖前奉裁定准具保停止羈押。惟聲請人離家在外（證物一），一介學生，

既無親人又乏資產，一時實難覓保。特依法狀請

　　鈞院鑒核，裁定准予停止羈押，限制住居。

　　　　　謹狀

台灣〇〇地方法院刑事庭　公鑒

證　物　名　稱 及　　件　　數	證物一：戶籍謄本一份。

中	華	民	國	年	月	日

　　　　　　　　具狀人　　林　丙　　　　　　　　簽名
蓋章

〈狀例3-30〉聲請責付狀

刑事　聲　請　狀		案　　　號	年度　　字第　　號	承辦 股別	
稱　　　　　謂	姓　名　或　名　稱 身分證統一編號或 營利事業統一編號	住居所或營業所、郵遞區號 及電話號碼電子郵件位址		送達代收人姓 名、住址、郵遞 區號及電話號碼	
聲　請　人 即　被　告	李　乙				

為就〇〇年度〇字第〇〇號妨害秩序乙案，無力具保，聲請責付事：

　　聲請人因被訴妨害秩序乙案，經偵訊後，即於本月〇日羈押在案。近聲請人之寡母因痛子身陷囹圄，本已衰竭之身突又告中風（證物一），聲請人長兄又在美國留學，幼弟在金門服役，乏人奉侍床前，又無積蓄送醫，若聲請人再不獲釋，則寡母生命，必將不保，且家中經濟狀況不佳，具保實非易事。為此狀請

　　鈞長鑒核，依刑事訴訟法第115條第1項規定，將聲請人責付聲請人之三親等旁系血親即聲請人之二叔李〇宦，俾出外照料寡母，以全孝道。

　　　　　謹狀

台灣〇〇地方法院刑事庭　公鑒

證　物　名　稱 及　　件　　數	證物一：診斷證明書影本一份。

中	華	民	國	年	月	日

　　　　　　　　具狀人　　李　乙　　　　　　　　簽名
蓋章

〈狀例3-31〉責付證書

奉　鈞院諭將被告李○生責付於詹丙，如經傳喚，需令被告隨時到案，自當遵辦。謹依刑事訴訟法第115條第2項規定，出具責付證書。

　　　　　　謹狀
台灣○○地方法院刑事庭

| 中 | 華 | 民 | 國 | 年 | 月 | 日 |

　　　　　　　　　具責付證書人：詹　丙　性別：男　籍貫：台北市
　　　　　　　　　住址：○○市○○路○○巷○○號　職業：商

　　　　　　　　　身分證號碼：○○○○○○○○○○
　　　　　　　　　與被告關係：親戚

〈狀例3-32〉聲請以有價證券代保證金狀

刑事　聲請　狀		案　　號	年度　字第　號	承辦股別	
稱　　　謂	姓　名　或　名　稱身分證統一編號或營利事業統一編號	住居所或營業所、郵遞區號及電話號碼電子郵件位址		送達代收人姓名、住址、郵遞區號及電話號碼	
聲　請　人即　被　告	郭　甲				

為○○年○字第○○號侵占案件，聲請以有價證券代保證金繳納事：

　　緣聲請人即被告侵占案件，曾奉　鈞院裁定繳納保證金新台幣（以下同）50萬元在案。聲請人因無現款，無法繳足保證金，惟聲請人擁有○○股份有限公司上市股票1萬股（證物一），目前市價每股52元，價格合約50萬元，聲請人擬以之代保證金之全額。爰依刑事訴訟法第111條第4項規定，具狀聲請

　　鈞院鑒核，准依上開規定，停止羈押，即予釋放。

　　　　　　謹狀
台灣○○地方法院刑事庭　公鑒

證物名稱及件數	證物一：股票影本一份。

中	華	民	國	年	月	日

具狀人　郭　甲　　　　　　簽名
　　　　　　　　　　　　　蓋章

〈狀例3-33〉保證金額過高抗告狀

刑事　抗告　狀	案　　號	年度　　字第　　號	承辦股別	
稱　　　　謂	姓　名　或　名　稱 身分證統一編號或 營利事業統一編號	住居所或營業所、郵遞區號 及電話號碼電子郵件位址	送達代收人姓 名、住址、郵遞 區號及電話號碼	
抗　告　人 即　被　告	吳　甲			

為○○年度○字第○○號賭博案，所定保證金額過高，提起抗告事：

　　緣抗告人因賭博罪嫌，已蒙　鈞院開庭審理，裁定繳納保證金新台幣（以下同）6萬元在案。惟查刑法第266條第1項規定，賭博罪係專科罰金之罪，且罰金額為5萬元。今　鈞院裁定保證金6萬元，核與刑事訴訟法第112條「專科罰金之罪，指定之保證金額，不得逾罰金之最多額」之規定相違。抗告人對此心實不服，用特具狀提出抗告，懇請

　　鈞院鑒核，撤銷原裁定，更定保證金額，以維法紀。

　　　　　　謹狀

台灣○○地方法院刑事庭　　轉呈
台灣高等法院刑事庭　　　　公鑒

證　物　名　稱 及　　件　　數	

中	華	民	國	年	月	日

具狀人　吳　甲　　　　　　簽名
　　　　　　　　　　　　　蓋章

〈狀例3-34〉聲請再執行羈押狀

刑事 聲請 狀		案　　號	年度 字第	號	承辦股別	
稱　　　　謂	姓　名　或　名　稱 身分證統一編號或 營利事業統一編號	住居所或營業所、郵遞區號 及電話號碼電子郵件位址			送達代收人姓 名、住址、郵遞 區號及電話號碼	
聲　請　人 即自訴人	林　耀					

為就○○年度○字第○○號自訴李○生妨害自由乙案，被告具保停止羈押後，勾串
證人，意圖脫罪，聲請依法再執行羈押事：

　　查聲請人於○月○日自訴被告李○生妨害自由乙案，當庭訊問後，曾命羈押；
後因被告之母患病，　鈞院體恤其孝思，准予具保釋放在案。乃被告釋出之後，竟
不在家照護其母病，終日奔走於本案各證人處，多方請託，希冀湮滅證據，俾逃法
網，依刑事訴訟法第117條第1項第3款規定：停止羈押後，有新發生第101條第1項
情事，得命再執行羈押。按被告之勾串證人，湮滅證據，實與第101條第1項第2款
相當。今被告於停止羈押後，膽敢目無法紀，勾串證人，冀圖脫免，實有再執行羈
押之必要。為此狀請

　　鈞院鑒核，依法將被告再執行羈押，以防串證。

　　　　　　　謹狀

台灣○○地方法院刑事庭　公鑒

證　物　名　稱 及　件　數	

中　　華　　民　　國　　　　年　　　　月　　　　日	
具狀人　林　耀	簽名 蓋章

〈狀例3-35〉聲請免除責付狀

刑事 聲請 狀		案　　號	年度 字第	號	承辦股別	
稱　　　　謂	姓　名　或　名　稱 身分證統一編號或 營利事業統一編號	住居所或營業所、郵遞區號 及電話號碼電子郵件位址			送達代收人姓 名、住址、郵遞 區號及電話號碼	

聲　請　人 即受責付人	梁　賢		

為聲請免除責付責任：

　　查○○年度○字第○○號妨害自由乙案，前奉　鈞院諭令將被告趙乃平責付與聲請人，茲因聲請人家庭因素，乃依刑事訴訟法第119條第2項：具保證書或繳納保證金之第三人，得聲請退保，法院或檢察官得准其退保；且同條第4項亦規定，於受責付者亦準用之。聲請人為此依照法律規定，請求

　　鈞院准予免除責付責任。

　　　　謹狀

台灣○○地方法院刑事庭　公鑒

證　物　名　稱 及　　件　　數			

中	華	民	國		年	月	日
			具狀人　梁　賢			簽名 蓋章	

〈狀例3-36〉**聲請免除具保責任狀**

刑事　聲請　狀		案　　　號	年度　字第　　號	承辦 股別	
稱　　　　謂	姓　名　或　名　稱 身分證統一編號或 營利事業統一編號	住居所或營業所、郵遞區號 及電話號碼電子郵件位址		送達代收人姓 名、住址、郵遞 區號及電話號碼	
聲　請　人 即保證人	王　丁				

為不起訴處分已確定，聲請免除具保責任事：

　　緣聲請人之姪王文化，前因○○年度○字第○○號妨害性自主案件經羈押，後因聲請人代為保證，停止羈押在案。本案業已於○月○日偵查終結，王文化罪嫌不足，予以不起訴處分，並告確定（證物一）。是王文化之羈押，已因受不起訴處分而致效力消滅，依刑事訴訟法第119條第1項規定，免除具保責任。為此用特具狀，聲請

鈞署鑒核，依法免除具保責任。 　　　　　謹狀 台灣○○地方檢察署　公鑒		

證物名稱 及　件　數	證物一：不起訴處分書影本一件。

中　　　華　　　民　　　國　　　年　　　月　　　日
具狀人　　王　丁　　　　　　簽名 蓋章

〈狀例3-37〉聲請退保狀

刑事 聲請 狀	案　　號	年度　字第　號	承辦 股別	
稱　　　謂	姓　名　或　名　稱 身分證統一編號或 營利事業統一編號	住居所或營業所、郵遞區號 及電話號碼電子郵件位址	送達代收人姓 名、住址、郵遞 區號及電話號碼	
聲　請　人 即　保　證　人	李　丁			

為○○年度○字第○○號楊柳風妨害性自主案件，聲請准予退保：

　　查聲請人顧念同事情誼，曾於上月10日具保證書，保出被訴妨害性自主罪嫌楊柳風，並保證被告隨傳隨到在案。惟近因被告與聲請人關係不睦，屢有口角爭執，為解除聲請人具保責任計，特依據刑事訴訟法第119條第2項規定，狀請

　　鈞院鑒核，准予聲請人退保。
　　　　　謹狀
台灣○○地方法院刑事庭　公鑒

證物名稱 及　件　數	

中　　　華　　　民　　　國　　　年　　　月　　　日
具狀人　　李　丁　　　　　　簽名 蓋章

〈狀例3-38〉具保人聲請發還保證金狀

刑事 聲請 狀	案 號	年度 字第 號	承辦股別
稱 謂	姓 名 或 名 稱 身分證統一編號或 營利事業統一編號	住居所或營業所、郵遞區號 及電話號碼電子郵件位址	送達代收人姓 名、住址、郵遞 區號及電話號碼
聲 請 人 即 保 證 人	洪 丙		

為就○○年度○字第○○號張揚侵占案，聲請發還保證金事：

　　緣聲請人曾於○月○日向　鈞院繳納保證金新台幣（以下同）5萬元整，具保被告張揚外出，並擔保隨傳隨到在案。頃於本月9日，已奉　鈞院判決張揚無罪確定（證物一），依刑事訴訟法第316條、第119條第1項規定，聲請人之具保責任，業已免除。為此，用特具狀，懇請

　　鈞院鑒核，迅將聲請人所繳保證金5萬元，予以發還。

　　　　謹狀

台灣○○地方法院刑事庭　公鑒

證 物 名 稱 及 件 數	證物一：判決書影本一份。

中 華 民 國	年	月	日
具狀人 洪 丙		簽名 蓋章	

〈狀例3-39〉不服駁回停止羈押聲請之抗告狀

刑事 抗告 狀	案 號	年度 字第 號	承辦股別
稱 謂	姓 名 或 名 稱 身分證統一編號或 營利事業統一編號	住居所或營業所、郵遞區號 及電話號碼電子郵件位址	送達代收人姓 名、住址、郵遞 區號及電話號碼
抗 告 人	洪 格		

為就不服○○年度○字第○○號偽造有價證券案件○○地方法院駁回停止羈押聲請，提起抗告事：

　　按羈押之被告有現罹疾病，非保外治療顯難痊癒之情形，如經具保聲請停止羈押，不得駁回，刑事訴訟法第114條第3款定有明文。抗告人洪格因患有兩側輕度肺結核症合併肺氣腫須藥物治療，經向國立台灣大學附設醫學院取得診斷書聲請停止羈押。乃原審○○地方法院竟不採酌上述診斷書，逕函請○○看守所查報其眞實情形如何。又據該所查覆略稱：據本所衛生課約聘醫生廖○達簽稱「該被告所患肺結核症，合併肺氣腫及心悸亢進，以本所設備，無法治療，惟其所患尙難認有致生命危險之虞」云云，此有狀附診斷證明書及原函在卷可稽（證物一）。原審竟以看守所之覆函爲據，認定抗告人所患疾病，尙難認有致生命危險之虞。按所謂「現罹疾病，非保外治療顯難痊癒之情形」，與「有無致生命危險之虞」之涵義不盡相同。原裁定以抗告人所患疾病尙無生命危險之虞，駁回抗告人聲請停止羈押之理由，其認事用法，顯有違誤，爲此狀請

　　鈞院鑒核，迅依刑事訴訟法第413條、第114條規定，撤銷原裁定，並准予抗告人保外就醫，以重人命。

　　　　　　謹狀

台灣○○地方法院刑事庭　轉呈
台灣高等法院○○分院　　公鑒

證 物 名 稱及 件 數	證物一：診斷證明書及看守所函影本各一份。

中	華	民	國		年		月		日
			具狀人　洪　格					簽名蓋章	

〈狀例3-40〉聲請法院撤銷科技設備監控命令書狀

刑事　　聲請　狀		案　　號	年度　　字第　　號	承辦股別	
稱　　謂	姓 名 或 名 稱身分證統一編號或營利事業統一編號	住居所或營業所、郵遞區號及電話號碼電子郵件位址		送達代收人姓名、住址、郵遞區號及電話號碼	
聲 請 人即 被 告	趙甲				

為就○○年度○字第○○號被訴違反毒品危害防制條例乙案，聲請撤銷科技設備監控命令書事：

　　緣聲請人被訴違反毒品危害防制條例乙案，前經 鈞院○○年○月○日庭訊之後，命被告提出保證金新臺幣8萬元、不得與本案其他共犯或證人聯繫及接受適當之科技設備監控。惟按法院許可停止羈押時，經審酌人權保障及公共利益之均衡維護，認有必要者，得定相當期間，命被告應遵守下列事項： 接受適當之科技設備監控；前項各款規定，得依聲請或依職權變更、延長或撤銷之，刑事訴訟法第116條之2第1項、第2項定有明文。經查，被告既已坦承本案所涉販賣第二級毒品、與同案被告吳○共同販賣第二級毒品犯行，前於庭訊時亦曾表示不會與吳○聯繫，鈞院方未予以羈押被告，並命被告具保、施以科技設備監控。而被告迄今確實遵守鈞院前開諭示不得與本案其他共犯或證人聯繫之約定，復參以被告自偵查以來，均按時出庭，未曾有逃亡之客觀事實，且被告已支付相當之保證金，實無再接受科技設備監控之必要，更何況被告配戴電子腳環之科技監控設備，不僅造成被告生活上諸多不便，亦嚴重侵害被告人身自由及隱私權，並徒增科技中心人員因監控被告行蹤所生之社會成本。為此狀請 鈞院鑒核，依法撤銷前揭科技設備監控命令書，以維被告人權。
　　　　　　　謹狀
台灣○○地方法院刑事庭　公鑒

證物名稱及件數	

中　華　民　國		年	月	日
	具狀人　趙　甲		簽名蓋章	

〈狀例3-41〉聲請法院法院變更科技設備監控命令書狀

刑事　聲請狀	案　　　號	年度	字第	號	承辦股別	
稱　謂	姓　名　或　名　稱身分證統一編號或營利事業統一編號	住居所或營業所、郵遞區號及電話號碼電子郵件位址		送達代收人姓名、住址、郵遞區號及電話號碼		
聲請人即被告	朱乙					

為就○○年度○字第○○號被訴違反證券交易法等案，聲請變更科技設備監控命令書事：

　　緣聲請人被訴違反證券交易法等案，前經 鈞院○○年○月○日庭訊之後，命被告接受電子腳環之科技設備監控。惟依法院辦理科技設備監控處分之處理原則第1條第8款規定，法院諭知科技設備監控處分後，宜考量如被告因現罹疾病而有醫療需求；或有短期出境（出海）或至科技監控設備訊號無法正常運作地點之需求；或有其他因素經法院認為適當而有暫不適宜執行監控之情形，審慎決定是否諭知暫緩處分。且依同處理原則第4條第3項前段亦規定，審判中執行科技設備監控處分，係由監控中心派員在被告身上安裝「電子腳環」或「電子手環」，或交付「個案手機」予被告隨身攜帶，或併為前開之安裝及交付……，足見尚可利用「電子手環」或「個案手機」之方式，以資監控，應足以確保刑事訴訟程序順利進行。經查，被告足部患有嚴重之皮膚病，經專業醫師診斷後，配戴電子腳環將造成被告皮膚病情加重，甚至因皮膚潰爛而產生其他併發症之風險，建議予以移除（證物一）。參酌被告於 鈞院審理期間，均按時出庭，並未出現拒絕司法調查程序之情事，且自配戴電子腳環以來，均配合監控中心，主動告知每日行程，減輕監控中心人員之負擔，根本沒有任何逃亡之疑慮。再加上關於科技設備監控之方式，尚有安裝電子手環或交付個案手機等，對於被告侵害較輕、效率更佳的替代手段。為此狀請 鈞院鑒核，准予變更前揭科技設備監控命令書，改採取較為輕微之羈押替代手段，始符合比例原則。

　　　　　　　謹狀
台灣○○地方法院刑事庭　公鑒

證物名稱及件數	證物一：診斷證明書一份。

中　　華　　民　　國　　　　年　　　　月　　　　日

具狀人　　朱　乙　　　簽名蓋章

〈狀例3-42〉聲請法院撤銷暫行安置狀

刑事　聲　請　狀	案　　號	年度	字第	號	承辦股別	
稱　　謂	姓　名　或　名　稱身分證統一編號或營利事業統一編號	住居所或營業所、郵遞區號及電話號碼電子郵件位址		送達代收人姓名、住址、郵遞區號及電話號碼		
聲請人即被告	張丙					

為就○○年度○字第○○號被訴恐嚇乙案，聲請撤銷暫行安置事：

　　緣聲請人被訴恐嚇乙案，前經檢察官提起公訴及 鈞院○○年○月○日庭訊之後，依刑事訴訟法第121條之1第1項規定，依職權裁定聲請人令入司法精神醫院、醫院、精神醫療機構或其他適當處所暫行安置○個月在案。然查，聲請人長期在○○醫院精神科就診，並定期回診領藥，目前病情已獲適當控制，而無危害公共安全之可能，更無緊急之必要性。又聲請人於本件暫行安置前，與父母及兩位兄長同住，在家人之陪伴照顧下，更有助於病情之改善，另審酌聲請人所涉罪名為得以易科罰金之輕罪，倘若貿然進行暫行安置，恐有違比例原則。為此狀請　鈞院鑒核，依法撤銷暫行安置，立予釋放，以維人權。

　　　　　　　謹狀
台灣○○地方法院刑事庭　公鑒

證物名稱及件數	

中　　華　　民　　國　　　　年　　　　月　　　　日
具狀人　張　丙　　簽名蓋章

▶搜索及扣押之聲請

◇對於被告或犯罪嫌疑人之身體、物件、電磁紀錄及住宅或其他處所，必要時得搜索之。
　對於第三人之身體、物件、電磁紀錄及住宅或其他處所，以有相當理由可信為被告或犯罪嫌疑人或應扣押之物或電磁紀錄存在時為限，得搜索之。（刑訴122）
◇經搜索而未發見應扣押之物者，應付與證明書於受搜索人。（刑訴125）

◇有下列情形之一者，檢察官、檢察事務官、司法警察官或司法警察，雖無搜索票，得逕行搜索住宅或其他處所：

一　因逮捕被告、犯罪嫌疑人或執行拘提、羈押，有事實足認被告或犯罪嫌疑人確實在內者。

二　因追躡現行犯或逮捕脫逃人，有事實足認現行犯或脫逃人確實在內者。

三　有明顯事實足信為有人在內犯罪而情形急迫者。

檢察官於偵查中確有相當理由認為情況急迫，非迅速搜索，二十四小時內證據有偽造、變造、湮滅或隱匿之虞者，得逕行搜索，或指揮檢察事務官、司法警察官或司法警察執行搜索，並層報檢察長。

前二項搜索，由檢察官為之者，應於實施後三日內陳報該管法院；由檢察事務官、司法警察官或司法警察為之者，應於執行後三日內報告該管檢察署檢察官及法院。法院認為不應准許者，應於五日內撤銷之。

第1項、第2項之搜索執行後未陳報該管法院或經法院撤銷者，審判時法院得宣告所扣得之物，不得作為證據。（刑訴131）

◇扣押物若無留存之必要者，不待案件終結，應以法院之裁定或檢察官命令發還之；其係贓物而無第三人主張權利者，應發還被害人。

扣押物因所有人、持有人或保管人之請求，得命其負保管之責，暫行發還。

扣押物之所有人、持有人或保管人，有正當理由者，於審判中得預納費用請求付與扣押物之影本。（刑訴142）

◇羈押之被告受不起訴或緩起訴之處分者，視為撤銷羈押，檢察官應將被告釋放，並應即時通知法院。

為不起訴或緩起訴之處分者，扣押物應即發還。但法律另有規定、再議期間內、聲請再議中、聲請法院准許提起自訴中或法院裁定准許提起自訴所定期間內遇有必要情形，或應沒收或為偵查他罪或他被告之用應留存者，不在此限。（刑訴259）

◎撰狀說明

㈠搜索與扣押皆為刑事訴訟法上強制處分。搜索原則上應用搜索票（見刑事訴訟法第128條）。但刑事訴訟法第130條之附帶搜索、第131條之緊急搜索，或第131條之1受搜索人同意之情形時，皆為「無票搜索」。經搜索後未發現應扣押之物者，受搜索人得請求付與「搜索證明書」（見刑事訴訟法第125條），以免受同一目的之再次搜索。

㈡可為證據或得沒收之物，得扣押之（見刑事訴訟法第133條第1項）。另扣押後，應制作收據，詳記扣押物之名目，付與所有人、持有人或保管人（見刑事訴訟法第139條第1項）。故未付與收據時，所有人、持有人、保管人得請求之。

〈狀例3-43〉聲請搜索狀

刑事　聲請　狀	案　　號	年度　字第　　號	承辦股別	
稱　　　　謂	姓　名　或　名　稱 身分證統一編號或 營利事業統一編號	住居所或營業所、郵遞區號 及電話號碼電子郵件位址	送達代收人姓 名、住址、郵遞 區號及電話號碼	
聲　請　人 即告訴人	劉乙			

為就○○年度○字第○○號李○生竊盜案，發現失物，聲請迅速派警搜索事：

　　聲請人於上月○日，家中遭竊，失物甚多，不僅金飾細軟，連電視機、錄影機、照相機等大件物品，亦無一倖免。經開具清單，依法向檢察官告訴，經檢警合力拘獲嫌犯李○生等二名，偵查後，認嫌疑甚大，已向　鈞院提起公訴在案。然轉眼月餘，失物迄未發現，嫌犯李○生亦堅不吐實，邇來，聲請人查訪各公私當鋪，發現位於本市○○路○○段○○號之發財當鋪，陳列有聲請人失竊之相機、手錶等物。按聲請人之照相機，正面左下角皮套有一火燒痕，其為聲請人失竊之贓物無誤。一部失物既經發現，不難尋線追查出全部失竊物，正犯亦可由此尋獲。為此狀請

　　鈞院鑒核，迅派司法警察持票前往搜索，並傳喚店主，追查來源，期水落石出。

　　　　　謹狀

台灣○○地方法院刑事庭　公鑒

證物名稱 及件數	

中　　　華　　　民　　　國　　　　年　　　　月　　　　日
具狀人　　劉乙　　　　　簽名蓋章

〈狀例3-44〉聲請付與已搜索證明書狀

刑事　聲請　狀	案　　號	年度　字第　　號	承辦股別	
稱　　　　謂	姓　名　或　名　稱 身分證統一編號或 營利事業統一編號	住居所或營業所、郵遞區號 及電話號碼電子郵件位址	送達代收人姓 名、住址、郵遞 區號及電話號碼	

聲　請　人	吳　明		

為依法聲請付與已經搜索證明書事：

　　緣聲請人家中突於本月○日上午○時，由　鈞院派令四名警察，持搜索票前來執行搜索，觀其票上所載搜索事由，為聲請人私藏贓物，經三小時詳細搜索後，並未發現犯罪證據，而無任何物品遭扣押，依法理應付與證明書，以免後累。為此狀請

　　鈞院鑒核，依刑事訴訟法第125條規定，將證明書付與聲請人，以符法制。

　　　　　　謹狀

台灣○○地方法院刑事庭　公鑒

證　物　名　稱 及　　件　　數	

中　　　　華　　　　民　　　　國　　　　　年　　　　　月　　　　　日
具狀人　吳　明　　　　　　簽名 蓋章

〈狀例3-45〉**非法搜索自訴妨害自由、妨害名譽狀**

刑事　自　訴　狀		案　　號	年度　　字第　　號	承辦 股別	
稱　　　謂	姓　名　或　名　稱 身分證統一編號或 營利事業統一編號	住居所或營業所、郵遞區號 及電話號碼電子郵件位址		送達代收人姓 名、住址、郵遞 區號及電話號碼	
自　訴　人 自訴代理人 被　　　告	吳　明 李　山律師 林　彰 劉　虎				

為就自訴人遭非法搜索，自訴被告等妨害自由、妨害名譽事：

　　緣自訴人於○○年○月○日陪同女友前往本市○○劇院觀賞電影時，突遭被告林彰、劉虎等人之非法搜索，按林、劉二人非司法警察，竟著警員服飾帽徽，在公共出入之場所，竟大聲喝令自訴人：「不許動」，進而搜索自訴人全身，非但態度粗魯，並口出穢言。事後自訴人之女友認自訴人行止不端，拒絕與自訴人繼續

交往，此有現場目擊者李丁（住○○市○○路○○號）足資作證。按被告等此種行徑，不僅構成刑法妨害名譽，亦屬刑法第304條第1項使他人行無義務之事之妨害自由罪。自訴人實不甘受辱，為此特委請李山為自訴代理人，提出自訴，狀請

　　鈞院鑒核，傳訊被告等到案，依法審理，治之以罪，以儆效尤，保障民權。

　　　　謹狀

台灣○○地方法院刑事庭　公鑒

證　物　名　稱 及　　件　　數	

中	華	民	國	年	月	日

　　　　具狀人　　　吳　明　　　　　　簽名
　　　　自訴代理人　李　山律師　　　　蓋章

〈狀例3-46〉聲請撤銷搜索狀（對違法搜索之撤銷聲請）

刑事　聲　請　狀		案　　　號	年度　　字第　　號	承辦 股別	
稱　　　謂	姓　名　或　名　稱 身分證統一編號或 營利事業統一編號	住居所或營業所、郵遞區號 及電話號碼電子郵件位址		送達代收人姓 名、住址、郵遞 區號及電話號碼	
聲　請　人	吳　明				

為聲請撤銷搜索，發還扣押物事：

一、爰司法警察官須有刑事訴訟法第131條第1項之情事，始得逕行搜索住宅或其他處所，否則其搜索即屬違法，法院得依同條第3項及第4項規定，於司法警察官陳報後五日內撤銷之，並宣告所扣押之物品，不得作為證據。

二、今查，○○市政府警察局○○分局刑事偵查員，於民國○○年○月○日夜間○時，於無上開條項所規定之情事下，逕至聲請人位於○○市○○路○○號○○樓之住宅，指聲請人涉嫌偽造文書等，而違法執行搜索，並違法扣押帳簿表冊。嗣復以該違法扣押物為據，而將聲請人以涉嫌違反刑法第210條、第216條之罪，移送法辦。惟聲請人並無本項犯行，業如前呈檢察官之答辯狀所陳，茲不贅述。而警方以違法搜索扣押之物，作為起訴依憑之證據，顯屬違法。為此，爰狀請

鈞院鑒核，迅依法賜爲撤銷該違法搜索，發還扣押物，以維法制。
　　　　　　謹狀
台灣○○地方法院刑事庭　公鑒

證 物 名 稱及 件 數	

中	華	民	國	年	月	日

　　　　　　具狀人　　吳　明　　　　　　簽名蓋章

〈狀例3-47〉聲請扣押狀（得爲證據物之扣押）

刑事　聲請　狀	案　　號	年度　　字第　　號	承辦股別	
稱　　　　謂	姓 名 或 名 稱身 分 證 統 一 編 號 或營 利 事 業 統 一 編 號	住居所或營業所、郵遞區號及電話號碼電子郵件位址	送 達 代 收 人 姓名 、 住 址 、 郵 遞區 號 及 電 話 號 碼	
聲 請 人即 告 訴 人	劉　甲			

爲就○○年度○字第○○號聲請人告訴李○生妨害性自主案，聲請扣押書信事：
　　查聲請人告訴李○生妨害性自主，業經　鈞院定期審訊在案。茲聲請人查得被告李○生於○月○日發送與辯護人張丙律師之掛號信函乙件（證物一），信中內容有使辯護人勾串證言之情。爲此，依刑事訴訟法第135條第1項第2款規定，狀請
　　鈞院鑒核，迅將該信函予以扣押，以全證據。
　　　　　　謹狀
台灣○○地方法院刑事庭　公鑒

證 物 名 稱及 件 數	證物一：信函影本一份。

中	華	民	國	年	月	日

　　　　　　具狀人　　劉　甲　　　　　　簽名蓋章

〈狀例3-48〉**聲請發還扣押物狀**㈠（**第三人聲請**）

刑事　聲請　狀	案　　　號	年度　　字第　　號	承辦股別	
稱　　　　　謂	姓　名　或　名　稱 身分證統一編號或 營利事業統一編號	住居所或營業所、郵遞區號 及電話號碼電子郵件位址	送達代收人姓 名、住址、郵遞 區號及電話號碼	
聲　請　人	賴　甲			

為就○○年度○字第○○號呂宗竊盜案，無辜受累，聲請將扣押物依法發還事：

　　查被告呂宗與聲請人係同住一屋，異室而居。前呂宗被訴竊盜罪嫌，業經派警搜索，將其室內一切物品，均予扣押在案。惟扣押物中，有外銷成衣十箱，乃聲請人所有物，係向○○紡織廠標購而得，擬於近日至本市公館擺地攤發售；因當時室內無處置放，徵得被告同意後，即置於其房內。此等情節，不僅被告陳述歷歷，且失主亦明示非其失物。此十箱成衣，不僅係聲請人之數月積蓄所在，亦一家五口賴以維生之資，且此批成衣既非失主所有，實無再予扣押之必要，為此依刑事訴訟法第142條第1項規定，狀請

　　鈞院鑒核，依法將扣押之成衣十箱，如數發還聲請人，以保權利。

　　　　　謹狀

台灣○○地方法院刑事庭　公鑒

證　物　名　稱 及　　件　　數	

中　　　華　　　民　　　國　　　　　年　　　　月　　　　日	
具狀人　　賴　甲	簽名 蓋章

〈狀例3-48-1〉**聲請發還扣押物狀**㈡（**被告聲請**）

刑事　聲請　狀	案　　　號	年度　　字第　　號	承辦股別	
稱　　　　　謂	姓　名　或　名　稱 身分證統一編號或 營利事業統一編號	住居所或營業所、郵遞區號 及電話號碼電子郵件位址	送達代收人姓 名、住址、郵遞 區號及電話號碼	
聲　請　人 即　被　告	王　乙			

為就○○年度○字第○○號被訴詐欺乙案，業經不起訴處分，聲請速將扣押物發還事：

　　緣聲請人於○月○日被翁昌告訴詐欺乙案，　鈞署偵查時，聲請人奉諭將所有之○○商業銀行存摺一本及房屋所有權狀乙紙，認係犯罪所得物，呈繳　鈞署扣押在案。今本案業於本月○日經　鈞署偵查終結，並予不起訴處分（證物一）。依刑事訴訟法第259條第2項前段規定：為不起訴處分者，扣押物應即發還，並不待其不起訴處分確定後方得發還。惟至今尚未收奉發還命令，為此狀請

　　鈞署鑒核，迅將上開存摺及房屋所有權狀發還聲請人，以保權益。

　　　　謹狀

台灣○○地方檢察署　公鑒

證　物　名　稱 及　　件　　數	證物一：台灣○○地方檢察署不起訴處分書影本一份。

中	華	民	國	年	月	日
		具狀人　　王　乙			簽名 蓋章	

〈狀例3-48-2〉　**聲請發還扣押物狀**(三)

刑事　聲請　狀		案　　號	年度　　字第　　號	承辦 股別	
稱　　　　謂	姓　名　或　名　稱 身分證統一編號或 營利事業統一編號	住居所或營業所、郵遞區號 及電話號碼電子郵件位址		送達代收人姓 名、住址、郵遞 區號及電話號碼	
聲　請　人 即　被　告	吳　三				

為聲請返還扣押物事：

一、緣被告因被訴強盜等案件，於到案之初，住宅曾受搜索，且受搜索後有部分個人財物遭扣押，因查該列受扣押之個人財物，均有來源證明，且屬被告所有，並非載於原審判決書附件中犯罪所得之物欄內物品，故非犯罪所得之物，亦非本案可為證據或得沒收之物，依刑事訴訟法第142條第1項規定，應予發還與被告。

二、次查被告受扣押之個人財物列表如下：

編號	名　　稱	來　　源	備考
一	KONICA牌相機乙台（證一）	與友人邱丙於○○年○月底購於台中市市府路	
二	K金寶石戒指乙只	購於三重市三和夜市	
三	女用金項鍊乙條（約六錢重）	購於台北市延平北路「佳輝」銀樓	
四	女用金手鍊二條（共約四錢重）	購於同上地點	
五	珍珠項鍊乙條	購於台北市羅斯福路（公館）	
六	K金戒指二只	購於同上地點	
七	化妝品乙盒	購於高雄市南華路	
八	男用寶路華手錶乙只	購於台北市信義路	
九	SONY及SAMPO隨身聽各乙台	購於高雄市六合路	
十	女用K金鑽石手錶乙只	購於高雄市南華路	
十一	NIKON相機乙台及鏡頭三個	相機及鏡頭為哥哥吳炳順於3月11日由美國帶回	
十二	現金5萬元		
十三	現金31,750元		

三、上列扣押物件前由台灣台北地方檢察署扣押保管。惟目前本案已繫屬　鈞院，爰謹請

　　鈞院惠予依刑事訴訟法第142條第1項規定，就上開物件查明來源後惠予裁定一併發還被告。惟因被告目前仍在押，故委任○○○代被告收受上開物品（詳證二）。

　　　　　謹狀
台灣○○高等法院　公鑒

證　物　名　稱 及　　件　　數	證一：相機保證書影本二紙。 證二：委任狀一件。

中　華　民　國　　　　年　　　　月　　　　日

具狀人　吳　三　　　　　簽名
蓋章

〈狀例3-49〉**聲請發還贓物狀（被害人聲請）**

刑事　聲請　狀	案　　號	年度　　字第　　號	承辦股別	
稱　　　謂	姓　名　或　名　稱身分證統一編號或營利事業統一編號	住居所或營業所、郵遞區號及電話號碼電子郵件位址	送達代收人姓名、住址、郵遞區號及電話號碼	
聲　請　人	王　乙			

為就○○年度○字第○○號李生竊盜案，聲請發還贓物事：

　　緣聲請人前被李生竊取錄影機及錄音機各乙座，於失竊翌日，即向管區員警開具清單報案，有卷附警所紀錄可稽（證物一），本案業經　鈞院判處被告有期徒刑六月確定（證物二）。惟聲請人所失竊之錄影機及錄音機均未發還，揆諸案情，實無繼續扣押必要。聲請人特依刑事訴訟法第142條第1項後段規定，狀請

　　鈞院鑒核，懇請准予發還，以保權益。

　　　　　　謹狀

台灣○○地方法院刑事庭　公鑒

證　物　名　稱及　　件　　數	證物一：損失清單影本一份。證物二：台灣○○地方法院刑事判決書影本一份。

中　　　華　　　民　　　國　　　年　　　月　　　日
具狀人　　王　乙　　　簽名蓋章

〈狀例3-50〉**所有人聲請暫行發還扣押物狀**

刑事　聲請　狀	案　　號	年度　　字第　　號	承辦股別	
稱　　　謂	姓　名　或　名　稱身分證統一編號或營利事業統一編號	住居所或營業所、郵遞區號及電話號碼電子郵件位址	送達代收人姓名、住址、郵遞區號及電話號碼	
聲　請　人即　被　告	李　丙			

為○○年度○字第○○號過失致死案件，聲請暫時發還扣押肇事大客車事：

　　查今年○月○日聲請人所有之賓士牌營業用大客車乙輛（牌照號碼○○○○），由司機王德財駕駛，於行經○○路與○○路交叉口時，不慎撞斃行人巫永福，管區警員隨即扣押該大客車。按該車乃聲請人花費新台幣千萬元自德國進口，目前尚欠銀行貸款新台幣600餘萬元（證物一）。停駛一日，聲請人即損失數萬元。聲請人資力不佳，實不堪長期虧損。為特依據刑事訴訟法第142條第2項規定，狀請

　　鈞院鑒核，暫將該車發還。
　　　　　　謹狀
台灣○○地方法院刑事庭　公鑒

證　物　名　稱 及　　件　　數	證物一：貸款證明書影本一份。

中	華	民	國	年	月	日
		具狀人　　李　丙			簽名 蓋章	

▶調查證據之聲請

◇當事人、代理人、辯護人或輔佐人得聲請調查證據，並得於調查證據時，詢問證人、鑑定人或被告。審判長除認為有不當者外，不得禁止之。

法院為發見真實，得依職權調查證據。但於公平正義之維護或對被告之利益有重大關係事項，法院應依職權調查之。

法院為前項調查證據前，應予當事人、代理人、辯護人或輔佐人陳述意見之機會。

告訴人得就證據調查事項向檢察官陳述意見，並請求檢察官向法院聲請調查證據。（刑訴163）

◇當事人、代理人、辯護人或輔佐人聲請調查證據，應以書狀分別具體記載下列事項：
　　一　聲請調查之證據及其與待證事實之關係。
　　二　聲請傳喚之證人、鑑定人、通譯之姓名、性別、住居所及預期詰問所需之時間。
　　三　聲請調查之證據文書或其他文書之目錄。若僅聲請調查證據文書或其他文

書之一部分者，應將該部分明確標示。

調查證據聲請書狀，應按他造人數提出繕本。法院於接受繕本後，應速送達。

不能提出第1項之書狀而有正當理由或其情況急迫者，得以言詞爲之。

前項情形，聲請人應就第1項各款所列事項分別陳明，由書記官製作筆錄；如他造不在場者，應將筆錄送達。（刑訴163-1）

◎撰狀說明

　　民國91年及92年的刑事訴訟法修正案，將犯罪證據之調查權，逐漸下放於當事人，而使當事人負相當之舉證責任。例如：刑事訴訟法第161條第1項：檢察官就被告犯罪事實，應負舉證責任，並指出證明之方法。另第163條第1項也規定，當事人得聲請調查證據，並得於調查證據時，詢問證人、鑑定人或被告。審判長除認爲有不當者外，不得禁止之。因此同法第163條之1第1項乃規定聲請調查證據之方式，應以書狀爲之，同時規定其應記載之項目。

〈狀例3-51〉**聲請調查證據狀**

刑事　聲請　狀		案　　　號	年度　　字第	號	承辦股別	
稱　　　謂	姓　名　或　名　稱身分證統一編號或營利事業統一編號	住居所或營業所、郵遞區號及電話號碼電子郵件位址			送達代收人姓名、住址、郵遞區號及電話號碼	
聲　請　人即　被　告	李　甲					

爲聲請調查證據事：

一、按被告被訴涉嫌僞造有價證券罪，無非以被告竊取告訴人之支票乙紙，並盜用其印章，復持往銀行兌現等爲據。惟查本紙支票乃係告訴人自行蓋用印章，並以支票機加載金額，並授權被告自行填具發票日期，此有當時在場見聞之王乙可供傳訊作證；其次告訴人與被告間之債務往來，素以銀行匯款爲之，但因被告未曾保留匯款單，故請　鈞院函查銀行存支明細。茲敘述聲請調查證據及待證事實之關係如下：

　㈠證人王乙：證明告訴人確曾簽發支票抵債，並授權被告自行填具發票日期，提示兌現。

　㈡函查○○銀行○○分行○○○○帳號，且民國○○年○月至○○年○月止之存支及匯款明細：以證實被告與告訴人間之債務關係。

二、證人王乙：男，住○○市○○區○○路○○段○○號○○樓，預期詰問所需時間約○時○分。

三、函查之文書：○○銀行○○分行○○○帳號，戶名即告訴人張丙，自民國○○年○月至○○年○月止之存支及匯款明細。為此，狀請
　　　鈞院鑒核，迅賜傳喚證人及函查證據，以明事實。
　　　　　　謹狀
台灣○○地方法院刑事庭　公鑒

證　物　名　稱 及　　件　　數	

中	華	民	國	年	月	日
	具狀人　　李　甲				簽名 蓋章	

〈狀例3-52〉聲請交付光碟狀

刑事	聲請　狀	案　　　號	年度　字第　　號	承辦 股別	
稱　　謂	姓　名　或　名　稱 身分證統一編號或 營利事業統一編號	住居所或營業所、郵遞區號 及電話號碼電子郵件位址	送達代收人姓名、住址、 郵遞區號及電話號碼		
聲請人 即被告	程乙				

為○○年度○字第○○號違反毒品危害防制條例案件，聲請交付光碟事：
　　緣證人○○自法院審理以來，從未到法院接受被告之交互詰問，為釐清證人○○接受警方、檢察官訊問過程之始末，及上開筆錄內容之真實性，懇請　鈞院交付證人林來上開筆錄之完整錄音光碟（即證人於○○年○月○日警詢筆錄及○○年○月○日偵查筆錄），待被告自行勘驗後，再就該等筆錄內容，具狀表示意見。為此，狀請
　　鈞院鑒核，准予被告前開交付光碟之聲請，實感德便。
　　　　　　謹狀
台灣○○地方法院刑事庭　公鑒

證物名稱及件數	

中　華　民　國	年	月	日

具狀人　程　乙　　簽名蓋章

▶勘驗之聲請

◇法院或檢察官因調查證據及犯罪情形，得實施勘驗。（刑訴212）

◎撰狀說明

㈠勘驗之目的是爲調查證據及犯罪情形。

㈡勘驗之客體則爲人的身體、物的型態、地的外狀。審判中由法院（指審判法官），偵查中由檢察官爲之。檢查被告以外之人之身體，限於有相當理由可認爲於調查犯罪情形有必要者，始可爲之。檢查婦女身體，應命醫師或婦女行之（見刑事訴訟法第215條第1項、第3項）。

〈狀例3-53〉 聲請勘驗狀

刑事　聲請　狀	案　號	年度	字第	號	承辦股別
稱　　　謂	姓　名　或　名　稱身分證統一編號或營利事業統一編號	住居所或營業所、郵遞區號及電話號碼電子郵件位址		送達代收人姓名、住址、郵遞區號及電話號碼	
聲　請　人	蔣　乙				

爲死因不明，有他殺之嫌，聲請勘驗事：

　　緣聲請人之子蔣甲現年十八歲，○○年○月因案判處感化教育三年，於該年○月至○○少年感化院服刑迄今。本月○日，頃接該院李院長來電，謂其突發急症亡故，當即南下探視屍體，見其胸部呈青紫色數處，肋骨似有斷裂，且眼下方呈嚴重皮下瘀血現象，髮膚凌亂，生前似曾遭嚴重毆打狀。聲請人曾詰問李院長，不僅神色慌亂，支吾其詞，最後更瞠目無言。按犬子蔣甲生前體壯如牛，身長180公分，體重達75公斤，從小未生疾病，又年方十八，實無突染惡疾暴斃之可能，其中別有隱情。爲此狀請

　　鈞署鑒核，依刑事訴訟法第212條、213條規定，迅予勘驗，以明眞相，爲民伸冤。

	謹狀			

台灣○○地方檢察署　公鑒

證　物　名　稱 及　　件　　數	

中	華	民	國	年	月	日

具狀人　　蔣　乙　　　　　簽名
　　　　　　　　　　　　　　蓋章

〈狀例3-54〉 聲請免驗狀

刑事　聲請　狀	案　　號	年度　　字第　　號	承辦股別	
稱　　謂	姓　名　或　名　稱 身分證統一編號或 營利事業統一編號	住居所或營業所、郵遞區號 及電話號碼電子郵件位址	送達代收人姓 名、住址、郵遞 區號及電話號碼	
聲　請　人	李　甲			

為聲請人之子失足墜塘，致遭橫死，聲請免驗事：

　　查聲請人幼子李乙，年方三歲，正當牙牙學語，顛顛舉步之齡，生就白胖聰明，人見人愛，昨日下午因全家下田收割稻作，乏人照料，致墜屋前池塘，雖經人撈救，終回天乏術，致遭溺斃。按聲請人一介小民，一向與人和氣相處，從未結怨他人，犬子幼弱，更無得罪他人之虞。此次不幸慘死，實因乏人照料，自行失足所致，非受人陷溺或有任何隱情，實不必身後再遭刀鋸之辱，為此狀請

　　鈞署鑒核，准予免驗。

　　　　謹狀

台灣○○地方檢察署　公鑒

證　物　名　稱 及　　件　　數	

中	華	民	國	年	月	日

具狀人　　李　甲　　　　　簽名
　　　　　　　　　　　　　　蓋章

▶傳喚證人之聲請

◇證人不能到場或有其他必要情形，得於聽取當事人及辯護人之意見後，就其所在或於其所在地法院訊問之。

前項情形，證人所在與法院間有聲音及影像相互傳送之科技設備而得直接訊問，經法院認為適當者，得以該設備訊問之。

當事人、辯護人及代理人得於前二項訊問證人時在場並得詰問之；其訊問之日時及處所，應預行通知之。

第2項之情形，於偵查中準用之。（刑訴177）

◇證人有下列情形之一者，得拒絕證言：

　一　現為或曾為被告或自訴人之配偶、直系血親、三親等內之旁系血親、二親等內之姻親或家長、家屬者。

　二　與被告或自訴人訂有婚約者。

　三　現為或曾為被告或自訴人之法定代理人或現由或曾由被告或自訴人為其法定代理人者。

對於共同被告或自訴人中一人或數人有前項關係，而就僅關於他共同被告或他共同自訴人之事項為證人者，不得拒絕證言。（刑訴180）

◇證人有數人者，應分別訊問之；其未經訊問者，非經許可，不得在場。

因發見真實之必要，得命證人與他證人或被告對質，亦得依被告之聲請，命與證人對質。（刑訴184）

◇證人得請求法定之日費及旅費。但被拘提或無正當理由，拒絕具結或證言者，不在此限。

前項請求，應於訊問完畢後者十日內，向法院為之。但旅費得請求預行酌給。

（刑訴194）

◎撰狀說明

　　證人經合法傳喚，無正當理由而不到場者，得科以新台幣3萬元以下之罰鍰，並得拘提之；再傳不到者，亦同（見刑事訴訟法第178條第1項）。此因證人有出庭作證之義務。拒絕證言之情形有：㈠公務員身分（見刑事訴訟法第179條）；㈡身分關係（見刑事訴訟法第180條）；㈢身分及利害關係（見刑事訴訟法第181條）；㈣業務關係（見刑事訴訟法第182條）等四種。證人具結後如為虛偽之證言，即觸犯了刑法第168條之偽證罪。

　　證人如有數人時，應分別訊問，以免串證。若因發現真實之必要，得命證人與他證人對質。

　　證人固有作證之義務，亦有請求日費、旅費之權利。

〈狀例3-55〉聲請傳喚證人狀

刑事　聲請　狀	案　　號	年度　字第　　號	承辦股別	
稱　　　謂	姓 名 或 名 稱 身分證統一編號或 營利事業統一編號	住居所或營業所、郵遞區號 及電話號碼電子郵件位址	送達代收人姓 名、住址、郵遞 區號及電話號碼	
聲　請　人 即告訴人	蔡　甲			

為　鈞署○○年度○字第○○號搶奪案件，依法請求傳喚證人事：

　　緣被告林乙於民國○○年○月○日上午夥同被告王丙及另一名不知姓名之被告，持械押脅告訴人蔡甲前往○○地毯工業有限公司，強行取走告訴人所負責公司之財物、地毯多件，上開行為有賴丁（住○○市○○路○○段○○號）及○○地毯工業有限公司職員許戊（住○○市○○路○○號二樓）等人在場目睹，足資作證。為此懇請

　　鈞署賜准予傳喚該二人到庭作證，俾明事實真相，以利調查程序之順利進行，俾保權益。

　　　　　謹狀

台灣○○地方檢察署　公鑒

證物名稱 及件數	
中　　華　　民　　國　　　　年　　　　月　　　　日	
具狀人　蔡　甲	簽名 蓋章

〈狀例3-56〉聲請就地訊問證人狀

刑事　聲請　狀	案　　號	年度　字第　　號	承辦股別	
稱　　　謂	姓 名 或 名 稱 身分證統一編號或 營利事業統一編號	住居所或營業所、郵遞區號 及電話號碼電子郵件位址	送達代收人姓 名、住址、郵遞 區號及電話號碼	
聲　請　人 即自訴人	朱　甲			

為就○○年度○字第○○號自訴林山強制性交乙案，因證人顏乙身染重病，行動不便，請求就地訊問事：

　　緣聲請人自訴林山強制性交乙案，業經提出證人顏乙請予傳喚到場作證在案。詎料證人顏乙近忽身染重病，住進○○醫院治療，據主治醫生告稱：不可輕易移動。揆諸事實，證人實難到案就訊。按刑事訴訟法第177條第1項規定：「證人不能到場或有其他必要情形，得於聽取當事人及辯護人之意見後，就其所在或於其所在地法院訊問之。」為此狀請

　　鈞院鑒核，迅予派員至○○醫院403號病房，就地訊問，俾明案情。

　　　　謹狀

台灣○○地方法院刑事庭　公鑒

證　物　名　稱 及　　件　　數	

中　　　　華　　　　民　　　　國　　　　年　　　　月　　　　日		
	具狀人　　朱　甲	簽名 蓋章

〈狀例3-57〉證人聲明拒絕證言狀㈠（公務員）

刑事　聲請　狀	案　　號	年度　字第　號	承辦 股別	
稱　　　謂	姓　名　或　名　稱 身分證統一編號或 營利事業統一編號	住居所或營業所、郵遞區號 及電話號碼電子郵件位址	送達代收人姓 名、住址、郵遞 區號及電話號碼	
聲　請　人 即　證　人	李　丁			

為○○年度○字第○○號被告吳丁貪污案，奉傳到庭作證，依法聲明拒絕證言事：

　　緣聲請人於昨日收奉　鈞院傳票乙紙，為吳丁貪污乙案，定期於本月○日上午○時，命聲請人到庭作證。惟聲請人任公務員職務，對於職務上應守秘密之事項訊問者，應得該管監督機關或公務員之允許，刑事訴訟法第179條第1項有明文，今因直屬長官不許聲請人出庭作證。為此依法狀請

　　鈞院鑒核，准予拒絕證言，屆時不再到庭作證，以符法制。

　　　　謹狀

台灣高等法院刑事庭　公鑒

證　物　名　稱及　　件　　數	

中	華	民	國	年	月	日

具狀人　李　丁　　　　　簽名
蓋章

〈狀例3-57-1〉證人聲請拒絕證言狀㈡（身分關係）

刑事　聲請　狀		案　　　號	年度　　字第　　號	承辦股別	
稱　　　　謂	姓　名　或　名　稱身分證統一編號或營利事業統一編號	住居所或營業所、郵遞區號及電話號碼電子郵件位址		送達代收人姓名、住址、郵遞區號及電話號碼	
聲　請　人即　證　人	徐　甲				

為就○○年度○字第○○號被告徐乙墮胎案，奉傳到案作證，依法聲請拒絕證言事：

　　聲請人前奉　鈞院傳票乙紙，為徐乙墮胎案出庭作證。爰聲請人乃被告伯父（證物一），依民法親屬編規定，與被告係三親等內旁系血親關係。按三親等內旁系血親可依法拒絕證言，刑事訴訟法第180條第1項第1款定有明文。為此依法狀請　鈞院鑒核，准予拒絕證言，屆時不必到庭作證，以符法制，而全親誼。

　　　　　謹狀

台灣○○地方法院刑事庭　公鑒

證　物　名　稱及　　件　　數	證物一：戶籍謄本一份。

中	華	民	國	年	月	日

具狀人　徐　甲　　　　　簽名
蓋章

〈狀例3-58〉證人請求日費、旅費狀

刑事 聲請 狀		案　　號	年度　字第　　號	承辦股別	
稱　　　　謂	姓　名　或　名　稱身分證統一編號或營利事業統一編號	住居所或營業所、郵遞區號及電話號碼電子郵件位址		送達代收人姓名、住址、郵遞區號及電話號碼	
聲　請　人即　證　人	詹　邦				
為就○○年度○字第○○號被告傅波強制性交罪乙案，奉傳到庭作證，依法聲請給付日費及旅費事：　　　緣聲請人奉傳於本月10日到庭作證，由○○市至　鈞院就訊，計來回二日，支出來回車費、食宿等共新台幣○○元整，爰檢具單據證明（證物一），狀請　　　鈞院鑒核，迅予如數發給，以免損失。　　　　　　　謹狀台灣○○地方法院刑事庭　公鑒					
證物名稱及件數	證物一：單據證明影本二紙。				
中　　　華　　　民　　　國　　　　年　　　　　　月　　　　　　日					
具狀人　　詹　邦				簽名蓋章	

〈狀例3-59〉聲請分別訊問證人狀

刑事 聲請 狀		案　　號	年度　字第　　號	承辦股別	
稱　　　　謂	姓　名　或　名　稱身分證統一編號或營利事業統一編號	住居所或營業所、郵遞區號及電話號碼電子郵件位址		送達代收人姓名、住址、郵遞區號及電話號碼	
聲　請　人即　被　告	朱　甲				
為就○○年度○字第○○號殺人未遂案件，聲請分別訊問證人事：　　　緣聲請人乃本案之被告，前因殺人未遂案件奉　鈞院拘提並收押迄今。昨日第一次開庭訊問時，證人李乙、王丙、陳丁竟一起在場，並未隔別訊問。按刑事訴訟					

法第184條第1項規定：證人有數人者，應分別訊問之；其未經訊問者，非經許可，不得在場。則　鈞院前之訊問證人，既顯為違法，理應無效。為此狀請

　　　鈞院鑒核，請准於下次庭訊之間，依法分別訊問。如發現與昨日之證言有別時，請依同條第2項規定，互相對質，以明真偽。

　　　　　謹狀

台灣○○地方法院刑事庭　公鑒

證 物 名 稱 及 件 數	

中	華	民	國	年	月	日

　　　　　　　具狀人　　朱　甲　　　　　　　簽名 蓋章

〈狀例3-60〉證人聲請免再傳訊出庭作證狀

刑事　聲請狀	案　　號	年度　　字第　　號	承辦 股別	
稱　　　　謂	姓 名 或 名 稱 身分證統一編號或 營利事業統一編號	住居所或營業所、郵遞區號 及電話號碼電子郵件位址	送達代收人姓 名、住址、郵遞 區號及電話號碼	
聲 請 人 即 證 人	楊　甲			

為○○年度○字第○○號重傷害案件，已依法奉傳作證，陳述明確，聲請免再出庭應訊事：

　　緣聲請人於本月○日收奉　鈞院傳票，諭令出庭為被告陳傳重傷害案件出庭作證，已奉傳出庭作證在案。昨日，聲請人再收奉　鈞院傳票，傳喚聲請人於○月○日準時到案作證。惟查刑事訴訟法第196條規定：證人在審判中，已由法官合法訊問，且於訊問時予當事人詰問之機會，其陳述明確別無訊問之必要者，不得再行傳喚。今聲請人前既知無不言，言無不盡，並經檢察官及被告詰問，縱令再次出庭，而僅舊調重彈，了無新意，徒增往來舟車之勞頓耳。為此狀請

　　　鈞院鑒核，請准免再到庭，以符法制。

　　　　　謹狀

台灣○○地方法院刑事庭　公鑒

證　物　名　稱 及　　件　　數	
中　　　　　華　　　　　民　　　　　國　　　　　年　　　　　月　　　　　日	

具狀人　楊　甲　　　　　簽名
蓋章

〈狀例3-61〉證人遭科罰鍰之抗告狀

刑事　抗　告　狀		案　　號	年度　　字第　　號	承辦 股別	
稱　　　　謂	姓　名　或　名　稱 身分證統一編號或 營利事業統一編號	住居所或營業所、郵遞區號 及電話號碼電子郵件位址		送達代收人姓 名、住址、郵遞 區號及電話號碼	
抗　告　人 即　證　人	楊　甲				

　　為○○年度○字第○○號被告林生妨害性自主乙案，裁定抗告人抗傳不到，處罰鍰新台幣1萬元，提起抗告事：

　　　　查台灣○○地方法院曾於○○年○月○日，票傳抗告人出庭為被告林生妨害性自主案作證。乃抗告人於接獲　地院票傳令諭後，即具狀陳明因與被告林生有二親等姻親關係，聲請拒絕證言在案，實非故意違抗法令所致。詎　地院竟不採抗告人之言，以○○年度○字第○○號裁定抗告人「無正當理由而不到庭作證，科罰鍰新台幣1萬元」在案。查抗告人與被告有二親等姻親之誼，有戶籍謄本為據（證物一），實被告之拒絕證言於法有據，　地院之裁定於法有違。為此狀請

　　　　鈞院鑒核，依刑事訴訟法第180條第1項第1款及第178條第3項規定，提起抗告，懇請　鈞院准予撤銷前裁定，免為處罰，以維法紀。

　　　　　　　　謹狀

台灣○○地方法院刑事庭　　轉呈
台灣高等法院刑事庭　　　公鑒

證　物　名　稱 及　　件　　數	證物一：戶籍謄本影本一份。
中　　　　　華　　　　　民　　　　　國　　　　　年　　　　　月　　　　　日	

具狀人　楊　甲　　　　　簽名
蓋章

▶鑑定及通譯之聲請

◇當事人得依聲請法官迴避之原因,拒卻鑑定人。但不得以鑑定人於該案件曾爲證人或鑑定人爲拒卻之原因。

鑑定人已就鑑定事項爲陳述或報告後,不得拒卻。但拒卻之原因發生在後或知悉在後者,不在此限。(刑訴200)

◇拒卻鑑定人,應將拒卻之原因及前條第2項但書之事實釋明之。

拒卻鑑定人之許可或駁回,偵查中由檢察官命令之,審判中由審判長或受命法官裁定之。(刑訴201)

◇鑑定人因鑑定之必要,得經審判長、受命法官或檢察官之許可,檢查身體、解剖屍體、毀壞物體或進入有人住居或看守之住宅或其他處所。

第127條、第146條至第149條、第215條、第216條第1項及第217條之規定,於前項情形準用之。(刑訴204)

◇鑑定有不完備者,得命增加人數或命他人繼續或另行鑑定。(刑訴207)

◇鑑定人於法定之日費、旅費外,得向法院請求相當之報酬及預行酌給或償還因鑑定所支出之費用。(刑訴209)

◎撰狀說明

㈠鑑定準用人證之規定但鑑定人不得加以拘提。

㈡鑑定人除應得之日費及旅費外,更得請求相當報酬。當事人得依聲請法官迴避之原因,聲請拒卻鑑定人,但若在鑑定人已爲陳述或報告後,即不得再予拒卻。

〈狀例3-62〉 **聲請鑑定狀**㈠(文書)

刑事　聲請　狀	案　　　號	年度　　字第　　號	承辦股別	
稱　　　　謂	姓　名　或　名　稱 身分證統一編號或 營利事業統一編號	住居所或營業所、郵遞區號及電話號碼電子郵件位址	送達代收人姓名、住址、郵遞區號及電話號碼	
聲　請　人 即　自訴人	李　甲			
爲○○年度○字第○○號偽造私文書案,請求鑑定事: 　　查聲請人前具狀自訴蘇桓偽造私文書罪,已奉　鈞院依法審理在案。本案之關鍵,在於被告偽冒自訴人之簽名文書乙紙,聲請人明知其爲偽造,被告仍矢口否認其所偽造,雙方各執一詞,眞假莫辨。苟無專家鑑定,勢必不易取決,被告必將仍逍遙法外。爲此狀請				

　　　鈞院鑒核，迅予依法指定專家鑑定，以杜爭執。
　　　　　　　謹狀
台灣○○地方法院刑事庭　公鑒

證　物　名　稱及　　件　　數	

中　　　華　　　民　　　國　　　年　　　月　　　日	
具狀人　　李　甲　　　　　　簽名蓋章	

〈狀例3-62-1〉聲請鑑定狀㈡（被告聲請）

刑事　聲請狀	案　　號	年度　字第　號	承辦股別	
稱　　　謂	姓　名　或　名　稱身分證統一編號或營利事業統一編號	住居所或營業所、郵遞區號及電話號碼電子郵件位址	送達代收人姓名、住址、郵遞區號及電話號碼	
聲　請　人即　被　告	蔡　甲			

為就○○年度○字第○○號強制性交案件，依法聲請鑑定事：

　　查林乙自訴聲請人於今年○月○日對其強制性交乙事，業經　鈞院審理，並已於○月○日庭訊一次在案。林乙言之鑿鑿聲請人確曾強姦伊，並提出體毛數根及精液為證，謂乃聲請人所有云云。按聲請人於○月○日適往南部旅遊，實無法分身兩地，一往旅遊，竟尚可強姦林女。惟苦無證人代雪沈冤，今癥結所在，乃「體毛」與「精液」是否聲請人所有，如經嚴密鑑定，自可真相大白。乃聲請人願不顧聲譽，由專家比對，以證清白。為此狀請

　　鈞院鑒核，迅予依法指定專家，採取聲請人體毛、精液比對，以杜爭執，而保名譽。
　　　　　　　謹狀
台灣○○地方法院刑事庭　公鑒

證　物　名　稱及　　件　　數	

中	華	民	國	年	月	日

具狀人　蔡甲　　簽名
　　　　　　　　　蓋章

〈狀例3-63〉聲請變更鑑定人狀

刑事 聲請 狀	案　　號	年度　字第　號	承辦股別

稱　　　謂	姓　名　或　名　稱身分證統一編號或營利事業統一編號	住居所或營業所、郵遞區號及電話號碼電子郵件位址	送達代收人姓名、住址、郵遞區號及電話號碼
聲　請　人即自訴人	陳甲		

為就○○年度○字第○○號自訴丁江偽造私文書案，聲請依法變更鑑定人事：

　　查聲請人於○○年○月○日具狀自訴丁江偽造私文書案，已蒙　鈞院受理，並於前次庭訊由　鈞院擇派陳雄鑑定在案。然陳雄之鑑定報告，既語多模稜，意皆兩可，既稱「似為丁江之筆跡」，又曰「『陳』字似又為自訴人自書」（證物一），此種鑑定報告，何堪稱鑑定？根本對本案之爭點無濟於事。按刑事訴訟法第207條明定：鑑定有不完備者，得命增加人數或命他人繼續或另行鑑定。本案前次鑑定，既未完備，為此再狀請

　　鈞院鑒核，迅依刑事訴訟法上開規定，增派專家鑑定，以明真相，而全法制。

　　　　　謹狀

台灣○○地方法院刑事庭　公鑒

證　物　名　稱及　　件　　數	證物一：鑑定書影本乙份。

中	華	民	國	年	月	日

具狀人　陳甲　　簽名
　　　　　　　　　蓋章

〈狀例3-64〉聲請拒卻鑑定人狀

刑事　聲　請　狀		案　　號	年度　　字第	號	承辦股別	
稱　　　　謂	姓　名　或　名　稱身分證統一編號或營利事業統一編號	住居所或營業所、郵遞區號及電話號碼電子郵件位址			送達代收人姓名、住址、郵遞區號及電話號碼	
聲　請　人即自訴人	林　乙					

為就○○年度○字第○○號自訴丁中偽造有價證券乙案，依法聲請拒卻鑑定人事：
　　查聲請人已於本月○日具狀自訴丁中冒名濫開支票涉嫌偽造有價證券乙案，已蒙　鈞院審理一次，且曾據被告聲請，委令陳中鑑定簽名在案。惟查聲請人昨日探明，鑑定人陳中與被告實有舅甥親誼，被告之聲請選任鑑定，實心懷不軌，此等鑑定結果，不望可知。為此，依據刑事訴訟法第200條、第201條規定，狀請
　　　鈞院鑒核，裁定拒卻該鑑定人，另行指定他人鑑定，以維法紀。
　　　　謹狀
台灣○○地方法院刑事庭　公鑒

證物名稱及件數	
中　　華　　民　　國　　　　年　　　　月　　　　日	
具狀人　　林　乙	簽名蓋章

〈狀例3-65〉鑑定人費用聲請狀

刑事　聲　請　狀		案　　號	年度　　字第	號	承辦股別	
稱　　　　謂	姓　名　或　名　稱身分證統一編號或營利事業統一編號	住居所或營業所、郵遞區號及電話號碼電子郵件位址			送達代收人姓名、住址、郵遞區號及電話號碼	
聲　請　人即鑑定人	陳　中					

為就○○年度○字第○○號章訓殺人乙案，依法聲請核發鑑定報酬及支出費用事：
　　緣聲請人於本月○日奉諭鑑定章岩自訴章訓殺人罪乙案，業已到庭鑑定，並作成鑑定報告陳明在案。聲請人之日費、車費固已領受，並呈單據報明於前。惟依刑

事訴訟法第209條規定：鑑定人於法定之日費、旅費外，得向法院請求相當之報酬及預行酌給或償還因鑑定所支出之費用。本案因涉人命，事乃關天，稍一不慎，即縱或枉。乃鑑定人傾三日夜之功，不眠不休，事後竟無分文報酬，且為此支出之費用多達新台幣3萬元。聲請人實不甘勞而無功又平白受損，為此狀請

　　　鈞院鑒核，准予依照刑事訴訟法第209條規定，如數給付，實為德便。
　　　　　謹狀
台灣○○地方法院刑事庭　公鑒

證　物　名　稱 及　　件　　數	

中	華	民	國	年	月	日

　　　　　　　　具狀人　　陳　中　　　　　　　簽名
　　　　　　　　　　　　　　　　　　　　　　蓋章

〈狀例3-66〉鑑定人聲請解剖屍體狀

刑事　聲請狀	案　　號	年度　　字第　　號	承辦 股別	
稱　　　謂	姓　名　或　名　稱 身分證統一編號或 營利事業統一編號	住居所或營業所、郵遞區號 及電話號碼電子郵件位址	送達代收人姓 名、住址、郵遞 區號及電話號碼	
聲　請　人 即鑑定人	陳　中			

為○○年度○字第○○號章川殺人案，聲請許可解剖屍體進行鑑定事：

　　查聲請人於本月○日奉令為章川殺人案進行鑑定，聲請人即於本月○日進行涉案麵汁之毒性化驗工作在案。惟該麵汁已陳放多日，另起化學作用，無法鑑定毒質如何，將來強為鑑定，實難確定。如為瞭解毒質真相，實應進行解剖屍體，方屬正辦。為此，用特狀請

　　　鈞長鑒核，依刑事訴訟法第204條第1項規定，准予進行解剖，以明真相。
　　　　　謹狀
台灣○○地方檢察署　公鑒

證　物　名　稱 及　　件　　數	

中	華	民	國	年	月	日

具狀人　陳　中　　　　　簽名
蓋章

〈狀例3-67〉**聲請拒卻通譯狀**

刑事　**聲　請　狀**	案　　號	年度　字第　　號	承辦 股別	
稱　　　謂	姓　名　或　名　稱 身分證統一編號或 營利事業統一編號	住居所或營業所、郵遞區號 及電話號碼電子郵件位址	送達代收人姓 名、住址、郵遞 區號及電話號碼	
聲　請　人 即告訴人	陳　財			

為就○○年度○字第○○號殺人案件，因被告乃瘖啞之人，前選任通譯為其姑丈，聲請拒卻通譯，另行選任事：

　　查刑事訴訟法第211條明文，準用第200條、第201條拒卻鑑定人之規定。是乃通譯與被告如有五親等姻親關係者，應得聲請拒卻之。本案被告章訓乃瘖啞之人，不諳口語，只能以手語表達，故前次審訊，曾選任官榮為通譯。惟查昨日聲請人路過被告住宅，見官榮由屋內走出，探究如下，乃官榮竟為被告之姑丈，至此恍然大悟。按民法親屬編規定，二人係三親等姻親之誼，由其任訊問通譯，實難期公平。為此狀請

　　鈞院鑒核，依法拒卻該通譯，另行任命他人通譯，以得公允。
　　　　　謹狀
台灣○○地方法院刑事庭　公鑒

證　物　名　稱 及　　件　　數	

中	華	民	國	年	月	日

具狀人　陳　財　　　　　簽名
蓋章

▶證據保全

◇告訴人、犯罪嫌疑人、被告或辯護人於證據有湮滅、偽造、變造、隱匿或礙難使用之虞時，偵查中得聲請檢察官為搜索、扣押、鑑定、勘驗、訊問證人或其他必要之保全處分。

檢察官受理前項聲請，除認其為不合法或無理由予以駁回者外，應於五日內為保全處分。

檢察官駁回前項聲請或未於前項期間內為保全處分者，聲請人得逕向該管法院聲請保全證據。（刑訴219-1）

◇法院對於前條第3項之聲請，於裁定前應徵詢檢察官之意見，認為不合法律上之程式或法律上不應准許或無理由者，應以裁定駁回之。但其不合法律上之程式可以補正者，應定期間先命補正。

法院認為聲請有理由者，應為准許保全證據之裁定。

前二項裁定，不得抗告。（刑訴219-2）

◇案件於第一審法院審判中，被告或辯護人認為證據有保全之必要者，得在第一次審判期日前，聲請法院或受命法官為保全證據處分。遇有急迫情形時，亦得向受訊問人住居地或證物所在地之地方法院聲請之。

檢察官或自訴人於起訴後，第一次審判期日前，認有保全證據之必要者，亦同。

第279條第2項之規定，於受命法官為保全證據處分之情形準用之。

法院認為保全證據之聲請不合法律上之程式或法律上不應准許或無理由者，應即以裁定駁回之。但其不合法律上之程式可以補正者，應定期間先命補正。

法院或受命法官認為聲請有理由者，應為准許保全證據之裁定。

前二項裁定，不得抗告。（刑訴219-4）

◇聲請保全證據，應以書狀為之。

聲請保全證據書狀，應記載下列事項：

一　案情概要。

二　應保全之證據及保全方法。

三　依該證據應證之事實。

四　應保全證據之理由。

前項第4款之理由，應釋明之。（刑訴219-5）

◎撰狀說明

㈠證據保全乃民國92年1月刑事訴訟法修正案所增加的證據法則。其立法主要的理由是為防止證據滅失或發生礙難使用情形之預防措施，與調查證據有別。

㈡保全證據之聲請，主要係向承辦的檢察官為之（刑事訴訟法第219條之1）。但於

檢察官逾期不爲保全或駁回聲請時，或第一審法院審判中時，告訴人、犯罪嫌疑人、被告、辯護人、自訴人乃至檢察官，均得向法院聲請之（刑事訴訟法第219條之1第3項、刑事訴訟法第219條之2、刑事訴訟法第219條之4）。如果案件都尙未移送至檢察官，亦可向調查之警方所在地之檢察署檢察官聲請（刑事訴訟法第219條之3但書）。

㈢證據保全之聲請，應以書面爲之，並按刑事訴訟法第219條之5第2項之規定事項記載之。

〈狀例3-68〉聲請證據保全狀

刑事 聲請 狀	案　號	年度　字第　　號	承辦股別	
稱　　　謂	姓　名　或　名　稱身分證統一編號或營利事業統一編號	住居所或營業所、郵遞區號及電話號碼電子郵件位址	送達代收人姓名、住址、郵遞區號及電話號碼	
聲請人即告訴人被　　告	曾　甲李　章			

爲聲請證據保全事：

一、案情大要

　　緣被告李章爲聲請人經營之○○洗衣店員工，自民國○○年○月間任職迄今，職司接送客戶交付送洗之衣物及收款。詎自○○年○月間起，被告李章屢向聲請人宣稱客戶因故暫未能付款，聲請人本不疑有他。但因人數逐漸增多，聲請人遂起質疑，乃電詢客戶，詎諸多客戶竟稱早已付清洗衣費。是聲請人乃懷疑被告監守自盜，乃向警方報案，並正式提出告訴。乃警方訊問聲請人及被告後，未及訊問其他客戶證人，即將全案移送　鈞長偵辦。經　鈞長再發交警方調查，是客戶證人乃屬重要調查對象。

二、應保全之證據及保全方法

　　懇請傳訊下列客戶證人，以訊明事實：

㈠證人王○○，住○○市○○路○○段○○號○○樓

　1.待證事實：證明其送洗衣物之洗衣費，合計新台幣（以下同）1,600元，已交付予被告。

　2.傳訊重點：

　　⑴你是自○○年○月○日至○月○日，送交衣物予○○洗衣店洗滌？

　　⑵應付之洗衣費1,600元，是否交予被告李章？於何時如何交付予李章？

　　⑶李章是否爲庭上之被告？

㈡證人李○○，住○○市○○路○○段○○號

待證事實及傳訊重點同前。

㈢證人朱○○，住○○市○○路○○段○○號

待證事實及傳訊重點同前。

三、保全證據之理由

由於上開三名證人，因工作關係，經常遠赴大陸及國外，平時並未居住於國內，而彼等因係親自付款予被告。惟被告竟僞稱彼等因故暫未付款，而未能將洗衣費轉交聲請人。是彼等證人今已返國做短暫居留，再過三周，便將出國，至何時返國，則未能預告，故爲免日後傳訊困難，及因受被告之請託，隱瞞事實，有礙　鈞長之偵查，故懇請

鈞長鑒核，迅賜訊問證人，以保全證據。

　　　　　謹狀

台灣○○地方檢察署　公鑒

證　物　名　稱及　　　件　　　數	

中	華	民	國	年	月	日
	具狀人　　曾甲				簽名蓋章	

▶告訴及再議之提起

◇犯罪之被害人，得爲告訴。（刑訴232）

◇被害人之法定代理人或配偶，得獨立告訴。

被害人已死亡者，得由其配偶，直系血親、三親等內之旁系血親、二親等內之姻親或家長、家屬告訴。但告訴乃論之罪，不得與被害人明示之意思相反。（刑訴233）

◇告訴，得委任代理人行之。但檢察官或司法警察官認爲必要時，得命本人到場。

前項委任應提出委任書狀於檢察官或司法警察官，並準用第28條及第32條之規定。（刑訴236-1）

◇告訴乃論之罪，其告訴應自得爲告訴之人知悉犯人之時起，於六個月內爲之。

得爲告訴之人有數人，其一人遲誤期間者，其效力不及於他人。（刑訴237）

◇告訴乃論之罪，告訴人於第一審辯論終結前，得撤回其告訴。

撤回告訴之人，不得再行告訴。（刑訴238）

◇被告所犯為死刑、無期徒刑或最輕本刑三年以上有期徒刑以外之罪，檢察官參酌刑法第57條所列事項及公共利益之維護，認以緩起訴為適當者，得定一年以上三年以下之緩起訴期間為緩起訴處分，其期間自緩起訴處分確定之日起算。

追訴權之時效，於緩起訴之期間內，停止進行。

刑法第83條第3項之規定，於前項之停止原因，不適用之。

第323條第1項但書之規定，於緩起訴期間，不適用之。（刑訴253-1）

◇告訴人接受不起訴或緩起訴處分書後，得於十日內以書狀敘述不服之理由，經原檢察官向直接上級檢察署檢察長或檢察總長聲請再議。但第253條、第253條之1之處分曾經告訴人同意者，不得聲請再議。

不起訴或緩起訴處分得聲請再議者，其再議期間及聲請再議之直接上級檢察署檢察長或檢察總長，應記載於送達告訴人處分書正本。

死刑、無期徒刑或最輕本刑三年以上有期徒刑之案件，因犯罪嫌疑不足，經檢察官為不起訴之處分，或第253條之1之案件經檢察官為緩起訴之處分者，如無得聲請再議之人時，原檢察官應依職權逕送直接上級檢察署檢察長或檢察總長再議，並通知告發人。（刑訴256）

◇告訴人不服前條（第258條）之駁回處分者，得於接受處分書後十日內委任律師提出理由狀，向該管第一審法院聲請准予提起自訴。

依法已不得提起自訴者，不得為前項聲請。但第321條前段或第323條第1項前段之情形，不在此限。

律師受第1項之委任，得檢閱偵查卷宗及證物並得抄錄、重製或攝影。但涉及另案偵查不公開或其他依法應予保密之事項，得限制或禁止之。

第30條第1項之規定，於第1項及前項之情形準用之。（刑訴258-1）

◇同一案件經檢察官依第228條規定開始偵查者，不得再行自訴。但告訴乃論之罪經犯罪之直接被害人提起自訴，或依第258條之3第2項後段裁定而提起自訴者，不在此限。

於開始偵查後，檢察官知有自訴在先或前項但書之情形者，應即停止偵查，將案件移送法院。但遇有急迫情形，檢察官仍應為必要之處分。（刑訴323）

◎撰狀說明

㈠公訴者，乃代表國家之檢察官，執行犯罪追訴權，請求法院科處被告刑罰之謂。我國刑事訴訟法對於犯罪之追訴，採「公訴」、「自訴」雙軌並行制，即「國家追訴主義」與「被害人追訴主義」。

㈡偵查程序以檢察官為主體，司法警察機關為輔。偵查之發動，係檢察官因「告

訴」、「告發」、「自首」或其他情事知有犯罪嫌疑者，即予開始偵查（見刑事訴訟法第228條第1項）。公訴案件，以檢察官之偵查程序為重要，偵查程序一在蒐集證據，一為訊問事實。偵查，以「不公開」為原則。檢察官偵查犯罪情形後，或提起公訴，或為不起訴處分，或為緩起訴處分。

㈢告訴權人限於被害人（見刑事訴訟法第232條）、被害人之法定代理人或配偶、或已死亡被害人之親屬等（見刑事訴訟法第233、234、235、236條）。告發，則不問何人均得為之，此為一權利告發（見刑事訴訟法第240條）。至若公務員因執行職務，知有犯罪嫌疑者，應為告發，此乃為「義務告發」（見刑事訴訟法第241條）。

㈣檢察官為不起訴或緩起訴處分時，告訴人、被告得向直接上級檢察署檢察長或檢察總長聲請再議（見刑事訴訟法第256條第1項、第256條之1第1項），再議期間為「十日」。

㈤告訴人不服前條（即刑事訴訟法第258條）之駁回處分者，得委任律師提出理由狀，向該管第一審法院聲請准許提起自訴（見刑事訴訟法第258條之1第1項），此部分採強制律師代理制度，准許提起自訴期間為「十日」。

〈刑訴3-69〉告訴狀㈠（法定代理人）

刑事　告訴　狀	案　　　號	年度　　字第　　號	承辦股別	
稱　　　謂	姓　名　或　名　稱身分證統一編號或營利事業統一編號	住居所或營業所、郵遞區號及電話號碼電子郵件位址	送達代收人姓名、住址、郵遞區號及電話號碼	
告　訴　人被　　　告	曾　甲李　章			

為李章涉嫌多次姦淫未滿十四歲女子妨害性自主罪提起告訴事：

　　緣被告李章以駕馭兒童乘坐之馬車，四處兜攬生意為業，因小女曾玲（證物一）常攜其幼弟乘坐遊樂，遂與被告認識，被告見小女年幼可欺，乃於民國○○年○月間某日，在小女放學返家途中，將之誘往○○市○○街○○號宅中，對之性交。嗣基於各別之犯意，至同年○月底止，又在同址對小女性交兩次，次年○月○日因小女懷孕七月，腹部隆起，嗣經家人發現有異，帶往婦產科醫院檢查後，始悉上情。即找被告理論，被告自知非法，遂與小女之母（即告訴人之妻）曾李珍成立和解（證物二），由被告付新台幣5萬元，曾李珍放棄告訴權。惟對於未滿十四歲之幼女為性交，乃非告訴乃論之罪，刑法第227條，第229條之1定有明文，告訴人是否拋棄告訴權，與其犯行之追訴，不生影響；且告訴權人有數人者，其告訴期間亦分別進行，互不影響。故被告雖與告訴人之妻成立和解，應不影響告訴人告訴權

之獨立行使，被告見小女著學生服（國中一年級），剪學生髮型，被告顯對其有不滿十四歲之不確定認識，其居心之骯髒醜惡，實令人痛恨，告訴人實不甘心。為此狀請

　　　鈞署鑒核，迅予依法將被告拘案，偵查並提起公訴，治其應得之罪，以彰法紀。

　　　　　謹狀

台灣○○地方檢察署　公鑒

證 物 名 稱 及 件 數	證物一：戶籍謄本一份。 證物二：和解書影本一份。

中	華	民	國	年	月	日
		具狀人　曾　甲		簽名 蓋章		

〈狀例3-69-1〉告訴狀㈡

刑事　告訴　狀	案　　號	年度	字第	號	承辦股別	
稱　　　謂	姓 名 或 名 稱 身 分 證 統 一 編 號 或 營 利 事 業 統 一 編 號	住居所或營業所、郵遞區號及電話號碼電子郵件位址			送 達 代 收 人 姓名、住址、郵遞區號及電話號碼	
告 訴 人 被　　　告	馮　甲 馮　乙 林　丙					

為被告等涉嫌竊佔罪，依法提出告訴事：

　　　查坐落台北市○○區○○段○小段427地號，及其上門牌號碼為台北市○○路○○段○○巷○○弄21號2樓之房屋係屬告訴人所有（證物一）。詎告訴人於民國（以下同）104年11月15日接獲被告馮乙來函（證物二），始得知被告等竟未經告訴人之同意，私自配鑰匙搬入上開房屋居住，被告等意圖為自己不法之利益，而竊佔告訴人之不動產，其不法行為已構成刑法第320條第2項之竊佔罪。為此，恭請

　　　鈞長鑒核，迅予偵查起訴被告等之不法犯行，以懲刁頑，並彰法紀。

　　　　　謹狀

台灣台北地方檢察署　公鑒

證　物　名　稱 及　　件　　數	證物一：土地及建物所有權狀影本各一份。 證物二：馮乙先生函影本一份。

中	華	民	國	年	月	日

具狀人　馮甲　簽名蓋章

〈狀例3-70〉答辯狀㈠（告訴人無告訴權者）

刑事　答辯　狀	案　　號	年度　字第　號	承辦股別

稱　　　　謂	姓　名　或　名　稱 身分證統一編號或 營利事業統一編號	住居所或營業所、郵遞區號 及電話號碼電子郵件位址	送達代收人姓 名、住址、郵遞 區號及電話號碼
答　辯　人 即　被　告	王　丁		

為○○年度○字第○○號被訴妨害婚姻罪乙案，依法提出答辯事：

　　緣告訴人林和指訴被告涉嫌刑法第240條第2項和誘有配偶之人脫離家庭罪乙案，依同法第245條第1項規定，須告訴乃論。

　　而按告訴乃論之罪，須有告訴權人，始得告訴。且刑法第240條第2項和誘有配偶之人脫離家庭罪，非配偶不得告訴，乃刑事訴訟法第234條第2項所明定。經查，告訴人林和與其前配偶李珠，已於民國○○年○月○日離婚，有其戶籍謄本可稽（證一），其二人目前固同居乙處，但已非有合法婚姻關係，故林和依上開說明自無告訴權，其既無告訴權，本件亦無由成立。為此，謹狀請

　　鈞長鑒核，迅賜不起訴處分，以符法制。

　　　　謹狀

台灣○○地方檢察署　公鑒

證　物　名　稱 及　　件　　數	證一：戶籍謄本一份。

中	華	民	國	年	月	日

具狀人　王丁　簽名蓋章

〈狀例3-70-1〉答辯狀㈡（已逾告訴期間）

刑事　答辯　狀		案　　號	年度　　字第　　號	承辦股別	
稱　　　　謂	姓　名　或　名　稱身分證統一編號或營利事業統一編號	住居所或營業所、郵遞區號及電話號碼電子郵件位址		送達代收人姓名、住址、郵遞區號及電話號碼	
答　辯　人即　被　告	李　甲				

為就○○年度○字第○○號刑事妨害婚姻案件，已逾告訴期間，依法提出答辯事：
　　緣告訴人許蓮具狀告訴答辯人於去年○月間，和誘其妻脫離家庭，由　鈞署受理在案。按刑法第240條和誘罪，依同法第245條第1項規定，係告訴乃論之罪。告訴人為被害人，固依刑事訴訟法第234條第2項規定有告訴權。惟查刑事訴訟法第237條第1項規定：告訴乃論之罪，其告訴應自得為告訴之人知悉犯人之時起，於六個月內為之。答辯人與告訴人相識十數年，而告訴人所陳事實發生時期至提起告訴之日，已逾年餘，早逾六個月之告訴期間規定，依刑事訴訟法第252條第5款規定，應為不起訴處分。為此提出答辯，狀請
　　鈞署鑒核，依據刑事訴訟法第237條第1項、第252條第5款規定，予以不起訴處分，以維法紀，而免無辜。
　　　　　　謹狀
台灣○○地方檢察署　公鑒

證物名稱及　件　數	
中　　　華　　　民　　　國　　　　年　　　　月　　　　日	
具狀人　李　甲	簽名蓋章

〈狀例3-70-2〉答辯狀㈢（聲請依職權不起訴或緩起訴，或以簡易處刑）

刑事　答辯　狀		案　　號	年度　　字第	號	承辦股別	
稱　　　　謂	姓　名　或　名　稱身分證統一編號或營利事業統一編號	住居所或營業所、郵遞區號及電話號碼電子郵件位址			送達代收人姓名、住址、郵遞區號及電話號碼	

答　辯　人 即　被　告 選　　　任 辯　護　人	李　添 李○○律師		

選任辯護人李○○律師爲就本件竊盜案件，請　鈞長對被告准爲不起訴處分：

一、緣被告因涉嫌竊盜經警方移送　鈞長偵辦，對本件竊盜情事，被告已坦承犯行，且陳明係因一時不明就裡，而誤認停置路旁且已損壞之機車爲無主物，乃撿拾充做廢鐵回收，犯行雖仍屬非議，但犯意實屬輕微；且被害人既已表明不願追究，乃懇祈　鈞長體恤，從輕處分。

二、次按被告所涉乃刑法第320條第1項之竊盜罪嫌，屬刑事訴訟法第376條第1項第3款之案件，而被告既已坦承犯行，犯罪後態度良好，且犯罪情節輕微，故懇請　鈞長參酌，依刑事訴訟法第253條規定以職權對被告爲不起訴處分。如　鈞長認不宜以職權不起訴處分，則因被告所涉之罪嫌，乃屬死刑、無期徒刑或最輕本刑三年以上有期徒刑以外之罪名，故懇請鑒核，依刑事訴訟法第253條之1第1項規定，處分緩起訴。如　鈞長仍未認之爲宜，則因被告既已自白，故謹依刑事訴訟法第451條之1第1項規定，陳明被告願受有期徒刑六月及緩刑二年之宣告，請　鈞長同意，以簡易判決處刑之程序，以上開科刑及緩刑宣告之基礎，向法院求爲緩刑之宣告。爲此，狀請

鈞長鑒核，賜爲如所請之處分，以勵自新。

　　　　　　謹狀

台灣○○地方檢察署　公鑒

證　物　名　稱 及　　件　　數			

中	華	民	國	年	月	日
		具狀人　　李　添		簽名		
		選任辯護人　李○○律師		蓋章		

〈狀例3-71〉撤回告訴狀

刑事　聲請　狀	案　　　號	年度　　字第　　號	承辦 股別	
稱　　　謂	姓　名　或　名　稱 身分證統一編號或 營利事業統一編號	住居所或營業所、郵遞區號 及電話號碼電子郵件位址	送達代收人姓 名、住址、郵遞 區號及電話號碼	

聲　請　人 即　告　訴　人	吳　甲	

為就○○年度○字第○○號告訴吳玲、劉達傷害乙案，業經私下和解，聲請撤回告訴事：

　　查聲請人於○○年○月○日告訴吳玲、劉達傷害乙案，業經檢察署偵查終結，提起公訴後並由　鈞院受理在案。惟因被告吳玲、劉達事後均感反悔，告訴人因念被告等係屬初犯，且又深具悔意，故擬不再追究，按刑法第277條第1項傷害罪依同法第287條前段規定係屬告訴乃論，而依刑事訴訟法第238條第1項規定：告訴乃論之罪，告訴人於第一審辯論終結前，得撤回其告訴。告訴經撤回者，偵查中應為不起訴處分，審判中應諭知不受理判決，亦為刑事訴訟法第252條第5款、第303條第3款所明定。為此狀請

　　鈞院鑒核，准將聲請人告訴撤回，以息訟爭。

　　　　　　謹狀

台灣○○地方法院刑事庭　公鑒

證　物　名　稱 及　　件　　數	

中	華	民	國	年	月	日

　　　　　　具狀人　　吳　甲　　　　　　簽名
　　　　　　　　　　　　　　　　　　　蓋章

〈狀例3-72〉告發狀

刑事　告發狀		案　　號	年度　　字第　　號	承辦 股別	
稱　　　　謂	姓　名　或　名　稱 身分證統一編號或 營利事業統一編號	住居所或營業所、郵遞區號 及電話號碼電子郵件位址		送達代收人姓 名、住址、郵遞 區號及電話號碼	
告　發　人 被　　　告	李　甲 張　金 張　德				

為張金、張德通謀共同偽造有價證券，依法提出告發事：

　　緣聲請人有果園數甲，位於○○山竹子湖附近，正緊鄰國家公園預定地一帶，

平時除告發人外，人跡罕至，邇來忽有不明身分、行蹤詭異之陌生人等頻繁出入。昨日，告發人因好奇心驅使，跟蹤一人至一秘密小茅屋，伺機窺視之下，乃見室內已印就之偽造有價證券或正趕印中之半成品，有數十大疊，果令其流入市面，國內金融秩序必一片混亂。為此，告發人依刑事訴訟法第228條之規定，狀請

　　　鈞署鑒核，迅予拘提上述人等到案，偵查起訴，以淨治安，而保金融秩序。
　　　　　謹狀
台灣○○地方檢察署　公鑒

證　物　名　稱 及　　件　　數	

中	華	民	國	年	月	日

　　　　　具狀人　　李　甲　　　　　　簽名 蓋章

〈狀例3-73〉**再議聲請狀（詐欺案件）**

刑事　聲請狀		案　號	年度　　字第　　號	承辦 股別	
稱　　謂	姓　名　或　名　稱 身分證統一編號或 營利事業統一編號	住居所或營業所、郵遞區號 及電話號碼電子郵件位址		送達代收人姓 名、住址、郵遞 區號及電話號碼	
聲　請　人 即告訴人	李　丁				

為○○年度○字第○○號被告涉嫌詐欺等案件，地檢署竟為不起訴處分，告訴人依法聲請再議事：

　　按地檢署以○○年度○字第○○號不起訴處分起訴書，以被告等「無法依約履行，並非有意詐欺」為由，而對被告等不予起訴，地檢署之偵查殊有違誤，而與事實不符。蓋證人郭甲之證言係足以證實被告等以詐術使告訴人陷於錯誤，而與被告等為買賣配額之行為（請見○○年○月○日偵訊筆錄）。又被告等明知配額無法私人間進行買賣，又其自知無法取得配額，詐稱可以買賣，其行為顯已與刑法第339條第1項詐欺取財罪之構成要件相合致，且具違法性，則被告等之詐欺犯行已昭然若揭。為此依刑事訴訟法第256條第1項規定，於法定期間內即收受送達後十日內狀請

鈞署鑒核，懇請　鈞長賜將該不起訴處分發回續行偵查，俾懲不法。

　　　　　　謹狀

台灣〇〇地方檢察署　　轉呈
台灣高等檢察署檢察長　公鑒

證　物　名　稱 及　　件　　數	

中　　　華　　　民　　　國　　　　　年　　　　月　　　　　日	
具狀人　　李　丁　　　　　簽名 蓋章	

〈狀例3-74〉不起訴處分已確定聲請撤銷羈押狀

刑事　聲請　狀	案　　號	年度　　字第　　號	承辦 股別	
稱　　　　謂	姓　名　或　名　稱 身分證統一編號或 營利事業統一編號	住居所或營業所、郵遞區號 及電話號碼電子郵件位址	送達代收人姓 名、住址、郵遞 區號及電話號碼	
聲　請　人 即　被　告	蔣　甲			

為〇〇年度〇字第〇〇號強姦殺人罪嫌，不起訴處分已告確定，依法聲請撤銷羈押
事：

　　緣聲請人於〇〇年〇月〇日因強姦殺害李卿罪嫌，　鈞署票傳到庭訊問後，經
聲請法院羈押獲准迄今四月在案。頃奉　鈞署不起訴處分書乙件（證物一），內容
略謂：罪證不足，不起訴處分。按刑事訴訟法第259條第1項規定：「羈押之被告受
不起訴處分者，視為撤銷羈押。」聲請人自收奉不起訴處分書後，迄今已逾十日，
同法第256條第1項規定，再議期間為十日。則此等再議期間早已完成，不起訴處分
亦已確定，聲請人似無再行羈押之必要，為此依法狀請

　　鈞署鑒核，請迅予撤銷羈押，釋放聲請人，以符法制，而障人權。

　　　　　　謹狀

台灣〇〇地方檢察署　公鑒

證　物　名　稱 及　　件　　數	證物一：不起訴處分書影本一件。

中	華	民	國	年	月	日

具狀人 蔣甲 　　簽名
　　　　　　　蓋章

〈狀例3-75〉停止偵查聲請狀

刑事 聲請狀	案　號	年度　字第　號	承辦股別	
稱　　　謂	姓　名　或　名　稱 身分證統一編號或 營利事業統一編號	住居所或營業所、郵遞區號 及電話號碼電子郵件位址	送達代收人姓 名、住址、郵遞 區號及電話號碼	
聲　請　人 即　被　告	劉乙			

為就○○年度○字第○○號被訴重婚罪嫌，因已提起確認前婚不成立之訴訟，而依法聲請停止偵查事：

　　查聲請人被林娟告訴重婚罪乙案，業經偵查在卷。惟本案聲請人是否重婚，應以告訴人是否為聲請人之前婚配偶為斷，即前婚成立為斷。乃告訴人是否聲請人配偶，現已另行提起民事訴訟，請求確認；由　鈞院民事庭以○○年度○字第○○號確認婚姻不成立事件受理中，在該民事訴訟未終結前，本案似不便繼續偵查。依刑事訴訟法第261條規定：「犯罪是否成立或刑罰應否免除，以民事法律關係為斷者，檢察官應於民事訴訟終結前，停止偵查。」現本案之民事婚姻關係，既在民庭審理中，則本案之偵查程序，似以停止為宜。為此狀請

　　鈞署鑒核，迅將本案停止偵查，以免無益。

　　　　謹狀

台灣○○地方檢察署　公鑒

證物名稱 及　件　數	

中	華	民	國	年	月	日

具狀人 劉乙 　　簽名
　　　　　　　蓋章

〈狀例3-76〉聲請檢察官追加起訴狀

刑事　聲請　狀		案　　號	年度　字第　　號	承辦股別	
稱　　　謂	姓　名　或　名　稱身分證統一編號或營利事業統一編號	住居所或營業所、郵遞區號及電話號碼電子郵件位址		送達代收人姓名、住址、郵遞區號及電話號碼	
聲　請　人即告訴人	陳　三				

為就○○年度○字第○○號告訴○○時報記者○○○誹謗罪，聲請追加起訴○○時報記者○○○為共同被告事：

　　緣聲請人任教於國立○○大學研究所，一向忠貞愛國，絕無二志，詎料被告○○時報記者○○○竟於今年○月○日於該報第三版，以顯著且鉅大篇幅撰稿，發布新聞乙則（證物一），略謂：國立○○大學陳三教授涉嫌與由日來台之日人○○○○頻頻接觸，因該日人係大陸所派遣來台灣，欲有所圖謀不軌者。該陳三教授已被收押，全案正全力偵辦中。按聲請人與該日人○○○○素未謀面，豈有接觸頻頻之理？而聲請人向來行動自由，從未涉及任何刑案，豈有被收押之事？該時報記者○○○不明就裡，匆促發稿以譁眾取寵，對聲請人名譽之傷害既深且鉅，聲請人不甘平白受辱，業已依法提出告訴，由　鈞署偵查終結，以○○年度○字第○○號向○○地方法院提起公訴在案。聲請人於日前又發現，○○時報記者○○○於○月○日亦曾撰稿刊載同樣新聞（證物二），亦係誹謗。除已依法補提告訴狀外，乃具狀懇請

　　鈞署鑒核，依刑事訴訟法第265條第1項規定：「於第一審辯論終結前，得就與本案相牽連之犯罪或本罪之誣告罪，追加起訴。」追加起訴○○時報為本案之共同被告，以符法制，並雪此辱。

　　　　　謹狀

台灣○○地方檢察署　公鑒

證物名稱及件數	證物一：○○時報影本一份。證物二：○○時報影本一份。

中　　華　　民　　國　　　　　年　　　　月　　　　日
具狀人　陳　三　　　　　　　　簽名蓋章

〈狀例3-77〉非起訴書所指被告聲請撤銷傳票狀

刑事 聲請 狀	案 號	年度 字第 號	承辦股別
稱　　　謂	姓 名 或 名 稱身分證統一編號或營利事業統一編號	住居所或營業所、郵遞區號及電話號碼電子郵件位址	送達代收人姓名、住址、郵遞區號及電話號碼
聲 請 人	李 添		

為就○○年度○○字第○○號殺人案件，聲請人非起訴書所指被告，竟遭票傳到案，聲請撤銷傳票事：

　　緣聲請人於昨日忽奉　鈞院傳諭，略為：○○年度○字第○○號殺人案件，被告應於○○年○月○日到庭就審，抗傳即拘云云。聲請人收奉傳諭後，如墜五里霧中。乃本案被害人陳財與聲請人素昧平生，同案同名被告李添更不知係何方人士。聲請人平日既安分守法，連違警紀錄亦付闕如，豈有與陌生人共謀殺害陌生之第三人之理？後經輾轉周折，取得本案起訴書乙份，乃知本案被告與聲請人係同名同姓，至此恍然大悟：聲請人係受同名之累。按刑事訴訟法第266條規定：起訴之效力，不及於檢察官所指被告以外之人。本案之真實被告李添，其身分證號為F○○○○○○○○○，而聲請人身分證號為N○○○○○○○○○（見證物一）。故聲請人實非本案之被告可知，為此狀請

　　鈞院鑒核，撤銷到案傳票，免予到庭，以免訟累。

　　　　謹狀

台灣○○地方法院刑事庭　公鑒

證 物 名 稱及 件 數	證物一：身分證影本一份。

中	華	民	國		年		月		日
			具狀人	李 添			簽名蓋章		

〈狀例3-78〉告訴乃論之罪因提起自訴聲請移送刑庭狀

刑事 聲請 狀	案 號	年度 字第 號	承辦股別
稱　　　謂	姓 名 或 名 稱身分證統一編號或營利事業統一編號	住居所或營業所、郵遞區號及電話號碼電子郵件位址	送達代收人姓名、住址、郵遞區號及電話號碼

| 聲　請　人
即　告訴人 | 林　乙 | | |

為本案已逕提自訴，請准移送刑庭審理事：

　　聲請人告訴陳江、李三共同傷害乙案，業蒙　鈞署偵查在案。茲聲請人日前針對本案已提起自訴，依刑事訴訟法第323條第1項但書規定：告訴乃論之罪，於檢察官開始偵查時亦得提起自訴。故依刑事訴訟法第323條第1項之規定，聲請將本案件移送刑庭審理。

　　　　　　　　　謹狀

台灣○○地方檢察署　公鑒

| 證　物　名　稱
及　　件　　數 | |

| 中　　　　華　　　　民　　　　國　　　　年　　　　月　　　　日 |
| 具狀人　林　乙　　　　簽名
蓋章 |

〈狀例3-79〉傳喚證人聲請狀

刑事　聲請　狀	案　　號	年度　　字第　　號	承辦 股別	
稱　　　謂	姓　名　或　名　稱 身分證統一編號或 營利事業統一編號	住居所或營業所、郵遞區號 及電話號碼電子郵件位址	送達代收人姓 名、住址、郵遞 區號及電話號碼
聲　請　人 即　被　告	朱　甲		

為就○○年度○字第○○號被訴妨害性自主罪乙案，依法聲請傳喚證人事：

　　緣被告被訴於今年○月○日夜晚10時於○○市○○路○○巷○○賓館性侵害林莉罪嫌乙案，業經　檢察官終結偵查，將被告起訴在案。緣偵查中，被告之不在場證人邱麗珠、林正義等適連袂出國觀光旅遊，無法出庭為被告作證，致遭檢察官起訴。乃上述邱麗珠等二名證人已於昨日返國，知悉被告並未涉案，均願出庭作證被告於案發時確不在場。茲特提出此等二名證人傳喚，以釐清案情，狀請

　　鈞院鑒核，迅為傳喚，以釐清案情而為被告無罪之判決，以免冤濫，而障人權。

　　　　　　　　　謹狀

台灣○○地方法院刑事庭　公鑒

證物名稱及件數	證人邱麗珠住○○市○○區○○路○○號。 證人林正義住○○市○○區○○路○○號。						
中　　　華　　　民　　　國　　　年　　　月　　　日							
		具狀人　　朱　甲				簽名 蓋章	

〈狀例3-80〉**聲請調卷狀**

刑事　聲請狀		案　號	年度　字第　號	承辦 股別	
稱　　　謂	姓　名　或　名　稱 身分證統一編號或 營利事業統一編號	住居所或營業所、郵遞區號 及電話號碼電子郵件位址		送達代收人姓 名、住址、郵遞 區號及電話號碼	
聲　請　人 即　被　告	王　甲				

為聲請向台灣○○地方檢察署調卷事：

　　查聲請人等被訴詐欺罪，業蒙　鈞院定期審理在案。惟該案自訴人於自訴前曾向　台灣○○地方檢察署告訴，由該署偵查處理中，故聲請人關涉本案之重要證物均在　該署。自訴人不知何故另提自訴，前次庭訊，聲請人曾將上述事實，口頭請求調卷，但未蒙採納。乃依刑事訴訟法第274條規定，狀請

　　鈞院鑒核，准向台灣○○地方檢察署調閱本案有關卷證，以明真相，而免冤獄。

　　　　　謹狀
台灣○○地方法院刑事庭　公鑒

證物名稱及件數							
中　　　華　　　民　　　國　　　年　　　月　　　日							
		具狀人　　王　甲				簽名 蓋章	

〈狀例3-81〉 聲請命令提出證據狀

刑事　聲請　狀		案　　號	年度　　字第　　號	承辦股別	
稱　　　　謂	姓　名　或　名　稱身分證統一編號或營利事業統一編號	住居所或營業所、郵遞區號及電話號碼電子郵件位址		送達代收人姓名、住址、郵遞區號及電話號碼	
聲　請　人即　被　告	王　珠				

為就○○年度○字第○○號被訴詐欺罪嫌案件，聲請命令自訴人提出證物事：

　　按刑事訴訟法第274條規定：法院於審判期日前，得調取或命提出證物。緣自訴人自訴聲請人以不實資料向其強迫銷售位於○○市○○路交界之新建○○大樓一樓A戶，使其受騙致簽下合約，並繳納定金新台幣30萬元。嗣後發覺資料內所載「地下室部分」因建築法規規定須供防空避難之用，故無法取得所有權，有詐欺罪嫌云云。

　　綜觀自訴狀內容，關鍵在於被告以「不實資料」向其騙取定金並簽下合約之「不實資料」為何？否則空口濫訴，破壞聲請人名節，聲請人實不甘心，為此狀請

　　鈞院鑒核，依刑事訴訟法上開規定，命令自訴人提出證物，否則即依法為無罪判決，以免冤抑。

　　　　謹狀

台灣○○地方法院刑事庭　公鑒

證　物　名　稱及　　件　　數	

中　　　華　　　民　　　國　　　年　　　月　　　日	
具狀人　　王　珠　　　　　　簽名蓋章	

〈狀例3-82〉 延期審理聲請狀

刑事　聲請　狀		案　　號	年度　　字第　　號	承辦股別	
稱　　　　謂	姓　名　或　名　稱身分證統一編號或營利事業統一編號	住居所或營業所、郵遞區號及電話號碼電子郵件位址		送達代收人姓名、住址、郵遞區號及電話號碼	

聲　請　人即　被　告	郭　甲		

為就○○年度○字第○○號違反公司法案件，聲請延期審理事：

　　緣　鈞院以傳票乙紙，通知被告應於○○年○月○日上午10時30分，前往　鈞院刑事第○法庭應訊。惟被告因在國外出差，迄至○月○日始能返回（證物一），為此特以本狀，懇請

　　鈞院賜予延展期日，開庭審理，俾保權益。

　　　　　　　謹狀

台灣○○地方法院刑事庭　公鑒

證 物 名 稱及 件 數	證物一：出差證明書及機票影本各一份。

中	華	民	國	年	月	日
		具狀人　郭　甲			簽名蓋章	

〈狀例3-83〉 **再開辯論聲請狀**

刑事　聲　請　狀		案　　號	年度　　字第　　號	承辦股別	
稱　　　　謂	姓 名 或 名 稱身 分 證 統 一 編 號 或營 利 事 業 統 一 編 號	住居所或營業所、郵遞區號及電話號碼電子郵件位址		送 達 代 收 人 姓名、住址、郵遞區號及電話號碼	
聲　請　人即　被　告	吳　水				

為就○○年度○字第○○號違背職務受賄，聲請再開辯論事：

　　查聲請人因違背職務受賄罪嫌，經　台灣○○地方檢察署偵查終結，於○○年○月○日提起公訴；並經　鈞院於今年○月○日、○月○日、○月○日三次開庭審理在案。按審判期日之訴訟程序，專以審判筆錄為證，乃　鈞院雖於本月○日宣示辯論終結。惟審判筆錄並未載有檢察官到庭辯論之要旨，及命被告為最後之陳述，其所踐行之訴訟程序，顯與刑事訴訟法第289條、第290條之規定相違背，為此狀請

　　鈞院鑒核，依刑事訴訟法第291條規定，將本案再開辯論，以符法制，而保權益。

<table>
<tr><td colspan="6">　　　　　謹狀</td></tr>
<tr><td colspan="6">台灣○○地方法院刑事庭　公鑒</td></tr>
<tr><td>證　物　名　稱
及　　件　　數</td><td colspan="5"></td></tr>
<tr><td>中　　　　華</td><td>民</td><td>國</td><td>年</td><td>月</td><td>日</td></tr>
<tr><td colspan="6">　　　　　具狀人　　吳　水　　　　　簽名
　　　　　　　　　　　　　　　　　　蓋章</td></tr>
</table>

〈狀例3-84〉聲請停止審判狀㈠（因被告身罹疾病）

刑事　聲　請　狀		案　　號	年度　　字第　　號	承辦股別	
稱　　　　謂	姓　名　或　名　稱 身分證統一編號或 營利事業統一編號	住居所或營業所、郵遞區號 及電話號碼電子郵件位址		送達代收人姓 名、住址、郵遞 區號及電話號碼	
聲　請　人 即　被　告	蔡　明				

為○○年○月○日刑事詐欺案件，聲請暫停審判事：

　　緣聲請人被訴詐欺罪嫌，業由　鈞院依法審理在案。本月○日，恰值第二次審判期日，被告既奉傳諭，本無由置喙，理應準時出庭應訊。惟聲請人因無辜涉案，且長期積勞，於本月○日心疾終又復發，竟至休克，經家人急速送醫救護，始免不治（證物一），惟醫生叮囑再三，絕勿操勞過度。查刑事訴訟法第294條第2項規定：「被告因疾病不能到庭者，應於其能到庭以前停止審判。」為此狀請

　　鈞院鑒核，依法在聲請人因病未能到庭之前停止審判，以符法紀，而維健康。
　　　　　謹狀
台灣○○地方法院刑事庭　公鑒

證　物　名　稱 及　　件　　數	證物一：診斷證明書影本一份。				
中　　　　華	民	國	年	月	日

　　　　　　　　　　具狀人　　蔡　明　　　　　簽名
　　　　　　　　　　　　　　　　　　　　　　　蓋章

〈狀例3-84-1〉聲請停止審判狀㈡（以他罪為斷）

刑事　聲請　狀		案　　號	年度　　字第　　號	承辦股別	
稱　　　謂	姓　名　或　名　稱身分證統一編號或營利事業統一編號	住居所或營業所、郵遞區號及電話號碼電子郵件位址		送達代收人姓名、住址、郵遞區號及電話號碼	
聲　請　人即　被　告	孫　立				
為○○年度○字第○○號故買贓物罪嫌，依法聲請停止審判事： 　　查聲請人因贓物罪嫌，經告訴人李得吾告訴而由地檢署起訴，並由　鈞院審理在案。惟查故買贓物罪之成立，必其「物」係贓物乃可。而告訴人另案告訴案外人張仁竊盜案，既未與本案併同審理，迄未判決，則既尚未成立竊盜罪，何有贓物罪成立之可能？按刑事訴訟法第295條規定：犯罪是否成立以他罪為斷，而他罪已經起訴者，得於其判決確定前，停止本罪之審判。為此狀請 　　鈞院鑒核，准予停止本案之審判程序，以符法紀，而保權益。 　　　　　　　謹狀 台灣○○地方法院刑事庭　公鑒					
證物名稱及件數					
中　　華　　民　　國　　　年　　　月　　　日					
	具狀人　孫　立			簽名蓋章	

〈狀例3-85〉聲請更新審判程序狀（法官有更易）

刑事　聲請　狀		案　　號	年度　　字第　　號	承辦股別	
稱　　　謂	姓　名　或　名　稱身分證統一編號或營利事業統一編號	住居所或營業所、郵遞區號及電話號碼電子郵件位址		送達代收人姓名、住址、郵遞區號及電話號碼	
聲　請　人即　被　告	洪　增				

為就○○年度○字第○○號刑事妨害家庭罪嫌，聲請更新審判事：

　　緣聲請人被告訴人告訴妨害家庭罪嫌，業由　鈞院受理，並分發○股李山法官承審在案。不意本案在上月○日及○日連開兩次庭訊，本擬在本月○日續開第三次辯論庭，而承審李山法官，竟積勞成疾，一病不起，且本擬開之第三次庭亦無法如期開庭，現距第二次開庭已達二十一日。依刑事訴訟法第292條第1項及第293條規定，法官如有更易或開庭間隔十五日以上者，皆應更新審判程序。為此狀請

　　鈞院鑒核，迅予更易法官並更新審判程序，以免稽延而保權益。

　　　　　　　謹狀

台灣○○地方法院刑事庭　公鑒

證　物　名　稱 及　　件　　數	

中　　　　華　　　　民　　　　國　　　　年　　　　月　　　　日	
具狀人　　洪　增	簽名 蓋章

▶自訴之提起及撤回

◇犯罪之被害人得提起自訴。但無行為能力或限制行為能力或死亡者，得由其法定代理人、直系血親或配偶為之。

前項自訴之提起，應委任律師行之。

犯罪事實之一部提起自訴者，他部雖不得自訴亦以得提起自訴論。但不得提起自訴部分係較重之罪，或其第一審屬於高等法院管轄，或第321條之情形者，不在此限。（刑訴319）

◇告訴或請求乃論之罪，自訴人於第一審辯論終結前，得撤回其自訴。

撤回自訴，應以書狀為之。但於審判期日或受訊問時，得以言詞為之。

書記官應速將撤回自訴之事由，通知被告。

撤回自訴之人，不得再行自訴或告訴或請求。（刑訴325）

◇法院或受命法官，得於第一次審判期日前，訊問自訴人、被告及調查證據，於發見案件係民事或利用自訴程序恫嚇被告者，得曉諭自訴人撤回自訴。

前項訊問不公開之；非有必要，不得先行傳訊被告。

第1項訊問及調查結果，如認為案件有第252條、第253條、第254條之情形者，得以裁定駁回自訴，並準用第253條之2第1項第1款至第4款、第2項及第3項之規定。

駁回自訴之裁定已確定者，非有第260條第1項各款情形之一，不得對於同一案件再行自訴。（刑訴326）

◇提起自訴之被害人犯罪，與自訴事實直接相關，而被告為其被害人者，被告得於第一審辯論終結前，提起反訴。（刑訴338）

◎撰狀說明

㈠自訴，是被害人訴追主義所採行之制度。自訴人固為被害人，但亦有限制。若被害人是無行為能力或為限制行為能力或被告為直系尊親屬或配偶則皆不得自訴。若告訴乃論之罪依法已不得告訴（已逾六個月告訴期間或已撤回告訴者）亦不得再行自訴。又犯罪若已經公訴程序由檢察官開始偵查者，亦不得自訴。但告訴乃論之直接被害人提起自訴者，或依第258條之3第2項後段裁定而提起自訴者，不在此限（見刑事訴訟法第323條第1項）。

㈡告訴或請求乃論之罪，自訴人於第一審辯論終結前，得撤回其自訴（見刑事訴訟法第325條第1項）。

㈢自訴應委任律師為代理人，如自訴人未委任代理人，經法院定期間命自訴人委任代理人，自訴人逾期仍不委任者，由法院諭知不受理判決（參見刑事訴訟法第329條）。

〈狀例3-86〉自訴狀

刑事　自訴　狀	案　　　號	年度　　字第　　　號	承辦股別	
稱　　　　謂	姓　名　或　名　稱身分證統一編號或營利事業統一編號	住居所或營業所、郵遞區號及電話號碼電子郵件位址	送達代收人姓名、住址、郵遞區號及電話號碼	
自　訴　人自訴代理人被　　　告	朱　甲○○○律師許　乙			

為被告許乙涉嫌詐欺罪等案件，依法提出自訴事：

　　按自訴人於民國100年○月○日參加以許乙為會首，每會新台幣2萬元，會腳五十三腳之合會，該會應至民國104年○月○日（證物一）。詎至民國103年○月○日止，被告即因負債過重，有冒標合會之情事，致無支付能力，而無法繼續開標，核其所為已涉刑法第339條之詐欺罪及第216條、第210條行使偽造私文書罪。

　　次按被告除對自訴人所參加之合會具有上開情事外，據聞其為會首之其他三個合會（證物二、三、四），亦存在相同之情事，此有證人賴丙（住○○市○○路

○○段○○號）、楊丁（住○○市○○路○○段○○號）、黃戊（住○○市○○街○○巷○○號）足資作證。

　　末按被告許乙依前所述，既具刑法第339條、第216條、第210條之犯行，為此依刑事訴訟法第319條第1項前段：犯罪之被害人得提起自訴之規定，懇請

　　鈞院迅即傳喚被告及證人到庭作證，並依法而為有罪判決，以儆不法。

　　　　　　謹狀

台灣○○地方法院刑事庭　公鑒

證物名稱及件數	證物一：互助會會單影本一份。
	證物二：互助會會單影本一份。
	證物三：互助會會單影本一份。
	證物四：互助會會單影本一份。

中	華	民	國	年	月	日

　　　　　　具狀人　　朱甲　　　　　　　簽名蓋章

〈狀例3-87〉追加自訴狀（追加被告）

刑事　追加自訴　狀		案　　號	年度　　字第　　號	承辦股別	
稱　　　謂	姓　名　或　名　稱身分證統一編號或營利事業統一編號	住居所或營業所、郵遞區號及電話號碼電子郵件位址		送達代收人姓名、住址、郵遞區號及電話號碼	
自　訴　人自訴代理人被　　　告追加被告	朱　甲李○○律師許　乙許　辛				

為被告許辛涉嫌共同詐欺案件，依法追加事：

　　按自訴人參加以被告許乙為會首之合會（證物一），雖會首之名義為被告許乙，惟被告許乙之妻即許辛均係實際收受會款之人，核其所為依刑法第28條之規定，為共同詐欺犯，為此依刑事訴訟法第343條準用第265條之規定，追加被告許辛為共同詐欺正犯，懇請

鈞院鑒核，迅即傳喚被告許辛，並賜予有罪判決，以儆不法。
謹狀
台灣○○地方法院刑事庭　公鑒

證 物 名 稱 及 件 數	證物一：互助會會單影本一份。

中	華	民	國	年	月	日
		具狀人　朱甲		簽名 蓋章		

〈狀例3-88〉答辯狀㈠（無自訴權）

刑事 答辯 狀	案　號	年度　字第　號	承辦 股別	
稱　　謂	姓 名 或 名 稱 身分證統一編號或 營利事業統一編號	住居所或營業所、郵遞區號 及電話號碼電子郵件位址	送達代收人姓 名、住址、郵遞 區號及電話號碼	
答 辯 人 即 被 告	朱德			

為就○○年度○字第○○號妨害性自主罪案，提出答辯事：

　　緣被告於○月○日，接奉　鈞院傳票通知並轉送自訴人自訴狀繕本，定於本月○日開庭審理。被告細閱自訴狀後，不勝詫異。按刑事訴訟法第319條第1項規定，自訴人須有行為能力，是凡自訴人之具有自訴權，以有行為能力為第一要件。本案自訴人實足年齡僅十七歲，依民法規定，尚無完全行為能力，則自訴人無自訴權明矣。為此狀請

　　鈞院鑒核，請依刑事訴訟法第334條規定，迅為不受理判決，以免訟累，而符法紀。
謹狀
台灣○○地方法院刑事庭　公鑒

證 物 名 稱 及 件 數	

| 中 | 華 | 民 | 國 | 年 | 月 | 日 |

具狀人　　朱　德　　　　簽名蓋章

〈狀例3-88-1〉答辯狀㈡（告訴乃論之罪已不得告訴）

刑事　答辯　狀	案　　號	年度　字第　號	承辦股別
稱　　　謂	姓　名　或　名　稱身分證統一編號或營利事業統一編號	住居所或營業所、郵遞區號及電話號碼電子郵件位址	送達代收人姓名、住址、郵遞區號及電話號碼
答　辯　人即　被　告	王　雄		

為就○○年度○字第○○號被訴傷害乙案，依法提出答辯事：

　　查被告於本月○日接奉　鈞院發下傳票乙紙，並附自訴狀繕本乙份，擬定於本月○日下午3時開庭審理，閱後深感訝異。查本案發生於去年○月○日，迄今已逾一年。而傷害罪依刑法第287條前段規定係告訴乃論之罪，而刑事訴訟法第237條第1項規定：告訴乃論之罪，其告訴應自得為告訴之人知悉犯人之時起，於「六個月」內為之。按自訴人林斌與被告自幼相識，從而六個月之告訴期間早已完成。刑事訴訟法第326條第3項規定：案件有第252條之情形者，得以裁定駁回自訴。按告訴或請求乃論之罪，已逾告訴期間者，為刑事訴訟法第252條第5款情形，從而，本案自訴實與法相違。為此狀請

　　鈞院鑒核，請依刑事訴訟法第326條第3項，裁定駁回自訴，以符法紀，而免訟累。

　　　　謹狀
台灣○○地方法院刑事庭　公鑒

證　物　名　稱及　件　數	

| 中 | 華 | 民 | 國 | 年 | 月 | 日 |

具狀人　　王　雄　　　　簽名蓋章

〈狀例3-89〉反訴狀

刑事　反訴　狀		案　　號	年度　字第　　號	承辦股別	
稱　　　　謂	姓　名　或　名　稱身分證統一編號或營利事業統一編號	住居所或營業所、郵遞區號及電話號碼電子郵件位址		送達代收人姓名、住址、郵遞區號及電話號碼	
反　訴　人即　被　告反訴代理人自　訴　人	王　人〇〇〇律師李　呆				

為就〇〇年度〇字第〇〇號被訴傷害案，對自訴人提起反訴事：

　　查反訴人於今年1月20日，騎機車於路過本市羅斯福路與新生南路十字路口時，因自訴人硬闖紅燈，致與反訴人發生輕微擦撞，自訴人不自檢討不守交通規則，反動手毆打反訴人，反訴人不甘平白被毆，遂舉手格架，此有證人林〇彰、章〇雄二位路人可資證明。反訴人本擬提起自訴，請治以傷害之罪，只因平素工作繁忙，實無暇纏訟。不意自訴人竟不知錯，居然先於本月25日先向　鈞院提起自訴，欲處反訴人刑法第277條第1項之罪，令人忍無可忍，除對本案另提答辯狀外，為特檢具台大醫院驗傷單（證一），依刑事訴訟法第338條規定，提起反訴。狀請

　　鈞院鑒核，處自訴人（即反訴被告）以應得之罪，以彰法紀，而伸正義。

　　　　　　謹狀

台灣台北地方法院刑事庭　公鑒

證　物　名　稱及　　件　　數	證一：台大醫院驗傷單影本一份。

中　　　　華　　　　民　　　　國　　　　年　　　　月　　　　日
具狀人　　王　人　　　　　簽名蓋章

▶上訴之聲請及撤回

◇當事人對於下級法院之判決有不服者，得上訴於上級法院。

　自訴人於辯論終結後喪失行為能力或死亡者，得由第319條第1項所列得為提起自訴之人上訴。

　告訴人或被害人對於下級法院之判決有不服者，亦得具備理由，請求檢察官上訴。

檢察官爲被告之利益，亦得上訴。

宣告死刑之案件，原審法院應不待上訴依職權逕送該管上級法院審判，並通知當事人。

前項情形，視爲被告已提起上訴。（刑訴344）

◇被告之法定代理人或配偶，得爲被告之利益獨立上訴。（刑訴345）

◇原審之代理人或辯護人，得爲被告之利益而上訴。但不得與被告明示之意思相反。（刑訴346）

◇上訴期間爲二十日，自送達判決後起算。但判決宣示後送達前之上訴，亦有效力。（刑訴349）

◇上訴於判決前，得撤回之。案件經第三審法院發回原審法院，或發交與原審法院同級之他法院者，亦同。（刑訴354）

◇爲被告之利益而上訴者，非得被告之同意，不得撤回。（刑訴355）

◇自訴人上訴者，非得檢察官之同意，不得撤回。（刑訴356）

◇捨棄上訴權，應向原審法院爲之。

撤回上訴，應向上訴審法院爲之。但於該案卷宗送交上訴審法院以前，得向原審法院爲之。（刑訴357）

◇捨棄上訴權及撤回上訴，應以書狀爲之。但於審判期日，得以言詞爲之。

第351條之規定，於被告捨棄上訴權或撤回上訴準用之。（刑訴358）

◇捨棄上訴權或撤回上訴者，喪失其上訴權。（刑訴359）

◇下列各罪之案件，經第二審判決者，不得上訴於第三審法院。但第一審法院所爲無罪、免訴、不受理或管轄錯誤之判決，經第二審法院撤銷並諭知有罪之判決者，被告或得爲被告利益上訴之人得提起上訴：

　　一　最重本刑爲三年以下有期徒刑、拘役或專科罰金之罪。

　　二　刑法第277條第1項之傷害罪。

　　三　刑法第320條、第321條之竊盜罪。

　　四　刑法第335條、第336條第2項之侵占罪。

　　五　刑法第339條、第341條之詐欺罪。

　　六　刑法第342條之背信罪。

　　七　刑法第346條之恐嚇罪。

　　八　刑法第349條第1項之贓物罪。

　　九　毒品危害防制條例第10條第1項之施用第一級毒品罪、第11條第4項之持有第二級毒品純質淨重二十公克以上罪。

依前項但書規定上訴，經第三審法院撤銷並發回原審法院或發交其他第二審法院判決者，不得上訴於第三審法院。（刑訴376）

◎撰狀說明

㈠所犯之罪如爲刑事訴訟法第376條第1項所列之各罪案件，原則上不得上訴於第三審法院。上訴審程序，第二審和第三審稍異，前者爲「事實審」，後者爲「法律審」，不經言詞辯論程序，且後者非以判決違背法令外，不許提起。

㈡提出上訴狀應向原審法院爲之，由原審先行形式上之審查後再轉送上級法院。

㈢上訴狀提出後，得於判決前提出補充上訴理由書。

㈣上訴無理由或不合法時，法院應爲駁回之判決。若上訴有理由時，應撤銷原審之判決，或自爲判決或發回原審法院更審。

〈狀例3-90〉聲明上訴狀㈠（被告聲明者）

刑事　聲明上訴　狀		案　　號	年度　字第　　號	承辦股別	
稱　　　　　謂	姓　名　或　名　稱身分證統一編號或營利事業統一編號	住居所或營業所、郵遞區號及電話號碼電子郵件位址		送達代收人姓名、住址、郵遞區號及電話號碼	
上　訴　人即　被　告	鍾甲				

爲不服台灣○○地方法院○○年度○字第○○號刑事判決，依法聲明上訴事：

　　緣被告涉嫌妨害家庭案件，於民國○○年○月○日奉接台灣○○地方法院○○年度○字第○○號刑事判決，該判決以鍾甲和誘有配偶之人脫離家庭，處有期徒刑六月。按該判決既昧於事實，且任意推定犯罪事實，又對於被告之證據漏而不審，殊難令被告甘服，爲此依刑事訴訟法第344條第1項及第349條之規定，於法定期間內聲明上訴。

　　　　　　謹狀

台灣○○地方法院刑事庭　　轉呈
台灣高等法院刑事庭　　　公鑒

證物名稱及件數	
中　　華　　民　　國　　　　　年　　　　月　　　　日	
具狀人　鍾甲	簽名蓋章

〈狀例3-90-1〉聲明上訴狀㈡（自訴人聲明者）

刑事 聲明上訴 狀	案　號	年度　字第　號	承辦股別	
稱　　　謂	姓　名　或　名　稱 身分證統一編號或 營利事業統一編號	住居所或營業所、郵遞區號 及電話號碼電子郵件位址	送達代收人姓 名、住址、郵遞 區號及電話號碼	
上　訴　人 即　自訴人 被　　　告	李　生 趙　平			

為自訴趙平竊盜乙案，不服台灣○○地方法院○○年度○字第○○號判決，聲明上訴事：

緣上訴人自訴趙平竊盜案，原審台灣○○地方法院既不詳予調查證據，僅憑被告一面之詞，偏聽所謂「不在場證人」，竟判決宣告被告無罪，上訴人細閱判決理由，實難甘服。為此依刑事訴訟法規定之上訴期間內，依法聲明上訴，狀請

鈞院鑒核，迅予撤銷原判決，改判被告應得之罪，以維法紀。

謹狀

台灣○○地方法院刑事庭　　轉呈
台灣高等法院刑事庭　　　　公鑒

證物名稱 及件數	

中　華　民　國　　年　　月　　日

具狀人　李　生　　　簽名蓋章

〈狀例3-91〉上訴狀（附具理由）（被告聲明者）

刑事 上訴 狀	案　號	年度　字第　號	承辦股別	
稱　　　謂	姓　名　或　名　稱 身分證統一編號或 營利事業統一編號	住居所或營業所、郵遞區號 及電話號碼電子郵件位址	送達代收人姓 名、住址、郵遞 區號及電話號碼	
上　訴　人 即　被　告	武　甲			

為被訴竊盜及恐嚇取財二罪嫌，不服台灣○○地方法院○○年度○字第○○號判決，依法上訴事：

　　查上訴人被訴恐嚇取財、竊盜二罪，原審法院竟不予詳為推究，竟聽一面之詞，遽爾判決，分別處有期徒刑二年、一年，合併執行二年半。上訴人心不甘服，特提起上訴，分述理由如下：

一、竊盜部分

　　本件原判決，認定上訴人（即被告）知悉在○○縣○○鄉○○醫院辦理總務之韓乙無醫師資格，竟執行醫師業務，認有機可趁，乃意圖為自己不法之所有，於○○年○月○日上午○時，趁醫院繁忙之際，入內竊取被告之病歷表，以該病歷表向韓乙勒索，遂處上訴人有期徒刑一年。

惟查刑法第320條第1項竊盜罪之成立，應以具有「不法所有之意圖」為構成要件，若無此一主觀意圖，即不成立該罪。原審既謂「……入內竊取……，……向韓乙勒索之用」，則上訴人既無「不法所有之意圖」，何能成立竊盜罪？

二、勒索部分

　　原審認定上訴人於○○年○月○日下午○時，打電話至○○鄉○○村○○巷○○號韓乙住宅，向韓妻陳丙恐嚇稱：「你先生無照看病，若不解決，我們要檢舉，若解決了，保證以後你先生及醫院不會有人找麻煩。」命陳婦交付新台幣（以下同）80萬元，旋減為30萬元，並約定當日下午○時，在○○市○○百貨公司前交款，陳婦報警埋伏，被告收受款項後即遭當場逮捕，因而依恐嚇取財既遂處有期徒刑二年，原審認事用法實有可議。

按恐嚇取財罪之構成，係恐嚇（惡害之通知）而生畏怖，再為財產上之處分，由加害人取得財物。如果，恐嚇之結果，被害人未生畏怖，縱為財產上給付，亦非可成立恐嚇取財罪。今本案上訴人雖以無照行醫之害惡通知韓妻，韓妻實未心生畏怖，由其報警行為之心態可知。而其交付財物之行為更非因心生畏怖所為，而係報警欲當場查獲之目的而已。則本罪之不能成立亦明矣。

　　再者，縱認為恐嚇取財罪，由行為過程論斷，亦僅止於未遂而已。原審認係既遂犯，實有違誤。

　　綜上兩點，狀請

　　鈞院鑒核，迅予依法將原判決撤銷，另為無罪之判決，以免冤獄。

　　　　謹狀

台灣○○地方法院刑事庭　　　轉呈
台灣高等法院○○分院刑事庭　公鑒

證　物　名　稱 及　　件　　數	

中	華	民	國	年	月	日

具狀人　武甲　　　簽名
　　　　　　　　　　蓋章

〈狀例3-92〉補提上訴理由狀

刑事　補提上訴理由　狀	案　　號	年度　字第　號	承辦股別
稱　　　謂	姓　名　或　名　稱身分證統一編號或營利事業統一編號	住居所或營業所、郵遞區號及電話號碼電子郵件位址	送達代收人姓名、住址、郵遞區號及電話號碼
上　訴　人即　被　告	邱甲		

　　為被訴過失致人於死案件，不服台灣○○地方法院民國○○年○月○日第一審判決（○○年度○字第○○號判決），曾於法定期間內具狀提起上訴。因時間匆促，未及陳述上訴理由，茲再補陳如下：

一、原審認定上訴人（即被告邱甲）係○○貨運公司司機，為從事駕駛業務之人，於民國○○年○月○日上午○時○分駕駛KY-056大貨車沿高速公路南下，途經基隆起點186公里450公尺處，本應注意依限制速率行駛，但未能注意，竟以超過限速100公里之規定而以120公里時速行駛。適有行人徐乙違規進入高速公路，由中間分隔島向西橫越高速公路，上訴人發現時已煞車不及，而將之輾壓，使頭顱破裂，腦漿四溢而當場死亡，論處上訴人過失致人於死罪，判處有期徒刑六個月。

二、原審認事用法係以交通部公路總局車輛行車事故鑑定覆議會鑑定上訴人違反時速100公里之規定即有輕微過失，而遽以論科。

　　原審之事實認定及判決理由上訴人實難甘服，經查：

一、違反交通安全規定超速行駛，雖應受行政罰，但非當然受刑罰處罰，且該高速公路雖限速100公里，但幾乎任何車輛皆以110公里以上時速進行。本案證人李丙係服勤於高速公路之交通警察，渠亦承認通常巡邏速度皆超過100公里之時速，追緝人犯時有時更高達時速150公里。而最高速率限制100公里之規定，交通部主管高速公路當局早已研擬廢除（見○○年○月○日○○日報）。如果大多數皆以110公里速度行駛，則以80公里或70公里速率行駛，反而更容易肇事，且在流量如此大之高速公路上，亦屬顯不可能。

二、依高速公路及快速公路交通管制規則第19條第1項第1款規定：「行人不得進入高速公路及快速公路。」又依同規則第10條：「汽車在行駛途中，除遇特殊狀況必須減速外，不得驟然減速或在車道中臨時停車或停車。」依此規定行人既不得進入高速公路，汽車在行駛高速公路途中不得驟然減速或停車，而死者竟橫越高速公路，豈可怪上訴人超速具有過失，令負刑責？

三、當時時速為120公里，折算每秒前進為33公尺33公分。規定速限為100公里，折算每秒前進27公尺27公分，而相撞部位依相字卷宗第14頁所載為車頭中央之保險桿及護板凹入部分，如以每秒27公尺計算前進者，亦將撞及右前方車頭部分。蓋常人普通步行時速為3.9公里（每分鐘110步，每步60公分），以橫越高速公路速率較高5公里計，亦僅每秒前進1.39公尺，而車頭寬3.5公尺。故以100公里速率前進，車禍亦將不可免。從而上訴人縱超速行駛有輕微過失，與車禍之發生亦無因果關係存在。

四、上訴人於遠處見死者跨越護欄杆時，曾鳴喇叭示警，並緊急煞車。惟因當時車後40公尺處正有一輛大巴士緊隨，若將煞車全部踩死，則隨後車輛必將撞上，上訴人亦恐遭不測，後果亦不堪想像。

　　鈞院鑒核，迅予撤銷原判決，並為上訴人無罪之判決，以符法紀，而免冤抑。

　　綜上四點所陳，特繕文狀請

　　　　　　謹狀

台灣高等法院刑事庭　公鑒

證物名稱及件數	

中　華　民　國	年	月	日
具狀人　　邱　甲		簽名蓋章	

〈狀例3-93〉獨立上訴狀㈠（被告之配偶）

刑事　上訴　狀	案　號		年度　字第　號	承辦股別	
稱　謂	姓名或名稱身分證統一編號或營利事業統一編號	住居所或營業所、郵遞區號及電話號碼電子郵件位址		送達代收人姓名、住址、郵遞區號及電話號碼	

上　訴　人 即被告配偶	顏　甲	

為就高乙被訴違反毒品危害防制條例案件，不服台灣○○地方法院民國○○年○月○日○○年度○字第○○號判決，依法提起獨立上訴事：

　　查上訴人之夫高乙（證物一）被訴違反毒品危害防制條例，業經台灣○○地方法院判決，處刑二年六月。惟上訴人之夫現因胃疾住院治療中（證物二），獨立上訴人爰依刑事訴訟法第345條規定，為被告利益，提起獨立上訴，並陳述理由如下：

　　第一審認定被告高乙幫助製造毒品安非他命，主要理由係謂：上訴人之夫於○○年○月○日自○○地方檢察署保釋返回○○市住處，案外人鄭、李二人向高乙承租房舍，明知鄭、李二人租屋係為製造安非他命之用，仍予答應。並於李、鄭二人製劑完成之後，幫助在機器上放置空器等物，案經調查局查獲，並扣押安非他命成品6,600支，及空瓶16,497瓶及其他製造機器、物品多件。惟查上訴人之夫與李、鄭二人素不相識，所謂放置空瓶亦僅止一次，上訴人之夫並不知該二人係製造安非他命，李、鄭二人亦曾告稱，係製造口服液，向某藥廠轉包之生意，以上訴人之夫向極忠厚老實之本性，識字本無多，更遑論醫藥方面知識，遂不疑有他。

　　按刑法幫助犯之成立，係以幫助犯罪之意思，從事犯罪構成要件以外之行為始克成罪。原審僅以被告自認曾幫忙過一次，即遽而論以幫助犯，實為速斷。為此依刑事訴訟法第345條規定，狀請

　　鈞院鑒核，迅速改為被告無罪之判決，免致冤抑，而保人權。

　　　　謹狀

台灣○○地方法院刑事庭　轉呈
台灣高等法院刑事庭　　　公鑒

證　物　名　稱 及　　件　　數	證物一：戶籍謄本一份。
	證物二：診斷證明書影本一份。

中	華	民	國	年	月	日

　　　　　　具狀人　顏　甲　　　　　　　　簽名
　　　　　　　　　　　　　　　　　　　　　蓋章

〈狀例3-93-1〉獨立上訴狀㈡（被告之法定代理人）

刑事　上訴　狀		案　號	年度　字第　號	承辦股別	
稱　　謂	姓　名　或　名　稱身分證統一編號或營利事業統一編號	住居所或營業所、郵遞區號及電話號碼電子郵件位址		送達代收人姓名、住址、郵遞區號及電話號碼	
上　訴　人即　被　告法定代理人	游甲				

為就游乙被訴夥同吳達、呂芳結夥強盜，不服○○地方法院判決，依法提起獨立上訴事：

　　緣上訴人之子游乙被訴共同強盜，頃接奉　鈞院○○年度○字第○○號判決，處被告游乙有期徒刑十年。按被告係民國○○年○月出生，現年十八足歲，依法為限制行為能力人，刑事訴訟法第345條規定，被告之法定代理人，得為被告之利益提起獨立上訴（證物一），合此先予說明。

　　按當事人或其辯護人聲請調查之證據，若於證明事實確有重要關係，非不易或不能調查者，為明瞭案情起見，應予調查，否則即為審判期日應行調查之證據未予調查之違法。本案被告游乙不惟始終否認有夥同吳、呂二人強盜李鵬財物情事，且一再辯稱，當晚係在工廠看電視，有工人林和（住○○市○○路○○號）可證，且曾具狀聲請傳訊該證人（見原審卷第35頁），此項請求調查之證據，與待證事實關係極大，且非不易或不能調查。乃原審竟置之不理，僅憑檢察官一面之詞，即認定被告游乙係強盜共犯，原判決之不當及違法，實至屬明顯。為此狀請

　　鈞院鑒核，迅予撤銷原判決，傳訊證人林和到案，改為被告無罪之判決，以免冤抑，而障人權。

　　　　　謹狀
台灣○○地方法院刑事庭　　　轉呈
台灣高等法院○○分院刑事庭　公鑒

證　物　名　稱及　　件　　數	證物一：戶籍謄本一份。

中　　華　　民　　國　　　　年　　　月　　　日			
	具狀人　　游甲	簽名蓋章	

〈狀例3-94〉**聲請撤回上訴狀㈠（被告撤回者）**

刑事 聲請 狀		案　　號	年度　　字第　　號	承辦股別	
稱　　　謂	姓　名　或　名　稱身分證統一編號或營利事業統一編號	住居所或營業所、郵遞區號及電話號碼電子郵件位址		送達代收人姓名、住址、郵遞區號及電話號碼	
聲　請　人即上訴人	章　發				

為就不服台灣○○地方法院○○年度○字第○○號刑事判決上訴案件，聲請撤回上訴事：

　　查聲請人前因不服台灣○○地方法院中華民國○○年○月○日所為聲請人賭博罪處新台幣（以下同）1,000元罰金判決，提起上訴，已蒙　鈞院受理在案。惟聲請人嗣後以原判決雖有不當，惟僅處區區1,000元罰金，與其曠日廢時纏訟不堪，不如繳納罰金了事。為此狀請

　　鈞院鑒核，准予將本案上訴撤回，以免訟累。

　　　　　　　　謹狀

台灣高等法院刑事庭　公鑒

證物名稱及件數	
中　　　華　　　民　　　國　　　年　　　月　　　日	
具狀人　章　發	簽名蓋章

〈狀例3-94-1〉**聲請撤回上訴狀㈡（自訴人撤回者）**

刑事 聲請 狀		案　　號	年度　　字第　　號	承辦股別	
稱　　　謂	姓　名　或　名　稱身分證統一編號或營利事業統一編號	住居所或營業所、郵遞區號及電話號碼電子郵件位址		送達代收人姓名、住址、郵遞區號及電話號碼	
聲　請　人即上訴人	章　甲				

為就不服台灣○○地方法院○○年○月○日判決自訴被告和誘有配偶人脫離家庭罪嫌無罪上訴乙案，聲請撤回上訴事：

　　緣聲請人前自訴被告王乙和誘罪嫌，業經台灣○○地方法院判決無罪，聲請人當即具狀聲請上訴。惟被告於案發後迭向聲請人請託賠罪，悔意甚堅，且念及好訟則必兇，已與被告於○月○日達成和解。惟查本案係自訴人上訴，既擬撤回，依法應請　鈞院徵求檢察官同意。為此狀請

　　鈞院鑒核，准將上訴撤回。
　　　　　　謹狀
台灣高等法院○○分院刑事庭　公鑒

證　物　名　稱 及　　件　　數	

中　　　　華　　　　民　　　　國　　　　年　　　　月　　　　日	
具狀人　章　甲	簽名 蓋章

〈狀例3-95〉聲請捨棄上訴狀

刑事　聲請　狀	案　　號	年度　字第　　號	承辦 股別	
稱　　　　謂	姓　名　或　名　稱 身分證統一編號或 營利事業統一編號	住居所或營業所、郵遞區號 及電話號碼電子郵件位址	送達代收人姓 名、住址、郵遞 區號及電話號碼	
聲　請　人 即　被　告	徐　國			

為○○年度○字第○○號刑事詐欺案件，對台灣○○地方法院○○年○月○日判決，聲請捨棄上訴事：

　　緣聲請人於○○年○月因被訴詐欺，經收押迄今已近六月。本案於○月○日判決，科處聲請人有期徒刑六個月，以羈押期間相抵刑期，已甚接近，縱再上訴，亦無濟於事，為此狀請

　　鈞院鑒核，聲明捨棄本案之上訴權。
　　　　　　謹狀
台灣○○地方法院刑事庭　公鑒

證 物 名 稱 及 件 數	

中	華	民	國	年	月	日

具狀人　　徐　國　　　　　　　簽名
蓋章

〈狀例3-96〉聲請一造缺席判決狀

刑事　聲請　狀		案　　號	年度　字第　　號	承辦 股別	
稱　　　　謂	姓 名 或 名 稱 身 分 證 統 一 編 號 或 營 利 事 業 統 一 編 號	住居所或營業所、郵遞區號 及電話號碼電子郵件位址		送達代收人姓 名、住址、郵遞 區號及電話號碼	
聲　請　人 即上訴人	劉　甲				

為就○○年度○字第○○號刑事重利罪上訴案件，被告屢經傳喚不到庭，聲請逕為
判決事：

　　　緣聲請人對台灣○○地方法院中華民國○○年○月○日○○年度○字第○○號
判決聲請上訴，已蒙　鈞院於○月○日開庭審理在案。惟是日被告（被上訴人）李
文無故不到庭，且於次月○日再傳一次亦不到庭，致本案無從進行。按刑事訴訟法
第371條規定：被告無正當理由不到庭者，得不待其陳述，逕行判決。李文既已經
合法傳喚仍不到庭，依法既得逕為判決。為此狀請

　　　鈞院鑒核，准予逕行判決，以免稽延，而張公義。

　　　　　　謹狀

台灣高等法院○○分院刑事庭　公鑒

證 物 名 稱 及 件 數	

中	華	民	國	年	月	日

具狀人　　劉　甲　　　　　　　簽名
蓋章

〈狀例3-97〉上訴狀㈠（自訴人上訴）

刑事　上訴　狀	案　　號	年度　　字第　　號	承辦股別	
稱　　　謂	姓　名　或　名　稱身分證統一編號或營利事業統一編號	住居所或營業所、郵遞區號及電話號碼電子郵件位址	送達代收人姓名、住址、郵遞區號及電話號碼	
上　訴　人即自訴人	趙　眞			

　　爲自訴侵占罪及僞造有價證券罪，不服台灣高等法院中華民國○○年○月○日第二審判決（○○年度○字第○○號），提起上訴事：

　　查本件原審判決（第二審）將第一審判決關於被告廖能僞造有價證券部分撤銷，並引用刑法第201條、第59條、第74條第1款等條文，處被告以僞造有價證券之罪刑，且爲緩刑之宣告，並將第一審關於侵占之部分駁回。係以因被告情堪憫恕，應酌予減輕其刑，且被告患心肌梗塞症，認對其所宣告刑，以暫不執行爲宜。至被告侵占部分以不能證明，認爲一審諭知無罪，尚無不合云云。

　　惟查刑法第59條之酌量減輕其刑，必於犯罪情狀，在客觀上足引起一般之同情，縱宣告法定最低刑度，猶嫌過重者，始有其適用。本案被告故違互助會之規約，並僞造有價證券而行使之，以圖一己私利，何情狀之堪憫恕可言？又侵占罪本係刑法第61條規定之輕罪之一，依刑事訴訟法第376條第1項第4款規定，本不得上訴第三審。惟因侵占罪與僞造有價證券罪有想像競合犯之裁判上一罪關係，且係較輕之罪，但基於上訴不可分之原則，該輕罪（即侵占罪）亦應一併上訴，合此說明。

　　綜上所述，原審法院○○年度○字第○○號判決，顯係適用法則不當之違背法令。爲此依法提起上訴，狀請

　　鈞院鑒核，迅將原判決撤銷，更爲被告重罪或發回更審。
　　　　　謹狀
台灣高等法院刑事庭　轉呈
最高法院刑事庭　　　公鑒

證　物　名　稱及　　件　　數	

中　　華　　民　　國　　　　年　　　　月　　　　日
具狀人　趙　眞　　　簽名蓋章

〈狀例3-97-1〉上訴狀㈡（被告上訴）

刑事　上訴　狀	案　號	年度　字第　號	承辦股別	
稱　　謂	姓　名　或　名　稱身分證統一編號或營利事業統一編號	住居所或營業所、郵遞區號及電話號碼電子郵件位址	送達代收人姓名、住址、郵遞區號及電話號碼	
上　訴　人即　被　告	楊　甲			

為因妨害自由案件，不服台灣高等法院中華民國○○年○月○日第二審判決，提起上訴事：

　　本案原判決認定上訴人楊甲因被害人官丙欠其債款迄未償還，且避不見面，經探悉被害人在○○市經營水果生意，乃於○○年○月○日下午夥同許丁及吳戊（已判決確定）三人，乘轎車由○○市前來○○市向被害人討索，翌日上午○時，在○○市○○市場遇見被害人，上訴人等三人即將被害人圍住，將其挾持至市場內轎車處，被害人不願上車，上訴人遂將其毆傷，並強挾持進車內，並開往○○市，剝奪被害人行動自由。在車上，上訴人又將被害人身上新台幣1,000元現金搜走。後車行至○○市，乃折返迫被害人書寫土地買賣契約書。車回○○市後，將被害人載往○○市○○路○○巷○○號○○樓，命不詳姓名三人看守被害人，延至當日下午○時，始囑被害人不得報警，否則予以殺害，始予釋放。因而撤銷原判決，論處上訴人共同以非法方法剝奪他人之行動自由罪，科刑有期徒刑三月。惟查第二審法院不得諭知較重於原審判決之刑，但因原審判決適用法條不當而撤銷者，不在此限，刑事訴訟法第370條第1項定有明文。本件第一審諭知上訴人有期徒刑二月，原判決改為有期徒刑三月，既較第一審為重，又未列明理由，已屬理由不備。為此依據刑事訴訟法第379條第14款，依法提起上訴，狀請

　　鈞院鑒核，賜撤銷原審判決，更為適法之判決，以明法制，而保權益。
　　　　謹狀
台灣高等法院刑事庭　　轉呈
最高法院刑事庭　　　　公鑒

證物名稱及件數	

中　　華　　民　　國　　　年　　　月　　　日
具狀人　楊　甲　　簽名蓋章

〈狀例3-97-2〉上訴狀㈢（刑罰已廢止者）

刑事　上訴　狀		案　　號	年度　字第　　號	承辦股別	
稱　　　　謂	姓　名　或　名　稱 身分證統一編號或 營利事業統一編號	住居所或營業所、郵遞區號 及電話號碼電子郵件位址		送達代收人姓 名、住址、郵遞 區號及電話號碼	
上　訴　人 即　被　告	林乙				

為因不服台灣高等法院○○年度○○字第○○號刑事判決，聲明上訴事：

　　查本案原審判決之處刑，依據○○法所為科刑判決，現該法已經立法院廢止，並經總統公布在案，依據刑事訴訟法第381條規定，係得為上訴第三審之理由。用特狀請

　　鈞院鑒核，准予上訴並撤銷原判決，改為上訴人免訴之判決。

　　　　　　謹狀

台灣高等法院刑事庭　轉呈
最高法院刑事庭　　　公鑒

證　物　名　稱 及　件　數	
中　華　民　國　　　　年　　　　月　　　　日	
	具狀人　林乙　　　　簽名蓋章

〈狀例3-97-3〉上訴狀㈣（被告未到庭而逕行判決）

刑事　上訴　狀		案　　號	年度　字第　　號	承辦股別	
稱　　　　謂	姓　名　或　名　稱 身分證統一編號或 營利事業統一編號	住居所或營業所、郵遞區號 及電話號碼電子郵件位址		送達代收人姓 名、住址、郵遞 區號及電話號碼	
上　訴　人 即　被　告	林甲				

為因上訴人被訴過失致死案件，不服台灣高等法院○○分院○○年度○字第○○號刑事判決，提起上訴事：

　　　　按刑事訴訟法第371條規定：被告合法傳喚，無正當之理由不到庭者，得不待被告陳述，逕行判決。上訴人因駕駛營業用小客車，不愼將行人章訓撞死，被訴過失致死，第一審判決上訴人有期徒刑一年，乃於今年○月○日上訴二審，定同年○月○日爲審判期日。惟上訴人已於○○年○月○日遷移住所爲○○市○○街○○巷○○號（證物一），並曾陳報台灣○○地方法院，嗣後如有送達文書，請照新址送達（證物二）。乃原審竟疏於注意，將傳票送達於舊址，而無人收受，即以被告居所不明，裁定公示送達，並進而爲一造判決。按被告既陳明新址於前，原審又未依法送達，逕行判決，顯爲刑事訴訟法第379條第6款，被告未於審判期日到庭而逕行判決之規定相當，得爲三審上訴之理由。爲此狀請

　　　　鈞院鑒核，撤銷原判決，發回更審，以昭折服。

　　　　　　謹狀

台灣高等法院○○分院刑事庭　　轉呈
最高法院刑事庭　　　　　　　　公鑒

證　物　名　稱 及　　件　　數	證物一：戶籍謄本一份。
	證物二：陳報狀繕本一份

中　　　華　　　民　　　國　　　　年　　　　月　　　　日
具狀人　　林　甲　　　　　　簽名 蓋章

〈狀例3-97-4〉上訴狀㈤（補充上訴理由）

刑事　上訴理由　狀	案　　　號	年度　　字第　　號	承辦 股別	
稱　　　謂	姓　名　或　名　稱 身分證統一編號或 營利事業統一編號	住居所或營業所、郵遞區號 及電話號碼電子郵件位址	送達代收人姓 名、住址、郵遞 區號及電話號碼	
上　訴　人 即　被　告	吳　甲			
為上訴人涉嫌強盜等案件，依法提出上訴理由事： 一、上訴理由部分 　　㈠緣最高法院○○年度台上字第○○號判決本件發回更審，上開判決就上訴人 　　　等所涉之台中港路乙案之發回更審意旨略以：「有罪判決書之事實一欄，既				

為適用法律之根據，則於適用法律有關之事實，均應明確認定詳為記載，始足為適用法律之基礎；強盜而故意殺人罪，乃將強盜與殺人罪相結合，為實質上之一罪，必其對於強盜而故意殺人有包括之認識，方為相當，自應就此事實明確認定詳為記載，始足為援用法律當否之判斷。原判決關於強盜而故意殺害廖○○及李○○部分，其事實欄記載吳甲、陳○、劉○○與在逃之管○○謀議強盜財物，而由管○○以欲租房間為藉口，將廖○○誘至三樓後，持尖刀予以刺殺，再叫在一樓由陳○看管之李○○上樓，又予刺殺，隨即搜取屋內現款逃逸云云，而對於其等四人就強盜而故意殺人是否均有包括之認識，並未明確認定詳細記載，遽論以共同強盜而故意殺人之罪，揆諸前開說明，已無從為適用法律當否之判斷。」其法律上之見解，洵屬卓見。

上訴人前已就參與該案之同案被告等是否確有於犯罪現場取走財物之行為，以及該案同案被告是否犯有強盜或竊盜之行為，從而同案被告因有無強盜之行為，及是否應與殺人行為結合論以結合犯等節暨參與該案之同案被告間就案發現場事實狀況之描述互有矛盾之處詳予指陳，不另贅述。

查本件同案被告等人所涉之案件雖有十餘起，惟查各該所涉案件中，除台中港路乙案有殺人之事實外，其餘各案均未有致被害人死傷之事實，於此足見，上訴人暨同案被告等前曾一致答辯台中港路乙案中之殺人行為純係在逃同案被告管○○臨時起意所為等陳述自屬可信，且縱使　鈞院依調查證據之結果，認同案被告等就該案有強盜行為，然觀諸同案被告等於涉嫌之其他案件中，除對被害人施以強制力外，皆未以殺害被害人為強盜之手段，況查台中港路乙案，同案被告管○○確曾於事前與被害人廖○○、李○○有激烈之言語衝突，致使誘發管○○個人之殺人動機非無可能，　鈞院原判決謂吳甲、劉○○、陳○及管○○等四人就強盜而故意殺人俱有包括之認識即顯有可議。

且查同案被告劉○○雖曾於原第一審法院供稱上訴人吳甲於該案中有抓住被害人廖○○之行為。惟查嗣後劉○○於　鈞院前審調查證據時，已據實陳稱渠於第一審時所供稱吳甲有抓住被害人廖○○之行為云云，皆係因懷恨吳甲首先供出同夥姓名，致其不滿而誣陷之，實際上吳甲並未參與殺人行為等語，併此事實暨參酌前揭所述事實，足見吳甲與臨時起意為殺人行為之管○○並無殺人之犯意聯絡，且吳甲亦無實施殺人行為，自不應論以殺人罪責。

㈡鈞院前審判決所認定上訴人犯罪部分，上訴人除前呈第一審法院答辯狀及鈞院前審之上訴理由狀續予援用外，茲按最高法院判決書附表之順序續就以下各項提出答辯：

1. 編號一（三重區○○街案）：

查本件犯罪上訴人吳甲確未參與，且被害人陳○○於警訊中暨第一、二審法院中所為陳述，皆稱案發當日未見吳甲參與作案，而被害人於　鈞院前審○○年○月○日開庭時，當庭上問其：「事後你是否發現吳甲有去但沒有進去？」答稱：「是抓到才知道他那一天是在門外沒有進去，是他們同夥講的。」查被害人陳○○既未親自見聞吳甲參與犯罪，又係依傳聞推測始稱吳甲有去云云，按刑事訴訟法第160條規定：「證人之個人意見或推測之詞，除以實際經驗為基礎者外，不得作為證據。」則被害人先前所為不利於吳甲之陳述，即不得作為認定吳甲參與本件犯罪之證據。

次查，本件同案被告劉○○、王○○、董○○雖因警方刑求或因互相懷恨，而於警訊中及原第一審法院中有互為矛盾而不利於上訴人之陳述，嗣經　鈞院前審之調查，渠等始坦承實情，謂上訴人吳甲實未參與本件犯罪（鈞院前審○○年6月27日開庭筆錄）。

再查本件犯罪被害人陳○○之小叔陳○○與上訴人交誼甚深，而上訴人於案發前後均未避諱而多次至被害人家中拜訪交誼，衡諸常理並參酌前揭被害人與同案被告嗣後所為證言，即可證明上訴人未參與本件犯罪。

2. 編號二（高雄市○○區案）：

查本件犯罪行為上訴人並未參與，且被害人楊○○於警訊中陳述所作筆錄（詳見偵查卷112-113頁楊○○筆錄），並未當面明確指認上訴人參與本件犯罪，緣製作筆錄當日，警方由劉○○引領至被害人住處訪查，所記錄之筆錄內容節錄如下：

警問一：今24日本隊由另一位涉嫌人劉○○引導警方前來你住處，你可認得他是否就是歹徒之一人嗎？楊答一：該位男子（指劉○○）於3月9日上午10時30分許，我未發現其進入我的房間，但其是否有參與作案，可就要請問劉○○（當場指認）。

警問二：今24日警方所提示涉嫌人吳甲、董○○、管○○之相片供指認是否就是3月9日上午前往你住處強盜案之男子否？

楊答二：是的，相片中之男子很像是到我家強盜財物之人，既然劉○○引領你們警方到我家來，就能確定是他們等人所犯案無訛。

細查上開筆錄即知其中語焉不詳，且當警方提示涉嫌人吳甲、董○○、管○○等人之照片予被害人指認時，被害人僅答稱相片中之男子很像是到我家中強盜之人，又稱：「既然劉○○引領你們警方到我家來，就能確定是他們等人所犯案無訛。」云云，按被害人既已並未當面指認劉○○參與本

件犯罪，又如何能謂劉○○既引領警方至其家中渠即能確定「相片中很像之男子」即上訴人吳甲、董○○及管○○涉案？

次查本件被害人於一、二審法院皆未到庭陳述，　鈞院前審判決僅以董○○於第一審法院○○年○月○日開庭時所作陳述即判決認定上訴人參與本案，以下茲就董某於上開筆錄內所為陳述節錄如下：

庭問：你的○○識別證及手銬何來？

董答：是跟高雄市警察局保安隊警員呂○○借機車時放在機車內，我順便拿來使用。

庭問：另外起訴書附表第三項是否事實？（提示）

董答：對的，是我跟管○○、吳甲、劉○○一起去做。

第一審對於本件犯罪之調查，僅限於依上開筆錄所載內容之訊問，且其判斷亦僅據上開筆錄及前揭顯有重大瑕疵之被害人警訊筆錄，且上開筆錄係於第一審法院僅傳訊董○○到庭訊問時作成，該筆錄嗣後皆未提示於其餘同案被告即上訴人吳甲及劉○○辯論，第一審法院暨　鈞院前審據為判斷之基礎即顯有瑕疵。至董○○先是為懷恨而故意稱起訴書中各案起訴之共犯及事實均屬正確，嗣後又一一否認，且有關部分犯罪情節因時隔久遠根本不復記憶，渠所述亦甚含糊，同時本件迄未起出有關贓物，第一審法院暨　鈞院前審僅據此等有瑕疵之陳述即作斷定上訴人犯罪之依據，亦甚牽強。顯見　鈞院前審對本件犯罪之調查未臻確實。

3.編號三（台中市○○區案）：

本件據於第一審法院到庭之被害人張○○指認上訴人有參加，上訴人亦坦承參加該案，但於現場時上訴人因其他同案被告捆綁被害人致被害人痛苦時，尚拿枕頭給被害人墊，足見上訴人並非心狠手辣之惡徒，且自始至終並未著手於強盜行為之實行，謹請　鈞院明鑒。

4.編號四（台北市○○街案）：

查上訴人並未參與本件犯罪，第一審判決暨　鈞院前審所憑之被害人林○○之警訊筆錄中並未指認上訴人參與本件犯罪，按該筆錄中有關陳述如下：

警問：歹徒特徵容貌你能認出來？

林答：因歹徒與我面對面時間許久，我能認得出來。

警問：本隊查獲強盜案嫌犯中，你能認出何人參與向你強盜案？

林答：我一眼即看出相片中在逃嫌犯相片之董○○，另外兩人要看到本人才認得出來。

且被害人另於○○年○月○日在偵二隊所作警訊筆錄亦僅記載渠於警方提供上訴人相片供其指認時稱「董○○、吳甲二人尚可認出面貌，另有管○○很像，相片較久，如本人查獲時，我可要再前來指認」云云，其所為指認既係針對年代久遠之相片所為，渠能否確實辨認已屬可疑，況其所為指認又未確定即係上訴人等人所為，而林○○於第一審法院經傳而未到庭指認，　鈞院前審自不得僅憑前揭事項即為上訴人有參與本件犯罪之認定。

至本件第一審法院暨　鈞院前審所憑另一證據為董○○於第一審法院○○年○月○日開庭時陳述之筆錄，按該筆錄內容如下：

庭問：附表第五次（按：即本件）及第七項是你跟著管○○、吳甲去做？

董答：第五次是我們三人做的沒有錯。

查上開筆錄係於第一審法院僅傳訊董○○到庭訊問時作成，該筆錄嗣後皆未提示於其餘同案被告上訴人吳甲辯論，第一審法院暨　鈞院前審據為判斷之基礎即顯有瑕疵。至董○○先後供詞不一之情形已詳述如前，茲不贅述。

5. 編號五（士林區○○路案）：

本件於第一審法院到庭之被害人郭○○指認上訴人曾至案發現場且陪其聊天，並未提及上訴人有參與強盜之行為，至其後其他同案被告如何對其實施強盜行為並未詳述。事實上，當上訴人至被害人家欲找被害人之叔叔，因被害人叔叔不在家，便和被害人閒聊後，上訴人即先行離去，至其後同案被告如何實施強盜行為，上訴人並不知情，亦未與其他同案被告有何犯意之聯絡，　鈞院前審未盡調查，即認上訴人參與本件犯罪，實有重大違誤。

6. 編號六（士林區○○街案）：

本件上訴人並未涉案，已據　鈞院前審認定明確。

7. 編號七（新店區○○街案）：

本件犯罪，上訴人並未參與，同案被告於警訊筆錄中所為不利於上訴人之供述尚有瑕疵，嗣後同案被告董○○、王○○亦均稱上訴人未參加本件犯罪。況第一審判決以「於警查獲時亦於被告吳甲處起出林○○之身分證，相互參酌以證，可證其確有上開犯行甚明」。然查林○○之身分證係於董○○住處搜到，此有台北市政府警察局搜索扣押證明筆錄在卷可稽，則鈞院前審顯有判決違背證據法則之違誤。

8.編號八（台北市○○路案）：

本件犯罪，上訴人並未參與，被害人王○○於第一審法院○○年○月○日開庭時僅稱：「搶什麼東西及何人來搶都記不得了。」按被害人既未明確指認上訴人涉案，　鈞院前審未盡調查即指上訴人參與本案犯罪，顯有可議之處。

9.編號九（中和區○○路案）：

本件犯罪雖據被害人於第一審法院○○年○月○日開庭時到庭指認上訴人涉案，然事實上上訴人並未參與本件犯罪，故本件尚待　鈞院詳查。

10.編號十（○○北路○○建設案）：

本件犯罪，上訴人並未參與，警訊中及偵查中亦未有上訴人陳述之筆錄，而被害人何○○、李○○於一、二審俱未到庭陳述指認，　鈞院前審判決據以認定上訴人參與本件犯罪所憑證據僅為何女及李女警訊筆錄及董○○於第一審法院○○年○月○日開庭時所作陳述，查被害人李姓女子曾陳述該搶案中有上訴人等人參與，且其中管○○尚於事後強暴她，且另有一人於管○○強暴後，對其加以猥褻，據其推想係吳甲所為云云。然查被害人李姓女子指認照片時，指董○○、上訴人、管○○、劉○○等四人為參與作案之人，而上訴人及劉○○皆否認參與該案，則其指認是否確實即有可議之處，而據該被害人陳述，其受管○○強暴前，因可見管○○故確定係其所為，然嗣後被害人即遭管○○以裙子套住頭部，故不能見外部景象，據其所稱係「因隱約有餘光可見，……而吳甲是第二次猥褻我，強暴未遂的人，因董○○在離去前入內指令將我綁好的人，故可以得知共同強姦我的人是管○○與吳甲。」按當時情況，被害人既已遭裙子套住頭部，顯然無法得見外部景象，故其後指上訴人係對其猥褻之人並指其有強暴意圖，即推測之詞，未可置信。且被害人是否被強姦，除被害人之指述外，並無其他積極事證可憑，則被害人之指述，是否可信，亦有可疑。且本案實際參與之人員組合尚有疑問，而實施強暴猥褻被害人行為之人，亦須經縝密調查，始足昭信，而該案被害人指認照片是否確實，亦有可議之處。

另據同案被告董○○所為不利於上訴人之供述，尚與被害人所為陳述有如下矛盾之處：

(1)董○○於○○年○月○日於偵二隊所作警訊筆錄中稱：「當我物品取到時，親自看到管○○向一位售屋小姐強姦，衣服褲子都剝得精光，吳甲亦在旁用手作撫摸猥褻該小姐的身體私處……我是看到管○○作好性交後穿褲子……」又稱：「……劉○○在外把風，因等候很久進入公司找

　我，發現管○○、吳甲二人在強姦小姐，並將此事告知於我，致使我生
　氣，於是經我在現場罵管、吳二人後，其二人也穿上褲子，和我及劉某
　四人共同離去。」
　(2)上開陳述即有以下數點矛盾：
　　①有關看見本案被害人遭強姦部分，先是稱其於取到物品時親自看到
　　　管、吳二人之強姦及猥褻過程，後又稱係劉○○將管、吳二人強姦猥
　　　褻之事告知於董○○，董○○始知其經過。其陳述即顯然大有矛盾，
　　　況且何以董○○於先前所稱看見管、吳二人強姦猥褻行爲時並不生
　　　氣，其後又謂經劉○○告知後使其生氣才去加以阻止，其情緒反應顯
　　　與常情有違。
　　②董○○先稱其親自看到管○○向一位售屋小姐強姦，吳甲係以手猥褻
　　　該小姐，管○○作好性交後穿褲子，且據其陳述係在現場親自見聞該
　　　事實，何以又謂吳甲經董○○喝止後穿上褲子？此部陳述是亦前後矛
　　　盾，應再詳加審究。
　(3)再查：
　　①董○○指稱被告劉○○確有參與該案，但同案被告劉○○及被告吳甲
　　　皆堅稱並未參與該案，且董○○稱看見管○○將被害人李姓女子衣服
　　　褲子剝得精光。但據李姓女子陳述其遭管某強姦時並未被脫去衣裙，
　　　且裙子尚套在頭上，可見董某之說詞不足採。
　　②何姓女子稱看見李姓女子被抬進浴室，門關起來。但據李姓女子陳
　　　述，其係在沙發上遭強姦，故何姓女子證詞亦不實在，其不利被告之
　　　指認亦不足採。
　　③李姓女子稱其遭強姦時圓裙被翻到頭頂上套住頭部並打結，雙肩又被
　　　壓在沙發背上，其用眼睛餘光看見被告在她肩部，可推測被告要強姦
　　　她，此部分之陳述有違常理，且充滿被害人主觀之臆測，不足作爲被
　　　告參與該案犯罪之證據，且事後主張未被強姦之何姓女子曾有驗傷。
　　　然主張被強姦之李姓女子卻未驗傷亦未合常理。況查同案被告董○○
　　　於　鈞院前審○○年○月○日審理時供承上訴人吳甲確未參與本案。
　　　然　鈞院前審未盡調查即認定上訴人參與本件犯罪，實有違誤，且該
　　　案第一審及　鈞院前審迄今亦尚未傳喚被害人到庭陳述，於此一併請
　　　求　鈞院再加斟酌。
11.編號十一（板橋區○○賓館案）：
　查上訴人吳甲未參加本案犯罪行爲，因該案被害人李○○於賓館內爲他

人所強盜財物時，吳甲尚與被害人李○○之妻在檳榔攤上聊天，劫案之發生，事前吳甲毫不知情，又未參與犯罪行為之分擔。至同案被告董○○及王○○亦皆否認參加本案犯罪，其中僅董○○收受管○○送來之贓物，而上訴人亦僅係帶領管○○前往董○○住處，對於管○○行搶之事並不知情，自不能論吳甲以共同強盜之罪責。而案發當時，吳甲是否與李○○之妻聊天而不在犯罪現場，因李○○本人與上訴人亦係舊識，謹請　鈞院惠予傳訊李○○之妻到庭訊問即明。

12.編號十二（○○街案）：

本件所列涉案被告董○○及上訴人俱不知本案原委，警訊中及偵查中均未有上訴人陳述筆錄，且第一審法院及鈞院前審亦未就本案加以調查，僅據董○○於○○年○月○日　鈞院前審開庭時曾於庭上問及是否參與○○街乙案時稱「……我記不清楚，但警方問的我都說有，我實在想不起來有沒有，警方認為有我就有」等語，即遽論以上訴人牽涉本件之罪責，實有未洽。

㈢再按上訴人符合自首要件之規定部分，已詳述於前呈　鈞院前審之上訴理由㈡狀中，請　鈞院再詳加審酌。

㈣有關本件上訴人為警刑求之事實，已詳述於前呈第一審法院之答辯狀暨　鈞院前審之上訴理由狀，亦請　鈞院詳加審酌。

二、補充陳述部分

緣　鈞院○○年○月○日開庭時，上訴人吳甲於庭上所為陳述「附表二被害人確無財物損失，我們確無拿他新台幣4,000元，殺人部分也不是我殺的，附表十三我也沒有參加」，其中附表十三所指即○○路乙案（最高法院判決未列入附表），附表十三所指即○○建設乙案（最高法院判決書附表列入第十號），附表十三乃誤載，請准予更正。

三、聲請調查證據部分

㈠緣上訴人前曾聲請　鈞院向警方調閱○○路乙案之犯罪現場表演錄影帶，其中「警方」係指台北市政府警察局刑事警察大隊偵二隊，請　鈞院惠予調閱上開資料。

㈡另查前揭編號十一之板橋區○○賓館案，因吳甲與實際參與該件犯罪之綽號「阿水」者身材相似，故受誤認，於此謹聲請　鈞院惠予傳喚綽號「小○」之陳林到庭訊問，以證明吳甲確未參與該件犯罪。陳林：住台北市○○街○○○號○○樓。

綜上所述，本案件之疑點尚多，懇祈

鈞院惠予詳查，以明事實眞相，並撤銷原審判決，另爲適法判決，庶免冤抑。
　　　　　　謹狀
台灣高等法院刑事庭　公鑒

證　物　名　稱 及　　件　　數	

中　　　華　　　民　　　國　　　年　　　月　　　日

　　　　　　具狀人　　吳　甲　　　　　　簽名
蓋章

▶抗告之提起

◇當事人對於法院之裁定有不服者，除有特別規定外，得抗告於直接上級法院。
　證人、鑑定人、通譯及其他非當事人受裁定者，亦得抗告。（刑訴403）

◇對於判決前關於管轄或訴訟程序之裁定，不得抗告。但下列裁定，不在此限：

　一　有得抗告之明文規定者。

　二　關於羈押、具保、責付、限制住居、限制出境、限制出海、搜索、扣押
　　　或扣押物發還、變價、擔保金、身體檢查、通訊監察、因鑑定將被告送入
　　　醫院或其他處所之裁定及依第105條第3項、第4項所爲之禁止或扣押之裁
　　　定。

　三　對於限制辯護人與被告接見或互通書信之裁定。

　前項第2款、第3款之裁定已執行終結，受裁定人亦得提起抗告，法院不得以已
　執行終結而無實益爲由駁回。（刑訴404）

◇不得上訴於第三審法院之案件，其第二審法院所爲裁定，不得抗告。（刑訴
　405）

◇抗告期間，除有特別規定外，爲十日，自送達裁定後起算。但裁定經宣示者，宣
　示後送達前之抗告，亦有效力。（刑訴406）

◇提起抗告，應以抗告書狀，敘述抗告之理由，提出於原審法院爲之。（刑訴
　407）

◇對於抗告法院之裁定，不得再行抗告。但對於其就下列抗告所爲之裁定，得提起
　再抗告：

　一　對於駁回上訴之裁定抗告者。

　二　對於因上訴逾期聲請回復原狀之裁定抗告者。

　　三　對於聲請再審之裁定抗告者。

　　四　對於第477條定刑之裁定抗告者。

　　五　對於第486條聲明疑義或異議之裁定抗告者。

　　六　證人、鑑定人、通譯及其他非當事人對於所受之裁定抗告者。

前項但書之規定，於依第405條不得抗告之裁定，不適用之。（刑訴415）

◇對於審判長、受命法官、受託法官或檢察官所爲下列處分有不服者，受處分人得聲請所屬法院撤銷或變更之。處分已執行終結，受處分人亦得聲請，法院不得以已執行終結而無實益爲由駁回：

　　一　關於羈押、具保、責付、限制住居、限制出境、限制出海、搜索、扣押或扣押物發還、變價、擔保金、因鑑定將被告送入醫院或其他處所之處分、身體檢查、通訊監察及第105條第3項、第4項所爲之禁止或扣押之處分。

　　二　對於證人、鑑定人或通譯科罰鍰之處分。

　　三　對於限制辯護人與被告接見或互通書信之處分。

　　四　對於第34條第3項指定之處分。

前項之搜索、扣押經撤銷者，審判時法院得宣告所扣得之物，不得作爲證據。

第1項聲請期間爲十日，自爲處分之日起算，其爲送達者，自送達後起算。

第409條至第414條之規定，於本條準用之。

第21條第1項之規定，於聲請撤銷或變更受託法官之裁定者準用之。（刑訴416）

◎撰狀說明

　　抗告者，指有抗告權人，不服原審法院所爲未經確定之裁定，請求直接上級法院，以裁定撤銷或變更其裁定之救濟方法。抗告之性質，與上訴同；惟上訴係不服判決，抗告則爲不服裁定。抗告期間爲「十日」（見刑事訴訟法第406條前段），上訴期間則爲「二十日」（見刑事訴訟法第349條前段）。抗告之主體與上訴之主體亦未必相同。抗告權人有「當事人」、「證人」、「鑑定人」、「通譯」及其他受裁定之非當事人（見刑事訴訟法第403條）。

　　裁定以得抗告爲原則，但下列法律另有規定者，不得抗告：(一)法院就檢察官或執行處所之戒護人員所爲暫行安置處分，依刑事訴訟法第121條之6第2項、第4項規定之裁定，不得抗告（見刑事訴訟法第121條之6第6項）；(二)法院就保全證據之裁定，不得抗告（見刑事訴訟法第219條之4第6項）；(三)法院就告訴人不服再議駁回處分所聲請准許提起自訴，而駁回告訴人聲請之裁定，不得抗告（見刑事訴訟法第258條之3第5項後段）；(四)判決前關於管轄或訴訟程序之裁定，原則上不得抗告（見刑事訴訟法第404條前段）；(五)不得上訴於第三審法院之案件，其第二審法院

所為裁定，不得抗告（見刑事訴訟法第405條）；(六)對於第三審法院所為之裁定不得抗告（見刑事訴訟法第415條第1項前段）；(七)對於法院就第416條之聲請所為裁定，除對於其就撤銷罰鍰之聲請所為者外，不得抗告（見刑事訴訟法第418條第1項）；(八)法院認為聲請參與沒收程序有理由，所為之准許之裁定，不得抗告（見刑事訴訟法第455條之16第3項）；(九)法院就被害人聲請參與訴訟，所為之裁定，不得抗告（見刑事訴訟法第455條之40第4項）；(十)對於將附帶民事訴訟，移送民事庭審判之裁定，不得抗告（見刑事訴訟法第504條第3項）；(十一)法院或院長依職權而為迴避之裁定不得抗告。

　　抗告程序，由抗告人向原審法院提出抗告書狀，抗告書狀應附具理由。另外，抗告原則上並無停止執行之效力，但原審或抗告法院得裁定停止執行。

〈狀例3-98〉抗告狀㈠（被告提起）

刑事　抗告　狀	案　　號		年度	字第		號	承辦股別	
稱　　　謂	姓　名　或　名　稱身分證統一編號或營利事業統一編號	住居所或營業所、郵遞區號及電話號碼電子郵件位址					送達代收人姓名、住址、郵遞區號及電話號碼	
抗　告　人即　被　告	陳　庭							

為不服台灣○○地方法院○○年○月○日裁定駁回保外就醫之聲請，提起抗告事：
　　按羈押之被告，現罹疾病，非保外治療顯難痊癒者，如經具保聲請停止羈押，不得駁回，此項規定，乃專為重視人道而設，與被告犯罪之輕重，毫無關涉，此觀刑事訴訟法第114條第3款之規定自明。抗告人陳庭因罹患肝炎等症（證物一），羈押過久病勢轉劇，雖經所內醫生治療，惟因設備簡陋，醫藥缺乏，均未見效，長此以往，必生命不保，乃聲請台灣○○地方法院具保停押（證物二），詎原審徒以抗告人所犯之案，判刑有期徒刑十二年，即不問病情輕重，有無非保外治療，難期痊癒等情，或所具之保，是否殷實可靠，率即裁定駁回，與上開法條規定意旨相違。為此依刑事訴訟法第403條第1項、第406條於抗告期間內，提出抗告，狀請
　　鈞院鑒核，速將原裁定予以撤銷，更為合法之裁定，以符法紀。
　　　　謹狀
台灣○○地方法院刑事庭　　轉呈
台灣高等法院刑事庭　　　公鑒

證　物　名　稱及　　件　　數	證物一：診斷證明書影本一份。證物二：聲請狀繕本一份。

中	華	民	國	年	月	日

　　　　　　　　具狀人　　陳　庭　　　　　　簽名
　　　　　　　　　　　　　　　　　　　　　　蓋章

〈狀例3-98-1〉抗告狀㈡（自訴人提起者）

刑事　抗　告　狀	案　　　號	年度　　字第　　號	承辦股別	
稱　　　　謂	姓　名　或　名　稱身分證統一編號或營利事業統一編號	住居所或營業所、郵遞區號及電話號碼電子郵件位址	送達代收人姓名、住址、郵遞區號及電話號碼	
抗　告　人即自訴人	邱　國			

為不服台灣○○地方法院○○年○月○日裁定駁回上訴之聲請，提起抗告事：

　　查抗告人因自訴邱正恐嚇案件，於民國○○年○月○日收受台灣○○地方法院判決正本，該正本誤載上訴期間為三十日，抗告人因不諳法律，因而延至同年○月○日始具狀上訴，致遭延誤上訴期間，被台灣○○地方法院裁定駁回。按上訴期間為法定不變期間不得率予延長，惟當事人不能遵守該項期間之原因，如非由於自己之過失所致者，自應准其回復原狀，此觀刑事訴訟法第67條第1項規定可知。按專司審判業務之法院，亦會將上訴期間誤植，又何能期待平凡百姓能皆知上訴期間之規定？是抗告人之遲誤上訴期間，實非因過失所致，應准予回復原狀為是。為此狀請

　　鈞院鑒核，速將原裁定撤銷，准予提起上訴。
　　　　　　謹狀
台灣○○地方法院刑事庭　　轉呈
台灣高等法院刑事庭　　　　公鑒

證物名稱及件數	

中	華	民	國	年	月	日

　　　　　　　　具狀人　　邱　國　　　　　　簽名
　　　　　　　　　　　　　　　　　　　　　　蓋章

〈狀例3-99〉**再抗告狀（對於上訴逾期駁回回復原狀之裁定）**

刑事　抗告　狀	案　　號	年度　　字第　　號	承辦股別	
稱　　　　謂	姓　名　或　名　稱身分證統一編號或營利事業統一編號	住居所或營業所、郵遞區號及電話號碼電子郵件位址	送達代收人姓名、住址、郵遞區號及電話號碼	
再抗告人即　被　告	吳　哲			

為不服台灣高等法院○○分院○○年○月○日駁回聲請回復上訴期間原狀之抗告，提起再抗告事：

　　查再抗告人前因被訴妨害風化罪嫌，經台灣○○地方法院於○○年○月○日判決有期徒刑二年。惟抗告人於○○年○月○日已應召入伍服兵役（證物一）。按對於在軍隊或軍艦服役之軍人為送達者，應囑託該管軍事機關或長官為之，民事訴訟法第129條定有明文，此項規定，依刑事訴訟法第62於送達刑事文書者亦準用之。再抗告人原住○○縣○○鄉○○村○○路○○號，惟於該案判決前已應召入伍，理應依法囑託該管軍事機關或長官為送達方屬合法。乃原審竟向再抗告人原址為送達，致遲誤上訴期間，再抗告人回復上訴期間之聲請又迭遭駁回（證物二）。為此依刑事訴訟法第415條第1項第2款，提起再抗告。狀請

　　鈞院鑒核，迅予撤銷台灣高等法院○○分院裁定及○○地方法院裁定，更為合法裁定，准予提起上訴，以免冤抑，而符法制，實為德便。

　　　　　　謹狀
台灣最高法院刑事庭　　轉呈
最高法院刑事庭　　　　公鑒

證　物　名　稱及　　件　　數	證物一：入伍證明書影本一份。證物二：聲請狀影本一份。

中　　華　　民　　國　　　　年　　　　月　　　　日
具狀人　吳　哲　　　　　　簽名蓋章

〈狀例3-100〉**聲請停止執行狀（已提抗告）**

刑事　聲請　狀		案　　　號	年度　　字第　　號	承辦股別	
稱　　　　謂	姓　名　或　名　稱身分證統一編號或營利事業統一編號	住居所或營業所、郵遞區號及電話號碼電子郵件位址		送達代收人姓名、住址、郵遞區號及電話號碼	
聲　請　人即　證　人	莊　強				

為不服台灣○○地方法院中華民國○○年○月○日裁定，已提起抗告，聲請裁定停止執行事：

　　查聲請人前因奉台灣○○地方法院傳令為自訴人嚴永自訴莊榮傷害案出庭作證事。因聲請人乃被告之三親等血親，乃依刑事訴訟法第180條第1項第1款聲請拒絕證言（證物一），遂未到庭作證，後經　鈞院裁定對聲請人科處新台幣5,000元罰鍰，聲請人心不甘服，業經依法向台灣高等法院提出抗告，請求撤銷原裁定在案（證物二）。本案既經抗告，在未奉裁定前，請求依據刑事訴訟法第409條第1項但書規定，停止執行罰鍰。為此狀請

　　鈞院鑒核，准予停止執行。
　　　　　　　謹狀
台灣○○地方法院刑事庭　公鑒

證　物　名　稱及　　件　　數	證物一：戶籍謄本及聲請狀繕本各一份。證物二：抗告狀繕本一份。

中　　華　　民　　國　　年　　月　　日
具狀人　莊　強　　　簽名蓋章

〈狀例3-101〉**撤回抗告狀**

刑事　聲請撤回　狀		案　　　號	年度　　字第　　號	承辦股別	
稱　　　　謂	姓　名　或　名　稱身分證統一編號或營利事業統一編號	住居所或營業所、郵遞區號及電話號碼電子郵件位址		送達代收人姓名、住址、郵遞區號及電話號碼	

聲　請　人 即 抗 告 人	章美女		

為因不服台灣○○地方法院○○年○月○日裁定，提起抗告，依法聲請撤回抗告事：

　　緣聲請人因自訴被告吳正妨害風化案，不服台灣○○地方法院裁定駁回聲請人聲請傳問證人陳美英，向　鈞院提起抗告在案（證物一）。近日聲請人得悉該證人係被告親戚（證物二），縱能傳訊到庭，亦將無補案情，為此狀請

　　鈞院鑒核，准予撤回抗告。

　　　　　謹狀

台灣高等法院刑事庭　公鑒

證　物　名　稱 及　　件　　數	證物一：聲請狀繕本及抗告狀繕本各一份。 證物二：戶籍謄本一份。

中	華	民	國	年	月	日

　　　　　　具狀人　　章美女　　　　　　簽名
蓋章

▶再審之聲請

◇有罪之判決確定後，有下列情形之一者，為受判決人之利益，得聲請再審：

一　原判決所憑之證物已證明其為偽造或變造者。

二　原判決所憑之證言、鑑定或通譯已證明其為虛偽者。

三　受有罪判決之人，已證明其係被誣告者。

四　原判決所憑之通常法院或特別法院之裁判已經確定裁判變更者。

五　參與原判決或前審判決或判決前所行調查之法官，或參與偵查或起訴之檢察官，或參與調查犯罪之檢察事務官、司法警察官或司法警察，因該案件犯職務上之罪已經證明者，或因該案件違法失職已受懲戒處分，足以影響原判決者。

六　因發現新事實或新證據，單獨或與先前之證據綜合判斷，足認受有罪判決之人應受無罪、免訴、免刑或輕於原判決所認罪名之判決者。

前項第1款至第3款及第5款情形之證明，以經判決確定，或其刑事訴訟不能開始或續行非因證據不足者為限，得聲請再審。

第1項第6款之新事實或新證據，指判決確定前已存在或成立而未及調查斟酌，及判決確定後始存在或成立之事實、證據。（刑訴420）

◇不得上訴於第三審法院之案件，除前條規定外，其經第二審確定之有罪判決，如就足生影響於判決之重要證據漏未審酌者，亦得為受判決人之利益，聲請再審。（刑訴421）

◇有罪、無罪、免訴或不受理之判決確定後，有下列情形之一者，為受判決人之不利益，得聲請再審：

　一　有第420條第1款、第2款、第4款或第5款之情形者。

　二　受無罪或輕於相當之刑之判決，而於訴訟上或訴訟外自白，或發現確實之新證據，足認其有應受有罪或重刑判決之犯罪事實者。

　三　受免訴或不受理之判決，而於訴訟上或訴訟外自述，或發見確實之新證據，足認其並無免訴或不受理之原因者。（刑訴422）

◇依第421條規定，因重要證據漏未審酌而聲請再審者，應於送達判決後二十日內為之。（刑訴424）

◇為受判決人之不利益聲請再審，於判決確定後，經過刑法第80條第1項期間二分之一者，不得為之。（刑訴425）

◇再審之聲請，於再審判決前，得撤回之。

　撤回再審聲請之人，不得更以同一原因聲請再審。（刑訴431）

◇第358條及第360條之規定，於聲請再審及其撤回準用之。（刑訴432）

◎撰狀說明

㈠再審者，乃有再審權人，對於確定之判決，以認定事實不當為理由，請求原審法院，重新審判，撤銷或變更原判決之救濟方法。

㈡再審可分為「受判決人利益之再審」與「為受判決人不利益之再審」。聲請之主體前者有檢察官、受判決人、受判決人之法定代理人或配偶，若受判決人已死亡，其配偶、直系血親、三親等內旁系血親、二親等內姻親、家長家屬均得提起；至於後者僅限原審管轄法院之檢察官或自訴人始得提起（見刑事訴訟法第427條、第428條）。

㈢為受判決人利益之再審理由有第420條、第421條所定之各種情形。至於為受判決人之不利益之再審理由有第422條各款情形。

㈣聲請再審務必注意其程式，應以再審書狀敘述理由，附具原判決之繕本及證據，提出於管轄法院。但經釋明無法提出原判決之繕本，而有正當理由者，亦得同時請求法院調取之（見刑事訴訟法第429條）。

㈤再審之聲請，應向原審法院提起。提出聲請後，由管轄法院先裁定准否再審。駁回再審聲請之裁定後，不得更以同一原因聲請再審（見刑事訴訟法第434條）。

〈狀例3-102〉聲請再審狀㈠（爲被告利益）

刑事　再審聲請　狀	案　　　號	年度　　字第　　號	承辦股別	
稱　　　　謂	姓　名　或　名　稱身分證統一編號或營利事業統一編號	住居所或營業所、郵遞區號及電話號碼電子郵件位址	送達代收人姓名、住址、郵遞區號及電話號碼	
聲　請　人即　被　告	陳　甲			

為台灣○○地方法院○○年度○字第○○號刑事詐欺案確定判決（證物一），因判決所憑之證物已證明其爲偽造，致有違誤，依法於法定期間內提起再審事：

　　緣聲請人前因詐欺罪嫌，經　鈞院以○○年度○字第○○號判決處有期徒刑三月確定在案。惟　鈞院上述判決，其理由欄內，事實認定諸多違誤，且判決所憑之證物已證明其爲偽造者，爲此檢附原判決繕本，依刑事訴訟法第420條第1項第1款、第429條之規定，先具狀聲請再審，隨後補提再審理由狀。狀請

　　鈞院鑒核，准予再開審判程序，以符法紀，而伸民冤。

　　　　　　　　謹狀

台灣○○地方法院刑事庭　公鑒

證　物　名　稱及　　件　　數	證物一：台灣○○地方法院刑事判決影本一份。

中　　華　　民　　國　　　　年　　　　月　　　　日
具狀人　　陳　甲　　　　　　　簽名蓋章

〈狀例3-102-1〉聲請再審狀㈡（爲被告不利益）

刑事　再審聲請　狀	案　　　號	年度　　字第　　號	承辦股別	
稱　　　　謂	姓　名　或　名　稱身分證統一編號或營利事業統一編號	住居所或營業所、郵遞區號及電話號碼電子郵件位址	送達代收人姓名、住址、郵遞區號及電話號碼	
聲　請　人即自訴人	章○蘭			

爲就台灣高等法院中華民國○○年○月○日○○年度○字第○○號強制性交罪案件確定判決（證物一），發現原判決所憑之證言爲虛僞，依法聲請再審事：

　　按刑事訴訟法第422條第1款規定，原判決所憑之證言已證明係虛僞，得爲受判決人之不利益聲請再審。聲請人前自訴王○土強制性交罪乙案，以證人張○中提出被告不在場之證言，而聲請人因無強力之反證，致經判決王○土無罪。聲請人曾上訴至　鈞院，亦因證據薄弱未得平反，致遭確定。聲請人本心灰意冷，既遭不明之辱又浪費時間、金錢。不意，證人張○中與友人飲酒，酒後透露，如何接受被告金錢、如何安排情節、如何在庭上僞證等各節，歷歷詳陳，並引爲生平快意事。當日同時飲酒者，尚有林○財、呂○義、陳○順等三人可資爲證。聲請人乃具狀告發證人張○中僞證，業經法院判決張○中僞證有罪確定，則　鈞院據以判決之證言自爲虛假。爲此檢附原判決及證人張○中僞證有罪判決影本，依據刑事訴訟法第422條第1款、第425條、第429條規定，聲請再審。狀請

　　鈞院鑒核，請准迅傳訊上列證人出庭再開審判，以明法紀。

　　　　謹狀

台灣高等法院刑事庭　公鑒

證 物 名 稱 及 件 數	證物一：台灣高等法院○○年度○字第○○號刑事判決影本一份。 證物二：台灣○○地方法院○○年度○字第○○號刑事判決影本一份。

中	華	民	國	年	月	日
	具狀人　章○蘭				簽名 蓋章	

〈狀例3-103〉撤回再審狀

刑事　聲請　狀		案　　號	年度　字第　　號	承辦 股別
稱　　　　謂	姓 名 或 名 稱 身分證統一編號或 營利事業統一編號	住居所或營業所、郵遞區號 及電話號碼電子郵件位址		送達代收人姓 名、住址、郵遞 區號及電話號碼
聲 請 人 即 自訴人	章○蘭			

為就王○土傷害案，聲請再審，依法聲請撤回再審事：

　　查聲請人前以○○年度○字第○○號自訴王○土傷害罪，送經台灣台北地方法院及　鈞院判決無罪確定，因發現證人之證言為偽造，已具狀聲請再審，業蒙　鈞院開庭審理在案。惟王○土自知理虧，百般託人說項，遂與聲請人成立和解。為此，特依據刑事訴訟法第431條第1項規定，狀請

　　鈞院鑒核，准予將再審之聲請撤回，以省訟累。

　　　　謹狀

台灣高等法院刑事庭　公鑒

證　物　名　稱 及　　件　　數	

中　　　　華　　　　民　　　　國　　　　年　　　　月　　　　日
具狀人　　章○蘭　　　　　　簽名 蓋章

▶非常上訴之聲請

◇判決確定後，發見該案件之審判係違背法令者，最高檢察署檢察總長得向最高法院提起非常上訴。（刑訴441）

◇檢察官發見有前條情形者，應具意見書將該案卷宗及證物送交最高檢察署檢察總長，聲請提起非常上訴。（刑訴442）

◇提起非常上訴，應以非常上訴書敘述理由，提出於最高法院為之。（刑訴443）

◎撰狀說明

㈠非常上訴者，乃最高檢察署檢察總長，對於已確定之判決，以違背法令為理由，請求最高法院，撤銷或變更原判決，或撤銷其訴訟程序之救濟方法。

㈡上訴與抗告係針對未確定裁判之救濟方法；再審及非常上訴則為針對確定判決之救濟方法。但再審係因原審認定事實顯有違誤，由當事人向原審提起；非常上訴則因原審判決違背法令，由最高檢察署檢察總長提起。

㈢非常上訴之判決，不經言詞辯論（刑事訴訟法第444條）。另非常上訴之判決，原則上其效力不及於被告（見刑事訴訟法第448條）。

〈狀例3-104〉**聲請非常上訴狀㈠（被告聲請）**

刑事　聲請　狀	案　　　號	年度　　字第　　　號	承辦股別	
稱　　　　謂	姓　名　或　名　稱身分證統一編號或營利事業統一編號	住居所或營業所、郵遞區號及電話號碼電子郵件位址	送達代收人姓名、住址、郵遞區號及電話號碼	
聲　請　人即　被　告	楊○珠			

為被告違犯刑事殺人案件，對台灣○○地方法院中華民國○○年○月○日○○年度字第○○號確定判決，聲請非常上訴事：

　　緣聲請人違反刑事殺人案件，經台灣○○地方法院判處八年有期徒刑確定在案（證物一）。按刑事判決確定後，發現該案件認定事實與所採證據顯屬不符者，即屬違背法令，有司法院釋字第146號解釋在案。本件聲請人涉嫌違犯刑事殺人案件，移由檢察官偵查起訴，其起訴書及原審判決書均誤認被告乃手持利器將被害人刺傷，導致被害人失血過多死亡，因而判決被告有期徒刑八年。查依相驗屍體報告書及解剖書，被害人之死亡原因為頭部遭鈍器重擊致死，非遭利器殺害（證物二），乃原審未加注意，認定被害人為被告手持利器刺死，即屬認定事實與採用證據不符。揆諸上開解釋，顯然違背法令，且對被告不利，爰具狀聲請

　　鈞長准予調卷審核，依刑事訴訟法第441條規定提起非常上訴，俾資糾正。

　　　　　　謹狀

最高檢察署檢察總長　公鑒

證　物　名　稱及　　件　　數	證物一：刑事判決影本一份。證物二：相驗屍體報告書及解剖書影本各一份。

中　　　華　　　民　　　國　　　年　　　月　　　日
具狀人　楊○珠　　　　　簽名蓋章

〈狀例3-104-1〉**聲請非常上訴狀㈡（告訴人聲請）**

刑事　聲請　狀	案　　　號	年度　　字第　　　號	承辦股別	

稱　　　謂	姓　名　或　名　稱 身分證統一編號或 營利事業統一編號	住居所或營業所、郵遞區號 及電話號碼電子郵件位址	送達代收人姓 名、住址、郵遞 區號及電話號碼
聲　請　人 即告訴人	章○美		

為台灣○○地方法院○○年度○字第○○號章○訓重傷害案件確定判決，違背法令，聲請提起非常上訴事：

　　查聲請人告訴章○訓殺人未遂乙案，前經台灣○○地方檢察署檢察官提起公訴，台灣○○地方法院刑事庭於○○年○月○日判決被告重傷害處有期徒刑五年確定在案（證物一）。惟按刑法上重傷害與殺人未遂之區別，端在行為人有無殺人之故意一點，被告章○訓行兇之時，手持扁鑽利刃，口喊讓你去見閻羅王，其具有殺人故意甚明，告訴人亦以殺人未遂罪提起告訴，台灣○○地方法院竟以重傷害判刑，其認定事實，引用法律顯然違法。基上理由，為此狀請

　　鈞長准予調卷審核，提起非常上訴，俾資救濟。

　　　　　謹狀

最高檢察署檢察總長　公鑒

證　物　名　稱 及　　件　　數	證物一：刑事判決書影本一份。

中	華	民	國	年	月	日

　　　　　　　　具狀人　　章○美　　　　　　　　簽名
　　　　　　　　　　　　　　　　　　　　　　　蓋章

〈狀例3-104-2〉聲請非常上訴狀㈢（自訴人聲請者）

刑事　聲請　狀	案　　號		年度　字第　　號	承辦 股別	
稱　　　謂	姓　名　或　名　稱 身分證統一編號或 營利事業統一編號		住居所或營業所、郵遞區號 及電話號碼電子郵件位址	送達代收人姓 名、住址、郵遞 區號及電話號碼	
聲　請　人 即自訴人	程　明				

為台灣○○地方法院中華民國○○年○月○日確定裁定（○○年度○字第○○號）（證物一），被告張○郎詐欺等罪，違背法令，依法聲請提起非常上訴事：

　　按裁判確定前犯數罪者，併合處罰之，刑法第50條定有明文，此係指被告犯

數罪均在裁判確定前為要件。本案被告張〇郎曾於〇〇年及〇〇年犯詐欺、竊盜等罪，分別經台灣〇〇地方法院判處有期徒刑六月、二年並強制工作確定在案；其後又均依中華民國96年罪犯減刑條例減為有期徒刑三月及一年並強制工作，分別於〇〇年〇月〇日、〇〇年〇月〇日執行完畢。該被告又再於〇〇年〇月至〇月間再偷取聲請人財物，經聲請人向台灣〇〇地方法院自訴，處有期徒刑一年二月並強制工作，被告提起上訴，經駁回上訴確定，自屬裁判確定後再犯罪，依法不得再定其應執行刑。而原裁定誤將該被告最後所犯竊盜罪（處刑一年二月部分），併同前減刑部分之詐欺、竊盜等罪，一併裁定定其應執行有期徒刑二年六月，並強制工作確定，依上開刑法規定，顯屬違背法令，案既確定，爰依刑事訴訟法第441條規定，狀請

　　　　鈞長鑒核，速予提起非常上訴，俾資糾正。
　　　　　　　　謹狀
最高檢察署檢察總長　公鑒

證物名稱及件數	證物一：台灣〇〇地方法院〇〇年度〇字第〇〇號刑事裁定影本一份。

中	華	民	國		年		月		日
		具狀人　程　明					簽名蓋章		

▶簡易程序之聲請

◇第一審法院依被告在偵查中之自白或其他現存之證據，已足認定其犯罪者，得因檢察官之聲請，不經通常審判程序，逕以簡易判決處刑。但有必要時，應於處刑前訊問被告。

前項案件檢察官依通常程序起訴，經被告自白犯罪，法院認為宜以簡易判決處刑者，得不經通常審判程序，逕以簡易判決處刑。

依前二項規定所科之刑以宣告緩刑、得易科罰金或得易服社會勞動之有期徒刑及拘役或罰金為限。（刑訴449）

◇檢察官審酌案件情節，認為宜以簡易判決處刑者，應即以書面為聲請。

為264條之規定，於前項聲請準用之。

第1項聲請，與起訴有同一之效力。

被告於偵查中自白者，得請求檢察官爲第1項之聲請。（刑訴451）

◇前條第1項之案件，被告於偵查中自白者，得向檢察官表示願受科刑之範圍或願意接受緩刑之宣告，檢察官同意者，應記明筆錄，並即以被告之表示爲基礎，向法院求刑或爲緩刑宣告之請求。

檢察官爲前項之求刑或請求前，得徵詢被害人之意見，並斟酌情形，經被害人同意，命被告爲下列各款事項：

一　向被害人道歉。

二　向被害人支付相當數額之賠償金。

被告自白犯罪未爲第1項之表示者，在審判中得向法院爲之，檢察官亦得依被告之表示向法院求刑或請求爲緩刑之宣告。

第1項及前項情形，法院應於檢察官求刑或緩刑宣告請求之範圍內爲判決，但有下列情形之一者，不在此限：

一　被告所犯之罪不合第449條所定得以簡易判決處刑之案件者。

二　法院認定之犯罪事實顯然與檢察官據以求處罪刑之事實不符，或於審判中發現其他裁判上一罪之犯罪事實，足認檢察官之求刑顯不適當者。

三　法院於審理後，認應爲無罪、免訴、不受理或管轄錯誤判決之諭知者。

四　檢察官之請求顯有不當或顯失公平者。（刑訴451-1）

◇檢察官聲請以簡易判決處刑之案件，經法院認爲有第451條之1第4項但書之情形者，應適用通常程序審判之。（刑訴452）

◎撰狀說明

　　依簡易程序所爲判決以宣告緩刑或得易科罰金或得易服社會勞動之有期徒刑及拘役或罰金爲限。另簡易判決之聲請由檢察官爲之，如依一般程序起訴，若法院認爲宜以簡易判決處刑時，得逕以簡易判決處刑。

〈狀例3-105〉聲請通常審判狀

刑事　聲請　狀		案　　號	年度　字第　　號	承辦股別	
稱　　　　謂	姓　名　或　名　稱身分證統一編號或營利事業統一編號	住居所或營業所、郵遞區號及電話號碼電子郵件位址		送達代收人姓名、住址、郵遞區號及電話號碼	
聲　請　人即　被　告	王　甲				

為不服　台灣○○地方檢察署檢察官○○年度○字第○○號聲請簡易判決處刑書，依法聲請通常審判事：

　　　緣聲請人被訴犯刑法第349條之收受贓物罪，經　檢察官偵查終結後，即聲請　鈞院依刑事訴訟法第449條規定，予以簡易處刑。查該條簡易程序之要件為（一）偵查中自白或依現存證據已足認定其犯罪；（二）檢察官聲請，得不經通常審判程序，逕以簡易判決處刑。惟本案於偵查程序中，聲請人根本未有任何自白，且所謂現存證據者，僅依警察局扣案之電器乙批，而該批電器雖經聲請人一再辯稱係朋友出國，暫時託寄數月，乃檢察官竟一味昧於事實，不確實調查證據，即遽而聲請簡易判決，為此爰依刑事訴訟法第451條之1第4項但書之規定，狀請　鈞院鑒核，依照通常程序，正式審判，以符法紀，而保權益。

　　　　謹狀

台灣○○地方法院刑事庭　公鑒

證 物 名 稱 及　件　數	

中　　　華　　　民　　　國　　　　年　　　　月　　　　日	

具狀人　　王　甲　　　　　簽名
蓋章

〈狀例3-106〉聲請撤回通常審判聲請狀

刑事　聲請狀	案　號	年度　字第　號	承辦 股別	
稱　　　謂	姓 名 或 名 稱 身 分 證 統 一 編 號 或 營 利 事 業 統 一 編 號	住居所或營業所、郵遞區號 及電話號碼電子郵件位址	送達代收人姓 名、住址、郵遞 區號及電話號碼	
聲　請　人 即　被　告	王　甲			

為被訴竊盜罪案件，不服聲請簡易判決處刑命令聲請通常審判案，聲請撤回事：

　　　緣聲請人因不服　台灣○○地方檢察署檢察官○○年○月○日○○年度○字第○○號聲請簡易判決處刑，曾於本月○日聲請通常審判在案。惟聲請人深思，正式審判曠日廢時，公私兩方皆不堪其擾，且簡易判決之科刑，以宣告緩刑、得易科罰金或得易服社會勞動之有期徒刑及拘役或罰金為限，不如以簡易判決處理，較能早日結案，為此狀請

鈞院鑒核，准予將通常審判之聲請撤回，以免訴訟稽延。						
謹狀						
台灣○○地方法院刑事庭　公鑒						
證　物　名　稱 及　　件　　數							
中　　　　華　　　　民　　　　國　　　　　年　　　　　月　　　　　日						
具狀人　　王　甲						簽名 蓋章

▶沒收特別程序

◇財產可能被沒收之第三人得於本案最後事實審言詞辯論終結前，向該管法院聲請參與沒收程序。

前項聲請，應以書狀記載下列事項為之：

　　一　本案案由及被告之姓名、性別、出生年月日、身分證明文件編號或其他足資辨別之特徵。

　　二　參與沒收程序之理由。

　　三　表明參與沒收程序之意旨。

第三人未為第1項聲請，法院認有必要時，應依職權裁定命該第三人參與沒收程序。但該第三人向法院或檢察官陳明對沒收其財產不提出異議者，不在此限。

前三項規定，於自訴程序、簡易程序及協商程序之案件準用之。（刑訴455-12）

◇法院認為聲請參與沒收程序不合法律上之程式或法律上不應准許或無理由者，應以裁定駁回之。但其不合法律上之程式可補正者，應定期間先命補正。

法院認為聲請參與沒收程序有理由者，應為准許之裁定。

前項裁定，不得抗告。（刑訴455-16）

◇對於本案之判決提起上訴者，其效力及於相關之沒收判決；對於沒收之判決提起上訴者，其效力不及於本案判決。

參與人提起第二審上訴時，不得就原審認定犯罪事實與沒收其財產相關部分再行爭執。但有下列情形之一者，不在此限：

　　一　非因過失，未於原審就犯罪事實與沒收其財產相關部分陳述意見或聲請調查證據。

　　二　參與人以外得爭執犯罪事實之其他上訴權人，提起第二審上訴爭執犯罪事實

與沒收參與人財產相關部分。

三　原審有第420條第1項第1款、第2款、第4款或第5款之情形。（刑訴455-27）

◇經法院判決沒收財產確定之第三人，非因過失，未參與沒收程序者，得於知悉沒收確定判決之日起三十日內，向諭知該判決之法院聲請撤銷。但自判決確定後已逾五年者，不得為之。

前項聲請，應以書面記載下列事項：

一　本案案由。

二　聲請撤銷宣告沒收判決之理由及其證據。

三　遵守不變期間之證據。（刑訴455-29）

◎撰狀說明

㈠有關「沒收特別程序」制度，乃規定在刑事訴訟法第七編之二，並於105年7月1日施行生效，究其立法目的，乃因刑法擴大對第三人財產沒收之範圍，為使第三人於沒收其財產制項之審判過程中，享有獲悉沒收相關訊息之資訊請求權及表達其訴訟上意見之陳述意見權，俾其有參與程序之權利與尋求救濟之機會，以保障其權益，進而增訂附隨於本案訴訟程序之第三人參與沒收程序。

㈡財產可能被沒收之第三人得於本案最後事實審言詞辯論終結前，向該管法院聲請參與沒收程序；如第三人未為聲請，法院認有必要時，應依職權裁定命該第三人參與沒收程序。

㈢經法院判決沒收財產確定之第三人，如非因過失而未參與沒收程序，得於知悉沒收確定判決之日起三十日內，向諭知該判決之法院聲請撤銷。但如自判決確定後已逾五年者，不得為之。

〈狀例3-107〉第三人參與沒收程序之聲請

刑事　聲請　狀	案　號	年度　字第　號	承辦股別	
稱　　　　謂	姓　名　或　名　稱身分證統一編號或營利事業統一編號	住居所或營業所、郵遞區號及電話號碼電子郵件位址	送達代收人姓名、住址、郵遞區號及電話號碼	
聲　請　人即第三人	林　一			
為就○○年度○字第○○號違反證券交易法等案，依法聲請參與沒收程序事：				
緣本案被告所涉犯證券交易法等案件，現由　鈞院審理中，因依起訴書內容，被告實行之違法行為，聲請人可能有因而取得犯罪所得之情形。是依本案刑事訴訟				

程序進行之結果，倘被告成立犯罪，而須依法沒收犯罪所得，依刑法第38條之1規定，沒收對象或範圍亦可能包括聲請人所取得之財產，為此狀請

　　鈞院鑒核，准許聲請人參與本案沒收程序，以維權益。

　　　　　　謹狀

台灣○○地方法院刑事庭　公鑒

證 物 名 稱 及 件 數	

中 華 民 國	年	月	日

　　　　具狀人　　林　一　　　　　　　　簽名
　　　　　　　　　　　　　　　　　　　　蓋章

〈狀例3-108〉抗告狀（對於第三人聲請參與沒收程序遭法院駁回）

刑事 抗告 狀	案　　號	年度　字第　號	承辦股別
稱　　　謂	姓　名　或　名　稱 身分證統一編號或 營利事業統一編號	住居所或營業所、郵遞區號 及電話號碼電子郵件位址	送達代收人姓 名、住址、郵遞 區號及電話號碼
抗　告　人 即聲請人	王　二		

為不服台灣高等法院○○分院○○年○月○日裁定駁回參與沒收程序之聲請，提起抗告事：

　　緣抗告人向原審法院聲請參與沒收程序，卻遭原審裁定駁回，然查抗告人既未受第一審法院裁定為參與人，即非沒收程序之參與人，而無上訴權，依法自得於第二審聲請參與沒收程序。而原裁定不准抗告人參與第二審沒收程序，無疑是剝奪抗告人參與訴訟權利而違反有關第三人參與沒收程序制度之立法宗旨，為此狀請

　　鈞院鑒核，速將原裁定予以撤銷，更為合法之裁定，以符法制。

　　　　　　謹狀

台灣高等法院○○分院刑事庭　　轉呈
最高法院刑事庭　　　　　　　　公鑒

證 物 名 稱 及 件 數	

中	華	民	國		年	月	日
		具狀人	王　二			簽名 蓋章	

〈狀例3-109〉第三人聲請撤銷沒收確定判決

刑事　聲請　狀		案　號	年度　　字第　　號	承辦 股別	
稱　　　　謂	姓　名　或　名　稱 身分證統一編號或 營利事業統一編號	住居所或營業所、郵遞區號 及電話號碼電子郵件位址		送達代收人姓 名、住址、郵遞 區號及電話號碼	
聲　請　人 即第三人	趙　三				

為因○○年度○字第○○號刑事判決沒收財產確定，依法聲請撤銷沒收確定判決
事：

　　緣聲請人關於○○年度○字第○○號刑事判決沒收車號○○○○號自用小客車
部分，因法院從未通知聲請人到庭陳述意見，又該刑事判決就前開自用小客車逕依
105年11月30日修正後森林法第52條第5項之規定，不問屬於犯罪行為人與否，均沒
收之，並適用修正後刑法第38條第4項規定，於全部或一部不能沒收或不宜執行沒
收時，追徵其價額，未審酌本件是否存有刑法第38條之2第2項之過苛而不予沒收或
酌減等情事，實有未洽，為此狀請

　　鈞院鑒核，更為審判，並撤銷前開判決就沒收車號○○○○號自用小客車部
分，以維權益。

　　　　　　謹狀
台灣○○地方法院刑事庭　公鑒

證　物　名　稱 及　件　數	

中	華	民	國		年	月	日
		具狀人	趙　三			簽名 蓋章	

▶被害人訴訟參與

◇下列犯罪之被害人得於檢察官提起公訴後第二審言詞辯論終結前，向該管法院聲請參與本案訴訟：

一　因故意、過失犯罪行為而致人於死或致重傷之罪。

二　刑法第231條、第231條之1、第232條、第233條、第240條、第241條、第242條、第243條、第271條第1項、第2項、第272條、第273條、第275條第1項至第3項、第278條第1項、第3項、第280條、第286條第1項、第2項、第291條、第296條、第296條之1、第297條、第298條、第299條、第300條、第328條第1項、第2項、第4項、第329條、第330條、第332條第1項、第2項第1款、第3款、第4款、第333條第1項、第2項、第334條第1項、第2項第1款、第3款、第4款、第347條第1項、第3項、第348條第1項、第2項第2款之罪。

三　性侵害犯罪防治法第2條第1項所定之罪。

四　人口販運防制法第31條至第34條、第36條之罪。

五　兒童及少年性剝削防制條例第32條至第35條、第36條第1項至第5項、第37條第1項之罪。

前項各款犯罪之被害人無行為能力、限制行為能力、死亡或因其他不得已之事由而不能聲請者，得由其法定代理人、配偶、直系血親、三親等內之旁系血親、二親等內之姻親或家長、家屬為之。但被告具前述身分之一，而無其他前述身分之人聲請者，得由被害人戶籍所在地之直轄市、縣（市）政府或財團法人犯罪被害人保護協會為之。被害人戶籍所在地不明者，得由其住（居）所或所在地之直轄市、縣（市）政府或財團法人犯罪被害人保護協會為之。（刑訴455-38）

◇聲請訴訟參與，應於每審級向法院提出聲請書狀。

訴訟參與聲請書狀，應記載下列事項：

一　本案案由。

二　被告之姓名、性別、出生年月日、身分證明文件編號或其他足資辨別之特徵。

三　非被害人者，其與被害人之身分關係。

四　表明參與本案訴訟程序之意旨及理由。（刑訴455-39）

◎撰狀說明

㈠有關「被害人訴訟參與」制度，乃規定在刑事訴訟法第七編之三，並於109年1月8日公布施行，同年1月10日生效，究其立法說明，謂係本於維護被害人及其家屬人性尊嚴之目的，並考量司法資源之合理有效利用，而建構犯罪被害人訴訟參與及

其保障之機制。

㈡特定犯罪之被害人得於檢察官提起公訴後第二審言詞辯論終結前，向該管法院聲請參與本案訴訟；如被害人為無行為能力、限制行為能力、死亡或因其他不得已之事由而不能聲請者，得由其法定代理人、配偶、直系血親、三親等內之旁系血親、二親等內之姻親或家長、家屬為之；如無其他前述身分之人聲請者，亦得由犯罪被害人保護協會為之。

㈢訴訟參與人得選任代理人，亦得委由具有律師身分之代理人檢閱卷宗及證物並得抄錄、重製或攝影或以本人名義於審判中預納費用請求付與卷宗及證物之影本，並於準備期日及審判期日就聲請調查證據等事項有表示意見之機會。

〈狀例3-110〉訴訟參與之聲請㈠（被害人）

刑事 聲請 狀	案　　　號	年度　　字第　　號	承辦股別	
稱　　　謂	姓　名　或　名　稱 身分證統一編號或 營利事業統一編號	住居所或營業所、郵遞區號 及電話號碼電子郵件位址	送達代收人姓名、住址、郵遞區號及電話號碼	
聲　請　人	吳　甲			

為就○○年度○字第○○號強盜案，依法聲請參與本案訴訟事：

　　緣本案被告所涉犯之強盜罪屬刑事訴訟法第455條之38第1項第2款所列得為訴訟參與之案件，又聲請人為本案之被害人，亦屬同條項得為聲請訴訟參與之人，聲請人為瞭解本案訴訟程序之審理情形及卷證資料之內容，並適時表示意見促進發現真實，為此狀請

　　鈞院鑒核，准許聲請人參與本案訴訟，以維權益。

　　　　　謹狀

台灣○○地方法院刑事庭　公鑒

證　物　名　稱 及　　件　　數	

中	華	民	國	年	月	日
		具狀人　吳　甲			簽名 蓋章	

〈狀例3-110-1〉訴訟參與之聲請(二)（被害人以外之人）

刑事　聲請狀	案　　號	年度　　字第　　號	承辦股別	
稱　　　謂	姓　名　或　名　稱身分證統一編號或營利事業統一編號	住居所或營業所、郵遞區號及電話號碼電子郵件位址	送達代收人姓名、住址、郵遞區號及電話號碼	
聲　請　人	張　乙			

為就○○年度○字第○○號強盜案，依法聲請參與本案訴訟事：

　　緣本案被告所涉犯之強盜罪屬刑事訴訟法第455條之38第1項第2款所列得為訴訟參與之案件，又聲請人為本案被害人吳甲之母親（證物一），而被害人吳甲已於日前因車禍意外身亡（證物二），則聲請人亦屬同條項得為聲請訴訟參與之人，再者，本案前經原審判決被告無罪，聲請人為瞭解上訴審訴訟程序之審理情形及卷證資料之內容，並適時表示意見促進發現真實，為此狀請

　　鈞院鑒核，准許聲請人參與本案訴訟，以維權益。

　　　　　謹狀

台灣高等法院○○分院刑事庭　公鑒

證　物　名　稱及　　件　　數	證物一：戶籍謄本一份。證物二：死亡證明書一份。

中　　　華　　　民　　　國　　　年　　　月　　　日
具狀人　　張　乙　　　　簽名蓋章

▶停止執行及免除之聲請

◇受死刑之諭知者，如在心神喪失中，由司法行政最高機關命令停止執行。
　受死刑諭知之婦女懷胎者，於其生產前，由司法行政最高機關命令停止執行。
　依前二項規定停止執行者，於其痊癒或生產後，非有司法行政最高機關命令，不得執行。（刑訴465）

◇處徒刑及拘役之人犯，除法律別有規定外，於監獄內分別拘禁之，令服勞役。但得因其情節，免服勞役。（刑訴466）

◇緩刑之宣告應撤銷者，由受刑人所在地或其最後住所地之地方法院對應之檢察署檢察官聲請該法院裁定之。（刑訴476）

◇依刑法第53條及第54條應依刑法第51條第5款至第7款之規定，定其應執行之刑

者，由該案犯罪事實最後判決之法院對應之檢察署檢察官，備具繕本，聲請該法院裁定之。法院於接受繕本後，應將繕本送達於受刑人。

受刑人或其法定代理人、配偶，亦得請求檢察官為前項之聲請。

法院對於第1項聲請，除顯無必要或有急迫情形者外，於裁定前應予受刑人以言詞或書面陳述意見之機會。

法院依第1項裁定其應執行之刑者，應記載審酌之事項。（刑訴477）

◇聲明疑義或異議，應以書狀為之。

聲明疑義或異議，於裁判前得以書狀撤回之。

第351條之規定，於疑義或異議之聲明及撤回準用之。（刑訴485）

◎撰狀說明

㈠判決確定後，除有特別規定或保安處分外，應予執行。指揮執行者為裁判法院對應之檢察署之檢察官。受死刑之諭知者，如因心神喪失或懷胎由司法行政最高長官命令停止執行。受自由刑之諭知者，在有心神喪失、懷胎五月以上、生產未滿二月、現罹疾病，恐因執行而不能保其生命者，應停止執行。入獄後，應服勞役；但得因情節而免服勞役（見刑事訴訟法第456條、第465條、第466條、第467條）。

㈡受刑人未經羈押者，檢察官應於執行時，傳喚之，傳喚不到，應予拘提。如已逃亡，更得通緝之。其他罰金、罰鍰、沒收及沒入之執行，請參照刑事訴訟法第469條、第470條。

㈢受刑人得就得易科罰金之罪與不得易科罰金之罪等刑法第50條第1項但書規定情形，請求檢察官向法院聲請定應執行刑（見刑法第50條第2項）；並於法院為定應執行刑之裁定前，得以言詞或書面方式，表示意見（見刑事訴訟法第477條第3項）。

㈣若當事人對裁判文義有疑義者，得聲明疑義；若對檢察官之指揮認有不當者，得聲明異議（見刑事訴訟法第483條至第486條）。

〈狀例3-111〉聲請停止執行死刑狀（婦女懷胎者）

刑事　聲請　狀		案　　號	年度　字第	號	承辦股別	
稱　　　　謂	姓　名　或　名　稱身分證統一編號或營利事業統一編號	住居所或營業所、郵遞區號及電話號碼電子郵件位址			送達代收人姓名、住址、郵遞區號及電話號碼	

| 聲　請　人即　被　告 | 林　丁 | | |

為就○○年度○字第○○號殺人案件，依法聲請停止執行死刑事：

緣聲請人因被訴殺人案，於今年○月○日奉最高法院判處死刑確定在案。惟聲請人目前已懷孕四月（證物一），依刑事訴訟法第465條第2項規定，應停止執行死刑。為此狀請

鈞長鑒核，據實轉呈法務部，命令將聲請人執行死刑事，暫予停止。

謹狀

台灣高等檢察署　公鑒

| 證　物　名　稱及　　件　　數 | 證物一：診斷證明書影本一份。 |

中　　　華　　　民　　　國　　　年　　　月　　　日

具狀人　林　丁　　　簽名
蓋章

〈狀例3-112〉聲請停止執行自由刑狀（現罹疾病）

刑事　聲請　狀	案　號	年度	字第	號	承辦股別	
稱　　　謂	姓　名　或　名　稱身分證統一編號或營利事業統一編號	住居所或營業所、郵遞區號及電話號碼電子郵件位址			送達代收人姓名、住址、郵遞區號及電話號碼	
聲　請　人即　被　告	林　丁					

為就○○年度○字第○○號偽造文書乙案確定判決，聲請停止執行事：

緣聲請人被訴偽造文書罪，業經台灣○○地方法院判處有期徒刑三年確定在案，本應依法入監服刑。惟因聲請人向極體弱多病，近因纏訟多時，心力更形交瘁，上星期四，胃病突發，大量出血，不僅吐血多次，更曾休克三次，有附具○○市立○○醫院診斷書及住院證明書可據（證物一）。聲請人自忖，如再入獄執行，以獄所醫療設備之欠缺，聲請人終將不幸。按刑事訴訟法第467條第4款規定：現罹疾病，恐因執行而不能保其生命者，於痊癒前，停止執行。為此狀請

鈞長鑒核，准予停止執行，以保人命而符法紀。

謹狀 台灣○○地方檢察署　公鑒	

證　物　名　稱 及　　件　　數	證物一：○○市立○○醫院診斷書及住院證明書影本各一份。

中	華	民	國	年	月	日

　　　　　　具狀人　　林　丁　　　　　　　　簽名
　　　　　　　　　　　　　　　　　　　　蓋章

〈狀例3-113〉聲請免服勞役狀

刑事　聲請　狀			案　　　號	年度　字第　　號	承辦 股別	
稱　　　　　謂	姓　名　或　名　稱 身分證統一編號或 營利事業統一編號		住居所或營業所、郵遞區號 及電話號碼電子郵件位址		送達代收人姓 名、住址、郵遞 區號及電話號碼	
聲　請　人 即　被　告	徐　國					

為○○年度○字第○○號過失致死乙案，聲請准予免服勞役事：
　　緣聲請人因過失致死案件，業經台灣○○地方法院判處有期徒刑七月確定在案，近日將發監執行。惟查聲請人年逾六十，身體向極羸弱（證物一），如服刑期間，兼操勞役，勢必不能負擔而發生生命或身體上之危險。為此依刑事訴訟法第466條但書、第478條規定，狀請
　　鈞長鑒核，准予免服勞役。
　　　　　　謹狀
台灣○○地方檢察署　公鑒

證　物　名　稱 及　　件　　數	證物一：醫院診斷證明書影本一份。

中	華	民	國	年	月	日

　　　　　　具狀人　　徐　國　　　　　　　　簽名
　　　　　　　　　　　　　　　　　　　　蓋章

〈狀例3-114〉**聲請撤銷緩刑狀**

刑事 聲請狀		案 號	年度 字第 號	承辦股別	
稱 謂	姓 名 或 名 稱身分證統一編號或營利事業統一編號	住居所或營業所、郵遞區號及電話號碼電子郵件位址		送達代收人姓名、住址、郵遞區號及電話號碼	
聲 請 人即自訴人	李 愛				

為就○○年度○字第○○號自訴李○雄傷害乙案,聲請撤銷緩刑事:

　　查聲請人自訴李○雄傷害案,業經台灣○○地方法院判決處被告有期徒刑七月,緩刑一年確定。茲因該被告於緩刑期內更犯傷害罪,又已經台灣○○地方法院宣告有期徒刑一年,並已確定(證物一),按刑法第75條第1項第1款明定,緩刑期內因故意犯他罪,而在緩刑期內受逾六月有期徒刑之宣告確定者,應撤銷該宣告。為此狀請

　　鈞長鑒核,依刑事訴訟法第476條具狀聲請○○地方法院裁定撤銷李○雄之緩刑宣告。

　　　　　　謹狀

台灣○○地方檢察署　公鑒

證物名稱及件數	證物一:刑事判決確定證明書影本一份。

中	華	民	國	年	月	日
		具狀人　李　愛		簽名蓋章		

〈狀例3-115〉**聲請免其刑之執行**

刑事 聲請狀		案 號	年度 字第 號	承辦股別	
稱 謂	姓 名 或 名 稱身分證統一編號或營利事業統一編號	住居所或營業所、郵遞區號及電話號碼電子郵件位址		送達代收人姓名、住址、郵遞區號及電話號碼	
聲 請 人即被告之法定代理人	章 甲				

為就○○年度○字第○○號章訓妨害自由案，已經感化教育聲請免其刑之執行事：

　　緣聲請人之子章訓因犯妨害自由罪經判刑二年六月確定，因行為時未滿十八歲，於刑之執行前，先令入感化教育場所施以感化教育二年。按章訓本性非惡，實因一時失慮所致。現其已受二年感化教育在案。在感化期間內努力向學，參加補習教育，並考上○○大學○○系（證物一），足徵已一改往昔，實無再執行徒刑之必要。為特狀請

　　鈞署鑒核，准依刑法第86條第2項、第98條第1項後段、刑事訴訟法第481條第1項規定，聲請台灣○○地方法院裁定免其刑之執行，以示鼓勵向善。

　　　　謹狀

台灣○○地方檢察署　公鑒

證　物　名　稱及　　件　　數	證物一：錄取通知書影本一份。

中	華	民	國	年	月	日
		具狀人　章　甲			簽名蓋章	

〈狀例3-116〉聲請易科罰金狀

刑事　聲請　狀		案　　號	年度　字第　號	承辦股別	
稱　　　　謂	姓　名　或　名　稱身分證統一編號或營利事業統一編號	住居所或營業所、郵遞區號及電話號碼電子郵件位址		送達代收人姓名、住址、郵遞區號及電話號碼	
聲　請　人即　被　告	林　甲				

為○○年度執字第○○號著作權法案件，依法聲請易科罰金事：

　　緣　鈞署以刑事執行傳票及通知各乙紙，通知聲請人「所犯著作權法乙案，業經法院判決處有期徒刑四月，如易科罰金以新台幣1,000元折算一日確定在案」。惟聲請人因目前在○○化學股份有限公司擔任研究員職務（證物一），並且家有妻子江乙（民國61年4月4日）及長女林丙（民國98年5月30日）（證物二），賴聲請人維持生活，為此懇請

　　鈞長賜准予依刑法第41條第1項前段之規定，而為易科罰金。

　　　　謹狀

台灣○○地方檢察署　公鑒	
證　物　名　稱 及　　件　　數	證物一：在職證明書影本一份。 證物二：戶籍謄本一份。

中　華　民　國　　　　年　　　月　　　日

　　　　　　具狀人　　林　甲　　　　　簽名
　　　　　　　　　　　　　　　　　　蓋章

〈狀例3-117〉請求更定應執行刑聲請狀

刑事　聲請狀	案　　　號		年度	字第		號	承辦 股別	
稱　　謂	姓　名　或　名　稱 身分證統一編號或 營利事業統一編號		住居所或營業所、郵遞區號 及電話號碼電子郵件位址		送達代收人姓名、住址、 郵遞區號及電話號碼			
聲請人 即　受 刑　人	邱　乙							

為聲請人邱乙請求檢察官就附表所示各罪，向法院聲請定其應執行刑事：

　　緣聲請人（國民身分證統一編號：○○○○○○○號）前因違反毒品危害防制條例、槍砲彈藥刀械管制條例、強盜等罪，經法院分別判處有期徒刑3月、1年2月、6年，先後確定（詳如附表；即毒品危害防制條例〈1罪、得易科罰金〉、槍砲彈藥刀械管制條例〈1罪、不得易科罰金〉、強盜〈1罪、不得易科罰金〉；共4罪），並合於刑法第51條第5款有關定應執行刑之規定。聲請人謹依刑法第50條第2項及刑事訴訟法第477條第2項規定，懇請　鈞署鑒核，准予聲請人上開聲請內容，依法就附表內容，向法院聲請定其應執行之刑。

　　　　　　謹狀

台灣○○地方檢察署　公鑒

證物名稱 及　件　數	附表：受刑人邱乙應執行案件一覽表

中　華　民　國　　　　年　　　月　　　日

　　　　　　具狀人　　邱　乙　　　　　簽名
　　　　　　　　　　　　　　　　　　蓋章

〈狀例3-118〉受刑人○○應執行案件一覽表

編號		1	2	3
罪名		毒品危害防制條例（施用毒品）	槍砲彈藥刀械管制條例	強盜罪
宣告刑		有期徒刑3月	有期徒刑1年2月	有期徒刑6年
犯罪日期（民國）		○○年○○月○○日間某時	○○年○月○日至○○年○月○日	○○年○月○日上午○時
偵查（自訴）機關 年 度 案 號		○○地檢○○年度毒偵字第○○號	○○地檢○○年度偵字第○○號	○○地檢○○年度偵字第○○號
最後事實審	法院	台灣○○地方法院	台灣高等法院	臺灣高等法院
	案號	○○年度簡字第○○號	○○年度上訴字第○○號	○○年度上訴字第○○號
	判決日期	○○年○月○日	110年9月22日	○○年○月○日
確定判決	法院	台灣○○地方法院	最高法院	最高法院
	案號	○○年度簡字第○○號	○○年度台上字第○○號	○○年度台上字第○○號
	判決確定日期	○○年○月○日	○○年○月○日	○○年○月○日
是否為得易科罰金之案件		是	否	否
備註		○○地檢○○年度執字第○○號	○○地檢○○年度執字第○○號（編號2至3定應執行刑有期徒刑6年10月）	○○地檢○○年度執字第○○號（編號2至3定應執行刑有期徒刑6年10月）

〈狀例3-119〉受刑人就法院定應執行刑陳述意見狀

刑事　陳述意見　狀		案　號	年度　　字第　　號	承辦股別	
稱　　謂	姓　名　或　名　稱身分證統一編號或營利事業統一編號	住居所或營業所、郵遞區號及電話號碼電子郵件位址		送達代收人姓名、住址、郵遞區號及電話號碼	
受 刑 人	孫五				

為○○年度聲字第○○號定應執行刑案件，依法提出陳述意見事：

　　緣受刑人前已就本件定應執行刑案件，請求○○地方檢察署檢察官向法院聲請定其應執行刑在案。現謹依　鈞院○○年○月○日○○字第○○號函文內容，請求　鈞院審酌受刑人為家中獨子（證物一)，尚有年邁並患有失智之雙親需要受刑人負責照料（證物二），且因受刑人不諳法律，誤觸法網，已深知警惕，絕不再犯，另基於罪責相當性之要求與公平、比例等原則，考量法律之外部性及內部性界限、刑罰經濟及恤刑之目的、受刑人復歸社會之可能性、受刑人之人格、各罪間之關係（侵害法益、罪質異同、時空密接及獨立程度）等因素，採取最有利於受刑人之立場，於有期徒刑○年○月至○年間，定其應執行刑，讓受刑人能夠早日服刑完畢，重啟人生。

　　　　　　謹狀
台灣○○地方法院　公鑒

證物名稱及件數	證物一：戶籍謄本一份。
	證物二：受刑人雙親之診斷證明書各一份。

中	華	民	國	年	月	日

　　　　　　　具狀人　孫五　　　簽名蓋章

〈狀例3-120〉聲明疑義狀

刑事　聲明狀		案　　號	年度　　字第　　號	承辦股別	
稱　　　　謂	姓　名　或　名　稱身分證統一編號或營利事業統一編號	住居所或營業所、郵遞區號及電話號碼電子郵件位址		送達代收人姓名、住址、郵遞區號及電話號碼	
聲　明　人即　被　告	朱　乙				

為就台灣○○地方法院○○年度○字第○○號誹謗罪案件之刑事判決，聲明疑義事：

　　緣聲明人於○○年○月○日當庭奉　鈞院諭知聲明人因犯誹謗罪，處有期徒刑四月。聲明人曾當庭明示捨棄上訴權在案。惟嗣後收奉該案之判決書正本，記載「處有期徒刑六月」，二者處刑期間不同，顯然發生疑義。是否書記官製作判決正

本時筆誤所致？為此依刑事訴訟法第483條、第485條第1項、第486條規定，狀請
　　鈞院鑒核，賜以明白之裁定，以釋疑慮。
　　　　　　　　　謹狀
台灣○○地方法院刑事庭　　公鑒

證　物　名　稱 及　　件　　數	

中　　　　華　　　　民　　　　國　　　　年　　　　月　　　　日		
	具狀人　　　朱　乙	簽名 蓋章

▶附帶民事訴訟之提起

◇原告於審判期日到庭時，得以言詞提起附帶民事訴訟。

其以言詞起訴者，應陳述訴狀所應表明之事項，記載於筆錄。

第41條第2項至第4項之規定，於前項筆錄準用之。

原告以言詞起訴而他造不在場，或雖在場而請求送達筆錄者，應將筆錄送達於他造。（刑訴495）

◇提起附帶民事訴訟，應提出訴狀於法院為之。

前項訴狀，準用民事訴訟法之規定。（刑訴492）

◇訴狀及各當事人準備訴訟之書狀，應按他造人數提出繕本，由法院送達於他造。（刑訴493）

◎撰狀說明

㈠附帶民事訴訟者，乃因犯罪而受損害之人，於刑事訴訟程序進行中，對於被告及依民法負損害賠償責任之人，附帶提起民事訴訟，以請求回復其損害之謂。

㈡附帶民事訴訟之原告限於因犯罪而直接、間接受損害之人；但若國家為受害人，檢察官不得提起。被告當事人為刑事訴訟之被告或依民法應負賠償責任之人。

㈢附帶民事訴訟之請求回復損害範圍，應依民法規定。

㈣其提起之期間應於刑事訴訟起訴後，第二審言詞辯論終結前，但在第一審辯論終結後，提起上訴前不得提起。此因附帶民事訴訟係附隨於刑事訴訟程序下，且第三審為書面審，不經言詞辯論之故。其訴訟程序則準用刑事訴訟之規定。若經刑庭移送至民庭時，則應適用民事訴訟法之規定。

㈤有關當事人能力、訴訟能力、共同訴訟、訴訟參加、訴訟代理人、輔佐人、訴訟
　程序之停止、當事人本人之到場、和解、捨棄之判決、起訴、上訴、抗告之撤
　回、假扣押、假處分、假執行等等制度,均準用民事訴訟法之規定。且判決時,
　應與刑事訴訟同時為之。其他有關附帶民事訴訟之規定,請參閱刑事訴訟法第487
　條至第512條。

〈狀例3-121〉過失致死案件提起附帶民事訴訟狀

刑事 附帶民事起訴 狀		案　　　號		年度　　字第　　號		承辦股別	
		訴訟標的的金額或價額		新台幣　萬　千　百　十　元　角			
稱　　　謂	姓　名　或　名　稱身分證統一編號或營利事業統一編號	住居所或營業所、郵遞區號及電話號碼電子郵件位址				送達代收人姓名、住址、郵遞區號及電話號碼	
原　　告	陳○英						
被　　告	張○欽						

為就○○年度○字第○○號過失致死案件,依法提起附帶民事訴訟,請求損害賠償
事:

訴之聲明

一、被告應給付原告新台幣(以下同)1,502,058元,及自起訴狀繕本送達之翌日起
　　至清償日止,按年息百分之5計算之利息。

二、前項請求,原告願供擔保,請准宣告假執行。

事實及理由

　　緣本案被告張○欽以駕駛馬達貨車為人載運貨物,收取報酬為業,於民國○○
年○月○日下午4時30分許,駕駛自有小貨車自○○市○○路由東向西行駛,至
○○路與往○○村之道路無號誌之交岔路口時,與原告之夫謝○樂所駕駛之重型機
車相撞,致謝○樂頭顱受傷,顱內出血,送醫急救,不治死亡。

　　車禍之肇生,係因被告當時駕車由支線進入幹線,本應讓幹道車先行,乃竟於
進入幹道時,未讓幹道車先行,以致發生車禍,有違道路交通安全規則第102條第
1項第2款規定,且被告對此非不能遵守,其有過失責任,事屬至顯。依據交通部公
路總局車輛行車事故鑑定覆議會就此次車禍鑑定之結果,亦認被告應負百分之百過
失責任。被告因過失致死,業於○○年○月○日向　鈞院提起自訴在案。原告之夫
所受傷害,於車禍當時,即送○○市○○醫院急救,由住院急診至死亡之時,前後
七日,總計花費醫藥費用202,058元,有卷附該院收據及診斷證明書為據(見證物

一）。按原告上開醫藥費用支出，依民法第184條第1項前段規定，自應由被告負擔。又喪葬費用，共支出30萬元（見證物二），依民法第192條第1項規定，亦應由被告負賠償之責。

再查「不法侵害他人致死者，被害人之配偶，雖非財產上之損害，亦得請求賠償相當之金額」，民法第194條有明文規定。原告與死者結褵二十年，恩愛異常，驟然人鬼相隔，痛苦萬分，請求被告給付100萬元，以資慰藉。

綜上所述，為特具狀請

鈞院鑒核，准賜判決如訴之聲明。

謹狀

台灣○○地方法院刑事庭　公鑒

證　物　名　稱 及　　件　　數	證物一：收據及診斷證明書影本各一份。
	證物二：支出收據影本三份。

中　　　華　　　民　　　國　　　　年　　　　月　　　　日
具狀人　　陳○英　　　　　　簽名蓋章

第二章　　刑事補償相關書狀

▶刑事補償

◇依刑事訴訟法、軍事審判法或少年事件處理法受理之案件，具有下列情形之一者，受害人得依本法請求國家補償：

一　因行為不罰或犯罪嫌疑不足而經不起訴處分或撤回起訴、受駁回起訴裁定或無罪之判決確定前，曾受羈押、鑑定留置或收容。

二　依再審、非常上訴或重新審理程序裁判無罪、撤銷保安處分或駁回保安處分聲請確定前，曾受羈押、鑑定留置、收容、刑罰或拘束人身自由保安處分之執行。

三　因無付保護處分之原因而經不付審理或不付保護處分之裁定確定前，曾受鑑定留置或收容。

四　因無付保護處分之原因而依重新審理程序裁定不付保護處分確定前，曾受鑑定留置、收容或感化教育之執行。

五　羈押、鑑定留置或收容期間，或刑罰之執行逾有罪確定裁判所定之刑。

六　羈押、鑑定留置或收容期間、刑罰或拘束人身自由保安處分之執行逾依再審或非常上訴程序確定判決所定之刑罰或保安處分期間。

七　非依法律受羈押、鑑定留置、收容、刑罰或拘束人身自由保安處分之執行。（刑事補償1）

◇依前條法律受理之案件，有下列情形之一者，受害人亦得依本法請求國家補償：

一　因行為不罰或犯罪嫌疑不足以外之事由而經不起訴處分或撤回起訴前，曾受羈押、鑑定留置或收容，如有證據足認為無該事由即應認行為不罰或犯罪嫌疑不足。

二　免訴或不受理判決確定前曾受羈押、鑑定留置或收容，如有證據足認為如無該判決免訴或不受理之事由即應為無罪判決。

三　依再審或非常上訴程序判決免訴或不受理確定前曾受羈押、鑑定留置、收容、刑罰或拘束人身自由保安處分之執行，如有證據足認為無該判決免訴或不受理之事由即應為無罪判決。

四　因同一案件重行起訴或曾經判決確定而經不起訴處分、免訴或不受理判決確定前，曾受羈押、鑑定留置或收容，且該同一案件業經判決有罪確定。

五　因同一案件重行起訴或曾經判決確定，依再審或非常上訴程序判決免訴或不受理確定前，曾受羈押、鑑定留置、收容、刑罰或拘束人身自由保安處分之執行，且該同一案件業經判決有罪確定。

六 因死亡或刑法第19條第1項規定之事由而經不付審理或不付保護處分之裁定確定前，曾受鑑定留置或收容，如有證據足認爲無該事由即應認無付保護處分之原因。（刑事補償2）

◇刑事補償，由原處分或撤回起訴機關，或爲駁回起訴、無罪、免訴、不受理、不付審理、不付保護處分、撤銷保安處分或駁回保安處分之聲請、諭知第1條第5款、第6款裁判之機關管轄。但依第1條第7款規定請求補償者，由爲羈押、鑑定留置、收容或執行之機關所在地或受害人之住所地、居所地或最後住所地之地方法院管轄；軍法案件，由地方軍事法院管轄。

前項原處分或裁判之軍事審判機關，經裁撤或改組者，由承受其業務之軍事法院或檢察署爲管轄機關。（刑事補償9）

◇補償請求人不服前條第1項機關之決定者，得聲請司法院刑事補償法庭覆審。

補償決定違反第1條至第3條規定，或有其他依法不應補償而補償之情形者，最高檢察署亦得聲請覆審。（刑事補償18）

◇補償之請求，應以書狀記載下列事項，向管轄機關提出之：

一 補償請求人姓名、性別、年齡、住所或居所。

二 有代理人者，其姓名、性別、年齡、住所或居所。

三 請求補償之標的。如請求爲分期支付，其分期方式及金額。

四 事實及理由，並應附具請求補償所憑之不起訴處分書、撤回起訴書，或裁判書之正本或其他相關之證明文件。

五 管轄機關。

六 年、月、日。（刑事補償10）

◎撰狀說明

刑事補償法係經中華民國100年7月6日總統華總一義字第10000138681號令修正公布名稱及全文41條；並自100年9月1日施行（原名稱：冤獄賠償法）；復於112年12月15日修正公布第4、6、8、10、13、17、18、21、41條條文；增訂第27-1、40-1條條文；刪除第7、36條條文。

補償請求人請求刑事補償，應以書狀記載刑事補償法第10條所列事項，向原處分或撤回起訴機關，或爲駁回起訴、無罪、免訴、不受理、不付審理、不付保護處分、撤銷保安處分或駁回保安處分之聲請、諭知第1條第5款、第6款裁判之機關管轄。書狀之製作，宜比照通常文書製作之程序爲之。

刑事補償之請求人，指刑事補償法第1條規定之受害人或第11條第1項規定之補償請求人而言。亦即受害人本人，或受害人死亡後之法定繼承人。稱補償請求人，有時兼指受害人而言。

提出刑事補償請求書，必須附具不起訴處分書、撤回起訴書，或裁判書之正本或其他相關之證明文件。

補償請求人，應於不起訴處分、撤回起訴或駁回起訴、無罪、免訴、不受理、不付審理、不付保護處分、撤銷保安處分或駁回保安處分之聲請、第1條第5款或第6款之裁判確定日起二年內，向管轄機關為之。但依第1條第7款規定請求者，自停止羈押、鑑定留置、收容或執行之日起算。前項不起訴處分、撤回起訴或裁判確定之事實，因不可歸責於受害人之事由而知悉在後者，自知悉時起算。但自不起訴處分、撤回起訴或裁判確定後已逾五年者，不得請求。（刑事補償13）也就是如因不可歸責於受害人之事由（例如因故未受合法送達的受害人）而知悉在後者，自知悉時起算二年。但如自前開不起訴處分、撤回起訴或裁判確定後已逾五年者，即不得請求。

聲請覆審，應於決定書送達後二十日內，以書狀敘述理由，經原決定機關，向司法院刑事補償法庭為之。（刑事補償20）

〈狀例3-122〉刑事補償聲請狀

刑事　補償聲請　狀	案　　　號	年度　　字第　　號		承辦股別	
	訴訟標的金　額或價　　額	新台幣　　萬　千　百　十　元　角			
稱　　　　謂	姓 名 或 名 稱身分證統一編號或營利事業統一編號	住居所或營業所、郵遞區號及電話號碼電子郵件位址		送達代收人姓名、住址、郵遞區號及電話號碼	
請　　求　　人（即受害人）	○○○				

為請求刑事補償事：
一、請求補償之標的：
　　請求人○○○於無罪判決確定前，受羈押○○日，請求准予補償新臺幣○○元。
二、事實及理由：
　　按依刑事訴訟法受理之案件，於無罪判決確定前，曾受羈押者，受害人得請求國家補償，並依其羈押之日數，以新台幣（以下同）3,000元以上5,000元以下折算一日支付之，刑事補償法第1條第1款、第6條第1項定有明文。
　　請求人前因○○○案件，於民國○○年○月○日，經○○○○○○法院羈押（○○年度○○字第○○○號），迄民國○○年○月○日，經○○○法院判決無罪（○○年度○○字第○○○號），准予保釋停止羈押為止，共計受羈押○

日。該案業經○○法院於○○年○月○日駁回檢察官上訴確定（○○年度○○字第○○○號）。又審酌本案公務員行為違法、不當之情節，以及請求人所受損失之程度，爰於法定期間內，請求按5,000元折算一日支付刑事補償金，請准予為如前所示補償的決定。

此致

○○○○○○法院　公鑒

證　物　名　稱 及　　件　　數	起訴書、歷審判決書正本各乙件。

中	華	民	國	年	月	日
	具狀人 撰狀人				簽名 蓋章	

▶補償支付

補償支付之請求，應於補償決定送達後五年內，以書狀並附戶籍謄本向原決定機關為之，逾期不為請求者，其支付請求權消滅。

繼承人為前項請求時，準用第12條之規定。

受害人就同一原因，已依其他法律受有賠償或補償者，應於依本法支付補償額內扣除之。（刑事補償28）

◎撰狀說明

補償支付，係補償請求人對於刑事補償法第17條第2項補償決定確定後，據以為聲請現實支付補償之意。此項聲請書狀，得比照刑事補償法第10條所列事項記載，分欄或總括記載為之，均無不可。如無所附文件或其他事項，得不附文件或不記載。

〈狀例3-123〉刑事補償支付聲請狀

刑事　補償支付聲請　狀	案　　　號	年度	字第	號	承辦 股別	
	訴訟標的 金　額　或 價　　　額	新台幣　萬　千　百　十　元　角				

稱　　　　　謂	姓　名　或　名　稱 身分證統一編號或 營利事業統一編號	住居所或營業所、郵遞區號 及電話號碼電子郵件位址	送達代收人姓 名、住址、郵遞 區號及電話號碼
聲　請　人	○○○		

為請求支付刑事補償金事：

請求之事項

請求支付新臺幣○萬○仟○佰○拾○元。

依據

○○○○○○法院○○年度刑補字○○○號決定書。

事實及理由

一、聲請人前因○○○案件，於無罪確定前曾受羈押共○日。

二、無罪確定後曾聲請刑事補償，蒙決定補償新臺幣○萬○仟○佰○拾○元。

三、茲檢同戶籍謄本一份，依刑事補償法第28條之規定聲請支付。

　　　　　此致

○○○○○○法院　公鑒

證　物　名　稱 及　　件　　數	戶籍謄本一件。

中	華	民	國	年	月	日
	具狀人 撰狀人				簽名 蓋章	

第三章 刑法相關書狀

▶刑事責任

〈狀例3-124〉過失致人於死案件之上訴狀

刑事 上訴 狀	案 號	年度 字第 號	承辦股別	
稱　　謂	姓 名 或 名 稱身 分 證 統 一 編 號 或營 利 事 業 統 一 編 號	住居所或營業所、郵遞區號及電話號碼電子郵件位址	送 達 代 收 人 姓名、住址、郵遞區號及電話號碼	
上 訴 人即 被 告	李 乙			

為不服台灣○○地方法院○○年度○字第○○號刑事判決，依法提起上訴事：

　　按過失責任係以應注意並能注意而不注意為要件，此項要件，必須明確認定，詳細記載於判決書事實欄內，其適用法律方有事實之根據。本件原判決事實僅認定上訴人係職業汽車司機，於民國○○年○月○日下午1時55分，駕駛計程車載客由○○市○○往○○鄉，途經○○縣○○鄉○○橋北端省公路上外側車道時，以時速約50公里之速度行駛，適有同向在內側車道行駛之不詳號碼大卡車超前向外車道駛出時，上訴人一時心慌，疏於注意，將方向盤右打，竟駛出4公尺寬之快車道而至5公尺寬慢車道右側，其車體右邊自前頭30公分起，擦撞路右第一個橋墩，當場右邊前後車門全毀，乘客蔡丙因而胸腹腔內出血，送醫急救，不治死亡等情，而於按當時情節，上訴人是否應注意並能注意，則無論及，顯不足為適用法律之基礎。原判決率行論處上訴人以過失致人於死罪，自難昭折服。為此依法提起上訴，狀請

　　鈞院鑒核，賜撤銷原判，更為被告無罪之判決，以明法制。

　　　　　謹狀

台灣○○地方法院刑事庭　　轉呈
台灣高等法院刑事庭　　　公鑒

證 物 名 稱及 件 數	

中 華 民 國 年 月 日	
具狀人 李 乙	簽名蓋章

〈狀例3-125〉不作爲犯之告訴狀

刑事 告訴 狀		案　號	年度　字第　號	承辦股別	
稱　　謂	姓　名　或　名　稱身分證統一編號或營利事業統一編號	住居所或營業所、郵遞區號及電話號碼電子郵件位址		送達代收人姓名、住址、郵遞區號及電話號碼	
告　訴　人被　　　告	管　甲蔡　乙				

爲被告蔡乙駕車撞人後置之不理以致被害人死亡，依法提出告訴事：

　　緣告訴人之子管丙於本年○月○日中午12時許，由學校返家途中，行至○○路與○○路交岔口，遇被告駕駛車號○○○○之貨車，無視於行人，竟闖越紅燈，將告訴人之子管丙撞傷倒地，血流如注，被告亦即時下車窺探傷勢，詎被告四顧無人，頓起卸責之機，不顧人命，即將被害人推置路側，避人耳目，駕車加速遠颺而去。而被害人待經路人發覺，爲時已過40多分鐘，因負傷流血過多，耽擱時間，以致送到醫院無可挽救。核被告之行爲，顯然已超出過失致人於死之範疇，蓋駕車撞傷及人，且明見血流不止，又視若無睹，其能預見被害人將必發生死亡，已不待言，係斯時被告本應負防止其因傷致死之虞之義務。乃被告不採取急救措施，將負傷之人立即送往醫院救治，反而將被害人推至路側，其不做緊急救治以防止死亡之舉動，亦堪認定，被告對於被害人如不加救治可能發生死亡之結果，不只能預見，且屬應有預見，乃竟決意不施救治，任其負傷流血，則被害人之死亡，與被告之本意並無違背，此觀刑法第13條第2項之規定自明；又「因自己行爲致有發生犯罪結果之危險者，負防止其發生之義務」，刑法第15條第2項亦有明文；而「對於犯罪結果之發生，法律上有防止之義務，能防止而不防止者，與因積極行爲發生結果者同」，刑法第15條第1項亦有明定。基於上述，被告應負殺人之罪責，委無可議。爲此狀請

　　鈞署鑒核，賜依法拘提被告到案，偵查起訴，以儆不法。

　　　　謹狀

台灣○○地方檢察署　公鑒

證　物　名　稱及　件　數	

中　　華　　民　　國　　　　　年　　　　月　　　　日	
具狀人　管　甲	簽名蓋章

〈狀例3-126〉欠缺辨識能力或控制能力之答辯狀

刑事　答辯　狀		案　　號	年度　　字第　　號	承辦股別	
稱　　　　謂	姓　名　或　名　稱身分證統一編號或營利事業統一編號	住居所或營業所、郵遞區號及電話號碼電子郵件位址		送達代收人姓名、住址、郵遞區號及電話號碼	
答　辯　人即　被　告選　任辯　護　人	蔡　乙李　甲律師				

為○○年度○字第○○號被告殺人未遂案件，依法提出答辯事：

　　本件公訴意旨略以被告蔡乙曾患精神思覺失調症，以後即行為乖張，暴戾成性。民國○○年○月○日上午9時10分許，在○○縣○○鄉○○路○○段○○號門前庭院，見其胞弟蔡丙蹲在地上繪圖，竟無故持鋒利之菜刀，趁蔡丙不備，由背後砍殺蔡丙之右側頰上額處一刀。蔡丙受創後，以右手掌壓住傷口逃命，血流滿面，視線不清而摔倒，被告猶復追上再向其頭部砍殺一刀，正中壓住傷口之右掌，致右手腕處背部併伸部斷裂，右足底大腳趾因奔跑時擦傷，仍欲追殺時，被鄰居喝止，始棄刀逃逸，因認被告犯有刑法第271條第2項之殺人未遂罪嫌云云，雖據蔡丙在警局初訊及第一審偵審中，指訴歷歷，並有驗傷診斷書乙紙附卷可稽，事證已至明確。惟查被告素患精神思覺失調症，行動受幻想指揮，胡言亂語，已達致不能辨識其行為違法或欠缺依其辨識而行為之能力之程度，除據○○精神科、神經科醫院醫師王庚到庭結證屬實外，並經指定該院鑑定無誤，有該院覆函在卷足據，參以被害人係被告胞弟，骨肉親情，並無任何嫌怨，若非被告患有嚴重之精神病症，豈有無故持刀砍殺其胞弟之理？況據被告之父蔡甲到庭證稱：被告患有嚴重精神病，根本不懂人事云云，在在均足證明被告於犯罪行為時，其精神狀態已致不能辨識其行為違法或欠缺依其辨識而行為之能力，其行為應屬不罰，為此依法提出答辯，狀請

　　　鈞院鑒核，賜為無罪之判決，以明法制。

　　　　　謹狀

台灣○○地方法院刑事庭　公鑒

證物名稱及件數	

中 華 民 國 年 月 日

<table>
<tr><td></td><td></td><td>蔡 乙</td><td></td></tr>
<tr><td>具狀人</td><td>選任辯護人</td><td></td><td>簽名
蓋章</td></tr>
<tr><td></td><td>李 甲律師</td><td></td><td></td></tr>
</table>

〈狀例3-127〉依法令行為之答辯狀

刑事 答辯 狀	案 號	年度 字第 號	承辦股別	
稱 謂	姓 名 或 名 稱 身 分 證 統 一 編 號 或 營 利 事 業 統 一 編 號	住居所或營業所、郵遞區號 及電話號碼電子郵件位址	送達代收人姓 名、住址、郵遞 區號及電話號碼	
答 辯 人 即 被 告	王 甲 李 乙 趙 丙			

為○○年度○字第○○號妨害自由案件,依法提出答辯事:

　　緣檢察官公訴意旨略以「被告王甲對告訴人林丁取得有金錢債權之執行名義,林丁有資力而無依法可供查封之財產,王甲乃聲請由民事執行處管收,該處屢經傳拘林丁無著,其回證均載明林丁已逃匿,嗣後王甲於○○年○月○日在○○市○○路○○號遇著林丁,遂請求其友即另被告李乙、趙丙,共同將林丁強行帶至當地警察機關,按警察機關於受民事執行處之囑託而拘提林丁時,依法尚須將拘票向林丁提示乃可,否則仍無解於刑法第302條第1項之罪責,況王甲、李乙、趙丙等並無拘票,而擅自以暴力將林丁押至警察機關,自無解於刑法第302條第1項之罪嫌」云云。惟查本件被告王甲係屬債權人,債務人林丁復已逃匿,被告李乙、趙丙所以幫助王甲將林丁押至警察機關,既係出於王甲之請求,且本件情形又非由三人合力實無法達成,故被告等之行為,解釋上係屬民法第151條自力救助所許範圍,依刑法第21條之規定,自屬不罰之列。為此狀請

　　鈞院鑒核,賜為被告等無罪判決之諭知,以明法制。

　　　　謹狀

台灣○○地方法院刑事庭　公鑒

證 物 名 稱 及 件 數	

中　　華　　民　　國	年	月	日

具狀人　王　甲
　　　　李　乙　　　　簽名
　　　　趙　丙　　　　蓋章

〈狀例3-128〉正當防衛之答辯狀

刑事　答辯　狀	案　　　號	年度　　字第　　號	承辦股別	
稱　　　　謂	姓　名　或　名　稱 身分證統一編號或 營利事業統一編號	住居所或營業所、郵遞區號 及電話號碼電子郵件位址	送達代收人姓 名、住址、郵遞 區號及電話號碼	
答　辯　人 即　被　告	蔡　甲			

為○○年度○字第○○號殺人案件，依法提出答辯事：

　　緣公訴意旨以「被告蔡甲與張乙原係舊友，因張乙在○○縣○○鄉○○路○號開設○○西餐廳，常有在內非法營業情事，蔡甲乃於民國○○年○月○日下午許面勸張乙要小心，張乙懷疑蔡甲向警局告發，遂與之發生口角，經友人勸開後，張乙心猶未甘，即於是日晚間8時許，戴上皮手套，並持菜刀一把，至蔡甲住宅，蔡甲見其來勢洶洶，急從床上站起，張乙即扭住伊之頭髮，舉刀欲砍，蔡甲見狀，為防衛自己，亦萌殺機，急在身旁桌上取得尖刀一把，向張乙左胸部刺殺一刀，深達胸腔內臟，旋即不支倒地，經醫治無效而死亡」等情，請求論處被告殺人之罪刑。惟查「對於現在不法之侵害，而出於防衛自己或他人權利之行為，不罰。」刑法第23條前段定有明文。而刑法上防衛行為，只以基於排除現在不法侵害者為已足。防衛過當，指防衛行為，超越其防衛所必要之程度而言。而其防衛行為，是否超越必要之程度，須就實施之情節而為判斷。即應就不法侵害者之攻擊方法，與其緩急情勢，由客觀上審查防衛權利者之反擊行為是否出於必要以定之。本件係因張乙因懷疑被告將向警局告發其非法營業，先與被告發生口角，嗣乃戴上手套，持菜刀至被告住處，一見被告，即扭住頭髮，舉刀欲砍，在此情勢下，能否即謂張乙之攻擊方法已使被告立即發生生命之危險，從而被告睹狀大驚，於急迫中，遂在其身旁桌上取得一尖刀，迅向張乙反擊抵禦而刺殺其胸部一刀，係為對於現在之不法侵害，而出於防衛自己生命之必要行為。揆諸首開說明，被告之行為應屬不罰，為此不得已提出答辯，狀請

	鈞院詳查，賜為被告無罪之判決，以明法制，而昭公平。

　　　　　　　　　謹狀
台灣○○地方法院刑事庭　公鑒

證 物 名 稱 及 　 件 　 數	

中　　　華　　　民　　　國　　　年　　　月　　　日
具狀人　　蔡　甲　　　　　簽名 蓋章

〈狀例3-129〉緊急避難之答辯狀

刑事　答辯　狀	案　　號	年度　　字第　　號	承辦 股別
稱　　　謂	姓　名　或　名　稱 身 分 證 統 一 編 號 或 營 利 事 業 統 一 編 號	住居所或營業所、郵遞區號 及電話號碼電子郵件位址	送達代收人姓 名、住址、郵遞 區號及電話號碼
答　辯　人 即　被　告	蔡　丙		

為○○年度○字第○○號過失致死案件，依法提出答辯事：

　　緣自訴意旨略以「被告蔡丙與被害人林乙（即自訴人之父）同居於本市○○路○○號，民國○○年○月○日下午8時許大地震電燈熄滅，蔡丙與林乙自屋內倉皇奔出，林乙年老行動緩慢，蔡丙快速奔避，竟將林乙碰跌倒地，頭撞石壁當場暈厥不治死亡，按蔡丙倉皇奔出，雖在黑暗，對林乙之逃避不能謂無預見，林乙之死亡非因地震致死，乃由於被告蔡丙猝然奔走，將之碰跌倒地受傷而發生之結果，是其危害之發生，與行為人之欠缺注意，具有因果聯絡之關係，應負刑法第276條之罪責」云云。惟查大地震房屋有傾塌之虞，生命有遭受重大之危險，被告在大地震中電燈熄滅遇危難，非侵害他人法益，別無救護之途，為避免自己生命身體之緊急危難，倉皇出走，縱令碰林乙受傷致死，係出於不得已之行為，依照刑法第24條第1項前段規定不罰。為此依法提出答辯，狀請

　　鈞院鑒核，賜為被告無罪判決之諭知，以明法制。
　　　　　　　　　謹狀
台灣○○地方法院刑事庭　公鑒

證 物 名 稱 及 　 件 　 數							
中　　　華　　　民　　　國　　　　　年　　　　　月　　　　　日							
		具狀人　　蔡　丙			簽名 蓋章		

▶未遂犯及共犯

〈狀例3-130〉竊佔案件之上訴狀

刑事　上訴　狀		案　　　號	年度　　字第　　號	承辦 股別	
稱　　　　　謂	姓　名　或　名　稱 身分證統一編號或 營利事業統一編號	住居所或營業所、郵遞區號 及電話號碼電子郵件位址		送達代收人姓 名、住址、郵遞 區號及電話號碼	
上　訴　人 即自訴人 被　　　告	蔡　丙 林　乙				

為不服台灣○○地方法院○○年度○字第○○號刑事判決，依法提起上訴事：

　　緣原判決以「按諸刑法第25條規定：『已著手於犯罪行為之實行而不遂者，為未遂犯。』今被告林乙雖係擅墾他人土地，但既在未栽種前即被發覺，則其竊佔耕種之目的未達」，而認為應論以竊佔罪未遂犯。惟查「意圖為自己或第三人不法之所有，而竊取他人之動產者，為竊盜罪」；「意圖為自己或第三人不法之利益，而竊佔他人之不動產者，依前項之規定處斷。」此為刑法第320條之明文規定。所謂「意圖」當係指有竊佔之意思而竊佔也。今被告林乙擅墾上訴人土地，實則早已有竊佔之意圖，並已將土地在自己支配之下犁墾等工作，而其未播種者，乃係因缺水之故，因此被告之擅墾上訴人土地，雖係在未栽種前即被發覺，仍應以既遂犯論。原判決顯有違誤，為此狀請

　　鈞院鑒核，賜撤銷原判決，更為適法之判決，以符法制，而懲不法。

　　　　　謹狀
台灣○○地方法院刑事庭　　轉呈
台灣高等法院刑事庭　　　　公鑒

證　物　名　稱 及　　件　　數	

中　　　　華　　　　民　　　　國　　　　年　　　　月　　　　日	
具狀人　　蔡　丙	簽名 蓋章

〈狀例3-131〉共犯殺人等案件之答辯狀

刑事　答辯　狀	案　　號	年度　　字第　　號	承辦 股別	
稱　　　　謂	姓　名　或　名　稱 身分證統一編號或 營利事業統一編號	住居所或營業所、郵遞區號 及電話號碼電子郵件位址	送達代收人姓 名、住址、郵遞 區號及電話號碼	
答　辯　人 即　被　告	蔡　乙			

為○○年度○字第○○號殺人等案件，依法提出答辯事：

　　查刑法第28條之共同正犯，須行為人間互有犯罪意思之聯絡，並分擔犯罪之行為，始可構成；若行為人間並無犯意之聯絡，則不成立共同正犯，此乃由該條文文義之當然解釋，且共同正犯，猶必以共同完成犯罪之意思為必要，即對於構成要件之全部須有共同完成之意思是也。例如事前並未合謀，實施犯罪行為之際，又係出於行為者獨立之意思，即不負共犯之責（最高法院109年台上字第2481號判決參照）。本件答辯人固與另一被告林丙於本年○月○日一同前往○○市○○路○○號之被害人住宅行竊，惟亦僅止於行竊，此觀被告林丙於偵訊時亦稱「當初我們說好，萬一事敗，就分別逃走」（請見○○年○月○日偵訊筆錄），足見答辯人對於殺人一事事前並未合謀，且亦未想到林丙竟於答辯人逃逸之後突然起意殺人。按被害人之死既係由林丙「單獨起意」，答辯人自不負共犯之責，乃　檢察官竟以答辯人共犯殺人等罪，提起公訴。揆諸前開說明，實有違誤，為此狀請

　　鈞院鑒核，賜念答辯人僅係共犯竊盜，並無殺人之犯意，而酌輕量刑。
　　　　　　謹狀
台灣○○地方法院刑事庭　公鑒

證　物　名　稱 及　　件　　數	

中	華	民	國	年	月	日

　　　　　　　　　具狀人　　蔡乙　　　　　　簽名
　　　　　　　　　　　　　　　　　　　　　　蓋章

〈狀例3-132〉**教唆偽證案件之答辯狀**

刑事　答辯　狀	案　　　號	年度　字第　　號	承辦股別
稱　　　　　謂	姓　名　或　名　稱身分證統一編號或營利事業統一編號	住居所或營業所、郵遞區號及電話號碼電子郵件位址	送達代收人姓名、住址、郵遞區號及電話號碼
答　辯　人即　被　告	林甲		

為就○○年度○字第○○號教唆偽證案件，依法提出答辯事：

　　按「教唆他人使之實行犯罪行為者，為教唆犯。」又「教唆犯之處罰，依其所教唆之罪處罰之。」刑法第29條第1項、第2項分別定有明文。本件告訴人捏稱被告為求訴訟之勝訴起見，故意捏造事實，教唆李乙在○○年度○字第○○號乙案中到庭虛偽陳述，為李乙所拒，被告顯有教唆偽證罪責之情事云云。惟查被告縱有教唆李乙到案為虛偽陳述之事實，然李乙既因己意而中止，拒絕作證，固可認為教唆偽證未遂，但查刑法第168條對於偽證並無處罰未遂犯之規定，則縱使被告有教唆偽證之情事，於法亦不處罰自明。揆諸首開法條意旨，被告自不為罪。為此提出答辯，狀請

　　鈞署鑒核，賜依行為不罰，而為不起訴處分，以明法制，而昭公允。

　　　　　　謹狀

台灣○○地方檢察署　公鑒

證　物　名　稱及　　件　　數	

中	華	民	國	年	月	日

　　　　　　　　　具狀人　　林甲　　　　　　簽名
　　　　　　　　　　　　　　　　　　　　　　蓋章

〈狀例3-133〉**幫助殺人案件之上訴理由狀**

刑事 上訴理由 狀		案　號	年度　　字第　　號	承辦股別	
稱　　謂	姓　名　或　名　稱身分證統一編號或營利事業統一編號	住居所或營業所、郵遞區號及電話號碼電子郵件位址		送達代收人姓名、住址、郵遞區號及電話號碼	
上　訴　人即自訴人被　　告	陳　丁林　乙李　丙				

為不服台灣高等法院○○年度○字第○○號刑事判決，經依法聲明上訴在卷，謹再補呈上訴理由事：

　　本件原判決認定王甲（在逃）於本案案發前二、三年（民國○○年間）曾遭上訴人打斷手臂，懷恨在心，意圖報復，決意殺害上訴人，於民國○○年○月○日凌晨0時30分左右，請求另被告林乙、李丙幫助，被告等二人答應幫助其殺人，乃於同日凌晨0時40分許，由李丙駕駛○○-○○○○號自用轎車，載王甲與林乙同往○○縣○○鎮○○街○○號邊巷內等候上訴人，林乙與李丙把風，於發現上訴人偕女友張戊經過該處時，即由王甲叫上訴人「你過來」，上訴人見狀不妙，反身拔腿就跑，王甲即拔槍射殺上訴人，擊中上訴人右後背部。上訴人中彈後，繼續向夜市方向逃避，王甲追一陣後，迅即返回登上所駕之自用轎車，與林乙等人揚長而去等情，爰將第一審有關被告等部分之不當判決撤銷，依刑法第30條，第271條第1項及其他有關法條，論處被告等幫助殺人罪刑。惟查刑法第30條之幫助犯，係指以幫助他人實行犯罪行為之意思，而參與實施，其所參與之行為為犯罪構成要件以外之行為者而言，若以幫助他人犯罪之意思，而參與犯罪構成要件之行為者，為正犯。

　　本件依原判決認定之事實，謂王甲請求被告等幫助，被告等答應幫助其殺人之謀議在先，其事後實施殺人之際，又在場把風，以致王甲拔槍射殺上訴人致傷，則被告等是否以幫助他人實行犯罪之意思，而參與犯罪構成要件之行為，不能謂無疑問。從而被告等究應成立殺人罪之幫助犯，抑應成立殺人罪之共同正犯，尚難謂無研求之餘地。乃原審對此未切實審究，遽行判決，論處被告等幫助他人實行殺人罪刑，其適用之法律，洵非妥當。為此提起上訴，狀請

　　鈞院鑒核，賜撤銷原判決，發回更審，以明法制，而儆不法。

　　　　謹狀
台灣高等法院刑事庭　轉呈
最高法院刑事庭　　　公鑒

證 物 名 稱 及 件 數	
中　華　民　國　　　年　　月　　日	

具狀人　　陳 丁　　　　簽名
蓋章

〈狀例3-134〉因身分關係妨害風化案件之上訴理由狀

刑事　上訴理由　狀	案　號	年度　字第　　號	承辦 股別	
稱　　　　謂	姓 名 或 名 稱 身分證統一編號或 營利事業統一編號	住居所或營業所、郵遞區號 及電話號碼電子郵件位址	送達代收人姓 名、住址、郵遞 區號及電話號碼	
上 訴 人 即 被 告	李 丁			

為不服台灣高等法院○○年度○字第○○號刑事判決，經依法聲明上訴在卷，謹再補呈上訴理由事：

按刑法第31條規定，因身分或其他特定關係成立之罪，其共同實行、教唆或幫助者，雖無特定關係，仍以正犯或共犯論（第1項）。因身分或其他特定關係致刑有重輕或免除者，其無特定關係之人，科以通常之刑（第2項）。本件原審判決認定上訴人李丁與共同被告鄭丙（業經判罪刑確定）係屬友好，鄭丙因經商失敗，乃與上訴人謀議，擬押妻為娼圖利，乃於民國○○年○月○日以便條乙紙，將鄭妻林乙由○○誘至○○火車站經林乙承諾後，由上訴人介紹，於翌日送至○○紅樓妓女戶為娼，押得新台幣10萬元。嗣因林乙不堪其苦，始於同年○月○日下午3時逃回，報警法辦等情，因以維持第一審依刑法第232條、第31條第1項、第28條，論處上訴人共同意圖營利，引誘妻與他人姦淫罪刑之判決。惟查刑法232條，夫對於妻意圖營利引誘與他人姦淫罪，以具有被害人之夫之身分者始能成立，上訴人既非被害人之夫，自難為該條犯罪主體。今原審判決依刑法第31條第1項之規定，對上訴人論處同法第232條之罪刑，顯屬適用法則不當，依刑事訴訟法第378條之規定，其判決為違背法令，為此提起上訴，狀請

鈞院鑒核，賜撤銷原判決，發回更審，以明法制，俾保權益。

謹狀

台灣高等法院刑事庭　　轉呈 最高法院刑事庭　　　　公鑒				
證物名稱 及件數				
中　　　　華　　　　民　　　　國　　　　年　　　　月　　　　日				
	具狀人　　李　丁			簽名 蓋章

▶易科罰金及易服勞役

〈狀例3-135〉易科罰金之聲請狀

刑事　聲請　狀		案　　　號	年度　字第　　號	承辦 股別	
稱　　　　謂	姓　名　或　名　稱 身分證統一編號或 營利事業統一編號	住居所或營業所、郵遞區號 及電話號碼電子郵件位址		送達代收人姓 名、住址、郵遞 區號及電話號碼	
聲　請　人 即　被　告	林　甲				

　為○○年度執字第○○號贓物乙案，依法聲請易科罰金事：

　　緣　鈞署以刑事執行傳票及通知各乙紙，通知聲請人「所犯贓物乙案，業經法院判決處有期徒刑四月，如易科罰金以新台幣1,000元折算一日確定在案」。惟聲請人因目前在○○化學股份有限公司擔任研究員職務（附證一），並且家有妻子李乙及長子林丙（民國98年5月20日生）、長女林丁（民國100年2月13年日生）（附證二），均賴聲請人維持生活，為此懇請

　　鈞長鑒核，賜准予依刑法第41條第1項前段之規定，而為易科罰金。

　　　　謹狀

台灣○○地方檢察署　公鑒

證物名稱 及件數	附證一：在職證明書正本一份。 附證二：戶籍謄本一份。

| 中 | 華 | 民 | 國 | 年 | 月 | 日 |

具狀人　林　甲　　　　　簽名　蓋章

〈狀例3-136〉易服勞役之聲請狀

刑事　聲請　狀	案　　號	年度　字第　　號	承辦股別

稱　　　　謂	姓　名　或　名　稱 身分證統一編號或 營利事業統一編號	住居所或營業所、郵遞區號 及電話號碼電子郵件位址	送達代收人姓 名、住址、郵遞 區號及電話號碼
聲　請　人 即　被　告	蔡　甲		

為○○年度執字第○○號賭博案件，依法聲請易服勞役事：

　　緣　鈞署以刑事執行傳票及通知各乙紙，通知聲請人「所犯賭博乙案，業經法院判決處罰金新台幣1萬元，如易服勞役以1,000元折算一日確定在案」。惟查聲請人現無職業，更無積蓄，實在無力完納，為此懇請

　　鈞長鑒核，賜准予依刑法第42條第1項前段之規定，為易服勞役，以代執行，不勝感禱。

　　　　　謹狀

台灣○○地方檢察署　公鑒

證　物　名　稱 及　件　數	

| 中 | 華 | 民 | 國 | 年 | 月 | 日 |

具狀人　蔡　甲　　　　　簽名　蓋章

▶累　犯

〈狀例3-137〉更定累犯之刑之抗告狀

刑事　抗　告　狀		案　號	年度　字第　號	承辦股別	
稱　　　　謂	姓　名　或　名　稱 身分證統一編號或 營利事業統一編號	住居所或營業所、郵遞區號 及電話號碼電子郵件位址		送達代收人姓 名、住址、郵遞 區號及電話號碼	
抗　告　人 即　被　告	蔡　乙				

為不服台灣○○地方法院○○年度○字第○○號刑事裁定，依法提起抗告事：

　　按累犯之成立，以曾受徒刑之執行完畢，或一部之執行而赦免後，五年以內故意再犯有期徒刑以上之罪為要件；又假釋中更犯罪，受有期徒刑以上刑之宣告，只得為撤銷假釋之原因，不適用累犯之規定。本件被告前犯詐欺等罪所處有期徒刑三年二月，經台北監獄移送高雄監獄執行中，係於○○年1月11日假釋出獄，並非執行完畢，其假釋期滿日期應為同年11月10日，業經台灣○○地方檢察署於原裁定確定後另向高雄監獄查明在卷。查被告所犯本件違反商標法罪，其犯罪日期為○○年9月16日、22日及10月6日，均在前案假釋期內，亦即前案尚未執行完畢，自不生累犯問題。原裁定誤以○○年1月11日為前案執行完畢日期，據以更定累犯之刑，依首揭說明，自屬違法。為此依刑事訴訟法第403條第1項提起抗告，狀請

　　鈞院鑒核，賜撤銷原裁定，更為適法之裁定。

　　　　　　謹狀
台灣○○地方法院刑事庭　轉呈
台灣高等法院刑事庭　　　公鑒

證　物　名　稱 及　　件　　數	

中　　華　　民　　國　　　　年　　　　月　　　　日

　　　　　　具狀人　蔡　乙　　　　　　　簽名
蓋章

〈狀例3-138〉累犯案件之上訴狀㈠（未構成累犯要件）

刑事　上訴　狀		案　　號	年度　　字第　　號	承辦股別	
稱　　　謂	姓　名　或　名　稱身分證統一編號或營利事業統一編號	住居所或營業所、郵遞區號及電話號碼電子郵件位址		送達代收人姓名、住址、郵遞區號及電話號碼	
上　訴　人即　被　告	蔡　甲				

為不服台灣○○地方法院○○年度○字第○○號刑事判決，依法提起上訴事：

　　查刑法第47條之所謂累犯者，係指受徒刑之執行完畢，或一部之執行而赦免後，五年以內故意再犯有期徒刑以上之罪者為限，如曾犯專科罰金或拘役者，於執行完畢後五年內再犯有期徒刑之罪，自不發生累犯加重其刑之問題，此由條文之文義，至為明顯。按上訴人前雖因犯侵占遺失物罪，經台灣○○地方法院判處罰金300元，已執行完畢後尚未逾五年，又再犯本件罪行，然顯非受執行徒刑以上之罪，依上開說明，自無刑法第47條第1項加重其刑至2分之1之適用。原判決未察及此點，竟依累犯之例加重其刑論斷，自屬違誤，為此提起上訴，狀請

　　鈞院鑒核，賜撤銷原判決，更為適法之判決。

　　　　　謹狀
台灣○○地方法院刑事庭　　轉呈
台灣高等法院刑事庭　　　　公鑒

證　物　名　稱及　　件　　數	

中　　　華　　　民　　　國　　　　年　　　　月　　　　日	
具狀人　蔡　甲	簽名蓋章

〈狀例3-138-1〉累犯案件之上訴狀㈡（雖構成累犯要件，但不符合罪刑部相當）

刑事　上訴　狀	案　　　號	年度　　字第　　　號	承辦股別	
稱　　謂	姓　名　或　名　稱身分證統一編號或營利事業統一編號	住居所或營業所、郵遞區號及電話號碼電子郵件位址	送達代收人姓名、住址、郵遞區號及電話號碼	
上訴人即被告	郭　乙			

為不服台灣○○地方法院○○年度○字第○○號刑事判決，依法提起上訴事：

　　依據司法院大法官民國108年2月22日釋字第775號解釋，有關累犯加重本刑部分，對人民受憲法第8條保障之人身自由所為限制，不符憲法罪刑相當原則，牴觸憲法第23條比例原則。為避免發生罪刑不相當之情形，法院就該個案應依本解釋意旨，裁量是否加重最低本刑。查上訴人前雖因犯公共危險罪，經台灣○○地方法院判處有期徒刑2月，並已執行完畢後尚未逾五年。但上訴人本件所犯罪行為竊盜罪，屬財產犯罪，與先前之公共危險罪，不僅罪質相異，其犯罪情節、所侵害之法益種類、有無被害人均有所不同，難認上訴人對於刑罰之反應力薄弱並具相當之惡性，而有再延長其受矯正教化期間之必要，自應依前開釋字第775號解釋意旨，不予加重其最低本刑。然原判決未察及此點，竟依累犯之例加重其刑論斷，自屬違誤，為此提起上訴，狀請

　　鈞院鑒核，賜撤銷原判決，更為適法之判決。
　　　　　謹狀
台灣○○地方法院刑事庭　轉
呈台灣高等法院刑事庭　公鑒

證物名稱及件數	

中　　華　　民　　國		年	月	日
	具狀人　郭　乙	簽名蓋章		

▶連續犯（94年修法刪除第56條連續犯）

▶刑之酌科及加減

〈狀例3-139〉請求刑之酌科之上訴狀

刑事 上訴 狀	案 號	年度 字第 號	承辦股別	
稱 謂	姓 名 或 名 稱身分證統一編號或營利事業統一編號	住居所或營業所、郵遞區號及電話號碼電子郵件位址	送達代收人姓名、住址、郵遞區號及電話號碼	
上 訴 人即 自 訴 人被 告	李 甲王 乙			

為不服台灣○○地方法院○○年度○字第○○號刑事判決，依法提起上訴事：
　　按犯罪之動機與刑法第59條犯罪之情狀可以憫恕者，迥然不同。所謂犯罪情狀可資憫恕，係指基於社會一般客觀上之觀察，其犯罪情狀，足以引起憐憫者而言。而犯罪之動機係犯罪意念發動之情形。本件原判決認定被告王乙係不良幫派分子，曾有妨害兵役、恐嚇取財前科。民國○○年○月○日復在○○市○○路以獵槍將上訴人射傷，於畏罪逃亡中，又於○○年○月○日與趙丙、楊丁結夥以手槍三把，於同日晚上9時50分許，三人乘車進入雕刻木器廠以暴力劫取財物朋分等情。似此怙惡不悛，情節可否憫恕，饒有推求之餘地。原判決謂其係因逃亡走投無路而犯罪，情尚可憫，酌減其刑。但走投無路乃是犯罪動機，則其據以酌減，揆諸前開說明，實屬不當，為此狀請
　　鈞院鑒核，賜為撤銷原判決，更為適法之判決。
　　　　　　謹狀
台灣○○地方法院刑事庭　　轉呈
台灣高等法院刑事庭　　　　公鑒

證 物 名 稱及 件 數	

中　　華　　民　　國　　　　年　　　　月　　　　日
　　　　　　具狀人　　李 甲　　　　　　簽名蓋章

〈狀例3-140〉請求刑之加重之上訴理由狀

刑事　上訴理由　狀		案　　號	年度　　字第　　號	承辦股別	
稱　　謂	姓　名　或　名　稱 身分證統一編號或 營利事業統一編號	住居所或營業所、郵遞區號 及電話號碼電子郵件位址		送達代收人姓 名、住址、郵遞 區號及電話號碼	
上　訴　人 即自訴人 被　　告	王　丁 王　丙				

為不服台灣高等法院○○年度○字第○○號刑事判決，經依法聲明上訴在卷，謹再補呈上訴理由事：

　　本件原審判決依據被告之自白及其父母王丁、趙戊等之指證等證據，認定被告因與妻離婚後，希望再娶，為其父反對，心生怨恨，乃於民國○○年○月○日下午○時○分許，飲酒回家後，在客廳內牆角，放置木材四捆，用火點燃，並將內存汽油之汽油桶移置該點燃之木材堆附近，加強火勢，以將現與其父母共同居住之木造住宅燒燬。因濃煙瀰漫及木材燃燒聲，為其父母發覺，將火撲滅，未釀成鉅災等情，因而維持第一審引用刑法第173條第1項、第3項、第59條、第74條第1項第1款論處被告放火燒燬現供人使用之住宅未遂，有期徒刑一年九月緩刑四年之判決，雖非全然無見。惟查刑法第59條酌量減輕其刑，必須犯罪另有其特殊之原因與環境等等，在客觀上足以引起一般同情，認為即予宣告法定最低刑期，猶嫌過重者，始有其適用。又依刑法第74條宣告緩刑，應就被告有無再犯之虞及能否由於刑罰之宣告而策其自新，以斟酌其有無暫不執行為適當之情形。本件被告與妻離婚已久，與本件犯罪並無直接關係，竟不自檢點，稍不如意，竟遷怒父母，明知其父即上訴人王丁、母趙戊尚在宅內，乃不顧雙親安危，放火燒燬父母住室，於其父警覺出而阻止時，更以凶器毆傷老父，惡性及犯情極重，在社會上類皆認為罪有應得之逆子，揆其犯罪動機殊不足以引起一般人之同情。第一審依未遂犯之規定減輕其刑後竟又酌減，已嫌失當，且又宣告緩刑，而未說明如何因宣告緩刑，即足以策其自新之理由，尤難謂合。原審判決率予維持，自非適法。為此依法提起上訴，狀請

　　鈞院鑒核，賜撤銷原判決，發回更審。

　　　　謹狀
台灣高等法院刑事庭　　轉呈
最高法院　　　　　　公鑒

證　物　名　稱 及　　件　　數	

中　　　　華　　　　民　　　　國　　　　年　　　　月　　　　日

具狀人　　王　丁　　　簽名
蓋章

▶緩刑及假釋

〈狀例3-141〉緩刑之聲請狀

刑事　聲請狀	案　號	年度　字第　號	承辦 股別	
稱　　　　謂	姓　名　或　名　稱 身分證統一編號或 營利事業統一編號	住居所或營業所、郵遞區號 及電話號碼電子郵件位址	送達代收人姓 名、住址、郵遞 區號及電話號碼	
聲　請　人 即　被　告	蔡　乙		

為被告過失傷害乙案，依法聲請緩刑事：

　　緣被告蔡乙因駕車不慎撞傷被害人林乙案，經檢察官偵查起訴，並由　鈞院以○○年度○字第○○號過失傷害案件審理中。查本件被告自撞傷林乙後，即行送醫治療，並代為給付全部醫療費用，今林乙傷勢幾近痊癒，不數日即出院，亦經鈞院函詢○○醫院在案。按過失傷害，依法處斷，至多為一年徒刑，而被告從未犯罪，更未曾受有期徒刑之宣告，與刑法第74條之緩刑規定，尚屬相合，為此狀請　鈞院鑒核，賜念被告素行良好，亦無犯罪故意，准予宣告緩刑。

　　　　　謹狀

台灣○○地方法院刑事庭　公鑒

證　物　名　稱 及　　件　　數	

中　　　　華　　　　民　　　　國　　　　年　　　　月　　　　日

具狀人　　蔡　乙　　　簽名
蓋章

〈狀例3-142〉撤銷緩刑案件之抗告狀

刑事　抗　告　狀		案　　號	年度　　字第　　號	承辦股別	
稱　　　謂	姓　名　或　名　稱身分證統一編號或營利事業統一編號	住居所或營業所、郵遞區號及電話號碼電子郵件位址		送達代收人姓名、住址、郵遞區號及電話號碼	
抗　告　人即　被　告	楊　丙				

為不服台灣○○地方法院○○年度○字第○○號裁定，依法提起抗告事：
　　按緩刑期滿，而緩刑之宣告未經撤銷者，其刑之宣告失其效力，此為刑法第76條前段所明定。本件被告楊丙前犯竊盜等罪，經台灣高等法院於97年○月○日判決，處有期徒刑四月，緩刑三年，於同日確定。被告雖在緩刑期間內更犯妨害家庭罪，復經同院於101年○月○日維持第一審100年○月○日所判處有期徒刑十月確定，惟查被告前開之緩刑期間，自97年○月○日起至100年○月○日即已屆滿，而該緩刑之宣告未經撤銷，其刑之宣告已失其效力，即原宣告之刑已不復存在，自不得以其緩刑期滿後始受之有期徒刑宣告為由，依刑法第75條第1項第1款規定，撤銷緩刑，再執行原宣告之刑。乃台灣○○地方法院竟依檢察官之聲請，於101年○月○日仍為撤銷緩刑之裁定，顯屬違誤，為此依刑事訴訟法第403條第1項提起抗告，狀請
　　鈞院鑒核，賜為撤銷原裁定，更為適法之裁定。
　　　　謹狀
台灣○○地方法院刑事庭　轉呈
台灣高等法院刑事庭　　　公鑒

證　物　名　稱及　　件　　數	

中　　華　　民　　國　　　　年　　　　月　　　　日				
	具狀人　楊　丙		簽名蓋章	

〈狀例3-143〉假釋之聲請狀

刑事　聲請狀		案　　　號	年度　　字第　　號	承辦股別	
稱　　　謂	姓　名　或　名　稱身分證統一編號或營利事業統一編號	住居所或營業所、郵遞區號及電話號碼電子郵件位址		送達代收人姓名、住址、郵遞區號及電話號碼	
聲　請　人即受刑人之父	王　甲				
受　刑　人	王　乙				

為聲請假釋事：

　　緣聲請人為受刑人王乙之父，前因王乙一時疏忽，過失致人於死，經台灣○○地方法院判處有期徒刑一年十個月，已於去年○月○日解送鈞監執行在案。查王乙在監獄執行，已有一年二個月之久，終日深悔往日之疏失，從未與人口角，屢蒙鈞監長官讚許。按「受徒刑之執行而有悛悔實據者，無期徒刑逾二十五年，有期徒刑逾2分之1、累犯逾3分之2，由監獄報請法務部，得許假釋出獄。」刑法第77條第1項定有明文。是王乙在監獄之執行已超過2分之1，並已逾六月，且已依行刑累進處遇條例，晉至一級受刑人，與法定之條件相合，且有悛悔之實據，故與假釋之規定頗相符合，為此特懇請

　　鈞監鑒核，賜轉呈法務部准予假釋出獄，以勵自新。

　　　　　謹狀

台灣○○監獄　轉呈
法務部　　　　公鑒

證　物　名　稱及　　件　　數	

中　　華　　民　　國　　　　年　　　　月　　　　日	
具狀人　　王　甲	簽名蓋章

▶時效及保安處分

〈狀例3-144〉詐欺案件之答辯狀

刑事　答　辯　狀		案　　　號	年度　字第　　號	承辦股別
稱　　　　　謂	姓　名　或　名　稱身分證統一編號或營利事業統一編號	住居所或營業所、郵遞區號及電話號碼電子郵件位址		送達代收人姓名、住址、郵遞區號及電話號碼
答　辯　人即　被　告	楊　丙			

為就○○年度○字第○○號詐欺案件，依法提出答辯事：

　　按「時效已完成者，應諭知免訴之判決」，刑事訴訟法第302條第2款定有明文。本件告訴人告訴被告於民國77年3月20日使用空頭支票詐欺其價值新台幣9萬元之機器乙架等情，經檢察官提起公訴，並於同年7月通緝在案。惟查「追訴權之時效，因起訴而停止進行。依法應停止偵查或因犯罪行為人逃匿而通緝者，亦同。」又「審判程序依法律之規定或因被告逃匿而通緝，不能開始或繼續，而其期間已達第80條第1項各款所定期間3分之1者」，刑法第83條第1項及第2項第2款分別有明定。而案經通緝者，即屬不能行使審判程序，司法院院字第572號解釋在案。今被告所犯詐欺罪之本刑最高刑度為五年，依刑法第80條第1項第2款規定，其追訴權期間為二十年，再因停止原因而加3分之1，則追訴權期間總共為二十六年八月。然核被告自民國77年3月20日犯罪成立之日起算，迄本年○月○日業早已逾二十六年八月之期間，足見本案追訴權時效已完成而消滅，並無再為實體審理之必要，為此提出答辯，狀請

　　鈞院鑒核，依法賜為免訴之判決。

　　　　　　謹狀

台灣○○地方法院刑事庭　公鑒

證　物　名　稱及　　件　　數	

中　　　華　　　民　　　國　　　　年　　　　月　　　　日	
具狀人　楊　丙	簽名蓋章

〈狀例3-145〉撤銷通緝之聲請狀

刑事　聲請狀		案　　號	年度　　字第　　號	承辦股別	
稱　　　　謂	姓　名　或　名　稱身分證統一編號或營利事業統一編號	住居所或營業所、郵遞區號及電話號碼電子郵件位址		送達代收人姓名、住址、郵遞區號及電話號碼	
聲　請　人即　被　告	蔡　丙				

為○○年度緝字第○○號行刑期間已消滅，請求免予執行並撤銷通緝事：

　　緣聲請人蔡丙因竊盜乙案，經台灣○○地方法院於○○年○月○日以○○年度○字第○○號刑事判決判處有期徒刑六個月，並由　鈞署於同年以緝字第○○號通緝在案。查行刑權超過法定期間不執行而消滅，為法律明文規定，核聲請人所處徒刑六個月，依刑法第84條第1項第4款之規定，行刑期間為七年，緣因逃亡而經通緝，則自通緝時起停止時效之進行，但停止原因如長久使其繼續，自必使行刑權時效無限之延展，而失去設立時效之精神，故刑法第85條第2項明文規定，凡停止原因繼續存在之期間，如達於第84條第1項各款所定期間3分之1者，其停止原因視為消滅。則本件因通緝而停止二年四月（七年的3分之1）時效之進行後，其時效仍屬繼續進行，自無疑義；申言之，本件如經過九年四月之行刑期間不能開始執行者，自不得再予執行之餘地。然本件自裁判確定之日起算，截至本年○月○日，已是十年○月之久，依上開說明，行刑權之期間，即因時效完成而消滅，乃　鈞署迄今尚未撤銷通緝，而仍飭警追緝，於法似欠允當，為此狀請

　　鈞署鑒核，賜迅予免除刑之執行並撤銷通緝，以資結案。

　　　　謹狀

台灣○○地方檢察署　公鑒

證　物　名　稱及　　件　　數	

中　　華　　民　　國　　　　年　　　　月　　　　日	
具狀人　蔡　丙	簽名蓋章

〈狀例3-146〉聲請禁戒處分狀

刑事 聲請 狀		案　　號	年度　　字第　　號	承辦股別	
稱　　　　謂	姓　名　或　名　稱身分證統一編號或營利事業統一編號	住居所或營業所、郵遞區號及電話號碼電子郵件位址		送達代收人姓名、住址、郵遞區號及電話號碼	
聲　請　人即被告之父被　　　告	蔡　甲蔡　乙				

為聲請禁戒處分事：

　　緣聲請人為被告蔡乙之父，前因蔡乙施打嗎啡乙案，經檢察官偵查起訴，並經鈞院刑事庭於○○年○月○日以○○年度○字第○○號刑事判決判處有期徒刑三個月在案。查「施用毒品成癮者，於刑之執行前令入相當處所，施以禁戒」，刑法第88條第1項有明定。今蔡乙因吸毒成習，而無法自拔，聲請人不忍坐視不顧，為此懇請

　　鈞院鑒核，賜於執行前准予送入相當處所，施以禁戒。

　　　　謹狀

台灣○○地方法院刑事庭　公鑒

證物名稱及件數	

中　　華　　民　　國　　　　年　　　　月　　　　日			
	具狀人　　蔡　甲	簽名蓋章	

▶瀆職案件

〈狀例3-147〉公務員圖利案件之告發狀

刑事 告發 狀		案　　號	年度　　字第　　號	承辦股別	
稱　　　　謂	姓　名　或　名　稱身分證統一編號或營利事業統一編號	住居所或營業所、郵遞區號及電話號碼電子郵件位址		送達代收人姓名、住址、郵遞區號及電話號碼	

告　發　人	李　甲	
被　　　告	林　乙	

為被告林乙涉嫌公務員圖利罪，依法提出告發事：

　　緣被告林乙係○○國民中學總務科科長，於民國○○年○月間辦理購買體育用品事，由被告與○○體育用品社簽訂買賣契約。詎被告竟利用辦理此項事務之機會，向○○體育用品社負責人王丙索取回扣，前後計新台幣20,750元，茲有王丙（住○○市○○路○○號）向本校員工提起，足資為證。查被告林乙之所為，顯已涉刑法第131條、貪污治罪條例第6條第1項第4款之公務員圖利之罪嫌，告發人身為○○國民中學之教員，基於正義及維護本校同仁之福利，爰此提出告發，狀請

　　鈞署鑒核，依法偵查起訴，以懲不法。

　　　　　　謹狀
台灣○○地方檢察署　公鑒

證　物　名　稱 及　　件　　數	

中　　　華　　　民　　　國　　　　　年　　　　　月　　　　　日
具狀人　　李　甲　　　　簽名 蓋章

〈狀例3-148〉**收受賄賂罪之答辯狀**

刑事　答辯　狀	案　　　號	年度　　字第　　號	承辦 股別	
稱　　　　　謂	姓　名　或　名　稱 身分證統一編號或 營利事業統一編號	住居所或營業所、郵遞區號 及電話號碼電子郵件位址	送達代收人姓 名、住址、郵遞 區號及電話號碼	
答　辯　人 即　被　告	李　丁			

為○○年度○字第○○號收受賄賂案件，依法提出答辯事：

　　緣公訴意旨認為「被告身為○○警察局交通警察，於本年○月○日處理趙丙違規停車案件時，竟向趙丙表示，如交款新台幣700元即可通融云云，嗣經被害人趙丙指訴歷歷，並經被害人將700元鈔票號碼全數抄錄，報請法務部調查局追查在被告身上搜獲賄款」等情，而謂難免收受賄賂罪。惟查收受賄賂罪之成立，以他人有

行使賄賂之意思為前提，若他人所交付之款，並非本於行賄之意思，則其款即非賄賂，縱使收受亦不能成立收受賄賂罪（最高法院106年台上字第457號判決參照）。按被告與被害人本屬好友，當時辦理其違規停車乙案時，適因被告欠款急用，基於私情，而商請其貸借湊用，詎其竟反解為被告要求收受賄賂，實令人深感意外，況被告當時亦有書立借據乙紙（證物一），白紙黑字，實不容被害人任意曲解，起訴意旨未經詳查，即逕行論以被告涉收受賄賂罪嫌，自有違誤。為此提起答辯，狀請

　　鈞院詳查，賜為被告無罪判決之諭知。

　　　　　　謹狀

台灣○○地方法院刑事庭　公鑒

證物名稱及件數	證物一：借據影本一紙。

中	華	民	國	年	月	日

　　　　　具狀人　　李　丁　　　　　簽名蓋章

〈狀例3-149〉**假借職務權力傷害案件之告訴狀**

刑事　告訴　狀	案　號	年度　字第　號	承辦股別	
稱　　　謂	姓名或名稱身分證統一編號或營利事業統一編號	住居所或營業所、郵遞區號及電話號碼電子郵件位址	送達代收人姓名、住址、郵遞區號及電話號碼	
告　訴　人	李　丁			
被　　　告	許　乙			

為被告假借職務上權力傷害人身體，依法提出告訴事：

　　緣被告許乙係○○警察局警員，於本年○月○日下午3時許在○○火車站附近值勤。車抵○○車站時，適告訴人出站，一時找不到車票，被收票員查詢，奈告訴人不擅於言詞，當時無法流暢表達，被告見狀，疑告訴人無票乘車，藉詞推拖，乃將告訴人拉入該站警衛室，並擬隨車帶往○○警察局處理。告訴人不從其命，被告竟以其所持警棍敲打告訴人頭部，並用腳猛踏告訴人腹部，致告訴人腹部受傷不支倒地，經○○醫院醫師驗明傷勢，填具診斷書可證（證物一）。核被告之所為，顯

係觸犯公務員假借職務上之權力，故意傷害人之身體，顯涉刑法第134條及第277條第1項規定之罪嫌。為此依法提出告訴，狀請

　　鈞署鑒核，依法偵查起訴，以儆不法。

　　　　　　謹狀

台灣○○地方檢察署　公鑒

證 物 名 稱及 件 數	證物一：醫院診斷書正本一份。

中	華	民	國	年	月	日

　　　　　　　具狀人　　李　丁　　　簽名蓋章

▶妨害公務案件

〈狀例3-150〉損壞查封標示之告發狀

刑事 告發 狀	案　　號	年度　字第　　號	承辦股別
稱　　　　謂	姓 名 或 名 稱身分證統一編號或營利事業統一編號	住居所或營業所、郵遞區號及電話號碼電子郵件位址	送 達 代 收 人 姓名、住址、郵遞區號及電話號碼
告 發 人	王 甲		
被　　　告	蔡 丙		

為被告蔡丙妨害公務，依法提出告發事：

　　緣告發人對被告有新台幣2萬元之債權，經取得執行名義，本年○月○日上午10時許，當告發人與○○地方法院民事執行處書記官前往被告坐落於○○市○○路○○號家中執行查封之際，被告竟當場將貼在電視機上之封條揭下，當場撕破，並將告發人及書記官等人逐出門外，以致未能繼續查封。按被告不法除去公務員所施查封之標示，以及公務員依法執行職務時，當場加以干擾，核其所為，顯涉刑法第135條第1項及第139條之罪嫌，為此依法提出告發，狀請

　　鈞署鑒核，依法偵查起訴，以儆不法。

　　　　　　謹狀

台灣○○地方檢察署　公鑒

證 物 名 稱 及 件 數	

中	華	民	國	年	月	日

具狀人　王　甲　　　　　簽名 蓋章

〈狀例3-151〉妨害公務案件之答辯狀

刑事　答辯　狀	案　　號	年度　　字第　　號	承辦 股別
稱　　　謂	姓 名 或 名 稱 身分證統一編號或 營利事業統一編號	住居所或營業所、郵遞區號 及電話號碼電子郵件位址	送達代收人姓 名、住址、郵遞 區號及電話號碼
答　辯　人 即　被　告	朱　甲		

為就○○年度○字第○○號妨害公務案件，依法提出答辯事：

　　第查刑法第135條第1項之妨害公務罪，以公務員依法執行職務時加以妨害為要件，若超越職務範圍以外之行為，即不得謂為依法執行職務，縱令對之有所妨阻，要無妨害公務之可言（最高法院30年上字第955號判例參照）。本件公訴意旨無非謂被告正在賭博，經警察李乙查獲後拒捕，並毆傷警察，業經被害人陳明等情，顯涉妨害公務罪嫌。惟查被告賭博固屬事實，但該場所，既非公然，縱認被告應受懲罰，亦屬違反社會秩序維護法之範圍，況且被害人當時既未著制服，又無出示其身分證件，以便使民有所認識其為警察，默然不語，掏出手銬即欲加扣，跡近冒充刑警之行動，不獨為法所不許，而將遭扣捕之人，加以抗拒，為理所必然，故被告出手拒捕，亦係本於防衛自己之權利。蓋任何人有不受非法拘捕之自由。因此，縱因此而傷及警察，亦屬於防衛施暴行為之當然結果。

　　綜上所述，足見被告之行為尚難成立妨害公務罪，為此提出答辯，祈請
　　鈞院明察，賜為無罪判決之諭知，以符法制。
　　　　謹狀
台灣○○地方法院刑事庭　公鑒

證 物 名 稱 及 件 數	

中	華	民	國		年	月	日
		具狀人　朱 甲				簽名蓋章	

▶妨害投票及妨害秩序案件

〈狀例3-152〉妨害投票案件之告訴狀

刑事　告訴　狀		案　　號	年度　字第　　號	承辦股別	
稱　　　　謂	姓 名 或 名 稱身分證統一編號或營利事業統一編號	住居所或營業所、郵遞區號及電話號碼電子郵件位址		送達代收人姓名、住址、郵遞區號及電話號碼	
告　訴　人被　　　告	李　甲黃　乙				

為被告黃乙妨害投票案件，依法提出告訴事：

　　緣被告黃乙係○○市○○鄉○○村之村民，該村於○○年○月○日選舉第7屆村長，被告擁戴林丙，並期其競選獲勝，聞悉告訴人支持另一候選人謝戊，竟不擇手段於○○年○月○日下午3時許，逕至告訴人宅質問何以支持謝戊，經告訴人答以選舉自由後，彼即以香煙火頭灼告訴人之面部，並舉棍打其右手，要其改支持林丙。按選舉權由人民自由行使，非他人所得強制，乃被告竟以強暴脅迫之行為，對具有選舉權之人予以加害，命其投票選舉何人，雖結果尚未達成其目的，然仍應命其擔負刑法第142條第2項妨害投票自由未遂之刑責。為此依法提起告訴，狀請

　　鈞署鑒核，賜予拘提被告到案，偵查起訴，以儆不法。

　　　　　謹狀

台灣○○地方檢察署　公鑒

證 物 名 稱及 件 數	

中	華	民	國		年	月	日
		具狀人　李 甲				簽名蓋章	

〈狀例3-153〉妨害秩序案件之答辯狀

刑事 答辯 狀		案　　號	年度　　字第　　號	承辦股別	
稱　　謂	姓 名 或 名 稱身分證統一編號或營利事業統一編號	住居所或營業所、郵遞區號及電話號碼電子郵件位址		送達代收人姓名、住址、郵遞區號及電話號碼	
答　辯　人即　被　告	林　甲				

為就○○年度○字第○○號妨害秩序案件，依法提出答辯事：

　　按刑法第150條妨害秩序罪之成立，有兩種條件，一為公然聚眾，一為施暴脅迫，兩者均須具備方得構成，如欠一則無從構成；倘僅聚集多眾而未施行強暴脅迫，則一定安寧秩序尚未被擾亂，仍不成立該條之罪，更且實施強暴脅迫，亦應有妨害秩序之故意，始與該條之罪責相符，如實施強暴脅迫，僅係對於特定之某人或家族為之，縱令此種行為足以影響於地方上之公共秩序，仍缺乏主觀的犯意，自難為罪（最高法院28年上字第3428號判例參照）。本件告訴人之耕地與被告之耕地毗鄰，近年來，由於告訴人荒廢農事，不事耕作，遂與不法商人勾結採集砂石，致被告之耕地水源遭破壞，被告不得已遂攜相機前往拍照以保存證據（證物一），並邀請地方人士多人，前往告訴人之家，盼望互相協調解決。詎告訴人反以來者，必非善意，立即喊集其他人士多人，擬作對敵之用意，但此完全為告訴人誤會不清，雖幾致口角動武，民眾圍觀頗多，然經警察到場，立即息事，縱此情形，認為被告有聚眾之行動，惟對象仍僅告訴人，並非公眾，絕無發生危害公共秩序之行為，況且既曰強暴，必動手動足，若曰脅迫，亦必有厲聲尖語相威脅，然此二項情節，皆付闕如，何得謂之聚眾強暴脅迫？更而言之，如欲曲相附合，為聚眾強暴，則仍尚未達至強暴之階段，更尚未至危害秩序之程度，自與刑法第150條公然聚眾強暴脅迫罪之構成要件不符，為此依法提出答辯，狀請

　　鈞院鑒核，賜為無罪判決之諭知，以免冤獄。

　　　　　謹狀
台灣○○地方法院刑事庭　公鑒

證 物 名 稱及 件 數	證物一：照片八張。

中　　華　　民　　國　　　　年　　　　月　　　　日				
	具狀人　林　甲		簽名蓋章	

▶脫逃及藏匿人犯案件

〈狀例3-154〉便利脫逃案件之告發狀

刑事　告發　狀	案　　號	年度　字第　　號	承辦股別	
稱　　　　　謂	姓　名　或　名　稱 身分證統一編號或 營利事業統一編號	住居所或營業所、郵遞區號 及電話號碼電子郵件位址	送達代收人姓 名、住址、郵遞 區號及電話號碼	
告　發　人 被　　　　告	李　甲 蔡　乙 王　丙			

為被告蔡乙、王丙便利犯人脫逃，依法告發事：

　　緣犯人趙丁之越獄脫逃，係由被告等首先糾合犯人實施強暴，造成混亂所致。查刑法第162條第1項載：「縱放依法逮捕拘禁之人或便利其脫逃者，處三年以下有期徒刑。」又第3項載：「聚眾以強暴脅迫犯第一項之罪者，⋯⋯首謀及下手實施強暴脅迫者，處無期徒刑或七年以上有期徒刑。」是趙丁之脫逃，實由被告等聚眾強暴脅迫所致，核其行為，實已構成刑法第162條第3項後段之罪責，告發人目擊此事，基於國家法紀不容破壞，不敢坐視不顧，為特狀請

　　　　鈞署鑒核，依法偵查起訴，治以應得之罪，而懲不法。

　　　　　　謹狀

台灣○○地方檢察署　公鑒

證　物　名　稱 及　　件　　數	

中　　　　華　　　　民　　　　國　　　　　年　　　　　月　　　　　日
具狀人　　李　甲　　　　　　　簽名蓋章

〈狀例3-155〉藏匿人犯案件之答辯狀

刑事　答辯　狀	案　　號	年度　字第　　號	承辦股別	
稱　　　　　謂	姓　名　或　名　稱 身分證統一編號或 營利事業統一編號	住居所或營業所、郵遞區號 及電話號碼電子郵件位址	送達代收人姓 名、住址、郵遞 區號及電話號碼	

答　辯　人 即　被　告	錢　丙		

為就○○年度○字第○○號藏匿人犯乙案，依法提出答辯事：

　　按「藏匿人犯罪，以行為人明知其為犯人而予以藏匿，為成立要件。原判決論處乙○○、丙○○二人與甲○○共同牽連犯藏匿人犯罪，惟就其二人究否明知葉小莉等三人係自大陸地區非法偷渡入台之人犯，並末明白認定及論述，應屬理由不備；又對丙○○是否知情該泰女PATCHARINTHEPPOTAR為非法入境者，亦未論說明白，同屬違誤（最高法院89年度台上字第1181號判決參照）。本件公訴意旨以被告明知趙乙為詐欺案件通緝犯竟故意藏匿，賜其一切隱避之方便，應依刑法第164條之罪論科等語。惟查刑法上之藏匿人犯罪，係明知已經犯罪之人而故意藏匿者而言，至於使犯人隱避，亦以明知其為犯人而加以指使或暗示隱避，方與法意相符，已如前述。今雖因被告與趙乙係親戚關係，但已久未見面，故其是否因犯罪而被通緝，被告毫不知情，本年10月中旬，前來本市謀職，因其一時未能覓到適職，故暫居被告處，被告基於親戚情誼，代為照應，此乃理所當然，被告既不知其是否犯罪，則加以收容，要無藏匿之犯意，自不能論以刑法第164條藏匿人犯之罪刑。退萬步言之，縱令認為被告明知趙乙係通緝犯，而加以收容，亦因被告與之因表兄弟關係屬於四親等內之血親（證物一），依刑法第167條之規定，仍合乎於減輕或免除其刑之範圍，為此提出答辯，祈請

　　鈞院鑒核，賜為無罪判決或減輕、免除其刑之宣告。

　　　　謹狀
台灣○○地方法院刑事庭　公鑒

證　物　名　稱 及　　件　　數	證物一：被告及趙乙戶籍謄本各一件。

中　　　華　　　民　　　國　　　　　年　　　　月　　　　　日
具狀人　錢　丙　　　　　　　簽名 蓋章

〈狀例3-156〉湮滅證據案件之告發狀

刑事　告發　狀	案　　號	年度　　字第　　號	承辦股別	
稱　　　　　謂	姓　名　或　名　稱身分證統一編號或營利事業統一編號	住居所或營業所、郵遞區號及電話號碼電子郵件位址	送達代收人姓名、住址、郵遞區號及電話號碼	
告　發　人被　　　告	李　乙王　丙			

為被告王丙涉嫌湮滅證據乙案，依法提出告發事：

　　緣告發人告訴林丁觸犯妨害名譽乙案，經由　鈞署以○○年度偵字第○○號偵辦在案，並請　鈞署傳訊被告王丙到庭作證。詎料王丙意欲有利林丁，竟湮滅林丁所寫之書信，幸被　鈞署明察，而王丙亦曾到庭供明。查「偽造、變造、湮滅或隱匿關係他人刑事被告案件之證據……者」，構成刑法第165條之湮滅刑事證據罪責，今被告既湮滅關係他人刑事被告案件之證據，顯涉該條之罪嫌，為此依法告發，狀請

　　鈞署詳查，迅傳被告到案，依法偵查起訴，而明法制。

　　　　　　　謹狀
台灣○○地方檢察署　公鑒

證物名稱及件數	
中　　　　華　　　　民　　　　國　　　　年　　　　月　　　　日	
具狀人　　李　乙	簽名蓋章

▶偽證及誣告案件

〈狀例3-157〉偽證案件之答辯狀

刑事　答辯　狀	案　　號	年度　　字第　　號	承辦股別	
稱　　　　　謂	姓　名　或　名　稱身分證統一編號或營利事業統一編號	住居所或營業所、郵遞區號及電話號碼電子郵件位址	送達代收人姓名、住址、郵遞區號及電話號碼	
答　辯　人即　被　告	王　甲			

為○○年度○字第○○號偽證案件，依法提出答辯事：

　　按偽證罪之構成，以於執行審判職務之公署或於檢察官偵查時，對於案情有重要關係之事項，供前或供後具結，而為虛偽之陳述為要件。所謂虛偽之陳述，係指與案件之真實相悖，而足以陷偵查或審判於錯誤之危險者而言。若在此案之供證為屬真實，縱其後於其他案件所供與前此之供述不符，除在後案件所供述符合偽證罪之要件，得另行依法辦理外，究不得遽指在前與實情相符之供證為偽證。本件被告於民國○○年○月○日在台灣○○地方檢察署檢察官偵查林乙告訴李丙恐嚇案件時，具結後固曾證稱「李丙未以強暴手段要賴和解」「係林乙自己蓋的」等語，但此等供證，究竟是否虛偽之陳述，實乃本案之關鍵。經查林乙告訴李丙恐嚇案件，早經台灣○○地方檢察署檢察官認為無恐嚇之事處分不起訴，林乙聲請再議，亦經台灣高等檢察署檢察長認為再議之聲請無理由，駁回確定在案。足徵被告前述之供證與案件之真實情節相符，縱令其後在其他案件之供述與前開證言不符，要係此等供述是否構成偽證罪之問題，究不得執以指前項與事實相符之證言為偽證，自訴人之自訴非有理由，為此依法提出答辯，狀請

　　　　鈞院鑒核，賜為無罪之判決。
　　　　　　謹狀
台灣○○地方法院刑事庭　公鑒

證 物 名 稱 及 件 數	

中	華	民	國	年	月	日

　　　　　　具狀人　　王　甲　　　　　簽名
蓋章

〈狀例3-158〉誣告案件之告訴狀

刑事　告訴狀		案　　　號	年度　字第　　號	承辦 股別	
稱　　　　　謂	姓 名 或 名 稱 身分證統一編號或 營利事業統一編號	住居所或營業所、郵遞區號 及電話號碼電子郵件位址		送達代收人姓 名、住址、郵遞 區號及電話號碼	
告　訴　人	王　甲				
被　　　告	楊　乙				

為被告楊乙涉嫌誣告罪，依法提出告訴事：

　　按「意圖他人受刑事或懲戒處分，向該管公務員誣告者」，構成刑法第169條第1項誣告罪，被告楊乙與告訴人間因素有積怨，於本年三月間，欲陷告訴人受刑事處分，竟捏詞誣告控訴告訴人非法持有槍砲等情，其惟恐被人發覺，冒名為李丙向　鈞署告發，事經偵查後，認為罪嫌不足予以不起訴處分確定在案。詎被告心有不甘，極欲陷告訴人於囹圄之中，竟又冒名趙丁，指控告訴人非法製造槍砲等情，經蒙　鈞署明察秋毫，發覺李丙與趙丁之告發狀筆跡經鑑定結果，完全係出於被告之手，並經　鈞署以○○年度○字第○○號不起訴處分確定在案。而被告捏詞濫控罪證明確，自不待言，告訴人無辜一再遭誣，不得已為此提出告訴，狀請

　　鈞署鑒核，賜傳喚、拘提被告到案，以儆不法。

　　　　謹狀

台灣○○地方檢察署　公鑒

證　物　名　稱 及　　件　　數	

中　　　　華　　　　民　　　　國　　　　　年　　　　　月　　　　　日	
	具狀人　　王　甲　　　　　　　簽名 蓋章

〈狀例3-159〉誣告案件之答辯狀

刑事　答辯　狀	案　　號	年度　字第　　號	承辦 股別
稱　　　　　謂	姓　名　或　名　稱 身分證統一編號或 營利事業統一編號	住居所或營業所、郵遞區號 及電話號碼電子郵件位址	送達代收人姓 名、住址、郵遞 區號及電話號碼
答　辯　人 即　被　告	林　丙		

為○○年度○字第○○號誣告案件，依法提出答辯事：

　　查「刑法第169條第1項之誣告罪，以使人受刑事或懲戒處分之意思向該管公務人誣告為要件，若因公務員之推問而為不利他人之陳述，縱其陳述涉於虛偽，既無申告他人使其受刑事或懲戒處分之意思，即與誣告之要件不符」（最高法院53年台上字第574號判例參照）。本件起訴意旨無非以被告將蓋妥印章之空白支票，同意告訴人王甲填寫金額，竟於100年○月○日前往○○派出所誣指其偽造有價證券罪

等情，認為誣告顯然。惟被告並未誣指偽造有價證券罪責，不外係因告訴人與被告有借貸關係，因其屆期未償還，被告將支票止付，持票人告到派出所，被告受訊而將事實原委詳加說明而已。故被告縱有虛偽之陳述，然既無申告他人使受刑事處分之意思，與誣告罪之構成要件不符，為此提出答辯，狀請

　　　鈞院詳查，賜為無罪判決之諭知。
　　　　　　謹狀
台灣○○地方法院刑事庭　公鑒

證　物　名　稱及　　件　　數	

中　　　華　　　民　　　國　　　年　　　月　　　日	
具狀人　林　丙	簽名蓋章

▶公共危險案件

〈狀例3-160〉製造爆裂物之告發狀

刑事　告發狀	案　　號	年度　　字第　　號	承辦股別
稱　　　　　謂	姓　名　或　名　稱身分證統一編號或營利事業統一編號	住居所或營業所、郵遞區號及電話號碼電子郵件位址	送達代收人姓名、住址、郵遞區號及電話號碼
告　發　人被　　　告	王　甲蔡　乙許　丙		

為被告等涉嫌公共危險罪，依法提出告發事：

　　緣被告等平日無所事事，品性不佳，到處惹是生非，近日更變本加厲，竟在家私自製造炸藥，意圖藉以壯其聲勢。告發人為被告蔡乙之鄰居，平日受盡其擾，今其私自製造炸藥，更已嚴重威脅到告發人及周圍鄰居之安全，查「未受允准，而製造……炸藥、棉花藥、雷汞或其他相類之爆裂物或軍用槍砲、子彈而無正當理由者」，構成刑法第186條之單純危險物罪，被告等無故製造炸藥，顯已涉該條之罪嫌，告發人為社會之安全計，依法提出告發，狀請

　　鈞署鑒核，賜將被告等傳喚、拘提到案，偵查起訴，以懲不法。

	謹狀						
台灣○○地方檢察署　公鑒							

證　物　名　稱 及　　件　　數							

中	華	民	國	年	月	日
		具狀人　　王　甲			簽名 蓋章	

〈狀例3-161〉公共危險案件之答辯狀

刑事　答辯　狀		案　　號	年度　字第　號	承辦 股別	
稱　　　　謂	姓　名　或　名　稱 身分證統一編號或 營利事業統一編號	住居所或營業所、郵遞區號 及電話號碼電子郵件位址		送達代收人姓 名、住址、郵遞 區號及電話號碼	
答　辯　人 即　　被　告	蔡　丙				

為就○○年度○字第○○號公共危險案件，依法提出答辯事：

　　按刑法第173條第1項之放火罪，係以放火燒燬現供人使用之住宅或建築物等，既係現供人使用或現有人所在，依通常情形，往往因放火結果遭受意外之危害，為保護公共安全起見，特為加重之規定，故該條項所稱之人當然係指放火犯以外之人而言。如果前項住宅或建築物即為放火犯自行使用或只有該犯在內，則其使用或所在之人已明知放火行為，並不致遭受何種意外危害，自不能適用該條項處斷。本件被告與告訴人林乙共同經營家具製造及批發工廠，因對經營之方針意見不合，被告一時不智，認為已無共同經營之必要，遂將工廠放火燒掉，不料竟因此而波及周圍數家住宅，固屬實在。惟被告放火之動機，僅以燒燬自己工廠而已，殃及鄰居，殊非被告之故意，係此種情節，僅可認為放火燒燬自己所有物，致生公共危險，適用刑法第174條第2項處斷。公訴意旨認為應依刑法第173條第1項處斷，處以重刑，實嫌出入，為此依法提出答辯，祈請

　　鈞院鑒核，賜念被告一時之糊塗而無重大之惡意，賜酌以從輕量刑，以啟自新。

　　　　謹狀

台灣○○地方法院刑事庭　公鑒

證 物 名 稱 及 件 數	

中	華	民	國	年	月	日

具狀人　　蔡 丙　　　　　簽名
蓋章

〈狀例3-162〉公共危險案件之上訴理由狀

刑事　上訴理由　狀		案　　號	年度　字第　號	承辦 股別
稱　　　謂	姓 名 或 名 稱 身分證統一編號或 營利事業統一編號	住居所或營業所、郵遞區號 及電話號碼電子郵件位址	送達代收人姓 名、住址、郵遞 區號及電話號碼	
上 訴 人 即 被 告	孫 甲			

為不服台灣○○地方法院○○年度○字第○○號刑事判決，經依法聲明上訴在卷，謹再補呈上訴理由事：

　　查刑法第183條之罪，係指現有人所在之火車、電車或其他供水陸空公眾運輸之舟車航空機被其傾覆或破壞者，始能構成，誠以此項舟車航空機，均係供公眾運輸之交通工具，苟於現有人所在之際傾覆或破壞之，危害公共安全較大，故特設其處罰規定。反之，所傾覆或破壞者，非供公眾運輸之交通工具，除另成立其他罪名外，即與本條所定之要件不合，原審認為上訴人駕駛新隆貨運行之卡車撞死被害人李乙論以過失致人於死之罪，並另依刑法第183條第3項論罪，不無違誤。蓋貨運行之卡車，僅係供人僱用運輸，而非供多數不特定人運輸之工具，與公共危險之罪責不符，原審未及詳究，率爾引此論罪，實有未當，為此提起上訴，狀請

　　鈞院鑒核，賜予撤銷原判決，更為適法之判決，而符法制。
　　　　謹狀
台灣高等法院刑事庭　公鑒

證 物 名 稱 及 件 數	

中	華	民	國	年	月	日

具狀人　　孫 甲　　　　　簽名
蓋章

▶偽造貨幣及有價證券案件

〈狀例3-163〉行使偽造貨幣案件之答辯狀

刑事　答辯　狀	案　　號	年度　　字第　　號	承辦股別	
稱　　　　　謂	姓　名　或　名　稱身分證統一編號或營利事業統一編號	住居所或營業所、郵遞區號及電話號碼電子郵件位址	送達代收人姓名、住址、郵遞區號及電話號碼	
答　辯　人即　被　告	莊 乙			

為○○年度○字第○○號行使偽造貨幣案件，依法提出答辯事：

　　按刑法第196條之行使偽幣罪之成立，以明知係偽幣而故意收受冒充真幣行使為要件，本件公訴人之起訴意旨認為，被告於本年○月○日持偽券新台幣100元乙張，購買香煙經○○市政府警察局○○分局查獲，罪證明確，應觸犯刑法第196條第1項之罪等情。惟查被告所使用之偽券，係被告於今年○月○日出售書籍乙套與不詳姓名之人，所得價金新台幣2,000元中所含之一張，蓋2,000元中僅含此一張，被告何能從容識出此張係屬偽造之紙幣，起訴書認為被告理應知情，未免出於臆測，況且被告雖無法供出交付此張偽券人之姓名，但係基於出售物品被人誤騙而取得偽券，且始終未識究否偽券，是被告所取得之偽券根本與收集偽券要件，應有行使或意圖行使之用而收集或交付於人之行為完全未合；再查刑法第196條第1項之行使偽造紙幣罪，以明知係偽造之紙幣而故意收受，冒充真幣行使為構成要件，已如前述。今被告非但於收受之初，不知其係偽幣，且於本件經查獲前，亦一直不知其係偽幣，直至經警局發覺，方才知曉，足見被告並無將其「冒充」真幣行使之意思，自不得遽入被告於罪，為此提起如上答辯，狀請

　　鈞院明察，賜為無罪判決之諭知，以免無辜。

　　　　　　謹狀
台灣○○地方法院刑事庭　公鑒

證　物　名　稱及　件　數	

中　　　華　　　民　　　國　　　　年　　　　月　　　　日
具狀人　莊　乙　　　　　　　簽名蓋章

〈狀例3-164〉行使變造往來客票之告發狀

刑事 告發 狀		案 號	年度 字第 號	承辦股別	
稱　　　謂	姓 名 或 名 稱身分證統一編號或營利事業統一編號	住居所或營業所、郵遞區號及電話號碼電子郵件位址		送達代收人姓名、住址、郵遞區號及電話號碼	
告 發 人被　　　告	王 甲林 乙				

為被告林乙涉嫌行使變造往來客票，依法提出告發事：

　　緣被告林乙於今年○月○日非法更改過期之火車票（證物一），在○○火車站向告發人兜售，幸告發人察出，報告警局在案。按「意圖供行使之用，而偽造、變造船票、火車、電車票或其他往來客票者，處一年以下有期徒刑、拘役或九千元以下罰金。其行使之者，亦同」，刑法第203條有明定，是被告行使變造之客票，核其行為顯已涉該條之罪責，為此依法提起告發，狀請

　　鈞署鑒核，依法偵查起訴，而符法制。

　　　　謹狀

台灣○○地方檢察署　公鑒

證 物 名 稱及 件 數	證物一：火車票影本一份。

中 華 民 國		年	月	日
	具狀人　王 甲		簽名蓋章	

〈狀例3-165〉偽造有價證券案件之上訴理由狀

刑事 上訴理由 狀		案 號	年度 字第 號	承辦股別	
稱　　　謂	姓 名 或 名 稱身分證統一編號或營利事業統一編號	住居所或營業所、郵遞區號及電話號碼電子郵件位址		送達代收人姓名、住址、郵遞區號及電話號碼	
上 訴 人即 被 告	林 甲				

為因偽造有價證券案件，不服台灣高等法院○○年度○字第○○號判決，經聲明上訴在卷，謹再補呈上訴理由事：

　　本件原判決認定被告林甲與其友李乙等共五人，於民國98年11月6日晚上，至○○市○○路○○號○○餐廳飲酒作樂，結帳時取出其向文具店買來之本票乙張（票上已蓋有○○企業有限公司印章為發票人），由被告填寫同日期面額新台幣9,700元，交付該餐廳抵帳被拒，經警查獲等情，因而撤銷第一審判決，論處被告共同意圖供行使之用而偽造有價證券罪刑之判決。惟查偽造有價證券而行使之，本含有詐欺性質，其詐欺行為不應另行論罪，原判決竟謂被告另犯刑法第339條第1項詐欺罪，並與偽造有價證券罪從一重處斷，即屬用法不當。次查起訴書僅指被告一人單獨犯罪，原判決則認定李乙係共同正犯，而對被告與李乙如何共同謀議偽造有價證券，既未詳記於事實欄，理由內復未詳加說明其憑以認定之證據，於法均屬有違。為此依法提起上訴，狀請

　　鈞院鑒核，賜撤銷原審判決發回更審，以期用法正確，而保人權。

　　　　　　　謹狀

台灣高等法院刑事庭　轉呈
最高法院刑事庭　　　公鑒

證　物　名　稱 及　　件　　數	

中　　　　華　　　　民　　　　國　　　　年　　　　月　　　　日
具狀人　　林　甲　　　　　簽名蓋章

▶偽造文書案件

〈狀例3-166〉行使偽造文書案件之告訴狀

刑事　告訴　狀	案　　號		年度　　字第　　號	承辦股別	
稱　　　　謂	姓　名　或　名　稱 身分證統一編號或 營利事業統一編號	住居所或營業所、郵遞區號 及電話號碼電子郵件位址		送達代收人姓 名、住址、郵遞 區號及電話號碼	
告　訴　人	王　甲				
被　　　告	林　乙				

為被告林乙涉嫌偽造文書等案件，依法提出告訴事：

緣告訴人與被告林乙為○○有限公司之同事，一起居住坐落於○○市○○路○○號之○○有限公司員工宿舍，於○○年○月間，被告竟利用共同居住之機會，盜取告訴人之印鑑章，並冒偽告訴人向○○區戶政事務所申請告訴人之印鑑證明，嗣後將告訴人所有坐落於○○市○○段○小段○○地號土地及其上門牌號碼○○市○○路○○號○○樓之房屋，於○○年○月○日以買賣為由，擅自變更所有權人為被告，茲有○○市土地登記簿影本及建築改良物登記簿影本各乙份（證物一）資以為證。按告訴人對於申請印鑑證明及房屋買賣乙事，毫不知情，核被告竟未經告訴人之同意，擅自利用告訴人在外之機會，竊取告訴人之印鑑章，已涉刑法第320條第1項之竊盜罪，又進而將竊得之印鑑章，未經告訴人之委任，而擅自以告訴人之名義，向○○市○○區戶政事務所申請印鑑證明，足生損害於告訴人，則又涉刑法第210條之偽造私文書罪。被告又進一步以冒名申請所得之印鑑證明及所竊得土地及建物所有權狀，向○○市○○地政事務所申辦所有權之移轉登記，是又構成刑法第216條、第210條之行使偽造私文書罪，而被告明知其未受告訴人之允許，其與告訴人又無買賣契約存在，竟誑稱告訴人已將上述房地賣與被告，係明知不實之事項，使公務員登載於職務上所掌管之文書（見證物一），則涉刑法第214條之使公務員登載不實罪。

綜上所述，被告已涉行使偽造私文書罪及竊盜罪等犯行，為此依刑事訴訟法第232條之規定，依法狀請

鈞署鑒核，懇請　鈞署依法將被告迅予起訴，以儆不法，並保障告訴人權益。

　　　謹狀

台灣○○地方檢察署　公鑒

證 物 名 稱及 件 數	證物一：土地登記簿及建築物改良物登記簿影本各一份。

中 華 民 國		年	月	日
	具狀人　王　甲		簽名蓋章	

〈狀例3-167〉行使偽造私文書及使公務員登載不實案件之告訴狀

刑事　告訴　狀	案　　號	年度　　字第　　號	承辦股別	
稱　　　　　謂	姓　名　或　名　稱身分證統一編號或營利事業統一編號	住居所或營業所、郵遞區號及電話號碼電子郵件位址	送達代收人姓名、住址、郵遞區號及電話號碼	
告　訴　人被　　　　告	蔡　乙林　丁王　丙			

為被告林丁、王丙涉嫌行使偽造私文書及使公務員登載不實案件，依法提出告訴事：

　　被告林丁前於民國○○年○月○日書立借款契約書（證物一）向告訴人借款新台幣（以下同）500萬元，並以坐落○○縣○○市○○段○○地號土地及其上建號○○○號建物（原為○○縣○市○○街○○號）設定第一順位抵押權擔保最高限額750萬元（證物二）。後因被告林丁無力清償積欠告訴人之借款，詎被告林丁竟與被告王丙欲使上開房屋經法院查封拍賣後，成為不點交狀態，明知彼此間並無租賃關係存在，竟共同基於使公務員登載不實事項於職務上所掌之公文書之犯意，於○○年○○月○○日簽訂之虛偽不實之房屋租賃契約書，共同前往台灣○○地方法院公證處辦理公證登記，使辦理公證業務之公務員，將該不實之事項登載於職務所掌之公文書即公證書正本上，足以生損害於該法院公證處對公證書內容真實性之管理；嗣告訴人聲請台灣○○地方法院查封拍賣被告林丁上開房地，待台灣○○地方法院民事執行處於○○年○月○日派員就上開房地執行查封程序時，被告林丁基於使公務員登載不實之犯意並提出前揭已辦竣公證之房屋租賃契約書及公證書，主張上開房屋已有租賃契約關係存在且經公證之事實，而行使該公證書，致使辦理強制執行之書記官登記於職務上所掌之公文書即該日之「查封筆錄」（當場並無法官在場，證物三），嗣並登載於○○年○月○日○○年度民事執○字第○○○號「拍賣公告」，該「拍賣公告」並載明「拍定後不點交」，足以生損害於法院民事執行查封、拍賣程序之正確性及買受人點交拍定房地之權益。被告林丁、王丙所為，即屬觸犯刑法第216條、第214條行使偽造私文書及使公務員登載不實罪，為此依法提出告訴，狀請

　　鈞署明察，賜傳喚被告二人到案，偵查起訴，以儆不法。

　　　　謹狀

台灣○○地方檢察署　公鑒

證 物 名 稱 及 件 數	證物一：借款契約書。
	證物二：建物及土地登記簿謄本。
	證物三：查封筆錄。

中	華	民	國	年	月	日
		具狀人　蔡 乙			簽名 蓋章	

〈狀例3-168〉偽造文書案件之第三審上訴狀

刑事 上 訴 狀		案　　號	年度　字第　號	承辦 股別	
稱　　　謂	姓 名 或 名 稱 身分證統一編號或 營利事業統一編號	住居所或營業所、郵遞區號 及電話號碼電子郵件位址		送 達 代 收 人 姓 名 、 住 址 、 郵 遞 區號及電話號碼	
上 訴 人 即 被 告	王 甲				

為不服判決，依法提起上訴事：

　　緣上訴人被訴偽造文書等乙案，前經○○地方法院以○○年度○字第○○號刑事判決，判處有期徒刑六月。上訴人不服原判決，依法提起上訴，業經台灣高等法院以○○年度○○字第○○號刑事判決，其主文諭知「原判決關於王甲部分撤銷。王甲共同行使偽造私文書，足以生損害於他人，處有期徒刑五月」等情，上訴人於本年4月11日收受上開判決，閱讀之後，仍難甘服，茲於法定期間內，提起上訴，並敘明理由如下：

　　按原審改判上訴人有期徒刑五月，無非以上訴人在警訊及偵審中供承不諱，有共同行使偽造私文書之罪嫌。惟上訴人係工人，對於法律利害關係常識欠缺，前往警察分局應訊時，刑警早已作好筆錄只命簽名捺印，俟到偵審法庭已無辯解餘地，而實際上上訴人事先並不知同案被告李乙有行竊存摺及印章行為，其領取存款亦係被李乙利用，其謂不識字，不會寫，故託上訴人代寫取款單加蓋私章由其單獨去郵局領款，而與認定事實顯有不符，原審對上訴人犯罪事實及有利之證據應告知而未告知，又未傳訊同案被告到庭對質，尚有未盡調查之能事，仍予認定上訴人與李乙有共同行使偽造私文書罪嫌，遽予判處有期徒刑五月，其判決當然為違背法令，難以甘服。

基上所陳理由，爲此狀請

鈞院鑒核，准將判決撤銷，發回更審。

　　　　　謹狀

台灣高等法院刑事庭　轉呈

最高法院刑事庭　　　公鑒

證　物　名　稱及　　件　　數	

中　　華　　民　　國　　　　年　　　　月　　　　日	
具狀人　　王　甲	簽名蓋章

▶妨害性自主及妨害風化案件

〈狀例3-169〉妨害性自主案件之請求檢察官上訴狀

刑事　請求　狀		案　號	年度　　字第　　號	承辦股別	
稱　　　　　謂	姓　名　或　名　稱身分證統一編號或營利事業統一編號	住居所或營業所、郵遞區號及電話號碼電子郵件位址		送達代收人姓名、住址、郵遞區號及電話號碼	
請　求　人即告訴人	王　甲				
被　　　　告	林　乙				

爲不服台灣高等法院○○年度○字第○○號刑事判決，請求檢察官提起上訴事：

　　緣請求人係死者王丁之父，王丁於○○年○月○日失蹤，於○月○日被發現遭姦殺陳屍於○○縣○○鄉○○路○○號破宅內，歷經數月始由警方查獲兇手即被告林乙所爲，經台灣○○地方法院判處無期徒刑在案。詎台灣高等法院竟改判無罪，令人驚異。

　　第查本件被告上訴，請求人毫無所悉，且台灣高等法院調查及辯論均未傳喚請求人到庭陳述，被告如何狡辯，庭上如何調查，均不得而知，遽判無罪之不當，已喧騰報章。請求人愛女凶死山野，何其淒慘？孰無子女？刻骨銘心之痛不能復，警方及檢方列舉之證據、特徵……等，豈能三言兩語否定？人命關天，請　鈞署詳研卷證提起上訴，爲恐台灣高等法院遲送判決書，特此先行聲明，懇請

鈞署鑒核，主持正義，俾慰死者在天之靈。

　　　　　　　謹狀
台灣高等檢察署檢察官　公鑒

證　物　名　稱 及　　件　　數	

中　　　華　　　民　　　國　　　年　　　月　　　日

　　　　　　具狀人　　王　甲　　　　　　　簽名
　　　　　　　　　　　　　　　　　　　　　蓋章

〈狀例3-170〉妨害風化案件之上訴理由狀

刑事　上訴理由　狀	案　　號		年度　　字第　　號		承辦 股別	
稱　　　　謂	姓　名　或　名　稱 身分證統一編號或 營利事業統一編號		住居所或營業所、郵遞區號 及電話號碼電子郵件位址		送達代收人姓 名、住址、郵遞 區號及電話號碼	
上　訴　人 即　自　訴　人	林　丙					

為不服台灣高等法院○○年度○字第○○號刑事判決，已依法聲明上訴，茲再補呈上訴理由事：

　　緣原審以「被上訴人（即被告）在○○市○○路經營私娼館為業，意圖營利，於民國○○年○月○日起，容留婦女林乙接客賣淫，每次收入3,000元，僅給林乙1,000元，被上訴人並於該私娼館二樓林乙住房加鎖，防止逃逸，剝奪林乙之行動自由，同月10日林乙始行逃出」等情，而論以被告營利容留婦女姦淫之判決。惟查刑法第231條第1項營利容留婦女姦淫罪之所謂「容留」必須出於該婦女之自願，以和平方法容留之與他人姦淫者而言。本件原判決事實欄先認定被告意圖營利容留林乙接客賣淫，又記載被告將林乙住房加鎖，剝奪其行動自由。既以和平方法容留其與他人姦淫，又何須剝奪其行動自由，兩相矛盾。次查自訴人之自訴意旨以被告意圖營利，以20萬元向綽號野馬等三人價買其所略誘之林乙在其私娼館賣淫之事實，如果無訛，林乙之賣淫非出於其自願，係由被告以剝奪其行動自由之方法所達成者，應成立刑法第241條第2項加重略誘未成年人罪或同法第298條第2項意圖營利

或猥褻姦淫而略誘婦女罪，非屬刑法第231條處罰之範圍（最高法院29年上字第2305號判例參照）。真相如何？應查明審認，俾事實明瞭。原審未經詳查，遽行判決，其未盡調查證據之能事，顯屬違法，為此狀請

　　鈞院鑒核，賜撤銷原判決，而發回更審，以明法制。

　　　　　　謹狀
台灣高等法院刑事庭　　轉呈
最高法院刑事庭　　　　公鑒

證　物　名　稱及　　件　　數	

中　　華　　民　　國　　　　　年　　　　月　　　　日	

　　　　　　具狀人　　林　丙　　　　　簽名蓋章

▶妨害婚姻及家庭案件

〈狀例3-171〉和誘案件之答辯狀

刑事　答辯　狀	案　　號	年度　　字第　　號	承辦股別	
稱　　　　　謂	姓　名　或　名　稱身分證統一編號或營利事業統一編號	住居所或營業所、郵遞區號及電話號碼電子郵件位址	送達代收人姓名、住址、郵遞區號及電話號碼	
答　辯　人即　被　告	王　甲			

為被告王甲涉嫌妨害家庭等案件，依法提出答辯事：

　　緣檢察官起訴主張被告犯有刑法第227條第3項之姦淫幼女罪，及第240條第1項、第3項之意圖性交而和誘幼女脫離家庭罪，係以「王甲明知林乙係年僅十五歲少女，兩人於○○年○月間認識後交往甚密，繼而在○○市○○多次姦淫，至○○年○月○日王甲為便於姦淫，竟和誘林乙脫離家庭，將之帶至○○市○○路○○號同居……」為由，惟就姦淫幼女部分告訴，林丙已經撤回告訴；就和誘幼女脫離家庭部分，檢察官之起訴理由，亦與事實不符，顯有未當，爰依法答辯如下：

　　按刑法第240條「和誘未滿二十歲之男女，脫離家庭或其他有監督權之人者」之妨害家庭罪，須行為人有和誘之行為，將被誘人移置於自己實力支配之下，造成

被誘人脫離其家庭或其他監督權人之結果；並有使和誘行為客體脫離家庭或其他監督權人之故意，亦即行為人必須具備破壞被誘人之家庭監督權之故意，始能構成。本案林乙雖與被告相處，惟被告並未將之移置於自己實力支配之下，亦無破壞被誘人之家庭監督權之故意。蓋前於○○年○月○日林乙由其姊林己（住○○市○○路○○號）陪同，要求被告代其謀職，而前來找尋被告，其後於同年○月○日亦係林乙主動來找被告，且均與家庭保持聯繫，徵諸如下之訊問與對答，益見明瞭：

一、檢察官問林乙：「○月○日怎麼離家？」

林乙答稱：「我與姊姊離家後，我要求我姊姊准許我到王甲家去。」

二、檢察官問：「到王甲家後有否與家裡聯絡？」

林乙答：「我有以電話與家人聯絡，而家人叫我回去。」

三、檢察官問：「王甲有否叫妳離家或不讓妳回家呢？」

林乙問：「沒有」（請參見○○年度偵字第○○號○○年○月○日訊問筆錄）。

四、警員問林乙：「妳與王甲在旅社同居關室睡覺，是妳自願的或是他誘騙妳的？」

林乙答：「我自己願意的。」（請參見○○年○月○日警詢筆錄）。

五、鈞院問：「妳女兒何時離家？」

林丙答：「100年7月19日……她打電話回來，說要回來，回來後第四天又離開，經過十幾天在○○路一段找到。」

綜上所陳，本案被告並無和誘行為，故未觸犯刑法第240條「和誘未滿二十歲之男女，脫離家庭或其他有監督權之人者」之妨害家庭罪，懇請　鈞院爰依刑事訴訟法第301條之規定，諭知無罪之判決，倘　鈞院仍認被告具有上開犯行，亦請鈞院姑念被告未曾犯有前科，且事後已與告訴人林丙達成和解（證物一），懇請從輕量刑，並諭知緩刑，俾勵自新。

　　　　　　　謹狀

台灣○○地方法院刑事庭　公鑒

證　物　名　稱及　　件　　數	證物一：和解書影本一件。

中	華	民	國	年	月	日

　　　　　　具狀人　　王　甲　　　　　　簽名
　　　　　　　　　　　　　　　　　　　　蓋章

〈狀例3-172〉略誘案件之上訴理由狀

刑事　上訴理由　狀		案　　號	年度　　字第　　號	承辦股別	
稱　　　　謂	姓　名　或　名　稱身分證統一編號或營利事業統一編號	住居所或營業所、郵遞區號及電話號碼電子郵件位址		送達代收人姓名、住址、郵遞區號及電話號碼	
上　訴　人即　被　告	楊　甲				

為因妨害家庭案件，不服台灣高等法院○○分院○○年度○字第○○號判決，已依法聲明上訴在卷，謹再補呈上訴理由事：

　　按當事人聲請調查之證據，如法院未予調查，又未認其無調查之必要，以裁定駁回之，或未於判決內說明不予調查之理由者，其所踐行之訴訟程序自屬違法。查本件上訴人在原審上訴中曾於民國○○年○月○日及同月○日先後兩次具狀聲請傳喚證人林乙以證明○○年○月○日晚，趙丙係與其夫吵架而負氣離家，初至其妹趙丁處，由趙丁託證人林乙通知上訴人，詢問有否工作可做，表示趙丙不願回家，趙丙旋又獨自返回其娘家，實非上訴人將其略誘脫離家庭等語（見原審卷第30頁、第39頁），原審雖一度傳喚林乙，但未到庭，即未再傳，實與自始未傳無異，而又未以裁定駁回其聲請，判決內復未說明其不再傳訊之理由，依照首開說明，自難謂為適法。為此依法提起上訴，狀請

　　鈞院鑒核，賜撤銷原審判決，發回更審，期臻妥適。

　　　　　謹狀
台灣高等法院○○分院刑事庭　　轉呈
最高法院刑事庭　　　　　　　公鑒

證　物　名　稱及　　件　　數	

中　　華　　民　　國　　　　　年　　　　月　　　　日			
	具狀人　　楊　甲	簽名蓋章	

〈狀例3-173〉妨害家庭案件之答辯狀

刑事　答辯　狀	案　號	年度　字第　號	承辦股別	
稱　　　　謂	姓　名　或　名　稱身分證統一編號或營利事業統一編號	住居所或營業所、郵遞區號及電話號碼電子郵件位址	送達代收人姓名、住址、郵遞區號及電話號碼	
答　辯　人即　被　告	王　甲			

為○○年度○字第○○號被訴妨害家庭乙案，依法提出答辯事：

　　緣自訴人之自訴意旨以「被告王甲於民國○○年○月中旬，以介紹至○○工廠做事為餌，誘騙未滿二十歲之女子林乙脫離家庭，而至○○市○○路附近之應召站住宿二、三日後，由應召站之人告以春節後，即將開始接客賣淫，林乙得知其事，乃藉詞尋兄而企圖逃離，卻未能逃出，被迫充當應召女郎」等語，而認為答辯人意圖營利及意圖使被誘人為性交而略誘未滿二十歲之女子脫離家庭。惟查「被誘人年雖未滿二十歲，但曾經結婚已有行為能力，就令其婚姻關係現已不存在，因其曾經結婚即已自立脫離監督，不能為妨害家庭之客體」，業經最高法院著有45年台上字第1489號判例可據。卷查被害人林乙於○○年○月○日即與趙丙結婚，有戶籍謄本可稽（見證物一），雖於○○年○月○日與趙丙離婚，但揆諸首開說明，自仍不能為妨害家庭罪之客體。故自訴人之自訴非有理由，為此，狀請

　　　鈞院鑒核，賜為無罪判決之諭知。

　　　　　謹狀

台灣○○地方法院刑事庭　公鑒

證　物　名　稱及　　件　　數	證物一：戶籍謄本影本一份。

中　　　華　　　民　　　國　　　年　　　月　　　日
具狀人　王　甲　　　　簽名蓋章

〈狀例3-174〉妨害家庭案件之上訴理由狀

刑事　　上訴理由　狀		案　　　　號	年度　　字第　　　號	承辦股別	
稱　　　　　　謂	姓　名　或　名　稱身分證統一編號或營利事業統一編號	住居所或營業所、郵遞區號及電話號碼電子郵件位址		送達代收人姓名、住址、郵遞區號及電話號碼	
上　訴　人即　　被　告	王　甲				

為不服台灣高等法院○○年度○字第○○號刑事判決，已依法聲明上訴在卷，謹再補呈上訴理由事：

　　按意圖使被誘人性交而和誘未滿十六歲之女子脫離家庭或其有監督權之人罪，以有利誘之意思及行為，並其家庭或其他有監督權之人因此而喪失監督權為必要。故「被誘人」如自行離家出走，不知去向，其家庭或有權監督之人，容或有喪失監督權之情形，但在此喪失監督權之期間，縱行為人與「被誘人」發生和姦情事，因「被誘人」之家庭或其他有權監督人之監督權，早已喪失，並非因此次和姦之行為而喪失，即難繩以該條之罪。本件原審以上訴人於民國○○年○月間，在○○縣○○鎮○○路○○號之○○咖啡廳尋樂時，結識前往該處尋友之未滿十六歲之女子林乙，竟意圖性交，和誘使之脫離其寄居同縣鎮○○路○○號友人林丙處，而在上訴人家同居等情。惟查所謂有監督權之人究竟所指何人，係林乙之父，抑係他人，原審未加說明，理由已嫌不備。其次，林乙離家出走，不知去向，與其暫住一起之友人林丙，乃是○○咖啡廳之咖啡女郎，此有林丙本人及其父林丁在第一審之供詞及林乙等供述可憑，是林乙在與上訴人相識以前，其家庭及其有監督權之人對之早已失去監督權，並不因與上訴人結識後，其家庭始失去監督權。依前開說明，上訴人是否應負妨害家庭罪嫌，殊有斟酌之餘地，原審未察於此，率爾判決，其適用法規顯有不當，為此依法提起上訴，狀請

　　鈞院鑒核，賜撤銷原判決，發回更審，以維權益。
　　　　　謹狀
台灣高等法院刑事庭　轉呈
最高法院刑事庭　　　公鑒

證　物　名　稱及　　件　　數	

中　　華　　民　　國　　　　　年　　　　月　　　　　日	
具狀人　　王　甲	簽名蓋章

▶妨害農工商案件

〈狀例3-175〉仿造商標案件之答辯狀

刑事　答辯　狀	案　　號	年度　字第　　號	承辦股別
稱　　　　　謂	姓　名　或　名　稱身分證統一編號或營利事業統一編號	住居所或營業所、郵遞區號及電話號碼電子郵件位址	送達代收人姓名、住址、郵遞區號及電話號碼
答　辯　人即　被　告	蔡　乙		

為○○年度○字第○○號仿造商標案件，依法提出答辯事：

　　緣自訴意旨略以被告蔡乙仿造自訴人王甲未經註冊之商標，非但商標之名稱式樣相同，其圖案花樣亦大多符合，被告仿造已成之品於自訴人商標登記後，仍繼續使用，顯涉刑法第253條之妨害商標罪責，並有被告仿造之商標為證物云云。惟查仿造第三人商標，出售同一商品，其仿造行為，既在他人將該商標依法註冊（登記）以前，自不發生仿造已登記商標之問題，即使在他人註冊後，知情而仍繼續出售，亦不負刑法上之責任，司法院民國27年院字第1738號著有解釋。本件縱如自訴人所主張，被告仿造其未註冊之商標，然其既未依法註冊，自不發生仿造已登記商標之問題，自訴人之主張顯有違誤，何況被告亦自始未為仿造，殊不得以商標圖案雷同，即逕謂為仿造，為此提出答辯，狀請

　　鈞院鑒核，賜為被告無罪判決之諭知。

　　　　　謹狀

台灣○○地方法院刑事庭　公鑒

證物名稱及件數	

中　　華　　民　　國　　　　年　　　　月　　　　日
具狀人　蔡　乙　　　　　簽名蓋章

〈狀例3-176〉妨害農事水利案件之上訴狀

刑事　上訴　狀	案　　號	年度　　字第　　號	承辦股別	
稱　　　謂	姓　名　或　名　稱身分證統一編號或營利事業統一編號	住居所或營業所、郵遞區號及電話號碼電子郵件位址	送達代收人姓名、住址、郵遞區號及電話號碼	
上　訴　人即　被　告	李　甲			

為不服台灣○○地方法院○○年度○字第○○號刑事判決，依法提起上訴事：

　　查原判決以「被告為充分灌溉自己之田畝，將其與告訴人林乙共同使用之水圳挖深，使水圳無法流至下游之林乙田地，妨害林乙之水利灌溉，按被告雖為灌溉自己之田畝而將水圳挖深，惟其足以生損害於林乙之情事，為其所預見，被告預見其發生且其發生不違背其本意，自有損害他人之故意」等語，而認為應論以刑法第252條妨害農事水利罪。惟查妨害農事水利罪之成立，須對於他人農事上之水利有妨害行為，而尤重在有加損害於他人之企圖，今被告旨在灌溉自己田畝，而非圖損他人，自不能以該條論擬（最高法院28年上字第4216號判例參照）。原判決之認定非有理由，實難以令人甘服，為此依法提起上訴，狀請

　　鈞院鑒核，賜撤銷原判決，而為被告無罪判決之諭知。

　　　　謹狀

台灣○○地方法院刑事庭　　轉呈
台灣高等法院刑事庭　　　　公鑒

證　物　名　稱及　件　數	

中	華	民	國	年	月	日

　　　　　　　　具狀人　　李　甲　　　　　　　簽名蓋章

▶賭博案件

〈狀例3-177〉發行及媒介彩票之告發狀

刑事 告發 狀	案　號	年度　　字第　　號	承辦股別
稱　　　謂	姓　名　或　名　稱身分證統一編號或營利事業統一編號	住居所或營業所、郵遞區號及電話號碼電子郵件位址	送達代收人姓名、住址、郵遞區號及電話號碼
告　發　人被　　　告	朱　甲張　乙魏　丙		

為被告等涉嫌發行及媒介彩票，依法提出告發事：

　　查被告張乙意圖營利，擅自發行彩票，以吸引顧客，並委託魏丙代為宣傳辦理買賣，以資媒介，「意圖營利，辦理有獎儲蓄或未經政府允准而發行彩票者」，構成刑法第269條第1項之辦理有獎儲蓄或發行彩券罪；又「經營前項有獎儲蓄或為買賣前項彩票之媒介者」，構成同條第2項之經營或媒介之罪。今張乙擅自發行彩票顯已涉刑法第269條第1項發行彩票之罪嫌，又魏丙代為媒介，亦不免犯同條第2項之罪責。告發人為維社會之安定，不忍坐視不顧，為此特依法提出告發，狀請

　　鈞署鑒核，賜迅傳被告等到案，偵查起訴，以明法制，而儆效尤。

　　　　　謹狀

台灣○○地方檢察署　公鑒

證物名稱及件數	
中　　華　　民　　國　　　年　　　月　　　日	
	具狀人　朱　甲　　簽名蓋章

〈狀例3-178〉賭博案件之答辯狀

刑事 答辯 狀	案　號	年度　　字第　　號	承辦股別
稱　　　謂	姓　名　或　名　稱身分證統一編號或營利事業統一編號	住居所或營業所、郵遞區號及電話號碼電子郵件位址	送達代收人姓名、住址、郵遞區號及電話號碼

答　辯　人 即　被　告	蔡　乙		

為被告涉嫌賭博乙案，依法提出答辯事：

　　緣檢察官公訴意旨略以「被告蔡乙於本年○月○日晚上11時許，與楊甲、趙丁、王丙等人在其住宅中賭四色牌，其賭聲隆隆，直達戶外，又其宅門半開，為路人所能共見，敗壞風俗，經居民報警查獲」等情，認為「影響社會治安至大，應依刑法第266條論處」云云。惟查刑法第266條之賭博罪，係以在公共場所或公眾得出入之場所為要件，如「在自己住宅或家室內賭博財物，非公共場所或公眾得出入之場所，自不成立刑法第266條之罪」（司法院25年院字第1458號解釋參照）；且「私人家宅集人賭博，如並無意圖營利或以為常業者，自不構成犯罪」（同前院字第1637號解釋參照）。今被告等四人在家賭博，不外消磨光陰，純為消遣作樂，並無錢財之輸贏，況被告等共賭亦未達不特定之多數人可以任意進退之狀態，與須在公共場所或公眾得出入之場所之要件不合，充其量亦僅屬社會秩序維護法處罰之範圍，自不構成刑法上之賭博罪，公訴意旨誠非允當。為此提出答辯，狀請

　　鈞院鑒核，賜為無罪判決之諭知。
　　　　　　　　謹狀
台灣○○地方法院刑事庭　公鑒

證　物　名　稱 及　　件　　數			

中	華	民	國	年	月	日

　　　　　　　　具狀人　蔡　乙　　　　　　簽名
蓋章

▶殺人案件

〈狀例3-179〉殺人案件之告訴狀

刑事　告訴　狀	案　　號	年度　字第　　號	承辦 股別	
稱　　　　謂	姓　名　或　名　稱 身分證統一編號或 營利事業統一編號	住居所或營業所、郵遞區號 及電話號碼電子郵件位址	送達代收人姓 名、住址、郵遞 區號及電話號碼	

告　訴　人	楊　甲		
被　　　告	林　乙		

為被告林乙涉嫌殺人未遂，依法提出告訴事：

　　查被告林乙與告訴人未成年之子楊丙素不和睦，前因楊丙向　鈞署告發林乙販賣毒品乙案，更令林乙耿耿於懷。今年○月○日被告竟身藏扁鑽，前來告訴人家中，強行進入楊丙臥室，以其所攜利器直刺楊丙之胸際，幸楊丙眼明手快，將利器奪下，始免於難。當時告訴人立即偕同楊丙抓住林乙，連同利器一併報由○○警察局處理。按被告之行為，顯涉刑法第271條第2項殺人未遂之罪責。為此爰依法提出告訴，狀請

　　鈞署鑒核，偵查起訴，以懲不法。

　　　　謹狀

台灣○○地方檢察署　公鑒

證　物　名　稱 及　　件　　數	

中　　　　華　　　　民　　　　國　　　　年　　　　月　　　　日
具狀人　　楊　甲　　　　　簽名 蓋章

〈狀例3-180〉過失致死案件之答辯狀

刑事　答辯　狀	案　　號	年度　　字第　　號	承辦 股別
稱　　　　　謂	姓　名　或　名　稱 身分證統一編號或 營利事業統一編號	住居所或營業所、郵遞區號 及電話號碼電子郵件位址	送達代收人姓 名、住址、郵遞 區號及電話號碼
答　辯　人 即　被　告	李　丁		

為○○年度○字第○○號過失致死案件，依法提出答辯事：

　　緣公訴意旨以被告李丁於本年○月○日將其機車借與無駕駛執照之被告林乙，林乙駕駛該機車，疏於注意，竟與告訴人之子楊丙相撞，致楊丙死亡。按無駕駛執照不得駕駛車輛，被告李丁將其機車借與林乙，應注意並能注意其有無駕駛執照，

乃竟疏於注意，將機車借與林乙，以致林乙過失致將楊丙撞死，其不免於過失致人於死罪責云云。惟查本件被告固將機車借與林乙，然而被告將機車借與無駕駛執照之林乙，依一般觀念，未必一定發生車禍，與楊丙之死亡顯然無相當因果關係；且所謂過失，應就構成要件中之行為加以衡量，若就構成要件外之行為衡量其過失，殊欠妥當。本件被告並非肇禍之行為人，對於車禍之發生是否應注意，能注意，根本無考量之餘地，若科以罪責，不免有違刑事責任在處罰行為人之本質，故被告之行為，充其量亦僅違反道路交通法規而已，核與刑法上過失致死罪責顯不相當。為此提出答辯，狀請

　　鈞院鑒核，賜為被告無罪判決之諭知，以明法制。
　　　　　　　　謹狀
台灣○○地方法院刑事庭　公鑒

證物名稱及件數	

中	華	民	國	年	月	日
		具狀人　　李　丁		簽名蓋章		

〈狀例3-181〉過失致死案件上訴理由狀

刑事　上訴理由　狀	案　　號	年度　　字第　　號	承辦股別
稱　　　　謂	姓名或名稱身分證統一編號或營利事業統一編號	住居所或營業所、郵遞區號及電話號碼電子郵件位址	送達代收人姓名、住址、郵遞區號及電話號碼
上　訴　人即　被　告	王　甲		

為不服台灣○○地方法院○○年度○字第○○號刑事判決，除已依法聲明上訴外，爰依法補呈上訴理由事：

　　緣原審法院以「被告王甲於○○年○月○日19時15分，駕駛……自用小客車……未依規定減速慢行，其應注意並能注意，因其疏於注意行人及交通狀況……撞及於行人穿越道上之行人楊乙……」為由，判處被告有期徒刑七月，對該判決之認事用法殊難令人甘服，蓋：

一、被告已減速慢行，且已減至時速40公里以下：
按原審判決認定「被告未依規定減速慢行」，係依交通警察處理交通事故時之片面記載，被告於交通警察記錄時對其記載時速50公里表示異議，因被告之時速當時已減至40公里以下，絕無時速50公里之理，懇請　鈞院詳查。

二、本案之肇因，係由於被害人楊乙之過失：
次按原審判決於理由欄中載：「……經審酌被告之過失程度……及被害人楊乙於夜間通過路口時，未注意路口行車狀況因而被害……」云云，足見本案之案發原因，並非被告未減速慢行，實係因被害人楊乙未遵道路交通安全規則之規定，於夜間行路通過路口時，未注意路口行車狀況，而任意橫闖跨越，致使駕車人無法閃避，又因夜間天色漆黑，視線不佳，肇致不幸。

三、被告態度良好，除以民事和解表示道義立場外，並盡力救護：
再按本案車禍肇事時，被告迅即以「救人如救火」之心情，將被害人送醫急救，並且於被害人急救無效而告死亡後，被告即與被害人之家屬成立民事和解，致送慰藉金，以示道義責任。

四、被告應無過失致死罪，縱使有之，原審判決量刑亦屬過重：
末按刑法第276條之過失致死罪，須行為人具備「過失」。惟本案車禍之發生，實導因於被害人行經路口之疏忽，而非被告未減速慢行，況且被告已依規定減速慢行，自難再予苛責，本於罪刑法定主義之原則，應將原審判決予以撤銷，而另為無罪判決之諭知。退一步言之，縱認被告應有過失，然被告既於案發時態度良好，除以民事和解表示道義立場外，並盡力救護。被害人楊乙於夜間行路通過路口時，未注意路口行車狀況，而任意橫闖跨越，亦有過失，自應依刑法第57條、第59條之規定，從輕量刑，俾勵自新。

　　　　謹狀
台灣○○地方法院刑事庭　　轉呈
台灣高等法院刑事庭　　　公鑒

證　物　名　稱 及　　件　　數	

中	華	民	國	年	月	日

　　　　　　具狀人　　王　甲　　　　　　　簽名
　　　　　　　　　　　　　　　　　　　　　蓋章

▶傷害案件

〈狀例3-182〉傷害案件之答辯狀

刑事　答辯　狀	案　　　號	年度　字第　　號	承辦股別	
稱　　　　　謂	姓　名　或　名　稱身分證統一編號或營利事業統一編號	住居所或營業所、郵遞區號及電話號碼電子郵件位址	送達代收人姓名、住址、郵遞區號及電話號碼	
答　辯　人即　被　告	王　甲			

為被告涉嫌傷害案件，依法提出答辯事：

　　緣被告涉嫌傷害案件，經原審法院○○年度○字第○○號刑事判決，諭知不受理，而檢察官竟不服而上訴，其上訴理由略以「……林女面部傷痕事後已經治癒，但被告以打碎之玻璃杯猛割林女面部，其本意即在毀人容顏，顯有使人致重傷之故意，原判決不詳加審酌，徒以林女面部傷痕已治癒，即認被告係犯普通傷害，殊嫌率斷」云云，究其實，被害人（即林乙）不僅未受重傷，且輕傷已治癒，已經原審法院勘驗無誤，並為檢察官上訴狀所是認，就此點應毋庸再予置辯。惟就其據「被告以打碎之玻璃杯猛割林女面部，其本意即在毀人容顏」，藉以推定被告具有使人致重傷之故意，殊嫌不當，並與事實相左，被告不得不加以申辯如後：

一、被害人受傷之部位，不能遽以認定被告具有重傷之故意：

　　按檢察官上訴狀稱：「被告因討回在林乙手中之支票不遂，持打破之玻璃杯，猛割林女面部，致林女面部多處受傷……，其本意即在毀人容顏，顯有使人致重傷之故意。」惟查被告並未故意以玻璃杯猛割被害人，實係基於正當防衛，而以玻璃杯擋被害人，致傷及其臉部，後經原審法院勘驗，結果並無明顯之疤痕，故核為普通傷害，益證被告並無使被害人致重傷之故意。再則，使人受重傷未遂與普通傷害之區別，應以加害時有無致人重傷之故意為斷。至於被害人受傷之部位以及加害人所用之兇器……，究不能據為絕對之標準（參見最高法院55年台上字第1703號判例——證物一）。

二、未發現相當證據，或證據不足以證明，不得推定被告具有重傷之故意：

　　次按檢察官上訴狀稱：「被告以打碎之玻璃杯猛割林女面部，其本意即在毀人容顏，顯有使人致重傷之故意。」此乃本於台灣○○地方檢察署○○年度○字第○○號起訴書所稱「……被告勒住脖頸專割臉部，並追至房內續行毆打……（現場照片及證人楊丙等證言），顯係意在毀容」之前提事實而認定，惟依刑事訴訟法第154條第2項規定，犯罪事實應依證據認定之，無證據不得認定犯罪

事實，如未能發現相當證據，或證據不足以證明，自不能以推測擬制之方法，推定犯罪事實（參見最高法院40年台上字第86號判例——證物二）。本案檢察官以被害人林乙之四位五親等內血親（楊丙等）歪曲事實之證言，遽以推定被告有重傷害之故意，難免有所偏頗。

綜上所陳，被告既無重傷害之故意，亦無造成重傷害之結果，且被害人林乙於偵查中已具狀撤回告訴，為此依法狀請

鈞院鑒核，詳為調查，逕行駁回檢察官之上訴，而維持原審之判決。

謹狀

台灣高等法院刑事庭　公鑒

證　物　名　稱 及　　　件　　　數	證物一：最高法院55年台上字第1703號判例影本一份。 證物二：最高法院40年台上字第86號判例影本一份。

中	華	民	國	年	月	日

具狀人　王　甲　　　簽名蓋章

〈狀例3-183〉重傷案件之上訴狀

刑事　上訴　狀		案　號		年度	字第	號	承辦股別	
稱　　謂	姓　名　或　名　稱 身分證統一編號或 營利事業統一編號	住居所或營業所、郵遞區號 及電話號碼電子郵件位址				送達代收人姓 名、住址、郵遞 區號及電話號碼		
上　訴　人 即　被　告	王　甲							

為不服○○地方法院○○年度○字第○○號刑事判決，遵於法定期間提起上訴，茲敘述理由如下：

查原審認定被害人林乙之傷狀為「左肘關節處之肱骨、尺骨及神經砍斷，其左手掌肌肉萎縮，可能造成殘廢」云云，因而認為已達於重傷之程度，係依據刑法第10條第4項第6款「其他於身體或健康，有重大不治或難治之傷害」之規定，惟該條項第4款已明文規定就四肢所為之重傷，應達到毀敗或嚴重減損一肢以上之機能，始足當之，被害人林乙左手之機能並未毀敗或嚴重減損，顯然未達重傷之程度，原

審未依據刑法第10條第4項第4款之規定而爲認定，乃竟逕適用同條項第6款而爲認定，顯然認事用法均有違誤。爰依據刑事訴訟法第344條第1項之規定提起上訴，狀請

　　　　鈞院鑒核，賜予撤銷原判決，另爲適當之判決，俾符法制。
　　　　　　謹狀
台灣○○地方法院刑事庭　　轉呈
台灣高等法院刑事庭　　　　公鑒

證 物 名 稱 及 件 數	

中	華	民	國	年	月	日

　　　　　　　　具狀人　　王　甲　　　　　　簽名
蓋章

〈狀例3-184〉傷害案件之上訴理由狀

刑事 上訴理由 狀	案　　號	年度　字第　　號	承辦 股別
稱　　　　　謂	姓　名　或　名　稱 身分證統一編號或 營利事業統一編號	住居所或營業所、郵遞區號 及電話號碼電子郵件位址	送達代收人姓 名、住址、郵遞 區號及電話號碼
上　訴　人 即　被　告	李　丙		

爲依法提出上訴理由事：
　　　　查本案已於法定期間內提起上訴，茲補陳理由如下：
　　　　緣原判決認定「李丙於○○年○月○日下午1時許，在○○市自宅，因被害人林乙要索收據，而發生爭吵，繼而相互拉扯，其爲擺脫林乙之糾纏，竟用腳向林乙腹部蹬去，致使腹部出血」云云，而其所憑之證據方法爲「王甲證述」及「李丙之供認」、「診斷證明書」，並引用刑法第277條第1項判決如主文所示之罪。惟：
一、「無證據能力、未經合法調查之證據，不得作爲判斷之依據。」刑事訴訟法第155條第2項定有明文。本案兩造間因收據事，發生口角而雙方扭在沙發上之事實，爲告訴人所不爭，即兩造扭在沙發上，上訴人絕無法有空間用腳蹬向林乙腹部之理。原判決之認定顯與事實不符，且證人王甲亦無證明上訴人以腳蹬林乙之證詞（請參閱王甲之證詞）。

二、次查林乙之診斷證明書係私人醫院出具，無證據能力；況該診斷證明書上亦未
　　記載腹部出血係因被人用腳蹬出所致，該診斷證明書上之病況與本案無關，顯
　　而易見。
　　　綜上所陳各節，依首開說明，原判決無理由，為此依法狀請
　　鈞院鑒核，並請撤銷原判決，諭知無罪，以免蒙冤。
　　　　　　謹狀
台灣○○地方法院刑事庭　　轉呈
台灣高等法院刑事庭　　　　公鑒

證　物　名　稱 及　　件　　數	

中	華	民	國	年	月	日

　　　　　　　　具狀人　　李　丙　　　　　　簽名蓋章

▶墮胎案件

〈狀例3-185〉墮胎案件之告訴狀

刑事　告訴　狀		案　　號	年度　字第　　號	承辦股別	
稱　　　　謂	姓　名　或　名　稱 身分證統一編號或 營利事業統一編號	住居所或營業所、郵遞區號 及電話號碼電子郵件位址		送達代收人姓 名、住址、郵遞 區號及電話號碼	
告　訴　人 被　　　告	李　丁 楊　丙				

為被告楊丙未受囑託而為墮胎，依法提出告訴事：
　　緣告訴人自民國○○年○月間嫁與王乙為妻，今年○月中旬忽覺身體不適，時
有嘔吐現象，而月經亦二個月不至，心中惶恐而驚喜，恐已受孕，遂於今年○月○
日前往被告處診治，經被告診治後，斷係月經不調之病症，而非懷胎現象，宜速為
治療，乃當場注射針劑兩支，並開具藥方，由告訴人按時服用，如此經過一個月之
久，忽然見紅，而身體之不適，猶有過之，不得已再前去診治服藥。詎至本月○日
腹痛不已，至10時許，忽告小產，始知已被墮胎。按被告身為醫師，未受告訴人
之囑託，竟擅為墮胎之行為，核其所為，非但嚴重違反道德，更顯涉刑法第291條

第1項之罪責，為此依法提出告訴，狀請

　　鈞署鑒核，賜傳喚被告到案，依法偵查起訴，以懲不法。

　　　　　　　　謹狀

台灣○○地方檢察署　公鑒

證 物 名 稱 及 件 數	

中	華	民	國	年	月	日
		具狀人　李 丁		簽名 蓋章		

〈狀例3-186〉墮胎案件之答辯狀

刑事　答辯狀	案　號	年度　字第　號	承辦 股別
稱　　謂	姓 名 或 名 稱 身分證統一編號或 營利事業統一編號	住居所或營業所、郵遞區號 及電話號碼電子郵件位址	送達代收人姓 名、住址、郵遞 區號及電話號碼
答 辯 人 即 被 告	王 丙		

為○○年度○字第○○號墮胎案件，依法提出答辯事：

　　查告訴人王乙告訴被告聽從他人墮胎，構成刑法第288條第2項罪嫌乙案，第查被告自幼因心臟衰弱，且時有貧血現象，自懷胎之後，更覺滿身不適，經○○婦產科醫師林丁（住○○市○○路○○號）診斷，謂將來生產，恐有難產之虞，故屢向被告相勸墮胎，以保全生命為要。奈告訴人求子心切，堅執不允，被告不得已在醫師之診斷下，私自服藥墮胎。詎告訴人竟不念夫妻之情，濫行提出告訴，按「因疾病或其他防止生命上危險之必要，而自行或聽從他人墮胎者，免除其刑」，刑法第288條第3項定有明文。是被告之墮胎，確為避免生命上危險之必要，為此提出答辯，狀請

　　鈞署鑒核，並傳證人林丁到庭，賜為不起訴處分。

　　　　　　　　謹狀

台灣○○地方檢察署　公鑒

證　物　名　稱及　　件　　數	
中　　　華　　　民　　　國　　　年　　　月　　　日	

具狀人　　王　丙　　　　　　簽名
　　　　　　　　　　　　　　　蓋章

▶遺棄案件

〈狀例3-187〉遺棄案件之告訴狀

刑事　告訴　狀	案　　號	年度　　字第　　號	承辦股別	
稱　　　　謂	姓　名　或　名　稱身分證統一編號或營利事業統一編號	住居所或營業所、郵遞區號及電話號碼電子郵件位址	送達代收人姓名、住址、郵遞區號及電話號碼	
告　訴　人被　　　告	林　甲林　乙			

為被告涉嫌遺棄案件，依法提出告訴事：

一、按對於無自救力之人，依法令或契約應扶助、養育或保護而遺棄之，或不為其生存所必要之扶助、養育或保護者，即構成違背義務之遺棄罪，此觀刑法第294條第1項自明。又刑法上遺棄罪之成立，非必須置被害人於寥闃無人之地，亦非必須使被害人絕對無受第三者保護之希望，凡有法律上之扶助、養育或保護義務者，對於無自救力之人，以遺棄之意思，不履行其扶助、養育或保護義務時，罪即成立（最高法院91年度台上字第5254號判決參照）。

二、查告訴人年逾六旬，垂垂老矣，今年6月更橫遭車禍，自6月7日起即住院治療，至29日出院，身體羸弱不堪，迄今仍未復原。又告訴人育有三子，長子，十餘年來即不曾對告訴人履行過撫養義務，三子年幼在學，亦無力撫養。乃告訴人惟有投靠二子林乙，以度風燭殘年，不料二子林乙暨渠妻對告訴人態度桀驁，視為累贅，不時辱罵，告訴人迫於形勢，忍辱吞聲，以求苟活。

三、乃二子林乙及其妻，變本加厲，構思斥逐告訴人，乃於今年12月間輪番叫罵，要告訴人滾出去，否則告訴人之物件將全部擲出大街。告訴人以老邁無所歸處，堅持未走。嗣二子林乙之妻，見所謀不成，即稱告訴人所蓋之棉被為渠娘家所有之物，強行奪去，不讓告訴人禦寒，又稱告訴人所臥之床亦為渠娘家之物，強行拆裂，欲讓告訴人吃睡坐臥均不可得，以逼走告訴人，於此12月間

天寒地凍，告訴人以一方薄毯裹身，蹲踞數夜，然猶未能死之，此誠天意乎？悲哉！適有鄰居楊丁、彭戊等二人見狀不忍，集資3千元購棉被一床相贈。乃二子林乙及其妻，見其謀未遂，又將告訴人之毛毯浸入水中。事已至此，人倫親情已斷滅，數十年養育之恩盡拋棄，告訴人只有離家而去，不然勢將死於寒凍。乃世間為人子媳者，豈有上揭諸般惡行者？為此，為特依法提出告訴，敬懇鈞署察核前情，迅傳被告到案予以偵查起訴，以儆不孝。

謹狀

台灣○○地方檢察署　公鑒

證 物 名 稱 及 件 數	

中　　華　　民　　國　　　　年　　　　月　　　　日	
具狀人　　林　甲	簽名 蓋章

〈狀例3-188〉遺棄案件之答辯狀

刑事　答辯　狀	案　　號	年度　　字第　　號	承辦 股別
稱　　　　　謂	姓　名　或　名　稱 身分證統一編號或 營利事業統一編號	住居所或營業所、郵遞區號 及電話號碼電子郵件位址	送達代收人姓 名、住址、郵遞 區號及電話號碼
答　辯　人 即　被　告	李　甲		

為就　鈞署○○年度○字第○○號遺棄案件，依法提出答辯事：

緣告訴人之告訴意旨以「被告為告訴人之配偶，與被告育有二女，皆未及七歲，被告在外與人同居，數年來不顧母女生活，致生計困苦，難以為繼，被告有撫養義務，而不為必要之撫養，顯涉刑法第294條遺棄之罪嫌」云云。惟查遺棄罪，必以對於無自救力之人，不盡撫養或保護義務，而致其有不能生存之虞者，始克成立，若負有此項義務之人，不盡其義務，而事實上尚有他人為之養育或保護，對於無自救力之人之生命，並不發生危險者，即難成立遺棄罪。而所謂無自救力之人，係指其人無維持生存所必要之能力而言。告訴人正值壯年，身體健全，盡有謀生之途，絕不能以無資金技能，或未受教育為無自救力之原因，夫妻間雖不能認為相互

間無撫養之權利義務存在，但受扶養之權利者，依民法第1117條第1項規定，仍須以不能維持生活而無謀生能力者爲限，被告對於子女縱違反撫養義務，告訴人亦僅能依民事程序，請求救濟，要難因之而使被告構成遺棄罪。爲此狀請

　　鈞署鑒核，賜予不起訴處分，以符法制。

　　　　謹狀

台灣○○地方檢察署　公鑒

證　物　名　稱 及　　件　　數	

中	華	民	國	年	月	日

具狀人　　李　甲　　　　　　簽名
　　　　　　　　　　　　　　　蓋章

▶妨害自由案件

〈狀例3-189〉**妨害行使權利案件之告訴狀**

刑事　告訴　狀		案　　　號	年度　　字第　　號	承辦 股別	
稱　　　　謂	姓　名　或　名　稱 身分證統一編號或 營利事業統一編號	住居所或營業所、郵遞區號 及電話號碼電子郵件位址		送達代收人姓 名、住址、郵遞 區號及電話號碼	
告　訴　人 被　　　告	王　甲 王　乙				

爲被告王乙涉嫌妨害行使權利，依法提出告訴事：

　　緣告訴人於○○年○月○日委託王丙（即告訴人之次子）邀同裝潢工人楊丁（住○○市○○路○○號）前往勘察告訴人所有坐落於○○市○○路○○號之房屋準備重新裝潢使用。詎料被告王乙（即告訴人之長子）蓄意獨占，竟持木棍毆打楊丁並惡言恐嚇，告訴人聞訊趕到，未料被告目無尊長，竟也口出惡言，阻止告訴人使用該房屋。按「以強暴、脅迫使人行無義務之事或妨害人行使權利者」，構成刑法第304條第1項之強制罪，本罪所保護之法益在於個人意思決定之自由，及依其意思決定而作爲或不作爲之自由，茲姑且撇開倫常綱紀，告訴人既爲該系爭房屋之原始起造人（證物一），而該房屋又未經爲所有權之移轉，則該房屋依法當爲告訴人所有，既爲告訴人所有，則告訴人自屬有權管理使用，由房屋租賃契約係由告訴

人訂立出租自明（證物二）。今被告王乙非法阻止告訴人對前開房屋之管理使用，致使告訴人意思決定而作為，顯已涉刑法第304條第1項之強制罪之罪嫌。為此爰依刑事訴訟法第232條之規定，提出告訴，狀請

　　鈞署鑒核，賜傳訊證人及被告到案，以懲不法。

　　　　謹狀

台灣○○地方檢察署　公鑒

證　物　名　稱 及　　件　　數	證物一：營造執照影本一份。 證物二：租賃契約書影本一份。

中	華	民	國	年	月	日

　　　　　　　具狀人　　王　甲　　　　　　簽名
　　　　　　　　　　　　　　　　　　　　　蓋章

〈狀例3-190〉妨害自由案件之答辯狀

刑事　答辯　狀	案　　　號	年度　　字第　　　號	承辦 股別
稱　　　謂	姓　名　或　名　稱 身分證統一編號或 營利事業統一編號	住居所或營業所、郵遞區號 及電話號碼電子郵件位址	送達代收人姓 名、住址、郵遞 區號及電話號碼
答　辯　人 即　被　告	王　甲 王　乙		

為○○年度○字第○○號妨害自由案件，檢察官上訴乙案，依法答辯事：

　　按檢察官上訴意旨關於被告妨害自由部分無非謂：被告如何恐嚇林丙，經林丙於偵查中指證歷歷，且經證人趙丁結證屬實，吳己、李庚是事後迴護之嫌，衡諸常情，林丙要前去測量土地，影響到被告，其出於恐嚇之言，命其不許動，亦非不可能，原判諭知無罪不當，爰予上訴等情，惟：

一、告訴人林丙雖於偵訊時稱：被告王甲、王乙對我說：「這塊土地是我的，你不能動，如果動我們就拿刀殺你。」經檢察官詢其當場有無人聽到？林丙答稱：趙丁、楊戊他們都有聽到等語。惟查檢察官追詢楊戊有無聽到？楊戊答稱：「我沒有聽到。」又詢及：你不是和趙丁一同去測量嗎？亦答稱：沒有。則林丙稱楊戊在場聽到恐嚇之說與事實不符。

二、次按趙丁於原審庭訊時證稱：「不過，我沒聽到王甲、王乙二人說要拿刀殺人。」加以其他在場的證人如吳己、李庚於原審均證稱：被告確未對林丙加以恐嚇之事，因此告訴人林丙本於利害關係人對立地位所為片面誇張之虛詞與事實有間，殊難盡信，茲被告二人王甲、王乙堅決否認有恐嚇林丙之事，故告訴人指稱被告二人有稱拿刀殺你乙節，純係虛構與事實不符。

三、再按檢察官上訴稱：「衡情被害人前去測量土地，影響到被告，出言恐嚇亦非不可能等語乙節。」查犯罪事實，應依證據認定之，法有明文，被告否認犯罪事實所持之辯解，縱屬不能成立，仍非有積極證據足以證明其犯罪行為，不能遽以推測之詞為判斷資料，參閱最高法院30年上字第1831號判例自明。因此，本件單憑告訴人抽象的聲稱有恐嚇之事，亦非可採。檢察官以臆測之詞衡情或有恐嚇之事，而作推定，與實情有違，其之上訴，亦難謂洽，為此特予答辯，狀請

　　鈞院明察，賜予維持原審被告被訴妨害自由部分無罪之判決。

　　　　　謹狀

台灣高等法院刑事庭　公鑒

證　物　名　稱 及　　件　　數	

中　　華　　民　　國　　　年　　　月　　　日			
	具狀人	王　甲 王　乙	簽名 蓋章

〈狀例3-191〉妨害自由案件之上訴狀

刑事　上訴狀	案　號	年度　字第　號	承辦 股別	
稱　　　　謂	姓名或名稱 身分證統一編號或 營利事業統一編號	住居所或營業所、郵遞區號 及電話號碼電子郵件位址	送達代收人姓 名、住址、郵遞 區號及電話號碼	
上　訴　人 即　被　告	王　甲			

為聲明上訴事：

　　緣上訴人被訴妨害自由乙案，於本年○月○日接奉　台灣○○地方法院刑事判決乙件，其主文諭知「王甲以非法方法剝奪人之行動自由，處有期徒刑四月」等。上訴人對於上開判決，實難甘服，爰於法定期間內聲明上訴，謹將理由陳述於後：

一、查上訴人於○○年○月○日晚駕駛○○○○號計程車，於○○市○○路○○段搭載乘客林乙至○○路○○巷附近，因計費表發生故障，與乘客發生車資爭執，擬載其至○○市警察局○○分局處理，車行不到2百公尺至○○加油站附近時，因林乙在車上大聲叫喚，上訴人惟恐路人誤會，乃即停車開門任其下車。詎林乙卻控上訴人妨害其自由，原審竟不顧本案發生糾紛之原因事實，竟僅憑林乙之指控，而為判決，自難以昭折服。

二、按由○○路○○巷附近至○○市警察局○○分局，全程不過3、4百公尺，全係16米之寬敞二線大道，兩旁高樓林立，全係商店住戶，路上鎂光燈通明，車水馬龍，熱鬧非凡，○○加油站即在該二線大道之旁，原審卻將通明二線大道，謂為黑暗地點，顯與事實不符，不無故入人罪之嫌。

三、次按本案之發生，純因車資糾紛，「上訴人欲與乘客同至○○分局尋求解決之道，因林乙在車上大聲叫喚而開門任其下車，在時間上言，只不過1、2分鐘，路程亦不過1百多公尺，若謂上訴人在此短暫之時間內及路程上能剝奪他人之自由，實嫌速斷」。

四、上訴人為職業司機，家有妻室及一子二女，全家五口之眾，長男王丙正服役在營，長女王丁現在貿易公司任職，收入僅足敷其自用，次女為在學之學生，生活端賴上訴人個人收入以資維持，困苦之情，不難想見，謹附上戶口名簿影本一件（證物一），祈請

　　鈞院鑒核，准將原判決撤銷，諭知無罪。如　鈞院仍認上訴人有罪，懇請准予宣告緩刑，以勵自新。

　　　　　　謹狀

台灣○○地方法院刑事庭　轉呈
台灣高等法院刑事庭　　　公鑒

證　物　名　稱及　　件　　數	證物一：戶口名簿影本一件。

中　　華　　民　　國　　　　年　　　　月　　　　日

　　　　　　具狀人　　王　甲　　　　　簽名
　　　　　　　　　　　　　　　　　　　蓋章

〈狀例3-192〉恐嚇案件之告訴狀

刑事 告訴 狀		案　　號	年度　字第　號	承辦股別	
稱　　　謂	姓 名 或 名 稱身分證統一編號或營利事業統一編號	住居所或營業所、郵遞區號及電話號碼電子郵件位址		送達代收人姓名、住址、郵遞區號及電話號碼	
告　訴　人被　　　告	王　甲林　乙				

為被告林乙涉嫌恐嚇，依法提出告訴事：

　　緣○○年○月○日上午○時許，告訴人邀同裝潢工人趙丙（住○○市○○路○○號）前往勘察坐落於○○市○○路○○號家父王丁所有之房屋，準備重為裝修，其時，被告林乙，意圖占用上開房屋，為阻止告訴人前往裝潢，突然間手持木棍毆打告訴人，並惡言相向，揚言要對告訴人不利，致使告訴人心生畏怖，而不敢再前去裝潢。按「以加害生命、身體、自由、名譽、財產之事，恐嚇他人致生危害於安全者」，即構成刑法第305條之恐嚇危害安全罪，本罪所保護之法益，乃是個人日常生活之安寧及不受他人恐嚇其生活安全之自由；易言之，即個人在社會秩序生活中之安全感或個人之「法安全感」。本案被告非法阻止告訴人於先，又惡言恐嚇告訴人於後，致使告訴人心生畏懼，侵害告訴人在法社會秩序生活中之安全感，核被告之所為，顯已涉刑法第305條恐嚇危害安全罪，為此爰依刑事訴訟法第232條之規定，向　鈞署提出告訴，狀請

　　鈞署鑒核，賜予傳訊證人及被告，以懲不法。
　　　　　　　謹狀
台灣○○地方檢察署　公鑒

證　物　名　稱及　　件　　數	

中　　華　　民　　國　　　　年　　　　月　　　　日	
具狀人　王　甲	簽名蓋章

〈狀例3-193〉留滯案件之告發狀

刑事　告發　狀	案　　號	年度　字第　號	承辦股別	
稱　　　　謂	姓　名　或　名　稱身分證統一編號或營利事業統一編號	住居所或營業所、郵遞區號及電話號碼電子郵件位址	送達代收人姓名、住址、郵遞區號及電話號碼	
告　發　人被　　　告	王　甲林　乙			

為被告涉嫌留滯罪，依法告發事：

　　緣告發人為「○○工業有限公司」之董事長，被告林乙於民國○○年○月○日下午2時40分左右，糾集四名不知姓名人前來「○○工業有限公司」，要求公司小姐許丙須開發票給他。惟小姐以被告並未付款無法開出發票為由，而拒開發票，嗣經公司經理楊丙（住○○市○○路○○號）要求被告退出公司，被告竟不退出，表示要拿棉被至公司睡覺，直至下午5點半，被告仍拒離開，致公司之職員無法按時下班，乃至6點，告發人不得已向○○派出所報警後，始由警員將被告等帶離公司。

　　綜上所述，被告之行為已涉刑法第306條第2項之留滯罪，為此依法告發，懇請傳喚被告，並予以起訴，以儆不法。

　　　　　謹狀

台灣○○地方檢察署　公鑒

證　物　名　稱及　件　數	

中　　華　　民　　國　　　年　　　月　　　日	
具狀人　王　甲	簽名蓋章

▶妨害名譽案件

〈狀例3-194〉妨害名譽案件之告訴狀

刑事　告訴　狀	案　　號	年度　字第　號	承辦股別	
稱　　　　謂	姓　名　或　名　稱身分證統一編號或營利事業統一編號	住居所或營業所、郵遞區號及電話號碼電子郵件位址	送達代收人姓名、住址、郵遞區號及電話號碼	

| 告　訴　人 | 王　甲 | | |
| 被　　　告 | 林　乙 | | |

為被告涉嫌妨害名譽案件，依法提出告訴事：

按告訴人與被告原係○○旅行社有限公司之同事，詎被告為解決與其妻趙丙（住○○市○○路○○號）間之財務糾紛，竟利用告訴人之憨直、忠厚，藉端誣指告訴人與趙丙間發生曖昧行為，誣告告訴人和誘有配偶之人脫離家庭。被告不以此為足，竟於民國○○年○月○日以○字第○○號函寄發各觀光大飯店、遊覽公司、餐廳及藝品館，誣稱告訴人為姦夫，復稱「疑由姦夫淫婦所發出之未署名函乙件」（證物一），實則告訴人並未寄發任何未署名函，被告之誣稱顯屬不實。

其次，被告復函楊丁律師（○○市○○路○○號）誣稱：「因為王甲妨害家庭……致我夫妻仳離……事業受損……該員復不知悔改認錯，還百般利用捏造無有之勒索……數度恐嚇……藉機親近內子趙丙女士……發生姦情……再三恐嚇……」（證物二）。惟告訴人既無勒索、恐嚇之行為，被告竟散布不實之事實致毀損告訴人之名譽。

再者，被告又於○○年○月○日以○○支局第○○號存證信函寄發趙丙稱：「……寡不知恥地由姦夫王甲……」（證物三），亦已毀損告訴人之名譽。

綜上所述，被告不當指摘傳述不實而足以毀損告訴人之名譽，已嚴重毀損告訴人之權益，其行為自已觸犯刑法中妨害名譽罪章，為此依刑事訴訟法第232條之規定，依法提出告訴被告，狀請

鈞署鑒核，懇請　鈞長賜予傳喚被告及證人到庭作證，並即予以起訴被告，以儆不法。

　　　　　謹狀

台灣○○地方檢察署　公鑒

證　物　名　稱 及　件　數	證物一：○○旅行社有限公司○○年○月○日○字第○○號函影本一件。
	證物二：被告函楊丁律師函影本一件。
	證物三：郵局存證函影本一件。

| 中　　　華　　　民　　　國　　　　年　　　　月　　　　日 |
| 具狀人　王　甲　　　　　簽名蓋章 |

〈狀例3-195〉妨害名譽案件之答辯狀

刑事 答辯 狀		案 號	年度 字第 號	承辦股別	
稱 謂	姓 名 或 名 稱身分證統一編號或營利事業統一編號	住居所或營業所、郵遞區號及電話號碼電子郵件位址		送達代收人姓名、住址、郵遞區號及電話號碼	
答 辯 人即 被 告	王 甲				

為就 鈞院○○年度○字第○○號妨害名譽案件，依法提出答辯事：

按侮辱人之罪成立與否應以對於個人在社會上所保持之人格及地位，因加害者之舉動，達於足以毀損其名譽之程度與否為斷；而且侮辱應以公然為要件，所謂「公然」，依照法意而解釋是指侮辱行為，必在事實上有使多數不特定人以其共見共聞之狀況，方可認為達於公然之程度。本件自訴意旨所稱：因離婚贍養費之問題於○○年○月○日在其辦公室發生爭執，被告指其為「不知廉恥」、「藉機敲詐」、「未受教育」等語使其難堪，及其社會地位嚴重受到損害等語。惟查當時只有被告與自訴人在辦公室爭執外，並無他人在場，依首開說明，自難論以公然侮辱罪，且認定犯罪事實，應憑證據，自訴人空言指摘，又未舉出任何證據足以證明被告有公然侮辱之情事。為此提出答辯，狀請

鈞院鑒核，賜為被告無罪判決之諭知。

謹狀

台灣○○地方法院刑事庭 公鑒

證 物 名 稱及 件 數	

中 華 民 國 年 月 日
具狀人 王 甲 簽名蓋章

▶妨害秘密案件

〈狀例3-196〉洩漏業務上秘密案件之告訴狀

刑事 告訴 狀	案　　號	年度　字第　號	承辦股別
稱　　　謂	姓　名　或　名　稱 身分證統一編號或 營利事業統一編號	住居所或營業所、郵遞區號 及電話號碼電子郵件位址	送達代收人姓名、住址、郵遞區號及電話號碼
告　訴　人 被　　　告	李　甲 蔡　乙		

為被告蔡乙無故洩漏因業務上知悉之秘密，依法提出告訴事：

　　緣被告蔡乙自民國○○年○月間，至今年○月底，在告訴人所開設之○○藥廠擔任藥師，對於本藥廠所生產之藥劑內容配方、數量，以及銷售之價格、對象知之甚稔。今年○月底藉故離開本藥廠，詎其竟與楊丙串通合作，非但將本藥廠之藥品製法洩漏無遺，且以更低之價格拉攏本藥廠之原有顧客，致本藥廠之營業受到嚴重之損失。按「醫師、藥師……無故洩漏因業務知悉或持有之他人秘密者」，構成刑法第316條之洩漏業務上知悉他人秘密罪，是被告之行為，顯涉該條之罪嫌。為此依法提出告訴，狀請

　　鈞署鑒核，賜傳喚被告到案，偵查起訴，以懲不法。

　　　　　謹狀

台灣○○地方檢察署　公鑒

證　物　名　稱 及　　件　　數	

中　　　華　　　民　　　國　　　　年　　　　月　　　　日
具狀人　　李　甲　　　　簽名蓋章

〈狀例3-197〉洩漏業務上秘密案件之答辯狀

刑事 答辯 狀	案　　號	年度　字第　號	承辦股別
稱　　　謂	姓　名　或　名　稱 身分證統一編號或 營利事業統一編號	住居所或營業所、郵遞區號 及電話號碼電子郵件位址	送達代收人姓名、住址、郵遞區號及電話號碼

答　辯　人即　　被　告	蔡　乙		

為○○年度○字第○○號洩漏業務上秘密案件，依法提出答辯事：

　　按告訴意旨略以被告為○○藥廠之藥師，於今年○月底，藉故離開告訴人所開設之○○藥廠，並與楊丙串通合作，洩漏該藥廠之藥品配方，以低價拉攏該藥廠之顧客云云。惟查被告僅係○○藥廠之業務員，並非該藥廠之藥師，而對於該藥廠藥品之配方更是不懂，何洩漏之可言？且楊丙所生產之藥品與該藥廠生產之藥品性質不同，功用各異，更足以證明被告並無洩漏秘密之情事，而被告前既身為業務員，與顧客間自較熟悉，今被告代表楊丙向顧客推銷藥品，自非法之所禁，告訴人之控訴，委實不當，亦有所違誤。為此依法提出答辯，狀請

　　鈞署鑒核，賜為不起訴處分。
　　　　謹狀
台灣○○地方檢察署　公鑒

證　物　名　稱及　　件　　數			

中　　　華　　　民　　　國　　　　　年　　　　　月　　　　　日			
	具狀人　蔡　乙	簽名蓋章	

▶妨害性隱私及不實性影像案件

〈狀例3-198〉妨害性隱私案件之告訴狀

刑事　告訴　狀	案　　　號	年度　　字第　　　號	承辦股別	
稱　　謂	姓　名　或　名　稱身分證統一編號或營利事業統一編號	住居所或營業所、郵遞區號及電話號碼電子郵件位址	送達代收人姓名、住址、郵遞區號及電話號碼	
告訴人被　　告	鄭　甲游　乙			

為被告游乙未經他人同意無故攝錄他人性影像案件，依法提出告訴事：

　　緣被告游乙與告訴人鄭甲，均係址設○○市○○區甲公司之同事，竟基於無故攝錄他人性影像之犯意，於民國112年○月晚上7時許，未經告訴人之同意，在甲公

司廁所內馬桶旁之垃圾桶內，無故以安裝針孔攝影機鏡頭及連結行動電源裝置之方式，竊錄告訴人客觀上足以引起性慾或羞恥之如廁行為與身體隱私部位等性影像，並即時上傳至被告申設之雲端儲存軟體內儲存供其觀覽，嚴重侵害告訴人隱私，並導致告訴人內心留下難以抹滅之陰影。按「未經他人同意，無故以照相、錄影、電磁紀錄或其他科技方法攝錄其性影像者」，構成刑法第319條之1第1項之無故攝錄他人性影像罪，是被告之行為，顯涉該條之罪嫌。為此 依法提出告訴，狀請

　　　鈞署鑒核，賜傳喚被告到案，偵查起訴，以懲不法。

　　　　　謹狀

台灣○○地方檢察署　公鑒

證物名稱及件數	

中	華	民	國	年	月	日

　　　　　　具狀人　　鄭　甲　　簽名蓋章

〈狀例3-199〉妨害性隱私案件之答辯狀

刑事　答辯　狀	案　　號	年度　　字第　　號	承辦股別	
稱　　謂	姓名或名稱身分證統一編號或營利事業統一編號	住居所或營業所、郵遞區號及電話號碼電子郵件位址	送達代收人姓名、住址、郵遞區號及電話號碼	
答辯人即被告	游乙			

為○○年度○字第○○號未經他人同意無故攝錄他人性影像案件，依法提出答辯事：

　　　按告訴意旨略以被告於民國112年○月晚上7時許，未經告訴人之同意，在甲公司廁所內馬桶旁之垃圾桶內，無故以安裝針孔攝影機鏡頭及連結行動電源裝置之方式，竊錄告訴人客觀上足以引起性慾或羞恥之如廁行為與身體隱私部位等性影像，並即時上傳至被告申設之雲端儲存軟體內儲存供其觀覽云云。然依刑法第319條之6規定，同法第319條之1第1項之罪，屬告訴乃論之罪。復按案件有告訴乃論之罪，其告訴已經撤回者，應為不起訴之處分，刑事訴訟法第252條第5款定有明文。查被告日前已與告訴人達成調解（證物一），取得告訴人原諒，並經告訴人具狀撤回刑

事告訴（證物二），揆諸前開條文說明，狀請　鈞署鑒核，賜爲不起訴處分。

　　　　　　謹狀

台灣○○地方檢察署　公鑒

證物名稱及件數	證物一：調解筆錄一份。 證物二：刑事撤回告訴狀一份。

中	華	民	國		年		月		日
				具狀人　游　乙			簽名 蓋章		

▶竊盜案件

〈狀例3-200〉竊盜案件之答辯狀

刑事　答辯　狀		案　　號	年度　　字第　　號	承辦股別	
稱　　　　謂	姓　名　或　名　稱 身分證統一編號或 營利事業統一編號	住居所或營業所、郵遞區號 及電話號碼電子郵件位址		送達代收人姓 名、住址、郵遞 區號及電話號碼	
答　辯　人 即　被　告	王　甲 王　乙				

爲被訴竊盜案件，依法提出答辯事：

　　緣告訴人意旨以：王甲、王乙於○○年○月○日下午於○○市○○路○○號一樓毀壞門鎖入室竊取告訴人林丙所有之錄音機乙台、現款新台幣3萬元等。惟查被告等並未有竊盜之行爲，而告訴人指稱被告等竊盜，未知是何依據，乃告訴人所指○○年○月○日下午，被告等係與友人王丁在○○戲院看電影，茲有當天電影票根二紙可稽（證物一）及證人王丁可證，被告等既在戲院看電影，豈能分身前去○○市○○路○○號一樓偷竊，又如何能毀壞門鎖，告訴人未察，即率爾告訴，實屬草率。爲此提出答辯，狀請

　　鈞署鑒核，賜爲不起訴處分，以保無辜。

　　　　　　謹狀

台灣○○地方檢察署　公鑒

證 物 名 稱 及 　 件 　 數	證物一：電影票根二紙。

中 　 華 　 民 　 國 　 年 　 月 　 日

具狀人　王　甲　　　　簽名
　　　　王　乙　　　　蓋章

〈狀例3-201〉竊盜案件之請求上訴狀

刑事　請求上訴　狀	案　　號	年度　字第　號	承辦 股別	
稱　　　謂	姓　名　或　名　稱 身分證統一編號或 營利事業統一編號	住居所或營業所、郵遞區號 及電話號碼電子郵件位址	送達代收人姓 名、住址、郵遞 區號及電話號碼	
請　求　人 即　告　訴　人	林　甲			

為對於台灣○○地方法院○○年度○字第○○號竊盜案件之判決認事用法顯有未當，爰特陳述意見請賜依法提起上訴，以資糾正事：

　　緣告訴人之妻林乙（即被告）因不守婦道，與人有染，早為告訴人所獲悉，然因顧及家庭幸福及子女之顏面，故屢次苦口規勸，期伊洗心革面，改過向善。無奈伊執迷不悟，一意孤行，復於本年○月中旬離家出走，然伊深知告訴人握有其通姦證據錄音帶三卷，藏於保險箱內，為求湮滅證據，脫卸刑責，不惜鋌而走險，干犯法紀，遂夥同被告李丁，於○月○日晚10時許，潛入告訴人店內，開啟保險箱，竊取錄音帶三卷，並將全部貴重金飾（如附表所列）囊括而去，業經　鈞署偵查並提起公訴，現細繹判決文竟對其餘財物隻字不提，顯有不合。故特狀請

　　鈞署鑒核，准予提起上訴，以資糾正。

　　　　謹狀

台灣○○地方檢察署　公鑒

證 物 名 稱 及 　 件 　 數	

中 　 華 　 民 　 國 　 年 　 月 　 日

具狀人　林　甲　　　　簽名
　　　　　　　　　　蓋章

〈狀例3-202〉竊盜案件之上訴理由狀

刑事　上訴理由　狀	案　　號	年度　字第　　號	承辦股別	
稱　　　　　　謂	姓　名　或　名　稱身分證統一編號或營利事業統一編號	住居所或營業所、郵遞區號及電話號碼電子郵件位址	送達代收人姓名、住址、郵遞區號及電話號碼	
上　訴　人即　被　告	王　甲			

為不服台灣○○地方法院○○年度○字第○○號刑事判決，已於法定期間內聲明上訴，茲再補提上訴理由事：

一、按刑法中之所稱結夥三人，若其中一人僅為教唆犯或為事前幫助之從犯，均不算入結夥三人之內，最高法院民刑庭總會23年3月19日著有決議。又按刑法第321條第1項第4款所定「結夥三人以上」而犯竊盜罪，係指在場共同實行或在場參與分擔實行竊盜行為之共同正犯（不包括同謀共同正犯、教唆犯或幫助犯在內）有三人以上而言（最高法院104年度台非字第168號判決參照）。查被告王甲在○○年度少連偵字第○○號偵查卷第8頁第4、5行供稱：「林乙等三人偷竊都是利用機會偷，詳細我不清楚。」另被告楊丙在同卷第14頁反面第7、8行供稱：「是於○○年○月間與林乙、趙丁等人共同利用星期日加班之際趁機竊取……」另一被告林乙亦在同卷第19頁第7行供稱：「偷竊材料是我們偷的人的意思」，其口供相符合。可見被告王甲與竊盜犯楊丙等不但意思無聯絡，行為亦無共同，連事前幫助或教唆均闕如，揆諸前開判例及決議，當不能算入結夥三人之內，縱令有事前幫助或教唆亦同。原判決不察，牽強附會，誤解為共謀共同正犯，尚勉強將被告王甲拉入結夥三人之內，不無刑事訴訟法第378條判決適用法則不當之違法。

二、查原判決理由欄第二項末段雖云：「被告等雖以警訊時曾受刑求為辯，惟據證人即訊問被告等之刑警陳戊、李己一致結證警訊筆錄係完全照被告等所陳述而記載，絕無刑求情事，是被告等所辯警訊時所供乃刑求之結果云云，不足探信。」但施刑求之刑警豈敢承認有加刑求迫供？如此論法不無違反常理，違背經驗法則。查被告王甲因耐不住皮肉之苦又被刑警誘騙云：「你已有進出貨登記簿可證明沒有偷，在筆錄簽押亦是沒有關係，沒有事情的。」故在刑警之偵訊筆錄簽押，但該自白與事實不符。按被告王甲管理其所經營○○有限公司有條有理，置有進貨日記簿、出貨分類登記簿、進貨單據、送貨單（即銷貨憑證），進多少材料、造出多少器材、剩下多少材料，俱有該進銷貨帳簿及單據可稽，並可資核對。而依該簿所載除被刑警扣押後交給自訴人之儀器材料外，被告工廠裡剩下之材料數量與該簿所載者相符，可證明被告王甲與本件竊案無

關，即可證明被告王甲被迫供之自白與事實不符。第一審法院對被告如上主張及再三請求履勘被告工廠及核對所提出之帳簿、單據均置若罔聞。原判決顯有刑事訴訟法第379條第10款應於審判期日調查之證據而未予調查之違背法令情事。

三、綜上所陳，原審法院認事用法均有不當，爲此懇請

鈞院詳查，賜准撤銷原判決，以期適法。

　　　　　謹狀

台灣○○地方法院刑事庭　　轉呈

台灣高等法院刑事庭　　　公鑒

證　物　名　稱及　　件　　數	

中　　　　華　　　　民　　　　國　　　　年　　　　月　　　　日	

具狀人　　王　甲　　　　　簽名
蓋章

▶ 強盜案件

〈狀例3-203〉強盜案件之告訴狀

刑事　告訴　狀	案　　號		年度　　字第　　號	承辦股別	
稱　　　謂	姓　名　或　名　稱身分證統一編號或營利事業統一編號	住居所或營業所、郵遞區號及電話號碼電子郵件位址		送達代收人姓名、住址、郵遞區號及電話號碼	
告　訴　人被　　　告	林　甲李　乙楊　丙				

爲被告等涉嫌強盜等案件，依法提出告訴事：

　　按被告李乙於民國○○年○月○日上午夥同另一被告楊丙，持械前往○○工業有限公司，強行搬走公司機器七台，上開行爲有○○工業有限公司之廠長劉丁（住○○市○○路○○號）及職員許戊（住○○市○○路○○號）在場目睹，足資作證。核被告等既有犯意聯絡、行爲分擔，而意圖爲自己不法之所有，以強暴、脅迫方法，致使告訴人之公司人員無法抗拒，並取走公司之財物，已涉刑法第328條第1項之強盜罪。爲此依刑事訴訟法第232條之規定，依法狀請

鈞署鑒核，懇請　鈞署依法將被告等予以起訴，以儆不法。

　　　　　　謹狀

台灣○○地方檢察署　公鑒

證　物　名　稱 及　　件　　數	

中	華	民	國	年	月	日

　　　　　　具狀人　　林　甲　　　簽名 蓋章

〈狀例3-204〉準強盜罪之答辯狀

刑事　答　辯　狀	案　　號	年度　字第　　號	承辦 股別
稱　　　　謂	姓　名　或　名　稱 身分證統一編號或 營利事業統一編號	住居所或營業所、郵遞區號 及電話號碼電子郵件位址	送達代收人姓 名、住址、郵遞 區號及電話號碼
答　辯　人 即　被　告	王　甲		

為　鈞署○○年度○字第○○號準強盜案件，依法提出答辯事：

　　緣告訴人之告訴意旨以「被告王甲意圖為自己不法之所有，於民國○○年○月○日晚9時許，在○○縣○○鄉○○村○○路附近，竊取告訴人所有之檳榔十二簍計二千四百粒，約值新台幣4,800元，得手後，當場為告訴人發覺，趨前欲取回被竊之檳榔，被告為脫免逮捕，竟當場施以強暴，雙手猛勒告訴人之脖子，經告訴人以拳打腳踢掙開後，並擬向警察派出所報案」，被告遂又向告訴人脅迫稱：「不可報案，否則對你不利」等語。惟查刑法第329條所謂竊盜因脫免逮捕，而當場施以脅迫者，係以已有逮捕之行為，被告為脫免逮捕，當場對於欲加逮捕之人，施以脅迫，始為相當。本件告訴人並未對被告有加以逮捕之行為，則被告有何脫免逮捕之可言？足見告訴人之告訴顯有不當。為狀依法提出答辯，狀請

　　鈞署鑒核，賜為不起訴處分。

　　　　　　謹狀

台灣○○地方檢察署　公鑒

證 物 名 稱及 件 數	

中　　華　　民　　國　　　　年　　　　月　　　　日	
具狀人　王　甲	簽名蓋章

〈狀例3-205〉結夥強盜案件之上訴理由狀

刑事　上訴理由　狀	案　號	年度　字第　號	承辦股別	
稱　　謂	姓　名　或　名　稱身分證統一編號或營利事業統一編號	住居所或營業所、郵遞區號及電話號碼電子郵件位址	送達代收人姓名、住址、郵遞區號及電話號碼	
上　訴　人即　被　告	李　甲			

為因結夥強盜案件，不服台灣高等法院○○年度○字第○○號刑事判決，經聲明上訴在卷，謹再補呈上訴理由事：

一、原審判決未盡調查證據之能事：

按「依本法應於審判期日調查之證據而未予調查者，其判決當然違背法令」，刑事訴訟法第379條第10款定有明文。本件原審判決維持第一審論處上訴人多次結夥強盜罪刑之判決，雖非無見，惟查原審判決所附犯罪事實一覽表所列第一次、第二次、第七次各強盜新台幣1,300元、300元、180元部分，並無被害人報案，又無贓物查獲，其犯罪行為之實施及態樣如何，是否已至使不能抗拒而取他人之物或使其交付之程度，事實殊欠明瞭，原審未經詳查審認，遽行判決，自有應於審判期日調查之證據未予調查之違法。

二、原審判決採證違背證據法則：

次按稱判決違背法令者，指不適用法則或適用不當者而言，曰法則，不以實體法為限，即程序法上之法則亦包括在內，而程序法上之法則，則包括證據法則。本件上訴人於檢察官偵查中供稱：林乙、趙丙如何向他人要錢，伊並不知道（見○○年度少偵字第○○號卷第5頁），原審判決理由內謂上訴人已在偵查中坦承不諱，亦與其所採用之證據不相適合，即屬證據上之理由矛盾。

綜上所陳，原審判決顯屬違背法令，為此狀請

鈞院鑒核，賜撤銷原判決，發回更審，以明法制。

<table>
<tr><td colspan="6">　　　　　　謹狀
台灣高等法院刑事庭　　轉呈
最高法院刑事庭　　　　公鑒</td></tr>
</table>

證 物 名 稱 及 　 件 　 數	

中	華	民	國	年	月	日
		具狀人　李　甲			簽名 蓋章	

▶侵占及背信案件

〈狀例3-206〉業務上侵占案件之告訴狀

刑事　告訴　狀		案　　號	年度　字第　號	承辦 股別
稱　　　　謂	姓 名 或 名 稱 身分證統一編號或 營利事業統一編號	住居所或營業所、郵遞區號 及電話號碼電子郵件位址	送 達 代 收 人 姓 名 、 住 址 、 郵 遞 區號及電話號碼	
告　訴　人 被　　　告	林　甲 楊　乙			

為被告楊乙涉嫌業務上侵占，依法提出告訴事：

　　緣被告為○○股份有限公司之董事長兼總經理，並以副總經理名義誘招告訴人入股後，即屢以公司財務周轉困難為由，分別以公司為發票人之臺灣銀行○○分行支票多張，交由告訴人向友人調借現金情事，業經告訴人提起民事給付票款訴法，並經　鈞院以○○年度○字第○○號審理在案。茲被告又於○○年8月至12月間未依公司法及公司章程之規定非法將公司資產變賣，其事實有：

一、被告分別於○○年○月○日及同年○月○日將○○股份有限公司名下之貨車，車號分別為○○○○及○○○○，以新台幣○○萬元及○○萬元變賣給趙丙（住○○市○○路○○號）及王丁（住○○市○○路○○號），將變賣所得侵吞入己，此由公司帳冊（證物一）可稽。

二、公司部分生財器具，被告將其搬運回○○市○○路○○號二樓之住宅，復將公司辦公室之押租金私自吞入私囊，有房東李戊（住○○市○○路○○號）及公司職員徐己（住○○市○○路○○號）為證。

　　綜上所述，被告既身爲公司董事長，卻未盡其職責，力謀公司之發展，竟意圖爲自己不法之所有，而變賣公司之財物，侵占業務上自己持有他人之物，其行爲已涉刑法第336條第2項業務上侵占罪，爲此謹依刑事訴訟法第232條提出告訴，狀請　鈞署詳查，懇請　傳喚被告及證人到庭作證，並即予起訴被告，以儆不法。
　　　　　　　　謹狀
台灣○○地方檢察署　公鑒

證 物 名 稱 及 件 數	證物一：公司帳冊影本一份。

中	華	民	國		年	月	日
		具狀人	林　甲			簽名蓋章	

〈狀例3-207〉侵占案件之答辯狀

刑事 答辯 狀		案　　號	年度	字第	號	承辦股別	
稱　　　謂	姓 名 或 名 稱 身 分 證 統 一 編 號 或 營 利 事 業 統 一 編 號	住居所或營業所、郵遞區號及電話號碼電子郵件位址				送 達 代 收 人 姓 名、住址、郵遞 區號及電話號碼	
答 辯 人 即 被 告	王　甲						

爲被訴侵占乙案，依法提出答辯事：
　　查刑法上之侵占罪，以意圖爲自己或第三人不法之所有而擅自處分自己持有之他人所有物，即變更持有人之意爲不法所有之意爲構成要件，若以自己或他人名義向人借貸，不能如數清償，自係民事上違背履行契約問題，與侵占罪之要件不合。本件自訴意旨稱：被告爲其僱用之工讀生，因急用款項，於○○年○月○日受其囑咐，前往○○商行收取貨款新台幣（以下同）9,000元，並同時將該貨款借與被告，言明借期爲二個月，詎料屆期被告僅還3,000元，餘款皆遲不返還，顯有侵占之嫌云云。惟「金錢或其他代替物，因消費借貸契約由當事人之一方移轉所有權於他方者，他方雖負有以種類、品質、數量相同之物返還之義務，但並非代所有權人保管原物，如其事後延不返還，係民事上違約問題，與侵占罪之要件並不相同。」（最高法院94年度上字第2541號判決參照），自訴人既願將所收之貨款充作貸款借

與被告使用，借貸契約即告成立，事後未予如數返還，僅在民事違約範圍內而已，係自訴人完全藉以民事而利用自訴程序恐嚇被告，至爲明顯，爲此提起答辯，狀請

鈞院詳查，賜爲被告無罪之判決。

　　　　　　謹狀

台灣○○地方法院刑事庭　公鑒

證 物 名 稱 及 件 數							
中	華	民	國	年		月	日

　　　　　　　　具狀人　　王　甲　　　　　簽名
　　　　　　　　　　　　　　　　　　　　　蓋章

〈狀例3-208〉背信案件之上訴理由狀

刑事	上訴理由 狀	案　號	年度　字第　號	承辦 股別	
稱　　　謂	姓 名 或 名 稱 身分證統一編號或 營利事業統一編號	住居所或營業所、郵遞區號 及電話號碼電子郵件位址	送達代收人姓 名、住址、郵遞 區號及電話號碼		
上　訴　人 即　被　告	王　甲				

爲被告因背信案件，不服台灣○○地方法院○○年度○字第○○號刑事判決，經依法聲明上訴，茲再補呈上訴理由事：

　　緣原審認定上訴人即被告（以下簡稱被告）王甲於民國○○年○月○日在○○路○○冷飲店向自訴人趙丁（已故，由其妻林丙承受訴訟）表示其已籌妥資金新台幣（以下同）1,000萬元，生產無煙、無臭液化燃料，籌組○○化學工業股份有限公司（以下稱○○公司），請趙丁擔任名義上之董事長，並承諾在趙丁擔任董事長任內不開存款不足之支票，經趙丁應允後，任命被告爲該公司總經理代行趙丁之職務。詎被告竟自○○年○月○日間，基於損害趙丁利益之犯意，以○○公司名義先後簽發○○商業銀行○○分行無存款及存款不足之支票共二十八張，均經執票人提示不獲支付，顯有損害○○公司及董事長趙丁之利益，因而判決被告背信罪刑，固非無見。惟查刑法第342條之背信罪，係以受他人之委任爲他人處理事務，意圖損害本人之利益而爲違背其任務之行爲，致生損害於其本人，爲其成立要件。原審既

認定趙丁係受被告之邀請，而擔任公司名義上之董事長，而趙丁非但未對公司有分文之投資，反因承諾擔任此項職務而受領公司股權百分之10乾股之酬勞，乃自訴人趙丁不爭之事實，由此可見，趙丁不過受公司之形式上選任而擔任名義上之董事長，則其委任被告為公司總經理，自係本於公司董事長之職權為之，其委任人應屬公司，而非趙丁私人，故被告雖有違背其與趙丁間私人約定，而簽發存款不足之支票，致其遭受損害，亦僅屬私法上之違約行為，並非違背其私人之委任任務，自與背信罪之成立要件不符，原判決未詳審酌，遽予論以背信罪刑，難謂無適用法則不當之違法。為此狀請

　　鈞院鑒核，賜將原審判決撤銷，改論知被告無罪。
　　　　謹狀
台灣○○地方法院刑事庭　　轉呈
台灣高等法院刑事庭　　　　公鑒

證　物　名　稱及　　件　　數	

中　　華　　民　　國　　　　年　　　　月　　　　日	

具狀人　　王　甲　　　　簽名蓋章

▶詐欺案件

〈狀例3-209〉詐欺案件之告訴狀

刑事　告訴　狀	案　　號	年度　　字第　　號	承辦股別	
稱　　　謂	姓　名　或　名　稱身分證統一編號或營利事業統一編號	住居所或營業所、郵遞區號及電話號碼電子郵件位址	送達代收人姓名、住址、郵遞區號及電話號碼	
告　訴　人被　　　告	王　甲林　乙			

為被告林乙涉嫌詐欺犯罪，依法提起告訴事：

　　緣被告林乙為○○雜誌社之負責人，於○○年○月○日晚約告訴人簽訂合夥契約書，要求告訴人提供新台幣（以下同）90萬元，共同以雜誌社之名義辦理「○○年度夏令○○大露營」，茲有合夥公證書乙紙可稽（證物一），告訴人已於○○年

○月○日依照契約將現金及支票交付給被告，有收據二紙足資為證（證物二）。惟告訴人於交付支票及現金之後，始發覺被告係意圖為自己不法之所有，以不實之事實、美麗之謊言，誘使告訴人陷於錯誤，而交付財物，證諸以下事實，當可瞭然：

一、○○雜誌社未辦理公司或行號登記：

　　按○○雜誌社於去年以雜誌社名義，違規辦理瑞里、草嶺等旅遊活動，經旅客林某等投書○○報檢舉，有旅客林某等○○年○月○日之投書○○報影本乙份及○○年○月○日○○報之報導影本乙份可稽（證物三）。查○○雜誌社並未辦理公司或行號登記，被告猶力邀告訴人簽訂合夥契約書，足見被告有為自己不法所有之意圖，以不實之事實，誘使本人交付財物。

二、雜誌社不得辦理旅遊活動：

　　次按旅行業應專業經營，以公司組織為限，並應於公司名稱上標明旅行社字樣，旅行業管理規則第4條定有明文。○○雜誌社，並非公司組織，亦未標明旅行社字樣，其不得辦理旅遊活動自明。況且旅行業管理規則第35條規定：「旅行業不得包庇非旅行業經營旅行業務。」縱使被告與旅行社合辦亦屬非法。本案被告明知上開事實，竟欺瞞告訴人，邀請告訴人簽訂合夥契約書，以○○雜誌社名義辦理旅遊活動，使告訴人陷於錯誤，而為財物之交付。

　　綜上所陳，本案被告既意圖為自己不法之所有，以詐術使告訴人陷於錯誤，而交付財物，已符刑法第339條第1項之犯罪構成要件。為此依刑事訴訟法第232條之規定，依法提出告訴，狀請

　　鈞署鑒核，依法傳喚被告到案，提起公訴，以懲不法。

　　　　謹狀

台灣○○地方檢察署　公鑒

證物名稱及件數	證物一：合夥公證書影本一份。
	證物二：收據影本兩份。
	證物三：旅客投書及○○報報導影本各一份。

中　　　華　　　民　　　國　　　　　年　　　　月　　　　　日

　　　　　具狀人　　王　甲　　　　　　　簽名蓋章

〈狀例3-210〉詐欺案件之答辯狀

刑事 答辯 狀	案 號	年度 字第 號	承辦股別	
稱　　　　謂	姓 名 或 名 稱 身分證統一編號或 營利事業統一編號	住居所或營業所、郵遞區號 及電話號碼電子郵件位址	送達代收人姓 名、住址、郵遞 區號及電話號碼	
答 辯 人 即　被　告	王　甲			

為就　鈞署○○年度○字第○○號詐欺案件，依法提出答辯事：

　　緣告訴人之告訴意旨稱：被告王甲於民國○○年○月○日，持有○○企業股份有限公司為發票人、票面金額為新台幣20萬元、發票日為○○年○月○日、票號為○○○○之支票乙紙，向告訴人購買沙發兩套，經屆期提示竟以早經列為拒絕往來戶而遭退票，被告顯有詐欺之情事云云。惟按詐欺罪之成立，要以加害者有不法取得財物之意思，實施詐欺行為，而被害者，因此行為致表意有所錯誤，而其結果為財產上之處分受其損害為構成要件。若債務人並無詐欺之意思，以他人之支票，作為買賣標的物付款之方法，到期因故未獲兌現，要屬普通民事債務糾葛問題，此為法理當然之解釋。蓋支票未予兌現，債權並不消滅，而買賣行為，係出於兩相自願意思之一致，何是詐欺？綜上所述，本件情節，與詐欺條件，顯然不合，為此提出答辯，狀請

　　鈞署詳查，酌情據法，而為不起訴處分。

　　　　謹狀

台灣○○地方檢察署　公鑒

證 物 名 稱 及　件　數	

中　　華　　民　　國　　　　年　　　　月　　　　日

　　　　　　具狀人　王　甲　　　　　　簽名
蓋章

〈狀例3-211〉詐欺案件之上訴狀

刑事 上訴 狀		案 號	年度 字第 號	承辦股別	
稱 謂	姓 名 或 名 稱 身分證統一編號或 營利事業統一編號	住居所或營業所、郵遞區號 及電話號碼電子郵件位址		送達代收人姓 名、住址、郵遞 區號及電話號碼	
上 訴 人 即 自 訴 人 被 告	吳 甲 楊 丙				

爲不服台灣○○地方法院○○年度○字第○○號刑事判決,依法提出上訴事:

　　緣上訴人於○○年○月○日接到台灣○○地方法院○○年度○字第○○號刑事判決,細閱理由,實難甘服,爰於法定期間內聲明上訴,茲將不服理由陳述如下:

一、緣上訴人於○○年○月○日向案外人○○建設企業有限公司(以下簡稱○○公司)法定代理人林乙購買坐落○○市○○路○○地號即○○市○○里○○新村門牌第○○號三層樓房乙棟及基地、房地價款共計爲新台幣9,242,000元,已全部交清○○公司,並於○○年○月○日將該房屋及基地點交上訴人在案。

二、上開基地地主即被告楊丙於○○年○月○日與○○公司負責人林乙訂立協議書,約定○○公司將價款付清後,楊丙應無條件將上開房屋及基地過戶與告訴人,○○公司早已將該批土地價款付清,有協議書證明書及林乙可以證明。楊丙當時既已向林乙收清價金,土地名義爲伊所有,自應照協議書將上開基地過戶與上訴人,卻任由林乙轉讓與趙丁,被告與林乙顯有串通詐欺之罪嫌。況當時上訴人已占有使用房屋,被告明知上情,不但將其名義下之基地轉讓與趙丁,且將他人名下之地上房屋也一併處分,具見被告應負詐欺罪責。而李戊係楊丙之夫,爲實際上處理事務之人,其證言自有偏頗,原審未傳訊林乙到庭說明,並審究被告有無處分地上房屋之權限,徒以李戊、趙丁及土地登記簿爲其判決依據,殊屬違法,爲此狀請

　　鈞院鑒核,賜准將原判決撤銷,並爲適當之判決,治以被告應得之罪,以懲不法。

　　　　　謹狀

台灣○○地方法院刑事庭　轉呈
台灣高等法院刑事庭　　公鑒

證 物 名 稱 及 件 數	

中	華	民	國	年	月	日

具狀人　吳甲　　　　　簽名
　　　　　　　　　　　蓋章

▶贓物案件

〈狀例3-212〉收受贓物案件之告訴狀

刑事　告訴　狀	案　　號	年度　　字第　　號	承辦股別	
稱　　　　謂	姓　名　或　名　稱身分證統一編號或營利事業統一編號	住居所或營業所、郵遞區號及電話號碼電子郵件位址	送達代收人姓名、住址、郵遞區號及電話號碼	
告　訴　人被　　　告	林　甲李　乙			

為被告李乙涉嫌收受贓物，依法提出告訴事：

　　緣告訴人前於本年○月○日，於○○戲院旁，被賊竊去○○牌機車乙輛，當即向○○警察局○○分局報案。惟幾個月來一無所獲，正值告訴人心灰意冷之際，於本月○日上午9時許忽見○○車行內停放待售之機車乙輛，宛如告訴人之物，當即查詢店主李乙，據云係王丙所寄賣，告訴人細察之下，彼車實為告訴人所失之物，經查被告李乙常與竊賊串通代為銷贓，亦經○○警局○○分局多次紀錄在卷，核其所為顯涉刑法第349條第1項之收受贓物罪責，為此依法提出告訴，狀請

　　鈞署鑒核，迅傳被告到案，偵查起訴，以懲不法。

　　　　　　謹狀

台灣○○地方檢察署　公鑒

證　物　名　稱及　　件　　數	

中	華	民	國	年	月	日

具狀人　林甲　　　　　簽名
　　　　　　　　　　　蓋章

〈狀例3-213〉故買贓物案件之答辯狀

刑事 答辯 狀	案 號	年度 字第 號	承辦股別	
稱 謂	姓 名 或 名 稱身分證統一編號或營利事業統一編號	住居所或營業所、郵遞區號及電話號碼電子郵件位址	送達代收人姓名、住址、郵遞區號及電話號碼	
答 辯 人即 被 告	王 甲			

為被訴故買贓物案件，依法提出答辯事：

　　查刑事法上所謂軍用物品，係指該物品於軍事上有直接之效用者而言，非若一般觀念，凡軍中一切物品皆得稱為軍用，此有司法院院字第1906號解釋在案。本件公訴意旨略以「被告於民國○○年○月○日在○○市○○路旁以新台幣400元，向一不詳姓名之軍隊班長，購買軍用紅色汽油」等情，而認為被告有故買贓物之情事。惟查被告對於購買汽油乙事，固不否認，但此項汽油係屬廢油，被告購買此項汽油之原意，是擬供洗刷馬達之用，在收買之際，該不詳姓名軍人已聲明在先，其並無可應用在機械上之功能，此觀是項汽油送回軍事單位接收入庫之報告表，明明記載為廢汽油，足見被告所收買之廢汽油在軍事上已無從發生任何效用之物品。退一步言之，刑法第349條第1項故買贓物罪之成立，以於買受之時，有贓物之認識為其要件，今被告於購買之時既不知其為軍用之物，亦不知出賣人為軍人，自無贓物之認識，而不構成本罪。為此依法提出答辯，狀請

　　鈞院鑒核，賜為被告無罪之判決，以明法制。

　　　　　　謹狀

台灣○○地方法院刑事庭　公鑒

證 物 名 稱及 件 數	

中 華 民 國	年	月	日
具狀人 王 甲		簽名蓋章	

▶毀損案件

〈狀例3-214〉毀損建物等案件之告訴狀

刑事　告訴　狀	案　　　號	年度　字第　　號	承辦股別	
稱　　　　　謂	姓　名　或　名　稱身分證統一編號或營利事業統一編號	住居所或營業所、郵遞區號及電話號碼電子郵件位址	送達代收人姓名、住址、郵遞區號及電話號碼	
告　訴　人被　　　告	王　　甲林　　乙趙　　丙			

為被告等涉嫌毀損等案件，依法提出告訴事：

　　緣告訴人所有坐落於○○市○○段○小段○○地號土地之建物，被告林乙於○○年○月○日教唆其職員，即另一被告趙丙率領十多名少年於是日上午將告訴人所有上述地號上之建物拆除。當時告訴人曾出面阻止，但對方人多勢眾，蠻橫不講理，於是，告訴人乃至○○派出所報案，請求阻止，派出所派出王○○等兩名警員到現場，要求對方停止拆除，對方因此停止拆除；然而，到了當日下午，對方又開始拆除，告訴人出面阻止，詎料對方竟揚言謂：「如再阻止拆除，小心你（指告訴人）的頭。」按被告林乙教唆其職員趙丙率領十多名少年強將告訴人所有上述地號上之建物拆除並搬走材料，茲有當日被告趙丙等之拆除情形之照片八張（見證物一）資以佐證。核被告趙丙既非公務員，亦無正當原因，竟強將告訴人上述地號上之建物強行拆除並加以搬走，已涉刑法第305條之妨害自由罪及第353條第1項之毀損建築物罪，而被告林乙，目無法紀，欺壓平民，蠻橫無理，一意孤行，竟教唆被告趙丙等強行拆除告訴人建物，亦涉教唆犯刑法第305條之妨害自由罪及第353條第1項之毀損建築物罪，為此依刑事訴訟法第232條之規定，提出告訴，懇請

　　鈞長傳喚，並依法將被告等予以起訴，以儆不法。

　　　　　謹狀

台灣○○地方檢察署　公鑒

證　物　名　稱及　　件　　數	證物一：照片八張。

中　　華　　民　　國　　　年　　　月　　　日
具狀人　　王　甲　　　　　簽名蓋章

〈狀例3-215〉毀損建物案件之答辯狀

刑事　答辯　狀	案　　號	年度　　字第　　號	承辦股別	
稱　　　　謂	姓　名　或　名　稱 身分證統一編號或 營利事業統一編號	住居所或營業所、郵遞區號 及電話號碼電子郵件位址	送達代收人姓 名、住址、郵遞 區號及電話號碼	
答　辯　人 即　被　告	王　甲			

為○○年度○字第○○號被訴毀損建築物案件，依法提出答辯事：

　　查刑法第353條第1項之毀壞他人建築物罪之成立，必須行為人有毀壞建築物之重要部分，足致該建築物之全部或一部失其效用為成立要件，若僅毀損其附屬之門窗等物，而該建築物，尚可照舊居住使用者，自難構成毀損建築物之罪；又「毀壞建築物罪，以行為人有毀壞他人建築物重要部分，使該建築物失其效用之故意為成立要件，如因鬥毆繼而亂投石塊，致將他人房屋之牆壁上泥土剝落一部分，既未喪失該建築物之效用，除具有刑法第354條毀損他人所有物之條件，得成立該罪外，要難以毀損建築物相繩」（最高法院50年台上字第870號判例參照）。本件自訴意旨稱，被告於○○年○月○日前往其住宅催討債務，因見無人在家，遂以石塊將所有窗戶玻璃擊破，致其門窗不堪使用等語，似言之成理。惟門窗等物，皆是房屋之附屬物，並非房屋之重要部分，蓋欠缺窗戶門板，房屋之居住依然自如，不受任何之影響，即建築物並無損失其效用，尤極灼然，故縱認被告有此事實，亦僅屬毀損他人之物，尚未構成毀損建築物之程度，自訴意旨，張大其詞，殊有過當，為此提出答辯，狀請

　　　　鈞院鑒核，賜為適法之判決。
　　　　　　謹狀
台灣○○地方法院刑事庭　公鑒

證　物　名　稱 及　　件　　數	

中　　華　　民　　國　　　　年　　　　月　　　　日	
具狀人　王　甲	簽名 蓋章

第四篇　行政法書狀

第一章　訴願法相關書狀

▶訴願要件

◇人民對於中央或地方機關之行政處分，認為違法或不當，致損害其權利或利益者，得依本法提起訴願。但法律另有規定者，從其規定。

各級地方自治團體或其他公法人對上級監督機關之行政處分，認為違法或不當，致損害其權利或利益者，亦同。（訴願1）

◇人民因中央或地方機關對其依法申請之案件，於法定期間內應作為而不作為，認為損害其權利或利益者，亦得提起訴願。

前項期間，法令未規定者，自機關受理申請之日起為二個月。（訴願2）

◇本法所稱行政處分，係指中央或地方機關就公法上具體事件所為之決定或其他公權力措施而對外直接發生法律效果之單方行政行為。

前項決定或措施之相對人雖非特定，而依一般性特徵可得確定其範圍者，亦為行政處分。有關公物之設定、變更、廢止或一般使用者，亦同。（訴願3）

◇訴願應具訴願書，載明下列事項，由訴願人或代理人簽名或蓋章：

一　訴願人之姓名、出生年月日、住、居所、身分證明文件字號。如係法人或其他設有管理人或代表人之團體，其名稱、事務所或營業所及管理人或代表人之姓名、出生年月日、住、居所。

二　有訴願代理人者，其姓名、出生年月日、住、居所、身分證明文件字號。

三　原行政處分機關。

四　訴願請求事項。

五　訴願之事實及理由。

六　收受或知悉行政處分之年、月、日。

七　受理訴願之機關。

八　證據。其為文書者，應添具繕本或影本。

九　年、月、日。

訴願應附原行政處分書影本。

依第2條第1項規定提起訴願者，第1項第3款、第6款所列事項，載明應為行政處分之機關、提出申請之年、月、日，並附原申請書之影本及受理申請機關收受證明。（訴願56）

◎撰狀說明

㈠依訴願法第14條之規定，訴願之提起，應自行政處分達到或公告期滿之次日起三十日內為之（第1項）。利害關係人提起訴願者，前項期間自知悉時起算。但自行政處分達到或公告期滿後，已逾三年者，不得提起（第2項）。另依第15條之規定，訴願人因天災或其他不應歸責於己之事由，致遲誤前條之訴願期間者，於其原因消滅後十日內，得以書面敘明理由向受理訴願機關申請回復原狀。但遲誤訴願期間已逾一年者，不得為之。申請回復原狀，應同時補行期間內應為之訴願行為。

㈡提起訴願，必須依照訴願法第4條至第13條所定之管轄為之，不可越級。

㈢訴願應填具訴願書，載明下列事項：

　1.敘明訴願人之姓名、年齡、性別、籍貫、職業及住所；如係法人團體應敘明代表人之姓名、年齡、住址，並檢附證件；如係無行為能力或限制行為能力人，應由其法定代理人代理訴願。

　2.敘明原處分機關之名稱。

　3.敘明原處分機關所為處分之年、月、日及文號。

　4.敘明訴願之請求，也就是訴願標的。

　5.敘明原處分機關所為處分之具體事實。

　6.分別敘明不服之事實及理由。

　7.檢送原處分書及有關證件。

　8.應敘明副本已抄送原處分機關。

　9.應填寫受理訴願機關之名稱。

　10.訴願人應署名、蓋章。

　11.應填寫訴願的年、月、日。

㈣多數人共同訴願，得選定其中一人至三人為訴願代表人，並檢附委任書隨同訴願書送達訴願受理機關（參見訴願法第22條）。共同提起訴願，未選定代表人者，受理訴願機關得限期通知其選定；逾期不選定者，得依職權指定（參見訴願法第23條）。

㈤訴願人應將訴願書正本送達訴願受理機關，同時將副本雙掛號送於原處分機關。最好取得郵政回執或送達證明，以便查考。

㈥原行政處分之執行，除法律另有規定外，不因提起訴願而停止。

　原行政處分之合法性顯有疑義者，或原行政處分之執行將發生難以回復之損害，且有急迫情事，並非為維護重大公共利益所必要者，受理訴願機關或原行政處分機關得依職權或依申請，就原行政處分之全部或一部，停止執行。

　前項情形，行政法院亦得依聲請，停止執行（參見訴願法第93條）。

(七)訴願就書面審查決定之。

受理訴願機關必要時得通知訴願人、參加人或利害關係人到達指定處所陳述意見。

訴願人或參加人請求陳述意見而有正當理由者，應予到達指定處所陳述意見之機會（參見訴願法第63條）。

(八)受理訴願機關應依訴願人、參加人之申請或於必要時，得依職權通知訴願人、參加人或其代表人、訴願代理人、輔佐人及原行政處分機關派員於指定期日到達指定處所言詞辯論（參見訴願法第65條）。

(九)言詞辯論之程序如下：

　1.受理訴願機關陳述事件要旨。

　2.訴願人、參加人或訴願代理人就事件為事實上及法律上之陳述。

　3.原行政處分機關就事件為事實上及法律上之陳述。

　4.訴願或原行政處分機關對他方之陳述或答辯，為再答辯。

　5.受理訴願機關對訴願人及原行政處分機關提出詢問。

前項辯論未完備者，得再為辯論（參見訴願法第66條）。

(十)訴願提起後，於決定書送達前，訴願人可以申請撤回之（參見訴願法第60條前段）。

(十一)不服訴願決定，得於決定書送達之次日起二個月內向行政法院提起行政訴訟（參見訴願法第90條）。

(十二)於有下列各款情形之一者，訴願人、參加人或其他利害關係人得對於確定訴願決定，向原訴願決定機關申請再審。但訴願人、參加人或其他利害關係人已依行政訴訟主張其事由或知其事由而不為主張者，不在此限：

　1.適用法規顯有錯誤者。

　2.決定理由與主文顯有矛盾者。

　3.決定機關之組織不合法者。

　4.依法令應迴避之委員參與決定者。

　5.參與決定之委員關於該訴願違背職務，犯刑事上之罪者。

　6.訴願之代理人，關於該訴願有刑事上應罰之行為，影響於決定者。

　7.為決定基礎之證物，係偽造或變造者。

　8.證人、鑑定人或通譯就為決定基礎之證言、鑑定為虛偽陳述者。

　9.為決定基礎之民事、刑事或行政訴訟判決或行政處分已變更者。

　10.發見未經斟酌之證物或得使用該證物者。

前項聲請再審，應於三十日內提起。

前項期間，自訴願決定確定時起算。但再審之事由發生在後或知悉在後者，自知

悉時起算（參見訴願法第97條）。

㈢訴願書無固定格式，但應以A4尺寸紙張書寫，並應依訴願法記載應記載事項。

〈狀例4-1〉 訴願書㈠

訴　願　書				字第		號
訴 願 人	姓　　　　　名		住　　所　　或　　居　　所			
	○○○○公司		○○縣○○鎭○○路○○號			
代 表 人	○○○		住 所 或居 所	○○縣○○鎭○○街○○號		
代 理 人			事 務 所			
原 處 分機 　 關	○○稅捐稽徵處		處 分 書發文日期及 文 號			
訴　願請　　求	原查定及複查決定均撤銷，由原處分機關另爲適法之處分。					

事實

　　緣訴願人以製造○○爲主要業務，○○年全年銷貨收入爲新台幣（下同）○○元，申報所得額計虧損○○元，有帳冊憑證可稽。原處分機關查帳時，責以無製造成本月報表，而逕行決定，核定盈餘爲○○元，訴願人不服，經依法申請複查，未准變更，實難甘服，爰依提起訴願。

理由

一、查所得稅法施行細則第81條第1項規定：「本法第83條所稱之帳簿文據，其關係所得額之一部或關係課稅年度中某一期間之所得額，而納稅義務人未能提示者，稽徵機關得就該部分依查得之資料或同業利潤標準核定其所得額。」故以營利事業者，未遵照稽徵機關規定有關所得額之帳簿、文據，稽徵機關始得就未提示有關所得額部分予以逕行決定。又查營利事業已依法設立帳簿，如屬製造業，倘因未設成本會計制度，其單位成本可由全年製成品成本及製成品數量中查得；又其耗用原料亦可由生產總量中核定，故營利事業苟非合於所得稅法施行細則第81條第1項之條件，自不得遽予逕行決定。本案訴願人有完整之帳冊憑證可稽，而原處分機關查核訴願人○○年營利事業所得稅，既未通知訴願人提示證明所得之帳簿、文據，即遽以無法核定耗用原料、成本及單位成本等理由，予以逕行決定銷貨毛利，與前開法條之規定顯有未合，訴願人依法申請複查，未准變更，實欠公允。

二、綜上所陳理由，原處分機關之認事用法，顯有違誤，懇請　鈞府詳加審核，賜
　　決定將原處分撤銷，並指示原處分機關另為適法之複查決定，用保訴願人之合
　　法權益，實感德便。
三、副本已抄送○○稅捐稽徵處。

附　送證　件	名　　　稱　　　字　　　號	數　量	附　　　註
	原處分書影本一份。	1	

副 本 抄 送原 處 分 機關 日 期	○　　○　　年　　○　　月　　○　　日	專送或郵　　寄	郵　　寄

謹　　呈經濟部	訴願人	○○○○公司	（簽章）
代表人	○○○（簽章）	代 理 人	（簽章）
中　　　華　　　民　　　國		年　　　　月　　　　日	

〈狀例4-1-1〉訴願書㈡

訴　願　書				字第　　　號
訴願人	姓　　　　　名○○○	住　　所　　或　　居　　所台北市○○路○○段○○號		
代表人		住 所 或居　　所	○○縣○○鎮○○街○○號	
代理人		事 務 所		
原 處 分機　　關	台北市政府	處 分 書發文日期及 文 號		

上列訴願人因公告照價收買土地事件，不服台北市政府○○年度府○字第○○號公
告照申報地價收買之處分，依法提起訴願事：
　　　請求
　　　原處分撤銷。
　　　事實
　　　緣訴願人所有坐落台北市○○段第○○之○○、○○之○○及○○之○○號土
地三筆，台北市政府於○○年○月辦理重新規定地價時，訴願人申報之地價為每坪
新台幣○○元，經原處分機關認為僅為公告地價每坪新台幣○○元達百分之80，該

市政府先於○○年○月底照公告地價開發稅單通知繳納○○年度上期地價稅後，復於同年○月○日公告照申報地價收買。訴願人對於原處分機關公告照申報地價收買之處分，實難甘服，爰依法提起訴願。

理由

一、按土地所有權人申報之地價，未滿公告地價百分之80時，政府有照申報地價收買或照公告地價之百分之80為其申報地價，雖為平均地權條例第16條所明定，惟政府對於低報地價之土地，一經處分照公告地價課徵地價稅之後，即不得再就同一低報地價案另行處分照價收買，有行政院台56內字第9131號令解釋足參。

二、本案訴願人所有坐落台北市○○段第○○之○○號等三筆土地，於○○年○月台北市政府辦理重新規定地價時，因申報地價為公告地價百分之80，經該市政府，依平均地權條例第16條之規定，於○○年○月底照公告地價開發稅單通知訴願人繳納○○年度上期地價稅，該稅單上又未註明應予保留照價收買，是該市政府對於本案低報地價之土地，既已照公告地價課徵地價稅之處分，自不得於該項處分送達之後再為照價收買之處分。

綜上所陳理由，本案原處分機關於照公告地價發單通知繳納地價稅，復公告照申報地價收買，其認事用法均顯有違誤，懇請　鈞部明鑒，賜決定將原處分撤銷，用保訴願人之合法權益，實感德便。

本件訴願書副本已依法抄送台北市政府。

附　送證　件	名　　　稱　　　字　　　號	數　量	附　　　註
	一、台北市政府○○年度上期地價稅繳款書影本一紙。 二、台北市政府公告照價收買影本一紙。	11	

副本抄送原處分機關日期	○　○　年　○　月　○　日	專送或郵　寄	郵　　　寄

謹　呈 經濟部	訴願人	○○○	（簽章）
代表人	○○○	（簽章）　代理人	（簽章）

中　　華　　民　　國　　　　年　　　　月　　　　日

▶回復原狀聲請

◇訴願人因天災或其他不應歸責於己之事由，致遲誤前條之訴願期間者，於其原因

消滅後十日內，得以書面敘明理由向受理訴願機關申請回復原狀。但遲誤訴願期間已逾一年者，不得為之。

申請回復原狀，應同時補行期間內應為之訴願行為。（訴願15）

◎撰狀說明

㈠撰寫時，應特別著重理由之陳述，而其理由應僅限於不可抗力或其他不可歸責於己之事由，若僅是當事人之疏忽而延誤者，不得聲請回復原狀。

㈡聲請書應向受理訴願機關提起，並應同時補行應為之行為。

〈狀例4-2〉聲請回復原狀及訴願書

訴　願　書						字第　　　號	
訴願人	姓	名	住	所　　或	居	所	
	張○○		○○○○○○○				
代表人	王○○		住所或居所	○○縣○○鎮○○街○○號			
代理人			事務所				
原處分機關	經濟部中央標準局		處分書發文日期及文號				

聲明人因申請專利事件，不服經濟部中央標準局○字第○○號處分書，延誤訴願期間事，請求回復原狀：

請求之事項

一、請准回復原狀。

二、經濟部中央標準局○字第○○號處分書應予撤銷。

事實及理由

一、緣聲明人於○○年○月○日以發明之「纖維素多元脂混合纖織物之印花及浸染方法」，向中央標準局申請發明專利，經該局列為申請案號第○○號，並經該局審查後，以本案之印染方法在本案申請前已為工業界所習用，本案僅為習用技術之集合，並無創新之處，審定不予專利，聲明人不服，陳述理由依法向該局申請再審查，該局○○年○月○日○○年度台專化字第○○號再審查審定書審定仍不予專利，其所持之理由，實難令聲明人心服，本應於法定期限內提起訴願，然因聲明人於○○年○月○日收到再審查審定書之次日，突遭車禍送醫，不省人事達三十五天之久，恢復神智之後，已逾法定期間三十日，未能提起訴願。

二、爰依訴願法第15條之規定，請求許可回復原狀，以保權益，並提起訴願如上。

三、本件聲明書副本已抄送中央標準局。

附　送 證　件	名　　　　稱　　　　字　　　號	數　量	附　　　註
	一、台大附設醫院證明。 二、中央標準局○字第○○號再審查審定書影本。	11	

副本抄送 原處分機 關　日　期	○　　○　　年　　○　　月　　○　　日	專送或 郵　寄	郵　　　寄

謹　　呈 經濟部	訴願人	○○○	（簽章）
代表人	王○○	（簽章）　代　理　人	（簽章）

中　　華　　民　　國　　　　年　　　　月　　　　日

第二章　行政訴訟法相關書狀

▶行政訴訟之要件

◇人民因中央或地方機關之違法行政處分，認為損害其權利或法律上之利益，經依訴願法提起訴願而不服其決定，或提起訴願逾三個月不為決定，或延長訴願決定期間逾二個月不為決定者，得向行政法院提起撤銷訴訟。

逾越權限或濫用權力之行政處分，以違法論。

訴願人以外之利害關係人，認為第1項訴願決定，損害其權利或法律上之利益者，得向行政法院提起撤銷訴訟。（行訴4）

◇人民因中央或地方機關對其依法申請之案件，於法令所定期間內應作為而不作為，認為其權利或法律上利益受損害者，經依訴願程序後，得向行政法院提起請求該機關應為行政處分或應為特定內容之行政處分之訴訟。

人民因中央或地方機關對其依法申請之案件，予以駁回，認為其權利或法律上利益受違法損害者，經依訴願程序後，得向行政法院提起請求該機關應為行政處分或應為特定內容之行政處分之訴訟。（行訴5）

◇確認行政處分無效及確認公法上法律關係成立或不成立之訴訟，非原告有即受確認判決之法律上利益者，不得提起之。其確認已執行完畢或因其他事由而消滅之行政處分為違法之訴訟，亦同。

確認行政處分無效之訴訟，須已向原處分機關請求確認其無效未被允許，或經請求後於三十日內不為確答者，始得提起之。

確認訴訟，於原告得提起或可得提起撤銷訴訟、課予義務訴訟或一般給付訴訟者，不得提起之。但確認行政處分無效之訴訟，不在此限。

應提起撤銷訴訟、課予義務訴訟，誤為提起確認行政處分無效之訴訟，其未經訴願程序者，行政法院應以裁定將該事件移送於訴願管轄機關，並以行政法院收受訴狀之時，視為提起訴願。（行訴6）

◇人民與中央或地方機關間，因公法上原因發生財產上之給付或請求作成行政處分以外之其他非財產上之給付，得提起給付訴訟。因公法上契約發生之給付，亦同。

前項給付訴訟之裁判，以行政處分應否撤銷為據者，應於依第4條第1項或第3項提起撤銷訴訟時，併為請求。原告未為請求者，審判長應告以得為請求。（行訴8）

◇人民為維護公益，就無關自己權利及法律上利益之事項，對於行政機關之違法行

為，得提起行政訴訟。但以法律有特別規定者為限。（行訴9）

◇選舉罷免事件之爭議，除法律別有規定外，得依本法提起行政訴訟。（行訴10）

另總統於109年1月15日公布增訂行政訴訟法第237條之18至第237條之31，有關都市計畫審查程序，其中第237條之18規定「人民、地方自治團體或其他公法人認為行政機關依都市計畫法發布之都市計畫違法，而直接損害、因適用而損害或在可預見之時間內將損害其權利或法律上利益者，得依本章規定，以核定都市計畫之行政機關為被告，逕向管轄之高等行政法院提起訴訟，請求宣告該都市計畫無效。前項情形，不得與非行本章程序之其他訴訟合併提起。」（行訴237-18）而有關聲請宣告都市計畫無效之管轄法院，為都市計畫所在地之高等行政法院。（行訴237-19）

◇當事人書狀，除別有規定外，應記載下列各款事項：

　　一　當事人姓名、性別、年齡、身分證明文件字號、職業及住所或居所；當事人為法人、機關或其他團體者，其名稱及所在地、事務所或營業所。

　　二　有法定代理人、代表人或管理人者，其姓名、性別、年齡、身分證明文件字號、職業、住所或居所，及其與法人、機關或團體之關係。

　　三　有訴訟代理人者，其姓名、性別、年齡、身分證明文件字號、職業、住所或居所。

　　四　應為之聲明。

　　五　事實上及法律上之陳述。

　　六　供證明或釋明用之證據。

　　七　附屬文件及其件數。

　　八　行政法院。

　　九　年、月、日。

書狀內宜記載當事人、法定代理人、代表人、管理人或訴訟代理人之出生年月日、職業、身分證明文件字號、營利事業統一編號、電話號碼及法定代理人、代表人或管理人與法人、機關或團體之關係或其他足資辨別之特徵。

當事人書狀格式、記載方法及效力之規則，由司法院定之。未依該規則為之者，行政法院得拒絕其書狀之提出。

當事人得以科技設備將書狀傳送於行政法院，其適用範圍、程序、效力及其他應遵循事項之辦法，由司法院定之。

當事人以科技設備傳送書狀，未依前項辦法為之者，不生書狀提出之效力。

其他訴訟關係人亦得以科技設備將訴訟文書傳送於行政法院，並準用前二項規定。（行訴57）

◎撰狀說明

㈠依行政訴訟法之規定，行政訴訟可分爲撤銷訴訟、課予義務訴訟（包括怠爲處分之訴及拒絕申請之訴）、確認訴訟（包括確認行政處分無效之訴及確認公法上法律關係存否之訴）、一般給付訴訟、合併請求損害賠償訴訟、維護公益之民眾訴訟，外加暫時權利保護途徑（包括聲請停止行政處分執行、假扣押及假處分）共七大類。

㈡茲例舉數款訴訟之要件如下：

　1. 撤銷訴訟：
　　⑴須有行政處分存在。
　　⑵原告須主張行政處分違法並損害其權利或法律上利益。
　　⑶須經訴願程序而未獲救濟。
　　⑷須於法定期間提起。

　2. 怠爲處分之訴：
　　⑴原告所請求者須爲行政處分或特定內容之行政處分。
　　⑵該管機關於法定期間內應作爲而不作爲。
　　⑶須先經訴願程序。
　　⑷原告須主張損害其權利或法律上利益。

　3. 拒絕申請之訴：
　　須原告已依法規申請該管機關對其作成授益性質之處分，而遭駁回。其餘要件與怠爲處分之訴同。

　4. 確認行政處分無效之訴：
　　⑴確認之對象須爲行政處分之無效或違法。
　　⑵須經過先行程序。
　　⑶須有即受確認判決之法律上利益。

　5. 確認公法上法律關係存否之訴：
　　⑴確認之對象須爲公法上法律關係之成立與不成立。
　　⑵須有即受確認判決之法律上利益。
　　⑶須已不得提起撤銷訴訟。

〈狀例4-3〉行政訴訟起訴狀㈠

行政訴訟　起訴　狀	案　　　號	年度　　字第　　號	承辦股別	
	訴訟標的金額或價額	新台幣　　萬　千　百　十　元　角		

稱　　　　謂	姓　名　或　名　稱 身分證統一編號或 營利事業統一編號	住居所或營業所、郵遞區號 及電話號碼電子郵件位址	送達代收人姓 名、住址、郵遞 區號及電話號碼
原　　　　告	○○企業有限公司	設○○市○○街○○巷○○ 弄○○號	
代表人原告 之董事長	曹○國	住同右	
訴訟代理人	林○郎	住台北市○○路○○段○○	
被告機關	經濟部中央標準局	號四樓	

　　上列原告因商標註冊事件，不服經濟部中華民國100年9月1日台○○訴字第○○○號訴願決定，謹提出行政訴訟起訴狀事如下：

　　訴之聲明

　　訴願決定及原處分均撤銷。

　　事實

　　緣原告於民國100年8月1日以「金牛圖」商標，指定使用於商標法施行細則商品及服務分類表第三類之清潔用器具商品，申請註冊，經被告機關審查，以該商標圖樣上之圖形與註冊第○○號「毛蟲圖形」商標之圖形近似，乃予以核駁處分，發給第○○號商標核駁審定書，原告不服，提起訴願，遭決定駁回，爰依法提起行政訴訟。

　　理由

一、查原告申請註冊之系爭商標，係以簡單之幾何圖形及墨色圓點所構成，圖形顯著簡明，意匠獨特，著重意念之表達，而據以核駁之商標，乃強調真實感之動態毛蟲圖形，宛如照片顯像或實物寫照，兩者無論圖形、外觀、意匠均截然不同，絕無使人發生混同誤認之虞。又二商標圖樣，一為害蟲，一為益獸，主體顯然有別：且設色亦不同，一為墨色，一為彩色，以現時知識水準普遍提高之消費大眾，於購買時施以普通之注意，要難謂有發生誤購之虞，原處分及訴願、再訴願決定，竟引商標法第30條第1項第12款之規定，駁回原告商標註冊之申請，自有違誤，有失公充。

二、按依商標法第30條第1項第12款規定，不得申請註冊之商標，係以商標圖樣相同或近似於他人同一商品或同類商品之註冊商標為要件。查原告申請註冊之「金牛圖」商標圖樣之圖形，係以大小不同之兩個半圓代表金牛之頭部及身體圖形，身體又平分成兩部，各置一墨色圓點，頭前方有兩根象徵性的角，肩部兩側各有一墨色圓點所構成之抽象圖案；而據以核駁之註冊第○○號商標圖樣，則由身體布滿大小不同之點狀圖形，肢部呈彎曲前進狀，頭部構造

極爲逼眞之毛蟲圖形所構成。前者爲黑白色，頭部向上之抽象靜態金牛圖，後者則爲彩色（紅、白、黑三色），頭部向左下之寫實動態毛蟲圖，兩者無論圖形、設色、意匠、外觀迥異，縱異時異地隔離觀察，亦難謂有使人發生混淆誤認之虞，即難謂係近似之商標。

三、次查註冊第○○號商標係於60年12月間核准註冊，依當時適用之47年公布之商標法第11條第2項規定，商標專用權之範圍，僅以指定之商品爲限，故若指定某一商品時，當然不及於他類商品，註冊第○○號商標乃指定使用於各種塑膠製品容器（49年公布之商標法施行細則第38條第17項），其包含之商品項目甚多（見被告機關卷附商標專用權創設申請書），並非專指定使用於衛生清潔用器具，其中與清潔有關者僅垃圾桶一項，則依當時有效之法規，註冊第○○號商標專用權就衛生清潔用器具一類而言，僅限於垃圾桶，其範圍是否及於其他衛生清潔用器具商品，非無斟酌之餘地，原處分及訴願決定就前述各節，未詳加審酌，遽以系爭商標圖樣與註冊第○○號商標圖樣構成近似，具均指定使用於同類商品（衛生清潔用器具商品），而駁回原告註冊之申請，自嫌速斷，難令人甘服。

為此狀請

鈞院明鑒，賜如訴之聲明而爲判決，用保原告合法權益，至感德便。

　　　　　謹狀

○○高等行政法院　公鑒

證　物　名　稱 及　　件　　數	一、原處分書、訴願決定書影本各一份。 二、本件行政訴訟起訴副本一份。

中　　　　華　　　　民　　　　國　　　　年　　　　月　　　　日
○○企業有限公司 具狀人　　　代表人　　　　　　　　簽名 　　　　　　　曹○國　　　　　　　　蓋章

〈狀例4-3-1〉　行政訴訟起訴狀㈡

行政訴訟　起訴　狀	
原告	○○股份有限公司	設○○市○○路○○段○○號○○樓
法定代理人	○○○	同上

被告	○○○政府	設○○市○○區○○路○○號
代表人	○○○	同上

為不服被告機關○○年○○月○○日府地重字第○○號處分書，謹依法提起行政訴訟起訴事：

訴之聲明

一、訴願決定及被告機關○○年○○月○○日府地重字第○○號處分書應予撤銷（原證一）。

二、訴訟費用由被告負擔。

事實

一、緣原告○○仲介股份有限公司（下稱○○公司）為坐落桃○○市○○段○○地號土地共有人之一（重劃前地號：○○市○○小段○○地號，下稱系爭土地），重劃前取得權利範圍為10000分之778，土地登記謄本上之登記方式為：登記次序25，權利範圍10000分之660；登記次序35，權利範圍10000分之118（原證二），且是系爭土地上「○○大樓」區分所有權人之一（原證三）。而○○市政府規劃之「○○市第○○期○○市地重劃區重劃計畫」將系爭土地納為重劃區範圍內，先予陳明。

二、系爭土地前經起造人取得建造執照興建○○層樓建物，○○年○○月○○日建築完成，取得○○工建使字第工○○號使用執照，並已辦理建物第一次登，該○○層大樓即為現之「○○大樓」，其內共有36戶區分所有權人。

三、○○市政府於規劃「○○市地重劃區重劃計畫」（下稱○○市地重劃區）時，並未與系爭土地所有權人即「○○大樓」區分所有權人協商，即逕將系爭土地劃入○○市地重劃區範圍，且無視系爭土地上早在80年間興建「○○大樓」，並編定門牌號碼為○○市○○路○○號。

四、迨重劃計畫展開時，○○市政府僅向系爭土地所有權人即「○○大樓」區分所有權人告知因「○○大樓」係早已坐落重劃區之合法建物，且「○○大樓」高達14層，故無庸拆除，嗣後配合重劃進度即可，○○市政府從未告知系爭土地所有權人重劃後需繳納差額地價。

五、詎料重劃後，包含原告在內之系爭土地所有權人竟被通知本件○○市地重劃之結果，系爭土地所有權人總計須繳納高達○○元之差額地價。

六、系爭土地所有權人等向○○市政府表示異議，○○市政府同意將本案移送○○市地重劃委員會討論。嗣後「○○大樓」區分所有權人（包含原告等）接獲○○市政府定於○○年○○月○○日召開○○市地重劃委員會會議通知，經市地重劃委員會審議結果，作成予以減輕費用負擔○○成之決議。

七、原告針對原處提起訴願，惟遭內政部台內訴字第○○號訴願決定駁回，特依法提起行政訴訟為救濟。

理由

一、原告之系爭土地並無納入重劃區之必要，亦無重劃受益可言：

㈠按「依本條例規定實施市地重劃時，重劃區內供公共使用之道路、溝渠、兒童遊樂場、鄰里公園、廣場、綠地、國民小學、國民中學、停車場、零售市場等十項用地，除以原公有道路、溝渠、河川及未登記地等四項土地抵充外，其不足土地及工程費用、重劃費用與貸款利息，由參加重劃土地所有權人按其土地受益比例共同負擔，並以重劃區內未建築土地折價抵付。如無未建築土地者，改以現金繳納。其經限期繳納而逾期不繳納者，得移送法院強制執行。」平均地權條例第60條第1項定有明文。

㈡又參加市地重劃所以必須繳納差額地價，其理由在於市地重劃是依照都市計畫規劃內容，將一定區域內，畸零地細碎不整之土地，加以重新整理、交換分合，並興建公共設施，使成為大小適宜、形狀方整，各宗土地均直接臨路且立即可供建築使用，提高土地經濟價值。故基於受益者付費原則，實施市地重劃所需之公共設施用地、工程費用、重劃費用與貸款利息，由參加重劃土地所有權人按其土地受益比例共同負擔，並以重劃區未建築土地折價抵付。

㈢然查，系爭土地早在80年間興建「○○大樓」，並編定門牌號碼為○○市○○路○○號，並無納入「○○市地重劃區重劃計畫」之必要，且重劃計畫對原告所有之系爭土地及「○○大樓」，並無重劃受益可言，亦無因重劃計畫而需拆除「○○大樓」之必要，○○市政府未經原告同意，逕自將原告所有之系爭土地納入「○○市地重劃區重劃計畫」，已非妥當。

㈣次查，系爭土地形狀完整適於建築，並無利用土地重劃消除畸零不整土地之必要。且「○○大樓」早在80年間建築完成，並編定門牌號碼為○○市○○路○○號，亦無將畸零細碎不整之土地，加以重新整理、交換分合，使成為大小適宜、形狀方整，可供建築使用，以提高土地經濟價值等之必要。

㈤復查，參加市地重劃須繳納差額地價，係基於受益者付費原則，由參加重劃土地所有權人按其土地受益比例共同負擔。依前述，系爭土地形狀方正適於建築，「○○大樓」早在80年間建築完成，並編定門牌號碼為○○市○○路○○號，從而原告並無重劃受益可言，亦無因重劃計畫而需拆除系爭建物之必要，則基於受益者付費原則，原告既無受益可言，自不應將繳納差額地價之義務，強加諸於原告，否則即違反受益者付費原則。

二、縱認為原告有因土地重劃而受益，原處分並未斟酌原告受益比例，以定其負
　　擔，亦顯失公平：

　　㈠按參與重劃之土地，對重劃所生效益既較其他業主為低，則重劃費用負擔
　　　自應斟酌其受益比例而定之（最高行政法院77年判字第2042號判決要旨參
　　　照）。又「查市地重劃區內，供公共使用之道路等用地，除以原公有道路等
　　　土地抵充外，其不足土地及各項費用、利息，由參加重劃土地所有權人按其
　　　土地受益比例共同負擔，為平均地權條例第60條第1項所明定。經查本件原
　　　告參與重劃土地，原已面臨闢建完成之計劃道路（慈文路），重劃對其所生
　　　之效益應較其他業主為低，如與其他業主負擔相同比例，似有失公平等語，
　　　為被告機關依據前列台灣省政府訴願決定，送請桃園縣市地重劃委員會，就
　　　原告等申請減輕重劃負擔案說明四所敘明（見原處分卷附七十七年度第二次
　　　會議紀錄），從而縱該原告主張其土地面臨已開闢之慈文路，重劃對之並無
　　　實益，且因重劃失去部分土地，應不負擔重劃費用一節不能採取，以及開闢
　　　慈文路未開徵工程受益費，亦未再列入重劃費用內屬實，但該等重劃費用，
　　　既應由重劃土地所有權人按其土地受益比例共同負擔，則原告參與重劃土地
　　　對重劃所生效益較其他業主為低之事實，自應斟酌其受益比例定其負擔，乃
　　　竟以案經二度送市地重劃委員會討論，均未通過，以及慈文路開闢未開徵工
　　　程受益費，亦未再列入重劃費用內等理由，予以遞次駁回，該原告之請求，
　　　自與揆諸首揭法律規定不合。」最高行政法院77年判字第2042號判決理由，
　　　亦闡釋甚明。

　　㈡經查，「○○市地重劃區重劃計畫」未經原告同意參與，而系爭土地早在
　　　80年間興建「○○大樓」，並編定門牌號碼為○○市○○路○○號，並無納
　　　入經國市地重劃區之必要。且該重劃計畫之公共設施包括公園用地兒童遊樂
　　　場用地、綠地等，原告與其他市民相同，僅有反射利益，並無特別之受益可
　　　言，實不應課以原告繳納差額地價之義務。

　　㈢復查，系爭土地於本件市地重劃前已緊臨○○路出入便利，並無開闢道路
　　　使之便於出入之必要。相較於區內其他土地於重劃前無出入道路、地籍雜亂
　　　無章等情形，土地經濟價值並未因重劃而提高，原告顯無因重劃而受益之可
　　　言，縱有受益，受益程度亦屬低微，原處分機關認定系爭土地重劃前地價為
　　　○○元，重劃後地價為○○元，地價上漲率達1.76倍，並藉此計算系爭土地
　　　重劃後應分配之面積，及原告應繳納之差額地價，顯有不當。

　　㈣又重劃區土地若為既成社區內面臨已開闢公有道路之臨街地，主管機關除就
　　　道路用地之負擔減免其臨街地特別負擔外，仍應按平均地權條例第60條第
　　　1項規定，就各土地所有權人受益程度，計算各項重劃負擔之程度。原處分

機關僅定通案之地價上漲率，而未就原告土地受益比例甚低情事予以個案考量，已違反平均地權條例第60條第1項明定之土地所有權人按其土地受益比例共同負擔之原則，及市地重劃實施辦法第14條第2項第10款規定重劃區內原有合法建物或既成社區重劃負擔減輕之原則，以及最高法院77年度判字第2042號判決意旨，未按實際受益比例計算重劃負擔，該重劃分配結果顯不合法。

(五)本件原處分未考量系爭土地為既成社區內面臨已開闢公有道路之臨街地，受益程度低微，課予原告鉅額差額地價之繳納義務，實違反平均地權條例第60條規定之土地受益比例，超過依其土地受益比例應負擔之部分，亦顯然違反市地重劃實施辦法第14條第2項第10款規定：「重劃區內原有合法建物或既成社區重劃負擔減輕之原則。」，及公平、平等原則。

三、綜上，原告聲明求為撤銷訴願決定及原處分，顯於法有據，懇請　鈞院鑒核，賜判決如聲明所示，以維權益，如蒙所請，至感德便。

　　　　　　謹狀

臺北高等行政法院　公鑒

證物名稱及件數（均為影本）	一、原處分書、訴願決定書影本各一份。 二、土地謄本乙份。 三、建物謄本數份。

中	華	民	國	年	月	日
				具　狀　人　　○○股份有限公司		
				法定代理人　　○○○		

〈狀例4-3-2〉行政訴訟起訴狀(三)

行政訴訟　起訴狀		案　　號	年度　　字第　　號		承辦股別	
		訴訟標的金額或價額	新台幣　萬　千　百　十　元　角			
稱　　謂	姓　名　或　名　稱身分證統一編號或營利事業統一編號	住居所或營業所、郵遞區號及電話號碼電子郵件位址			送達代收人姓名、住址、郵遞區號及電話號碼	
原　　告	邱○○	○○市○○路○○號四樓				
被告機關	○○縣○○地政事務所	○○縣○○鎮○○路○○號				

原告因繳納土地所有權移轉登記費罰鍰事件，不服南投縣政府○○年3月15日92002字第○○號訴願決定，提起行政訴訟如下：

訴之聲明

訴願決定及原處分均撤銷。

事實

　　緣原告於○○年○月○日持憑台灣○○地方法院○○年度執申字第1421號權利移轉證書，申辦土地移轉登記，因該土地經查封登記尚未塗銷，原處分機關乃予以駁回，原告復於○○年○月○日提出申請，因已逾規定期限，原處分機關責令補繳登記費罰鍰，原告不服，提起訴願，遞遭駁回，乃依法提起行政訴訟。

理由

一、按土地所有權移轉時，權利人及義務人應於訂定契約之日起一個月內，申請土地權利變更登記，其不於規定期限內申辦者，每逾十日處應納登記費一倍之罰鍰，固為平均地權條例第47條前段所明定。惟依土地登記規則第50條第2項規定，於計算登記費罰鍰時，對於不能歸責於申請人之期間，應予扣除。

二、原告於民國○○年○月○日向台灣台中地方法院拍定買受坐落南投縣竹山鎮大坑小段162號等四筆土地之所有權，於90年○月○日第一次申請權利變更登記，因該土地經法院囑託查封登記，尚未塗銷，依土地登記規則第141條之規定，須俟原囑託查封登記機關之囑託，始得塗銷登記，被告機關認其為依法不應登記者，予以駁回（見原處分卷附駁回通知書）。是則在未經法院囑託塗銷登記前，原告未為變更登記之申請，顯有不能歸責於原告之事由。

三、嗣該土地雖經於90年○月○日塗銷查封登記，執行法院未將塗銷查封登記之情形通知原告，致原告逾期申辦土地權利變更登記，可否謂非因不能歸責於原告之事由，不予扣除其因此所生之遲延期間，而仍責令補繳登記費罰鍰，亦非無審酌之餘地。被告機關未注意及此，遽以原告未依限繳納上述罰鍰，而駁回其第二次於○○年○月○日所為登記之申請，自屬有欠允洽，訴願決定，遞予維持原處分，亦有未合。

　　綜上理由，本案原處分、訴願決定遽予維持，即顯有違誤失平，敬祈

鈞院明鑒，賜判決之如訴之聲明，至感德便。

　　　　謹狀

○○高等行政法院　公鑒

證　物　名　稱 及　　件　　數	一、原處分、訴願決定書影本各一份。 二、本件行政訴訟起訴狀副本一份。

| 中 | 華 | 民 | 國 | 年 | 月 | 日 |

具狀人　邱○○　　　　　　　　簽名
　　　　　　　　　　　　　　　　蓋章

▶損害賠償之請求

◇行政法院為前條判決時，應依原告之聲明，將其因違法處分或決定所受之損害，於判決內命被告機關賠償。

原告未為前項聲明者，得於前條判決確定後一年內，向行政法院訴請賠償。（行訴199）

◎撰狀說明

(一)人民提起行政訴訟，雖得附帶請求損害賠償，但關於損害之原因事實及損害之程度或數額，自應負舉證之責。又民法第216條第1項規定之所失利益，不得請求賠償，行政訴訟法第2條第2項但書亦規定甚明（見行政法院46年判字第19號判例）。

(二)因提起行政訴訟而附帶請求損害賠償，須於行政訴訟終結前為之，若行政訴訟已經判決，則損害賠償之請求，即無附帶之可言。除合於法律上特別規定，得向普通法院提起民事訴訟外，不容向本院為獨立損害賠償之請求（見行政法院47年裁字第38號判例）。

(三)已依本法規定，提起行政訴訟附帶請求損害賠償者，不得再就同一原因事實更行起訴（見國家賠償法第11條第1項但書）。

〈狀例4-4〉行政訴訟聲明狀

行政訴訟　聲明　狀		案　　　　號	年度　　字第　　號	承辦股別	
		訴訟標的金額或價額	新台幣　萬　千　百　十　元　角		
稱　　　　謂	姓　名　或　名　稱身分證統一編號或營利事業統一編號	住居所或營業所、郵遞區號及電話號碼電子郵件位址		送達代收人姓名、住址、郵遞區號及電話號碼	
原　　　　告	許張蝦	住○○市○○路○○號			
被　　　　告	台中市政府	設○○市○○路○○號			
法定代理人	○○○	住同右			

為提起行政訴訟附帶損害賠償請求之訴事：

聲明之事項

一、被告應賠償原告自民國42年至退還耕地止期間內按每年1,500公斤計算之租穀。

二、訴訟費用由被告負擔。

事實及理由

一、原告自民國6年（即日據時代大正6年）2月1日即在系爭耕地設定典權，有田地登記證、土地讓渡證書、土地台帳謄本及出典契約等可資證明。在舊登記簿上該項典權，迄無喪失或變更為他項權利之記載，始終存續至實施耕者有其田時，已經過三十年之時間，按照民法第924條但書，典權人即取得典物所有權，土地總登記時地政人員並無輔導人民申請登記，且對外縣人之請求均置之不理。43年台中縣政府收回土地所有權狀，復不注意到出典事，誤將土地徵收放領，又不考慮原告之陳情書，誤將補償地價發給第三人，致使原告不獨損失地價，且損失租穀，經向　鈞院提起行政訴訟在案。

二、查系爭耕地租穀每年1,500公斤，由於被告官署之違誤，致使原告每年遭受等額之損失，依國家賠償法第2條第2項之規定，應由國家負責賠償。「行政法院為前條判決時，應依原告之聲明，將其因違法處分或決定所受之損害，於判決內命被告機關賠償。」為行政訴訟法第199條第1項所明定，為此狀請　鈞院鑒核，賜判決如原告聲明之事項，以保權益，實感德便。

　　　　謹狀

○○高等行政法院　公鑒

證　物　名　稱及　　件　　數	田地登記證、土地讓渡證書、土地台帳謄本、出典契約影本各一件。

中	華	民	國	年	月	日
		具狀人　許張蝦			簽名蓋章	

▶訴訟參加

◇訴訟標的對於第三人及當事人一造必須合一確定者，行政法院應以裁定命該第三人參加訴訟。（行訴41）

◇行政法院認為撤銷訴訟之結果，第三人之權利或法律上利益將受損害者，得依職權命其獨立參加訴訟，並得因該第三人之聲請，裁定允許其參加。

前項參加，準用第39條第3款之規定。參加人並得提出獨立之攻擊或防禦方法。

前二項規定，於其他訴訟準用之。

訴願人已向行政法院提起撤銷訴訟，利害關係人就同一事件再行起訴者，視爲第1項之參加。（行訴42）

◇第三人依前條規定聲請參加訴訟者，應向本訴訟繫屬之行政法院提出參加書狀，表明下列各款事項：

　　一　本訴訟及當事人。

　　二　參加人之權利或法律上利益，因撤銷訴訟之結果將受如何之損害。

　　三　參加訴訟之陳述。

　　行政法院認前項聲請不合前條規定者，應以裁定駁回之。

　　關於前項裁定，得爲抗告。

　　駁回參加之裁定未確定前，參加人得爲訴訟行爲。（行訴43）

◇行政法院認其他行政機關有輔助一造之必要者，得命其參加訴訟。

　　前項行政機關或有利害關係之第三人亦得聲請參加。（行訴44）

◇命參加之裁定應記載訴訟程序及命參加理由，送達於訴訟當事人。

　　行政法院爲前項裁定前，應命當事人或第三人以書狀或言詞爲陳述。

　　對於命參加訴訟之裁定，不得聲明不服。（行訴45）

◇判決對於經行政法院依第41條及第42條規定，裁定命其參加或許其參加而未爲參加者，亦有效力。（行訴47）

◎撰狀說明

㈠依行政訴訟法第8條，得因第三人之請求允許其參加訴訟者，須以該第三人於他人間之訴訟事件有利害關係者爲限。若爲自己有所請求之獨立事件，僅法律上或事實上與他人間之訴訟事件有相類似之情形者，自應各循行政救濟之程序爲之，無許爲參加之理（見行政法院44年裁字第48號判例）。

㈡參加應提出參加書狀，參加書狀應表明下列各款：

　　1. 本訴訟及當事人。

　　2. 參加人於本訴訟之利害關係。

　　3. 參加訴訟之陳述。

〈狀例4-5〉行政訴訟聲請參加訴訟請求狀

行政訴訟	聲請參加訴訟	狀	案　　　號	年度　　字第　　號			承辦股別	
			訴訟標的金額或價額	新台幣　　萬　千　百　十　元　角				
稱　　　　謂	姓　名　或　名　稱身分證統一編號或營利事業統一編號		住居所或營業所、郵遞區號及電話號碼電子郵件位址				送達代收人姓名、住址、郵遞區號及電話號碼	

參　加　人 即 聲 請 人	葉如音	○○市○○路○○號	
原　　　告	丁宇文		
被 告 機 關	內政部		

為原告為中國畫報註銷登記事件，不服內政部於中華民國○○年○月○日所為訴願決定，提起行政訴訟乙案，聲請參加事：

聲請事項

請准予參加訴訟。

理由

依行政訴訟法第42條第1項之規定，撤銷訴訟之結果，第三人之權利或法律上利益將受損害者，得因該第三人之聲請，裁定允許其參加。聲請人於90年○月向內政部申請中國畫報之登記，於90年○月○日接到內政部通知，內開「台端擬發行中國畫報雜誌聲請登記乙案，應俟前中國畫報發行人丁宇文不服停止發行處分提起行政訴訟案裁判確定後，再行核辦」。則原告所提行政訴訟勝敗與否，影響聲請人之事業甚大，為此，謹依行政訴訟法第42條第1項之規定，聲請參加訴訟，謹請

　　　鈞院鑒核，准予參加訴訟，以保權益。

　　　　謹狀

○○高等行政法院　公鑒

證 物 名 稱 及 　 件 　 數	內政部函影本一份。

中　　　　華　　　　民　　　　國　　　　年　　　　月　　　　日
具狀人　　葉如音　　　　　　　　簽名 　　　　　　　　　　　　　　　　　　蓋章

▶再審之訴

◇有下列各款情形之一者，得以再審之訴對於確定終局判決聲明不服。但當事人已依上訴主張其事由經判決為無理由，或知其事由而不為上訴主張者，不在此限：

　　一　適用法規顯有錯誤。

　　二　判決理由與主文顯有矛盾。

　　三　判決法院之組織不合法。

　　四　依法律或裁判應迴避之法官參與裁判。

五　當事人於訴訟未經合法代理或代表。但當事人知訴訟代理權有欠缺而未於該訴訟言詞辯論終結前爭執者，不在此限。

六　當事人知他造應爲送達之處所，指爲所在不明而與涉訟。但他造已承認其訴訟程序者，不在此限。

七　參與裁判之法官關於該訴訟違背職務，犯刑事上之罪已經證明，或關於該訴訟違背職務受懲戒處分，足以影響原判決。

八　當事人之代理人、代表人、管理人或他造或其代理人、代表人、管理人關於該訴訟有刑事上應罰之行爲，影響於判決。

九　爲判決基礎之證物係僞造或變造。

十　證人、鑑定人或通譯就爲判決基礎之證言、鑑定或通譯爲虛僞陳述。

十一　爲判決基礎之民事或刑事判決及其他裁判或行政處分，依其後之確定裁判或行政處分已變更。

十二　當事人發現就同一訴訟標的在前已有確定判決、和解或調解或得使用該判決、和解或調解。

十三　當事人發現未經斟酌之證物或得使用該證物。但以如經斟酌可受較有利益之判決爲限。

十四　原判決就足以影響於判決之重要證物漏未斟酌。

確定終局判決所適用之法規範，經憲法法庭判決宣告違憲，或適用法規範所表示之見解，與憲法法庭統一見解之裁判有異者，其聲請人亦得提起再審之訴。

第1項第7款至第10款情形之證明，以經判決確定，或其刑事、懲戒訴訟不能開始、續行或判決不受理、免議非因證據不足者爲限，得提起再審之訴。

第1項第13款情形，以當事人非因可歸責於己之事由，不能於該訴訟言詞辯論終結前提出者爲限，得提起再審之訴。（行訴273）

◎撰狀說明

(一)再審之訴應於三十日之不變期間內提起。

前項期間自判決確定時起算，判決於送達前確定者，自送達時起算；其再審事由發生或知悉在後者，均自知悉時起算。

依第273條第2項提起再審之訴者，第1項期間自裁判送達之翌日起算。

再審之訴自判決確定時起，如已逾五年者，不得提起。但以第273條第1項第5款、第6款或第12款情形爲再審之理由者，不在此限（參見行政訴訟法第276條）。

對於再審確定判決不服，復提起再審之訴者，前項所定期間，自原判決確定時起算。但再審之訴有理由者，自該再審判決確定時起算。

第273條第2項之情形，自聲請案件繫屬之日起至裁判送達聲請人之日止，不計入

第4項所定期間。

(二)再審之訴專屬爲判決之原行政法院管轄。對於審級不同之行政法院就同一事件所爲之判決提起再審之訴者，專屬上級行政法院合併管轄之。對於上訴審行政法院之判決，本於第273條第1項第9款至第14款事由聲明不服者，雖有前二項之情形，仍專屬原第一審行政法院管轄（參見行政訴訟法第275條）。

(三)再審之訴，應以訴狀表明下列各款事項，提出於管轄行政法院爲之：

　1. 當事人。

　2. 聲明不服之判決及提起再審之訴之陳述。

　3. 應於如何程度廢棄原判決及就本案如何判決之聲明。

　4. 再審理由及關於再審理由並遵守不變期間之證據。

　　再審訴狀內，宜記載準備本案言詞辯論之事項，並添具確定終局判決繕本或影本（參見行政訴訟法第277條）。

〈狀例4-6〉行政訴訟再審之訴起訴狀(一)

行政訴訟 再審之訴 狀		案　　　號	年度　　字第　　號		承辦股別	
		訴訟標的金額或價額	新台幣　　萬　千　百　十　元　角			
稱　　　　謂	姓　名　或　名　稱身分證統一編號或營利事業統一編號	住居所或營業所、郵遞區號及電話號碼電子郵件位址		送達代收人姓名、住址、郵遞區號及電話號碼		
再審原告	○○○	○○○○○○○				
再審被告機　　關	○○市政府環境清潔處	○○○○○○○				

本件再審原告因違反廢棄物清理法事件，不服　鈞院○○年○月○日○○年度判字第○○號確定判決，謹依法提起再審之訴起訴狀：

　　訴之聲明

一、原判決廢棄。

二、訴願決定及原處分均撤銷。

　　事實

　　緣○○市政府警察局衛生警察隊值勤人員於○○年○月○日在○○市○○路○○段○○號公告欄外，發現房屋招租廣告乙紙，認係再審原告所張貼，即移由再審被告機關科處再審原告罰鍰銀圓○百元（新台幣○百元），再審原告不服，提起訴願遭駁回，向　鈞院提起行政訴訟，復遭駁回，經查　鈞院原判決之適用法規顯有錯誤，爰依行政訴訟法第273條第1項第1款之規定提起再審之訴。

理由

　　按依行政訴訟法第136條準用民事訴訟法第277條規定，當事人主張有利於己之事實者，就其事實有舉證之責任。而行政罰應以違反行政上作為不作為義務者為處罰對象，原處分機關主張被處分人違反義務者，在行政訴訟程序即應由該處分機關，亦即再審被告機關負舉證責任。本件原判決認定再審原告於○○年○月間在○○市○○路○○段○○號公告欄外牆壁，張貼房屋招租廣告，有違廢棄物清理法之規定，維持科處罰鍰新台幣（下同）3,000元之處分。查該招租房屋廣告，是否為再審原告本人所張貼，既為再審原告所否認，即應適用首開法律規定，命由再審被告機關負舉證責任。乃原判決未命再審被告機關舉證，僅以再審原告在招租房屋設有戶籍，其妻已簽收告發單，即推定再審原告本人有張貼招租房屋廣告之行為，其適用法規，顯有錯誤，自應認為具有行政訴訟法第273條第1項第1款之再審原因。複查本件招租廣告之張貼，在查獲之初，值勤警員○○○赴再審原告住所查詢並送達告發通知單時，並未會晤再審原告本人，僅晤及再審原告之配偶○○○，而○○○並未明確承認係由再審原告本人所張貼，已據原告發警員○○○在　鈞院原審證明屬實。再審被告機關不經調查，徒以再審原告在招租房屋之內設有戶籍，即推定為再審原告所張貼，顯欠依據。再審原告配偶雖收受告發通知書，並在「被通知人簽章」欄內簽○○○之名，惟此項簽名，僅能證明確有收到告發通知單而已，該通知單上既無任何承認再審原告本人有張貼廣告行為之文字記載，據此簽名，即認再審原告本人有張貼廣告之行為，尤屬無據。此外，再審被告機關既無任何資料足以證明再審原告有張貼招租房屋廣告之行為，即難認定再審原告有違反廢棄物清理法第11條第2款情事，原處分機關遽對再審原告科處罰鍰3,000元，訴願決定及原判決遞予維持，自均有違誤，應予分別撤銷或廢棄，以昭折服。

　　綜上所陳理由，本案　鈞院原判決顯有違誤，敬祈

　　鈞院明鑒，賜判決如訴之聲明，以明法制，而昭折服，實感德便。

　　　　謹狀

○○高等行政法院　公鑒

證　物　名　稱 及　　件　　數	一、鈞院○○年度判字第○○號判決書影本一份。 二、本件行政訴訟再審起訴狀副本一份。

中	華	民	國	年	月	日

　　　　　　　具狀人　　○○○　　　　　　　　　　簽名
　　　　　　　　　　　　　　　　　　　　　　　　　蓋章

〈狀例4-6-1〉行政訴訟再審之訴起訴狀(二)

行政訴訟 再審之訴 狀		案　　　號	年度　字第　　號	承辦股別	
		訴訟標的金額或價額	新台幣　萬　千　百　十　元　角		
稱　　　謂	姓　名　或　名　稱身分證統一編號或營利事業統一編號	住居所或營業所、郵遞區號及電話號碼電子郵件位址		送達代收人姓名、住址、郵遞區號及電話號碼	
再 審 原 告	歐○○	住○○市○○路○○號			
再 審 被 告機　　　關	台北市政府工務局建築管理處	設○○市○○路○○號			

上列再審原告因拆除違建磚牆事件，不服　鈞院○○年○月○日○○年度○字第○○號判決，謹依法提起再審之訴起訴狀：

訴之聲明

一、鈞院○○年度○字第○○號及○○年度○字第○○號原判決均廢棄。

二、訴願決定及原處分均撤銷。

事實

　　緣再審原告在○○市○○路○○段○○號階梯式住宅底層與山坡間空隙建造磚牆，經○○市政府工務局函知補辦建照，因其圍牆範圍未超過原有建物範圍，且未作居室之用，該局以65年8月13日○市○字第65380號函○○市政府警察局免予取締。嗣該社區居民郝晶○向監察院陳情，指再審原告之違建侵害其權益，經監察院檢同調查意見，函○○市政府辦理見復。再審被告機關遂以67年8月9日○市○字第06192號書函通知再審原告於文到一個月內補辦建照，再審原告逾期未辦，乃以67年10月20日○市○字第09447號函知拆除，再審原告提出異議，再審被告機關仍以69年3月31日○市○字第04548號函復應予拆除。並於同年7月21日派員拆除，再審原告不服，提起訴願遭駁回，提起行政訴訟，亦經　鈞院以○○年度○字第○○號判決駁回，再審原告復提起再審之訴，又經　鈞院以○○年度○字第○○號判決予以駁回各在卷。惟　鈞院原判決經查有行政訴訟法第273條第1項第1款之再審原因，爰依法再提起再審之訴。

理由

一、按行政法院判決具有行政訴訟法第273條所列各款情形之一者，當事人即得對之提起再審之訴，此觀該法條之規定甚明。本件再審原告在前述住宅底層與山坡間空隙地上所建系爭圍牆，再審被告機關初認並「非違建免予取締」，其理由為根據會勘結果，圍牆範圍未超過原有建物範圍，且未作居室使用，並以該

建築土地產權尚未分割，補照困難（見卷附○○市政府工務局65年8月13日○市○字第65380號函及同市府70年1月10日○府○字第51067號函）。繼因監察院函查，又認係程序違建，命再審原告補辦建照（67年8月9日○市○字第6192號函），嗣復函知再審原告謂經核定為實質違建，無法補照（69年3月31日○市○字第4548號函），一再變更處分內容，且彼此互不相容，又未充分說明其理由，究其依據為何，殊難懸揣。

二、第就建築法第25條、第86條第1項第1款及違章建築處理辦法第5條第1項等規定觀之，所謂程序違建，當係指未妨礙都市計畫或其他禁建規定，得由違建人補領建照，免予拆除者而言，所謂實質違建，則係指有礙都市計畫或有違其他實質上之禁建規定，不准補照，必須予以拆除者而言，本件系爭圍牆，既經再審被告機關一再通知再審原告補辦建照，其69年9月15日○市○○字第53183號致再審原告函，猶謂係因再審原告未依前述第6192號函通知補照，應予拆除，足見其始終認係程序違建，乃其發文在前之69年3月31日○市○字第4548號函又指為「實質違建無法補照」，前後不一其詞，如實際上本屬程序違建，而竟以實質違建予以拆除，其適用法規，即不得謂非顯有錯誤。

三、次查再審被告機關前述第6192號書函第二項謂「在該社區土地產權尚未正式分割前應由申請人（指再審原告）先取得土地共有人之同意證明後，……按規定向本局建管處辦理（建照）」，足見當時土地尚未分割，而強命取得土地共有人同意證明後補辦建照，似亦屬強人所難，有違誠信原則，且同案另有樊德明、唐崇讓等五人在同一情形下之違建，則既無須補辦建照，亦不認係實質違建，獨將再審原告部分，強命拆除，顯違平等原則。

　　綜上論結，本案具有行政訴訟法第273條第1項第1款之再審原因，至為明顯，而原判決適用法規顯有違誤，自應廢棄，為此狀請

　　鈞院賜如訴之聲明而為判決，以保權益，至感德便。

　　　　謹狀

○○高等行政法院　公鑒

證　物　名　稱 及　　件　　數	一、原判決書影本二份。
	二、原處分書、訴願決定書、再訴願決定書影本各一份。

中	華	民	國	年	月	日

　　　　　　具狀人　　歐○○　　　　　　　　簽名蓋章

第三章　國家賠償法相關書狀

▶國家損害賠償

◇本法所稱公務員者，謂依法令從事於公務之人員。

公務員於執行職務行使公權力時，因故意或過失不法侵害人民自由或權利者，國家應負損害賠償責任。公務員怠於執行職務，致人民自由或權利遭受損害者亦同。

前項情形，公務員有故意或重大過失時，賠償義務機關對之有求償權。（國賠2）

◇國家賠償法於108年12月18日修正時，將第3條修正「公共設施因設置或管理有欠缺，致人民生命、身體、人身自由或財產受損害者，國家應負損害賠償責任。前項設施委託民間團體或個人管理時，因管理欠缺致人民生命、身體、人身自由或財產受損害者，國家應負損害賠償責任。前二項情形，於開放之山域、水域等自然公物，經管理機關、受委託管理之民間團體或個人已就使用該公物為適當之警告或標示，而人民仍從事冒險或具危險性活動，國家不負損害賠償責任。第一項及第二項情形，於開放之山域、水域等自然公物內之設施，經管理機關、受委託管理之民間團體或個人已就使用該設施為適當之警告或標示，而人民仍從事冒險或具危險性活動，得減輕或免除國家應負之損害賠償責任。第一項、第二項及前項情形，就損害原因有應負責任之人時，賠償義務機關對之有求償權。」（國賠3）

◇受委託行使公權力之團體，其執行職務之人於行使公權力時，視同委託機關之公務員。受委託行使公權力之個人，於執行職務行使公權力時亦同。

前項執行職務之人有故意或重大過失時，賠償義務機關對受委託之團體或個人有求償權。（國賠4）

◇依本法請求損害賠償時，應先以書面向賠償機關請求之。

賠償義務機關對於前項請求，應即與請求權人協議。協議成立時，應作成協議書，該項協議書得為執行名義。（國賠10）

◇損害賠償之請求，應以書面載明下列各款事項，由請求權人或代理人簽名或蓋章，提出於賠償義務機關。

　一　請求權人之姓名、性別、出生年月日、出生地、身分證統一編號、職業、住所或居所。請求權人為法人或其他團體者，其名稱、主事務所或主營業所及代表人之姓名、性別、住所或居所。

　二　有代理人者，其姓名、性別、出生年月日、出生地、身分證統一編號、職業、住所或居所。

　　三　請求賠償之事實、理由及證據。

　　四　請求損害賠償之金額或回復原狀之內容。

　　五　賠償義務機關。

　　六　年、月、日。

　損害賠償之請求，不合前項所定程式者，賠償義務機關應即通知請求權人或其代理人於相當期間內補正。（國賠施17）

◎撰狀說明

㈠請求損害賠償時，應先以書面向賠償義務機關請求之。賠償義務機關拒絕賠償，或自提出請求之日起逾三十日不開始協議，或自開始協議之日起逾六十日協議不成立時，請求權人得提起損害賠償之訴。但已依行政訴訟法規定，附帶請求損害賠償者，就同一原因事實，不得更行起訴（見國家賠償法第11條第1項）。

㈡請求書應記載國家賠償法施行細則第17條所載各項。

㈢數機關應負連帶損害賠償責任時，請求權人如僅對賠償義務機關中之一機關請求全部或一部賠償，應載明其已向其他賠償義務機關請求賠償之金額或申請回復原狀之內容（國家賠償法施行細則第18條第2項）。

㈣請求之事項，不外賠償財物及回復原狀二者，前者應詳列細目，以及計算之所由得；後者載明回復原狀之內容或程度。

㈤請求賠償之事實，不外請求權人或被害人遭受損害之時間、地點、客體、範圍、方法等。

㈥請求賠償之理由，指損害形成之原因，如國家賠償法第2條第2項公務員不法侵權行為，或第3條第1項公有公共設施因設置或管理上有欠缺等是，務必詳為載明具體事實，並附有關證據、文件及表冊之正本、影本或節本。

〈狀例4-7〉國家賠償相關書狀

國家賠償請求書

請求權人　張○○　性別　○　○○歲　○○省○○縣　業○　住○○○○○○○○○

代 理 人　張○○　性別　○　○○歲　○○省○○縣　業○　住○○○○○○○○○

　　請求之事項

　　請求賠償請求權人新台幣（下同）10萬元整。

　　事實及理由

一、緣請求權人之子○○○，於○○年○月○日，在○○市○○路○○號前公路上，為　貴局執行拘提人犯之囚車所撞傷，送醫治療，延至同年○月○日不幸

逝世，有台灣○○地方檢察署檢察官出具之相驗屍體證明書及照片可稽。

二、上開肇事凶車司機○○○，為　貴局所屬職員，其駕車拘提人犯，為執行職務行使公權力之行為，因過失撞死請求權人之子，　貴局理應負國家賠償法第2條第2項之賠償責任。

三、茲將本件車禍造成請求權人之損害列明如下：

　　㈠醫藥費：4萬元。

　　㈡喪葬費：2萬元。

　　㈢扶養費：3萬元。

　　㈣慰撫金：1萬元。

　　合計：10萬元整。

　　　　　謹呈

○　○　縣　政　府　警　察　局

請　求　權　人　○○○

法 定 代 理 人　○○○

中　　　華　　　民　　　國　　　　　年　　　　　月　　　　　日

▶協議期間

◇自開始協議之日起逾六十日協議不成立者，賠償義務機關應依請求權人之申請，發給協議不成立證明書。

請求權人未依前項規定申請發給協議不成立證明書者，得請求賠償義務機關繼續協議，但以一次為限。（國賠施26）

◎撰狀說明

　　有關證據、請求之事實及理由，於前次協議請求書未提出者，可於本申請書載明並提出。

〈狀例4-8〉請求繼續協議申請書

請求繼續協議申請書

請求權人 張○○　性別　○　○○歲　○○省○○縣　業○　住○○○○○○○○○

代 理 人 張○○　性別　○　○○歲　○○省○○縣　業○　住○○○○○○○○○

　　請求權人前於中華民國○○年○月○日，就○○年度○字第○○號損害賠償事件，申請協議乙案，曾與貴府於同年○月○日，在○○○進行協議，因賠償金額等

問題雙方意見未能一致，協議未能成立。茲爲解決紛爭，疏減訟源計，請求繼續協議。

　　　　　　此致
○　○　縣　政　府

　　　　　　　　　　　　　　　　　　請　求　權　人　○○○
　　　　　　　　　　　　　　　　　　法定代理人　○○○

中　　　華　　　民　　　國　　　　　年　　　　月　　　　日

▶國賠委任書

◇請求權人得委任他人爲代理人，與賠償義務機關進行協議。

同一損害賠償事件有多數請求權人者，得委任其中一人或數人爲代理人，與賠償義務機關進行協議。

前二項代理人應於最初爲協議行爲時，提出委任書。（國賠施7）

◇委任代理人就其受委任之事件，有爲一切協議行爲之權，但拋棄損害賠償請求權、撤回損害賠償之請求、領取損害賠償金、受領原狀之回復或選任代理人，非受特別委任，不得爲之。

對於前項之代理權加以限制者，應於前條之委任書內記明。（國賠施8）

◎撰狀說明

㈠請求權人得委任他人爲代理人，與賠償義務機關進行協議。此所謂他人，指請求權人以外之人，與前述法定代理人，係由於法律規定者有所不同。請求權人因本身無暇或其他原因，未能親自與賠償義務機關協議時，自得委任他人代理協議，委任代理人有無代理權，應依委任書定之，即於最初爲協議行爲時提出委任書，以證明其係合法之委任。委任書格式見狀例4-13。

㈡如爲特別委任（即代理人具有損害賠償請求權、撤回權、受領權者），則畫去「但無」二字，否則，畫去「並有」二字。

〈狀例4-9〉請求國家賠償委任書

請求國家賠償委任書

年度賠議字第　　　　號

國家賠償協議事件委任書	姓名或名稱	性別	年齡	籍貫	職業	住居所事務所或營業所
	委任人					
	受任人					

為委任人請求貴府損害賠償事件，茲委任受任人為代理人，就本事件有為一切協議行為之權 但並 無有 拋棄損害賠償請求權、撤回損害賠償之請求、領取損害賠償金、受領原狀之回復或選任代理人之特別代理權。

此致

○○縣政府（即賠償義務機關全銜）

委任人　　○○○
受任人　　○○○

中　　　華　　　民　　　國　　　　　年　　　　　月　　　　　日

▶損害賠償之提起

◇賠償義務機關拒絕賠償，或自提出請求之日起逾三十日不開始協議，或自開始協議之日起逾六十日協議不成立時，請求權人得提起損害賠償之訴。但已依行政訴訟法規定，附帶請求損害賠償者，就同一原因事實，不得更行起訴。

依本法請求損害賠償時，法院得依聲請為假處分，命賠償義務機關暫先支付醫療費或喪葬費。（國賠11）

◎撰狀說明

㈠損害賠償之訴應提出書狀，並應記載下列各款事項（見國家賠償法第12條，民事訴訟法第116條）：

　1.當事人姓名及住所或居所；當事人為法人、其他團體或機關者，其名稱及公務所、事務所或營業所。

2. 有法定代理人、訴訟代理人者，其姓名、住所或居所，及法定代理人與當事人之關係。

3. 訴訟事件。

4. 應為之聲明或陳述。

5. 供證明或釋明用之證據。

6. 附屬文件及其件數。

7. 法院。

8. 年、月、日。

㈡書狀及其附屬文件，除提出於法院者外，應按應受送達之他造人數，提出繕本或影本（見民事訴訟法第119條第1項）。他造於受送達後，亦得提出答辯狀於法院，並應按對造人數提出繕本或影本。

㈢應提出之證明如下（國家賠償法施行細則第37條）：

1. 請求權人因賠償義務機關拒絕賠償，或協議不成立而起訴者，應於起訴時提出拒絕賠償或協議不成立之證明書。

2. 請求權人因賠償義務機關逾期不開始協議或拒不發給前項證明書而起訴者，應於起訴時提出已申請協議或已請求發給證明書之證明文件。例如收據、請求書之副本、影本、存證信函等。

㈣國家損害賠償之訴性質上屬於民事訴訟，應購用司法狀紙，不得以其他紙張代替。

〈狀例4-10〉請求損害賠償起訴狀

民事　起訴　狀		案　　　號	年度　　字第　　號	承辦股別	
		訴訟標的金額或價額	新台幣　萬　千　百　十　元　角		
稱　　　謂	姓　名　或　名　稱身分證統一編號或營利事業統一編號	住居所或營業所、郵遞區號及電話號碼電子郵件位址		送達代收人姓名、住址、郵遞區號及電話號碼	
原　　　告	○○○	○○○○○○○			
被　　　告	○○縣政府警察局				
法定代理人	○○○	○○○○○○○			

為前揭當事人間，請求國家賠償事件，依法起訴事：

訴之聲明

一、被告應給付原告新台幣（下同）○○元及自起訴狀繕本送達之翌日起至清償之日止，按年息百分之5計算之利息。

二、訴訟費用由被告負擔。

三、原告願供擔保，請准宣告假執行。

　　事實及理由

一、緣原告之子○○○於○○年○月○日，在○○市○○路○○號前公路上，為被執行拘提人犯之囚車所撞傷，送醫治療，延至同年○月○日不幸死亡，有台灣○○地方檢察署檢察官死亡證明書（證物一）及照片可稽（證物二）。

二、上開囚車司機○○○，為被告所屬職員，其駕車拘提人犯，為執行職務行使公權力之行為，因過失撞死原告之子，被告應負國家賠償法第2條第2項之賠償責任，經原告於○○年○月○日以書面向被告請求賠償損害，並提出相關支出明細資料（證物三），竟遭拒絕（或協議不成立）（證物四）。爰狀請
　　鈞院為訴之聲明之判決，以保權益。

　　　　　　謹狀
台灣○○地方法院民事庭　公鑒

證　物　名　稱及　件　數	證物一：檢察官相驗屍體證明書一份。
	證物二：現場照片○張。
	證物三：請求賠償醫藥費、喪葬費及慰撫金明細表及有關收據各一份。
	證物四：向被告請求損害賠償之收件證明一份（或協議不成立或拒絕之文件）。

中	華	民	國	年	月	日

　　　　　　　具狀人　　　○○○　　　　　　　簽名蓋章

〈狀例4-11〉**請求損害賠償答辯狀**

民事　答辯　狀		案　　　號	年度　　字第　　號		承辦股別		
		訴訟標的金額或價額	新台幣　萬　千　百　十　元　角				
稱　　　　謂	姓　名　或　名　稱身分證統一編號或營利事業統一編號	住居所或營業所、郵遞區號及電話號碼電子郵件位址			送達代收人姓名、住址、郵遞區號及電話號碼		

被　　　　告	○○市政府	○○○○○○○	
法定代理人	○○○	○○○○○○○	
原　　　　告	○○○	○○○○○○○	

為○○年度（訴）字第○○號損害賠償事件，依法提出答辯事：

　　答辯聲明

一、原告之訴及假執行之聲請均駁回。

二、訴訟費用由原告負擔。

三、如為不利之判決，被告願供擔保，請准免為假執行之宣告。

　　答辯理由

　　原告以案外人○○○為被告機關所屬○○科道路工程施工人員（證物一），於○○年○月○日在○○鎮○○路○○段挖掘道路，埋設管線時，留有坑洞一處，因疏未設警告標誌等安全措施，致原告之子摔落坑內死亡，請求被告賠償新台幣○○元之損害。惟查被告所屬工程施工人員，於○○年○月○日前，固曾在上開地段挖路埋設瓦斯管，但已於同年○月○日完工，填平路面，並未留下坑洞（證物二）。原告之子所摔之坑洞，係台灣電信管理局於○○年○月○日所挖掘，在被告填平坑洞日期之後，是原告之子摔落坑內死亡，與被告先前所掘路面無關，其請求損害賠償自屬無據。為此提出答辯，狀請

　　鈞院鑒核，駁回原告之訴及假執行之聲請，以維權益。

　　　　　　謹狀

台灣○○地方法院民事庭　公鑒

證　物　名　稱	證物一：開工及完工報告書影本。
及　　件　　數	證物二：完工驗收單影本及照片○張。

中	華	民	國	年	月	日

　　　　　　　　　　　　　　　○○市政府

　　　　　　　具狀人　　法定代理人　　　　簽名
　　　　　　　　　　　　○○○　　　　　　蓋章

〈狀例4-12〉**聲請假處分狀**

民事　假處分聲請　狀	案　　　號	年度　　字第　　號	承辦股別	
	訴訟標的的金額或價額	新台幣　萬　千　百　十　元　角		
稱　　　　謂	姓　名　或　名　稱身分證統一編號或營利事業統一編號	住居所或營業所、郵遞區號及電話號碼電子郵件位址	送達代收人姓名、住址、郵遞區號及電話號碼	
聲 請 人 即債 權 人	○○○	○○○○○○○		
相 對 人即 債 務 人	○○市政府	○○○○○		
法定代理人	○○○	○○○○○○○		

為聲請假處分事：

　　請求之事項

一、請命債務人暫先支付喪葬費新台幣（下同）○○萬元整與債務人。

二、程序費用由債務人負擔。

　　事實及理由

一、緣債權人之子○○於民國○○年○月○日（指70年7月1日以後）駕駛○○○號機車擬前往○○鎮訪友，途經○○市○○路○○號前公路時，因被告所屬職員○○○在上開路段挖路埋設管線，留有坑洞一處，長寬約○○公分、深約○○公尺，疏未擺設警告燈號及其他設施，致債權人之子不慎連車帶人摔落坑內，當場死亡，有台灣○○地方檢察署死亡證明書及照片數張可資證明。是相對人應負擔損害賠償責任。

二、按「本法請求損害賠償時，法院得依聲請為假處分，命賠償義務機關暫先支付醫療費或喪葬費」國家賠償法第11條第2項定有明文。本件中，聲請人因年紀老邁，又無恆產，實無能力負擔喪葬費用（有里長證明書可按，證物一）。懇請

　　鈞院判命債務人暫先支付喪葬費○○元，以利料理喪事為禱。

　　　　　謹狀

台灣○○地方法院民事庭　公鑒

證 物 名 稱及 件 數	證物一：里長證書影本一紙。

中　　　華　　　民　　　國　　　年　　　月　　　日

具狀人　　○○○　　　　　　　　簽名
　　　　　　　　　　　　　　　　蓋章

第五篇　訴狀活用

◈ 範例一

　　翁大郎與陳美麗係夫妻，住於金門，生有翁甲、翁乙、翁戊、翁己四名子女，其後陳美麗因罹患痲瘋病，乃前往台灣醫治即未再回金門。陳美麗在台灣期間與洪國銘發生姦情而懷孕，生下二子翁丙、翁丁。翁大郎於民國62年死後遺有土地數筆，陳美麗、重婚配偶許嘉人、翁戊、翁己依金門習俗拋棄繼承，所遺土地由翁甲、翁乙共同繼承。84年時，翁丙、翁丁以繼承權受侵害，乃起訴主張塗銷繼承登記。

民事　起訴　狀		案　　　號	年度　　字第　　號	承辦股別	
		訴訟標的金額或價額	新台幣　萬　千　百　十　元　角		
稱　　　　謂	姓　名　或　名　稱身分證統一編號或營利事業統一編號	住居所或營業所、郵遞區號及電話號碼電子郵件位址		送達代收人姓名、住址、郵遞區號及電話號碼	
原　　　告	翁　　丙翁　　丁				
被　　　告	翁　　甲翁　　乙				

為上列當事人間請求塗銷繼承登記事件，依法起訴事：
　　訴之聲明
一、被告等應塗銷如附表所示之繼承登記。
二、訴訟費用由被告負擔。
　　事實及理由
一、查被繼承人翁大郎之繼承人如繼承系統表所示（證一），其中陳美麗、重婚配偶許嘉人、翁戊、翁己已合法拋棄繼承（證二），是系爭土地應由兩造共同繼承，但被告二人竟於73年8月間，故意隱瞞原告二人亦係翁大郎之繼承人之事實，僅以被告二人為繼承人，聲請地政機關辦理繼承登記（證三），並辦妥繼承登記在案。
二、被告等侵害原告等因繼承取得財產之事實已明，爰依民法第767條之規定，行使所有權人之所有物妨害除去請求權，請求被告塗銷所辦之繼承登記。
　　　　　　謹狀
福建金門地方法院民事庭　公鑒

證　物　名　稱及　　件　　數	證一：繼承系統表及戶籍登記謄本一份。 證二：拋棄繼承文件影本一份。 證三：土地登記謄本一份。

中　　華　　民　　國　　　　年　　　　月　　　　日
具狀人　　翁　丙　　　　簽名 　　　　　翁　丁　　　　蓋章

被告二人就原告主張之事實，提出答辯狀：

民事　答辯　狀	案　　號	年度　　字第　　號	承辦股別	
	訴訟標的金額或價額	新台幣　萬　千　百　十　元　角		
稱　　謂	姓　名　或　名　稱身分證統一編號或營利事業統一編號	住居所或營業所、郵遞區號及電話號碼電子郵件位址	送達代收人姓名、住址、郵遞區號及電話號碼	
被　　告	翁　甲	○○○○○○○		
	翁　乙	○○○○○○○		
原　　告	翁　丙	○○○○○○○		
	翁　丁	○○○○○○○		

爲上列當事人間塗銷繼承登記事件，依法提出答辯事：

　　答辯聲明

一、原告之訴駁回。

二、訴訟費用由原告負擔。

　　答辯理由

一、原告起訴主張略以附表土地是翁大郎遺產。翁大郎於民國62年8月4日故世，上述遺產土地本應由配偶陳美麗、重婚配偶許嘉人、兒子翁丙（原告）、翁甲、翁乙（以上兩人是被告）、女兒翁戊、翁丁（原告）、翁己八人共同繼承（請見後附繼承系統表及戶籍謄本：原告證一）。但因共同繼承人中的陳美麗、許嘉人、翁戊、翁己四人（以下合稱陳美麗等四人）在繼承事實發生後合法拋棄繼承（附呈繼承權拋棄書影本四件：原告證二），故此遺產土地因此乃歸由兩造共同繼承爲公同共有。詎料被告二人竟在73年8月間，故意隱瞞原告二人亦係翁大郎的繼承人之事實，只列被告自己兩人及陳美麗等四人爲翁大郎繼承

人，並以陳美麗等四人均已合法拋棄繼承之故，聲請地政機關准將附表所列翁大郎之遺產土地，在附表所載時間，辦理繼承登記（即以繼承為原因所辦理之所有權移轉登記）為被告二人之共有（各取得每筆土地持分各2分之1），而謂被告應塗銷繼承登記云云。

二、經查原告並非被告之父翁大郎之子，按翁大郎有妻陳美麗，因陳美麗患有麻瘋病，於民國41年來台灣就醫，即不再回金門，而先父一直居住金門，二人有夫妻之名無夫妻之實，陳美麗在台灣與不詳姓名之人發生通姦行為，生有原告翁丙、翁丁，按翁丁生於民國45年9月13日，出生地於台灣，翁丙生於民國43年12月30日，出生地於台灣，其身分證記載為父翁太郎，母陳美麗，並非翁大郎（證物一），關於原告二人非陳美麗與翁大郎所生，在陳美麗對被告所提台灣台北地方法院檢察署83年度偵字第11866號案件所自承（證物二），又在84年2月12日和解契約書第二條記載「甲方（指陳美麗）確認翁丙、翁丁二人，非甲方與翁大郎所生之子女」（證物三），請調上開偵查案卷，亦能證實。又原告戶籍謄本記載翁太郎或翁太朗非翁大郎，即陳美麗當時情慮，不敢用翁大郎之名，請調原告二人之申報出生登記之資料（出生證明、申報書等等）亦能證明。且經被告尋得原告之生母、生父國銘，共立證明書（證物四），證明「原告均為陳美麗與洪國銘所生之子女，與翁大郎無血親關係」，可得明證，並請鈞院傳證該二位證人到庭證明。

三、原告既與先父無血親關係，當然非屬民法第1138條第1款之繼承人，被告於先父亡故時辦理繼承登記，據代辦之金門地政事務所公設之代書明白告知原告非繼承人，因此被告將其二人不列入繼承人完全合法，原告起訴主張塗銷，顯無理由。

四、退萬步言之，縱認被告有侵害原告繼承權及所有權之情形，然翁大郎死亡後，除被告外之其他繼承人既同意拋棄繼承，被告二人即以繼承全部遺產之狀態，雖未辦理登記，惟實際上行使遺產上之權利，若認為原告繼承權有受侵害，依民法第1146條第2項規定，繼承回復請求權之消滅時效，自知悉侵害時起已逾二年或自繼承開始時已逾十年，時效完成。準此，若認被告有侵害原告繼承權之事實，則原告繼承回復請求權亦已罹於時效而消滅。又繼承回復請求權，原係包括請求確認繼承人資格，及回復繼承標的一切權利，此項請求權如因時效完成而消滅，繼承權人被侵害之原有繼承權即已全部喪失，繼承權被侵害人自無再本於物上請求權請求回復繼承標的物之餘地。質言之，原告縱提出個別物上請求權，請求排除遺產標的物之侵害，但被告仍得主張繼承回復請求權之時效，以資抗辯（參照最高法院74年度台上字第1039號判決）。

五、又院字第1833號解釋略以：「不動產所有權之回復請求權，應適用民法第125
　　條關於消滅時效之規定。故所有人未經登記之不動產，自被他人占有而得請求
　　回復之時起，已滿十五年尚未請求者，則不問占有人之取得時效已否完成，而
　　因消滅時效之完成，即不得為回復之請求。」揆之上開解釋，則排除侵害請求
　　權亦應一體適用之。按被告二人自民國62年原告及其他繼承人拋棄繼承權時
　　起，即占有系爭不動產，而原告訴請排除侵害請求權縱或有之，已於民國77年
　　罹於時效而消滅，尚難依民法第767條為請求。為此狀請
　　鈞院鑒核，駁回原告之訴，以維權益。
　　　　　　　謹狀
福建金門地方法院民事庭　公鑒

證物名稱及件數	原告證一：繼承系統表及戶籍謄本一份。
	原告證二：繼承權拋棄書影本四份。
	證物一：戶籍謄本一份。
	證物二：台灣台北地方法院檢察署83年度偵字第11866號起訴書影本。
	證物三：和解契約書影本一份。
	證物四：證明書影本一份。

| 中　　華　　民　　國　　　　年　　　　月　　　　日 |
| 具狀人　翁　甲　　　　簽名 |
| 　　　　翁　乙　　　　蓋章 |

地方法院為兩造所提出之事實作出如下之判決：

福建金門地方法院民事判決　　　　　　　　　　　○○年度訴字第○○號
　　原　　告　翁　丙
　　　　　　　翁　丁
　　被　　告　翁　甲
　　　　　　　翁　乙
上列當事人間塗銷繼承登記事件，本院判決如下：
　　主文
原告之訴駁回。

訴訟費用由原告負擔。

　　事實

甲、原告方面：

一、聲明：被告應塗銷如附表所示日期所辦之繼承登記。

二、陳述：

　　㈠原告二人係被繼承人翁大郎之子女，翁大郎於民國62年8月4日死亡，如附表
　　　所示之土地本應由翁大郎之配偶陳美麗、重婚配偶許嘉人、子翁丙、翁甲、
　　　翁乙、女翁戊、子翁丁及翁己八人共同繼承，惟陳美麗、許嘉人、翁戊及翁
　　　己四人已合法拋棄繼承，故如附表所示之土地，應由兩造共同繼承。詎被告
　　　二人竟在73年8月間，故意隱瞞原告二人亦係翁大郎之繼承人之事實，以被告
　　　二人為繼承人，聲請地政機關辦理如附表所示之繼承登記，係侵害原告因繼
　　　承所取得之財產，爰依民法第767條之規定，行使所有權人之所有物妨害除去
　　　請求權，請求被告塗銷所辦之繼承登記。

　　㈡對被告抗辯之陳述：

　　　1.原告翁丙、翁丁分別係43年、45年出生，均受胎於陳美麗與翁大郎婚姻關
　　　　係存續中，應受婚生之推定。雖經母親陳美麗告知生父係洪國銘，惟自出
　　　　生以來從未經洪國銘撫養，亦未相認，原告二人仍受婚生之推定，是原告
　　　　二人於翁大郎62年8月4日亡故時起，即與其他繼承人共同繼承翁大郎之遺
　　　　產。

　　　2.原告並未主張被告侵害原告之繼承權，因繼承權侵害之行為必須發生在繼
　　　　承開始時，而繼承權之拋棄行為則係發生在繼承開始後，被告主張渠等自
　　　　62年原告及其他繼承人拋棄繼承權時，即占有系爭不動產云云，則被告占
　　　　有系爭不動產應係在繼承開始後，如此即無所謂侵害繼承權，被告應係侵
　　　　害原告繼承所取得之權利。

　　　3.翁大郎死亡之時，被告翁甲、翁乙分別僅十五歲、八歲，根本無法耕作全
　　　　部之土地，且被告翁乙、被告等之母親許嘉人、被告翁甲三人，分別於69
　　　　年、70年、71年先後遷離金門，搬至台灣桃園定居，直至82、3年間才又遷
　　　　回金門，足見被告並無占有且耕作如附表所示土地之事實，證人翁○○等
　　　　人之證言顯不實在，被告自無於繼承開始起即排除原告之繼承權，而以繼
　　　　承人之身分占有遺產之情事。

　　　4.被告自承於73年辦理繼承登記時，因代辦之公設代書告知原告非繼承人，
　　　　始未將原告二人列入繼承，是證被告直至73年間，方以僅有之繼承人自
　　　　居，並非自繼承開始起，即以僅有之繼承人占有系爭土地。

　　　5.系爭土地均為依本國法令辦竣登記之不動產，並因繼承事實之發生，當然

　　　　歸爲兩造公同共有，從而原告自爲已登記不動產之所有權人，原告之所有
　　　　權妨害除去請求權，應無時效消滅規定之適用。而原告提起本訴，距被告
　　　　爲侵害行爲（繼承登記）時起算，並未逾十五年之時效，被告抗辯原告之
　　　　請求權已罹時效，即非可採。況縱有時效之適用，原告係請求被告塗銷所
　　　　辦之繼承登記，而非請求被告返還所有物，時效亦應從被告爲繼承登記時
　　　　起算，是被告抗辯並非有理。
　　㈢ 證據：提出繼承系統表、戶籍登記謄本、被告向地政事務辦理繼承登記之申
　　　　請書及所附之繼承系統表拋棄繼承書、土地登記簿謄本等爲證。
乙、被告方面：
一、聲明：如主文所示。
二、陳述：
　　㈠ 原告二人係陳美麗與洪國銘所生，並非翁大郎之親生子女，翁大郎死亡之時
　　　　不知有此二人之存在，而依金門當時之習俗，女子無繼承遺產之權利，然礙
　　　　於法令之規定，均以拋棄繼承之方式，達到由男子全部繼承之目的，故翁大
　　　　郎於臨終前，即囑咐其遺產均由被告二人繼承。再被告早已從住在台灣之大
　　　　姊翁戊口中得知原告二人並非翁大郎之兒女，原告係陳美麗與洪國銘在台灣
　　　　所生，縱原告有繼承權，但因被告否認，而將原告排除於繼承人之列，並進
　　　　而以僅有之繼承人自居，耕種管理系爭土地。惟因當時金門仍屬戰地，土
　　　　地、建物均受管制，並無民間代書辦土地登記之情事，被告二人又不諳法
　　　　令，加以金門地政事務所又未通知辦理繼承登記，延至73年間金門地區土地
　　　　重測時，始辦理登記，是被告侵害原告之繼承權，早在62年8月4日被繼承人
　　　　翁大郎死亡之時。
　　㈡ 繼承權之被侵害不以繼承之遺產已登記爲要件，苟有繼承人獨自行使遺產上
　　　　之權利，而置其他合法繼承人於不顧，即屬侵害其他繼承人之繼承權。被告
　　　　自62年8月4日起即以僅有之繼承人自居，而占有系爭不動產，侵害原告之繼
　　　　承權迄今，原告之繼承回復請求權自該時起至原告84年6月5日起訴時止，已
　　　　罹於十年之時效，原告自己喪失繼承權，其即不能本於所有權而有所請求。
　　　　退步而言，原告縱於62年8月4日繼承開始時已取得系爭土地之所有權，但因
　　　　未辦理所有權登記，其物上請求權，亦已逾十五年，而時效消滅。
三、證據：提出翁丙、翁丁之身分證、不起訴處分書、陳美麗與被告之和解書、洪國
　　　　銘證明書、出生證明書、陳美麗之申請書、台灣樂生療養院職員之簽呈等影本爲
　　　　證。
　　　　理由
一、本件原告主張渠等係翁大郎之子女，自翁大郎62年8月4日死亡時起，原告即依

法繼承翁大郎之遺產，被告於73年逕以僅有之繼承人自居，而就附表所示之土地辦理繼承登記，侵害原告因繼承所取得土地之所有權，且原告之所有權妨害除去請求權並無時效消滅規定之適用，原告自得本於所有權請求被告塗銷如附表所示土地之繼承登記等語。被告則以原告並非翁大郎之子女，依法應無繼承權，縱認渠等有繼承權，亦因被告自62年8月4日翁大郎死亡時起，即以僅有之繼承人自居，而占有管理系爭土地，侵害原告之繼承權迄今，原告之繼承回復請求權，業已罹於時效，且原告未辦理土地所有權登記，其縱有所有權，其之除去妨害請求權亦罹於十五年之時效，自不得本於所有權請求塗銷登記等詞置辯。

二、按繼承權之被侵害，不以繼承之遺產已登記為要件。苟該繼承人獨自行使遺產上之權利，而置其他合法繼承人於不顧，即不得謂未侵害他人之繼承權。又繼承回復請求權，原係包括請求確認繼承人資格及回復繼承標的之一切權利，此項請求權如因時效完成而消滅，其原有繼承權即已全部喪失，自應由表見繼承人取得其繼承權（最高法院48年台上字第782號、40年台上字第730號判例參照）。經查本件原告翁丙係43年12月30日出生，原告翁丁係45年9月13日出生，均為翁大郎與陳美麗婚姻關係存續中所受胎出生，有戶籍登記謄本在卷可證。縱被告提出陳美麗因原告欲上小學乃申請台灣省立樂生療養院出具出生證明之申請書、該院職員之簽呈、該院出具之出生證明書、洪國銘出具原告二人係其所生之證明書、陳美麗承認原告二人非其與翁大郎所生之和解書等，證明原告並非翁大郎所生。惟原告二人之母陳美麗之受胎期間既在其與翁大郎婚姻關係存續中，依民法第1063條第1項之規定，自應受婚生之推定，原告於翁大郎死亡之時，應有繼承權。

三、茲有爭執者為原告之繼承權是否已罹於時效而喪失？經訊問於翁大郎死亡時參與處理喪葬事宜之證人翁○○其證稱：翁大郎死時未見翁丙、翁丁，當時翁甲、翁乙因年紀尚小，其大姊由新竹趕回來，主張由翁甲、翁乙繼承，故土地由渠二人與渠之母三人耕作等語。又共同協助處理喪事之證人翁○○亦證稱：土地交由翁甲、翁乙，因二人年紀小，故耕地請人代耕，渠等赴台或當兵時交鄰居管理，伊及翁○○有幫忙耕作等語。再證人即兩造之大姊翁戊復到庭陳稱：翁大郎死亡時，翁甲以電報通知伊，伊以電話通知陳美麗，只有伊一人回金門，翁丙、翁丁非翁大郎之子女，並未回來，當時伊等拋棄繼承，由翁甲、翁乙繼承，土地由渠等管理等詞。雖證人等就土地係由被告耕作或委由他人耕作乙節陳述有所出入，然原告已自陳從未與翁大郎見過面等情，而證人翁○○並證述：翁大郎從未到過台灣，所以不知有翁丙、翁丁二名子女等語。況當時金門地區尚在戒嚴軍管之中，土地價格甚低，女子以拋棄繼承之方式，讓男子繼承，亦為是時鄉下地方之習俗，足證翁大郎死亡之時，被告二人確係以僅有之繼承人自居而為自己占有管

理系爭土地，被告所辯應堪採信。被告既係於62年8月4日起，即以僅有之繼承人自居，而排除其他合法之繼承人，是渠等侵害原告之繼承權，迄84年6月5日提起本訴止，已逾十年，被告為時效抗辯，主張原告之繼承回復請求權罹於時效，應屬有據。依首揭之說明，原告之繼承回復請求權，既罹時效，其已喪失繼承權，就如附表所示之土地則無任何權利，其本於所有權請求排除侵害塗銷被告所為之繼承登記，並非有理，應予駁回。

四、本件事證已臻明確，兩造其他攻擊防禦方法，即毋庸論究，附此敘明。

五、據上論結，原告之訴為無理由，依民事訴訟法第78條、第85條第1項前段判決如主文。

中　華　民　國　　84　　年　　8　　月　　8　　日

福建金門地方法院民事第○庭

法　官　○　○　○

上為正本係照原本作成

如對本判決上訴，須於判決送達後二十日內向本院提出上訴狀

中　華　民　國　　84　　年　　8　　月　　8　　日

書記官　○　○　○

原告不服提出上訴：

民事　上訴　狀		案　　　號	年度　　字第　　號	承辦股別	
		訴訟標的金額或價額	新台幣　萬　千　百　十　元　角		
稱　　　謂	姓　名　或　名　稱身分證統一編號或營利事業統一編號	住居所或營業所、郵遞區號及電話號碼電子郵件位址		送達代收人姓名、住址、郵遞區號及電話號碼	
上　訴　人	翁　丙翁　丁				
被上訴人	翁　甲翁　乙				

為不服福建金門地方法院○○年度訴字第○○號民事判決，依法提起上訴事：

上訴聲明

一、原判決廢棄。

二、被上訴人應塗銷如原審判決附表所示日期所辦之繼承登記。

三、第一、二審訴訟費用由被上訴人負擔。

　　事實及理由

一、原判決意旨略以上訴人二人之母陳美麗之受胎期間既在其與翁大郎婚姻關係存續中，依民法第1063條之推定，上訴人於翁大郎死亡之時，應有繼承權，惟上訴人之繼承權已罹於時效而喪失之。惟查

　㈠被上訴人既是於73年才有唯一繼承人自居之意思表示及侵權行為，則其所侵害者究係上訴人之繼承權或上訴人因繼承已取得之財產權？依據最高法院之見解：「民法第1146條所謂繼承權被侵害，以自命為繼承人而行使遺產上權利之人，於繼承開始時，即已有此事實之存在為必要；若於繼承開始後，始發生此事實，則其侵害者為繼承人已取得之權利，而非侵害繼承權。游阿某係於42年2月10日死亡，被上訴人則在同年11月25日始就前開土地部分完成繼承登記，並就系爭房屋部分，提出第一次所有權登記之申請，相距達九個月，若無其他情事，足認被上訴人於繼承開始時，則已自命為繼承人而行使權利，並置上訴人及其他兄弟於不顧，則能否謂其侵害者為上訴人及其他兄弟之繼承權，而非上訴人及其他兄弟因繼承已取得之權利，有民法第1146條規定之適用，尚非無疑。」（最高法院53年台上字第592號判決、77年台上字第1428號判決參照）則被上訴人遲直到民國71年還在與陳美麗商量遺產繼承事，足見被上訴人無以唯一繼承人自居，於繼承開始時置其他繼承人於不顧之行為，依上開最高法院判例意旨，被上訴人是於73年才開始侵害上訴人因繼承已取得之財產權，並獲得不當利益，又係侵奪上訴人之所有物，依民法第197條第2項不當得利（被上訴人於73年8月1日辦理繼承登記，至上訴人於84年6月5日提起本件訴訟，尚未逾十五年之時效期間），第767條所有物返還請求權等法律關係，應返還其利益於上訴人。

　㈡據上所陳，被上訴人所侵害者，係上訴人因繼承已取得之不動產所有權，而依司法院大法官會議釋字第164號解釋：「已登記不動產所有人之除去妨害請求權，不在本院釋字第107號解釋範圍之內，但依其性質，亦無民法第125條消滅時效規定之適用。」其解釋理由書謂：「按民法第767條規定，所有人對於無權占有或侵奪其所有物者之返還請求權，對於妨害其所有權者之除去請求權及對於有妨害其所有權之虞者之防止請求權，均以維護所有權之圓滿行使為目的，其性質相同，故各該請求權是否適用消滅時效之規定，彼此之間，當不容有軒輊。如為不同之解釋，在理論上不免自相矛盾，在實際上亦難完全發揮所有權之功能。『已登記不動產所有人之回復請求權，無民法第125條消滅時效規定之適用』，業經本院釋字第107號解釋在案。已登記不動產所有人之除去妨害請求權，有如對於登記具有無效原因之登記名義人所

發生之塗銷登記請求權，若適用民法消滅時效之規定，則因十五年不行使，致罹於時效而消滅，難免發生權利上名實不符之現象，眞正所有人將無法確實支配其所有物，自難貫徹首開規定之意旨。故已登記不動產所有人之除去妨害請求權，雖不在上開解釋範圍之內，但依其性質，亦無民法第125條消滅時效規定之適用。」明確宣示已登記不動產所有人對於登記具有無效原因之登記名義人所發生之塗銷登記請求權，無民法第125條消滅時效規定之適用。本件被上訴人侵害上訴人之權利者，爲因繼承已取得之不動產所有權，該不動產已經登記（參地院卷原告證四），則依前開司法院大法官會議解釋意旨，本件之塗銷登記請求權，自無民法第125條消滅時效規定之適用，被上訴人之時效抗辯爲無理由。被上訴人不論依民法197條第2項之規定或第767條之規定，均應塗銷其於73年8月30日以繼承原因取得原審判決附表所載之土地所有權應有部分之登記，以回復繼承人公同共有之狀態。

為此狀請

鈞院鑒核，惠賜判決如上訴聲明，感德不盡。

　　　謹狀

福建金門地方法院民事庭　公鑒

證　物　名　稱及　　件　　數	

中　　　　華　　　　民　　　　國　　　　年　　　　月　　　　日		
具狀人	翁　丙翁　丁	簽名蓋章

被上訴人提答辯狀：

民事　答辯　狀	案　　　號	年度　　字第　　號	承辦股別	
	訴訟標的金額或價額	新台幣　萬　千　百　十　元　角		
稱　　　謂	姓　名　或　名　稱身分證統一編號或營利事業統一編號	住居所或營業所、郵遞區號及電話號碼電子郵件位址	送達代收人姓名、住址、郵遞區號及電話號碼	

被上訴人	翁　甲	
	翁　乙	
上　訴　人	翁　丙	
	翁　丁	

為上列當事人間請求塗銷繼承登記事件，援引前呈書狀，並依法提出答辯狀事：

答辯聲明

一、上訴駁回。

二、訴訟費用由上訴人負擔。

事實及理由

一、上訴人並非被繼承人翁大郎之子女，衡情度理，自不得享有繼承權：

查上訴人並非被上訴人之父翁大郎之子，按被上訴人先父有妻陳美麗，因陳美麗患有麻瘋病，於民國41年前往台灣就醫，即不再回金門，而被上訴人先父一直居住金門，二人有夫妻之名無夫妻之實，陳美麗在台灣與不詳姓名之人發生通姦行為，生有上訴人翁丙、翁丁，按翁丁生於民國45年9月13日，出生地於台灣，翁丙生於民國43年12月3日，出生地於台灣，其身分證記載為父翁太郎、母陳美麗，並非翁大郎（原審證物一），關於上訴人二人非陳美麗與先父所生，在陳美麗對被上訴人所提台灣台北地方檢察署83年度偵字第11866號案件所自承（原審證物二），又在84年2月12日和解契約書第二條記載「甲方（指陳美麗）確認翁丙、翁丁二人，非甲方與翁大郎所生之子女」（原審證物三）。請調上開偵查案卷，亦能證實。又上訴人戶籍謄本記載翁太郎或翁太朗非翁大郎，即陳美麗當時情虛，不敢用翁大郎之名，由上訴人二人之申報出生登記之資料（出生證明、申報書等等）亦能證明。且經被上訴人尋得上訴人之生母、生父洪國銘，共立證明書（原審證物四），證明「上訴人為陳美麗與洪國銘所生之子女，與翁大郎無血親關係」，可得明證，並經　原審法院傳證該證人陳美麗到庭證明屬實。本訴訟之提起，純因上訴人得知金門已漸開放，土地價值暴漲，心萌貪念，竟可為財產隨意認人作父，藉法律規範之不周而圖坐享其成，衡情酌理，上訴人自無權主張繼承翁大郎遺產。

二、原審判決以上訴人之繼承權已罹於時效，不得主張任何權利，實屬的論：

㈠按「繼承權之被侵害，不以繼承之遺產已經登記為要件，苟該繼承人獨自行使遺產上之權利，而置其他合法繼承人於不顧，即不得謂未侵害他繼承人之繼承權」，最高法院48年台上字第873號判例可資參照。該判例即已闡明行使遺產上之權利，並不以處分遺產為限，即行使遺產上之權利而使用收益之，亦包括在內。被上訴人二人自被繼承人翁大郎於62年8月4日死亡時，即

以唯一繼承人自居，所重者實爲被上訴人兄弟二人繼承全部遺產並在系爭土地上管理使用收益迄今之事實，此迭經原審法院傳訊翁○○、翁○○到庭證述屬實，雖其等就系爭土地誰在耕作乙節所述不盡相同，惟不論係自耕或請人代耕，對系爭土地之由被上訴人自始使用管理收益乙節則無異致。此節又經　鈞院傳訊證人村長翁○○證述：系爭土地確自民國62年翁大郎去世時起，即由上訴人兄弟二人自耕等語，明確屬實，上訴人猶執陳詞，謂被上訴人未自始使用管理系爭土地，顯不足採。

㈡按被上訴人等自民國62年翁大郎死亡時起即占有系爭土地，若有侵害上訴人之繼承權，自62年起至今，已超過民法第1146條第2項規定，繼承回復請求權之消滅時效，即自知悉侵害時起已逾二年或自繼承開始時已逾十年之消滅時效。雖上訴人起訴主張者爲民法第767條物上請求權，依下列最高法院及司法院判解意旨（請參附件一），逾前揭時效仍不得主張物上請求權：

　1.依最高法院40年台上字第730號判例意旨：「繼承回復請求權，原係包括請求確認繼承人資格及回復繼承標的之一切權利，此項請求權如因時效完成而消滅，其原有繼承權即已全部喪失，自應由表見繼承人取得其繼承權。」則上訴人等既已逾此時效，其繼承權即已全部喪失無復再爲主張。

　2.次按司法院院解字第3997號及最高法院41年8月21日民庭庭長會議決議內容以觀：若逾民法第1146條第2項時效完成後，行使抗辯權者，則繼承權被侵害人之損害賠償請求權，顯已失其發生之根據。

　3.再由最高法院74年度台上字第1039號判決意旨「自命爲繼承人之人，於民法第1146條第2項之消滅時效完成後，行使其抗辯權者，其與繼承權被侵害人之關係，即與正當繼承人無異，被繼承人財產上之權利，應認爲繼承開始時，已爲該自命爲繼承人所承受，業經37年司法院院解字第3997號解釋在案。又繼承回復請求權，原係包括請求確認繼承人資格，及回復繼承標的之一切權利，此項請求權如因時效完成而消滅，繼承權被侵害人原有繼承權即已全部喪失，應由表見繼承人（即自命爲繼承人之人）取得其繼承權，該繼承權被侵害人自無再本於物上請求權請求表見繼承人回復繼承標的之餘地，更進一步明白闡示，前揭請求權如因時效完成而消滅，繼承被侵害人之原有繼承權即已全部喪失，應由表見繼承人（即自命爲繼承人之人）取得其繼承權，該繼承權被侵害人自無再本於『物上請求權』請求表見繼承人回復繼承標的之餘地。」

㈢綜上可知，前揭請求權時效完成而消滅，繼承權被侵害之人，不但不得依其他侵權行為等請求權再予主張，亦不得再以物上請求權更為主張之餘地，則上訴人依物上請求權起訴，顯屬無理由。

綜上狀請

鈞院鑒核。

　　　　謹狀

福建高等法院金門分院民事庭　公鑒

證　物　名　稱 及　　件　　數	

中　　　　華　　　　民　　　　國　　　　年　　　　月　　　　日	
具狀人	翁　甲 翁　乙　　　簽名蓋章

福建高等法院金門分院民事判決　　　　　　　　　○○年度上字第○○號

　　上　訴　人　翁　丙

　　　　　　　　翁　丁

　　被上訴人　翁　甲

　　　　　　　　翁　乙

上列當事人間請求塗銷繼承登記事件，上訴人對於中華民國84年8月8日，福建金門地方法院84年度訴字第13號第一審判決提起上訴，本院判決如下：

　　主文

上訴駁回。

第二審訴訟費用由上訴人負擔。

　　事實

甲、上訴人方面：

一、聲明：求為判決：

　　㈠ 原判決廢棄。

　　㈡ 被上訴人應塗銷如附表所示日期所辦之繼承登記。

二、陳述：除與原判決記載相同者予以引用外，補稱：

　　㈠ 自命為繼承人而行使遺產上權利之人，必須於繼承開始時，即已有此事實之存在，方得謂之繼承權被侵害，若於繼承開始後，始發生此事實，則其侵害

者為繼承人已取得之權利,而非侵害繼承權,自無民法第1146條之適用。本件兩造被繼承人翁大郎於62年8月4日去世,被上訴人直至73年8月間辦理繼承登記,據代辦之公設代書明白告知上訴人非繼承人,才將上訴人不列入繼承人,聲請地政機關將系爭土地辦理繼承登記為被上訴人二人所共有,被上訴人所侵害者為上訴人因繼承所取得之財產所有權,並非繼承權。

(二)由證人翁戊及翁己之證詞可知,翁大郎死亡後,繼承人並未立即討論到財產,而係隔了三至五個月才開始討論到財產,而繼承因被繼承人死亡而開始,上訴人於翁大郎死亡時即已繼承遺產,取得系爭土地所有權,於翁大郎死亡時,被上訴人並無任何侵害繼承權之事實,則縱於繼承開始後有侵害上訴人權利之事實,亦非侵害上訴人之繼承權。

(三)證人翁○○、翁○○就系爭土地由何人耕作、翁大郎死後繼承人死時處理遺產及參與處理喪葬事宜之人等陳述不一致,與翁戊、翁己之陳述互為歧異,均不符事實,不足採信。

(四)被上訴人於翁大郎死亡時,分別為十五歲及八歲,顯無耕種管理土地之能力。證人翁○○、翁○○述「金門小孩自幼即要幫忙家裡耕作,翁大郎死前,被上訴人就曾去幫忙耕作」,所稱「幫忙耕作」乙事,顯然為家庭事務之分擔,翁大郎死後,留有田地和作物,該田地和作物又是家庭經濟來源,家人自無可能任其荒廢,被上訴人縱曾幫忙耕作,亦應為家庭事務分擔之結果,若無其他事證,足以證明被上訴人有以唯一繼承人自居之事實,自難以其曾幫忙耕作,即認其有以唯一繼承人自居而使用管理土地之意思。

(五)證人吳○○、翁○○未參與翁大郎死後事務之處理,其出具證明書證明被上訴人繼承管理系爭土地,顯然不實。

(六)被上訴人提出記載被上訴人翁乙為管理人之權狀,則翁乙係以管理人之地位管理土地,並非以唯一繼承人或所有權人之地位管理土地。該權狀之出具若在翁大郎死前,則翁乙有為翁大郎管理土地之意思,若在翁大郎死後,則其顯有為繼承人管理土地之意思。又該權狀管理人欄僅列翁乙一人,被上訴人主張翁乙、翁甲共同管理土地乙節,亦與權狀所示事實不符。

(七)被上訴人翁乙於71年1月16日為陳美麗填寫印鑑登記申請書,該申請書正反面表明「本表完全由次子翁乙填寫,申請人雙手無指無法捺印」等語,上述文書縱係由戶政事務所承辦人員黃○○所附註,陳美麗年邁,不懂國語,該附註應係依翁乙之陳述所為,足證翁乙與陳美麗母子相稱,因尚有哥哥翁丙,所以居於次子,並知悉翁丙之繼承權。

(八)已登記不動產所有人對於登記具有無效原因之登記名義人所發生之塗銷登記請求權,無民法第125條消滅時效規定之適用。本件請求權應無消滅時效之適

用，且未登記不動產所有人對於登記名義人之塗銷登記請求權，於該第三人登記時成立，其消滅時效期間亦應自登記時起算，非自占有時起算。

三、證據：除援用原判決所載之證據外，補提福建金門地方法院83年度訴字第13號筆錄影本、陳美麗印鑑登記申請書影本及最高法院83年度台上字第2385號判決影本各乙件為證，並聲請調閱福建金門地方法院83年度訴字第13號卷宗。

乙、被上訴人方面：

一、聲明：求為判決如主文。

二、陳述：除與原判決記載相同者予以引用外，補稱：

　　㈠上訴人係陳美麗與洪國銘在台灣所生，並非翁大郎之親生子女，對於翁大郎之遺產應無繼承權。

　　㈡繼承權被侵害之態樣頗多，兄弟於父之繼承開始時，如已置其姊妹之繼承權於勿顧，而以兄弟二人繼承全部遺產之狀態，實際上行使其權利，則雖未分割遺產，亦不得謂未侵害其姊妹之繼承權。本件被上訴人二人自始即自命為唯一繼承人自居，排除並否認其餘繼承人，並占有使用全部遺產至今，縱認被上訴人有繼承權，被上訴人仍將其繼承權予以排除而占有管理翁大郎遺產，本件訴訟應屬被上訴人侵害上訴人繼承權之繼承回復請求權事件。

　　㈢依金門當時之習俗，女子本無繼承遺產之權利，然礙於法令之規定，均以嗣後拋棄繼承之方式而達到由男子全部繼承之習俗。退步言，縱使拋棄繼承有不生法定拋棄繼承之效力，惟因男子均否認女子有繼承遺產之權利，概以自命唯一繼承人或排除女子繼承權而自居，故究其拋棄繼承之真意，亦寓有拋棄繼承回復請求權之意。經查翁大郎臨終前即囑咐其遺產均由被上訴人二兄弟繼承，而系爭土地斯時即由被上訴人耕種管理中，被上訴人當時即以唯一繼承人自居，嗣後翁大郎之妻女均以拋棄繼承之方式，直接承認翁大郎之遺產均僅由被上訴人二人繼承，足徵被上訴二人主觀上自始即均以唯一繼承人自居，並無為其他共同繼承人共同占有之意。此訴提出被上訴人嗣後與翁戊、陳美麗商談拋棄繼承情形，復於73年間始登記，進而推定被上訴人係嗣後始以唯一繼承人自居云云，顯係昧於事實而未究明金門地區繼承習俗。

　　㈣被上訴人早已從翁戊口中得知上訴人並非翁大郎兒女，上訴人亦自承從未見過翁大郎，被上訴人二人認定上訴人對於翁大郎並無繼承權，尤無為上訴人占有使用之意。

　　㈤被上訴人翁甲於77年間在台北市由上訴人翁丁開設之餐廳工作時，曾將已登記為被上訴人名義之系爭所有權狀交給翁丁看，當時翁丁並無異議。

　　㈥被上訴人自62年8月4日翁大郎死亡時即占有系爭土地，若有侵害上訴人之繼承權，自62年起迄今已超過繼承回復請求權之消滅時效。繼承回復請求權如

因時效完成而消滅，其原有繼承權即已全部喪失，自應由表見繼承人取得其繼承權，繼承人財產上權利，應認為於繼承開始時，已為該自命繼承人所承受，被上訴人自不得再本於物上請求權更為主張。

三、證據：除援用原判決所載之證據外，補提金門縣金寧鄉盤山村辦公室證明書、金門縣金寧鄉公所證明書、洪國銘證明書、洪國銘及陳美麗陳情報告、戶籍謄本、金門縣實施平均地權土地清冊影本、土地所有權狀影本各乙件為證。

丙、本院依職權訊問證人吳○○、翁○○：

理由

一、本件上訴人於原審主張渠等為翁大郎之子女，翁大郎於62年8月4日死亡，上訴人即依法與被上訴人及其他繼承人共同繼承翁大郎之遺產，詎被上訴人於73年故意隱瞞上訴人亦係繼承人之事實，將系爭土地辦理繼承登記為被上訴人二人共有，侵害上訴人因繼承所取得土地所有權，為此本於所有權妨害除去請求權訴請被上訴人塗銷如附表所示之土地繼承登記等語；被上訴人則以上訴人並非翁大郎之子女，依法應無繼承權，縱認其有繼承權，亦因被上訴人自62年8月4日翁大郎死亡時起，即以僅有之繼承人自居而占有管理系爭土地，侵害上訴人之繼承權迄今，上訴人之繼承回復請求權已罹於時效，其繼承權喪失，自不得再本於所有權請求塗銷繼承登記等詞置辯。

二、按繼承權回復請求權自知悉被侵害之時起二年間不行使而消滅，自繼承開始起逾十年者亦同，民法第1146條第2項定有明文。又繼承權之被侵害，不以繼承之遺產已登記為要件，苟該繼承人獨自行使遺產上之權利，而置其他合法繼承人於不顧，即不得謂未侵害他人之繼承權。繼承回復請求權，原係包括請求確認繼承人資格及回復繼承標的之一切權利，此項請求權如因時效完成而消滅，其原有繼承權已全部喪失，自應由表見繼承人取得其繼承權，被繼承人財產上之權利應認為繼承開始時，已為表見繼承人所承受（最高法院48年台上字第782號、40年台上字第730號判例及37年司法院院解字第3997號解釋參照）。本件被繼承人翁大郎於62年8月4日死亡，如附表所示土地係其遺下之財產，為兩造所不爭，上開土地於翁大郎死亡後，由被上訴人及其母親許嘉人耕作，同宗鄰居翁○○、翁○○幫忙耕種，被上訴人二人均參與幫忙較輕便之工作等情，業據證人翁○○、翁○○陳述無訛，證人即同住下堡之金寧鄉盤山村村長翁○○亦到庭陳稱：「被上訴人父親死時，我知道，當時生活困苦，他們兄弟要自己耕種，親戚再幫忙」等語；又上訴人兄妹二人均係陳美麗在台灣省立樂生療養院住院期間，與同院病患洪國銘所生，並非翁大郎之親生子女等情，業據被上訴人提出陳美麗、洪國銘陳情報告書影本及洪國銘證明影本各乙紙為證，並經證人陳美麗證述無訛（原審卷第72頁背面），上訴人亦自承陳美麗曾告知此事（原審卷第122頁背面），均堪

認眞正，而翁大郎死亡後，其喪葬事宜由翁○○、翁○○及其他鄰居協助料理，翁大郎生前不知有上訴人，翁○○、翁○○亦不知有上訴人，上訴人復未受通知赴金門參與喪事等情，復據證人翁○○、翁○○陳述屬實，足見上訴人於翁大郎死亡時，係被排除於孝子女行列，被上訴人於62年間翁大郎死亡後，耕作系爭土地時，其主觀上當無可能爲已被排除於孝子女行列之上訴人管理系爭土地，被上訴人抗辯其自62年間翁大郎死亡後即以否認及排除上訴人繼承權之意思耕作系爭土地乙節，應堪採信。

三、被上訴人既係於62年8月4日起對翁大郎遺產即系爭土地行使權利，置上訴人於不顧，自係侵害上訴人之繼承權。至於嗣後辦理繼承登記之商討情節，應不影響已發生之侵害繼承權之事實，上訴人遲至84年6月5日提起本訴，已逾十年，被上訴人爲時效抗辯，主張上訴人之繼承回復請求權已罹於時效而消滅，上訴人縱有繼承權亦已全部喪失，不得再本於所有權請求塗銷系爭土地之繼承登記，尙無不合。上訴人依所有權妨害除去請求權請求塗銷被上訴人所爲之繼承登記，自無理由，應予駁回。原審爲上訴人敗訴之判決，核無不合，上訴意旨猶執陳詞，主張非繼承權受侵害，指摘原判決不當，求予廢棄改判，爲無理由，兩造其餘攻擊防禦方法，與本件判決結果不生影響，爰不一一贅述，併此敘明。

據上論結，本件上訴爲無理由，依民事訴訟法第449條第1項、第78條、第85條第1項前段，判決如主文。

中　華　民　國　　85　　年　　11　　月　　○　　日

福建高等法院金門分院民事第○庭

審判長法官　○　○　○

法官　○　○　○

法官　○　○　○

上正本證明與原本無異

被上訴人如不服本判決，應於收受送達後二十日內向本院提出上訴書狀

中　華　民　國　　86　　年　　○　　月　　○　　日

書記官　○　○　○

最高法院民事判決

上　訴　人　翁　丙

翁　丁

被上訴人　翁　甲

翁　乙

上列當事人間請求塗銷繼承登記事件，上訴人對於中華民國85年11月29日福建高等法院金門分院第二審判決（84年度上字第5號）提起上訴，本院判決如下：

　　主文

上訴駁回。

第三審訴訟費用由上訴人負擔。

　　理由

本件上訴人主張：伊之被繼承人翁大郎於民國62年8月4日死亡時，伊即與被上訴人及其他繼承人共同繼承如原判決附表所示翁大郎之遺產（下稱系爭土地）。詎被上訴人竟於73年間，隱瞞伊為繼承人之事實，將系爭土地辦理繼承登記為被上訴人所共有，侵害伊因繼承所取得之土地所有權等情，本於所有權妨害除去請求權，求為命被上訴人塗銷系爭土地繼承登記之判決。

被上訴人則以：上訴人係伊父翁大郎之妻陳美麗與訴外人洪國銘所生，並非翁大郎之子女，應無繼承權；縱認有繼承權，因自62年8月4日翁大郎死亡時起，伊即以僅有之繼承人自居而占有管理系爭土地，侵害上訴人之繼承權，上訴人之繼承回復請求權已罹於時效，其繼承權消滅，不得本於所有權請求伊塗銷繼承登記等語，資為抗辯。

原審以繼承權回復請求權自知悉被侵害之時起二年間不行使而消滅，自繼承開始起逾十年者亦同，民法第1146條第2項定有明文。按繼承人獨自行使遺產上之權利，而置其他合法繼承人於不顧，即係侵害他人之繼承權。又繼承回復請求權係包括請求確認繼承人資格及回復繼承標的之一切權利，此項請求權如因時效完成而消滅，其原有繼承權即全部喪失，應由表見繼承人取得其繼承權，被繼承人財產上之權利應認為繼承開始時，已為表見繼承人所承受。查翁大郎死亡後，系爭土地由被上訴人及其母許嘉人所耕作，業據證人翁○○、翁○○、翁○○結證明確。而上訴人係翁大郎之妻陳美麗在台灣省立樂生療養院住院期間，與同院病患洪國銘所生，並非翁大郎之親子女，有陳美麗、洪國銘之陳情報告書影本及洪國銘所具證明書影本為證，並經證人陳美麗證述無訛，上訴人亦自陳美麗曾告知此事。惟依民法第1063條第1項規定，固推定其為婚生子女。但翁大郎之喪葬事宜係由證人翁○○、翁○○及其他鄰居協助料理，翁大郎生前不知有上訴人，翁○○、翁○○亦不知有上訴人，上訴人復未受通知赴金門參與喪事，亦據證人翁○○、翁○○結證屬實，足見翁大郎死亡時，上訴人被排除於孝子女之列，則被上訴人耕作系爭土地時，當無為上訴人管理系爭土地之意思，被上訴人抗辯伊自翁大郎死亡時，即以否認及排除上訴人繼承權之意思耕作系爭土地乙節，足堪採信。被上訴人既於62年8月4日起，就系爭土地行使權利而置上訴人於不顧，自係侵害上訴人之繼承權，上訴人遲至84年6月5日始提起本件訴訟，已逾十年，被上訴人為時效抗辯，上訴人之繼承回復請求權自已罹於時效而消滅，其縱有繼承權，亦已喪失，不得再本於所有權請求被上訴人塗銷系爭土地之繼承登記，因而維

持第一審所爲上訴人敗訴之判決。經核於法洵無不合。上訴論旨仍執陳詞，並就原審採證認事之職權行使，指摘原判決違背法令，聲明廢棄，爲無理由。據上論結，本件上訴爲無理由，依民事訴訟法第481條、第449條第1項、第78條，判決如主文。

中　華　民　國　　　86　　　年　　　12　　　月　　　11　　　日

最高法院民事第六庭

審判長法官　○　○　○

法官　○　○　○

法官　○　○　○

法官　○　○　○

法官　○　○　○

上正本證明與原本無異

中　華　民　國　　　86　　　年　　　12　　　月　　　22　　　日

書記官　○　○　○

◈ 範例二

　　劉剛與趙柔於民國68年在台灣台北地方法院公證結婚，趙柔婚後不久，即離家前往香港，拒不履行同居義務，劉剛乃提起履行同居之訴，俟獲勝訴判決確定，趙柔仍不履行同居義務，劉剛乃以趙柔惡意遺棄，構成法定之離婚事由，訴請法院判決離婚……

民事　起訴　狀		案　　　號	年度　字第　　號		承辦股別	
		訴訟標的金額或價額	新台幣　　萬　千　百　十　元　角			
稱　　　謂	姓　名　或　名　稱身分證統一編號或營利事業統一編號	住居所或營業所、郵遞區號及電話號碼電子郵件位址			送達代收人姓名、住址、郵遞區號及電話號碼	
原　　　告	劉　剛	台北市石牌○○路○○號				
被　　　告	趙　柔	香港九龍○○灣○○道○○號○○大廈○樓○座				

為上列當事人間履行同居之事件，依法起訴事：

訴之聲明

一、被告應與原告同居。

二、訴訟費用由被告負擔。

事實及理由

　　緣原告於民國68年○月○日與被告在　鈞院公證結婚（證物一），詎被告婚後不久，即離家前往香港，多年來一直居住於香港，拒不返回台灣與原告履行同居義務，送經原告前往香港與之交涉，並委請律師致函催告（證物二），然卻始終未見被告依約履行。查民法第1001條前段規定，夫妻互負同居之義務。蓋同居實為婚姻效力之一，所謂互負同居義務者，則不問妻對於夫，夫對於妻，除有不能同居之正當理由外，皆須負同居之義務。又其第1002條第2項規定，以夫妻共同戶籍地為其住所，被告既與原告正式結婚，依法取得夫妻身分，既為夫妻，即應同居，乃被告無故拒絕履行同居義務，顯違倫理，亦與法有背。為此依法起訴，狀請

　　鈞院鑒核，賜為如原告訴之聲明之判決，以重婚姻，而符法制是禱。

　　　　　　謹狀

台灣台北地方法院家事法庭　公鑒

| 證　物　名　稱 | 證物一：戶籍謄本一件。 |
| 及　　件　　數 | 證物二：律師函影本一件。 |

中	華	民	國		年		月		日
		具狀人	劉　剛					簽名蓋章	

　　台灣台北地方法院審理本案時，認爲原告就結婚之事實及被告入出境之事實，依民事訴訟法第277條前段規定，應負舉證責任，原告劉剛乃具狀陳報兩造業已結婚及被告趙柔入出境之時間……

民事　陳報狀		案　　　　　號	年度　　字第　　號		承辦股別	
		訴訟標的金額或價額	新台幣　萬　千　百　十　元　角			
稱　　　　　謂	姓　名　或　名　稱身分證統一編號或營利事業統一編號	住居所或營業所、郵遞區號及電話號碼電子郵件位址		送達代收人姓名、住址、郵遞區號及電話號碼		
陳　報　人即　原　告	劉　剛	台北市石牌○○路○○號				
訴訟代理人	李永然律師	香港九龍○○灣○○道○○號○○大廈○樓○座				
被　　　告	趙　柔					

爲陳報被告之入出境證明：

　　緣陳報人與被告趙柔間81年度婚字第○○號履行同居事件，前奉　鈞院通知陳報被告之「入出境證明」，今已獲接內政部入出境管理局　仁局字第○○號函（見證物三）。該函稱：被告曾於民國68年○月○日來台，於民國68年○月○日出境。民國80年○月○日向內政部入出境管理局申請入出境，經於80年○月○日核准發證。謹檢具該函影本，狀請

　　鈞院鑒核，賜予斟酌，實爲德便。

　　　　　謹狀
台灣台北地方法院家事法庭　公鑒

| 證　物　名　稱 | 證物三：內政部入出境管理局函影本一件。 |
| 及　　件　　數 | |

中　華　民　國　　　年　　　月　　　日
具狀人　　劉　剛　　　　簽名蓋章

民事　陳報狀	案　　　號	年度　　字第　　號	承辦股別
	訴訟標的金額或價額	新台幣　萬　千　百　十　元　角	

稱　　　謂	姓　名　或　名　稱身分證統一編號或營利事業統一編號	住居所或營業所、郵遞區號及電話號碼電子郵件位址	送達代收人姓名、住址、郵遞區號及電話號碼
陳　報　人即　原　告被　　　告	劉　剛趙　柔	台北市石牌○○路○○號香港九龍○○灣○○道○○號○○大廈○樓○座	

為陳報與被告間之結婚事：

　　緣陳報人與被告趙柔間81年度婚字第○○號履行同居事件，茲因被告婚後不久，即離家前往香港，迄今仍居住於香港。按被告係與陳報人於民國68年○月○日正式結婚，有結婚證書可稽（證物四），依法自已具有夫妻之身分，而被告依法不得無故拒絕履行同居義務。為此檢具該結婚公證書及喜帖影本乙份，狀請

　　　鈞院鑒核，賜予斟酌，實感德便。

　　　　　謹狀

台灣台北地方法院家事法庭　公鑒

證物名稱及件數	證物四：台灣台北地方法院結婚公證書及喜帖影本各一件。

中　華　民　國　　　年　　　月　　　日
具狀人　　劉　剛　　　　簽名蓋章

　　被告趙柔受合法通知，未於言詞辯論期日到場，亦無民事訴訟法第386條所列各款情形之一，法院乃准原告劉剛之聲請，由其一造辯論而為判決。本案因被告趙柔拒絕同居之事實甚為明顯，台灣台北地方法院判決原告劉剛勝訴……

台灣台北地方法院民事判決　　　　　　　　　　81年度婚字第○○號
　　原　　　告　劉　剛　　住台北市石牌○○路○○號
　　訴訟代理人　李永然　　律師（兼送達代收人）
　　被　　　告　趙　柔　　住香港九龍○○灣○○道○○號○○大廈○樓○座
　　主文
被告應與原告同居。
訴訟費用由被告負擔。
　　事實
甲、原告方面：
一、聲明：求為判決如主文所示。
二、陳述：兩造於民國68年○月○日結婚，詎婚後不久，被告即離家前往香港，多
　　年來一直居住於香港，拒與原告履行同居生活，迭經原告前往香港與之交涉未
　　果，並委請律師致函催請履行同居義務，亦未見被告履行，且被告又無正當理由
　　而顯然違背同居義務，為此提起本件訴訟等語。
三、證據：提出戶籍謄本、律師函、內政部入出境管理局簡便行文表、結婚公證書等
　　件影本為證，並請求訊問證人陳○○。
乙、被告方面：
　　被告未於言詞辯論期日到場，亦未提出任何書狀，作何有利於自己之聲明或陳
　　述。
　　理由
甲、程序方面：
　　被告受合法通知，未於言詞辯論期日到場，查無民事訴訟法第386條所列各款情
　　形之一，准原告之聲請，由其一造辯論而為判決。
乙、得心證之理由：
一、兩造夫妻關係仍存續中，有原告提出之戶籍謄本附卷可稽。
二、原告主張被告於民國68年○月○日結婚不久後，即離家前往香港多年，迄今無
　　正當理由不履行同居義務之事實，有原告提出內政部入出境管理局簡便行文表證
　　明被告返回香港，未與原告履行同居生活，並經證人陳○○到庭證明屬實，自堪
　　信為真實。
三、按夫妻互負同居之義務，民法第1001條有明文規定，被告竟不履行同居義務，
　　又無不能履行同居義務之正當理由，是原告本於夫妻關係訴請被告履行同居，依
　　法應予准許。
丙、結論：本件原告之訴，為有理由，並依民事訴訟法第385條第1項前段、第78
　　條，判決如主文。

中　華　民　國　　82　　年　　○　月　　○　　日
　　　　　　　　　　台灣台北地方法院民事第○庭
　　　　　　　　　　　　　　　法官　○　○　○

上正本證明與原本無異

如不服本判決，應於送達後二十日內向本院提出上訴狀

中　華　民　國　　82　　年　　○　月　　○　　日
　　　　　　　　　　　　　　書記官　○　○　○

　　劉剛與趙柔間履行同居之訴，台灣台北地方法院判決劉剛勝訴，趙柔未於判決書送達後二十日之法定期間內提起上訴，致履行同居之訴敗確定。趙柔雖經法院判決應與劉剛同居，但仍不履行同居義務，具有違背同居義務之客觀事實，並有拒絕同居之主觀情事，以惡意遺棄劉剛在繼續狀態中，構成民法第1052條第1項第5款之法定離婚事由，劉剛乃訴請與趙柔離婚……

民事　起訴　狀	案　　　　號	年度　　字第　　號	承辦股別	
	訴訟標的金額或價額	新台幣　萬　千　百　十　元　角		
稱　　　　謂	姓　名　或　名　稱身分證統一編號或營利事業統一編號	住居所或營業所、郵遞區號及電話號碼電子郵件位址	送達代收人姓名、住址、郵遞區號及電話號碼	
原　　　告被　　　告	劉　剛趙　柔	台北市石牌○○路○○號香港九龍○○灣○○道○○號○○大廈○樓○座		

為上列當事人間請求裁判離婚事件，依法起訴事：

訴之聲明

一、請准原告與被告離婚。

二、訴訟費用由被告負擔。

事實及理由

　　緣原告於民國68年○月○日與被告在　鈞院公證處公證結婚，詎婚後不久，被告即離開前往香港，多年來一直居住於香港，拒與原告履行同居生活，迭經原告前往香港與之交涉未果，並委請律師致函催告請求履行同居義務，亦未見被告履行，不得已於81年○月○日起訴請求履行同居義務，經　鈞院民事庭於82年○月○日以81年度婚字第○○號民事判決認為「被告應與原告同居」在案（見證物一）。詎被

告於同居之訴判決確定後，竟仍不履行同居義務，而又無不能同居之正當理由，顯已與民法第1052條第1項第5款所定「惡意遺棄」之離婚要件相當（最高法院49年台上字第990號判例參照）。爲此，原告爰依法提起本訴，狀請

　　　鈞院鑒核，賜判決如原告訴之聲明，以維權益。
　　　　　　謹狀
台灣台北地方法院家事法庭　公鑒

證　物　名　稱 及　　件　　數	證物一：民事判決書影本一件。

中　　　華　　　民　　　國　　　年　　　月　　　日
具狀人　　劉　剛　　　　　　簽名 蓋章

　　本案審理時，法院諭令原告劉剛提出兩造全戶戶籍謄本，由於被告趙柔戶籍設於香港，在台灣並無戶籍，原告無法提出趙柔之戶籍謄本，乃具狀向法院陳報……

民事　陳報　狀		案　　　號	年度　　字第　　號	承辦 股別	
		訴訟標的 金額或價額	新台幣　萬　千　百　十　元　角		
稱　　　　謂	姓　名　或　名　稱 身分證統一編號或 營利事業統一編號	住居所或營業所、郵遞區號 及電話號碼電子郵件位址		送達代收人姓 名、住址、郵 遞區號及電話 號碼	
陳　報　人 即　原　告 被　　　告	劉　剛 趙　柔	台北市石牌○○○路○○號 香港九龍○○灣○○道○○ 號○○大廈○樓○座			

爲請求離婚事件，依法陳報事：
　　緣上列當事人請求離婚事件，前經原告訴請被告履行同居，經　鈞院民事庭於82年○月○日以81年度婚字第○○號民事判決認爲「被告應與原告同居」在案。嗣因被告拒不履行同居義務，原告不得已遂於82年○月○日訴請判決離婚。其次，由於被告戶籍設立於香港，在台灣並無戶籍，故原告無法提出被告之戶籍謄本。爲此，謹提出原告戶籍謄本乙份（證物二），狀請
　　鈞院鑒核，賜判決如原告訴之聲明，以維權益。

謹狀 台灣台北地方法院民事庭　公鑒		
證　物　名　稱 及　　　件　　　數	證物二：戶籍謄本一件。	
中　　華　　民　　國　　　　年　　　　月　　　　日		
	具狀人　　劉　剛	簽名 蓋章

　　被告趙柔惡意遺棄原告劉剛在繼續狀態中，台灣台北地方法院乃判決准許劉剛與趙柔離婚……

台灣台北地方法院民事判決　　　　　　　　　　　　　　82年度婚字第○○號
　　原　　告　劉　剛　　住台北市石牌○○路○○號
　　　　　　　　　　　　（送達代收人：李永然律師）
　　被　　告　趙　柔　　住香港九龍○○灣○○道○○號○○大廈○樓○座
上列當事人間請求離婚事件，本院判決如下：
　　主文
准原告與被告離婚。
訴訟費用由被告負擔。
　　事實
甲、原告方面：
一、聲明：求爲判決如聲明所示。
二、陳述：原告與被告於民國68年○月○日結婚，詎婚後不久，被告即離家前往香港，一去不回，爲此原告曾訴請被告履行同居，並經　鈞院以81年度婚字第○○號判決原告勝訴確定在案。惟被告惡意遺棄原告在繼續狀態中，原告自得依法訴請離婚，爲此提出本件訴訟等語。
三、證據：提出戶籍謄本乙件、本院81年度婚字第○○號民事判決影本、判決確定證明書影本各乙件爲證。
乙、被告方面：
　　被告未於言詞辯論期日到場，亦未提出任何書狀，作何有利於自己之聲明或陳述。
　　理由

甲、程序方面：

　　被告受合法通知，未於言詞辯論期日到場，查無民事訴訟法第386條所列各款情事，爰准原告聲請，由其一造辯論而爲判決。

乙、得心證之理由：

一、兩造間夫妻關係，現仍存續中，有戶籍謄本附卷可稽。

二、原告主張被告惡意遺棄，現在繼續狀態中之事實，據其提出本院81年度婚字第○○號履行同居事件判決書、確定證明書爲憑，自堪信爲眞實。

三、按夫妻之一方於同居之訴判決確定後，仍不履行同居義務，在此狀態繼續中，而又無不能同居之正當理由者，即與民法第1052條第1項第5款所定之離婚要件相當，爲最高法院49年台上字第990號判例所示意旨。本件原告請求被告履行同居之訴，業經本院於82年○月○日以81年度婚字第○○號判決原告勝訴確定在案。而被告迄未履行同居義務等情，有本院民事判決影本及確定證明書影本附卷可稽，被告又未主張有何不能同居之正當理由，依上開判例意旨，被告行爲顯係惡意遺棄原告在繼續狀態中，從而原告依據民法第1052條第1項第5款訴請離婚，依法應予准許。

丙、結論：本件原告之訴爲有理由，並依民事訴訟法第385條第1項前段、第78條，判決如主文。

　　　　中　華　民　國　　　82　　　年　　　○　　　月　　　○　　　日

　　　　　　　　　　台灣台北地方法院民事庭

　　　　　　　　　　　法官　○　○　○

上正本證明與原本無異

如不服本判決，應於送達後二十日內向本院提出上訴狀

　　　　中　華　民　國　　　82　　　年　　　○　　　月　　　○　　　日

　　　　　　　　　　　書記官　○　○　○

　　趙柔對本案未上訴而告確定，劉剛可憑台灣台北地方法院民事判決及判決確定證明書向戶政機關辦理離婚登記。

◈ 範例三

　　楊柳於民國81年認識吳發，雙方情投意合，共賦同居，翌年楊柳懷有身孕，乃請游○○、白○○為結婚見證，結成夫妻，但未舉行公開儀式，嗣後楊柳訴請確認與吳發之婚姻關係不存在⋯⋯惟民法第982條於96年5月23日修訂成「結婚應以書面為之，有二人以上證人之簽名，並應由雙方當事人向戶政事務機關為結婚之登記。」然修法前婚姻關係是否成立，仍依修訂前法律為據。

民事　起訴　狀		案　　　號	年度　　字第　　號		承辦股別
		訴訟標的金額或價額	新台幣　萬　千　百　十　元　角		
稱　　　　謂	姓　名　或　名　稱身分證統一編號或營利事業統一編號	住居所或營業所、郵遞區號及電話號碼電子郵件位址		送達代收人姓名、住址、郵遞區號及電話號碼	
原　　　告	楊　柳	南投縣○○鎮○○里○○巷○○號		指定台中市○○路○○號林二為送達代收人	
被　　　告	吳　發	南投縣○○鎮○○里○○巷○○號			

為提起確認婚姻關係不存在之訴事：

**　　訴之聲明**

一、請求確認原告與被告之婚姻關係不存在。

二、訴訟費用由被告負擔。

**　　事實及理由**

　　緣原告於民國81年○月間與被告認識，雙方情投意合，致原告頃於民國82年○月間因懷有○月餘之身孕，原告急於將戶籍遷入被告之戶口內，並便利將來子女之出生登記，遂於同年月○日，請游○○、白○○（同住○○市○○路○○段○○巷○○號○○樓）兩人為結婚見證人，結成夫妻，此有戶籍謄本暨原告身分證影本可證（證物一），實則原告與被告自始未曾舉行結婚之公開儀式。蓋公開儀式依最高法院51年台上字第551號判決：「指結婚之當事人應行定式之禮儀，使不特定人得以共聞共見認識其為結婚者而言。」本件兩造無上述行為顯無公開儀式，依修訂前民法第982條第1項規定，結婚應有公開之儀式及二人以上之證人。倘不具備該方式，依民法第988條第1款之規定，婚姻即屬無效（台灣台北地方法院68年度家訴字第○○號判決）（證物二）。既為無效，則原告與被告自始並無婚姻關係存在。

又依民事訴訟法第568條第1項規定：「婚姻無效之訴，專屬夫妻之住所地之法院管轄。」爰此依民事訴訟法第247條第1項之規定起訴。狀請

　　　鈞院鑒核，賜准如判決原告訴之聲明之判決，庶符法紀，以保權益。

　　　　　　謹狀
台灣台中地方法院家事法庭　公鑒

（註：本篇範例乃以81年婚姻成立要件之「儀式」為舉例。然有關民法第982條婚姻之要件，已於民國96年5月23日修正將原本 儀式婚」修訂成「登記婚」。）

證 物 名 稱 及 件 數	證物一：戶口謄本暨身分證影本各一件。 證物二：台灣台北地方法院68年度家訴字第○○號判決影本一件。

中	華	民	國	年	月	日
		具狀人　　楊　柳			簽名 蓋章	

原告楊柳為加強攻擊方法，於第一審審理中，提出準備書狀，就實務、學者關於公開儀式之論點，進行攻擊……

民事　準備書　狀		案　　號	年度　　字第　　號	承辦 股別	
		訴訟標的 金額或價額	新台幣　萬　千　百　十　元　角		
稱　　謂	姓 名 或 名 稱 身分證統一編號或 營利事業統一編號	住居所或營業所、郵遞區號 及電話號碼電子郵件位址		送達代收人姓 名、住址、郵遞 區號及電話號碼	
原　　告	楊　柳	南投縣○○鎮○○里○○巷 ○○號			
被　　告	吳　發	南投縣○○鎮○○里○○巷 ○○號			

為請求確認婚姻關係不存在事件，依法提出準備書狀事：

一、公開儀式係指一般不特定一看即知之「安定之禮儀」而言：

　　㈠實務見解：司法院院字第1701號解釋：

　　　1.男女二人，約證婚人二人及親友數人，在旅館之一房間內簽立結婚證書，其結婚既係在旅館之一房間內，自須有足使一般不特定之人均可知悉之表徵而得共見者，始得認為公開。

2.男女二人，約證婚人二人及親友數人，在旅館之宴會廳置酒一席，如其情狀
無從認爲舉行結婚儀式，雖其主觀以爲舉行婚禮，仍不得謂有公開儀式。

3.男女二人，在某一官署內舉行婚禮，如無足使一般不特定之人均可知悉之表徵
而得共見者，縱有該署之長官及證婚人二人在場，仍不得謂有公開之儀式。

㈢學者見解：（戴炎輝教授著《中國親屬法》第85-86頁）儀者，容也、象
也，有儀而可象謂之儀。儀式者，結婚當事人在式場舉行一定之表象，而爲
結婚之行爲之謂。儀式不限於宗教儀式，習俗之儀式亦可。而習俗之儀式，
遵古制或用新式婚禮，均無不可。……所謂公開儀式……若解釋過寬又無異
承認事實婚（證物三）。

㈣台灣婚禮習俗：參見《台灣省舊慣習俗信仰目錄》。

按照台灣舊有的風俗，正式婚姻之規矩非常複雜，必須遵循所謂「六禮」進
行程序。這六禮就是問名、訂盟、納采、納幣、請期、親迎等，不過現在人
們多半把這六禮加以簡化。簡化後之婚禮仍有迎親、出嫁、出轎、進房、食
圓與食酒婚桌、拜神、宴客、做客等（證物四）。

綜合上述見解可知，所謂公開儀式，係指從外觀上看即可使一般不特定人瞭解
其爲結婚之一定儀式而言。

二、原告與被告，並無符合上述形式之公開儀式：

又按原告與被告結婚當日，僅被告與其雙親及一證人至原告家，簽署結婚證
書。於原告家不僅未結綵，亦未宴客，原告鄰居及親屬無一知曉。當日被告亦
未迎娶原告回家，遲至二月後，被告始攜原告回家，回家後，仍未祭拜祖先，
亦無任何周知眾人之儀式。

綜上所陳，原被告僅屬事實婚而已，雙方並未有足以象徵婚禮進行之任何公開
儀式。故依修訂前之民法第982條第1項、民法第988條第1款之規定，雙方之婚姻即
屬無效。爲此特狀請

鈞院鑒核，並賜予傳喚證人而准如判決原告訴之聲明之判決，以保權益，不勝
感德。

　　　　謹狀

台灣台中地方法院家事法庭　公鑒

證　物　名　稱 及　　件　　數	證物三：戴炎輝教授著《中國親屬法》第85-86頁影本一件。 證物四：《台灣省舊慣習俗信仰目錄》第6-7頁影本一件。

中　　　　華　　　　民　　　　國　　　　　年　　　　　月　　　　　日
具狀人　　楊　柳　　　　　　　　　　簽名 蓋章

　　台灣台中地方法院斟酌全辯論意旨及調查證據結果，認為原告楊柳之主張有理由，判決原告楊柳勝訴……

台灣台中地方法院民事判決　　　　　　　　　　　　　83年度家訴字第○○號
　　原　　　　　告　楊　柳　　住南投縣○○鎮○○里○○巷○○號
　　指定送達代收人　林　二　　住台中市○○路○○號
　　被　　　　　告　吳　發　　住南投縣○○鎮○○里○○巷○○號
上列當事人間請求確認婚姻關係不存在事件，本院判決如下：
　　主文
確認原告與被告間之婚姻關係不存在。
訴訟費用由被告負擔。
　　事實
甲、原告方面：
一、聲明：求為判決如主文所示。
二、陳述：原告於民國81年○月間與被告認識，雙方因情投意合而賦同居，致原告於翌（82）年○月間懷孕，同年○月間懷孕已經○月，原告急於將戶籍遷入被告之戶內以便將來子女之出生登記，遂於同年月○日請游○○、白○○為見證人，書立結婚證書，此有戶籍謄本及原告之國民身分證影本可證，實則兩造並未舉行公開之結婚儀式，依民法第988條第1款之規定，其婚姻自屬無效，自無婚姻關係存在，為此提起本訴。
三、對被告抗辯之陳述：被告等人至原告家裡，是我母親請他們便餐，並非宴客。
四、證據：提出戶籍謄本、國民身分證、台灣台北地方法院68年度家訴字第○○號民事判決，戴炎輝著《中國親屬法》第85-86頁，《台灣省舊慣習俗信仰目錄》第6-7頁等影本各乙件，聲請訊問證人游○○、白○○。
乙、被告方面：
一、聲明：請求判決駁回原告之訴，訴訟費用由原告負擔。
二、陳述：兩造結婚有四個見證人，當時原告主張一切簡單，所以只有寫結婚證書而未舉行公開儀式，亦未宴客，結婚證書是在原告家裡由原告之兄寫的，當時有在原告家裡請一桌，其後又在我家裡請了一桌，媒人是洪○○。對證人賴○○、吳○○、洪○○、游○○之證言均認為真實，對原告提出之戶籍謄本、國民身分證影本之真正不爭執。
丙、本院依職權訊問證人賴○○、吳○○、洪○○。
　　理由
一、本件原告主張：兩造於民國81年○月間認識，旋賦同居而懷孕，為便利子女出

生後之登記，乃於82年○月○日以游○○、白○○爲見證人書立結婚證書，實則並未舉行公開之結婚儀式，依法其婚姻即屬無效，自無婚姻關係存在等情，業據提出戶籍謄本、國民身分證爲證，被告亦自認當時僅寫結婚證書，而未舉行公開之結婚儀式。

二、證人游○○證稱：兩造結婚未舉行公開儀式，他們原在台北同居，82年4月26日男方家長來找他們，當時就在該同居處，由楊柳（即原告）煮便飯，同時打電話找我們去，結婚證書是在台北劍潭寫的，不是在我家寫的。吳○○證稱：兩造結婚證書上是我簽名，他們當時是說○月○日我們男方到女方處，由他們辦一桌大家一起便餐，吃飯時就順便寫了結婚證書，後來又以電話聯絡，過幾天由我們請一桌，由女方家長帶女孩子到我們這裡雙方認識一番，他們結婚沒有宴賓客，亦沒有公開儀式。洪○○證稱：兩造是先同居有了孩子，說是要報戶口，須一見證人，故找我當見證人，被告父母及哥哥等一起到我家寫了這份結婚證書，並沒有舉行結婚儀式。

三、依上證述，足證兩造係先同居，復因補辦戶籍而由被告之家人至原告處書立結婚證書，雖當時原告有請渠等吃飯，事後原告偕其家人至被告家，被告家人亦有請其家人吃飯，然並未舉行任何公開之迎娶儀式，其請吃飯並非宴客而使不特定人知悉兩造結婚而係便餐性質，是以原告之主張自堪信爲眞實，被告抗辯在男、女雙方各宴客一桌自無從認定係公開之儀式，其抗辯自無可採。

四、按結婚應有公開之儀式及二人以上之證人，不具備此方式者其結婚無效，民法第982條第1項、第988條第1款分別定有明文。本件兩造既未公開舉行結婚儀式，其婚姻自屬無效，婚姻關係自不存在，從而原告訴請確認婚姻關係不存在自屬正當，應予准許。

五、又本件事證已明，原告聲明之人證白○○已無訊問之必要併予敍明。

六、結論：原告之訴爲有理由，依民事訴訟法第78條判決如主文。

中　華　民　國　　83　　年　　○　　月　　○　　日

台灣台中地方法院民事第○庭

法官　○　○　○

上爲正本係照原本作成

如對本判決上訴，須於收取送達後二十日內向本院提出上訴狀

中　華　民　國　　83　　年　　○　　月　　○　　日

書記官　○　○　○

被告吳發受敗訴判決，未於收到判決書後二十日之法定期間內提起上訴，本案遂告確定。

◈ 範例四

　　嚴坤受國立○○專科學校聘任為講師兼代總務主任，獲配住校長宿舍車庫改建之宿舍，嚴坤任總務主任滿一年，國立○○專科學校僅續聘嚴坤為專任講師，總務主任一職，改聘程辛兼代。國立○○專科學校認為任職而獲配住宿舍者，乃係基於使用借貸關係而占有，嚴坤未受續聘任總務主任乙職，借貸之目的使用完畢，依民法第470條第1項規定，嚴坤應將所住宿舍遷讓交還……

民事　起訴　狀		案　　　號	年度　　字第　　號		承辦股別	
		訴訟標的金額或價額	新台幣　萬　千　百　十　元　角			
稱　　　謂	姓　名　或　名　稱身分證統一編號或營利事業統一編號	住居所或營業所、郵遞區號及電話號碼電子郵件位址		送達代收人姓名、住址、郵遞區號及電話號碼		
原　　　告	國立○○專科學校	○○○○○○○				
法定代理人	顧　乾	住同右				
訴訟代理人	葉○○律師	○○○○○○○				
被　　　告	嚴　坤	○○○○○○○				

為上列當事人間提起請求遷讓房屋事件，依法起訴事：

訴之聲明

一、被告應自坐落高雄市○○路○○巷○○號水泥磚造二層樓房遷出，將房屋交還原告。

二、訴訟費用由被告負擔。

三、原告願供擔保請准宣告假執行。

事實理由

　　查坐落高雄市○○路○○巷○○號水泥磚造二層樓房原係本校校長官舍車庫附屬建築物，前任校長傅壬為校務推展及便於與總務主任聯繫，乃配給前任總務主任溫癸進住。80年○月間溫總務主任離職，即將該舍交還本校。被告原任職國立中山大學，於80年○月間來校自薦，旋聘為講師兼代總務主任，因兼代總務主任職，遂進住系爭房屋。被告在兼代總務主任一年期滿，原告認為不甚適當，自81年○月人事調整時僅續聘為專任講師，其總務主任乙職，改聘程辛先生兼代。屢經派員通知被告遷出，俾新任總務主任進住，被告均置之不理。原告又於81年○月○日　雄一總字第○○號函通知被告請其於同年○月○日以前遷出搬至○○路○○號本校眷屬宿舍（證一），詎被告卻於同月○日藉詞拒不遷出（證二）。

　　　按因任職關係而獲配住宿舍者，乃係基於使用借貸關係而占有，民法第470條第1項規定，物之使用借貸未定有期限者，應於依借貸之目的使用完畢時返還之。被告自民國81年○月間未再擔任總務主任之職務，迄今已逾半年，仍藉詞拒不遷出，迫不得已，提起本訴，懇請判決如訴之聲明，至禱。

　　　　　　　　　謹狀
台灣高雄地方法院民事庭　公鑒

證　物　名　稱 及　　件　　數	證一：原告　雄一總字第○○號函影本一件。 證二：被告報告書影本一件。

中　　　華　　　民　　　國　　　　　年　　　　月　　　　日

　　　　　　　　　　　　　　　　國立○○專科學校
　　　　　　　　　　　　　　　　法定代理人
　　　　　　　具狀人　　　　　顧　乾　　　　　　簽名
　　　　　　　　　　　　　　　　　　　　　　　蓋章
　　　　　　　　　　　　　　　　訴訟代理人
　　　　　　　　　　　　　　　　葉○○律師

　　　嚴坤於高雄地方法院審理本案時，具狀答辯，主張獲配住宿舍乃基於「講師」之職，而非「總務主任」乙職，且獲配住宿舍，直接依據「國立○○專科學校教師服務規程」，乃無名契約，並非使用借貸，自無民法第470條第1項之適用……

民事　答辯　狀		案　　　　號	年度　　字第　　號	承辦股別	
		訴訟標的 金額或價額	新台幣　萬　千　百　十　元　角		
稱　　　　謂	姓　名　或　名　稱 身分證統一編號或 營利事業統一編號	住居所或營業所、郵遞區號 及電話號碼電子郵件位址		送達代收人姓 名、住址、郵遞 區號及電話號碼	
答　辯　人 即　被　告	嚴　坤	○○○○○○○			
原　　　告	國立○○專科學校	○○○○○○○			
法定代理人	顧　乾	住同右			
為82年度訴字第○○號遷讓房屋事件，依法提出答辯事： 　　答辯之聲明					

一、原告之訴及假執行之聲請均駁回。

二、訴訟費用由原告負擔。

三、如為不利之判決，被告願供擔保請准免為假執行之宣告。

答辯之理由

一、本事件確係因任職關係而獲配住宿舍：

按本事件原告於起訴狀事實理由欄稱：「按因任職關係而獲配住宿舍者……」云云，乃屬事實，蓋被告因原告聘任為「專任講師」而獲配住宿舍。至於原告所誑稱：系爭宿舍係因原告曾任總務主任職而獲配，並非事實，原告如主張其為真正者，依民事訴訟法第277條前段之規定，應提出證據證明之；否則，徒託空言，殊不足採；況且，如原告所稱：「被告……於80年○月間來校自薦，旋聘為講師『兼代』總務主任」（見起訴狀），則講師係被告之「主職」，而總務主任則係「副職」，獲配宿舍乃因講師之主職而來，而非總務主任之副職而來，此觀諸「國立○○專科學校教師服務規程」（見證物一）即可瞭然。

二、本事件並非「使用借貸契約」，而係無名契約：

次按原告於起訴狀復誑稱：「……獲配宿舍者，乃係基於使用借貸關係而占有」云云，並不實在。蓋獲配宿舍乃係依教職之身分而來，另依教育部所頒之法令為依據，係屬無名契約之一種，並非使用借貸關係，自無民法第470條第1項規定之適用，原告顯係誤解法律關係，錯用法條。

三、本事件應依國立○○專科學校教師服務規程之規定，而無須返還。再按本事件既非使用借貸，而係另有其他法令規範之無名契約，並係因教職而獲配宿舍，自應適用「國立○○專科學校教師服務規程」。

依該規程第10條規定：「專任教師在聘約期間如有供給宿舍時，則在卸職時，所住房屋應即交還。」（同證物一）足見未卸職時即獲配宿舍尚且無須返還，本件被告既仍屬專任教師，且尚在聘約期間，則尚無返還之必要，原告之請求顯與該規程不合。

綜上所陳，本件原告誤解法律關係，錯引法條，任意因個人間之情感因素，而對被告施加壓力，強迫搬出宿舍，顯屬無據。為此狀請

鈞院鑒核，懇請駁回原告之訴及假執行之聲請，俾障善良之弱者。

　　　　謹狀

台灣高雄地方法院民事庭　公鑒

證　物　名　稱及　　件　　數	證物一：國立○○專科學校教師服務規程影本一份。

中　　　華　　　民　　　國　　　年　　　月　　　日
具狀人　嚴　坤　　　　　　　　簽名 蓋章

　　國立○○專科學校提出準備書狀，主張嚴坤所獲配住者，並非一般性之學校教職員宿舍，乃屬總務主任專用，嚴坤既未被續聘任總務主任，自不得再繼續使用該宿舍……

民事　準備書狀	案　　　號	年度　　字第　　號	承辦 股別	
	訴訟標的 金額或價額	新台幣　萬　千　百　十　元　角		
稱　　　謂	姓　名　或　名　稱 身分證統一編號或 營利事業統一編號	住居所或營業所、郵遞區號 及電話號碼電子郵件位址	送達代收人姓 名、住址、郵遞 區號及電話號碼	
原　　　告	國立○○專科學校	○○○○○○○		
法定代理人	顧　乾	同右		
訴訟代理人	葉○○律師	○○○○○○○		
被　　　告	嚴　坤	○○○○○○○		

爲上列當事人間請求遷讓房屋事件，提出民事準備書狀事：
　　查系爭房屋原乃本校校長宿舍車庫附屬建築物，並非一般性之學校教職員宿舍，本校教職員宿舍乃在○○區○○之家，本校前任傅校長爲推展校務及便於與總務主任聯繫，乃將此校長宿舍車庫之附屬建築物基於上述特殊原因配給前任總務主任溫癸進住，該附屬建物顯非一般性教職員宿舍。被告受聘爲本校講師，原應與其他同事獲配○○之家宿舍，惟因其兼代總務主任之故，而特別進住系爭房屋，今既未兼代總務主任之職，自應遷出並搬進一般教職員宿舍○○之家。本校81年○月○日　雄一總字第○○號書函致被告已詳予敘明，並非被告不兼代總務主任之職，即不配予宿舍，故被告引用本校教師服務規程拒不遷讓系爭房屋，顯屬引用不當。再者被告於81年○月○日向本校提出報告，其主旨：「鈞長　雄一總字第○○號函奉悉，自應遵辦。惟在未找到妥適住處前，懇請准予繼續居住。」云云，被告僅係藉故拖延，今竟拒不遷讓，顯無理由（以上本校書函及被告之報告，均詳起訴狀所附證物）。被告所呈高雄市工務局函影本，發文日期乃民國80年○月間，所稱各節與本件無關，蓋○○之家目前仍有許多教職員進住使用，何獨被告基於安全問題不敢遷入居住。

	謹狀
	台灣高雄地方法院民事庭　公鑒

證　物　名　稱 及　　件　　數	證物一：國立○○專科學校教師服務規程影本一份。

中　　　華　　　民　　　國　　　　年　　　月　　　日

國立○○專科學校

法定代理人

具狀人　　　顧　乾　　　　　　簽名
蓋章

訴訟代理人

葉○○律師

　　高雄地方法院斟酌全辯論意旨及調查證據之結果，認為人事上之任用關係與任用後分派擔任職務之行政上作用應有不同。所謂「任職關係」應指前者，嚴坤抗辯因受聘為講師獲准配住宿舍，即屬可採，且嚴坤所住宿舍，與其他宿舍無異，前任校長將該宿舍配住與前任總務主任，乃行政上之權宜措施，非可據為該宿舍專為總務主任宿舍，嚴坤迄未離職，要難謂嚴坤依借貸之目的使用業已完畢，國立○○專科學校起訴請求嚴坤遷出宿舍，非為正當，應予駁回……

台灣高雄地方法院民事判決　　　　　　　　　　　　民國82年度訴字第○○號
　　原　　　告　國立○○專科學校　　設高雄市○○區○○路○○號
　　法定代理人　顧　　乾　　　　　　住同右
　　訴訟代理人　葉　○　○　律師
　　被　　　告　嚴　　坤　　　　　　住高雄市○○路○○巷○○號
上列當事人間請求遷讓房屋事件，本院判決如下：
　　主文
原告之訴及假執行之聲請均駁回。
訴訟費用由原告負擔。
　　事實
甲、原告方面：
一、聲明：求為判決被告應自坐落高雄市○○路○○巷○○號水泥磚造二層樓房遷
　　出，將房屋交還原告，並願供擔保，請准宣告假執行。

二、陳述：

(一) 坐落高雄市○○路○○巷○○號水泥磚造二層樓房（以下稱系爭宿舍），係原告校長宿舍車庫附屬建築物，前任校長爲校務推展，及便於與總務主任聯繫，而配住給前任總務主任，嗣前任總務主任離職，即將系爭宿舍交還原告學校。

(三) 被告係於民國80年○月間來校自薦，受聘爲原告學校講師兼代總務主任，因兼代總務主任職務，而進住系爭宿舍，至民國81年○月，兼職一年期滿，原告認爲不甚適當，將總務主任乙職，改聘他人兼代，僅續聘被告爲專任講師，乃通知被告遷出系爭宿舍，俾由新任總務主任住宿，被告竟置之不理。

(四) 按因任職關係，而配住宿舍者，乃係基於使用借貸關係而占有，既未定有期限，應於依借貸之目的使用完畢時返還之。被告未再擔任總務主任之職務，迄逾半年，屢經催促，仍藉詞拒不遷讓，但不得已，提起本件訴訟。

(五) 於被告爲抗辯後陳述，系爭宿舍，係基於特殊原因而配住給總務主任，顯非一般性教職員宿舍。被告免兼總務主任後，原告已另配給「○○之家」宿舍予被告，該「○○之家」目前仍有多人住宿，並無年久失修、安全堪虞情事，被告藉此拖延拒不遷出系爭宿舍，顯無理由。

三、證據：提出(一)原告　雄一總字第○○號通知被告遷讓系爭宿舍書函乙件；(三)被告之報告乙件；(四)原告學校人評會決議書函乙件；(五)教育部台　校字第○○號函乙件；(六)原告　雄一總字第○○號催告被告搬遷○○之家宿舍書函乙件（以上均係影本）等爲證。

乙、被告方面：

一、聲明：求爲判決駁回原告之訴及假執行之聲請：如爲不利於被告之判決，顯供擔保，請准免爲假執行之宣告。

二、陳述：

(一) 被告係因受聘爲專任講師之關係，而獲配住系爭宿舍，非因兼代總務主任而住者，係屬無名契約之一種，並非使用借貸關係。

(三) 宿舍無等級之分，系爭宿舍與一般宿舍無異，且被告仍爲專任講師，並未卸職，原告任意訴請被告遷出，顯屬無據。

(四) 「○○之家」宿舍，因年久失修，損壞已達危險程度，不堪居住。

三、證據：提出(一)國立○○專科學校教師服務規程乙份；(三)高雄市政府工務局　高市工務公字第○○號鑑定○○之家結構受損情形函乙件；(四)教育部台　人字第○○號覆被告函乙件；(五)高雄市○○路○○巷宿舍位置簡圖乙件（以上均係影本）等爲證。

理由

一、本件原告主張，系爭宿舍非一般教職員宿舍，被告因兼代總務主任而配住，依使

用借貸之關係，被告免兼該項職務後，於依借貸之目的使用完畢自應遷讓，交還原告。被告則以配住系爭宿舍，係因於受聘爲教師之身分，與兼代總務主任之職務無關，且仍任教師並未卸職，得不遷讓，資爲抗辯。

二、原告主張，被告於民國80年○月間，受聘爲原告學校講師兼代總務主任，配住系爭宿舍迄今之事實，爲被告所不爭執，則被告因任職關係獲准配住系爭宿舍，可以認定。是以兩造間就系爭宿舍爲使用借貸之性質，有民法第470條第1項規定之適用，應毋庸疑。

三、惟人事上之任用關係與任用後分派擔任職務之行政上作用應有不同。所謂「任職關係」其正解應指前者而言。本件被告受聘爲原告學校講師，爲人事上之任用關係，指派擔任總務主任職務，屬任用後行政上之作用，甚爲明瞭。則被告抗辯，因受聘爲教師身分獲准配住系爭宿舍，即屬可採。是被告因原告聘爲專任講師，依聘約與原告發生任職關係，亦至明確，原告主張，指派被告兼代總務主任係屬任職關係，不無誤會。

四、查本件系爭宿舍，雖與校長官邸毗鄰，縱爲校長宿舍車庫改建，但無特別使用性質，與坐落同巷（○○路○○巷）其他宿舍無異，有系爭宿舍位置簡圖在卷可稽。原告主張，系爭宿舍，爲前任校長爲校務推展，及便於與總務主任聯繫，配住給前任總務主任，乃前任校長行政上之權宜措施，非可據爲系爭宿舍專爲總務主任宿舍，具有特別使用性質之認定依據。原告以被告免兼總務主任職務，並已另配予○○之家宿舍後，應自系爭宿舍遷出，交還原告，尚乏依據。

五、按因任職關係，獲准配住宿舍，已經離職，始有依借貸之目的，當然應視爲使用業已完畢，而適用民法第470條第1項規定請求返還之餘地（最高法院民國44年台上字第802號判例參照）。被告既因任職教師關係，獲准配住系爭宿舍，迄未離職，要難謂被告依借貸之目的，使用業已完畢。而系爭宿舍並無特別使用性質，已如前述，自亦無被告依特別使用性質不得住用之情事存在。是以原告據此主張，被告應自系爭宿舍遷出，交還原告，非爲正當，應予駁回。且本件據此已足爲判斷，兩造其他攻擊防禦方法，無再予論究必要，併此敘明。

六、原告之訴，既經駁回，則其假執行之聲請，已失所依據，自應併予駁回。

　　據上論結，原告之訴爲無理由，依民事訴訟法第78條，判決如主文。

中　華　民　國　　　○○　　　年　　　○　　　月　　　○　　　日

台灣高雄地方法院民事第○庭

法官　○　○　○

上爲正本，係照原本作成。

如不服判決，應於送達後二十日內向本院提出上訴狀。

中　華　民　國　　　○○　　　年　　　○　　　月　　　○　　　日

書記官　○　○　○

◈ 範例五

　　坐落新北市新莊區和平段第○○地號土地，持分600分之81，及上開土地上之建物即新北市新莊區○○路○○號房屋均為方金所有，方金將房屋設定新台幣500萬元之抵押權與韓木，以擔保韓木之債權，嗣因方金屆期無法清償，韓木聲請法院拍賣抵押物，強制執行程序中，韓木承受上開房屋，並將該屋出賣與江祥。其後方金之上開土地復遭其他債權人聲請強制執行，拍賣時為徐水拍定，江祥向台灣新北地方法院民事執行處聲明依民法第876條第1項、土地法第104條規定，有優先購買權……

民事　聲明優先購買　狀		案　　　號	年度　　字第　　號		承辦股別	
		訴訟標的金額或價額	新台幣　萬　千　百　十　元　角			
稱　　　　謂	姓　名　或　名　稱身分證統一編號或營利事業統一編號	住居所或營業所、郵遞區號及電話號碼電子郵件位址			送達代收人姓名、住址、郵遞區號及電話號碼	
聲　明　人即法定地上權人	江　祥	新北市新莊區○○街○○巷○○號				
法定代理人	江　吉	住同右				
債　務　人	方　金	住詳卷				

為102年度民執○字第○○號清償債務強制執行事件，依法於法定期間內聲明優先購買事：

　　緣系爭標的物新北市新莊區和平段○○地號土地，持分600分之81，已經公告拍賣。惟該土地於拍賣前其上之建物門牌號碼新北市新莊區○○路○○號，建號○○○○，已因設定抵押權遭抵押權人韓木之聲請強制執行，並已由抵押權人韓木承受（見證物一），依民法第876條第1項「土地及其土地上之建築物，同屬於一人所有，而僅以……建築物為抵押者，於抵押物拍賣時，視為已有地上權之設定」之規定，則韓木已就上開土地有法定地上權存在，而聲明人又自韓木購得上開建物，該法定地上權亦當然移轉（同證物一），則上開土地已遭拍賣，聲明人自得依土地法第104條第1項前段之規定聲明優先購買，此亦為最高法院67年度台上字第3887號判例：「……土地法第104條第1項……已擴張為『基地出賣時，地上權人……有依同樣條件優先購買之權』……」所是認，為此謹依法於法定期間內聲明優先購買，狀請

　　　鈞院鑒核，惠准處理，不勝感禱。
　　　　　　謹狀
　台灣新北地方法院民事執行處　公鑒

證　物　名　稱 及　　件　　數	證物一：建築改良物登記簿謄本一份。

中　　　　華　　　民　　　　國　　　　年　　　　月　　　　日

	具狀人	法定代理人	江　祥 江　吉	簽名 蓋章

　　　台灣新北地方法院民事執行處認為江祥於實體上是否有優先購買權，執行法院無權認定，江祥應循民事訴訟程序謀求救濟，不得依強制執行法第12條第1項前段之規定，向執行法院為聲請或聲明異議。江祥聲請優先購買拍賣標的物，新北地方法院民事執行處認為不應准許，以裁定駁回江祥之聲請。

台灣新北地方法院民事裁定　　　　　　　　　　　　82年度民執○字第○○號
　　聲　請　人　江　祥　住新北市新莊區○○街○○巷○○號
　　法定代理人　江　吉　住同右
　　相　對　人
　　即拍定人　徐　水　宜蘭縣羅東鎮○○路○○巷○○號
　　代　理　人　武　土　住同右
上列當事人間因聲請優先購買拍賣標的物事件，本院裁定如下：
　　主文
聲請駁回。
聲請程序費用由聲請人負擔。
　　理由
一、按執行法院所管轄者為非訟事件，凡就實體上權利義務是否存在有所爭執者，既不屬執行法院職權範圍，即不得依強制執行法第12條第1項前段之規定，向執行法院為聲請或聲明異議而應循民事訴訟程序謀求救濟。
二、本件聲請人主張其就本件拍賣之債務人方金所有坐落新北市新莊區和平段第○○號土地應有部分600分之81，本於法定地上權人之身分依土地法第104條第1項之規定，有優先購買權存在，具狀聲請優先購買。相對人即拍定人則否認聲請人與

債務人間就上開標的物之房屋與基地有租賃關係。是兩造間就實體上因租賃而生之權利義務是否存在有所爭執，極為顯然。則依首開意旨，聲請人自應依民事訴訟途徑尋求解決，從而本件聲請應予駁回。

三、依民事訴訟法第95條、第78條，裁定如主文。

中　華　民　國　　83　　年　　○　　月　　○　　日

台灣新北地方法院民事執行處

法官　○　○　○

上正本證明與原本無異

如不服本裁定，應於送達後五日內向本院提出抗告狀

中　華　民　國　　83　　年　　○　　月　　○　　日

書記官　○　○　○

江祥經新北地方法院民事執行處以裁定駁回優先購買拍賣標的物之聲請，乃轉向台灣新北地方法院起訴請求確認優先購買權存在。訴訟中江祥主張訴外人韓木已依民法第876條第1項規定，就系爭土地有法定地上權存在，江祥自韓木購得該建物所有權，附隨於建物之法定地上權亦當然隨之移轉於江祥，江祥既有法定地上權，依土地法第104條第1項前段規定，自有優先購買權。江祥於起訴後，並向新北地院民事執行處陳報業已提起民事訴訟，請民事執行處暫緩發給系爭土地之權利移轉證書與徐水。

民事　起訴狀		案　　　　號	年度　　字第　　號	承辦股別	
		訴訟標的的金額或價額	新台幣　萬　千　百　十　元　角		
稱　　　謂	姓　名　或　名　稱身分證統一編號或營利事業統一編號	住居所或營業所、郵遞區號及電話號碼電子郵件位址		送達代收人姓名、住址、郵遞區號及電話號碼	
原　　　告	江　祥	台北市新莊區○○街○○巷○○號			
法定代理人	江　吉	同右			
訴訟代理人	李○○律師	宜蘭縣羅東鎮○○路○○巷○○號			
被　　　告	徐　水				

為確認優先購買權，謹依法起訴事：

訴之聲明

一、確認原告就坐落新北市新莊區和平段○○地號，面積0.0095公頃之土地應有部

　　　分600分之81之優先購買權存在。

二、訴訟費用由被告負擔。

　　事實及理由

一、本件訴訟標的之標額，係依　鈞院執行處拍賣系爭土地，經被告徐水以新台幣
　　18萬元拍定為計算根據，合先敘明。

二、坐落新北市新莊區平段○○地號土地，訴外人方金對該土地有持分600分之81
　　之所有權（原證一），坐落上開基地上之建物門牌號碼新北市新莊區○○路
　　○○號（建號○○○○）亦為方金所有，方金僅以建物設定新台幣（下同）
　　500萬元之抵押權與案外人韓木（原證二），嗣因韓木以抵押權人之身分聲請
　　強制執行拍賣抵押物，並由韓木承受在案。

三、民法第876條第1項規定：「土地及其土地上之建築物，同屬於一人所有，而
　　僅以……建築物為抵押者，於抵押物拍賣時，視為已有地上權之設定。」則韓
　　木就系爭土地有法定地上權存在。而原告又自韓木購得上開建物（原證三），
　　該法定地上權亦當然移轉，則系爭土地拍賣時，原告自得依土地法第104條第
　　1項前段之規定聲明優先購買，此亦為最高法院67年度台上字第3887號判例：
　　「……土地法第104條第1項……已擴張為『基地出賣時，地上權人……有依同
　　樣條件優先購買之權』……」所是認，故系爭基地持分所有權為　鈞院執行處
　　拍賣時，原告即向　鈞院執行處聲明優先購買。惟　鈞院執行處竟將系爭土地
　　之持分所有權由被告徐水拍定，影響原告之權益至鉅，原告自有即受確認判決
　　之法律上利益，得依民事訴訟法第247條第1項提起確認之訴。

四、按強制執行之拍賣，其程序雖與普通之買賣不同，但亦為買賣之一種，關於出
　　賣人出賣時應踐行之程序，自應由執行機關為之踐行（參閱最高法院46年台上
　　字第365號、47年台上字第152號、49年台上字第2385號判例），故不動產拍賣
　　時，如有優先購買權利者，執行法院應依法通知其於法定期限表示願否優先購
　　買，詎　鈞院執行處未履行上開程序，再逕行由徐水拍定，於法不無違誤。為
　　此狀請

　　鈞院鑒核，惠賜判決如訴之聲明，庶維權益，以符法制。

　　　　　　　　謹狀

台灣新北地方法院民事庭　公鑒

證　物　名　稱 及　件　數	原證一：土地登記簿謄本影本一件。
	原證二：建物登記簿謄本影本一件。
	原證三：建築改良物登記簿謄本影本一件。

中	華	民	國	年	月	日

具狀人　　法定代理人　江　祥　　　　簽名
　　　　　　　　　　　江　吉　　　　蓋章

提出準備書狀

民事　準備書狀		案　　　號	年度　字第　　號	承辦股別	
		訴訟標的金額或價額	新台幣　萬　千　百　十　元　角		
稱　　　謂	姓　名　或　名　稱身分證統一編號或營利事業統一編號	住居所或營業所、郵遞區號及電話號碼電子郵件位址		送達代收人姓名、住址、郵遞區號及電話號碼	
原　　　告	江　祥				
法定代理人	江　吉				
訴訟代理人	李○○律師				
被　　　告	徐　水				

為83年度訴字第○○號確認土地優先購買權存在事件，依法提出民事準備書狀事：
一、原告所有之建物就系爭土地有優先購買權：
　　按坐落系爭土地上之建築物係方金設定給訴外人韓木，經訴外人韓木請求拍賣抵押物後而承受，訴外人韓木已依民法第876條第1項之規定，而就系爭土地有「法定地上權」存在（參見最高法院57年台上字第○○號判例、台東地院56年4月份法律問題座談會──證物四），原告又自訴外人韓木購得該建物所有權，附隨於該建物之法定地上權亦當然隨之移轉，原告自然對系爭土地有法定地上權存在（同證物四）。
二、原告因有法定地上權，自得對系爭土地有優先購買權：
　　如前所述，原告既已有法定地上權存在，而系爭土地遭受拍賣，因法院拍賣與一般私法上之買賣無異，原告自得享有「優先購買權」，此為土地法第104條第1項前段所明定，原告自得聲明優先購買。　鈞院民事執行處未查，而命原告須以「訴訟方法」確認原告對系爭土地有優先購買權存在，原告只得依法提起本訴。
三、請傳喚證人韓木到庭作證：
　　再按本件之事實已極為明確，並且屬實，如有必要，尚請　鈞院傳喚韓木（住

台北市○○街○○號）到庭作證。爲此狀請

鈞院鑒核，懇請賜予判決如原告訴之聲明，俾維權益。

　　　　　謹狀

台灣新北地方法院民事庭　公鑒

證　物　名　稱及　　件　　數	證物四：蔡墩銘主編《民法彙編》，頁1017-1018。

中	華	民	國	年	月	日

　　　　　　　　　　　　　　　江　祥
　　　　　　具狀人　　法定代理人　　　　　簽名
　　　　　　　　　　　　　　　江　吉　　　　蓋章

民事　陳報狀	案　　　號	年度　　字第　　號	承辦股別	
	訴訟標的金額或價額	新台幣　萬　千　百　十　元　角		

稱　　　謂	姓　名　或　名　稱身分證統一編號或營利事業統一編號	住居所或營業所、郵遞區號及電話號碼電子郵件位址	送達代收人姓名、住址、郵遞區號及電話號碼
法定代理人	江　吉	均詳卷	
債　務　人	方　金		

爲上列當事人間優先購買權事件，依法陳報事：

　　緣　鈞處82年度民執○字第○○號執行案件，前陳報人曾於82年○月○日，依土地法第104條第1項前段之規定，以地上權人之身分，向　鈞處聲明優先購買在案，嗣　鈞處於83年○月○日裁定陳報人應循民事訴訟程序請求救濟。查陳報人已遵　鈞處前開指示，於83年○月○日向　鈞院起訴請求確認優先購買權（證物一），並已接奉83年○月○日之開庭通知（證物二）。按強制執行之拍賣，亦爲買賣之一種，則系爭土地既已於　鈞處進行拍賣，陳報人自得依土地法第104條第1項前段之規定聲明優先購買。故爲免訟累，並保障陳報人之權利，懇請　鈞處暫緩發給系爭土地之權利移轉證書予原拍定人徐水。爲此特狀請

　　鈞處鑒核，請停止本件之執行程序，不勝感禱。

　　　　　謹狀

台灣新北地方法院民事執行處　公鑒

證　物　名　稱 及　　件　　數	證物一：起訴書影本，並回執影本一件。 證物二：鈞院民事庭開庭通知書影本一件。		
中　　　華　　　民　　　國		年　　　月　　　日	
	具狀人	江　祥 法定代理人 江　吉	簽名 蓋章

民事　準備書㈢　狀		案　　　號	年度　　字第　　號	承辦 股別	
		訴訟標的 金額或價額	新台幣　萬　千　百　十　元　角		
稱　　　謂	姓　名　或　名　稱 身分證統一編號或 營利事業統一編號		住居所或營業所、郵遞區號 及電話號碼電子郵件位址		送達代收人姓 名、住址、郵遞 區號及電話號碼
原　　　告 法定代理人 訴訟代理人 被　　　告	江　祥 江　吉 李○○律師 徐　水		均詳卷		

為確認優先購買權事件，依法續提出民事準備書㈢狀事：
一、訴外人方金就坐落新北市新莊區和平段○○地號土地，持分600分之81享有所有權，坐落上開基地上之建物門牌號碼為新北市新莊區○○路○○號亦為方金所有，方金以建物設定新台幣500萬元抵押權與案外人韓木，嗣韓木以抵押權人之身分聲請強制執行拍賣抵押物，並由韓木承受在案。
二、民法第876條第1項規定：「土地及其土地上之建築物，同屬於一人所有，而僅以……建築物為抵押者，於抵押物拍賣時，視為已有地上權之設定。」則訴外人韓木就系爭土地即有法定地上權存在，而原告又自韓木購得上開建物，該法定地上權亦當然移轉，則韓木就抵押權實行不足額之部分，聲請拍賣系爭土地，於實行拍賣之際，原告得依土地法第104條第1項前段之規定聲明優先承購。查原告於系爭基地持分所有權拍賣時即向　鈞院執行處聲明優先購買。惟　鈞院執行處竟將系爭土地之持分所有權由被告徐水以「新台幣18萬元」拍定，影響原告權益至鉅，自有即受確認判決即法律上利益。為此狀請　鈞院鑒核，惠賜判決如訴之聲明，俾維權益，以符法制。
　　　　謹狀

台灣新北地方法院民事庭　公鑒		
證　物　名　稱 及　　件　　數		
中　　　　華　　　　民　　　　國　　　　年　　　　月　　　　日		
	具狀人　　法定代理人　江　祥 　　　　　　　　　　　　江　吉	簽名 蓋章

　　徐水於本案訴訟中，具狀向法院聲明，承認江祥對系爭土地確有優先購買權。徐水向法院聲明江祥有優先購買權後，江祥再提出準備書狀，主張徐水對訴訟標的認諾，依民事訴訟法第384條規定，應判決徐水敗訴。

民事　聲明　狀		案　　　　號	年度　　字第　　號	承辦 股別	
		訴訟標的 金額或價額	新台幣　萬　千　百　十　元　角		
稱　　　　謂	姓　名　或　名　稱 身分證統一編號或 營利事業統一編號	住居所或營業所、郵遞區號 及電話號碼電子郵件位址		送達代收人姓 名、住址、郵遞 區號及電話號碼	
聲　明　人 即　被　告	徐　水				
原　　　告 法定代理人	江　祥 江　吉	均詳卷			
為83年度訴字第○○號確認優先購買權存在事件，依法聲明事：					
聲明人於本件訴訟繫屬後，已瞭解到原告就系爭土地確有優先購買權，故特具狀聲明認諾原告有優先購買權。為此狀請 　　鈞院鑒核。 　　　　　謹狀 台灣新北地方法院民事庭　公鑒					
證　物　名　稱 及　　件　　數					

中　華　民　國　　　年　　　月　　　日
具狀人　　徐　水　　　　　　簽名 蓋章

民事　準備書㈣　狀	案　　號	年度　　字第　　號	承辦 股別	
	訴訟標的 金額或價額	新台幣　萬　千　百　十　元　角		

稱　　　謂	姓　名　或　名　稱 身分證統一編號或 營利事業統一編號	住居所或營業所、郵遞區號 及電話號碼電子郵件位址	送達代收人姓 名、住址、郵遞 區號及電話號碼
原　　　告 法定代理人 訴訟代理人 被　　　告	江　祥 江　吉 李○○律師 徐　水	均詳卷	

為確認優先購買權事件，依法提出民事準備書㈣狀事：

　　按本件被告等已多次拒不出庭，而被告徐水又具狀認諾原告有優先購買權存在，依最高法院45年台上字第31號判例：「上訴人既於言詞辯論時為訴訟標的之認諾，法院即應不調查被上訴人所主張為訴訟標的之法律關係是否果屬存在，而以認諾為該上訴人敗訴之判決。」及民事訴訟法第384條之規定，應判決被告敗訴。

　　又本件原告已一再陳述事實及提出法律之依據，已可證明原告就系爭土地確有優先購買權存在。為此狀請

　　鈞院鑒核，賜予判決如原告訴之聲明，庶符法制，俾保法益。

　　　　謹狀

台灣新北地方法院民事庭　公鑒

證物名稱 及　件　數	

中　華　民　國　　　年　　　月　　　日
江　祥 具狀人　　法定代理人　　　　簽名 　　　　　　　　　　江　吉　　　　蓋章

　　法院審理本案，斟酌江祥之主張，並依職權調閱板橋分院執行處82年度民執○字第○○號拍賣抵押物事件卷宗，認為江祥之訴，於法有據，判決江祥對系爭土地有優先購買權存在。

台灣新北地方法院民事判決　　　　　　　　　　　　　　　83年度訴字第○○號
　　原　　　告　江　　　祥　住新北市新莊區○○街○○巷○○號
　　法定代理人　江　　　吉　住同右
　　訴訟代理人　李○○律師
　　被　　　告　徐　　　水　住宜蘭縣羅東鎮○○路○○巷○○號
上列當事人間確認土地優先購買權存在事件，本院判決如下：
　　主文
確認原告就坐落新北市新莊區和平段○○地號，面積0.0095公頃之土地應有部分六百分之八十一之優先購買權存在。
訴訟費用由被告負擔。
　　事實
甲、原告方面：
一、聲明：求為判決如主文第一項所示。
二、陳述：
　　㈠訴外人方金以其所有坐落新北市新莊區和平段○○地號土地上建物即門牌號碼新莊區○○路○○號之房屋設定抵押權與訴外人韓木，經法院拍賣該房屋，並以債權人身分承受該建物所有權，而原告以82年○月○日向訴外人韓木購買該房屋，並已辦妥所有權移轉登記。
　　㈢而上開房屋坐落基地即新北市新莊區和平段○○地號土地，訴外人方金因擁有房屋而有該土地應有部分600分之81之所有權，然因債務糾紛亦遭法院查封，並由　鈞院民事執行處拍賣，經原告聲明優先承買，惟竟仍由被告予以拍定，而原告亦表示願以拍定價格新台幣18萬元行使優先承買權，亦遭拒絕。
　　㈣原告既為拍賣之系爭土地上房屋所有人，依民法第876條第1項規定視為對系爭土地已有地上權之設定，而最高法院67年度台上字第3887號判例亦認基地出賣時，地上權人有依同樣條件優先購買，而　鈞院允許被告拍定系爭土地，影響原告權益，為此提起本訴云云。
三、證據：提出土地登記簿謄本影本乙件、建築改良物登記簿謄本影本二件為證。
乙、被告方面：
　　被告未於言詞辯論期日到場，惟據其所提書狀陳述意旨如下：
　　原告提起本訴後，被告已明瞭原告主張事實為真實，並對原告對系爭土地有優先購買權等語。

丙、本院依職權調閱82年度民執○字第○○號拍賣抵押物事件卷宗。
　　理由
甲、程序方面：
　　本件被告經合法通知，未於言詞辯論期日到場，查無民事訴訟法第386條所列各款情事，依民事訴訟法第385條第1項規定，應准原告之聲請，由其一造辯論而為判決，合先敘明。
乙、得心證之理由：
一、本件原告主張其為訴外人方金所有系爭坐落新北市新莊區和平段○○地號土地上建物即門牌新莊區○○路○○號建號○○○○房屋之所有權人，而該房屋原屬方金所有，經法院拍賣由訴外人韓木拍定，再由原告買受，而系爭土地應有部分600分之81經本院民事執行處82年度民執○字第○○號事件強制執行，由被告以新台幣18萬元拍定之事實，有原告提出之土地及建築改良物登記簿謄本等件為證，並經證人韓木證述屬實。與本院核閱82年度民執○字第○○號拍賣抵押物執行卷宗情形相符，應認為真實。
二、按土地及其土地上之建築物，同屬一人所有，而僅以土地或僅以建築物為抵押者，於抵押物拍賣時，視為已有地上權之設定，民法第876條第1項定有明文；又基地出賣時，地上權人、典權人或承租人有依同樣條件優先購買之權，土地法第104條第1項前段有明文規定。查本件原告係受讓自以拍賣抵押物方式承受建號○○○○，門牌新莊區○○路○○號建物所有權人韓木，而對坐落系爭土地上房屋即上開建物擁有所有權，而系爭土地與基地上建物又原同屬訴外人即82年度民執○字第○○號民事執行事件債務人方金所有，揆諸首開法文，本件原告對系爭土地應有部分600分之81即有依與拍定人即被告拍定價格新台幣18萬元相同條件優先承購權利。
三、本件原告為系爭土地上建物之所有權人，依法得優先購買坐落之基地所有權，而坐落基地經法院強制執行拍賣時漏未踐行通知優先承買權人行使權利，致由被告拍定，從而原告於被告取得拍定土地權利移轉證明書前提起本訴，自屬有即受確認判決之法律上利益。本件原告起訴，與法並無不合，應予准許。
丙、結論：本件原告之訴為有理由，依民事訴訟法第385條第1項前段、第78條判決如主文。

　　　　　中　華　民　國　　　83　　　年　　　○　　　月　　　○　　　日
　　　　　　　　　　　　台灣新北地方法院民事庭
　　　　　　　　　　　　法　官　○　○　○

上為正本係照原本作成
如對本判決上訴，須於判決送達後二十日內向本院提出上訴狀
　　　　　中　華　民　國　　　83　　　年　　　○　　　月　　　○　　　日
　　　　　　　　　　　　書　記　官　○　○　○

◈ 範例六

　　陳二、陳三向李四訂購拖把乙批，簽發其父陳一爲發票人之支票二紙以支付貨款，但因李四到期未交貨，陳二、陳三乃向李四表示不得提示該二紙支票，並應將二紙支票返還。李四並未返還該二紙支票，並將其中一張支票交換兌現，另一張支票則表示業已遺失，願協同陳二、陳三辦理掛失止付。惟該支票實際上並未遺失，李四謊稱遺失，被司法機關追究僞造文書刑責，李四則以受陳一父子脅迫而辦理掛失止付，告訴陳一父子誣告及妨害自由，陳一父子抗辯係李四主動表示願辦理掛失止付，並無脅迫情事，陳一父子於偵查中，依刑事訴訟法第27條第1項前段選任律師爲辯護人，並提出答辯……

刑事　答辯　狀		案　　號	年度　字第　號	承辦股別	
		訴訟標的金額或價額	新台幣　萬　千　百　十　元　角		
稱　　　　謂	姓　名　或　名　稱身分證統一編號或營利事業統一編號	住居所或營業所、郵遞區號及電話號碼電子郵件位址		送達代收人姓名、住址、郵遞區號及電話號碼	
答　辯　人即　被　告	陳　一陳　二陳　三	均詳卷			
共同選任辯　護　人	李永然律師				
告　訴　人	李　四				

爲被告涉嫌誣告等案件，依法提出答辯事：

一、被告陳二、陳三所服務之○○貿易有限公司（以下簡稱○○公司）前向李四所負責之○○五金工業社訂購拖把二千二百支，總價款爲新台幣22萬元整，由被告陳二、陳三交付向父親陳一借用之下列兩張支票與李四，雙方並言明82年○月○日中午12時前將標的物送往基隆○○貨櫃場。

付款行	帳號	支票號碼	金額（新台幣）	發票日	發票人
彰銀○○分行	1○○	○○○○○1	9萬元整	82年○月○日	陳一
彰銀○○分行	1○○	○○○○○2	13萬元整	82年○月○日	陳一

李四因未能如期交貨，買賣雙方乃於82年○月○日由被告之一陳二代表○○公

司與李四簽署契約書，約定李四應於82年○月○日以前交還上開兩張支票（證一）。詎李四屆期並未交還該兩張支票（證一），屢經催討，均置之不理，○○公司乃於82年○月○日以台北郵局第○○號存證信函催告李四交還該兩張支票（證二），李四仍不置理。

二、上揭二紙支票之第一紙發票日為「82年○月○日」，因李四避不見面，而票期已屆，為維護被告陳一之票信，仍使之兌現。至於第二紙發票日為「82年○月○日」，乃本案關鍵之所在。

三、82年○月○日李四向被告陳二、陳三表示該兩張支票之第二紙業已遺失，要求被告陳二、陳三代替被告陳一以支票發票人之身分，陪同李四於當日上午前往彰銀○○分行辦理支票掛失止付，由該行行員黃○○承辦（人證一），請　鈞署傳訊黃女蒞庭作證，即明當日辦理情形，辦理掛失止付手續後，並前往台灣台北地方法院辦理公示催告；按銀行及法院均為公眾得出入之場所，眾目睽睽下，被告陳二、陳三如何能脅迫李四，李四所誣稱被告陳二妨害自由云云，純為捏編之詞。

四、本案與被告陳一應毫無關聯，因被告陳一僅將其支票借與被告陳二、陳三供為商業之用而已。

五、被告等應無誣告之犯行，蓋刑法上誣告罪之成立，在主觀方面，固須申告者有使人受刑事或懲戒處分之意思，在客觀方面，尤須所虛構之事實足使被誣告人有受刑事或懲戒處分之危險（參見最高法院20年上字第1700號判例）。而本案之被告等並未為任何之申告，且辦理支票遺失皆係相信李四所述為事實，並應其請求而辦理之，當與該罪之犯罪構成要件不該當。

　　綜上所陳，被告等應無犯罪之事實，懇請　鈞長賜予詳查，並賜被告等不起訴處分，不勝感禱。

　　　　　　　謹狀
台灣台北地方檢察署　公鑒

證物名稱及件數	證一：契約書影本乙件及支票影本二紙。 證二：存證信函影本一件。

中	華	民	國	年	月	日

	具狀人	陳　一 陳　二 陳　三	簽名 蓋章

　　檢察官偵查結果，處分陳一不起訴，將陳二、陳三提起公訴……

台灣台北地方檢察署檢察官不起訴處分書　　　　　　　　　82年度偵字第○○號
　　告　訴　人　李　　　四　男　四十三歲　住彰化縣○○鄉○○村○○路○○巷
　　　　　　　　　　　　　　　　　　　　○○號
　　被　　　　告　陳　　　一　男　六十三歲（8年○月○日生）　山東人　業商
　　　　　　　　　　　　　　　　　住台北市○○街○○號
　　選任辯護人　李永然律師
上被告因誣告等案件，已經偵查終結，認爲應該處分不起訴，茲將理由敘述於後：
一、告訴：彰化縣警察局○○分局移送意旨略以：被告陳一因生意往來關係，簽發
　　彰化銀行○○分行82年○月○日日期、面額新台幣13萬元支票乙紙交由其子陳
　　二、陳三（以上二人均另行起訴）交付予告訴人李四，其後因與告訴人李四間
　　發生購物糾紛，乃教唆其子陳二、陳三二人，於82年○月○日下午，在台北市
　　○○街，強押告訴人李四至其台北市○○街住處，強迫告訴人辦理該支票之遺失
　　止付，否則不讓其離開，使其行無義務之事，告訴人不得已乃與陳二兄弟同赴銀
　　行，謊報支票遺失，因認被告涉有教唆誣告等罪嫌云云。
二、訊據被告陳一，矢口否認有誣告犯行，辯稱：「支票是交由我的孩子在使用，他
　　們與李四之間有何糾紛，我一概不知。」核與告訴人李四陳述之「除了支票之發
　　票人係陳一外，我都是與陳二、陳三兄弟接洽，陳一本人我從未見過」相符，是
　　被告所辯顯堪採信。此外，複查無其他積極事證足認被告犯罪情事，罪嫌尙有未
　　足。
　　　　　　中　華　民　國　　82　　　年　　　○　　　月　　　○　　　日
　　　　　　　　　　　　　　檢　察　官　○　○　○

上正本證明與原本無異
告訴人接受本件不起訴處分書後，得於十日內以書狀敘述不服之理由，經原檢察官向
台灣高等檢察署聲請再議。
　　　　　　中　華　民　國　　83　　　年　　　○　　　月　　　○　　　日
　　　　　　　　　　　　　　書　記　官　○　○　○

台灣台北地方檢察署檢察官起訴書　　　　　　　　　　　82年度偵字第○○號
　　被　　　　告　陳　　　二　男　三十七歲（45年○月○日生）　山東省人
　　　　　　　　　　　業商　住台北市○○街○○號
　　　　　　　　　陳　　　三　男　三十六歲（46年○月○日生）　山東省人
　　　　　　　　　　　業商　住同右

共同選任辯護人　李永然律師

上被告因誣告等案件，業經偵查終結，認應提起公訴，茲敘述犯罪事實及證據並所犯法條如下：

犯罪事實

一、陳二、陳三係同胞兄弟，因生意業務往來關係交付其父親陳一（另行處分不起訴）為發票人、彰化商業銀行○○分行82年○月○日日期、面額新台幣13萬元支票乙張予李四，後因彼此發生購物糾紛，陳二、陳三兄弟二人於82年○月○日下午在台北市○○街強押李四至台北市○○街○○號彼等之住處，強迫要李四辦理該支票之遺失止付，否則不讓其離開，強迫其行無義務之事，李四不得已乃與陳二兄弟同赴銀行將上揭業已轉手之支票謊報遺失，未指定犯人請求司法警察機關侵占遺失物者。

二、案經被害人李四告訴及彰化縣警察局○○分局移送偵辦。

證據並所犯法條

一、訊據被告陳二、陳三兄弟，均矢口否認有上揭犯罪情事，辯稱：係李四要伊等偕往銀行幫忙辦理支票之止付等語。惟被害人李四指訴歷歷，核與證人張○○在台灣彰化地方法院檢察署檢察官偵訊中結證之「由陳三第一次押到銀行，因為沒有辦好，第二次再由陳二押他到銀行去再辦。」「陳三和他的管理員說，無論如何一定要去辦理遺失，他就坐在我們車內，他的管理員就站在我們車前，不讓我們將車子開走，他們這樣不讓我們走，我們不得不跟他去，前後有三個多鐘頭」相符，且該支票業經李四交付案外人王○○抵付貸款之事實亦經王○○彰化地檢署檢察官另案偵辦李四偽造文書案中結證明確，李四若非受被告兄弟逼迫，實無辦理遺失之理，被告所辯係圖卸罪責之詞，不足採信，犯行洵堪認定。

二、核被告陳二、陳三二人所為係犯刑法第171條第1項、第304條第1項之罪嫌，二罪間有方法結果之牽連關係，應從一重處斷。

三、依刑事訴訟法第251條第1項提起公訴。

此致

台灣台北地方法院

　　　　中　華　民　國　　82　　年　　○　　月　　○　　日

　　　　　　　　　　檢　察　官　○　○　○

上正本證明與原本無異

　　　　中　華　民　國　　83　　年　　○　　月　　○　　日

　　　　　　　　　　書　記　官　○　○　○

　　告訴人李四於收到該不起訴處分書後十日內未聲請再議而告確定。陳二、陳三於本案繫屬於地方法院時，選任律師為辯護人，並向地方法院提出答辯狀及聲請調查證據……

刑事　答辯　狀		案　　　　號	年度　　字第　　號	承辦股別	
		訴訟標的 金額或價額	新台幣　萬　千　百　十　元　角		
稱　　　　謂	姓　名　或　名　稱 身分證統一編號或 營利事業統一編號	住居所或營業所、郵遞區號 及電話號碼電子郵件位址		送達代收人姓 名、住址、郵遞 區號及電話號碼	
答　辯　人 即　被　告 共同選任 辯　護　人	陳　二 陳　三 李永然律師	台北市○○街○○號 同右			

為答辯人等涉嫌誣告等案件，謹依法答辯事：

一、答辯人陳二、陳三所服務之○○貿易有限公司（以下簡稱○○公司）前向李四所負責之○○五金工業社訂購拖把二千二百支，總價款為新台幣22萬元整，由答辯人陳二、陳三交付向其父親陳一借用之下列兩張支票與李四，雙方並言明82年○月○日中午12時前將標的物送往基隆○○貨櫃場。

付款行	帳號	支票號碼	金額（新台幣）	發票日	發票人
彰銀○○分行	1○○	○○○○○1	9萬元整	82年○月○日	陳　一
		○○○○○2	13萬元整	82年○月○日	陳　一

　　李四因未能如期交貨，買賣雙方乃於82年○月○日由答辯人之一陳二代表○○公司與李四簽署契約書，約定李四應於82年○月○日以前交還上開兩張支票（被證一）。詎李四屆期並未交還該兩張支票，屢經催討，均置之不理，○○公司乃於82年○月○日以台北郵局第○○號存證信函催告李四交還該兩張支票（被證二），李四仍不置理。

二、上揭二紙支票之第一紙發票日為「82年○月○日」，因李四避不見面，而票期已屆，為維護答辯人父親陳一之票信，仍使之兌現，至於第二紙發票日為「82年○月○日」，乃本案關鍵之所在。

三、82年○月○日李四向答辯人陳二、陳三表示該兩張支票之第二紙業已遺失，要求答辯人陳二、陳三代替陳一以支票發票人之身分，陪同李四於當日上午前往

彰銀○○分行辦理支票掛失止付，由該行行員黃○○承辦（人證一），請　鈞庭傳訊黃女蒞庭作證，即明當日辦理情形，辦理掛失止付手續後，並前往台灣台北地方法院辦理公示催告；按銀行及法院均為公眾得出入之場所，且均有警衛，眾目睽睽下，答辯人陳二、陳三如何能脅迫告訴人李四，告訴人李四所誣稱答辯人陳二、陳三妨害自由云云，純為捏編之詞。

四、檢察官對答辯人提起公訴，係依據證人張○○於台灣彰化地方法院檢察署之證詞，惟證人張○○係李四之女友，為迴護李四之犯行，其證詞偏頗而不利於答辯人，殊屬人情之常。又證人張○○曾結證謂：答辯人二次押告訴人李四至銀行辦理手續，惟查其謂前後二次押告訴人李四之時間，相距有數日之久，根本不合常情，如答辯人曾押告訴人李四至銀行辦理手續，則告訴人儘可於第一次被押後，迅即報案，以保護自身安全，何以又會被押第二次？證人張○○之證詞顯與事理有違，依刑事訴訟法第155條第2項規定，不得作為判斷之依據。

五、證人張○○結證謂：管理員林○○知其事，敬請　鈞庭傳訊林○○蒞庭作證（人證二），又案外人楊○○對答辯人與告訴人往來之經過，甚為清楚，懇請　鈞院傳訊楊○○蒞庭作證（人證三）。

六、告訴人李四於偵訊時，一再坦承未按期交貨，告訴人既未按期交貨，有何理由提兌上揭第一張支票，其居心不良甚為昭然。至於上揭第二張支票，答辯人服務之○○公司曾以存證信函催討，告訴人一再置之不理，亦有違誠信，告訴人以支票遺失辦理掛失止付、公示催告之手段損害答辯人，自亦不難想像。

七、答辯人應無誣告之犯行，蓋刑法上誣告罪之成立，在主觀方面，固須申告者有使人受刑事或懲戒處分之意思，在客觀方面，尤須所虛構之事實足使被誣告人有受刑事或懲戒處分之危險（參見最高法院20年上字第1700號判例）。而本案之被告等並未為任何之申告，且辦理支票遺失皆係相信李四所述為事實，並應其請求而辦理之，當與該罪之犯罪構成要件不該當。又依刑事訴訟法第161條規定：檢察官就被告犯罪事實，有舉證責任，茲並無積極證據，證明答辯人有誣告等犯行，檢察官以起訴書所述犯罪事實起訴答辯人，似嫌牽強，為此謹依法答辯，狀請

鈞院鑒核，判決答辯人無罪，庶維法紀，以彰人權。

　　　　　謹狀

台灣台北地方法院刑事庭　公鑒

證　物　名　稱 及　　　件　　　數	被證一：契約書影本乙件及支票影本二紙。
	被證二：存證信函影本一件。

中　　華　　民　　國　　　年　　　月　　　日				
具狀人	陳　二 陳　三		簽名 蓋章	

刑事 聲請調查證據 狀		案　　　號	年度　　字第　　號	承辦 股別	
		訴訟標的 金額或價額	新台幣　萬　千　百　十　元　角		
稱　　　　謂	姓　名　或　名　稱 身分證統一編號或 營利事業統一編號	住居所或營業所、郵遞區號 及電話號碼電子郵件位址		送達代收人姓 名、住址、郵 遞區號及電話 號碼	
聲　請　人 即　被　告 共同選任 辯　護　人	陳　二 陳　三 李永然律師	詳卷 詳卷			

為聲請人等涉嫌誣告等案件，謹依法聲請調查證據事：

一、82年○月底，聲請人陳三於台北市○○街碰到李四，李四表示要到聲請人家洽談支票之事，當天晚上約6、7時吃晚飯時間，李四蒞聲請人家，向聲請人表示支票遺失，欲向銀行辦理掛失支付，惟因當天時間已晚致未能辦理。

二、82年○月○日，李四偕同證人張○○於早上10時蒞聲請人住處，要求聲請人陳三陪同彼等前往彰銀○○分行辦理掛失止付，該行承辦員黃○○表示當日離支票發票日太遠（該支票發票日為82年○月○日），依規定不能辦理；至於聲請人陳二於82年○月○日當天，因接洽業務，人在新竹不在台北，此有證人邱○○可資佐證（人證四），陳二當時既不在台北，根本不可能與陳三一齊脅迫李四前往銀行辦理掛失止付，李四所謂聲請人等共同押其至銀行辦理掛失止付手續云云，純係捏造杜撰之詞，不僅不足採信，且涉及誣告刑責。

三、82年○月○日，李四因前次辦理止付未成，乃單獨（證人張○○未陪同）到聲請人住處，由聲請人陳二陪同李四至彰銀○○分行再度辦理掛失止付，仍由該行行員黃○○辦理，辦完掛失止付手續，再由聲請人陳二陪同李四前往　鈞院辦理公示催告。

四、82年○月○日第一次辦理掛失止付至82年○月○日第二次辦理掛失止付，其間相距達八日之久，如李四第一次辦理掛失止付時係被聲請人脅迫，何以不於事後迅即向警局報案處理，以保障自身安全？怎可能第二度又到銀行辦理掛失止

付手續，李四之告訴及證人張○○之證詞均不實，甚爲顯然。

五、82年○月○日辦理掛失止付時，曾於銀行塡寫表格，其後○月○日再度辦理時，因日期由○日改成○日，李四於表格上親自蓋章更正，因之該行行員黃○○對本件掛失止付應甚爲淸楚，而聲請人前於83年○月○日答辯時曾要求傳訊黃○○等三位證人蒞庭作證，爲昭雪聲請人冤屈，懇請　鈞院傳證人邱○○蒞庭作證，以明李四係濫行告訴及證人張○○之證言不實。爲此狀請
鈞院鑒核。

　　　　　　　謹狀
台灣台北地方法院刑事庭　公鑒

證　物　名　稱 及　　件　　數	

中　　　　華　　　　民　　　　國　　　　年　　　　月　　　　日	
具狀人	陳　二 陳　三
	簽名 蓋章

台灣台北地方法院刑事判決　　　　　　　　　　　　　　83年度易字第○○號

　　公　訴　人　台灣台北地方檢察署檢察官

　　被　　　告　陳　　　二　男　三十八歲（45年○月○日生）　山東省人
　　　　　　　　　　　　　　　業商　住台北市○○街○○號

　　　　　　　　陳　　　三　男　三十七歲（46年○月○日生）　山東省人
　　　　　　　　　　　　　　　業商　住台北市○○街○○號

　　共同選任
　　辯　護　人　李永然律師

上列被告因誣告等案件，經檢察官提起公訴（82年度偵字第○○號），本院判決如下：

　　主文

陳二、陳三共同以脅迫使人行無義務之事，各處有期徒刑一年，緩刑三年。

　　事實

一、陳二、陳三兄弟二人，因向李四購貨，而交付其父陳一（已經處分不起訴確定）名義簽發、以彰化商業銀行○○分行爲付款人、日期82年○月○日，面額新台幣13萬元支票乙紙，作爲貨款之支付，嗣後李四將上開支票轉讓案外人王○○，卻

未依約如期交貨，陳二、陳三不甘付款受損，又擔心該票屆期經執票人提示而造成退票紀錄，因而基於共同意思，於82年○月○日下午，在台北市○○街附近，由陳三脅迫李四至台北市○○街○○號○○貿易公司內，堅要李四辦理支票遺失止付，否則不讓離開，脅迫李四行無義務之事，李四不得已，乃與陳三同赴上開銀行申辦手續，惟因該日距支票發票日尚遠，經銀行承辦人告以數日後再辦，而未辦妥，至同月○日，始由陳二陪同李四再度前往銀行，辦理票據遺失掛失止付，並委託轉請警局協助偵查侵占遺失物罪嫌，未指定犯人，而誣告犯罪。

二、案經被害人李四告訴及彰化警察局○○分局移送台灣彰化地方檢察署呈請台灣高等檢察署核轉台北地方檢察署檢察官偵查起訴。

　　理由

一、上揭事實，業據被害人李四指訴歷歷，並經證人張○○、黃○○結證屬實，且有上開支票、退票理由單及遺失票據申報書影本各一件在卷可資佐證，被告陳二、陳三雖辯稱係李四自己要求伊等偕往銀行幫忙辦理支票之止付，伊等在大庭廣眾之銀行內，實無行脅迫之可能云云。惟查本件支票已經李四轉交案外人王○○抵付貨款，李四如非出於被迫無奈，自無辦理遺失之理，亦無分別由被告二人先後偕往銀行之必要，是被告二人所辯，核均係卸責之詞，與證人林○○、楊○○所供，係迴護之詞，均不足採信，其二人犯行，均堪認定。

二、核被告二人之行為，均應成立刑法第304條第1項之強制罪及同法第171條第1項之誣告罪，二罪之間因具有方法結果之牽連關係，應從一較重之強制罪處斷。被告二人均係間接正犯，又二人相互間有犯意聯絡及行為分擔，皆為共同正犯。按被告二人以脅迫手段，強人行無義務事，實屬不該，姑念被告二人係因被害人未依約履行，不甘付款受損，而出此下策，致罹刑章，其動機尚非可惡，爰斟酌上情及被告等之素行、犯罪之危害暨犯後之態度等一切情狀，各量處如主文所示之刑。又查被告二人均前無犯罪紀錄，未曾受有期徒刑以上刑之宣告，有台灣高等檢察署刑事資料室簡附表乙件在卷可憑，此次犯後當知警惕而無再犯之虞，本院認所宣告之刑，以暫不執行為適當，爰均併諭知緩刑三年，以勵自新，用觀後效。

　　據上論斷，應依刑事訴訟法第299條第1項前段，刑法第28條、第304條第1項、第171條第1項、第55條前段、第74條第1項第1款，罰金罰鍰提高標準條例第1條判決如主文。

本案經檢察官○○○到庭執行職務。

中　華　民　國　　83　　年　　○　　月　　○　　日
　　　　　　　台灣台北地方法院刑事第○庭
　　　　　　　　　法　官　○　○　○

上正本證明與原本無異

如不服本判決，應於送達後十日內向本院提出上訴狀

中　華　民　國　83　年　○　月　○　日

書記官　○　○　○

陳二、陳三被台灣台北地方法院判處有期徒刑一年，因陳二、陳三兩人均無犯罪紀錄，未曾受有期徒刑以上刑之宣告，依刑法第74條第1項第1款之規定，法院得宣告二年以上五年以下之緩刑，台灣台北地方法院乃宣告陳二、陳三緩刑三年。陳二、陳三被法院判決有罪，依刑事訴訟法第349條規定，於判決送達後二十日內提出上訴，上訴書狀依刑事訴訟法第350條規定，向原審法院即台灣台北地方法院提出……

刑事　聲明上訴　狀		案　　　號	年度　　字第　　號		承辦股別	
		訴訟標的金額或價額	新台幣　萬　千　百　十　元　角			
稱　　　謂	姓　名　或　名　稱身分證統一編號或營利事業統一編號	住居所或營業所、郵遞區號及電話號碼電子郵件位址			送達代收人姓名、住址、郵遞區號及電話號碼	
上　訴　人即　被　告	陳　二陳　三	台北市○○街○○號同右				

為依法聲明上訴事：

上列上訴人因誣告等案件，於83年○月○日奉悉台灣台北地方法院83年度易字第○○號刑事判決，上訴人對該判決不服，謹於法定期間內聲明上訴。至上訴理由，容後另狀補陳。

謹狀

台灣台北地方法院刑事庭　　轉呈
台灣高等法院刑事庭　　　　公鑒

證　物　名　稱及　　件　　數	

中　　　華　　　民　　　國　　　年　　　月　　　日		
	具狀人	陳　二陳　三
		簽名蓋章

陳二、陳三因不服台灣台北地方法院刑事判決，於法定期間內聲明上訴。該案於台灣高等法院審理時，陳二、陳三選任律師為辯護人，並提出調查證據聲請狀及上訴理由狀⋯⋯

刑事 調查證據聲請 狀	案　　　號	年度　　字第　　號	承辦股別	
	訴訟標的金額或價額	新台幣　萬　千　百　十　元　角		
稱　　　謂	姓　名　或　名　稱身分證統一編號或營利事業統一編號	住居所或營業所、郵遞區號及電話號碼電子郵件位址	送達代收人姓名、住址、郵遞區號及電話號碼	
上　訴　人即　被　告共同選任辯　護　人	陳　二陳　三李永然律師	台北市○○街○○號同右		

為依法聲請調查證據事：

一、敬請傳訊黃○○、林○○、楊○○、邱○○蒞庭作證：

　　㈠黃○○：台北市○○街○○段○○號彰化銀行○○分行。

　　　待證事實：黃○○係本案支票掛失止付之經辦員，對於當時辦理掛失止付之情形甚為清楚，黃女於原審83年○月○日庭訊時結證稱：

　　　問（法官）：係彰銀承辦人？

　　　答（黃○○）：是。

　　　問（法官）：就所知陳述？

　　　答（黃○○）：82年○月○日李四和陳三（當庭指認）一起來辦遺失，當時尚未下班，係3時30分下班，第一次是○月○日來的，在寫申報書及通知書，字是李四寫的，且我核對身分證上之名字及住址都是李四寫的，且當時我問李四是否遺失或失竊，李四說是遺失的，第二次是○月○日李四和陳二一起來的。

　　　問（法官）：當時情形如何？

　　　答（黃○○）：申報時李四和一起來之人在聊天，並無異常之處。

　　　問（法官）：有無覺得李四有喪失自由之感？

　　　答（黃○○）：無。

　　　李四對黃女之證詞答以無意見，則該證詞之可信，自毋庸懷疑；且黃女經辦支票掛失止付，與聲請人及李四兩方面均無利害關係，其證詞自較客觀公正，該證詞有利於聲請人，原審未斟酌，於法不無違誤。

(二)林○○：台北市○○街○○號。

(三)楊○○：台北市○○街○○號。

待證事項：林、楊二人均知悉係李四主動要求聲請人與其偕同辦理掛失止付。

(四)邱○○：新竹縣○○鄉○○村○○路○○號。

待證事項：聲請人陳二於82年○月○日當天，因接洽業務，人在新竹不在台北，陳二當時既不在台北，根本不可能與陳三一齊脅迫李四前往銀行辦理掛失止付。

二、聲請人聲請與張○○對質：

證人張○○係李四之女友，其證詞偏頗不利於聲請人，殊不難想像，為期發現真實，狀請

鈞院命張○○與聲請人對質，以發現真實，俾洗清聲請人之冤屈。

　　　　　謹狀

台灣高等法院刑事庭　公鑒

證 物 名 稱 及 件 數	

中	華	民	國	年	月	日

　　　　具狀人　陳　二　　　　　　　簽名
　　　　　　　　陳　三　　　　　　　蓋章

刑事　上訴理由　狀		案　　　號	年度　　字第　　號	承辦股別	
		訴訟標的 金額或價額	新台幣　萬　千　百　十　元　角		
稱　　　謂	姓 名 或 名 稱 身分證統一編號或 營利事業統一編號	住居所或營業所、郵遞區號 及電話號碼電子郵件位址		送達代收人姓 名、住址、郵遞 區號及電話號碼	
上　訴　人 即　被　告	陳　二 陳　三	台北市○○街○○號 台北市○○街○○號			
共 同 選 任 辯　護　人	李永然律師				

為依法補呈上訴理由事：

一、告訴人李四之告訴顯屬不實：

依82年○月○日彰化警察局○○分局偵訊（調查）筆錄：

問（法官）：其他你有無意見？

答（李四）：止付不是我的意思，是陳一於82年○月○日下午三時派其公司職員葉○○、陳三及一姓王與另不知姓名者計四人到台北市○○街上，將我挾持到陳一住所，限制不准我離開，至當日下午6時許，因我懼怕遭受迫害，所以才答應他所求。

依82年○月○日台灣彰化地方法院檢察署偵訊筆錄：

問（檢察官）：你為何到警局報遺失？

答（李四）：因為我逾期交貨，他們不交貨，並且由陳二和他弟弟與另二不詳姓名者，逼我到陳一家裡（台北市○○街○○號），他叫我到警局報遺失，這樣對他的支票才不會有退票紀錄。

問（檢察官）：他們有無押你？或強迫你？

答（李四）：沒有，只有叫我到陳一家，叫我一定要寫。

依82年○月○日台灣彰化地方法院檢察署偵訊筆錄：

問（檢察官）：究竟是誰妨害你的自由？

答（李四）：有五個人，陳三、陳二、葉○○（陳三的妹婿）和另一個姓周的及另一不詳姓名。

依83年○月○日原審庭訊筆錄：

問（檢察官）：就所知陳述？

答（李四）：第一次下午3時多時，我和工人張○○一起將貨送至○○街，被告逼我到銀行去報遺失，並說「票是他父親的不能退票」，我說不行時，他們不讓我走，當時他二人一人站在車前堵住車子，一人坐進車子。

問（檢察官）：是否心生恐懼？

答（李四）：是。

問（檢察官）：是何人說的？

答（李四）：陳三說的，陳二未去，另帶有一姓葉之人去，當時陳三要我照他寫的支票遺失單照抄，我即照寫，到下午7時多時寫好後才讓我回去，隔了幾天，被告又叫我陪他到銀行及法院去辦手續。

按上開筆錄所載，李四對於犯罪事實之陳述，前後互相矛盾，謹就李四所指控之犯罪主體、時間、地點及手段等矛盾之處，逐項駁斥如下：

㈠犯罪主體：82年○月○日李四指控犯罪之主體爲葉○○、陳三、一姓王與另一不知姓名者計四人，82年○月○日指控犯罪主體爲陳三和他弟弟與另二不詳姓名者，82年○月○日指控之犯罪主體爲陳三、陳二、葉○○和另一個姓周的，83年○月○日庭訊時又指稱「……當時他二人（指上訴人二人）一人站在車前堵住車子，一人坐進車子」，「……陳三說的，陳二未去，另帶有一姓葉之人去……」，其所指控之犯罪主體究竟有幾人，上訴人亦不明所以，然依83年○月○日之筆錄前後觀之，犯罪之主體當不致超過三人，但於原審庭訊之前，其指控者均爲四人，但每次所指控之人均不一致，顯見李四指控犯罪主體之陳述，前後矛盾，李四不無涉嫌濫行告訴。

㈡犯罪時間：依李四之陳述，其指控上訴人犯罪之時間約爲82年○月○日下午3時至下午6、7時，惟上訴人陳二於82年○月○日，因接洽業務，人在新竹不在台北，此可傳訊證人邱○○蒞庭作證，上訴人陳二當時既不在場，即不可能妨害李四之自由。依證人黃○○之證詞，82年○月○日下午3時30分下班前，陳三和李四至銀行辦理掛失止付之手續，並在銀行由李四親筆書寫申報書及通知書，顯見李四所謂82年○月○日下午3時，上訴人於○○街逼其辦理支票遺失，至當日下午6、7時因李四答應辦理，始讓其離去云云，並非事實，蓋證人與兩造均無特殊關係，其證詞之可信度自較李四之濫行告訴，較爲可採，且彰銀之遺失票據申報書，李四原塡寫之日期亦爲○月○日（上證一），益證黃○○所言不虛。

㈢犯罪地點：依李四之指控，上訴人於82年○月○日下午3時左右於台北市○○街妨害其自由，逼其至陳一家裡，指明犯罪之地點爲○○街及陳一家云云，實則82年○月○日下午3時左右，李四與陳三同至彰銀○○分行辦理掛失止付，業如前述，上訴人不可能於○○街妨害其自由，逼其至陳一家到下午6、7時，如上訴人於○○街脅迫李四至陳一家，到下午6、7時因李四答應上訴人要求始讓其離開，則當天陳三與李四同至銀行辦理掛失止付並經證人黃○○結證屬實一事，將作何解？

㈣犯罪手段：依上開筆錄，李四之指控，不外以上訴人「……將我挾持到陳一住所，限制不准我離開……」，「……逼我去陳一家裡……」，「……他們不讓我走，當時他二人一人站在車前堵住車子，一人坐進車子……」，「……陳三要我照他寫的支票遺失單照抄，我即照寫，到下午7時多時寫好後才讓我回去……」云云，然則依82年○月○日台灣彰化地方法院檢察署偵訊筆錄，檢察官問李四……他們有無押你？或強迫你？李四答：沒有，只有叫我到陳一家，叫我一定要寫。上訴人既無押李四或強迫李四，如何妨害其

自由？而李四於82年○月○日由陳二陪同前往銀行辦理掛失止付手續，係出於其自願，並非由陳二所脅迫，為其所不否認，關於82年○月○日李四指控各節不合常理，上訴人業於前指摘甚詳，證諸黃○○證詞：「申報時李四和一起來之人在聊天，並無異常之處。」且黃○○並無感覺李四有喪失自由之感，李四杜撰上訴人妨害自由之犯罪事實，濫行告訴，實毋庸置疑。

二、證人張○○之證詞不實：

依82年○月○日台灣彰化地方法院檢察署偵訊筆錄：

問（檢察官）：82年○月○日李四在台北陳一家裡發生的事情你知否？

答（張○○）：我知道，我在場。

………………

82年○月○日係陳二陪同李四至銀行辦理掛失止付，張○○並未與李四同往，當天李四既不在陳一家，陳一家亦未發生任何事情，張○○所謂知道其在場，證詞不實顯而易見，張○○之證詞與李四所指控之犯罪事實全然無關，毫無證據力可言。又證人張○○係李四之女友，其證詞偏頗不實，殊不難想像，懇請

鈞院准許上訴人與張○○對質，以發現真實，為此狀請

鈞院鑒核，撤銷原判決，改判上訴人無罪，庶符法制，以障人權。

　　　　謹狀

台灣高等法院刑事庭　公鑒

證　物　名　稱 及　　件　　數	上證一：票據掛失止付通知書及遺失票據申報書影本各一件。

中　　華　　民　　國　　　　年　　　　月　　　　日

　　　　　　　　具狀人　　陳　二　　　　簽名
　　　　　　　　　　　　　陳　三　　　　蓋章

台灣高等法院刑事判決　　　　　　　　　　　83年度上易字第○○號

　　上訴人
　　即被告　　陳　二　男　三十八歲（45年○月○日生）　山東省人　業商

　　　　　　　　　　住台北市○○街○○號

　　　　　　　陳　三　男　三十七歲（46年○月○日生）　山東省人　業商

　　　　　　　　　　住台北市○○街○○號

　　共同選任
　　辯護人　　李永然律師

上列上訴人等因妨害自由案件，不服台灣台北地方法院83年度易字第○○號中華民國83年○月○日第一審判決（起訴案號台灣台北地方檢察署83年度偵字第○○號）提起上訴，本院判決如下：

主文

原判決撤銷。

陳二、陳三均無罪。

事實

公訴之要旨以「一、陳二、陳三係同胞兄弟，因生意業務往來關係交付其父親陳一（另行處分不起訴）為發票人、付款人為彰化商業銀行○○分行82年○月○日日期、面額新台幣（下同）13萬元支票乙張予李四，後因彼此發生購物糾紛，陳二，陳三兄弟兩人於82年○月○日下午在台北市○○街強押李四至台北市○○街○○號彼等之住處，強迫要李四辦理該支票之遺失止付，否則不讓其離開，強迫其行無義務之事，李四不得已乃與陳二兄弟同赴銀行將上揭業已轉手之支票謊報遺失，未指定犯人請求司法警察機關偵辦侵占遺失物者。二、案經被害人李四告訴及彰化縣警察局○○分局移送偵辦。」被告陳二、陳三有犯刑法第171條第1項、第301條第1項、第五十五條前段罪嫌云云。

理由

一、訊據上訴人即被告陳二、陳三均供承：伊兩人係兄弟，伊等所服務之○○貿易有限公司前向李四負責之○○五金工業社購買拖把二千二百支，而交付伊父陳一為發票人、付款人為彰化商業銀行○○分行民國82年○月○日日期、面額9萬元（號碼000001）及民國82年○月○日日期、面額13萬元（號碼000002）之支票，約定李四應於民國82年○月○日中午12時前，將貨送往基隆○○貨櫃場。因○○工業社未能如期交貨，買賣雙方乃於82年○月○日由陳二代表○○公司與李四簽署契約書，約定李四應於82年○月○日以前交還該兩張支票，嗣李四並未交還該兩張支票，○○公司於同年○月○日以台北郵局第○○號存證信函寄給李四催李四交還兩張支票，但李四迄未交還。伊等為維護票信，仍使82年○月○日之支票兌現之事實，供認不諱。且有李四之供述，陳一簽發13萬元支票影本（見彰化地檢署偵查卷第○○頁）、○○公司陳二與○○五金工業社李四於民國82年○月○日訂立之契約書（見原審卷第○○頁）、○○公司於民國82年○月○日寄給○○五金工業社李四之台北郵局○○號存證信函（見原審卷第○○頁）可按。陳三辯稱：民國82年○月底詳細日期已不記得，在○○街附近看到李四，李四自己要求到台北市○○街○○公司談，○月○日由陳三陪李四去彰銀○○分行辦止付手續，因距離票載日期還有數日，銀行承辦人說接近時再來辦，因而未辦妥云云。陳二辯稱：民國82年○月底，李四在○○街被發現要求至○○街○○公司

解決支票問題以及○月○日前往銀行辦理止付手續，陳二人均在新竹不在台北，○月○日曾陪李四去彰銀○○分行辦止付手續，並陪同去台北地方法院辦公示催告，但沒有對李四施強暴脅迫妨害自由，是李四說支票遺失要辦止付，才陪同前往去辦理云云。

二、查李四於82年○月○日在彰化警察局○○分局指控妨害自由犯罪之主體為葉○○、陳三、一姓王與另不知姓名者計四人，而於82年○月○日在彰化地檢署指控犯罪主體為陳三和他弟弟與另二不詳姓名者。82年○月○日在彰化地檢署指訴之犯罪主體為陳三、陳二、葉○○和另一個姓周的，於83年○月○日在原審法院庭訊時又指稱：「……當時他二人（指上訴人二人）一人站在車前堵住車子，一人坐進車子」，「……陳三說的，陳二未去，另帶有一姓葉之人……」，其所指控之人，前後不一，然依民國83年○月○日之筆錄看，犯罪之主體應不超過三人，但於○月○日原審庭訊之前，李四指控者卻是四人，而每次指控之人亦非一致，可見李四指訴犯罪主體之陳述，前後矛盾而有瑕疵。

三、依李四所述，上訴人等犯罪之時間約為民國82年○月○日下午3時至下午6、7時之間，惟陳二於民國82年○月○日因接洽業務，人在新竹而不在台北，業經邱○○到庭證明（見本院○月○日筆錄），陳二當時既不在台北，殊無可能妨害李四之自由一起脅迫李四前往銀行辦理掛失止付。且依據證人黃○○之證詞（見原審卷第○○頁、本院○月○日筆錄），民國82年○月○日下午3時30分下班前，陳三和李四至銀行辦理掛失止付之手續，並在銀行由李四親筆書寫申報書及通知書並告訴黃○○支票遺失云云，可見李四所謂民國82年○月○日下午3時，陳三、陳二逼其辦理支票遺失，至當日下午6、7時李四答應辦理，始讓其離開云云，並非事實。蓋證人黃○○與李四，或陳二兄弟均無特殊關係，其證詞之可信度自較李四之指述為強，且彰化銀行之遺失票據申報書，李四原填寫之日期亦為○月○日，亦有該遺失票據申報書可按。

四、李四指上訴人在台北市○○街妨害其自由逼其至陳一家裡，即指明犯罪之地點為○○街及陳一家云云，實則民國82年○月○日下午三時左右，李四與陳三同至彰銀○○分行辦理掛失止付，業如前述，上訴人不可能於○○街妨害其自由，逼其至陳一家到下午6、7時，如上訴人於○○街脅迫李四至陳一家，到6、7時因李四答應上訴人要求始讓其離開，則當天陳三與李四同至銀行辦理掛失止付，並經證人黃○○具結證明乙事，將無法解釋。

五、李四指上訴人妨害自由，無非以上訴人「……將我挾持到陳一住所限制不准我離開……」「……逼我去陳一家裡……」，「……他們不讓我走，當時他二人一人站在車前堵住車子，一人坐進車子……」，「……陳三要我照他寫的支票遺失單照抄，我即照寫，到下午七時多時寫好後才讓我回去……」云云，然則民國82年

　　○月○日李四於彰化地檢署偵訊時，檢察官問李四：他們有無押你？或強迫你？李四答：沒有，只有叫我到陳一家，叫我一定要寫。上訴人既無押李四或強迫李四，何能妨害其自由？

六、民國82年○月○日，李四因前次辦理掛失止付，黃○○叫其接近發票日期再去辦理，而未辦成，乃於82年○月○日由陳二陪同至彰化銀行○○分行辦理掛失止付，遺失票據申報手續，仍由行員黃○○辦理，在該分行辦完手續後，再由陳二陪同至台灣台北地方法院辦理公示催告手續等情，業經陳二供明。並經黃○○證明李四和一起來之人在聊天，並無異常之說云云（見原審卷第○○頁背面）。按民國82年○月○日第一次辦理掛失止付至82年○月○日第二次辦理掛失止付，其間相距達八日之久，如李四第一次辦理掛失止付時被脅迫，何以不於事後迅即向警局報案處理，怎可能第二度於八月○日又由陳二陪同前往，並將遺失票據申請書上日期由○日改爲○日。李四辦理「遺失票據申報書」、「票據掛失止付通知書」，其時間前後有十日左右，地點跨越彰銀○○分行、台灣台北地方法院，又均爲白晝大眾出入之公共場所，謂爲李四被強暴脅迫辦理該等手續，殊難令人置信。證人張○○係李四之女友，其證詞偏頗不實，自難採信。

　　李四因支票遺失要辦止付，才先後由陳三、陳二陪同前往銀行、法院辦理手續等情，業經林○○（見本院○月○日筆錄）陳三、陳二供明。

　　上訴人陳二、陳三所辯各節均尚堪採信。被訴刑法第171條第1項、第304條第1項各罪，犯罪尚屬不能證明。

七、原審未細心斟酌，遽認上訴人兩人成立犯罪，自有未妥。上訴人均各提起上訴否認犯罪指摘原判決，爲有理由，應由本院將原判決撤銷改判無罪以昭公允。

　　據上論結，應依刑事訴訟法第369條第1項前段、第364條、第301條第1項判決如主文。

本案經檢察官○○○到庭執行職務。

　　　　中　華　民　國　　　83　　　年　　　○　　　月　　　○　　　日
　　　　　　　　　　台灣高等法院刑事第○庭
　　　　　　　　審判長法官　○　○　○
　　　　　　　　　法　官　○　○　○
　　　　　　　　　法　官　○　○　○

上正本證明與原本無異
不得上訴

　　　　中　華　民　國　　　83　　　年　　　○　　　月　　　○　　　日
　　　　　　　　　　書記官　○　○　○

　　台灣高等法院詳為查證，判決陳二、陳三無罪，因本案屬刑法第61條所列輕微案件，依刑事訴訟法第376條第1款之規定，不得上訴第三審法院，本案無罪確定。

◇ 範例七

　　乙公司之負責人郭忠與甲公司之負責人郭孝係父子，甲公司曾持有乙公司為發票人、以第一商業銀行○○分行為擔當付款人之新台幣500萬元本票乙紙。其後甲公司經營不善，負責人郭孝於民國82年年初出國，張璞係甲公司之債權人，於郭孝出國後，曾至甲公司向公司之出納李梅索閱帳冊。嗣張璞之妹張玉將該本票提出交換退票，甲公司之會計李梅主張該本票原由其保管，本票退票後，始發覺失竊，乃通知發票人乙公司以被害人之身分提出告訴張璞涉嫌竊盜、張玉涉嫌贓物，張璞抗辯該本票乃郭孝於出國之前，將該本票交付以抵償部分債務，張璞將該本票交由張玉提出交換，二人均合法取得票據，應無犯行可言。惟檢察官偵查時，未採信張璞、張玉所辯，將張璞、張玉兩人提起公訴……

台灣台北地方檢察署檢察官起訴書　　　　　　　　　　82年度偵字第○○號
　　被　　告　張　璞　女　三十八歲（44年○月○日生）　○○縣人
　　　　　　　　　　　　　身分證：J○○○○○○○○○
　　　　　　　　　　　　　業商　住台北市○○路○○段○○巷○弄○○號
　　　　　　　張　玉　女　三十七歲（45年○月○日生）　○○縣人
　　　　　　　　　　　　　身分證：J○○○○○○○○○
　　　　　　　　　　　　　業商　住台北縣○○鎮○○里○○街○○巷○○弄○○
　　　　　　　　　　　　　號○○樓
　　　共同選任
　　　　　　　　王○○律師
　　　辯　護　人
上列被告因竊盜等案件，業經偵查終結，認應提起公訴，茲敘述犯罪事實及證據並所犯法條如下：
　　犯罪事實
一、張璞意圖為自己不法之所有，於民國82年3月○日至三月底期間，藉口在台北市○○街○○號○○樓甲股份有限公司（簡稱甲公司）幫忙翻閱公司帳冊文件資料，趁機竊取乙股份有限公司簽發借予甲公司使用之第一商業銀行○○分行80年○月○日期、面額新台幣500萬元第○○○○號本票乙紙，旋即交由知情之張玉於82年○月○日持向台灣台北地方法院聲請強制執行。
二、案經乙股份有限公司訴請偵辦。
　　證據並所犯法條
一、上揭事實，業據被害人乙股份有限公司指訴綦詳，且經證人即甲公司出納李梅、

陳麗結證屬實，訊之被告張璞供承有於前揭時地至甲公司翻閱帳冊文件資料，被告張玉亦坦承收受系爭本票以行使，然被告二人皆以：用以抵償甲公司總經理郭孝虧欠渠等債務等語置辯，要屬飾卸之詞，不足採信。事證明確，被告犯行均堪認定。

二、核被告圖為不法所有而竊取他人本票之行為，係犯刑法第320條第1項之竊盜罪嫌，被告張玉收受張璞竊取之系爭本票，係犯同法第349條第1項之收受贓物罪嫌。

三、依刑事訴訟法第251條第1項提起公訴。

　　　　此致
台灣台北地方法院
　　　　中　華　民　國　　82　年　　○　月　　○　　　日
　　　　　　　　　　　　　　　　　檢察官　○　○　○
上正本證明與原本無異
　　　　中　華　民　國　　82　年　　○　月　　○　　　日
　　　　　　　　　　　　　　　　　書記官　○　○　○

　　本案經檢察官提起公訴，繫屬於刑事庭，張璞為證明並未涉嫌竊盜，依刑事訴訟法第163條第2項前段請求刑庭調查證據……

刑事 聲請調查證據 狀		案　號	年　度　易 字第　○　○　號	承辦股別
		訴訟標的金額或價額	新台幣　萬　千　百　十　元　角	
稱　　謂	姓名或名稱身分證統一編號或營利事業統一編號	住居所或營業所、郵遞區號及電話號碼電子郵件位址		送達代收人姓名、住址、郵遞區號及電話號碼
聲請人即被告	張璞	台北市○○路○○段○○巷○○弄○○號		
選任辯護人	洪○○律師	台北市○○路○○號○○樓		

為被訴涉嫌竊盜罪乙案，謹依法聲請調查證據事：
　　查本案告訴人乙公司80年○月○日所簽發、同年○月○日到期、指定第一商業銀行○○分行為擔當付款人、票號第○○○○號、金額新台幣500萬元之本票，係甲股份有限公司（以下簡稱「甲公司」）總經理郭孝交與被告，絕非竊取而來。此

緣被告曾以自己所有之不動產多筆提供與甲公司對外抵押借款，言明若借款無法清償，對於被告所受之損害，甲公司、郭孝及其妻王美願負連帶賠償之責，有切結書可稽（偵卷第○○-○○頁）。迨82年1、2月間，甲公司財務發生危機，已無法清償前述借款，被告恐提供之抵押物遭受拍賣，乃要求郭孝設法解決，郭孝為取信於被告，始交付前開本票與被告作為保證。此請查證下列各項，即可明瞭：

一、證人：陳○○—台北市○○區○○路○○段○○號。

待證事實：按郭孝在82年○月○日出國之前，早已將前開本票交與被告，被告曾於同年○月份將該本票交與陳○○，以投資其所經營之○○餐廳，後因退票而收回，此請傳訊陳○○即明。甲公司出納李梅狡稱：郭孝出國之後，該本票尚在其手中保管云云，純屬謊言。

二、證人：樂○○—台北市○○區○○路○○段○○號○○樓。
　　　　　賴○○—台北市○○區○○路○○段○○號○○樓。
　　　　　廖○○—台北市○○區○○路○○段○○號○○樓。

待證事實：告訴人公司負責人郭忠於執票人即共同被告張玉對其聲請裁定准予強制執行之時，曾於82年○月○日指派其公司之會計賴菊，前來與被告商洽分期償還票款之事，當時在場之樂○○、賴○○、廖○○等人均可證明。若謂該票確係被告竊取得來，則衡情告訴人當依法追訴，又豈甘願著人前來商洽分期付款？

三、證人：林○○—台北市○○區○○路二段○○號○○樓。
　　　　　陳○○—同右。

待證事實：82年○月○日，甲公司出納李梅曾將該公司所有之帳冊，攜至被告任職之丙股份有限公司，委託被告代為保管，公司職員林○○、陳○○均可證明此事。若謂被告曾行竊其經管之本票，則其利害與被告適相對立，衡情豈有再將帳冊等資料送來託與被告保管之理？

四、證人：李梅—中和市○○路○○巷○○弄○○號○○樓。
　　　　　陳麗—台北市○○區○○路○○段○○○巷○○弄○○號。
　　　　　鄭蘭—台北市○○街○○巷○○號。

待證事實：為明事實真相，請詳詰甲公司出納李梅、陳麗、鄭蘭下列各事：

㈠李梅、陳麗、鄭蘭各於何時到甲公司任職？各人職掌為何？

㈡甲公司向告訴人借用前開本票，有無票據轉帳之記載？若答有，請提出傳票及帳冊資料。

㈢陳麗何以知道郭孝曾將該本票交李梅保管？何時知悉？

㈣陳麗、鄭蘭二人有無看到李梅曾出示前本票給被告看？

謹狀					
台灣台北地方法院刑事庭　公鑒					
證　物　名　稱 及　　件　　數					
中　　　　華　　　　民　　　　國　　　　年　　　　月　　　　日					
	具狀人　　張　璞			簽名 蓋章	

　　刑庭審理結果，認定張璞、張玉有罪，判處張璞有期徒刑三月，張玉有期徒刑三月……

台灣台北地方法院刑事判決　　　　　　　　　　　　　83年度易字第○○號

　　公　訴　人　台灣台北地方檢察署檢察官

　　被　　　告　張　璞　女　三十九歲（44年○月○日生）　　○○縣人

　　　　　　　　　　　　身分證：J○○○○○○○○○

　　　　　　　　　　　　業商　住台北市○○路○○段○○巷○○弄○○號

　　　　　　　張　玉　女　三十八歲（45年○月○日生）　　○○縣人

　　　　　　　　　　　　身分證：J○○○○○○○○○

　　　　　　　　　　　　業商　住台北縣○○鎮○○里○○街○○巷○○弄○○號○○樓

　　共同選任　　洪○○律師
　　辯　護　人

上列被告因竊盜案件，經檢察官提起公訴（82年度偵字第○○號），本院判決如下：

　　主文

張璞竊盜，處有期徒刑三月。

張玉收受贓物，處有期徒刑三月，如易科罰金，以9元折算一日（註）。

　　事實

一、張璞意圖為自己不法之所有，於82年○月○日至○月底期間，藉口在台北市○○街○○號○○樓甲公司幫忙，翻閱公司帳冊文件資料，趁機竊取乙公司簽發借予甲公司使用之第一商業銀行○○分行80年○月○日日期、面額新台幣500萬元第○○○○號本票乙紙，旋即交由知情之張玉於82年○月○日持向本院聲請強制執行。

二、案經乙公司訴由台灣台北地方檢察署檢察官偵查起訴。
　　理由
一、訊據被告張璞、張玉否認竊盜，收受贓物犯行，被告張璞辯稱：上開支票係甲
　　公司總經理郭孝交付抵償債務，被告張玉辯稱：不知係贓物各等語。惟查上揭事
　　實，業據被害人乙公司負責人郭忠指訴綦詳，且經證人甲公司出納李梅、陳麗分
　　別於偵審中結證屬實，訊之被告張璞亦供承於上開時地至甲公司翻閱帳冊文件資
　　料，被告張玉亦坦承收受上開本票並持以行使，其所辯上情，無非事後飾詞圖
　　卸，委無可採，被告等罪證明確，犯行堪予認定。
二、核被告張璞所為，係犯刑法第320條第1項之罪，被告張玉所為，係犯刑法第349
　　條第1項之罪。爰審酌一切情狀，分別處以如主文所示之刑，被告張玉部分並諭
　　知易科罰金之折算標準，以示懲儆。
　　　　據上論斷，應依刑事訴訟法第299條第1項前段，第320條第1項、第349條第1
　　項、第41條第1項前段、罰金罰鍰提高標準條例第1條判決如主文。
本案經檢察官○○○到庭執行職務。
　　　　　中　華　民　國　　　82　　年　　　○　　月　　　○　　日
　　　　　　　　　　　　台灣台北地方法院刑事第○庭
　　　　　　　　　　　　　　法官　○　○　○
上正本證明與原本無異
如不服本判決，應於收受送達後十日內向本院提出上訴狀。
　　　　　中　華　民　國　　　83　　年　　　○　　月　　　○　　日
　　　　　　　　　　　　　　書記官　○　○　○

　　　　張璞、張玉不服台灣台北地方法院之刑事判決，依刑事訴訟法第349條前段規
定，應於送達判決後起算二十日內提起上訴……
（註：刑法第41條規定之易科罰金，自民國95年7月1日起，得以新台幣1,000元、
　　　2,000元或3,000元折算一日，易科罰金。但易科罰金，難收矯正之效，或難以
　　　維持法秩序者，不在此限。）

刑事　聲明上訴　狀	案　　　號	年度　　字第　　號		承辦股別	
	訴訟標的金額或價額	新台幣　萬　千　百　十　元　角			
稱　　　謂	姓　名　或　名　稱身分證統一編號或營利事業統一編號	住居所或營業所、郵遞區號及電話號碼電子郵件位址		送達代收人姓名、住址、郵遞區號及電話號碼	

上　訴　人 即　被　告	張　璞 張　玉	台北市○○路○○段○○巷 ○○弄○○號 台北縣○○鎮○○里○○街 ○○巷○○弄○○號○○樓

為不服台灣台北地方法院83年度易字第○○號第一審判決，依法聲明上訴事：

　　緣被告等被訴涉嫌竊盜、贓物，經台灣台北地方法院於83年○月○日判決，論被告張璞竊盜，處有期徒刑三月，張玉收受贓物，處有期徒刑三月，如易科罰金，以9元折算一日云云，實屬冤枉，被告等不服，爰依法聲明上訴。恭請

　　鈞院明察，撤銷原判決，改判無罪。至上訴理由，容後補陳。

　　　　　　謹狀
台灣台北地方法院刑事庭　　轉呈
台灣高等法院刑事庭　　　　公鑒

證　物　名　稱 及　　件　　數	

中　　　華　　　民　　　國　　　　　年　　　　　月　　　　　日

具狀人　　　張　璞　　　　　　簽名
　　　　　　　張　玉　　　　　　蓋章

　　張璞、張玉聲明上訴後，陸續補陳五張上訴理由狀……

刑事　上訴理由㈠　狀	案　　　號	年度　　　字第　　　號	承辦 股別
	訴訟標的 金額或價額	新台幣　萬　千　百　十　元　角	

稱　　　　謂	姓　　名　　或　　名　　稱 身　分　證　統　一　編　號　或 營　利　事　業　統　一　編　號	住居所或營業所、郵遞區號 及電話號碼電子郵件位址	送達代收人姓 名、住址、郵遞 區號及電話號碼
上　訴　人 即　被　告 選　　任 辯　護　人	張　璞 張　玉 李○○律師		

上列上訴人因涉嫌竊盜案件，不服台灣台北地方法院83年度易字第○○號刑事判決，業於本（83）年○月○日提起上訴在案，謹依法補具上訴理由事：

一、檢察官就被告犯罪事實有舉證責任：

　　檢察官就被告犯罪事實有舉證責任，刑事訴訟法第161條第1項定有明文，檢察官之提起公訴，不外以被害人乙公司指訴綦詳，且經證人即甲公司出納李梅、陳麗結證屬實，且上訴人張璞供承有於82年○月○日至○月底期間曾至甲公司翻閱帳冊文件資料，上訴人張玉亦坦承收受系爭本票並持以行使云云；然甲公司負責人郭孝涉嫌經濟犯罪潛逃美國，無視國內受害人之權益，使國內眾多受害人無法忍受其不負責任之態度，進而採取如聲請甲公司破產、強制執行、追究刑責等各種方式以保障自身之權益。系爭本票為乙公司（負責人郭忠係郭孝之父）所簽發，該本票既經交付與郭孝，郭孝再將之交付上訴人，上訴人依法為合法占有，僅因甲公司涉及惡性倒閉，負責人郭孝又滯留美國不歸，乙公司負責人郭忠為規避系爭本票退票應負之責任，並避免與甲公司有所牽扯，乃設計構陷上訴人張璞涉嫌竊盜，一方面規避其自身應負之責任，並達到誣陷上訴人之目的。證人李梅、陳麗均為甲公司之職員，而告訴人乙公司負責人郭忠係郭孝之父，則證人之證詞有利於告訴人，偏頗不實不利於上訴人，殊不難想像；至於郭孝於82年○月○日自美國寄信回國內，表示系爭本票係其於1993（民國82）年○月○日離開台灣台北臨行前交給李梅保管云云，該函既遲至82年○月○日始書寫寄回，顯係事後為配合告訴人濫行告訴所為，依刑事訴訟法第190條規定，訊問證人，得命其就訊問事項之始末連續陳述。復依刑事訴訟法第184條第2項規定：「因發現真實之必要，得命證人與他證人或被告對質，亦得依被告之聲請，命與證人對質。」故依法律規定，證人應以言詞陳述其證言，且應為始末陳述，郭孝於本案居於證人之地位，其滯留美國不歸，自無法蒞庭為始末之陳述，當然亦無法當庭具結及與上訴人對質，故郭孝之信，依法根本無絲毫證據力可言，上開文書與其說是證明證人李梅之證詞為真實，毋寧說是告訴人勾串郭孝共同陷害上訴人。而本案上訴人張璞是否構成竊盜罪，關鍵在於郭孝將係本票交付李梅保管是否為事實，如郭孝確將系爭本票交付李梅，上訴人自李梅處竊取系爭本票，自構成竊盜罪；反之，如郭孝並未將系爭本票交付李梅保管，則上訴人張璞即不可能自李女處竊得該本票，依法自無刑責可言。郭孝既滯留美國不敢出庭應訊，自不能以李梅空口謂系爭本票係郭孝交其保管，即認李梅之證言為真實，檢察官以證人李梅、陳麗於偵訊時結證屬實，將上訴人提起公訴，顯未善盡舉證之責，而原審仍據此判決上訴人有罪，亦有所違誤，自難令上訴人甘服。

二、證人李梅、陳麗之證詞偏頗不實，不足採信：

　　依82年○月○日檢察官偵訊筆錄所載：

問（檢察官）：這張票交誰保管？

答（李梅）：總經理交我保管的。

問（檢察官）：從來這張票有無被郭孝拿走？

答（李梅）：沒有，他出國之時仍在我手上，我鎖在抽屜，一直到提示退票，我才知道失竊。

問（檢察官）：是否郭孝託你將這張票交給張璞？

答（李梅）：絕對沒有。

問（檢察官）：這張票交給你保管有幾人曉得？

答（陳麗）：80年到現在我忘記了，我只記得總經理有把票交給郭孝。

答（李梅）：郭孝親自交給我。

答（鄭蘭）：當時我未到公司，我81年〇月才來。

問（檢察官）：票何時交給你？

答（李梅）：80年年底本票到期的前幾天。

問（檢察官）：今年3月底以前，這張票有無被郭孝拿走？

答（李梅）：沒有。

………………………

………………………

問（檢察官）：這張本票要拿出來，有無經過你發傳票？

答（陳麗）：沒有。

問（檢察官）：是否全部要拿出來均須交由你發傳票？

答（陳麗）：是。

問（檢察官）：是否李梅拿給張璞？

答（陳麗）：不曉得。

依上開偵訊筆錄，證人李梅證稱系爭本票係郭孝於80年年底本票到期前幾天交與其保管，且82年〇月底以前，系爭本票未被郭孝拿走，而郭孝於82年〇月〇日自美國寄回之信，其內容謂：本人證明我、郭孝於1993年〇月〇日離開台灣、台北，臨行前曾給與第一商業銀行第〇〇〇〇號之本票乙紙、票期1992年〇月〇日、金額新台幣500萬元、發票人：乙公司於李梅處保管，……（參閱乙公司83年〇月〇日提出補充告訴狀所附之證物），二人各說各話，相互矛盾，足證告訴人、證人李梅、陳麗及郭忠聯合誣陷上訴人入罪，彼等縱然設計周密，豈料仍有疏忽，蓋：

(一)郭孝信中提到將系爭本票交李梅保管之時間為1993（82）年〇月〇日離開台灣、台北臨行前，但李梅於82年〇月〇日偵訊筆錄謂郭孝於80年度本票到期幾天交由其保管，且82年〇月底系爭本票未被郭孝拿走，系爭本票交付之時間竟相差年餘，而交付系爭本票僅為一簡單之事，以常理言，當事人應甚為

清楚，何以時間會相差如此之遠？

㈡一般人收受票據，對於金額、日期等甚爲注意，但對於票據號碼則不在意，但郭孝於上開信中，對票據號碼甚爲清楚，反將到期日80年（1991）○月○日誤爲1992（81）年○月○日，顯有違常情。

㈢郭孝如於1993（82）年○月○日離開台灣、台北，臨行前交付系爭本票與李梅保管，則縱有第三人知悉李梅保管系爭本票，當亦在82年○月○日以後，證人陳麗於82年○月○日偵訊筆錄所謂：「80年到現在我忘記了，我只記得總經理郭孝有把本票交給李梅。」云云，顯係配合李梅之證詞（李女表示郭孝於80年年底本票到期前幾天將票交由其保管）以誣陷上訴人。

㈣甲公司周轉不靈倒閉，身爲負責人之郭孝潛逃滯美不歸，甲公司既已不支，且負責人逃亡國外，群龍無首，郭孝當知樹倒猢猻散，甲公司之職員去職他就，勢所必然，即令證人李梅亦不例外也。至於系爭本票到期日爲80年○月○日，然迄郭孝出國之際，已歷年餘，甲公司一直未使用該本票向銀行借款，難道郭孝尚期待其在國外，仍能以系爭本票向銀行借款，非交給甲公司之出納李梅不可？該系爭本票既爲郭孝之父郭忠爲負責人之乙公司所簽發，郭孝於潛逃赴美前，逕自交還其父郭忠，豈非較爲省事，又何必交給勢必離職之李梅？郭孝信中所述，超乎常情甚遠，該文件係事後配合告訴人所爲，甚爲昭然。

㈤證人陳麗證稱：甲公司使用出去之支票，均須經其製作傳票，而系爭本票並未經其製作傳票云云，其證言之眞實性先不論之，但傳票係甲公司內部之文件，縱有製作，亦可隨時變更、隱匿甚或銷毀，其證詞如何能作爲認定上訴人有罪之依據？且證人陳麗所提到者，僅爲甲公司內部作帳之問題，與上訴人張璞之是否涉嫌竊盜，毫無關聯，自不得作爲論罪之依據。

復依82年○月○日原審之審判筆錄所載：

問（法官）：你於何時在甲公司擔任何職？

答（李梅）：79年○月到82年○月間任出納。

問（法官）：何時離職？

答（李梅）：領薪水領到○月底，○月份有事我還有去上班，實際到○月底，○月份有時候會去。

問（法官）：票怎麼來的，作何用？

答（李梅）：是乙公司借給甲公司，準備向銀行借款用。

問（法官）：借本票有無記帳？

答（李梅）：沒用出去，就沒有作帳。

問（法官）：何時發現本票被竊？

答（李梅）：是本票退票後才知道的。

問（法官）：本票是怎麼遺失的。

答（李梅）：張璞稱是我們老闆太太的親戚，她說要來幫忙有無挽回餘地，所以我將所有資料均拿給他看，包括這張本票也有交給他看。

問（法官）：交給他看後，資料還你，資料有無該本票。

答（李梅）：沒有注意到有無該本票。

問（法官）：看多久。

答（李梅）：當場看了約半小時。

問（法官）：82年○月○日有無將帳冊交給張璞保管？

答（李梅）：我沒有保管帳冊，沒有交給他帳冊，但○月○日公司有將部分帳冊拿到丙公司委託被告張璞保管，到○月底才拿回來。

依李梅之證詞，上訴人能從李女處竊取系爭本票，無異天方夜譚，殊難想像，因：

㈠李梅證稱其於甲公司領薪水到82年○月底，○月份有事還有去上班，○月份有時候會去，李梅自82年○月份至○月份這段期間，並非常態之上班，僅係「有時」或「公司有事」才去上班，依常情判斷，李梅「有時」至甲公司，僅為處理特定之事，上訴人張璞既曾至甲公司索閱資料，李梅將資料交上訴人張璞查閱，對此特定之事，李女理應較處理一般事件賦予更多之注意義務，蓋就甲公司之立場，上訴人張璞終究非公司之人員，而係外人，李梅如知悉資料中夾有系爭本票，又怎可能於上訴人張璞將資料交還李梅後，李女竟完全不檢視該本票是否還在，直至系爭本票退票後，始知悉本票遭竊，於情於理均不可能，足證李梅並未占有系爭本票，故大可放心將資料交由上訴人張璞查閱，閱後自亦不必加以檢視。

㈡系爭本票為乙公司所簽發，李梅於上訴人張璞索閱資料時，本票如仍由其占有，李女有何理由一定要將該本票交上訴人張璞查閱，難道僅憑李女之所謂「張璞稱是我們老闆太太之親戚，他說要來幫忙，因公司周轉不靈，他是來幫忙有無挽回之餘地……」？如其他人亦自稱係老闆太太之親戚，是否李女亦將甲公司之資料包括系爭本票亦交他人查閱？且他人閱後，李女亦不檢視本票是否還在？

㈢李梅證稱領薪水領到82年○月底，○月份有事還去上班，實際到82年○月底，但系爭本票於82年○月○日退票在案（上證一），李女既於82年○月底離職，系爭本票之票面金額又高達新台幣500萬元，難道毋庸辦理移交，任令本票擺著，反正出事再行處理，合理乎？可能乎？以郭孝對李梅之信任，

離開台灣、台北臨行前，將本票交其保管，且不必令李女出具保管條，李女之辦事態度當不至如是也。

㈣李梅證稱甲公司曾將部分帳冊拿到丙公司委任上訴人張璞保管，到○月底才拿回來，然系爭本票於82年○月○日即已退票，如李女確係保管系爭本票，縱令其再糊塗，當亦知悉應於本票退票後，迅將帳冊取回，又怎可能延至4月底才拿回來？以常情判斷，李女根本未保管系爭本票甚明。

㈤李梅證稱甲公司向乙公司借用系爭本票，並未記帳，殊屬有違常理，依李梅之證詞，該本票既於80年年底即由其保管，何以長達○○個月之久，一直未製作傳票入帳為憑，疏忽此必需之例行會計作業，頗耐人玩味！如李梅確係保管系爭本票，亦係為甲公司處理事務，豈能為個人之喜好或方便而決定記帳與否，漠視公司之權益，依常理斷之，李女並無保管系爭本票，當然也就不必記帳。

三、實施刑事訴訟程序之公務員，就該管案件，應於被告有利及不利之情形，一律注意：

按實施刑事訴訟程序之公務員，就該管案件，應於被告有利及不利之情形，一律注意，刑事訴訟法第2條第1項定有明文。復依該條第二項規定：「被告得請求前項公務員，為有利於己之必要處分。」因上訴人張璞曾以自己所有之不動產多筆提供與甲公司對外抵押借款，言明若借款無法清償，對於上訴人所受之損害，甲公司、郭孝及其妻王美負連帶賠償之責，此有切結書可稽（上證二）。迨82年○月間，甲公司財務發生危機，已無法清償前述借款，上訴人張璞恐提供之抵押物遭受拍賣，乃要求郭孝設法解決，郭孝為取信於上訴人張璞，始交付系爭本票與上訴人張璞作為保證，請傳訊下列各證人，即可明實情，此乃有利於上訴人之事項，懇請　鈞院斟酌：

㈠證人：陳○○－台北市○○區○○路○○段○○號地下室。

待證事實：按郭孝在82年○月○日出國之前，早已將系爭本票交與上訴人張璞，上訴人張璞曾於同年3月初將該本票交與陳○○，以投資其所經營之○○餐廳，後因退票而收回，此請傳訊陳○○即明。證人李梅狡辯：80年年底即保管該本票，且郭孝出國之後，該本票仍在其手中保管云云，純屬謊言。

㈡證人：樂○○－台北市○○區○○路○○段○○號○○樓。
　　　　賴○○－台北市○○區○○路○○段○○號○○樓。
　　　　廖○○－台北市○○區○○路○○段○○號○○樓。

待證事實：乙公司負責人郭忠於執票人即上訴人張玉對其聲請裁定准予強制

執行之時，曾於82年○月○日指派其公司之會計賴菊，前來與被告商洽分期償還票款之事，當時在場之樂○○、賴○○、廖○○等人均可證明，且證人樂○○於82年○月○日原審庭訊時，證稱乙公司賴菊叫其聯絡上訴人張璞，並有商談到500萬元之事，惟商談沒有結果。若謂該票確係上訴人張璞竊取得來，則衡情告訴人於當時應依法追訴，又豈甘願著人前來商洽分期付款？

㈢證人：林○○－台北市○○區○○路○○段○○號○○樓。

　　證人：陳○○－同右。

　　待證事實：82年○月○日，證人李梅曾將該公司所有之帳冊，攜至上訴人張璞任職之丙公司，委託上訴人張璞代為保管，公司職員林○○、陳○○均可證明此事。且證人李梅於原審82年○月○日庭訊時，證稱確有部分帳冊委託上訴人張璞保管，惟李梅為配合乙公司濫行告訴，故意偽稱將交付帳冊保管之時間挪前至本票退票前，然甲公司之取回帳冊仍於退票後相當一段時間付諸行動，難道甲公司不在乎帳冊？證人李梅之證詞矛盾，顯而易見。若謂上訴人張璞曾行竊其經管之本票，則其利害與上訴人張璞適相對立，衡情豈有再將帳冊等資料送來託與上訴人張璞保管之理？

四、占有人於占有物所行使之權利，推定其適法有此權利：

占有人於占有物上行使之權利，推定其適法有此權利，民法第943條定有明文。上訴人張璞合法占有系爭本票，自有權轉讓票據，且本票屬票據之一種，較一般物品更注意其流通性，占有票據受法律之保護，應較民法之規定為強，否則票據轉讓與第三人時，第三人尚要擔心所取得之票據是否為贓物，票據將如何流通？上訴人張璞占有系爭本票，既被法律推定為合法，告訴人主張上訴人張璞對系爭本票無合法權源，自應以積極之證據推翻法律之推定，否則法律之規定，豈非具文？乙公司負責人郭忠經詢甲公司，始查出系爭本票被竊云云，證人李梅所謂系爭本票由郭孝於80年年底交其保管，該本票並未製作傳票入帳云云；證人陳麗謂僅知郭孝有將本票交李梅保管……云云，均係杜撰之詞，顯與事理有違，業於前述理由嚴加駁斥，依刑事訴訟法第160條規定，依法不得作為判斷之依據，告訴人與證人僅憑幾張「口」，即能將上訴人「說」成竊盜、贓物，合情乎？合理乎？合法乎？

五、公司於82年○月○日提出告訴，離系爭本票之退票時間長達○○天，值其面臨損害債權刑責被訴追與強制執行之際，方提出告訴，顯為乖違常理，其間歷經提示、裁定、抗告、洽商等，乙公司於當時怠為止付，報案等保全手續或實體之抗辯，直至進退維谷之際始提出告訴，其所指控各節，無非為脫卸刑責，不辯自明，濫控各節，無一不出自事後串飾，殆無疑問。更可笑者，乃郭孝與

李梅兩人之記憶力竟有如許大之差異，其一謂82年○月○日離開台灣、台北臨行前交付系爭本票，另一則謂80年年底即已保管該本票，郭孝一直未向其取走⋯⋯，正所謂「智」者千慮，仍有一失。

據上論結，乙公司指控各節，雖構思半年之久，奈何迄今已破綻百出，其濫行告訴，彰彰明甚。至於上訴人張玉之贓物罪，以上訴人張璞成立竊盜罪，且其明知張璞所持有之票據贓物為前提，上訴人張璞既不構成竊盜罪，則張玉自無成立贓物罪之餘地，為此狀請

鈞院鑒核，撤銷原判決，另為諭知上訴人無罪之判決，庶維法紀，以障人權。

謹狀

台灣高等法院刑事庭 公鑒

證 物 名 稱 及 件 數	上證一：本票及退票理由單影本各一件。
	上證二：切結書影本一件。

中	華	民	國	年	月	日
		具狀人	張 璞		簽名	
			張 玉		蓋章	

刑事 上訴理由(二) 狀		案 號	年度 字第 號		承辦 股別	
		訴訟標的 金額或價額	新台幣 萬 千 百 十 元 角			
稱 謂	姓 名 或 名 稱 身 分 證 統 一 編 號 或 營 利 事 業 統 一 編 號	住居所或營業所、郵遞區號 及電話號碼電子郵件位址			送 達 代 收 人 姓 名、住址、郵遞 區號及電話號碼	
上 訴 人 即 被 告 選 任 辯 護 人	張 璞 李○○律師	詳卷				

為依法補具上訴理由事：

一、郭孝所經營之甲公司經營不善，負債倒閉，受害眾多債權人之一丁有限公司等乃向台灣地方法院聲請甲公司破產，幾經波折，卒由法院裁定宣告甲公司破產（上證三），而郭孝與其弟郭仁因經濟犯罪，涉嫌詐欺，且郭孝潛逃美國不歸，案經調查局移送偵辦，業由台北地方法院檢察署提起公訴（上證四）。上

訴人提供不動產擔保甲公司向銀行借款，因郭孝潛逃赴美，使甲公司之債權人○○信託投資公司轉向上訴人追索，該債權額高達新台幣（以下同）5,000萬元（上證五），重創上訴人之經濟能力，坑陷上訴人至深且鉅，又豈是區區500萬元之本票所能彌補？無怪乎郭孝自覺對上訴人及其他債權人無法交代，唯有一走了之；更不可思議者為郭孝以一經濟犯罪嫌疑人之身分潛逃赴美逍遙法外，企圖規避民、刑事責任，竟仍裝模作樣自美國寄信與其父郭忠，配合其父誣陷上訴人，奈何該信反成為告訴人濫行告訴及證人偽證之最佳佐證。

二、敬請傳訊廖○○、呂○○、廖○○蒞庭作證：

廖○○：台北市○○路○○段○○號地下室。

呂○○：台北市○○路○○段○○號○○樓。

廖○○：同右。

待證事項：郭孝將系爭本票交付上訴人時，證人廖○○（人證七）在場目睹，請傳訊其蒞庭作證即明實情。又上訴人於82年○月至甲公司翻閱資料時，證人呂○○、廖○○（人證八、九）陪同上訴人前往，上訴人查閱資料時，呂、廖二人並在場，敬請傳訊呂、廖二人蒞庭作證，即明上訴人並未偷竊系爭本票。

三、犯罪事實應依證據認定之：

按犯罪事實應依證據認定之，無證據不得推定其犯罪事實，刑事訴訟法第154條第2項定有明文。告訴人並無積極證據證明上訴人偷竊，不過勾串證人為虛偽之證言陷害上訴人「莫須有」之罪名，甚至連告訴人奉為法寶之郭孝信函竟遲至82年○月○日始寄出，但奈何告訴人雖智者千慮，仍有一失，該信函反成為有利於上訴人之證據，懇請　鈞院斟酌，為此狀請

鈞院鑒核，撤銷原判決，另為諭知上訴人無罪之判決，庶維法紀，以障人權。

謹狀

台灣高等法院刑事庭　公鑒

證　物　名　稱 及　　件　　數	上證三：台灣台北地方法院民事裁定影本一件。 上證四：起訴書影本一份。 上證五：○○信託投資公司函影本一件。

中	華	民	國	年	月	日

具狀人　　張　璞　　　　簽名蓋章

刑事　上訴理由(三)　狀	案　　　號	年度　　字第　　號	承辦股別	
	訴訟標的金額或價額	新台幣　萬　千　百　十　元　角		

稱　　　　謂	姓　名　或　名　稱身分證統一編號或營利事業統一編號	住居所或營業所、郵遞區號及電話號碼電子郵件位址	送達代收人姓名、住址、郵遞區號及電話號碼
上　訴　人即　被　告	張　璞	詳卷	
選　任辯　護　人	李○○律師		

為依法續補具上訴理由事：

一、郭孝請上訴人提供○○棟房屋向○○信託投資公司貸款，竟無視上訴人之不動產有隨時被拍賣之虞，潛逃滯美不歸，其投機僥倖不負責任之心態，實令人痛惡：

郭孝前為向○○信託投資公司貸款，商請上訴人提供○○棟房屋設定抵押與○○信託投資公司，其後郭孝負債倒閉，潛逃滯留美國不歸，根本無視於上訴人之不動產有隨時被拍賣之虞。雖然郭孝於82年過舊曆年前在他家將系爭本票交付上訴人，並有郭孝之妻及廖○○在場，但系爭本票面額僅新台幣（下同）500萬元，與上訴人擔保郭孝經營之甲公司向○○信託投資公司貸款之本金、利息債權相較，不過杯水車薪，於事無補。而郭孝於潛逃赴美後，竟仍厚著臉皮打長途電話給上訴人，請上訴人幫忙處理甲公司和解事宜，上訴人乃應其要求，於82年○月范甲公司索閱帳冊，以瞭解甲公司有無挽回之餘地。為知郭孝居心不良，所謂請上訴人至甲公司協助處理和解事宜，實為誣陷上訴人入罪之陷阱，待該系爭本票退票後，郭忠、郭孝父子國內外相互遙遙呼應，無所不用其極陷上訴人入罪；至李梅所謂上訴人至甲公司時自稱係郭孝太太之親戚，實令人莫名其妙，如僅憑上訴人空言謂係郭孝太太之親戚，李女即將有關帳冊交上訴人閱覽，簡直不可思議，顯見上訴人至甲公司索閱帳冊，李女事先即已預先知之，且李女認識上訴人，才可能將帳冊交上訴人閱覽。李梅及陳麗於系爭本票退票後，故為不利於上訴人之證詞，顯係受人唆使所為，然李女為表示甲公司係有制度之公司，故由乙公司簽發之本票自80年○月即由其保管，李女並表示收受本票不必登帳，使用出去才記帳，實令人懷疑該甲公司之會計作業不健全，且李女言之鑿鑿謂郭孝一直未取走本票（換言之，郭孝既未取走本票，而收受本票又毋須登帳，故帳面上為空白，然帳面上既為空白，李女又如何證

明其確係於80年〇月即保管系爭本票？），陳麗與鄭蘭係同事，自然附和李女之證詞，謂知悉郭孝將系爭本票交李梅保管云云，奈何郭孝身在國外，聯絡上自較不便，其自作聰明自美國寫信回國內，卻暴露告訴人之告訴及證人之證詞漏洞百出，百密仍難免一疏，謊言總有戳穿之時也。

二、郭忠對於郭孝何以未將系爭本票歸還，無法作明確交代：

依　鈞院83年〇月〇日庭訊筆錄：

問（法官）：你兒子本票未兌現，為何不還你？

答（郭忠）：我兒子生意失敗都由我償還，因此我開本票也沒有向他要利息，我公司財務小姐開票沒有向他拿利息，因為他是我兒子。

所謂郭孝生意失敗，都由其償還，無異自欺欺人。自郭孝潛逃赴美，因公司群龍無首，對於所負債務並未善加處理，甲公司之債權人據理據法力爭，終由台灣台北地方法院宣告甲公司破產，聲請甲公司破產為諸債權人為權利而爭之結果，郭孝所負債務，既由郭忠償還，則債權人何必聲請宣告甲公司破產，以維護自身之權益？至於郭忠開票給郭孝，未向郭孝收取利息，與郭孝何以未將系爭本票歸還郭忠根本不相干。郭孝既於80年〇月即取得系爭本票，直至郭孝於82年〇月間潛逃赴美仍未提出交換，郭忠何以一直不聞不問，也未主動向甲公司及郭孝詢問該本票之下落，非等到該本票退票後，才向銀行查詢？郭孝既安排自身潛美逍遙法外，卻不將系爭本票交還其父郭忠，已超乎常情，而郭忠之不聞不問漠不關心，更屬不可思議，足證該本票早已交付上訴人，為郭忠、郭孝所知悉。　鈞院問及郭孝何以未將本票交還郭忠，郭忠卻顧左右而言他，大談因郭孝是他兒子，所以未向郭孝收取利息……等問題，答非所問，惟交還系爭本票乃輕而易舉之事，郭孝豈會匆匆赴美，致未對系爭本票為妥善之處置？

三、依台灣台北地方法院〇〇年度破字第〇〇號第一次債權人會議紀錄，郭忠及乙公司所申報之債權原為9,000餘萬元，經另一債權人戊公司之代理人廖〇〇對該債權提出異議，嗣後由郭忠及乙公司之代理人王〇〇律師將債權額核減為1,600餘萬元，何以兩者相差達7千萬元以上，且依該會議作成之決議事項，其中兩項分別為㈠同意保留債權人郭忠、乙公司及高〇〇等利害關係人之投票表決權；㈡同意對郭忠、乙公司及高〇〇等人追訴其與甲公司是否有詐欺破產之嫌及撤銷其詐害債權之行為（上證六）。顯見郭忠可能涉及刑責，郭忠恐其他債權人追究刑責，而搶先告訴上訴人竊盜，雖棋高一著，奈何破綻百出，上訴人為洗刷自身冤屈，惟有據理依法力爭，為此狀請

鈞院鑒核，撤銷原判決，改判上訴人無罪，庶維法制，以障人權。

　　　　謹狀

台灣高等法院刑事庭　公鑒	
證物名稱及件數	上證六：台灣台北地方法院82年度破字第○○號第一次債權人會議紀錄影本一件。
中　　華　　民　　國　　　　　年　　　　　月　　　　　日	具狀人　　張璞　　　　　　　　　簽名 選任辯護人　李○○律師　　　　　蓋章

刑事　上訴理由㈣　狀	案　號	年度　　字第　　號	承辦股別	
	訴訟標的金額或價額	新台幣　萬　千　百　十　元　角		
稱　　　謂	姓　名　或　名　稱身分證統一編號或營利事業統一編號	住居所或營業所、郵遞區號及電話號碼電子郵件位址	送達代收人姓名、住址、郵遞區號及電話號碼	
上　訴　人即　被　告選　　任辯　護　人	張璞 李○○律師			

為依法續補具上訴理由事：

一、證人廖甲、廖乙、廖丙之證詞有利於上訴人，請庭上斟酌：

　　依　鈞院83年○月○日庭訊筆錄：

　　問（法官）：張璞在82年○月間曾到昆明街整理甲公司帳冊你可知？

　　答（廖甲）：我和他一起去，我和他去有四、五次，每次最長三、四小時，最短一小時，我每次都陪他去。

　　問（法官）：他整理資料文件有無拿走別的東西？

　　答（廖甲）：沒有，他只叫我在旁邊看，由他整理後，由李小姐收回，他沒有帶走任何東西。

　　依證人廖甲之證詞，上訴人至甲公司索閱文件資料時，廖甲均陪同上訴人前往，並於上訴人翻閱文件資料時在場，廖甲並證明上訴人翻閱文件資料後，將全部資料交還李梅，並未帶走任何東西，告訴人勾結李梅、陳麗欲誣陷上訴人入罪，然因指控情節顯然矛盾不可採信，證諸廖甲之證詞，益見李梅所謂系爭本票於80年○月即由其保管，上訴人趁索閱文件資料時竊取云云，實無足採信。

復依 鈞院83年○月○日庭訊筆錄：諭本案「隔別訊問」，命庭丁將張璞帶到庭外。

問（法官）：你見過這張本票？（提示本票影本）

答（廖乙）：見過。

問（法官）：如何見到？

答（廖乙）：82年○月間在郭孝家中，是晚上7點半時，當天晚上吃飯時，當時張璞與郭孝談金錢利息事，詳細情形我不知，飯後郭孝交給張小姐這張票，我好奇，我有把票拿來看，我問為何交這張票，張小姐說是郭孝付他的利息，當時有郭孝夫婦二人，他兩個小孩、一個女工人、我、張璞在場。

問（法官）：當時張璞有無要求郭孝背書？

答（廖乙）：沒有。

點呼張璞入庭。

問（法官）：這張票是何時交給你？

答（張璞）：過年後在郭孝家中，大概晚上7、8點鐘交給我，當時有郭孝夫婦二人，他兩個小孩、一個女工人、我及廖○○在。

問（法官）：本票交給你時，你如何處理？

答（張璞）：我收到皮包裡。

問（法官）：有無別人看過？

答（張璞）：郭孝交給我，他太太在旁邊，廖乙好奇也拿去看了一下。

鈞院隔別訊問之結果，證人廖乙之證詞與上訴人之陳述相符，其證詞可信，自無可懷疑。郭孝因一直持有該系爭本票，並非如李梅所謂郭孝於80年○月即將該本票交其保管，而郭孝將該本票交付上訴人後，不久即潛逃赴美，毋怪乎郭孝自美國寄回之信，偽稱：「……於1993年○月○日離開台灣、台北，臨行前曾給與……於李梅處保管……」，蓋郭孝一直未將系爭本票交給李梅，而其自身潛逃赴美，似又無將該本票帶至美國之理，因之該本票交付李梅之時間，郭孝自然偽稱於82年○月其出國前夕較為合理，以郭孝之想法似不無道理，孰料郭孝身在美國，不知李梅、陳麗於作證時，早已為虛偽之陳述，並記明筆錄在案，其自美國寄回之信雖自認有理，殊不料正巧拆穿告訴人濫行告訴及證人偽證等詭計，聰明反被聰明誤。

再依 鈞院83年○月○日庭訊筆錄：

問（法官）：你見過這張本票？（提示本票影本）

答（廖丙）：沒有。

問（法官）：郭忠與張璞、張玉有無爲本票發生爭執？

答（廖丙）：有的，去年○月下旬，我到張璞公司去，剛好張璞在開會，爲郭忠派了一位姓賴的會計來談500萬票款事，是支票還是本票我不知，他們在房間商談，我在客廳，我不知商談經過，……

問（法官）：有誰在商談？

答（廖丙）：張璞、賴小姐、還有一位樂先生三人在內商談，結果我不知道。

依上開證詞，郭忠於本票退票後，曾派人與上訴人洽商解決系爭本票，然並未談妥，殊不料郭忠一面以緩兵之計，規避本票強制執行，另一方面構陷上訴人入罪，藉以打擊甲公司之其他債權人，一石二鳥，若非郭孝自美國來信，告訴人之陰謀詭計尚不知何時才被揭穿。

二、告訴人之證人證詞諸多不合常理，上訴人業於前已呈遞之上訴理由狀中一再不厭其詳加以駁斥，良以我國刑法採嚴格之罪刑法定主義，而依刑事訴訟法第163條第2項前段規定：「法院爲發見眞實，得依職權調查證據。」原審未依職權發見眞實，遽爾判定上訴人有罪，殊非保障人權之道。本案控方之關係人有留滯美國不敢回國者，有濫行告訴指控欲陷上訴人於「莫須有」之罪名者，有出庭作證而全然爲虛僞之陳述者，以非法控告合法，使上訴人以合法債權人之身分，竟淪爲刑案之被告，豈能不據法力爭，以維自身之清白？爲此狀請鈞院鑒核，撤銷原判決，改判上訴人無罪，庶維法制，以障人權。

　　　　　謹狀

台灣高等法院刑事庭　公鑒

證　物　名　稱 及　　件　　數	

中　　華　　民　　國　　　　年　　　　月　　　　日	

具狀人　　張璞　　　　　簽名蓋章

刑事　上訴理由㈤　狀	案　　　號	年度　　字第　　號	承辦股別
	訴訟標的 金額或價額	新台幣　萬　千　百　十　元　角	
稱　　　謂	姓　名　或　名　稱 身分證統一編號或 營利事業統一編號	住居所或營業所、郵遞區號 及電話號碼電子郵件位址	送達代收人姓 名、住址、郵遞 區號及電話號碼

| 上　訴　人
即　被　告 | 張　　璞 | | |
| 選　　　任
辯　護　人 | 李○○律師 | | |

為依法續補具上訴理由事：

一、鈞院本年○月○日庭訊時，證人林○○證稱：李梅在82年○月來公司找上訴人，李女當時是來談錢的事情，……且李女有拿甲公司的帳簿給上訴人公司……云云。依林女之證詞，李女於去年○月曾至上訴人之公司找上訴人談錢的事，並將甲公司帳冊交付上訴人，當可證明上訴人並無偷取系爭本票之情事。如上訴人自李女保管之資料中偷竊本票，以常情判斷，李女怎可能將甲公司之帳冊交上訴人保管？李女之證詞諸多矛盾不實，上訴人前於所呈遞之上訴理由狀中駁斥甚詳，證諸林女之證詞，益可證明上訴人之清白。

二、告訴人乙公司前具狀向　鈞院呈報，其告訴上訴人涉嫌竊盜及張玉收受贓物等案件，經其深入瞭解，「發覺純係雙方誤會所致，上訴人可信並無上開犯行。告訴人前為李女之謊言所矇騙，致誤認上訴人涉嫌竊盜，惟李女之謊言，上訴人業於前所呈遞之上訴理由狀中，一一指出其不合情理之處。茲告訴人經深入瞭解上訴人後，認應無竊盜犯行」，則上訴人並未涉嫌竊盜，殆無疑問，為此狀請

　　鈞院鑒核，撤銷原判決，改判上訴人無罪，庶維法制，以障人權。

　　　　　謹狀

台灣高等法院刑事庭　公鑒

證　物　名　稱 及　　件　　數	

中　　華　　民　　國　　　　年　　　　月　　　　日	
具狀人　張　璞	簽名 蓋章

　　台灣高等法院依調查證據結果，判決張璞、張玉無罪。按張璞、張玉之案係刑法第61條第2款、第7款之輕罪，依刑事訴訟法第376條規定，不得上訴第三審法院，本案由台灣高等法院判決後，即告確定。

台灣高等法院刑事判決　　　　　　　　　　　　　83年度上易字第○○號
　　　上　訴　人
　　　即　被　告　張　璞　女　三十九歲（44年○月○日生）　○○縣人　業商
　　　　　　　　　身分證：J○○○○○○○○○　住台北市○○路○○段
　　　　　　　　　○○巷○○弄○○號
　　　選任辯護人　李○○律師
　　　上　訴　人
　　　即　被　告　張　玉　女　三十八歲（45年○月○日生）　○○縣人　業商
　　　　　　　　　身分證：J○○○○○○○○○　住台北縣○○鎮○○街
　　　　　　　　　○○巷○○弄○○號○○樓
上列上訴人，因竊盜等案件，不服台灣台北地方法院83年度易字第○○號，中華民國82年○月○日第一審判決（起訴案號台灣台北地方法院檢察署82年度偵字第○○號）提起上訴，本院判決如下：
　　　主文
原判決撤銷。
張璞、張玉均無罪。
　　　事實
台灣台北地方法院檢察署檢察官公訴意旨略以：張璞於民國82年○月○日至同月底期間，在台北市○○街○○號○○樓甲公司幫忙整理帳冊文件資料時，趁機竊取乙公司郭忠所簽發，借與甲公司使用之以第一商業銀行○○分行為擔當付款人、第○○○○號、金額新台幣（以下同）5百萬元之本票乙紙，得手後，交由知情之張玉收受，並由張玉於82年○月○日持向台灣地方法院聲請裁定強制執行，案經乙公司訴請偵辦，因認張璞涉有刑法第320條第1項竊盜罪嫌，張玉涉有同法第349條第1項收受贓物罪嫌云云。
　　　理由
一、公訴意旨認為上訴人張璞、張玉分別涉有竊盜及贓物罪嫌，無非以張玉對於其確曾以張璞所交付之前開本票，持向法院聲請裁定強制執行，而張璞對於該本票確係由伊交付與張玉等事實，均已承認不諱，並有本票及民事裁定影本可資參證。張璞之所以得將該本票交付與張玉，確係張璞於82年○月○日至同月底利用整理甲公司帳冊資料時所竊取者，已據證人李梅、陳麗證陳在卷，足證乙公司指訴之不虛等為論據。但上訴人等則一致否認有任何犯罪行為，並據辯稱：上訴人等與甲公司負責人郭孝原為好友，甲公司前向○○信託投資公司借款時，曾商由上訴人等提供上訴人等所有之不動產○○餘筆為甲公司借款之擔保，嗣甲公司貸得5千萬元後，因未能按月支付利息，上訴人等唯恐○○信託投資公司實行抵押權拍

賣抵押物，使上訴人所有之不動產被拍賣，乃催促甲公司負責人郭孝支付貸款利息，郭孝以出國在即，無暇辦理，乃將前開本票交付與張璞，囑由張璞代為支付利息，不意該本票經提示，竟未獲付款，是時，上訴人等一方面向抵押權人請求延緩拍賣抵押物，另方面，乃由擔保物提供人張玉持該本票聲請法院裁定強制執行，冀能以執行所得金額先行償還甲公司之貸款利息，使上訴人等提供為甲公司擔保抵押之不動產免於被拍賣，上訴人等實無任何不法行為云云。

二、本院查甲公司負責人郭孝向○○信託投資公司貸款5千萬元，確曾由上訴人等提供其等所有之房屋及土地○○筆為擔保，並設定抵押權登記。嗣因甲公司未能按期償還本息，經抵押權人即○○信託投資公司函促無效，乃據以向法院聲請裁定拍賣抵押物，亦即為上訴人所提供之其等所有之房屋及土地○○筆不動產，上訴人張璞乃一方面向抵押權人申請緩期執行，另方面即由張玉持前述本票聲請法院裁定強制執行等情節，有台灣台北地方法院82年度拍字第○○號民事裁定、82年度票字第○○號民事裁定、○○信託投資公司函件影本等件附卷可證，上訴人等所為前開辯解，自可採信。上訴人等既以其等所有價值數千萬元之不動產為甲公司提供作為貸款之擔保，衡諸一般常情，上訴人等亦斷無另行竊取區區500萬元本票之可能。至證人陳麗於檢察官偵查中，固證稱有見到郭孝將前述本票交由李梅保管，李梅則證稱上訴人張璞到甲公司整理帳冊時，渠曾將前述本票交由張璞看，但李梅既稱張璞看完後當時有還（詳見偵查卷第○○頁背面），則張璞當時看完後，既已歸還，張璞顯未於整理帳簿時取走該張本票，已至為明甚。退一步言之，張璞於甲公司整理帳冊時，李梅既一直陪同整理，所有資料，亦均由李梅提供者，前述本票，又係李梅鎖在抽屜內者，已據李梅陳明在卷（詳偵查卷第○○頁）。張璞每次整理帳冊，除李梅在場外，另尚有呂○○、廖○○等人在場，已據其等到庭一致證陳在卷。張璞於多人在場，本票又係李梅鎖在抽屜內，張璞又何從得以竊取本票？陳麗、李梅之證言，顯不能採為上訴人等犯罪之證據。況查，告訴人乙公司負責人郭忠與上訴人等於本院83年○月○日受命法官訊問中，雙方就上訴人等為甲公司間之提供擔保物貸款情形予以詳細說明瞭解後，郭忠亦認為純係雙方誤會，伊確信上訴人等應無竊盜及贓物犯行，渠之所以提起告訴，乃係當初未能瞭解實情云云，有訊問筆錄及告訴人遞具之呈報狀可憑，上訴人等辯謂並無犯罪行為云云，自可採信。此外，經詳加調查其他一切事證，亦無從證明上訴人有任何犯罪行為，原審未能詳查，遽為科刑判決，上訴意旨執以指摘，核屬有理，原判決應由本院撤銷，並另為無罪之判決，以免冤抑。

據上論結，應依刑事訴訟法第369條第1項前段、第369條、第301條第1項，判決如主文。

本案經檢察官○○到庭執行職務。

中　華　民　國　　83　　年　　　○　　月　　　○　　日

　　　　　　　　　　　　台灣高等法院刑事第○庭

　　　　　　　　　　　　審判長法官　　○　　○　　○

　　　　　　　　　　　　　　法官　　○　　○　　○

　　　　　　　　　　　　　　法官　　○　　○　　○

上正本證明與原本無異

不得上訴

中　華　民　國　　83　　年　　　○　　月　　　○　　日

　　　　　　　　　　　　　　書記官　　○　　○　　○

◇ **範例八**

　　江明騎用贓車，為警查獲，惟江明為求卸責，乃偽稱是彼到安平之機車行欲套換舊車體時，安平替其套換來源不明之機車車體，案經警方移送偵辦，嗣經檢察官偵查終結，將安平以觸犯刑法第320條第1項竊盜罪，江明觸犯刑法第349條第2項故買贓物罪，提起公訴……

台灣台北地方檢察署檢察官起訴書　　　　　　　　　　　　83年度偵字第○○號
　　被　　告　江　明　男　三十二歲（51年生）　台北縣人　業商
　　　　　　　　　　　身分證：C－○○○○○○○○號
　　　　　　　　　　　住台北市○○路○○段○○巷○○弄○○號
　　　　　　安　平　男　四十歲（43年生）　　　屏東縣人　業商
　　　　　　　　　　　身分證：J－○○○○○○○○號
　　　　　　　　　　　住台北市○○路○○號
上列被告因竊盜等案件，業經偵查終結，認應提起公訴，茲敘述犯罪事實及證據並所犯法條如下：

　　犯罪事實
一、安平係台北市○○路○○號安平機車行之負責人，意圖為自己不法之所有，於民
　　國82年○月間，在台北市○○路中山國宅工地附近，竊取被害人蔡甲所有車牌
　　CCU-633號乳白色偉士牌機車乙輛（引擎號碼○○○YY-○○○○○23號），得
　　手後騎回其所經營之機車行存放以伺機出售。江明於81年○月○日，曾向安平
　　購買獵人百吉發150西西機車乙輛（車牌AUC-789，引擎號碼○○○○○7）騎
　　用，至82年○月間，因所購之百吉發機車車殼已破舊，而到安平所經營之機車
　　行，欲套換車體，江明明知安平欲替其套換機車之車體係來源不明之機車車體，
　　惟仍以新台幣（下同）2,500元之價款予以購買，而後安平即將竊取而來之偉士
　　牌機車車體（引擎號碼○○○YY-○○○○○23號）套換給江明，再將江明原有
　　之機車牌照AUC-789號掛於其上交給江明騎用，江明於83年○月○日上午○○
　　時許，騎該機車途經台北市○○路○○號前時為警查獲。
二、案經台北市政府警察局古亭分局移送偵辦。

　　證據並所犯法條
一、訊據被告安平矢口否認有竊車及為江明套換機車車體之事，而訊之被告江明固
　　不否認有請安平更換機車車殼之事，然對於套換車體事則矢口否認。惟查江明有
　　到安平所經營之機車行換裝機車車殼事，非但已經江明供稱屬實，亦經證人楊乙

　　　　到庭具結證稱屬實，且套換之偉士牌機車，係被害人蔡甲所失竊之機車，亦有被
　　　　害人書立之失竊報告及贓物領據等附卷可證，被告安平所辯不足採信；而被告江
　　　　明明知安平欲替其套換之車體係來源不明之物，惟仍以2,500元之低價向安平購
　　　　買，再委託安平套換騎用，其所辯亦不足採，被告等之犯行均堪認定。
二、核被告安平所為有犯刑法第320條第1項之罪嫌，核被告江明所為有犯同法第349
　　條第2項之罪嫌。
三、依刑事訴訟法第251條第1項提起公訴。
　　　　　　此致
台灣台北地方法院
　　　　　中　華　民　國　　○○　　年　　○　　月　　○　　日
　　　　　　　　　　　　　　　　　　　檢察官　○　○　○
上正本證明與原本無異
　　　　　中　華　民　國　　○○　　年　　○　　月　　○　　日
　　　　　　　　　　　　　　　　　　　書記官　○　○　○

　　　安平於台灣台北地方法院審理時，強調彼並無竊盜之犯行，其純係遭另一被告江
明之栽誣……

刑事　答辯　狀		案　　　號	年度　　字第　　號		承辦股別	
		訴訟標的金額或價額	新台幣　萬　千　百　十　元　角			
稱　　　謂	姓　名　或　名　稱身分證統一編號或營利事業統一編號	住居所或營業所、郵遞區號及電話號碼電子郵件位址			送達代收人姓名、住址、郵遞區號及電話號碼	
答　辯　人即　被　告	安　平	○○○○○○○				
選任辯護人	李○○律師	○○○○○○○				

為83年度易字第○○號被告涉嫌竊盜案件，依法續予補充答辯事：
　　緣被告涉嫌竊盜案件，純係遭另一被告之栽誣。按犯罪事實，應依「證據」認
定之，無證據不得推定其犯罪事實，刑事訴訟法第154條第2項定有明文。又認定
不利於被告之事實，應依積極證據，苟積極證據不足為不利於被告事實之認定時，
即應為有利於被告之認定，更不必有何有利之證據（最高法院30年上字第816號判
例參照）。「如未能發現相當證據，或證據不足以證明，自不能以推測或擬制之方

法，以爲裁判基礎。」（最高法院30年上字第128號、同院40年台上字第86號判例參照），此即「寧可失之出，不可失之入」之古訓，亦即「人本無罪」之原則，故「非經確實證明爲有罪，即應推定爲無罪」，此所以維護社會秩序並保障人民權益，爲刑罰法令之正確適用。基此，上訴人呈答辯理由如次：

一、本案另一被告江明，未到過答辯人之車行更換車體：

按本案另一被告口口聲聲執言是答辯人私將贓車套換於其舊車上，其並不知情……等，此純係矯言飾辯，其乃企圖脫冤其竊盜（或故買贓物）之罪行，而誣陷答辯人安平之虛詞；如其確曾到過答辯人之車行，則洪丙（住台北市○○路○○號）理應見過江某才是，然洪女俱未見過江某，此可傳訊洪女，即知江某之言詞係屬虛假。

二、被告江明之供述違背經驗法則：

次按被告江某係於81年○月○日購新機車，自稱82年○月更換車體。按使用一年十個月之機車，絕無可能鋼板鏽爛至可用手伸入（如江某所言），獵人百吉發之機車，其鋼板亦且較偉士牌機車爲厚，亦無可能短期間即鏽至不堪使用之程度；而且更換車體，一般行情約需新台幣8千餘至1萬元，江某卻自稱僅花費2,500元而已，更違常理乃是。吾人皆知機車引擎是機車之心臟，最爲貴重，更換引擎亦需萬餘元，如今答辯人竟免費爲其套換，可謂奇聞，荒唐無稽。

三、被告江明之供述前後矛盾：

㈠再按歷次之偵訊筆錄、審判筆錄，亦可瞭然。另一被告江某之言詞反覆矛盾，而隱有內情：

1.鈞院83年○月○日審判筆錄：

（庭　問）：「你那輛機車才只一年十個月，何以車身就舊了？」

（江某答）：「……然車子均放在屋外，所以車子壞得較快……」

2.83年○月○日另一被告江某之答辯狀：

「……我因在○○貿易股份有限公司服務（外務員），每天在外走動，因此車殼易壞……。」

㈡由上開1.2.之矛盾相異言詞，即可推知被告江某之言詞蘊含隱情。按一般常人如其車子外殼壞了，當知其原因（因車子外殼可一目瞭然其損壞處）。今被告江某，前後言詞相異，顯可瞭然。其乃編撰「事實」誣陷答辯人，而圖脫卸其犯罪刑責。

1.古亭分局刑○組83年○月○日偵訊筆錄：

（刑警問）：「你套換機車花費爲多少元？」

（江某答）：「老闆要新台幣2,500元，我當場交給了他。」

　　2.鈞院檢察署83年○月○日訊問筆錄：

　　　（檢　問）：「白色被查獲車子何處買的？」

　　　（江某答）：「向安平以2,500元買的。」

　　3.鈞院檢察署83年○月○日訊問筆錄：

　　　（檢　問）：「83年○月○日被警查到的機車何以車體不一樣？」

　　　（江某答）：「我曾找安平換車殼，他何將引擎及車體換過我不知道，當
　　　　　　　　　　時修理費是2千元。」

　㈢由上開 1. 2. 3. 之訊言即知被告江某之言矛盾，其究竟「花費」多少錢，是
　　2,500元？抑是2,000元？如謂確有答辯人被訴迫之事實，則被告江某理應記
　　得其花費了多少錢，此不亦另有隱情乎？

　　1.鈞院83年○月○日審判筆錄：

　　　（庭　問）：「你車子什麼地方壞？」

　　　（江某答）：「後面椅套。」

　　2.鈞院檢察署83年○月○日訊問筆錄：

　　　（檢　問）：「但安某說不是他賣給你的？」

　　　（江某答）：「我有證人，確實向他買的，因為我只是車子避震器不好，
　　　　　　　　　　我只要換車身。」

　　由上開 1. 2. 之訊稱，又可知曉：被告江某之言詞漏洞百出，如謂其機車確有送
　　到答辯人之車行修理更換車殼之事實，則其理應明白其機車壞在何處？何處應
　　修理？今其前後之訊稱，竟然完全迥異，根據經驗判斷，顯可瞭然，其虛設偽
　　詞，以圖脫免刑責，答辯人為其「牽涉」純屬池魚之殃也！

　　綜觀上開偵訊、訊問審判筆錄之記載，即可確知：另一被告江某之言詞純係謊
　　詞，其前後之訊稱，反覆矛盾，迥不相符，顯然含有隱情。此尚懇請庭上詳察
　　秋毫，如此，即可證明答辯人之無辜清白。

四、答辯人殷實平實而守法，不可能犯罪：

　　又按答辯人於台北市○○路開設安平車業行，為一合法營業之機車商人，多年
　　來答辯人皆遵照法令經營，從未違規，亦無任何不良紀錄，平日答辯人勤奮篤
　　實，熱誠待人，生意十分興隆，少有暇時休息，遑論有暇竊取他人之機車，而
　　置店務於不顧，此一事實尚請　庭上斟酌，是禱。

五、有眾多證人足證答辯人遭受冤抑：

　　再者，答辯人是否有上開犯行？平日曾有違規營業否？為人篤實否？……此皆
　　懇請庭上傳喚古亭分局刑警黃○○、林○○、翁○○等到庭證明，即可瞭然，
　　答辯人有無違犯竊盜罪刑。

六、由上述之事實推論，即知另一被告江明絕未至答辯人之車行換車體，其乃是竊
　　取他人機車後，私自更換牌照，被警發現後，勾串證人虛偽陳言，且欲圖脫免
　　刑責，而嫁禍於答辯人。

　　綜上析陳，當可瞭然答辯人涉及本案，純係是遭另一被告江明之誣陷，觀其先
爲不法犯行在先，不知悔改，又思苟免刑責，嫁禍答辯人在後，其情並不可憫，且
其心可誅。爲此狀請

　　鈞院鑒核，賜予答辯人無罪之判決，庶免冤抑，以明法制，並保人權是禱。
　　　　　謹狀
台灣台北地方法院刑事庭　公鑒

證　物　名　稱 及　　件　　數	

中	華	民	國	年	月	日
		具狀人　　安　平			簽名 蓋章	

　　台灣台北地方法院審理本案，終採信安平之答辯，爰依刑事訴訟法第301條第1
項而爲安平等無罪之判決。

台灣台北地方法院刑事判決　　　　　　　　　　　　　　83年度上易字第○○號
　　公　訴　人　台灣台北地方檢察署檢察官
　　被　　　告　江明　男　三十二歲（51年○月○日生）　台北縣人　業商
　　　　　　　　身分證：C○○○○○○○○○號
　　　　　　　　住台北市○○路○○段○○巷○○弄○○號
　　選任辯護人　梁○○律師
　　被　　　告　安平　男　四十歲（43年○月○日生）　　屏東縣人　業商
　　　　　　　　身分證：J○○○○○○○○號　住台北市○○路○○號
　　選任辯護人　李○○律師
上列被告因竊盜等案件，經檢察官提起公訴（83年度偵字第○○號），本院判決如
下：
　　主文
安平、江明均無罪。
　　事實

公訴意旨略以：被告安平係台北市○○路○○號安平機車行之負責人，意圖爲自己不法之所有，於民國82年○月間，在台北市○○路中山國宅工地附近，竊取被害人蔡甲所有車牌CCU-633號乳白色偉士牌機車乙輛（引擎號碼○○○YY-○○○○○23號），得手後騎回其所經營之機車行存放以伺機出售。江明於81年○月○日，曾向安平購買獵人百吉發150西西機車乙輛（車牌AUC-789，引擎號碼○○○○○7）騎用，至82年○月間，因所購之百吉發機車車殼已陳舊，而到安平所經營之機車行，欲套換車體，江明明知安平欲替其套換機車之車體係來源不明之機車車體，惟仍以新台幣（下同）2,500元之價款予以購買，而後安平即將竊取而來之偉士牌機車車體（引擎號碼○○○YY-○○○○○23號）套換給江明再將江明，原有之機車牌照AUC-789號掛於其上交給江明騎用，江某於83年○月○日上午○○時許，騎該機車途經台北市○○路○○號前時爲警查獲，因認被告安平、江明分別觸犯刑法第320條第1項及第349條第2項罪嫌云云。

　　理由

一、本件公訴意旨認被告安平涉有竊盜罪嫌，係以被告江明於83年○月○日上午○○時許駕駛AUC-789號機車，因機車廠牌車體及引擎號碼與行車執照不符，經警查獲該機車車體係被害人蔡甲所失竊之車牌CCU-633號機車車體，而據江明供稱其爲81年○月○日曾向安平經營之機車行購買獵人百吉發150西西機車乙輛（車牌AUC-789，引擎號碼○○○○○7）騎用，至82年○月間，因所購之百吉發機車車殼已陳舊不堪使用，而至被告安平之機車行以2,500元之價款購得上開被害人蔡甲所有之機車車體予以套換云云，爲其論據。惟訊據被告安平固已供承於81年○月○日曾出售乙輛獵人百吉發150西西機車與被告江明屬實，但堅決否認有竊取蔡甲之機車，替江某套換機車車體情事，並辯稱：伊出售與江明之獵人百吉發150西西機車是新車，車體鐵板較偉士牌機車爲厚，甚爲堅實，不可能僅使用一年十個月之時間即腐鏽損壞，且偉士牌機車與百吉發150西西機車，其車體構造並不相同，根本不可能予以套換，且據江明供稱其係至伊所經營之安平機車行套換車殼，但江某被查獲時，其所騎機車之引擎號碼爲○○○○○23號，乃屬蔡甲所有之機車引擎，足見江某所稱其係車殼損壞，而至伊所經營之機車行套換車殼乙節，並非實在，本件被害人蔡甲之機車可能係江某所竊取，於行竊得手後換掛其自己之機車車牌騎用，於經警查獲後，爲脫免竊盜刑責，而誘稱係至伊之機車行套換車殼云云。

二、經查獵人百吉發150西西機車車體鐵皮之厚度爲1、2公釐，較偉士牌150西西機車爲厚（與福特1600西西跑天下汽車之厚度相同），甚爲堅實，除非發生車禍撞毀，否則在正常使用下，不可能於短短一年十個月之時間即腐鏽爛掉，業據證人東王機車負責人黃○○到庭結證甚明。而據被告江明供稱，其向被告安平購買

之百吉發150西西機車係屬新車，並未發生車禍，係在其正常使用下腐鏽爛掉一個大洞，是其所供因車殼腐爛而由被告安平為之套換車殼云云，是否真實，已不無可疑。而據被告江明於83年○月○日在檢察官偵訊中供稱：「我只是車子避震器不好，我只要換車身。」（見偵查卷第11頁、第12頁）而其於83年○月○日本院審理時，經本院訊以：「你車子什麼地方壞？」江某卻答稱：「後面椅套。」又被告江明於83年○月○日在警訊中經警訊以「你套換機車花費多少元？」江某答稱：「老闆說要新台幣2,500元，我當場交給了他。」（見偵查卷第3頁背面）而其於83年○月○日在檢察偵查中卻供稱：「我曾找安平換車殼，……當時修理費是2,000元。」（見偵查卷第21頁）其所供機車損壞之處及修理機車之價款，前後迥異。次查被告江明向安平購買之機車係藍色獵人百吉發牌，而本案之贓車則為乳白色偉士牌，兩者顏色顯著不同，但江某並未向台南市監理所辦理顏色變更登記，而且偉士牌機車車體較高，百吉發較低；偉士牌機車前輪部分之前叉避震器係兩根，百吉發為三根；偉士牌之前方向燈在前檔鋼板，左右各一，後方向燈在後檔鋼板，兩旁各一，百吉發之前方向燈在手把上，後方向燈與後燈緊鄰，兩者構造截然不同，不可能互相套換，業據證人黃○○到庭證述甚明，且有獵人百吉發150西西機車及偉士牌150西西機車之彩色圖樣各乙件附卷可稽。又查出售乙輛偉士牌或百吉發150西西機車，均可賺取3,000元之利潤，業據證人黃○○供明在卷。而據被告江明供稱，其因機車損壞，原欲至安平之機車行換購新車，嗣經安平之推介，始由其為之套換車殼（見83年○月○日審判筆錄）。查被告安平係經營機車行，豈有明知出售一部新車即可輕而易舉賺取3,000元而不為，反甘冒觸犯刑章為江某套換車殼以賺取2,500元修理費之理？況據被告江明一再供稱其係由安平為之套換車殼，但其被查獲時不僅機車車體，而且連同機車引擎均屬被害人蔡甲所有之車牌CCU-633號機車之物，僅車牌換掛其所購之AUC-789號百吉發機車車牌。

綜合上情以觀，足見被告江明所稱其所騎之該輛贓車，係由被告安平為之套換車殼乙節，顯係虛偽不實。本件被害人蔡甲所有之CCU-633號偉士牌機車乃係被告江明所竊取，而換掛自己所有之AUC-789號車牌騎用，於為警查獲時，為脫免竊盜刑責而諉稱係由安平為之套換車殼，應堪認定。查本件被告安平既未竊取機車，被告江明亦未向安平購買贓車，已如上述，其被訴竊盜及贓物犯行要屬不能證明，爰依法均諭知無罪。

據上論斷，應依刑事訴訟法第301條第1項，判決如主文。

本案經檢察官○○到庭執行職務

中　華　民　國　　83　　年　　○　　月　　○　　日

台灣台北地方法院刑事第○庭

法官　○　○　○

上正本證明與原本無異

如不服本判決，應於送達後十日內向本院提起上訴狀

中　華　民　國　　83　　年　　○　　月　　○　　日

書記官　○　○　○

　　台灣台北地方檢察署檢察官於收到判決書後，不服該案判決，依刑事訴訟法第349條前段規定，於二十日內聲明上訴；安平於台灣高等法院審理中，提出答辯狀，再度強調彼無竊盜之犯行，其純係遭另一被告江明之誣指……

刑事　答辯㈠　狀		案　　　　　號	年度　　字第　　號		承辦股別	
		訴訟標的金額或價額	新台幣　萬　千　百　十　元　角			
稱　　　　　謂	姓　名　或　名　稱身分證統一編號或營利事業統一編號	住居所或營業所、郵遞區號及電話號碼電子郵件位址		送達代收人姓名、住址、郵遞區號及電話號碼		
答　辯　人即　被　告	安　平	○○○○○○○				
選　任辯　護　人	李○○律師	○○○○○○○				
為83年度上易字第○○號被告涉嫌竊盜案件，依法答辯事：　　緣答辯人被訴涉嫌竊盜案件，經台灣台北地方法院以83年度易字第○○號判決被告等無罪在案，嗣因檢察官不服，提起上訴，爰依法答辯如下：一、無證據不得推定被告犯罪事實：　　㈠按犯罪事實，應依「證據」認定之，無證據不得推定其犯罪事實，刑事訟訴　　　法第154條第2項定有明文。又認定不利於被告之事實，應依積極證據，苟積　　　極證據不足為不利於被告事實之認定時，即應為有利於被告之認定，更不必　　　有何有利之證據（最高法院30年上字第816號判例參照）。　　㈡又「如未能發現相當證據，或證據不足以證明，自不能以推測或擬制之方　　　法，以為裁判基礎。」（最高法院30年上字第128號、同院40年台上字第86　　　號判例參照）。　　㈢「寧可失之出，不可失之入。」古有明訓，此即「人本無罪」之原則，故　　　「非經確實證明為有罪，即應推定為無罪」，此所以維護社會秩序並保障人　　　民權益，亦係刑罰法令之正確適用。二、本案答辯人涉嫌竊盜案件，純係遭另一被告江明之栽誣：						

㈠本案另一被告江明，未到過答辯人之車行更換車體：

按本案另一被告江明口口聲聲執言是答辯人私將贓車套換於其舊車上，其並不知情……等，此純係矯言飾辯，其乃企圖脫免其竊盜（或故買贓物）之罪行，而誣陷答辯人安平之虛詞；如其確曾到過答辯人之車行則內人洪丙理應見過江某才是，然內人於台北地方法院應訊時，堅稱江某未到本店更換車體（參一審法院83年○月○日審判筆錄）。

㈡被告江明之供述違背經驗法則：

次按被告江某係於81年○月○日購新機車，自稱82年○月更換車體。按使用一年十個月之機車，絕無可能鋼板鏽爛至可用手伸入（如江某所言），獵人百吉發之機車，其鋼板亦且較偉士牌機車為厚，縱或因烤漆不良，亦無可能短期間即鏽至不堪使用程度。況且更換車體，一般行情約需新台幣8千餘至1萬元，江某卻自稱僅花費2,500元而已，更違常理乃是。吾人皆知機車引擎是機車之心臟，最為貴重，更換引擎亦需萬餘元，如今答辯人竟免費為其套換，可謂怪誕，荒唐無稽。

㈢被告江明之供述前後矛盾：

再按歷次之偵訊筆錄、審判筆錄，亦可瞭解。另一被告江某之言詞反覆矛盾，而隱有內情：

1.⑴古亭分局刑○組83年○月○日偵訊筆錄：

　（刑警問）：「你套換機車花費為多少元？」

　（江某答）：「老闆說要新台幣2,500元，我當場交給了他。」

　⑵台灣台北地方檢察署83年○月○日訊問筆錄：

　（檢　問）：「白色被查獲車子何處買的？」

　（江某答）：「向安平以2,500元買的。」

　⑶台灣台北地方檢察署83年○月○日訊問筆錄：

　（檢　問）：「83年○月○日被警查到的機車何以車體不一樣？」

　（江某答）：「我曾找安平換車殼，他何將引擎及車體換過我不知道，當時修理費是2,000元。」

2.由上開⑴⑵⑶之訊言即知被告江某之言詞矛盾，其究竟「花費」多少錢，是2,500元？抑是2,000元？如謂確有答辯人被訴追之事實，則被告江某理應記得花費了多少錢，此不亦另有隱情乎？

　⑴原審法院83年○月○日審判筆錄：

　（檢　問）：「你車子什麼地方壞？」

　（江某答）：「後面椅套。」

　　　(2)台灣台北地方法院檢察署83年○月○日訊問筆錄：

　　　（檢　問）：「但安某說不是他賣給你的？」

　　　（江某答）：「我有證人，確實向他買的，因為我只是車子避震器不好，我只要換車身。」

　　由上開(1)(2)之訊稱，又可知曉：被告江某之言詞漏洞百出，如謂其機車確有送到答辯人之車行修理更換車殼之事實，其理應明白其機車壞在何處？何處應修理？今其前後之訊稱，竟然完全迥異，根據經驗判斷，顯可瞭然，其虛設偽詞，以圖脫免刑責，答辯人為其「牽涉」純屬池魚之殃也！

3. 被告江明當庭陳述時，謂其騎機車為刑警盤問查獲，乃因其所騎贓車之擋風鏡上，黏貼該公司之標籤有以致之，此說可謂謊言強辯，自欺欺人。按江某被查獲地點係在○○路○○號前，亦即屬於台北市政府警察局松山分局所管轄之轄區，而江某乃係古亭分局警員接獲密報所查獲，此有83年○月○日台北市警察局古亭分局北市警古刑字第○○號答　鈞院函可稽，由此足可斷定其捏造事實狡辯之心態。

4. 被告江某當庭陳述亦提供照片多張，此舉甚為奇異。按江某行駛贓車於83年○月○日為警查獲時，此車即被古亭分局隨案移送，事後，由被害人蔡甲之兄具名領回，在此期間，江某根本無機會為此車照相，則這些相片究為何時所照？若江某係案發前所照，則可斷定江某係早有預謀，於案發前即企圖栽贓，乃自行更換車牌並照相備用。

5. 被告江某暨證人陳丁皆供稱其到敝車行時，正好看到其車側倒地上，引擎業已卸下，答辯人正在為其更換引擎，若果真有此事，則引擎既已更換，為何江某行駛贓車被警查獲時，此贓車引擎仍為偉士牌機車引擎？由此可見，江某乃自行竊車，並自己更換車牌等小零件以掩人耳目，江某被警員查獲時，企圖逃避刑責而誣陷係敝車行所為，其用心陰狠險惡，令人髮指。

6. 被告江明誣衊答辯人以贓車為其更換車體，然而，始終未說明其原先所購買之獵人百吉發機車車體和引擎如何處置。按此車行駛一年餘，江某且稱未發生車禍，車況應仍良好，目前，此車車籍繫屬台南市監理所（江某本籍台南），關於此事異動原因該所記載甚詳，敬請　鈞庭惠予調取台南市監理所所轄此車之車籍資料，以供參酌（此車車牌AUC-789，引擎號碼○○○○○7）。

三、答辯人並無收受贓物，亦無竊盜行為：

　　㈠江某被古亭分局警員查獲時，又向古亭分局謊稱「安平車行尚有很多部贓

車」，分局三位刑警黃〇〇、林〇〇、翁〇〇乃於是日（83年〇月〇日）下午前來敝行盤查，結果一無所獲毫無此事，足徵答辯人確係規規矩矩經營，絕無盜贓之行為。

㈡本案經台北市古亭分局訊問結果報告（證物一），答辯人「無其他佐證，僅憑江某口訴，無法遽認其涉有罪嫌」。

㈢答辯人始終否認為江某更換車殼及引擎，除江某與其勾串之證人所為證言外，尚無其他佐證足以證明答辯人收受贓物，況且至今始無任何證據足以證被告有竊盜之行為。

四、有眾多證人足證答辯人遭受冤抑：

再者，答辯人是否有上開犯行？平日曾有違規營業否？為人篤實否？……此皆懇請庭上傳喚古亭分局刑警黃〇〇、林〇〇暨翁〇〇等到庭證明，即可瞭然，答辯人有無違犯竊盜罪刑。

五、答辯人係奉公守法之機車商人：

答辯人於台北市〇〇路開設安平車業行，為一合法營業之機車商人，領有台北市政府營利事業登記證。多年來規規矩矩經營，從未違法，亦無不良紀錄；答辯人個人則誠信待人、溫文處事，無不良前科，此有黃〇〇於一審審判時指證歷歷。

綜上所陳，答辯人絕未替江某更換車殼與引擎，要乃江某於竊取他人機車後，私自更換牌照，被警發現後，勾串證人虛偽陳言，且欲圖脫免刑責，而嫁禍於答辯人。觀其先為不法犯行在先，不知悔改，又思苟免刑責嫁禍答辯人在後，其行可鄙，其心可誅。其次，迄今尚無證據足以證明答辯人有竊盜收受贓物之行為，即無從認定被告之罪。為此，狀請

鈞院鑒核，惠予判決上訴駁回，庶免冤抑，以保人權，至感德便。

　　　謹狀

台灣高等法院刑事庭　公鑒

證　物　名　稱 及　　件　　數	證物一：83年〇月〇日台北市政府警察局古亭分局北市警〇〇字第〇〇號刑事案件移送書影本。

中　　　華　　　民　　　國　　　　　年　　　　　月　　　　　日
具狀人　安　平　　　　　　　　　　簽名 蓋章

刑事　答辯㈡　狀		案　　　號	年度　　字第　　號	承辦股別	
		訴訟標的金額或價額	新台幣　萬　千　百　十　元　角		
稱　　　謂	姓　名　或　名　稱身分證統一編號或營利事業統一編號	住居所或營業所、郵遞區號及電話號碼電子郵件位址		送達代收人姓名、住址、郵遞區號及電話號碼	
答　辯　人即　被　告	安　平				
選　　任辯　護　人	李○○律師	台北市○○路○○段○○號○○樓			

為83年度上易字第○○號被告涉嫌竊盜、贓物案件，依法續提答辯事：

　　緣答辯人被誣涉嫌竊盜、贓物案件，答辯人依法續呈答辯如下：

　　按本案另一被告江明曾於民國81年○月○日，向被告購買獵人百吉發150西西機車乙輛（車牌AUC-789，引擎號碼○○○○○7）騎用。然江某自購車後，即甚少騎回敝車行更換零件，更未曾來行更換車體。今江某誣指答辯人私自為其更換車體、引擎，其並不知情……等，此純係血口噴人，矯言飾辯，乃其企圖脫免其竊盜（或向他人故買贓物）之罪行，而誣陷答辯人之偽詞……。由下述之臚陳，當可瞭然答辯人涉及本案，純是冤枉：

一、另被告江明之供述違背經驗法則：

　㈠按被告江明係於81年○月○日購新機車，自稱82年○月更換車體，按使用一年十個月之機車，絕無可能鋼板鏽爛至可用手伸入（如江某所言），獵人百吉發之機車，其鋼板亦且較偉士牌機車為厚，縱或因烤漆不良，亦無可能短期間即鏽至不堪使用之程度，此由下述證人之結稱，更可證明答辯人前開所言非虛：

　　1.83年○月○日　鈞院訊問筆錄：

　　　（庭　問）：「一年十個月會壞？」

　　　（證人林○○答）：「一般三、四年應不會腐壞。」

　　2.83年○月○日原審法院審判筆錄：

　　　（庭　問）：「百吉發騎了一年多後車殼會爛？」

　　　（證人黃○○答）：「不會，百吉發之車殼是1公釐，不可能會爛，縱然每天在外面跑亦不可能爛掉，與福特跑天下相同，比偉士牌厚。」

　㈡次按更換車體，一般行情約需新台幣8千餘至1萬元，江某卻自稱僅花費

2,500元而已,更違常理乃是,此由下述證人之結稱,更可證明江某所言不實:

　1.83年○月○日　鈞院訊問筆錄:

　　(庭　問):「要換裝要多少錢?」

　　(證人林○○、高○○(以下同)答):「如換裝車身約1萬元……」

　　(庭　問):「如換裝同牌?」

　　(證　人):「一樣也要1萬元左右。」

　　(庭　問):「可能2,500元?」

　　(證人答):「不可能,連工錢都不夠。」

　2.83年○月○日台灣台北地方法院審判筆錄:

　　(庭　問):「通常換車殼要多少錢?」

　　(證人黃○○答):「約1萬多元。」

　3.末按吾人皆知機車引擎是機車之心臟,最為貴重,更換引擎亦需萬餘元,如今答辯人竟免費為其套換,可謂怪誕,荒唐無稽。

二、被告江明之供稱前後矛盾百出:

　(一)按從歷次之偵訊筆錄、審判及訊問筆錄中,另一被告江某之言稱,反覆矛盾,漏洞百出,顯示內情不單純:

　　1.83年○月○日台灣台北地方檢察署訊問筆錄:

　　　(檢　問):「知道是贓車嗎?」

　　　(被告江明答):「不知道,因為我本是只換車身。」

　　2.83年○月○日上開檢察署訊問筆錄:

　　　(檢　問):「83年○月○日被警查到的機車何以車體不一樣?」

　　　(江某答):「……他何將引擎及車體換過我不知道……」

　　3.83年○月○日被告江某所提呈之答辯狀:

　　　「……實際上當我看到已經換好的車子時,……腳墊和車牌等等都是我自己的,所以當時無疑有詐,即付現金……」

　　4.83年○月○日　均院訊問筆錄:

　　　(檢　問):「你換車車身是蔡甲之車子,是否知贓物?」

　　　(江某答):「不知道……」

　　上開訊稱與下述警察局報告暨警方偵訊筆錄相矛盾:

　　1.83年○月○日台北市政府警察局古亭分局刑事案件移送書:

　　　(犯罪事實)「……二、經謁據犯罪嫌疑人江明矢口否認竊車,辯稱因貪圖便宜套換贓車騎用……三、江某到案態度極為刁頑,堅不吐實,雖稱車

因修護太貴，故予購取贓車套換，惟查該車齡僅一年，何以要套換車體，顯有違常理，不足採信，不無竊盜罪嫌……」

2.83年○月○日台北市警察古亭分局刑○組偵訊筆錄：

（警　問）：「沒有來源之車體，且引擎號碼與你原車執照不符，你何以要套換？」

（江某答）：「我貪圖便宜所以才套換來歷不明之車體。」

（警　問）：「你對本案有何意見？」

（江某答）：「我因貪小便宜購取贓車套換，我知道錯了。」

綜上開兩相異之結稱，報告記載，即知江某顯有竊車之嫌疑，其虛謂答辯人擅自更換車體，不亦是誣陷之詞，其所為誣告之不齒之舉，純係圖免刑責之卸詞耳！

㈡1.83年○月○日台灣台北地方法院審判筆錄：

（庭　問）：「這車如何來的？」

（江某答）：「我本來有一部藍色百吉發機車，已經舊了，本來要去跟安平換新車，但他說不用，可以換……」

2.83年○月○日台北市警察局古亭分局刑○組偵訊筆錄：

（警　問）：「……該車何來？」

（江某答）：「於82年○月間因我所有AUC-789號機車損壞，前往○○路車行修護……」

3.83年○月○日台灣台北地方檢察署訊問筆錄：

（檢　問）：「你騎的偉士牌機車何處來的？」

（江某答）：「因為我自己騎一部藍色百吉發機車，我一直說不好，老闆安平說可以換。」

4.83年○月○日上開法院檢察署訊問筆錄：

（檢　問）：「…………」

（江某答）：「我曾找安平換車殼……」

5.83年○月○日江某所擬呈答辯狀：

「……本意要以舊車換新車，交換買賣……」

綜上訊稱，可瞭然被告江某之供詞矛盾不一，按諸常情，自己之車子因何原因要修理，所有人當知之甚稔才是，斷無為如上開記載之「舊了」、「損壞」、「我一直說不好」……等完全相異之修理原因方是。由此，被告江某栽誣之詞，純是其信口雌黃，卸免罪責之飾詞，不抑明乎哉？

㈢1.台灣台北地方法院檢察署83年○月○日訊問筆錄：

　　（檢　問）：「白色被查獲車子何處買的？」

　　（江某答）：「向安平以2,500元買的。」

　2.台灣台北地方檢察署83年○月○日訊問筆錄：

　　（檢　問）：「83年○月○日被警查到的機車何以車體不一樣？」

　　（江某答）：「我曾找安平換車殼，他何將引擎及車體換過我不知道，當時修理費是2,000元。」

由上開1.2.之訊言即知被告江某之言詞矛盾，其究竟「花費」多少錢，是2,500元？抑是2,000元？如謂確有答辯人被訴迫之事實，則被告江某理應記得其花費了多少錢，此不亦另有隱情乎？

又觀83年○月○日江某提呈之聲請調查證據及答辯狀之三中「……又如偵查卷第20頁『當時修理費是3,000元。』（偵訊筆錄明明記載是2,000元）所指修理費，乃被上訴人最初向安平查詢，修補破洞及換零件之修理費（實際上，上開修理費只需800元左右，不可能要2、3,000元）……」。此種不知悔悟，而圖思狡辯之飾詞，只是江某最後掙扎之囈語，殊令人難以苟同。

㈣1.原審法院83年○月○日審判筆錄：

　　（檢　問）：「你車子什麼地方壞？」

　　（江某答）：「後面椅套。」

　2.台灣台北地方檢察署83年○月○日訊問筆錄：

　　（檢　問）：「但安某說不是他賣給你的？」

　　（江某答）：「我有證人，確實向他買的，因為我只是車子避震器不好，我只要換車身。」

　　由上開1.2.之訊稱，又可知曉：被告江某之言詞漏洞百出，如謂某機車確有送到答辯人之車行修理更換車殼之事實，則其理應明白其機車壞在何處？何處應修理？今其前後之訊稱，竟然完全迥異，根據經驗判斷，顯可瞭然，其虛設偽詞，以圖脫免刑責，答辯人為其「牽涉」純屬池魚之殃也！

三、被告江明謊稱其向敝行所購之百吉發機車，曾騎回敝車行更換車體。按敝行賣予江某之機車係藍色獵人百吉發牌，本案之贓車則為乳白色偉士牌，兩者顏色顯著不同，而江某並未向台南市監理所辦理顏色變更登記；而且百吉發機車前輪部分之前叉避震器係三根，偉士牌為兩根；百吉發之前方向燈在手把上，後方向燈與後燈緊鄰，偉士牌之前方向燈在前擋鋼板，左右各一，後方向燈在後擋鋼板，兩旁各一；百吉發機車引擎聲音較吵雜，偉士牌機車引擎聲音則較靜穩（縱然裝上消音器，兩者亦是有異）。

以上所列為兩車間之顯著不同，任何人皆可輕易分辨，而江某自稱其乃82年○

月更換車體，而於83年○月○日行駛贓車為警查獲，並辯稱完全係敝行為其套換車體，其本人毫不知情。按自更換車體至為警查獲有月餘時間，江某絕無可能未發現兩車之明顯差異，如此，江某上述辯稱，即不可採。

四、出售百吉發或偉士牌150西西機車乙部，可得利潤新台幣（以下同）3,000元，答辯人不可能棄而不賺，而轉賺套換費2,500元。蓋：

㈠83年○月○日台灣台北地方法院審判筆錄：

　　（庭　問）：「賣偉士牌150西西一部利潤多少？」

　　（證人黃○○答）：「3,000元，百吉發亦同。」

㈡證諸前開結稱，答辯人當寧願售與新車，如此可賺3,000元。再說如此亦毋庸冒收受販賣贓物，觸犯刑章之風險，何樂而不為？今被告江某於83年○月○日所提呈聲請調查證據及答辯狀中之五，言：「……出售偉士牌及百吉發機車，除折扣外，一般均有附贈品，利潤不可能有3,000元……」，則屬自圓其說之飾詞，洵無可採。

五、被告江某於呈遞　鈞院之答辯（續）狀中之五，言：「……而傳聞竊盜集團竊得乙車，銷與不知情之買受人後，即故為檢舉，買受人因之人贓俱獲，百口莫辯，而該項竊案因『一個蘿蔔一個坑，一次竊案一次牢』而結案，真正竊盜者既獲不法利益，又得逍遙法外而警方與之合作，破案績效極高。這種『賊喊捉賊』之傳聞故事，印證本案情節，方知不虛！……」云云，前開所言可謂是惡毒之極之誣詞。其誣陷答辯人竊盜、收受贓物在先，如是謂此乃其圖免刑責之伎倆，尚可酌予體諒。今嗣更甚以文字明指為人民保母之警察人員與竊盜集團勾結，同流合污，並藉此來提高其刑案破案率……，此純是天方夜譚式之囈語。其用盡各種方法，編織莫虛有之「事實」，來脫免刑責，其情可憫，然此未舉，只是更凸顯「此地無銀三百兩」耳！

六、答辯人並無收受贓物，亦無竊盜行為：

㈠江某被古亭分局警員查獲時，又向古亭分局謊稱「安平車行尚有很多部贓車」，分局三位刑警黃○○、林○○、翁○○乃於是日（83年○月○日）下午前來敝行盤查，結果一無所獲，毫無此事，足徵答辯人確係規規矩矩經營，絕無盜賊之行為。

㈡本案經台北市古亭分局訊問結果於案件移送書中亦記明：「無其他佐證，僅憑江某口訴，無法遽認答辯人涉有罪嫌。」

㈢答辯人始終否認為江某更換車殼及引擎，除江某與某勾串之證人所為證言外，尚無其他佐證足以證明答辯人收受贓物，況且至今始終無任何證據足以證被告有竊盜之行為。

　　綜上所陳，答辯人係奉公守法之機車商人，答辯人於台北市○○路開設安平車業行，為一合法營業之機車商人，領有台北市政府營利事業登記證。多年來規規矩矩經營，從未違法，亦無不良紀錄；答辯人個人則誠信待人、溫文處事，無不良前科，此有證人黃○○於一審審判時之指證可稽。答辯人斷無為賺取錢財，而甘冒觸犯收受贓物刑章，惹刑上身，致而家庭破碎，事業全毀之風險之理。又答辯人既絕未替江某更換車殼與引擎，要江某於竊取他人機車後，私自更換牌照，被警發現後，勾串證人盧偽陳言，且欲圖脫免刑責，而嫁禍於答辯人。觀其先為不法犯行在先，不知悔改，又思苟免刑責，嫁禍答辯人在後，其行可鄙，其心可誅。其次，迄今尚無證據足以證明答辯人有竊盜收受贓物之行為，即無從認定被告之罪。況且認定不利於被告之事實，應依「積極證據」，苟積極證據不足為不利於被告事實之認定時，即應為有利於被告之認定，更不必有何有利之證據（最高法院30年上字第816號判例參照）。又「如未能發現相當證據，或據證不足以證明，自不能以推測或擬制之方法，以為裁判基礎。」（最高法院30年上字第128號、同院40年台上字第86號判例參照），此即「寧可失之出，不可失之入」之古訓，亦即「人本無罪」之原則，故「非經確實證明為有罪，即應推定為無罪」，此所以維護社會秩序並保障人民權益，為刑罰法令之正確適用。為此狀請

　　鈞院鑒核，賜惠予判決駁回上訴，庶免冤抑，以保人權，是禱。
　　　　　　謹狀
台灣高等法院刑事庭　公鑒

證　物　名　稱及　　件　　數	

中	華	民	國	年	月	日

　　　　　　　具狀人　　安　平　　　　　　簽名蓋章

台灣高等法院刑事判決　　　　　　　　　　83年度上易字第○○號
　　上　訴　人　台灣台北地方檢察署檢察官
　　被　　　　告　江　明　男　三十二歲（51年生）　新北市人
　　　　　　　　　　身分證：C○○○○○○○○　業商
　　　　　　　　　　住台北市○○路○○段○○巷○○弄○○號
　　選任辯護人　張○○律師
　　被　　　　告　安　平　男　四十歲（43年生）　屏東縣人

　　　　　　　　　　身分證：J○○○○○○○○○　　業商
　　　　　　　　　　住台北市○○路○○號
選任辯護人　李○○律師
上列上訴人因被告竊盜案件，不服台灣台北地方法院83年度上易字第○○號中華民國83年○月○日第一審判決（起訴案號台北地方檢察署83年度偵字第○○號）提起上訴，本院判決如下：
　　主文
原判決關於江明部分撤銷。
江明故買贓物，處罰金2,000元，如易服勞役以30元折算一日（註）。
其他上訴駁回。
　　事實
江明曾向台北市○○路○○號安平經營之安平機車行購買車牌AUC-789，引擎號碼○○○○○七百吉發150西西之機車乙輛。82年○月中旬某日其明知蔡甲失竊之○○○○YY-○○○○○23號引擎，乳白色偉士牌機車車身係竊贓，竟貪圖便宜，以新台幣（以下同）2,500元向人購買，換裝AUC-789號之車牌乘用，83年○月○日爲警查獲，案經原審檢察官偵查起訴。
公訴意旨另以安平意圖爲己不法之所有，於82年○月間台北市○○路中山國宅工地附近，竊取蔡甲CCU-633號如前所述之偉士牌機車乙輛，以該車爲江明換裝車身，認安平涉有刑法第320條第1項罪嫌。
　　理由
被告江明對於上開以2,500元換裝機車車身乙節承認屬實，其換裝之偉士牌車身含引擎係被害人蔡甲遭竊之物，已據被害人陳明，並有贓物領據附卷，一般換裝車身均需1萬元左右，業據台北市機車商業同業公會理事高○○與○○車業公司負責人林○○到庭陳明，該被告於警訊時亦稱：「我因貪小便宜，購取贓車套換」等語，錄卷可稽，是其故買贓物之犯行已堪認定。原審以其所辯車身係其交由安平套換不足採信。遽爾推論被害人之機車係其竊取，被訴贓物不能證明而諭知無罪，即嫌率斷，上訴人指爲不當非無理由，應將原判決關於該被告部分撤銷，由本院自爲判決，酌情量處罰金2,000元，並諭知易刑之折算標準。公訴意旨指被告安平竊取被害人機車，無非以江明陳稱車體係該被告所換裝，與楊乙之證言爲論據。惟該被告以獨資經營安平機車行，有台北市政府北市建一商號（68）字第○○號營利事業登記證附卷，其爲正當商人應無可疑，即江明等所稱其爲江某換裝車體縱屬不虛，亦難執以遽認換裝被害人之偉士牌車體係其行竊所得。況據台北市機車同業公會指派之高○○、林○○到庭陳稱，以偉士牌之車體換裝百吉發車身，雖非不可能，但固定螺絲處須另打孔安裝，避震器、車燈線路、腳架均須修改、齒輪亦須拆換，工作費時，需費亦在1萬元左右。

據江明稱其於當日上午9時許交車換裝，同日下午5時許即將換裝已畢之機車取回，付酬僅2,500元，與高○○等所稱換裝費時、需費昂貴各點諸多扞格，是江某等所稱是否屬實仍極可疑。安平被訴竊盜部分尚屬不能證明，原審就此部分諭知無罪，即無不合，此部分上訴非有理由。

據上論斷，應依刑事訴訟法第369條第1項前段、第364條、第299條第1項前段、第368條、刑法第349條第2項、第42條第2項、罰鍰提高標準條例第1條、第2條第1項判決如主文。

本案經檢察官○○○到庭執行職務。

　　　　　中　華　民　國　　83　　　年　　○　　月　　○　　日
　　　　　　　　　　　　　　　台灣高等法院刑事第○庭
　　　　　　　　　　　　　　　審判長法官　○　○　○
　　　　　　　　　　　　　　　　　法官　○　○　○
　　　　　　　　　　　　　　　　　法官　○　○　○

上正本證明與原本無異
不得上訴
　　　　　中　華　民　國　　83　　　年　　○　　月　　○　　日
　　　　　　　　　　　　　　　書記官　○　○　○

　　　台灣高等法院審理本案後，仍肯認安平無罪，遂依刑事訴訟法第368條駁回檢察官之上訴。惟就江明部分，則認為江明觸犯刑法第349條第2項故買贓物罪，乃依刑事訴訟法第369條第1項，將原判決撤銷，就該案自為判決。又本案乃屬刑法第61條第7款之罪，依刑事訴訟法第376條規定，不得上訴於第三審法院，本案由台灣高等法院判決後，遂告確定。

（註：刑法第42條易服勞役自民國95年7月1日起以新台幣1,000元、2,000元或3,000元折算一日，但勞役期限不得逾一年。）

◇ 範例九

　　葉仁告訴孫智於81年受甲公司負責人葉仁之委託，由葉仁在其公司內，簽發甲公司為發票人、面額分別為新台幣70萬元、200萬元支票兩紙，交付孫智代調現款。孫智取得該兩紙支票後，並未替葉仁調款，又不將支票返還，葉仁乃訴請檢察官偵辦，經檢察官將孫智以觸犯刑法第335條第1項侵占罪，提起公訴……

台灣台北地方檢察署檢察官起訴書　　　　　　　　　　82年度偵字第○○號

　被　告　孫　智　男　五十五歲（27年○月○日生）
　　　　　　　　　台北市人（身分證：Y○○○○○○○○○）　　住
　　　　　　　　　台北市○○路○○段○○巷○○號○○樓

上列被告因侵占案件，業經偵查終結，認應提起公訴，茲敘述犯罪事實及證據並所犯法條如下：

　　犯罪事實

一、孫智於81年○月○日受甲企業股份有限公司負責人葉仁之委託，由葉仁在其公司內，簽發其公司為發票人之台灣銀行○○分行、面額分別為新台幣（下同）70萬元（票號○○○○、發票日為81年○月○日）、200萬元（票號○○○○、發票日為81年○月○日）支票兩紙，交付孫智代調現款，雙方並書立委託書言明，於上開支票之發票日前五日，如已調到現款，則應將現款存入被害人上開支票之帳戶，如未調到現款則應將支票返還。惟孫智於取得上開支票後，竟意圖為自己不法之所有，並未替被害人調借現款，又不將支票返還，且將上開支票兩紙據為己有使用，而後即避不見面。

二、案經被害人具狀訴請偵辦。

　　證據並所犯法條

一、訊據被告孫智固不否認有向被害人取得上開兩張支票，惟矢口否認係侵占，辯稱：上開兩張支票係向被害人借用云云。惟查上揭犯罪事實，已經被害人到庭指訴不疑，且有被告書立受託代調現款之委託書影本乙紙附卷可證，並有被使用而遭退票之面額70萬元支票及退票理由單等影本附卷可稽，被告所辯，係卸責之詞不足採信，被告犯行堪予認定，核其所為有犯刑法第335條第1項之罪嫌。

二、依刑事訴訟法251條第1項提起公訴。

　　　　　　此致

台灣台北地方法院

　　　中　華　民　國　　82　　　年　　○　　月　　○　　日

　　　　　　　　　　　　　　檢察官○○○

上正本證明與原本無異

　　　中　華　民　國　　82　　年　　○　　月　　○　　日

　　　　　　　　　　　書　記　官　○　○　○

　　孫智於台灣台北地方法院審理時，強調向葉仁借用兩張支票，並非受葉仁委託代調現款，與侵占罪之構成要件不符，並舉出證人江勇證明孫智確向葉仁借用支票而非代調現款⋯⋯

刑事　答辯　狀		案　　　號	年度　　字第　　號	承辦股別	
		訴訟標的的金額或價額	新台幣　萬　千　百　十　元　角		
稱　　　謂	姓　名　或　名　稱身分證統一編號或營利事業統一編號	住居所或營業所、郵遞區號及電話號碼電子郵件位址		送達代收人姓名、住址、郵遞區號及電話號碼	
答　辯　人即　被　告選任辯　護　人	孫　智李○○律師	台北市○○路○○段○○巷○○號○○樓			

為被訴侵占案件，依法提出答辯事：

　　緣檢察官起訴意旨，略以「訊據被告孫智固不否認有向被害人取得上開兩紙支票，惟矢口否認係侵占，辯稱：上開兩紙支票係向被害人借用云云。惟查上揭事實，已經被害人到庭指訴不疑，且有被告書立受託代調現款之委託書影本乙紙附卷可證，並有被使用而遭退票之面額70萬元支票及退票理由單等影本附卷可稽」，而認為「被告所辯，係卸責之詞不足採信」。再觀告訴人葉仁（其後改名為葉○○）之告訴理由捏稱「緣被告無正當職業，生活困難，竟以詐欺為常業⋯⋯整日無所事事，遊手好閒，常至告訴人處編造謊言⋯⋯逐於民國81年○月○日騙取告訴人⋯⋯面額新台幣70萬元⋯⋯新台幣200萬元⋯⋯支票各乙張⋯⋯」云云。惟查告訴人所述純係子虛烏有，全屬其違心之論，詎檢察官竟信以為真，而提起公訴，被告爰不得不申辯如後：

一、該兩張支票係由告訴人借予被告，而非用以代調現款：

　　查被告因告訴人之居間介紹，而與訴外人江勇訂有工程合作契約書，由被告與業主邱信等四人訂妥之承包工程，發包予江勇興建（被證一），依該工程合作契約書第1條第6項約定，乙方（即江勇）為保證如期完工，願意交付甲方

（即被告）工程保證金新台幣（以下同）700萬元整，因此，由被告向告訴人借用面額為70萬元及200萬元之支票兩張，並由告訴人出具原已印好之委託書由被告簽章以為憑據。詎事後告訴人竟捏稱該兩張支票係委託被告代調現款之用，惟查被告確係向告訴人借用支票，並非代調現款，且有江勇（住台北市○○街○○巷○○弄○○號）足資證明，而江勇過去亦多次向告訴人借用支票，告訴人均以同一內容印好之委託書交由江勇簽收以為憑據，足徵該委託書在形式上雖係作為代調現款之用，實質上則為借用支票之憑據，請　鈞院傳訊證人江勇到庭，以明真相。

二、該兩張支票已經返還給告訴人：

次查該兩張支票，被告已於81年○月間無償返還予告訴人，其中200萬元之支票，亦經81年○月○日辦妥註銷手續，而且為彌補告訴人之損失，被告並願交付60萬元予告訴人，其中已先交付10萬元（被證二），足徵被告並無侵占犯行。

三、被告有正當職業，且以前被訴侵占、詐欺等案亦分別被判無罪，或不起訴處分：

再查被告為乙實業有限公司負責人，有正當職業，且業務繁忙，並非如告訴人所述，實行係以詐欺為常業，整日無所事事，遊手好閒之人（被證三）；又被告過去雖曾被訴侵占、詐欺等案，惟其均為該案告訴人誤會，不明就裡所致，被告實為循規蹈矩之公民，且分別經　鈞院檢察署以81年度偵字第○○號為不起訴處分，經　鈞院刑事庭以81年度易字第○○號為無罪之判決（被證四），足見被告全屬冤枉，並非以詐欺為常業之人。

綜上所陳，被告原無侵占犯行，實為告訴人濫行控訴所致，為此狀請

鈞院鑒核，賜傳訊證人江勇到庭，並為被告無罪之判決，庶免冤抑，而明法制。

　　　　謹狀

台灣台北地方法院刑事庭　公鑒

證　物　名　稱 及　　件　　數	被證一：工程合作契約書影本一件。
	被證二：支票影本乙紙及收據影本一紙。
	被證三：身分證影本一件及收據影本七紙。
	被證四：地檢處通知書影本一紙。

中　華　民　國　　　年　　　月　　　日

　　　　具狀人　孫智　　　　　簽名蓋章

　　台灣台北地方法院審理本案，並未採信孫智之答辯，判決孫智觸犯刑法第335條第1項之罪，處有期徒刑一年……

台灣台北地方法院刑事判決　　　　　　　　　　　　　　82年度易字第○○號
　　公　訴　人　台灣台北地方檢察署檢察官
　　被　　　告　孫　　　智　男　五十五歲（27年○月○日生）
　　　　　　　　　　　　　　台北市人（身分證：Y○○○○○○○○○）業商
　　　　　　　　　　　　　　住台北市○○路○○巷○○號○○樓
　　選任辯護人　李○○律師
上列被告因侵占案件，經檢察官提起公訴（82年度偵字第○○號），本院判決如下：
　　主文
孫智意圖為自己不法之所有，而侵占自己持有他人之物，處有期徒刑一年。
　　事實
孫智與葉仁熟識，81年○月○日，在台北市甲企業股份有限公司內，受該公司代表人葉仁之委託代為調借現款，乃收受由葉仁簽發之該公司在台灣銀行○○分行81年○月○日期、第○○○○號、面額新台幣（以下同）70萬元及同年○月○日期、第○○○○號、面額新台幣200萬元之支票各乙張，竟意圖為自己不法之所有，將之占為己有，而於同日交付案外人簡義作為其受讓花蓮市○○賓館新建工程之權利金，案經甲企業股份有限公司代表人葉仁訴請台灣台北地方檢察署檢察官偵查起訴。
　　理由
一、前揭事實，業據被害人公司代表人葉仁指訴甚詳，並有被告書立之受託及上述該兩張支票影本附卷足稽。而上述之兩張支票係被告交付案外人簡義作為受讓花蓮市○○賓館新建工程之權利金，並據證人簡義在本院審理時結證明確，復有收據影本乙紙附卷為憑，雖被告辯以該兩張支票係向葉仁借用而非調款云云，並舉證人江勇為證。經查證人江勇固結證上述之支票兩張係被告向葉仁借用，渠以往亦曾向葉仁借用過支票，同樣書立委託書等語。惟該證人江勇除上述之證言外，尚供證：被告向葉仁借用支票係供渠向被告承包工程之廣告費用，本欲向渠借用，因渠無支票可用，乃向葉仁借用等語，被告亦符合證人江勇之所供，諉稱支票係借來供廣告費用云云。然查上述支票兩張係於81年○月○日由被告交付案外人簡義作為受讓花蓮市○○賓館新建工程之權利金，業據證人簡義證如上述，且有簡義出具之收據影本在卷足憑，證人江勇之證言顯在迴護被告，其證言及被告之所辯自無可採，犯行應堪認定。
二、核被告所為，係犯刑法第335條第1項之罪，姑念被告於該兩張支票退票後設法

取回，其中200萬元之支票並已辦理註銷退票紀錄，爰審酌其犯罪之一切情狀，量處如主文所示之刑，用資懲儆。

據上論斷，應依刑事訴訟法第299條第項前1段，刑法第335條第1項，罰金罰鍰提高標準條例第1條判決如主文。

本案經檢察官○○○到庭執行職務。

中　華　民　國　82　年　　○　月　　○　日

台灣台北地方法院刑事第○庭

法　官　○　○　○

上正本證明與原本無異

如不服本判決，應於送達後十日內向本院提出上訴狀

中　華　民　國　82　年　　○　月　　○　日

書記官○　○　○

孫智於收到台灣台北地方法院之刑事判決，依刑事訴訟法第349條前段規定，於二十日內聲明上訴，並於台灣高等法院審理中，提出上訴理由狀，再度強調兩紙支票係向葉仁借用，並非受託代調現款，且孫智已向持票人取回該兩紙支票，並對葉仁已有相當之補償……

刑事　聲明上訴　狀		案　　　號	年度　　字第　　號	承辦股別	
		訴訟標的金額或價額	新台幣　　萬　千　百　十　元　角		
稱　　　謂	姓　名　或　名　稱身分證統一編號或營利事業統一編號	住居所或營業所、郵遞區號及電話號碼電子郵件位址		送達代收人姓名、住址、郵遞區號及電話號碼	
上　訴　人即　被　告	孫　智	詳卷			
為不服台灣台北地方法院82年度易字第○○號刑事判決，依法於法定期間內聲明上訴事： 　　緣上訴人頃於82年○月○日接獲台灣台北地方法院82年度易字第○○號刑事判決，判決主文載以：「孫智意圖為自己不法之所有，而侵占自己持有他人之物，處有期徒刑一年。」惟查原審判決認事用法顯有違誤，殊難令人甘服，爰依法於法定期間內聲明上訴，上訴理由容後另呈，為此狀請 　　鈞院鑒核，撤銷原審判決，另賜上訴人無罪判決之諭知，俾符法制，庶免冤抑。					

謹狀

台灣台北地方法院刑事庭　轉呈
台灣高等法院刑事庭　　　公鑒

證　物　名　稱 及　　　件　　　數	

中	華	民	國	年	月	日

具狀人　孫智　　　　　簽名 蓋章

刑事　上訴理由　狀	案　　　號	年度　字第　號	承辦 股別	
	訴訟標的 金額或價額	新台幣　萬　千　百　十　元　角		

稱　　　　謂	姓　名　或　名　稱 身分證統一編號或 營利事業統一編號	住居所或營業所、郵遞區號 及電話號碼電子郵件位址	送達代收人姓 名、住址、郵遞 區號及電話號碼
上　訴　人 即　被　告 選　　任 辯　護　人	孫　智 李○○律師	詳卷	

為82年度上易字第○○號侵占案件，依法提上訴理由事：

按「實施刑事訴訟程序之公務員，就該管案件，應於被告有利及不利之情形，一律注意」，為刑事訴訟法第2條第1項明文規定。然本案原審判決略以證人江勇之部分證言與另一證人簡義之詞有所不合，即認定「證人江勇之證言顯在迴護被告，其證言自無可採」云云，遽以上訴人即被告「犯行應堪認定」，而於其他一切對被告有利之情形未予審酌，不無疏漏之處，爰臚陳理由如下，以明上訴人之無辜：

一、該兩張支票係由告訴人借予被告，而非用以代調現款：

查上訴人與告訴人因商場之往來而熟識，二人本於彼此間信用而發生借票用以周轉事，惟因一般商業上往來之習慣，有由借予支票者出具票據調現用之委託書，由借用支票者簽章收受支票，憑以保障出借人之權益情事。然實質上之權利義務關係僅屬於「消費借貸」爾；證人江勇亦曾數次向告訴人以該方式借票，被告已當庭呈閱證物，祈請　鈞院明察。告訴人徒以形式上之委託書誣指

上訴人涉侵占罪嫌,恐與實情不符,蓋告訴人既未給與上訴人任何報酬,上訴人亦非專事媒介調現之中間人,所謂「受委託調現」云云,實事出無門也!

二、該兩張支票已由被告籌款向持票人取回,並返還於告訴人,且對告訴人已有相當補償:

次查該兩張支票,上訴人已於81年○月間向持票人取回後,並無償返還於告訴人,其中新台幣(以下同)200萬元之支票,亦經於81年○月○日辦妥註銷手續。而且為彌補告訴人之損失,被告並願交付60萬元予告訴人,其中已先交付10萬元(見上證一)。然證人王○○及程○○卻一再否認上訴人已就此事有所彌補,聲稱該10萬元係上訴人以前向告訴人所借而於日前所返還,惟告訴人卻曾以字條(見上證二)通知上訴人,謂:「70萬退票之事,刻已產生法律責任,閣下尚欠30萬也未交代……」云云,可知60萬確係用以彌補告訴人損失,由此亦可證知並無受託以票據調現之事。

綜上所陳,被告原無侵占犯行,實為告訴人濫行控訴所致,為此狀請

鈞院鑒核,賜撤銷原審判決,並另為被告無罪判決之諭知,庶免冤抑,以明法制。

　　　　　　謹狀

台灣高等法院刑事庭　公鑒

證 物 名 稱 及 件 數	上證一:收據影本一紙。 上證二:字條影本一紙。

中	華	民	國	年	月	日
		具狀人	孫 智		簽名蓋章	

台灣高等法院刑事判決　　　　　　　　　　82年度上易字第○○號

　　上　訴　人
　　即　被　告　孫　智　男　五十五歲(民國27年○月○日)　台北市人
　　　　　　　　　業商　(身分證:Y○○○○○○○○○)
　　　　　　　　　住台北市○○路○○段○○巷○○號○○樓

　　選任辯證人　李○○律師

上列上訴人,因侵占案件,不服台灣台北地方法院,中華民國82年○月○日第一審判決(82年度易字第○○號)提起上訴,本院判決如下:

主文

原判決撤銷。

孫智無罪。

事實

公訴意旨略以：被告孫智與葉仁熟識，民國81年○月○日受甲企業股份有限公司負責人葉仁之委託，由葉仁在其公司簽發其公司為發票人之台灣銀行○○分行第○○○○號民國81年○月○日期、面額新台幣（以下同）70萬及第○○○○號同年○月○日期、面額200萬元之支票二紙，交付孫智代調現款，雙方並書立委託書，言明於上開支票之發票日前五日，如已調到現款，則應將現款存入上開支票帳戶內，如未調到現款，則應將支票返還。惟孫智於取得上開支票後，竟意圖為自己不法之所有，並未替被害人調借現款，又不將支票返還，且將上開支票二紙據為己有使用，而後即避不見面，因認被告涉犯刑法第335條第1項侵占罪嫌云云。

理由

一、訊據上訴人即被告孫智，矢口否認有上開侵占之不法情事，辯稱：上開兩張支票係向葉仁所借，並非受葉仁委託，代為調借現款。伊向案外人簡義承包工程，江勇再向伊轉包，該兩張支票本來是江勇向伊轉包工程後應給伊之工程款，因江勇本身無支票，故才向葉仁借，因江勇向葉仁借用支票，均寫委託書，故伊才寫委託書。後來因江勇未拿錢給伊，以致無法於支票屆期將票款存入葉仁之支票帳戶內供兌，但事後伊已收回支票，返還葉仁等語。

二、按公訴人原審認定上訴人即被告孫智犯侵占罪，不外以上訴人向葉仁拿上開兩張支票時，曾書具委託書，其內載明「委託人因事業周轉之需，茲委託台端持下列票據向銀行貼現或向友人調款，……並於該票據到期五日前，逕自存入該帳戶取據為憑……」云云，因認支票係委託調現，而非借用為論據。

三、但查：

　㈠上開兩張支票，上訴人孫智迭於偵查、原審審理及本院調查中，堅詞弗承是受委託代為調借現款，辯稱係借用云云，如前所述。

　㈡經質之證人江勇，亦結證：上開兩張支票，確係上訴人向孫智所借用，並非受託代為調現。伊過去亦曾向葉仁借用支票多次，每次均由葉仁拿預先打好字之委託書要伊簽名等語，並提出由其簽名之委託書影本七紙為證，經與由被害人葉仁提出由上訴人簽名之委託書影本核對結果，不惟其打字之內容，委託書樣式相同，且其上發票銀行、帳號、號碼、支票金額、到期日等欄之筆跡亦屬相同，此有江勇簽名之委託書影本七紙及由上訴人簽名之委託書影本乙紙在卷（偵查卷第○○頁及本院刑事卷）可稽。即經詰之證人即被害人之妻程○○，亦供述江勇簽名之委託書均屬真正，其中有部分係屬借票云云（見本院民國82

年○月○日訊問筆錄），足見上訴人所辯上開兩張支票係屬借用等詞，尚非無稽，應堪採信。

(三)被害人葉仁經本院屢次傳喚，均藉故不到庭應訊，即經予拘提亦未能獲案，據其妻程○○到庭供證：伊夫因心臟不好，血壓又高，且因法院通知繳納違反票據法之罰金時間已過，故不敢到庭云云（見同上本院訊問筆錄），是無法予以傳喚到庭應訊。其於偵查中雖到庭指稱：支票係委託上訴人調現者（見偵查卷第12頁）云云，於原審審理中，其委任到庭之證人王○○亦證稱：伊公司借票，並無寫委託書等詞（見原審卷第○○頁），但查證人王○○係由葉仁委任代理到庭者，此有委託書乙張在卷（原審卷第○○頁）可證，是其證言，難無偏頗之虞，不足盡採。又按告訴人或被害人之指訴，係以使被告受刑事追訴為目的，其指訴必無瑕疵，且就其他方面調查又與事實相符，始得採為科刑之基礎，此參見最高法院52年台上字第1300號及61年台上字第3099號判例自明。本件被害人葉仁指訴各節，不惟為上訴人所堅詞否認，亦與證人江勇結證情節不符，而書具委託書之原因，據被害人之妻程○○之供述，復並未全係為委託代為調現，足徵被害人所指各節已有瑕疵，自不得僅憑被害人之指訴，即採為判決上訴人有罪之唯一依據。

(四)至原審於判決中所指證人江勇於原審中所證：「被告向葉仁借用支票係供渠向被告承包工程之廣告費用」云云，經證人葉仁所供：上述兩張支票，係由被告交付以之作為受讓花蓮市○○賓館工程之權利金等詞不符乙節，經詰之證人江勇證稱：上訴人向葉仁借用支票係欲交與簡義而非交伊，伊向上訴人轉包工程，已付700萬元之保證金，上訴另向葉仁借300萬元是要交付簡義之廣告費等詞，（見本院民國82年○月○日訊問筆錄），經核閱原審卷，證人江勇於原審審理中係供證：「我承包孫智的工程，孫智向葉仁借支票作廣告費」云云（見原審卷第○○頁），並非如原判決所載：「被告向葉仁借用支票，係供渠向被告承包工程之廣告費用，足見原判決所載，顯係出之誤會甚明。」

四、綜上所述，足徵上訴人係向被害人借用上開兩張支票使用，而非受託代為調借現款應毋庸置疑。上開支票經上訴人交付案外人簡義後，雖因未能在支票到期日前將票款交付被害人以之存入銀行兌領，致支票遭退票，惟尚難因之即認上訴人係侵占而令上訴人負刑法侵占之罪責。至於上開兩張支票，據證人○○○結證：70萬元之支票，由上訴人用現金挽回，200萬元支票，則由上訴人以支票挽回云云（見本院民國82年○月○日訊問筆錄），並由上訴人將之返還被害人，被害人雖因支票之提示受違反票據法罰金之處罰，惟此被害人僅能依民事途徑謀求解決，上訴人所為，要與刑法侵占罪之構成要件有違，不能成立侵占罪。原審未予詳查，遽對上訴人予以論罪科刑，尚有未合，上訴意旨執此指摘原判決不當，為有

　　理由，自應予撤銷改判，另為諭知無罪之判決。

據上論結，應依刑事訴訟法第369條第4項前段、第364條、第301條第1項判決如主文。

本案經檢察官○○○到庭執行職務。

　　　　中　華　民　國　　　82　　　年　　　○　　　月　　　○　　　日
　　　　　　　　　　　　台灣高等法院刑事第○○庭
　　　　　　　　　　　　審判長法官　○　○　○
　　　　　　　　　　　　　　　法官　○　○　○
　　　　　　　　　　　　　　　法官　○　○　○

上正本證明與原本無異

不得上訴

　　　　中　華　民　國　　　82　　　年　　　○　　　月　　　○　　　日
　　　　　　　　　　　　書　記　官　○　○　○

　　台灣高等法院依職權發現真實，認為葉仁所指各節有瑕疵，自不得僅憑葉仁之指訴，即採為判決孫智有罪之唯一依據，孫智之上訴有理由，乃撤銷台灣台北地方法院之第一審判決，改判孫智無罪。本案屬刑法第61條第3款之罪，依刑事訴訟法第376條規定，不得上訴於第三審法院，本院由台灣高等法院判決孫智無罪而告確定。

◈ 範例十

　　被告何春、吳夏、楊秋、鄭冬、劉宇經台灣台北地方檢察署檢察官偵查結果，認為被告何春、吳夏共犯刑法第335條第1項之侵占罪、第339條第1項之詐欺罪，二罪間有方法結果關係，依刑法第55條前段規定從一重處斷；被告楊秋、鄭冬、劉宇共犯刑法第214條、第216條行使公務員職務上登載不實之文書、第171條第1項未指定犯人誣告罪、第339條第1項詐欺罪，各罪間有方法結果關係，依刑法第55條前段規定從一重處斷。被告何春等五人均被檢察官提起公訴……

台灣台北地方檢察署檢察官起訴書　　　　　80年度偵字第○○號81年度偵字第○○號
　　被　　告　何　春　男　六十一歲（19年○月○日生）
　　　　　　　　　　　　住台北市○○街○○號
　　　　　　　吳　夏　男　三十八歲（42年○月○日生）
　　　　　　　　　　　　住台北市○○路○○段○○號
　　　　　　　楊　秋　女　四十一歲（39年○月○日生）
　　　　　　　　　　　　住台北市○○街○○號
　　　　　　　鄭　冬　男　四十三歲（37年○月○日生）　　住同右
　　　　　　　劉　宇　男　三十九歲（41年○月○日生）
　　　　　　　　　　　　住台北市○○路○○巷○○號○○樓
上列被告因詐欺等案件，業經偵查終結，認應提起公訴，茲敘述犯罪事實及證據並所犯法條如下：
　　犯罪事實
何春係台北市○○路○○號○○樓甲股份有限公司負責人，79年○月○日夥同職員吳夏意圖為自己不法之所有，向劉宇租用鄭冬、楊秋以羅○○名義委託出租之99-○○○○號福特轎車乙輛，得手後侵占入己，持向不知情之李○○騙購10萬元之廚具，劉宇、鄭冬、楊秋明知99-○○○○號福特小客車從事出租營業，出租給甲公司吳夏並未失竊，且出租之營業車失竊亦不能領取保險金額，乃竟共同意圖為自己不法之所有，於80年○月○日向台北市政府警察局城中分局謊報該車於80年○月○日時至○時30分在台北市○○路○○號前被竊，請求偵辦竊盜犯，並要求該分局及○○街派出所分別出具不實之證明書，持向台灣產物保險股份有限公司詐領賠款新台幣（以下同）20萬元，後因李○○駕駛99-○○○○號小客車在高速公路○○公里處為警查獲，案經內政部警政署公路警察局第○隊移送及自動檢舉偵辦。
　　證據並所犯法條

一、上開事實經被告劉宇、鄭冬、楊秋、吳夏，證人李○○供述甚爲詳細，並有借用
　　轎車合約書、借用汽車切結書、○○街派出所失竊報案證明書、台北市政府警察
　　局城中分局證明書、楊秋委付書、台灣產物保險股份有限公司汽車出險通知書附
　　卷可資佐證，被告等犯行均足以認定。

二、被告何春、吳夏所爲有共犯刑法第335條第1項、第339條第1項、第55條前段之
　　罪嫌，被告劉宇、楊秋、鄭冬所爲有共犯刑法第214條、第216條、第171條第1
　　項、第339條第1項、第55條前段之罪嫌。

三、依刑事訴訟法第251條第1項提起公訴。

　　　　　此致
台灣台北地方法院
　　　　　中　華　民　國　　○　○　　年　　○　　月　　○　　日
　　　　　　　　　　　　　　　　　　　　　檢察官　○　○　○

上正本證明與原本無異
　　　　　中　華　民　國　　○　○　　年　　○　　月　　○　　日
　　　　　　　　　　　　　　　　　　　　　書記官　○　○　○

　　　　本案繫屬於台灣台北地方法院時，被告吳夏聲請法院調查證據，調查事項爲：
一、被告何春是否爲甲公司之負責人？二、被告吳夏雖係甲公司之職員，但並不認識
被告何春。三、實際之租車人爲張宙。四、張宙租車時交付之丁公司支票，爲張宙所
使用，足證張宙爲租車人。被告吳夏聲請調查證據，以反證其並無參與犯行，且被告
吳夏於地院審理時，二度提出補充答辯狀，強調其出名租車，係不知情受人利用，實
際上實行侵占、詐欺犯行者乃張宙……

刑事　調查證據聲請　狀		案　　　　號	年度　　　字第　　　號		承辦股別	
		訴訟標的金額或價額	新台幣　　萬　千　百　十　元　角			
稱　　　　謂	姓　名　或　名　稱身分證統一編號或營利事業統一編號	住居所或營業所、郵遞區號及電話號碼電子郵件位址			送達代收人姓名、住址、郵遞區號及電話號碼	
聲　請　人即　被　告	吳　夏	台北市○○路○段○○○號				
爲81年度易字第○○號被告涉嫌詐欺等案件，依法聲請調查證據事： 　　按地檢署檢察官以「何春係台北市○○路○○號○○樓甲股份有限公司負責						

人，79年○月○日夥同職員吳夏意圖爲自己不法之所有，向劉宇租用……委託出租之99-○○○○號福特轎車乙輛，得手後侵占入己，持向不知情之李○○騙購10萬元之廚具……」；而以「被告劉宇、鄭多、楊秋、吳夏，證人李○○供述甚爲詳細，並有借用轎車合約書，借用汽車切結書……」爲證，而起訴被告及另被告何春共犯刑法第335條第1項、第339條第1項之罪嫌，惟與事實不符，懇請 鈞院賜予詳查下列證據，必能使眞相大白：

一、甲、乙及丙等股份有限公司之關係：

按起訴書稱「何春係……甲股份有限公司負責人」，惟何春於致李○○之切結書中，何以載稱：「丙貿易有限公司何春」（見被證一）；地檢署檢察官於81年○月○日訊問被告何春稱：「乙、甲公司是誰經營？」何某答稱：「沈○○、呂○○、楊○○」；則乙、甲及丙股份有限公司間之關係如何？被告何某又是否爲甲公司之負責人均甚質疑、實有調查之必要。

二、被告雖係甲公司之職員，惟與何春素未謀面：

次按地檢署檢察官率稱被告與何春「共犯」，惟被告與何某素未謀面，懇請 鈞院訊問何某、傳喚證人余○○（住台北市○○路○○巷○○弄○○號○○樓）、徐○○（住台北市○○區○○街○○巷○○弄○○號）到庭作證，必可瞭然該事實。

三、本案實際之租車人係張宙：

再按借用轎車合約書、借用汽車切結書上之名義，雖係被告吳夏，惟地檢署於80年11月○日訊問劉宇稱：「鄭多的車子是誰向你租的？」劉某答：「甲貿易公司張經理。」（見偵查卷第○○頁、偵查卷第○○頁）又答：「租給甲貿易公司經理張宙。」（見偵查卷第○○頁）除上述外，內政部警政署公路警察局第○隊刑事案件報告書於犯罪事實欄中稱：「99-○○○○號自小客車，於80年○月中旬，由劉宇辦理出租手續，租借與台北市○○路○○號丙貿易股份有限公司張經理（名字不詳），逾期未還。」（見被證二）台灣彰化地方法院檢察署檢察官80年度偵字第○○號不起訴處分書，亦載稱：「80年○月中旬，由劉宇將該車租與台北市○○路○○號丙貿易股份有限公司張經理逾期未還（見被證三）。再者 鈞院可訊問證人余○○、徐○○、劉宇、許○○（住台北市○○路○○段○○巷○○弄○○號○○樓）。」

四、丁公司之支票，係張宙所使用：

張宙向劉宇租車，曾交付支票乙紙，該支票之發票人爲「丁公司」（見被證四）；該支票由中國時報80年○月○日第六版稱：「被害人說：涉嫌詐騙的丁、甲、丙公司，其負責人……辦案人員現在循線追查張宙……」（見被證

五），則該租車係張宙所為，被告僅借與名義。懇請
鈞院對上開證人及證物，賜予傳喚並調查，以明事實，庶免冤抑。
　　　　　謹狀
台灣台北地方法院刑事庭　公鑒

證　物　名　稱 及　　件　　數	被證一：80年○月○日切結書影本一份。 被證二：內政部警政署公路警察局第○隊刑事案件報告書影本一份。 被證三：台灣彰化地方法院檢察署檢察官80年度偵字第○○號不起訴處分書影本一份。 被證四：台北市銀行○○分行為付款行之支票影本一紙。 被證五：80年○月○日中國時報第○版影本一紙。

中　　華　　民　　國　　　年　　　月　　　日
具狀人　　吳　夏　　　　　　簽名 　　　　　　　　　　　　　　　　　　蓋章

刑事　補充答辯㈠　狀	案　　　號	年度　　字第　　號	承辦 股別
	訴訟標的 金額或價額	新台幣　萬　千　百　十　元　角	

稱　　　謂	姓　名　或　名　稱 身分證統一編號或 營利事業統一編號	住居所或營業所、郵遞區號 及電話號碼電子郵件位址	送達代收人姓 名、住址、郵遞 區號及電話號碼
答　辯　人 即　被　告	吳　夏	年籍等詳卷	

為81年度易字第○○號被告吳夏涉嫌詐欺乙案，依法補充答辯事：
一、按共犯之成立，須行為人在主觀上有犯意之聯絡。今被告與共犯何春素未謀面（見台北地檢署81年○月○日之訊問筆錄），毫不相識（見81年○月○日鈞院筆錄），則何來犯意聯絡之有？懇請　鈞院詳查。
二、再者，本案關鍵人物實係張宙，借用他人名義而行騙，乃其慣用手法（參見中國時報80年○月○日第○版）。被告涉世未深，且進入公司未達一月，對該公司之內幕尚無所悉，租車簽約之時，因另被告劉宇要求須由帶駕照者「出名」，當時僅被告一人帶有駕照，遂不疑有他，而善意地為公司「出名」為汽

車承租人，實際上未曾使用該車，亦無詐欺、侵占之犯行。爲此懇請
鈞院鑒核，以明事實眞相。

　　　　　謹狀

台灣台北地方法院刑事庭　公鑒

證　物　名　稱及　　件　　數	

中　　　　華　　　　民　　　　國　　　　年　　　　月　　　　日	

　　　　　　　具狀人　　吳　夏　　　　　　簽名
　　　　　　　　　　　　　　　　　　　　　　蓋章

刑事　補充答辯(二)　狀		案　　　　號	年度　　字第　　號	承辦股別	
		訴訟標的金額或價額	新台幣　萬　千　百　十　元　角		
稱　　　　　謂	姓　名　或　名　稱身分證統一編號或營利事業統一編號	住居所或營業所、郵遞區號及電話號碼電子郵件位址		送達代收人姓名、住址、郵遞區號及電話號碼	
答　辯　人即　被　告選　　　任辯　護　人	吳　夏李○○律師	台北市○○路○○段○○號			

一、本案轎車係張宙所侵占、詐欺，與答辯人無關：
　　依劉宇於81年○月○日在　鈞院稱：「……有一自稱張經理的人來見我，我要
　　一人出面蓋章，他們就叫吳夏出面以其駕照登記蓋章，……第二天公司就大搬
　　家，張經理就跑掉了，我的車也被他（指張經理）侵占了。」「公司內約有十
　　人，我所看到最高職位的人即張經理」云云；及證人余○○於同日在　鈞院結
　　證稱：「……租車當時我在場，吳夏所說確是實情，是應張宙經理的要求才拿
　　出其駕照，車子均是張宙每天在使用。」足見本案轎車確係張宙經理所侵占，
　　至於答辯人吳夏毫無所知，而僅因不知情受人利用。
二、本案被告何春既非甲公司之負責人，與答辯人亦毫無所識：
　　次按何春於81年○月○日在　鈞院稱：「我只代管倉庫，我不是負責人。」
　　劉宇亦稱：「我沒見過何春。」證人郭○○又稱：「認識（何春），有一點印

象，他也是受僱人，好像是看守倉庫的。」足證何春並非甲公司之負責人。復依戊徵信股份有限公司之徵信報告（見被證六），亦足以證實何春並非甲公司之負責人。至於被告何春與答辯人毫不相識，正如　鈞院問何春稱：「你認識吳夏否？」何某答稱：「不認識。」則地檢署檢察官於起訴書犯罪事實欄中稱：「何春係……甲公司負責人，79年○月○日夥同職員吳夏……」，與事實大相逕庭。

綜上所陳，答辯人並無詐欺、侵占之犯行，懇請

鈞院詳查，賜予無罪之判決，庶免冤抑。

鈞院鑒核，以明事實眞相。

　　　　　　　謹狀

台灣台北地方法院刑事庭　公鑒

證　物　名　稱 及　　件　　數	被證六：戊徵信股份有限公司徵信報告影本一份。

中　　華　　民　　國　　　　年　　　　月　　　　日
具狀人　　吳　夏　　　　　　　簽名蓋章

　　台灣台北地方法院審理本案，認爲鄭冬、楊秋罪證確鑿，犯行至堪認定，各處有期徒刑三月，楊秋於本案判決前，未曾受有期徒刑之宣告，法院認爲以暫不執行爲適當，宣告緩刑三年；被告吳夏、劉宇不能證明犯罪，故判決吳、劉二人無罪。

台灣台北地方法院刑事判決　　　　　　　　　　　　　81年度易字第○○號
　　公　訴　人　台灣台北地方檢察署檢察官
　　被　　　告　吳　夏　男　三十九歲（42年○月○日）
　　　　　　　　　　　　　　住台北市○○路○○段○○號
　　選任辯護人　李○○律師
　　被　　　告　鄭　冬　男　四十四歲（37年○月○日）
　　　　　　　　　　　　　　住台北市○○路○○號○○樓
　　被　　　告　楊　秋　女　四十二歲（39年○月○日）　　住同右
　　上二人共同
　　選任辯護人　賴○○律師
　　被　　　告　劉　宇　男　四十歲（41年○月○日）

　　　　　　　　　住台北市○○路○○段○○巷○○號○○樓

上列被告因詐欺等案件，經檢察官提起公訴（80年度偵字第○○號　81年度偵字第○○號），本院判決如下：

　　主文

鄭冬、楊秋共同意圖欲自己不法之所有，以詐術使人將本人之物交付，各處有期徒刑三月，楊秋緩刑三年。

吳夏、劉宇均無罪。

　　事實

一、鄭冬、楊秋係夫妻，於民國79年○月間，將其所有以羅○○名義購得之福特牌轎車乙輛委託劉宇出租，劉宇於同年○月○日將該車出租與甲股份有限公司，經該公司負責人侵占捲逃。鄭冬、楊秋竟共同意圖為自己不法之所有，於80年○月○日，由鄭冬以楊秋名義向台北市政府警察局城中分局刑事組及○○街派出所，未指定犯人而誣告該轎車被竊，使該分局出具不實之失竊報案證明書，足以生損害於公眾，復由鄭冬以楊秋名義填具「汽車出險通知單」，於80年○月○日持向台灣產物保險公司詐領保險金新台幣（以下同）20萬元。

二、案經內政部警政署公路警察局第○隊移送台灣嘉義地方檢察署，由台灣高等檢察署移轉台灣台北地方檢察署檢察官偵查起訴。

三、公訴意旨另以：㈠被告吳夏係甲股份有限公司職員，夥同該公司負責人何春（另行審理，尚未判決）侵占前開轎車，認其犯有刑法第335條第1項侵占罪嫌。㈡被告劉宇受鄭冬、楊秋之委託，出租前開轎車與甲股份有限公司，知情該轎車並未失竊，竟夥同鄭冬、楊秋向警察機關謊報失竊，並冒領保險金，因認其犯刑法第214條、第216條、第171條第1項、第339條第1項之罪嫌。

　　理由

一、關於被告鄭冬、楊秋部分：

　　㈠訊據被告鄭冬、楊秋對於渠二人所有之福特牌轎車，於79年○月間委託劉宇出租，而由鄭冬於80年○月○日向台北市政府警察局城中分局申報被竊，復持報案證明向台灣產物保險公司領取保險金20萬元等事實坦白承認，並有報案證明書、汽車出險通知書、委託書附於台灣台北地方法院檢察署檢察官80年度偵字第○○號案卷（第○○-○○頁）可稽。被告二人固辯稱：因劉宇告稱該轎車被竊，故據實向警察機關報案，而向保險公司領取保險金，不知該轎車係被他人侵占云云。第查：該轎車被甲股份有限公司自稱「張經理」之人侵占捲逃後，劉宇曾打電話向被告鄭冬據實告知其事，並未謊稱轎車被竊等情，迭據劉宇於警訊時及偵審中供明，並經職員許○○供證無異。且被告鄭冬於81年○月○日審理中亦供稱：「他（按指劉宇）沒明說報什麼案。」況被告鄭冬係向城

中警察分局報稱該輛車於80年○月○日在台北市○○路其住宅前被竊，此有報案證明在卷可稽。而該輛車早於79年○月間被侵占，被告等諉稱係劉宇告知被竊云云，顯係圖卸刑責之詞，殊無足採，被告等犯行至堪認定，應予依法論科。

㈡核被告鄭多、楊秋所為，係犯刑法第171條第1項、第214條、第216條、第339條第1項之罪。其未指定犯人而誣告，行使公務員職務上登載不實之文書，詐領保險金等犯行有方法結果之牽連犯關係，應從一重處斷。被告二人彼此之間有犯意聯絡及行為分擔，係共同正犯，爰酌情各量處如主文所示之刑。又被告楊秋未曾受有期徒刑以上刑之宣告，因須撫育子女，本件之刑認以暫不執行為適當，爰宣告緩刑三年，以策自新。

二、關於被告吳夏部分：訊據被告吳夏否認夥同甲公司負責人侵占前開輛車，辯稱：甲公司係一詐欺集團虛設之公司，渠事先不知情，而與余○○、徐○○等人閱報前往應徵擔任職員，79年○月○日，劉宇、許○○駕駛前開輛車至台北市○○路○○號○○樓交車時，該公司自稱「張宙」之負責人向劉宇稱未帶駕駛執照，而當場要求職員代填「借用輛車合約書」，渠自告奮勇將駕照提出填寫，事實上該輛車係由「張宙」其人使用，且「張宙」其人逃匿後，渠曾打電話給劉宇，告知其事，並要求取消所填合約書等語。經查：被告吳夏所辯業據劉宇、許○○、余○○、徐○○一致供證明白，其所辯解堪以採信，本件不能證明其犯罪，應諭知無罪。

三、關於被告劉宇部分：訊據被告劉宇否認夥同鄭多、楊秋謊報前開輛車失竊而冒領保險金，辯稱：渠於輛車被侵占後，係據實向鄭多告知其事，鄭多何以謊報失竊而冒領保險金渠不知情等語。經查：謊報輛車被竊及冒領保險金等犯行係被告鄭多、楊秋二人所為等情，已如理由第一項所述，被告劉宇所辯堪以採信，本件不能證明其犯罪，應諭知無罪。

據上論斷，應依刑事訴訟法第299條第1項前段、第301條第1項、刑法第171條第1項、第214條、第216條、第339條第1項、第55條前段、第28條、第74條第1項第1款、戡亂時期罰金罰鍰裁判費執行費公證費提高標準條例第1條判決如主文。

本案經檢察官○○○到庭執行職務。

中　華　民　國　81　年　○　月　○　日

台灣台北地方法院刑事第○庭

法官　○　○　○

上正本證明與原本無異

如不服本判決，應於送達十日內向本院提出上訴狀

中　華　民　國　81　年　○　月　○　日

書記官　○　○　○

　　　依刑事訴訟法第3條規定，檢察官爲當事人之一；復依同法第344條第1項前段規定，當事人對於下級法院之判決有不服者，得上訴於上級法院，檢察官對於本案之判決不服，自得上訴於台灣高等法院。本案檢察官認爲被告吳夏、劉宇被判決無罪，尙有可議之處，對吳夏、劉宇部分提起上訴。

台灣台北地方檢察署檢察官上訴書　　　　　　　　　　　　81年度上易字第○○號
　　被　　告　吳　夏　男　三十九歲（42年○月○日）
　　　　　　　　　　　住台北市○○路○○段○○號
　　　　　　劉　宇　男　四十歲（41年○月○日）
　　　　　　　　　　　住台北市○○路○○段○○巷○○號○○樓
上列被告因詐欺等案件，經台灣台北地方法院於中華民國81年○月○日爲第一審判決（81年度易字第○○號），本檢察官於81年○月○日收受判決正本，茲對於原判決聲明不服，提起上訴，並將上訴理由敘述如下：
一、被告吳夏與何春及不詳姓名之張宙等共同向劉宇詐騙福特牌轎車乙輛，被告吳夏與詐欺集團有關係，其所辯不認識詐欺集團之人乃卸脫刑責之詞，原判決未查明甲、乙公司對外詐欺之其他案件與被告吳夏有否關係，即判決被告無罪，尙欠允洽。
二、被告劉宇與被告楊秋、鄭多係共同謊報失竊詐領汽車保險費，經鄭多供述甚爲詳細，原判決判決被告劉宇無罪，僅對楊秋、鄭多論罪科刑，適用法律尙有可議之處。
　　　綜上所述，原判決認事用法尙嫌未洽，爰依刑事訴訟法第344條第1項前段，第361條提起上訴，請將原判決撤銷，更爲適當合法之判決。
　　　　　此致
台灣台北地方法院　轉呈
台灣高等法院
　　　中　華　民　國　　81　　　年　　　○　　　月　　　○　　　日
　　　　　　　　　　　　　　　　檢察官　○　○　○

　　　吳夏於台灣高等法院審理中，提出答辯狀，辯稱其與詐欺集團並不認識，不知情而受僱於詐欺集團僅數十天，實際租車及使用者乃張宙，且與其同時被錄用者有余○○、徐○○，對於租車事宜知之甚詳，均可證明吳夏未參與犯行。

刑事 答辯 狀	案　　　號	年度	字第	號	承辦股別
	訴訟標的金額或價額	新台幣　萬　千　百　十　元　角			

稱　　　謂	姓　名　或　名　稱身 分 證 統 一 編 號 或營 利 事 業 統 一 編 號	住居所或營業所、郵遞區號及電話號碼電子郵件位址	送達代收人姓名、住址、郵遞區號及電話號碼
答 辯 人即 被 告	吳 夏	台北市○○路○○段○○號	

為81年度上易字第○○號被告涉嫌詐欺乙案，依法提出答辯案：

一、被告並無狡辯而圖脫刑責：

　㈠本案實際之租車人係為張宙：

　　緣被告於民國79年○月中旬受僱於甲股份有限公司，同時被錄用者，尚有徐○○、余○○等共六名。於同年○月中旬該公司副總經理張宙向○○車行劉宇租用乙輛福特車作為公務用，因劉宇要求須由帶駕照者「出名」，當時公司中僅被告一人帶有駕照，遂為公司「出名」為汽車承租人，租期為79年○月○日至80年○月○日止，此有租車契約為證。

　㈡同年○月下旬公司突然宣布改組，被告與其他同事一併遭解僱，於離職前被告曾告之車行劉宇，使其與張宙雙方同意租車契約作廢，一切租車事宜與被告無涉。

　㈢後經劉宇告之，該輛福特轎車係張宙於80年○月○日以個人之名義，持6萬元支票乙紙租用。足見本案轎車係為張宙所侵占致被告毫無所知。

二、被告與本案所稱之詐欺集團無涉：

　　其次，被告原受僱於甲股份有限公司期間僅數十天，與何春素未謀面，毫不相識，絕無共同詐騙之犯意聯絡行為。

　　綜上所陳，被告實無詐欺、侵占之犯行。為此依法提出答辯，並懇請　鈞院賜予傳喚證人余○○（住台北市○○路○○巷○○弄○○號○○樓）、徐○○（住台北市○○區○○街○○巷○○弄○○號）對於本案之租車事宜知之甚詳，俾益於事實真相之明瞭，以恤無辜，並判決上訴駁回，庶免冤抑，實感德便。

　　　　　　謹狀

台灣高等法院刑事庭　公鑒

證 物 名 稱 及 件 數	

| 中　　　華　　　民　　　國　　　　　年　　　　　月　　　　　日 | |
| 具狀人　　吳　夏 | 簽名 蓋章 |

　　　　台灣高等法院審理本案，認為檢察官之上訴無理由，駁回檢察官之上訴，本案屬刑法第61條第4款之罪，依刑事訴訟法第376條規定，不得上訴於第三審法院，本案因台灣高等法院判決即告確定。

台灣高等法院刑事判決　　　　　　　　　　　　　　　　82年度上易字第○○號
　　上　訴　人　台灣台北地方檢察署檢察官
　　被　　　告　鄭　冬　男　四十五歲（民國37年○月○日生）　　業商
　　　　　　　　　　　　　　住台北市○○路○○號○○樓
　　　　　　　　楊　秋　女　四十三歲（民國39年○月○日生）　　業商　住同右
　　吳　夏　男　四十歲（民國42年○月○日生）　　　業工
　　　　　　　　　　　住台北市○○路○○段○○號
　　上一人選任
　　辯　護　人　李○○律師
　　被　　　告　劉　宇　男　四十一歲（民國41年○月○日生）　　業司機
　　　　　　　　　　　　　　住台北市○○路○○巷○○號○○樓
上列上訴人，因被告等詐欺等案件，不服台灣台北地方法院：中華民國81年○月○日第一審判決（81年度易字第○○號）提起上訴，本院判決如下：
　　主文
上訴駁回。
　　事實
鄭冬、楊秋夫妻二人於民國79年○月間，將其所有以羅○○名義購買之福特牌轎車乙輛，委託劉宇出租。劉宇於同年○月○日將該車出租與甲股份有限公司。嗣該公司負責人將該車侵占逃走。鄭冬、楊秋竟共同意圖為自己不法之所有，於80年○月○日，由鄭冬以楊秋名義向台北市政府警察局城中分局刑事組及○○街派出所，未指定犯人而誣告該輛車被竊，使該派出所出具不實之失竊報告證明書，足以生損害於公眾，復由鄭冬以楊秋名義填具汽車出險通知書，於80年○月○日持向台灣產物保險公司詐領保險金新台幣20萬元。案經內政部警政署公路警察局第○隊移送原審檢察

官偵查起訴。

公訴意旨以㈠被告吳夏係甲股份有限公司職員，夥同該公司負責人何春（另案審理）侵占前述轎車，認有犯刑法第335條第1項之侵占罪嫌；㈡被告劉宇受鄭冬、楊秋之委託，出租前述轎車與甲股份有限公司，明知該轎車並未失竊，竟與鄭冬、楊秋向警察機關謊報失竊，並冒領保險金，因認其有犯刑法第214條、第216條、第271條第1項、第339條第1項之罪嫌。

　　理由

一、關於被告鄭冬、楊秋部分：

　　訊據被告鄭冬、楊秋對其將所有之福特牌轎車乙輛，於79年○月間委託劉宇出租，而由鄭冬於80年○月○日未指定犯人，向台北市政府警察局城中分局刑事組及○○街派出所誣告失竊，取得報案證明書，持向台灣產物保險公司領取新台幣20萬元保險金等事實，均分別供認不諱，並有失竊報告證明書（見警局卷第○頁）及汽車出險通知委付書（見台北地檢署偵查卷第○○-○○頁）附卷可稽，犯行足以認定。

　　本院審理中被告鄭冬、楊秋雖均以因劉宇說該轎車被竊，故向警察機關報案，而向保險公司領取保險金，不知該轎車係被他人侵占等語為辯解。惟查該轎車被甲股份有限公司自稱「張經理」之人侵占逃走後，劉宇即用電話告知被告鄭冬，並未謊稱轎車被竊等情，業據劉宇於本院及原審偵審中迭次供明在卷，並經證人許○○於原審供證無異，且被告鄭冬向城中警察分局報案，該轎車係於80年○月○日在台北市○○路住宅前被竊，其實該轎車已早於79年○月間即被侵占，被告等所為之辯解，顯係推卸刑責之詞，殊無可採。

　　原審以告鄭冬、楊秋夫妻二人，未指定犯人向警察機關誣告其轎車失竊，使公務員為不實之登載，足以生損害於公眾，進而持以行使，登載不實之低度行為，應為行使之高度行為所吸收，行使該登載不實之文書，詐領保險金，其間均有牽連關係，應從一重之詐欺罪處斷；又被告二人彼此間有犯意聯絡及行為分擔，均係共同正犯，適用刑法第171條第4項、第214條、第216條、第339條第1項、第55條前段、第38條、第74條第1項第1款、罰金罰鍰裁判費執行費公證費提高標準條例第1條、審念被告等已將詐領之保險金退還，酌情各處有期徒刑三月，並念被告楊秋前此未曾受有期徒刑以上刑之宣告，因須撫育子女，經此教訓，認無再犯之虞，所處之刑以暫不執行為適當，爰諭知緩刑三年，認事用法均無不合，被告鄭冬上訴否認犯罪，檢察官上訴認被告劉宇亦係共犯，均難認為有理由，應予駁回。

二、關於被告吳夏、劉宇部分：

　　訊據被告吳夏辯稱、伊與余○○、徐○○等人閱報前往甲股份有限公司應徵擔任

　　職員，於79年○月○日劉宇、許○○駕駛該轎車至台北市○○路○○號○○樓交
車時，該公司自稱「張宙」之負責人，向劉宇稱未帶駕駛執照，而當場命公司職
員代填「借用轎車合約書」，伊遂將駕照提出填寫，事實上該轎車係由「張宙」
者使用，於發覺「張宙」逃匿後，伊即打電話給劉宇告知其事，否認有與甲公司
負責人侵占該轎車等不法行為，經核與被告劉宇、證人許○○、余○○、徐○○
等於原審供證之情節相符，是被告吳夏所為之辯解，尚非不可採信。

　　訊據被告劉宇辯稱，伊發覺該轎車被侵占後，即據實告知鄭冬，至於鄭冬何以謊
報失竊而冒領保險金，伊無分文利益，事前毫不知情，矢口否認其有犯罪行為。

　　查本案謊報轎車失竊，取得失竊報案證明書，冒領保險金，係被告鄭冬、楊秋二
人所為，並不足以證明被告劉宇確有參與犯罪，被告劉宇所為之辯解，亦非不可
採。

　　原審以被告吳夏、劉宇犯罪均屬不能證明，因而諭知被告等無罪，於檢察官上訴
指摘原判決此部分不當，認為無理由，應該駁回。

據上論結，應依刑事訴訟法第368條判決如主文。

本件經檢察官○○○到庭執行職務。

　　　　　中　華　民　國　　82　　年　　○　　月　　○　　日
　　　　　　　　　　　台灣高等法院刑事第○庭
　　　　　　　　　　　審判長法官　○　○　○
　　　　　　　　　　　　　　法官　○　○　○
　　　　　　　　　　　　　　法官　○　○　○

上正本證明與原本無異

不得上訴

　　　　　中　華　民　國　　82　　年　　○　　月　　○　　日
　　　　　　　　　　　　　　書記官　○　○　○

附　録

附錄一　法律統一用字表

62年3月13日立法院（第1屆）第51會期第5次會議及第78會期第17次會議認可

用字舉例	統一用字	曾見用字	說　明
公布、分布、頒布	布	佈	
徵兵、徵稅、稽徵	徵	征	
部分、身分	分	份	
帳、帳目、帳戶	帳	賬	
韭菜	韭	韮	
礦、礦物、礦藏	礦	鑛	
釐訂、釐定	釐	厘	
使館、領館、圖書館	館	舘	
穀、穀物	穀	谷	
行蹤、失蹤	蹤	踪	
妨礙、障礙、阻礙	礙	碍	
賸餘	賸	剩	
占、占有、獨占	占	佔	
牴觸	牴	抵	
雇員、雇主、雇工	雇	僱	名詞用「雇」
僱、僱用、聘僱	僱	雇	動詞用「僱」
贓物	贓	臟	
黏貼	黏	粘	
計畫	畫	劃	名詞用「畫」
策劃、規劃、擘劃	劃	畫	動詞用「劃」
蒐集	蒐	搜	
菸葉、菸酒	菸	煙	
儘先、儘量	儘	盡	
麻類、亞麻	麻	蔴	
電表、水表	表	錶	
擦刮	刮	括	

用字舉例	統一用字	曾見用字	說　明
拆除	拆	撤	
磷、硫化磷	磷	燐	
貫徹	徹	澈	
澈底	澈	徹	
只	只	祇	副詞
並	並	并	連接詞
聲請	聲	申	對法院用「聲請」
申請	申	聲	對行政機關用「申請」
關於、對於	於	于	
給與	與	予	給與實物
給予、授予	予	與	給予名位、榮譽等抽象事物
紀錄	紀	記	名詞用「紀錄」
記錄	記	紀	動詞用「記錄」
事蹟、史蹟、遺蹟	蹟	跡	
蹤跡	跡	蹟	
糧食	糧	粮	
覆核	覆	複	
復查	復	複	
複驗	複	復	

附錄二　法律統一用語表

62年3月13日立法院（第1屆）第51會期第5次會議認可

統一用語	說　明
「設」機關	如：「教育部組織法」第五條：「教育部設文化局，……」。
「置」人員	如：「司法院組織法」第九條：「司法院置秘書長一人，特任。……」。
「第九十八條」	不寫為：「第九八條」。
「第一百條」	不寫為：「第一○○條」。
「第一百十八條」	不寫為：「第一百『一』十八條」。
「自公布日施行」	不寫為：「自公『佈』『之』日施行」。
「處」五年以下有期徒刑	自由刑之處分，用「處」，不用「科」。
「科」五千元以下罰金	罰金用「科」不用「處」，且不寫為：「科五千元以下『之』罰金」。
「處」五千元以下罰鍰	罰鍰用「處」不用「科」，且不寫為：「處五千元以下『之』罰鍰」。
準用「第○條」之規定	法律條文中，引用本法其他條文時，不寫「『本法』第○條」而逕書「第○條」。如：「違反第二十條規定者，科五千元以下罰金」。
「第二項」之未遂犯罰之	法律條文中，引用本條其他各項規定時，不寫「『本條』第○項」，而逕書「第○項」。如刑法第三十七條第四項「依第一項宣告褫奪公權者，自裁判確定時發生效力。」
「制定」與「訂定」	法律之「創制」，用「制定」；行政命令之制作，用「訂定」。
「製定」、「製作」	書、表、證照、冊據等，公文書之製成用「製定」或「製作」，即用「製」不用「制」。
「一、二、三、四、五、六、七、八、九、十、百、千」	法律條文中之序數不用大寫，即不寫為「壹、貳、參、肆、伍、陸、柒、捌、玖、佰、仟」。
「零、萬」	法律條文中之數字「零、萬」不寫為：「○、万」。

附錄三　臺灣高等法院以下各級法院民刑事案件案號字別及案件種類對照表

一、地方法院部分

（一）民事事件

案件種類	案號字別名稱	案件種類說明
民事訴訟	訴	第一審通常訴訟事件
	重訴	第一審重大通常訴訟事件
	勞訴	第一審勞資爭議訴訟事件
	重勞訴	第一審重大勞資爭議訴訟事件
	國貿	第一審國際貿易訴訟事件
	保險	第一審保險訴訟事件
	海商	第一審海商訴訟事件
	仲訴	撤銷仲裁判斷、仲裁和解或仲裁調解事件
	續	第一審繼續審判事件
	勞續	第一審勞資爭議繼續審判事件
	重續	重大訴訟繼續審判事件
	除	除權判決事件
	除更	除權判決更審事件
	訴更	第一審通常訴訟更審事件
	重訴更	第一審重大通常訴訟更審事件
	勞訴更	第一審勞資爭議更審事件
	重勞訴更	第一審重大勞資爭議更審事件
	國貿更	第一審國際貿易更審事件
	保險更	第一審保險更審事件
	海商更	第一審海商更審事件
	仲訴更	撤銷仲裁判斷，仲裁和解或仲裁調解之更審事件
	續更	第一審繼續審判更審事件
	勞續更	第一審勞資爭議繼續審判更審事件

案件種類	案號字別名稱	案件種類說明
	重續更	重大訴訟繼續審判更審事件
	醫	第一審醫療糾紛損害賠償訴訟事件（92.03新增）
	消	第一審消費訴訟事件（含侵權責任、契約責任、特種買賣、廣告責任）（92.03新增）
	建	第一審「營造業法第六十七條之一規定之工程糾紛訴訟事件」（下稱營建工程訴訟事件）（100.01修正）
	公	第一審公害糾紛訴訟事件（92.03新增）
	金	第一審證券交易、銀行金融管制訴訟事件（92.03新增）
	醫更	第一審醫療糾紛損害賠償更審事件（92.03新增）
	消更	第一審消費訴訟更審事件（92.03新增）
	建更	第一審營建工程訴訟更審事件（93.03修正）
	公更	第一審公害糾紛訴訟更審事件（92.03新增）
	金更	第一審證券交易、銀行金融管制訴訟更審事件（92.03新增）
	調訴	宣告調解無效或撤銷調解事件（94.04新增）
	他調訴	宣告調解、調處、協議或裁決無效或撤銷調解、調處、協議或裁決事件（依鄉鎮市調解條例、著作權法、消費者保護法、證券投資人及期貨交易人保護法、公害糾紛處理法等或其他法律成立之調解、調處、協議或裁決）（94.04新增）
	調訴更	「調訴」之更審事件（94.04新增）
	他調訴更	「他調訴」之更審事件（94.04新增）
家事訴訟	家訴	第一審家事通常訴訟事件（102.05刪除）
	重家訴	第一審重大家事通常訴訟事件（102.05刪除）
	婚	婚姻事件（102.05刪除）
	親	親子關係事件（102.05刪除）
	家續	第一審家事繼續審判事件（102.05刪除）
	重家續	第一審重大家事訴訟繼續審判事件（102.05刪除）
	家訴更	第一審家事通常訴訟更審事件（102.05刪除）
	重家訴更	第一審重大家事訴訟更審事件（102.05刪除）
	婚更	婚姻更審事件（102.05刪除）
	親更	親子關係更審事件（102.05刪除）

案件種類	案號字別名稱	案件種類說明
	家續更	第一審家事繼續審判更審事件（102.05刪除）
	重家續更	第一審重大家事訴訟繼續審判更審事件（102.05刪除）
	調家訴	宣告家事調解無效或撤銷家事調解事件（94.04新增）（102.05刪除）
	調家訴更	「調家訴」之更審事件（94.04新增）（102.05刪除）
國賠—訴訟	國	國家賠償通常訴訟事件
	重國	國家賠償重大訴訟事件
	國簡	國家賠償簡易訴訟事件
	國更	國家賠償通常訴訟更審事件
	重國更	國家賠償重大訴訟更審事件
	國簡更	國家賠償簡易訴訟更審事件
	國小	國家賠償小額訴訟事件
	國小更	國家賠償小額訴訟更審事件
公職人員選舉	選	第一審選舉訴訟事件
	選更	第一審選舉更審事件
民事再審	再	第一審再審事件
	勞再	第一審勞資爭議再審事件
	家再	第一審家事再審事件（102.05刪除）
	婚再	第一審婚姻再審事件（102.05刪除）
	國再	第一審國家賠償再審事件
	重再	第一審重大再審事件
	重勞再	第一審重大勞資爭議再審事件
	重家再	第一審重大家事再審事件（102.05刪除）
	再簡	第一審簡易程序再審事件
	勞再簡	第一審簡易勞資爭議再審事件
	家再簡	第一審簡易家事再審事件（102.05刪除）
	國再簡	第一審簡易國家賠償再審事件
	再簡上	「再簡」之上訴事件
	勞再簡上	「勞再簡」之上訴事件
	家再簡上	「家再簡」之上訴事件（102.05刪除）

案件種類	案號字別名稱	案件種類說明
	國再簡上	「國再簡」之上訴事件
	再簡抗	「再簡」之抗告事件
	勞再簡抗	「勞再簡」之抗告事件
	家再簡抗	「家再簡」之抗告事件（102.05刪除）
	國再簡抗	「國再簡」之抗告事件
	再易	對簡易第二審確定判決提起再審之訴
	再易更	「再易」之更審事件
	勞再易	對簡易勞資爭議第二審確定判決提起再審之訴
	家再易	對家事簡易第二審確定判決提起再審之訴（102.05刪除）
	國再易	對國家賠償簡易第二審確定判決提起再審之訴
	再更	「再」之更審事件
	勞再更	「勞再」之更審事件
	家再更	「家再」之更審事件（102.05刪除）
	國再更	「國再」之更審事件
	重再更	「重再」之更審事件
	重勞再更	「重勞再」之更審事件
	重家再更	「重家再」之更審事件（102.05刪除）
	再簡更	「再簡」之更審事件
	勞再簡更	「勞再簡」之更審事件
	家再簡更	「家再簡」之更審事件（102.05刪除）
	再簡上更	「再簡上」之更審事件
	勞再簡上更	「勞再簡上」之更審事件
	家再簡上更	「家再簡上」之更審事件（102.05刪除）
	再簡抗更	「再簡抗」之更審事件
	勞再簡抗更	「勞再簡抗」之更審事件
	家再簡抗更	「家再簡抗」之更審事件（102.05刪除）
	再小	第一審小額訴訟程序再審事件
	勞再小	第一審小額勞資爭議再審事件
	家再小	第一審家事再審事件（102.05刪除）
	國再小	第一審小額國家賠償再審事件

案件種類	案號字別名稱	案件種類說明
	再小上	「再小」之上訴事件
	勞再小上	「勞再小」之上訴事件
	家再小上	「家再小」之上訴事件（102.05刪除）
	國再小上	「國再小」之上訴事件
	再小抗	「再小」之抗告事件
	勞再小抗	「勞再小」之抗告事件
	家再小抗	「家再小」之抗告事件（102.05刪除）
	國再小抗	「國再小」之抗告事件
	再微	對小額第二審確定判決提起再審之訴
	勞再微	對小額勞資爭議第二審確定判決提起再審之訴
	家再微	對小額家事事件第二審確定判決提起再審之訴（102.05刪除）
	國再微	對國家賠償小額第二審確定判決提起再審之訴
	再微更	「再微」之更審事件
	再小更	「再小」之更審事件
	勞再小更	「勞再小」之更審事件
	家再小更	「家再小」之更審事件（102.05刪除）
	國再小更	「國再小」之更審事件
	再小上更	「再小上」之更審事件
	勞再小上更	「勞再小上」之更審事件
	家再小上更	「家再小上」之更審事件（102.05刪除）
	國再小上更	「國再小上」之更審事件
	再小抗更	「再小抗」之更審事件
	勞再小抗更	「勞再小抗」之更審事件
	家再小抗更	「家再小抗」之更審事件（102.05刪除）
	國再小抗更	「國再小抗」之更審事件
	勞再微更	「勞再微」之更審事件
	家再微更	「家再微」之更審事件（102.05刪除）
	國再微更	「國再微」之更審事件
	聲再	聲請或聲明事件之再審事件

案件種類	案號字別名稱	案件種類說明
	勞聲再	勞資爭議聲請或聲明事件之再審事件
	事聲再	「事聲」之再審事件（97.03新增）
	家聲再	家事聲請或聲明事件之再審事件（102.05刪除）
	再簡聲	簡易程序聲請或聲明事件之再審事件
	勞再簡聲	簡易勞資爭議聲請或聲明事件之再審事件
	家再簡聲	簡易家事聲請或聲明事件之再審事件（102.05刪除）
	家護再	「家護」之再審事件（94.08新增）（102.05刪除）
	暫家護再	「暫家護」之再審事件（94.08新增）（102.05刪除）
	緊暫家護再	停止適用（98.06修正）（102.05刪除）
	家護再更	「家護再」之更審事件（94.08新增）（102.05刪除）
	暫家護再更	「暫家護再」之更審事件（94.08新增）（102.05刪除）
	緊暫家護再更	停止適用（98.06修正）（102.05刪除）
	家護再抗	「家護抗」之再審事件（94.08新增）（102.05刪除）
	暫家護再抗	「暫家護抗」之再審事件（94.08新增）（102.05刪除）
	緊暫家護再抗	停止適用（98.06修正）（102.05刪除）
	聲再更	「聲再」之更審事件（94.08新增）
	勞聲再更	「勞聲再」之更審事件（94.08新增）
	事聲再更	「事聲再」之更審事件（97.03新增）
	家聲再更	「家聲再」之更審事件（94.08新增）（102.05刪除）
	再簡聲更	「再簡聲」之更審事件（94.08新增）
	勞再簡聲更	「勞再簡聲」之更審事件（94.08新增）
	家再簡聲更	「家再簡聲」之更審事件（94.08新增）（102.05刪除）
	家護再抗更	「家護再抗」之更審事件（94.08新增）（102.05刪除）
	暫家護再抗更	「暫家護再抗」之更審事件（94.08新增）（102.05刪除）
	緊暫家護再抗更	停止適用（98.06修正）（102.05刪除）
	緊家護再	「緊家護」之再審事件（98.06新增）（102.05刪除）
	緊家護再更	「緊家護再」之更審事件（98.06新增）（102.05刪除）
	緊家護再抗	「緊家護抗」之再審事件（98.06新增）（102.05刪除）
	緊家護再抗更	「緊家護再抗」之更審事件（98.06新增）（102.05刪除）
	簡事聲再	「簡事聲」之再審事件（98.06新增）

案件種類	案號字別名稱	案件種類說明
	家事聲再	「家事聲」之再審事件（98.06新增）（102.05刪除）
	簡事聲再更	「簡事聲再」之更審事件（98.06新增）
	家事聲再更	「家事聲再」之更審事件（98.06新增）（102.05刪除）
	智再	智慧財產事件之再審事件（100.01修正）
	智再更	「智再」之更審事件（自99年1月1日起生效）
	智聲再	智慧財產事件聲請或聲明事件之再審事件（100.01修正）
	建再	第一審營建工程再審事件（99.09新增）
	建再易	對營建工程簡易第二審確定判決提起再審之訴（99.09新增）
	婚再更	「婚再」之更審事件（100.06新增）（102.05刪除）
	全事聲再	「全事聲」之再審事件（106.11新增）
	全事聲再更	「全事聲再」之更審事件（106.11新增）
第三人撤銷訴訟	撤	第一審第三人撤銷訴訟事件（92.09新增）
	撤簡	第一審簡易程序第三人撤銷訴訟事件（92.09新增）
	撤簡上	「撤簡」之上訴事件（92.09新增）
	撤簡抗	「撤簡」之抗告事件（92.09新增）
	撤小	第一審小額訴訟程序第三人撤銷訴訟事件（92.09新增）
	撤小上	「撤小」之上訴事件（92.09新增）
	撤小抗	「撤小」之抗告事件（92.09新增）
	撤易	對簡易或小額第二審確定判決提起第三人撤銷訴訟事件（106.12新增）
公司重整	整	公司重整事件
	整更	「整」之更審事件
	整聲	公司重整事件分案前之聲請事件（97.12新增）
	整再	公司重整事件之再審事件（102.05新增）
	整再更	「整再」之更審事件（102.05新增）
民事破產及消費者債務清理	破	破產事件
	消債更	消費者債務清理之更生程序事件（97.03新增）
	消債清	消費者債務清理之清算程序事件（97.03新增）
	破更	「破」之更審事件

案件種類	案號字別名稱	案件種類說明
	消債更更	「消債更」之更審事件（97.03新增）
	消債清更	「消債清」之更審事件（97.03新增）
民事一審調解	調	通常訴訟之調解事件（97.03修正）
	家調	家事調解事件（102.05刪除）
	勞調	勞資爭議之調解事件（97.03修正）
	保險調	保險之調解事件（97.03修正）
	簡調	簡易訴訟之調解事件
	國簡調	國家賠償簡易訴訟調解事件
	家簡調	家事簡易訴訟之調解事件（102.05刪除）
	勞簡調	勞資爭議簡易訴訟之調解事件
	保險簡調	保險簡易訴訟之調解事件
	小調	小額訴訟之調解事件
	家小調	家事小額訴訟之調解事件（102.05刪除）
	勞小調	勞資爭議小額訴訟之調解事件
	國小調	國家賠償小額訴訟之調解事件
	保險小調	保險小額訴訟之調解事件
	移調	通常訴訟移付調解事件
	家移調	家事通常訴訟移付調解事件（102.05刪除）
	勞移調	勞資爭議通常訴訟移付調解事件
	保險移調	保險通常訴訟移付調解事件
	簡移調	簡易訴訟移付調解事件
	家簡移調	家事簡易訴訟移付調解事件（102.05刪除）
	勞簡移調	勞資爭議簡易訴訟移付調解事件
	保險簡移調	保險簡易訴訟移付調解事件
	小移調	小額訴訟移付調解事件
	家小移調	家事小額訴訟移付調解事件（102.05刪除）
	勞小移調	勞資爭議小額訴訟移付調解事件
	保險小移調	保險小額訴訟移付調解事件
	附民移調	刑事附帶民事訴訟移付調解事件（96.04新增）
	交附民移調	刑事交通附帶民事訴訟移付調解事件（97.12新增）

案件種類	案號字別名稱	案件種類說明
	簡附民移調	刑事簡易附帶民事訴訟移付調解事件（97.12新增）
	交簡附民移調	刑事交通簡易附帶民事訴訟移付調解事件（97.12新增）
	他調	其他調解事件（97.03修正）
	智調	智慧財產事件之調解事件（100.01修正）
	智移調	智慧財產事件之移付調解事件（100.01修正）
	智簡附民移調	經檢察官聲請以簡易判決處刑之智慧財產附帶民事訴訟移付調解事件（100.01修正）
	重附民移調	訴訟標的之金額或價額在新台幣六百萬元以上之刑事附帶民事訴訟之移付調解事件（100.06新增）
	消債調	消費者債務清理調解事件（101.01新增）
	醫調	醫療糾紛損害賠償之調解事件（101.10新增）
	醫移調	醫療糾紛損害賠償訴訟移付調解事件（101.10新增）
	醫小調	醫療糾紛損害賠償小額訴訟之調解事件（103.05新增）
	醫簡調	醫療糾紛損害賠償簡易訴訟之調解事件（103.05新增）
	建調	營建工程通常訴訟之調解事件（104.02新增）
	建移調	營建工程通常訴訟之移付調解事件（104.02新增）
	建簡調	營建工程簡易訴訟之調解事件（104.02新增）
	建簡移調	營建工程簡易訴訟移付調解事件（104.02新增）
	建小調	營建工程小額訴訟之調解事件（104.02新增）
民事其他	促	督促事件
	全	保全事件
	全聲	聲請撤銷保全裁定事件
	家全聲	聲請撤銷家事保全裁定事件（97.03新增）（102.05刪除）
	催	公示催告事件
	助	協助事件
	核	依鄉鎮市調解條例、消費者保護法、著作權法、證券投資人及期貨交易人保護法、大量解僱勞工保護法、公害糾紛處理法等或其他法律成立調解書、調處書、協議書或裁決書審核事件
	消債核	消費者債務清理之前置協商認可事件（97.03新增）
	救	聲請訴訟救助事件

案件種類	案號字別名稱	案件種類說明
	消債救	消費者債務清理之聲請訴訟救助事件（97.04新增）
	海	海商非訟事件
	水	水利會費裁定強制執行事件
	聲	其他聲請或聲明事件
	聲續	聲請或聲明事件之繼續審理事件（102.05新增）
	聲撤	非訟第三人請求撤銷或變更和解對其不利部分之事件（102.05新增）
	勞聲	勞資爭議聲請或聲明事件
	仲聲	商務仲裁聲請事件
	宅聲	收回國宅之聲請事件
	選聲	選舉聲請重新計票事件（97.01新增）
	事聲	對司法事務官所為裁定或處分之聲明異議事件（97.03新增）
	消債聲	消費者債務清理之聲請或於更生或清算程序終止或終結後之聲請事件（97.03新增）
	法	法人監督及維護事件
	拍	拍賣事件
	司	其他公司事件
	票	本票裁定強制執行事件
	仲備	商務仲裁判斷書備案事件
	仲執	商務仲裁執行裁定事件
	版	出版事件
	證	證書保存事件
	產	違反促進產業升級條例移送法院裁定強制執行事件
	家全	家事保全事件（102.05刪除）
	家催	家事公示催告事件（102.05刪除）
	家助	家事協助事件（102.05刪除）
	家核	家事鄉鎮市調解書審核事件（102.05刪除）
	家救	家事聲請訴訟救助事件（102.05刪除）
	家協	依「地方法院辦理家事調解事件實施要點」進行協議之家事非訟事件（97.12新增）（102.05刪除）

案件種類	案號字別名稱	案件種類說明
	禁	自98年11月23日停止適用（98.06修正）（102.05刪除）
	他更	「他」之更審事件（96.04新增）
	亡	宣告死亡事件（102.05刪除）
	家聲	家事聲請事件（包含家事事件確定訴訟費用額）（99.02修正）（102.05刪除）
	養聲	認可收養之聲請事件（102.05刪除）
	財管	財產管理事件（102.05刪除）
	監	未成年人監護事件、監護宣告其他聲請事件（自98年11月23日生效）（98.06修正）（102.05刪除）
	繼	繼承事件（102.05刪除）
	聲繼	大陸地區人民表示繼承事件（102.05刪除）
	家拍	家事拍賣事件（102.05刪除）
	勞執	勞資爭議執行裁定事件
	簡聲	簡易聲請事件
	勞簡聲	勞資爭議簡易聲請事件
	家簡聲	家事簡易聲請事件（102.05刪除）
	小聲	小額聲請事件
	家小聲	家事小額聲請事件（102.05刪除）
	仲認	外國仲裁判斷聲請承認事件（100.12刪除）
	地聲	依平均地權條例移送法院裁定強制執行事件
	簡聲更	「簡聲」之更審事件
	勞簡聲更	「勞簡聲」之更審事件（94.08新增）
	家簡聲更	「家簡聲」之更審事件（94.08新增）（102.05刪除）
	促更	「促」之更審事件
	全更	「全」之更審事件
	全聲更	「全聲」之更審事件
	全事聲	對司法事務官所為假扣押裁定之聲明異議事件（106.11新增）
	全事聲更	「全事聲」之更審事件（106.11新增）
	催更	「催」之更審事件

案件種類	案號字別名稱	案件種類說明
	救更	「救」之更審事件
	消債救更	「消債救」之更審事件（97.04新增）
	水更	「水」之更審事件
	聲更	「聲」之更審事件
	勞聲更	「勞聲」之更審事件
	仲聲更	「仲聲」之更審事件
	宅聲更	「宅聲」之更審事件
	事聲更	「事聲」之更審事件（97.03新增）
	消債聲更	「消債聲」之更審事件（97.03新增）
	財管更	「財管」之更審事件（102.05刪除）
	監更	「監」之更審事件（102.05刪除）
	法更	「法」之更審事件
	拍更	「拍」之更審事件
	司更	「司」之更審事件
	票更	「票」之更審事件
	仲執更	「仲執」之更審事件
	產更	「產」之更審事件
	家全更	「家全」之更審事件（102.05刪除）
	家催更	「家催」之更審事件（102.05刪除）
	家救更	「家救」之更審事件（102.05刪除）
	家聲更	「家聲」之更審事件（102.05刪除）
	養聲更	「養聲」之更審事件（102.05刪除）
	繼更	「繼」之更審事件（102.05刪除）
	聲繼更	「聲繼」之更審事件（102.05刪除）
	亡更	宣告死亡更審事件（102.05刪除）
	家拍更	「家拍」之更審事件（102.05刪除）
	勞執更	「勞執」之更審事件
	禁更	自98年11月23日停止適用（98.06修正）（102.05刪除）
	護更	「護」之更審事件（102.05刪除）

案件種類	案號字別名稱	案件種類說明
	仲認更	「仲認」之更審事件（100.12刪除）
	仲備更	「仲備」之更審事件
	護	聲請兒童停止安置或繼續、延長安置事件；依身心障礙者權益保障法聲請之保護安置事件（99.02修正）（102.05刪除）
	衛	依精神衛生法聲請停止緊急安置或強制住院事件（97.12新增）（102.05刪除）
	衛全	依精神衛生法聲請緊急處置事件（97.12新增）（102.05刪除）
	復	民事破產聲請復權（92.01新增）
	他	其他事件
	家他	其他家事事件（95.03新增）（102.05刪除）
	智全	智慧財產事件之保全事件（100.01修正）
	補	起訴時未依規定繳納裁判費者若於分案前由庭長以法官身分裁定命被繳裁判費事件
	合	於分案前，由庭長以法官身分進行當事人磋商合意選定法官審判之案件（100.09刪除）
	監宣	監護宣告事件（如監護宣告之聲請、撤銷監護宣告之聲請及變更為監護宣告之聲請事件）（99.02修正）（102.05刪除）
	輔宣	輔助宣告事件（如輔助宣告之聲請、撤銷輔助宣告之聲請及變更為輔助宣告之聲請事件）（99.02修正）（102.05刪除）
	輔聲	輔助宣告其他聲請事件（自98年11月23日生效）例如：指定應經輔助人同意之特定行為事件、許可為輔助人不同意之特定行為事件、許可輔助人辭任事件、輔助宣告選任特別代理人事件、輔助人請求報酬事件、選定、改定輔助人事件等（98.06新增）（102.05刪除）
	簡事聲	對司法事務官所為簡易事件之裁定或處分之聲明異議事件（98.06新增）
	家事聲	對司法事務官所為家事事件之裁定或處分之聲明異議事件（包含家事事件確定訴訟費用額）（99.02修正）（102.05刪除）
	簡事聲更	「簡事聲」之更審事件（98.06新增）
	家事聲更	「家事聲」之更審事件（98.06新增）（102.05刪除）

案件種類	案號字別名稱	案件種類說明
	監宣更	「監宣」之更審事件（自98年11月23日生效）（98.10新增）（102.05刪除）
	輔宣更	「輔宣」之更審事件（自98年11月23日生效）（98.10新增）（102.05刪除）
	輔聲更	「輔聲」之更審事件（自98年11月23日生效）（98.10新增）（102.05刪除）
	陸助	大陸地區法院委託我方法院協助之民事事件（99.02新增）
	家陸助	大陸地區法院委託我方法院協助之家事事件（99.04新增）（102.05刪除）
	消債全	消費者債務清理保全事件（100.09新增）
	消債全聲	聲請變更、延長或撤銷消費者債務清理事件保全裁定事件（100.09新增）
	消債全更	「消債全」之更審事件（100.09新增）
	消債全聲更	「消債全聲」之更審事件（100.09新增）
	陸許	大陸地區作成之民事確定裁判聲請裁定認可事件（100.12新增）
	陸許更	「陸許」之更審事件（100.12新增）
	家陸許	大陸地區作成之家事確定裁判聲請裁定認可事件（100.12新增）（102.05刪除）
	家陸許更	「家陸許」之更審事件（100.12新增）（102.05刪除）
	仲許	外國或香港、澳門仲裁判斷聲請裁定承認事件（100.12新增）
	仲許更	「仲許」之更審事件（100.12新增）
	陸仲許	大陸地區仲裁判斷聲請裁定認可事件（100.12新增）
	陸仲許更	「陸仲許」之更審事件（100.12新增）
	消債調核	鄉鎮市區調解委員會依消費者債務清理前置調解程序成立之調解書審核事件（101.01新增）
	消債職聲免	法院依職權裁定免責或不免責事件（消費者債務清理條例第132、133、134條）（101.01新增）（102.05修正）
	消債聲免	債務人聲請裁定免責事件（消費者債務清理條例第141、142條）（101.01新增）
	消債再聲免	前受不免責裁定，修法後再聲請裁定免責事件（消費者債務清理條例第156條第2項）（101.01新增）

案件種類	案號字別名稱	案件種類說明
	執救更	「執救」之更審事件（101.01新增）
	訴聲	民事訴訟法第254條第5項聲請以裁定許可爲訴訟繫屬事實登記事件（106.6修正）
保護令事件	家護	民事通常保護令事件（102.05刪除）
	家護聲	民事通常保護令聲請撤銷、變更、延長、對執行機關執行保護令之內容聲明異議或聲請承認外國法院關於家庭暴力之保護令事件（98.06修正）（102.05刪除）
	家護更	民事通常保護令更審事件（102.05刪除）
	暫家護	民事暫時保護令事件（102.05刪除）
	暫家護聲	民事暫時保護令聲請撤銷、變更或對執行機關執行暫時保護令之內容聲明異議事件（98.06修正）（102.05刪除）
	暫家護更	「暫家護」之更審事件（102.05刪除）
	緊暫家護	停止適用（98.06修正）（102.05刪除）
	緊暫家護聲	停止適用（98.06修正）（102.05刪除）
	緊暫家護更	停止適用（98.06修正）（102.05刪除）
	緊家護	民事緊急保護令事件（98.06新增）（102.05刪除）
	緊家護聲	民事緊急保護令聲請撤銷、變更或對執行機關執行緊急保護令之內容聲請異議事件（98.06新增）（102.05刪除）
	緊家護更	「緊家護」之更審事件（98.06新增）（102.05刪除）
民事執行	執	民事執行事件
	執全	保全程序之執行
	執更	民事執行事件之更審事件
	執破	破產事件之進行
	執消債更	消費者債務清理更生之執行事件（97.03新增）
	執消債清	消費者債務清理清算之執行事件（97.03新增）
	執消債聲	清算財團於最後分配表公告後管理人聲請法院許可爲追加分配之執行事件（97.03新增）
	執全更	「執全」之更審事件
	執再更	「執再」之更審事件
	執事聲	對司法事務官所爲執行事件之裁定或處分之聲明異議事件（98.06新增）
	執事聲再	「執事聲」之再審事件（98.06新增）

案件種類	案號字別名稱	案件種類說明
	執事聲更	「執事聲」之更審事件（98.06新增）
	執事聲再更	「執事聲再」之更審事件（98.06新增）
	執聲再	民事執行聲請或聲明事件之再審事件
	執聲再更	「執聲再」之更審事件（94.08新增）
	執聲更	「執聲」之更審事件
	執聲	強制執行之聲請事件
	裁全	民事執行處法官辦理之保全事件
	裁全聲	民事執行處法官辦理保全事件之聲請事件
	執助	囑託執行事件
	執救	民事執行處辦理之聲請訴訟救助事件
	執全助	他院囑託執行事件
	執全聲	「執全」之聲請事件
	裁全更	「裁全」之更審事件
	裁全聲更	「裁全聲」之更審事件
	執全聲更	「執全聲」之更審事件
	裁全再更	「裁全再」之更審事件
	拘	法院辦理之拘提事件（100.07修正）
	管	法院辦理之管收事件（100.07修正）
	拘更	「拘」之更審事件
	管更	「管」之更審事件
	執罰助	他院囑託執行事件（99.02刪除）
	執消債更更	「執消債更」之更審事件（98.10新增）
	執消債清更	「執消債清」之更審事件（98.10新增）
	執消債聲更	「執消債聲」之更審事件（98.10新增）
	聲拘	行政執行處聲請裁定拘提事件（99.02新增）
	聲管	行政執行處聲請裁定管收事件（99.02新增）
	聲拘更	「聲拘」之更審事件（100.04新增）
	聲管更	「聲管」之更審事件（100.04新增）
	執家暫	家事非訟事件暫時處分裁定聲請民事執行處強制執行事件（102.08新增）

案件種類	案號字別名稱	案件種類說明
	執家暫更	「執家暫」之更審事件（102.08新增）
	行執助	行政訴訟庭囑託執行行政訴訟強制執行事件（102.08新增）
	執破更	「執破」經發回或發交之更審事件（105.12新增）
保護令執行	執暫護	民事暫時保護令聲請民事執行處強制執行事件（96.04新增）
	執緊護	民事緊急保護令聲請民事執行處強制執行事件（96.04新增）
	執護	民事保護令聲請民事執行處強制執行事件
民事一審簡易	簡	第一審簡易訴訟事件
	勞簡	第一審勞資爭議簡易訴訟事件
	國貿簡	第一審國貿簡易訴訟事件
	保險簡	第一審保險簡易訴訟事件
	海商簡	第一審海商簡易訴訟事件
	仲簡	撤銷仲裁判斷、仲裁和解或仲裁調解之簡易事件
	續簡	第一審簡易訴訟繼續審判事件
	簡更	「簡」之更審事件
	勞簡更	「勞簡」之更審事件
	國貿簡更	「國貿簡」之更審事件
	保險簡更	「保險簡」之更審事件
	海商簡更	「海商簡」之更審事件
	仲簡更	「仲簡」之更審事件
	續簡更	「續簡」之更審事件
	智簡	第一審著作權、專利權、商標專用權簡易訴訟事件（92.01新增）（98.12.31刪除）
	智簡更	「智簡」之更審事件（92.01新增）（98.12.31刪除）
	醫簡	第一審醫療糾紛損害賠償簡易訴訟事件（92.03新增）
	消簡	第一審消費訴訟簡易訴訟事件（92.03新增）
	建簡	第一審營建工程簡易訴訟事件（93.03修正）
	公簡	第一審公害糾紛簡易訴訟事件（92.03新增）
	金簡	第一審證券交易、銀行金融管制簡易訴訟事件（92.03新增）

案件種類	案號字別名稱	案件種類說明
	醫簡更	「醫簡」之更審事件（92.03新增）
	消簡更	「消簡」之更審事件（92.03新增）
	建簡更	「建簡」之更審事件（93.03修正）
	公簡更	「公簡」之更審事件（92.03新增）
	金簡更	「金簡」之更審事件（92.03新增）
	調簡	宣告調解無效或撤銷調解之簡易訴訟事件（94.04新增）
	他調簡	宣告調解、調處、協議或裁決無效或撤銷調解、調處、協議或裁決之簡易訴訟事件（依鄉鎮市調解條例、著作權法、消費者保護法、證券投資人及期貨交易人保護法、公害糾紛處理法等或其他法律成立之調解、調處、協議或裁決）（94.04新增）
	調簡更	「調簡」之更審事件（94.04新增）
	他調簡更	「他調簡」之更審事件（94.04新增）
家事一審簡易	家簡	第一審家事簡易訴訟事件（102.05刪除）
	家續簡	第一審家事簡易訴訟繼續審判事件（102.05刪除）
	家簡更	「家簡」更審事件（102.05刪除）
	家續簡更	「家續簡」更審事件（102.05刪除）
	調家簡	宣告家事調解無效或撤銷家事調解之簡易訴訟事件（94.04新增）（102.05刪除）
	調家簡更	「調家簡」之更審事件（94.04新增）（102.05刪除）
民事二審	簡上	簡易訴訟上訴事件
	國簡上	國家賠償簡易訴訟上訴事件
	勞簡上	勞資爭議簡易訴訟上訴事件
	國貿簡上	國際貿易簡易訴訟上訴事件
	保險簡上	保險簡易訴訟上訴事件
	海商簡上	海商簡易訴訟上訴事件
	續簡上	簡易繼續審判上訴事件
	仲簡上	商務仲裁簡易訴訟上訴事件
	續易	第二審簡易訴訟繼續審判事件
	智簡上	著作權、專利權、商標專用權之簡易訴訟上訴事件（92.01新增）（98.12.31刪除）
	醫簡上	醫療糾紛損害賠償之簡易訴訟上訴事件（92.03新增）

案件種類	案號字別名稱	案件種類說明
	消簡上	消費訴訟之簡易訴訟上訴事件（92.03新增）
	建簡上	營建工程之簡易訴訟上訴事件（93.03修正）
	公簡上	公害糾紛之簡易訴訟上訴事件（92.03新增）
	金簡上	證券交易、銀行金融管制之簡易訴訟上訴事件（92.03新增）
家事二審	家簡上	家事簡易訴訟上訴事件（102.05刪除）
民事二審調解	簡上移調	簡易訴訟上訴之移付調解事件（96.04新增）
	家簡上移調	家事簡易訴訟上訴之移付調解事件（96.04新增）（102.05刪除）
	勞簡上移調	「勞簡上」之移付調解事件（96.04新增）
	保險簡上移調	「保險簡上」之移付調解事件（96.04新增）
	小上移調	小額訴訟上訴之移付調解事件（96.04新增）
	家小上移調	家事小額訴訟上訴之移付調解事件（96.04新增）（102.05刪除）
	勞小上移調	「勞小上」之移付調解事件（96.04新增）
	保險小上移調	「保險小上」之移付調解事件（96.04新增）
	簡附民上移調	刑事簡易附帶民事訴訟上訴之移付調解事件（96.04新增）
	交簡附民上移調	「交簡附民上」之移付調解事件（96.04新增）
	智簡附民上移調	經檢察官聲請以簡易判決處刑之智慧財產附帶民事訴訟上訴之移付調解事件（100.01修正）
	簡上附民移調	第二審一般刑事簡易判決上訴案件之附帶民事訴訟移付調解事件（103.01新增）
	交簡上附民移調	第二審交通刑事簡易判決上訴案件之附帶民事訴訟移付調解事件（103.01新增）
	建簡上移調	「建簡上」之移付調解事件（104.02新增）
民事二審更審	簡上更	「簡上」之更審事件
	國簡上更	「國簡上」之更審事件
	勞簡上更	「勞簡上」之更審事件
	國貿簡上更	「國貿簡上」之更審事件
	保險簡上更	「保險簡上」之更審事件
	海商簡上更	「海商簡上」之更審事件

案件種類	案號字別名稱	案件種類說明
	家簡上更	「家簡上」之更審事件（102.05刪除）
	智簡上更	「智簡上」之更審事件（92.01新增）（98.12.31刪除）
	醫簡上更	「醫簡上」之更審事件（92.03新增）
	消簡上更	「消簡上」之更審事件（92.03新增）
	建簡上更	「建簡上」之更審事件（93.03修正）
	公簡上更	「公簡上」之更審事件（92.03新增）
	金簡上更	「金簡上」之更審事件（92.03新增）
民事抗告	簡抗	簡易訴訟抗告事件
	勞簡抗	勞資爭議簡易訴訟抗告事件
	家簡抗	家事簡易訴訟抗告事件（102.05刪除）
	保險簡抗	保險簡易訴訟抗告事件
	國簡抗	國家賠償簡易訴訟抗告事件
	國貿簡抗	國際貿易簡易訴訟抗告事件
	海商簡抗	海商簡易訴訟抗告事件
	仲簡抗	商務仲裁簡易訴訟抗告事件
	續簡抗	簡易繼續審判抗告事件
	簡抗更	「簡抗」之更審事件
	簡聲抗	「簡聲」之抗告事件
	小抗	小額訴訟抗告事件
	勞小抗	勞資爭議小額訴訟抗告事件
	家小抗	家事小額訴訟抗告事件（102.05刪除）
	國小抗	國家賠償小額訴訟抗告事件
	國貿小抗	國貿小額訴訟抗告事件
	保險小抗	保險小額訴訟抗告事件
	海商小抗	海商小額訴訟抗告事件
	續小抗	小額繼續審判抗告事件
	小聲抗	「小聲」之抗告事件
	小抗更	「小抗」之更審事件
	勞小抗更	「勞小抗」之更審事件
	家小抗更	「家小抗」之更審事件（102.05刪除）

案件種類	案號字別名稱	案件種類說明
	國小抗更	「國小抗」之更審事件
	國貿小抗更	「國貿小抗」之更審事件
	保險小抗更	「保險小抗」之更審事件
	海商小抗更	「海商小抗」之更審事件
	續小抗更	「續小抗」之更審事件
	智簡抗	著作權、專利權、商標專用權之簡易訴訟抗告事件（92.01新增）（98.12.31刪除）
	智小抗	著作權、專利權、商標專用權之小額訴訟抗告事件（92.01新增）（98.12.31刪除）
	智小抗更	「智小抗」之更審事件（92.01新增）（98.12.31刪除）
	醫簡抗	「醫簡」之抗告事件（92.03新增）
	消簡抗	「消簡」之抗告事件（92.03新增）
	建簡抗	「建簡」之抗告事件（93.03修正）
	公簡抗	「公簡」之抗告事件（92.03新增）
	金簡抗	「金簡」之抗告事件（92.03新增）
	醫小抗	醫療糾紛損害賠償之小額訴訟抗告事件（92.03新增）
	消小抗	消費訴訟之小額訴訟抗告事件（92.03新增）
	建小抗	營建工程之小額訴訟抗告事件（93.03修正）
	公小抗	公害糾紛之小額訴訟抗告事件（92.03新增）
	金小抗	證券交易、銀行金融管制之小額訴訟抗告事件（92.03新增）
	醫小抗更	「醫小抗」之更審事件（92.03新增）
	消小抗更	「消小抗」之更審事件（92.03新增）
	建小抗更	「建小抗」之更審事件（93.03修正）
	公小抗更	「公小抗」之更審事件（92.03新增）
	金小抗更	「金小抗」之更審事件（92.03新增）
	抗	非訟抗告事件（94.08新增）
	整抗	公司重整事件之抗告事件（94.08新增）
	消債抗	消費者債務清理之抗告事件（97.03新增）
	家抗	家事非訟抗告事件（94.08新增）（102.05刪除）

案件種類	案號字別名稱	案件種類說明
	家護抗	民事通常保護令事件之抗告事件（94.08新增）（102.05刪除）
	暫家護抗	民事暫時保護令事件之抗告事件（94.08新增）（102.05刪除）
	緊暫家護抗	停止適用（98.06修正）（102.05刪除）
	衛抗	「衛」之抗告事件（97.12新增）（102.05刪除）
	抗更	「抗」之更審事件（94.08新增）
	整抗更	「整抗」之更審事件（94.08新增）
	消債抗更	「消債抗」之更審事件（100.04新增）
	家抗更	「家抗」之更審事件（94.08新增）（102.05刪除）
	家護抗更	「家護抗」之更審事件（94.08新增）（102.05刪除）
	暫家護抗更	「暫家護抗」之更審事件（94.08新增）（102.05刪除）
	緊暫家護抗更	停止適用（98.06修正）（102.05刪除）
	緊家護抗	民事緊急保護令事件之抗告事件（98.06新增）（102.05刪除）
	緊家護抗更	「緊家護抗」之更審事件（98.06新增）（102.05刪除）
	聲再抗	非訟再審事件之抗告事件（102.05新增）
	勞聲再抗	勞資爭議聲請或聲明事件之再審抗告事件（102.05新增）
	整再抗	公司重整再審事件之抗告事件（102.05新增）
	聲撤抗	非訟第三人請求撤銷或變更和解對其不利部分之抗告事件（102.05新增）
	聲續抗	聲請或聲明事件繼續審理之抗告事件（102.05新增）
民事第一審小額	小	第一審小額訴訟事件
	勞小	第一審勞資爭議小額訴訟事件
	國貿小	第一審國貿小額訴訟事件
	保險小	第一審保險小額訴訟事件
	海商小	第一審海商小額訴訟事件
	續小	第一審小額訴訟繼續審判事件
	小更	「小」之更審事件
	勞小更	「勞小」之更審事件
	國貿小更	「國貿小」之更審事件

案件種類	案號字別名稱	案件種類說明
	保險小更	「保險小」之更審事件
	海商小更	「海商小」之更審事件
	續小更	「續小」之更審事件
	智小	第一審著作權、專利權、商標專用權之小額訴訟事件（92.01新增）（98.12.31刪除）
	智小更	「智小」之更審事件（92.01新增）（98.12.31刪除）
	醫小	第一審醫療糾紛損害賠償之小額訴訟事件（92.03新增）
	消小	第一審消費訴訟之小額訴訟事件（92.03新增）
	建小	第一審營建工程之小額訴訟事件（93.03修正）
	公小	第一審公害糾紛之小額訴訟事件（92.03新增）
	金小	第一審證券交易、銀行金融管制之小額訴訟事件（92.03新增）
	醫小更	「醫小」之更審事件（92.03新增）
	消小更	「消小」之更審事件（92.03新增）
	建小更	「建小」之更審事件（93.03修正）
	公小更	「公小」之更審事件（92.03新增）
	金小更	「金小」之更審事件（92.03新增）
	調小	宣告調解無效或撤銷調解之小額訴訟事件（94.04新增）
	他調小	宣告調解、調處、協議或裁決無效或撤銷調解、調處、協議或裁決之小額訴訟事件（依鄉鎮市調解條例、著作權法、消費者保護法、證券投資人及期貨交易人保護法、公害糾紛處理法等或其他法律成立之調解、調處、協議或裁決）（94.04新增）
	調小更	「調小」之更審事件（94.04新增）
	他調小更	「他調小」之更審事件（94.04新增）
家事第一審小額	家小	第一審家事小額訴訟事件（102.05刪除）
	家續小	第一審家事小額繼續審判事件（102.05刪除）
	家小更	「家小」更審事件（102.05刪除）
	家續小更	「家續小」更審事件（102.05刪除）
	調家小	宣告家事調解無效或撤銷家事調解之小額訴訟事件（94.04新增）（102.05刪除）
	調家小更	「調家小」之更審事件（94.04新增）（102.05刪除）

案件種類	案號字別名稱	案件種類說明
民事第二審小額	小上	小額訴訟上訴事件
	國小上	國家賠償小額訴訟上訴事件
	勞小上	勞資爭議小額訴訟上訴事件
	國貿小上	國貿小額訴訟上訴事件
	保險小上	保險小額訴訟上訴事件
	海商小上	海商小額訴訟上訴事件
	續小上	小額繼續審判上訴事件
	續微	第二審小額訴訟繼續審判事件
	智小上	著作權、專利權、商標專用權之小額訴訟上訴事件（92.01新增）（98.12.31刪除）
	醫小上	醫療糾紛損害賠償之小額訴訟上訴事件（92.03新增）
	消小上	消費訴訟之小額訴訟上訴事件（92.03新增）
	建小上	營建工程之小額訴訟上訴事件（93.03修正）
	公小上	公害糾紛之小額訴訟上訴事件（92.03新增）
	金小上	證券交易、銀行金融管制之小額訴訟上訴事件（92.03新增）
家事第二審小額	家小上	家事小額訴訟上訴事件（102.05刪除）
	家續小上	家事小額繼續審判上訴事件（102.05刪除）
民事第二審更審小額	小上更	「小上」之更審事件
	國小上更	「國小上」之更審事件
	勞小上更	「勞小上」之更審事件
	國貿小上更	「國貿小上」之更審事件
	保險小上更	「保險小上」之更審事件
	海商小上更	「海商小上」之更審事件
	家小上更	「家小上」之更審事件（102.05刪除）
	續小上更	「續小上」之更審事件
	家續小上更	「家續小上」之更審事件（102.05刪除）
	續微更	「續微」之更審事件
	智小上更	「智小上」之更審事件（92.01新增）（98.12.31刪除）
	醫小上更	「醫小上」之更審事件（92.03新增）

案件種類	案號字別名稱	案件種類說明
	消小上更	「消小上」之更審事件（92.03新增）
	建小上更	「建小上」之更審事件（93.03修正）
	公小上更	「公小上」之更審事件（92.03新增）
	金小上更	「金小上」之更審事件（92.03新增）
民事提審	民提	民事提審事件（103.07新增）
民事提審抗告	民提抗	民事提審抗告事件（103.07新增）

（二）刑事案件

案件種類	案號字別名稱	案件種類說明
刑事訴訟	訴	第一審通常訴訟案件，得上訴第三審者
	訴緝	「訴」字案件審判中，被告經通緝結案後而緝獲歸案者
	易	第一審通常訴訟案件，不得上訴第三審者
	易緝	「易」字案件，被告經通緝結案後而緝獲歸案者
	重訴	第一審重大刑事案件
	重訴緝	第一審重大刑事案件審判中，被告經通緝結案後而緝獲歸案者
	重易	重大案件不得上訴第三審者
	重易緝	「重易」字案件審判中，被告經通緝結案後而緝獲歸案者
	訴更	「訴」之更審事件
	訴緝更	「訴緝」之更審事件
	易更	「易」之更審事件
	易緝更	「易緝」之更審事件
	重訴更	「重訴」之更審事件
	重訴緝更	「重訴緝」之更審事件
	重易更	「重易」之更審事件
	重易緝更	「重易緝更」之更審事件
	自	自訴案件
	自緝	自訴案件審判中，被告經通緝結案後而緝獲歸案者
	重自	自訴人提出自訴而屬於重大刑事案件
	重自緝	「重自」案件審判中，被告經通緝結案後而緝獲歸案者

案件種類	案號字別名稱	案件種類說明
	自更	自訴案件上訴後，經上級審發回或發交更審
	自緝更	「自緝」案件上訴後，經上級審發回或發交更審
	重自更	「重自」字案件上訴後，經上級審發回或發交更審
	重自緝更	「重自緝」字案件上訴後，經上級審發回或發交更審
	重訴更緝	「重訴更」案件審判中，被告經通緝結案後而緝獲歸案者
	重易更緝	「重易更」案件審判中，被告經通緝結案後而緝獲歸案者
	易緝更緝	「易緝更」案件審判中，被告經通緝結案後而緝獲歸案者
	重自更緝	「重自更」案件審判中，被告經通緝結案後而緝獲歸案者
	訴更緝	「訴更」案件審判中，被告經通緝結案後而緝獲歸案者
	易更緝	「易更」案件審判中，被告經通緝結案後而緝獲歸案者
	自更緝	「自更」案件審判中，被告經通緝結案後而緝獲歸案者
	訴緝更緝	「訴緝更」案件審判中，被告經通緝結案後而緝獲歸案者
	金訴	第一審金融通常訴訟案件，得上訴第三審者（92.02新增）
	金訴緝	「金訴」案件審判中，被告經通緝結案後而緝獲歸案者（92.02新增）
	金訴更	「金訴」之更審案件（92.02新增）
	金訴更緝	「金訴更」案件審判中，被告經通緝結案後而緝獲歸案者（92.02新增）
	金訴緝更	「金訴緝」之更審案件（92.02新增）
	金重訴	第一審金融重大訴訟案件（92.02新增）
	金重訴緝	「金重訴」案件審判中，被告經通緝結案後而緝獲歸案者（92.02新增）
	金重訴更	「金重訴」之更審案件（92.02新增）
	金重訴更緝	「金重訴更」案件審判中，被告經通緝結案後而緝獲歸案者（92.02新增）
	金重訴緝更	「金重訴緝」之更審案件（92.02新增）
	金易	第一審金融通常訴訟案件，不得上訴第三審者（92.02新增）
	金易緝	「金易」案件審判中，被告經通緝結案後而緝獲歸案者（92.02新增）
	金易更	「金易」之更審案件（92.02新增）

案件種類	案號字別名稱	案件種類說明
	金易更緝	「金易更」案件審判中，被告經通緝結案後而緝獲歸案者（92.02新增）
	金易緝更	「金易緝」之更審案件（92.02新增）
	金重易	金融機構或上市、上櫃公司內部人員掏空資產、違法超貸等不法情弊損害金融機構或上市、上櫃公司之第一審重大金融通常訴訟案件，不得上訴第三審者（99.05新增）
	金重易緝	「金重易」字案件審判中，被告經通緝結案後而緝獲歸案者（99.05新增）
	金重易更	「金重易」字之更審案件（99.05新增）
	選訴	第一審賄選通常訴訟案件，得上訴第三審者（92.02新增）
	選訴緝	「選訴」案件審判中，被告經通緝結案後而緝獲歸案者（92.02新增）
	選訴更	「選訴」之更審案件（92.02新增）
	選訴更緝	「選訴更」案件審判中，被告經通緝結案後而緝獲歸案者（92.02新增）
	選訴緝更	「選訴緝」之更審案件（92.02新增）
	選重訴	第一審賄選重大訴訟案件（92.02新增）
	選重訴緝	「選重訴」案件審判中，被告經通緝結案後而緝獲歸案者（92.02新增）
	選重訴更	「選重訴」之更審案件（92.02新增）
	選重訴更緝	「選重訴更」案件審判中，被告經通緝結案後而緝獲歸案者（92.02新增）
	選重訴緝更	「選重訴緝」之更審案件（92.02新增）
	選易	第一審賄選通常訴訟案件，不得上訴第三審者（92.02新增）
	選易緝	「選易」案件審判中，被告經通緝結案後而緝獲歸案者（92.02新增）
	選易更	「選易」之更審案件（92.02新增）
	選易更緝	「選易更」案件審判中，被告經通緝結案後而緝獲歸案者（92.02新增）
	選易緝更	「選易緝」之更審案件（92.02新增）
	矚訴	第一審社會矚目通常訴訟案件，得上訴第三審者（92.02新增）

案件種類	案號字別名稱	案件種類說明
	囑訴緝	「囑訴」案件審判中，被告經通緝結案後而緝獲歸案者（92.02新增）
	囑訴更	「囑訴」之更審案件（92.02新增）
	囑訴更緝	「囑訴更」案件審判中，被告經通緝結案後而緝獲歸案者（92.02新增）
	囑訴緝更	「囑訴緝」之更審案件（92.02新增）
	囑重訴	第一審社會囑目重大訴訟案件（92.02新增）
	囑重訴緝	「囑重訴」案件審判中，被告經通緝結案後而緝獲歸案者（92.02新增）
	囑重訴更	「囑重訴」之更審案件（92.02新增）
	囑重訴更緝	「囑重訴更」案件審判中，被告經通緝結案後而緝獲歸案者（92.02新增）
	囑重訴緝更	「囑重訴緝」之更審案件（92.02新增）
	囑易	第一審社會囑目通常訴訟案件，不得上訴第三審者（92.02新增）
	囑易緝	「囑易」案件審判中，被告經通緝結案後而緝獲歸案者（92.02新增）
	囑易更	「囑易」之更審案件（92.02新增）
	囑易更緝	「囑易更」案件審判中，被告經通緝結案後而緝獲歸案者（92.02新增）
	囑易緝更	「囑易緝」之更審案件（92.02新增）
	醫訴	第一審違反醫師法及因醫療行為致死或致傷之業務過失致死、業務過失傷害通常訴訟案件，得上訴第三審者（93.11修正）
	醫訴緝	「醫訴」案件審判中，被告經通緝結案後而緝獲歸案者（92.03新增）
	醫訴更	「醫訴」之更審案件（92.03新增）
	醫訴更緝	「醫訴更」案件審判中，被告經通緝結案後而緝獲歸案者（92.03新增）
	醫訴緝更	「醫訴緝」之更審案件（92.03新增）
	醫易	第一審違反醫師法及因醫療行為致死或致傷之業務過失致死、業務過失傷害通常訴訟案件，不得上訴第三審者（93.11修正）

案件種類	案號字別名稱	案件種類說明
	醫易緝	「醫易」案件審判中，被告經通緝結案後而緝獲歸案者（92.03新增）
	醫易更	「醫易」之更審案件（92.03新增）
	醫易更緝	「醫易更」案件審判中，被告經通緝結案後而緝獲歸案者（92.03新增）
	醫易緝更	「醫易緝」之更審案件（92.03新增）
	勞安訴	第一審勞工安全衛生法第三十一條通常訴訟案件，得上訴第三審者（92.03新增）
	勞安訴緝	「勞安訴」案件審判中，被告經通緝結案後而緝獲歸案者（92.03新增）
	勞安訴更	「勞安訴」之更審案件（92.03新增）
	勞安訴更緝	「勞安訴更」案件審判中，被告經通緝結案後而緝獲歸案者（92.03新增）
	勞安訴緝更	「勞安訴緝」之更審案件（92.03新增）
	勞安易	第一審勞工安全衛生法第三十一條通常訴訟案件，不得上訴第三審者（92.03新增）
	勞安易緝	「勞安易」案件審判中，被告經通緝結案後而緝獲歸案者（92.03新增）
	勞安易更	「勞安易」之更審案件（92.03新增）
	勞安易更緝	「勞安易更」案件審判中，被告經通緝結案後而緝獲歸案者（92.03新增）
	勞安易緝更	「勞安易緝」之更審案件（92.03新增）
刑事附民	附民	第一、二審附帶民事訴訟案件
	重附民	訴訟標的金額或價額在新台幣六百萬元以上之附帶民事訴訟案件
	簡附民	簡易附帶民事訴訟案件
	簡上附民	第二審一般刑事簡易判決上訴案件之附帶民事訴訟案件（97.12新增）
	交簡上附民	第二審交通刑事簡易判決上訴案件之附帶民事訴訟案件（97.12新增）
	附民更	「附民」之更審案件
	重附民更	「重附民」之更審案件
	附民續	「附民」繼續審判案件

案件種類	案號字別名稱	案件種類說明
	附民緝	「附民」案件審判中，被告經通緝結案後而緝獲歸案者
	附民更緝	「附民更」案件審判中，被告經通緝結案後而緝獲歸案者
	簡附民更	「簡附民」之更審案件
	簡附民緝	「簡附民」案件審判中，被告經通緝結案後而緝獲歸案者（103.05新增）
	重附民緝	「重附民」案件審判中，被告經通緝結案後而緝獲歸案者
刑事補償	刑補	刑事補償案件（100.09新增）
	刑補更	刑事補償更審案件（100.09新增）
	刑補重	刑事補償聲請重審案件（100.09新增）
	少刑補	少年刑事補償案件（100.09新增）
	少刑補更	少年刑事補償更審案件（100.09新增）
	少刑補重	少年刑事補償聲請重審案件（100.09新增）
	少補	少年保護事件補償案件（100.11新增）
	少補更	少年保護事件補償更審案件（100.11新增）
	少補重	少年保護事件補償聲請重審案件（100.11新增）
	戒刑補	依據戒嚴時期人民受損權利回復條例聲請刑事補償案件（107.02新增）
	戒刑補更	依據戒嚴時期人民受損權利回復條例聲請刑事補償更審案件（107.02新增）
	戒刑補重	依據戒嚴時期人民受損權利回復條例聲請刑事補償聲請重審案件（107.02新增）
聲請減刑	聲減	第一審聲請減刑案件
	交聲減	第一審交通案件聲請減刑者
	聲減更	「聲減」之更審案件
	交聲減更	「交聲減」之更審案件
刑事再審	再	第一審開始再審案件
	再緝	第一審開始再審案件審判中，被告經通緝結案後而緝獲歸案者
	簡再	第一審簡易開始再審案件
	簡上再	第二審簡易開始再審案件
	再更	「再」字之更審案件

案件種類	案號字別名稱	案件種類說明
	簡再更	「簡再」字之更審案件
	附民再	附帶民事訴訟開始再審案件
	毒再	有關違反毒品危害條例之第一審開始再審案件
刑事聲請再審	聲再	聲請再審案件
	聲再更	聲請再審之更審案件
	聲簡再	聲請簡易再審案件
	聲簡再更	聲請簡易再審案件之更審案件
	毒聲再	有關違反毒品危害條例之聲請再審案件
刑事提審	提	提審案件
檢肅流氓	感裁	感訓裁定案件（102.08刪除）
	感更	感訓發回更審案件（102.08刪除）
	感重	感訓重新審理案件（102.08刪除）
	感聲	感訓聲請案件（102.08刪除）
	感裁執	感訓處分執行案件（102.08刪除）
	感裁執緝	「感裁執」案件審判中，被移送人經通緝報捷而緝獲歸案者（102.08刪除）
	感拘	輔導中聲請裁定拘留案件（102.08刪除）
	感拘執	拘留執行案件（102.08刪除）
	聲感重	聲請感訓重新審理（102.08刪除）
	感聲更	「感聲」之更審案件（102.08刪除）
	感聲執	「感聲」之執行案件（102.08刪除）
	感助	感訓協助案件（102.08刪除）
	感裁緝	「感裁」案件審判中，被移送人經通緝報結而緝獲歸案者（102.08刪除）
	感更緝	「感更」案件審判中，被移送人經通緝報結而緝獲歸案者（102.08刪除）
	感裁執續	感訓處分執行中，受感訓處分人因同時觸犯刑法，依法先執行刑事處分，經核准假釋期滿後，繼續執行其未執行之感訓處分者（102.08刪除）
	感裁執續緝	「感裁執續」案件審判中，被移送人經通緝報結而緝獲歸案者（102.08刪除）

案件種類	案號字別名稱	案件種類說明
	感拘更	「感拘」之更審案件（102.08刪除）
	感拘助	「感拘」協助案件（102.08刪除）
	感他	感訓案件審判中，被移送人經通緝而緝獲歸案，由法官調查通緝犯，人別訊問之案件（102.08刪除）
刑事其他	聲	其他聲請案件
	助	協助案件
	聲核	鄉鎮市調解書審核案件
	他	其他案件
	刑全	刑事庭辦理保全程序裁定
	聲全	聲請證據保全案件（93.11新增）
	聲判	聲請交付審判案件（97.12新增）
	聲更	「聲」字之更審案件
	聲判更	「聲判」之更審案件（97.12新增）
	聲勒	聲請勒戒案件
	毒聲	有關違反毒品危害防制條例之聲請案件
	毒聲更	「毒聲」之更審案件
	毒聲重	毒聲案件聲請重新審理（96.11新增）
	他調	依民刑事件編號計數分案報結實施要點第六十九點第六款或第七十點第五款規定報結後之案件（94.04新增）
	偵聲	有關偵查中羈押之聲請案件
	偵聲更	「偵聲」之更審案件
	他更	「他」字之更審案件
	撤緩	聲請撤銷緩刑案件
	撤緩更	聲請撤銷緩刑案件之更審案件
	聲搜	聲請搜索票
	急搜	依刑訴法第一百三十一條第一、二項規定逕行搜索之事後陳報
	聲療	聲請准予強制治療事件（95.12新增）
	聲療續	聲請繼續強制治療事件（95.12新增）
	聲療停	聲請停止強制治療事件（95.12新增）

案件種類	案號字別名稱	案件種類說明
	陸助	大陸地區法院委託我方法院協助之刑事案件（99.02新增）
	職限	法官依職權核發限制書案件。（99.06新增）
	聲限	檢察官聲請核發限制辯護人與羈押被告接見或通信案件。（99.06新增）
	急聲限	檢察官聲請補發限制辯護人與羈押被告接見或通信案件。（99.06新增）
	聲接	聲請許可執行移交國法院裁判案件（102.08新增）
刑事一審簡易	簡	聲請簡易判決一般刑事案件，即檢察官申請簡易判決案件或檢察官依通常程序起訴之案件，經法院訊問被告，認為宜以簡易判決處刑，於徵得檢察官及被告同意後以簡易判決處刑者
	簡緝	「簡」字案件審判中，被告經通緝報結而緝獲歸案者
	簡更	「簡」字之更審案件
	簡更緝	「簡更」案件審判中，被告經通緝報結而緝獲歸案者
	交簡	聲請簡易判決交通刑事案件
	交簡緝	「交簡」案件審判中，被告經通緝報結而緝獲歸案者
	交簡更	「交簡」字之更審案件
	交簡更緝	「交簡更」案件審判中，被告經通緝報結而緝獲歸案者
	少簡	聲請簡易判決少年刑事案件
	少簡緝	「少簡」案件審判中，被告經通緝報結而緝獲歸案者
	少簡更	「少簡」字之更審案件
	少簡更緝	「少簡更」案件審判中，被告經通緝報結而緝獲歸案者
	少連簡	少年法第六十八條非少年之刑事簡易案件
	少連簡緝	「少連簡」案件通緝報結而緝獲歸案者
	少連簡更	「少連簡」之更審案件
	少連簡更緝	「少連簡更」案件通緝報結而緝獲歸案者
	少交簡	「少簡」之交通訴訟案件
	少連交簡	「少連簡」之交通訴訟案件
	金簡	聲請簡易判決金融刑事案件（92.02新增）
	金簡緝	「金簡」案件審判中，被告經通緝結案後而緝獲歸案者（92.02新增）

案件種類	案號字別名稱	案件種類說明
	金簡更	「金簡」之更審案件（92.02新增）
	金簡更緝	「金簡更」案件審判中，被告經通緝結案後而緝獲歸案者（92.02新增）
	選簡	聲請簡易判決賄選刑事案件（92.02新增）
	選簡緝	「選簡」案件審判中，被告經通緝結案後而緝獲歸案者（92.02新增）
	選簡更	「選簡」之更審案件（92.02新增）
	選簡更緝	「選簡更」案件審判中，被告經通緝結案後而緝獲歸案者（92.02新增）
	矚簡	聲請簡易判決社會矚目刑事案件（92.02新增）
	矚簡緝	「矚簡」案件審判中，被告經通緝結案後而緝獲歸案者（92.02新增）
	矚簡更	「矚簡」之更審案件（92.02新增）
	矚簡更緝	「矚簡更」案件審判中，被告經通緝結案後而緝獲歸案者（92.02新增）
	醫簡	聲請簡易判決違反醫師法及因醫療行為致死或致傷之業務過失致死、業務過失傷害刑事案件（93.11修正）
	醫簡緝	「醫簡」案件審判中，被告經通緝結案後而緝獲歸案者（92.03新增）
	醫簡更	「醫簡」之更審案件（92.03新增）
	醫簡更緝	「醫簡更」案件審判中，被告經通緝結案後而緝獲歸案者（92.03新增）
	勞安簡	聲請簡易判決勞工安全衛生法第三十一條刑事案件（92.03新增）
	勞安簡緝	「勞安簡」案件審判中，被告經通緝結案後而緝獲歸案者（92.03新增）
	勞安簡更	「勞安簡」之更審案件（92.03新增）
	勞安簡更緝	「勞安簡更」案件審判中，被告經通緝結案後而緝獲歸案者（92.03新增）
刑事二審	簡上	第二審之一般刑事簡易判決上訴案件
	交簡上	第二審之交通刑事簡易判決上訴案件
	少簡上	第二審之少年刑事簡易判決上訴案件
	少連簡上	「少連簡」之上訴案件

案件種類	案號字別名稱	案件種類說明
	少連交簡上	「少連交簡」之上訴案件
	簡上緝	「簡上」案件審判中，被告經通緝結案後而緝獲歸案者
	交簡上緝	「交簡上」案件審判中，被告經通緝結案後而緝獲歸案者（97.12新增）
	簡再上	「簡再」之上訴案件
	交簡再上	「交簡再」之上訴案件
	少簡再上	「少簡再」之上訴案件
	少連簡再上	「少連簡再」之上訴案件
	簡上更	「簡上」之更審案件
	金簡上	第二審之金融簡易判決上訴案件（92.02新增）
	選簡上	第二審之賄選簡易判決上訴案件（92.02新增）
	矚簡上	第二審之社會矚目簡易判決上訴案件（92.02新增）
	醫簡上	第二審之違反醫師法及因醫療行為致死或致傷之業務過失致死、業務過失傷害簡易判決上訴案件（93.11修正）
	勞安簡上	第二審之勞工安全衛生法第三十一條簡易判決上訴案件（92.03新增）
刑事抗告	簡抗	簡易程序抗告案件
	交簡抗	交通簡易案件之抗告案件
	少簡抗	少年簡易案件之抗告案件
	少連簡抗	「少連簡」之抗告案件
	智簡抗	經檢察官聲請以簡易判決處刑之智慧財產抗告案件（100.01修正）
刑事附民上訴	簡附民上	「簡附民」之上訴案件
	交簡附民上	「交簡附民」之上訴案件
	少簡附民上	「少簡附民」之上訴案件
	少連簡附民上	「少連簡附民」之上訴案件
交通訴訟	交訴	第一審交通通常訴訟案件，得上訴第三審者
	交訴緝	「交訴」案件審判中，被告經通緝報結而緝獲歸案者
	交重訴	第一審交通重大訴訟案件
	交重訴緝	「交重訴」案件審判中，被告經通緝報結而緝獲歸案者
	交重訴更	「交重訴」之更審案件

案件種類	案號字別名稱	案件種類說明
	交重訴緝更	「交重訴緝」之更審案件
	交易	第一審交通通常訴訟案件，不得上訴第三審者
	交易緝	「交易」案件審判中，被告經通緝報結而緝獲歸案者
	交訴更	「交訴」之更審案件
	交訴更緝	「交訴更」案件審判中，被告經通緝報結而緝獲歸案者
	交訴緝更	「交訴緝」之更審案件
	交易更	「交易」之更審案件
	交易緝更	「交易緝」之更審案件
	交易更緝	「交易更」案件審判中，被告經通緝報結而緝獲歸案者
	交自	第一審交通自訴案件
	交自緝	「交自」案件審判中，被告經通緝報結而緝獲歸案者
	交自更	「交自」之更審案件
	交自緝更	「交自緝」之更審案件
	交自更緝	「交自更」案件審判中，被告經通緝報結而緝獲歸案者
交通附民	交附民	交通附帶民事訴訟案件
	交簡附民	交通簡易附帶民事訴訟案件
	交附民更	「交附民」之更審案件
	交附民緝	「交附民」案件審判中，被告經通緝報結而緝獲歸案者
	交附民更緝	「交附民更」案件審判中，被告經通緝報結而緝獲歸案者
	交簡附民更	「交簡附民」之更審案件
	交簡附民緝	「交簡附民」案件審判中，被告經通緝結案後而緝獲歸案者（103.05新增）
	交重附民更	「交重附民」之更審案件
	交附民續	交通附帶民事訴訟繼續審判案件
	交重附民	交通重大附帶民事訴訟案件
	交重附民緝	「交重附民」案件審判中，被告經通緝報結而緝獲歸案者
交通再審	交再	第一審交通開始再審案件
	交簡再	第一審交通簡易開始再審案件
	交簡上再	第二審交通簡易開始再審案件
	交再更	「交再」之更審案件

案件種類	案號字別名稱	案件種類說明
	交簡再更	「交簡再」之更審案件
	交附民再	交通附帶民事訴訟開始再審案件
	交再緝	「交再」案件審判中，被告經通緝報結而緝獲歸案者
交通其他	交助	交通協助案件
	交聲核	交通鄉鎮市調解書審核案件
	交他	交通其他案件
	交聲他	除交通異議以外之聲請案件
	交他更	「交他」之更審案件
	交簡他	交通簡易其他案件
	交簡聲他	除交通異議以外之簡易聲請案件
	交全	交通保全程序裁定案件
交通聲再	交聲再	交通聲請再審案件
	交聲再更	「交聲再」之更審案件
	交聲簡再	交通簡易聲請再審案件
交通異議	交聲	交通異議聲請案件
	交聲更	「交聲」之更審案件
少年訴訟	少訴	第一審少年通常訴訟案件，得上訴第三審者
	少訴緝	「少訴」案件審判中，被告經通緝報結而緝獲歸案者
	少易	少年通常訴訟案件，不得上訴第三審者
	少易緝	「少易」案件審判中，被告經通緝報結而緝獲歸案者
	少重訴	第一審少年重大刑事訴訟案件
	少重訴緝	「少重訴」案件審判中，被告經通緝報結而緝獲歸案者
	少重易	少年重大案件，不得上訴第三審者
	少重易緝	「少重易」案件審判中，被告經通緝報結而緝獲歸案者
	少訴更	「少訴」之更審事件
	少訴緝更	「少訴緝」之更審事件
	少易更	「少易」之更審事件
	少易緝更	「少易緝」之更審事件
	少重訴更	「少重訴」之更審事件
	少重訴緝更	「少重訴緝」之更審事件

案件種類	案號字別名稱	案件種類說明
	少重易更	「少重易」之更審事件
	少重易緝更	「少重易緝」之更審事件
	少訴更緝	「少訴更」案件審判中，被告經通緝報結而緝獲歸案者
	少易更緝	「少易更」案件審判中，被告經通緝報結而緝獲歸案者
	少重訴更緝	「少重訴更」案件審判中，被告經通緝報結而緝獲歸案者
	少重易更緝	「少重易更」案件審判中，被告經通緝報結而緝獲歸案者
	少易緝更緝	「少易緝更」案件審判中，被告經通緝報結而緝獲歸案者
	少交易	第一審少年法庭管轄之交通案件，不得上訴第三審者
	少連訴	第一審少年法庭管轄之非少年通常訴訟案件
	少連訴緝	「少連訴」案件審判中，被告經通緝報結而緝獲歸案者
	少連易	第一審少年法庭管轄之非少年通常訴訟案件，不得上訴第三審者
	少連易緝	「少連易」案件審判中，被告經通緝報結而緝獲歸案者
	少連重訴	第一審少年法庭管轄之非少年重大刑事訴訟案件
	少連重訴緝	「少連重訴」案件審判中，被告經通緝報結而緝獲歸案者
	少連重易	第一審少年法庭管轄之非少年重大案件，不得上訴第三審者
	少連重易緝	「少連重易」案件審判中，被告經通緝報結而緝獲歸案者
	少連訴更	「少連訴」之更審事件
	少連訴緝更	「少連訴緝」之更審事件
	少連易更	「少連易」之更審事件
	少連易緝更	「少連易緝」之更審事件
	少連重訴更	「少連重訴」之更審事件
	少連重訴緝更	「少連重訴緝」之更審事件
	少連重易更	「少連重易」之更審事件
	少連重易緝更	「少連重易緝」之更審事件
	少連訴更緝	「少連訴更」案件審判中，被告經通緝報結而緝獲歸案者
	少連易更緝	「少連易更」案件審判中，被告經通緝報結而緝獲歸案者
	少連重訴更緝	「少連重訴更」案件審判中，被告經通緝報結而緝獲歸案者

案件種類	案號字別名稱	案件種類說明
	少連重易更緝	「少連重易更」案件審判中，被告經通緝報結而緝獲歸案者
	少連易緝更緝	「少連易緝更」案件審判中，被告經通緝報結而緝獲歸案者
	少連交訴	第一審少年法庭管轄之非少年交通案件
	少連交訴緝	「少連交訴」案件審判中，被告經通緝報結而緝獲歸案者
	少連交易	第一審少年法庭管轄之非少年交通案件，不得上訴第三審者
	少連交易緝	「少連交易」案件審判中，被告經通緝報結而緝獲歸案者
少年附民	少附民	少年附帶民事訴訟案件
	少簡附民	少年簡易附帶民事訴訟案件
	少附民更	「少附民」之更審案件
	少簡附民更	「少簡附民」之更審案件
	少附民續	「少附民」之繼續審判案件
	少附民緝	「少附民」案件審判中，被告經通緝報結而緝獲歸案者
	少附民更緝	「少附民更」案件審判中，被告經通緝報結而緝獲歸案者
	少重附民	少年重大附帶民事訴訟案件
	少重附民更	「少重附民」之更審案件
	少連附民	少年法庭管轄之非少年附帶民事訴訟案件
	少連簡附民	少年法庭管轄之非少年簡易附帶民事訴訟案件
	少連附民更	「少連附民」之更審案件
	少連簡附民更	「少連簡附民」之更審案件
	少連附民續	「少連附民」之繼續審判案件
	少連附民緝	「少連附民」案件審判中，被告經通緝報結而緝獲歸案者
	少連附民更緝	「少連附民更」案件審判中，被告經通緝報結而緝獲歸案者
	少連重附民	少年法庭管轄之非少年重大附帶民事訴訟案件
	少連重附民更	「少連重附民」之更審案件
	少連交附民	「少連附民」之交通訴訟案件
少年聲請減刑	少聲減	少年聲請減刑案件
	少聲減更	「少聲減」之更審案件

案件種類	案號字別名稱	案件種類說明
	少連聲減	少年法庭管轄之非少年之聲請減刑案件
	少連聲減更	「少連聲減」之更審案件
少年再審	少再	第一審少年開始再審案件
	少簡再	第一審少年簡易開始再審案件
	少簡上再	第二審少年簡易開始再審案件
	少再更	「少再」之更審案件
	少簡再更	「少簡再」之更審案件
	少再緝	「少再」案件審判中，被告經通緝報結而緝獲歸案者
	少連再	少年法庭管轄之非少年開始再審案件
	少連簡再	少年法庭管轄之非少年簡易開始再審案件
	少連簡上再	少年法庭管轄之非少年第二審簡易開始再審案件
	少連再更	「少連再」之更審案件
	少連簡再更	「少連簡再」之更審案件
	少連再緝	「少連再」案件審判中，被告經通緝報結而緝獲歸案者
少年聲再	少聲再	少年聲請再審案件
	少聲簡再	少年簡易聲請再審案件
	少聲再更	「少聲再」之更審案件
	少連聲再	少年法庭管轄之非少年聲請再審案件
	少連聲簡再	少年法庭管轄之非少年簡易聲請再審案件
	少連聲再更	「少連聲再」之更審案件
少年提審	少提	少年提審案件（103.07新增）
少年其他	少撤緩	少年聲請撤銷緩刑事件
	聲觀	聲請留置觀察事件
	聲重	聲請重新審理事件
	聲撤	聲請撤銷保護管束及安置輔導而執行感化教育事件
	聲免	聲請免除保護管束、安置輔導及感化教育之繼續執行
	聲停	聲請停止感化教育交付保護管束事件
	聲延	聲請延長安置輔導處分事件
	聲變	聲請變更安置輔導機構事件
	聲驅	聲請驅逐出境事件

案件種類	案號字別名稱	案件種類說明
	裁撤	裁定撤銷保護處分事件
	裁處	裁定應執行之處分事件
	裁護	停止感化教育交付保護管束事件
	聲撤更	「聲撤」之更審案件
	聲觀更	「聲觀」之更審事件
	聲免更	聲免之更審事件（107.02新增）
	少費	執行保護處分教養費用案件、命成年人負擔教養費用及公告姓名案件
	少親	裁定親職教育輔導及公告姓名事件
	少法	對於少年法定代理人或監護人科罰鍰之裁定
	少聲	少年聲請案件
	少助	少年協助案件
	少他	少年其他案件
	少法更	「少法」之更審案件
	少費更	「少費」之更審案件
	少撤緩更	「少撤緩」之更審案件
	少聲更	「少聲」之更審案件
	少聲更執	「少聲更」之執行案件
	少核	少年鄉鎮市調解書審核案件
	少毒聲	少年有關違反毒品危害防制條例之聲請案件
	少連聲	少年法庭管轄之非少年聲請案件
	少連毒聲	少年法庭管轄之非少年有關違反毒品危害防制條例之聲請案件
	少偵聲	少年有關偵查中羈押之聲請案件
	少連偵聲	少年法庭管轄之非少年有關偵查中羈押之聲請案件
	少執聲	少年保護官於執行階段因聲請事項所需者（93.03新增）
	少塗執	塗銷少年前科紀錄及資料之執行事件（93.03新增）
	少陸助	大陸地區法院委託我方法院協助之少年事件（99.04新增）
	少他調	依民刑事件編號計數分案報結實施要點第八十四點第七款或第八十六點第五款規定報結後之案件（105.8新增）（107.10修正）

案件種類	案號字別名稱	案件種類說明
少兒護	少護	少年觸犯刑罰法律保護審理事件
	虞護	少年虞犯審理事件
	兒護	兒童觸犯刑罰法律保護審理事件
	處少護	檢察官不起訴處分後移送依保護事件處理者
	少護尋	少年協尋結案後尋獲歸案者
	虞護尋	少年虞犯協尋結案後尋獲歸案者（99.05新增）
	兒護尋	兒童協尋結案後尋獲歸案者
	處少護尋	少年協尋結案後尋獲歸案者
	少護更	「少護」之更審事件
	虞護更	「虞護」之更審事件
	兒護更	「兒護」之更審事件
	處少護更	「處少護」之更審事件
	少刑執	少年法庭執行案件（在執字上按原案件種類冠原字號）
	聲觀執	少年法庭執行案件（在執字上按原案件種類冠原字號）
	聲觀更執	少年法庭執行案件（在執字上按原案件種類冠原字號）
	聲撤執	少年法庭執行案件（在執字上按原案件種類冠原字號）
	聲撤更執	少年法庭執行案件（在執字上按原案件種類冠原字號）
	聲停執	少年法庭執行案件（在執字上按原案件種類冠原字號）
	聲驅執	少年法庭執行案件（在執字上按原案件種類冠原字號）
	裁撤執	少年法庭執行案件（在執字上按原案件種類冠原字號）
	裁處執	少年法庭執行案件（在執字上按原案件種類冠原字號）
	裁護執	少年法庭執行案件（在執字上按原案件種類冠原字號）
	少費執	停止適用（98.06修正）
	少親執	少年法庭執行案件（在執字上按原案件種類冠原字號）
	少法執	停止適用（98.06修正）
	少聲執	少年法庭執行案件（在執字上按原案件種類冠原字號）
	少費更執	停止適用（98.06修正）
	少法更執	停止適用（98.06修正）
	少聲更執	少年法庭執行案件（在執字上按原案件種類冠原字號）
	聲撤執尋	少年法庭執行案件（在執字上按原案件種類冠原字號）
	少護執	少年法庭執行案件（在執字上按原案件種類冠原字號）

案件種類	案號字別名稱	案件種類說明
	虞護執	少年法庭執行案件（在執字上按原案件種類冠原字號）
	兒護執	少年法庭執行案件（在執字上按原案件種類冠原字號）
	處少護執	少年法庭執行案件（在執字上按原案件種類冠原字號）
	少護尋執	少年法庭執行案件（在執字上按原案件種類冠原字號）
	虞護尋執	少年法庭執行案件（在執字上按原案件種類冠原字號）
	兒護尋執	少年法庭執行案件（在執字上按原案件種類冠原字號）
	助少刑執處少護尋執	少年法庭執行案件（在執字上按原案件種類冠原字號）
	少護更執	少年法庭執行案件（在執字上按原案件種類冠原字號）
	虞護更執	少年法庭執行案件（在執字上按原案件種類冠原字號）
	兒護更執	少年法庭執行案件（在執字上按原案件種類冠原字號）
	處少護更執	少年法庭執行案件（在執字上按原案件種類冠原字號）
	助聲觀執	他院囑託執行案件
	助聲撤執	他院囑託執行案件
	助聲撤更執	他院囑託執行案件
	助聲停執	他院囑託執行案件
	助裁撤執	他院囑託執行案件
	助裁處執	他院囑託執行案件
	助裁護執	他院囑託執行案件
	助少費執	停止適用（98.06修正）
	助少親執	他院囑託執行案件
	助少法執	停止適用（98.06修正）
	助少聲執	他院囑託執行案件
	助少費更執	停止適用（98.06修正）
	助少法更執	停止適用（98.06修正）
	助少聲更執	他院囑託執行案件
	助少護執	他院囑託執行案件
	助虞護執	他院囑託執行案件
	助兒護執	他院囑託執行案件
	助處少護執	他院囑託執行案件

案件種類	案號字別名稱	案件種類說明
	助少護尋執	他院囑託執行案件
	助虞護尋執	他院囑託執行案件
	助兒護尋執	他院囑託執行案件
	助處少護尋執	他院囑託執行案件
	助少護更執	他院囑託執行案件
	助虞護更執	他院囑託執行案件
	助兒護更執	他院囑託執行案件
	助處少護更執	他院囑託執行案件
	少重	少年重新審理案件
	兒重	兒童觸犯行罰法令事件之重新審理案件
	虞重	少年虞犯行為事件之重新審理案件
	少護執尋	「少護執」案件少年經協尋結案後而尋獲歸案者
	助少護執尋	「助少護執」案件少年經協尋結案後而尋獲歸案者
	聲觀執尋	聲請留置觀察執行事件之協尋需要者（93.03新增）
	聲停執尋	聲請停止感化教育交付保護管束執行事件之協尋需要者（93.03新增）
	虞護執尋	「虞護執」案件少年經協尋結案後而尋獲歸案者（104.04新增）
	兒護執尋	「兒護執」案件兒童經協尋結案後而尋獲歸案者（104.04新增）
少兒調	少調	少年觸犯刑罰法令調查事件
	虞調	少年虞犯調查事件
	兒調	兒童觸犯刑罰法令調查事件
	少調尋	少年或兒童經協尋結案後而尋獲歸案者
	虞調尋	少年或兒童經協尋結案後而尋獲歸案者
	兒調尋	少年或兒童經協尋結案後而尋獲歸案者
	少調更	「少調」之更審事件
	虞調更	「虞調」之更審事件
	兒調更	「兒調」之更審事件
	少調尋更	「少調尋」之更審事件

案件種類	案號字別名稱	案件種類說明
	虞調尋更	「虞調尋」之更審事件
	兒調尋更	「兒調尋」之更審事件
	處少調	少年法庭裁定移送檢察官調查，經檢察官處分不起訴後認為應依保護事件處理移回少年法庭之事件
	少調執	觸犯刑罰法律少年之轉介處分執行事件
	虞調執	少年虞犯之轉介處分執行事件
	兒調執	觸犯刑罰法律兒童之轉介處分執行事件
	處少調執	「處少調」之執行案件
	助少調執	他院囑託執行案件
	助虞調執	他院囑託執行案件
	助兒調執	他院囑託執行案件
	少調尋執	少年經協尋結案後而尋獲歸案，有執行處分之需要者（104.04新增）
	虞調尋執	少年虞犯經協尋結案後而尋獲歸案，有執行處分之需要者（93.04新增）（104.04修正）
	兒調尋執	觸犯刑罰法律兒童經協尋結案後而尋獲歸案，有執行處分之需要者（93.04新增）（104.04修正）
聲請羈押	聲羈	偵查中，檢察官聲請羈押案件
	少聲羈	少年法庭管轄之偵查中，檢察官聲請羈押案件
	少連聲羈	少年法庭管轄之非少年偵查中，檢察官聲請羈押案件
	聲繼羈	偵查中，檢察官於刑訴法修正前羈押被告，於修法後聲請延長羈押案件
	少聲繼羈	少年法庭管轄之偵查中，檢察官於刑訴法修正前羈押被告，於修法後聲請延長羈押案件
	少連聲繼羈	少年法庭管轄之非少年偵查中，檢察官於刑訴法修正前羈押被告，於修法後聲請延長羈押案件
	聲羈更	「聲羈」之更審案件
	少聲羈更	「少聲羈」之更審案件
	少連聲羈更	「少連聲羈」之更審案件
社維法移送裁定	秩	警察機關依第四十五條第一項移送簡易庭裁處之第四十三條第一項所列各款以外之案件

案件種類	案號字別名稱	案件種類說明
社維法聲明異議	秩聲	被處罰人不服警察機關依第四十三條規定裁處罰鍰、申誡、沒入之處分，而依第五條向簡易庭聲明異議之案件
社維法抗告	秩抗	不服簡易庭之裁定所提抗告案件
	秩易抗	不服易以拘留申請案之裁定所提抗告案件
社維法易以拘留	秩易	依法裁處罰鍰案件，因警察機關或被處罰人申請易以拘留之案件
社維法其他	秩他	違反社會秩序維護法之其他案件
通訊監察案件	職監	法官依職權核發通訊監察書案件
	職監續	法官依職權核發通訊監察書案件，期滿繼續依職權核發通訊監察之案件
	聲監	檢察官聲請核發通訊監察書案件
	聲監續	檢察官聲請核發通訊監察書案件，期滿聲請繼續通訊監察案件
	急聲監	檢察官依通訊保障及監察法第六條緊急監察案件，聲請法院補發通訊監察書案件
	聲調	檢察官依通訊保障及監察法第十一條之一第一項、第二項及第四項聲請法院核發調取票案件（103.01新增）
	聲監可	依通訊保障及監察法第五條、第六條或第七條規定執行通訊監察，取得其他案件之內容者，於發現後七日內補行陳報法院，聲請法院審查認可案件（103.01新增）
	急聲調	檢察官依通訊保障及監察法第十一條之一第一項緊急調取通信紀錄及通信使用者資料，聲請法院補發調取票案件（103.04新增）
	監通	依通訊保障及監察法第十五條第一項陳報法院通知受監察人，及同條第三項補通知受監察人案件
	監通檢	法院命執行機關定期檢討通訊監察結束後不通知受監察人之原因是否消滅案件
性侵害犯罪	侵訴	性侵害犯罪防治法第二條規定之性侵害犯罪刑事訴訟案件（下稱性侵害犯罪）第一審通常訴訟案件，得上訴第三審者（100.01新增）
	侵訴緝	「侵訴」案件審判中，被告經通緝結案後而緝獲歸案者（100.01新增）
	侵訴更	「侵訴」之更審案件（100.01新增）

案件種類	案號字別名稱	案件種類說明
	侵訴更緝	「侵訴更」案件審判中，被告經通緝結案後而緝獲歸案者（100.01新增）
	侵訴緝更	「侵訴緝」之更審案件（100.01新增）
	侵重訴	第一審性侵害犯罪重大訴訟案件（100.01新增）
	侵重訴緝	「侵重訴」案件審判中，被告經通緝結案後而緝獲歸案者（100.01新增）
	侵重訴更	「侵重訴」之更審案件（100.01新增）
	侵重訴更緝	「侵重訴更」案件審判中，被告經通緝結案後而緝獲歸案者（100.01新增）
	侵重訴緝更	「侵重訴緝」之更審案件（100.01新增）
	侵易	第一審性侵害犯罪通常訴訟案件，不得上訴第三審者（100.01新增）
	侵易緝	「侵易」案件審判中，被告經通緝結案後而緝獲歸案者（100.01新增）
	侵易更	「侵易」之更審案件（100.01新增）
	侵易更緝	「侵易更」案件審判中，被告經通緝結案後而緝獲歸案者（100.01新增）
	侵易緝更	「侵易緝」之更審案件（100.01新增）
	侵簡	聲請簡易判決處刑之性侵害犯罪案件（100.01新增）
	侵簡緝	「侵簡」案件審判中，被告經通緝報結而緝獲歸案者（100.01新增）
	侵簡更	「侵簡」字之更審案件（100.01新增）
	侵簡更緝	「侵簡更」案件審判中，被告經通緝報結而緝獲歸案者（100.01新增）
	侵自	第一審性侵害犯罪自訴案件（100.01新增）
	侵自緝	「侵自」案件審判中，被告經通緝結案後而緝獲歸案者（100.01新增）
	侵自更	「侵自」之更審案件（100.01新增）
	侵自緝更	「侵自緝」之更審案件（100.01新增）
	侵自更緝	「侵自更」案件審判中，被告經通緝結案後而緝獲歸案者（100.01新增）
	重侵自	第一審性侵害犯罪自訴案件而屬重大刑事案件（100.01新增）

案件種類	案號字別名稱	案件種類說明
	重侵自緝	「重侵自」案件審判中，被告經通緝結案後而緝獲歸案者（100.01新增）
	重侵自更	「重侵自」字案件上訴後，經上級審發回或發交更審（100.01新增）
	重侵自緝更	「重侵自緝」字案件上訴後，經上級審發回或發交更審（100.01新增）
性侵害犯罪二審	侵簡上	第二審之性侵害犯罪簡易判決上訴案件（100.01新增）
	侵簡上緝	「侵簡上」案件審判中，被告經通緝結案後而緝獲歸案者（100.01新增）
性侵害犯罪抗告	侵抗	性侵害犯罪之抗告案件（100.01新增）
	侵簡抗	經檢察官聲請簡易判決處刑之性侵害犯罪抗告案件（100.01新增）
性侵害犯罪附民	侵附民	性侵害犯罪附帶民事訴訟案件（100.01新增）
	侵附民更	「侵附民」之更審案件（100.01新增）
	侵附民緝	「侵附民」案件審判中，被告經通緝報結而緝獲歸案者（100.01新增）
	侵簡附民	「侵簡」附帶民事訴訟案件（100.01新增）
	侵簡附民更	「侵簡附民」之更審案件（100.01新增）
	侵簡附民緝	「侵簡附民」之案件審判中，被告經通緝報結而緝獲歸案者（100.01新增）
	重侵附民	重大性侵害犯罪附帶民事訴訟案件（100.01新增）
	重侵附民緝	「重侵附民」案件審判中，被告經通緝報結而緝獲歸案者（100.01新增）
性侵害犯罪再審	侵再	性侵害犯罪開始再審案件（100.01新增）
	侵簡再	「侵簡」之開始再審案件（100.01新增）
	侵再更	「侵再」之更審案件（100.01新增）
	侵簡上再	「侵簡上」之開始再審案件（100.01新增）
	侵再更	「侵再」之更審案件（100.01新增）
	侵簡再更	「侵簡再」之更審案件（100.01新增）
	侵附民再	性侵害犯罪附帶民事訴訟開始再審案件（100.01新增）
	侵再緝	「侵再」案件審判中，被告經通緝報結而緝獲歸案者（100.01新增）

案件種類	案號字別名稱	案件種類說明
性侵害犯罪其他	侵聲	性侵害犯罪其他聲請或聲明案件（100.01新增）
	侵聲更	「侵聲」之更審案件（100.01新增）
少年性侵害犯罪訴訟	少侵訴	第一審少年犯性侵害犯罪防治法通常訴訟案件，得上訴第三審者（100.01新增）
	少侵訴緝	「少侵訴」案件審判中，被告經通緝報結而緝獲歸案者（100.01新增）
	少侵易	第一審少年犯性侵害犯罪防治法通常訴訟案件，不得上訴第三審者（100.01新增）
	少侵易緝	「少侵易」案件審判中，被告經通緝報結而緝獲歸案者（100.01新增）
	少侵重訴	第一審少年犯性侵害犯罪防治法重大刑事訴訟案件（100.01新增）
	少侵重訴緝	「少侵重訴」案件審判中，被告經通緝報結而緝獲歸案者（100.01新增）
	少侵重易	少年犯性侵害犯罪防治法重大案件，不得上訴第三審者（100.01新增）
	少侵重易緝	「少侵重易」案件審判中，被告經通緝報結而緝獲歸案者（100.01新增）
	少侵訴更	「少侵訴」之更審案件（100.01新增）
	少侵訴緝更	「少侵訴緝」之更審案件（100.01新增）
	少侵易更	「少侵易」之更審案件（100.01新增）
	少侵易緝更	「少侵易緝」之更審案件（100.01新增）
	少侵重訴更	「少侵重訴」之更審案件（100.01新增）
	少侵重訴緝更	「少侵重訴緝」之更審案件（100.01新增）
	少侵重易更	「少侵重易」之更審案件（100.01新增）
	少侵重易緝更	「少侵重易緝」之更審案件（100.01新增）
	少侵訴更緝	「少侵訴更」案件審判中，被告經通緝報結而緝獲歸案者（100.01新增）
	少侵易更緝	「少侵易更」案件審判中，被告經通緝報結而緝獲歸案者（100.01新增）
	少侵重訴更緝	「少侵重訴更」案件審判中，被告經通緝報結而緝獲歸案者（100.01新增）

案件種類	案號字別名稱	案件種類說明
	少侵重易更緝	「少侵重易更」案件審判中，被告經通緝報結而緝獲歸案者（100.01新增）
	少侵易緝更緝	「少侵易緝更」案件審判中，被告經通緝報結而緝獲歸案者（100.01新增）
	少連侵訴	第一審少年法庭管轄之非少年犯性侵害犯罪防治法通常訴訟案件（100.01新增）
	少連侵訴緝	「少連侵訴」案件審判中，被告經通緝報結而緝獲歸案者（100.01新增）
	少連侵易	第一審少年法庭管轄之非少年犯性侵害犯罪防治法通常訴訟案件，不得上訴第三審者（100.01新增）
	少連侵易緝	「少連侵易」案件審判中，被告經通緝報結而緝獲歸案者（100.01新增）
	少連侵重訴	第一審少年法庭管轄之非少年犯性侵害犯罪防治法重大刑事訴訟案件（100.01新增）
	少連侵重訴緝	「少連侵重訴」案件審判中，被告經通緝報結而緝獲歸案者（100.01新增）
	少連侵重易	第一審少年法庭管轄之非少年犯性侵害犯罪防治法重大案件，不得上訴第三審者（100.01新增）
	少連侵重易緝	「少連侵重易」案件審判中，被告經通緝報結而緝獲歸案者（100.01新增）
	少連侵訴更	「少連侵訴」之更審案件（100.01新增）
	少連侵訴緝更	「少連侵訴緝」之更審案件（100.01新增）
	少連侵易更	「少連侵易」之更審案件（100.01新增）
	少連侵易緝更	「少連侵易緝」之更審案件（100.01新增）
	少連侵重訴更	「少連侵重訴」之更審案件（100.01新增）
	少連侵重訴緝更	「少連侵重訴緝」之更審案件（100.01新增）
	少連侵重易更	「少連侵重易」之更審案件（100.01新增）
	少連侵重易緝更	「少連侵重易緝」之更審案件（100.01新增）
	少連侵訴更緝	「少連侵訴更」審判案件中，被告經通緝報結而緝獲歸案者（100.01新增）
	少連侵易更緝	「少連侵易更」審判案件中，被告經通緝報結而緝獲歸案者（100.01新增）

案件種類	案號字別名稱	案件種類說明
	少連侵重訴更緝	「少連侵重訴更」審判案件中，被告經通緝報結而緝獲歸案者（100.01新增）
	少連侵重易更緝	「少連侵重易更」審判案件中，被告經通緝報結而緝獲歸案者（100.01新增）
	少連侵易緝更緝	「少連侵易緝更」案件審判中，被告經通緝報結而緝獲歸案者（100.01新增）
少年性侵害犯罪一審簡易	少侵簡	聲請簡易判決少年犯性侵害犯罪防治法案件（100.01新增）
	少侵簡緝	「少侵簡」案件審判中，被告經通緝報結而緝獲歸案者（100.01新增）
	少侵簡更	「少侵簡」之更審案件（100.01新增）
	少侵簡更緝	「少侵簡更」案件審判中，被告經通緝報結而緝獲歸案者（100.01新增）
	少連侵簡	舊少事法第68條非少年犯性侵害犯罪防治法之簡易案件（100.01新增）
	少連侵簡緝	「少年侵簡」案件通緝報結而緝獲歸案者（100.01新增）
	少連侵簡更	「少連侵簡」之更審案件（100.01新增）
	少連侵簡更緝	「少連侵簡更」案件通緝報結而緝獲歸案者（100.01新增）
少年性侵害犯罪二審簡易	少侵簡上	第二審少年犯性侵害犯罪防治法簡易判決上訴案件（100.01新增）
	少連侵簡上	「少連侵簡」之上訴案件（100.01新增）
	少侵簡再上	「少侵簡再」之上訴案件（100.01新增）
	少連侵簡再上	「少連侵簡再」之上訴案件（100.01新增）
少年性侵害犯罪附民	少侵附民	少年犯性侵害犯罪防治法附帶民事訴訟案件（100.01新增）
	少侵簡附民	少年犯性侵害犯罪簡易附帶民事訴訟案件（100.01新增）
	少侵附民更	「少侵附民」之更審案件（100.01新增）
	少侵簡附民更	「少侵簡附民」之更審案件（100.01新增）
	少侵附民續	「少侵附民」之繼續審判案件（100.01新增）
	少侵附民緝	「少侵附民」案件審判中，被告經通緝報結而緝獲歸案者（100.01新增）
	少侵附民更緝	「少侵附民更」案件審判中，被告經通緝報結而緝獲歸案者（100.01新增）

案件種類	案號字別名稱	案件種類說明
	少侵重附民	少年犯性侵害犯罪防治法重大附帶民事訴訟案件（100.01新增）
	少侵重附民更	「少侵重附民」之更審案件（100.01新增）
	少連侵附民	少年法庭管轄之非少年犯性侵害犯罪防治法附帶民事訴訟案件（100.01新增）
	少連侵簡附民	少年法庭管轄之非少年犯性侵害犯罪防治法簡易附帶民事訴訟案件（100.01新增）
	少連侵附民更	「少連侵附民」之更審案件（100.01新增）
	少連侵簡附民更	「少連侵簡附民」之更審案件（100.01新增）
	少連侵附民續	「少連侵附民」之繼續審判案件（100.01新增）
	少連侵附民緝	「少連侵附民」案件審判中，被告經通緝報結而緝獲歸案者（100.01新增）
	少連侵附民更緝	「少連侵附民更」案件審判中，被告經通緝報結而緝獲歸案者（100.01新增）
	少連侵重附民	少年法庭管轄之非少年犯性侵害犯罪防治法重大附帶民事訴訟案件（100.01新增）
	少連侵重附民更	「少連侵重附民」之更審案件（100.01新增）
少年性侵害犯罪再審	少侵再	第一審少年犯性侵害犯罪防治法開始再審案件（100.01新增）
	少侵簡再	第一審少年犯性侵害犯罪防治法簡易開始再審案件（100.01新增）
	少侵簡上再	第二審少年犯性侵害犯罪防治法簡易開始再審案件（100.01新增）
	少侵再更	「少侵再」之更審案件（100.01新增）
	少侵簡再更	「少侵簡再」之更審案件（100.01新增）
	少侵再緝	「少侵再」案件審判中，被告經通緝報結而緝獲歸案者（100.01新增）
	少連侵再	少年法庭管轄之非少年犯性侵害犯罪防治法開始再審案件（100.01新增）
	少連侵簡再	少年法庭管轄之非少年犯性侵害犯罪防治法簡易開始再審案件（100.01新增）
	少連侵簡上再	少年法庭管轄之非少年犯性侵害犯罪防治法第二審簡易開始再審案件（100.01新增）

案件種類	案號字別名稱	案件種類說明
	少連侵再更	「少連侵再」之更審案件（100.01新增）
	少連侵簡再更	「少連侵簡再」之更審案件（100.01新增）
	少連侵再緝	「少連侵再」案件審判中，被告經通緝報結而緝獲歸案者（100.01新增）
少年性侵害犯罪聲再	少侵聲再	少年犯性侵害犯罪防治法聲請再審案件（100.01新增）
	少侵聲簡再	少年犯性侵害犯罪防治法簡易聲請再審案件（100.01新增）
	少侵聲再更	「少侵聲再」之更審案件（100.01新增）
	少連侵聲再	少年法庭管轄之非少年犯性侵害犯罪防治法聲請再審案件（100.01新增）
	少連侵聲簡再	少年法庭管轄之非少年犯性侵害犯罪防治法簡易聲請再審案件（100.01新增）
	少連侵聲再更	「少連侵聲再」之更審案件（100.01新增）
少年性侵害犯罪其他	少侵聲	少年犯性侵害犯罪防治法其他聲請或聲明案件（100.01新增）
	少連侵聲	少年法庭管轄之非少年犯性侵害犯罪防治法聲請案件（100.01新增）
	少侵聲更	「少侵聲」之更審案件（100.01新增）
少年性侵害犯罪抗告	少侵簡抗	少年犯性侵害犯罪防治法簡易案件之抗告案件（100.01新增）
	少連侵簡抗	「少連侵簡」之抗告案件（100.01新增）
少年性侵害犯罪附民上訴	少侵簡附民上	「少侵簡附民」之上訴案件（100.01新增）
	少連侵簡附民上	「少連侵簡附民」之上訴案件（100.01新增）
軍事案件（104.08刪除）	軍訴	第一審軍事（陸海空軍刑法及其特別法之罪，下同）通常訴訟案件，得上訴第三審者（102.10修正）（104.08刪除）
	軍訴緝	「軍訴」字案件審判中，被告經通緝結案後而緝獲歸案者（102.08新增）（104.08刪除）
	軍訴更	「軍訴」之更審案件（102.08新增）（104.08刪除）
	軍重訴	第一審軍事重大訴訟案件（102.08新增）（104.08刪除）
	軍重訴緝	第一審軍事重大案件審判中，被告經通緝結案後而緝獲歸案者（102.08新增）（104.08刪除）
	軍重訴更	「軍重訴」之更審案件（102.08新增）（104.08刪除）
	軍易	第一審軍事通常訴訟案件，不得上訴第三審者（102.08新增）（104.08刪除）

案件種類	案號字別名稱	案件種類說明
	軍易緝	「軍易」字案件，被告經通緝結案後而緝獲歸案者（102.08新增）（104.08刪除）
	軍易更	「軍易」之更審案件（102.08新增）（104.08刪除）
	軍自	第一審軍事自訴案件（102.08新增）（104.08刪除）
	軍自更	「軍自」之更審案件（102.08新增）（104.08刪除）
	軍附民	軍事附帶民事訴訟案件（102.08新增）（104.08刪除）
	軍附民更	「軍附民」之更審案件（102.08新增）（104.08刪除）
	軍簡附民	軍事簡易附帶民事訴訟案件（102.08新增）（104.08刪除）
	軍簡附民更	「軍簡附民」之更審案件（102.08新增）（104.08刪除）
	軍重附民	軍事重大附帶民事訴訟案件（102.08新增）（104.08刪除）
	軍重附民更	「軍重附民」之更審案件（102.08新增）（104.08刪除）
	軍附民續	軍事附帶民事訴訟繼續審判案件（102.08新增）（104.08刪除）
	軍再	第一審軍事開始再審案件（102.08新增）（104.08刪除）
	軍簡	聲請簡易判決軍事案件（102.08新增）（104.08刪除）
	軍簡再	第一審軍事簡易開始再審案件（102.08新增）（104.08刪除）
	軍簡上	第二審之一般軍事簡易判決上訴案件（102.08新增）（104.08刪除）
	軍簡上再	第二審軍事簡易開始再審案件（102.08新增）（104.08刪除）
	軍再更	「軍再」之更審案件（102.08新增）（104.08刪除）
	軍簡再更	「軍簡再」之更審案件（102.08新增）（104.08刪除）
	軍附民再	軍事附帶民事訴訟開始再審案件（102.08新增）（104.08刪除）
	軍助	軍事協助案件（102.08新增）（104.08刪除）
	軍聲	軍事聲請案件（102.08新增）（104.08刪除）
	軍聲再	軍事聲請再審案件（102.08新增）（104.08刪除）
	軍聲再更	「軍聲再」之更審案件（102.08新增）（104.08刪除）
	軍聲簡再	軍事簡易聲請再審案件（102.08新增）（104.08刪除）
少年軍事案件（104.08刪除）	少軍訴	第一審少年軍事（陸海空軍刑法及其特別法之罪，下同）通常訴訟案件，得上訴第三審者（102.10修正）（104.08刪除）

案件種類	案號字別名稱	案件種類說明
	少軍訴緝	「少軍訴」字案件審判中，被告經通緝結案後而緝獲歸案者（102.08新增）（104.08刪除）
	少軍訴更	「少軍訴」之更審案件（102.08新增）（104.08刪除）
	少軍重訴	第一審少年軍事重大訴訟案件（102.08新增）（104.08刪除）
	少軍重訴緝	第一審少年軍事重大案件審判中，被告經通緝結案後而緝獲歸案者（102.08新增）（104.08刪除）
	少軍重訴更	「少軍重訴」之更審案件（102.08新增）（104.08刪除）
	少軍易	第一審少年軍事通常訴訟案件，不得上訴第三審者（102.08新增）（104.08刪除）
	少軍易緝	「少軍易」字案件，被告經通緝結案後而緝獲歸案者（102.08新增）（104.08刪除）
	少軍易更	「少軍易」之更審案件（102.08新增）（104.08刪除）
	少軍附民	少年軍事附帶民事訴訟案件（102.08新增）（104.08刪除）
	少軍附民更	「少軍附民」之更審案件（102.08新增）（104.08刪除）
	少軍再	第一審少年軍事開始再審案件（102.08新增）（104.08刪除）（104.08刪除）
	少軍簡	聲請簡易判決少年軍事案件（102.08新增）（104.08刪除）
	少軍簡再	第一審少年軍事簡易開始再審案件（102.08新增）（104.08刪除）
	少軍簡上	第二審之一般少年軍事簡易判決上訴案件（102.08新增）（104.08刪除）
	少軍簡上再	第二審少年軍事簡易開始再審案件（102.08新增）（104.08刪除）
	少軍再更	「少軍再」之更審案件（102.08新增）（104.08刪除）
	少軍簡再更	「少軍簡再」之更審案件（102.08新增）（104.08刪除）
	少軍簡附民	少年軍事簡易附帶民事訴訟案件（102.08新增）（104.08刪除）
	少軍簡附民更	「少軍簡附民」之更審案件（102.08新增）（104.08刪除）
	少軍重附民	少年軍事重大附帶民事訴訟案件（102.08新增）（104.08刪除）
	少軍重附民更	「少軍重附民」之更審案件（102.08新增）（104.08刪除）

案件種類	案號字別名稱	案件種類說明
	少軍附民續	少年軍事附帶民事訴訟繼續審判案件（102.08新增）（104.08刪除）
	少軍附民再	少年軍事附帶民事訴訟開始再審案件（102.08新增）（104.08刪除）
	少軍助	少年軍事協助案件（102.08新增）（104.08刪除）
	少軍聲	少年軍事聲請案件（102.08新增）（104.08刪除）
	少軍聲簡	少年軍事簡易聲請案件（102.08新增）（104.08刪除）
	少軍聲再	少年軍事聲請再審案件（102.08新增）（104.08刪除）
	少軍聲再更	「少軍聲再」之更審案件（102.08新增）（104.08刪除）
	少軍聲簡再	少年軍事簡易聲請再審案件（102.08新增）（104.08刪除）
	少軍護	少年觸犯軍事刑罰法律，依保護事件審理（102.08新增）（104.08刪除）
	少軍護尋	少年軍護事件，經協尋報結而尋獲歸案者（102.08新增）（104.08刪除）
	少軍護更	「少軍護」之更審事件（102.08新增）（104.08刪除）
	少軍護尋更	「少軍護尋」之更審事件（104.08刪除）
	少軍刑執	少年法庭執行軍事案件（在執字上按原案件種類冠原字號）（102.08新增）（104.08刪除）
	少軍護執	少年法庭執行軍事案件（在執字上按原案件種類冠原字號）（102.08新增）（104.08刪除）
	少軍護尋執	少年法庭執行軍事案件（在執字上按原案件種類冠原字號）（102.08新增）（104.08刪除）
	少軍護更執	少年法庭執行軍事案件（在執字上按原案件種類冠原字號）（102.08新增）（104.08刪除）
	少軍重	少年軍事重新審理案件（102.08新增）（104.08刪除）
	少軍調	少年觸犯軍事刑罰法令調查事件（102.08新增）（104.08刪除）
	少軍調尋	少年軍調事件經協尋報結後而尋獲歸案者（102.08新增）（104.08刪除）
	少軍調更	「少軍調」之更審事件（102.08新增）（104.08刪除）
	少軍調尋更	「少軍調尋」之更審事件（102.08新增）（104.08刪除）
	少軍調執	觸犯軍事刑罰法律少年之轉介處分執行事件（102.08新增）（104.08刪除）

案件種類	案號字別名稱	案件種類說明
	助少軍執	他院囑託之少年軍事事件（102.08新增）（104.08刪除）
	少軍撤緩	少年聲請撤銷緩刑軍事事件（102.08新增）（104.08刪除）
	軍聲觀	聲請留置觀察軍事事件（102.08新增）（104.08刪除）
	軍聲重	聲請重新審理軍事事件（102.08新增）（104.08刪除）
	軍聲撤	聲請撤銷保護管束及安置輔導而執行感化教育軍事事件（102.08新增）（104.08刪除）
	軍聲免	聲請免除保護管束、安置輔導及感化教育之繼續軍事執行（102.08新增）（104.08刪除）
	軍聲停	聲請停止感化教育交付保護管束軍事事件（102.08新增）（104.08刪除）
	軍聲延	聲請延長安置輔導處分軍事事件（102.08新增）（104.08刪除）
	軍聲變	聲請變更安置輔導機構軍事事件（102.08新增）（104.08刪除）
	軍聲驅	聲請驅逐出境軍事事件（102.08新增）（104.08刪除）
	軍裁撤	裁定撤銷保護處分軍事事件（102.08新增）（104.08刪除）
	軍裁處	裁定應執行之處分軍事事件（102.08新增）（104.08刪除）
	軍裁護	停止感化教育交付保護管束軍事事件（102.08新增）（104.08刪除）
	軍聲撤更	「軍聲撤」之更審案件（102.08新增）（104.08刪除）
	軍聲觀更	「軍聲觀」之更審事件（102.08新增）（104.08刪除）
	少軍費	執行保護處分教養費用案件、命成年人負擔教養費用及公告姓名軍事案件（102.08新增）（104.08刪除）
	少軍親	裁定親職教育輔導及公告姓名軍事事件（102.08新增）（104.08刪除）
	少軍核	少年鄉鎮市調解書審核軍事案件（102.08新增）（104.08刪除）（104.08刪除）
	少軍毒聲	少年有關違反毒品危害防制條例之聲請軍事案件（102.08新增）（104.08刪除）
	處少軍護	檢察官不起訴處分後移送依保護軍事事件處理者（102.08新增）（104.08刪除）
	處少軍護尋	少年協尋結案後尋獲歸案者（102.08新增）（104.08刪除）
	軍聲觀執	少年法庭執行軍事案件（在執字上按原案件種類冠原字號）（102.08新增）（104.08刪除）

案件種類	案號字別名稱	案件種類說明
	軍聲觀更執	少年法庭執行軍事案件（在執字上按原案件種類冠原字號）（102.08新增）（104.08刪除）
	軍聲撤執	少年法庭執行軍事案件（在執字上按原案件種類冠原字號）（102.08新增）（104.08刪除）
	軍聲撤更執	少年法庭執行軍事案件（在執字上按原案件種類冠原字號）（102.08新增）（104.08刪除）
	軍聲停執	少年法庭執行軍事案件（在執字上按原案件種類冠原字號）（102.08新增）
	軍聲驅執	少年法庭執行軍事案件（在執字上按原案件種類冠原字號）（102.08新增）（104.08刪除）
	軍裁撤執	少年法庭執行軍事案件（在執字按原案件種類冠原字號）（102.08新增）（104.08刪除）
	軍裁處執	少年法庭執行軍事案件（在執字上按原案件種類冠原字號）（102.08新增）（104.08刪除）
	軍裁護執	少年法庭執行軍事案件（在執字上按原案件種類冠原字號）（102.08新增）（104.08刪除）
	少軍親執	少年法庭執行軍事案件（在執字上按原案件種類冠原字號）（102.08新增）（104.08刪除）
	少軍聲更執	少年法庭執行軍事案件（在執字上按原案件種類冠原字號）（102.08新增）（104.08刪除）
	軍聲撤執尋	少年法庭執行軍事案件（在執字上按原案件種類冠原字號）（102.08新增）（104.08刪除）
	處少軍護執	少年法庭執行軍事案件（在執字上按原案件種類冠原字號）（102.08新增）（104.08刪除）
刑事沒收案件	聲參	第三人聲請參與沒收程序案件（105.06新增）
	聲參更	參與沒收程序之發回更審案件（105.06新增）
	職參	法官依職權命第三人參與沒收程序案件（105.06新增）
	單聲沒	聲請單獨宣告沒收之標的含有違禁物以外之財產案件
	聲撤沒	聲請撤銷沒收判決及單獨宣告沒收裁定案件（105.06新增）
	聲撤更	聲請撤銷沒收判決及單獨宣告沒收裁定案件之抗告發回案
	撤沒	聲撤沒案件之更為審判案件（105.06新增）
	撤沒更	撤沒案件之發回更審案件（105.06新增）

案件種類	案號字別名稱	案件種類說明
刑事扣押案件	聲扣	聲請扣押案件（105.06新增）
	急扣	依刑事訴訟法第一百三十三條之二第四項逕行扣押之事後
	聲撤扣	依刑事訴訟法第一百四十二條之一之聲請撤銷扣押案件
	聲扣更	聲扣案件之發回更審案件（105.12新增）
少年沒收	少聲參	第三人聲請參與沒收程序案件（105.06新增）
	少聲參更	參與沒收程序之發回更審案件（105.06新增）
	少職參	法官依職權命第三人參與沒收程序案件（105.06新增）
	少單聲沒	聲請單獨宣告沒收之標的含有違禁物以外之財產案件（105.08修正）
	少單禁沒	聲請單獨宣告沒收之標的僅違禁物，而未涉及違禁物以外之財產案件（105.08新增）
	少聲撤沒	聲請撤銷沒收裁判及單獨宣告沒收裁定案件（105.06新增）
	少聲撤更	聲請撤銷沒收裁判及單獨宣告沒收裁定案件之抗告發回案件（105.06新增）
	少撤沒	「少聲撤沒」案件之更為審判案件（105.06新增）
	少撤沒更	「少撤沒」案件之發回更審案件（105.06新增）
少年扣押	少聲扣	聲請扣押案件（105.06新增）
	少聲扣更	少聲扣案件之發回更審案件（106.05新增）
	少急扣	依刑事訴訟法第一百三十三條之二第四項逕行扣押之事後陳報（105.06新增）
	少聲撤扣	依刑事訴訟法第一百四十二條之一之聲請撤銷扣押案件（105.06新增）

（三）調查保護事件

案件種類	案號字別名稱	案件種類說明
審前調查	觀刑調	少年調查官調查之少年刑事事件
	觀少調	觸犯刑罰法律少年之調查事件
	觀虞調	少年虞犯之調查事件
	觀兒調	觸犯刑罰法律兒童調查事件
急速輔導	觀少速	調查中少年交付少年調查官輔導事件（95.12新增）
	觀兒速	調查中兒童交付少年調查官輔導事件（95.12新增）

案件種類	案號字別名稱	案件種類說明
轉介處分	觀調執（轉）	少年調查官執行之轉介輔導事件
	觀調執（教）	少年調查官執行之交付嚴加管教事件
	觀調執（誡）	少年調查官執行之告誡事件
觀察	觀察	交由少年調查官觀察或指導觀察之事件
假日輔導	觀少輔	少年保護官執行觸犯刑罰法律少年之假日生活輔導事件
	觀虞輔	少年保護官執行少年虞犯之假日生活輔導事件
	觀兒輔	少年保護官執行觸犯刑罰法律兒童之假日生活輔導事件
保護管束	觀少護	少年保護官執行觸犯刑罰法律少年之保護管束事件
	觀虞護	少年保護官執行少年虞犯之保護管束事件
	觀兒護	少年保護官執行觸犯刑罰法律兒童之保護管束事件
	觀少護（勞）	少年保護官執行觸犯刑罰法律少年之保護管束並勞動服務事件
	觀虞護（勞）	少年保護官執行少年虞犯之保護管束並勞動服務事件
	觀兒護（勞）	少年保護官執行觸犯刑罰法律兒童之保護管束並勞動服務事件
	觀少護（感）	少年保護官執行觸犯刑罰法律少年之停止感化教育交付保護管束事件
	觀虞護（感）	少年保護官執行少年虞犯之停止感化教育交付保護管束事件
	觀兒護（感）	少年保護官執行觸犯刑罰法律兒童之停止感化教育交付保護管束事件
治療處分	觀少治	交付少年調查（保護）官執行少年之治療處分事件（97.01新增）
	觀兒治	交付少年調查（保護）官執行兒童之治療處分事件（97.01新增）
	觀虞治	交付少年調查（保護）官執行虞犯之治療處分事件（97.01新增）
禁戒處分	觀少戒	交付少年保護官執行少年之禁戒處分事件（97.01新增）
	觀兒戒	交付少年保護官執行兒童之禁戒處分事件（97.01新增）
	觀虞戒	交付少年保護官執行虞犯之禁戒處分事件（97.01新增）
安置輔導	觀少置	少年保護官執行觸犯刑罰法律少年之安置輔導事件
	觀虞置	少年保護官執行少年虞犯之安置輔導事件
	觀兒置	少年保護官執行觸犯刑罰法律兒童之安置輔導事件

案件種類	案號字別名稱	案件種類說明
感化教育	觀聲免	少年或少年之法定代理人請求少年保護官聲請免除或停止感化教育之事件
	觀感調	少年保護官調查聲請免除或停止感化教育之事件（95.12新增）
緩刑	觀刑執（緩）	少年保護官執行緩刑期中付保護管束事件
假釋	觀刑執（假）	少年保護官執行假釋期中付保護管束事件
親職教育	觀親	少年保護官執行之親職教育輔導
家事調查	觀家調	少年調查官調查之家事事件
指定輔佐	觀佐	少年保護官擔任輔佐人事件（106.11刪除）
毒品案件	觀少護（毒）	少年保護官執行觸犯毒品危害防制條例第十條法律之少年保護管束事件（97.12修正）
	觀兒護（毒）	少年保護官執行觸犯毒品危害防制條例第十條法律之兒童保護管束事件（97.12修正）
	觀少護（毒勞）	少年保護官執行觸犯毒品危害防制條例第十條法律之少年保護管束並勞動服務事件（97.12修正）
	觀兒護（毒勞）	少年保護官執行觸犯毒品危害防制條例第十條法律之兒童保護管束並勞動服務事件（97.12修正）
	觀少護（毒感）	少年保護官執行觸犯毒品危害防制條例第十條法律之少年停止感化教育交付保護管束事件（97.12修正）
	觀兒護（毒感）	少年保護官執行觸犯毒品危害防制條例第十條法律之兒童停止感化教育交付保護管束事件（97.12修正）
	觀刑執（毒緩）	少年保護官執行少年觸犯毒品危害防制條例第十條罪之緩刑期中交付保護管束事件
	觀刑執（毒假）	少年保護官執行少年觸犯毒品危害防制條例第十條罪之假釋期中交付保護管束事件
觀護其他	觀調他	少年調查官處理之其他事件
	觀護他	少年保護官處理之其他事件
	觀感他	交付執行感化教育期間協助輔導事件（106.11新增）

備註：（一）他法院囑託少年調查官或少年保護官處理等字別，一律依「在原字別前加『助』字處理」之原則辦理。
　　　（二）心理輔導員受法官、少年調查官、少年保護官之命，對少年或兒童進行之心理輔導、諮商及心理治療等字別，一律依「在原觀護事件字別後加『心』字處理」之原則辦理。

（四）提存事件

案件種類	案號字別名稱	案件種類說明
	存	一般擔保提存物或清償提存物事件
	取	一般領取提存物或取回提存物事件
	解	解繳國庫事件
	行存	「行政訴訟」擔保提存物或清償提存物事件
	行取	「行政訴訟」領取提存物或取回提存物事件

（五）公證事件

案件種類	案號字別名稱	案件種類說明
	公	公證事件
	認	認證事件

（六）登記事件

案件種類	案號字別名稱	案件種類說明
	財登	夫妻財產制契約登記事件
	法登社	一般社團法人設立登記事件
	法登財	財團法人設立登記事件
	法登政	政黨社團法人設立登記事件
	法登他	其他法人登記事件
	登聲	聲請抄寫騰本等聲請事件

（七）財務裁定事件

案件種類	案號字別名稱	案件種類說明
	財專	稅捐稽徵處移送違反菸酒專賣條例之罰鍰案件（102.08刪除）

（八）智慧財產民事事件（107.10新增）

案件種類	案號字別名稱	案件種類說明
民事訴訟	智	第一審「智慧財產案件審理細則第二條規定之民事訴訟事件」（下稱智慧財產事件）（100.01修正）
	智更	智慧財產事件之更審事件（100.01修正）

	智續	智慧財產事件之繼續審判事件（100.01修正）
	智續更	「智續」之更審事件（100.01修正）
民事再審	智再	智慧財產事件之再審事件（100.01修正）
	智再更	「智再」之更審事件（99.01.01生效）
	智聲再	智慧財產事件聲請或聲明事件之再審事件（100.01修正）
民事一審調解	智調	智慧財產事件之調解事件（100.01修正）
	智移調	智慧財產事件之移付調解事件（100.01修正）
	智簡附民移調	經檢察官聲請以簡易判決處刑之智慧財產附帶民事訴訟移付調解事件（100.01修正）
民事二審調解	智簡附民上移調	經檢察官聲請以簡易判決處刑之智慧財產附帶民事訴訟上訴之移付調解事件（100.01修正）
民事其他	智全	智慧財產事件之保全事件（100.01修正）
	智聲	其他聲請或聲明事件（107.10修正）
	智秘聲	依智慧財產案件審理法第11條聲請之秘密保持命令事件（99.01.01生效）
民事執行	智裁全	民事執行處法官辦理智慧財產事件之保全事件（100.01修正）
	智執	智慧財產事件之民事執行事件（100.01修正）
	智執全	智慧財產事件之執行保全事件（100.01修正）
	智執助	智慧財產事件之囑託執行事件（100.01修正）
	智執全助	智慧財產事件之囑託執行保全事件（100.01修正）

（九）智慧財產刑事案件（107.10新增）

案件種類	案號字別名稱	案件種類說明
刑事訴訟	智訴	智慧財產案件審理細則第三條規定之刑事訴訟案件（下稱智慧財產案件）第一審通常訴訟案件，得上訴第三審者（100.01修正）
	智訴緝	「智訴」字案件審判中，被告經通緝結案後而緝獲歸案者（99.01.01生效）
	智訴更	「智訴」之更審事件（99.01.01生效）
	智訴緝更	「智訴緝」之更審事件（99.01.01生效）
	智易	智慧財產第一審通常訴訟案件，不得上訴第三審者（99.01.01生效）

	智易緝	「智易」字案件，被告經通緝結案後而緝獲歸案者（99.01.01生效）
	智易更	「智易」之更審事件（99.01.01生效）
	智易緝更	「智易緝」之更審事件（99.01.01生效）
	智附民	智慧財產附帶民事訴訟案件（99.01.01生效）
	智附民緝	「智附民」案件審判中，被告經通緝結案後而緝獲歸案者（99.01.01生效）
	智附民更	「智附民」之更審案件（99.01.01生效）
	智附民續	「智附民」繼續審判案件（99.01.01生效）
	智重附民	訴訟標的金額或價額在新台幣六百萬元以上之智慧財產附帶民事訴訟案件（99.01.01生效）
	智重附民緝	「智重附民」案件審判中，被告經通緝結案後而緝獲歸案者
	智重附民更	「智重附民」之更審案件（99.01.01生效）
	智簡附民	經檢察官聲請以簡易判決處刑智慧財產附帶民事訴訟案件（100.01修正）
	智簡附民上	「智簡附民」之上訴案件（99.01.01生效）
	智簡上附民	經檢察官聲請以簡易判決處刑之第二審智慧財產上訴案件之附帶民事訴訟案件（100.01修正）
	智簡附民更	「智簡附民」之更審案件（99.01.01生效）
刑事再審	智再	智慧財產第一審開始再審案件（99.01.01生效）
	智再更	「智再」字之更審案件（99.01.01生效）
	智簡再	智慧財產第一審簡易開始再審案件（99.01.01生效）
	智簡再更	「智簡再」字之更審案件（99.01.01生效）
	智簡上再	智慧財產第二審簡易開始再審案件（99.01.01生效）
	智附民再	智慧財產附帶民事訴訟開始再審案件（99.01.01生效）
刑事聲請再審	智聲再	智慧財產聲請再審案件（99.01.01生效）
	智聲再更	智慧財產聲請再審之更審案件（99.01.01生效）
	智聲簡再	智慧財產聲請簡易再審案件（99.01.01生效）
	智聲簡再更	智慧財產聲請簡易再審案件之更審案件（99.01.01生效）
刑事其他	智聲	智慧財產其他聲請案件（107.10新增）
	智聲核	智慧財產鄉鎮市調解書審核案件（107.10新增）

	智他	智慧財產其他案件（107.10新增）
	智刑全	智慧財產案件刑事庭辦理保全程序裁定（107.10新增）
	智聲全	智慧財產聲請證據保全案件（107.10新增）
	智聲判	智慧財產聲請交付審判案件（107.10新增）
	智他更	智慧財產「他」字之更審案件（107.10新增）
	智聲更	智慧財產「聲」字之更審案件（107.10新增）
	智聲判更	智慧財產「聲判」之更審案件（107.10新增）
	智他調	依民刑事件編號計數分案報結實施要點第一百十六點第七款或第一百十八點第五款規定報結後之案件（107.10新增）
	智秘聲	依智慧財產案件審理法第三十條準用第十一條聲請之秘密保持命令事件（107.10新增）
刑事一審簡易	智簡	經檢察官聲請以簡易判決處刑之智慧財產案件（100.01修正）
	智簡緝	「智簡」字案件審判中，被告經通緝報結而緝獲歸案者（99.01.01生效）
	智簡更	「智簡」之更審案件（99.01.01生效）
刑事二審簡易	智簡上	經檢察官聲請以簡易判決處刑之第二審智慧財產上訴案件（100.01修正）
	智簡上緝	「智簡上」案件審判中，被告經通緝結案後而緝獲歸案者（99.01.01生效）
	智簡再上	「智簡再」之上訴案件（99.01.01生效）
	智簡上更	「智簡上」之更審案件（99.01.01生效）
刑事抗告	智簡抗	經檢察官聲請以簡易判決處刑之智慧財產抗告案件

二、高等法院部分

（一）民事事件

案件種類	案號字別名稱	案件種類說明
民事一審	訴	第一審訴訟事件
	家訴	第一審家事訴訟事件（102.05刪除）
	勞訴	第一審勞資爭議訴訟事件
	重訴	第一審重大訴訟事件
	重家訴	第一審重大家事訴訟事件（102.05刪除）

案件種類	案號字別名稱	案件種類說明
	重勞訴	第一審重大勞資爭議訴訟事件
	訴易	第一審訴訟不得上訴第三審訴訟事件
	家訴易	第一審訴訟不得上訴第三審家事訴訟事件（102.05刪除）
	勞訴易	第一審訴訟不得上訴第三審勞資爭議訴訟事件
	訴更	「訴」之更審事件
	家訴更	「家訴」之更審事件（102.05刪除）
	勞訴更	「勞訴」之更審事件
	重訴更	「重訴」之更審事件
	重家訴更	「重家訴」之更審事件（102.05刪除）
	重勞訴更	「重勞訴」之更審事件
	訴續	第一審繼續審判事件
	家訴續	第一審家事繼續審判事件（102.05刪除）
	勞訴續	第一審勞資爭議繼續審判事件
	訴續易	第一審繼續審判不得上訴第三審事件
	調訴	宣告調解無效或撤銷調解事件（100.09新增）
	調訴易	宣告調解無效或撤銷調解事件不得上訴第三審者（100.09新增）
	調訴更	「調訴」之更審事件（100.09新增）
	金訴	第一審證券交易、銀行金融管制訴訟事件（103.11新增）
	金訴易	第一審證券交易、銀行金融管制訴訟事件不得上訴第三審者（103.11新增）
	金訴更	第一審證券交易、銀行金融管制訴訟事件經第三審發回或發交更審者（103.11新增）
民事一審調解	移調	通常訴訟移付調解事件（96.04新增）
	家移調	家事通常訴訟移付調解事件（96.04新增）（102.05刪除）
	勞移調	勞資爭議通常訴訟移付調解事件（96.04新增）
	保險移調	保險通常訴訟移付調解事件（96.04新增）
	附民移調	刑事附帶民事訴訟移付調解事件（96.04新增）
	交附民移調	「交附民」移付調解事件（96.04新增）
民事二審上訴	上	上訴事件
	續	第二審繼續審判事件

案件種類	案號字別名稱	案件種類說明
	家續	第二審家事繼續審判事件（102.05刪除）
	勞續	第二審勞資爭議繼續審判事件
	家上	家事上訴事件（102.05刪除）
	勞上	勞資爭議上訴事件
	保險上	保險上訴事件
	國貿上	國際貿易上訴事件
	海商上	海商上訴事件
	重上	重大上訴事件
	重家上	家事重大上訴事件（102.05刪除）
	重勞上	勞資爭議重大上訴事件
	上易	上訴事件中不得上訴第三審者
	續易	繼續審判事件不得上訴第三審者
	家上易	家事上訴事件不得上訴第三審者（102.05刪除）
	勞上易	勞資爭議上訴事件不得上訴第三審者
	保險上易	保險上訴事件不得上訴第三審者
	國貿上易	國際貿易上訴事件不得上訴第三審者
	海商上易	海商上訴事件不得上訴第三審者
	智上	第二審智慧財產上訴事件（100.01修正）
	智上易	第二審智慧財產上訴事件不得上訴第三審者（100.01修正）
	醫上	醫療糾紛損害賠償之上訴事件（92.03新增）
	消上	消費訴訟之上訴事件（92.03新增）
	建上	營建工程之上訴事件（93.03修正）
	公上	公害糾紛之上訴事件（92.03新增）
	金上	證券交易、銀行金融管制之上訴事件（92.03新增）
	醫上易	醫療糾紛損害賠償之上訴事件不得上訴第三審者（92.03新增）
	消上易	消費訴訟之上訴事件不得上訴第三審者（92.03新增）
	建上易	營建工程之上訴事件不得上訴第三審者（93.03修正）
	公上易	公害糾紛之上訴事件不得上訴第三審者（92.03新增）
	金上易	證券交易、銀行金融管制之上訴事件不得上訴第三審者（92.03新增）

案件種類	案號字別名稱	案件種類說明
國家賠償	上國	國家賠償上訴事件
	重上國	國家賠償重大上訴事件
	上國易	國家賠償上訴事件不得上訴第三審者
民事二審更審	上更	上訴事件經第三審發回或發交更審者
	續更	第二審繼續審判事件經第三審發回或發交更審者
	家續更	第二審家事繼續審判事件經第三審發回或發交更審者（102.05刪除）
	勞續更	第二審勞資爭議繼續審判事件經第三審發回或發交更審者
	家上更	家事上訴事件經第三審發回或發交更審者（102.05刪除）
	勞上更	勞資爭議上訴事件經第三審發回或發交更審者
	保險上更	保險上訴事件經第三審發回或發交更審者
	國貿上更	國際貿易上訴事件經第三審發回或發交更審者
	海商上更	海商上訴事件經第三審發回或發交更審者
	上國更	國家賠償法上訴事件經第三審發回或發交更審者
	重上更	發回三次以上之更審案件或自第一審收案時起，迄本次分案時止已逾四年之久懸案件
	重家上更	重大家事上訴事件經第三審發回或發交更審者（102.05刪除）
	重勞上更	重大勞資爭議上訴事件經第三審發回或發交更審者
	重上國更	重大國家賠償法上訴事件經第三審發回或發交更審者
	訴續更	第一審繼續審判事件經第三審發回或發交更審者
	家訴續更	第一審家事繼續審判事件經第三審發回或發交更審者（102.05刪除）
	勞訴續更	第一審勞資爭議繼續審判事件經第三審發回或發交更審者
	醫上更	「醫上」經第三審發回或發交（92.03新增）
	消上更	「消上」經第三審發回或發交（92.03新增）
	建上更	「建上」經第三審發回或發交（93.03修正）
	公上更	「公上」經第三審發回或發交（92.03新增）
	金上更	「金上」經第三審發回或發交（92.03新增）
民事再審	再	再審事件
	家再	家事再審事件（102.05刪除）

案件種類	案號字別名稱	案件種類說明
	勞再	勞資爭議再審事件
	選再	選舉訴訟再審事件
	國再	國家賠償再審事件（97.12修正）
	重再	重大再審事件
	重家再	重大家事再審事件（102.05刪除）
	重勞再	重大勞資爭議再審事件
	重國再	重大國家賠償再審事件（97.12新增）
	再易	再審事件不得上訴第三審者
	家再易	家事再審事件不得上訴第三審者（102.05刪除）
	勞再易	勞資爭議再審事件不得上訴第三審者
	再國易	國家賠償再審事件不得上訴第三審者
	再抗	抗告事件之再審事件
	再抗國	國家賠償抗告事件之再審事件
	家再抗	家事抗告事件之再審事件（102.05刪除）
	勞再抗	勞資爭議抗告事件之再審事件
	選再抗	選舉訴訟抗告事件之再審事件
	再更	再審事件經第三審發回或發交更審者
	勞再更	勞資爭議再審事件經第三審發回或發交更審者
	家再更	家事再審事件經第三審發回或發交更審者（102.05刪除）
	再國更	國家賠償再審事件經第三審發回或發交更審者
	再抗更	抗告再審事件經第三審發回或發交更審者
	重再更	重大再審事件經第三審發回或發交更審者
	聲再	聲請或聲明事件之再審事件
	家護再抗	民事通常保護令抗告事件之再審事件（102.05刪除）
	暫家護再抗	民事暫時保護令抗告事件之再審事件（102.05刪除）
	非再抗	「非抗」之再審事件（94.08新增）
	智再	智慧財產再審事件（100.01修正）
	智再抗	智慧財產抗告事件之再審事件（100.01修正）
	智再更	智慧財產再審事件經第三審發回或發交更審者（100.01修正）

案件種類	案號字別名稱	案件種類說明
	建再	營建工程再審事件（99.09新增）
	建再易	營建工程訴訟再審事件不得上訴第三審者（99.09新增）
	聲再更	「聲再」之更審事件（102.08新增）
	建再更	營建工程再審事件經第三審發回或發交更審者（103.11新增）
	金再	證券交易、銀行金融管制之再審事件（103.11新增）
	金再易	證券交易、銀行金融管制再審事件不得上訴第三審者（103.11新增）
	金再更	證券交易、銀行金融管制再審事件經第三審發回或發交更審者（103.11新增）
	醫再	醫療糾紛損害賠償之再審事件（103.11新增）
	醫再易	醫療糾紛損害賠償再審事件不得上訴第三審者（103.11新增）
	醫再更	醫療糾紛損害賠償再審事件經第三審發回或發交更審者（103.11新增）
第三人撤銷訴訟	撤	第三人撤銷訴訟事件（92.09新增）
	撤上	第三人撤銷訴訟之上訴事件（92.09新增）
	撤更	第三人撤銷訴訟事件之更審事件（97.12新增）
	撤上更	第三人撤銷訴訟上訴事件之更審事件（97.12新增）
民事抗告	抗	抗告事件
	家抗	家事抗告事件（102.05刪除）
	勞抗	勞資爭議抗告事件（97.12新增）
	國抗	國家賠償抗告事件（97.12修正）
	選抗	選舉訴訟抗告事件
	抗更	抗告事件經第三審發回或發交更審者
	家抗更	家事抗告事件經第三審發回或發交更審者（102.05刪除）
	勞抗更	勞資爭議抗告事件經第三審發回或發交更審者
	重抗更	重大抗告事件經第三審發回或發交更審者
	抗國更	國家賠償抗告事件經第三審發回或發交更審者（95.03新增）
	重抗	重大抗告事件

案件種類	案號字別名稱	案件種類說明
	家護抗	民事通常保護令事件之抗告事件（102.05刪除）
	家護抗更	民事通常保護令事件抗告事件之發回更審事件（102.05刪除）
	暫家護抗	民事暫時保護令事件之抗告事件（102.05刪除）
	暫家護抗更	民事暫時保護令事件抗告事件之發回更審事件（102.05刪除）
	破抗	破產事件之抗告事件
	整抗	公司重整事件之抗告事件
	破抗更	「破抗」之更審事件
	整抗更	「整抗」之更審事件
	撤抗	第三人撤銷訴訟之抗告事件（92.09新增）
	智抗	智慧財產抗告事件（100.01修正）
	智抗更	智慧財產抗告事件經第三審發回或發交更審者（100.01修正）
民事提審抗告	民提抗	民事提審抗告事件（103.07新增）
民事二審調解	上移調	通常訴訟上訴之移付調解事件（96.04新增）
	家上移調	家事通常訴訟上訴之移付調解事件（96.04新增）（102.05刪除）
	勞上移調	「勞上」之移付調解事件（96.04新增）
	保險上移調	「保險上」之移付調解事件（96.04新增）
	附民上移調	刑事附帶民事訴訟上訴之移付調解事件（96.04新增）
	交附民上移調	「交附民上」之移付調解事件（96.04新增）
	智上移調	智慧財產上訴移付調解事件（100.01修正）
	智附民上移調	智慧財產附帶民事訴訟上訴之移付調解事件（100.01修正）
	重附民上移調	訴訟標的金額或價額在新台幣六百萬元以上之刑事附帶民事訴訟上訴之移付調解事件（100.06新增）
	醫上移調	醫療糾紛損害賠償訴訟上訴之移付調解事件（101.10新增）
	建上移調	營建工程訴訟上訴之移付調解事件（104.02新增）
民事其他	聲	其他聲請事件
	全	保全事件
	家聲	家事聲請事件（102.05刪除）

案件種類	案號字別名稱	案件種類說明
	勞聲	勞資爭議聲請事件
	聲更	聲請事件經第三審發回或發交更審者
	全更	保全事件經第三審發回或發交更審者
	家聲更	家事聲請事件經第三審發回或發交更審者（102.05刪除）
	勞聲更	勞資爭議聲請事件經第三審發回或發交更審者
	聲國	國家賠償聲請事件
	助	協助事件
	合	於分案前，由庭長以法官身分進行當事人磋商合意選定法官審判之事件（100.09刪除）
	選聲	選舉聲請重新計票事件（101.01新增）
	他	其他事件（100.07新增）
公職人員選罷上訴	選上	選舉上訴事件
公職人員選罷	選	選舉事件
	選更	「選」之更審事件
民事三審抗告	非抗	非訟抗告事件之再抗告事件（94.08新增）
	消債抗	消費者債務清理抗告事件之再抗告事件。（100.03新增）

（二）刑事案件

案件種類	案號字別名稱	案件種類說明
刑事一審	訴	第一審通常訴訟案件
	訴緝	「訴」字案件審判中，被告經通緝報結而緝獲歸案者
	訴更	「訴」之更審案件
	訴更緝	「訴更」案件審判中，被告經通緝報結而緝獲歸案者
	自	第一審自訴案件
	自更	「自」之更審案件
	自更緝	「自更」案件審判中，被告經通緝報結而緝獲歸案者
刑事二審上訴	上訴	第二審通常上訴案件
	上訴緝	「上訴」字案件審判中，被告經通緝報結而緝獲歸案者
	上易	第二審上訴案件，不得上訴第三審者

案件種類	案號字別名稱	案件種類說明
	上易緝	「上易」字案件審判中，被告經通緝報結而緝獲歸案者
	上重訴	第二審重大刑事上訴案件
	上重訴緝	「上重訴」字案件審判中，被告經通緝報結而緝獲歸案者
	選上重訴	第二審賄選重大刑事上訴案件（92.02新增）
	金上訴	第二審金融上訴案件（92.02新增）
	金上重訴	第二審金融重大刑事上訴案件（92.02新增）
	金上易	第二審金融上訴案件，不得上訴第三審者（92.02新增）
	選上訴	第二審賄選上訴案件（92.02新增）
	選上易	第二審賄選上訴案件，不得上訴第三審者（92.02新增）
	矚上訴	第二審社會矚目上訴案件（92.02新增）
	矚上重訴	第二審社會矚目重大刑事上訴案件（92.02新增）
	矚上易	第二審社會矚目上訴案件，不得上訴第三審者（92.02新增）
	醫上訴	第二審違反醫師法及因醫療行為致死或致傷之業務過失致死、業務過失傷害上訴案件（93.11修正）
	醫上易	第二審違反醫師法及因醫療行為致死或致傷之業務過失致死、業務過失傷害上訴案件，不得上訴第三審者（93.11修正）
	勞安上訴	第二審勞工安全衛生法第三十一條上訴案件（92.03新增）
	勞安上易	第二審勞工安全衛生法第三十一條上訴案件，不得上訴第三審者（92.03新增）
	金上訴緝	「金上訴」字案件審判中，被告經通緝報結而緝獲歸案者。（102.08新增）
	金上重訴緝	「金上重訴」字案件審判中，被告經通緝報結而緝獲歸案者。（102.08新增）
	金上易緝	「金上易」字案件審判中，被告經通緝報結而緝獲歸案者。（102.08新增）
	金上更緝	「金上更」案件審判中，被告經通緝報結而緝獲歸案者。（102.08新增）
	金上重更緝	「金上重更」案件審判中，被告經通緝報結而緝獲歸案者。（102.08新增）
	重金上更緝	「重金上更」案件審判中，被告經通緝報結而緝獲歸案者。（102.08新增）

案件種類	案號字別名稱	案件種類說明
	交簡上更	「交簡上」之更審案件（105.12新增）
交通二審上訴	交上訴	第二審交通上訴案件
	交上易	第二審交通上訴案件，不得上訴第三審者
	交上訴緝	「交上訴」字案件審判中，被告經通緝報結而緝獲歸案者（107.10新增）
少年二審上訴	少上訴	第二審少年上訴案件
	少上易	第二審少年上訴案件，不得上訴第三審者
	少上重訴	第二審少年重大刑事訴訟案件
	少連上訴	第二審少年法庭管轄之非少年上訴案件
	少連上易	第二審少年法庭管轄之非少年上訴案件，不得上訴第三審者
	少連上重訴	第二審少年法庭審理之非少年上訴重大刑事訴訟案件
	少上訴緝	「少上訴」案件審判中，被告經通緝報結而緝獲歸案者（99.05新增）
	少上易緝	「少上易」案件審判中，被告經通緝報結而緝獲歸案者（99.05新增）
	少上重訴緝	「少上重訴」案件審判中，被告經通緝報結而緝獲歸案者（99.05新增）
	少連上訴緝	「少連上訴」案件審判中，被告經通緝報結而緝獲歸案者（99.05新增）
	少連上易緝	「少連上易」案件審判中，被告經通緝報結而緝獲歸案者（99.05新增）
	少連上重訴緝	「少連上重訴」案件審判中，被告經通緝報結而緝獲歸案者（99.05新增）
刑事二審更審	上更	「上訴」之更審案件
	上更緝	「上更」案件審判中，被告經通緝報結而緝獲歸案者
	重上更	發回三次以上之更審案件或自第一審收案時起，迄本次分案時止已逾四年之久懸案件
	重上更緝	「重上更」案件審判中，被告經通緝報結而緝獲歸案者
	選上更緝	「選上更」案件審判中，被告經通緝報結而緝獲歸案者（97.12新增）
	上重更	「上重訴」之更審案件
	上重更緝	「上重更」案件審判中，被告經通緝報結而緝獲歸案者

案件種類	案號字別名稱	案件種類說明
	金上更	「金上訴」之更審案件案件（92.02新增）
	金上重更	「金上重訴」之更審案件案件（92.02新增）
	重金上更	發回三次以上之金融更審案件或自第一審收案時起，迄本次分案時止已逾四年之久懸案件（92.02新增）
	選上更	「選上訴」之更審案件（92.02新增）
	選上重更	「選上重訴」之更審案件（92.02新增）
	重選上更	發回三次以上之選舉更審案件或自第一審收案時起，迄本次分案時止已逾四年之久懸案件（92.02新增）
	矚上更	「矚上訴」之更審案件（92.02新增）
	矚上重更	「矚上重訴」之更審案件（92.02新增）
	重矚上更	發回三次以上之社會矚目更審案件或自第一審收案時起，迄本次分案時止已逾四年之久懸案件（92.02新增）
	醫上更	「醫上訴」之更審案件（92.03新增）
	重醫上更	發回三次以上之違反醫師法及因醫療行為致死或致傷之業務過失致死、業務過失傷害更審案件或自第一審收案時起，迄本次分案時止已逾四年之久懸案件（93.11修正）
	勞安上更	「勞安上訴」之更審案件（92.03新增）
	重勞安上更	發回三次以上之勞工安全衛生法第三十一條更審案件或自第一審收案時起，迄本次分案時止已逾四年之久懸案件（92.03新增）
交通二審更審	交上更	「交上訴」之更審案件
	交上更緝	「交上更」案件審判中，被告經通緝報結而緝獲歸案者
	重交上更	「交上訴」發回三次以上之更審案件或自第一審收案時起，迄本次分案時止已逾四年之久懸案件
少年二審更審	少上更	「少上訴」之更審案件
	少上更緝	「少上更」案件審判中，被告經通緝報結而緝獲歸案者
	重少上更	「少上訴」發回三次以上之更審案件或自第一審收案時起，迄本次分案時止已逾四年之久懸案件
	少上重更	「少上重訴」之更審案件
	少連上更	「少連上訴」之更審案件
	少連上更緝	「少連上更」案件審判中，被告經通緝報結而緝獲歸案者
	重少連上更	「少連上訴」發回三次以上之更審案件或自第一審收案時起，迄本次分案時止已逾四年之久懸案件
	少連上重更	「少連上重訴」發回一次或二次之更審案件

案件種類	案號字別名稱	案件種類說明
刑事聲再	聲再	聲請再審案件
	財聲再	財務聲請再審案件（102.08刪除）
	聲再更	「聲再」之更審案件
	財聲再更	「財聲再」之更審案件（102.08刪除）
	聲簡再	聲請簡易再審案件
交通聲再	交聲再	交通聲請再審案件
	交聲再更	「交聲再」之更審案件
少年聲再	少聲再	少年聲請再審案件
	少聲再更	「少聲再」之更審案件
	少連聲再	少年法庭管轄之非少年聲請再審案件
	少連聲再更	「少連聲再」之更審案件
刑事再審	再	開始再審案件
	再更	「再」之更審案件
	再緝	「再」字案件審判中，被告經通緝報結而緝獲歸案者（97.12新增）
刑事抗告	抗	抗告案件
	財抗	財務罰鍰抗告案件（102.08刪除）
	抗更	「抗告」之更審案件
	財抗更	「財抗」之更審案件（102.08刪除）
	毒抗	有關違反毒品危害防制條例聲請案件之抗告案件
	毒抗更	「毒抗」之更審案件
	偵抗	「聲羈」（偵查中檢察官聲請羈押）之抗告案件（98.06新增）
	少偵抗	「少聲羈」、「少偵聲」（少年法庭管轄之偵查中，檢察官聲請羈押，及少年有關偵查中羈押之聲請案件）之抗告案件（98.06新增）
	聲接抗	聲請許可執行移交國法院裁判抗告案件（102.08新增）
	監抗	不服通訊監察裁定之抗告案件（103.04新增）
交通抗告	交抗	交通抗告案件
少年抗告	少抗	少年抗告案件
	少連抗	少年法庭管轄之非少年抗告案件

案件種類	案號字別名稱	案件種類說明
刑事附民	附民	附帶民事訴訟案件
	附民續	附帶民事訴訟繼續審判案件
	重附民	新台幣六百萬元以上之附帶民事訴訟案件
	附民更	「附民」之更審案件
	重附民更	「重附民」之更審案件
	附民緝	「附民」案件審判中，被告經通緝結案後而緝獲歸案者（97.12新增）
	重附民緝	「重附民」案件審判中，被告經通緝結案後而緝獲歸案者（97.12新增）
交通附民	交附民	交通附帶民事訴訟案件
	重交附民	新台幣六百萬元以上之交通附帶民事訴訟案件
	交附民更	「交附民」之更審案件
	重交附民更	「重交附民」之更審案件
	重少附民	新台幣六百萬元以上之少年附帶民事訴訟案件
	少附民更	「少附民」之更審案件
	少連附民	少年法庭管轄之非少年附帶民事訴訟案件
	重少附民更	「重少附民」之更審案件
	重少連附民	少年法庭管轄之非少年重大附帶民事訴訟案件
	少連附民更	「少連附民」之更審案件
	重少連附民更	「重少連附民」之更審案件
刑事附民上訴	附民上	附帶民事訴訟上訴案件
	重附民上	重大附帶民事訴訟上訴案件
	附民上更	「附民上」之更審案件
	重附民上更	「重附民上」之更審案件
	附民上緝	「附民上」案件審判中，被告經通緝結案後而緝獲歸案者（100.06新增）
交通附民上訴	交附民上	交通附帶民事訴訟上訴案件
	交附民上更	「交附民上」之更審案件
	重交附民上	重大交通附帶民事訴訟上訴案件
	重交附民上更	「重交附民上」之更審案件

案件種類	案號字別名稱	案件種類說明
少年附民上訴	少附民上	少年附帶民事訴訟上訴案件
	少附民上更	「少附民上」之更審案件
	重少附民上	重大少年附帶民事訴訟上訴案件
	重少附民上更	「重少附民上」之更審案件
	少連附民上	少年法庭管轄之非少年附帶民事訴訟上訴案件
	重少連附民上	少年法庭管轄之非少年重大附帶民事訴訟上訴案件
	少連附民上更	「少連附民上」之更審案件
	重少連附民上更	「重少連附民上」之更審案件
刑事補償	刑補	刑事補償案件（100.09新增）
	刑補更	刑事補償更審案件（100.09新增）
	刑補重	刑事補償聲請重審案件（100.09新增）
	少刑補	少年刑事補償案件（100.09新增）
	少刑補更	少年刑事補償更審案件（100.09新增）
	少刑補重	少年刑事補償聲請重審案件（100.09新增）
	少補	少年保護事件補償案件（100.11新增）
	少補更	少年保護事件補償更審案件（100.11新增）
	少補重	少年保護事件補償聲請重審案件（100.11新增）
聲請減刑	聲減	聲請減刑案件
	聲減更	「聲減」之更審案件
刑事其他	聲	其他聲請或聲明案件
	感聲	流氓感訓之聲請案件（102.08刪除）
	偵聲	有關偵查中羈押之聲請案件（97.12新增）
	助	協助案件
	聲更	「聲」之更審案件
	偵聲更	「偵聲」之更審案件（97.12新增）
	毒聲	有關違反毒品危害防制條例之聲請案件
	聲全	聲請證據保全案件（93.11新增）
	聲搜	聲請搜索票案件（97.12新增）
	聲羈	偵查中，檢察官聲請羈押案件（97.12新增）

案件種類	案號字別名稱	案件種類說明
	他調	依民刑事件編號計數分案報結實施要點第六十九點第六款或第七十點第五款規定報結後之案件（94.04新增）
	聲療	聲請准予強制治療事件（96.04新增）
	聲療續	聲請繼續強制治療事件（96.04新增）
	聲療停	聲請停止強制治療事件（96.04新增）
	他	其他案件（97.12新增）
	職限	法官依職權核發限制書案件。（99.06新增）
	聲限	檢察官聲請核發限制辯護人與羈押被告接見或通信案件。（99.06新增）
	急聲限	檢察官聲請補發限制辯護人與羈押被告接見或通信案件。（99.06新增）
交通其他	交聲	交通其他聲請或聲明案件
	交聲更	「交聲」之更審案件
少年其他	少聲	少年其他聲請或聲明案件
	少聲更	「少聲」之更審案件
	少連聲	少年法庭管轄之非少年其他聲請或聲明案件
	少連聲更	「少連聲」之更審案件
刑事感訓抗告	感抗	感訓抗告案件（102.08刪除）
	感聲抗	感訓聲請抗告案件（102.08刪除）
	感重抗	感訓重新審理抗告案件（102.08刪除）
	感拘抗	輔導中聲請裁定拘留案件之抗告案件（102.08刪除）
	感執抗	感訓處分執行案件之抗告案件（102.08刪除）
刑事提審	提	提審案件（103.07刪除）
刑事感重	感重	感訓重新審理案件（102.08刪除）
軍審案件	軍上	高等法院受理之軍事審判第三審上訴案件（102.08刪除）
	軍抗	高等法院受理之軍事審判第三審抗告案件（102.08刪除）
	軍聲	高等法院受理之其他軍事審判聲請或聲明案件（102.08刪除）
通訊監察案件	聲同	國家安全局依通訊保障及監察法第七條第二項聲請臺灣高等法院專責法官同意核發通訊監察書案件

案件種類	案號字別名稱	案件種類說明
	聲同續	國家安全局依通訊保障及監察法第七條第二項聲請臺灣高等法院專責法官同意核發通訊監察書案件，期滿聲請繼續通訊監察案件
	急聲同	國家安全局依通訊保障及監察法第七條第二項之情況急迫監察案件，聲請臺灣高等法院專責法官補同意核發通訊監察書案件
	職監	法官依職權核發通訊監察書案件
	職監續	法官依職權核發通訊監察書案件，期滿繼續依職權核發通訊監察之案件
	聲監	檢察官聲請核發通訊監察書案件
	聲監續	檢察官聲請核發通訊監察書案件，期滿聲請繼續通訊監察案件
	監通	依通訊保障及監察法第十五條第一項陳報法院通知受監察人案件，及同條第三項補通知受監察人案件
	監通檢	法院命執行機關定期檢討通訊監察不通知受監察人之原因是否消滅案件
	聲調	檢察官依通訊保障及監察法第十一條之一第一項、第二項及第四項聲請法院核發調取票案件（103.01新增）
	急聲調	檢察官依通訊保障及監察法第十一條之一第一項緊急調取通信紀錄及通信使用者資料，聲請法院補發調取票案件（103.04新增）
	聲監可	依通訊保障及監察法第五條、第六條或第七條規定執行通訊監察，取得其他案件之內容者，於發現後七日內補行陳報法院，聲請法院審查認可案件（103.01新增）
性侵害犯罪二審	侵上訴	性侵害犯罪防治法第二條規定之性侵害犯罪刑事訴訟案件（下稱性侵害犯罪）第二審通常訴訟案件（100.01新增）
	侵上訴緝	「侵上」案件審判中，被告經通緝結案後而緝獲歸案者（100.01新增）
	侵上易	第二審性侵害犯罪案件，不得上訴第三審者（100.01新增）
	侵上易緝	「侵上易緝」案件審判中，被告經通緝結案後而緝獲歸案者（100.01新增）
	侵上重訴	第二審重大性侵害犯罪案件（100.01新增）
	侵上重訴緝	「侵上重訴」案件審判中，被告經通緝結案後而緝獲歸案者（100.01新增）

案件種類	案號字別名稱	案件種類說明
性侵害犯罪二審更審	侵上更	「侵上」之更審案件（100.01新增）
	侵上更緝	「侵上更」案件審判中，被告經通緝結案後而緝獲歸案者（100.01新增）
	重侵上更	發回三次以上之性侵害犯罪案件或自第一審收案時起，迄本次分案時止，已逾四年之久懸案件（100.01新增）
	侵上重更	「侵上重訴」之更審案件（100.06新增）
性侵害犯罪再審	侵聲再	性侵害犯罪聲請再審案件（100.01新增）
	侵聲再緝	「侵聲再緝」案件審判中，被告經通緝結案後而緝獲歸案者（100.01新增）
	侵聲再更	「侵聲再」之更審案件（100.01新增）
性侵害犯罪抗告	侵抗	性侵害犯罪抗告案件（100.01新增）
	侵抗更	「侵抗」之更審案件（100.01新增）
性侵害犯罪附民	侵附民上	附帶民事訴訟上訴案件（100.01新增）
	侵附民上更	「侵附民上」之更審案件（100.01新增）
	重侵附民上	重大性侵害犯罪附帶民事上訴案件（100.01新增）
	重侵附民上更	「重侵附民上」之更審案件（100.01新增）
性侵害犯罪其他	侵聲	性侵害犯罪其他聲請或聲明案件（100.01新增）
	侵聲更	「侵聲」之更審案件（100.01新增）
少年性侵害犯罪二審上訴	少侵上訴	第二審少年犯性侵害犯罪防治法上訴案件（100.01新增）
	少侵上易	第二審少年犯性侵害犯罪防治法上訴案件，不得上訴第三審者（100.01新增）
	少侵上重訴	第二審少年犯性侵害犯罪防治法重大刑事訴訟案件（100.01新增）
	少連侵上訴	第二審少年法庭管轄之非少年犯性侵害犯罪防治法上訴案件（100.01新增）
	少連侵上易	第二審少年法庭管轄之非少年犯性侵害犯罪防治法上訴案件，不得上訴第三審者（100.01新增）
	少連侵上重訴	第二審少年法庭審理之非少年犯性侵害犯罪防治法上訴重大刑事訴訟案件（100.01新增）
	少侵上訴緝	「少侵上訴」案件審判中，被告經通緝報結而緝獲歸案者（100.01新增）

案件種類	案號字別名稱	案件種類說明
	少侵上易緝	「少侵上易」案件審判中,被告經通緝報結而緝獲歸案者（100.01新增）
	少侵上重訴緝	「少侵上重訴」案件審判中,被告經通緝報結而緝獲歸案者（100.01新增）
	少連侵上訴緝	「少連侵上訴」案件審判中,被告經通緝報結而緝獲歸案者（100.01新增）
	少連侵上易緝	「少連侵上易」案件審判中,被告經通緝報結而緝獲歸案者（100.01新增）
	少連侵上重訴緝	「少連侵上重訴」案件審判中,被告經通緝報結而緝獲歸案者（100.01新增）
少年性侵害犯罪二審更審	少侵上更	「少侵上訴」之更審案件（100.01新增）
	少侵上更緝	「少侵上更」案件審判中,被告經通緝報結而緝獲歸案者（100.01新增）
	重少侵上更	「少侵上訴」發回三次以上之性侵害犯罪防治法更審案件或自第一審收案時起,迄本次分案時止,已逾四年之久懸性侵害犯罪防治法案件（100.01新增）
	少侵上重更	「少侵上重訴」之更審案件（100.01新增）
	少連侵上更	「少連侵上訴」之更審案件（100.01新增）
	少連侵上更緝	「少連侵上更」案件審判中,被告經通緝報結而緝獲歸案者（100.01新增）
	重少連侵上更	「少連侵上訴」發回三次以上之性侵害犯罪防治法更審案件或自第一審收案時起,迄本次分案時止,已逾四年之久懸性侵害犯罪防治法案件（100.01新增）
	少連侵上重更	「少連侵上重訴」發回一次或二次之更審案件（100.01新增）
少年性侵害犯罪聲再	少侵聲再	少年犯性侵害犯罪防治法聲請再審案件（100.01新增）
	少侵聲再更	「少侵聲再」之更審案件（100.01新增）
	少連侵聲再	少年法庭管轄之非少年犯性侵害犯罪防治法聲請再審案件（100.01新增）
	少連侵聲再更	「少連侵聲再」之更審案件（100.01新增）
少年性侵害犯罪抗告	少侵抗	少年犯性侵害犯罪防治法之抗告案件（100.01新增）
	少連侵抗	少年法庭管轄之非少年犯性侵害犯罪防治法之抗告案件（100.01新增）

案件種類	案號字別名稱	案件種類說明
少年性侵害犯罪附民上訴	少侵附民上	少年附帶民事訴訟上訴案件（100.01新增）
	少侵附民上更	「少侵附民上」之更審案件（100.01新增）
	重少侵附民上	重大少年犯性侵害犯罪防治法附帶民事上訴案件（100.01新增）
	重少侵附民上更	「重少侵附民上」之更審案件（100.01新增）
	少連侵附民上	少年法庭管轄之非少年犯性侵害犯罪防治法附帶民事訴訟上訴案件（100.01新增）
	重少連侵附民上	少年法庭管轄之非少年犯性侵害犯罪防治法重大附帶民事訴訟上訴案件（100.01新增）
	少連侵附民上更	「少連侵附民上」之更審案件（100.01新增）
	重少連侵附民上更	「重少連侵附民上」之更審案件（100.01新增）
少年性侵害犯罪其他	少侵聲	少年犯性侵害犯罪防治法其他聲請或聲明案件（100.01新增）
	少侵聲更	「少侵聲」之更審案件（100.01新增）
	少連侵聲	少年法庭管轄之非少年犯性侵害犯罪防治法其他聲請或聲明案件（100.01新增）
	少連侵聲更	「少連侵聲」之更審案件（100.01新增）
軍事案件（104.08刪除）	軍上訴	第二審軍事上訴案件（102.08新增）（104.08刪除）
	軍上訴緝	「軍上訴」字案件審判中，被告經通緝報結而緝獲歸案者（102.08新增）（104.08刪除）
	軍上易	第二審軍事上訴案件，不得上訴第三審者（102.08新增）（104.08刪除）
	軍上易緝	「軍上易」字案件審判中，被告經通緝報結而緝獲歸案者（102.08新增）（104.08刪除）
	軍上更	「軍上訴」之更審案件（102.08新增）（104.08刪除）
	軍上更緝	「軍上更」案件審判中，被告經通緝報結而緝獲歸案者（102.08新增）（104.08刪除）
	軍重上更	「軍上訴」發回三次以上之更審案件或自第一審收案時起，迄本次分案時止已逾四年之久懸案件（102.08新增）（104.08刪除）
	軍重上更緝	「軍重上更」案件審判中，被告經通緝報結而緝獲歸案者（102.08新增）（104.08刪除）

案件種類	案號字別名稱	案件種類說明
	軍上重訴	第二審重大軍事上訴案件（102.08新增）（104.08刪除）
	軍上重訴緝	「軍上重訴」字案件審判中，被告經通緝報結而緝獲歸案者（102.08新增）（104.08刪除）
	軍上重更	「軍上重訴」之更審案件（102.08新增）（104.08刪除）
	軍上重更緝	「軍上重更」案件審判中，被告經通緝報結而緝獲歸案者（102.08新增）（104.08刪除）
	軍聲再	軍事聲請再審案件（102.08新增）（104.08刪除）
	軍聲再更	「軍聲再」之更審案件（102.08新增）（104.08刪除）
	軍抗	軍事抗告事件（102.08新增）（104.08刪除）
	軍附民	軍事附帶民事訴訟案件（102.08新增）（104.08刪除）
	軍重附民	新台幣六百萬元以上之軍事附帶民事訴訟案件（102.08新增）（104.08刪除）
	軍附民更	「軍附民」之更審案件（102.08新增）（104.08刪除）
	軍重附民更	「軍重附民」之更審案件（102.08新增）（104.08刪除）
	軍附民上	軍事附帶民事訴訟上訴案件（102.08新增）（104.08刪除）
	軍附民上更	「軍附民上」之更審案件（102.08新增）（104.08刪除）
	軍重附民上	重大軍事附帶民事訴訟上訴案件（102.08新增）（104.08刪除）（104.08刪除）
	軍重附民上更	「軍重附民上」之更審案件（102.08新增）（104.08刪除）
	軍上	高等法院受理之軍事審判第三審上訴案件（102.08新增）（104.08刪除）
	軍聲	高等法院受理之其他軍事審判聲請或聲明（二、三審）案件（102.08新增）（104.08刪除）
	軍聲更	「軍聲」之更審案件（102.08新增）（104.08刪除）
	軍訴	第一審軍事（陸海空軍刑法及其特別法之罪，下同）通常訴訟案件（102.10新增）（104.08刪除）
	軍訴緝	「軍訴」字案件審判中，被告經通緝結案後而緝獲歸案者（102.10新增）（104.08刪除）
	軍訴更	「軍訴」之更審案件（102.10新增）（104.08刪除）
	軍訴更緝	「軍訴更」案件審判中，被告經通緝結案後而緝獲歸案者（102.10新增）（104.08刪除）
	軍再	第一審軍事開始再審案件（102.10新增）（104.08刪除）
	軍自	第一審軍事自訴案件（102.10新增）（104.08刪除）

案件種類	案號字別名稱	案件種類說明
	軍自更	「軍自」之更審案件（102.10新增）（104.08刪除）
	軍自更緝	「軍自更」案件審判中，被告經通緝結案後而緝獲歸案者（102.10新增）（104.08刪除）
少年軍事案件（104.08刪除）	少軍上訴	第二審少年軍事上訴案件（102.08新增）（104.08刪除）
	少軍上訴緝	「少軍上訴」字案件審判中，被告經通緝報結而緝獲歸案者（102.08新增）（104.08刪除）
	少軍上易	第二審少年軍事上訴案件，不得上訴第三審者（102.08新增）（104.08刪除）
	少軍上易緝	「少軍上易」字案件審判中，被告經通緝報結而緝獲歸案者（102.08新增）（104.08刪除）
	少軍上更	「少軍上訴」之更審案件（102.08新增）（104.08刪除）
	少軍上更緝	「少軍上更」案件審判中，被告經通緝報結而緝獲歸案者（102.08新增）（104.08刪除）
	少軍重上更	「少軍上訴」發回三次以上之更審案件或自第一審收案時起，迄本次分案時止已逾四年之久懸案件（102.08新增）（104.08刪除）
	少軍重上更緝	「少軍重上更」案件審判中，被告經通緝報結而緝獲歸案者（102.08新增）（104.08刪除）
	少軍上重訴	第二審重大少年軍事上訴案件（102.08新增）（104.08刪除）
	少軍上重訴緝	「少軍上重訴」字案件審判中，被告經通緝報結而緝獲歸案者（102.08新增）（104.08刪除）
	少軍上重更	「少軍上重訴」之更審案件（102.08新增）（104.08刪除）
	少軍上重更緝	「少軍上重更」案件審判中，被告經通緝報結而緝獲歸案者（102.08新增）（104.08刪除）
	少軍聲再	少年軍事聲請再審案件（102.08新增）（104.08刪除）
	少軍聲再更	「少軍聲再」之更審案件（102.08新增）（104.08刪除）
	少軍抗	少年軍事抗告（二、三審）案件（102.08新增）（104.08刪除）
	少軍附民	少年軍事附帶民事訴訟案件（102.08新增）（104.08刪除）
	少軍重附民	新台幣六百萬元以上之少年軍事附帶民事訴訟案件（102.08新增）（104.08刪除）
	少軍附民更	「少軍附民」之更審案件（102.08新增）（104.08刪除）

案件種類	案號字別名稱	案件種類說明
	少軍重附民更	「少軍重附民」之更審案件（102.08新增）（104.08刪除）
	少軍附民上	少年軍事附帶民事訴訟上訴案件（102.08新增）（104.08刪除）
	少軍附民上更	「少軍附民上」之更審案件（102.08新增）（104.08刪除）
	少軍重附民上	重大少年軍事附帶民事訴訟上訴案件（102.08新增）（104.08刪除）
	少軍重附民上更	「少軍重附民上」之更審案件（102.08新增）（104.08刪除）
	少軍上	高等法院受理之少年軍事審判第三審上訴案件（102.08新增）（104.08刪除）
	少軍聲	高等法院受理之其他少年軍事審判聲請或聲明（二、三審）案件（102.08新增）（104.08刪除）
	少軍聲更	「少軍聲」之更審案件（102.08新增）（104.08刪除）
	少軍訴	第一審少年軍事（陸海空軍刑法及其特別法之罪，下同）通常訴訟案件（102.10新增）（104.08刪除）
	少軍訴緝	「少軍訴」字案件審判中，被告經通緝結案後而緝獲歸案者（102.10新增）（104.08刪除）
少年刑事一審	少訴	第一審少年通常訴訟案件（102.10新增）
	少訴緝	「少訴」案件審判中，被告經通緝結案而緝獲歸案者（102.10新增）
刑事沒收案件	聲參	第三人聲請參與沒收程序案件（105.06新增）
	聲參更	參與沒收程序之發回更審案件（105.06新增）
	職參	法官依職權命第三人參與沒收程序案件（105.06新增）
	單聲沒	聲請單獨宣告沒收之標的含有違禁物以外之財產案件（105.08修正）
	單禁沒	聲請單獨宣告沒收之標的僅違禁物，而未涉及違禁物以外之財產案件（105.08新增）
	聲撤沒	聲請撤銷沒收判決及單獨宣告沒收裁定案件（105.06新增）
	聲撤更	聲請撤銷沒收判決及單獨宣告沒收裁定案件之抗告發回案件（105.06新增）
	撤沒	聲撤沒案件之更為審判案件（105.06新增）
	撤沒更	撤沒案件之更審案件（105.06新增）
	參抗	第三人聲請參與沒收程序案件之抗告案件（105.06新增）

案件種類	案號字別名稱	案件種類說明
	參抗更	參抗案件之發回更審案件（105.06新增）
	沒上訴	地院撤沒案件之通常上訴案件、單獨就沒收第三人財產判決
	沒上易	地院撤沒案件之通常上訴案件、單獨就沒收第三人財產判決提起上訴之案件，不得上訴第三審者（105.06新增）
	沒上更	沒上訴案件之發回更審案件（105.06新增）
刑事扣押案件	聲扣	聲請扣押案件（105.06新增）
	急扣	依刑事訴訟法第一百三十三條之二第四項逕行扣押之事後陳報（105.06新增）
	聲撤扣	依刑事訴訟法第一百四十二條之一之聲請撤銷扣押案件（105.06新增）
	聲扣更	聲扣案件之發回更審案件（105.12新增）
少年沒收	少聲參	第三人聲請參與沒收程序案件（105.06新增）
	少聲參更	參與沒收程序之發回更審案件（105.06新增）
	少職參	法官依職權命第三人參與沒收程序案件（105.06新增）
	少單聲沒	聲請單獨宣告沒收之標的含有違禁物以外之財產案件
	少單禁沒	聲請單獨宣告沒收之標的僅違禁物，而未涉及違禁物以外之財產案件（105.08新增）
	少聲撤沒	聲請撤銷沒收裁判及單獨宣告沒收裁定案件（105.06新增）
	少聲撤更	聲請撤銷沒收裁判及單獨宣告沒收裁定案件之抗告發回案件（105.08新增）
	少撤沒	「少聲撤沒」案件之更爲審判案件（105.06新增）
	少撤沒更	「少撤沒」案件之更審案件（105.06新增）
	少參抗	第三人聲請參與沒收程序案件之抗告案件（105.06新增）
	少參抗更	「少參抗」案件之發回更審案件（105.06新增）
	少沒上訴	地院「少撤沒」案件之通常上訴案件、單獨就沒收第三人財產判決提起上訴之案件（105.06新增）
	少沒上易	地院「少撤沒」案件之通常上訴案件、單獨就沒收第三人財產判決提起上訴之案件，不得上訴第三審者（105.06新增）
	少沒上更	「少沒上訴」案件之發回更審案件（105.06新增）

案件種類	案號字別名稱	案件種類說明
少年扣押	少聲扣	聲請扣押案件（105.06新增）
	少聲扣更	少聲扣案件之發回更審案件（106.05新增）
	少急扣	依刑事訴訟法第一百三十三條之二第四項逕行扣押之事後陳報（105.06新增）
	少聲撤扣	依刑事訴訟法第一百四十二條之一之聲請撤銷扣押案件（105.06新增）
促進轉型正義案件	促轉上	依據促進轉型正義條例第六條第五項提起上訴之案件（107.10新增）

（三）智慧財產民事事件（107.10新增）

案件種類	案號字別名稱	案件種類說明
民事二審上訴	智上	第二審智慧財產上訴事件（100.01修正）
	智上易	第二審智慧財產上訴事件不得上訴第三審者（100.01修正）
	智續	第二審智慧財產繼續審判事件（100.01修正）
	智續易	第二審智慧財產繼續審判事件不得上訴第三審者（100.01修正）
民事二審更審	智上更	第二審智慧財產上訴事件經第三審發回或發交（100.01修正）
	智續更	第二審智慧財產繼續審判事件經第三審發回或發交更審者
民事再審	智再	智慧財產再審事件（100.01修正）
	智再抗	智慧財產抗告事件之再審事件（100.01修正）
	智再更	智慧財產再審事件經第三審發回或發交更審者（100.01修正）
民事抗告	智抗	智慧財產抗告事件（100.01修正）
	智抗更	智慧財產抗告事件經第三審發回或發交更審者（100.01修正）
民事二審調解	智上移調	智慧財產上訴移付調解事件（100.01修正）
	智附民上移調	智慧財產附帶民事訴訟上訴之移付調解事件（100.01修正）
	智重附民上移調	訴訟標的金額或價額在新台幣六百萬元以上之智慧財產刑事附帶民事訴訟上訴之移付調解事件（107.10新增）

民事其他	智聲	智慧財產其他聲請事件（100.01修正）
	智全	智慧財產保全程序事件（100.01修正）
	智聲更	智慧財產聲請事件經第三審發回或發交更審者（100.01修正）
	智全更	智慧財產保全程序事件經第三審發回或發交更審者（100.01修正）

（四）智慧財產刑事案件（107.10新增）

案件種類	案號字別名稱	案件種類說明
刑事二審上訴	智上訴	第二審智慧財產通常上訴案件（107.10新增）
	智上訴緝	智慧財產「智上訴」字案件審判中，被告經通緝報結而緝獲歸案者（107.10新增）
	智上易	第二審智慧財產上訴案件，不得上訴第三審者（107.10新增）
	智上易緝	「智上易」字案件審判中，被告經通緝報結而緝獲歸案者（107.10新增）
	智上重訴	第二審智慧財產重大刑事上訴案件（107.10新增）
	智上重訴緝	「智上重訴」字案件審判中，被告經通緝報結而緝獲歸案者（107.10新增）
刑案二審更審	智上更	「智上訴」之更審案件（107.10新增）
	智上更緝	「智上更」案件審判中，被告經通緝報結而緝獲歸案者（107.10新增）
	智重上更	發回三次以上之智慧財產更審案件或自第一審收案時起，迄本次分案時止已逾四年之久懸案件（107.10新增）
	智重上更緝	「智重上更」案件審判中，被告經通緝報結而緝獲歸案者（107.10新增）
刑事聲再	智聲再	智慧財產聲請再審案件（107.10新增）
	智聲再更	「智聲再」之更審案件（107.10新增）
刑事再審	智再	智慧財產開始再審案件（107.10新增）
	智再更	「智再」之更審案件（107.10新增）
	智再緝	「智再」字案件審判中，被告經通緝報結而緝獲歸案者。（107.10新增）

刑事抗告	智抗	智慧財產抗告案件（107.10新增）
	智抗更	「智抗」之更審案件（107.10新增）
	智他抗	智慧財產其他抗告事件（107.10新增）
刑事附民	智附民	智慧財產附帶民事訴訟事件（107.10新增）
	智附民續	智慧財產附帶民事訴訟繼續審判案件（107.10新增）
	智重附民	新臺幣六百萬以上之智慧財產附帶民事訴訟案件（107.10新增）
	智附民更	「智附民」之更審案件（107.10新增）
	智重附民更	「智重附民」之更審案件（107.10新增）
	智附民緝	「智附民」案件審判中，被告經通緝結案後而緝獲歸案者（107.10新增）
	智重附民緝	「智重附民」案件審判中，被告經通緝結案後而緝獲歸案者（107.10新增）
刑事附民上訴	智附民上	智慧財產附帶民事訴訟上訴案件（107.10新增）
	智重附民上	智慧財產重大附帶民事訴訟上訴案件（107.10新增）
	智附民上更	「智附民上」之更審案件（107.10新增）
	智重附民上更	「智重附民上」之更審案件（107.10新增）
	智附民上緝	「智附民上」案件審判中，被告經通緝結案後而緝獲歸案者（107.10新增）
刑事其他	智聲	智慧財產其他聲請或聲明案件（107.10新增）
	智助	智慧財產協助案件（107.10新增）
	智秘聲	智慧財產秘密保持命令聲請案件（107.10新增）
	智聲更	「智聲」之更審案件（107.10新增）
	智秘聲更	「智秘聲」之更審案件（107.10新增）
	智補	智慧財產刑事補償案件（107.10新增）
	智補更	智慧財產刑事補償更審案件（107.10新增）
	智補重	智慧財產刑事補償聲請重審案件（107.10新增）
刑事沒收	智聲參	第三人聲請參與智慧財產沒收程序案件（107.10新增）
	智聲參更	「智聲參」之發回更審案件（107.10新增）
	智職參	法官依職權命第三人參與智慧財產沒收程序案件（107.10新增）

	智單聲沒	智慧財產聲請單獨宣告沒收之標的含有違禁物以外之財產案件（107.10新增）
	智單禁沒	智慧財產聲請單獨宣告沒收之標的僅違禁物，而未涉及違禁物以外之財產案件（107.10新增）
	智聲撤沒	智慧財產聲請撤銷沒收判決及單獨宣告沒收裁定案件（107.10新增）
	智聲撤更	「智聲撤沒」之發回更審案件（107.10新增）
	智撤沒	「智聲撤沒」之更為審判案件（107.10新增）
	智撤沒更	「智撤沒」之發回更審案件（107.10新增）
	智參抗	第三人聲請參與智慧財產沒收程序案件之抗告案件（107.10新增）
	智參抗更	「智參抗」之發回更審案件（107.10新增）
	智沒上訴	地院智撤沒案件之通常上訴案件、單獨就沒收第三人財產判決提起上訴之案件，不得上訴第三審者（107.10新增）
	智沒上更	「智沒上訴」之發回更審案件（107.10新增）
刑事扣押	智聲扣	智慧財產聲請扣押案件（107.10新增）
	智急扣	智慧財產依刑事訴訟法第一百三十三條之二第四項逕行扣押之事後陳報（107.10新增）
	智聲撤扣	智慧財產依刑事訴訟法第一百四十二條之一之聲請撤銷扣押案件（107.10新增）
	智聲扣更	「智聲扣」之發回更審案件（107.10新增）

國家圖書館出版品預行編目資料

訴訟書狀範例／李永然，吳光陸，周家寅，孫
慧敏，王國棟，鄧又輔，許啟龍著.--八
版.--臺北市：五南圖書出版股份有限公司，
2024.08
面；　公分
ISBN 978-626-393-505-1(精裝)

1.CST: 書狀 2.CST: 訴訟法

586.34　　　　　　　　　113009292

1V25

訴訟書狀範例

主　　編 — 李永然 (81)

副 主 編 — 吳光陸

編 著 者 — 王國棟、周家寅、孫慧敏、鄧又輔、許啟龍

企劃主編 — 劉靜芬

責任編輯 — 林佳瑩

封面設計 — 姚孝慈

出 版 者 — 五南圖書出版股份有限公司

發 行 人 — 楊榮川

總 經 理 — 楊士清

總 編 輯 — 楊秀麗

地　　址：106台北市大安區和平東路二段339號4樓

電　　話：(02)2705-5066

網　　址：https://www.wunan.com.tw

電子郵件：wunan@wunan.com.tw

劃撥帳號：01068953

戶　　名：五南圖書出版股份有限公司

法律顧問　林勝安律師

出版日期　2004年 8 月四版一刷（共二刷）
　　　　　2006年10月五版一刷（共五刷）
　　　　　2015年11月六版一刷（共二刷）
　　　　　2020年 9 月七版一刷
　　　　　2024年 8 月八版一刷

定　　價　新臺幣1600元